역사의 변명

일러두기

• 외국의 인명과 지명 등은 원칙적으로 외래어 표기법을 따랐으나, 중국의 경우 한자로
  표기할 때 의미가 더 명확하게 통하는 경우가 많아 한자음 그대로 표기했다.
• 전집이나 단행본, 정기간행물은 『　』, 논문, 영화 등은 「　」로 표기했다.

역사의 변명

임종권
지음

망각된 기억의 아레나블라벙 역사

인문서원

조선, 아래로부터의 역사

끝없는 밤, 이 세상을 지우려 하는데, 내가 세상의 기억이거든요. 그러고 보니 그런 거네요. 잊는 것, 잊히는 것. 우리가 어디에 있었고 뭘 했는지 잊는다면 우리는 인간이 아니라 짐승이겠지요.

– 「왕좌의 게임」 중에서

역사에는 기억해야 할 것(史實)과 망각해야 할 것이 있다. 외적의 침략을 받아 굴욕과 침탈을 당했던 역사는 두 번 다시 나라를 침탈당하지 않도록 교훈으로 삼아야 할 기억이고, 내적인 갈등과 대립의 역사는 화합과 미래를 위해 잊어야 할 망각이다. 역사는 단지 기억으로 존재하는 것이 아니라 망각 속에서도 남아 있기 마련이다. 그러므로 현재에 사는 우리는 무엇을 기억해야 하고 어떤 것을 망각해야 할 것인가를 선택해야 한다. 이 책은 바로 이 선택의 갈림길에서 출발한 조선 시대의 역사다.

조선은 오늘날의 민주주의 공화정과 달리 왕을 중심으로 사대부 양반들이 백성을 지배했던 신분제 국가였다. 특히 사대부 양반들은 모든 지식을 독점해 자신들의 관점으로 역사를 기록해 신분제 체제를 강화함으로써 끊임없이 권력 독점 체제를 재생산해왔다. 이렇게 소수의 지배층인 사대부 양반들이 절대다수의 피지배층 백성을 지배할 수 있었던 것은 바로 역사에서 피지배층을 제외했기 때문이다. 그래서 오늘날 우리의 역사에는 대부분 지배층과 통치자에 대한 훌륭한 업적들이 나열되어 있고 피지배층에 관한 기록은 거의 없다. 그리고 지배층은 이렇게 자신들을 중심으로 기록한 역사를 모든 피지배층에게 기억하도록 하여 순종과 복종을 강요해왔다. 마치 세상 모두가 지배층을 중심으로 움직이고 있는 것처럼 역사를 꾸며 피지배층에게 지배와 피지배의 관계가 정당한 것이라고 세뇌해온 것이다. 그리고 더 나아가 지배층은 피지배층의 모든 기억을 지워버림으로써 이들의 세상을 어둠으로 만들어버렸다. 이렇게 하여 역사는 왕과 지배층의 기억이 된 것이다.

우리 역사에 전해오는 수많은 유산들과 관련해서도 지배층의 이름만 전해질 뿐 피지배층의 이름은 거의 알려지지 않고 있다. 우리는 고려청자를 만든 천민들의 이름을 기억하는가? 아니면 조선 백자를 만들었던 도공들이 누구인지 알고 있는가? 지배층은 자신들만의 세상을 만들기 위해 피지배층의 기억을 지워버려야 했다. 그리고 피지배층에 관한 기록은 대부분 이들을 비천한 존재, 철저하게 통제하고 억압해야 할 대상으로 묘사하고 있다. 이렇게 역사는 지배층의 시각으로 점철되어 있고, 피지배층의 관점은 철저하게 배제되었다. 역사의 주인공은 그것을 만든 자들이지 만들게 한 자들이 아니다. 역사를 만들게 하는 자, 즉 지배층은 피지배층의 역사를 지우고 파괴했을 뿐 아니라 자신들에게 유리하게 왜곡한 자들이다. 우리가 새롭게 '아래로부터의 역사'를 기록해야 할 이유가 바로 여기에 있다. 역사의 주인은 그 시대의 피지배층 백성이지 권력층인 사대부 양반들과 통치자 왕이 아니다. 지배자들은 피지배층이 피와 땀으로 만든 역사를 빼앗아 자기들의 기억으로 만들어왔다. '아래로부터의 역사'는 잊힌 피지배층의 기억을 다시 복원해 오늘 현재를 재조명하는 것이다.

현재는 과거의 결과이기 때문에 역사는 그 시대의 사람들의 눈으로 보고 현재의 시각에서 해석해야 한다. 그래야 우리는 역사를 통찰할 수가 있다. 우리 민족 역사의 굴곡은 사대부 양반 지배층과 피지배층 상민, 노비, 천민으로 갈라진 기나긴 사회 질서인 신분제에서 일어났다. 역사에서 무엇을 기억하고 무엇을 망각해야 할 것인가? 이 책은 여기에서 출발한다.

서양사학자가 조선사에 대해 저술한다는 것이 다소 생소하게 보일 수 있으나 필자는 대학원에서 서양사를 전공하며 서구의 역사 이론을 배웠고 또 학부 때부터 한문과 국사를 배우고 연구해온 터라 우리 역사를 해석하고 서술하는 작업은 그리 어려운 일이 아니었다. 오히려 국사학자보다 더 객관적이고 넓은 시각으로 우리 역사를 살펴볼 수 있다는 것이 더 큰 장점이 아닐까 싶다. 방대하고 두꺼운 저술이지만 학문적 가치를 인정해 기꺼이 출판을 맡아주신 인문서원 양진호 대표님과 꼼꼼하게 교정과 편집을 봐주신 김진희 편집장님께 감사를 드린다.

2022년 봄, 저자

차례

제6장 해방정국의 사회

제1장

망각의 터, 잊힌 역사

1

왜 아래로부터의 역사인가?

해방 이후 한국 역사학계는 식민사관 청산과 새로운 한국사 정립이라는 과제에 직면했다. 한국 사회는 자본주의 체제인 미국과 공산주의 체제인 소련을 중심으로 한 동서냉전 체제에 의해 남북 분단 상황에 처하게 되었고, 이 대립 구도 안에서 친일 청산 문제는 냉전 체제의 정치적 반공 이념과 결부되어 역사의 문제를 넘어 정치적·사회적 성격을 띠고 격렬한 국가 분열과 갈등의 씨앗이 되고말았다.

오늘날에도 이 문제들은 여전히 정치적·이념적·사회적 갈등의 원인으로 우리에게 살아 움직이는 '기억의 장소'가 되고 있다. 역사는 그 민족이 오랜 세월 동안 경험하고 살아온 기억의 집합체다.[1] 역사는 역할은 지금까지 쌓여온 민족의 기억을 후손들에게 전달함으로

---

[1] 피에르 노라(Pierre Nora)는 "'기억의 장소(lieux de mémoire)'란 곧 '역사의 기억'이라고 말한다. 이러한 역사의 기억에 대해서는 Pierre Nora, *Les lieux de mémoire*(Paris: Gallimard, 1997) tome 1, p. 8; 김응종, 「피에르 노라의 기억의 장소에 나타난 기억의 개념」, 『프랑스사 연구』 제24호, 한국프랑스사학회, 2011, pp. 113~128 참조.

써 민족의식과 국가 정신을 고취하고 민족의 자긍심을 높이는 것이다. 말하자면 역사는 민족의 기억이며, 따라서 역사와 기억은 서로 분리되어 있는 것이 아니라 하나로 결합되어 있다. 과거의 역사는 국가 차원에서 공적인 영역이었으며, 국민 또는 민족의 결속을 위한 국가 원리였다.[2] 그러나 오늘날 민족의 가치가 줄어들면서 역사는 국가 공동체적 성격을 상실하고 사적(私的) 영역으로 전락해 민족의 기억이 아닌 특정한 계층을 위한 기록이 되고 말았다. 역사의 이러한 현상은 민족과 역사의 결합이 단절되었다는 것을 의미한다. 그래서 오늘날 역사가의 작업은 과거에 실제로 있었던 민족의 기억들을 다시 끌어내 이를 시대에 맞게 재해석하고 민족의 미래를 향한 새로운 방향을 제시해주는 데 있지 않고, 오로지 과거의 기억을 위한 역사 서술에만 치우쳐 있다.

역사가 개인의 판단과 해석의 영역이 되어버리면서 우리나라에서 역사라는 것은 자본주의의 논리에 따르거나 정치권력의 도구가 되어 민족의 기억보다는 현실을 위한 각색된 이야기로 전락한 느낌이다. 그러므로 오늘날 역사학의 과제는 과거의 역사적 사실들을 비판적으로 조망하면서 민족의 기억을 새롭게 정립하는 작업에 중점을 두어야 할 것이다.[3] 이러한 역사 담론에 의한 우리 민족의 기억에는

---

2   피에르 노라에 의하면, "역사가는 마치 사라진 원시 사회를 연구하는 민족학자와 같으며, 역사가의 작업은 사라진 민족의 원시 기억을 찾아 복원하는 일이다." Pierre Nora, *Les lieux de mémoire*, pp. 23~39.

3   이러한 민족의 과거 기억의 정립은 곧 역사학의 마지막 전형이다. Pierre Nora, *Les lieux de mémoire*, p. 28.

행복과 불행의 사건들이 모두 담겨 있다. 친일의 기억은 불행의 역사지만, 독립투사들의 행적에 대한 기억은 해방 이후 희망의 역사가 되었다. 프랑스의 경우, 독일 나치 점령 시기의 문학가, 음악가, 정치인 등 유명 인사들이 나치 협력자로 또는 레지스탕스로 활동한 두 가지 상반된 기억은 그들의 역사에서 점차 잊어야 할 의미 없는 과거가 되어가고 있다.[4] 역사에서 어둠과 밝음은 항상 공존하기 때문에 그 좋고 나쁜 기억들은 지워지지 않고 항상 살아남아 있기 마련이다. 민족의 미래를 위해서 좋은 기억만 기록하고 나쁜 기억들은 지워버리는 것은 진정한 역사가 아니다. 나쁜 기억은 좋은 기억을 위한 밑거름이다. 인간은 역사의 거울을 통해 자신을 비추어 보며, 그 비추어진 자신을 어떻게 인식하고 사느냐에 따라 자신의 모습을 바꾸어갈 수 있다. 역사가 인간을 만들고, 인간은 역사를 만든다. 역사가는 역사의 거울에 비친 기억의 허상과 자신의 내면에 존재하는 편견에서 벗어나 과거를 바라보아야 한다.[5]

---

4 프랑스 문예비평 잡지인 『신 프랑스 잡지(La Nouvelle Revue Française)』에 따르면, 나치에 저항했던 이른바 '위대한 작가'의 기억을 통한 민족의 정체성 확립을 전제로 하고 나치에 협력했던 '반역한 작가'에 대한 기억을 잊고자 한다면 오히려 두 기억 속에 진정한 기억이 은닉될 수도 있다. 말하자면 진정한 기억, 즉 역사는 좋고 나쁜 기억들을 모두 포함하고 있다. 박지현, 「기억의 터에서 『신프랑스 잡지』(NRF: *La Nouvelle Revue Française*, 1940~1943) 다시 읽기」, 『프랑스사 연구』 제18호, 한국프랑스사학회, 2008, pp. 144~145.

5 한국, 중국 등 동아시아의 역사학에서 역사는 거울의 의미를 지니고 있다. 과거를 뒤돌아보고 이를 통해 현재 교훈의 도구로써 역사를 사용하는 것이 거울을 사용하는 것과 비슷하다는 의미다. 그래서 근대 이전의 동아시아 역사서는 제목에 『국조보감(國朝寶鑑)』, 『자치통감(資治通鑑)』, 『동국여지승람(東國輿地勝覽)』 등 거울을 의미하는 '감(鑑)'이나 '람(覽)'이라는 글자를 사용한 책들이 많다. 교훈의 도구로서의 역사에 대해서는 연규홍·랜디 워커, 『거울로서의 역사』, 한신대학교 출판부, 2011 참조.

이런 점에서 우리 국민의 기억 속에서 독립운동 정신을 앞세우고 친일을 지워버리고자 하는 것도 진정한 역사가 아니고, 남북 국가 수립의 정통성을 확립하기 위해 친일을 부각하는 것도 진정한 역사의 기억이 될 수 없다. 이런 경우, 역사는 국가 공동체를 위한 공적인 영역이 아닌 특정 집단을 위한 사적인 영역에 머물게 되며, 궁극적으로 민족의 기억이 아니라 개인적인 이익을 위한 담론에 불과하게 된다. 민족의 정체성은 '좋은 기억'만으로 확립되는 것이 아니며, '나쁜 기억' 또한 잊지 않아야만 완성될 수 있다. 그동안 민족의 정체성과 순수성의 확립을 위해 '나쁜 기억'을 청산해야 한다는 인식이 우리 사회를 지배해오면서 '좋은 기억'조차 얼마나 많이 과장되고 왜곡되어 왔는가? 특히 우리나라의 친일파와 독립투사 등에 대한 기억들은 해방 이후 남북 분단, 이데올로기 갈등과 정치, 사회, 경제 등의 이해관계가 얽히며 혼란을 거듭하면서 결과적으로 국가 정체성이 무엇인지 애매모호해지고 말았다. 그렇다면 우리 민족의 올바른 역사 서술, 그리고 미래 지향적인 과거의 기억들에 대한 새로운 해석은 어디에서부터 시작되어야 하는가?

2

망각, 그 부끄러운 기억

　프랑스의 독일 나치 협력자 숙청은 우리나라의 친일 청산의 모델이 되어왔다.[6] 나치 협력자 청산이 과감하고 치열하게 진행되었기 때문일 것이다. 그러나 사실 프랑스와 우리나라는 서로 비교하거나 모델로 삼기엔 상황이 전혀 다르다. 프랑스는 독일 나치와의 전쟁을 통해 점령을 당했고, 독일의 점령 기간과 친독일 정권인 비시(Vichy) 정권 시기도 4년 정도로 짧았다. 반면 우리나라의 경우는 36년 동안 일제의 식민통치를 거치면서 일본 천황의 신민으로 태어나 천황에게 매일 절하며 일본인으로서 교육을 받고 일본인으로 살아왔다. 이런 식민통치 속에서 살아온 우리 부모 세대들은 자신을 조선이라는 주권국가의 국민으로 인식해야 하는지 아니면 일본 국민으로 인식해야 하는지 모호한 경계에 놓여 있었다. 이런 점에서 우리의 친일 청산 과정에는 프랑스처럼 명확하게 진행될 수 없는 여러 요인이 존재하고 있다.[7] 그뿐만 아니라 친일 청산은 정치적·사

6　박원순, 「프랑스 과거 청산의 교훈: 페탕 원수와 라발 수상의 재판」, 『역사비평』 봄호, 역사문제연구소, 1996, p. 81; 주섭일, 『프랑스의 대숙청』, 중심, 1999, p. 5.

7　이 점에 대해서 박지향은 독일 나치 점령기 프랑스 등 유럽과 일제 식민통치 시기

회적으로 서로 얽혀 있고, 또 이를 쉽게 판단할 수 있는 기준도 세우기가 쉽지 않아 행위 자체만 가지고 친일로 일반화하기가 매우 어렵다. 친일은 부끄럽고 어두운 역사이며 청산되어야 할 과제지만, 이 '친일 기억'을 역사에서 지우거나 잊으려고 하기보다 이를 올바르게 해석하고 이해하는 것이 더 중요하다. 그래야 기억이 죽은 역사가 아니라 살아 움직이는 역사가 될 수 있다.

프랑스의 독일 나치 협력자 숙청은 이런 사례를 보여주고 있다. 즉, 한쪽에서는 숙청 작업이 미진했다고 비판하는가 하면, 다른 한쪽에서는 40년이 지난 후에도 여전히 숙청을 주장한 것에 대해 "우리 국민적 기억의 곪은 상처"라고 비난하기도 했다.[8] 사실상 프랑스는 독일 나치에 협력했던 자들을 대대적으로 숙청했던 어두운 기억을 그리 자랑스럽게 여기지 않고 있다. 프랑스 국민은 종전 이후 거의 20년 동안 숙청에 대해 침묵을 지켜왔다. 프랑스인들에게 독일 나치 부역자들의 숙청 작업은 기념해야 할 기억이 아니라 잊고 싶은 과거이기 때문이다. 오히려 나치 협력자들에 대한 숙청은 부끄러운 역사로 기억되고 있는데, 숙청은 곧 국가이성이라는 이름으로 정

조선을 예로 들어 나치 협력자와 친일파의 문제를 비교 검토하고 있다. 박지향, 「협력자들: 나치 점령기 유럽과 일제 치하 조선」, 『서양사론』 제103호, 한국서양사학회, 2009, pp. 343~374.

8 예컨대 알베르 카뮈(Albert Camus)와 레몽 아롱(Raymond Aron)은 "숙청이 완전히 실패했다"라고 주장했다. Albert Camus, *Camus à Combat*(Paris: Gallimard, 2002); Raymond Aron, "Les désillusions de la liberté", *Les temps modernes*, n°1(Octobre 1945). 반면 장 피에르 리오(Jean-Pierre Rioux)는 40년 뒤 숙청을 나쁜 기억으로 평가하기도 했다. Jean-Pierre Rioux, "Préface", Peter Novick, *L'Épuration française, 1944~1949*(Paris: Balland, 1985).

당화된 인권 침해라는 것이다. 말하자면 프랑스 국민에게 숙청은 잊고 싶은 기억에 불과했다.[9] 프랑스 국민에게 남긴 숙청의 트라우마는 가해자와 피해자를 구분하기 어려울 만큼 복잡 미묘한 성격을 띠고 있었다. 한편에서는 숙청을 범죄자들을 처벌하는 것으로 이해했고, 다른 한편에서는 숙청 자체를 범죄 행위로 인식했다.

우리나라의 해방 이후의 친일 청산은 이보다 훨씬 복잡한 문제다. 친일 청산은 민족과 국가의 새로운 미래를 위해서는 불가피한 것이지만, 다른 한편으로는 친일 인사들이 해방된 조국의 엘리트로서 오늘날 우리나라가 발전하는 데 큰 기여를 했다는 점에서 잊고 가야할 것이었다. 그러나 우리에게는 '친일은 기억하고 청산해야 할 역사적 과제'라는 생각이 '민족 화합을 위해 망각과 관용의 역사로 기억하자'는 주장보다 훨씬 강하다. 이렇듯 우리에게 친일은 일제 식민통치기만큼이나 길고 강력한 트라우마로 남아 있다.

친일 청산 문제에는 획일적으로 규정짓기 어려운 많은 요소가 도사리고 있다. 친일이 자발적인지 강요와 위협에 의한 것인지가 가려져야 하기 때문이다. 친일 또는 친북 좌파, 이른바 빨갱이에 대해 윤리적 관점에서 비판하는 것은 역사 연구의 올바른 태도가 아니며, 더욱이 정치적·이념적인 대결 구도로 삼아 비난하고 청산의 대상으

---

9 『숙청의 역사』는 1967년 로베르 아롱(Robert Aron)에 의해 처음으로 출간되었으며, 1975년까지 총 4권이 출간된 이 방대한 저서에서 저자는 "숙청은 곧 프랑스 국민에게 망각하고 싶은 '비극의 역사'로 기억되고 있다"라고 강조한다. Robert Aron, *Histoire de l'épuration*, tome 1(Paris: Fayard, 1967), p. 7, tome 3, vol. 2, 1975, pp. 307~371.

로 삼는 것도 경계해야 할 일이다. 해방 이후 친일과 빨갱이의 문제는 도덕적·윤리적 관점이나 동기 등 숨겨진 내면을 면밀하게 분석하기보다 대부분 정치적·이념적 프레임으로 규정되어 왔다는 점을 부인하기 어렵다. 우리 역사에서 친일과 빨갱이 청산은 프랑스와 달리 망각해야 할 부끄러운 기억이 아니라 잊지 말아야 할 교훈적인 기억이었다. 이런 인식 속에 친일과 친북 좌파 문제는 항상 정치적이었고, 이념적 대결의 중심에 서 있었다.

전후 프랑스는 독일 나치 강점기 대독 협력자들에 대한 숙청과 처벌을 세 차례에 걸쳐 대대적으로 단행했다.[10] 이 작업은 지나치게 큰 규모로 이루어져서 많은 문제가 발생했고, 특히 약식 재판으로 처형된 자들이 약 8~9천 명에 이를 정도로 엄청난 규모였다. 대독 협력자들에 대한 재판은 최고 재판소, 부역자 재판소, 공민 재판부에서 이루어졌는데, 이 세 재판부에서 약 9만 8천 명이 실형을 선고받고 이 중 약 3만 명이 수감되었다. 비시 정부 수뇌부 등 최고위 인물들을 담당한 최고 재판소에서 18명이 사형 선고를 받았고, 부역자 재판소에서는 6,763명이 사형 선고를 받았으며, 이 중 770명이 처형되었다. 이렇게 가혹할 정도로 대독 협력자들을 처벌했던 프랑스는 결국 망국, 관용, 정의라는 이름으로 1947년 8월 16일 법, 1951년 1월 5일 법, 1953년 8월 6일 법 등을 제정해 반역자, 밀고자,

---

10 대독 협력자는 파리에서 나치즘을 지지하면서 독일 나치로부터 재정 지원을 받고 협력을 수행한 정치인, 언론인, 작가, 예술가 등을 의미한다. Henry Rousso, *La collaboration*(Paris: M. A. Editions, 1987), pp. 54~73. 국내 저서는 이용우, 『미완의 프랑스 과거사』, 푸른역사, 2015, pp. 22~46 참조.

고문자 등을 제외한 대독 협력자들에 대해 대대적인 사면을 하기에 이르렀다.[11]

이처럼 프랑스가 대독 협력자들에 대해 대거 사면을 단행한 것은 1949년의 사회적인 분위기 때문이었다. 당시 피에르 마리 제를리에(Pierre-Marie Gerlier) 추기경이 부활절을 맞아 사면을 주장하면서 본격적인 사면 논쟁이 일어났다. 인민공화운동 당수인 조르주 비도(Georges Bidault)는 1949년 「잊을 수 있는 모든 것은 잊자(Oublier tout ce qui peut-être oublié)」라는 제목으로 가톨릭계 일간지인 『로브(L'Aube)』 3월 5~7일 자에 논설을 게재해 국민 대통합을 내세우며 "징벌을 마치고 모든 것을 잊자"라고 호소했다. 이어서 샤를 드골(Charles de Gaulle)조차 '특사'를 주장했으며, 당시 대통령인 뱅상 오리올(Vincent Auriol)도 이에 참여해 관용 차원에서 대독 협력자들의 사면을 발언하기도 했다.[12]

더 나아가 조르주 비도는 "살인하지도, 밀고하지도, 추격하지도, 반역하지도 않은 사람들, 악의 없이 법을 따랐던 이 모든 인사를 국

---

11   1947년 8월 16일 법은 제한적으로 대독 협력에 가담한 자 중 사면 대상을 18세 미만으로 제한했으나, 1949년 2월 9일 법은 21세 미만으로 연령이 올라갔고 그 대상의 범위도 확대되었다. 본격적인 사면은 1951년 제1차 사면법을 제정하면서 이루어졌다. 이 점에 대해서는 프랑스 공보 *Journal officiel de la République française*, 17, 29 août 1947, 그리고 1951년 제1차 사면법에 대해서는 *Journal officiel de la République française*, 6 janvier 1951, 1953년 제2차 사면법에 대해서는 *Journal officiel de la République française*, 7 août 1953을 각각 참조.

12   1947년부터 1954년까지 제4공화국 대통령을 지낸 오리올은 특히 비시 정권 수반인 앙리 필리프 페탱(Henri Philippe Pétain) 장군을 새로운 당선자의 관례적인 특사 명단에 포함하고자 했다. Charles Williams, *Pétain: 'A triumph' Independent*(London: Little, Brown, 2005), pp. 521, 530, 533.

민 화합을 위해 재통합하자"라고 강조했다. 말하자면 그에게 "어두운 시대의 너무 긴 비극을 종결짓지 않은 것은 비인간적"이었다. 프랑스에서 나치 협력자들의 청산을 종결짓고 이들을 사면해주는 것은 '정의와 관용'에 입각한 것이었다. 협력자들의 사면을 위한 입법 사유서에는 "정의는 관용 없이 이루어지지 않는다"라고 적혔다.[13] 곧 사면은 '동의한 망각'이며, 관용은 '용서를 뛰어넘은 망각'이었다.[14] 그러나 우리의 경우, 청산과 관련해서는 관용이나 정의라는 용어 자체가 거부되어 왔다. 우리 국민은 빨갱이와 친일 청산만이 정의를 실현하는 것이라고 인식해왔다. 이러한 이분법적인 사고가 오늘날 우리 사회의 분열과 갈등을 초래하고 있는 원인은 아닐까?

1992년 미국의 역사학자 크리스토퍼 R. 브라우닝(Christopher R. Browning)은 독일 나치의 유대인 학살 문제를 다룬 『아주 평범한 사람들(Ordinary Men: Reserve Police Battalion 101 and the Final Solution in Poland)』을 출간해 학계에 큰 파문을 일으켰다. 제2차 세계대전 중 독일 101 예비경찰대대의 학살 행위에 관한 사례를 연구한 이 저서는 이 부대 대원들이 신중한 선발, 지독한 교화 교육, 강도 높은 훈련도 없이 학살자가 된 사실에 주목했다. 사회심리학, 스탠리 밀그램(Stanley Milgram)의 실험 결과를 활용한 이 연구에 따르면, 나치의 특별 선발이나 교화, 훈련은 학살 부대를 창설하는 데 필요한 요인이었는지는 몰라도 광범위하게 자행된 대규모 학살 행위

---

13 이용우, 앞의 책 『미완의 프랑스 과거사』, p. 89에서 인용.

14 *Journal officiel de la République française, L'Assemblé nationale débats parlementaires*, pp. 102~113.

의 전모를 설명하는 데 필수적인 요인은 아니었다.[15] 결과적으로 브라우닝은 유대인 학살을 자행한 것은 나치 골수분자들이나 학살 임무를 수행하도록 고도의 훈련을 받은 자들, 반유대인 사상을 신봉하는 자들이 아니라 학교 교사, 회사원, 노동자, 가게 주인 등 아주 일상적으로 평범하게 살아간 사람들이었다는 점을 밝혀내고 있다. 실질적으로 집단, 국가 등 모든 인간 사회의 공동체들은 각 개인의 행동에 막강한 영향력을 행사하며 도덕적인 가치 기준을 설정한다. 브라우닝은 "만약 101 예비경찰대대 대원들이 학살자가 될 수밖에 없었던 그런 조건들이 오늘날 다시 주어진다면 어떤 집단이 그렇게 되지 않을 수 있겠는가?"라고 묻고 있다.[16]

브라우닝은 이 부대 대원들의 사례 연구를 통해 평범한 사람들이 자발적인 학살자가 된 이유는 개개인의 사상이나 신념, 출세 지향적인 성향 등이 아니라 '환경'이라고 강조한다. 그러므로 그런 행위에 동원된다면 독일의 평범한 사람들처럼 누구나 그렇게 행동할 수밖

---

15 이 실험의 결과는 사회적인 삶 속에서 사람은 권위 있는 명령에 대해 자신의 가치관에 반하더라도 65퍼센트가 복종하는 속성을 가지고 있음을 보여준다. 여기서 파생되는 문제는 비슷한 상황이 발생한다면 또 많은 사람이 권위자의 명령에 복종할 수 있다는 점이다. 스탠리 밀그램, 정태연 옮김, 『권위에 대한 복종』, 에코리브르, 2009, p. 273. 밀그램 실험(Milgram Experiment)은 1961년 미국 예일대학교 심리학과 조교수 스탠리 밀그램이 실시한 권위에 대한 복종에 관한 실험이다. 밀그램은 권위에 대한 복종을 연구하던 중 사람들이 파괴적인 권위에 굴복하는 이유가 성격보다 상황에 있다고 믿고, 굉장히 설득력 있는 상황이 생기면 아무리 이성적인 사람이라도 윤리적·도덕적인 규칙을 무시하고 명령에 따라 잔혹한 행위를 저지를 수 있다고 주장했다.

16 Christopher R. Browning, *Ordinary Men: Reserve Police Battalion 101 and the Final Solution in Poland*(New York: Harper Collins, 1992), p. 189.

에 없다는 것이다. 그래서 그는 "이런 생각 때문에 나는 두려움을 금할 수 없다"라고 결론짓는다.[17]

독일 나치 유대인 수용소에서 만행을 저지른 독일 장교가 이스라엘 모사드에 의해 아르헨티나에서 체포되어 예루살렘에서 재판을 받는다는 내용의 영화 「아이히만 쇼(The Eichmann Show)」에서 감독 레오 허위츠(Leo Hurwitz)는 재판 내내 아돌프 아이히만(Adolf Eichmann)에게 카메라 초점을 맞춘다. 이에 반해 제작자 밀턴 프루트만(Milton Fruchtman)은 수용소에서 살아남은 자들이 끔찍했던 나치의 만행을 증언하는 모습에 초점을 두자며 레오와 다툼을 벌인다. 제작자는 수용소 생존자들의 증언을 통해 전 세계에 나치의 만행을 알리려고 했으나, 감독 레오는 아이히만의 표정에 초점을 맞추어 그 역시 인간임을 드러내는 동시에 누구나 아이히만과 같은 환경에 처하면 야만적인 학살을 자행할 수 있다는 점을 알리고자 했다.

미국 재판은 주로 범행보다 동기에 초점을 두고 검사와 변호사 사이에서 팽팽한 공방을 벌인다. 그러나 우리나라 재판은 범행 행동에 중점을 두기 때문에 법정에서 논쟁이 거의 없다. 행위 자체에 초점을 맞추면 이를 두고 논쟁을 할 필요가 없기 때문이다. 행위 자체에 의한 재판은 유죄를 가리는 데 단순하고 편리할지 몰라도 자칫 피해자와 가해자가 뒤바뀌는 오류를 범하기 쉽다. 범죄 행위만을 두고 재판을 하는 것은 전문적인 법 지식이 그다지 필요치 않고,

---

17 Christopher R. Browning, *Ordinary Men: Reserve Police Battalion 101 and the Final Solution in Poland*, p. 223.

지극히 상식선에서도 가능하다. 그러나 동기에 초점을 맞추면 깊은 법 지식뿐 아니라 철학, 인문학 등 심오한 인간에 대한 이해가 필요하다. 우리 사회는 너무도 가볍고 깊이가 없으며 경박하다. 과거 지배층은 피지배층에 대해 겉으로 드러난 행위 위주로 판단해 기록해 왔다. 사회 질서를 위해 제정된 법은 전적으로 지배층에 유리하도록 일방적으로 만들어진 것이다. 여기에서 피지배층의 입장은 철저히 배제되어 있다. 따라서 애초부터 역사 기록은 불공정할 수밖에 없었다.

사람들은 일상화된 삶 속에서 자신의 행동이 잘못되었다는 사실을 망각하게 된다. 그렇다면 일제 식민 시기에 태어나 일본인으로 살아왔던 그 시기의 사람들은 친일이라는 행위가 반민족적이고 매국적인 행동이라고 인식할 수 있었을까? 또 해방 후 6·25전쟁 와중에 각각 다른 진영에 속해 서로 동족을 살해했던 행위를 범죄라고 생각했을까? 그들의 행위는 스스로 선택할 수 있는 것이 아니라 환경에 의해 주어진 것이며, 무의식 속에 일상화된 삶이었을 것이다. 물론 이런 이유로 친일과 빨갱이 문제에 대해 변명하고자 하는 것은 큰 오류다. 그러나 "설명은 변명이 아니며, 이해는 용서가 아니다"[18]라는 브라우닝의 말을 다시 한번 역사가들이 되새겨본다면 친일과 빨갱이 문제에 역사적으로 어떻게 접근해야 할지 그 답을 찾을 수 있을 것이다.

---

18 Christopher R. Browning, *Ordinary Men: Reserve Police Battalion 101 and the Final Solution in Poland*, preface, p. xx.

3

과거는 누구의 기억인가?

해방된 지 75년이 지났는데도 여전히 국민들의 의식 속에 친일파 후손들과 반공주의자 후손들이 우리 사회 지도층 또는 기득권자로 군림하고 있다는 인식이 살아 있다. 한국 근현대사에서 친일과 빨갱이 문제는 단순히 과거의 역사적 사건에 국한되지 않고 있고, 오늘날까지도 역사적 인식뿐 아니라 우리의 역사관 속에 식민사관이라는 친일사상 및 반공사상이 깊이 각인되어 있다.

역사 연구에서 개인 또는 인물에 관한 서술과 평가는 자칫 전체적인 시대의 흐름이나 사회 구조를 이해하는 데 혼란을 초래할 수 있다. 그래서 현대 역사 연구에서는 개인사(個人史)는 그 시대의 전체적인 구조 속에서 이루어져야 한다는 점을 중시하고 있다. 이러한 연구의 방법론은 이른바 미시사(microhistory), 즉 '작은 역사의 이야기'에 속한다. 연구의 목적은 주로 식민통치라는 전체적인 시대적 상황을 이해하기 위한 것이며, 그 시대의 역사에서 주변에 속하는 개인의 삶을 추적하고 발굴해 서술한다.[19] 미시사에서 다루는 개인

---

19 현대 역사학에서 이러한 미시사의 방법론이 적용된 대표적인 연구로는 Emmanuel

의 역사는 한 인간의 사고와 행위의 범위를 결정하는 구조가 현실적인 힘을 발휘함으로써 초래된 '권력의 문제'다. 따라서 '개인의 역사'를 다루는 것은 특정한 한 개인의 삶의 의미 체계와 그에게 힘을 미쳤던 권력이 구조적인 틀 속에서 어떻게 상호 관련지어졌는가를 밝혀내는 작업이다.[20] 그러므로 미셸 푸코(Michel Foucault)가 『광기의 역사(Histoire de la folie à l'âge classique)』에서 시도했던 바와 같이 현대 역사학은 한 개인의 삶에 대한 역사를 그 시대 전체사(total history)로 확대한다. 역사가는 작은 것, 한 개인, 그리고 일상적인 현상에서 그 시대의 본질적인 구조나 시대상을 찾아낼 수 있어야 한다.[21] 지극히 작은 한 사람의 역사는 개인에게 국한된 역사가 아니라 그 시대 모든 사람에게 적용될 수 있는 '전체사'가 될 수 있다.

Le Roy Ladurie, *Montaillou, village occitan de 1294 à 1324*(Paris: Folio, 1982); Carlo Ginzburg, *The Cheese and the Worms: The Cosmos of a Sixteenth-Century Miller*(Baltimore: Johns Hopkins University Press, 2013) 등이 있다.

20 마르크 블로크(Marc Bloch)는 이에 대해 "시간 속의 인간에 관한 학문"이라고 정의한다. 특히 카를로 긴츠부르그(Carlo Ginzburg)는 중세 가톨릭 보편 세계관이 지배했던 시대에 이단적인 사고를 지녔다는 이유로 종교 재판소에서 판결을 받고 혹독한 시련을 겪었던 메노키오라는 사람에 대한 이단 재판관의 심문 과정을 분석함으로써 지배 세력의 담론에 억압받아 자신의 진심을 고백할 수 없었던 메노키오의 당시 상황을 담담히 풀어내고 있다. 이러한 방식은 푸코적 의미의 '침묵의 고고학(archéologie du silence)'이다.

21 미셸 푸코의 '고고학적' 역사 서술은 새로운 방식의 '전체사'를 시도한 선구적인 것이다. 특히 그의 저서 『광기의 역사』는 이성이 지배하던 기존 구조, 즉 '이성의 역사'에 의한 '전체사'를 반성의 의미로서 대안으로 제시한 것이다. 안병직 외, 『오늘의 역사학』, 한겨레신문사, 1998, p. 185, 각주 61. 마찬가지로 오늘날 우리 현대사에서 친일, 공산주의자, 친북 등의 평가는 일제 식민통치 그리고 분단의 이데올로기가 지배하고 억눌렀던 시대적 상황과 권력을 반성함으로써 한 개인의 역사를 통해 진정한 한국 현대의 '전체사'를 추구할 필요가 있다

단순히 어떤 사실을 드러내고 이에 대한 역사가의 평가에 의존해왔던 기존 역사학은 미시사, 신문화, 일상사, 심성사 등 오늘날 새로 등장한 현대 역사학으로 인해 점차 퇴보하고 있다.[22] 따라서 우리 역사학계는 단순히 사실에 집착해 역사에 대한 근본적인 이해에 소홀했다는 점을 깊이 반성할 때다. 미시사 외에 우리 역사가들이 특히 관심을 가져야 할 방법론은 프랑스에서 시작된 '심성사(histoire des mentalités)'다. 이 방법론은 집단 심리와 사과 및 감성까지 포함하며, 가족, 공동생활, 전통적인 사회 유대 관계, 신화, 축제, 민중 문화, 종교의식, 상징성, 이데올로기, 결혼, 성, 범죄, 죽음, 일상생활 등 기존 역사학이 등한시했던 인간의 내적·외적 세계를 모두 찾아내 연구한다.[23]

특히 심성사는 시대의 변화와 격변으로 인한 집단이나 개인들의 심적 변화와 행동, 그리고 이에 따른 역사적 변동과 그 시대상 등 전체적인 역사의 현상을 가늠케 해준다. 예컨대 프랑스 역사가 마르크 블로크는 유럽 중세 시기 노르만, 게르만 등 이민족의 침입으로 혼란과 무법의 시대에 살았던 사람들의 집단 심리적 변화와 이에 따른 역사의 변동을 추적했다. 그는 이민족의 침입과 약탈, 살인 등

---

22 Georg G. Iggers, *Historiography in the Twentieth Century: From Scientific Objectivity to the Postmodern Challenge*(Middletown: Wesleyan University Press, 2005), pp. 1~19.

23 G. Duby, "Histoire social et histoire de mentalité" entretien avec A. Casanova, *Nouvelle Critique* 34(1970), pp. 11~19; "Histoire des mentalité" in Charles Samaran dir., *L'Histoire et ses méthodes*(Paris: Gallimard, 1961), pp. 937~966.

폭력이 만연한 시기에 당시 사람들이 '느끼고 생각하는 방식들', '집단기억', '의식의 각성' 등 심성의 주제들을 다루면서 그 시대의 전체 역사를 구현해내고 있다.[24] 이 밖에도 독일에서 시작된 '일상사(Alltagsgeschichte)'는 한 개인의 일상적인 삶의 사회적 현실을 끊임없이 분석하고 해석함으로써 지속적으로 발생한 긴장과 갈등, 그리고 현실에 대한 반응을 모색한다.[25]

'일상사'는 곧 '자신의 역사'이며, 한 개인의 전체적인 삶의 여정이다. 이 역사의 여정은 자신의 기록이며, 또 자신의 고백을 통해 그 시대의 역사를 이해해 그 의미를 파악하는 것이다. 역사는 이렇게 다양한 과학적 방법론과 이론을 통해 연구되고 서술된다. 해방 이후 우리 사회에 열풍처럼 불었던 '친일'이라는 담론과 제주 4·3사건, 여순 사건 등을 거쳐 6·25에 이르기까지 한반도에 휘몰아쳤던 역사의 격동과 변혁에 대한 이해는 단순히 이념과 정치성으로 이루어져 왔다고 해도 과언이 아닐 것이다. 한 개인의 역사에 대한 평가가 그 시대 전체 상황을 고려하지 않은 채 개인적 감정이나 이념에 따라 행해지면 오류는 피할 수 없다. 남북 분단이라는 현실에 의한 이념

---

24 이 책에서 마르크 블로크는 "환경이 인간을 거칠게 변화시키는 데 크게 기여했다"라고 말한다. 마르크 블로크, 한정숙 옮김, 『봉건사회』 제1권, 한길사, 1986, pp. 128~129. 원제는 Marc Bloch, *La Société féodale*(Paris: Albin Michel, 1994).

25 '일상사'의 특징에 대해서는 Georg G. Iggers, *Historiography in the Twentieth Century: From Scientific Objectivity to the Postmodern Challenge*, pp. 101~117; P. Borscheid, "Plädoyer für eine Grschichte des Alltäglichen" in idem et H. J. Teuteberg eds., *Ehe, Liebe, Tod: Zum Wandel der Familie, der Geschlechts-und Generationsbeziehungen in der Neuzeit*(Münster: F. Coppenrath, 1983), pp. 1~14 참조.

의 담론으로 현대사를 바라본다거나 '친일 프레임'이나 빨갱이라는 반공사상에 의해 개인의 삶을 조명하고 평가하는 것은 진정한 역사 서술이 될 수 없다. 역사가는 과거의 사실을 찾아내고 그 사실을 평가해 진정한 역사적 의미를 부여한다. 역사는 개인의 경험들이 집합된 집단의 기억이므로 한 개인의 과거에 국한되지 않고 집단, 국민 모두에게 기억될 수 있어야 한다.

4

정의를 위한 관용: 역사의 필연성

역사적 인물을 평가할 때 단순히 개인의 사적 생활이나 활동에 초점이 맞춰지면 자칫 개인의 감정이나 주관적인 사상에 얽매이기 쉽다. 그래서 실증주의 사학에서는 역사가의 개인적인 생각이나 주관이 배제된 완전한 사실을 가장 중시한다. 말하자면 실증주의 사학에서 역사가의 역할은 개인적 생각을 부여하지 않고 객관적이고 보편적으로 평가하는 것이다.[26] 따라서 연구자가 과거 어느 인물의 행적에 대해 역사적 평가를 하기 위해서는 가장 먼저 그 인물에 관한 연구가 어떤 역사적인 의미를 지닌 것인지를 판별해야 한다. 그리고 그 인물에 관한 자료가 확실하게 실증적인 것인지 관련 사료들을 검증하고 비평해야 한다. 과학적인 역사인 실증주의 사학은 사실을

---

26 실증주의 사학의 창시자인 독일 역사가 레오폴트 폰 랑케(Leopold von Ranke)는 역사를 헤겔(Georg Wilhelm Friedrich Hegel)의 형이상학적인 역사철학이나 오귀스트 콩트(Auguste Comte)의 자연과학적인 결정론으로 판단하는 것을 거부하고 역사의 객관성을 강조하며 개인의 판단이나 사상을 배격했다. 이러한 역사 연구는 근대 역사학의 기초가 되었다. Georg G. Iggers, *Historiography in the Twentieth Century: From Scientific Objectivity to the Postmodern Challenge*, p. 25.

매우 중요하게 여긴다. 또 개인적인 주관과의 완전한 분리가 원칙이다. 말하자면 역사는 확인된 사실의 집성(集成)으로 이루어진다. 역사가들의 인식과 객관적 실재는 일치한다는 진리에 근거해 과거를 '그것이 실제 일어났던 대로' 복원하는 것이다.[27] 추정이나 추측으로, 그리고 개인적 경험에 의존해 역사를 평가하는 것은 추리소설에 불과하다.

다음은 해석의 문제다. 레오폴트 폰 랑케는 역사를 해석할 때 '과거에 실제로 일어났던 그대로'를 중시할 뿐 역사가의 주관적인 해석을 용인하지 않았다. 그 역사적 사실이 역사가의 주관에 의해 왜곡될 여지가 있기 때문이다. 과거에 일어난 사실들에 대한 평가는 그 시대와 오늘날의 가치관이 각기 다르므로 같을 수가 없다. 이러한 혼란을 주지 않기 위해서는 과거 사건에 대한 역사가의 평가는 객관성이 담보되어야 한다. 그러므로 과학적인 역사학은 다음과 같은 세 가지를 기본 전제로 하고 있다. 첫째, 역사 서술은 실제로 존재했던 사람과 실제로 일어났던 행위를 서술한다. 둘째, 인간의 행위는 행위자의 의도를 반영하고, 역사가의 작업은 인간의 의도를 이해함으로써 일관된 역사 이야기를 구성하는 것이다. 셋째, 일차원적이고

27　철저한 사료 수집과 문헌 비평, 그리고 확증된 객관적 사실만을 근거로 한 랑케 실증주의 사학은 베를린대학교에서 전문 역사가 교육 프로그램으로 최초로 시행되었으며, 이 대학에서 시행한 세미나 방식 교육은 오늘날까지 전문 역사가 훈련에서 가장 기초가 되고 있다. Leopold von Ranke, "Preface to the First Edition of Histories of the Latin and Germanic Nations" id idem *The Theory and Practice of History*, ed., George G. Iggers(New York: Routledge, 2011), p. 137. 이러한 랑케의 실증주의 사학에 대해서는 Leonard Krieger, *Ranke: The Meaning of History*(Chicago: The University of Chicago Press, 1977) 참조.

통시적인 시간관을 전제로 나중에 일어난 사건과 이전에 발생한 사건 사이의 인과 관계를 끌어낸다. 이 세 가지, 즉 '실재성', '의도성', '시간적 계기성' 등은 랑케 이후 오늘날까지 역사 서술의 기본이 되어왔다.[28] 전통적인 역사 서술이 상상하거나 추측할 수 없는 개인의 행위와 의도적 요인에 초점을 맞추었다면, 사회과학을 지향한 역사학은 사회 구조와 사회 변혁의 과정을 강조한다. 개인, 특히 위인과 사건에만 편협하게 초점을 두지 말고 좀 더 광범위한 맥락을 중시해야 한다는 것이다.

사회과학적 연구 방식은 역사학의 민주화를 반영하고 있으며, 이는 역사학의 조망을 정치에서 사회로 확장한다. 이런 경향을 띤 역사 연구는 과학적이지 못한 경우가 많기 때문에 객관적이고 실증적인 설명이 필수적이다. 사실상 랑케에 의해 시작된 전문적 역사 서술의 패러다임은 사회와 정치 영역을 중시했으나, 현대에 들어서 이러한 역사 연구의 정치성 우위 패러다임이 비판을 받으면서 개인들이 속한 사회적 조건들에 초점을 맞추고 있다. 말하자면, 역사 연구에서 한 개인이 살았던 당시의 역사적 상황이 요구된 것이다.[29]

---

28 Georg G. Iggers, *Historiography in the Twentieth Century: From Scientific Objectivity to the Postmodern Challenge*, p. 3. 물론 헤이든 화이트(Hayden White)에 따르면, 역사 서술이 경험적으로 확인된 이야기로 구성되려면 반드시 상상의 단계를 거쳐야 하므로 모든 역사적 담론에 허구적 요소들이 담길 수밖에 없다. Hayden White, *Metahistory: The Historical Imagination in Nineteenth-Century Europe*(Baltimore: The Johns Hopkins University Press, 1973), chapter 1.

29 *Congress of the Arts and Science: Universal Exposition, St. Louis, 1904*, Ed. By Howard J. Rogers(Boston: Cornell University Library, 2009), 역사과학 편을 볼 것. 대표적으로 미국의 신사학파(New Historians), 프랑스의 앙리 베르

특히 해방 이후 우리 사회에 만연한 '친일과 반공 프레임' 속에서 일부 진보와 보수 학자들은 일제 식민통치 시대에 살았던, 그리고 해방 후 6·25전쟁 시기를 거쳐온 주요 인사들의 친일과 좌익 행각 자료 찾기에 심혈을 기울이고 있는 듯하다. 이러한 이분법적이고 단편적인 프레임 속에서는 한 인물이 제대로 평가될 수 없다. 그 사람이 살았던 당시의 시대상이나 똑같은 상황을 겪어보지 않는 한, 다시 말해 그 시대의 총체적인 지식을 확보하지 않는 한 누구도 한 개인의 삶을 완벽하게 이해하거나 평가, 해석하는 것은 불가능하다. 그리하여 제2차 세계대전으로 창출된 상황들, 식민 제국의 종말, 그리고 식민통치를 받았던 국가와 민족들에 대해 당시 식민주의의 역사적 상황 속에서 겪었던 실재적 사실들을 밝혀내려는 역사 연구의 각성이 나타났다.[30] 결국 역사가는 행위자의 의도를 반영하고 이해해 일관된 역사 이야기를 구성하는 것이다. 그러므로 앞서 설명한 '일상사' 또는 '미시사'의 연구 목적과 달리 오늘날 이른바 좌익 활동 또는 친일에 관한 연구는 한 개인의 삶을 통한 역사의 재구성이 아니라 오로지 사적 행적과 정치성만을 추구한 것이 아닐까 여겨진다. 이는 역사 연구가 아닌 저자의 주관적 생각을 드러낸 것에 불과하다.

(Henri Berr)를 중심으로 한 학파, 벨기에의 앙리 피렌(Henri Pirenne) 등을 들 수 있다. Bryce Dale Lyon, *Henri Pirenne: A Biographical and Intellectual study*(Ghent: E. Story-Scientia, 1974) 참조.

30   Eric Wolf, *Europe and the People Without History*(New Jersey: University of California Press, Ewing, 1982) 참조.

부끄러운 기억, 망각의 역사로

역사는 확인된 사실의 집성으로 이루어진다. 역사가는 사실들을 모아 집으로 가져가서 자신의 구미에 맞게 요리를 해 식탁에 올려 놓는다. 이것이 과연 옳은가? 존 액턴(John Dalberg-Acton)은 사실들을 자기 입맛에 따라 요리하지 말고 그대로 식탁에 올려놓아야 한다고 주장한다. 이는 어느 한쪽에 치우치지 않는 공평하고 객관적인 역사 서술을 강조한 것이다.[31] 과거에 대한 모든 사실이 반드시 역사적 사실은 아니다. 그렇다면 역사적 사실을 과거에 대한 다른 사실과 구별하는 기준은 무엇인가? 과거에 있었던 역사적 사실은 역사가가 말을 걸 때만 비로소 말을 하게 된다.[32] 과거의 역사적 사건들과 현재의 역사가와의 대화가 이루어질 때 그 사실들에 올바른 역사적 가치가 부여된다는 뜻이다.

따라서 역사가가 해석으로부터 독립되어 객관적으로 존재하는 역사적 사실을 찾는 것은 매우 어렵다. 역사적 사실은 역사가의 해석

---

31 John Dalberg-Acton, *Lectures on Modern History*, Kindle Edition(Amazon Digital-Services LLC, 2018), p. 318.

32 E. H. 카, 황문수 옮김, 『역사란 무엇인가』, 범우사, 1981, p. 17.

이 필수적이고, 그래야 그 사실들이 생명력을 갖는다. 그러므로 과거와 현대의 대화는 필수적일 수밖에 없다.[33] 엄밀하게 말해 우리가 알고 있는 역사는 사실에 바탕을 두었다 할지라도 그것이 모두 진실이라고 판단할 수 없다. 다시 말해, 지금까지 알려진 역사적 사실에 대한 무지(無知)가 우선이 되어야 한다.[34] 과거의 역사적 사실에 대한 지식이나 여러 해석에 집착하면 일련의 역사적인 사실들에 대한 해석에서 편견이 작용하기 때문이다. 이 점에서 역사 서술과 해석의 객관성이 중요한 요건이 된다. 알다시피 사료는 역사가에게 필수적이다. 그러나 사실이나 문서를 맹목적으로 숭배해서는 안 된다. 사실과 문서가 스스로 역사를 말해주는 것이 아니기 때문이다. 그래서 역사가는 역사 연구의 이러한 문제점을 인식하고 철저한 사료 비평 또는 문헌 비판을 먼저 해야 한다. 마치 보물을 찾은 듯, 여러 자료와 문서들을 하나의 '진실한 역사'로 확증하는 것처럼 여기저기 실증적 자료로 활용해 서술하면 오류를 범할 위험성이 높다.

역사가가 연구하는 과거는 죽은 것이 아니라 어떤 의미에서는 아직도 현실 속에 살아 있다. 역사가가 과거의 행위의 배후에 놓인 사상을 이해하지 못하면 그 해석은 죽은 것, 곧 무의미한 것이 된다. 그러므로 모든 역사는 생각의 역사이고, 그 역사에 대한 역사가의 생각이 역사가의 마음속에 재현되는 것이다. 역사가의 마음속에서 과거는 경험적 증거에 의해 재구성되므로 그 과정은 사실의 선택과

---

33   E. H. 카, 위의 책 『역사란 무엇인가』, p. 19.
34   Lytton Strachey, Preface to *Eminent Victorians*, Kindle Edition(Amazon Digital Services LLC, 2011).

해석을 거치게 된다. 마이클 오크숏(Michael Joseph Oakeshott)이 "역사는 역사가의 경험이다. 이것은 역사가 이외의 다른 사람에 의해 만들어지는 것이 아니다. 곧 역사를 서술한다는 것은 역사를 만드는 작업이다"라고 말한 바와 같이 역사의 사실은 언제나 기록자의 마음을 통해 굴절되기 마련이다.[35]

우리는 역사책을 읽을 때 그 책의 사실적인 내용이 아니라 그 책을 쓴 역사가에 대해 일차적인 관심을 갖는다. 역사가가 자신이 쓰고 있는 사람들과 어떤 마음의 접촉을 갖지 못하면 역사는 서술될 수 없기 때문이다. 특히 역사가는 자신이 속한 시대의 흐름에 속박당하기 쉽다. 우리 역시 반공 시대에 반공의 사상에 매몰되었고, 친일 청산의 흐름 속에서는 친일 프레임에 속박당하는 경우가 많다. 역사가는 이 점에 유의해 과거의 경험으로 들어가 그 시대의 사실들과 대화를 해야만 올바른 역사를 서술하고 객관적인 평가를 할 수 있다. 만일 역사가가 자기 시대의 눈을 통해 연구의 시대상을 살핀다면, 또한 현재의 문제에 비추어 과거를 본다면 역사적 사실은 사라지고 해석만 남는다. 사실의 정확성 확인에 그치지 않고 연구 주제와 관련된 모든 사실, 알려진 것이든 알려지지 않은 것이든 모든 것을 그려내려고 노력하는 것이 역사가의 의무다. 이는 자신이 그려내려고 하는 목적에 맞춰 한쪽 것들만 나열하는 것을 경계해야 한다는 의미다.

역사가는 하나의 개인이다. 다른 개인들과 마찬가지로 그도 사회

35　E. H. 카, 앞의 책 『역사란 무엇인가』에서 인용.

적 현상이고 자기가 속한 사회의 산물인 동시에 의식적이든 무의식적이든 그 사회를 대변한다. 식민주의 사학은 일제 식민통치의 산물이며, 민족주의 사학은 해방 후 친일 청산의 산물이다. 프리드리히 마이네케(Friedrich Meinecke)는 『세계시민주의와 민족국가 (Weltbürgertum Und Nationalstaat: Studien Zur Genesis Des Deutschen Nationalstaates)』에서 비스마르크 제국을 독일 민족적 이상의 실현물로 여겼고, 민족주의를 보편주의의 최고 형태로 보았다. 이것은 비스마르크 시대를 이어받은 빌헬름 시대의 산물이다. 허버트 버터필드(Herbert Butterfield)의 다음 글을 살펴보자.

> 말하자면 한쪽 눈으로 현재를 바라보면서 과거를 연구하는 것은 역사의 모든 죄와 궤변의 근원이다. 이것이 '비역사적'이라는 말의 본질적 의미다.[36]

그리하여 E. H. 카는 역사를 연구하기 전에 역사가를 먼저 연구해야 한다고 강조한다.[37] 역사가는 그 시대의 사회적 산물이기 때문이다. 지적한 바대로 현대사, 그중에서도 일제 통치기 또는 해방 후 남북 분단 상황에서 우리도 이러한 잘못을 범하고 있지 않은지 생각해봐야 할 일이다. 사실상 개인으로서의 인간의 행위는 집단이나 계급으로서의 행위보다 더 흥미롭다. 어느 쪽이 더 잘못되었다거나

---

36 Herbert Butterfield, *The Whig Interpretation of History*(New York; W. W. Norton & Company, 1965), pp. 31~32.

37 E. H. 카, 앞의 책 『역사란 무엇인가』, p. 60.

덜 잘못되었다고는 말할 수 없다. 영국의 엘리자베스 체제는 제임스 1세가 이 체제를 이해하지 못했기 때문에 무너졌고, 17세기 영국의 혁명은 스튜어트 왕조의 처음 두 왕이 어리석었기 때문에 일어난 우발적인 사건으로 해석되고 있다.[38] '나쁜 왕 존'과 '착한 여왕 엘리자베스' 학설처럼 공산주의의 기원과 성격을 분석하기보다 공산주의가 카를 마르크스(Karl Marx)의 머리에서 나온 산물이라고 규정하는 것이 더 쉽다. 또 볼셰비키 혁명이 발생한 사회적 원인을 밝혀내기보다 니콜라이 2세의 어리석음에 기인한다고 주장하기가 더 쉽다. 20세기의 제1·2차 세계대전도 국제 관계 체제의 근본적인 붕괴의 결과로 생각하기보다 빌헬름 2세나 히틀러의 개인적인 악의의 결과로 보는 것이 더 쉬울 것이다.

우리는 개인과 사회를 구별해 역사적 사실을 연구하는 것이 얼마나 편협한가를 알아야 한다. 그 이유는 개별적인 인물로 말미암아 갖게 된 관심만큼이나 인간의 역사관에 오류와 불공정이 초래될 수 있기 때문이다.[39] "하인들은 사람들을 이야기하고, 신사는 세상일을 말한다"는 허버트 스펜서(Herbert Spencer)의 지적은 새겨볼 만하다. 그러므로 역사는 한 개인이 왜 그렇게 생각하고 행동했는가를 연구해야 한다. 역사적 사건은 개인의 의식적 행동이 아니라 무의식적

---

38 A. L. Rowse, *The England of Elizabeth* (Madison: University of Wisconsin Press, 1978), pp. 261~262, 382.

39 Unknown Author, *The Home and Foreign Review*, vol. 2 (London: Forgotten Books, 2018), p. 219.

의지를 이끄는 외부의 힘에 따라 결정되기 때문이다.[40] 프랑스 대혁명은 루이 16세의 잘못이라기보다 전 국민의 굶주림과 억압의 결과다. 마찬가지로 한 개인의 친일 행위나 친북 좌파 행위에 대해서 그 개인의 잘못이라고 규정하기보다 식민통치 시기에 이은 해방정국[41]의 혼란기와 6·25전쟁 등 당시 상황에 대한 집단적 순응의 원인을 분석하는 것이 우선이다. 그러므로 개인의 저항 또는 순응은 모두 그 사회의 산물이고 반영이지 개별적 사상의 산물이 아니다.

역사 속의 한 인물 또는 집단들의 행위에 관한 연구를 한 단어로 줄여 말하면 '이해'다.[42] 일제 식민통치 시기와 해방 후의 정국 혼란과 남북 분단, 그리고 뒤를 이은 6·25전쟁 등 시대적 상황에서 복종의 강압, 불복종에 따른 가혹한 처벌, 그에 따른 두려움 같은 것들이 학교, 가정, 사회 전반에 걸쳐 광범위하게 퍼져 있었다. 이런 요인들이 우리 민족에게 내면화되면서 각 개인이나 집단은 이러한 복종과 순종이 정당하다고 인지하게 되며, 심지어 의무감까지 생겨난다. 따라서 모든 사회 공동체에서 개인이 속해 있는 집단은 개인들의 행동에 막강한 영향력을 행사하며 도덕적 가치 기준을 설정한다.[43] 당

40　Herbert Spencer, *The Study of Sociology*, Kindle Edition(Amazon Digital Services LLC, 2015), chapter 2 참조.

41　해방정국이란 1945년 제2차 세계대전에서 일본의 패망으로 한국이 해방되고 1948년 대한민국과 북한이 분리 독립국으로 등장하기까지, 해방-분단-독립-6·25전쟁으로 이어지는 한반도의 정치 정세가 유동적인 시기를 지칭한다.

42　Christopher R. Browning, *Ordinary Men: Reserve Police Battalion 101 and the Final Solution in Poland*(New York: Harper Perennial, 1998), p. xx.

43　Christopher R. Browning, *Ordinary Men: Reserve Police Battalion 101 and the Final Solution in Poland*, pp. 159~189.

시 사람들은 모두 그때의 상황에서 어쩔 수 없이 권력과 이념이라는 권위에 순응했을 뿐이다.

만약 오늘날 우리에게 일제강점기와 6·25전쟁과 유사한 조건이 주어진다면 친일파나 반공주의자처럼 행동하고 사고하지 않겠다고 장담할 수 있을까? 한쪽에서는 공산주의, 다른 한쪽에서는 자본주의 체제를 부르짖으며 형성된 남북 분단은 미국과 소련, 그리고 이를 각각 추종한 정치인들에 의해 생겨난 것이지, 우리 국민의 선택이 아니었다. 일제강점기는 물론이고 해방 이후 우리 민족들에 의해 자행되었던 학살들, 예컨대 제주 4·3사건, 여순 사건, 그리고 보도연맹과 거창 양민 학살 등 무수한 동족 학살에 가담한 평범한 사람들에 대한 연구가 절실한 실정이다. 또 김구(金九), 신익희(申翼熙), 여운형(呂運亨), 김규식(金奎植) 등 민족지도자들과 독립운동가들이 일제에 의해 죽임을 당한 것이 아니라 해방된 이 땅에서 동족들에 의해 살해되었다는 사실이 오늘 우리에게 무엇을 의미하는지도 역사적으로 규명되어야 할 것이다.

남북 정권의 권력자들은 모두 항일투쟁한 독립투사들이다. 해방 이후 조국 독립을 목숨보다 더 귀하게 여겼던 항일투사들이 왜 해방 이후 권력 쟁취를 위해 동족상잔의 전쟁을 일으켰는지, 그 이유가 아직 우리 역사에서 설명되지 않고 있다. 현재까지 우리는 식민시대는 망각해야 할 부끄러운 역사인가, 아니면 기억해 미래의 교훈으로 삼아야 할 기억의 역사인가를 결정하지 못하고 논쟁만 거듭하고 있다. 일제강점기와 남북 분단은 우리에게 큰 짐을 지우고 있는 기억과 망각의 역사다. 그리고 반공주의와 친일파 청산의 문제는 여전히 오늘날 역사의 논쟁거리로 남아 있다. 역사가는 현대사에서 이 상반된 이념을 어떻게 다룰 것인가를 생각할 때, "반유대주의자들은 끊임없이 유대인을 만들어낸다"라고 지적한 장 폴 사르트르(Jean Paul Sartre)의 말을 깊이 새겨봐야 할 것이다.

6

아래로부터의 역사

　'역사라는 학문은 대체 누구를 또한 무엇을 다루어야 하는가'라는 질문을 종종 받는다. 보통 역사가는 '과거를 있는 그대로 서술하는 것'을 임무로 여겼다. 물론 '과거의 사건들'이 역사의 전부는 아니다. 생각건대, 역사가 과거라는 틀 속에서 그때 일어난 사실들을 나열하기만 하는 것이라면 그것은 단지 픽션(fiction) 같은 이야기(story)에 불과할 것이다.

　오늘이 실질적인 과거의 결과물로서 실체(實體)인 만큼 역사적 사실을 정확히 이해하지 못하면 우리는 현재의 실체가 과거의 어떤 인과 관계에서 비롯된 것인지 알 수 없다. 그래서 역사는 후대에 교훈을 주는 학문으로 인식되어 왔고, 역사가는 과거의 사건을 사실대로 기록하고 이를 객관적으로 해석함으로써 현재를 이해하게 하는 것을 궁극적인 목표로 삼게 되었다.[44] 대개 역사는 예로부터 지배자

44　Ernst Breisach, *Historiography: Ancient, Medieval and Modern*(Chicago: University of Chicago Press, 2007), pp. 232~234. 랑케의 이러한 역사 연구는 Leopold von Ranke, *Geschichte der Germanischen Völker: Fürsten und Völker-Die Geschichte der romanischen und germanischen Völker von*

의 권력을 정당화하고 공고히 하기 위해서 기록되어 왔다. 그리하여 역사가는 지배층의 입장에서 민족 기원과 권력자의 혈통에 중점을 두고 서술했다. 권력자는 이를 피지배층 모든 사람에게 전해 자신들의 조상을 기억하게 함으로써 민족의 정체성과 권력의 정당성을 유지해나가고자 했다.[45] 특히 과거의 역사서는 대부분 왕이나 귀족, 전쟁 영웅, 그리고 많은 지배층 인물들에 관한 서술에 중점을 두어왔다. 이처럼 과거의 역사 서술은 지배자의 뜻에 따라 기록되기 마련이어서 정작 그 시대 인구의 대부분을 차지하고 있던 피지배층들에 관한 기록은 전혀 없거나 왜곡된 내용이 많았다.[46]

역사의 해석에서 중요한 관점은 역사의 주체가 누구냐 하는 것이다. 역사의 주체가 지배층인 귀족이나 양반들인가, 아니면 피지배층

1494~1514, ed., Willy Andreas(Berlin: Vollmer, 1996), p. 4 참조.

45 민족의 역사 기록은 타키투스(Tacitus)나 헤로도토스(Herodotus)에게서 기원을 찾을 수 있을 것이다. 대개 서구에서 유대인 또는 그리스, 로마제국, 초기 기독교인들의 역사의식은 민족의 과거와 현재 그리고 미래를 연결하는 것으로 이해되었다. 따라서 고대의 역사는 신화, 전설, 문학 등의 형태로 서술되었다. 이러한 고대 역사 서술과 역사의식에 대해서는 Mark T. Gilderhus, *History and Historians: A Historiographical Introduction*(New Jersey: Prentice Hall, 2010), pp. 12~28 참조.

46 과거를 입증해주는 사료는 언제나 왜곡되기 마련이다. 현대 역사학 또는 탈근대역사 이론에 따르면, 역사가가 과거의 사료 조각들을 퍼즐처럼 맞춰서 과거를 재구성하는 것은 실증할 수 없다. 그러므로 사료를 근거로 한 역사가의 상상력을 통한 구성이 강조되고 있다. 말하자면 역사는 설명이 아니라 이해다. 따라서 오늘날의 역사학은 '과거로서의 역사(the history as past)'에서 '역사로서의 과거(the past as history)'로 '인식론적 전환(epistemological turn)'이 이루어져 왔다. Alun Munslow, *The Routledge Companion to Historical Studies*(New York: Routledge, 2005), pp. 2~4. 20세기 탈근대역사 이론의 흐름에 대해서는 Georg G. Iggers, *Historiography in the Twentieth Century: From Scientific Objectivity to the Postmodern Challenge*, pp. 1~19 참조.

인 농민, 노예 등 일반 민중들인가? 역사는 통치자의 학문으로 일컬어진다. 그래서 역사 기록은 피지배층 민중들이 아니라 자신들의 지배권을 확립하고자 했던 지배층에 의해 끊임없이 이어져 왔다. 타키투스, 투키디데스(Thucydides) 등 그리스 로마 역사가들은 주로 건국과 전쟁의 영웅 중심으로 기록했다. 그래서 역사는 통치자나 지배자들의 학문 영역에 속해왔고, 또 그들이 주체가 되어 역사가 서술되어 왔다. 그러다 보니 지배층의 관점에서 쓴 피지배층에 대한 기록은 사실보다 편견과 왜곡이 더 많았다.

역사가가 계층에 따른 다른 관점의 역사 기록들을 어떻게 해석하는가에 따라 역사의 의미는 크게 달라진다. 과거 역사의 기록이 주로 지배자들의 관점에서 이루어져 온 것과 달리 오늘날 역사 서술의 주체는 국가 구성원의 주체인 일반 국민이다. 과거 계급 사회에서처럼 국가의 주권이 특정 계층인 왕족이나 귀족들에게 있는 것이 아니라 일반 국민에게 있기 때문이다. 그래서 과거 지배층들에 의해 서술된 역사 기록은 역사가에 의해 새로 해석되어야 한다. 이런 역사관이 바로 '위로부터의 역사'가 아닌 '아래로부터의 역사'다. 마르크스 사상은 역사의 주체를 민중, 즉 피지배층으로 보고 역사를 지배층의 관점이 아닌 피지배층의 시각으로 봐야 한다는 새로운 역사관으로 역사학의 패러다임을 변화시켰다. 역사의 주체를 민중으로 인식한 '아래로부터의 역사학'은 역사 연구에 대해 다각적인 방법론을 발달시켜 오늘날 역사 연구에는 문헌 중심에서 벗어나 다각적인 과학적 방법이 동원되고 있다.[47] '아래로부터의 역사'는 역사 기록의 대상인 그 국가에 살았던 대다수 피지배층에 대해서 지금까지 거의 이야기하지 않았던 물음부터 시작한다. 과거의 역사는 통치자의 영광, 그리고 정치나 통치 수단으로서 실용적인 용도에 활용하기 위해 서술되었다. 19세기 후반에 이르기까지 여러 국가의 역사는 이따금 지배층이 피지배층의 의견을 반영해 통치해온 점을 보여주고 있는데, 이는 피지배층인 하층민들의 생각과 행동이 기존 질서를 위협하지 않도록 조종되었다는 것을 의미한다. 대개 피지배층은 지배층의 정치나 통치의 영향 아래에 놓여 있었기 때문에 피지배층은 지배층의 통치에 종속되어야 한다고 여겼고, 투쟁을 통해서 지배층에 저항할 뿐이었다. 에드워드 파머 톰슨(Edward Palmer Thompson)은 다음과 같이 '아래로부터의 역사'의 의미를 설명하고 있다.

나는 가난한 양말 직공, 기계로 인해 몰락한 직물공, 사양길의 수직공, 몽상적인 숙련직인 등등을 후대 사람들의 거대한 우월감으로부터 멸시받지 않게 하고자 한다. 그들의 직능과 전통은 이미 사라져가는 중인지도 모른다. 새로운 산업주의에 대한 그들의 적대는 역사적 추세를 거스르는 것이었다고 할 수 있을 것이다. 어쩌면 그들의 공동체적 이

---

47 '아래로부터의 역사'를 추구한 역사가들은 지배층이 아니라 민중의 역사에 집중했다. 마르크스 역사가들이 이런 역사에 기여한 것은 제2차 세계대전 이후인 1950년대 중반부터다. 노동운동이 성장하면서 마르크스주의자와 사회주의자들은 민중사, 즉 '아래로부터의 역사'에 흥미를 갖게 되었다. 노동계급의 역사를 연구하는 데 치중하던 이들은 점차 이러한 편협한 연구에서 탈피하게 되었지만, 연구방법론과 서술의 기술적 문제에 직면했다. 그리하여 서구 마르크스주의는 민중을 위한 역사의 전환을 모색하고 구술사, 미시사, 문화사, 문화인류학, 신문화사, 일상사, 심성사 등 다양한 방법론을 이용하기에 이르렀다. 이러한 '아래로부터의 역사'의 의미에 대해서는 Frederick Krantz, *History from Below: Studies in Popular Protest and Popular Ideology*(Oxford: Blackwell Publishers, 1988), pp. 13~28 참조.

상은 환상에 불과했을 것이고, 또 봉기를 위한 그들의 모의도 무모했을 것이다. 그러나 그들은 급격한 사회의 혼란을 겪고 살아왔으나 우리는 그렇지 않다. 그들의 열망은 그들 자신의 경험으로 볼 때 정당한 것이었다.[48]

이런 관점에서 우리나라 민중의 의미는 무엇이고, 또 민중의 역사를 어떻게 서술해야 할 것인가를 역사가들은 깊이 생각해볼 일이다. 『삼국사기(三國史記)』와 『조선왕조실록(朝鮮王朝實錄)』 등은 지배층의 통치 관점에서 서술되었다. 그 외에 승려 일연(一然)이 서술한 『삼국유사(三國遺事)』와 그 밖의 여러 역사서는 지배층뿐만 아니라 피지배층들에 대한 여러 역사적 사실들을 서술하고 있으나, 이 모두가 지배층 또는 식자층들의 기록이다. 같은 역사적 사건이라도 어느 계층의 관점에서 해석하느냐에 따라 그 의미는 달라진다. 이런 점에서 우리는 지배층 입장의 '위로부터의 역사'가 아닌 피지배층 입장의 '아래로부터의 역사'를 다시 한번 살펴볼 필요가 있다.

지배층은 자신들의 생각과 사상을 보편적 관념, 영원한 지혜라고 칭송함으로써 이를 초자연적이고 초문화적인 인류의 위대한 지식으로 간주해 비역사적인 역사 인식을 피지배층 모든 사람에게 주입해왔다. 지배층이 역사 서술을 독점하면서 그들의 역사를 만들어왔고,

---

48 E. P. Thompson, *The Making of the English Working Class*(New York: Vintage Book, 1966), pp. 12~13. 국내 번역서로는 E. P. 톰슨, 나종일 외 옮김, 『영국 노동계급의 형성』(상·하), 창작과비평사, 2000이 있다. 이 책에서는 원본을 참고했다.

피지배층의 역사는 망각되거나 사라진 셈이다. '아래로부터의 역사'
는 이렇게 역사를 만든 지배층이 삭제해버린 피지배층의 역사를 복
원하는 것을 지향한다. 한 시대의 역사는 특정 계급의 전유물이 아
니다. 역사는 각각 그 시대를 살아온 모든 사람의 삶이고, 그들이 공
유한 생각의 축적물이다. 그러므로 지배층이 남긴 역사서나 사료 등
은 그들의 생각에 따라서 쓰인 것이기 때문에 역사적 사실이 아니
라 꾸며낸 이야기일 수 있다. 역사가는 원 사료나 기존의 역사책을
역사 현실을 그대로 보여주는 기록물(document)로서가 아니라 문학
작품과 유사한 텍스트로 읽어야 한다는 것이다.[49]

이러한 역사 서술에는 그 시대 피지배층의 생각을 구현해낼 수
있는 역사가의 치밀한 상상력이 동원된다. 나탈리 제먼 데이비스
(Natalie Zemon Davis)는 재판관이 남긴 재판 기록을 바탕으로 16세
기 프랑스 하층 농민의 일상적 삶과 사고방식을 하나의 드라마로
재창작했다. 재판관이 당시 사기극 사건에 연루된 사람들의 증언을

---

[49] 이러한 주장을 한 도미니크 라카프라(Dominick LaCapra)는 "사료나 역사 기록을
작품으로 읽기를 권하며, 그러지 않고 역사적인 사실의 기록으로 읽는다면 이들 사
료와 역사 기록을 마치 종교 경전(Canon)처럼 만드는 것이 된다"라고 지적하고 있
다. 즉 이들 사료와 역사 기록이 은폐하고 있는 의미나 이야기를 역사가가 상상력을
발휘해 해석해야 한다는 것이다. 역사가가 사료와 역사 기록물을 작품으로 읽는다
는 것은 그것들의 내용을 해체함으로써 그 안에 감추어진 여러 사실을 드러내는
작업이다. Dominick LaCapra, "Geistesgeschichte und Interpretatio",
Dominick LaCapra, Steven L. Kaplan eds., *Geschichte Denken.*
Neubestimmung und Perspektiven Moderner Europäischer
Geistesgeschichte(Frankfurt: Fischer Taschenbuch Verlag, 1988), pp.
45~86. 영문판은 Dominick LaCapra, Steven L. Kaplan eds., *Modern*
European Intellectual History: Reappraisals and New Perspectives(Ithaca:
Cornell University Press, 1982).

통해 무엇이 진실이고 무엇이 거짓인지를 가려내야 했다면, 데이비스는 이 재판관이 남긴 재판 기록을 재해석해 그 사건의 중심에 서 있었던 마르텡 게르의 아내 베르트랑드의 심리 상태와 행위에 대한 치밀한 묘사를 통해 당시 농민의 망탈리테(mentalité), 즉 그들의 심성, 그리고 농부의 아내로 살아야 했던 여인의 사고방식을 설명하고 있다. 재판관이 그 사건의 진실을 밝히려 했다면, 데이비스는 가짜 남편을 진짜로 여기고 살고자 한 베르트랑드의 생각과 감정을, 16세기 한 여성의 아내와 어머니 그리고 딸로서 살았던 진짜 삶의 모습을 보여주고자 했다. 역사가로서 데이비스의 관심은 결과적으로 베르트랑드라는 중세의 한 평범한 여인을 재창조한 역사 서술을 내놓았다.

데이비스는 이 새로운 역사 서술을 통해 한 사악한 사기꾼의 희생자로 기록되었던 그녀를 농민문화라는 역사적 환경 속에서 페미니즘의 원형을 구현한 최초의 여성으로 재탄생시켰다.[50] 데이비스는 역사적 상상력을 동원해서 사료적 실증을 넘어선 역사 서술을 시도해 사료에 기록되어 있는 역사적 사실이라는 틀 속에만 빠져 있던 역사가의 연구 태도를 바꾸어 놓았다. 그는 역사적 실재를 드러내는 데 필요한 사료의 불충분함을 보충하기 위해 역사적 사실들을 이야

---

50   Natalie Zemon Davis, *The Return of Martin Guerre*(Massachusetts: Harvard University Press, 1983). 데이비스의 이러한 역사 해석에 대한 논쟁은 Robert Finlay, "The Refashioning of Martin Guerre", *AHR Forum: The Return of Martin Guerre, American Historical Review*(1988), pp. 553~571 을 보라. 국내 번역서로는 나탈리 제먼 데이비스, 양희영 옮김, 『마르텡 게르의 귀향』, 지식의풍경, 2000이 있다.

기체 형식을 빌려 표현했다. 말하자면 그는 사료의 한계를 극복하고 역사 인식의 지평을 넓힌 것이다.

이처럼 '아래로부터의 역사'는 지배층의 시각에서 벗어나 지배를 받고 살아간 민중들의 역사를 재구성한다. 이들의 시각으로 본 그 시대상은 어떠할까? 이러한 기본적인 문제를 해결하지 않으면 역사는 항상 특정한 계급의 시각으로 본, 왜곡과 편견으로 가득한 역사로 서술될 것이다. 이런 역사는 일부의 역사일 뿐 전체의 역사가 아니다. '아래로부터의 역사'를 추구한 역사가들은 단순히 계급에 초점을 두기보다 문화의 시각으로 그 지평을 넓혀갔다. 어떤 고정된 관심에서 벗어나 자유로운 시각을 갖게 되었는데, '아래'라는 의미를 단순히 계급으로 규정하지 않고 역사에서 지배층의 착취와 억압의 대상인 하층민의 망각된 역사를 발굴하는 데 치중했다. 그리고 이들 역사가는 당시 직접 역사를 경험한 그 시대 사람들의 생각과 행위를 이해하고자 했다.

이러한 '아래로부터의 역사'에 새로운 방법을 제공한 역사가가 바로 클리퍼드 기어츠(Clifford Geertz)다. 그는 문화를 해석해 하층민들의 사회적 표현 형태를 서술함으로써 당대 사람들의 역사적 경험과 생각이 문화로 표현되었음을 논증했다.[51] 또한 '아래로부터의 역

---

[51]   Clifford Geertz, *The Interpretation of Cultures*(New York: Basic Book, 2017), p. 9. 기어츠는 인도네시아 발리섬에 들어가 이들 원주민의 닭싸움 문화를 해석했다. 기어츠는 지배층이 이 놀이를 금지했는데도 원주민들이 이에 몰두한 것은 수탉싸움이라는 상징적 의식을 통해 죽음, 분노, 상실감 등 인생의 중요한 감정을 체험하고 구현하는 것이라고 주장한다. 즉 모든 문화는 그 나름의 방식으로 인생의 문제와 사회적 문제를 모두가 공유한 공동체 의식으로 발전시킨다. 하층민의

사'는 미시사, 즉 '작은 역사 이야기'다. 미시사는 사회 전반적인 구조나 왕조 교체, 전쟁, 폭동, 그리고 거대한 사회 변화를 연구하고 기록하는 것에서 탈피해 민중들의 일상적인 소소한 이야기를 중심으로 지배층에 의해 가려진 당시 하층민들의 삶의 자취를 추적하고 발굴해내는 작업이다. 지금까지 역사 창조의 주체는 항상 지배층이었다. 그러나 마르크스 사상이 대두되고 근대 민주화 시대를 맞아 민중이 주인이 된 오늘날 역사의 주체는 시민이 되었다. 여기서 시민은 신분이 아니라 국가의 구성체인 시민, 즉 자본가와 노동자다.

따라서 미시사는 사회 구조 속에 인간을 가둬두고 연구하는 역사가 아니라, 인간을 구조에서 해방함으로써 과거 속의 인간을 연구하는 역사다.[52] 오늘날의 여론 조사처럼 표본을 통해 전체 의견을 추정하는 방식이다. 이러한 미시사의 연구 방식을 잘 보여준 것이 바로 에마뉘엘 르루아 라뒤리(Emmanuel Le Roy Ladurie)의 『몽타이유(Montaillou)』다. 13세기 말부터 14세기 초까지 프랑스 몽타이유라는 마을에 살았던 하층민들의 역사를 다룬 이 연구서는 이단 재판에 넘겨진 마을 사람 25명의 심문 기록을 토대로 마을의 문화와 그들의 심성세계를 재구성한 것으로, 이 마을은 당시 프랑스의 축소판

문화는 그들만의 동질성과 유대감을 형성하는 주요한 체험이며, 식민지 상태에서 이러한 발리섬 원주민의 수탉싸움 문화가 역사적 의미로 해석될 때 이 전통적인 문화는 지배층과 외세에 저항하는 하층민의 투쟁 정신을 보여준다. William Roseberry, "Balinese Cockfights and the Seduction of Anthropology", *Social Research*, 49(1982), p. 1021.

52   Marc Bloch, *Apologie pour l'histoire: ou métier d'historien*(Paris: Dunod, 2020). 국내 번역서로는 마르크 블로크, 정남기 옮김, 『역사를 위한 변명: 역사가의 사명』, 한길사, 1979가 있다.

이다.[53] 저자는 이 책에서 그 마을 사람들의 지리적 환경, 종교, 사랑, 결혼, 사회적 관계, 노동, 기독교 종교관, 신앙 방식 등 구체적 모습을 통해 중세시대 농민들의 일상적인 삶과 사고를 보여주고 있다. 하층민들의 작고 소소한 이야기에는 이들의 생생한 삶이 담겨 있고, 때로는 이러한 작은 이야기들이 역사의 큰 흐름을 바꾸기도 한다.[54]

이러한 미시사의 서술은 주목받지 못한 사람들의 삶을 발굴해내 거대한 흐름의 역사가 아니라 평범한 하층민들의 삶에 관한 이야기를 찾아 그 안에서 그 시대상을 추적한다. 현대 역사학은 작은 한 인간의 이야기가 아니다. 현대 역사학은 거대한 집단의 이야기를 연구해 이를 기술하는 것을 목표로 삼기 때문에 국가나 민족이라는 집단의 이야기는 단순히 과거의 이야기가 아니라 역사가가 계획한 역사다. 이렇게 계획된 역사는 역사가에 의해서 과거가 아니라 현재로 옮겨진 것이며, 더 나아가 역사는 교훈적인 과거의 이야기에 머무는 것이 아니라 미래 지향적으로 창조해나간다. 이러한 현대 역사학을 비판하고 거대한 사회적 구조라는 갇힌 틀에서 벗어나 '시간 속의 인간에 관한 학문'을 지향한 미시사는 의미가 없는 역사적 사건에서

---

53 Emmanuel Le Roy Ladurie, *Montaillou, village occitan de 1294 à 1324*(Paris: Gallimard, 2016).

54 이러한 근거는 바로 '카오스 이론'이다. 이 이론에서 나온 것이 '나비효과'이며, 자연은 닫힌 세계가 아닌 끊임없이 창조되고 변화하는 열린 세계다. Ilya Prigogine, Alvin Toffler, *Order Out of Chaos: Man's New Dialogue with Nature*(London: Verso, 2017) 참조.

의미를 찾는 작업이다.[55] 역사의 망각 속에 묻혀 있던 한 하층민의 이야기가 현재 우리에게 주는 의미는 무엇인가?

이탈리아 역사가 카를로 긴츠부르그는 『치즈와 구더기(Il formaggio e i vermi: il cosmo di un mugnaio del 1500)』라는 저서에서 1599년 이단 재판을 받고 사형당한 이탈리아 프리울리 지역의 한 방앗간지기 메노키노의 생애를 다룬다. 그의 이야기를 통해 말하고자 하는 주제는 무엇보다 잊히고 은폐된, 억압받으며 살았던 하층민의 문화 발굴이다. 근대 이전 봉건시대나 조선과 같은 신분 사회에서 하층민들은 지배층 문화와 분리된 독자적인 영역을 가진 적이 없었다. 긴츠부르그는 바로 이러한 시대의 지배층 문화와 하층민 문화 사이의 갈등을 묘사하고 있다.[56]

이런 미시사 관점에서 볼 때 지배층의 상층 문화에만 초점을 맞춰온 오늘날의 역사 서술은 '아래로부터의 역사'의 관점에서 재해석을 요구받고 있다. '아래로부터의 역사' 서술에서 가장 먼저 검토해야 할 것이 사료 해석이다. 하층민에 관한 사료는 그리 많지 않고, 그나마 대개가 지배층의 관점에서 기록된 것들이다. 이런 기록은 문자 그대로 해석해서는 안 된다. 여기에는 일반적으로 통치자와 지배

---

55 대표적인 것이 Carlo Ginzburg, *The Cheese and the Worms: The Cosmos of a Sixteenth-Century Miller*(Baltimore: The Johns Hopkins University Press, 2013)이다.

56 여기에서 긴츠부르그는 하층민의 문화가 독창적이라는 점을 강조한다. 다시 말해, 지배층 문화와 피지배층 문화 속에는 서로 경계를 짓는 특성이 존재한다. Carlo Ginzburg, *The Cheese and the Worms: The Cosmos of a Sixteenth-Century Miller*, pp. 16~32.

층의 권력 구조가 내재되어 있어 이들의 언어로 설명하고 있기 마련이며, 하층민의 생각을 도외시하고 오직 지배층의 입장만을 대변하고 있다. 그러므로 역사가는 기록자의 의도에 맞춰 사료를 해석하지 말아야 하고, 그 안에서 역사의 연관 관계를 밝힐 수 있는 실마리를 찾는 것이 중요하다. 하층민은 자신들의 생각을 전해줄 역사 기록을 남기지 못했다. 그렇다고 이들의 역사를 알 방법이 전혀 없는 것은 아니다. 바로 지배층의 기록에 그 진실이 담겨 있다. 긴츠부르그는 미시사 방법을 통해서 이러한 지배층 기록에서 하층민의 역사를 찾아낸다. 이는 역사가가 과거의 진실을 판단하는 것에만 매달리지 말고 역사 현실을 재구성하는 것을 임무로 삼아야 한다는 것을 알려준다. 사료에서 은폐되고 삭제된 역사적 사실을 규명해내는 일이야말로 역사과학이기 때문이다.

역사가는 어느 시대, 어떤 사회의 윤리 체계와 통치 이념, 사회 질서 등 전체적인 상황에 의해 공식화된 문서에 의존하지 않고 오직 객관적인 사실에 초점을 두어야 한다. 역사라는 학문이 언어적 창조물이기는 하지만, 그렇다고 해서 역사를 자기 방식대로 지어낼 수는 없다. 역사 서술은 이야기체로 형성된다는 의미에서 픽션이며, 소설과 마찬가지로 인간의 삶과 경험에 대한 언어적 이미지를 전달한다. 또 역사 서술은 문학과 마찬가지로 과거의 사실을 서술하는 특성이 있으며, 소설처럼 플롯을 구성한다. 역사가는 역사 서술의 플롯을 구성할 때 자신이 속해 있는 문화로부터 영향을 받는다. 여기에서 역사가에게 사료와의 간격을 메울 상상력이 필요해진다.[57] 헤이든 화이트는 모든 역사 서술에 플롯 구성 형식, 논증 형식, 이데올로기

적 경향이 있다는 것을 실증적인 논증을 통해 보여주고 있다.[58]

이처럼 '아래로부터의 역사'의 역사 서술 방법론에 비추어 한국사는 어떻게 서술되었으며 누구를 역사적 주체로 삼고 누구의 관점에서 역사를 해석했는가를 생각해보아야 한다. 그 주체가 지배층이든 피지배층이든 넓은 의미에서 보면 한국인, 즉 '한민족'이다. 한민족의 개념에는 지배층뿐만 아니라 귀족이나 양반은 물론 하층민인 노예, 농민, 천민 등 언어, 문화, 관습 등을 공유한 모든 구성원이 포함된다. 그런데도 오늘의 한국사 연구는 주로 지배층이 기록한 사료와 문헌에만 매달려오면서 균형 잃은 편협한 역사를 서술해온 것이 아닌지 생각해볼 일이다.

우리 민족을 혈통 중심으로 규정한다면 고조선 또는 그 이전의 상고사로부터 같은 혈통으로 된 씨족, 그리고 부족에 이어서 국가로 발전해오면서 혈통과 언어, 관습이 통일된 하나의 민족이라는 공동체를 이루었다. 우리의 조상들이 살았던 고조선, 삼국시대에 이어 고려, 조선은 중국이나 유럽의 국가들처럼 이민족이 타민족을 지배해 세운 국가들이 아니다. 중국의 경우, 한족이 세운 한나라, 이어서

---

57 Hayden White, *Tropics of Discourse: Essays in Cultural Criticism*(Baltimore: The Johns Hopkins University Press, 1986), pp. 31~38, 81~122. 화이트는 이 책에서 역사와 소설 사이의 관계, 그리고 역사주의의 관점으로 역사 해석의 문제를 다루며, 비코(Vico), 크로체(Croce), 데리다(Derrida), 푸코 등의 특징을 통해 하층민의 이야기 주제에 관한 해석을 보여주고 있다.

58 Hayden White, *Metahistory: The Historical Imagination in Nineteenth-Century Europe*(Baltimore: The Johns Hopkins University Press, 1979). 국내 번역서로는 헤이든 화이트, 천형균 옮김, 『메타 역사』 제1·2권, 지식을 만드는 지식, 2011이 있다.

선비족이 세운 수·당나라, 그리고 한족들의 국가인 송나라, 이후 몽골족이 정복해 세운 원나라, 그다음 한족의 명나라, 이후 만주족이 세운 청나라 등으로 이민족과 타민족의 지배·피지배 관계 속에서 역사가 전개되었다. 이와 달리 우리나라는 단일민족 체제인 국가로 계속 이어져왔다는 점에서 중국이나 유럽 여러 나라의 역사와 다른 특징을 가지고 있다.

유럽은 알다시피 로마제국이 멸망한 이후 게르만족 일파인 프랑크족이 유럽을 지배하면서 여러 영주의 소유지인 장원의 체제로 국가가 형성되어 왔다. 따라서 유럽은 국경이 없고 영주들의 소유지 형태의 경계가 있을 뿐이다. 프랑스 왕의 영지가 영국에도 있고 독일에도 있으며, 영국 왕이 소유한 영지가 유럽 여러 지역에 흩어져 있는 식이다. 그리하여 유럽은 농노와 영주 사이의 주종 관계 사회라는 특징을 지니고 있다. 피지배층의 신분은 토지에 예속된 농노로서 지배층인 영주, 귀족들과 인신 소유의 관계에 놓여 있었다. 로마제국이 멸망한 이후 공권력이 사라진 유럽 사회는 그야말로 무법천지였다. 노르만족을 비롯해 이슬람, 게르만 등 여러 이민족의 침입으로 인한 약탈과 방화 등 폭력이 난무하는 야만의 시대가 이어지면서 농민들은 약탈자와 침략자에게 끊임없이 고초를 겪어야 했다. 바로 이런 혼란의 시기에 기사계급과 농민들은 기사계급이 약자인 농민들을 침탈자로부터 보호해주는 조건으로 농민들이 기사계급에 세금과 복종을 약속하는 상호 계약을 맺었다. 이로써 기사는 싸우는 계급으로서 영주라는 지위의 지배층이 되었다. 전투는 바로 이들 영주인 기사들의 몫이었다. 이 기사들은 자신들의 영지와 농노들을 지키기 위해 서로 싸우고 뺏고 빼앗기기를 반복했다. 여기에서 바로 노블레스 오블리주(noblesse oblige) 정신이 생겨났다. 반면에 조선의 지배층은 단지 군림하고 지배하는 권리만 있을 뿐 백성을 보호할 의무가 없었다. 자기 소유물을 지키기 위해 귀족과 영주 기사들이 서로 전쟁을 벌인 것과 달리 우리나라 지배층들의 정신에서는 이런 점을 찾을 수가 없다. 따라서 혈연 중심의 역사를 이어온 우리나라에서 주인과 노비라는 유럽 형태의 신분 체제를 유지해왔다는 점이 우리 역사를 이해하는 데 많은 혼란을 주고 있다.

우리 역사에서 가장 혼란스러운 문제가 바로 국가와 민족 개념이다.[59] 우리 역사에서 지배자 또는 피지배자들이 국가를 서로 같은 혈통을 가진 민족으로 이루어진 공동체로 인식했느냐 하는 것이다. 피지배층은 국가를 단지 신분제에 의한 지배와 피지배 관계의 사회로만 인식했을 뿐 오늘날의 국가의 의미를 전혀 이해하지 못했다. 독립운동 사학자들은 한국의 민족의식이 일제 식민통치를 거치며 주권을 되찾기 위해 벌인 저항운동 과정에서 형성된 것이라고 주장하기도 한다.[60] 그러나 한국의 민족의식은 19세기 유럽 열강의 서세

---

59 영어 'nation'은 우리나라에서 '민족'이나 '국민'으로 번역되고 있으나 유럽에서는 국민국가주의라는 의미로 통용되고 있다. 우리나라에서 민족의식은 대개 일제강점기에 독립을 염원하는 시대적 흐름에 의해 생겨났으며, 민족이라는 단어가 더 합당하게 보인다. 박찬승, 『민족·민족주의』, 소화, 2010, p. 21. 조선 민족정신의 형성에 대해서는 박찬승, 『민족주의의 시대: 일제하의 한국 민족주의』, 경인문화사, 2007 참조.
60 근대의 소산인 민족주의의 형성과 전개는 독립운동과 결집하고 있으며, 19세기 후반에서 20세기 전반에 걸쳐 발전했다. 따라서 한국 민족주의운동은 자주독립과 근대적 민족국가로의 이상을 내포하고 있다. 이에 따라 "한국 민족운동은 독립을 쟁취해 민족국가를 수립하고자 했다"는 것이다. 김창수, 「일제하 한국 민족운동의 역사적 위상」, 『한국민족운동사연구』 제23집, 한국민족운동사학회, 1999, pp. 1~25.

동점(西勢東漸) 흐름과 일본의 침탈 야욕에 놓여 있던 조선 민중들이 자신의 생활 공동체를 보호하기 위해 민족이라는 혈연의식을 결집해 일으킨 동학농민운동에서 형성되기 시작했다고 보는 것이 일반적이다.[61] 특히 동학농민운동은 반봉건, 반외세의 구호 아래 최초로 민중의 민족정신을 보여줌으로써 '아래로부터의 민족의식'을 형성했다. 이러한 피지배층 중심의 민족정신은 곧 민중운동인 영학당(英學黨) 투쟁, 활빈당(活貧黨) 투쟁, 의병 전쟁 등으로 이어졌다. 민족운동의 주체 세력이 농민전쟁의 주체 세력과 연결된 것이다. 이들 주체 세력이 민족적인 힘을 이루었다.[62] 한국 민족의식은 위정척사(衛正斥邪) 사상, 개화사상, 동학사상의 세 흐름으로 구별하기도 한다. 이 세 사상은 한말의 민족의식 고취와 민족 사상, 민족운동에 큰 영향을 미쳤으나, 각 사상의 계보에 따라 민족의식과 운동의 방향은 달랐다.[63]

이러한 한국 민족의식 형성과 민족주의운동에 대해서는 김창수, 『한국 근대의 민족의식 연구』, 동화출판공사, 1987을 보라.

61 유준기, 「일제하 한국 민족운동에 있어서 민족주의의 유형」, 앞의 책 『한국 민족운동의 역사와 미래』, pp. 32~33.

62 정창렬, 「동학과 농민운동」, 한국사연구회 편, 『한국사 연구 입문』, 지식산업사, 1981, pp. 444~449. 1907~1908년 무렵 호남 지역에서 일어난 의병들의 격문에서 "사천년 역사", "삼천리 강토", "이천만 동포"라는 표현이 나오고 있으며, 평민 의병장 신돌석의 시에서도 "낙목(落木)이 가로놓인 단군의 터전을 한탄하노라"라는 시구가 보인다.

63 민족운동 계보가 갈라진 원인에 대해 한국 내재적 조건으로 해석하기도 한다. 김영호, 「3·1운동에 나타난 경제적 민족주의」, 『3·1운동 50주년 기념논집』, 동아일보사, 1969, pp. 642~643. 그러나 조지훈은 "한말 민족운동의 계보는 근대화운동으로 선진 문명을 수용해 근대적 민족국가를 수립하려 한 개화사상, 서구 신흥 자본주의 침략을 막아내어 조국을 수호하려는 충의 사상으로 구별하기도 한다. 전자는 갑신정변(甲申政變)과 갑오경장(甲午更張)으로 나타났고, 후자는 을미, 병오, 정미의

그렇다면 주인과 종이라는 신분에 의해 지배자와 피지배자의 관계가 설정된 사회 체제를 어떻게 자신들을 보호해주고, 자신들이 낸 세금으로 운영하며, 자기 삶의 터전인 공동체로서 또는 혈연 중심의 민족 공동체로서의 국가로 인식할 수 있느냐 하는 문제가 발생한다. 비록 우리나라는 고대로부터 오랫동안 혈통과 언어, 관습이 같은 사회를 유지해왔지만, 유럽의 주인과 종의 관계와 같이 신분적인 체제의 국가였다. 즉 왕과 귀족들이 토지를 소유하고, 백성은 단지 그들을 위해 노동력을 제공하는 농노에 불과했다. 따라서 민족주의 정신은 우리 역사에 적용될 수 있는 시기가 한정되어 있다. 예컨대 몽골족이 고려를 침략했을 당시 나라와 백성을 지켜야 할 지배층은 모두 강화도로 도주해 거기서 백성들의 세금으로 호의호식(好衣好食)하며 지냈다. 백성들이 몽골 침략자들에게 혹독한 시련을 겪고 있는 동안 지배층은 자신들의 안위만 챙긴 것이다. 그래서 몽골족 침략은 고려의 지배층과 피지배층의 갈등 구조를 더욱 악화했다. 대표적인 것이 바로 '삼별초(三別抄)의 난'이다. 삼별초는 주로 하층민들로 구성되었으며, 몽골군에 격렬하게 항전하며 몽골군과 화친한 고려 지배층에게 반기를 들었다. 그러나 이를 진압한 것은 바로 고려의 개경 지배층들과 몽골군이다. 그러므로 삼별초의 난은 고려 지배층과 몽골 민족에 대한 항전으로 이해해야 한다. 몽골의 침략은 고려의 지배층과 피지배층의 통합과 결속을 다져주기보다 오히려 대립 관

의병란으로 나타났으며, 이 양자 사이에 삼정 소요와 동학농민전쟁이 위치한다"라는 것이다. 조지훈, 「한국민족운동사」, 『한국문화사 대계』 제1권, 고대민족문화연구소, 1964, p. 651.

계를 악화한 셈이다.

역사의 주체는 지배층인가 피지배층인가? 이 문제에 대해 마르크스는 역사의 주체를 피지배층인 민중으로 인식했다. 미국의 역사학자 로버트 단턴(Robert Darnton)은 "역사와 문화는 위로부터 만들어져서 아래로 파급되어 내려오는 것이 아니며, 밑바닥 문화의 주체인 하층계급 민중들 역시 나름대로 철학자만큼이나 지성적일 수 있다"라고 말함으로써 문화가 단지 지배층에서 만들어지는 것이 아니라고 논증하고 있다.[64] 단턴이 '아래로부터의 역사'를 통해 하층민의 집단 심성을 파헤친 역사 텍스트는 바로 이들의 문화였다. 문화가 하층민의 독특한 심성을 보여줄 뿐 아니라 지배층의 관점에서 본 시대상과 하층민의 시선으로 본 시대의 의미가 각기 다르기 때문이다. '아래로부터의 역사'는 지배층의 관점이 일반화된 것에 대한 반발이다. 그러므로 역사에 대해 올바르게 이해하기 위해서는 '아래로부터의 역사'의 관점에서 역사를 살펴보아야 한다. 자신들의 역사를 남기지 못한 이들 하층민의 역사는 망각의 역사다. '위로부터의 역사'에서 이런 하층민들의 저항의식을 지워버리는 일이 흔하게 일어난다. 고려시대의 '만적(萬積)의 난', '망이(亡伊)·망소이(亡所伊)의

---

[64] Robert Darnton, *The Great Cat Massacre: And Other Episodes in French Cultural History*(New York: Basic Books, 2009), chapter 6. 국내 번역서로는 로버트 단턴, 조한욱 옮김, 『고양이 대학살: 프랑스 문화사 속의 다른 이야기들』, 문학과지성사, 1996이 있다. 이 연구는 '아래로부터의 역사'를 시도한 가장 탁월한 연구서로 평가받고 있는데, 특히 이 연구의 목적은 민담을 사료의 기초로 삼아 '아래로부터의 역사'를 서술함으로써 사회사 분야를 넘어선 집단 심성, 즉 망탈리테 역사를 추구하는 것이다.

난', 조선시대의 '홍경래(洪景來)의 난'을 비롯한 하층민들의 저항의
식은 당시 지배층의 시각에서 보면 폭동과 반란에 지나지 않았다.
그러나 이러한 저항이 민족의식으로 표출된 것이 바로 동학농민운
동이다. 지배층 사대부 양반의 착취와 탄압에 대한 농민들의 저항이
외세와 맞물려 민족운동으로 전환된 것이다. 당시 동학 농민들은 신
분제 철폐 등 500년 동안 이어져온 조선의 반봉건 타파를 구호로
내걸었다.

동학농민운동은 반봉건·반외세 사상을 내세우는 등 혁명적 성격
을 보여주고 있다. 그렇다고 동학농민운동이 지배층과 피지배층의
통합과 민족 공동체로서의 국가, 그리고 민족 동질성을 자각한 민족
주의적 성격을 띤 것이라고 보기는 어렵다. 왜냐하면 동학농민운동
은 외세에 의해 위태로운 처지에 놓인 나라를 되찾기 위해 일어난
것이 아니라 지배층의 착취와 탄압을 견디지 못해 일어난 것이기
때문이다. 결국 정부는 일본군과 연합해 동학 농민의 봉기를 진압하
기에 이르렀다. 말하자면 동학농민운동은 봉건적인 국가 체제를 근
대적인 국민국가 체제로 바꾸기 위한 혁명적 봉기라기보다 지배층
에 대한 반발에서 비롯된 계급 간 투쟁의 성격을 지니고 있었다.

계급 간의 투쟁은 고려시대로 거슬러 올라간다. 로버트 단턴이 프
랑스 노동자들의 문화에서 부르주아와 노동자 사이의 갈등, 계급 갈
등의 심성을 찾아낸 것처럼 우리나라에서도 피지배층의 문화 속에
담긴 계급의식과 저항 감정은 쉽게 찾아볼 수 있다.[65] 예컨대 탈춤

이나 탈놀이는 등장인물의 생김새를 과장되게 표현해 우스꽝스럽게 하기도 하고 무섭게 하기도 했다. 탈놀이는 사회를 풍자해 비판하는 경우가 대부분이고, 신분을 상징하는 탈을 쓰고 양반이나 벼슬아치들의 잘못을 비판하면 관객들은 '얼쑤'라는 추임새를 넣어 흥을 돋우었다.

현실에서 신분이 낮은 서민들은 탈놀이를 통해 사대부 양반 지배층에 억눌렸던 자신들의 적개심을 표현했다. 오늘날의 표현으로 말하자면 계급의식이 표출된 것이다. 그렇다면 탈을 쓰는 이유는 무엇일까? 이는 지배층에 쌓였던 피지배층의 억울함과 분노, 적개심을 마음껏 드러내기 위해서였다. 얼굴을 가리지 않으면 양반에게 끌려가 모진 처벌을 받을 수 있기 때문이었다. 이처럼 피지배층의 문화 속에 나타난 계급적 감정과 갈등은 조선이 신분 체제를 끝까지 고

적 표현도 일반적인 관용적 표현의 내부에서 발생한다는 전제로부터 출발한다"라고 강조한다. 그러므로 "그것은 해석학적 학문이며, 그 목적은 동시대인들에 의해 각인된 의미를 찾아 읽는 것"이라고 말한다. 로버트 단턴, 위의 책, 『고양이 대학살: 프랑스 문화사 속의 다른 이야기들』, pp. 3~6. 이러한 문화의 해석에 대해 기어츠는 인류학적 방법과 문화주의적 개념으로 인간 본성과 문화 및 사회와의 관계를 강조하며, 인류학의 목적이 인간들 간의 의사소통의 세계를 넓히는 것이라고 말한다. 그는 인도네시아 발리의 닭싸움에서부터 신생국의 정치에까지, 그리고 종교나 정신에서부터 인간 개념에 이르기까지 광범위한 삶의 문제들을 구체적으로 다루고 있다. 이 책은 '문화 개념이 인간 개념에 미친 영향', '문화의 성장과 정신의 진화', '현대 발리에서의 내적 개종', '문화 체계로서의 이데올로기', '의례와 사회 변화' 등 총 15개 장으로 나누어져 있다. Clifford Geertz, *The Interpretation of Cultures*(New York, Basic books, 1973). 국내 번역서로는 클리포드 기어츠, 문옥표 옮김, 『문화의 해석』, 까치, 1999가 있다. 특히 문화의 역사적인 의미를 해석하는 방법론에 대해서는 Lynn Hunt, *The New Cultural History*(the University of California Press, 1989), 국내 번역서로는 린 헌트 엮음, 조한욱 옮김, 『문화로 본 새로운 역사: 그 이론과 실제』, 소나무, 1997 참조.

수하며 망할 때까지 지속되었다.

사대부 양반의 가혹한 착취와 인권 유린을 강요된 인내심으로 참고 견디며 살아가야 했던 피지배층의 계급의식은 억압 속에 묻혀만 있었을까? 그렇지 않다. 피지배층 농민과 천민들은 자신의 계급적 적개심을 절대 숨기지 않았으며, 민담과 그들의 생활문화를 통해 이를 면면히 이어갔다. 그런데도 이 점이 우리 역사 서술에서 확연히 드러나지 않은 것은 한국 사학자들이 이와 관련된 역사적 사실을 찾아내는 데 소홀했거나, 이러한 문제를 관심 밖에 두었기 때문이다. 『홍길동전』이나 『춘향전』, 『콩쥐팥쥐』 등 조선 말의 문학 작품은 주로 지배층의 부당한 행위와 피지배층의 이상향을 담고 있다. 로버트 단턴은 『고양이 대학살: 프랑스 문화사 속의 다른 이야기들』에서 피지배층의 민담을 통해 이러한 지배층을 향한 저항의식을 드러내고 있다. 그는 「마더구스 이야기의 의미」라는 피지배층 농민의 민담에서 이들 계층의 망탈리테를 치밀하게 끌어내고 있다. '마더구스' 같은 피지배층에게 전해온 민담은 역사적 문서로서, 이것이 곧 '농부들의 이야기'라는 것이다.[66] 사실상 민담은 어린이를 위해 의도된 것이며, 이것은 언제나 행복한 결론으로 끝나야 하고, 어느 시대, 어떤 사

---

66 부모가 아이에게 「빨강 모자 소녀」를 들려주며 재우려는 것은 지배자의 폭력성에 대한 주의와 그 폭력적인 지배에서 벗어날 수 있도록 해주는 구원자를 갈망하는 농민들의 망탈리테를 보여준다. 그러므로 민담에 대한 해석은 정신분석적이 아니라 실증주의적인 방식으로 해야 한다. Bruno Bettelheim, *The Uses of Enchantment: The Meaning and Importance of Fairy Tales*(New York: Vintage, 2010), pp. 166~183.

회에나 적용될 수 있다.[67] 피지배층의 문화는 곧 그 시대 그들의 삶과 생각, 사고방식을 담고 있다.[68] 부모들은 민담을 통해 자신들의 생각과 의식, 좀 더 정확히 말하면 지배층을 향한 적개심과 저항의식을 아이들에게 전해줌으로써 그들의 시대에 언젠가 행복한 세상을 만들어내길 바란다는 것을 보여주고 있다.[69]

그렇다면 민담 내용은 어떤 역사적 사실들을 내포하고 있을까? 많은 민담은 지배층의 억압과 착취, 그리고 신분제도에 의한 차별과 폭력 등에서 벗어나고자 하는 피지배층의 열망을 담고 있다. 이것을 우화로 꾸며 이러한 정신을 아이들에게 전함으로써 자신들의 그 이상향을 잊지 않길 바랐다.[70] 이런 피지배층 농민들의 소망을

---

67 Bruno Bettelheim, *The Uses of Enchantment: The Meaning and Importance of Fairy Tales*, pp. 5~15, 37, 97.

68 이들의 이야기를 역사적 의미가 있도록 하려면 인류학과 민속학이 적용되어야 할 것이다. 로버트 단턴, 앞의 책 『고양이 대학살: 프랑스 문화사 속의 다른 이야기들』, p. 31.

69 이 점에 대해서 단턴은 "민담이란 집단적 상상력을 임의로 꾸며낸 것이 아니라 주어진 사회 질서 내에서 공통적인 경험을 근거로 한다"라며 "농민들이 그 시대의 세계를 보았던 방식을 재구성하려면 '그들이 공통으로 지녔던 경험이 무엇인가', '그들이 일상생활 속에서 함께 나누었던 경험은 무엇인가'라는 물음으로 시작해야 한다"라고 강조한다. 로버트 단턴, 앞의 책 『고양이 대학살: 프랑스 문화사 속의 다른 이야기들』, p. 43.

70 이러한 민담의 역사적 성격은 1950년대에 최초로 사용된 '움직이지 않은 역사'라는 개념, 말하자면 오랜 기간에 걸친 구조적 연속성의 역사 개념으로서 아날학파가 정립한 '장기 지속(longue durée)'의 역사다. 이 역사의 개념에서 본 프랑스 농민들은 왕이 바뀌고 전쟁이 벌어지는 동안에도 자신들의 생활이 기억할 수 있는 아주 먼 시대 이래 언제나 한결같이 다름없었다고 생각했다. 왜냐하면 프랑스 농민들은 영주의 착취, 생존을 위한 끊임없는 노동, 신분 차별 등으로 지배층에 대한 증오심을 항상 갖고 살았기 때문이다. 이는 대부분의 농민에게 마을 생활은 생존 경쟁이었으며 지배층과 피지배층을 가르는 신분의 경계선에서 살았다는 점을 보여준다. 이에 대해서는 다음을 참조하라. Pierre Goubert, *Beauvais et le Beauvaisis de*

염두에 두고 조선시대의 신분 차별을 보여준 『홍길동전』, 그리고 사대부 양반들의 횡포와 억압을 물리치고 천한 신분의 여인을 구해주는 『춘향전』은 이런 시각에서 다시 읽혀야 한다. 물론 이 책들은 민담이 아니라 소설이지만, 그 시대 피지배층의 삶의 모습을 통해 그들의 열망을 보여주고 있다는 점에서 민담이 갖는 의미와 다를 바 없다.[71]

조선시대 농민과 천민, 노비 등 피지배층의 삶은 모든 곳에서 죽음과 비정한 투쟁이었다. 『콩쥐팥쥐』, 『장화홍련전』 등은 어려서 어머니나 아버지를 잃고 부모가 재가한 후 일어난 사건을 다루고 있다. 이 작품들의 내용은 선과 악의 대결 구도를 설정하고 결과적으로 선이 최후의 승자가 되는 것으로 결론을 맺고 있다.[72] 유럽의 경

1600 à 1730: Contribution à l'histoire sociale de la France du XVIIᵉ siècle(Paris: EHSS, 1995); Pierre Goubert, *La vie quotidienne des paysans français au XVIIᵉ siècle*(Paris: Hachette, 1982); Olwen H. Hufton, *The Poor of eighteenth-century France 1750~1789*(Oxford: Clarendon Press, 1974).

71 김지평, 『한국 가요 정신사』, 아름출판사, 2000에 의하면, 동학농민운동 시기 전래 민요인 '새야 새야'의 가사는 원래 "쇠야 쇠야 팔한(八寒) 쇠야"였다고 한다. '쇠'는 낮은 신분을 나타내는 남도 말로 변강쇠, 마당쇠, 돌쇠, 쇤네 등으로 쓰이고 있고, '팔한'은 지옥 명칭의 하나로서 '팔한 쇠'는 '지옥 쇠'가 된다. 즉 "쇠야 쇠야 지옥 쇠야"라고 불렸다는 것이다. 그러므로 이 민요에서 쇠는 곧 진압군인 일본군을 지칭하는 것으로, 일제에 의해 금지곡으로 지정되었다.

72 『콩쥐팥쥐』 설화는 서양의 「신데렐라」를 모방한 것이라는 주장이 있으나, 그렇다 해도 이 설화는 농민들의 처절한 죽음과 삶의 현실뿐 아니라 그들의 역사적 망탈리테를 보여준다. 강성숙, 「콩쥐팥쥐(黃豆红豆)」, 『한국민속대백과사전』, 권선징악에 대해서는 류다영, 「동화에서 계모의 역할과 필요성: 「콩쥐팥쥐」와 「신데렐라」를 중심으로」, 『한국산학기술학회 논문지』 제22권 제6호, 한국산학기술학회, 2021, pp. 258~266 참조. 특히 설화는 자연적 또는 집단으로 발생하고, 내용은 민족적, 평민적이다. 신화와 전설, 민담 등이 이에 포함된다. 그 민족의 생활 감정과 풍습을 암시하며 형식은 서사적이어서 소설의 모태가 된다. 신화, 전설, 민담은 대체로 신성성과

우 「신데렐라」가 이런 사례를 보여준다.

프랑스에서는 17세기 노르망디의 크륄레에서 1,000명의 아기 중 236명이 첫 번째 생일을 맞기 전에 사망했으며, 18세기 프랑스 사람의 45퍼센트 정도가 10세가 되기도 전에 죽었다. 최소한 부모 중 한 명이 죽기 전에 성년에 도달한 사람은 거의 없었다. 일찍 죽는 높은 사망률로 인해 결혼 기간은 평균 15년 정도에 불과했고, 계모가 급증했다. 과부의 재혼율이 높아 계모가 계부보다 많았다. 자식이 신데렐라처럼 살아가야 할 아이들이 그만큼 많을 수밖에 없었다. 가난과 죽음, 지배층의 착취와 억압으로 인한 피지배층 농민들의 증오심과 저항을 보여주는 민담은 우리에게 그 당시의 역사적 사실을 말해주고 있다.[73]

역사성의 유무로 구별한다. 즉, 신화는 둘 다 갖추고 있고, 전설은 역사성만을 가지며, 민담은 모두 거세된 흥미 본위의 옛이야기라는 특성을 보여주고 있다. 이 작품은 후처제의 제도적 모순과 가장의 무책임을 함께 다루는 현실적인 의미를 지니고 있다. 이에 대해서는 다음을 보라. 이헌홍, 『한국 송사소설 연구』, 삼지원, 1997; 박성의, 『한국 고대소설사』, 일신사, 1964; 신기형, 『한국 소설 발달사』, 창문사, 1960; 김기동 『이조시대 소설론』, 정연사, 1959; 김태준, 『조선 소설사』, 학예사, 1939. 한편 『홍길동전』은 16세기 이후 빈번해지던 농민 봉기와 그것을 주도했던 인간상에 대한 구비전승을 근간으로 하고, 그 현실적 패배와 좌절을 승리로 이끌어가고자 하는 민중의 꿈을 충족시키기 위해서 후반부가 허구적으로 첨가된 것으로 추정된다. 『홍길동전』은 문제의식이 아주 강한 작품으로 사회 문제를 다루면서 지배 이념과 지배 질서를 공격하고 비판한다. 이런 점에서 지배 이념에 맹종하고 대중적 인기에 영합하면서 무수히 쏟아져 나온 흥미 본위의 상업적 소설과는 본질적인 차이를 보여준다. 또 『홍길동전』은 적서 차별 등의 신분적 불평등을 내포한 중세 사회는 마땅히 개혁되어야 한다는 주제의식을 보여주고 있다는 점에서 진보적인 역사의식을 드러내고 있다. 이러한 평가에 대해서는 이윤석, 『홍길동전 연구』, 계명대학교 출판부, 1997; 황패강·정진영, 『홍길동전』, 시인사, 1984 참조.

73 샤를 페로(Charles Perrault)의 마더구스 이야기는 「장화 신은 고양이」, 「엄지 소년」, 「신데렐라」, 「어리석은 소원」이라는 가장 잘 알려진 네 개의 이야기를 서로 비

근세 초 프랑스 농민들이 계모와 고아들의 세계, 비정하고 끝없는 노동의 세계, 거칠고 잔인한 감정의 세계에 살고 있었던 것처럼 조선시대 농민들도 마찬가지였다. 오늘날 인간의 조건은 크게 변해 과거 고통스럽고 잔혹한 환경 속에서 단명했던 그 시대 피지배층의 세계가 어떠했는지 현대인은 상상하기 어려울 것이다. 이것이 오늘 역사가들이 민담과 설화를 다시 읽어야 하는 이유다.[74] 이야기꾼들은 직접 말하지 않는다. 그들은 자신들의 처지와 감정을 후세에게 전하기 위해 속담이나 민담 등으로 포장해 이야기하고 있으며, 이것들은 곧 각 민족의 독자적인 문화적 양식이다.[75] 천민, 농부 등 피지배층은 자신들의 독특한 문화 양식을 통해 자신들을 표현하곤 했다. 이것이 '아래로부터의 역사'의 연구 방법이다. 부자와 가난한 자, 지배하는 자와 지배를 받는 자, 이러한 이분법은 당시의 비정하고 비참한 사회적 현상이었다. 이런 점에서 우리는 선조들이 남겨준 유산이 무엇인지, 조선이라는 시대의 역사를 사대부 양반 지배층이 아닌 피지배층의 관점, 즉 아래로부터 다시 살펴보아야 하지 않겠는가?

우리나라의 신분제는 삼국시대까지 거슬러 올라간다. 신라시대부

교 검토해 분석하고 있다. 이들 이야기는 가난한 사람들과 부자들의 상호 투쟁을 극대화했으며, 어떤 판본에는 악마에게 영주의 배역을 맡겨 "그리하여 하인이 주인을 먹었다"라고 결론지음으로써 사회적 비판을 보여주고 있다. 이러한 농민들의 삶은 사악한 계모와 관련이 있으며, 이는 곧 지배층과 피지배층의 관계를 의미한다. Paul Delarue, Marie-Louise Ténèze et al. *Le conte populaire français: Catalogue raisonné des versions de France et des pays de langue française d'outre-mer* II(Paris: CTHS, 1976), p. 289.

74 로버트 단턴, 앞의 책 『고양이 대학살: 프랑스 문화사 속의 다른 이야기들』, p. 50.
75 로버트 단턴, 앞의 책 『고양이 대학살: 프랑스 문화사 속의 다른 이야기들』, p. 97.

터 조선 전기까지 존속되어 온 특수한 지방 하급 행정구획인 향(鄕), 소(所), 부곡(部曲)의 사람들은 일반적인 양민과 달리 그 신분이 노비, 천민에 속했던 하층민이었다. 부곡은 원래 중국에서 노예, 노비와 같은 천한 신분을 가리켰다. 이들은 천민 출신이기 때문에 병역과 납세 의무가 없었으며, 일제강점기 호적법에 따라 신분제가 철폐된 후 성(姓)을 갖게 되었다. 향은 부곡과 비슷한 행정구획으로 농업에 치중했다. 부곡과 향의 주민들은 노비보다 지위가 높았으나, 이들 역시 천적(賤籍: 노비문서)에 의해 관리되었으며, 지방의 호장(戶長)이 주(州), 군(郡), 현(縣)의 행정기관을 통해 간접적으로 이들을 지배했다. 한편 소는 중앙 정부에서 필요로 하는 각종 물품을 생산, 공급하는 기구였는데, 주민들의 신분은 공장(工匠)으로서 철기, 종이, 옷감, 백자, 기와, 소금 등을 만들었다. 이런 천민 마을은 전쟁에서 패해 투항하거나 귀순한 자, 반역 죄인, 기타 특수한 물건을 만드는 생산 노비 집단 거주지 등에서 시작한 것으로 보인다. 향, 소, 부곡의 주민은 노비와 같은 형벌을 받았고, 본관제(本貫制)에 의해서 자손도 대대로 신분이 세습되었을 뿐 아니라, 승려가 되는 것도 금지당했다.[76] 당시 이들 천민 지역의 사람들은 지배층에 의한 극심한 수탈에 시달려야 했을 뿐 아니라 벌레보다 못한 취급을 받았다.

---

76 고려 건국 초기인 태조 23년(940)에 각 지역의 백성과 토지의 문적(文籍)을 작성하고 그 지역의 유력 호족에게 성씨를 부여하는 등 토성분정(土姓分定) 정책을 시행했다. 유력 호족에게 본관을 부여함으로써 그 지역의 지배권을 인정해준 것이다. 이 본관제는 향, 소, 부곡민에게는 대를 이어서 벗어날 수 없는 신분 세습으로, 조선 시대의 종모법(從母法)과 같았다.

이런 신분 차별과 억압으로 이들 지역에서는 반란이 끊이지 않았다. 특히 명종 6년(1176)에 일어난 망이·망소이의 난은 고려 사회의 신분 질서를 타파하려는 향, 소, 부곡민의 신분해방운동과 반란이라는 두 성격이 결합한 것이다.[77] 이러한 신분제도는 조선시대에도 그대로 이어졌다.

그런데 단군의 후예로서 한 핏줄이라는 혈통적인 민족 개념으로 오랜 역사를 이어온 우리나라에서 어떻게 그토록 오랫동안 노예제도가 존속해왔을까? 기본적으로 우리 역사는 고조선부터 현대에 이르기까지 국가를 같은 혈통의 민족 공동체로 인식하게 한다. 그리하여 지금까지 역사가들은 혈통 중심의 민족이라는 가족 개념으로 국가 구성원의 관계 설정을 하고 우리 역사를 설명하고 있다. 그러나 우리나라 역사뿐 아니라 유럽 등 세계 여러 나라의 역사를 살펴보면 국가는 가족 개념의 공동체라기보다 지배자와 피지배자의 관계의 성격을 띠고 있다. 이것이 과거 인류 역사의 특징이다. 국가를 가족 개념의 공동체로 보는 시각은 근대 국민국가, 즉 신분제가 철폐되고 봉건 질서가 사라진 다음, 국가 구성원들의 평등과

---

77 장영준, 「고려 무인 집권기 하층민의 동향」, 단국대학교 석사학위 논문, 1977, pp. 18~21. 고려 무인시대 100년에 걸쳐 이들 지역에서 70여 차례 극심한 항쟁이 발생했다. 이들 지역 하층민이 봉기한 이유는 신분은 양인이지만 천한 일을 맡은 신량역천(身良役賤)에 해당한 소민(所民) 신분에서 벗어나 과도한 수취를 면하기 위해서였다. 고려시대 천민과 농민 항쟁에 대해서는 변태섭, 「농민·천민의 난」, 『한국사』 제7권, 국사편찬위원회, 1973; 이정신, 『고려 무신정권기 농민·천민 항쟁 연구』, 고려대학교 민족문화연구원, 1991; 김당택, 「고려 무신정권 초기 민란의 성격」, 『국사관논총』 제20집, 국사편찬위원회, 1990; 박종기, 「12, 13세기 농민항쟁의 원인에 대한 고찰」, 『동방학지』 제69집, 연세대학교 국학연구원, 1990; 홍승기, 『고려 귀족사회와 노비』, 일조각, 1990 참조.

자유가 실현된 후 권력과 주권이 국민에게 주어진 민주주의가 구현된 공화국이 수립되었을 때 확립되었다. 그때까지 모든 국가의 역사는 지배층과 피지배층의 투쟁의 역사였다. 말하자면 국가는 지배·피지배의 갈등 구조로 이어져왔다.

조선시대에는 모든 국가 구성원이 평등하지 않았고, 더욱이 사대부 양반 지배층 외에 농민, 천민 등 피지배층은 권력 주체도 아니었을 뿐 아니라 국가의 운명을 결정지을 수 있는 주권자도 아니었다. 조선시대 피지배층은 국가의 주인들인 왕과 사대부 양반들을 주인으로 모시고 평생을 살아야 했던 사회 구조 속에서 국가를 가족 개념의 국가 구성원의 공동체로 인식하지도 못했다. 지배층 사대부 양반들에게 피지배층 농민과 천민은 자신들에게 도전해 오면 기득권과 체제 수호를 위해 외국 군대의 힘을 빌려서라도 철저하게 토벌해야 할 주적이었다. 동학농민운동이 그 대표적 사례다. 국가의 주인은 바로 기득권자 사대부 양반들이었기 때문이다. 농민과 천민 등 피지배층은 단지 사대부 양반 지배층들을 위한 농노에 불과했다. 1894년 동학농민운동의 물결은 지배층에 대한 피지배층의 저항운동이었으며, 이들은 불평등한 신분제의 타파와 구체제의 개혁을 요구하고 나섰다.[78] 이러한 농민 봉기로부터 체제 전복의 위험을 자

---

78 동학농민운동은 '사람이 하늘이다'라는 선언을 통해 인간의 존엄성, 평등성을 표명했다. 그러나 동학농민운동의 인권은 개인의 자유나 평등권 등 계급 타파를 바탕으로 한 자유민주주의나 인민민주주의와는 달리 하늘을 모신 보편적 인격의 덕성에 기반을 둔 도덕민주주의의 성격을 지니고 있다. 또 동학농민운동은 민주주의의 현실적 기초인 공공성(公共性) 확보를 추구했는데, 이러한 동학농민운동 정신은 접포제(接包制), 집강소(執綱所), 민회(民會)에서 찾아볼 수 있다. 접포제는 동학이라

각한 당시 지배층들은 개혁파와 수구파 할 것 없이 서로 결탁해 일본 군대의 힘으로 가혹하게 봉기를 진압했다. 조선의 사대부 양반 지배층들은 근대화의 물결 속에서도 끝까지 자신들의 기득권과 특권, 그리고 그것을 보장해줄 구체제를 수호하려고 애를 썼다. 그리고 체제 유지를 위해서는 피지배층의 학살도 마다하지 않았다.

물론 구한말 일본, 러시아, 미국, 프랑스 등 외세의 서세동점 현상을 본 당시 지배층은 내부 피지배층의 저항을 외부의 침략 세력보다 더 큰 두려운 도전으로 느꼈을 것이다. 그만큼 당시 조선의 지배층은 500년이라는 긴 세월 동안 피지배층을 철저히 자신들의 속박에 묶어 놓았다. 조선의 지배층은 지식의 독점과 철저한 신분제, 그리고 충과 효, 유교의 예(禮)를 바탕으로 한 사회 질서를 신봉하며 이를 피지배층에게 주입해 전통문화로 정착시킴으로써 완전하게 조선을 지배해왔다.

새로운 세계의 근대화 물결이 조금씩 조선에 전파되었으나 피지배층에게까지 널리 전달되어 봉건적인 기존 체제를 무너뜨릴 만큼 확산되지는 않았다. 진짜 위협은 외부로부터 왔다. 조선의 근대 사상은 기득권 세력에서 밀려나 소외된 지식층들에 의해 피지배층에게 전달되었다. 다시 말해, 동학농민운동 등 새로운 체제를 요구한

는 새로운 가치관을 중심으로 형성된 영적인 생활 공동체를 일컬으며, 집강소는 전주성 함락 이후 민의 자발성이 반영된 지방행정 기관이다. 이는 민의 자발적 모임이므로 민회라는 이름으로 불리기도 했다. 이 점에서 동학농민운동은 우리나라 최초의 자치적 민주주의의 정신을 보여주고 있다. 오문환, 「동학에 나타난 민주주의: 인권, 공공성, 국민주권」, 『한국학논집』 제32집, 계명대학교 한국학연구원, 2005, pp. 179~211.

피지배층의 봉기는 순전히 이들의 자발적인 동기에서가 아니라 기득권층에서 밀려나 소외된 지배층들에 의해서 발발한 셈이다. 고조선시대부터 조선에 이르기까지 우리나라의 피지배층은 오직 지배와 피지배라는 지배 구조가 곧 국가의 의미라고 생각해왔다. 외적이 침략했을 때 피지배층이 그들과 맞서 싸웠던 것은 국가와 민족을 지키려는 생각에서가 아니라 자신들의 삶의 공동체를 지키기 위해서였다. 국가 구성원으로서 의무가 생긴 것은 근대국가가 들어선 이후의 일이다. 근본적으로 우리 역사는 민족이라는 국가 공동체 인식 속에서 발전되어 온 것이 아니다. 민족이라는 개념은 근대에 등장한 것이며, 이는 외세에 대한 저항, 그리고 일제 식민통치에 대한 반발과 독립정신에서 나타난 개념이다. 항일운동을 위해 조선인 전체의 결집이 필요했던 지배층 지식인들에게는 민족의 개념이 절실했을지 몰라도 아직 신분 체제의 지배를 받고 있던 당시 피지배층에게는 이해할 수 없는 개념이었을 것이다.[79] 그런데도 고려는 고구려, 백제, 신라, 옥저, 북부여, 예, 맥 등이 모두 단군의 후손이라며 신분의 차별을 넘어 한반도에 살아왔던 모든 백성이 한 핏줄임을 강조했

---

[79] 노태돈은 "양반과 상민, 종과 상전의 신분 구분이 엄존하고 있던 사회에서 민족 구성원 모두가 한 핏줄이라는 식의 주장은 비록 구호적인 것일지라도 일반화되기는 불가능하다"라고 지적한다. 이러한 한 핏줄 의식이 조선 백성 전체로 확대되어 적용되기 위해서는 신분제 해체가 필수적이므로 제국주의 침략에 직면해 조선인 사이에 운명 공동체로서 자신들의 존재에 대한 자각이 확산했고, 이러한 역사적 상황 속에서 새로운 시대정신으로 제기된 것이 근대적 민족의식이었다는 것이다. 노태돈, 「단군과 고조선사에 대한 이해: 사실과 상징의 변주곡」, 노태돈 편저, 『단군과 고조선사』, 사계절, 2014, p. 27.

다.[80] 그러나 천민과 귀족이 한 핏줄이라는 주장은 사실상 신분제 사회 질서를 무너뜨리는 위험한 주장이었다. 천민과 같은 핏줄이라는 생각을 지배층이 수용할 리 없었기 때문이다. 그리하여 조선의 사대부 양반들은 피지배층이 아닌 지배층만이 단군의 후손이라고 말한 것이다.[81]

오늘날 민족주의 관점에서의 역사 서술을 비판하는 한국 역사가들이 많다. 민족이라는 국가 공동체를 인식하게 된 시기가 구한말 이후 나라가 외세에 의해 위태로운 처지에 놓였을 때였기 때문이다. 결국, 조선이 망하고 한민족과 한반도 강산이 일제에 의해 지배를 받게 되자 의병운동이나 일제강점기 독립운동에 투신했던 자들은 우리의 역사를 민족의 관점에서 파악하고, 같은 혈통, 전통, 언어, 관습, 문화, 다시 말해 고대로부터 이 땅에 거주하며 국가를 형성하고 역사를 이어온 민족국가 개념으로 우리 역사를 이해했다.[82] 물론 신채호(申采浩)나 정인보(鄭寅普) 등 민족주의 역사가들은 오로지 국

---

80 대표적인 것으로 13세기에 쓰인 『단군본기(檀君本紀)』가 있으나 현존하지 않는다.
81 사대부 양반 출신 이승휴(李承休)는 『제왕운기(帝王韻紀)』 본문에 『단군본기』를 주(註)로 인용하면서 삼한 70여 개국 군장들은 단군의 후예라고 했다. 또 『세종실록지리지』 '평양'조에서 단군신화를 서술한 뒤 "삼한 70여 개국은 모두 단군이 다스렸다"라고 서술했다.
82 유준기, 앞의 글 「일제하 한국 민족운동에 있어서 민족주의의 유형」, p. 11. 이에 대해서는 다음을 볼 것. 김창수, 『한국 근대의 민족의식 연구』, 동화출판사, 1987; 박환, 「한국 역사학계의 민족운동사 연구 동향」, 한국민족운동사연구회 편, 『한국민족운동의 새로운 방향』, 국학자료원, 1998; 강만길, 『한국민족운동사론』, 한길사, 1987; 조동걸, 『한국 민족주의 성립과 독립운동사 연구』, 지식산업사, 1989; 유병용, 『한국 근대사와 민족주의』, 집문당, 1977.

가 구성원 관계 속에서 민족 공동체로서의 역사를 생각했다.[83] 고대로부터 이 땅에 살아온 우리 선조들은 지배자와 피지배자의 관계 속에서 신분제의 사회적 질서를 국가의 형태로 인식하고 살아왔을지라도 같은 문화와 언로 혈통, 관습과 종교, 전통을 이어오고 이를 발전시켜오면서 동질적인 민족의 역사를 이어왔다. 예컨대 지리적·문화적·역사적으로 다른 민족과 구별된 한 핏줄의 '우리 민족' 개념으로서 삼한(三韓)이 사용되었다. 그리고 삼한 이전의 고조선이 우리 민족 역사의 시작으로 인식되었고, 점차 조선(朝鮮)으로 대체되었다. 그리하여 고려 말 신진 사대부 등 새로 등장한 지배층이 국호를 조선이라 한 것이다.[84] 이런 점에서 보면 우리나라 역사를 외국, 이민족의 역사와 비교해볼 때 민족주의적 역사는 옳다. 신채호의

---

83 대표적인 역사서가 신채호의 『조선상고사(朝鮮上古史)』다.

84 『삼국유사』 「기이(紀異)」편 앞부분에서는 고조선과 위만조선을 비롯해 통일신라까지 다루고, 「왕력(王曆)」편에서는 신라, 고구려, 백제, 가라국을 다루고 있다. 또 한치윤(韓致奫)이 저술한 『해동역사(海東歷史)』의 「세기(世紀)」에도 단군조선, 기자조선, 위만조선, 삼한, 예, 맥, 부여, 옥저, 고구려, 백제, 발해, 고려로 이어진 역사를 수록하고 있는데, 한치윤은 「세기」의 마지막 부분에서 여러 소국(諸小國)으로 가라, 탐라, 태봉, 후백제, 휴인국, 비류국, 장안국 등을 기록하고 있다. 이것이 고려, 조선시대의 전통적인 역사 관념이다. 특히 단군조선부터 고려 말까지를 다룬 통사인 안정복(安鼎福)의 『동사강목(東史綱目)』에 이러한 역사적 관점이 잘 드러나 있다. 『동사강목』은 20권 20책으로 되어 있으며, 주자(朱子)의 『자치통감강목(自治通鑑綱目)』의 형식을 따른 전통 시대의 가장 대표적인 역사서다. 이 밖에 박세무(朴世茂)의 『동몽선습(童蒙先習)』, 이승휴의 『제왕운기』 등에서도 입증되고 있다. 한편 이기백은 "구석기시대와 달리 서기전 4000년 신석기시대의 빗살무늬토기(즐문토기, 櫛文土器)는 한반도뿐 아니라 만주의 요동 반도, 송화강 유역, 내몽고 및 시베리아의 연해주 지방에서 발견되고 있으며, 이 신석기 사람들은 혈통을 끊이지 않고 계승해 오랜 역사적 과정을 거치면서 융합했고, 청동기시대의 새로운 요소들과 결합해 한민족을 형성하기에 이르렀다"라고 기술하고 있다. 이기백, 『한국사신론』, 일조각, 2005, pp. 17~18.

'아(我)와 피아(彼我)의 투쟁', 그리고 민족주의 관점의 역사가 오랜 세월 같은 국가 구성원으로서 이어져온 우리의 역사를 올바르게 설명해줄 수 있는 유일한 역사관이다.

그렇다면 민족의 역사에 대해 어떤 시각으로 파악하는 것이 옳을까? 앞서 설명했듯이 역사는 당연히 지배자들이 독점하고 소유했기 때문에 과거의 역사는 지배자들의 관점에서 서술되었다. 그러나 이러한 지배층의 관점, 즉 '위로부터의 역사'는 많은 오류와 왜곡이 자행되었기 때문에 전적으로 이를 올바르고 사실적인 역사로 보기 어렵다. 그래서 피지배층의 관점, 즉 '아래로부터의 역사'를 재구성해야 할 당위성이 더욱 요구된 것이다. 마르크스주의 사학이 현대 역사학에 큰 영향을 끼친 점이 바로 이것이다.

한일합방은 나라의 통치자이며 국정 책임을 지고 있던 고종과 사대부 양반 위정자들이 수천 년 동안 국가의 구성원으로 살아온 모든 백성에게 의견을 물어 결정한 것이 아니었다. 조선 초기부터 국가의 모든 권력과 특권, 기득권을 누려왔던 권력자들인 노론(老論)이라는 정파 위정자들이 왕과 함께 자신들의 이권을 위해 스스로 결정한 것이다. 오늘날처럼 전 국민의 찬반 투표로 일본 식민화가 결정된 것도 아니고, 하다못해 당시 피지배층의 뜻은 고사하고 각 지역 지배층 양반들의 의견을 물어 결정된 것도 아니었다. 왕과 사대부 위정자들은 일방적으로 자신들의 결정에 따라 나라를 일본에 맡겼다. 이것은 모든 피지배층 백성에게 왕과 사대부 양반들의 통치를 받지 말고 일본 천황과 그 관리들의 통치를 받으라는 명령이었다. 왕과 사대부 양반에게 평생 통치를 받아온 조선 백성들은 이제 일본의 통치 아래 살게 되었다. 조선 피지배층은 일본 식민통치에 순응하며 살 수밖에 없었다. 피지배층 백성들에겐 자신들의 주인이 사대부 양반에서 일본 천황과 관리로 바뀐 것에 불과했다.

한일합방 이후 전국 각지에서 무장봉기를 일으킨 자들은 해산된 군대 장교 출신들, 그리고 지방 유지인 양반들이었으며, 그들은 나라의 주인으로 온갖 특혜를 누린 기득권자들이었다.[85] 이들이 격렬하게 한일합방에 반대하며 저항한 것은 당연한 일이었다. 이들이 의병 활동을 벌인 것은 자신들의 의견을 묻지도 않고 일방적으로 독단적인 결정을 내린 왕과 위정자들에 대한 저항이었다. 그게 아니라면 무력으로 왕과 사대부 양반 위정자들을 위협한 일제에 대한 반발일 뿐이었다. 사실 따지고 보면 일제 식민통치로 많은 것을 잃게 된 자들은 피지배층 백성들이 아니라 지배층 사대부 양반들이었다. 이들 지배층이 식민통치에 반발한 이유는 피지배층 백성들이 고통을 받을 것을 염려해서가 아니라 나라의 주인 지위를 일본에 빼앗겼기 때문이다.

양반과 천민의 신분이 철폐되고, 국가로부터 누구나 교육을 받을 수 있으며, 신분에 관계없이 능력과 노력에 따라 출세할 수 있으니 일제 식민통치는 피지배층에게는 꿈같은 새시대가 열린 것으로 인식되었을 것이다. 그때까지 교육은 오직 지배층 사대부 양반들의 몫이었기 때문이다. 조선시대에 관료로서 출세할 수 있는 정상적인 방

---

85   이상찬, 「1896년 의병운동 통설에 대한 비판적 검토」, 『역사비평』 제45호, 역사비평사, 1998, pp. 151~170.

법은 과거시험에 합격하는 것뿐이었기 때문에 자연히 교육도 과거 준비에 중점을 두게 되었고, 교육의 대상도 대부분 과거 응시 자격을 갖춘 양반의 자제에 한정되어 있었다. 이러한 조선의 교육은 학문 발전보다 관리 등용을 위한 과거제도에 초점을 두게 되는 병폐를 낳았다. 시험을 통해 관리, 나아가 지배층을 선발하는 조선시대의 과거제도는 시험을 위한 공부, 학문의 경직성, 학문과 정치권력 사이의 밀접한 관계 속에서 유지되었다.[86] 관료로 진출하기 위해서는 과거시험에 전념해야 하는데, 양반이 아닌 피지배층은 생계를 접고 공부에 매달릴 수가 없었다. 양반 외에 과거시험을 볼 수 있는 양민들도 소작농이 대부분이어서 이들에게 과거시험은 꿈같은 이야기였다. 알다시피 사서오경(四書五經) 등 한학(漢學)은 평생을 공부해도 부족한데, 농민이 생계를 외면하고 학문을 닦을 여력이 있을 리가 있겠는가? 양반 외에 천민이나 노비들은 글 근처에도 갈 수 없었고, 교육과 과거시험은 독점적으로 지배층 양반들이 차지했다.[87]

86　이남희, 「과거제도 그 빛과 그늘」, 『오늘의 동양사상』 제18호, 예문동양사상연구원, 2008, pp. 117~136. 이에 대해서는 다음을 참조할 것. 김판석·윤주희, 「고려와 조선 왕조의 관리 등용제도: 과거제도의 재해석」, 『한국 사회와 행정 연구』 제11권 제2호, 서울행정학회, 2000, pp. 139~163; 이성무, 「조선 교육제도의 정돈과 과거제의 새 모습」, 『한국사 시민강좌』, 일조각, 2010; 민현구, 「과거제는 한국사에 어떤 유산을 남겼나」, 『한국사 시민강좌』, 일조각, 2010; 이원재, 「조선 전기 교육 제도사 연구의 현황과 과제」, 『한국교육사학』 제28권 제2호, 한국교육사학회, 2006, pp. 75~114.

87　고려 이래 시행된 관리 등용을 위한 과거시험은 조선시대에 이르러 그 중요성이 더욱 커졌다. 시험을 치르지 않고 관리로 등용되는 음서제도는 원칙적으로 공신 및 3품 이상 관리의 자손에게 주어진 특혜였다. 양반은 사대부로 진출해야 출셋길이 열리기 때문에 양반에게 과거는 인생의 등용문이었다. 양반은 과거에 응시하기 위한 교육의 기회를 거의 독점했다. 이기백, 앞의 책 『한국사신론』, p. 203.

이처럼 사대부 양반들 외에 피지배층에게 교육의 혜택이 제도적으로 주어지지 않았기 때문에 신분 상승은 기대할 수 없었다. 그래서 일제가 조선인에게 교육의 혜택을 개방하고 의무교육을 시행한 것은 식민통치의 일환에 불과했을지라도 피지배층에게는 환영받을 일이었다.[88] 조선의 근대화 물결 속에서 사대부 양반들은 자신들의 기득권을 유지하기 위해 개혁과 근대화를 이행하지 않았다. 실학파 등 개혁파들이 국가의 전반적인 체제를 근대화해야 한다고 주장했지만, 이는 철저하게 무시되었다. 많은 국가들이 근대화를 통해 경제적으로는 산업화와 자본주의, 그리고 국가 체제로는 공화국과 민주주의 체제가 확립되어 전 세계에 진출하고 있던 시기에 조선은 봉건적인 전근대적 체제 속에 갇혀 있었다.

어찌 보면 일제에 나라를 넘겨준 조선의 왕과 지배층 위정자들은

---

88 조선 정부는 1886년 육영공원(育英公院)을 설립해 서양의 새 학문을 교육하다가 갑오경장 이후 새로운 교육제도를 마련해 소학교, 중학교, 사범학교, 외국어학교 등 각급 관립학교(官立學校)를 설립했다. 그러나 이 학교는 대개 관리 양성을 위한 것이어서 주로 양반 출신 고관들의 자제가 다녔다. 이기백, 앞의 책 『한국사신론』, p. 352. 일제는 주로 보통교육과 실업교육에 치중했으나, 제2차 조선교육령 개정을 통해 내지연장(內地延長)주의에 입각해 식민지 본국인 일본과 똑같은 학교제도를 만들었다. 그리하여 일제는 사범교육과 대학교육을 새로이 교육의 종류에 포함하고, 초등-중등-고등으로 이루어지는 학교 체제를 구축했으며, 보통교육 기관의 수업 연한을 연장해 총 수업 기간을 일본 본국과 같게 했다. 이는 상급학교 및 일본 학교와의 연결성을 강화한 것으로 학교제도가 체계화되는 계기가 되었다. 그러나 실질적으로 보통교육 단계에서는 일선 공학이 시행되지 않고, 학교 명칭도 민족에 따라 구별해 사용함으로써 학교제도의 동일성은 허울에 불과했다. 학교제도의 체계화에 따라 개별 학교들은 일제의 학교 체계에 포섭되어 학교의 제도적 안정성은 보장받았으나, 적은 학교 수로 인해 교육 기회 제공이라는 측면에서 제한적인 역할을 했다. 강명숙, 「일제시대 학교제도의 체계화: 제2차 조선교육령 개정을 중심으로」, 『한국교육사학』 제32권 제1호, 한국교육사학회, 2010, pp. 1~23.

피지배층 백성들에게 일본의 통치에 순응하라고 강제로 떠밀었던 것과 마찬가지였다. 그것이 일본의 무력에 의해 이루어졌든, 왕과 위정자들의 자발적인 행위에 의해 행해졌든 간에 국가 문제에 조금도 관여할 수 없었던 피지배층 백성들에게 국가 통치를 어떻게 할 것인지 선택의 기회조차 주어지지 않은 상황에서 이들에게 책임을 묻는다는 것은 어리석은 일이다. 오히려 피지배층은 일제의 혹독한 탄압통치에도 불구하고 독립운동을 지원하고, 스스로 무장투쟁에 참여해 이름도 없이 목숨을 바치기도 했다. 지금도 우리는 무수한 이들 백성들의 희생을 기억하지 못하고 망각 속에 묻혀두고 있다. 이들은 조상 대대로 천민 출신이라며 사대부 양반들에게 사람대접도 받지 못한 채 살아온 자들이다. 그럼에도 일제 식민통치에서 벗어나 나라를 다시 찾겠다고 항일투쟁을 벌인 이들이야말로 진정한 애국자들이며, 이는 반드시 오래 기억되어야 할 역사다. 사대부 양반 출신들의 항일투쟁은 일제에 빼앗긴 자신들의 권력과 특혜, 온갖 기득권을 되찾기 위해 벌인 무장투쟁이자 외교 활동이었다. 이들 지배층이 일찍 근대화하고 신분제를 철폐해 평등한 세상을 만들었다면 일제에 강제로 나라를 빼앗기는 일은 발생하지 않았을 것이다. 우리는 이들의 항일투쟁만을 기억하며 애국자들로 역사에 기록하고 있으나, 피지배층 출신 독립투사의 이름을 얼마나 기억하고 있는지 생각해볼 일이다. 사대부 양반들에게 온갖 천대를 받으며 살아온 이들 피지배층 백성은 일제 식민통치를 견디고 이 땅에 살아남아 해방 이후 근대화된 조국을 다시 일으키는 주역이 되었다. 그러므로 오늘날 우리나라의 발전은 지배층 사대부 양반들이 아니라 밑바닥 인생을 살아온 피지배층 민중들의 땀과 노력의 결과다. 우리는 양반과 천민의 삶, 그리고 철저한 신분제에 의한 지배와 피지배의 체제를 망각하고 마치 오늘날처럼 우리 국민 모두 고대로부터 조선시대에 이르기까지 신분 차별 없이 평등하게 살아온 것이라고 생각해서는 안 된다. 기억해야 할 것은 조선이라는 나라의 주인이 누구였는가, 누가 조선을 일본에 팔아넘겼는가이다.

조선시대의 피지배층 백성은 국가에 대해 단지 지배와 피지배라는 신분의 개념 외에 그 어떤 의미도 알지 못했다. 토지 소유주와 소작인, 또는 주인과 노비, 머슴이라는 신분 관계 속에서 사대부 양반 지배층에게 종속된 대다수의 피지배층은 그들의 행동과 생각에 따를 수밖에 없었다. 구한말 조선이 망할 때까지 피지배층 백성들은 스스로 독자적인 계급의식을 갖지 못했다. 일제강점기 일부 지식인에 의해서 마르크스 사상이 소개되고 일제에 의한 산업화와 도시화, 신분제 철폐와 보통교육으로 인해 조선의 피지배층들은 스스로 인간의 존엄성과 평등을 어느 정도 인식할 수 있었지만, 독립적인 계급의식이 그리 널리 확산된 것은 아니었다.[89]

---

89 원래 사회주의운동은 프롤레타리아 계급 운동이다. 그러나 조선에는 아직 자본주의가 발전하지 못해 프롤레타리아와 부르주아지가 제대로 형성되지 못한 상태였다. 원래 사회주의는 볼셰비키 혁명 직후부터 소련 및 코민테른의 세계 혁명 전략에 따라 제국주의의 식민 지배를 받는 나라에 전파되었다. 이 과정에서 식민지 조선에서도 사회주의가 일부 지식인에게 전해졌다. 그리하여 조선의 사회주의운동은 주로 민족운동과 깊은 관련하에 출현했으며, 초기 사회주의 운동가들은 민족운동에 참여한 자들이었다. 그러므로 조선 사회주의운동은 구한말 이후 민족운동의 흐름과 관련해 이해할 필요가 있다. 이준식, 「국내 사회주의운동에 대한 역사적 평가: 초기 사회주의운동을 중심으로」, 한국민족운동사연구회 편, 『한국 민족운동의 역사와 미래』, 광복 제54주년 기념 학술회의, 1999, pp. 240~243. 특히 다음을 참조하라. 로버트

해방 후까지 우리 농촌 사회에 여전히 땅 주인(田主)과 소작인, 그리고 머슴이라는 종속 관계가 유지된 것만 보아도 알 수 있듯이 국가와 민족의 개념은 여전히 피지배층 민중들에겐 그리 뚜렷하게 인식되지 못했다. 1894년 갑오경장으로 청국과의 조약 폐지, 개국기원의 사용, 문벌(門閥)과 신분 계급의 타파, 인재 등용 방법의 쇄신, 노비제도의 폐지, 조혼 금지, 부녀자의 재가 허용 등 대대적인 정치적·사회적 개혁이 단행되었지만, 국가와 민족, 평등 민주 사회 등 근대국가 개념이 모든 국민에게 인식되기 시작한 것은 해방 이후의 일이다. 그전까지는 여전히 지배와 피지배 관계 속에서 갈등 구조로 이어온 역사였다. 또한 지배층인 사대부 양반들이 국가 운영을 독점하고 있었기 때문에 조선시대 피지배층 백성들은 국정이 어떻게 운영되는지 알지 못했다. 전근대적인 사회, 그리고 철저한 신분제, 그것이 조선이 망할 때 우리나라의 일반적인 사회 현상이었다. 그러므로 일제 식민통치는 당시 피지배층 백성이 아니라 지배층만의 결정으로 시작된 것이다.

3·1독립선언서가 발표되기 전인 1917년 신규식(申圭植), 신채호, 신석우(申錫雨), 조소앙(趙素昻), 신건식(申健植), 이상설(李相卨), 박은식(朴殷植) 등 14인의 공화주의자 독립혁명가들이 상해에서 발표한 「대동단결선언(大同團結宣言)」을 보면 과거 조선의 주권이 누구의 소유인지 명확하게 알 수 있다. 이 선언문에는 조선의 운명이 어

스칼라피노·이정식, 한홍구 옮김,『한국 공산주의 운동사』, 돌베개, 2015; 김준엽·김창순,『한국 공산주의 운동사』(전 5권), 고려대 아세아문제연구소, 2010.

제1장 망각의 터, 잊힌 역사 • 81

떻게 결정되었고, 그 후 조선의 주권은 누가 소유해야 하는지 명확하게 기술되어 있다. 이 선언은 1910년 8월 29일에 있었던 순종의 주권 포기는 단지 한 군주의 주권 포기이기 때문에 전적으로 무효이며, 순종의 주권 포기로 결과적으로 주권이 국민에게 상속된 것과 마찬가지라고 주장한다.[90] 특히 이 선언문은 주권불멸론과 융희황제의 주권포기론을 근거로 국민주권설을 정립함으로써 독립운동의 이념을 확립하고, 정부적 통할 체제(政府的統轄體制) 계획을 통해 1917년까지 결집되지 못하던 독립운동의 이론을 정립했다는 점에서 중요한 의미가 있다. 이와 같은 선언의 계획은 당장에는 실현되지 못했으나, 그 문서가 동포 사회에 널리 송달되고 『신한민보(新韓民報)』 등 각처의 신문을 통해 계몽되면서 1919년 임시정부 수립의 모체가 되었다.[91]

이 선언문에서 독립운동가들은 500년 동안 이어온 왕정을 종식하고 공화주의 이념을 바탕으로 한 임시정부를 수립하자고 밝혔다. 이 선언문의 핵심 내용은 조선 이씨(李氏) 왕정 복고가 아니라 국민이 주권을 가진 공화국 체제 수립을 주장한 것이다. 선언문은 순종이 토지, 인민, 정치 등 세 가지를 포기한 8월 29일이 바로 자신들, 즉 「대동단결선언」을 주도한 상해 독립운동 주동자들에게 주권을 계승

---

[90] 이 선언은 후에 한국 내 공화주의 담론이 나올 수 있는 하나의 기반이 되었고, 1918년 11월에 결성한 신한청년당, 1919년 9월에 출범한 대한민국 임시정부의 공화주의와 삼권분립에 큰 영향을 주었다. 한홍구, 『대한민국사』 제1권, 한겨레출판사, 2003, p. 34.

[91] 조동걸, 「임시정부 수립을 위한 1917년의 대동단결선언」, 『한국학논총』 제9권, 국민대학교 한국학연구소, 1987, pp. 123~170.

한 날이라고 선언하고 있다. 이어서 황제권 소멸은 곧 민권의 발생이라며 구한국의 멸망은 신한국의 시작이라고 선포한다. 그러므로 주권은 이 땅에서 조상 대대로 살아온 한인에게 상속되어야지 외국인에게 상속될 수 없다는 것이다. 그리고 이 선언문은 융희황제의 주권 포기는 조선의 국민에 대한 묵시적 선위이기 때문에 국민은 당연히 이를 계승해야 한다고 강조한다.

이 「대동단결선언」의 핵심은 조선의 주권이 백성이 아니라 왕에게 있었으며, 왕이 자신이 소유한 주권을 일제에 양도했음을 밝히는 것이다. 또한 이 선언문은 이 주권이 조선의 백성이 아니라 일제에 넘겨졌으니 이를 인정할 수 없다는 점도 밝히고 있다. 만일 조선의 주권이 백성들에게 있었다면 왕은 응당 투표를 통해 백성들에게 주권을 일제에 양도할 것인지를 물어야 할 것이다. 그러나 왕은 그렇게 하지 않고 일방적으로 자신의 결정에 따라 주권을 일제에 넘겨주었다. 이는 조선의 주인이 백성이 아니라 왕이었다는 것을 의미한다. 그동안 조선의 주권은 피지배층 백성이 아니라 왕의 소유였다. 더 엄밀하게 말하면 중세 유럽과 마찬가지로 왕과 사대부 양반들이 국가의 주인이었다. 조선시대 왕과 사대부 양반은 군주와 신하의 관계가 아니라 신분상 서로 동격이었다. 그래서 주권을 일제에 양도할 때 피지배층 백성들의 의견을 물을 필요가 없었다. 또 백성들도 그 권리를 요구할 수 없었다.

조선의 피지배층 백성 역시 나라의 주인이 왕이라고 생각했기 때문에 자신이 소작하고 있던 농토의 주인이 바뀐 것 외에 그리 큰 변화를 느끼지 못했다.[92] 오히려 자신들을 천시했던 양반 지주들보다 신분제를 철폐해 인간적으로 평등하게 대하고, 학교를 세워 보편교육을 시행해 능력에 따라 출세의 길을 보장해준 일제 통치가 더 반가웠을지도 모른다.[93] 이러한 피지배층 백성들의 생각은 자신들의 기득권을 지키기 위해 근대화를 외면했던, 그리고 그 시대의 흐름을 강대국에 의존해 해결하고자 했던 고종과 그 신하들, 그리고 사대부 양반 지배층이 초래한 결과다.

그렇다면 피지배층 백성들은 나라가 망한 이후 자신들이 주권의 상속자임을 알고 있었을까? 당시 지식인들, 정확하게 말하자면 조선의 지배층인 사대부 양반 출신이나 유학자들은 왕의 주권을 자신들이 상속받았으며, 그러므로 자신들이 주권자로서 나라를 새롭게 세워야 할 의무를 지니고 있다고 여겼다. 이런 인식이 지배층으로 하여금 독립운동에 뛰어들게 한 이유이며 정당성이었다. 국가의 구성 요소는 땅과 백성, 정치 세 가지이며, 여기에서 백성은 조선의 피지배층이다. 물론 이들 독립운동가들은 피지배층 백성도 주권의 상속자로 인식하고 있으므로 새로운 국가는 인민 주권주의 공화국이어

---

92 1914년부터 1942년까지 일제강점기 토지 소유는 양반 출신 지주에게 여전히 집중되어 있었다. 더욱이 이 시기 조선총독부의 통계 자료를 보면, 전체 농가 중 3.6퍼센트에 불과한 지주가 전체 쌀 생산량의 37퍼센트를 차지하고 있었으며, 전체 농가의 65~68퍼센트에 달하는 소작농이 그 나머지를 차지했다. 이 소작농들은 생산량의 절반을 지주에게 바쳐야 했다. 이기백, 앞의 책 『한국사신론』, pp. 377~378.

93 일제강점기 보통학교 취학률은 1910년대 초 2퍼센트에 불과했으나 1930년대 말에는 40퍼센트에 육박했다. 1930년대 중엽까지는 대다수 아동들이 보통학교를 졸업하는 데 그쳤으나, 1930년대 말부터는 중등학교 진학자 수가 많이 증가했다. 주익종, 「1930년대 중엽 이후 조선인 중등학교의 확충」, 『경제사학』 제24권, 경제사학회, 1998, p. 102. 또 조선 전체 문맹률도 크게 낮아졌다. 1930년대 나이별 한글 해독률에 대해서는 朝鮮總督府, 『昭和6年 國勢調査』 第1卷, pp. 82~83 참조.

야 한다고 생각했다. 따라서 나라의 주인이 아니라 단지 나라를 다스리는 지배층 사대부 양반을 주인으로 여기며 살아온 조선의 피지배층 백성에게 나라의 주인이라는 주권자의 개념을 어떻게 인식시킬 것인지가 독립운동가들에게 시급한 과제였다. 그리하여 민족주의 사상이 대두되기에 이른다.[94] 조선이 망할 때까지 아무런 의미도 없었던 민족주의 사상이 바로 이 시기에 등장한 것이다. 명성황후가 일본 낭인들에게 성폭행을 당하고 살해당한 뒤 불태워졌던 날, 궁궐에는 수백 명의 수비대가 있었지만, 이들은 국모 황후를 보호하지 않고 제 목숨을 부지하기 위해 모두 도주하고 말았다.[95] 이들이 겨

---

94 한국 민족주의 사상은 지배층 사회에서는 개화사상, 위정척사 사상으로 표출되었고, 피지배층 백성에게는 동학사상으로 나타났다. 이 가운데 개화사상과 위정척사 사상이 각기 근대화 개혁과 반외세 민족 자주정신을 표방해 한국 근대 민족주의운동에 큰 영향을 미쳤지만, 경세제국(經世濟國)의 주도적 역할을 사대부 양반에 국한한 한계를 지니고 있다. 그러나 동학의 인본주의적인 근대성은 체제 개혁으로 합리화했는데, 그 핵심은 향아설위설(向我設位說)이다. 이는 인본주의 사상의 극치를 보여주고 있으며, 양반 지배층이 천명에 따라 통치한다는 봉건적 사회 질서를 정면으로 부정했다. 향아설위설의 주문은 다음과 같다. "至氣今至 願爲大降 侍天主 造化定 永世不忘萬事知(하늘의 지극한 기운이 지금 나에게 이르렀으니 그에 동화되길 원하며, 하늘님을 내 마음과 내 몸에 모신 나는 창조와 진화를 스스로 정했고 사람의 한평생을 잊지 않으니 자신의 모든 일을 하늘의 뜻에 맞게 행하는 것이라)." 황선희, 「한국 민족주의운동에 대한 역사적 평가: 국내 민족운동을 중심으로」, 한국민족운동사연구회 편, 『한국 민족운동의 역사와 미래』, 광복 제54주년 기념 학술회의, 1999, pp. 216~219; 황선희, 『한국 근대사상과 민족운동』, 혜안, 1996, pp. 51~52.

95 위정척사 사상의 채서론(採西論)을 반대하며 근대화를 끝까지 거부했던 보수 유생들이 명성황후 시해 사건을 계기로 의병운동을 일으켰다. 그러므로 의병운동의 시초는 1894년 6월 일본군의 경복궁 무단 침입에서 비롯된 것이다. 황선희, 위의 책 『한국 근대 사상과 민족운동』, pp. 119~120. 주자학은 신분과 계급을 돌보지 않는 충절을 강조했다. 그러나 주자의 성리학적 정치사상은 이러한 충절이 외부로부터 강요되는 의무가 아니라 가장 순결한 내심의 발동이며, 이것이 곧 하늘의 이치(天理)이기 때문에 성리학의 이기(理氣) 논리가 외적의 침입을 당하게 되면, 현실적으로

우 몇십 명에 불과한 일본 낭인들을 물리칠 여력이 없어 도망갔을까? 숫자만 보더라도 능히 일본 낭인들을 물리치고 남았을 텐데, 수비대는 그냥 도주하고 말았다. 더욱이 일본 낭인들이 수비대의 저지를 받지 않고 대궐 안으로 자유롭게 들어올 수 있었던 것은 바로 관군의 안내와 비호를 받았기 때문이다. 어떻게 이런 일이 발생할 수 있었을까? 또 일본 낭인들의 무장은 고작 칼뿐이었다. 그런데 총으로 무장한 수비대가 본연의 임무를 수행하지 않은 것은 대체 무슨 까닭인가? 주인이 아닌 자들이 왕의 나라를 지키기 위해 목숨을 버릴 이유가 없었기 때문이다.

이 사건은 일본 낭인들의 만행이기 이전에 국가의 백성들이 이처럼 주인의식이 없었다는 점을 명확히 보여주었다. 국가의 주인과 그 종으로 구성된 나라, 그것이 바로 조선이었다. 조선의 지배층이든 피지배층이든 간에 국가는 국민의 공동체이기 때문에 국가가 국민을 보호하고 누구나 인간답게 살 권리를 보장해주어야 한다는 국가관이라기보다 지배층과 피지배층이라는 신분제가 존재하는 곳이 곧 국가라고 생각했다. 조선이 망할 때까지 누구나 오로지 누가 지배층이고 피지배층인가, 이런 신분 차별의 세상을 곧 나라의 개념으로 여겼다.

는 민족적 저항을 고취해주는 이념적 배경으로 작용한다. 김용덕, 『조선 후기 사상사 연구』, 을유문화사, 1977, pp. 527~529. 이렇듯 민족적 위기 상황을 배경으로 탄생한 주자학적 정치사상은 그러한 위기의식을 역사의식으로 전용시키면서 공자와 맹자 이후 단절된 춘추 대의적 유교 정치 이념의 정통성을 재확립하고 노자 사상과 불교 등의 이설을 이단으로 배척하는 한편, 종래의 세계주의적 중화사상을 민족주의적 정향 위에서 재편성하면서 강력한 배외적 이데올로기를 함축하게 되었다. 이택휘, 「위정척사 사상의 영향과 의의」, 『한국사』 제38권, 국사편찬위원회, 1999, pp. 255~259.

일제강점기에 태어난 조선 사람들에게는 일본이 조국이었으며, 그들의 국가 지도자는 일본 천황이었다. 이들은 과거의 조상들이 그 랬던 것처럼 나라를 다스리던 지배층에 순응하며 살아갔다. 그러나 이들은 과거의 신분제 잔재가 남아 있었을지라도 이로 인해 짐승처 럼 천대를 받지는 않았다.[96] 이 시대 사람들은 겉으로 보기에는 평 등하고 자유로운 인간으로서 살았으며, 능력에 따라 사회적 신분 상 승이 가능했다.[97] 이런 사회적 변화는 당시 조선 사람들에게 엄청난 혁명으로 여겨졌을 것이다.

오늘날 한국사에서는 일제강점기를 두고 '식민근대화론'과 '식민 수탈론'이 서로 첨예한 대립 관계를 이어오고 있다.[98] 해방 이후 남 한에서는 친일 청산이 제대로 이루어지지 않았고, 이들 친일 인사가 미국의 지지 아래 반공 국가를 건국해 오늘에 이르렀다. 이것이 오 늘날 남한의 일제 식민통치와 관련된 역사관이다. 말하자면 과거사 를 정리하지 못해 우리 역사의 오류가 지속되고 있다는 것이다. 이

---

[96] 갑오경장으로 신분제가 철폐되었으나 해방 이후까지 머슴의 형태로 바뀌었을 뿐 사 실상 천민의 삶은 그다지 변함이 없었다. 머슴은 일정한 급여를 받고, 종신제가 아 니며, 입출이 자유롭다는 점에서 기존 노비와는 다소 차이가 있었다. 조선 말기 머 슴의 숫자는 약 30만 명으로 추정된다. 독립운동가인 홍범도(洪範圖)는 머슴 출신 으로 주인집 식구를 비롯해 이웃들의 학대와 천시를 받으며 자랐다. 김삼웅, 『홍범 도 평전』, 레드우드, 2019, p. 25.

[97] 그렇다고 일제강점기 하층민의 소득이 증가했다고 보기는 어렵다. 빈농층과 농업 노동자는 그다지 증가하지 않았고, 주로 소득이 증가한 계층은 부농층이었다. 사실 상 일제강점기에도 사대부 양반 출신이 하층민 소작 농민보다 더 잘 살았다. 주익 종, 「식민지 시기의 생활수준」, 박지향 외, 『해방 전후사의 재인식』 제1권, 책세상, 2006, p. 124.

[98] 대표적인 것이 이영훈 외, 『반일종족주의』, 미래사, 2019; 박지향 외, 앞의 책 『해방 전후사의 재인식』 제1~2권; 백기완 외, 『해방 전후사의 인식』, 한길사, 1979 등이다.

주장은 옳다. 일제가 태평양전쟁에서 패망한 후 상해 임시정부 인사들이 대거 귀국해 이들을 중심으로 남한 정치권이 형성되었다. 미국의 반공산주의 노선, 그리고 소련과 미국 및 서유럽 국가들 사이에 수립된 동서냉전 체제로 한반도는 하나의 독립 국가가 되지 못하고 분단국가가 되었다. 물론 신탁통치를 거친 후 민주적인 선거를 통해 단일 정부를 수립하자는 강대국들의 제안이 있었지만, 이 또한 무산되고 한반도는 두 개의 이념으로 대립과 갈등을 겪다가 결국 분단국가로 고착되고 말았다.

이 모든 역사적 결과들이 단순히 우리 민족의 결정이었는가? 역사가들은 우리 민족의 선택이라기보다 동서냉전 체제로 인한 결과로 이해하고 있다. 또 북한의 김일성 정권이나 남한의 이승만 정권의 정통성은 모두 항일투쟁에 쏠려 있었다. 해방 이후 우리 한민족은 망한 조선 왕조가 아니라 근대화된 공화국, 즉 공산국가 아니면 자유민주주의 국가 중에서 하나를 선택해야 했다. 그러나 공산주의자들의 항일투쟁과 자유민주주의자들의 독립운동이 혼재되어 있던 당시의 우리나라는 이념적으로 서로 양보할 수 없는 상황에 놓여 있었다. 제2차 세계대전 이후 세계는 냉전 체제로 재편되었기 때문이다. 그렇다 해도 북한의 공산주의 국가든 남한의 친일적인 자유민주주의 국가든 모두 그 정통성은 이념보다는 항일투쟁 또는 독립운동에 있었다. 따라서 남한과 북한에서 친일 문제나 일제 식민 청산 문제가 이념보다 더 우위에 놓여 있다고 해도 지나침이 없을 것이다. 사실상 공산주의와 자유민주주의 체제보다 더 중요한 의미를 지니고 있었던 것이 바로 항일투쟁 또는 독립운동이었다. 그러다 보니 특히 남한에서 친일 문제는 이념과 결부되어 오늘날까지 민족의 갈등과 대립의 중심이 되고 있다. 남한 정권이나 북한 정권 모두 항일투쟁에 국가의 정통성을 두고 있기 때문에 무엇보다 친일 문제에 민감할 수밖에 없었다. 북한 공산주의 정권은 민족주의적 북한식 사회주의를 고수하며 '백두혈통'이라는 김일성 등 지도부들의 항일투쟁을 국가 체제의 근본으로 삼고 있다. 그리고 남한 정권 역시 국가 정통성을 상해 임시정부의 정통과 3·1운동 정신에 두고 끊임없이 친일 청산을 강조하고 있다.

해방 이후 친일 인사들이 정치, 사회, 경제, 학계 등 모든 분야에서 주도권을 장악하게 된 이유는 남한에서 유독 민족주의 정신과 항일정신이 부족했기 때문이 아니라 미국의 군사 통치 속에서 이승만과 미국의 반공 노선이 결탁해 친일 세력을 비호했기 때문이다.[99] 미국은 이들 친일 세력을 이용해 새로운 조선의 체제, 즉 반공을 국시로 한 자유민주주의 체제를 수립해 자국의 영향 아래 두려고 했다. 김구, 신익희 등 상해 임시정부의 독립운동가 지도부들이 이승만 정권 아래에서 차례로 제거된 이유가 바로 여기에 있다. 상해 임시정부 지도부 인사들은 남북이 이념으로 분단되는 것을 반대했고, 미국의 의도와 달리 민족주의 정신에 따라 친일 세력을 청산하는 것이 국가의 정통성을 확립하는 것이라고 생각했다. 상해 임시정부 출신 남한의 정치인들은 북한과 마찬가지로 민족주의적 자유민주주

---

99 이 점에 대해 브루스 커밍스(Bruce Cumings)는 6·25전쟁을 각기 남북한 정권에 의한 내전으로 분석하고 있다. 브루스 커밍스, 조행복 옮김, 『브루스 커밍스의 한국전쟁: 전쟁의 기억과 분단의 미래』, 현실문화, 2017, pp. 107~110.

의 체제의 정부를 수립하고자 했다. 북한이든 남한이든 체제의 핵심 이념은 사회주의 또는 자유민주주의보다 민족주의가 우선이었다. 친일 청산이든 반공이든 이념과 결부된 정치는 끊임없이 갈등만 일으킬 뿐이다. 이미 동서냉전 체제가 무너진 오늘날 이념과 결부된 친일 청산과 빨갱이 문제는 더 이상 의미가 없다. 이미 세계는 하나의 인류 공동체로 변해가고 있기 때문이다.[100] 그 이전에 정말 우리가 알아야 할 것은 어떻게 전쟁이 아닌 단순히 왕과 몇몇 고위 관료에 의해 500년을 이어온 조선 왕조가 무너지고 일제 식민국으로 전락했는가 하는 것이다. 세계사에서 보기 드물게 독자적인 오랜 역사와 문화, 국가 체제를 유지해온 독립 국가가 어떻게 큰 저항 없이 식민화가 되었는가?[101] 우리는 이 과정을 살펴볼 필요가 있다. 왜 당시 지배층 사대부 양반 외에 일반 평민들은 필사적인 저항을 하지 않고 식민통치에 순응하며 살아왔는가, 그 원인을 근본적으로 살펴보는 것이 오늘날 친일과 빨갱이 문제 해결에 도움이 될 것이다.

조선시대 왕과 사대부 양반들은 끊임없이 권력다툼을 벌였고, 이들 지배층끼리 서로 권력을 차지하려고 죽이는 일을 마다하지 않았

---

100 이런 '세계화(globalization)'의 흐름은 지구촌 각 국가 사이의 인적·경제적·정치적 교류 등 상호 통합의 과정이다. Guttal, S. "Globalisation", *Development in Practice*, vol. 17, no. 4/5, Aug, 2007, pp. 523~531.

101 브루스 커밍스는 "한국은 세계사적 시간대에서 뒤늦게 출현한 이상한 식민지였다. 세계 대부분에서 식민지 분할이 완료된 후였고, 식민지 체제 전체의 해체를 요구하는 진보적인 목소리들이 등장한 이후였기 때문이다. 게다가 한국은 대다수 다른 나라들보다 훨씬 일찍 독립 국가 요건을 대부분 갖추었다"라며 조선 식민화에 의문을 제기하고 있다. 브루스 커밍스, 앞의 책 『브루스 커밍스의 한국전쟁: 전쟁의 기억과 분단의 미래』, pp. 19~20에서 인용.

다. '아래로부터의 역사'의 관점에서 보면 피지배층 백성에게 국가는 없었으며, 지배층 사대부 양반들이란 자신들을 지배하는, 착취와 억압의 주체이자 원수였다. 이처럼 피지배층 백성에게 지배층 사대부 양반들은 척결해야 할 계급투쟁의 대상이었다. 지배층 사대부 양반들에게 나라는 삶의 터전이고 기득권을 보호해주는 조국이었지만, 피지배층 백성들에겐 억압과 착취의 장에 불과했다.

이 같은 조선이라는 나라의 정체성을 명확하게 이해한 다음 일제 식민통치 시기를 거쳐 남북 분단, 그리고 6·25전쟁에 이어 오늘날까지의 역사 전개 과정을 설명해야 한다. 일제 식민지배가 수탈인가 근대화인가라는 이분법적 논쟁은 결론이 없다. 선택은 각자의 몫이다. 그러나 한 가지 가정을 한다면 결론은 명백하다. 만일 조선이 일제 식민지로 전락하지 않았다면 정치 체제나 경제, 사회 등 전반에 걸쳐 자립적으로 근대화 과정을 겪어왔을 것이다. 아울러 남북 분단이나 이념과 친일 문제에 의한 사회적 갈등도 일어나지 않았을 것이다. 더 나아가 일제에 의한 영유권 문제도 해결할 기회가 있었을 것이다. 그러나 이 또한 추측일 뿐 역사적 당위성은 없다. 오히려 해방 이후 항일투쟁과 독립운동에 헌신했던 많은 지도층이 서로 이념의 차이를 지니고 있었다 할지라도, 또 동서냉전 체제로 인한 미소 등 강대국들의 강압이 있었다 할지라도, 한반도의 미래를 위해 각자 기득권을 포기하고 통일 조국을 건설했다면 6·25전쟁은 물론 지금의 남북 분단과 갈등은 발생하지 않았을 것이다. 오늘날 우리에게는 이러한 추정이 더 현실적이다.

역사적 책임은 일제 식민화를 초래했던 위정자들, 그리고 해방 이후 통일보다 분단을 선택했던 당시 정치인들과 지도층에게 있다. 조선의 대다수 백성은 일제 식민통치를 저지할 권리나 힘도 없었으며, 정치에 대해서도 잘 알지 못했다. 특히 지식인을 제외하고 대부분의 평민은 해방 이후 공산주의 체제, 자본주의 체제, 민주주의나 공화국 체제에 대한 지식도 없었다. 단지 통치자와 통치를 받는 자가 존재한다는 것만 알고 있었던 국민에게 새로운 국가 체제를 묻는다는 것은 어불성설이었다.

오늘날 우리는 여전히 식민 상태나 한반도 분단의 현실에 대해 외세의 탓으로 돌리고 있다. 이 자체가 우리 스스로 역사적 책임을 회피하는 것이 아닌가? 지금까지도 이러한 역사적 상황에 대해 우리의 책임을 외면하고 강대국의 탓만 한다는 것이 얼마나 무책임한가? 우리는 과거의 역사에서 단 한 가지도 교훈을 얻지 못하고 책임 회피와 변명만 더 치밀하고 정교하게 만들어오는 데 치중했다는 사실을 인정해야 한다. 이런 사고에서 벗어나지 못하면 우리 역사는 다시 과거처럼 반복될 것이다. 특권 권력을 누린 지배층은 애국의 관점에서 역사를 설명할지 모르나, '아래로부터의 역사'에서 민중은 착취와 억압의 관점으로 역사를 설명한다. 혼란기를 거쳐 냉전 체제에 의해 남북이 분단되고 강압적으로 반공 또는 반자본주의라는 이념교육을 받고 살아온 세대들은 공산주의와 친일파에 대한 적개심 속에서 자랐다. 반면 공산주의 체제에서 살아야 했던 북한 주민들도 반미·반자본주의 사상을 되풀이해 학습해야 했다. 우리 국민은 해방 이후 애초부터 체제 선택권이 없었다. 단지 각각 북한과 남한에 뿌리를 내리고 살아왔던 까닭에 외부로부터 강압적으로 주어진 체제 속에서 살아야 했다. 오늘 우리는 냉철하게 말하면 북한 주민에게 빨갱이라고 비난할 수도 없고, 남한 주민에게 미 제국주의의 앞잡이라고 말할 수도 없다. 우리 국민의 의사와 상관없이 정치인의 선전과 구호 아래 남북 두 체제에 대한 왜곡과 무지가 오늘날까지 거듭 확대, 재생산되어 왔다. 다음의 사례는 친일 또는 친북 좌파를 이해하는 데 많은 도움이 될 것이다.

독일 나치 정권의 집단학살 등 전쟁 중에 발생한 많은 악행은 어떻게 이루어졌는가? 크리스토퍼 R. 브라우닝은 『아주 평범한 사람들』이라는 저서를 통해 평범한 사람들의 일상적인 삶 속에서 이러한 의문의 해답을 찾는 일련의 연구로 역사학계에 큰 충격을 주었고, 한나 아렌트(Hannah Arendt)는 『예루살렘의 아이히만(Eichmann in Jerusalem: A Report on the Banality of Evil)』에서 독일 나치의 유대인 학살의 원인이 바로 생각이 없는 행위, 즉 '악의 평범성 (banality of evil)'임을 강조하고 있다.[102] 생각하지 않은 행위, 그리고 가르친 대로 행하는 사람들이 저지른 악행이 해방 이후 우리나라에서 그대로 자행되었다. 제주 4·3사건, 여순 사건, 빨갱이와 부역

---

102 Christophe R. Browning, *Ordinary Men: Reserve Police Battalion 101 and the Final Solution in Poland*; Hannah Arendt, *Eichmann in Jerusalem: A report on the Banality of Evil*(New York: Penguin, 2006). 그러나 데틀레프 포이케르트(Detlev J. K. Peukert)는 나치즘에 내포된 '악의 평범성'에 이어 '평범 속의 악'에 대한 문제를 제기하고 있다. 권력에 의한 야만적 범죄 행위가 일상화되었던 나치 정권 시기에는 평범한 일상 그 자체가 악의 성격을 내포하고 있었다는 것이다. 평온하고 정상적인 일상 속에 나치 정권의 범죄 행위를 가능하게 한 병리적인 측면이 존재했다고 분석한다. Detlev J. K. Peukert, *Inside Nazi Germany: Confortmity, Opposition and Racism in Everyday Life*(New Haven: Yale University Press), 1989, pp. 14~17.

자로 낙인찍어 행한 무고한 양민 학살, 그리고 친일파 청산 등이 바로 생각 없이 행한 '악의 평범성', 그리고 가르친 대로 행한 '악행'의 대표적 사례다. 브루스 커밍스는 마르크스주의 역사 관점에서 이러한 '악의 평범성'이라는 병리학적 현상을 생생하게 설명해주고 있다.[103] 이처럼 생각 없이 강제로 주입된 감정이 오늘날 우리 국민의 정서에 깊이 뿌리를 내리고 사회와 정치를 뒤흔들고 있다.

독일 나치 정권의 유대인 대학살에 관해 정치적·사회적 구조 관점에서 진척된 연구의 결론은 시대적인 상황의 결과로 정의한다. 말하자면 '위로부터의 역사', 즉 지배와 통치라는 관점에서 나치 체제 또는 해방 이후 우리 한반도의 역사를 분석해오지 않았나 하는 것이다. 그리하여 한국 역사가들은 체제의 이데올로기, 이에 따른 국가의 통치기구, 그리고 이 정부의 기구를 장악한 소수의 지배 집단이 벌인 지배와 통제에 관해 면밀하게 분석해왔고, 다수를 차지한 민중들은 지배와 탄압의 대상이나 희생자로서 줄곧 묘사되어 왔다.[104] 일상사 사가들은 이러한 지배층 관점의 역사 서술 방식에서

---

103 그는 한반도에서의 민간인 학살이 해방 직후부터 좌익과 우익, 농민과 지주, 노동자와 자본가, 친일파와 독립운동가, 소련과 미국, 남과 북 등 상호 적대와 갈등 관계에 각종 모순이 겹치면서 전역에서 광범위하게 발생했다고 분석한다. 그는 이런 역사적 모순과 맥락에서 궁극적으로 한국전쟁이 발발한 것으로 분석했다. Bruce Cumings, *The Korean War: A History*(New York: Modern Library, 2011).

104 독일 나치 정권에 관한 연구에 대해서는 Martin Broszat, "Referat" in Kolloquien des Instituts für Zeitgeschichte ed., *Alltagsgeschichte der NS-Zeit. Neue Perspektive oder Trivialisierung?*(München, R. Oldenbourg, 1984), pp. 11~20; Alf Lüdtke, "Coming to Terms with the Past: Illusions of remembering Ways of Forgetting Nazism in West Germany", *The Journal of Modern History* 65(1993), pp. 542~572 참조.

탈피해 피지배층의 시각으로 평범한 사람들의 일상적인 경험을 관찰하고, 지배 체제 아래에서 이들의 삶과 생각을 추적한다. 또 지배와 통제가 이들 피지배층 평범한 사람들의 삶에 어떤 영향을 미쳤는지, 그리고 이들이 당시 체제에서 어떤 경험을 했는지를 파악한다. 그리고 더 나아가 피지배층은 이러한 지배층의 통제에 대해 어떤 태도를 보였는지, 그리고 어떤 행동 양식을 취했는지를 설명한다.[105]

한국 역사가들은 해방 이후 한반도에서 벌어진 남북 간 이념전쟁으로 무수히 많은 평범한 사람들이 학살당한 역사적 기억을 어떻게 해석해왔는가? 독일 나치 체제의 경우, 위로부터의 정치적 통제와 영향력 아래에서 살았던 독일의 대다수 국민은 강압과 회유를 동반한 나치 정권의 통제와 동원, 그리고 끊임없는 선전 활동 때문에 체제에 순응하는 길을 선택할 수밖에 없었을 것이다.[106] 일제 식민통치 시대에도 마찬가지로 조선 백성은 식민 체제에 순응할 것인가, 저항할 것인가의 선택의 갈림길에서 고민했을 것이다. 그러나 친일

---

105 Detlev J. K. Peukert, *Inside Nazi Germany: Confortmity, Opposition and Racism in Everyday Life*, pp. 21~25. 일상사 연구에는 일기, 비망록, 서한, 사진, 경찰 조서 및 재판 기록, 구술 사료 등 일상의 경험 세계에 접근할 수 있는 다양한 자료들이 이용된다. 한국에서는 이러한 연구 방식으로 서술된 연구라기보다 어느 시대 한 개인의 삶을 조명한 평전이 대부분이다. 이러한 역사 서술은 대개 지배층의 인물을 대상으로 하는 경우가 많으며, '아래로부터의 역사'의 범주에 속하는 평전으로는 최근 출간된 김삼웅의 『홍범도 평전』을 들 수 있을 것이다.

106 그러나 최근의 연구에서는 "외견상 나치즘 지지가 광범위하게 도출된 국민의 합의처럼 보이지만 독일 국민의 일상생활에는 나치 권력에 대한 불평과 각종 일탈 행위가 흔했고, 체제 순응에 반발하는 행위도 빈번했다"라고 밝히고 있다. Detlev J. K. Peukert, *Inside Nazi Germany: Confortmity, Opposition and Racism in Everyday Life*, pp. 101~118.

과 독립운동, 또 친북과 친미, 이 둘 중 어느 것을 선택할지는 계층별로 달랐을 것이고, 소수지만 지배층과 피지배층이 같은 선택을 하는 경우도 있었을 것이다. 그 결과, 일제 식민통치를 거쳐 6·25전쟁 이후 남한에서는 반공주의에 대한 순응과 저항이 항상 존재해왔다. 나치 정권에 대한 독일 국민의 선택 역시 순응과 거부 형태가 공존하고 있다.[107]

---

107 Martin Broszat, "Referat" in Kolloquien des Instituts für Zeitgeschichte ed., *Alltagsgeschichte der NS-Zeit. Neue Perspektive oder Trivialisierung?*, pp. 15~16.

제2장

망국의 시대

1

사대부 양반의 나라, 조선

조선은 문벌귀족 국가인 고려를 멸망시키고 새로 수립된 사대부 양반 국가다. 양반과 양인(良人), 그리고 노비, 즉 천인(賤人)으로 분류된 조선의 신분 체제는 귀족 국가인 고려와 크게 다를 바 없다.[1] 그러나 고려 지배층들은 불교를 숭상하고 원나라와 밀접한 관계를 맺고 있던 권문세가들이거나 사병을 둔 무인들 출신이었던 반면, 조선의 지배층 사대부 양반들은 대개 지방 향리 출신들로서 유교를 숭상한 유학자들이었다. 이들 유학자는 유교 학문을 통해 관료로 진출해 중앙정권을 장악하고 자신들의 세력을 확장함으로써 마침내 조선을 건국하게 되었다.

조선은 개국 공신 정도전(鄭道傳)이 유교를 정치 이념으로 삼아 『경국대전(經國大典)』이라는 법을 제정해 유교 법치 국가의 기틀을 마련함으로써 정치, 사회 등 모든 국가 체제와 통치 질서를 확립해

1　한국 사학계에서는 조선시대 역사의 전체 성격을 '중앙집권적 양반 관료제'로 규정해왔다. 한국사연구회 편, 앞의 책 『한국사 연구 입문』, pp. 262~271; 이기백, 앞의 책 『한국사신론』, pp. 196~198. 조선 양반에 대해서는 이성무, 『조선 초기 양반 연구』, 일조각, 1981 참조.

나갔다. 그러나『경국대전』은 왕에 관한 규정이 없어 신하와 왕의 관계가 모호했고, 이는 주자 성리학의 이기일원론(理氣一元論)과 이기이원론(理氣二元論)을 두고 벌어진 사대부 양반 사이의 사색당파 등 첨예한 정치적 대립과 갈등의 원인이 되었다.

『경국대전』의「형전(刑典)」은 각종 법 규정과 형벌 등 28개 항목으로 구성되었다.「형전」에는 노비, 형벌, 재판, 상속 등에 관한 규정이 수록되어 있고, 이 규정들은 주로 추단(推斷), 위조(僞造), 도망(逃亡), 포도(捕盜), 장도(贓盜), 고존장(告尊長) 등의 항목에 규제되어 있다.『경국대전』은 조선이라는 나라의 성격과 본질을 잘 나타내주고 있는데, 법전에 당시 사회의 한계도 그대로 반영하고 있었다. 실제 정치 운영에서는 점점 세밀한 규정들을 수립해 국왕의 권한에 많은 제약을 가했지만, 조선 사회의 기본 정치 이념에서 국왕은 법률의 대상이 아니었다. 또 관리의 자격에 대해 '천민이 아닐 것' 이상의 신분적 제약을 정해놓지 않아 중세 신분제의 극복 과정에서 한층 발전된 수준을 보여주지만, 지배층이 노비제의 기반 위에 서 있었고 노비들을 죄인으로 인식했음을 보여준다.[2] 이렇듯 조선은 오로지 지배층 사대부 양반만의 이익에 부합한 법이 제정되고 이들 지배층이 통치해나간 엄격한 신분제 국가로 존속해갔다. 이는 곧 조선이라는 나라의 주인이 사대부 양반임을 나타낸다.

조선의 신분 체제에서 사대부는 무반(武班)과 문반(文班)이라는

---

2   이런 점에서『경국대전』은 지배층을 위한 법이라고 평가할 수 있다. 장동우,「경국대전「예전(禮典)」과 국조오례의(國朝五禮儀)「흉례(凶禮)」에 반영된 종법(宗法) 이해의 특징에 관한 고찰」,『한국사상사학』제20집, 한국사상사학회, 2003, pp. 151~185.

관직을 얻은 양반계층을 말하며, 이들은 조선 사회의 정치, 사회, 경제, 문화 등 국가의 모든 분야를 지배했던 계층이다. 고려를 문벌귀족 사회라고 한다면 조선은 사대부 양반이 지배층인 신분 사회였다. 조선의 성립은 이성계를 중심으로 한 무인 세력과 정도전, 조준(趙浚), 남은(南誾) 등 유학자들이 협력해 일으킨 지배층의 정권 장악이었다. 이들은 유학을 정치 이념으로 삼아 피지배층을 위한 민본(民本)이 아니라 사대부 양반 세력의 이익을 근본으로 하여 조선 왕조를 수립했다.

이들이 만든 각종 제도와 통치기구들은 자신과 그 후손이 지배층으로서 기득권과 권력을 유지하게 하려는 데 중점을 둔 것이지 결코 피지배층 백성을 위한 것이 아니었다.[3] 조선의 사대부 양반계층들은 자신들의 권력을 확대하고 유지하기 위해 국가의 시험제도를 이용했는데, 그것이 바로 과거시험이다. 국가 관료, 말하자면 사대부로 진출하기 위해서는 유학의 시험을 통과해야 하므로 유교 학당인 교육기관이 필수였다. 물론 관직이 없는 양반들도 신분 체제 국가의 특징인 지배층의 특권을 누렸는데, 대개 국방 의무인 군역(軍役)은

---

3   강만길, 『분단시대의 역사 인식』, 창비, 1979, pp. 74~75. 조선 왕조에서 고려 사회의 분권적 성격을 탈피하고 권력을 중앙에 집중시킨 것은 지방 수령들이 자의적이고 사적인 권력을 이용해 농민을 수탈하지 못하도록 하기 위해서였다. 조선 건국에 앞장섰던 개혁과 사대부들은 이러한 구상을 『경국대전』 속에서 관철하고자 했으나, 궁극적으로 지주로서, 사대부 양반으로서 지위를 유지하고자 하는 그들의 계급적 이익이 전제되어 있었으므로, 지주전호제를 중심으로 한 경제 체제와 사대부 양반 관료 중심으로 국가가 운영되어 유교의 민본정치(民本政治)에서 벗어나 지배층 사대부 양반의 이익을 보호했다. 『경국대전』과 조선에 대해서는 오영교 편, 『조선 건국과 경국대전 체제의 형성』, 혜안, 2004 참조.

물론 노동력을 제공해야 하는 역역(力役) 등을 면제받았고, 대신 자신을 수양하고 사람을 다스릴 수 있는 수기치인(修己治人)의 학문을 닦아야 했다.[4]

그렇지만 사대부 양반들은 자신들만의 이익과 기득권을 독점하기 위해 다른 계층들의 관료 진출을 철저하게 막았다. 일반적으로 지방 지배층인 사림파(士林派)가 고려 말부터 절의를 지키며 명분을 중시하고 안빈낙도의 청빈한 생활을 하며 물질을 경시했다고 하나, 사실상 이들은 권력과 물질적 풍요를 추구하며 살았고, 청빈하고 절개 있는 삶과 거리가 멀었다.[5] 이들 사대부 양반 지배층은 피지배층과의 결혼을 금지했을 뿐 아니라 이들 계층과 섞여 살지도 않았다. 왕도인 한양에서는 북촌과 남촌, 지방에서는 성 밖 촌락이 사대부 양반들의 거주지였으며, 자신들 가운데에서도 차별이 있었다. 예컨대 문반이 무반보다 우위를 차지했고, 서얼금고법(庶孽禁錮法)을 제정해 서얼 자손은 과거시험인 문과에 응시할 수 없도록 했다. 특히 지방 출신에 대한 차별이 존재했는데, 평안도와 함경도 출신들은 높은 관리에 등용되지 못했고, 그 밖에 의관, 역관, 회계관, 사법 서기, 화원 등 기술직, 그리고 문과 하급 관리 아전, 무과 하급 관리 군교(軍校) 등 실무

---

4 사림의 정치는 중종 때 조광조(趙光祖)에 의해 시도된 지치주의(至治主義) 또는 도학(道學)의 정치로 일컬어지는데, 이 사림의 정치사상은 수기치인의 유학 정치사상을 철저하게 수행하고자 했다. 이는 『대학(大學)』의 삼강령(三綱領), 즉 명명덕(明明德), 신민(親民, 新民), 지어지선(止於至善)과 팔조목(八條目), 즉 격물(格物), 치지(致知), 성의(誠意), 정심(正心), 수신(修身), 제가(齊家), 치국(治國), 평천하(平天下)의 정신에 토대를 둔 것이었다. 권인호, 『조선 중기 사림파의 사회정치사상』, 한길사, 1995, p. 56.

5 이수건, 『영남 사림파의 형성』, 영남대학교 출판부, 1980, pp. 181~230.

관직 등은 사대부 양반이 아닌 중인(中人)들의 몫이었다. 사대부 양반들은 농업, 상업, 공업 등 현실적인 실용 직업에 절대로 종사하지 않고 오직 권력과 특권을 누릴 수 있는 높은 관직에만 종사했다.

중앙권력층인 훈구파든 지방 토호 세력인 사림파든, 이들 조선 양반 사대부 지배층은 대부분 고려 중기 무신정권 이후 문신들이 대거 숙청되었을 때 이들을 대신해 무신들 밑에서 문서 처리 등 행정 실무를 담당하던 지방 향리 출신 후손이었다. 이 가운데 중앙집권층은 대개 조선 개국 공신과 조선 초기 중앙집권화 과정에서 여러 정변이 발생했을 때 왕권을 보위하거나 왕 주변 친인척 관계에 있던 자들이었다. 그리고 사림파는 바로 이 변화기 권력에서 소외된 자들로서 낙향한 세력이거나 비교적 중앙 진출이 늦어진 세력이었다.[6] 따라서 이들 사대부 양반들은 원나라 지배 시기 관리가 된 가문 출신이어서 권력 지향적이고 반민족적 인사들로, 외세와 중앙권력에 결탁해 지방에서 경제적 토대를 다져갔다.[7] 이로 인해 중앙 훈구 세력은 지방 사림 세력 신흥 지주층의 경제적 특권을 견제했다. 국가의 통치와 지배의 목적을 유교를 통한 피지배층의 도덕적 교화에 두었다는 것은 단지 명분에 불과했다. 그렇다면 이러한 유교 사상에 기초해 농사와 민본정치를 나라의 근본으로 삼았던 조선시대 사대부 양반들은 어떤 기득권을 누렸는가?

조선은 지배층인 사대부 양반들이 관직과 토지를 독점 소유해 각

---

6 이황(李滉)이 대표적이다. 이수건, 위의 책 『영남 사림파의 형성』, pp. 90~92.

7 권인호, 앞의 책 『조선 중기 사림파의 사회정치사상』, pp. 48~49.

종 특권을 누리며 이를 자손들에게 세습했다. 조선의 관리들은 백성들을 보호하고 치안을 유지하거나 공공사업을 확대해 잘살도록 행정적인 지원을 해주기보다 지배층에 대한 반발을 억제하기 위한 통제와 조세를 거두는 일을 주된 업무로 삼았다. 사대부 양반들은 관직에 있든 관직에서 물러나든 품계에 따라 과전(科田)이라는 토지를 받았다. 그리고 이 토지가 자손들에게 계속 세습되다 보니 점차 관리에게 나눠 줄 경작지가 부족한 상태에 이르기도 했다. 조선의 토지제도는 원칙적으로 왕토사상(王土思想)에 따라 모든 국토가 왕의 소유였다. 그러나 사대부 양반들에게 분배한 토지가 세습되었기 때문에 실질적으로 이들 계층의 사유지나 다름없었다. 이들 지배층은 소유한 토지를 자신이 직접 경작한 것이 아니라, 자신의 땅을 경작한 소작 농민들에게 수조권(收租權)을 위임받은 것이었다. 사대부 양반들은 일하지도 않고 살며 과거시험을 통해 관리로 진출해 가문의 권력과 부를 확대해나가는 데 몰두했다.

고려시대에는 신분 상승의 문이 천한 출신들에게도 많이 열려 있었으나, 조선시대에는 사대부 양반들 외에는 지배층으로 진출할 수 있는 길이 아예 없었다. 이처럼 신분 구별이 엄격했던 조선시대에 일반 농민, 상인 등 피지배층은 인간으로서 또는 국가 백성으로서 권리를 누리기보다 특권층을 위한 노예, 즉 유럽의 농노와 크게 다를 바가 없었다.[8] 더욱이 가장 낮은 계층인 갖바치, 백정 등 천민들은 따로 분리되어 고려시대부터 존재했던 향, 소, 부곡 등 별도의 거

---

8 유럽의 농노는 '뿔 없는 소'로 불렸다.

주지에서 살아야 했으며, 거의 짐승처럼 취급되었다.[9]

　사대부 양반들과 달리 농민들은 평생 중노동에 시달리며 살았다. 농민들 가운데 스스로 개간한 토지를 경작하며 살아간 자영농도 있었지만, 보통 다양한 형태로 사대부 양반들이 소유한 토지를 경작하며 살아간 일종의 소작농인 전호(佃戶)였고, 신분도 상민(常民)이었다. 말하자면 사대부 양반들에게 사람대접을 받지 못한 '쌍놈'이었던 셈이다. 농업을 나라의 근본으로 여겼던 조선시대에 피지배층 농민들은 가장 우대를 받아야 할 계층임에도 불구하고 그렇지 못했다. 이들은 지주인 사대부 양반들에게뿐 아니라 신분 차별과 과중한 공납, 그 밖의 이런저런 명목으로 지방 관리와 국가로부터도 수탈을 당했다. 이 밖에 사대부 양반들의 토지를 경작하며 살아갔던 외거노비(外居奴婢)들이 있는데, 이들은 가정을 이루고 독립적으로 살아갔

9　향과 부곡민들은 농업, 소의 주민들은 광업과 수공업에 종사했으며, 군이나 현의 주민들과 비교해 많은 차별을 받았다. 특히 이들은 조세와 노역의 부담도 다른 지역 주민들보다 훨씬 컸고, 거주 이전의 자유도 없었으며, 과거 응시나 국자감 입학 자격도 제한받았다. 대개 경상도 지역에 이런 천민 마을이 가장 많았다. 부곡은 원래 중국에서 노예, 노비 같은 천한 신분을 의미한 용어로서, 『삼국사기』 지리지에 "이른 바 향, 부곡 등의 잡소는 거듭해 모두 기록하지 않는다"라고 기록된 것으로 보아 삼국시대부터 조선시대까지 있었던 것으로 추정된다. 부곡에 대한 가장 명확하고 자세한 설명은 『신증동국여지승람(新增東國輿地勝覽)』 여주목(驪州牧) 고적조(古跡條)에 있는 등신장(登神莊)에 관한 기록에서 찾아볼 수 있는데, 그 내용을 보면 "신라가 주, 군, 현을 설치할 때 그 전정(田丁)이나 호구(戶口)가 현이 될 수 없는 것은 향 또는 부곡으로 두어 그 소재하는 읍에 속하게 했다"라고 되어 있다. 부곡 주민은 법적으로 양인 신분이지만 다른 지역 양인에 비해 더 많은 부역을 부담했기 때문에 사회경제적으로 최하층민 지위에 놓여 있었다. 일반적으로 부곡이 천시된 이유가 여기에 있었다. 김용덕, 「부곡의 규모 및 부곡인의 신분에 대하여」, 『역사학보』 제89집, 역사학회, 1981, pp. 73~90. 이외에 다음을 보라. 림건상, 『조선의 부곡제에 관한 연구』, 과학원출판사, 1963; 박종기, 「고려의 부곡리」, 『변태섭박사 화갑 기념 사학논총』, 삼영사, 1985.

으나 천민 신분이었기 때문에 온갖 차별과 멸시를 당했다.

사실상 조선시대 농민들은 신분적으로 양인이지만 실질적으로 노비나 천민과 큰 차이가 없었던 피지배층이었다.[10] 천민들은 말할 것도 없고 농민들도 중세 유럽의 농노처럼 이주의 자유가 없이 자신들이 경작한 사대부 양반들의 토지에 매여 자자손손 대를 이어가며 살아가야 했다. 조정은 이들이 농토로부터 이탈하는 것을 방지하기 위해 성명, 출생, 신분, 거주지 등 신상에 관한 여러 정보를 기록한 신분증인 호패(號牌)를 가지고 다니도록 한 호패법을 제정해 농민들을 철저하게 통제했다. 또 농민들이 도망가지 못하게 서로 감시하게 한 오가작통법(五家作統法)에 따라 농민들은 태어날 때부터 죽을 때까지 평생 사대부 양반들의 토지를 경작하며 살아가야 할 운명에서 벗어나지 못했다.[11] 양인 농민들은 소출의 반을 지주에게 바쳤고, 국가에 토산물을 비롯한 여러 공납(貢納)과 국방 의무인 군역, 1년에 일정 기간 왕실의 토지 경작과 궁궐, 성곽 등 국가의 토목공사와 광산

---

10 이기백, 앞의 책 『한국사신론』, pp. 206~207. 『경국대전』에 따르면 천민은 곧 노비다. 노비제도기 갑오개혁으로 공식 폐지되기 전까지 조선의 법적 신분제는 양천제(良賤制)였다. 하지만 실제로는 양인들에게 천시되는 계급은 노비에 그치지 않았다. 법적 신분이 진짜 천민인 노비가 아니더라도, 신분은 양인이지만 하는 일이 힘들고 괴롭다면 이 역시 천민으로 취급했다. 이것이 신분은 양인이나 천한 일을 하는 신량역천으로, 보통 천민이라 하면 떠오르는 직업군은 대부분 여기에 속한다. 농민과 노비에 관해서는 다음을 보라. 이재룡, 「조선 전기 노비의 연구」, 『숭실대 논문집』 제3권, 1971; 이재룡, 「농민, 노비」, 『한국사』 제10권, 국사편찬위원회, 1974; 김용만, 「조선 중기 사노비 연구」, 영남대 박사학위 논문, 1990; 유승원, 『조선 초기 신분제 연구』, 을유문화사, 1987; 김석형, 「노비론」, 『조선 봉건시대 농민의 계급 구성』, 과학원출판사, 1957.

11 이기백, 앞의 책 『한국사신론』, pp. 206~207.

에 노동력을 제공해야 하는 요역(徭役)도 부담해야 했다.

노비는 국가에 속한 공노비(公奴婢)와 개인에게 속한 사노비(私奴婢)가 있었다. 공노비들은 관부(官府), 즉 국가기관에 각종 노동력을 제공해야 했고, 사노비는 주인집에 거주하며 일하는 솔거노비(率居奴婢)와 주인집 밖에서 경작과 여러 노동력을 제공하는 외거노비로 구분되었다. 조선시대 노비들은 사람대접을 받지 못했고, 노동과 각종 공물을 바쳐야 하므로 항상 궁핍한 삶을 살았다. 더욱이 노비들의 신분은 부모로부터 세습되었으며, 설령 아버지가 사대부 양반이고 어머니가 노비일 경우라도 그 자식들은 어머니 신분에 따라야 했다. 또 노비는 물건처럼 사고팔 수도 있었으며, 대체로 그 가격은 말 한 필보다 쌌다. 사실상 조선시대에는 노비가 아닌 양인이라도 소작농으로 살아간 전호나 외거노비와 솔거노비는 외형상 거의 차이가 없었다.[12]

조선은 1388년 8월 고려 왕조의 왕실 및 귀족과 죄인들 소유의

12　조선의 노비는 소유주를 기준으로 공노비와 사노비로 구분하고 공노비 가운데 직접적인 노동력 징발 대상으로 입역(入役)하던 자를 선상노비(選上奴婢), 입역의 대가로 노동력을 제공하는 신공(身貢) 대신 현물을 바치는 자를 납공노비(納貢奴婢)라고 한다. 이때 공노비의 구분 지표가 되었던 것은 소유주인 국가기관, 즉 사(司), 역(驛), 교금(校金) 등에서 노비의 노동력을 어떠한 방식으로 징발하는가에 있었고, 사노비의 경우에는 공노비의 유형 구분에서와 달리 그 구분 지표가 거주 형태에서의 동거 여부였다. 말하자면 독자적인 자신의 경리(經理)를 갖지 못하고 소유주와 같은 호구로 등록되어 주인 가족의 일원으로 주인집에서 거주하면서 노동력을 수탈당하거나 주인의 농업 경영에 동원되고 있던 노비는 솔거노비, 독립적인 자신의 경리를 보유하면서 주인의 토지를 경작하는 대가로 지대와 신공을 바쳐야 했던 노비는 외거노비로 구분했다. 이에 대해서는 김동인, 「조선 전기 사노비의 예속 형태」, 『이재룡박사 환력기념 한국사학논총』, 한울, 1990, pp. 398~421 참조.

노비를 정리하고, 12월에 노비에 관한 송사 내용을 분별하기 위한 기준인 변송기준(辨訟基準)을 각 관아에 지시해 이를 이행하도록 했으며, 태조 4년(1395) 12월에 노비변정도감(奴婢辨定都監)을 설치했다. 이어서 조정은 태조 6년(1397) 7월 합행사의(合行事宜) 19조를, 그리고 태종 5년(1405) 영위준수노비결절조목(永爲遵守奴婢決折條目) 20조를 각각 발표해 노비의 소유권 쟁송(爭訟), 상속, 양천 신분의 판정 등 사노비에 관한 제반 문제 해결에 주력했다.[13] 이처럼 조선 초기에 노비를 바르게 구별하는 노비변정(奴婢辨正) 사업을 추진한 것은 사노비를 공노비로 만들어 국가의 재정적 기반을 공고히 하고 동시에 새로운 왕조의 신분 질서를 재확립하려는 데 목적이 있었다. 노비는 조선의 사대부 양반뿐 아니라 국가의 중요한 재원이었기 때문에 신분제는 확고부동하게 유지되어야만 했다.『경국대전』에는 나이 16세 이상 50세 이하의 장년 노비 1구(口)의 값을 저화(楮貨)[14] 4,000장, 15세 이하 50세 이상은 3,000장으로 규정해 최상품 말 한 필 값 4,000장과 비슷하게 정해 놓았다. 노비를 셀 때는 가축과 마찬가지로 '입 구(口)'자로 표시했다.[15]

---

13 성석린(成石璘) 등이 아뢰기를 "방금 사방(四方)의 큰 폐단은 오로지 노비 한 가지 일입니다. 태상왕께서 깊이 그 폐단을 아시고 노비변정도감을 설치해 모두 공평하게 판결해서 쟁송이 없어지게 했습니다"라고 했다.『정종실록(定宗實錄)』권4, 정종 2년(1400) 6월 2일 을미 8번째 기사.

14 닥나무 껍질로 만든 종이돈.

15 예컨대 노비 가격이 가장 쌌던 고려 말 노비 가격이 말과 소의 값만도 못해 말 한 필의 값이 노비 2~3구에 해당했다. 1398년의 기록에 의하면 당시 노비 가격은 비싸야 오승포(五升布) 150필 값인데, 말 한 필의 가격은 400~500필이었다. 그리하여 조선은 개국 초 노비의 가격을 15세 이상 40세 이하는 400필, 14세 이하 41세 이상은 300필로 개정하기로 했다.

조선시대 말부터 노비나 다름없었던 농민들이 농지 개간 등으로 농지를 보유하게 된 이후 계속 이들의 소유지가 증가했지만, 일제 식민통치 초기만 해도 전국 농지 가운데 65~68퍼센트, 즉 전체의 3분의 2가량이 소작농에 의해 경작되었다.[16] 수확량의 절반을 지주인 사대부 양반들이 차지했으며, 인구 증가로 인한 토지 소작 다툼도 그만큼 심했다.[17] 농민들은 빈곤 속에서 굶주림과 각종 질병에 시달

---

16 조선시대의 농민은 대개 양반의 각종 소유지를 경작하는 전호, 즉 소작인이었고, 이들의 신분은 양인인 상민이었다. 이기백, 앞의 책 『한국사신론』, p. 205. 국가권력과 밀접한 양반 지주는 농지 개간 등을 통해 소유 토지를 더욱 확장해갔다. 농지 개간에는 규제가 없어 누구나 개간한 토지는 개간자의 소유로 인정해주었다. 그러나 실제 중심은 재력과 권세를 가진 양반 관료나 지방 양반 세력가였고, 국가는 농지 개간 정책을 이들 양반 지배층에 집중되도록 추진해갔다. 이경식, 「농업의 발달과 지주제 변동」, 앞의 책 『한국사 연구 입문』, pp. 349~358.

17 우리나라의 소작제도는 멀리 삼국시대에서 기원을 찾을 수 있다. 삼국시대에도 토지 매매가 있었다는 기록이 있다. 이와 관련해 사전(賜田)이나 사원전(寺院田) 또는 식읍(食邑)이 소작제도에 의해 경영되었으리라고 추정되고 있다. 통일신라시대에는 토지 매매가 성행했다. 특히 그 말기에는 토지겸병(土地兼倂)과 토지 사유화가 진행되었다. 따라서 이러한 토지에서는 몰락한 농민이 소작인으로 전환되어 봉건적 지주·소작제도가 전개되었던 것으로 판단되고 있다. 조선시대 소작제도에는 병작법(並作法)과 도작법(賭地法)이 있다. 병작법은 대부분의 경우 생산물의 50퍼센트가 소작료율로, '절반법'이라는 별명으로도 불렸다. 때때로 병작법의 소작료율이 생산물의 3분의 1이거나 지주가 지세, 종자 값, 경작비를 전담하고 생산물의 3분의 2를 징수한 사례도 있었으나 극히 드문 경우였다. 병작법의 가장 일반적인 경우는 소작료를 생산물의 50퍼센트로 해, 지세는 지주가 부담하고 종자는 소작인이 부담하는 것이었다. 그러나 이 지세와 종자의 부담 관계는 지방에 따라 매우 다양해 소작인의 실제의 부담 비율에 상당한 영향을 미쳤다. 한편 도작법의 소작료율은 생산물의 3분의 1이 지배적이었으며, '삼분법(三分法)'이라고도 불렸다. 물론 예외적인 경우도 있어서 도작법의 소작료율이 낮을 때는 생산물의 4분의 1, 높을 때는 2분의 1에 달하기도 했다. 그러나 원칙적으로 도작법의 소작료율은 생산물의 3분의 1이었으며, 대체로 병작법보다 소작료율이 낮았다. 이 때문에 도작법에서는 종자뿐만 아니라 지세도 소작인이 부담하는 것이 일반적이었다. 조선시대의 소작제도는 양반 신분의 지주가 양인 또는 노비 신분의 소작농으로부터 신분적·경제외적 강제에 의해 잉여 생산물 모두 직접 수취했다. 이러한 점에서 조선시대 특히 조선 전기의 소작제도는

려 평균수명이 조선시대 말에는 16세에 그칠 정도였다. 평균수명이 짧았던 이유는 의료시설과 위생의 문제보다 중노동과 굶주림이 더 컸을 것이다. 이같이 소작농을 땅의 노비로 삼았던 지주제의 문제점 은 해방 이후 농지개혁을 통해 다소 해소될 수 있었다. 또 천민에 속한 백정, 가죽 제품을 다루는 갓바치, 유기 제조자 등은 모두 자식 들에게로 세습되어 평생 부모의 생업을 이어가야 했고, 특정 마을을 이루며 살았다.[18] 말하자면 인간 취급을 받지 못하고 짐승 취급을 받았다. 광대와 사당 등도 역시 천민에 속했다. 이처럼 조선시대 천 민들은 대개 법적으로 양인으로 취급되었으나 여전히 사람대접을 받지 못했다. 조선시대 노비들은 사대부 양반들의 재산에 속한 동물 이었지 인간이 아니었다. 임진왜란 발발 후 피난 중의 일상생활을 기록한 양반 오희문(吳希文)의 『쇄미록(瑣尾錄)』을 보자.

작고한 구례현감 조사겸(趙士謙)의 첩이 계집종 둘을 샀다가 도로 내놓 았으므로 내가 무명 13필을 주기로 약속했다. 본래는 큰 짐 싣는 말 1

전형적인 봉건적 소작제도라고 볼 수 있다. 15세기의 소작제도는 지주가 모두 양반 신분이었으며, 주로 자기의 노비를 소작인화해 소작지를 경작시켰고, 양인이 몰락해 소작인화할 경우에도 신분적 강제를 가하는 것이 일반적이었다. 조선시대 후기로 접어들면서 봉건적 소작제도에도 약간의 변화의 징조가 나타나기 시작했다. 그러다 가 18세기에 들어서 사회적으로 신분제도가 붕괴되고 경제적으로 자본주의가 싹트 기 시작하면서 소작제도 내의 각 계층의 신분 구성과 지주, 소작인 관계에도 변화 가 나타나기 시작했다. 신용하, 「소작제도」, 『한국민족문화대백과사전』, 1995.

18   '매바치'는 '매사냥꾼'이고, '경바치'는 '경쟁이', 즉 무속신앙에서 '재앙을 물리치기 위 해 경을 읽어주는 것을 업으로 하는 사람'이며, '꿩바치'는 '주로 꿩을 사냥하는 사 람'이다. '바치'는 다른 말과 결합해 '어떤 물건을 만드는 사람'이나 '어떤 일에 종사 하는 사람' 또는 '어떤 것을 잘하는 사람'의 의미를 더하는 말이다.

필을 주면 되는데, 값이 무명 11필로 정해져서 2필이 부족하니 전섬(곡식 따위를 재는 부피 단위)으로 벼 1섬을 더 주었다. 그 집의 사내종 쇠똥이와 그의 숙부 끗산이 일이 성사되도록 양쪽에 말을 전해주었기 때문에 또 벼 13말을 주어 두 사람이 나누어 먹게 했다. 이광춘을 불러 권리를 증명하는 문서를 쓰게 하고 증인은 그 외숙의 노비인 끗산과 소지가 섰다.[19]

이 글을 보면 가축처럼 사고팔았던 노비는 사람으로서 성과 이름이 없이 '쇠똥이', '끗산이'로 불리는 천한 존재임을 알 수 있다. 조선시대 노비는 16~17세기경 전체 인구의 30~40퍼센트를 차지할 정도로 많았다.[20] 여기에 노비와 다름없는 양인 신분을 더하면 실질적으로 80~90퍼센트가 노비 상태로, 조선 백성 대부분이라고 해도

---

19 오희문, 전주대 한국고전학연구소 옮김, 신병주 해설, 『쇄미록』 1594년 10월 17일자 일기, 사회평론아카데미, 2020, p. 173.

20 노비는 조선에서 가장 높은 인구 비율을 차지한 신분이었다. 조선시대에 노비가 많았던 까닭은 한국의 뿌리 깊은 노비의 역사에서 찾을 수 있다. 신라시대 통일이 달성된 후 전쟁 노비가 소멸하자 왕실과 귀족 등 지배층은 노비 충원제도를 달리 고안해 노비 신분을 대대로 세습시키는 이른바 노비세전법(奴婢世傳法)을 만들었다. 한번 노비가 되면 죽을 때까지 노비로 살아야 했으며, 후대에까지도 이어져 노비 신분에서 벗어날 길이 없었다. 고려시대에는 법제적으로 자유로운 양인과 재산처럼 매매, 상속, 증여되는 천인으로 신분이 나뉘었다. 천인의 대다수는 노비가 차지했고, 노비끼리만 혼인할 수 있었으며, 남자 노비는 머리를 깎고 여자는 짧은 치마를 입어 복장에서 양인과 구분을 지었다. 이러한 고려시대의 노비제도는 조선에도 이어져 15세기 조선 사회의 기본적인 신분 구조는 양천제, 즉 권리와 의무가 있는 양인과 의무만 있고 권리는 없는 천민으로 구분되었다. 그러다가 16세기 이후 양인의 최상부인 양반과 중인, 평민과 천민으로 신분 구분이 이루어졌다. 조선시대 천민의 대다수는 노비였으며, 이 외에 백정, 광대, 사당, 무격, 기녀, 악공 등이 있었다. 신병주, 「노비의 나라 조선」, 앞의 책 『쇄미록』, pp. 180~184에서 인용.

지나침이 없을 정도였다. 양인들은 생계가 어려워지면 자신과 가족들을 노비로 파는 자매(自賣) 현상이 많아 노비 수는 더 증가했다.[21] 원래 조선의 노비법은 어머니와 아버지 어느 한쪽이라도 천인이면 그 자식도 천인이 되는 종모종부법(從母從父法)을 따랐다. 천구(賤口)[22]가 양녀(良女)[23]와 결혼하면 그 소생이 모두 사노비가 되어서 노비는 날로 늘어나고 군역을 담당할 양민은 날로 줄어서 나라의 공공사업에 동원할 수 있는 인원이 부족하게 되었다. 그리하여 태종 1년(1401) 권중화(權仲和)의 상소에 따라 노비가 양인과 서로 통하지 못하게 하고, 양녀로서 이미 노비의 아내가 된 자는 이혼하게 했으며, 그 명을 어기는 자는 그 죄를 종의 주인(奴主)에게 미치게 했다.[24]

이런 노비 정책으로 조선의 노비 수는 갈수록 증가했으나, 각종 요역을 담당할 양인 수가 급격하게 줄었다. 노비는 원래 국가에서 필요로 한 역역 징발과 양역, 즉 군역의 부담이 없기 때문에 양인 수가 적고 노비 수가 많다는 것은 그만큼 국가의 재정과 군사력이 약하다는 의미다. 그리하여 태종 14년(1414)에 조정은 군사 수를 확

---

21 15세기에 사노비를 뺀 공노비가 35만 명이던 것이 조선 후기인 17세기에 이르면 20만 명 정도로 줄어든다. 여기에 사노비를 합한 수는 이보다 두 배 내지 세 배 이상으로 추정된다. 공노비 수가 줄어든 것은 노비 문서인 노비안(奴婢案)이 불에 타서 각자 흩어져버리기도 했고, 노비로서 양역인 군역에 종사하는 신천양역(身賤役良), 즉 몸은 천하지만 양민이 할 일을 하는 현상이 나타났기 때문이다. 이 양역을 2대에 걸쳐 종사하면 천민 신분에서 양인 신분으로 올라간다. 사노비도 마찬가지였다. 이기백, 앞의 책 『한국사신론』, pp. 273~274.

22 천한 노비.

23 노비가 아닌 여자.

24 『태종실록』 권2, 태종 1년(1401) 7월 27일 갑인 2번째 기사.

충하고 국방 재원을 충당하기 위한 국가 방위 정책으로 양천교혼소생자녀(良賤交婚所生子女)에 대해 종천법(從賤法)을 적용했던 기존 전통적 노비종모법(奴婢從母法)을 노비종부법(奴婢從父法)으로 개정하기에 이르렀다. 이 개정법은 양인 또는 사대부 양반들의 노비 처첩소생 자녀들을 아버지 신분에 따라 종이나 노비 신분을 면제해 양인이 되도록 함으로써 군역 부담자인 양인 수를 늘어나게 한 것이다.[25] 그러다가 이에 따른 여러 폐단이 발생하자 이 개정법 실시 여부를 놓고 논란을 거듭한 끝에 1432년 세종은 이를 폐지하고 노비 처첩소생 자녀에게 아버지가 아니라 어머니의 신분을 따르게 한 종래의 종모법으로 환원시켰다. 이 법으로 노비 수가 증가하게 되었는데, 이는 사대부 양반들의 경제적 이득을 위한 것이었다. 맹사성(孟思誠)이 세종에게 다음과 같이 말했다.

노비의 자녀가 어미의 신분을 따르게 하는 법은 또한 한 시대의 좋은 법규입니다. 어찌 자기의 노비를 증가시키기 위해 이 법을 세웠겠습니까? 도대체 천한 계집이 날마다 그 남편을 바꿔서 행위가 금수(禽獸)와 같으니, 그가 낳은 자식은 다만 어미만 알 뿐 아비는 알지 못합니다. 이것이 노비는 어미를 따른다는 법이 생기게 한 까닭입니다. 이제 그 '계집종의 자식이라도 아비가 양민이면' 아비를 좇아 양민이 된다고 한 현

---

25 『태종실록』 권27, 태종 14년(1414) 6월 27일 무진 1번째 기사. 태종 6년(1406)에 집계된 전국의 군역에 종사하는 장정 수가 37만 365명이었던 것이 단종 2년(1454) 69만 2,475명으로 증가했는데, 그 가운데 상당수가 이런 정책으로 양인이 된 자들로 추측된다.

행 법을 폐지하고, 다시 어미를 좇아 천민이 되게 하는 법을 세운다면 그것이 가장 좋은 방법입니다.[26]

이 기록을 보면 맹사성은 지배층 입장에서 볼 때 공이 많은 명재 상이었지 피지배층 백성 편에서 훌륭한 업적을 남긴 자가 아닌 셈 이다. 압량위천법(壓良爲賤法)은 양인을 천민이 되게 하는 법, 곧 양 민인 아버지와 천민인 어머니 사이에서 낳은 아이를 어머니의 신분 에 따라 천민이 되게 하는 법이고, 종모법은 천인으로서 부모 가운 데 그 어미가 양인일 때 그 자식도 양인이 되게 하던 법이다. 조선 은 군역 등 각종 요역을 양민들이 담당하기 때문에 이 계층이 많다 는 것은 국가에 이로운 일이었다. 그러나 양민들은 요역의 부담이 가중되면 이를 피해 스스로 노비로 전락하는 경우가 많았다.[27]

어머니 신분을 따르는 종모법은 우리나라의 사법(私法)일 뿐 중국 에서는 다 종부법을 따르고 있었다.[28] 양민보다 노비가 많으면 사대 부 양반들에게 이로운 일이었다. 그래서 사대부 양반들은 노비 수를 늘리기 위해 아버지의 신분을 따르는 종부법에 반대한 것이다. 찬관

---

26 『세종실록』 권55, 세종 14년(1432) 3월 15일 갑술 3번째 기사.
27 권예(權輗)가 아뢰기를, "양천종모법(良賤從母法)이 설립된 지 이미 오래입니다. 그 런데도 옛날에 양민이 많았던 것은 그 역(役)이 수월했기 때문에 천인을 따르기를 부끄러워했던 탓인데, 지금은 양민이 역에 몹시 시달리기 때문에 도리어 천인이 되 기를 즐겨 합니다. 비록 압량위천법을 중하게 해도 사람들이 모두 스스로 의탁하기 때문에 그 법을 적용할 수가 없습니다. 서울의 경우에는 조금만 영리한 자면 모두 서리(書吏)가 되기 때문에 고역(苦役)을 하는 자는 백에 한두 사람도 없습니다"라 고 했다. 『중종실록』 권75, 중종 28년(1533) 7월 14일 을묘 1번째 기사.
28 『명종실록(明宗實錄)』 권3, 명종 1년(1546) 4월 6일 임진 4번째 기사.

남응운(南應雲) 역시 "우리나라 법이 천녀(賤女) 소생은 어미 신분을 따르고 양녀(良女) 소생은 아비 신분을 따르므로 사천(私賤)[29]은 날로 많아지고 양민은 날로 줄어들고 있다"라며 "이는 고려 말엽에 정권을 잡은 권신들이 국가를 병들게 하고 사가(私家)를 살찌우기 위한 폐단이었다"라고 지적했다. 이어 그는 "그런데 인정이란 구습(舊習)에 젖으면 갑자기 바꾸기 어려운 것"이라며 "그러나 만약 기한을 정해놓고 노비가 아닌 양인 신분의 여자(良女)에게 난 자식을 어미의 신분을 따르게 한다면 수십 년이 못 가서 양정(良丁)이 날로 증가되어 군액(軍額)이 줄어드는 것을 점차로 충당할 수 있을 것"이라고 주장했다.[30] 또 영의정 김근사(金謹思)는 "천구의 종모법은 국전(國典)에 실려 있으니 경솔히 개정할 수 없다"라고 적극 반대했다.[31] 모든 크고 작은 국가의 일은 중국을 따르면서 유독 노비제도만큼은 독자적으로 시행한 것은 조선 사대부 양반들이 국가의 이익보다 자신들의 기득권을 더 중시하고 이를 어떤 방법과 수단을 통해서라도 유지하려고 했기 때문이다. 왕권이 강하면 국가의 이익을 위해 종부법을 채택해 양민의 수를 늘려 국가 재정과 군사 수를 증강할 수 있었을 것이다. 조선은 세금과 국가의 각종 부역을 부담하는 양민의 수가 적고 이 모든 부역을 면제받는 노비 수가 많아 사대부 양반들은 부와 권력을 누릴 수 있었으나 국가는 허약해져 갔다.

한편 생계가 어렵고 중노동에 시달리며 간신히 배를 채우며 살아

---

29 개인이 소유한 노비.
30 『명종실록』 권12, 명종 6년(1551) 9월 28일 계축 4번째 기사.
31 『중종실록』 권81, 중종 31년(1536) 1월 7일 계해 1번째 기사.

가던 조선시대 피지배층 백성들은 당연히 글도 모르고 지식도 갖추지 못해 무식할 수밖에 없었다. 그러다 보니 유교가 국교라 해도 그 지식의 혜택은 오직 사대부 양반들에게만 돌아갔다. 이들 지배층의 시각에서 보면 피지배층 백성들은 무지하고 상스러울 수밖에 없었다. 하지만 열악한 삶을 사는 피지배층 백성들에게 유교의 가르침에 따른 도덕과 윤리의식은 희박할 수밖에 없었을 것이다. 또 비인간적인 차별과 대우를 받고 살았던 그들의 의식 속에는 증오와 반감 등이 가득 차 있었을 것이며, 이로 인한 절망적이고 회의적인 자포자기식 가치관에 젖어 있었을 것이다.[32]

이처럼 조선시대 피지배층 백성들은 국가의 주체가 아니라 단지 착취의 대상이었다. 지방 행정기구인 감영이나 군현에는 관비라는 계집종이 배속되었고, 지방 군사기구인 병영에도 관기들이 속해 있었다. 관비에는 주방 일을 전담한 급수비(汲水婢), 관리의 수발을 든 기생이 있었다. 기생들은 그야말로 관리들의 온갖 유흥에 동원되어 춤을 추고 노래하고 마지막에는 수청이라고 불리는 잠자리까지 함께해 이들의 성적 노리개 역할까지 해야 했다. 사가 노비들 역시 주인의 성적 노리개였으며, 손님이 찾아오면 성 접대도 해야 했다.[33]

---

32 오희문의 일기에 이러한 노비들의 소리 없는 저항이 드러나고 있다. 이 일기에는 농사일에 게으름을 피우는 노비 이야기가 나오는데, 양반 오희문이 이를 괘씸하게 여기고 얄미워하는 기록이 나온다. 이는 당시 노비들이 일을 잘 하지 않고 게으름을 피우면서 양반에게 저항했음을 보여준다. 오희문, 앞의 책 『쇄미록』 1695년 1월 11일, 17일, 18일, 22일, 27일 자 일기.

33 이 같은 내용이 자세히 기록된 『부북일기(赴北日記)』는 조선시대 울산에 살았던 울산박씨 박계숙(朴繼叔)과 박취문(朴就文) 부자가 남긴 일기다. 박계숙은 1605년에, 박취문은 1644년에 함경도로 파견되어 약 1년간 군관(軍官)으로 복무했으며,

세종은 전국 각 지방에 관기를 배치해 관리들의 노고를 위로하도록
했다. 감영이나 군영에 많게는 100여 명, 적게는 30~40명의 관기가
배치되었다. 당시 관리가 부임하면서 이러한 '성 상납'을 받았던 일
에 관해 기록한 일기를 살펴보자.

1월 1일

여전히 강릉부에 머물렀다. 숙회(叔晦)는 기생 가지개(加之介)를 품었
다. 관노 최억신(崔億信)이라는 자가 술을 가지고 와서 대접해주었다.

1월 2일

새벽에 비와 눈이 내리기 시작했다. 최억신이 또 술을 가져와 대접해주
었는데, 억신은 강릉부의 급창(及唱, 연락병)이다. 저녁에도 음식을 대접
하니 얻어먹기에 마음이 불편해 참빗(眞梳) 하나를 주니 머리를 가로
저으며 받지 않고 돌아갔다. 유명한 기생 건리개(件里介)에 대해 전해
듣고 저녁에 눈길을 무릅쓰고 그 집으로 가서 동침했는데, 밤중에 서로
말과 시(詩)를 주고받다가 나에게 묻기를, "선달님, 기생 연향(蓮香)을
가까이 하지 않았습니까?"라 했다. 그렇다고 하니 곧 말없이 옷을 입고

그때의 일상생활을 자세히 기록하고 있다. 이 일기는 조선시대 무관이 남긴 것이라
는 점에서 희소가치가 크며, 아버지와 아들의 양대에 걸친 일기를 합친 것이다. 이
일기는 무엇보다 생활 주변의 자질구레한 것까지 숨김없이 자세하게 써 놓았다는
점에서 역사적 사료로 가치가 매우 높으며, 17세기 변방 지역의 군사 업무의 실상
과 군관들의 생활상을 상세히 살펴볼 수 있다. 정시열, 「부북일기」에 나타난 사건
과 인물에 대한 시탐(試探)」, 『한민족어문학』 제67권, 한민족어문학회, 2014, pp.
187~220.

일어나 앉아 대성통곡을 했다. 그 어미와 남동생이 놀라서 나와 그 이유를 물으니, "선달님이 지난밤에 연향이를 가까이 하셨다고 합니다"라고 답했다. 그러자 그 어미도 역시 통곡하니 괴이해 그 이유를 물으니 연향은 당창(唐瘡)이 있다고 했다. 주객이 모두 낙심해 걱정하며 밤을 새웠다. 이날 밤 언양(彦陽) 이선달은 기생 대향(代香)을 품었고, 사추(士推) 이석로는 기생 막개(莫介)를 품었다.[34]

이처럼 사대부 양반들은 대개 여러 명의 첩을 거느리고 살았으며, 이런 첩의 풍습은 조선 지배층 세계에서는 일반적이었다. 헨드릭 하멜(Hendrik Hamel)은 사대부 양반들의 첩 풍습에 대해 다음과 같이 기록하고 있다.

남자는 그의 부인이 아이를 여럿을 낳았어도 내쫓고 다른 여자를 부인으로 맞아들일 수 있으나, 여자는 판결에 의해 이혼을 허락받지 않는 한 다른 남자를 맞아들일 수 없다. 또 남자는 부양할 능력이 된다면 많은 아내를 둘 수 있으며 그가 원할 때마다 기생집에 갈 수 있고 그러한 것에 대해 남에게 욕을 먹지도 않는다. 부인 중 한 명은 항상 그와 살며, 그녀가 집안 살림을 맡고 다른 부인들은 다른 집에서 산다. 양반이나 고관들은 대개 아내 두세 명을 한집에서 데리고 살며, 그중 한 명이 집안의 살림을 주재한다. 각각 부인은 따로 살며 남자는 자기가 가고 싶은 곳으로 간다. 조선 사람들은 그들의 부인을 여종보다 낫다고 생각

---

34 『부북일기』 권22, 인조 23년(1645).

하지 않았고 하찮은 잘못으로 내쫓는 수가 있다. 남자가 자식을 원하지 않으면 여자는 애들을 모두 데리고 나가야 한다. 그런 탓인지 이 나라 인구가 매우 많다.[35]

이처럼 조선시대 사대부 양반들은 여성을 애를 낳는 존재나 성적 노리개로 여기는 비뚤어진 여성관에 젖어 있었다. 사대부 양반의 수는 전체 인구 가운데 기껏해야 10~20퍼센트에 불과했으나 이들이 전 국토 경작지 대부분을 차지하고 있었다.[36] 과전법(科田法)은 본래 사대부 양반의 경제적 기반을 보장하기 위한 제도였으므로 피지배층 농민들은 토지 지급의 대상이 아니었다.[37] 하멜이 관찰한 조선 사

---

35   헨드릭 하멜, 류동익 옮김, 『하멜 표류기』, 더스토리, 2020, pp. 81~82.

36   세종과 문종 시대에 향리와 토호를 중심으로 한 중앙 관료층의 토지 독점과 대토지 사유화, 그리고 중앙 사대부 세력과 결탁한 지방 양반 지주들의 끊임없는 자작농 토지 수탈이 이어지면서 양반들의 소유지는 점점 확대되었다. 김태영 외, 『한국의 사회경제사』, 한길사, 1989, p. 14. 특히 김태영, 『조선 전기 토지제도사 연구』, 지식산업사, 1983을 보라.

37   과전법은 고려 말 전제(田制)개혁을 계승한 것으로 조선 초기 토지개혁의 근간이었다. 그러므로 과전법 연구는 조선 초기 경제 구조를 이해하는 데 매우 중요하다. 정도전은 토지를 모두 실질적인 국가 소유로 하여 이를 농민에게 분배함으로써 자작(自作)하게 하려 했으나 권문세족들의 방해로 실패했다고 말하고 있으나, 그는 사전(私田)개혁을 주도한 인물이라는 점에서 권문세족들의 반대로 농민에게 토지를 분배하려 했다가 실패했다고 보기 어렵다. 강만길, 앞의 책 『분단시대의 역사 인식』, p. 75. 특히 조선 초기의 토지제도 연구는 주로 토지 소유 관계의 설명을 위해 공전(公田), 사전의 개념과 민전(民田) 실태의 연구가 중요한 과제가 되어왔고, 이로 인해 토지 국유론 또는 사적(私的) 토지 소유론 논쟁이 일어났다. 토지 국유론이 수조권을 기준으로 한 공전, 사전의 개념을 그 근거로 한다면 사적 토지 소유론은 공전, 사전의 개념을 수조 관계에 국한한 것이 아니라 소유 관계도 고려해 공전, 사전의 개념보다 민전의 실태를 더 중시한다. 그러나 토지 국유론은 조선의 과전과 공신전(功臣田)은 토지를 소유한 것이 아니라 다만 수조권의 지급에 불과하다며 토지 국유제가 조선의 토지제도라는 것이다. 그리하여 조선시대 사전과 민전을 인정

대부 양반들의 재산의 형태를 보면 토지는 공유제였다.

개별적으로 도시나 섬 혹은 마을을 소유하고 있는 봉건 영주는 없다. 양반들은 소유지의 재산과 노비로부터 수입을 얻는다. 일부 양반들은 약 2~3천 명의 노비를 거느린다. 또 왕으로부터 하사받은 섬과 영지를 소유하기도 하지만, 그들이 죽으면 다시 왕에게 귀속된다.[38]

고려를 멸망시키고 탄생한 조선은 왕권을 안정시키고 새로 등장한 사대부 양반들의 지배 질서를 확립하기 위해서 해결해야 할 문제가 여럿 있었지만, 그 가운데 가장 중요한 과제는 피지배층 백성들을 이전보다 더 효과적으로 다스리는 방법을 수립하는 것이었다.

이를 위해 조선은 먼저 농민들을 토지에 얽매여 두고 활동적인 상업을 억제하는 것과 쇄국을 통해 민심의 동요를 없애는 정책을 펼쳤다. 말하자면 지배층의 기득권을 공고히 함으로써 자신들만의 특권을 유지하기 위해 이 같은 정책을 시행했는데, 그러기 위해서는 피지배층 농민들에게 일정한 토지를 분배해야 했으나, 지배층인 사

하되, 사전이란 원래 수조권만 주어진 것으로 사유지가 아니며 민전도 민유지이지만 토지 국유제 중 일부에 그치고 있다고 주장한다. 이에 맞서 사적 토지 소유론은 1960년대부터 대두되었다. 이 주장은 조선 초기 토지를 왕토사상으로서 소유권을 기준으로 한 공전, 사전, 그리고 수조권을 기준으로 한 공전, 사전의 개념 등으로 분류했고, 민전 중에는 국가 수조지로서 공전, 전주(田主)의 수조지로서 사전이 있다며 민전이 민유지라고 주장한다. 민전은 농민의 경작지이자 사대부 양반, 양인, 향리, 노비 등 모든 신분계층의 민유지이며, 이 민유지에서 전세(田稅) 외에 공물과 부역도 부담했다. 이에 대해서는 이재룡, 「과전법 체제」, 앞의 책 『한국사 연구 입문』, pp. 272~279를 참조.

38 헨드릭 하멜, 앞의 책 『하멜 표류기』, p. 64.

대부들에게 먼저 토지를 나눠 주다 보니 정작 농민들에게 줄 토지가 부족했다. 결국 농민들은 농노로 전락하고 말았고, 소작농의 지대의 공정화를 통해 이 문제를 해결해나가려 했으나 사대부 양반들의 탐욕으로 이 역시 큰 효과를 보지 못했다.[39]

그리하여 조선시대 내내 착취당하고 자유마저 빼앗긴 농민들의 불만은 커져갔고, 마침내 고질적인 사회적 문제들이 발생했다. 이처럼 조선시대 피지배층 백성들은 철저한 신분 체제 속에서 살았으며, 부귀와 권력은 오로지 사대부 양반들의 차지였다. 신분 상승의 길인 관리는 오직 사대부 양반들이 독점했다. 노비 등 천민들은 아예 글을 배우지 못하도록 금지당했고, 피지배층 양민들 역시 글을 배울 수 있는 여력이 없어 아예 과거에 응시할 꿈도 꾸지 못했다.

조선시대의 관직은 지배층 신분과 경제적 풍요를 의미했다. 그 원인은 조선의 탄생이 바로 유교를 숭상한 고려시대 귀족 출신인 사대부 양반들의 힘에서 나왔기 때문이다. 유교를 공부하려면 먹고사는 걱정 없이 학문에만 전념할 수 있는 사회적 신분과 경제적 부를 가지고 있어야 했다. 한마디로 조선의 지배층은 유학적 지식을 겸비한 학자이면서 막대한 토지를 소유한 지주를 뜻한다. 사대부 양반에

---

39   실학자들은 백성(民)의 편에 선 최초의 조선 지식인들이었다. 이들은 민본사상(民本思想)에 의해 민중 전체에게 이익이 돌아가게 하는 정치가 나라를 부강하게 하고 민족적 유대의식을 강하게 한다고 믿고 농민층에 제도적으로 토지를 지급해야 한다고 주장했고, 노비계층에게 인간적인 동정을 베풀면서 해방을 확대해 노비제도를 점차 폐지할 것을 주장했다. 그러나 실학자들은 권력 밖에 있었으며 이들의 주장이 지배층 사대부 양반의 이익과 기득권과 정면 배치되는 것이어서 실현되지 못했다. 강만길, 앞의 책 『분단시대의 역사 인식』, pp. 75~76.

는 훈구파와 사림파가 있는데, 훈구파는 조선 왕조를 수립하는 데 공을 세운 공신들로, 이들이 고위 관직을 독점하고 공신전이라는 토지를 하사받아 이를 대대로 세습했다. 한편 사림파는 훈구파와 달리 고려 왕조를 존속하고 국가를 개혁하자는 자들로서, 조선 왕조가 수립되자 중앙권력에서 밀려나 지방 세력을 형성했다. 그런 만큼 조선의 모든 권력은 왕이 아니라 바로 이들 사대부 양반들이 장악하고 있었다. 훈구파가 관직을 독점하자 사림파들은 지방에 자신들이 소유한 토지를 기반으로 학문을 닦으면서 향촌 사회를 지배해나갔다. 말하자면 훈구파가 중앙의 관직을 가진 관료들이라면 사림파는 향촌의 토호들로서, 이 두 세력이 조선을 다스렸다. 이 두 세력의 지배층은 끊임없이 서로 권력투쟁을 벌이면서 왕권을 억제하고 자신들의 권력과 경제력을 키워나갔다.[40]

산과 하천을 경계 삼아 토지를 소유했던 고려 귀족과 달리 조선의 토지제도는 과전법이었다. 과전법에 따라 현직과 전직을 불문하고 사대부 양반들에게 토지가 분배되었으나, 토지가 부족해지면서 세조는 현직에만 지급하는 직전법(職田法)을 시행했다.[41] 특히 공신

---

[40] 사림파는 먼저 영남 지방에서 형성되기 시작했고, 이 지역은 통일신라 이후 한국 역사의 중심지 역할을 했다. 14세기 농업경제의 발달을 매개로 중앙 진출이 활발해지면서 "조선의 인재는 그 반이 영남에 있다"라는 말이 나올 정도였다. 이는 당시 경상도에 군, 현이 많았던 이유도 있었으나 농업 생산성이 높아 이 지역 양반들의 경제적 부가 증가한 원인도 있다. 공을 세운 신하나 학덕(學德) 있는 사대부로 위패(位牌)가 종묘(宗廟), 사당, 서원, 문묘 등에 배향(配享)된 18현(賢) 중 조광조를 제외하고 모두 영남 출신임이 이를 뒷받침하고 있다. 권인호, 앞의 책 『조선 중기 사림파의 사회정치사상』, p. 48.

[41] 이기백, 앞의 책 『한국사신론』, p. 206.

들이 향촌의 토지까지 소유하려고 하자 이를 둘러싸고 현직에 있는 훈구파들과 관직에서 물러나 향촌에 사는 사림파들이 격렬하게 싸우게 되었다. 권력, 곧 토지 소유를 결정짓는 이 다툼은 조선이 망할 때까지 계속되었다. 토지를 사적으로 소유한 훈구파들은 자신들의 사유지를 노비들을 이용해 경작하거나 전호, 소작인에게 대여해 수확의 반을 받아갔다. 이들은 막대한 토지를 바탕으로 농민들을 지배하고 권력을 독점할 수 있었다. 조선의 토지는 국가의 소유지만 결과적으로 사대부 양반들의 사유 재산이 되어버린 것이다.[42] 이로 미루어 보면 고려 귀족이나 조선의 사대부 양반들은 지배층의 자리만 바뀌었을 뿐 똑같은 존재들이었다.[43]

　정치 구조에서 조선 사대부 양반들은 도평의사사(都評議使司)라는 의결기관을 설치하고 모든 정치적 실권을 쥐고 있었다. 왕은 도평의사사의 결의를 시행하는 형식적인 권력의 존재에 불과했다. 조선시대 내내 왕들은 이들 사대부 양반들과의 권력투쟁 속에서 희생되기도 하고 때로는 왕권을 장악하기도 했으나 이는 일시적인 것이었다. 결국, 조선의 실질적인 권력은 사대부 양반들에게 집중되었다. 이들 지배층은 유교적인 이상 정치를 구현하기 위해 법전을 만들었으나,

---

42　과전법에는 공신전과 과전의 상속이 인정되고 있고 일반 민전의 상속 여부에 관한 규정은 보이지 않으나, 세종 6년(1424) 토지 매매가 공인되고 『경국대전』에는 토지 상속, 매매 등에 관한 규정이 실려 있는 것으로 보아 사적 토지 소유가 법으로 공인되고 있음을 알 수 있다. 이재룡, 「과전법 체제」, 앞의 책 『한국사 연구 입문』, pp. 274~275.

43　조선 건국 초기 민본사상과 과전법 자체 모순과 해체로 인해 고려 봉건제도의 착취 구조가 재현되었다. 우리경제연구회 편, 『한국민중 경제사』, 형성사, 1987, pp. 31~115.

이는 오히려 사대부 양반들과 왕과의 권력투쟁을 초래했다.

예컨대 정도전은 『조선경국전(朝鮮經國典)』을 편찬해 사대부 양반들과 왕의 권력을 억제함으로써 백성을 위한 정치가 구현되도록 했으나, 이는 왕과 사대부들의 불만만 높인 결과를 낳고 말았다. 사실상 정도전은 이상 정치를 실현하고자 했던 유교 이상 정치가였다. 왕과 사대부 양반들의 힘의 균형을 통해 권력 남용을 방지하고 철저한 유교 정신에 의해 백성과 국가의 안전을 도모하고자 했다. 왕이 독자적으로 권력을 쥐고 이를 마음대로 행사해 발생하는 폐단을 방지하기 위한 장치로서 사대부 양반들의 의결을 거치도록 했다. 또한 왕으로 하여금 끊임없이 유교를 학습해 심신을 닦게 함으로써 성군으로서 통치하도록 했고, 사대부 양반들 역시 유교 정신에 의해 유교 학문을 철저히 익히게 함으로써 과거를 통해 관리가 되도록 했다. 이러한 권력 체제의 구축은 왕과 지배층인 사대부 양반들의 횡포를 방지하고 올바른 정치를 구현하기 위한 것이었다.[44] 피지배 백성들 역시 왕조가 바뀌었다고 해서 특별히 달라진 것이 없었다. 양민이 출세하려면 마찬가지로 교육을 받고 과거시험에 합격해야 한다. 그러나 한문과 유교 경전은 누구나 쉽게 공부할 수 없었다. 소리글자인 한글과 달리 한문은 쉽게 터득할 수 없는 문자다. 뜻글자인 한문을 익히기 위해서는 많은 시간과 노력이 필요했다. 한문으로 된 유교 학문도 마찬가지였다. 하지만 매일 노동에 시달려야

---

44 조선 사대부 양반 지배층이 신봉해온 유교 사상의 핵심은 수기치인이다. 따라서 지배층 양반은 수기치인의 학문을 닦아 관리가 될 수 있는 권리가 역(役)의 의무를 대신했다. 이기백, 앞의 책 『한국사신론』, p. 197.

하는 농부 등 피지배층 백성들은 어려운 유교 학문과 한문을 익힐 여력이 전혀 없었다. 설령 그런 학식을 갖추었다 해도 신분상 지배층으로 오르기 쉽지 않았다. 그리하여 조선시대는 오직 경제력을 갖춘 사대부 양반들의 세상이었고, 그들만의 나라였으며, 피지배층 백성들은 그들의 부와 권력을 유지해주는 도구에 불과했다.

특히 토지를 소유해 평생 일하지 않고도 먹고살 수 있는 경제력을 갖춘 사대부 양반들은 지식을 독점해 지배층으로서 권력을 계속 유지하려고 했다. 세종이 소리글자인 한글을 제정했으나 이 글자가 조선에 활용되지 못하고 조선이 망할 때까지 한글이 통용되지 못한 원인은 바로 사대부 양반만이 지식을 독점해야 기득권을 유지할 수 있었기 때문이다. 사대부 양반들은 일반 백성들이 학문과 지식을 쉽게 터득하지 못하게 해야 자신들의 기득권을 계속 유지할 수 있다고 생각한 것이다. 세종이 한글을 만든 것은 일반 백성들이 무식해 교화되지 못한 탓에 지배층과 쉽게 소통하지 못하고 효율적인 통치가 어려워지자 이를 해결할 정치적 방편이었다.[45] 그런 한글이 당시 사대부 양반들에게 환영을 받지 못한 이유는 지식을 독점해야 지배층으로서 특권을 누릴 수 있었기 때문이며, 한글로 지식이 피지배층 백성들에게 보급되면 사대부 양반 지배층이 이들 계급으로부터 권

---

45 한글은 당시 사대부 양반 계층에게 환영받지 못했다. 사대부 양반들은 어려운 한문을 사용함으로써 학문을 독점해 기득권을 유지하려 한 반면, 세종은 피지배층 상민을 도덕적으로 교화해 사대부 양반 사회 체제에 잘 순응할 수 있도록 한글 창제를 적극적으로 추진했다. 백성들에게 쉬운 글을 가르쳐서 다스리는 것이 더 효율적이라는 생각에 훈민(訓民) 정책으로 훈민정음을 창제하게 된 것이다. 이기백, 앞의 책『한국사신론』, p. 206.

력의 도전을 받을 것을 우려했기 때문이다.[46] 세종대왕의 한글 창제에 대해 강만길은 다음과 같이 비판한다.

> 세종의 백성에 대한 자애심이 한글 창제의 중요한 동기라면 그가 왕이 되지 않고 본래의 서열에 따라 그의 형이 왕이 되었더라면 적어도 15세기에는 한글이 창제되기 어려웠다는 생각이 있을 수 있고, 설사 세종이 왕이 되었다 하여도 혹 백성을 어여삐 여기는 마음이 없었다면 다른 어여삐 여기는 왕이 나올 때까지 한글 창제는 또 기다려야 하는가 하는 물음도 있을 수 있다. (……) 어느 개인의 능력이나 심리 상태가 역사적 사실의 중요 원인으로 부각하면 역사가 우연의 소산물로 이해되거나 영웅주의적 역사관에 빠질 위험이 있음을 우리는 잘 알고 있다. 역사 속에서 개인의 역할을 생각할 때 우리는 흔히 어떤 착각 속에 빠지게 된다. 개인의 역량을 너무 앞세움으로써 그것을 지탱하고 있는 역사적 여러 조건이 가리어지는 사실을 깨닫지 못하는 경우가 있는 것이다. 국가적 체면이나 왕의 백성에 대한 어여삐 여김이 중요한 원인이 되어 한글이 창제되었다고 생각하는 역사 인식 태도는 역사를 왕이나 영웅의 업적 중심으로 혹은 소수 지배계층의 생활 중심으로 엮었던 지난 시대의 유물에 지나지 않는다.[47]

지식은 권력인 동시에 지배층과 피지배층을 가르는 중요한 기준

---

46   이기백, 앞의 책 『한국사신론』, p. 218.

47   강만길, 앞의 책 『분단시대의 역사 인식』, pp. 207~208.

이었다. 하지만 백성과의 소통은 통치의 효율성을 높이는 데 필수적이었기 때문에 조선의 지배층들은 백성들의 무지 상태를 마냥 눈을 감고 있을 수만은 없었다. 이런 이유로 피지배층 백성들만이 쓸 한글을 만들어서 지배 목적에 맞게 이를 활용한 것이다. 조선이 망할 때까지 한문이 국가의 공식 문자이며 유학이 국가의 철학이었다. 한글을 훈민정음(訓民正音)이라고 한다. 말 그대로 백성을 훈도(訓導)하고 훈육(訓育)해 다스린다는 뜻이다. 말하자면 무지한 사람들에게 글을 가르쳐서 다스리는 것이 당시 세종대왕의 의도였다. 그러므로 세종이 한글을 창제했다 해서 그를 영웅시할 필요가 없다. 조선의 지배층 사대부 양반들은 한문이라는 수준 높은 문자 생활을 누리고 있어서 자신들을 위해 다른 글자를 만들 필요가 없었다. 조선은 망한 고려를 대신한 새로운 왕조를 정당화하고 절대화할 필요성이 있었고, 이를 백성들에게 알려야 했다. 그러나 알다시피 한문은 백성들이 익히기에 너무 어렵고 배우려면 긴 시간이 필요했기에 이들 피지배층 백성에게 한문 교육은 실질적으로 불가능했다. 그래서 쉬운 문자인 한글을 창제해 이 문자로 조선 왕의 존엄성과 정당성을 '뿌리 깊은 나무'에 비유해 찬양한 『용비어천가』를 펴내 백성에게 널리 익히도록 했다. 조선은 한글로 된 이 책을 통해 이성계의 쿠데타를 합리화하고 백성들이 이를 받아들이도록 했다.[48]

또 고려시대 불교 사상에 젖어 있던 피지배층 백성들에게 새로운

---

48 박병채, 「용비어천가 약본(約本)의 국어학적 고찰: 원가와의(原歌) 비교를 중심으로」, 『민족문화연구』 제10호, 고려대민족문화연구원, 1976, pp. 203~230.

정치철학인 유교를 알려서 고려의 정신을 청산하고 유교적 생활규범과 질서를 주입해 새로운 지배 체제를 확립하는 데 가장 효율적인 도구가 한글이었다. 이처럼 한글은 백성들에게 지식을 보급하기 위한 것이 아니라 지배 질서를 확고히 하려는 방편으로 활용되었다.[49] 과거에는 백성들에게 국가의 정책을 전달하기 위해서 관리들이 한문으로 된 교서(敎書)나 방문(榜文) 등을 일일이 해석해주고 설명해줘야 했으나, 한글이 만들어진 이후 이 같은 절차가 없어져 조정과 백성의 소통이 수월해졌다. 언문으로 된 방문의 효과는 기대 이상이었다. 임진왜란 당시 조정은 민심의 이반과 동요를 방지하기 위해 각 지방에 한글로 된 언문 방문을 붙여 왜군에게 부역하지 말라고 당부하며 회유하기도 했다.[50]

이처럼 한글은 고려가 망한 후 이씨 왕조 수립과 사대부 양반을 중심으로 한 새로운 지배 체제를 안정시키는 데 큰 역할을 했다. 한글은 왕 업적 중심의 역사, 그리고 사대부 양반 중심의 사회를 백성들에게 각인시켜 준 절대적인 효과를 낳았다. 조선의 새로운 지배층

---

49 조선은 한글로 각종 의례서(儀禮書)를 펴내어 널리 보급했는데, 대표적인 것들이 『언문삼강행실도(諺文三綱行實圖)』, 『언문열녀도(諺文烈女圖)』, 『언문효경(諺文孝經)』 등이다.

50 임진왜란 당시 경상도 백성들이 왜군에게 부역했는데, 이를 막기 위해 언문으로 발표된 『선조국문유서(宣祖國文諭書)』가 남아 있다. 선조는 1593년 왜군의 침략으로 의주에 피난 중이었는데, 당시 왜군의 포로가 되어 왜군에게 협조한 백성이 많았다. 선조가 한양에 돌아오기 한 달 전에 발표한 이 교서에는 왜인에게 잡혀가 어쩔 수 없이 부역했던 백성들의 죄를 묻지 않고 왜군을 잡아 오거나 적의 정보를 알아 오는 자, 그리고 포로가 된 백성들을 구해 온 자들에게 천민, 양민을 가리지 않고 죄를 사하고 관직을 주겠다고 회유한 내용이 담겨 있다. 「김해 선조어서각」, 경남 문화재자료 제30호.

은 한문을 통해 모든 지식을 독점하는 동시에 한글을 통해 피지배층으로부터 새로운 체제에 대한 호응을 얻는 데 힘을 쏟았다. 이처럼 사대부 양반들은 유교의 사상이 민본에 바탕을 두고 있다는 점을 한글을 통해 피지배층에게 널리 홍보해 신분 질서를 안정시켜 나갔다. 한편 중앙집권 국가의 중심인 왕은 사대부에 눌려 명분상 국가 최고 지배자였을 뿐 모든 권력은 사대부 양반들이 행사했다. 지배층 사대부 양반들의 횡포는 피지배층 농민들에게 가혹할 만큼 혹독했다. 철저한 신분 체제 속에 피지배층은 사람대접을 받지 못할 정도로 천시되었다. 이러한 조선 피지배층 백성들의 처지는 조선의 멸망과 직접적인 연관이 있다.

조선은 기본 정책으로 농본주의와 상업 억제 정책을 채택했는데, 이는 고려 무신의 난 이후 흔들린 농민 세계를 다시 농토에 속박시키기 위한 것이었다. 십자군 전쟁 이후 이슬람 세계와의 접촉을 통해 동양 문물이 유럽에 유입되고 상업과 무역이 발전하자 농노 중심의 자급자족 장원제가 무너졌고, 봉건 영주들은 농노를 해방했다. 그러나 16세기 엘베강 동쪽 지역은 광대한 토지에 비해 노동력이 너무 부족했고, 대토지 소유자인 융커(Junker)라는 봉건영주들은 농노들을 다시 토지에 결박시키는 정책을 펼쳤는데, 이것이 '재판 농노제(the second serfdom)'다. 이런 영주 농장제를 구츠비르츠샤프트(Gutswirtschaft)라고 하는데, 시장을 목표로 곡물을 생산하기 위한 것이었다.

16세기 조선에서 상업을 억제하고 농업 중심 정책을 시행한 것 역시 농민들을 토지에 결박시켜 사대부 양반들의 지배력을 강화하려는 데 목적을 둔 것이다. 또 사대주의 정책은 선진 문화를 중국으로부터 수입하고자 한 목적보다 피지배층인 농민들에게 세계의 변화를 차단해 봉건적인 현 체제에 순응하도록 한 방편이었다. 조선은 통상수교 거부 정책으로 외국과의 교류를 차단하고 이를 철저히 봉쇄해 지배층의 체제를 더 공고히 하려고 했다. 16세기는 유럽을 비롯해 전 세계적으로 농업 중심의 봉건 시대가 무너지고 상업 중심의 시민 시대라는 세계사적 흐름이 일어났던 시기였다. 그러나 조선은 이러한 세계사적 진보의 역사를 거스르고 전형적인 봉건적 지배 체제를 유지해나간 것이다.

상업과 도시 발달로 중세 봉건계급이 붕괴하면서 지방 분권화되었던 체제는 이제 왕권 중심 체제로 나아갔다. 모든 권력이 지방 영주에게서 왕으로 집중된 것이다. 이로 인해 중앙집권제가 수립되기 시작했고, 신분 체제도 분화되어 자유민에 해당하는 시민계급, 말하자면 부르주아라는 새로운 계층이 생겨났다. 그러나 조선은 같은 시기 유럽과 반대로 농민들은 더욱 농토에 속박되고, 왕은 사대부 양반들의 견제를 받아 모든 권력이 이들 지배층에 돌아갔다. 조선의 왕은 허수아비와 다름없는 존재로 전락하고 말았다. 국가의 모든 권력을 독점한 사대부 양반들의 세상이 확고하게 강화된 것이다. 피지배층 농민들에 대한 사대부 양반 지주들의 착취와 박해는 더욱 심해졌다. 조선시대에 사대부 양반들을 제압할 수 있었던 왕은 태종, 세종, 세조, 정조 정도에 불과하다. 실질적으로 조선의 왕들은 사대부 양반 세도가와 외척의 권세에 눌려 제대로 왕권을 행사하기 어려웠다.[51]

이처럼 조선은 철저하게 신분 체제를 유지한 봉건 국가에서 벗어나지 못하고 있었다. 16세기 조선의 사대부 양반 세력들은 훈구파와 사림파로 나뉘어 권력다툼을 계속했는데, 그것이 바로 사화(士禍)다. 조선시대의 사화는 기득권을 지키려는 사대부 양반들의 일종의 권력다툼의 성격을 띠고 있었다. 국가 안전과 백성의 생명과 재산을 지키려는 통치 방식으로 다툰 게 아니라 유교의 예(禮)에 대한 해석 문제로 서로 죽고 죽이는 살육전을 펼쳤다. 우리나라 역사에서 가장 훌륭한 왕을 꼽는다면 아마도 조선의 세종일 것이다. 그는 성군으로서 백성을 위해 한글을 창제하고 백성을 자식처럼 여긴 부모와 같은 왕으로 국민에게 깊이 각인되어 있다. 그러나 세종은 사대부 양반의 조선을 만든 인물이다. 세종에 대한 조선 사대부들의 평가는 해동요순(海東堯舜)이었다. 당시 조선의 지배층인 사대부 양반들에게 세종 재임기가 곧 요순시대처럼 태평성대의 시절이었다는 뜻이

---

51 조선의 왕권은 사대부의 견제를 받았다. 조선 건국 초기에는 태조 이성계를 추대한 사대부 출신 개국 공신들이 도평의사사라는 회의기관을 중심으로 정치의 실권을 장악하고 있었다. 태조는 다만 도평의사사의 결의를 재가해 이를 시행케 했을 뿐이었다. 권력의 실세인 사대부들은 유교적인 이상 정치를 표방하며 자신들의 특권을 공고히 하고 확대하려는 의도로 법전을 만들어 정치의 근본으로 삼았다. 정도전이 편찬한 『조선경국전』과, 조준과 함께 조례를 수집, 편찬한 『경제육전(經濟六典)』은 모두 왕의 권력을 견제하기 위한 것이었다. 이기백, 앞의 책 『한국사신론』, pp. 195~196. 초기에는 왕권과 의정부(議政府), 육조(六曹), 삼사(三司) 등이 상호 견제 기능을 했으나 중기에 이르러 비변사(備邊司)와 이조(吏曹) 전랑(銓郎) 자대제(自代制)의 성립으로 국정 운영 방식이 달라져 의정부와 육조의 삼공(三公), 육경(六卿) 등이 비변사에 앉아 정사(政事)를 의결 처리하고 삼사는 이에 대한 견제 기능을 했다. 대개 왕이 권력을 장악한 경우, 육조직계제(六曹直啓制)를 시행했고, 사대부가 권력을 장악할 때는 영의정 체제가 시행되었다. 이태진, 「집권 관료 체제와 양반」, 앞의 책 『한국사 연구 입문』, pp. 264~271.

다. 세종은 사대부 양반들이 역적의 죄를 짓지 않는 한 절대로 사형하지 않아야 한다고 굳은 의지를 보여준 인물이다. 이유를 불문하고 항상 이들 지배층의 이익을 위해 통치해야 한다고 생각했다. 이처럼 국가 통치에서 일반 백성들의 이익을 먼저 보호하기보다 지배층 사대부 양반들의 기득권과 특권을 우선시한 세종은 철저하게 강한 신분 차별의식을 지닌 임금이었다.

그래서 세종은 사대부 양반들이 피지배층 그 누구도 침해할 수 없는 법 위에 존재해야 한다고 생각했다. 그 대표적인 것이 바로 '부민고소금지법(部民告訴禁止法)'이다. 이 법은 '부민들, 즉 일반 백성들이 수령을 고소하는 것을 금지한다'라는 법으로, 이에 따라 수령이 역모 외에 그 어떤 죄를 범해도 백성들은 고소할 수 없었다. 지방 관리들은 행정권, 사법권, 징세권, 군사권 등 권한을 가진, 말하자면 지방 독립적인 분권 형태의 영주나 다름없었다. 이런 지방 관리나 양반들의 불법 행위를 그 지방 백성들이 모르고 있을 리가 없었다. 그렇지만 세종은 '부민고소금지법'에 따라 이들의 죄를 백성들이 고소할 수 없게 하여 지방 관리와 사대부 양반들의 특권을 보호하고 아랫사람이 윗사람에게 철저히 복종하게 했다.[52]

---

52 예조판서 허조가 세종에게 위계질서를 세우기 위해 아랫사람이 윗사람을 고발하면 처벌할 것을 다음과 같이 아뢰다. "이제부터는 속관이나 아전의 무리로서 그 관(官)의 관리와 품관(品官)들을 고발하거나, 아전이나 백성으로 그 고을의 수령과 감사를 고발하는 자가 있으면, 비록 죄의 사실이 있다 하더라도 종사(宗社)의 안위(安危)에 관한 것이거나 불법으로 살인한 것이 아니라면 위에 있는 사람을 논할 것도 없고, 만약에 사실이 아니라면, 아래에 있는 자의 받는 죄는 보통 사람의 죄보다 더 중하게 해야 할 것입니다" 하니 세종은 그대로 따랐다. 『세종실록』 권9, 세종 2년 (1420) 9월 13일 무인 4번째 기사.

이러한 세종의 정치 철학은 아랫사람이 윗사람을 공경하는 위계 질서라는 유학에 근거를 두고 있다. 이에 따라 자식은 부모에게 순종하고, 백성은 왕에게 충성해야 한다. 이러한 충효 사상은 물론 무릇 작은 것은 큰 것을 섬겨야 한다는 사대주의의 근간이다. 조선의 사대주의 사상은 이렇게 세종에 의해서 시작된 것이다.

세종은 시시비비나 잘잘못을 따질 때 옳고 그름이 아니라 그 신분의 높고 낮음을 우선해야 한다는 주희(朱熹)의 말을 신봉했다. 신분이 높으면 그의 주장이 무조건 옳다고 판단하는 것, 이것이 곧 사대주의의 근간이다. 조선의 사대부 양반들이 주자의 성리학을 숭상한 것은 바로 이런 주자의 주장에 따라 예에 의한 위계질서가 곧 옳고 그름의 기준이 되어버렸기 때문이다. 사대부 양반들은 주자 성리학의 사상이 자신들의 기득권과 특권을 유지하는 데 가장 적합한 사상이라고 인식하게 되었다. 그래서 이들 지배층 사대부 양반들은 죽기 살기로 사대주의의 근간인 주자 성리학에 매달려 나라를 다스렸다. 고려에서나 태종 때에도 아랫사람이 윗사람을 고소하면 처벌했지만, 이를 법으로 제정해 아예 생활 속에 고착시킨 인물이 바로 세종이다. 이로써 조선시대 내내 지배층의 부패와 부정이 넘쳐나도 이를 견제하거나 방지할 방안이 원천 봉쇄된 셈이다.

더 나아가 사간원 김효정(金孝貞)은 아랫사람과 윗사람이 다투면 이유를 막론하고 무조건 아랫사람을 처벌하자고 주장하기도 했다. 또 예조판서 허조(許稠)는 세종에게 노비가 주인을 고소하면 오로지 노비만을 처벌하자는 강력한 법 제정을 주청했다. 세종은 이 주장을 받아들였으니, 이게 국가의 질서인지 한 번 더 생각해볼 일이다. 사대부 양반들이 이러한 특권을 지니고 있어서 마음대로 농민과 천민들을 상대로 온갖 횡포를 부리고 부정부패를 일삼아도 조정은 이들을 처벌할 방법이 없었다. 물론 부정을 일삼은 탐관오리들이 적발되면 그 내용이 '장오인록안(臟汚人錄案)'이라는 명부에 기록되어 자식은 물론 사위까지 벼슬길이 막혔지만, 이 또한 새 임금이 즉위하거나 나라에 큰 경사나 우환이 있을 때 사면령을 내려 죄를 면해주었다. 이러한 신분 질서 사상은 세종 10년(1428) 5월 26일 사간원 김효정의 다음 글에서 더욱 분명하게 드러난다.

> 명분(名分)은 천하가 크게 지켜야 할 것입니다. 명분이 정(定)해진 뒤라야 상하가 서로 보전할 수 있고, 국가가 편안하게 다스려질 수 있는 것입니다. 『역경(易經)』에 말하기를, "위에 하늘이 있고 아래에 못이 있는 것이 이괘(履卦)이니, 군자(君子)는 이 괘상을 보고 상하 귀천의 명분을 밝히어 백성의 뜻을 안정시킨다"라고 하였고, 또 말하기를, "낮은 것과 높은 것이 벌려 있어서 귀한 것과 천한 것이 자리를 얻게 된다"라고도 했습니다. 귀한 것은 천한 것에 군림(君臨)하고, 천한 것이 귀한 것을 받들며, 위는 아래를 부리고 아래는 위를 섬기는 것은 곧 하늘의 이치와 백성의 이륜(彝倫)으로서 당연한 것이며, 나라를 다스리는 도리의 근본입니다.[53]

신분제가 하늘이 정한 이치이며 도리라는 사상은 조선 사대주의

---

53 『세종실록』 권40, 세종 10년(1428) 5월 26일 정축 2번째 기사.

의 극치를 보여주고 있다. 이렇듯 나라를 다스리는 관리와 왕이 자신들의 기득권 유지에만 몰두하다 보니 항상 억울한 일을 당하는 자들은 피지배층 백성들이었다. 백성들은 사대부 양반들과 왕이 힘없는 자들의 고혈을 빨아 자기 배 속을 채우는 자들이라 여기게 되었고, 윗사람들을 섬기지 않으려는 풍조는 더욱 심해졌다. 국가가 백성을 돌보지 않으면 자연스레 백성들도 국가를 부정하기 마련이다. 부정과 불법을 일삼은 관리들과 상전들이 처벌받지 않아 갈수록 백성들의 원성이 높아지자 마침내 세종은 사대부 양반들의 반대에도 불구하고 육전에 의해 부민고소금지법을 개정했다.[54] 그러나 아전 등 하급 관리들은 처벌을 받기도 했지만, 여전히 사대부 양반계층은 잘못을 저질러도 처벌을 받는 경우가 드물었다. 이처럼 세종은 사람의 귀천을 철저히 구분해야 한다는 신분제를 신봉한 왕이었다.

한편 세종의 부친인 태종은 조선의 신분제를 고쳐 노비 수를 줄이고 자유민 양민들의 인구를 늘려야 한다고 생각했다. 그리하여 태종은 양민과 천민이 결혼해 낳은 자식들도 모두 자유민 양민으로 만드는 방안을 실현했다. 그러면 점차 노비 숫자가 줄고 자유민인 양민들이 늘어날 것이었다. 부친이 자유민 양민이고 모친이 노비이거나 천민인 경우가 많았기 때문이다. 사대부 양반들에게는 노비가 재산의 목록이었던 만큼 노비가 많으면 재산도 증가했다. 당시 농업 경제 체제에서 인구는 노동력이어서 노비가 많을수록 재산이 풍족하기 마련이었다. 그러니 고려시대와 마찬가지로 조선시대 사대부

---

54 태조 이성계가 반포한 『경제육전』에는 수령을 고소할 수 있는 조항이 있었다.

양반들도 가급적 노비 숫자를 늘리려고 했다.

그러나 태종은 사대부 양반들의 생각과 달랐다. 고려시대 문벌귀족들은 사병들을 많이 거느리고 있어서 왕도 이들의 권세를 어쩔 수 없을 만큼 그 세력이 컸다. 태종 역시 사병을 많이 거느리고 있었기 때문에 정몽주(鄭夢周) 등 당시 정적인 고려 권문귀족들을 제압할 수 있었다. 그래서 그는 사대부 양반들의 세력을 제압하려면 이들이 군사력, 즉 사병을 갖지 못하게 해야 한다고 생각했고, 그 가장 좋은 방법이 바로 노비 숫자를 줄이는 것이었다. 아버지 신분, 즉 종부법을 따르면 당연히 노비 수는 줄어들지만, 어머니 신분을 따르면 노비 숫자는 기하급수적으로 증가한다. 그래서 사대부 양반들은 자신의 이익을 위해 종모법을 선호했다. 한번 노비가 되면 대대손손 노비 신분에서 벗어날 수 없으므로 자손들까지도 편하게 잘살 수 있었다. 이러한 경제적 이익은 사대부 양반들로서는 놓고 싶지 않은 특권이었다.

앞서 아랫사람이 윗사람을 절대 고소하지 못하도록 한 부민고소금지법 폐지를 반대했던 인물인 허조가 세종 6년(1424) 종모법의 부활을 주청하자 세종은 이들 지배층의 기득권과 재산 증식을 위해 세종 14년(1432)에 다시 종모법을 시행하도록 했다. 그 결과, 군역과 납세 의무를 졌던 양인들의 수는 줄어들고 노비 수가 증가해 사대부 양반들의 재산은 크게 늘었으나, 국가의 재정과 국력은 점차 약화했다. 이런 식으로 노비와 천민이 증가하면서 사대부 양반들은 더욱 부자가 되었다. 이런 폐단으로 인해 임진왜란 당시 조선에는 정규 군대가 거의 존재하지 않았다. 당시 노비로서 천대를 받고 살아온 백성들이 사대부 양반과 국가에 대한 증오심으로 대거 왜군에 가담해 한양으로 쳐들어갔기 때문이다. 백성들에게 조선이라는 국가는 자신의 후손들이 영원히 살아야 할 고향이 아니라 자자손손 노비로서 지배층만을 위해 피를 흘리며 살아야 할 운명의 감옥 같은 곳이었다. 그러니 백성들에게 국가에 대한 애국심이 있을 리가 있겠는가?

중국과 일본에는 노예제도가 없었고, 빚을 지거나 전쟁에서 포로가 된 자들이 노비가 되었다. 일본은 번주(藩主)들끼리 권력다툼을 벌이던 전국시대에 전쟁 포로로 인한 노비가 존재했을 뿐 조선과 같은 노비제도는 없었다. 반면 조선은 19세기 후반까지 노비제도가 존속했으며, 이는 세계에서 유례를 찾아볼 수 없는 악독한 법으로 알려져 있다. 조선의 신분제는 일제의 식민지가 될 때까지 존속했으며, 종모법에 의해 자기 자식을 노비로 삼아 호의호식하며 살아온 비정한 인간성이 조선 사대부 양반들의 속성이었다.

『홍길동전』에서 아버지를 아버지라 부르지 못하고 비천한 노비로 살았던 홍길동(洪吉童)의 이야기는 조선 사대부 양반들의 비인간적인 모습을 보여준다. 이들은 이 같은 체제를 지켜야 자신들의 부귀영화를 유지할 수 있었기 때문에 변화보다 기득권 유지를 위한 체제 고수에 몰두했다. 조선시대의 국법은 노비에게 함부로 가혹 행위를 하지 못하도록 금했지만 이는 지켜지지 않았으며, 사대부 양반들은 자신의 노비를 마음대로 처벌할 수도 있고 죽일 수도 있는 생살권을 지니고 있었다. 노비가 도망가다 잡히면 발뒤꿈치를 자르거나 발가락을 갈라서 제대로 걷지 못하게 했다. 말 한 필의 값이 노비 2~3명의 값에 해당했고, 소 한 마리가 노비 4명과 거래되었다. 여자 노비는 남자 노비보다 비쌌는데, 여자 노비가 출산하면 노비 수가 늘어나 사대부 양반들의 재산 증식에 큰 보탬이 되기 때문이었다.

조선시대 노비의 숫자는 16~17세기 전 인구의 30~40퍼센트에 이르렀지만, 자유민에 속한 양민들이 사대부 양반들과 전호와 소작 관계에 있는 것을 생각하면 사대부 양반 지배층을 뺀 전체 인구의 80~90퍼센트가 천한 농노와 다름없다고 봐야 한다. 물론 다소 확대 해석일 수 있으나 양반과 그 밖의 신분들 사이의 경제적 관계를 보면 이런 추정은 과장이 아니다. 하멜의 표류기에 따르면, 조선 인구의 절반이 노비였고, 사대부 양반들은 이 노비들을 통해 호화롭게 먹고살았다. 이들 지배층 중에는 노비를 2~3천 명 소유하고 있는 경우도 있었다고 한다.[55]

홍문관 부제학 이맹현(李孟賢)은 성종 25년(1494)에 자식에게 상속한 노비가 무려 757명이었고, 조선시대 최고 유학자로 알려진 퇴계 이황은 5명의 자녀에게 상속해준 노비가 367명이었다. 이것만 봐도 조선의 사대부 양반들이 얼마나 많은 노비를 소유하고 있었는지 알 수 있다. 그런데도 사대부 양반들은 종모법으로 노비 수를 늘리는 데 더 심혈을 기울였으며, 그렇게 재산을 축적해 부를 누리려고 온갖 부정한 행위를 마다하지 않았다. 노비의 몸에서 출생했다 해도 자신의 핏줄을 타고났으면 자기 자식임에도 불구하고 노비의

---

55   헨드릭 하멜, 앞의 책 『하멜 표류기』, p. 64.

덕으로 살아갔던 조선 사대부 양반들은 이러한 인간적인 의식도 갖추지 못한 비인간적 인격자들이었다. 자기 자식까지 노비로 삼았던 악습이 19세기 말까지 이어졌을 정도로 세계사에서 찾아볼 수 없는 가장 악독한 체제를 유지한 나라가 바로 조선이었다.

이뿐만 아니라 조선 사대부 양반들은 피지배층 백성들에게 매우 가혹하게 대했다. 형벌제도만 봐도 비인간적인 행위가 공공연하게 일상적으로 자행되고 있을 정도였다. 하멜의 기록을 보면, 세금을 제때 내지 못한 자는 밀린 세금을 다 납부할 때까지 한 달에 두세 차례씩 정강이뼈를 맞는다. 맞다가 죽으면 그 일가친척이 내지 못한 세금을 대신 내야 했다. 또 사찰은 사대부 양반들의 놀이터였다. 하멜은 사대부 양반들이 기생을 데리고 절에 가서 추잡하게 음란 행위를 하며 놀 정도로 절은 매음굴 같았다고 묘사하고 있다.[56] 유교의 근본은 인(仁)과 의(義)다. 그러나 백성을 잘 다스려 잘살게 한다는 유교 정치의 목적에서 벗어나 오직 자신들의 부와 권력만을 탐했던 조선시대 지배층은 유교를 숭상하면서도 그 근본의 뜻을 잊고 경전에 매달려 그 해석을 두고 서로 죽이는 사화를 빈번하게 일으켰다. 조선은 국가의 근본이 상실된 위선과 야만의 터전에 불과했다고 말한다면 지나친 표현일까?

사대부 양반 수는 전체 인구의 10퍼센트 정도였으나, 조선 후기

---

56 "기생이나 친구들과 유흥을 즐기려는 고관들이 사찰을 자주 방문했는데, 사찰이 산과 나무가 우거진 조선에서 가장 아름다운 지역에 위치하고 있기 때문이다. 그래서 때론 사찰이 도량보다는 매음굴이나 술집으로 사용되었고, 승려들조차 독한 술을 매우 좋아했다." 헨드릭 하멜, 앞의 책 『하멜 표류기』, p. 78.

에 이르면 족보와 관직 매매 등으로 이들 지배층 수가 급격하게 증가한다. 이처럼 조선 후기에 이르면서 신분제는 사회적으로 혼란을 가져와 유명무실해졌다. 1801년 어린 순조를 대신해 수렴청정한 정순왕후(貞純王后) 김씨는 6만 6천 명의 공노비를 해방했고, 1886년 사가노비절목(私家奴婢節目)에 의해 노비 세습제를 폐지했다. 이후 1894년 갑오개혁으로 사노비를 해방했으나 몇 백 년간 이어온 신분의식은 쉽사리 사라지지 않았다. 여전히 조선 백성들은 사대부 양반 지배층과 피지배층 상민과 노비, 천민이라는 신분의식에 사로잡혀 살았으며, 사노비가 해방되었더라도 주인과 머슴 관계, 그리고 땅 주인과 소작농의 관계에 따라 신분의식과 차별은 여전히 지속되었다.[57]

신라, 백제, 고구려 삼국시대에 노비는 대체로 전쟁 포로였다. 그러나 조선시대의 노비는 종모법에 의한 세습, 범죄자, 빚에 의해 노비로 전락한 자, 스스로 노비가 되는 투탁(投託), 살기가 힘들어 자식을 파는 자매(自賣), 버려진 아이 등으로 다양했다. 전쟁 포로가 아닌 자국민들을 이렇게 세습을 통해 노비로 만든 사례는 조선 외에 거의 없다. 조선은 인권에 대해서 잔혹하고 무자비한 나라였다. 지배층 사대부 양반들이 인본(人本)을 중시한 성리학을 숭상했던 유학자들임에도 불구하고 그들의 삶의 방식은 이와 반대였다. 위선과 잔혹성으로 가득 찬 이들 사대부 양반들이 나라의 주인이 되어 농

---

57   평목실, 『조선 후기 노비제 연구』, 지식산업사, 1982; 전형택, 『조선 후기 노비 신분 연구』, 일조각, 1989 등 참조.

민들을 가축처럼 부려먹으며 살아왔다.

삼국시대 이후 우리나라는 양반과 귀족, 그리고 노비와 상민이라는 이분법적인 주종 관계가 이어졌다. 피지배층 백성들이 지배층 사대부 양반들을 존경하기보다 증오의 대상으로 삼을 수밖에 없었던 인적 관계망이 뿌리 깊게 형성되어 온 것이다. 고려시대 노비들과 농민들은 귀족들의 탄압과 착취에 반발해 여러 차례 반란을 일으켰다. 명종 2년(1172)에 지금의 평안도 지방에서, 그리고 명종 6년(1176)에 공주의 명학소에서 천민 망이, 망소이는 난을 일으켜 공주와 청주, 아산 일대까지 점령한 후 개경까지 북진하려 했으나 진압당하고 말았다. 그리고 명종 12년(1182) 전주에서 관노들이 반란을 일으켜 전주를 40일 동안 점령하기도 했다.

그중 고려시대에 가장 큰 민란으로 명종 23년(1193)의 '김사미(金沙彌)와 효심(孝心)의 난'을 꼽을 수 있다. 이들은 지금의 경상도 청도와 울산 등지에서 난을 일으켰는데, 그 수가 몇 만을 헤아릴 정도로 규모가 아주 컸다. 마침내 밀양에서 관군에게 패해 사망한 숫자가 무려 7천 명에 달했다. 이후 신종 2년(1199) 지금의 강릉 지역에서 일어난 농민 반란군은 삼척과 울진을 함락하고 경주의 반란군과 합세해 세력을 키웠다. 신종 3년(1200) 진주와 합천에서 노비 반란군이 발생하는 등 특히 경상도 지역의 반란군은 지역마다 서로 연합전선을 펼쳐 그 세력이 10여 년을 지속했다.[58] 신종 원년(1198)

---

[58] 고려시대 농민과 천민들은 신분적 차별 속에서 관리와 상전으로부터 착취와 억압을 받아온 피지배층이었다. 명종·신종 대에 농민의 난이 집중적으로 발생하면서 예종 대에 이르러서는 '마을을 떠나 떠도는 자(難村流亡)'가 많았고, 인종·목종 대에

노비들을 규합해 반란을 일으킨 만적은 개경 북산에서 노비들을 모아놓고 다음과 같이 유명한 연설을 남겼다.

> 경계(庚癸) 이래 공경대부(公卿大夫)는 천예(賤隷) 속에서 많이 일어났다. 장상(將相)이 원래 씨가 따로 있겠는가? 때가 오면 누구든지 할 수 있는 것이다. 우리가 어찌 육체를 수고롭게 하고도 매질 밑에서 괴로워만 하겠는가? 각기 그 주인을 죽이고 천적(賤籍)을 불살라 삼한으로 하여금 천인이 없게 하면 공경장상(公卿將相)은 우리들이 할 수 있다.[59]

이를 보면 고려시대부터 노비들이 지배층인 귀족들에 대해 얼마나 원한이 사무쳤는지 알 수 있다.[60] 특히 고종 18년(1231) 몽골족

는 이들이 '도적이 되어 떠돌며 살았다(流賊)'. 천민의 난은 농민의 난보다 더 계급적 특징을 보여주고 있다. 천민의 난은 신분 해방을 위한 새 지배 질서를 목적으로 삼았다. 박창희, 「농민, 천민의 난」, 앞의 책 『한국사 연구 입문』, pp. 240~241.

59　『고려사절요(高麗史節要)』 권14 '신종 원년 5월'조. 만적의 난은 목종 대 이래 노비 신분 상승의 과정으로 해석되고 있다. 예컨대 무신란 이후 이의민(李義旼), 조원정(曹元正), 석린(石隣), 이준창(李俊昌), 정방우(鄭邦佑), 박순필(朴純弼) 등 천민이 지위 상승을 했고, 무신정권에 천민 출신들이 많이 참여해 신분제가 변질되었다는 것이다. 홍승기, 「고려 무인정권 시대의 노비 반란」, 『전해종박사 화갑기념 사학논총』, 일조각, 1979; 홍승기, 『고려 귀족사회와 노비』, 일조각, 1983; 변태섭, 「만적란 발생의 사회적 소지」, 『사학연구』 제4호, 한국사학회, 1959; 변태섭, 「농민·천민의 난」, 『한국사』 제7권, 국사편찬위원회, 1973 등 참조. 신종 원년(1198) 노비 만적과 미조이(味助伊)의 난은 농민의 난과 마찬가지로 자신들을 향한 집권 세력과 상전들의 조직적 폭력을 제거해 신분 차별이 없는 사회를 실현하고자 했다. 박창희, 앞의 글 「농민, 천민의 난」, pp. 241~242.

60　1198년 5월에 사노비 만적, 미조이, 연복(延福), 성복(成福), 소삼(小三), 효삼(孝三) 등 6명이 개경 북산에서 나무를 하다가 공노비, 사노비들을 불러모은 후 무신란 이후에 고관이 천한 노비에서 많이 나왔으니 장상이 어찌 종자가 있겠는가, 때가 오면 누구나 할 수 있는 것이라고 선동하면서 반란을 계획했다. 이들은 갑인일

원나라가 고려를 침략해 전 국토를 초토화하고 많은 백성이 살해당하거나 노예로 끌려가자 지배층인 무신정권 귀족들은 1232년 강화도로 수도를 옮겨 항몽 전선을 펼쳤다. 이후 몽골은 30년간 6차례 고려를 침략해 약탈과 살인, 방화를 자행했다. 그런데도 강화로 들어간 귀족들은 안전한 환경에서 개경에 살던 때와 다름없이 호화로운 생활을 누렸다. 화려한 궁성과 저택 등을 짓고 강화에서도 개경과 마찬가지로 연등(燃燈), 팔관(八關) 등 명절마다 환락을 누렸다. 세금은 배를 이용한 해상 통로를 통해 강화로 실어 날랐다. 그 수입이 예전과 다름없이 막대했기에 귀족들은 부족함 없이 백성들의 고초를 아랑곳하지 않고 즐기며 살았다. 고려 천민들은 스스로 몽골군에 가담하기도 했지만, 충주의 노비들은 귀족들이 모두 도망가자 스스로 무장해 몽골군과 싸워 성을 지키기도 했다. 몽골군에 포로로 잡혀간 자들이 20만 명에 이르렀을 정도로 백성들의 피해는 말할 수 없었다. 이런 상황에서도 강화도로 도망간 귀족들은 농민들에 대한 가혹한 착취를 멈추지 않았다. 나중에 노비들이 지켜낸 성에 돌아온 귀족들이 오히려 자신들의 집에서 귀중품이 없어졌다며 노비

(甲寅日)에 흥국사에서 모여 궁중으로 몰려가 난을 일으키고, 환관과 궁노들의 호응을 받아 먼저 최충헌(崔忠獻)을 죽인 다음 각기 자기 주인들을 죽이고 천적을 불사르기로 했다. 그러나 약속한 날에 수백 명밖에 모이지 않았으므로 4일 후에 다시 보제사에 모여 거사하기로 약속했다. 그때 율학박사(律學博士) 한충유(韓忠愈)의 종 순정(順貞)이 주인에게 고발함으로써 계획이 누설되어 반란은 실패로 끝났고, 만적 등 1백여 명은 죽임을 당했다. 이 반란은 비록 실패로 끝났지만 무신 집권기에 신분 해방을 목표로 일어난 가장 대표적인 천민 반란이었다. 신종 3년(1200)에도 진주에서 또다시 공·사노비들의 반란이 일어나 합주의 민란에 가세한 일이 있었다. 또 밀성에서 관노 50여 명이 운문의 민란에 합세하는 등 천민들의 반란이 계속되었다. 이익주, 「만적의 난」, 『한국민족문화대백과사전』.

들을 죽이려 하자 이에 분노한 노비들이 귀족들을 살해하는 일이 발생하기도 했다.

조선은 이러한 체제를 그대로 이어받아 더 확고하게 다져갔다. 새 왕조가 들어섰다고는 해도 모든 사회 체제 면에서 고려와 크게 달라지지 않고 오히려 지배층과 피지배층의 종속 관계가 더 강화되었다고 봐야 한다. 이같이 우리나라의 지배층과 피지배층은 같은 조상을 가졌다는 민족 개념의 혈연이나, 언어와 관습 등 문화적인 동질성도 소용없이 무자비하고 반인륜적인 가혹한 탄압과 착취의 관계로 유지되었다. 이런 인적 관계로 구성된 고려나 조선이라는 국가의 특성은 국가 공동체가 아니라 단지 피지배층을 부리는 지배자들이 주인인 거대한 농장 국가나 다름없었다.

로마제국은 전쟁이 잦은 만큼 노동력을 대부분 전쟁 포로들로 충당했다. 로마인들은 대개 군 복무에 힘썼고, 농사와 공업 등 모든 노동은 이들 노비의 몫이었다. 그리스 역시 헬레인을 중심으로 한 시민계급과 그 밖의 전쟁 포로 등의 노비들로 구성된 성읍 국가 연맹체다. 로마제국이 망한 뒤 유럽이 무정부 상태에 빠지자 약탈자로부터 보호를 받지 못한 농민들은 스스로 기사들에게 예속되어 보호를 받았다. 중세 유럽은 이렇게 기사를 지배계급으로 하여 이후 자급자족 농업경제의 장원 체제(manorial system), 그리고 기사와 농민 사이의 예속 관계인 농노제도, 통치제도로서 주종제도(vassalage)가 생겨났다. 주종제도는 정복자들이 자기를 따른 부하들에게 공로에 따라 영지를 분할해 주고 왕을 대대로 주군으로 섬기는 제도를 말한다. 그러므로 중세 유럽은 거대한 영지로 이루어진 체제, 즉 귀족이

주인이고 농민은 이들로부터 보호를 받는 대가로 농노로 전락한 사회 체제였다.[61]

그런 만큼 이들 유럽 지배층들은 농민을 보호해야 할 의무를 준수해야 했고, 이 대가로 농민들은 조세나 부역 의무를 수행했다. 그리하여 유럽의 여러 영지는 지배와 피지배의 종속과 예속 체제가 아닌 계약에 의한 국가 공동체로 발전해나갔다. 유럽의 도시들은 상업과 무역에 종사하는 부르주아라는 자유로운 시민계급이 중심이지만, 우리나라에서 도시라고 할 만한 성(城)은 중앙에서 관리를 파견해 그 지역의 사람들을 관리하고 통제하고 감시하며 조세와 온갖 노동력을 동원하는 수탈의 중심지였다. 관리의 역할도 이런 방식으로 수행했기에 이들의 횡포는 말할 수 없이 가혹했다. 유럽의 기사들과 달리 우리나라 관리들의 업무는 농민들을 보호하기보다 통제하고 착취하는 데 중점을 두었다. 우리에게 관리는 보호자가 아니었던 셈이다. 근대 국가에서 민족주의는 국민국가주의로서 국민 공동체의 의미를 담고 있으나, 우리에게 민족주의의 본질은 혈연 중심의 민족국가를 뜻한다. 그런데 이 용어가 과연 우리나라에 적용될 수 있을까? 우리나라 역사에는 국가 공동체도 없었고, 그렇다고 혈연 중심의 민족주의 사상도 존재하지 않았다.

61　유럽의 봉건 사회에 대해서는 Jacques Le Goff, *La Civilisation de l'Occident médiéval*(Paris: Arthaud, 1984), 국내 번역서로는 자크 르 고프, 유희수 옮김, 『서양 중세 문명』, 문학과지성사, 2001 참조. 특히 Marc Bloch, *La société féodale*(Paris: Albin Michel, 1968), 국내 번역서로는 마르크 블로크, 한정숙 옮김, 『봉건사회』 제1·2권, 한길사, 2001 참조.

2

임진왜란: 백성을 버리다

림꺽정이란 넷날 봉건사회에서 가장 학대밧든 백정계급의 한 인물이
아니엇슴니까. 그가 가슴에 차 넘치는 계급적○○의 불낄을 품고 그때
사회에 대하여 반기를 든 것만 하여도 얼마나 장한 쾌거엿슴니까.[62]

　조선 사회는 애초부터 구조적으로 모순을 안고 있었기 때문에 고
려시대보다 피지배층 백성들의 삶은 나아진 것이 없었다. 특히 사회
계급의 구조가 토지제도의 문란을 초래해 경제적 불균형이 심해지
면서 농민들은 먹고살 길이 막막해져 떠돌이 신세로 전락하는 경우
가 많았다. 물론 농민 개개인은 자력으로 개간한 토지를 자신들의
소유로 인정받았지만, 노동력을 대부분 땅 주인 시대부 양반들과 국
가에 부역으로 빼앗겨 사실상 토지 개간은 그리 쉽지 않은 일이었
다. 그러므로 조선의 피지배층 백성은 소작농으로서 땅 주인인 지배
층 사대부 양반들에게 수탈을 당하며 살 수밖에 없는 사회 구조였
다. 피지배층 백성들은 정치적 주체가 될 수도 없었으며, 사대부 양

62　홍명희, 「몸을 일에 바치자」, 『삼천리』 제1호, 1929.

반들의 권력과 부를 위한 도구에 지나지 않았다. 정약용(丁若鏞)이 지적한 바대로 "관리가 가난한 백성들을 그들의 논밭으로 해 사사로운 이익을 추수하는 현상이 나타난 것이다."[63] 명종 10년(1555) 조식(曺植)은 상소를 올려 다음과 같이 조선 사회를 비판했다.

전하가 나라를 다스리는 일이 잘못되어서 나라의 근본이 이미 망해가고 하늘의 뜻이 이미 떠났으며 인심도 이반되었습니다. 비유하건대 마치 백 년 전 큰 나무가 그 속은 벌레가 다 파먹었고 기름과 진액도 다 말랐는데, 회오리바람과 폭우가 언제 닥쳐올지 알지 못한 데에까지 이른 것이 아득히 오래되었습니다.[64]

위와 같이 당시 극심한 빈부 격차와 사대부 양반들의 사치로 농민과 천민은 도적이 되거나 굶어 죽는 일이 많았다.[65] 우리가 잘 아는 임꺽정, 장길산(張吉山) 등은 사대부 양반들의 착취와 학대, 그리고 흉년으로 기아를 견디다 못해 결국 산으로 들어가 도적이 된 자들이다.[66] 명종 시기에 가장 유명한 도적(의적)은 임꺽정이다. 정치 기강 문란과 이에 따른 군정(軍政)의 해이, 농촌 사회의 피폐와 농민

---

63 권인호, 앞의 책 『조선 중기 사림파의 사회정치사상』, p. 159에서 인용.

64 『남명집(南冥集)』 권2 「을묘사직소(乙卯辭職疏)」.

65 사대부 양반은 호화 저택을 짓거나 호화 결혼식 등에 드는 비용을 충당하기 위해 민중에 대한 수탈에 더욱 몰두했다. 이태진, 『한국 사회사 연구』, 지식산업사, 1989, pp. 234~249.

66 『명종실록』 권19, 명종 10년(1555) 11월 19일 경술 1번째 기사에 당시 굶주림으로 죽어간 백성들의 참상을 자세히 묘사한 기록이 있다. "근래에 백성들의 생활을 보면 열 집 중에 아홉 집은 굶주리고 있는데, 지방과 서울이 다 그렇습니다."

들의 몰락이 심각한 상황이었다. 당시 사대부 양반들에게 할당된 직전(職田)과 인구가 점점 늘어나며 농토가 부족한 상태에 이르자 조정은 개간한 토지를 소유권으로 인정해주는 정책을 펼쳤다. 이 틈을 타 조정의 관리들과 사대부 양반들은 앞다투어 토지를 개간해 많은 사유지를 소유하게 되었다. 이 과정에서 농민들은 사대부 양반들에게 땅을 빼앗기고 쫓겨나 근근이 살아가는 떠돌이 유민(流民)으로 전락하는 경우가 많았다. 이들은 화전을 일구며 살아가거나, 도적이 되기도 했다. 지방 수령들이 백성들의 고혈을 짜내 조정의 권력자에게 바쳐서 승진을 청탁하는 부정행위가 성행했고, 지방 수령들의 수탈을 견디지 못한 백성들은 도둑이 되지 않으면 살길이 없었다.

백정은 원래 가축을 취급하는 자와 갈대를 채집해 생필품을 만드는 일에 종사하는 자 두 종류가 존재했는데, 임꺽정은 후자에 속했다. 그런데 이 시기에 양반과 조정 사대부들은 간척지, 개간지를 개인 소유로 인정해주는 정책을 악용해 노비를 동원해 강가나 바다의 간척지를 개간했다. 이 과정에서 개간으로 갈대밭이 모두 제거되자 생계 터전을 잃은 백정들은 모두 쫓겨나게 되었다.[67] 갈대 제품을 만들어 생계를 이어가던 임꺽정도 마찬가지였다. 이 지역 백성들은 왕에게 여러 번 억울함을 하소연했지만 소용이 없었다.[68] 부패한 사

---

67 『명종실록』 권15, 명종 8년(1553) 8월 14일 무자 2번째 기사. 사간원이 "황해도 황주, 안악, 봉산, 재령 등지의 백성들이 갈대로 삿갓 등을 만들어 생계를 이어가고 있는데, 몇 년 전부터 사대부 양반들이 사용료를 받고 있으니 이 일대 갈대밭을 백성에게 돌려줘야 한다"라고 왕에게 간했다.

68 사헌부가 봉산 주민 80여 명이 생계가 막막하니 사용료를 감면해줄 것을 왕에게 요청했으나 왕은 그 고을이 내소사 귀속이라며 거절했다. 『명종실록』 권20, 명종 11

대부 양반들은 갈대 사용료 징수에 그치지 않고 백성들을 강제 동원해 갈대밭을 개간했다.

삶의 터전을 사대부 양반들에게 빼앗긴 백성들은 소작농으로 근근이 생계를 이어갔으나, 그나마 군역과 세금으로 다 빼앗겨 당장 먹고살 식량조차 부족했다. 소작료는 대개 반타작이었으며, 여기에 국가에 내는 세금, 생필품, 종자씨, 춘궁기나 가뭄 등으로 식량을 빌린 환곡(還穀) 등을 제하면 그야말로 먹고살 식량이 없어 굶주리는 일이 허다했다.[69] 이렇게 사대부 양반들에게 생계 수단을 비롯해 먹고살 만한 것을 모두 착취당한 농민과 하층민들은 걸인이 되거나 임꺽정처럼 산적이 되었다. 민심은 흉흉해졌고, 관군에게 물자를 대느라 백성들의 원성이 끊이지 않았다. 또 무고한 사람들이 잡혀가 죽임을 당하기 일쑤였다. 이런 시대에 임꺽정이 의적이 되어 난을 일으킨 것은 자연스러운 일이었다. 그러나 당시 지배층은 임꺽정 무리를 반적(反賊)이라 규정했고, 조정은 대규모 군사를 보내 토벌하도록 했다.[70] 명종은 임꺽정이 체포되자 "국가에 반역한 임꺽정 무리가 모두 잡혀 내 마음이 몹시 기쁘다"라며 공을 세운 자들에게 큰 상을 내렸다.[71]

---

69 환곡을 되받을 때 붙이는 모곡은 처음에는 봄부터 가을까지 6개월 동안에 2할(연리 40퍼센트)이었다. 신복룡, 「환곡과 장리쌀」, 『한국사 새로 보기』, 풀빛, 2001, pp. 138~144.

70 임꺽정은 1562년 1월 서홍에서 체포되었다. 『명종실록』 권28, 명종 17년(1562) 1월 3일 무자 1번째 기사.

71 『명종실록』 권28, 명종 17년(1562) 1월 8일 계사 1번째 기사.

이처럼 나라의 큰 근심거리였던 임꺽정 무리에는 상인, 장인, 노비, 아전, 역리 등 다양한 계층이 참여했으며, 관군이 이들 무리를 잡으려 하면 일대 백성들이나 아전까지 미리 정보를 임꺽정에게 알려줘 달아나게 할 정도로 백성들에게 지지를 받았다. 오히려 개성부 포도관 이억근(李億根)이 그들의 소굴을 공격했다가 죽임을 당하기도 했다. 임꺽정에 대해 사신(史臣)은 다음과 같이 실록에 기록했다.

> 도적이 성행한 것은 수령의 가렴주구 탓이며, 이런 수령의 부패는 재상이 청렴하지 못한 결과다. 오늘날 재상들은 탐욕이 끝이 없어 수령들은 백성의 고혈을 짜내어 조정 대신들에게 갖다 바치기 위해 못 할 짓이 없었다. 그런데 곤궁한 백성들은 하소연할 길이 없어 도적이 되지 않으면 살아갈 길이 없었다.[72]

임꺽정의 난은 대표적인 집약적 피지배층 농민 저항운동이었으며, 당시의 정치, 사회, 경제 등 모든 모순을 그대로 보여주는 대규모 민란이었다.[73] 사대부 양반들은 이미 농장과 많은 노비를 소유하고 있으면서도 토지와 농민에 대한 지배욕을 확대해 권력과 부를 누리기 위해 백성들을 곤궁 속으로 몰아넣었다. 이러한 사대부 양반들의 횡포와 탐욕이 임꺽정 등 피지배층의 반감을 불러일으킨 것

---

72 『명종실록』 권25, 명종 14년(1559) 3월 27일 기해 2번째 기사.
73 한희숙, 「16세기 임꺽정 난의 성격」, 『한국사연구』 제89집, 한국사연구회, 1995, pp. 53~85.

이다.[74]

이처럼 이미 임진왜란 이전에 조선은 사대부 양반들의 탐욕으로 위태롭게 썩어가고 있었고, 백성들은 나라를 등지고 살았다. 왜가 "군사를 이끌고 조선을 지나 명나라로 들어갈 것이다"라는 국서를 조정에 보내오자 대신들은 왜의 침략에 대비하기보다 조선이 왜와 내통 의심을 받아 명나라의 눈 밖에 나는 것을 더 염려했다.[75] 마침내 임진왜란이 발발하자 지배층 사대부 양반들은 도망가기에 바빴고, 피지배층 백성들은 오히려 왜군에 가담해 한양으로 쳐들어갔다. 백성들은 자신들을 탄압하고 착취하는 사대부 양반 주인보다 자신들을 보호해주고 도와줄 새로운 지배층을 더 원했던 것이다. 이런 상황에서 조선은 서로 운명을 같이할 공동체가 아니라 누가 주인이고 종이냐를 두고 다투는 전쟁터였다. 영화 「대립군」은 당시 피지배층 백성들이 전쟁에 대해 어떻게 생각했는지를 잘 보여준다.

1592년 왜군이 조선을 침략하자 선조는 왜군에 쫓겨 수도 한양을 버리고 의주로 도망가면서 조선의 패망을 걱정하며 어린 광해군에게 국가 통치권을 나눈 이른바 '분조(分朝)'를 맡기게 된다. 광해군과 분조 일행은 돈을 받고 부자 사대부 양반 자식들의 군역 의무를 대신 수행하던 '대립군'들을 호위병으로 삼아 강계로 떠난다. 대부분 천민 출신이었던 이들 대립군은 광해군 일행을 강계까지 호위

74　한희숙, 「임꺽정이 난을 일으킨 까닭은?」, 『내일을 여는 역사』 제5호, 민족문제연구소, 2001, pp. 13~19.

75　유성룡, 오세진·신재훈·박희정 역해, 『징비록(懲毖錄)』 제1권, 홍익출판사, 2015, pp. 37~38.

해 무사히 데려다주고 천한 신분에서 벗어나고자 또는 팔자를 고쳐보려고 왜군의 추격 등 온갖 고난을 무릅쓰게 된다. 이들은 이렇게 하소연한다. "나라가 망해도 우리 팔자는 안 바뀌어!"

이처럼 조선시대 피지배층 백성들은 철저하게 신분에 얽매여 평생 천대받고 살았지만, 나라를 지키기 위해 목숨을 내놓고 전쟁에 나섰다. 광해군이 이들 천민 대립군과 생사를 함께하면서 진정한 나라의 주인이 누구인가를 깨닫게 된다는 것이 이 영화의 줄거리다. 아마도 광해군은 이러한 경험을 통해 자신들의 안위보다 백성을 더 아끼고 지켜주는 것이 왕과 지배층의 진정한 의무이며 통치의 도리임을 알았을 것이다. 그래서 광해군이 오늘날 가장 백성을 아꼈던 임금으로 기억되는 것이 아닐까? 영화 「대립군」은 임진왜란을 통해 우리 역사에서 기억되지 못한 천민 대립군의 입장에서 당시 조선 피지배층 백성들의 망탈리테, 즉 심성을 생생하게 보여주고 있다는 점에서 역사적 의미를 지닌다. 이 영화는 당시 농민들의 지배층에 대한 생각을 이렇게 표현하고 있다.

"백성을 버린 왕은 필요 없소!"

"이치에 맞는 말에 귀천이 어디 있겠느냐!"

"나를 괴롭히면 원수이고, 나를 어여삐 여기면 그냥 왕인 것이오!"

"다음 생 같은 것은 없소!"

"어떤 책이 백성보다 더 귀한 게 있다고 가르치고 있습니까?"

"이제 남이 아니라 자신을 위해 싸워보세!"

"아무리 우리를 버려도 우리 스스로를 버릴 수는 없소!"

이 대사들처럼 왕과 사대부 양반 지배층은 자신들만 살아보겠다며 도망을 간 반면, 피지배층 백성들은 왕과 사대부 양반계층을 보호하기 위해서가 아니라 스스로 자신들을 위해 왜군과 싸웠다. 이후 병자호란(丙子胡亂) 때나 일제강점기 역시 의병들은 이름 없는 농민들과 천민들이었고, 이들 역시 선조(先祖)들처럼 국가와 지배층을 위해서가 아니라 자신들의 공동체를 지키기 위해 왜군과 싸웠다.

조선시대 병역에는 직접 군에서 복무하는 정군(正軍), 그리고 정군의 군수품을 지원해주는 봉족(奉足)이 있었다. 조선은 정도전이 제정한 양인개병제(良人皆兵制)에 따라 천민과 노비를 제외한 16~60세 양인 남성들은 모두 병역 의무를 졌다. 『경국대전』의 「병전(兵典)」에 의하면, 군역 면제 대상은 60세 이상과 불치병자, 장애인, 병든 부모와 70세 이상 연로한 부모를 모시는 아들 한 사람, 90세 이상의 부모를 모시는 아들들이었다. 사대부 양반 자제들에게도 병역 의무가 부과되었다. 그러나 관직에 종사한 자, 그리고 2품 이상 역임한 고위 관직자는 퇴직 후에도 병역을 면제받았다. 사대부 양반들은 병역을 면제받기 위해 가장 하급직인 종9품 능참봉 자리도 마다하지 않을 정도였으며, 성균관, 사학(四學), 향교에 다니는 자들도 병역을 면제받았다.

그리하여 중종 36년(1541)에 군적수포제(軍籍收布制)를 제정해 병역제도를 개혁하려 했다. 실제로 병역 의무를 수행하는 대신 1년에 2필씩 군포를 내는 것으로 대체했다. 각 지방에서 군포를 수집해 병조에 올리면 이것으로 군사를 고용하는, 다시 말해 세금으로 군역을 대신하는 제도로 바뀐 것이다. 조선시대에는 전쟁이 그리 자주 일어나지 않았기 때문에(북방 여진족이나 왜구 침입 외에 대외 전쟁은 임진왜란과 병자호란 정도였다) 군역은 사실상 군사훈련과 경계 임무보다 부역에 동원되는 경우가 많았다. 이로 인해 당시 양민들에게 병역 의무를 화폐 역할을 한 포(布)를 내는 것으로 대체하는 방군수포제(放軍收布制)가 시행되었으나 그 폐해가 커서 중종이 군적수포제로 개혁한 것이다. 군적수포제가 실시되면서 사대부 양반은 군포 부담을 면제받게 되었고, 군역은 오로지 양인만이 부담하게 되었다. 이로써 군포의 부담 여부는 사대부 양반과 양인(또는 상민)의 신분을 구별 짓는 기준이 되었고, 농민들의 부담은 더욱 가중되었다.

이처럼 사대부 양반들은 많은 특혜를 받았다. 이것도 모자라 피지배층 농민들이 정군(현역)으로 복무하는 대신 군포를 내면 관아는 군포 납부자 대신 군 복무를 해줄 사람에게 일정한 군포를 주고 그 차액을 챙겼다.

이들 지배층은 오직 관직에 진출하기 위한 과거시험에만 매달렸다.[76] 사대부 양반들은 과거에 합격해 관직에 진출하면 왕으로부터 토지를 하사받아 부귀영화를 누렸다. 노동은 피지배층인 백성들의 역할이었고, 글공부는 지배층 사대부 양반들만의 몫이었다. 이런 상

---

[76] 조선시대 사회 지배층인 사대부 양반들은 고려나 그 이전 지배층보다 사회적 기반이 크게 확대되었다. 신라시대 진골 귀족이나 고려시대 소수 문벌귀족보다 훨씬 많은 가문이 사대부 양반으로 편입되었다. 사대부 양반들의 수가 늘어나면서 관리 등용에서 과거시험이 더욱 중요해졌다. 사대부 양반들은 자신들의 특권을 침해받지 않기 위해 특정 지역 출신을 등용하는 것에 제한을 두었고, 관리가 이들 지배층의 유일한 직업이었다. 이기백, 앞의 책 『한국사신론』, p. 197.

황에서 병역을 둘러싼 부패는 갈수록 더 심해져 심지어 갓난아이에게도 군포를 내게 하는 황구첨정(黃口簽丁), 그리고 사망한 자에게도 부과하는 백골징포(白骨徵布)가 성행했다. 이를 견디다 못한 농민들은 고향을 떠나 도망가거나 떠돌이로 살아가기도 했고, 심지어 자매나 투탁을 통해 스스로 노비가 되어 사대부 양반집에서 숙식을 해결하며 생계를 이어갔다.[77]

이렇게 사대부 양반에게 수탈을 당하고 차별을 당해온 피지배층 백성들은 왜군이 쳐들어오자 노비 담당 관청인 장예원과 형조를 불태우고 왜군에 대거 가담했다. 왜군에 대항하려면 부패한 병역 문제를 해결하는 것이 시급했다. 그래서 유성룡은 사대부 양반들에게 병역 의무를 지게 하고, 노비들과 같이 군무를 맡게 했다. 그리고 빈부 차이 없이 세금을 부과하던 방식에서 벗어나 재산의 많고 적음에 따라 세금을 부과하도록 한 작미법(作米法)을 시행했다. 이에 따라 많은 농민이 조정에 협력해 그나마 왜군에 대항할 여지를 마련했다. 그러나 왜군이 물러날 즈음 사대부 양반들은 다시 이를 무효화하고 말았다.[78] 조선시대 백성들은 이처럼 애국심으로 병역 의무를 하려고 하지 않았다. 병자호란이 발발하기 전인 인조 14년(1636) 8월 20일 대사간 윤황(尹煌)은 다음과 같은 상소를 올렸다.

---

77 이에 대해서는 임진왜란이 일어나기 전인 선조 16년(1583) 황해도 순무어사로 나갔던 김성일(金誠一)의 병역세 부과의 폐해에 대한 상소문에 자세히 기록되어 있다. 『학봉속집(鶴峯續輯)』 권2.

78 유성룡은 병역 개혁의 일환으로 속오군(束伍軍)을 만들었는데, 사대부 양반은 속오군에 서자와 노비까지 발탁한 것에 대해 크게 반발했다. 이긍익(李肯翊), 『연려실기술(燃藜室記述)』 「선조조 고사본말(宣祖條 古事本末)」.

백성들이 죽기를 각오하고 병역 의무를 모면하려고 합니다. 10호 가운데 겨우 1~2명만 병역을 담당하고 나머지는 여러 가지 평계를 대어 빠졌습니다. 심지어 군대에 가지 않으려고 중이 된 양민들이 10명 중 7~8명에 이르고 있습니다.[79]

이렇게 전란이 발생해도 사대부 양반들은 이런저런 이유로 병역을 면제받은 반면, 농민들은 병역뿐 아니라 궁궐, 성 축성 등 각종 국가의 토목공사에 노동력을 제공해야 했다.

이러한 사정으로 병역을 기피하고자 했던 양민 장정에게 돈을 받고 대신 군 복무를 하던 대립군에 대해 사대부 양반들은 어떻게 인식하고 역사에 기록했을까?

사헌부가 아뢰기를, 신들이 보건대, 거동 때에 노부의 군사가 죄다 굶주린 백성이라 보는 사람마다 해괴하게 여기며 보졸만 그러할 뿐 아니라 취재(取才)한 군사도 대립(代立)했으니, 뜻밖의 일이 있으면 굶주린 오합지졸이라 하나도 쓸 데가 없을 것이고 또 반드시 흩어져 달아날 것

---

79 대사간 윤황 등이 군역과 군대의 기강 등에 관해 다음과 같이 글을 올렸다. "군역의 고통이 사(士), 농(農), 공(工), 상(商) 등 사민(四民)들에게는 제일 심해, 마치 구덩이 속에 파묻혀 죽는 것처럼 생각해 죽기를 각오하고 모면하려(抵死謀避) 하므로 10호가 사는 촌락에 군으로 정해진 자는 겨우 1~2명에 지나지 않고 나머지는 모두 여러 가지 이유로 빠졌으니, 사족(士族), 품관(品官), 유생, 충의(忠義), 공장(工匠), 상고(商賈), 내노(內奴), 사노(寺奴)요, 그 밖에도 서리(書吏), 생도(生徒), 응사(鷹師), 제원(諸員), 악생(樂生) 등 이루 다 기록할 수 없습니다. 더구나 양민이 역(役)을 피해 승려가 되는 자가 10명 중 7~8명이니, 병사의 수가 어찌 적지 않을 수 있으며 국력이 어찌 약하지 않을 수 있겠습니까?" 『인조실록(仁祖實錄)』 권33, 인조 14년(1636) 8월 20일 신묘 2번째 기사.

입니다. 해조(該曹)의 당상(堂上), 낭청(郎廳)을 추고(推考)하고 일체 대립을 허가하지 않도록 하여 군정을 엄중하게 하소서.[80]

이 사헌부의 상소를 보면 알 수 있듯이 조선 피지배층 백성들은 애국심이 없었고, 오로지 자신을 위해 침략자들과 싸웠을 뿐 나라를 지키기 위해 목숨을 걸고 싸우지 않았다. 이와 달리 일본은 이미 서구로부터 근대 문물을 받아들여 개화되어 가고 있었다. 지방분권 체제가 중앙집권화해 영주 국가로 분열되어 있던 일본이 하나로 통합되면서 강력한 중앙집권 국가를 수립했다. 우수한 서구 문물을 수입해 근대화를 이룬 일본은 1592년에 마침내 조선을 침략했다. 바로 임진왜란이다.

도요토미 히데요시(豊臣秀吉)는 1584년 도쿠가와 이에야스(德川家康)의 군대를 패배시키고 도쿠가와를 굴복시킨 후 시코쿠를 정벌한 다음 1587년 사쓰마를 굴복시켜 규슈를 통일했다. 1590년 도요토미 히데요시는 오다와라를 정복했으며, 아울러 오우의 다테 마사무네(伊達政宗)를 패배시켜서 마침내 일본 열도의 전국 통일을 완수하기에 이르렀다. 도요토미 히데요시는 자신에게 귀순해 온 다이묘(대영주)들에게 본래 그들의 영토를 그대로 주고, 끝까지 저항한 다이묘들의 영토는 빼앗았다. 천황은 명목상 왕일 뿐 제사장이나 다름없었고, 도요토미가 실질적인 최고 권력자인 왕이었다. 도요토미는 전국 통일 전쟁 중에 급격하게 증가한 무사계급에게 지급할 토지가

80　『선조실록(宣祖實錄)』 권45, 선조 26년(1593) 윤11월 3일 계미 2번째 기사.

부족하자 조선 등 해외의 영토를 정복해 이를 무사들에게 나눠 주려는 계획을 짰다. 조선 정벌은 이러한 목적 아래 내부적으로 무사들의 불만을 잠재우고 외부적으로 제국 건설이라는 도요토미 자신의 야망을 성취하기 위한 것이었다.

마침내 선조 25년(1592) 4월 13일 왜군은 조선에 쳐들어왔다. 부산첨사 정발(鄭撥)과 동래부사 송상현(宋象賢)이 부산과 동래에서 왜군에 패함으로써 왜군은 파죽지세로 조선 반도를 점령해나갔다. 임진왜란은 사대부 양반들이 지배한 조선의 병약함과 조선의 지배 성격을 고스란히 보여준 대표적인 전쟁이었다. 왜군이 조선에 쳐들어오자 이를 방어할 대책이 마련되지 못해 속수무책으로 전국이 전란에 휩싸였다. 선조는 왜군을 피해 의주로 피난했고, 백성들은 왜군의 침략과 약탈, 살인, 방화를 고스란히 겪어야 했다. 『쇄미록』에는 다음과 같이 기록되어 있다.

한양성에 들어가 보니 북쪽 인가는 모두 불에 타서 재만 남았고 행랑이나 사랑채만 우뚝하게 홀로 서 있어서 보기에 몹시 참혹하더란다. 적이 진을 친 집은 완연히 예전 그대로일 뿐 아니라 유기(놋그릇)나 잡물 및 헐린 집의 재목이 가득 쌓여 있어서, 만일 적이 빠져나간 뒤에 집주인이 곧장 들어오면 얻는 것이 많을 것이라고 했다. 죽전동의 친가에는 당초에 적이 들어와 진을 쳤지만 적이 빠져나간 뒤에 가까이 있는 장터 사람들이 먼저 들어와 모두 훔쳐 갔다고 한다. (……) 이는 모두 우리나라 사람들 중에 먼저 들어간 자의 소행이라고 한다.[81]

이때 사대부 양반들이 의병을 일으켜 왜군과 싸운 목적은 무엇일까? 백성들을 보호하기 위해서일까, 아니면 자신들의 재산과 땅을 지키기 위해서일까? 아마도 후자가 정답일 것이다. 그렇지만 이들을 따라 왜군과 전쟁을 치른 수많은 의병은 대개 농민과 노비 등 천한 백성들이었다. 그 지방에서 명망이 높고 지주인 사대부 양반들이 왜적과 싸우자며 자신들에게 의병으로 참여하라는데 감히 이들 중 누가 반대하겠는가? 그러나 당시 피지배층 농민들과 천민들은 왜적이 쳐들어오자 보호해야 할 백성을 버리고 자신들의 가솔(家率)과 함께 먼저 줄행랑친 사대부 양반들에 대해 증오심과 분노에 치를 떨었다.[82] 평상시 자신들을 착취하고 학대하며 인간 이하의 취급을 했던 사대부 양반들이 도망가고 거기에 새로이 왜군이 치고 들어와 주인 행세를 한들 이들 피지배층 백성들에게 무엇이 달라지겠는가? 왜군의 침략으로 조선이 삽시간에 무너진 이유는 사대부 양반들이 자신들의 특권만 누리고 의무를 다하지 않았기 때문이다. 병역 의무를 지지 않은 지배층을 위해 농민과 천민 등 피지배층 백성들이 목숨을 걸고 나라를 지키겠다고 나설 리가 있겠는가?

---

81 오희문, 앞의 책 『쇄미록』 1593년 5월 8일 자 일기.

82 그러나 의병에는 가짜가 많았고, 자신의 공적을 높이기 위해 왜군이 아니라 조선 농민의 목을 갖다 바치기도 했다. 오희문의 『쇄미록』 1592년 8월 26일 자 일기를 보면 "의병장 고경명(高敬命)이 금산 전투를 앞두고 있을 때 어떤 중이 의병에 자원해서 대장을 살해하도록 지시했기 때문에 크게 패했다고 한다. 용담과 금산에 숨었던 사람의 말로는 이 중이 적과 내통해 여러 산을 수색해 인민을 살해하고 재물을 노략질했으며, 보성군수가 9일 치른 전투에서는 그 고을 향교에 다니는 유생을 죽여 차고 있던 관아의 도장(印信)을 빼앗으려고 하는 등 흉악함이 왜놈보다 심했단다"라고 전해진다.

선조는 수도 한양과 백성들을 버리고 도망치기에 급급했다. 왕 뒤에 도승지 이항복(李恒福)과 몇몇 신하들만 따를 뿐 호위병인 시위(侍衛) 금군(禁軍)들도 모두 달아난 뒤였다. 임금을 호위할 군사들마저 저 먼저 살겠다고 도망간 상황을 생각해보라. 지배층 사대부 양반들은 이미 앞서 모두 달아나버렸다. 도성에는 힘없는 일반 백성들만 남았다. 도망가는 왕을 호위할 근위병을 모집했으나 이에 나서는 백성들이 없었다. 선조는 압록강을 건너 요동으로 도망가서 명나라 신하가 되어 평생 편하게 살고자 생각했다.[83] 이를 저지한 인물이 바로 유성룡인데, 그는 "왕이 도성을 버리고 떠나면 조선은 우리 땅이 아닙니다"라며 선조의 도주를 막았다. 그리고 임금이 도주하자 분노한 백성들은 관청에 난입해 장예원과 형조를 불태웠다. 노비들과 농민들이 노비 문서를 태워버린 것은 신분 차별에 대한 분노가 얼마나 컸는지 보여준다.

마침내 유성룡은 노비 출신들도 전공을 세우면 신분 상승이 가능한 면천법(免賤法)을 만들었다. 이에 따라 많은 농민과 천민들이 의병에 가담함으로써 전세가 점점 호전되어 갔다. 양인이 되어 벼슬도 할 수 있고 사람대접도 받을 수 있다는 희망으로 많은 천민과 농민들이 의병에 가담해 왜군을 물리치는 데 결정적인 역할을 한 것이다.

광해군은 전란 중에 왜군과 싸울 군사를 모집하기 위해 여러 지방을 다니며 죽을 고비를 여러 번 넘기기도 했다. 선조는 광해군뿐 아니라 친형인 임해군과 이복동생 순화군을 함경과 강원 등에 보내

---

83 이를 요동내부책(遼東內附策)이라고 한다.

군사를 모집하도록 했으나, 이들은 오히려 백성들에게 사로잡혀 왜장 가토 기요마사(加藤淸正)에게 넘겨지고 말았다. 이 사건은 조선 피지배층 백성들이 왕과 사대부 양반에 대해 극도의 적개심을 지니고 있었다는 점을 보여준다.

전라우도 의병장이 이 고을에 들어온 지 오래되었는데 아직도 적이 있는 경계로 나가 진을 치지 않고 날마다 군관과 활쏘기나 하는 한편 녹자목을 많이 가져다가 관가 앞뒤로 목책을 설치하고 적이 침입할까 걱정하며 오래 머물 생각만 하고 있으니 우습다. 금산과 무주는 이 고을에서 이틀 정도면 갈 수 있는 거리이고 그 사이 관군이 매복한 요해처(要害處)만도 네댓 군데는 된다. 그런데도 먼 지역에 물러나 움츠린 채 양식만 축내고 나아가 싸울 생각을 하지 않으니 더욱 우습다. 이름만 의병일 뿐 사실은 도망쳐서 죄를 얻은 관군늘이 쇠나 모여 처벌이나 면하려는 수작인 셈이다.[84]

유럽의 기사계급인 영주들은 전쟁이 일어나면 각자 갑옷과 무기, 보급품을 챙겨 시종만 데리고 다녔다. 영주들의 의무는 영지를 지키고 농민들을 보호하는 것이어서 이들을 군사로 동원하지 않았다. 그러나 조선의 지배층은 이와 반대로 농민 등 피지배층을 보호하려는 의무감보다 자신들의 기득권과 특권을 확보하는 데 열중했다.

임진왜란은 명나라의 군사가 개입함으로써 간신히 종식되었지만,

---

84 오희문, 앞의 책 『쇄미록』 1592년 9월 1일 자 일기.

명나라 군대에 제공해야 할 막대한 군수품들은 모두 농민들의 몫이
었다.[85] 이렇게 조선의 피지배층은 전쟁이 일어났을 때 지배층을 대
신해 혹독한 희생을 치러야 했다. 왜군은 조선을 침략한 후 7년 동
안 부산, 울산, 경상남도 등 남해안 지역에 26개의 성을 쌓고 정유
재란(丁酉再亂) 때 새로 14개의 성을 쌓았다. 1593년부터 왜군이 본
격적으로 쌓아 조선과 명나라와 전쟁을 치르는 7년 동안 주둔 지역
통치를 위해, 또 군사 요새로 활용되었던 왜성들은 그 지역 백성들
의 땀과 피로 만들어진 것들이다.[86] 이 왜성에 주둔했던 왜군들의
식량과 각종 군수품은 누가 제공했겠는가? 그 지역 백성들은 왜군
의 강압과 위협에 협조할 수밖에 없었을 것이며, 이러한 물자 제공
은 토지 주인인 사대부 양반들의 착취와 크게 다르지 않다고 생각
했을 것이다. 말하자면 그 지역 농민들은 사대부 양반들이나 왜군에

---

85 권인호, 앞의 책 『조선 중기 사림파의 사회정치사상』, p. 332.
86 현재까지 확인된 왜성(倭城)은 부산진성, 서생포왜성, 눌차왜성, 진해 웅천왜성 등
31개소이며, 이 가운데 1592~1593년 사이에 축조된 것이 부산일본성, 부산진성,
임랑포왜성, 기장의 죽성리왜성, 구포왜성, 김해 죽도왜성, 눌차왜성, 가덕도 왜성지
성, 서생포왜성 등 19개이고, 정유재란 당시인 1597년에 축조된 것이 견내량왜성,
울산왜성, 양산 증산왜성, 마산일본성, 고성읍성, 사천 선진리왜성, 남해 선소왜성,
순천왜성, 망진왜성 등 9개다. 그리고 기록에 남아 있지 않은 울포산성, 탑포산성,
영춘왜성, 곤양왜성 등 4개 성은 그 시기가 명확하지 않다. 왜성은 기존의 성을 일
본식으로 개축했거나 직접 왜군이 성을 축조한 것들이다. 임진왜란과 정유재란 사
이에 왜군 주도로 국내에 축조한 성곽을 우리는 보통 왜성이라 명칭하고, 드물게
증성(甑城) 또는 증산성(甑山城)이라고도 한다. 이 가운데 울산증성, 서생포증성,
부산증성, 사천증성, 양산증산성 등은 임진·정유 양란 때 축조한 왜성에 대한 별칭
으로 사용된 것으로 추정된다. 심봉근, 「왜성과 증성 명칭고」, 『문물연구』 제33권,
동아문화재단, 2018, pp. 27~51. 특히 왜성에 대해서는 다음을 참조하라. Stephen
Turnbull, *Japanese Castles in Korea 1592~98*(Oxford: Osprey Publishing,
2007).

대해 똑같이 자신들을 착취하는 지배자들로 인식했기 때문에 그다지 큰 차이를 느끼지 않았다. 왜군이 부산 앞바다에 쳐들어와서 한양으로 진군할 때 많은 피지배층 농민이나 천민 등이 관군이나 의병에 가담하지 않고 도리어 적군인 왜군에 가담했고, 선조는 백성이 자신을 버렸다는 이유로 한양을 버리고 명나라에 의존해 자신의 목숨을 부지하려고 했던 상황이 당시 조선의 지배층과 피지배층의 관계를 잘 설명해주고 있다.[87]

사실상 고려시대와 마찬가지로 왜군에 대항해 싸웠던 의병들은 자신들의 생활 공동체를 지키기 위해 싸웠다. 의병 지도자, 유림 인사, 그 지방의 사대부 양반 유지들은 종묘사직(宗廟社稷)과 왕을 지키기 위해 의병을 일으켜 왜군과 싸웠을지 모르지만, 적어도 피지배층 백성들이 의병에 가담한 것은 삶의 터전을 보호하기 위해서였다. 그들을 혹독하게 착취하고 짐승 취급을 했던 사대부 양반들을 위해 목숨을 걸고 왜군과 싸우기 위해 의병으로 나섰던 경우는 흔하지도 않고 그런 기록도 없다. 당시 나라를 지키기 위해 왜군과 싸울 것을 독려한 격문은 모두 양반들, 의병 지도자들이 작성한 것으로, 조선 지배층의 생각이 반영된 것이다.

각 도에서 의병이 일어났다. 이때 삼도의 신하들은 모두 민심을 잃고 있었다. 때문에 왜란이 일어난 뒤 병기와 군량을 독촉하니 백성들은 모두 질시해 왜적을 만나면 피신했다. 마침내 도내의 거족으로 명망이 있

---

87   이덕일, 『칼날 위의 역사』, 인문서원, 2016, pp. 22~23.

는 사림과 유생들이 조정의 명을 받아 의(義)를 부르짖고 일어나니, 소문을 들은 자들은 격동해 원근에서 응모했다. 크게 성취하지 못했으나 인심을 얻었으므로 국가의 명맥은 이에 힘입어 유지되었다. 호남의 고경명, 김천일(金千鎰), 영남의 곽재우(郭再祐), 정인홍(鄭仁弘), 호서의 조헌(趙憲)이 가장 먼저 의병을 일으켰다.[88]

전국에서 일어난 의병들은 사대부 양반, 즉 관리들의 무능 탓에 '내 고장은 내가 지킨다'라는 생각으로 자발적으로 참여한 사람들이 대부분이다. 결코 백성을 버리고 도망간 왕과 관료들을 보호하고 나라를 지키기 위해서가 아니다. 임진왜란의 의병 성격을 여기에서 찾아야 한다. 임진왜란 상황을 생생하게 묘사한 유성룡의 『징비록』에 가장 많이 등장하는 이야기는 도망가는 사대부 양반들과 관리들에 관한 것이다. 당시 조선 사람들의 세계관은 기껏해야 중국과 일본 정도의 범위였다. 유럽인들이 십자군 전쟁 이후에야 유럽 외에 다른 세상이 있다는 것을 알게 된 것처럼 적어도 임진왜란 때까지만 해도 조선 피지배층 백성들이 알고 있던 세상의 상식은 한반도에 머물러 있었다. 사대부 양반들조차 중국과 페르시아 또는 중앙아시아 정도만 알고 있었다. 일반적으로 중종 이전까지 조선 사람들은 중국을 통해 서양이라는 말을 듣기는 했지만, 중국과 일본 외에 유럽 등 서방 세계에 대한 지식에 그리 밝지 않았다.[89] 아마도 몽골이 전 세계

88　『선조수정실록(宣祖修正實錄)』 권26, 선조 25년(1592) 6월 1일 기축 31번째 기사.

89　선조 말년이던 1593년 명나라에 갔던 사신이 마테오 리치(Matteo Ricci)가 지은 『천주실의(天主實義)』를 가져와 조선 지식인에게 큰 호기심을 불러일으켰으며, 이

를 점령했던 원나라 시대에 이르러 고려인들은 처음으로 유럽의 존재를 알았을 것으로 여겨진다.[90]

물론 이미 삼국시대에 신라와 중동 지역의 교류가 진행되고 있었고, 중앙아시아 지역에까지 사신들이 왕래하면서 무역이 활발하게 이루어지고 있었다.[91] 신라의 여러 유물은 유럽이나 중동, 중앙아시아와 인도 지역에서 들어온 것들이다. 조선시대까지도 지식이 일반화되지 못하고 일부 지배층만 독점했던 점에 비추어 보면 피지배층 백성들의 지리적 상식은 자신이 살아왔던 산천에 머물러 있었음이 분명하다. 이런 상황에서 조선 백성들에게 국가라는 의미는 지배와 피지배의 관계가 이루어지고 있는 사회 정도에 불과했다.

전란 중 유성룡이 본 백성들의 삶은 참혹했다. 왜군에게 무참하게 살육을 당했을 뿐 아니라 명나라군에게도 죽임과 약탈을 당해야 했다. 피지배층 백성들은 임금이나 사대부 양반들이 자신들을 지켜줄 것이라는 기대조차 할 수 없었다. 그러다 보니 백성들은 왜의 첩자 노릇을 하거나 투항해 왜군에 가담하기도 했다.[92] 전란 중에 굶주린

어 인조 9년(1631) 명나라에서 돌아오는 길에 서양의 여러 문물을 들여왔고, 인조 23년(1645)에는 소현세자가 과학과 천주교 서적을 가져왔다. 이 시기 조선인들은 서학을 통해 중국과 대등한 선진 문명을 지닌 유럽의 존재를 인식하게 되었다. 이에 대해서는 김선희, 『서학, 조선 유학이 만난 낯선 거울』, 모시는사람들, 2018 참조.

90 몽골제국 확장 시기 북방 초원로의 문명 교류 창고 역할을 담당했던 카라코룸에서 발굴된 고려 청동거울, 처용과 유사한 벽사가면(辟邪假面)은 카라코룸과 고려의 교류를 보여주고 있다. 김경나, 「몽골제국의 카라코룸 유물로 본 초원길의 동서 교역」, 『아시아 리뷰』 제8권 제2호, 서울대학교 아시아연구소, 2019, pp. 193~213.

91 무하마드 깐수, 『신라, 서역 교류사』, 단국대학교 출판부, 1992, pp. 18, 289~296.

92 군인 김순량은 왜군의 첩자 노릇을 하다가 발각되었는데, 유성룡이 문초해 밝혀낸 조선군 내 왜군 첩자는 강서 여러 진영으로 흩어져 안주, 의주 등 조선군 진영을

백성들은 군량을 탈취하기도 했고, 전국 각지에서 반란이 끊이지 않았다. 조선은 왜군의 침략뿐 아니라 백성들의 반란으로 인해 나라의 기틀이 더 흔들거렸다.

이 와중에도 사대부 양반들은 백성들을 수탈하는 일을 게을리 하지 않았다. 4월 15일 왜군이 동래에 들이닥쳤을 때 밀양부사 박진(朴晉)은 산으로 도주했고, 이각(李珏)은 울산 병영으로 가서 자신의 첩을 먼저 피신시키고 나서 자신도 몰래 도망을 갔다. 민심은 흉흉했으며, 도망가는 조선 군사를 추적한 왜군은 여러 고을을 함락했으나 아무도 방어하는 자들이 없었다. 백성과 나라를 지켜야 할 관리들이 모두 제 살길만 찾은 것이다. 이뿐 아니다. 아군이 어처구니없는 이유로 아군을 죽이는 일도 있었다. 용궁현감 우복룡(禹伏龍)은 고을의 군대를 이끌고 병영으로 가던 중 하양(경북 영산) 군사 수백 명을 만났다. 하양으로 향하던 군사들이 말에서 내리지 않자 화가 난 그는 자신의 군사에게 명해 하양 군사를 에워싸고 모두 죽였다. 시체가 들을 가득 메웠다. 그런 우복룡이 오히려 공을 세웠다며 통정대부로 승진해 안동부사에 임명되었다. 하양 백성들이 남편과 자식을 잃은 억울함을 조정 대신에게 호소했지만 아무도 들어주지 않았다. 한편 병조의 군사 선발 목록을 보면 여러 천민을 포함해 부랑자 등이 태반이었다. 이 가운데 유생들은 관복을 갖추고 와서 징병을 면제해 달라고 요청해 병졸로 삼을 만한 사람이 없을 정도였다.[93]

오가며 왜군에게 군사 정보를 알려준 자가 40여 명에 이르렀다. 유성룡, 앞의 책 『징비록』 제3권, pp. 182~183.

93 유성룡, 앞의 책 『징비록』 제1권, p. 59.

이런 사례는『징비록』에 꽤 많이 기록되어 있다. 예컨대 "관찰사 김수(金睟)는 우도에 있었는데 왜군이 가운뎃길을 가로질러 다니고 있었기 때문에 좌도와 소식을 주고받을 수 없었다. 그래서 고을 수령들이 모두 관직을 버리고 달아나니 이에 민심도 흩어졌다", "상주 목사 김해(金懈)는 먼저 나가 순변사를 맞이하겠다는 핑계를 대고 산속으로 도망가고 없고 판관 권길(權吉)만 남아 지키고 있었다. 이에 권길은 마을을 수색해 수백 명을 데리고 왔으나 모두 농민이었다. 이들로 군대를 편성했지만, 왜군과 싸울 수 있는 사람은 한 명도 없었다" 등이다.[94]

상황이 긴박해지자 성안의 백성들과 공노비, 사노비, 서리, 삼의사의 관리를 뽑아 성가퀴를 지키게 하였다. 그나마 모두 오합지졸이어서 성벽을 넘어 달아날 궁리만 하고 있었다. 지방에서 올라온 군사들은 병조에 소속되어 있었지만 많은 군사가 서리들과 결탁하여 농간을 부리고 뇌물을 주어 사사로이 풀려났다. 관원들도 그들이 있는지 없는지 따지지 않았기 때문에 위급한 상황이 닥쳤을 때 쓸 수 있는 사람이 전혀 없는 셈이었다. 군정이 이 지경까지 해이해져 있었다.[95]

『징비록』은 이렇게 기록하고 있다. 심지어 선조는 임해군과 순화군 등 두 왕자를 각 지방에 보내 민심을 달래고 병사를 모집하도록

---

94   유성룡, 앞의 책『징비록』제1권, pp. 65~66.

95   유성룡, 앞의 책『징비록』제1권, p. 69.

했다. 이때 순화군은 강원도에 있다가 왜군이 쳐들어온다는 소식을 듣자 방향을 바꿔 함경도로 향했다. 왜군이 추격하자 회령부 관리 국경인(鞠景仁)이 그의 무리를 데리고 왕과 종신들을 사로잡아 왜군을 맞이했다. 조선 관리들도 이와 같이 자신의 안위만을 위해 살길을 찾았을 뿐 자신들이 보호해야 할 백성이나 충성을 바쳐야 할 왕도 중요하게 생각하지 않았다. 이런 사실은 조선은 국가라고 할 수 없는 이익 집단 성격의 체제에 불과했다는 것을 보여준다.

평양성까지 도주한 선조와 대신들은 왜군이 대동강에 나타나자 다시 성문을 나와 도망가려 했다. 그러자 평양성 백성들이 들고일어나 칼을 들고 길을 막고 공격하며 왕과 대신들을 향해 "너희는 평소 나라에서 주는 녹봉을 훔쳐 먹더니 지금은 나라를 망하게 하고 백성을 속이느냐?"라고 소리치면서 난동을 피웠고, 종묘사직 위패가 땅에 떨어져 파손되었다.

왜군이 점령한 지역의 폐해는 심각했다.[96] 왜군의 방화와 강간, 약탈, 살육에 시달린 백성들은 삶의 터전과 생명을 지키고자 무장을 하고 왜군에 저항했다. 이와 달리 지배층은 자신의 재산과 가족만을 지키기 위해 의병을 모아 왜군에 저항했다. 경상도 지역은 많은 선비를 배출한 지역이라서 전 좌랑 김면(金沔), 전 사헌부 장령 정인홍, 전 한림 김해, 교서정자 유종개(柳宗介), 군위교생 장사진(張士珍), 곽재우, 권응수(權應銖) 등 의병장이 들고일어났다. 전라도에서

---

96 「동국신속삼강행실도(東國新續三綱行實圖)」에 당시 백성들이 왜군에게 당했던 고초가 상세히 묘사되어 있다.

는 장례원 판결사 김천일, 첨지 고경명, 전 영해부사 최경회(崔慶會) 등이 의병을 일으켰으며, 충청도에서는 전 제독관 조헌, 전 청부목사 김홍민(金弘敏), 서열 이산겸(李山謙), 사인 박춘무(朴春茂), 내금위 조웅(趙雄), 경기도에서는 전 사간원 우성전(禹性傳), 전 정랑 정숙하(鄭淑夏), 진사 이로(李魯), 이산휘(李山輝), 전 목사 남언경(南彦經), 유학 김탁(金琢), 전 정랑 유대진(俞大進), 충의위 이일(李軼), 함경도에서는 평사 정문부(鄭文孚), 훈융첨사 고경민 등 관직을 지낸 사대부 출신인 지방 양반들이 의병을 일으켰다. 이들은 자신이 거주하는 지역을 돌아다니며 백성들을 설득해 왜군과의 항전을 독려함으로써 많은 의병을 모았다.

그러나 의병에 참여한 피지배층 사람들은 아무런 공로를 인정받지 못했고, 사대부 양반 출신 의병장들은 왜군과 싸운 공로로 관직이나 품계를 하사받았다. 이는 의병의 목적이 천한 백성을 보호하는 것이 아니라 사대부 양반 지배층의 기득권과 종묘사직을 지키기 위한 것임을 보여준다.

충주에서의 패전 보고가 이르자 상이 대신과 대간을 불러 입대(入對) 케 하고 비로소 파천(播遷)에 대한 말을 발의했다. 대신 이하 모두가 눈물을 흘리면서 부당함을 극언했다. 영중추부사 김귀영(金貴榮)이 아뢰기를, "종묘와 원릉(園陵)이 모두 이곳에 계시는데 어디로 가시겠다는 것입니까? 경성(京城)을 고수해 외부의 원군(援軍)을 기다리는 것이 마땅합니다" 하고, 우승지 신잡(申磼)은 아뢰기를, "전하께서 만일 신의 말을 따르지 않으시고 끝내 파천하신다면 신의 집에는 80 노모가 계시니 신은 종묘의 대문 밖에서 스스로 자결할지언정 감히 전하의 뒤를 따르지 못하겠습니다" 하고, 수찬 박동현(朴東賢)은 아뢰기를, "전하께서 일단 도성을 나가시면 인심은 보장할 수 없습니다. 전하의 연(輦)을 멘 인부도 길모퉁이에 연을 버려둔 채 달아날 것입니다" 하면서 목 놓아 통곡하니 상이 얼굴빛이 변해 내전으로 들어갔다.[97]

왜군이 한양으로 쳐들어오자 선조는 백성을 지키려는 생각보다 조선을 떠나 명나라로 몸을 피할 궁리부터 했다. 이때 유성룡이 "왕이 도성을 버리고 떠나면 조선은 우리 땅이 아닙니다"라고 선조에게 한양을 지킬 것을 주장했을 때 유성룡이 말한 '우리'는 백성이 아니라 왕과 사대부 양반들을 지칭한 것이다. 선조는 개성에서 평양으로 도주하면서 윤두수(尹斗壽)에게 왜군의 규모를 물으며 "왜군 절반이 조선 사람이라는데 이게 사실인가?"라고 물었다.[98] 선조는 이미 조선에서 백성들에게 지지를 받지 못한다고 판단한 것이다.[99]

---

[97] 이때 대신 이하 모두가 입시할 때마다 파천의 부당함을 아뢰었으나 오직 영의정 이산해(李山海)만은 그저 울기만 하다가 나와서 승지 신잡에게 옛날에도 피난한 사례가 있다고 말했으므로 모두가 웅성거리면서 그 죄를 산해에게 돌렸다. 양사가 합계해 파면을 청했으나 상이 윤허하지 않았다. 이때 도성의 백성들은 모두 뿔뿔이 흩어졌으므로 도성을 고수하고 싶어도 그럴 형편이 못 되었다. 『선조실록』 권26, 선조 25년(1592) 4월 28일 정사 1번째 기사.

[98] 선조가 하문하기를, "적병이 얼마나 되던가? 절반은 우리나라 사람이라고 하던데 사실인가?" 하니, 윤두수가 아뢰기를, "그 말의 사실 여부는 모르겠습니다. 내시위(內侍衛)나 사복(司僕)은 오로지 견마(牽馬)에 관한 일을 관리하게 되어 있는데, 다들 도망치고 단지 이마(理馬) 4인만 남았습니다. 경기감사를 시켜 잡아 보내게 하소서"라고 했다. 『선조실록』 권26, 선조 25년(1592) 5월 4일 계해 2번째 기사.

[99] 이괵(李漍)이 아뢰기를, "오늘의 변이 생긴 까닭도 다 왕자궁(王子宮)에 있는 사람들의 작폐에서 연유된 것으로, 인심이 원망하고 배반해 왜와 한마음이 된 탓입니

그가 요동으로 도망치려는 것도 이 때문이었다. 그렇다면 조선 백성들은 무슨 이유로 왜군에 가담했을까?

조선 피지배층 백성들은 생존을 위해 어느 한 편을 선택해야 했다. 왜군이 점령한 지역에 사는 주민들은 생명의 위협을 직접 받는 상황에서 이들의 요구를 들어줄 수밖에 없었다. 왜군은 전라도를 거점으로 장기전을 구상하고 굶주린 조선 백성에게 곡식을 지급하고 세금을 감면해줄 것을 약속하며 협조하도록 적극적으로 회유하거나 강요했다.[100] 이 과정에서 왜군은 부유한 사대부 양반 지주들의 곡식을 약탈하고, 피지배층 농민들은 조세 징수 비율을 5분의 1, 4분의 1 정도로 낮추어주면서 서서히 회유해나갔다. 또한 의병장이나 조선 관리를 밀고하는 자에게는 일본 백성과 등등하게 대우하고 사대부 양반들의 땅을 빼앗아 사유지나 영지를 내려주었다. 이러한 왜군의 회유책은 상당히 효과를 거두어 조선 백성들이 자진해서 왜군에 가

다. 듣기로는 '우리는 너희를 죽이지 않는다. 너희 임금이 너희를 학대하므로 이렇게 온 것이다'라고 했고, 우리 백성들도 '왜인도 사람인데 우리가 군이 집을 버리고 피할 필요가 있겠는가'라고 말했다고 합니다. 작폐한 내수사의 사람을 목 베고 또 오랫동안 쌓인 평안도의 포흠(逋欠)을 면제해주소서" 하니, 선조가 이르기를, "작폐한 사람을 하옥해 신문한 뒤에 조처하라"라고 했다. 곽이 아뢰기를, "서울의 시장 사람들은 태연하게 옮기지 않고 있다고 합니다" 하니, 선조가 이르기를, "경상도 사람들이 다 배반했다는데 사실인가?" 했다. 『선조실록』 권26, 선조 25년(1592) 5월 3일 임술 6번째 기사.

100 이욱, 「순천 왜교성 전투와 조선 민중의 동향」, 『한국사학보』 제54권, 고려사학회, 2014, pp. 191~215. 1592년에 이어 1597년 왜군은 제2차 침입을 해왔는데, 이것이 정유재란이다. 이때 왜군의 주된 공격 장소가 전라도 지역이었고, 왜군이 끝까지 저항했던 곳이 바로 순천 왜교성이었다. 왜교성은 전라도의 유일한 왜군 거점으로, 경상도 울산 및 사천과 함께 왜군 3대 거점이었다. 당대에는 이 세 곳을 삼굴(三窟), 즉 세 소굴이라 불렀다. 『신증동국여지승람』 권31, 경상도 사천현, (진보): 삼천포보.

담해 그들의 병사가 되었다.[101] 이러한 사실에 대해 실록은 다음과 같이 기록하고 있다. 전라우도 수사 이시언(李時言)이 치계했다.

해남, 강진, 장흥, 보성, 무안 등의 고을은 인민이 거의 다 적에게 붙어 사족의 피난처를 일일이 가르쳐주어 거의 다 살육되었습니다. (……) 사노(寺奴) 심운기(沈雲起)는 이방(吏房), 향리 송사황(宋士黃)은 호방(戶房), 사노 서명학(徐命鶴)은 예방(禮房), 사노 박인기(朴麟奇)는 병방(兵房), 향리 차덕남(車德男)은 형방(刑房), 사노 박희원(朴希元)은 창색(倉色), 사노 다물사리(多勿沙里), 줏돌이(注叱石乙伊) 등은 도장(都將), 사노 윤해(尹海)는 각처의 정탐, 사노 언경(彦京)은 응자착납(應子捉納)으로 각각 차정해, 왜노가 하고자 하는 일이라면 모든 성의와 힘을 다해 왜노에게 아양을 떨었으며, 또 왜진(倭陣)이 철수해 돌아갈 적에 뒤떨어진 적에게 머물기를 청해 세 곳에 주둔시켜 놓고서, 그를 빙자해 온갖 흉악한 짓을 다 했다고 합니다.[102]

이어서 경상우도 수사 이순신(李純信)이 아뢰었다.

남해 인민들이 적에게 빌붙어 서로 통하면서 향도 노릇을 했습니다. 그중에서도 도장(都將)이라 칭하는 정육동(鄭育同)과 권농(勸農)이라 일컫는 정기생(鄭起生)은 고니시 유키나가(小西行長)가 회군했을 때 인

---

101 조원래, 「정유재란과 호남의병」, 『역사학연구』 제8권, 호남사학회, 1994, p. 65.
102 『선조실록』 권94, 선조 30년(1597) 11월 12일 기해 4번째 기사.

민들을 거느리고 주육(酒肉)으로 맞이해 절을 했습니다.[103]

이처럼 왜군은 조선 백성들의 협조를 바탕으로 7년간 조선에서 왜성을 쌓고 전쟁을 벌일 수 있었다. 특히 이 실록의 기록은 왜군에게 적극적으로 협력한 자들이 대부분 천인 등 하층민들이라는 점을 보여주고 있다. 더욱이 양반 박사유(朴思裕)는 왜군 장수 고니시 유키나가에게 자기 딸을 시집보내고, 전세가 불리해지자 명나라 장수에게 선물을 바치고 목숨을 구걸하기도 하는 등 왜군과 맞서 싸워야 할 사대부 양반 지배층들은 오히려 왜군에 빌붙어 제 살길만 찾았다. 전라 병마절도사 이광악(李光岳)이 다음과 같이 서장(書狀)을 올렸다.

사류(士類)들도 아울러 왜적에게 부조(附助)하고 있는데, 이러한 사람들을 모조리 주살(誅殺)한다면 유인하는 길이 막힐까 하여 사유를 갖추어 치계합니다. 그중에 순천 사는 사족 박사유는 처음부터 왜적에게 붙어 자기 딸을 고니시 유키나가에게 시집보냈는데, 행장이 하는 일은 모두 사유가 지휘한 데서 말미암은 것이었습니다. 사유는 스스로 주율(誅律)을 면치 못할 것을 알고 아들 박정경(朴廷卿)과 왜물(倭物)을 바리로 싣고서 남원에 나와 중국 장수 오도사(吳都司)에게 말을 바치고 여러 가지로 아첨을 했고, 또 다른 아들인 박여경(朴餘卿)은 그 누이동생을 따라 아직도 행장에게 있으면서 우리나라의 허실(虛實)을 관망하

---

103 『선조실록』 권107, 선조 31년(1598) 12월 22일 계유 1번째 기사.

며 중국 장수에게 부탁하고 있어 처지가 낭패스러우니 조정에서 선처
하소서.[104]

이런 사실을 보면 왜군이 피지배층 백성들을 회유하는 데 성공한
것으로 보이지만, 그 내막에는 사대부 양반 지배층에 대한 적개심이
더 크게 작용했다. 전쟁으로 많은 백성이 적이든 아군이든 군량으로
식량을 모두 빼앗겨 굶주림에 시달렸다. 그러자 왜군은 일본 백성의
증명서인 민패(民牌)를 발급해 양반 지주에게 약탈한 식량을 백성들
에게 나누어 주었고, 민패를 받은 자들은 왜군 진영에 자유롭게 출
입할 수 있었으며 약탈에서도 제외되었다. 이 때문에 피지배층 백성
들은 왜군에 가담하고 협조를 마다하지 않았다. 특히 왜군은 이들
백성을 한 마을에 거처하게 해 농사를 짓게 하고 수확이 끝나면 민
패를 받은 사람에게 각각 3말씩 쌀을 거두었다.[105] 그리고 이들이
안심하고 왜군의 보호 아래 농사를 지으며 살게 해주었다. 한편 명
나라 군사가 들어왔을 때도 백성들은 필요한 군량을 공급하고 전쟁
물자를 바쳐야 이들의 보호 아래 살아남을 수 있었다.[106] 이처럼 조
선은 적군과 싸울 군대도 모자라고, 백성들의 협력을 끌어낼 수도
없는 허약한 국가였다. 이 때문에 조선은 결국 명나라 군대의 도움
을 받아야 했다. 조선이 이렇게 군사력이 약한 데는 다 이유가 있었
다. 그 근본 원인은 역시 사대부 양반 지배층의 이기심과 탐욕, 위선

---

104 『선조실록』 권97, 선조 31년(1598) 2월 10일 을축 7번째 기사.

105 조경남, 『난중잡록(亂中雜錄)』 정유 9월 1일 자.

106 이욱, 앞의 글 「순천 왜교성 전투와 조선 민중의 동향」, pp. 199~202.

과 사대사상에서 찾을 수 있다.

조선의 병역 의무는 16세부터 60세까지다. 당시 평균수명을 따져 볼 때 60세는 고령에 속한다. 임진왜란이 발생하기 전 선조 때 이이 (李珥)는 이러한 조선의 적폐를 개혁하고자 했으나 기득권자인 사대부 양반들의 반대로 무산되었다. 적폐는 사대부 양반들이 기득권을 양보하지 않는 한 개혁할 수 없었다. 북방의 여진족이 자주 국경을 넘어 조선을 괴롭히자 군사력 증강이 절실했으나, 조선은 사대부 양반들의 반대로 이에 대비할 방안조차 마련하지 못했다. 조선의 군사력을 키우기 위해서는 군역이 면제된 사대부 양반들도 군역 의무를 져야 했다. 그래서 이이는 사대부 양반들의 서자나 천민들이 북방에서 3년간 근무하면 이들에게 과거 응시 자격을 주어 관리로 진출할 수 있게 하거나 양민으로 신분을 상승시켜주자고 제시했으나 사대부 양반들의 적극적인 반대로 실현되지 못했다. 또 이이는 농민들의 부담을 덜어주기 위해 공납을 쌀로 내게 한 대공수미법(代貢收米法)을 실시해 농민 안정을 꾀하고자 했다. 그러나 이 모든 개혁안은 역시 기득권자인 사대부 양반들의 양보 없이는 불가능한 것들이었다. 이들 지배층이 자신의 특권에 집착한 결과가 임진왜란이라는 참사로 드러난 것이다.

왜가 조선 침략을 계획할 때 두 가지 유리하게 판단한 것이 첫째, 조선에는 군사가 없다는 점과 둘째, 사대부 양반들이 백성 대부분을 노예로 삼아 지배층과 피지배층 사이에 원한이 깊었다는 점이었다. 임진왜란 이전 1백여 년간 전쟁이 없어 평화 분위기에 젖어 있던 조선 지배층은 외침의 방비보다 자신들의 기득권과 특권을 더 확대하는 데 집중했다. 이렇게 임진왜란을 거치며 민심이 왕과 사대부 양반들에게서 등을 돌리자 유성룡은 급기야 노비들이 군공을 세우면 천민에서 벗어나게 해주는 면천제를 주장했고, 그제야 비로소 백성들은 자진해 의병에 가담했다. 전시에 조선은 공사천무과(公私賤武科)와 참급무과(斬級武科)를 실시했는데, 병력을 확보하기 위한 이 시험은 천민에게 면천의 기회를 주었다. 유성룡의 면천법, 그리고 사대부 양반들과 노비들을 함께 군역에 편입시킨 속오군은 다급한 국가 위기를 극복하기 위한 방편이었다. 이미 무너진 군사 체제, 그리고 백성들의 이탈을 바로 세우지 않고서는 전란을 극복할 방법이 없었기 때문이다.[107]

사실 노비의 신분 세습은 '일천즉천(一賤則賤)', 즉 부모 중 한 명만이 천인인 경우에도 자녀까지 노비가 되는 것이어서 이들의 면천과 종량은 매우 어려운 일이었다. 조선에서 노비제가 차지하는 비중이 그만큼 컸다. 그런데도 조선은 면천법을 성문화해 노비들에게 면천의 혜택을 주었다. 이는 조선 왕조 신분제의 폐쇄성을 방지하고자 한 조처였던 것으로 이해된다. 그리고 17세기 이후 전개된 노비 면천의 확대는 신분제를 동요시켰고, 결국 1894년 갑오경장 때 신분제가 폐지되는 주요한 계기가 되었다.

이처럼 천한 신분에서 벗어나게 해준 면천은 사실 당시 조선 사

---

107 장청욱, 「17~18세기 노비의 면천에 대하여」, 『력사과학』 제1호, 과학백과사전출판사, 1987, pp. 36~39; 정재현, 「조선 초기의 노비 면천」, 『경북사학』 제5집, 경북사학회, 1982, pp. 85~110; 평목실, 앞의 책 『조선 후기 노비제 연구』; 전형택, 앞의 책 『조선 후기 노비 신분 연구』 참조.

회에서는 거의 불가능한 일이었다. 그러나 국가 존립 위기에 직면하자 선조는 유성룡이 제안한 면천법에 따라 왜군 머리 1급을 베어 오면 천민에서 벗어나게 하고, 2급을 베어 오면 국왕 호위무사로 임명하며, 3급을 베어 오면 벼슬을 주고, 4급을 베어 오면 수문장에 임명하겠다고 발표했다. 그제야 천민들이 의병에 가담해 국가의 위기를 넘기게 해주었다.

하지만 임진왜란이 끝나자 사대부 양반들은 다시 생각이 바뀌었다. 유성룡은 신분제를 혼란에 빠뜨렸다는 이유로 참소당해 결국 파직되고, 각종 면천법이 폐기되면서 조선은 다시 사대부 양반의 나라로 되돌아갔다. 사대부 양반들이 위기에 처하자 면천법으로 피지배층 백성들을 속인 것이다. 임진왜란은 이러한 조선 지배층 사대부 양반의 속성(屬性)과 나라에 대한 피지배층 백성의 심성(心性)을 적나라하게 보여준 사건이었다.

3

유교 정치 이념: 성리학 사상과 당쟁

조선 사회는 유교 사상이 지배한 신분 질서 사회다. 알다시피 유교 정치는 궁극적으로 나라를 튼튼히 해 위로는 왕에게 충성하고 아래로는 부모에게 효를 다하는 충효 사상에 입각한 예(禮)를 실현해 사회 질서를 바로잡고 안정된 세상을 만들어 백성을 잘살게 하고, 왕은 인(仁)으로써 백성을 자식처럼 잘 다스리는 국태민안(國泰民安)을 근본으로 삼고 있다. 그러나 조선 사회에서 이러한 유교 정신이 실현되었을까? 유교는 사대부 양반들의 권력과 기득권을 위한 정쟁의 도구 역할을 했을 뿐, 실질적으로는 오히려 피지배층 백성을 착취하고 억압하는 장치였다. 조선에서 유교는 정치 철학일 뿐 아니라 사회 규범이자 종교였다.

유교의 성리학은 인간의 내적 심성을 인간 사회를 올바르게 이끌어가는 원동력으로 인식하고 이를 현실 속에서 구현하고자 하는 사상이었다. 왕의 치적, 통치의 정의는 곧 그의 곧은 심성이다. 또한 사대부 양반 지배층 역시 이러한 가치 기준에 의해 심신을 수양하고 인과 의를 실천할 수 있는 수신(修身)과 수양(修養)에 힘써야 했다. 그래서 사대부 양반과 왕은 나라를 다스리는 일(治世)보다 끊임없이 유교 경전을 익히며 자신을 다스리는 일에 더 몰두했다. 정조는 세자 시절 경학(經學)으로 이름난 선비들과 틈틈이 만나 토론을 했다. 어떤 날에는 종일 꿇어앉아 공부하느라 바지가 닳기도 했을 정도였다. 정조는 그렇게 열심히 공부해야 요순과 같은 임금이 될 수 있다고 생각했다.[108]

그러나 좋은 세상은 이렇게 해야 실현된다고 생각했던 조선의 사대부 양반들은 불변의 가치를 추구한 이기심성론(理氣心性論) 중심의 사고에 빠져 있었다. 오히려 이러한 사대부 양반들의 유교 사상은 모순과 갈등을 야기해 자신들의 기득권과 집단 이익 추구에만 몰두하게 했고, 조선을 가장 야만적이고 비윤리적인 후진국으로 만들었다. 현실적인 모순을 타개하자는 사림파의 사상은 사실상 기존 기득권층인 훈구파와 대립하면서도 내적으로는 오히려 조선 사회의 지배 구조를 재생산하는 역할을 담당했다.[109]

---

108 『홍재전서(弘齋全書)』 권163 「일득록(日得錄)」.

109 지배 구조의 재생산은 사회 변혁을 꾀하기 어려워 초기 사림파는 훈구파와 대립 양상을 견지했다. 그리하여 사화로 권력에서 축출되었으나 선조 즉위년(1567) 이후 외척과 훈구파의 잔류와 함께 정권을 장악하게 된다. 결국 사림파가 초기 현실의 모순을 개혁하고자 한 유교적 실천은 상실되고 훈구파와 더불어 현실을 도외시하면서 성리학의 이기심성론으로 대체되었다. 이들 사림파 내부에서 퇴계학파들은 사회 정치의 현실 문제를 타개하지 못하자 이 모순을 하늘의 이치(天理)와 인간의 본성(人性)이라는 사변 이론에 근거한 윤리 도덕의 문제로 설명하려 했다. 고교진, 안병주 옮김, 『이퇴계와 경의 철학』, 신구문화사, 1986, pp. 66~107. 한편 권인호는 사림파를 지배 구조의 재생산을 담당했던 보수적 사림파, 그리고 지배층의 이익을 위해 사회정치 현실 문제를 비판한 유학 사상을 신봉한 진보적 사림파로 구분하기도 한다. 보수적 사림파에는 이언적(李彦迪), 이황, 이이, 심의겸(沈義謙), 정철(鄭澈), 성혼(成渾), 송익필(宋翼弼), 유성룡 등이, 진보적 사림파에는 서경덕(徐敬德), 조식, 허엽(許曄), 최영경(崔永慶), 김효원(金孝元), 정인홍, 김우옹(金宇顒), 이발(李潑) 등이 속한다. 권인호, 앞의 책 『조선 중기 사림파의 사회정치사상』, p. 24.

조선의 정치적 대립과 갈등의 대표적인 사건이 바로 사화다. 사림파 가운데 유교 사상을 바탕으로 피지배층 백성들이 주인인 사회 구현에 앞장섰던 일부 진보적 사림파는 현실의 모순을 비판하고 사회정치 질서를 개혁하고자 했으나, 기득권에 안착한 보수적 사림파의 반대에 부딪혀 1589년의 기축사화(己丑士禍)와 1623년의 인조반정(仁祖反正)을 통해 숙청당하고 말았다. 사화는 유교적 이상을 실현하고자 한 개혁파와 유교 심성에 기초해 사변적으로 윤리와 도덕을 강조하며 피지배층 백성들을 지배하고자 한 보수 사림파와 훈구파 사이의 권력투쟁으로 나타난다. 정인홍이 이언적과 이황을 비판하면서 지적했듯이 당시 조선의 사대부 양반들은 "시속(時俗)에 좇아 권문 세력에 아부했고 이권을 좋아하면서도 수치를 모를 정도"로 훈구파든 사림파든 크게 다르지 않았다.[110]

권력투쟁의 대표적인 사례가 조선의 지배층인 훈구파와 사림파 사이의 당쟁(黨爭)이다. 대개 훈구파는 관직을 독점하고 여러 정변을 통해 공신이 되어 대토지를 소유함으로써 온갖 부와 권력을 누렸다. 이들은 또 왕과 자신의 딸을 혼인시켜 자기 가문 중심의 외척 세력을 형성했고, 유교적 기본 원리와 동떨어진 비윤리적인 행태를 보였다.[111] 반면 사림파는 유교적 원리에 충실하면서 기득권을 추구하는 훈구파와 대립했으나, 이들도 경제적인 측면에서 훈구파와 다름없이 온갖 특혜를 누렸다. 특히 이들 사림파는 성리학을 국가 통

---

110 『광해군일기』 권39, 광해 3년(1611) 3월 26일 병인 5번째 기사.
111 권인호, 앞의 책 『조선 중기 사림파의 사회정치사상』, p. 21.

치 이념으로 삼아 현실을 비판하는 한편, 국가 체제의 모순을 지지한 이중성을 보였다. 이들은 유학의 민본사상에 어긋난 왕의 전제적 권력과 권력의 중앙집권화를 정당화한 이론을 주장했고, 하늘의 이치와 인간의 본성을 바탕으로 한 주자학의 이기론(理氣論)을 신봉해 현실을 외면할 뿐 아니라 군신, 상하, 남녀 등 계급 질서를 불변의 법칙으로 인식했다. 이들 사림파는 겉으로는 도덕적인 인의(仁義)를 외치면서도 토지와 노비를 더 많이 차지하고 중앙권력을 장악하려고 했다.[112]

사림파는 초기 훈구파와의 권력다툼에서 밀려났으나, 선조가 즉위한 1567년 이후 외척과 손잡고 정권을 장악하게 되었다.[113] 조선 사회를 지배했던 훈구 세력이 본격적으로 중앙권력층에 진출하기 시작한 사림파의 도전을 받기 시작한 것은 성종 때다. 사림파는 경제적으로 중소 지주층에 속하며, 중앙 정계보다 주로 향촌에서 유향소나 향청을 통해 자신들의 영향력을 행사해오던 지방 세력이었다. 이들은 학문적으로 경학을 중시하고 수기치인, 즉 도덕적인 수양을 근본으로 삼아 중앙권력층 훈구파의 비리나 현실 비판에 치중했다. 그러나 성종이 훈구파 세력의 확대를 막기 위해 사림파를 대거 등용하면서 주로 사헌부, 사간원, 홍문관 등 삼사(三司)를 차지해 언론

---

112 권인호, 앞의 책 『조선 중기 사림파의 사회정치사상』, pp. 21~23. 이 점에 대해서는 이태진, 『조선시대 정치사의 재조명』, 범조사, 1985; 이태진, 『조선 유교 사회사론』, 지식산업사, 1990 참조.

113 주요 인물로는 명종비 인순왕후 심씨의 동생 심의겸과 심충겸을 중심으로 인종과 선조의 외척 및 정철, 훈구파 송익필 등이 있다.

문필(言論文筆)을 담당했다. 이리하여 훈구파와 사림파는 서로 적대 관계를 형성하며 권력을 두고 대립하게 되었다. 사림파의 비판에 직면한 훈구파는 권력을 동원해 사림파에 대항했는데, 이로 인해 발생한 사건이 바로 사화다.

첫 사화는 연산군 4년(1498)에 일어난 무오사화(戊午士禍)다. 사림파 김일손(金馹孫)이 사관으로 있으면서 스승 김종직(金宗直)이 지은 「조의제문(弔義帝文)」을 사초에 올렸다. 이 내용은 단종의 죽음을 서기전 208년에 중국 항우(項羽)에게 죽임을 당한 초(楚) 의제(義帝)에 비유해 세조를 비판한 것이다. 훈구파는 이 글을 보고 연산군을 부추겨 김일손 등 사림파를 죽이거나 귀양 보냈다. 이후 연산군이 방탕하게 지내다가 재정이 궁핍해지자 훈구파의 토지와 노비를 몰수하려 했다. 이에 훈구파가 연산군에게 거세게 반발하자 연산군은 생모인 윤씨의 폐출 사건을 들추어내 훈구파는 물론 심지어 사림파마저 죽이거나 귀양 보냈다. 이것이 바로 연산군 10년(1504)에 일어난 갑자사화(甲子士禍)다.

연산군이 폐위되자 새로 왕으로 즉위한 중종은 사림파 조광조를 등용했다. 조광조는 각 지방 향촌마다 향약(鄕約)을 실시해 유교적인 미풍양속을 장려하고 미신을 타파하는 등 유교적 도덕을 실현하려 했다. 그리하여 많은 사림파가 중앙권력층으로 편입되어 자연스레 훈구파의 도전을 받게 되었는데, 마침내 두 세력이 충돌하게 된 계기가 '위훈(僞勳) 삭제 사건'이었다. 이 사건은 중종반정 때 공이 없이 공신이 된 자 76명의 공훈을 깎은 것이었다. 이에 반발한 훈구파는 모략으로 조광조 등 사림파를 제거했는데, 이것이 중종 14년

(1519)에 일어난 기묘사화(己卯士禍)다. 그리고 또 1545년 중종의 이복형제 두 아들인 인종과 명종의 왕위 계승을 둘러싸고 발생한 을사사화(乙巳士禍)가 있다. 이러한 사대부 양반들의 권력다툼에서 사림파들이 서원(書院)과 향약을 기반으로 세력을 확장해 마침내 권력을 장악하게 되었다.

사림파의 권력 기반인 지방 서원과 향약은 선조 때 전국적으로 널리 퍼졌다. 향약의 실권자는 주로 유력한 사림인 선비가 임명되었으며, 이들이 중앙에서 파견한 관리보다 권력이 막강해 지방 농민들을 지배했다. 이들은 모든 경제적 기반을 지방에 두고 그곳에서 대대로 군림하며 살았다. 이러한 사림파가 훈구파를 대신해 중앙권력을 장악하게 되자 또 이들 사이에 강경파와 온건파로 나뉘어 권력투쟁이 벌어졌다. 이들 사림파는 남인(南人), 북인(北人), 노론(老論), 소론(小論) 사색당파인 붕당(朋黨)을 만들었고, 이후 조선은 이들 붕당에 의해 다스려졌다.[114] 원래 붕당은 동인과 서인으로 갈라졌는데, 동인이 남인과 북인으로, 서인은 노론과 소론으로, 북인은 다시 대북(大北)과 소북(小北)으로, 노론은 시파(時派)와 벽파(僻派)로, 그리고 소론은 일부가 남인으로 가담해 둘로 갈라졌다. 당시 실록을 기

---

114 사림이 훈구 세력을 대신해 중앙 정치무대를 장악한 후 온건파와 강경파의 대립이 발생했다. 이 대립은 곧 붕당을 낳았다. 이기백, 앞의 책 『한국사신론』, pp. 231~232. 이후 숙종 20년(1694)에 서인이 집권하고 서인이 송시열(宋時烈) 계열의 노론과 윤증(尹拯)을 중심으로 한 소론으로 갈라진 뒤에 노론이 주로 권력을 장악했다. 이 과정에서 서인, 특히 노론을 중심으로 한 집권 가문 벌열(閥閱)이 생겨났다. 이들은 정권을 독점해 부정 수단으로 자제를 과거에 합격시켜 그 지위를 세습했다. 그리하여 노론 소수 가문에 의해 권력이 독점되면서 벌열정치로 굳어져 갔다. 이기백, 앞의 책 『한국사신론』, pp. 242~243.

록한 사관이 당파에 관해 기술한 내용을 살펴보자.

> 상고하건대 동서로 분당해 각자의 주장을 내세우는 것도 부끄러운데 그 후 한쪽 사람이 별도로 당을 세워 북인이라 하여 동인을 지목해 남인이라 했고 (……) 신국과 이공을 지목해 소북이라 했으니 의강과 식은 여순의 당으로 대북이라 하여 추악한 말로 모함해 서로 공격하기를 마치 장사치나 여자들이 언쟁하는 것처럼 했다. 그 정상을 따져보려 하면 말하는 입이 더러운데 말류의 폐단이 끝내 공도를 무너뜨리고 사사로움을 이루었으며 임금을 잊고 국사를 그르쳤으니 통분함을 금할 수 없다.[115]

이들 붕당은 정파적·학파적 성격에 의해 구분되었으며, 서로 스승이 다르다 보니 각자 생각과 학식이 달랐다. 서로 학풍에 따라 논쟁을 벌일 때 생각을 같이한 자들이 당파를 이루게 된 것이다. 이들은 성리학을 신봉해 이이, 이황, 성혼, 조식, 서경덕 등의 제자들이 많았다. 붕당은 농민, 천민, 노비 등 피지배층 백성을 제외하고 오직 사대부 양반들의 여론을 모아 이를 정치에 반영하는 데 힘을 쏟았다. 그러므로 조선시대 피지배층 백성들은 이들 지배층의 착취에 허덕이며 살 수밖에 없는 지배 구조가 만들어진 것이다. 임진왜란 기간에 유성룡이 속한 남인이 권력을 장악했으나, 전쟁이 종식되자 다시 북인이 남인과 서인을 제거하고 득세했다. 이후 선조 후계를 두고

115　『선조수정실록』 권33, 선조 32년(1599) 6월 1일 무인 1번째 기사.

영창대군을 지지하는 소북과 광해군을 지지하는 대북으로 갈라졌다. 광해군이 등극하자 이번에는 대북 세력이 권력을 장악했고, 인조반정으로 서인이 권력을 차지하자 대북 세력은 완전히 권력에서 축출당했다. 인조반정은 진보적 사림파들의 개혁 정치에 반발한 훈구파들이 일으킨 정변이었다.

광해군이 이들 진보적 사림파 세력의 개혁에 따라 민본사상에 입각한 대동법을 비롯해 대외 정치의 중립 노선들을 추진하자 기득권 상실을 두려워한 훈구파와 보수적 사림파들은 성리학적 강상윤리 문제와 명나라에 대한 재조지은(再造之恩) 등 사대주의를 표방하며 인조반정을 일으켰다.[116] 인조 집권 시에는 서인과 남인이 관직에 기용되어 서로 공존했지만, 효종 때 예송(禮訟)논쟁으로 남인이 정권을 장악하게 된다. 선조 때에도 '정여립(鄭汝立)의 난'으로 호남 사람들이 권력층에서 대거 제거되자 영남과 기호에 기반을 둔 사림파들이 권력 쟁취에 온 힘을 쏟았다. 동인과 서인으로 갈라진 붕당 초기에는 동인이 득세했다. 동인에는 이황과 조식 문파들이 대거 속했고, 서인에는 이이와 성혼 계통이 속해 있어서 붕당은 학파 대립 양상을 띠고 있었다. 그러다가 서인 정철의 '건저의(建儲議) 사건' 전후로 동인은 다시 남인과 북인, 즉 이황과 조식 계파 간의 대립으로 갈라졌다. 건저의 사건은 선조 24년(1591) 왕세자 책봉을 두고 동인과 서인 사이에 발생한 분쟁이다. 정여립의 난을 진압한 후 서

116　인조반정 이후 서인들의 "국혼을 잃지 말고, 즉 왕비를 우리 당에서만 배출하고 사림을 숭상하자"라는 구호에서 알 수 있듯이 이들은 철저하게 권력과 기득권을 목적으로 정권을 탈취한 것이다. 이건창, 『당의통략(黨議通略)』 '인조조.

인의 우두머리이자 「관동별곡(關東別曲)」으로 유명한 정철이 좌의정에 오르자 동인은 이에 원한을 품고 복수할 기회를 노리고 있었다. 인빈 김씨는 신성군을 낳고 선조의 총애를 받았는데, 당시 동인의 우두머리 영의정 이산해, 인빈의 오라버니 김공량과 친분이 있는 우의정 유성룡, 그리고 서인의 우두머리 정철 등이 세자 책봉을 논의하게 되었다. 이때 동인은 신성군을 책봉하자고 주장한 반면, 서인 정철은 광해군을 책봉할 것을 주청하다가 동인의 모함으로 신성군을 총애했던 왕의 미움을 사 강계로 유배되고 많은 서인이 숙청되었다. 서인이 약화한 이 틈을 이용해 동인은 기축사화의 책임을 물어 서인을 강경하게 보복하자는 강경파 북인과 그에 반대하는 온건파 남인으로 갈라졌다. 그러다가 임진왜란이 일어나자 평양에서 국난을 대비한다는 명분으로 급하게 정철이 건의한 후궁 출신 서자 광해군이 세자에 책봉되면서 북인이 정권을 장악했다. 이후 신성군은 병사하고 전란이 끝나자 새로 왕비로 들인 인목왕후가 선조의 적자(嫡子) 영창대군을 낳자 서인이 적자 정통론을 내세우며 영창대군을 세자로 책봉할 것을 주장한 반면, 북인은 광해군이 이미 세자로 책봉되었으므로 바꿀 수 없다며 서로 맞섰다. 그러다가 영창대군이 너무 어려 광해군이 왕위에 오르자 마침내 서인은 쿠데타를 일으켜 광해군을 폐위하고 인조를 옹립해 다시 권력을 장악했다. 그리고 효종 때 송시열이 등용되자 서인은 정치적 기반을 굳건하게 다져갔다.

이후 효종의 모후 조대비의 상복 문제를 두고 예송논쟁에서 서인이 숙청되고 남인이 득세하기도 했고, 장희빈이 낳은 왕자의 세자 책봉 문제로 서인 대신 남인이 등용되기도 하는 등 서인은 종종 남인의 도전을 받았다. 그러나 숙종 20년(1694) 서인이 다시 집권한 이후 서인의 권력은 계속되었다. 서인은 다시 송시열 계파의 노론과 윤증 계파의 소론으로 갈렸고, 노론이 권력을 장악했다. 이같이 노론 또는 서인을 중심으로 정권을 독점해 정치를 운영하던 형태를 벌열정치라고 한다.[117] 노론의 소수 가문이 실권을 독점하고 부정 수단을 동원해 자제들을 과거에 합격시켜 자신들의 지위를 세습했으며, 조선의 정치는 이들에 의해 장악되었다.

그렇다면 조선의 정치 이념이자 사회 규범으로 자리 잡은 성리학은 대체 어떤 학문일까?[118] 성리학은 12세기 중국 남송시대의 주희(주자)가 공자 이래 여러 유학자의 가르침과 저서를 집대성해 새로 정립한 유교 학파로, 그의 이름을 따 주자학이라고도 불린다. 성리학은 위기지학(爲己之學), 즉 자신의 몸과 마음을 수양하기 위한 학문이다. 성리학은 인간의 본성을 탐구하며 선을 행해 이상 사회를 구현하고자 한 유교적 교화정치의 이론으로서 두 흐름이 있는데, 하나는 주리파(主理派)이며 다른 하나는 주기파(主氣派)다.

주희에 의해 확립된 이기론(理氣論)은 성리학의 토대가 되는 존재

---

117 이기백, 앞의 책 『한국사신론』, pp. 242~243. 벌열정치는 차장섭, 「조선 후기 벌열의 개념과 범주」, 『조선사연구』 제4집, 조선사연구회, 1995, pp. 67~113; 차장섭, 「조선 후기 벌열과 당쟁」, 『조선사연구』 제5집, 조선사연구회, 1996, pp. 109~152; 이현종, 「벌열정치의 성립: 기구상의 변개」, 『한국사』 제13권, 국사편찬위원회, 1976, pp. 11~66; 황원구, 「벌열정치」, 『한국사』 제13권, 국사편찬위원회, 1976; 황원구, 『동아사논고』, 혜안, 1995; 차장섭, 『조선 후기 벌열 연구』, 일조각, 1997 참조.
118 성리학의 어원은 주희가 주창한 성즉리(性卽理)를 축약한 명칭이다.

론으로, 이(理)는 우주를 이루고 만물에 보편적으로 적용되는 절대적인 법칙이자 원리다. 기(氣)는 만물을 이루는 기본 요소라는 점에서 물질적인 속성을 의미한다. 주희에 따르면, 우주 만물은 이와 기의 결합으로서 존재한다. 이는 천하의 사물이 '그와 같이 이루어진 근거(所以然之故)'이자 '그렇게 될 수밖에 없는 법칙(所當然之則)'이라는 뜻이다. 기는 그러한 근거와 법칙에 따라 현상세계를 구성하는 실질적인 질료가 된다. 다시 말해, 이는 형이상학적인 정신, 즉 영혼이며, 기는 실체인 물질이며 육체다. 정신이 육체를 지배하는가, 아니면 육체가 정신을 지배하는가? 이 논쟁에서 정신과 육체는 서로 분리될 수 없는 하나의 관계다.[119] 이는 추상적인 원리로서

---

119 이러한 유교의 이기론은 그리스 아리스토텔레스의 이기일원론, 그리고 그의 스승 플라톤의 이기이원론의 논리와 같다. 플라톤의 이데아론은 정신적인 비물질적 존재, 즉 영혼은 물질과 하나가 될 수 없고 물질은 소멸하기 때문에 이데아에 이르지 못하며 오직 영적인 존재만이 이데아에 이르기 때문에 물질적인 삶보다 정신적인 삶을 더 중시했다. 그러나 아리스토텔레스는 실체와 본질, 영혼과 육체는 분리될 수 없는 하나이기 때문에 정신 못지않게 육체, 즉 물질도 중시했다. 그리하여 플라톤은 정신세계를 중시하고 물질세계를 배척했으나, 아리스토텔레스는 물질세계인 자연 탐구를 중시하는 현실적 견해를 보였다. 따라서 아리스토텔레스 사상은 폭넓은 과학 연구를 바탕으로 물리학, 천문학, 화학, 생물학, 철학, 미학, 신학 등 모든 분야에 영향을 미쳤다. 이전 플라톤 사상이 기독교에 수용된 이후 중세 유럽은 인간의 육체보다 영혼을 중시해 현세적 삶보다 이데아 세계인 내세적 삶을 추구했다. 서양 철학에서 데카르트의 등장으로 출발하는 근대 철학 이전까지 유럽의 사상 체계는 플라톤과 아리스토텔레스의 철학에서 크게 벗어나지 못했다. 그러므로 아리스토텔레스와 그의 스승 플라톤에서 자유로울 수 있는 철학은 거의 없다. 아리스토텔레스의 질료형상론(質料形相論, Hylemorphism)에 의하면, 모든 사물의 구조 원리가 원질(原質) 또는 질료와 체형(體形) 또는 형상으로 되어 있다. 여기서 모든 생명체의 체형 또는 형상이 혼이다. 그에 의하면 식물에게는 생혼(生魂)이 있고, 동물에게는 각혼(覺魂)이 있으며, 이 각혼은 생혼의 기능을 동시에 한다. 그리고 인간에게는 지혼(知魂)이 있는데, 지혼은 생혼, 각혼의 기능을 동시에 하고 있다. 즉 아리스토텔레스는 인간이 인간 이외의 생물과 구분되는 점을 지혼이라고 보았고, '인간은 이성

형체를 갖지 않는 존재인 까닭에 현상세계에서 이의 실현은 기의 작용으로 이루어진다. 이처럼 이와 기는 불가분의 존재이면서 동시에 각각 형이상학(形而上學)과 형이하학(形而下學)적으로 서로 구분된 관계(不相雜)를 갖고 있다. 그렇지만 현상세계는 모두 이의 이치와 이법(理法)에 따라 일어나는 것이기 때문에 기가 없으면 이도 존재할 수 없다(不可分開). 이에 따라 주희의 철학을 이기이원론이라 한다.

이와 기는 본래 앞뒤를 말할 수 없으나 여기서 주희는 기가 있으면 이가 있고, 기가 없으면 이가 없다 하여 이기동시(理氣同時)를 주장했다. 그러나 이 주장은 체계화되지 못해 후대 학자들의 이해가 서로 달라 논쟁의 불씨가 되었다. 특히 4덕(四德), 5상(五常), 4단(四端), 7정(七情) 및 4정[四情: 희로애락(喜怒哀樂)] 등은 조선 유학에서 치열한 논쟁거리가 되어 이, 기, 성, 정의 문제가 제기되었다. 이기론은 기를 주로 보는 주기파, 이를 주로 보는 주리파, 이와 기를 다 같이 발(發)하는 것이라고 본 이황의 이기호발설(理氣互發說)과 기대승(奇大升)의 이기공발설(理氣共發說), 또 주리설과 주기설을 절충한 이황과 장현광(長縣光)의 절충파 등이 있으며, 조선 후기에 이르러

을 지녔기에 인간이다'라는 서양의 인간관을 정립하는 데 공헌했다. 아리스토텔레스는 인간의 본질을 육체가 아닌 영혼이라고 본 플라톤과 달리 인간은 영혼과 육체의 결합체임을 강조했고, 영혼은 형상, 육체가 질료라고 주장했다. 플라톤은 육체를 영혼을 가둬놓은 일종의 감옥 상태로 보았는데, 아리스토텔레스는 영혼과 육체에 대한 스승의 극단적 이분법을 배격한 것이다. Jonathan Barnes, "Life and Work" in *The Cambridge Companion to Aristotle*(Cambridge: Cambridge University Press, 1995), p. 9.

서 극단적 유리론(唯理論)과 유기론(唯氣論)으로 발전한다.

여기에 중국 명대의 양명학이 조선에 유입되어 일부 학자들에게 전파됨으로써 양명학파가 형성되었다. 이로써 심학(心學)이 크게 융성해 이른바 사단칠정(四端七情)논쟁 또는 사칠이기설(四七理氣說)이 성행했다. 이와 기는 우주의 근원이며 이 두 근원은 서로 분리될 수 없다. 이것을 이기이원론이라고 하는데, 이황에 따르면 이는 기의 근저가 되고 기를 다스리는 원초적 힘이다. 주리파의 선구자는 이언적이고, 그 후계자는 동방의 주자로 불리는 이황이다. 이가 먼저냐 기가 우선이냐 하는 문제를 두고 벌어진 조선 사대부 양반들의 대립은 곧 유교의 본질적인 이론에 대한 서로 다른 해석에서 비롯된 것이다. 이이는 그리스의 아리스토텔레스처럼 이와 기는 서로 분리될 수 없으므로 이와 기는 하나라는 이기일원론을 신봉했으나, 이를 기 속에 포함시키는 주기론(主氣論)적 경향이 강해 현실을 중시했다. 반면 이황은 이와 기를 분리한 플라톤의 이데아 사상과 마찬가지로 이기이원론을 신봉해 현실보다 정신의 수양에 중점을 둔 주리론(主理論)을 신봉했다.[120]

결국 플라톤의 이데아 사상이 기독교 신앙의 본질이 되어 현실보다 하나님과 천국을 갈망해 교회가 지배하게 한 신학적 토대가 되었듯이[121] 이황의 주리론도 마찬가지로 현세를 외면하고 조선을 종

---

120 조선의 이기일원론과 이기이원론에 대해서는 유명종, 『한국 유학 연구』, 이문출판사, 1988 참조.

121 플라톤 사상과 기독교 사상에 대해서는 스티븐 오즈맹(Steven Ozment), 이희만 옮김, 『종교개혁의 시대: 1250~1550』, 한울아카데미, 2020, 제2장 '스콜라적

교처럼 지배했다. 주리론에서 이는 곧 지배층 사대부 양반들을 의미하고, 기는 자신들의 물질 역할을 하는 피지배층 농민과 천민들을 나타낸다. 궁극적으로 이가 기를 지배한다는 성리학은 이들 사대부 양반에게 종교적 경전과 다름없었다.[122]

따라서 이황의 주리론은 곧 성리학의 논리에 따라 사대부 양반과 천민은 절대로 같을 수 없다는 사회 질서의 철학이었다. 이에 의해 조선 사대부 양반들은 피지배층 농민과 천민을 사람이라기보다 물질로 인식한 것이다. 이이는 주기론을 신봉해 당연히 '기'인 피지배층 백성들을 중시해야 했으나, 현직 관리 관점에서 현실 개혁이 중요했기 때문에 주기론을 주장했을 뿐, 그 역시 '이'가 '기'를 지배해야 한다는 생각은 이황과 마찬가지였다. 서경덕은 이기이원론을 일원론적으로 보고 태허(太虛)를 기의 본체로서 일기(一氣)요, 선천(先天)이라고 하고, '일기'가 음기, 양기의 이기(二氣)로 갈라져 후천(後

전통'편 참조.

122 이민경, 「율곡 이이의 『격몽요결』 편찬과 성리학적 이념의 실천」, 『율곡학연구』 제42집, 율곡연구원, 2020, pp. 123~159; 이상민, 「여말선초 '성리학' 연구의 논점들」, 『학림』 제44권, 연세사학연구회, 2019, pp. 279~310; 이상익, 「퇴계 성리학의 보편성과 특수성」, 『퇴계학보』 제144권, 퇴계학연구원, 2018, pp. 5~48; 최봉준, 「14~15세기 성리학의 수용과 조선적 문명 교화론의 탄생」, 『역사비평』 제124호, 역사문제연구소, 2018, pp. 192~215; 유지웅, 「이황과 이이 성리학의 차이 극복을 위한 고찰(1)」, 『동서철학연구』 제57권, 한국동서철학회, 2010, pp. 287~310; 이영자, 「율곡직계 성리학의 전개와 특성」, 『인문학연구』 제77호, 충남대학교 인문과학연구소, 2009, pp. 235~265; 권오영, 『조선 성리학의 형성과 심화』, 문현, 2018, 특히 제2장 참조. 퇴계 이황에 대해서는 유정동, 『퇴계의 삶과 성리학』, 성균관대학교 출판부, 2014, 이이에 대해서는 이이, 『율곡집: 성리학의 이상향을 꿈꾸다』, 한국고전번역원, 2013; 권오영, 『조선 성리학의 의미와 양상』, 일지사, 2011; 김교빈, 『이언적: 한국 성리학을 뿌리내린 철학자』, 성균관대학교 출판부, 2010 참조.

天)이 생긴다고 주장해 주기적 경향을 보였다. 특히 이황의 이기호발설은 곧 기대승의 이기공발설과의 논쟁, 이른바 퇴고(退高)논쟁을 일으켰다. 이 논쟁이 다시 뒤에 기발이승일도설(氣發理乘一途說)을 주장하는 이이와 이기분속설(理氣分屬說)을 주장하는 성혼 간의 율우(栗牛)논쟁으로 발전했다.

이황의 이발(理發), 이이의 기발(氣發)이라는 상반되는 견해가 다음 주리파와 주기파의 양대 진영으로 갈려 심즉리(心卽理)라는 극단적인 대립 관계를 형성함으로써 조선 유교계의 논쟁점이 된다. 이황을 지지하는 주리파는 영남 지방에서, 이이를 지지하는 주기파는 경기, 호서 등지에서 성행했으므로 각기 '영남학파', '기호학파'라고도 일컬어졌다. 양 파는 모두 자파(自派)의 학문적 근거를 성리학의 주희에게 구하려 했다. 주기파의 송시열과 한원진(韓元震)의 공저『주자언론동이고(朱子言論同異考)』는 주희의 어록을 세밀히 조사함으로써 주기론의 근거를 고증했다.[123] 이에 대해 송시열은 그의 스승 김

---

123 한원진은 송시열과 권상하(權尙夏)의 학풍을 이어 서인-노론-호론에 이르는 정통 주자학의 입장을 충실히 계승, 발전시킨 18세기의 유학자였다. 그는 회니시비(懷尼是非)에서 충역(忠逆), 노론과 소론의 분당을 윤증의 송시열에 대한 배반 행위로 규정한 배사설(背師說)을 면밀하게 전개해 소론의 정치적 명분에 타격을 주었으며, 인물성동이론(人物性同異論)을 내세워 낙하(洛下, 서울)의 인물성구동론(人物性俱同論)을 배격함으로써 송시열 학파의 도통(道統) 계승의 명분을 공고히 했다. 김준석, 「한원진의 주자학 인식과 호락논쟁」, 앞의 책『이재룡박사 환력기념 한국사학논총』, p. 562. 호락(湖洛)논쟁은 17세기 말 송시열의 적통으로 알려진 권상하의 문하에서 시작되어 18세기를 거쳐 19세기 초까지 서인 논론계의 호서와 낙하 사림들 간의 인물성동이, 성범심동이(聖凡心同異), 미발심체순선(未發心體純善) 여부 등을 가지고 100여 년 이상 진행되었다. 이론(異論)을 주장한 호서 사림들은 동론을 주장한 낙하의 사림들이 사람과 짐승을 구분하지 않는 '인수무분(人獸無分)'에 빠질 것이라고 한 반면, 동론을 주장한 낙하의 사림들은 호서 사림계가 '천하 사람

장생(金長生)을 통해 물려받은 이이의 기발이승을 논리적으로 추연(推演)해 사단칠정이 모두 기발인 까닭에 '사단'도 순선(純善)일 수는 없고, '칠정'과 마찬가지로 불선(不善)도 있다 하여 논란을 불러일으켰다.

숙종 말기 집권당인 서인은 송시열이 자신을 도운 김석주 일파를 옹호하자 이에 반발한 사림들이 송시열파에 반기를 들면서 노론과 소론으로 분당되었다. 노론과 소론의 정권다툼이 격해지면서 숙종의 병신처분(丙申處分)으로 소론이 실각하고 노론이 집권한다. 이후 경종이 대리청정 문제로 영조를 지지한 노론을 대거 숙청하고, 경종 2년(1722) '삼수의 옥'으로 이들을 모조리 죽이자 소론이 잠시 득세하기도 했다. 그러나 경종이 갑자기 죽자 뒤를 이어 즉위한 영조를 위해 공을 세운 노론이 정권을 차지하게 된다. 이러한 붕당정치와 파벌 싸움에 지친 영조는 탕평책을 쓰지만, 결국 자신에게 고분고분한 척신 홍봉한과 그 아우 홍인한(洪麟漢)을 중심으로 한 풍산홍씨를 신임함으로써 노론계 외척들이 정권을 잡고 득세하게 되었다.

그러다 다시 사도세자(思悼世子) 사건이 터지자 사도세자를 옹호한 시파와 사도세자를 죽게 한 벽파 사이에 붕당정치가 재현되었다.

들이 선으로 가는 길을 막는(沮天下爲善之路)' 매우 우려할 만한 생각에 빠져 있다고 개탄했다. 송시열 이후 노론계가 호서와 낙하로 양분되었으며, 낙론계는 누구나 자기 수양을 통해 일정한 도덕적 경지에 이르게 하는 것을 목표로 한 반면, 호론계는 성인과 범인의 엄격한 분별을 강조해 수양을 완성하도록 하고자 했다. 호론인 권상하와 한원진 계열이 분별주의적 역사의식을 지녔다고 한다면, 낙론인 김창협(金昌協)과 이재(李縡) 계열은 낙관주의적 현실 인식을 보여주었다. 김인규, 「조선후기 노론 학맥의 분화와 그 세계관: 18세기 호락학파의 형성과 현실 인식을 중심으로」, 『율곡학연구』 제22집, 율곡연구원, 2011, pp. 187~222.

그리고 정조가 홍국영(洪國榮)을 제거해 척신정치(戚臣政治)를 종식하고 소론, 남인, 시파 등의 인물을 대거 등용하자 다시 붕당정치가 재현되었다. 이후 다시 어린 순조가 즉위하자 수렴청정을 맡은 정순왕후 김씨와 지지 세력인 노론 벽파가 권력을 차지했고, 정순왕후가 죽은 후 순조의 장인 노론 시파 안동김씨 김조순(金祖淳)이 집권해 완전히 시파가 권력을 장악하게 된다. 이로 인해 붕당정치는 종식되고 외척 중심의 세도정치(勢道政治) 시대가 열린다. 이렇듯 조선시대 사대부 양반 지배층의 정치는 유교 이상과 동떨어진 비도덕적이고 비인간적인 탐욕과 권력다툼에 매몰되어 조선을 망하게 한 악폐(惡弊)로 작용했다. 특히 인조반정과 기축사화로 진보적 사림파가 대거 숙청됨으로써 조선은 사대부 양반들의 특권만이 판쳤던 가장 비극적인 나라로 전락하기 시작했다.

　사림파는 지방에서 서원을 세워 유학자를 양성하며 넓은 토지를 소유하고 자신의 세력을 공고히 다져가고 있었다. 이를 토대로 사림파 양반들은 지방 관리들과 자신의 소작농들을 자연스럽게 지배할 수 있었다. 특히 사액서원(賜額書院)에는 국가가 서적을 비롯해 토지와 노비 등을 제공했다. 향약은 좋은 일을 권장하고 잘못을 서로 규제하는 일종의 도덕적인 규범이었을 뿐 아니라 유교적 이상 사회의 표본이었다. 그러므로 향약에는 양반뿐 아니라 그 지방의 모든 피지배층이 포함되었고, 지방의 유력 인사가 향약의 책임자인 약정(約正)으로 임명되었다. 그 결과, 향약은 지방 관리보다 더 강력한 지배력을 행사했다. 사림파는 이를 기반으로 중앙 관직을 독점했던 훈구파와 세력다툼을 벌일 수 있었던 것이다.[124]

조선시대 과거시험이 유교 경전에서 출제되는 일이 허다한 까닭에 조선의 지적인 풍토는 오로지 유교에 빠져 있었다. 그러면서 사대부 양반들은 유교 경전의 해석을 두고 서로 논쟁을 벌이며 이 지식을 무기로 삼아 권력다툼을 벌였다. 유교는 지배층만이 소지할 수 있는 권력이었기 때문에 다른 학문과 사상에 대해서는 용납하지 않았다. 조선의 최고 유학자 송시열의 행적은 당시 사대부 양반들의 편협하고 사대주의적인 모습을 생생하게 보여준다. 효종 4년(1653) 지금의 충남 논산에 있었던 황산서원에서 송시열과 윤선거(尹宣擧)를 중심으로 열띤 논쟁이 벌어졌다. 이 논쟁의 쟁점은 『중용(中庸)』에 주석을 붙인 윤휴(尹鑴)의 『중용신주(中庸新註)』였다. 송시열은 윤휴의 이 『중용』 주석서가 주자의 『중용』 주석과 다르다는 이유로 몹시 분노해 윤휴의 학풍을 신봉한 윤선거와 논쟁을 벌인 것이다.[125] 송시열은 평소 윤휴의 이 주석서에 대해 이렇게 비난했다.

하늘이 공자에 이어 주자를 낳은 것은 진실로 만세의 도통(道統)을 위한 것이다. 주자 이후에는 드러나지 않은 이치가 하나도 없고 명백해지지 않은 글이 하나도 없는데 윤휴가 감히 자기 견해를 내세워 방자하게

---

124 허준, 「조선 중종-선조 대 향약 시행 논의의 정치적 의미」, 『지역과 역사』 제47권, 부경역사연구소, 2020, pp. 103~139; 심재우, 「조선시대 향촌 사회 조직 연구의 현황과 과제: 향약·계에 관한 성과를 중심으로」, 『조선시대사학보』 제90호, 조선시대사학회, 2019, pp. 365~396; 안유경·이상열, 「율곡의 향약에 보이는 협동조합의 정신」, 『민족문화』 제52집, 한국고전번역원, 2018, pp. 353~384; 박현순, 「17~18세기 향약의 반상간(班常間) 부조에 대한 고찰: 사족층과 하인층의 결합 양상을 중심으로」, 『조선시대사학보』 제82호, 조선시대사학회, 2017, pp. 191~225.

125 『송자대전(宋子大全)』 연보, 숭정 26년(1653) 윤7월 21일조.

억지로 설명(臆說)을 하는 것이다.[126]

이처럼 당시 조선의 사대부 양반들은 오로지 주자만이 최고의 유학자이며, 그 누구도 유교에 대해 주자와 다르게 해석하지 않아야 하고, 이를 어기면 곧 죽음을 불사하고 막아야 한다는 교조주의적 맹신에 빠져 있었다. 주자 사상으로 조선을 지배하려 했던 당시 유학자들의 태도는 사대주의의 극치를 보여준다. 결국, 윤휴는 서인에 의해 권력에서 밀려나 사형을 당했으나, 송시열의 말대로 그의 죄는 주자를 모욕한 죄가 더 컸다. 주자 외에 그 어떤 사상도 허용되지 않은 조선은 사상의 자유도 없었고 모든 지식과 국가 철학까지 경직되어 있었다.

조선의 지배층 사대부 양반들은 주자학을 종교처럼 신봉하며 이를 정치, 사회, 문화, 심지어 관습에 이르기까지 모든 영역에 적용했다. 그 결과, 중세 유럽을 암흑시대로 빠뜨린 기독교와 마찬가지로 유교는 조선을 유교적 보편세계에 가두고 말았다. 유럽 중세 기독교 보편세계는 인간의 시간이 아니라 기독교 하나님의 시간이었고, 모든 인간의 삶의 목표는 이 세상의 행복을 추구하는 현세적인 것이 아니라 교회 신앙에 충실해 천국에 이르는 것이었다. 모든 사람의 일상은 바로 교회가 지배한 종교적 일상이었다.[127] 교황이 기독교라

---

126 윤휴, 「현종대왕행장(顯宗大王行狀)」.

127 이러한 중세 유럽의 기독교 보편세계에서 일상적인 삶의 형태는 '공간과 시간의 구조', '지상세계의 저편: 신, 악마', '천상과 지상의 사이: 천사들', '사회적 시간: 종교적·성직자적 시간', '세속으로부터 도피', '천년왕국의 꿈: 적그리스도와 황금시대' 등

는 종교로 지배했던 중세 유럽에서 성직자는 그 사회적 지위가 귀족보다 더 높은 제1신분이었으며, 귀족은 제2신분이었다.

마찬가지로 조선은 유교 보편세계로서 피지배층의 세계가 아니라 유교 사제로 자처한 사대부 양반들의 세계였으며, 이들 지배층이 유교적 사회 질서에 따라 제1신분이 되었다. 왕이 형식상 지배자였지만 실질적으로는 이들 사대부 양반들이 모든 권력과 부를 독점했다. 조선의 지배층인 사대부 양반들이 믿는 신은 공자와 주자였다. 이런 점에서 보면 조선이 명나라를 하나님의 나라처럼 섬기는 것은 어찌 보면 자연스러운 현상일 것이다. 자기 백성보다 명나라 황제와 공자, 맹자, 주자 등 유교를 떠받드는 일을 천명으로 여긴 조선의 사대부 양반들은 유교적 이상향을 꿈꾸었을 것이다. 유교가 지향하는 이상향은 덕이 실현되는 세상이었지 유학자들이 지배하는 세상이 아니었다.

동인 정여립은 이런 점에서 특출한 사대부였다. 그는 대동계(大同契)를 조직해 오늘날의 사회주의나 공산주의 같은 평등한 세상을 만들려고 했다.[128] 그는 19세기 유럽 사회주의자들이 기독교 사상을 바탕으로 평등한 세상을 목표로 한 생활 공동체를 세우려고 했던

으로 설명된다. 자크 르 고프는 중세 유럽에 대해 "로마제국의 멸망 이후 중세 사회는 기독교적 인간주의로 발전했다. 이 인간주의는 하나님의 모습을 준거로 하여 겸양한 인간을 욥에게서 재발견하고 마리아 숭배의 발전과 기독교 교리학적 모델의 인간주의화 덕택으로 경건의 형태를 변화시켰을 뿐 아니라 천국과 지옥 사이에 연옥을 끼워 넣어 저승의 지리학을 뒤바꾸어 놓고 죽음과 개인적 심판에 우월한 자리를 부여했다"라고 설명한다. 쟈크 르 고프, 앞의 책 『서양 중세 문명』, p. 19.

128 대동(大同)이란 『예기(禮記)』「예운(禮運)」편에 나오는 "대도가 행해져서 천하가 공공의 것(大同之行也, 天下爲公)"인 사회를 의미하는 것으로 공자의 말이다.

것과 마찬가지로 민중이 주인이 되고 모두 더불어 사는 세상을 실현하려 했다.[129] 여기에서 정여립과 대동계 사상에 대해 알아보자.

정여립의 대동계에는 무사, 공노비, 사노비 등 신분의 귀천을 가리지 않고 누구나 가입할 수 있었다. 정여립은 선조 20년(1587) 전북 서해 녹도와 손죽도에 왜적 18척이 침략해 들어와 약탈하자 당시 전주부윤으로 있던 남언경의 요청으로 대동계원들과 함께 왜구를 물리치기도 했다. 한편 천하공물설(天下公物說: 천하는 공물인데 어찌 일정한 주인이 있으랴)과 하사비군론(何事非君論: 누구를 섬긴들 임금이 아니겠느냐)과 같은 그의 사상은 당시 수용될 수 없는 혁신적인 것이었으며, 조선 왕조의 정치 이념인 주자학과 큰 차이를 보이고 있다.

그리고 그의 사상은 오늘날 사회주의나 공산주의와 마찬가지로 소유의 공개념이자 평등사상이었다. 또 그는 '백성이 임금보다 중요(民重君輕)'하다고 보았기 때문에 왕의 혈통보다는 통치 능력과 자질을 우선시해 요(堯), 순(舜), 우(禹)로 이어지는 왕위의 선양(禪讓)을 이상적인 모범으로 생각했다. 이는 봉건 왕조의 기본적 가치관인 군신강상론(君臣綱常論)을 부정하는 것인 만큼 가장 혁신적인 징치 사상이었다. 정여립의 사상은 17세기 영국 청교도혁명의 내란 시기

---

129 신정일, 『조선을 뒤흔든 최대 역모 사건』, 다산초당, 2007, pp. 373~374, 378. 정여립의 연구에 대해서는 다음을 보라. 김용덕, 「정여립 연구」, 『한국학보』 제4권, 일지사, 1976, pp. 3040~3083; 김용덕, 「정여립 연구」, 『조선 후기 사상사 연구』, 을유문화사, 1977; 배동수, 『정여립 연구: 그의 생애와 사상, 정치사적 의미』, 책과 공간, 2000; 신복룡, 「정여립의 생애와 사상」, 『한국정치학회보』 제33집 제1호, 한국정치학회, 1997; 최낙도, 「정여립 사상 연구」, 명지대 석사학위 논문, 1998.

에 평등과 종교의 자유, 참정권 등을 주장하며 디거스(Diggers) 등 사병 출신들이 주도한 수평파(Levellers)의 인민협정(An Agreement of the People)에 나타난 인민주의 논리와 부합한다.[130] 그러한 점에서 정여립은 동양 최초의 공화주의자인 셈이다.

정여립의 혁명적인 제한 군주주의 사상 또는 공화주의적 이론은 조선 후기 실학자에게도 영향을 미쳐 허균(許筠)의 호민론(豪民論)과 정약용의 탕무혁명론(湯武革命論)으로 이어졌다. 허균은 "천하에 가장 두려운 존재는 민중뿐이다. 민중은 물이나 불 또는 호랑이보다 더 두려운 것이다"라고 강조하면서 한 나라와 사회의 모순과 부조리를 척결하기 위해서는 민중을 지도하고 이끌어나갈 수 있는 지도자, 바로 호민이 필요하다고 주장했다. 또 정약용은 오늘날 미국의 대통령 선거와 유사하게 "간접선거로 군주를 선출해야 한다"라고 주장하기도 했다. 이렇게 정여립의 사상은 허균, 정약용, 그리고 동학혁명의 지도자 전봉준(全琫準)에까지 이어졌다.[131] 정여립의 대동계 사건은 조선 사회의 지배층 사대부 양반 사회를 뒤흔든 혁명적인 것이었으나 그 결과는 처절한 대학살이었다. 정여립이 군사훈련을 시켜 양성한 대동계 회원들이 그대로 남아 있었더라면 임진왜란 때 왜군을 물리치는 데 큰 공헌을 했을 것이다.

---

130 영국의 수평파는 청교도혁명 과정에서 왕권의 전횡과 올리버 크롬웰(Oliver Cromwell)의 군사독재 정권에 대항해 평등 사회를 주장한 급진적인 세력이었다. 이에 대해서는 임희완, 『영국 혁명의 수평파 운동』, 민음사, 1988; 이승영, 『17세기 영국의 수평파운동』, 민연, 2001 참조.

131 문성호, 『민중주의 정치사상: 허균, 정약용, 전봉준, 신채호, 함석헌, 전태일』, 한국학술정보, 2006, pp. 41~43; 허경진, 『허균 평전』, 돌베개, 2002.

그러나 조선의 사대부 양반들은 당파싸움에만 몰두하고 있어서 국방에 대한 여러 대비책을 마련하지 못했다.[132] 이 시기 서양에서는 봉건의 구체제를 탈피해 근대화 시대로 접어들고 있었으나, 조선에서는 여전히 유교적 세계관에 빠져 신분 질서와 사대주의 명분만을 고집하고 있었다. 조선 지배층은 임진왜란이라는 혹독한 대가를 치르고도 명나라에 집착하다가 결국 병자호란이라는 참혹한 전란을 겪게 되었다. 조선 지배층 사대부 양반들의 위선은 병자호란에서 다시 한번 적나라하게 드러난다.

---

132 이덕일, 『조선 선비 당쟁사』, 인문서원, 2018, pp. 54~76.

4

병자호란: 사대주의의 비극

1675년 숙종 1년 봄, 마누 벌판을 달려온 한 사내가 압록강의 중강(中江)에 도착했다. 사내의 이름은 안단(安端), 청나라를 탈출해 조선으로 향하던 도망자였다. (……) 1674년 오매불망 고국으로의 귀환을 열망하던 안단에게 기회가 찾아왔다. 주인이 북경을 비웠던 것이다. (……) 주인이 돌아올 기미를 보이지 않자 그는 탈출을 감행한다. 물경 38년 만의 시도였다. (……) 탈출의 성공을 눈앞에 둔 안단은 의주의 조선 관리들에게 입국을 허용해 달라고 호소했다. 그 긴박한 순간 행운은 안단을 외면한다. 공교롭게도 의주에는 마침 청나라 칙사가 입국해 있었다. 의주부 조성보(趙聖輔)는 안단의 사연을 칙사들에게 알렸고 칙사들은 안단을 묶어 봉황성으로 압송해버린다. 참으로 허망한 결말이었다. 끌려가면서 안단은 "고국을 그리는 정이 늙을수록 더욱 간절한데 왜 나를 죽을 곳으로 내모느냐?"라고 절규했다.[133]

조선을 풍비박산(風飛雹散) 낸 후금(청나라)은 만주에서 여진족이

---

133 한명기, 『병자호란』 제1권, 푸른역사, 2018, pp. 4~5에서 인용.

세운 나라로 명나라와 적대 관계 속에서 서로 대결하고 있었다. 명나라를 정벌해 중원을 차지하려는 여진족은 명나라를 임금으로 섬기던 조선을 가만히 둘 리가 없었다. 조선은 명을 세계의 중심으로 인식하고 그 주변 민족을 오랑캐라고 업신여기고 있었다. 그렇다면 조선 지배층 사대부 양반들은 왜 이러한 사대주의 사상에서 벗어나지 못하고 있었을까?

1592년부터 7년간 임진왜란을 겪었던 조선은 유성룡의 『징비록』이 후대에 교훈이 되어줄 것을 기대했지만, 조선의 지배층 사대부 양반들은 전혀 반성과 회한을 보이지 않았다. 왕과 이들 사대부 양반들은 전란에 고통을 겪었던 백성들을 위로하고 살길을 찾아주려는 노력보다 자신들의 공과(功過)만 내세우며 서로 임진왜란의 책임을 경쟁자들에게 전가하기에 급급했다. 그리고 끝내 명나라를 향한 한없는 경외심을 보이며 사대를 버리지 못하다가 인조 14년(1636) 병자호란을 겪게 되었다.

선조가 죽자 아들 광해군이 즉위했다. 이때 만주에서 모든 여진족들이 통합해 강력한 군사력을 바탕으로 명나라 정벌을 준비하고 있었다. 위기에 처한 명나라가 조선에 파병을 요청하자 광해군은 소극적인 태도로 임했는데, 이것이 만주에 파병된 강홍립(姜弘立)으로 하여금 청과 싸우지 말고 항복하게 한 사건이다. 이로 인해 이귀(李貴) 등 서인 일파가 광해군이 추진한 중립 외교 정책을 비판하며 인조반정을 일으켜 광해군을 폐위시켰다. 이어서 이들 반정 세력은 집권당인 이이첨(李爾瞻) 등의 대북파를 축출한 다음 구체적인 전략도 없이 무조건 친명배금(親明拜金) 정책을 폈다. 인조반정은 국가의 외교적·정치적 문제가 아닌 당리당략의 성격이 더 짙다. 광해군 즉위기에는 역적 토벌 등의 명분으로 반대 의견을 지닌 남인과 서인들이 중앙 정부에서 거의 축출당했고, 지방 사림들이 공론을 제기하는 것도 배격되었다. 나중에는 대북파 중에서도 극히 일부 인사들을 중심으로 정치가 운영되었다.[134] 그러나 인조는 서인과 남인 등 여러 당파에 정치 참여의 길을 열어주었고, 공론의 장을 활성화했으며, 대동법 실시와 같은 국정 개혁을 단행하기도 했다. 또 파행적이었던 인사 관행과 지나친 토목 행위를 중단시켰다는 점도 긍정적으로 평가받는다. 그러나 사대부 양반들과 공신들의 도덕적 정당성이나 세금 문제는 다시금 백성들의 원성을 샀다. 공신 세력은 거사 후에도 개인적 군사력을 유지하며 불법적으로 토지와 백성을 수탈해 문제를 일으켰다. 인조반정으로 새 왕이 즉위했지만 당시 백성들의 삶은 조금도 바뀐 것이 없었고, 오히려 반정이 백성들의 불안감을 불러일으켰다.[135]

서인이 반정에 성공한 후 남인인 이원익(李元翼)을 영의정으로 추

---

134 한편, 인조반정 당시 서인은 광해군이 동생인 영창대군을 죽이고 모후인 인목대비를 폐위하려 했던 패륜과 명을 배신해 후금과 내통한 외교 정책을 반정의 명분으로 내세우고 있지만, 인조반정의 진정한 원인은 집권 세력인 북인의 권력 독점이었다는 주장도 제기되고 있다. 이에 대해서는 오수창, 「선택 없는 결단의 시대를 살다: 인조와 그의 신하」, 오수창·김학수 외, 국립고궁박물관 엮음, 『국왕과 신하가 함께 만든 나라, 조선』, 국립고궁박물관, 2016, pp. 194~221 참조. 특히 이긍익의 『연려실기술』 권21 '광해군의 난정'편 '공사견문(公私見聞)」에서 "서인들이 이를 갈고 남인들이 원한을 품고 소북들이 좋아하지 아니하는데 공(公) 등은 이런 상황을 알지 못하고 오직 편히 앉아서 부귀만 향락하려고 한다"라고 하여 이러한 사실을 뒷받침하고 있다.

135 이덕일, 앞의 책 『조선 선비 당쟁사』, p. 104.

대한 것은 자신들의 허약한 정치적 기반을 극복하기 위해서였다. 이렇게 해 서인과 남인의 연합 정권이 세워졌다. 이후 조선 정권의 흐름은 서인과 남인, 이후 서인이 노론과 소론으로 갈라지는 등 이들 파벌 중심으로 권력의 주체 세력이 변화되어 갔다. 인조반정 이후 사대부 양반 정파 세력은 왕도 바꿀 수 있을 만큼 세력이 커졌다. 인조반정으로 권력을 차지한 서인은 국가 이익을 당파 이익과 일치시켰다. 서인은 반대파를 제거하기 위해 무자비한 살육전을 마다하지 않았으며, 남인과 손을 잡고 대북파에 대해 대대적인 정치 보복에 나섰다.[136]

반대파를 제거한 후 정권이 안정되자 이번에는 반정의 공과를 두고 서인들끼리 다툼이 생겼다. '이괄(李适)의 난'처럼 권력을 두고 내분이 일어난 것이다. 이괄의 난이 일어나자 인조와 서인 관료들은 공주로 피난 가기로 하고 한양을 떠나기 전 감옥에 갇힌 반대파 사람들이 이괄과 결탁할 것을 염려해 영의정이었던 기자헌(奇自獻) 등 49명을 밤사이 모두 죽이고 말았다. 이들 사대부 양반들은 이제 왕을 허수아비로 여기고 자신들의 세계를 만들어갔다. 인조반정의 공신인 이귀는 스스로 이조판서가 되겠다고 자처하고 나섰다가 다른 사대부 양반들의 반대로 탄핵을 받아 관직에서 물러나면서 인조에게 "신의 공을 잊지 않으셨다면 여생을 즐겁게 보내도록 가동

---

136 대북 영수인 정인홍과 이이첨 및 그의 네 아들 이대엽(李大燁), 이익엽(李益燁) 등도 처형당했으며, 반정 인사들이 작성한 『계해정사록(癸亥靖社錄)』에는 백관이 지켜보는 가운데 능지처참을 당한 16명의 이름과 사형당한 64명의 명단이 기록되어 있다.

(歌童)과 미녀를 내려보내주시옵소서"라고 요구했다.[137] 이와 같은 이귀의 행동을 미루어 보면 당시 사대부 양반들이 부귀와 향락을 누리기 위해 얼마나 억척스럽게 권력에 집착했는지 알 수 있다. 이들은 백성을 위한 민본정치를 하기보다 자신들의 권력을 지키기 위한 당파적 입장에서 나라를 다스려나갔다.

임진왜란 이후에도 사대사상을 더욱 강화해나간 이들 인조반정 세력은 춘추대의(春秋大義)를 언급하며 임진왜란 당시 원병을 보내 자신들을 구원해준 명의 재조지은을 잊지 못하고 청나라와 대립했다. 심지어 이들 집권 세력은 광해군 11년(1619) 심하전투에서 강홍립이 제대로 싸우지도 않은 채 청에 투항하는 등 명을 배신하는 행위를 함으로써 조선을 오랑캐와 금수 같은 나라로 만들었다고 광해군을 비난했다. 이는 국제 정세의 흐름을 제대로 간파하지 못한 당시 지배층의 무지한 행동으로, 결국 정묘호란과 병자호란이 일어나는 계기가 되었다.

인조 5년(1627) 1월 13일 후금군이 압록강을 건너 의주성을 공격했다. 바로 병자호란의 전초전 격이었던 정묘호란이다. 이때 인조와 조정 대신들은 임진왜란 때 선조처럼 수도 한양을 버리고 강화도로 도망갈 준비부터 했다. 인조는 강화도 방어를 위해 삼남 지방에서 병사 1만 명을 동원해 수사(水使)들을 시켜 수군을 이끌고 강화도로 들어오도록 지시했다.[138] 민심이 흉흉해지자 인조는 신흠(申欽)의 건

---

137 이덕일, 앞의 책 『조선 선비 당쟁사』, p. 109.
138 윤지경(尹知敬)은 상소를 올려 "적이 아직 천 리 바깥에 있음에도 먼저 도성을 버릴 궁리만 하고 있다"라고 통탄하고 강화도로 파천하지 말 것을 호소했다. 한명기,

의를 받아들여 백성에게 교서를 내려 '호패법을 가혹하게 시행함으로써 백성을 고통스럽게 한 것' 등 자신의 실정(失政)을 사과하며 백성들에게 도와 달라고 호소했다. 인조는 10년 뒤 병자호란으로 삼전도 치욕을 겪은 후 다시 이러한 교서를 내려 민심을 잠재우려 했다. 인조와 조정 대신이 강화도로 도주하자 임진강을 포함한 다른 지역이 무방비 상태에 빠졌다. 이 긴급한 상황에서도 사대부 양반들은 우왕좌왕하며 도망가기에 바빴다. 백성들의 안위를 잊고 자신들의 가족을 긴급히 강화도로 피신시켰으나 결국 청나라 군사에게 유린당해 많은 사족 부녀자들이 처참한 죽음을 면치 못했다. 오랑캐가 조선 강토를 휩쓸고 있는 동안 김장생은 향리 연산에서 각 고을에 격문을 보내 의병을 일으킬 것을 호소했다. 격문을 보고 모여든 의병에게 전주로 집결할 것을 지시한 그는 호서 의병을 이끌고 소현세자(昭顯世子)가 분조로 내려온 전주로 갔다. 그러나 경상도와 충청도 지역 등에서는 민심이 그다지 우호적이지 않았다.[139]

지배층 사대부 양반들에 대한 피지배층 백성들의 반항심을 보여준 임꺽정 사례와 마찬가지로 조선 사회는 전쟁을 겪고도 전혀 변하지 않았다. 1636년 병자호란이 일어나자 제대로 저항하지도 않은 채 인조는 한양을 떠나 남한산성으로 피신하고, 청나라 군사에게 많은 피지배층 백성이 살육을 당하거나 노예로 끌려갔다. 이러한 전란

앞의 책 『병자호란』 제1권, p. 165에서 인용.

139　임진왜란 당시 의병 활동이 활발했던 경상도에서는 정묘호란 시기에 이렇다 할 움직임이 없었다. 이런 상황이 경상우도 지역에서 가장 심했다. 한명기, 앞의 책 『병자호란』 제1권, p. 181.

중에도 지배층은 사대주의에 빠져 명나라를 부모 섬기듯 하면서 피지배층 백성을 상대로 탄압과 수탈에만 열을 올렸다. 그러자 사대부 양반을 향한 백성들의 분노와 저항이 극에 달하기 시작했다.

장길산이 이 시기 지배층에 저항했던 대표적인 인물이다. 조선 숙종 때 유명한 도적으로 알려진 그에 관해『숙종실록』에 짧게 언급되어 있으나, 태어난 시기, 죽은 연도, 그리고 그 밖의 행적에 대해서는 기록되어 있지 않다.[140] 숙종 18년(1692) 포도청에서 장교(將校)를 보내 군사를 동원해 평안도 양덕현에 숨어 있던 장길산을 잡으려다 실패하자 그 고을 현감이 좌천될 정도로 그는 신출귀몰해 쉽게 잡을 수 없는 신비의 인물로 알려져 있었다.[141] 또 숙종 23년(1697) 유학자 이익화(李翊華), 장영우(蔣永祐) 등이 극적(劇賊) 장길산과 반역 모의를 했다는 죄로 귀양을 가고 이절(李梲), 유선기(兪選基) 등은 복주(伏誅)되기도 했다. 당시 장길산 무리에 강계부사 신건(申鍵), 부사(府使) 홍하신(洪夏臣)과 양한석(楊漢奭)을 비롯해 전 군수 임동정(林東靖), 수원 군기감관(軍器監官) 임필흥(林弼興) 등 전현직 고위 관리들과 부호, 거사, 양반, 상민 등 여러 계층 인물들이 대거 참여하고 있어 조정에서도 장길산 무리를 두려워했다. 실록은 장길산이 도적 무리의 우두머리였으며 반역에도 간여한 것으로 기록하고 있다.

---

140 소설가 황석영의 『장길산』과 이를 원작으로 하는 만화, 드라마 등이 제작되어 사람들에게 널리 알려졌다. 이에 대해서는 오태호, 『황석영의 장길산 연구』, 한국문학도서관, 1998 참조.
141 『숙종실록』 권24, 숙종 18년(1692) 12월 13일 임신 3번째 기사.

장길산은 홍길동, 임꺽정과 함께 조선 3대 의적으로 꼽힌다. 사대부 양반들의 혹독한 착취와 억압에 못 이겨 저항했던 피지배층 백성들의 모습은 실록에 기록된 이 의적들의 활약에 잘 나타나 있다. 그러나 이들 백성은 지배층 사대부 양반들에게는 그저 나라를 어지럽힌 도적에 불과했다. 조선 후기 실학자 성호 이익(李瀷)은 『성호사설(星湖僿說)』 권14 「인사문(人事門)」에서 조선의 3대 도둑으로 홍길동과 임꺽정, 장길산을 꼽고 이에 관해 다음과 같이 설명하고 있다.

> 옛날부터 서도(西道)에는 큰 도둑이 많았다. (……) 장길산은 원래 광대 출신으로 곤두박질을 잘하고 용맹이 뛰어났으므로 드디어 괴수가 되었다. 조정에서 이를 걱정해 신엽(申曄)을 감사(監司)로 삼아 체포하게 했으나 잡지 못했다. (……) 이 좁은 국토 안에서 몸을 숨기고 도둑질하는 것이 마치 새장 속에 든 새와 물동이 안에 든 물고기에 지나지 않는데, 온 나라가 온갖 힘을 기울였으나 끝내 잡지 못했으니, 우리나라 사람들의 꾀가 없음이 예부터 이러하다. 어찌 왜군의 침략을 막고 이웃 나라에 위력을 과시하기를 논하겠는가? 슬프도다.[142]

　　이익은 3대 도둑 중 홍길동은 시대가 너무 멀리 떨어져 알 수 없다면서 그의 행적에 대해 자세히 언급하지 않고 다만 시정(市井) 아이들이 맹세하는 말 속에 홍길동이라는 이름이 들어 있다고 했다. 또 그는 임꺽정을 명종 대의 가장 큰 괴수로, 장길산을 숙종 대의

142　이익, 『성호사설』 권14 「인사문」 '임거정(林居正)'.

교활한 도적으로 평하면서 그들의 활동에 대해 들은 이야기를 옮겨 기록했다. 그리고 그는 장길산을 끝내 붙잡지 못한 것은 국가가 지략이 없었기 때문이라고 크게 한탄했다.[143]

세 인물 중 장길산은 숙종 대에 산적 두목으로 유명했던 실존 인물이다. 그는 천민 중의 천민, 광대 출신으로 원래 활동 무대는 황해도였다. 그 무리가 점점 많아지자 조정에서 큰 걱정거리로 여기고 마침내 신엽을 황해도 감사로 삼아 체포하도록 지시했다. 그러나 조정의 체포 작전이 실패하자 장길산은 이후 행방을 감춰버렸다. 홍길동이나 임꺽정은 분명히 잡혔다는 기록이 있는데, 장길산에 대해서는 그런 기록이 없는 것으로 보아 끝까지 잡히지 않은 것으로 보인다.

장길산의 활동은 다른 의적들과 달리 '미륵신앙'과 관련되었다. 숙종 14년(1688)에 요승 여환(呂還)의 역모 사건이 발생했는데, 여환은 아내 원향(遠香)과 무녀인 계화(戒化), 아전이던 정원태(鄭元泰)와 황회(黃繪) 등을 규합해 경기도 양주군 청송면을 중심으로 "석가불이 다하고 미륵불이 세상을 다스리게 될 것"이라고 하면서 미륵신앙을 널리 퍼뜨렸다. 당시의 도적 세력이 산문(山門)을 근거지로 삼아 활동할 수밖에 없었기 때문에 이 가운데 사회개혁을 희망해

---

143 정성희는 조선 후기 실학자 성호 이익이 조선의 3대 도적으로 임꺽정, 장길산, 홍길동을 꼽았는데, 이는 이들이 단지 대도여서만이 아니라, 당시 위정자들은 이들을 도적으로 몰고 갔지만 실제로는 자신의 이익만을 추구하며 가렴주구(苛斂誅求)를 일삼았던 지배층에 대한 농민의 저항이자 신분 해방의 부르짖음이 담긴 의적이라는 시각이 담겨 있는 것으로 파악하고 있다. 정성희, 「명종이 두려워한 조선 최고의 의적: 임꺽정」, 『인물한국사』, 네이버 캐스트, 2010.

민중적인 불교 세계관을 가진 승려 세력과 결탁하게 된 것으로 보인다.[144] 장길산은 무력으로 신분 사회의 모순을 철폐하고 차별 없는 평등한 사회를 구현하려고 했다. 그러므로 미륵신앙의 민중적인 종교로 새로운 이상 사회를 실현하고자 했던 불교 세력과의 결합은 자연스러운 일이었을 것이다.

특히 이 사건에는 여환 등이 널리 유포한 미륵신앙의 논리에 미신적인 '용 신앙'이 결합했다. 용 신앙은 미륵불이 이 세상에 내려오기 전에는 용이 아들을 낳아 나라를 다스리게 될 것이지만, 만일 장마나 가뭄으로 기후가 좋지 않아 오곡이 맺지 못해 사람들이 굶어 죽게 된다면 마침내 미륵불이 출현한다는 것이다. 여환 등 미륵 신도는 용 신앙을 신봉하던 원향과 계화 등을 포섭했고, 여기에 칠성신앙이나 도교적 요소까지 포함했다. 그러나 당시 황회의 측근인 정호명(鄭好明)은 민간신앙 대상으로 추앙되던 최영(崔瑩) 장군의 영(靈)을 자칭하기도 했으며, 주동 인물들은 미륵신앙과 용 신앙을 이용해 피지배층 백성을 포섭하려 하기보다 자신들의 행위를 정당화하려는 명분으로 삼은 것으로 보인다. 당시 기록을 보면, 중 여환은 그의 근본을 알 수 없고, 그의 아내 원향은 문화현 백성의 딸이었다. 그녀는 요사스러운 말로 군중을 미혹하고 자칭 용녀부인이라 했다. 그녀는 황해도 여러 고을을 지나서 강원도로 들어갔다가 다시 양주에 이르니, 지나는 곳마다 높이 받들지 않는 자 없어 그 도당이 많

---

144 정석종, 「숙종 연간 승려 세력의 거변 계획과 장길산: 이탈, 유선기 등의 상변을 중심으로」, 『동방학지』 제31집, 연세대학교 국학연구원, 1982, pp. 105~145.

았다.[145]

　장길산은 이미 10여 년간의 의적 활동으로 백성의 신망을 받아온 터라 이들 민간신앙의 신봉자들과 쉽게 연대할 수 있었다. 이들은 당시 민간에 널리 유행하던 도참서 『정감록(鄭鑑錄)』에 따라 이씨(李氏) 지배 체제를 전복하고 정씨(鄭氏)를 임금으로 세우겠다면서 백성들을 선동했다. 더 나아가 이들은 병자호란 때 우리 민족에게 굴욕을 안겨준 중국에 대한 정벌을 내세웠다. 여기에는 지배층의 사대주의 굴욕 외교에 대한 피지배층의 강한 반발과 우리나라를 침략했던 청나라에 대한 민족적 원한이 반영되어 있다. 여환은 거사 계획을 짜고 제자들을 각 도에 보내 전국 승려들을 포섭하는 한편, 어려서부터 자기가 가르친 이영창(李榮昌)을 서울로 잠입시켜 조정의 동정과 정세를 정탐하게 했다. 이들은 실제 무장투쟁을 이끌 인재로 칼과 말타기에 능한 최헌경(崔憲卿)과 유찬(柳纘), 강계부사 무인 신건 등을 포섭했고, 서울 진격 때는 장길산 부대가 합류하기로 했다. 이러한 여환과 장길산의 혁명 모의는 이영창을 남인의 첩자로 의심한 서얼들이 자신들의 안전을 위해 노론 세력에 붙어 혁명 세력을 배신, 밀고함으로써 무위로 돌아가고 말았다.

　그들의 혁명은 좌절되었으나 장길산이 기병 5천 기를 이끌고 만주 쪽으로 잠적했다는 기록을 통해 피지배층 백성들의 투쟁의식을 엿볼 수 있다. 17세기 후반 피지배층 백성들의 저항운동은 대부분 승려나 무격(巫覡)들이 주도했다. 이때 이용된 민중 사상은 조악한

145　『연려실기술』 권36 「숙종조 고사본말」 '요승 여환의 옥사'편.

수준의 단편적 논리에 지나지 않았으나, 이들의 저항은 체제 부정적인 논리와 함께 백성들에게 미치는 파급 효과가 매우 컸다. 흔히 한 지역에서 저항운동이 발생하면 인근 지역으로 급속히 퍼지면서 민심이 크게 동요했는데, 이를 통해 당시 백성들의 불만과 불안이 상당했음을 짐작할 수 있다.[146] 이때 소작 농민들은 사대부 양반 지주들의 수탈로 생활고에 시달렸다.

한 시대의 사상에는 당시 사회 현실의 여러 모습이 융합되어 있기 마련이며, 이런 사상은 현실적인 모순을 해결하지 못하거나 미래 지향적인 방향을 제시하지 못하는 경우가 많다. 피지배층 백성들의 생각과 사상은 자신들의 일상생활과 깊숙이 연결되어 실천적인 행동 방향을 보여준다. 이들의 생각과 사상은 당시 상황의 역사적 모순에 대응해 그것을 자신들의 처지에서 해결하려고 한다.[147] 장길산은 당시 여러 도적 가운데 하나에 불과할 정도로 전국 어디에서나 도적들이 날뛰고 있었으며, 나라가 불안했다.[148] 여기에 세금을 내지 못해 죽는 농민들도 많았다.[149]

사대부 양반들과 피지배층 백성들의 사회적 불평등은 단순히 신

---

146 정석종, 「조선 후기 숙종 연간의 미륵신앙과 사회운동」, 『한우근박사 정년기념 사학논총』, 지식산업사, 1981, pp. 409~446; 고성훈 외, 『민란의 시대』, 가람기획, 2000.

147 우윤, 「19세기 민중운동과 민중사상: 후천개벽, 정감록, 미륵신앙을 중심으로」, 『역사비평』 제2호, 역사문제연구소, 1988, pp. 219~250.

148 이러한 정국은 『추안급국안(推案及鞫案)』에 수록된 「이영창 등 추안(李榮昌等推案)」 공초기록(供招記錄) 同日(정월 13일) 죄인 이절(李梲)과 최상성(崔尙晟) 등의 대질신문 내용에 자세히 기록되어 있다.

149 『하멜 표류기』에 세금을 내지 못해 죽을 때까지 매를 맞는 이야기가 상세히 기록되어 있다. 헨드릭 하멜, 앞의 책 『하멜 표류기』, p. 79.

분상의 문제에 그치지 않았다. 피지배층 백성들은 사는 방법에서도 차별을 받았다. 하멜의 기록을 보면 고관들의 집은 호사스럽지만 일반 백성들의 가옥은 나무껍질이나 짚으로 덮여 초라하기 그지없었다. 당시 조선 사회의 신분 간 불평등이 가옥에서도 드러나고 있었던 것이다.[150]

1660년과 이듬해까지 혹독한 가뭄으로 비가 거의 내리지 않아 흉년이 들었고, 1662년 수확 철이 되기 전까지 기근이 계속되어서 수천 명이 굶어 죽었다. 더구나 사대부 양반들의 억압과 착취가 심하다 보니 도적떼가 된 농민들이 들끓어 사람들이 거의 다닐 수가 없을 정도였다. 그러자 왕은 기근 때문에 굶어 죽은 사람들을 묻어주고, 매일 발생하는 살인과 강도를 막기 위해 모든 길에 삼엄한 경비를 서도록 했다. 여러 마을이 약탈당했고, 심지어 국가 정자고(亭子庫)에 있던 곡물까지 털렸다. 노략질한 범죄자들이 잘 잡히지 않았던 것은 대부분 사대부 양반의 노비들이 저지른 것이었기 때문이다. 가난한 피지배층 백성들은 도토리, 소나무 껍질, 풀 등으로 연명했다.[151]

이러한 상황에서도 조선 지배층은 유교 사상 논쟁에만 매달리며

---

150 헨드릭 하멜, 앞의 책 『하멜 표류기』, p. 79.
151 헨드릭 하멜, 앞의 책 『하멜 표류기』, p. 60. 호남 진휼어사 이숙(李䎘)이 치계했는데 그 대략에, "전일 도내(道內)의 굶주리거나 병들어 죽은 숫자에 대해서 도신(道臣)이 이미 계문(啓聞)했었습니다. 그런데 최근 들어 각 고을에서 보고해온 바에 따르면, 아사한 자가 142인, 전염병에 걸려 죽은 자가 998인, 현재 앓고 있는 자가 6,147인이나 됩니다. 초봄에 사망한 자가 벌써 이토록 많으니, 장래의 일을 알 만합니다"라고 했다. 『현종실록』 권5, 현종 3년(1662) 2월 17일 신유 1번째 기사.

자기들끼리 주자의 이름으로 피의 숙청 놀이에 열을 올렸다. 그 대표적인 희생자가 『중용』을 주자와 다르게 해석했다는 이유로 죽임을 당한 윤휴와 『사변록(思辨錄)』에서 『논어(論語)』, 『맹자(孟子)』, 『중용』, 『대학(大學)』, 『상서(尙書)』 등의 경전을 주자와 달리 해석했다 하여 사문난적(斯文亂賊)으로 몰리기도 했던 소론 계열 박세당(朴世堂)이었다.

이렇게 주자학을 숭상한 조선의 지배층은 지나치게 명나라를 섬기는 사대사상에 고착하게 되었다. 17세기 중엽 이후 정계와 사림에서 벌어진 사상과 이념 논쟁으로 앞서 설명한 서인과 남인의 갈등으로 첨예화된 예송, 그리고 노론과 소론 분당 과정의 회니시비, 그리고 노론 및 송시열 학파의 분열을 촉진한 호락논쟁 등을 꼽을 수 있는데, 이 논쟁들은 각기 예제(禮制), 다시 말해 가례(家禮)와 국례(國禮), 그리고 충과 효의 강상윤리(綱常倫理), 인성(人性)과 물성(物性)은 같을 수 없다는 이기(理氣)와 심성(心性) 등 주자학의 학리학설(學理學說)에 직결되는 것들이었다.

이러한 각 학파와 당파 사이의 대립과, 사상과 이념의 분열은 이시기 사회, 정치의 현실을 보여주고 있다. 임진왜란 이후 계속 확대되어 온 사회 내부의 모순을 수습해 국가의 정상화를 이루는 것이 당면 과제였다. 이를 위한 목표와 방법을 둘러싼 사대부 양반 지배층의 현실적인 이해관계가 바로 사상과 이념 논쟁으로 표출된 것이다.[152] 이들 지배층의 논쟁은 토지제도를 비롯해 사회 질서의 전면

---

152   김준석, 앞의 글 「한원진의 주자학 인식과 호락논쟁」, p. 561.

개혁을 주장하는 실학파와 구제도의 부분적 개혁으로 현상을 유지하려는 정통 주자학파 사이의 대립이었다.[153]

정묘호란 당시 전국 각지에서 의병이 일어났는데, 인조 5년(1627) 1월 19일 정경세(鄭經世)와 장현광을 각각 경상좌도 호소사(號召使)와 경상우도 호소사로 임명해 의병을 모집하도록 명령했다. 그러나 임진왜란 당시 의병이 활발하게 활동했던 경상도에서 정묘호란 때는 의병 모집에 미온적인 태도를 보였다. 경상우도는 광해군 때 집권 세력인 대북파의 정치적 근거지였고 광해군을 몰아낸 인조 세력에게 호의적이지 않았기 때문이다. 더욱이 인조가 삼전도에서 청의 칸에게 항복했다는 소식이 전해지자 이 지역 대북파 사대부 양반들이 잔치를 열어 축하할 정도였다. 김장생에 따르면, 청주 지역에서는 익명의 서찰을 통해 사대부 양반들에게 의병에 호응하지 말라는 움직임이 일어나기도 했다.[154] 사대부 양반 지배층이 이러하듯 피지배층 백성들도 자신들의 국가가 조선인지 청국인지 구분하지 않았다. 정묘호란 직후 평안도의 많은 백성이 청나라군의 앞잡이가 되어 명나라 장수 모문룡(毛文龍)이 이끄는 모병(毛兵)을 공격했다.

---

153 주자학은 도(道), 이(理), 성명의리(性命義理) 학문으로 의리론(義理論)을 중시했다. 인간 사회를 윤리적·도덕적 가치 관계로 규정하고 시비(是非), 정사(正邪), 선악(善惡)을 따질 때 이것을 곧 의리상의 문제로 보았다. 그리하여 사회적·경제적 폐단이 쌓이고 이것이 체제의 모순으로 심화되자 사대부 양반 지배층은 의리론으로 사회 질서와 올바른 정치를 확립하려 했다. 강상윤리와 춘추대의를 내세운 정통 주자학파가 송시열 계열 노론이었다. 그리하여 이들은 의리론에 입각해 현실 문제를 해결하려 했다. 조선 사대부 양반 지배층이 신봉해온 유교 사상의 핵심은 수기치인이다. 정통 주자학파는 이것을 올바르게 실천하려면 이기설을 올바르게 이해해야 한다고 주장했다. 『주자대전(朱子大全)』 권46 「답류숙문(答劉叔文)」.

154 한명기, 앞의 책 『병자호란』 제1권, pp. 181~183.

이 모병이 조정과 청 사이에 형제의 의를 맺고 강화되자 곽산, 구성, 선천, 창성, 철산, 의주 등의 무고한 백성을 마구 살해했기 때문이다.[155] 이들의 살육 행위와 약탈은 이루 말할 수 없을 정도로 참혹했다.[156]

이렇게 오랑캐에게 침입을 당하고 명나라군이 조정과 백성을 상대로 약탈과 횡포를 부리고 있는데도 왕과 사대부 양반들은 여전히 자신들의 탐욕을 채우기에 바빴다. 인조 6년(1628) 경기도 광주에 사는 선비 이오(李晤)가 상소를 올려 "훈신들과 그들에게 뇌물을 주고 벼슬을 얻은 자들은 조정을 장악하고 나라의 안위에는 전혀 관심이 없을 뿐 아니라 이들이 살인을 저질러도 처벌을 받지 않는다"라고 지적한 데 이어 "훈척들은 의지할 곳 없는 백성들의 토지와 노비를 강탈하고 있고 당파싸움으로 신료들의 불화만 이어지고 있다"라고 비난했다.[157] 백성들을 위한 정치를 하기는커녕 착취를 일삼으며 자신들의 부와 권력만을 탐했던 지배층 사대부 양반들의 행태는

---

155 한명기, 앞의 책 『병자호란』 제1권, pp. 184~185. 이에 대해 『인조실록』 권16, 인조 5년(1627) 5월 10일 올해 1번째 기사는 다음과 같이 전하고 있다. "비국이 아뢰기를, '의주 백성 중에는 적에게 붙은 자가 매우 많은데, 이들이 어찌 진심으로 적에게 붙은 것이겠습니까? 죽음이 두려웠던 것에 불과할 뿐입니다'라고 했다."

156 『인조실록』 권17, 인조 5년(1627) 10월 4일 정유 3번째 기사 참조.

157 이러한 지배층의 횡포에 대해 실록은 다음과 같이 전하고 있다. "이오는 현 조정 신료들의 국정을 비난하며 '지금 백성의 원망은 극에 이르렀습니다. 호패법 시행이 거론된 뒤로부터 지금까지 못살게 구니 백성이 고달프고, 탐관오리가 백성에게 뜯어가는 것만을 일삼으니 백성이 고달프고, 공안(貢案)이 정당함을 잃어 부렴(賦斂)을 중하게 하니 백성이 병이 들고, 내사(內司)에 투속(投屬)하는 폐단이 날로 심해져 백성이 병들고 있는데, 권귀(權貴)의 침탈은 옛날과 다름없고 여러 궁가의 작폐는 전보다도 배나 심하니, 오늘날 백성들의 원망이 또한 많지 않겠습니까?' 했다." 『인조실록』 권19, 인조 6년(1628) 8월 19일 정미 1번째 기사.

대체로 이러했다.[158] 그 결과가 바로 병자호란이다.

마침내 인조 14년(1636) 12월 청 태종은 여진족 7만, 몽골군 3만, 한군(漢軍) 2만 등 총 12만 군사를 이끌고 압록강을 건넜다. 인조와 대신들은 강화도로 피신하기에 급급했으나, 이미 청나라 군사가 강화도로 가는 길을 끊어 놓은 상태라 어쩔 수 없이 남한산성으로 도망을 갔다. 선조가 백성을 버리고 한양 도성에서 도망간 것과 같은 지배층의 무책임한 모습이 또 재현된 것이다.

이미 강화도에 피신한 세자빈 강씨(姜氏)와 봉림대군, 안평대군 등 두 왕자가 포로가 되었다. 남한산성으로 도피한 인조와 사대부 관료는 척화파(斥和派)와 주화파(主和派)로 갈라져 치열한 논쟁을 벌였다. 명나라를 향한 사대주의를 신봉한 척화파와 국가 실익을 우선시한 주화파는 각각 김상헌(金尙憲)과 최명길(崔鳴吉)을 대표로 해 거듭 논쟁에 매달렸다. 인조와 사대부 양반들은 명나라와의 의리를 고수해야 한다는 집단적 사고에 빠져 왕이 내린 결정에 대해 소극적으로 자문만 하고 있었다. 청나라 군대가 곧 쳐들어와 전쟁이 임박한 긴박한 상황에서도 신료들은 당파 간 시비의 문제를 따지며 회의만 거듭하는 우유부단함을 보이곤 했다. 그 결과, 피하거나 최소화할 수 있었던 호란을 10년 만에 다시 겪어야만 했다.[159] 궁극적

---

158 사대부 양반들의 부패와 탐욕으로 백성들의 삶은 더욱 피폐해졌다. 이런 시국을 보고 가평군수 유백증(兪伯曾)은 인조 정권의 멸망이 올 것이라고 지적했다. 한명기, 앞의 책 『병자호란』 제1권, p. 208.

159 박현모, 「10년간의 위기: 정묘-병자호란기의 공론정치 비판」, 『한국정치학회보』 제37집 제2호, 한국정치학회, 2003, pp. 27~46.

으로 병자호란은 양반과 상민으로 구분되는 반상제(班常制)의 신분 사회, 그리고 큰 나라를 섬겨야 한다는 사대주의 등 유교적 집단 사고에 사로잡혀 있던 사대부 양반들이 청나라가 급부상한 반면 명나라는 쇠락하고 있다는 현실을 도외시한 데서 비롯된 것이다.[160]

병자호란을 배경으로 한 최근의 한국 영화로 「최종병기 활」과 「남한산성」이 있다. 영화 「남한산성」과 김훈의 소설 『남한산성』의 주인공으로 주화파 최명길과 척화파 김상헌이 등장한다. 예조판서 김상헌이 송파에서 나룻배를 타고 인조 일행의 뒤를 따라 남한산성으로 가는 길이었다. 송파나루 마을에는 늙은 사공과 그의 딸만 남아 있었다. 김상헌이 사공에게 어젯밤 어가 행렬이 강을 건넜는지 물었다. 사공은 얼음이 두꺼운 쪽으로 인도해 사람과 말이 모두 걸어서 건넜다고 말했다. 김상헌이 다시 사공에게 어가 행렬이 강을 건너 남한산성으로 갔는지 물었다. 사공은 물어보지 않아 모른다고 답했다. 다음은 두 사람의 대화 내용이다.

---

160 정도전은 『삼봉집』과 『조선경국전』 「예전」 '총서(總序)'에서 "예(禮)는 질서로 정의되고, 그 질서는 상하 차등을 전제로 하되 상하가 서로 협력하는 조화 관계를 중시한다. 그리하여 사대의 질서는 유교의 예법에 의해 이루어져야 한다"라고 말했고, 또 "소(小)로서 대(大)를 섬김은 보국(保國)의 도(道)로서 우리나라는 삼국통일 이후 대국(大國) 섬기기를 부지런히 힘써왔다"라고 한 『태조실록』의 기록은 조선의 사대부 양반들이 천하 질서에 대한 법칙을 신봉했음을 보여준다. 정도전이 지은 『조선경국전』은 조선 개국의 기본 강령을 논한 규범체계서(規範體系書)다. 정보위(正寶位), 국호(國號), 안국본(安國本), 세계(世系), 교서(敎書) 등으로 나누어 국가 형성의 기본을 논했고, 뒤이어 동양의 전통적인 관제(官制)를 따라 육전(六典)의 관할 사무를 규정했다. 『태조실록』 권1 '총서'. 이러한 유교적 통치 이념에 대해서는 『조선경국전』 「치전(治典)」 '총서'에 잘 설명되어 있다. 정도전의 사상에 대해서는 한영우, 『정도전 사상의 연구』, 서울대학교 출판부, 1983 참조.

청병이 곧 들이닥친다는데, 너는 왜 강가에 있느냐?

갈 곳이 없고, 갈 수도 없기로…….

여기서 부지할 수 있겠느냐?

얼음낚시를 오래 해서 얼음길을 잘 아는지라…….

물고기를 잡아서 겨울을 나려느냐?

청병이 오면 얼음 위로 길을 잡아 강을 건네주고 곡식이라도 얻어볼까
해서…….

이것이 백성인가. 이것이 백성이었던가……. 아침에 대청마루에서 남
쪽 선영을 향해 울던 울음보다 더 깊은 울음이 김상헌의 몸속에서 끓어
올랐다. 김상헌은 뜨거운 미숫가루를 넘겨서 울음을 눌렀다. 이것이 백
성이로구나. 이것이 백성일 수 있구나. 김상헌은 허리에 찬 환도 쪽으
로 가려는 팔을 달래고 말렸다. 김상헌은 울음 대신 물었다.

너는 어제 어가를 얼음 위로 인도하지 않았느냐?

어가는 강을 건너갔고 소인은 다시 빈 마을로 돌아왔는데, 좁쌀 한 줌
받지 못했소이다…….

밤새 강물이 굳게 얼어붙으면 밝은 날 청병은 사공의 인도 없이도 강을
건너올 것이고, 얼음이 물러서 질척거리면 청병은 사공을 앞세워 강을
건널 것이다.[161]

사공에겐 나라도 없고 임금도 소용없었다. 임금이든 사대부 양반
이든 자신의 삶과 관련이 없다는 사공의 모습을 본 김상헌은 백성

161　김훈, 『남한산성』, 학고재, 2020, pp. 52~55.

이란 저런 존재임을 알았다. 조선의 백성에게는 오직 자신만이 존재했다. 김상헌은 그 사공이 청병을 인도해 강을 건너도록 해줄 것을 알게 되자 그를 죽이고 만다. 병자호란의 혼란기에 조선의 지배층 사대부 양반들과 피지배층 백성들의 나라에 대한 생각은 각각 달랐다. 나라와 종묘사직의 문제는 왕과 사대부 양반들이나 생각해야 할 일이지 백성들에겐 자신들의 살길을 찾는 것이 더 중요했다. 조선이라는 나라는 사대부 양반들의 생활 터전에 불과했다. 왜냐하면 그들은 자신들의 국가가 곧 명나라이고 자신들이 섬겨야 할 왕이 명나라 황제라고 생각했기 때문이다. 명나라가 망했는데도 스승 송시열의 유언에 따라 제자 권상하가 숙종 30년(1704)에 유생들의 협력으로 세운 명나라 황제를 모신 사당 만동묘(萬東廟)가 그 예다. 조선 사대부 양반들은 여기에서 매년 명나라 황제에게 제사를 지냈다. 이 사당은 조선 지도층 유생들의 집합 장소가 되어 그 폐해가 서원보다 더 심할 정도였다. 조선의 왕은 그 품계가 친왕급(親王級)으로 명의 신하에 불과했다. 명나라 혜종 건문제(建文帝)가 칙서를 내려 다음과 같이 태종에게 품계를 내렸다.

조선은 진실로 먼 나라이면서도 스스로 예의(禮義)를 지켰으니 자작(子爵)이나 남작(男爵)으로 대접할 수 없다. 또 땅이 멀리 해외에 있어 중국의 사랑에 의지하지 않으면 그 신하와 백성을 호령할 수 없을 것이다. 이제 특명으로 친왕의 구장복(九章服)을 내려주며 사자(使者)를 보내 짐의 뜻을 알리는 바다.[162]

그러므로 전쟁은 사대부 양반들에게 국가의 존망이 아니라 자신들의 삶의 터전을 빼앗기느냐 마느냐의 문제였을 뿐이었다.

병자호란 당시 청나라 군대의 통역관으로 참여한 조선인 정명수(鄭命壽)는 평안도 은산 관아의 공노비 출신이었다. 그는 자신의 아비와 함께 묶여서 매 맞는 일이 허다했고, 엄동설한에 어미와 부둥켜안고 잠들곤 했다. 여동생은 아홉 살에 얼어 죽었으며, 그의 어미는 해산 뒤끝이 덧나서 밑으로 고름을 쏟고 죽었다. 아비는 동헌 객사를 지을 때 통나무를 나르다가 비탈에서 미끄러지는 소달구지에 치여 죽었다. 세습 노비에게 나라는 본래 없었다. 결국 정명수는 젊어서 압록강을 건넜고, 그곳에서 여진말과 몽고말을 쉽게 배웠다.[163]

청나라 장수 용골대(龍骨大)는 조선의 군영에서 도망쳐 압록강을 건너온 투항병들, 출정군 부대를 이탈해 흩어진 병사들, 그리고 변방 지방 관리들의 탐학과 수탈을 못 이겨 강을 건너온 조선 유민들을 붙잡아 별도의 보병부대를 편성했다. 청나라 칸이 요동에서 명나라 군대를 몰아낼 때 조선인 부대는 공격의 선봉에 서서 화살을 받아냈다. 정명수는 압록강을 건넌 직후 이 부대의 최말단 사수로 편입되었다. 용골대는 정명수가 총명하고 총기를 잘 다룰 줄 알며 말솜씨가 좋아 그를 조선말 통역원으로 삼았다.[164] 그러나 이러한 정

162 『태종실록』 권3, 태종 2년(1402) 2월 26일 기묘 1번째 기사.

163 김훈, 위의 책 『남한산성』, pp. 80~81.

164 실록에서는 정명수를 좋은 인물로 평하지 않고 있다. "용골대, 마부대(馬夫大) 두 장수가 대궐에 왔으므로 상이 불러서 보니, 용골대가 정명수로 하여금 말을 전하게 했다. 정명수는 평안도 은산의 천례(賤隸)로서 젊어서 노적(奴賊)에게 사로잡혔는데, 성질이 본래 교활해 본국의 사정을 몰래 고해바쳤으므로 한(汗)이 신임하고 아

명수에 대해 조선에서는 탐욕스럽고 비정한 인물로 평하고 있다. 병자호란이 끝나고 왕세자가 인질로 잡혀갈 때의 정명수의 행동을 실록은 이렇게 묘사하고 있다.

> 왕세자가 오랑캐 진영에서 와서 하직을 고하고 떠나니 신하들이 길가에서 통곡하며 전송했는데, 혹 재갈을 잡고 당기며 울부짖자 세자가 말을 멈추고 한참 동안 그대로 있었다. 이에 정명수가 채찍을 휘두르며 모욕적인 말로 재촉하였으므로 이를 보고 경악하지 않는 이가 없었다.[165]

이러한 인물평은 전적으로 지배층의 관점에서 기록된 것이다. '아래로부터의 역사'에서 보면 정명수의 잔혹한 행위에 관해 나쁘게 평가할 수 없을 것이다. "나를 사람이 아니라 짐승처럼 대했던 너희 입으로 나를 조선 사람이라고 말하지 마라"라고 영의정 김류(金瑬) 등 조선 사신들에게 힐책한 것에서 알 수 있듯이 정명수는 조국 조선에 원한과 적개심을 지니고 있으면서도 본래 조선 사람임을 숨기지 않았다.[166] 『인조실록』 등 당시 기록을 보면 장명수는 탐욕스럽고 마치 양반에게 복수라도 할 듯 온갖 횡포를 부리는 인물로 묘사되

겠다." 『인조실록』 권34, 인조 15년(1637) 2월 3일 계유 2번째 기사.

165 『인조실록』 권34, 인조 15년(1637) 2월 5일 을해 3번째 기사.

166 정명수가 말하기를 "나도 조선인이다. 머리는 깎았지만 마음만은 조선 사람이다"라고 했다. 『승정원일기(承政院日記)』 1636년 12월 20일 자 기사. 또 정명수가 말하기를 "소인의 육신은 청나라의 것이지만 뼈는 조선의 것이니 이를 어찌 잠시라도 잊겠습니까?"라고 했다. 『승정원일기』 1637년 11월 22일 자 기사.

어 있다.

이런 정명수에 대한 묘사는 김훈의 소설 『남한산성』에서도 마찬가지다. 그가 한양에 머물 때 대궐 옆 남별궁에 한 달 남짓씩 묵었고, 정삼품 접반사(接伴使)가 정명수의 방에 창기(娼妓)를 넣었다. 정명수는 조선 신료들이 사사로운 청탁과 함께 뇌물로 바친 은전들을 헤아려보지도 않고 한 줌씩 집어서 창기들에게 나누어 주었다. 그는 창기들에게 은화를 나누어 주었을 뿐 건드리지 않았으며, 교접을 하고자 할 때는 사대부 양반의 딸을 요구했다. 정명수는 심양으로 돌아갈 때마다 소가 끄는 수레에 뇌물로 받은 금붙이와 약초를 가득 싣고 갔다.

> 정명수 수레는 무거웠다. 소 두 마리가 수레를 끌었다. 비단과 은화 자루 위에 조선 여자 셋이 올라타 있었다. 정명수의 수레는 포병 대열의 후미에서 연신내 쪽으로 나아갔다. 정명수의 여자들은 화장이 짙었고, 틀어 올린 머리 아래로 목이 길었다. 수레 위에서 여자들은 깔깔거렸다. 여자들이 길가에 엎드린 백성들을 향해 손을 흔들었다.[167]

정명수 일행에게 아마도 조선이라는 나라는 지옥 같은 곳이었을 테고, 자신들을 천하다며 짐승 취급했던 조선 사대부 양반들이 미웠을 것이다. 이들이 조선을 떠나면서 보여준 행동이 그러하지 않은가? 용골대와 조선에 침입하자 정명수는 조선인 투항자들로 구성한

---

167 김훈, 앞의 책 『남한산성』, p. 386.

척후 부대를 지휘하며 뒤따르는 청군을 인도했다. 그는 자기 고향 은산을 기병으로 짓밟아버리려고 했으나 용골대가 반대하는 바람에 이루지 못했다. 그는 사대부 양반들에게 온갖 학대를 받고 자라온 터라 원한과 증오심이 서린 은산으로 쳐들어가 보복하고 싶었을 것이다. 이런 그의 바람을 누가 비난할 수 있을까? 청나라 기병이 한양으로 오기까지는 그리 오래 걸리지 않았다. 안주, 평양, 개성 등의 관아는 모두 도망가 비었고, 지방 수령이나 군장들은 적과 싸워 백성을 지키려고 하지 않고 모두 도망가기에 바빴다. 정명수는 이런 사대부 양반들의 행태들이 적힌 용골대의 문서를 남한산성 서문 수문장 편에 성안으로 전달했다.[168] 병자호란은 임진왜란과 마찬가지로 조선의 지배층과 피지배층을 막다른 골목으로 몰고 간 사건이었다. 그 위기 상황에서 지배층의 본성이 드러났고, 피지배층 백성들이 왕과 나라를 어떻게 생각하고 있었는지가 백일하에 드러났다. 남한산성은 그런 상황을 적나라하게 보여준 공간이었다. 청병과 싸우고 돌아온 병졸들 가운데 군장들의 소견에 따라 전공이 있어 보이는 자들은 상을 받았다. 지방 수령을 따라온 노복(奴僕)은 상 대신에 천민에서 벗어나게 해달라고 요구했다. 병조가 오품 좌랑을 보내 노복들을 달랬다.

조정의 뜻도 너희와 같다. 허나 지금 사세가 급하므로 너희의 공을 문서에 적었다가 환궁 후에 크게 베풀려 한다. 환궁, 환궁 하지 마시오. 청

168　김훈, 앞의 책 『남한산성』, p. 86.

병이 강가에 수도 없이 깔렸는데 토끼 잡듯 두어 마리씩 잡아서 어느 세월에 환궁하려 하오. 우리는 성안에서 죽더라도 천한 신분에서 벗어나 양민으로 죽고 싶소. 그러자 저녁에 양반 상전들이 천한 신분을 면하게 해달라고 하소연한 노복들을 묶어 놓고 매질을 했다. 매를 받아내는 울음소리가 어둠 속에서 기진했다.[169]

이와 같은 조선 지배층의 국가관과 백성 천시 사상은 대체 어디에서 비롯된 것인가? 영화에서도 최명길은 주화파이면서 학문으로는 양명학파에 속했고, 김상헌은 척화파이면서 유교의 주자학파에 속했다.[170] 최명길만이 나라와 백성의 생명을 구하기 위해 청나라와의 화친을 주장한 유일한 인물로 묘사되고 있다. 그는 왕이란 무릇 백성을 자신의 생명보다 더 귀하게 여기는 것이 도리라고 생각했다. 명을 섬기는 사대주의 명분보다 조선과 백성을 지키는 것이 우선이라고 여겼기 때문이다. 반면 김상헌은 오랑캐에게 고개를 숙일 수 없으며, 그들과 군신 관계를 맺는다는 것은 죽음보다 더 큰 치욕이라고 여겼다.[171] 왜냐하면 조선의 사대부 양반들은 스스로 명나라 신하로 자처했기 때문이다. 청과 끝까지 싸울 것을 주장한 척화파의 진짜 명분은 야만족 오랑캐와 함께할 수 없다는 것이라기보다 소중

---

169 김훈, 앞의 책 『남한산성』, p. 149.

170 최명길의 삶과 양명학에 관한 그의 사상에 대해서는 한명기, 『최명길 평전』, 보리출판사, 2019, pp. 47~66 참조.

171 이러한 사대부 양반들의 태도는 청 오랑캐에게 보낼 편지에 대해 인조가 대신들과 의논하는 과정에 잘 나타나 있다. 『인조실록』 권34, 인조 15년(1637) 1월 2일 임인 1번째 기사.

국(小中國)의 신하로서 의무라고 여긴 사대주의였다.

조정에는 이들 척화파가 대부분을 차지하고 있고, 주화파는 소수에 불과했다.[172] 그래서 영화 속에서 최명길의 화친론은 조선 주자학을 신봉해온 유학자 사대부 양반들에게는 용납할 수 없는 매국적인 행동으로 보였던 것이다. 그는 오랑캐 청을 섬기고 어버이와 다름없는 명나라를 저버렸다는 이유로, 그리고 임진왜란 때 조선을 구해준 명의 은혜를 모르는 충과 의를 잊은 배은망덕한 사람으로 조선 말까지 비난을 받았다.[173] 영화에서는 김상헌 등 척화파는 명분이 있고 조선의 자존심도 잃지 않으며 선비로서 절개를 지킨 인물로 보이기도 한다. 오히려 청에게 목숨 걸고 죽기 살기로 싸우는 것이 더 나을 수 있다는 논리를 보여준다. 그러나 이들 척화파에게는 백성보다 명분이 더 중요했다. 주자학을 신봉한 이들 척화파는 이후 조선의 권력을 장악한 노론으로 이어졌다. 반면 양명학을 수용했던 주화파는 명분보다 실리를 추구하고 이후 권력 구조에서 밀려났으

---

172 척화파는 80퍼센트에 달했다. 한명기, 앞의 책 『최명길 평전』, pp. 255~318. 이러한 사대부의 사대주의는 동양위(東陽尉) 신익성(申翊聖)이 오랑캐(청)의 글을 태울 것을 호소한 상소에서 알 수 있다. 『인조실록』 권34, 인조 15년(1637) 1월 3일 계묘 1번째 기사 참조.

173 그가 죽자 인조는 조회에 나와 "최상(崔相)은 재주가 많고 진심으로 국사를 보필했는데 불행하게도 이 지경에 이르렀으니 진실로 애석하다"라고 한탄했다. 『인조실록』 권48, 인조 25년(1647) 5월 17일 정사 2번째 기사. 이처럼 최명길은 평생 '진회(秦檜)의 죄인'이라며 비난을 받았다. 진회는 12세기 남송의 재상으로 당시 여진의 금나라 왕과 화친을 추진하자 이를 반대한 척화파는 임금에게 주화파인 진회의 목을 치라며 강하게 반발했다. 결국 남송은 금에게 신하로 칭하고 공물을 바치기로 약속해 나라를 지켰다. 인조는 최명길의 뜻에 따라 청에 항복했지만, 나라를 지켰다. 한명기, 앞의 책 『최명길 평전』, p. 577. 최명길은 명청 교체기에 청의 침입으로부터 조선을 구한 인물로 평가받고 있다. 한명기, 앞의 책 『최명길 평전』, pp. 582~583.

나 소론에 속해 정치적 입지를 이어갔으며, 대부분 시골로 은둔해 학문 연구에 전념했다.[174]

소설과 영화 첫 부분에서 김상헌이 사공을 죽인 것도 백성보다 사대부 양반과 왕, 그리고 사대주의 명분이 척화파 자신들에게는 더 중요하다는 점을 보여준다. 이것이 조선 지배층의 정치 철학이었으며, 이 사상은 조선이 망할 때까지 이어졌다. 사실상 중국은 고대 한나라 때부터 '이(夷)로 이(夷)를 견제한다'는 '차이제이(借夷制夷)' 또는 '이이제이(以夷制夷)', '이이벌이(以夷伐夷)'라는 실리적인 전략을 실행해왔다. 왜가 조선을 침공하자 명나라가 조선에 파병한 것은 자신의 국가를 전쟁터로 만들지 않기 위해 전선(戰線)을 조선에 국한하기 위해서였다. 이런 명나라의 입장은 병자호란 때도 마찬가지였다.[175] 명나라 장수 주문욱(周文郁)은 『변사소기(邊事小記)』에서

---

174 양명학은 중국 명나라 철학자 왕수인(王守仁)의 호인 양명(陽明)에서 이름을 따온 유학의 학파이며 주관적 철학에 속한다. 심즉리, 지양지(致良知), 지행합일(知行合一)이 양명학의 핵심이다. 양명학에서 만물은 하나의 육체이며, 다른 사람의 괴로움은 자신의 괴로움이다. 또 양명학은 모든 물체의 인(仁)은 양지(良知)를 이룰 수 있는 것으로 보고, 인과 양지의 결합을 중시했다. 여기에서 양명학이 사회 구제의 명분을 찾았다. 이러한 양명학 사상은 『전습록(傳習錄)』, 『주자만년정록(朱子萬年正錄)』, 『대학문(大學問)』 등에 잘 나타나 있다. 조선에서 16~18세기 양명학의 찬반 논쟁이 전개되었으나 주자학이 우세해 양명학은 사문난적 또는 이단(異端)으로 규정되어 배척당했다. 이황은 『전습록변(傳習錄辨)』에서 지행합일을 비판하며 양명학을 불교의 선학(禪學)과 동일시했다. 또 유성룡, 퇴계 이황 계열 유림 등 조선 성리학 전체가 양명학을 배척했다. 김희영, 「조선 성리학자들의 양명학에 대한 비판적 인식 검토(3)」, 『양명학』 제56호, 한국양명학회, 2020, pp. 41~67; 이병도, 『한국 유학사』, 아세아문화사, 1987, pp. 357~358.

175 1636년 10월 24일 명나라 감군어사 황손무(黃孫茂)는 조정에 서신을 보내 "험준한 지형과 병사를 조련해 화약과 총포를 제대로 갖추면 적을 막을 수 있다"라며 청에 굴복하지 말 것을 독려했다. 『양구기사(陽九記事)』, 한명기, 앞의 책 『병자호란』 제2권, p. 75.

"조선은 비록 약하지만, 우리의 울타리다"라고 함으로써 조선을 단지 중국의 변방 방어선으로 여기고 있음을 보여준다.[176]

이러한 명군의 조선 파병을 은혜로 깊이 새긴 서인들의 눈에는 조선보다 명나라 존립이 더 중요했던 것이다. 나라와 사직이 풍전등화(風前燈火)에 놓인 상황에서 왕과 대신들은 청병을 마주 보며 명나라를 향해 원단(元旦)의 예(禮)를 행했다. 소설 『남한산성』에는 설을 맞아 청군이 코앞에서 진을 치고 있는 중에도 명나라 황제가 있는 북경을 향해 예를 올리는 장면이 나온다.

칸이 용골대에게 물었다. (……) 정명수가 대답했다. 조선 국왕이 무리를 거느리고 명을 향해 원단의 예를 행하는 것이옵니다. 칸의 목소리가 낮게 깔렸다. 무어라. 명에게 (……) 북경 쪽으로…….[177]

중국 명나라 희종(熹宗) 황제는 1625년 인조를 조선 국왕으로 책봉한다는 칙서를 보낸다. 칙서에는 "너(인조)를 봉해 조선 국왕으로, 또 너의 처 한씨를 봉해 왕비로 삼는다. 특별히 너의 비에게 고명(誥命)과 면복(冕服), 관(冠)과 채폐(綵幣) 등을 내려주노라. 왕은 공경히 받아들여짐의 명을 어기지 말지어다"라고 적었다.[178]

병자호란 당시 조선의 지배층, 왕과 사대부 양반이 국가의 운명을 걸고 서로 다툰 것은 현실적인 문제가 아니라 자신들이 신봉한 유

---

176 한명기, 앞의 책 『병자호란』 제1권, p. 102에서 인용.
177 김훈, 앞의 책 『남한산성』, pp. 285~287.
178 『인조실록』 권9, 인조 3년(1625) 6월 3일 기묘 1번째 기사.

학의 학문에 따른 신념의 문제였다. 김상헌을 대표로 하는 주자학파는 오로지 정신, 즉 이를 중시해 명나라에 대한 충성심을 지키자는 것이고, 최명길을 대표로 하는 양명학파는 실질적인 문제, 즉 기를 중시해 현실을 명분보다 먼저 따진 것이다.[179] 표면적으로 둘 다 나라를 위한 방식이었으나 근본적으로 나라와 백성을 먼저 지키자는 것이 아니었다. 청의 칸은 인조에게 마지막 항복을 권유하는 문서를 보낸다. "너는 살기를 원하느냐. 성문을 열고 조심스레 걸어서 내 앞으로 나오라. 너의 도모하는 바가 무엇인지를 말하라. 내가 다 듣고 너의 뜻을 펴게 해주겠다. 너는 두려워 말고 말하라." 칸의 문서를 본 인조는 최명길이 권유한 화친을 받아들이고 "나는 살고자 한다"라며 칸이 보내온 항복 문서에 대해 답서를 쓸 것을 김상헌에게 명하나, 김상헌은 "신은 죽음으로……"라고 말하며 거절한다.[180]

모든 신하는 칸의 문서를 적서(敵書), 흉서(凶書), 황서(黃書)라 부

---

179 17세기 초 김상헌이 의리 사상과 춘추 정신을 사상적 기반으로 하여 인간의 행위와 가치의 기준으로서의 인도를 지켜나가는 경상의 원리를 강조하며 청나라 군대에 의한 굴욕적인 타협을 거부하고 '척화'를 주장했다면, 최명길은 나라와 민족을 위기에서 구출하고자 이념적 대의보다 현실의 타개를 우선시하고 잠시 명분을 굽혀서라도 국가와 백성을 지키고자 하는 실제적 논리를 전개해 후일을 도모하고자 '주화'를 선택했다. '척화'와 '주화'로 상반된 양인의 입장은 상도(常道)와 권도(權道)로 요약될 수 있으며, '척화'를 주장한 김상헌의 입장이 명분과 의리를 추구하는 주자학적 사유 체계에서 도출된 것이었던 데 반해 '주화'를 주장한 최명길의 입장은 실천적 주체의 확립과 주체적 판단을 중시하는 양명학적 사상을 기반으로 한 것이었다. 정성식, 「17세기 초 김상헌과 최명길의 양면적 역사 인식」, 『동양고전연구』 제45호, 동양고전학회, 2011, pp. 277~306.

180 "김상헌은 답서의 방식을 경솔하게 의논할 수 없다고 하면서 끝까지 극력 간했는데, 최명길은 답서에 조선 국왕이라고 칭하기를 청하고, 홍서봉(洪瑞鳳)은 저쪽을 제형(帝兄)이라고 부르기를 청했다." 『인조실록』 권34, 인조 15년(1637) 1월 2일 임인 2번째 기사.

르며 칸에게 보낼 항복 문서를 쓴다는 것을 수치스러운 일로 여겼다.[181] 이렇게 신하들이 칸에게 보낼 항복 문서 작성을 거절하자 결국 인조는 당하관 세 명이 각각 글을 짓고 최명길이 당하관들의 일을 독찰(督察)해서 마무리하고 최명길 자신도 답서를 지어 올리라고 명했다. 이때 당하관 정육품 수찬이 인조에게 "죽어도 쓸 수 없다. 어명을 받들지 못하는 죄를 따로 다스려 달라"라며 끝까지 항복 문서 작성을 거부한다.[182] 오랑캐에게 항복하는 글을 쓴 후 온갖 비난과 치욕이 자손에게까지 미칠 것을 염려한 까닭이었다.

이렇듯 조선 사대부 위정자들은 국가의 안위보다 명분을 더 중시했다. 이제 막 과거에 급제해 첫 관직에 오른 젊은 자들이 청과 화친하고자 했던 최명길의 목을 베자고 왕에게 주창했다. 병자호란의 치욕은 모두 최명길의 잘못에서 비롯된 일이라며 그 책임을 청과의 화친을 주장한 최명길에게 돌린 것이다.[183] 그리고 전 교리 윤집(尹集)과 전 수찬 오달제(吳達濟)가 상소해 오랑캐에게 가서 죽을 것을 청한다.

---

181 동양위 신익성이 상소하기를, "전하께서는 오랑캐의 글을 태워버려 사기를 진작하고 대의를 펴소서"라고 간청했다. 『인조실록』 권34, 인조 15년(1637) 1월 3일 계묘 1번째 기사.

182 김훈, 앞의 책 『남한산성』, pp. 327~328.

183 윤집은 인조에게 "오늘날의 일은 모두 최명길의 죄"라고 주장하고 "사신을 보내자고 청해 헤아릴 수 없는 치욕을 불러들였고, 그가 지은 문서에 대해서는 이를 갈지 않는 사람이 없다"라며 "최명길이 화친을 주장해 나라를 그르친 죄는 머리털을 뽑아 세어도 속죄하기 어렵다"라고 말했다. 『인조실록』 권34, 인조 15년(1637) 1월 4일 갑진 3번째 기사.

신들이 지난해 가을과 겨울에 상소를 올려 최명길의 주화론을 배척했으니 이는 더욱 드러나게 화친을 배척한 것입니다. 오랑캐 진영에 가서 한 번 칼날을 받음으로써 교활한 오랑캐의 한 건의 요청을 막도록 하소서.[184]

남한산성 앞에서 청 태종은 마지막 조선의 선택을 마주하고 있었다. 청 태종은 총공격해 남한산성으로 쳐들어가 당장 인조를 굴복시키자는 용골대 등 장수들의 요구를 잠재우고 나서 조선의 봄을 보고 마치 '어린 계집'과 같다고 말한다. 청 태종은 망월봉 꼭대기에서 내려다본 조선 행궁의 망궐례(望闕禮)를 생각했다. 홍이포의 사정거리 안에서 명을 향해 영신의 춤을 추던 조선 왕의 모습은 칸의 마음에 깊이 박혔다.

난해한 나라이로구나. (……) 아즈 으깨지는 말자. (……) 부수기보다는 스스로 부서져야 새로워질 수 있겠구나…….[185]

청 태종은 당장 남한산성을 부술 수 있는 홍이포 앞에서 조선 왕 인조가 정월 초하루 명나라를 향해 예를 올리는 모습을 상기하며 이렇게 생각했다. 그는 목숨보다 사대주의 사상을 더 중히 여기는 조선의 왕과 사대부 양반들의 태도에 조선은 스스로 망해야 새로워

---

184 『인조실록』권34, 인조 15년(1637) 1월 23일 계해 8번째 기사.
185 김훈, 앞의 책 『남한산성』, p. 301.

질 수 있다는 것을 알게 된 것이다. 그의 생각대로 조선은 결국 굴복했다. 1637년 1월 30일 청에 항복한 인조는 소현세자와 함께 칸이 요구한 대로 남융복(藍戎服)을 입고 산성에서 군신들이 울부짖으며 흐느끼는 것을 들으며 한강 동쪽 삼전도에서 세 번 무릎을 꿇고 아홉 번 머리를 조아리는 삼배구고두(三拜九叩頭)의 황제 알현의 예를 행해 성하지맹(城下之盟)을 맺었다.[186] 청나라 칸은 인조로부터 군신의 예를 받은 후 2월 8일 소현세자와 봉림대군 등 왕자들과 척화론을 주장한 오달제, 윤집 등을 볼모로 데리고 심양으로 돌아갔다.

전쟁이 끝난 뒤에도 사대부 양반들은 죽음을 마다하지 않고 자신들의 반청(反淸), 친명(親明)의 뜻을 지키려는 강경한 태도를 굽히지 않았다. 이에 인조도 마침내 마음으로 굴복하고 말았다. 자신의 지지 기반인 친명 사대부 양반들의 강력한 요청을 무시할 수 없었던 인조는 남한산성에서 도성으로 돌아오자 다시 명나라와 몰래 교류를 시도한다. 김훈의 소설 『남한산성』이나 영화에서 최명길은 백성과 나라를 생각한 실리적인 인물로 그려져 있고, 김상헌은 사대주의에 사로잡혀 명분에만 집착하느라 백성과 나라의 안위를 걱정하지 않은 인물로 묘사되어 있다. 그러나 사실 최명길도 청과 화친을 해야 살길이 열리는 상황에서 어쩔 수 없는 선택을 했을 뿐 그 역시 김상헌처럼 반청, 친명이라는 사대주의 사상을 지닌 인물이었다. 청

---

186 인조가 삼전도에서 청나라 칸에게 항복한 장면에 대해서는 『인조실록』 권34, 인조 15년(1637) 1월 30일 경오 2번째 기사 참조.

군이 물러가고 난 후 조정에서 다시 명나라와의 관계를 묻는 인조에게 최명길은 청과 화친하자는 기존의 태도와 다른 태도를 보였다. 실록의 사관은 이러한 이중적인 최명길의 본래 모습을 의심하며 이렇게 개탄했다.

> 사신(실록 사관)은 논한다. 김류가 도체찰사 임무를 담당해 만약 국가의 병력으로는 그들을 감당하기에 부족하다고 생각했다면, 어찌 그때 기미책(羈縻策)을 극력 주장하지 않고서 국가가 망하고 난 뒤에야 "백성들이 모두 화친을 배척한 사람들에게 허물을 돌린다"고 말을 하는가. 아, 당시에 화친을 배척한 사람이 과연 누구였던가. 신진 인사들이 국가의 대사를 경솔하게 논의한 실수가 있었다 하더라도 그 주장을 취사 선택한 자는 또 누구였던가. 그리고 최명길은 처음부터 끝까지 화친을 주장했는데, 지금에 와서 명나라에 주문(奏聞)을 해야 한다고 주장하니, 이것이 과연 진정(眞情)에서 나온 것인가?[187]

결과적으로 최명길은 병자호란 이후 명나라와 밀통한 것이 들통나서 그 역시 청나라 수도 심양으로 끌려가 감옥에 갇히게 된다.[188]

---

187 『인조실록』 권34, 인조 15년(1637) 2월 9일 기묘 5번째 기사.

188 조선 조정에서는 명의 접근 사실을 대내외적으로 비밀로 하고자 하여 이 사실을 최명길 외에 다른 공경(公卿)들에게도 알리지 않았다. 이 점에 대해서는 이재경, 「병자호란 이후 조명(朝明) 비밀 접촉의 전개」, 『군사』 제103호, 국방부 군사편찬 연구소, 2017, pp. 233~278을 보라. 인조 14년(1636) 2월 9일 인조는 명에 호란에 대해 보고하려고 최명길 등을 불러 비밀리에 알리려고 했으나 시기적으로 이르다는 의논으로 연기되기도 했다. 최소자, 「호란과 조선의 대명청 관계의 변천: 사대 교린의 문제를 중심으로」, 『이대사원』 제12집, 이화여자대학교 사학회, 1975, p. 53.

병자호란이 끝나고 김상헌 등 척화파 인물들은 청의 심양으로 잡혀 갔고, 오랑캐와 화친을 주장하는 최명길의 목을 베라고 인조에게 호소했던 홍익한(洪翼漢), 윤집, 오달제 등은 청의 회유에도 굴하지 않고 절개를 지키다 죽었다. 이들 척화파는 성리학이라는 사상과 이념이 결합한 자기만의 신념 속에 갇힌 자들이었다. 나라와 백성의 안위는 그들의 신념 밖에 있었다. 이들이 인조에게 올린 척화소(斥和疏), 즉 청과의 화친을 반대하는 상소는 오직 천하의 세계관을 거론하며 그 정통은 오로지 명을 섬기는 것이며 이것이 조선 창건 이래 지켜온 세상의 질서라고 주장했다. 이 세계관으로 인해 조선의 지배층은 망할 때까지 명을 섬기는 사대에서 벗어나지 못했다. 홍익한은 심문을 받으면서 청 태종에게 "대명조선국(大明朝鮮國)의 잡혀 온 신하 홍익한은 청나라 말을 알아듣지 못하므로 글로써 밝힌다"라며 이렇게 반박했다.

금나라(청)가 황제로 칭했다면 이는 두 천자가 있는 것이니 천지간에 어찌 두 천자가 있을 수 있는가?[189]

인조 14년(1636) 4월 15일에 대사헌 김영조(金榮祖)는 명조(明朝)에 빨리 진주(陳奏)할 것을 요청했고, 최명길도 의견을 같이했다. 『승정원일기』 권57, 인조 15년(1637) 4월 15일. 인조 18년(1640)에는 청이 금주위(錦州衛)를 공략할 때 전선(戰船)과 양곡을 요청해 임경업(林慶業)으로 하여금 전선 120척, 군사 6천으로 조전(助戰)케 했다. 이때도 조선은 명에 은밀히 알렸고, 이로 인해 인조 20년(1642) 최명길과 임경업이 심양에 압송되었다. 임경업은 호송 도중 명으로 도주했으나, 북경 함락 때 다시 청군에 잡혔고, 조선으로 압송되어 친국(親鞫) 도중 사망했다. 최소자, 앞의 글 「호란과 조선의 대명청 관계의 변천: 사대교린의 문제를 중심으로」, p. 54.

189 한명기, 앞의 책 『병자호란』 제2권, p. 232.

조선의 사대주의를 확고히 한 노론 송시열은 홍익한, 윤집, 오달제 세 사람의 행적과 글을 모아 1671년『삼학사전(三學士傳)』을 지어 후대 선비에게 성리학의 본분으로 삼게 했다.[190] 남한산성에서 나온 후 김상헌은 청에 잡혀갔다가 인조 23년(1645) 소현세자, 이경여(李敬輿) 등과 함께 풀려나 귀국한 후 고향 안동으로 낙향했고, 최명길은 영의정이 되었다. 큰 전란을 겪고도 여전히 척화파와 주화파 사이의 권력투쟁은 계속되었다. 전쟁이 끝나자 인조가 청에 항복한 조정의 분위기는 이전과 달랐다. 사대부 양반들이 더 이상 오랑캐에게 굴복한 조선의 신하가 되길 거부한 것이다. 이런저런 핑계로 조정에 나오지 않거나 낙향하는가 하면 종묘사직과 함께 죽지 않은 인조의 신하가 되는 것을 수치로 여겼다. 이런 조정의 사정은 다음과 같이 실록에 기록되어 있다. 최명길이 인조에게 아뢰었다.

요즘 조사(朝士)들이 서로 잇따라 휴가를 청하고 와서 벼슬살이하려 들지 아니하며, 또는 이것을 고상한 행동이라고 여기는 자가 있으니, 분의로 헤아려볼 때 매우 말도 안 되는 일입니다.[191]

---

190 이 책 원문은『주자대전』권213에 수록되어 있다. 이 책은 홍익한, 윤집, 오달제의 순으로 그들의 약전(略傳)과 언행을 기록하고, 잡혀갈 때부터 심양에서 죽기까지 조정의 의논과 대청(對清) 관계 등 여러 가지 상황을 기록했다. 또 본문에는 그들이 올린 척화소의 중요 부분과 심양에서의 심문 내용을 수록하고 있다. 그 요지는 모두 춘추대일통(春秋大一統)의 의리를 강조한 것이다. 즉, 천하의 유일하고 진정한 정통은 명조에 있으며, 천자를 참칭하는 청나라는 이적(夷狄)의 나라이므로 교류할 수 없기에 강화를 맺거나 항복할 수 없다는 주장이 담겨 있다. 이는 저자 송시열 자신의 신념이었으므로『삼학사전』에서 특히 강조되었다. 이영춘, 「삼학사전」, 『한국민족문화대백과사전』, 1995.

191 『인조실록』권34, 인조 15년(1637) 4월 4일 계유 1번째 기사. 두 번에 걸친 청의 조

이후 인조 20년(1642)에 최명길은 반청운동으로 청에 끌려가 심양의 감옥에 갇히면서 이미 그곳 감옥에 갇혀 있던 김상헌과 마주하게 되었다. 여기에서 김상헌은 최명길이 오랑캐를 섬기려는 것이 아니라 나라와 백성을 구하려는 뜻에서 화친하려는 것임을 알고 서로 다음과 같이 시를 나누며 묵은 감정을 씻었다. 최명길은 "그대 마음 돌 같아서 돌리기 어렵고 / 나의 도는 고리 같아서 때에 따라 돈다(君心如石終難轉 吾道如環信所隨)"라고 시를 썼고, 김상헌은 "성패는 천운에 달린 것이니 / 반드시 의리에 부합하도록 추구해야 하나(成敗關天運 須看義與歸) / 조석으로 반성해보면 / 어찌 벼슬에 급급할 수 있으랴?(雖然反夙暮 詎可倒裳衣?) / 권도(權道)는 어진 이도 그르칠 수 있으나 / 경도(經道)는 보통 사람도 어김이 없다네(權或賢 猶誤 經應衆莫違) / 명예와 이익(名利)을 좇는 이에게 말하노니 / 창졸간에 신중히 기미를 헤아리소서(寄言名利子 造次愼衡機)"라고 시

선 침략은 조선의 대명사대(對明事大)와 단절하게 했고, 청과 군신의 의를 맺게 했다. 1637년 1월 30일 양국 사이에 체결된 조약은, 명의 연호를 버리고 국교를 끊고 명에서 받은 고명책인(誥命冊印)을 청에 바치며(2조), 청의 정삭(正朔)을 받고 성절(聖節), 정삭동지(正朔·冬至), 천추(千秋), 경조(慶弔) 등에 공헌(貢獻)의 예를 행하며 사신을 보내 봉표(奉表)하되 이들 의절(儀節)은 명과의 구례(舊例)와 같이 하고(4조), 청의 정명출병(征明出兵) 요구 시 이를 어기지 말 것이며(5조), 명인(明人)의 포도(逋逃)를 용은(容隱)하지 말 것(7조) 등이 주요 내용으로, 이는 조선의 대명 관계를 의식해 명과의 일체의 관계를 끊도록 한 것이었으나 잘 지켜지지는 않았다. 그 후 청이 입관하고 1662년 명나라가 완전히 멸망한 이후 조선과 명의 공식적인 관계는 끝났으나 숭명배청(崇明排淸) 의식은 상당히 오랫동안 유지되었다. 조선 지배층의 의식에는 비록 국가는 망했더라도 '대의명분'인 의리는 지켜야 한다는 극단적인 명분론이 전개되었는데, 이것은 단순한 대명사대(大明事大)의 의식에서가 아니라 중화 질서에 따른 소중화로서의 조선 존재의 사고가 바탕에 깔려 있음을 보여준다.

로 답했다.[192] 결과적으로 주화파 최명길이 청과 화친을 주장한 것은 당시 청군에 포위되어 위급한 상황에 놓인 조선 왕조의 종묘사직을 구하기 위한 필연적 선택이었지, 결코 숭명(崇明)의 사대주의 사상을 저버린 것이 아니었다.

후에 인조가 죽고 심양으로 끌려간 소현세자가 죽으면서 봉림대군이 즉위했는데, 그가 바로 효종이다. 그의 북벌론의 중심인물이 송시열이었다. 그러나 이 두 사람은 북벌해야 한다는 점에서는 의견이 일치했으나 그 배경과 방법론에서는 차이가 있었다. 효종의 북벌은 병자호란에서 당한 굴욕과 치욕을 갚고자 하는 국왕으로서의 복수심에서 나온 것이며, 7년간 심양에서 인질 생활을 하며 받은 수모와 박해에 대한 개인적인 복수였다. 반면 명나라를 위한 복수에 초점을 둔 송시열의 맹목적인 사대주의와 실리가 없는 북벌 계획은 허위의식에 가득 차 있었다.[193] 효종이 명나라나 청나라는 이민족 국가로 복수의 대상이지만 우리보다 우수한 문물제도가 있다면 수용해야 한다는 개방적 대외관을 지녔다면, 송시열은 명나라를 군주와 부모(君父) 같은 나라로 여겼다. 그러므로 주자학을 신봉한 송시열에게 청나라는 오랑캐로, 군부의 나라 명나라의 원수이며 금수와 같은 미개국이었다. 효종은 실리적인 면을 지녔으나 송시열은 명분에 치우쳐 있었다. 북벌 방법에서도 효종은 군사를 동원한 무력 수단의 정벌을 생각했으나 송시열은 사상적 수단으로 복수를

---

192 『인조실록』 권46, 인조 23년(1645) 2월 23일 병자 2번째 기사. 최명길의 시는 김훈, 앞의 책 『남한산성』, pp. 41~45에서 인용.

193 권인호, 앞의 책 『조선 중기 사림파의 사회정치사상』, pp. 218~219.

바라는 존중화양이적(尊中華攘夷狄)의 춘추대의를 구상했다.[194] 특히 최명길은 전후 문제 수습을 위해 많은 노력을 했는데, 그중 하나가 청군에 잡혀간 조선인을 다시 본국으로 돌아오게 하는 일이었다. 그러나 청은 인조의 항복을 받은 후 청에 끌려갔다가 도망쳐 온 조선인들을 다시 잡아서 돌려보낼 것을 조선 조정에 요구했다.

한편 조선시대에 피로인(被擄人)이 집중적으로 발생한 것은 왜란과 호란 등 양난(兩亂) 시기였다. 임진왜란 동안 일본군은 많은 조선인 포로들을 잡아갔는데, 그 수는 정확하지 않으나 대략 6만에서 10만 명 정도로 추정된다.[195] 전쟁 중에 일본군이 조선인을 포로로 잡아간 것은 일본의 부족한 노동력을 보충하기 위해서였다. 특히 상대적으로 전쟁에 많이 동원된 일본 서부 지역의 영주인 다이묘들은 조선인을 강제로 잡아가 경작을 시키거나 노역에 동원했다. 또 조선의 우수한 도공(陶工) 등 여러 분야의 기술자들을 잡아갔는데, 이들에 의해서 일본의 도자기 기술이 비약적으로 발전하게 된다.[196]

왜군이 전쟁 기간에 조선에 왜성을 쌓고 머무는 동안 피로인들은 군량 수송이나 성을 쌓는 일에 동원되었으며, 이들 가운데 상당수는 일본으로 끌려가 조선으로 돌아오지 않고 아예 정착했다.[197] 병사호

---

194 조광, 『한국사』 제32권, 국사편찬위원회, 1998, p. 398.
195 민덕기, 「임진왜란에 납치된 조선인의 귀환과 잔류로의 길」, 『한일관계사연구』 제20집, 한일관계사학회, 2004, pp. 115~158.
196 대표적인 도공이 1598년 정유재란 때 조선에서 일본으로 납치된 심상길(沈當吉)이다. 그의 후손 역대 도예가들을 심수관(沈壽官)이라고 부른다. 이에 대해서는 이미숙, 「일본 구주 지역의 조선 피로사기장 연구」, 강원대 박사학위 논문, 2008 참조.
197 전체 왜란 피로인 6~10만 명 중 쇄환(刷還)으로 돌아온 수는 최대로 잡아도 1만 명을 넘지 못한 것으로 추정된다. 개중에는 본인 스스로 쇄환을 원치 않고 일본에

란은 짧은 기간의 전쟁이었으나, 임진왜란 때보다 훨씬 많은 수의 피로인이 발생했다. 현재 정확한 수는 알 수 없지만, 이때 청에 끌려 간 조선인은 대략 50만 명으로 추정되고 있다.[198] 병자호란에 앞서 정묘호란 때 청나라에 끌려간 조선인이 도망쳐 오자 청나라는 이들 을 다시 돌려보내줄 것을 조선에 요청했으나, 조선 측에서는 큰 반

정착하겠다는 사람도 적지 않았다. 결국, 왜란 중의 전체 피로인 가운데 80~90퍼 센트에 해당하는 5~8만 명은 쇄환이 되지 않은 채 기술자나 하층민으로 일본 사 회에 동화되어 갔다. 민덕기, 「임진왜란기 납치된 조선인의 일본 잔류 배경과 그들의 정체성 인식」, 『한국사연구』 제140집, 한국사연구회, 2008, pp. 35~65. 조선에 돌 아온 쇄환인일지라도 동족인 조선인의 곱지 않은 시선에 시달린 경우가 많았다. 쇄 환 인원이 적은 이유는 일본 측의 비협조적인 태도, 귀국을 원치 않는 경우, 조선 정부의 피로인 정책 부재, 피로인에 대한 차별과 멸시, 소외 등이었다. 조선 사회에 서는 유교적 가치관 탓에 일본으로 끌려갔다가 돌아왔다는 사실 자체가 차별과 멸 시의 이유가 되었다. 절의를 강조했던 가치관 때문에 조선 사회에서는 이를 받아들 이기가 어려웠다. 또 양반 중심의 신분제 사회에 쇄환된 평민이나 천민이 설 자리 는 없었다. 이 점에서 조선 왕조의 피로인 쇄환 정책은 한계를 가질 수밖에 없다. 김문자, 「임진·정유재란기의 조선 피로인 문제」, 『중앙사론』 제19권, 중앙대학교 중 앙사학연구소, 2004, pp. 34~64. 일본에서 임진왜란·정유재란 시기 조선에 참담 한 피해를 남긴 사실을 분명히 한다는 관점에서 피랍된 포로의 수와 행방 및 조선 피로인들의 실상, 쇄환에 대한 통신사의 협상 및 실적 등의 과정이 다루어진 것은 內藤雋輔, 『文祿慶長における被擄人の究』, 東京大出版會, 1976이다.

198 피로인의 대부분이 병자호란 때 발생했는데, 그 이유는 다음 두 가지로 설명할 수 있다. 첫째, 전쟁 중에 민간인 포로 획득에 주력하는 여진족의 전쟁 양상이 그대로 재현된 것으로 볼 수 있다. 이는 만주 일대의 여진인 사회에 노동력이 늘 부족했기 때문에 나온 현상이다. 특히 만주에서 새롭게 흥기해 국가를 세웠으나 농사에 서툴 러 항산(恒産)이 불안정하던 청나라(후금) 측에서 농사 기술에 익숙한 한족(漢族) 과 조선인 포로를 절실히 필요로 한 것과 깊은 관련이 있다. 둘째, 포로를 일단 잡 은 후에 그 가족으로부터 받아낼 몸값을 노린 경제적 동기도 한몫을 차지했다. 이 런 현상은 비단 조선인 피로인에만 국한되지 않았고, 한인(漢人) 부로(俘虜)들을 획득하는 데도 같은 동기로 작용했다. 계승범, 「피로인」, '실록위키' 참조. 또 최명길 은 명나라 도독 진홍범(陳洪範)에게 보낸 자문(咨文)에서 피로인을 50만으로 추정 했다. 나만갑(羅萬甲)이 쓴 『병자록(丙子錄)』에도 이와 비슷한 숫자를 가늠하게 하는 기록이 나온다. 한명기, 앞의 책 『병자호란』 제2권, p. 284.

응을 보이지 않았다. 청나라에서는 잡아온 조선인을 전쟁에서 승리해 얻은 전리품으로, 돈을 주고 팔 수 있는 상품, 노예로 취급했다. 이들이 청나라에 끌려갈 때부터 고통의 삶은 시작되었다. 영화 「최종병기 활」에서 갑작스럽게 청나라 기병이 마을을 습격해 무자비하게 아녀자들을 끌고 가는 장면이 나온다. 이들은 그 먼 북방으로 굶주리면서 걷고 걸어서 끌려갔다. 가다가 맞아서 죽은 자, 도망치다가 잡혀서 죽은 자, 병을 앓다가 죽은 자 등 이들의 고난은 이루 말할 수 없었고, 붙잡혀 간 조선인들이 무엇인가를 호소하려 하면 청군이 철퇴로 때려 차마 볼 수가 없을 정도로 참혹했다.[199]

병자호란 때 청군은 '포로사냥'에 주력했는데, 이렇게 발생한 피로인을 다시 조선으로 데려오는 쇄환 문제가 병자호란 이후 조선과 청나라 사이에 가장 큰 현안이었다. 대개 몸값을 주고 데려오기도 했으나 스스로 탈출해 돌아오는 주회인(走回人)도 있었다. 그러나 피로인 대부분은 청나라를 떠나지 못한 채 그 사회에 동화되어 갔다. 쇄환되어 돌아온 피로인의 수를 정확히 알 수는 없으나, 임진왜란 피로인의 경우와 마찬가지로 최대치로 잡더라도 전체 피로인 중 10퍼센트가 채 안 되었을 것으로 추정된다. 호란 발생 당시 조선의

---

199 인조 14년(1636) 12월 12일 청나라 군대가 우리나라에 침입했다는 도원수 김자점(金自點)의 장계(狀啓)를 받은 날로부터 시작해, 이듬해 2월 8일 세자와 봉림대군이 볼모로 심양으로 떠나간 날까지 57일 동안 기록한 일기. 나만갑의 『병자록』 뒷부분에 임금이 항복한 뒤 청나라 황제에게 보낸 글, 병자호란 중 우리나라 장수들의 활동 상황, 강화도 함락의 진상, 절의에 죽은 사람들, 그리고 나랏일을 그르친 자에 대한 징벌 문제 등 청군에게 끌려가던 조선인들의 참상이 자세히 수록되어 있다. 나만갑, 윤재영 옮김, 『병자록』, 정음사, 1979.

전체 인구는 8백만에서 1천만 정도로 추산되는데, 전체 인구의 무려 5퍼센트가 넘는 50만에 가까운 인구가 돌아오지 못하고 결국 청국 사회에 동화되어 간 것이다.[200]

현대 사회는 인간의 노동력을 대신할 첨단 기기들이 많이 발명되어 인구가 국력에서 큰 비중을 차지하지 않는다. 그러나 산업혁명 이전에는 노동력을 대부분 인간의 힘에 의존했을 뿐 아니라 군사력 역시 첨단 무기보다 병졸 수가 절대적 비중을 차지했다. 이런 까닭에 전쟁 포로는 승전국의 주요한 노획물이었으며, 인구 증가에도 큰 역할을 했다. 청나라 역시 조선을 침공해 무수한 조선 사람들을 끌고 가 노비로 삼거나 자국 군대에 편입해 전투력을 높였다. 산업혁명 이전 시대에는 인간의 노동력이 풍부할수록 경제도 발전한다. 그리하여 청은 이전부터 부족한 노동력과 군사력을 보충하기 위해 한인을 비롯해 몽골인 등 주변 유목민을 대상으로 피로인을 확보하는 데 주력했다. 만주 지역에서 유목하며 살아온 탓에 여진족은 인구수가 그리 많지 않아 1630년대 청나라 인구는 고작 150만 정도였던 반면, 명나라 인구는 1억 5천만에 가까웠다.[201]

당시 청나라의 인구는 명나라를 점령해 통치하는 데 턱없이 부족했다. 그래서 부족한 인력을 보충하는 것이 청의 전쟁의 근본 목적이기도 했다. 조선 남성들은 청에 끌려가 평생 노동력을 착취당하며 살거나 군대에 편입되어 전투를 치르다 죽어갔고, 여성들은 성 노리

---

200 계승범, 「피로인」, '실록위키'.

201 이런 점에서 청은 순수한 만주족으로 이루어진 단일민족 국가라기보다 다민족 국가였다. 한명기, 앞의 책 『병자호란』 제2권, pp. 285~286.

개 또는 귀족들의 첩으로 전락했다. 이렇다 보니 조선 피로인들은 가축처럼 매매의 대상이 되기도 했다.

피로인들은 강압적인 폭력 수단에 의해 발생했으므로 사회적 역할이 최하층이거나 피지배 신분인 경우가 대부분이었다. 따라서 자연스럽게 피로인들은 개인의 재산이 되었으며, 청은 조선으로 도망간 피로인들을 되돌려 받으려고 조선 조정에 압력을 가한 것이다. 조선 조정은 청의 압력에 어쩔 수 없이 청에 끌려갔다가 도망 온 자들을 붙잡아 다시 청으로 보냈다.[202] 그래서 조선 피로인들은 천신만고 끝에 조선에 다시 돌아왔다 해도 안심할 수 없었다. 특히 부녀자의 경우는 청나라에서 도망쳐 고국으로 돌아와도 또 다른 문제가 도사리고 있었다. 병자호란이 막 끝난 뒤 한흥일(韓興一)은 "포로로 잡혀갔던 부녀자들이 도망쳐 오는 것을 강포한 자들이 잡아간다고 하니 매우 애처로운 일입니다. 열읍으로 하여금 요로(要路)와 진두(津頭)에 장관을 파견해 각별히 호송토록 해서 이러한 걱정이 없게 하소서. 그리고 소문에 의하면 진휼청(賑恤廳)에 배급을 받으러 오는 사족부인(士族婦人)들을 사람들이 잡아간다고 하니 더더욱 해괴합니다. 5부로 하여금 자세히 탐문해서 잡아다가 효시(梟示)하게 하소서"라고 인조에게 아뢴다.[203] 사대부 양반 가문의 부녀자들을 사람들이 잡아간다는 것은 사실상 이들 지배층을 향한 피지배층 사람

---

202 실록은 이렇게 기록하고 있다. "우리나라에 귀화한 자와 도망쳐 돌아온 사람 57인을 심양으로 보냈다."『인조실록』권43, 인조 20년(1642) 10월 28일 을축 1번째 기사.

203 『인조실록』권34, 인조 15년(1637) 3월 6일 을사 3번째 기사.

들의 복수심이 표출된 것으로 보인다.

어찌 되었든 피로인들은 청나라의 전리품이었으므로 청에 끌려간 가족을 다시 조선으로 데리고 오려면 몸값을 주어야 했다. 그러나 재산이 있는 양반들은 몸값을 주고 집으로 데려올 수 있으나 농민 등 하층민들은 엄두도 낼 수 없었다. 막대한 속환가(贖還價), 즉 몸값을 마련할 수 없었던 피지배층 백성들은 돈을 주고 가족을 데려오는 것(贖還)을 포기하기도 했다. 결과적으로 시간이 흐르면서 속환 문제는 점차 '정부 차원의 대책'이 아닌 '개인의 문제'가 되고 말았다.[204]

한편 몸값을 더 주고라도 자기 가족을 고향으로 데려오려 한 사대부 양반들의 행태로 인해 피로인의 몸값은 더욱 치솟았다. 피로인의 몸값은 신분의 귀천에 따라 달랐고, 조정에서는 이에 대한 대책으로 지나친 몸값 요구에 응하지 말 것을 지시했다. 물론 조선 조정은 청나라로 끌려간 피로인의 쇄환을 위해서도 노력했으나, 청군이 애초에 조선인 포로를 끌고 간 목적이 노동력 확보보다는 일종의 몸값을 노린 경제적 동기가 더 큰 작용을 한 데다 전쟁 이후 청의 수탈과 전쟁으로 파괴된 여러 상황을 회복하느라 극심한 재정 위기를 겪던 조선 조정의 형편으로 피로인 쇄환은 쉽지 않았다.

조정 차원에서 몇 차례 몸값을 주고 일부 쇄환했으나 그 숫자는 극히 적었고, 그마저 주로 왕실 인척이나 사대부 양반 가족 등에 집

204　한명기, 「병자호란 시기 조선인 포로 문제에 대한 재론」, 『역사비평』 제85호, 역사문제연구소, 2008, pp. 202~234.

중되었다. 사대부 양반 집안에서는 형편에 따라 개별적으로 돈을 주고 가족의 속환을 했고, 그 과정에서 속환가가 치솟자 조정에서 개별적 쇄환 시도를 불법으로 규정했다. 최명길은 높은 몸값을 요구한다면 차라리 버려두고 돌아오는 한이 있더라도 1백 냥을 넘기지 못하게 할 것을 인조에게 주청했다.[205] 물론 조선 조정에서 피로인들이 다시 고향으로 돌아올 수 있도록 청과 외교적인 노력을 하고, 또 국가가 공적(公的)으로 국가 재정을 사용해 피로인들을 쇄환하거나 사적(私的)으로 몸값을 주고 속환하기도 했다.[206] 그러나 피지배층 상민이나 노비, 천민 등은 고향으로 돌아와도 다시 천한 신분으로 되돌아가야 했다. 그리하여 청에 끌려간 많은 피지배층 조선인들 중에는 명나라의 요청으로 광해군이 강홍립을 만주에 출병할 때 징집되어 가서 강홍립이 항복하자 포로가 되었다가 청에 귀화했던 노비출신 정명수처럼 아예 청나라에 정착하는 사례가 많았다.[207]

사실 이 시대에는 인구가 곧 국력인 만큼 전체 국민의 5퍼센트 정도가 피랍된 것은 조선으로서 엄청난 국력 손실인 셈이었다. 청나

---

205 『인조실록』 권34, 인조 15년(1637) 4월 21일 경인 1번째 기사.

206 "청나라 사람들이 이른 아침부터 행군해 큰길에 세 줄을 지어 우리나라 사람 수백 명이 앞서가고 한두 오랑캐가 뒤따라갔는데, 종일토록 그치지 않았다. 뒷날 심양에서 속바치고 돌아온 사람이 60만이나 되는데 몽고 군사에게 잡힌 자는 이 숫자에 들어 있지 않다." 『연려실기술』 권25 「병자노란(丙子虜亂)과 정축 남한출성(南漢出城)」.

207 임진왜란의 경우 왜군에 잡혀간 조선인들 가운데 사대부 양반 가문 출신들은 고향으로 돌아온 경우가 많았으나, 이들은 관직에 등용되지 못하고 재야에 묻혀 살았다. 이와 달리 농민과 노비, 천민 등 하층민은 대부분 고국으로 귀국하지 않고 그대로 일본에 정착했다. 민덕기, 앞의 글 「임진왜란에 납치된 조선인의 귀환과 잔류로의 길」, pp. 115~158.

라가 이웃 나라 사람들을 마치 사냥하듯 잡아간 것도 군사력과 노동력을 증대해 부강한 나라를 만들기 위한 일환이었다. 그래서 조선에서도 피로인을 다시 송환하기 위해 노력했으나 너무 많은 국가 비용이 들었다. 특히 청나라에 바쳐야 할 막대한 공납 부담으로 피로인 송환의 실효성은 극히 저조했다. 그리하여 이 송환 정책은 나중에 흐지부지되었고, 후일 피로인들은 혼자 힘으로 도망을 와도 조선 관가에서 붙잡혀 다시 청나라로 되돌아가야 했다.

국력을 키우기 위한 인구 증가 정책 면에서 조선은 종모법에 의해 노동력 인구인 노비만 늘려갔다. 자유민에 속한 양민도 이른바 '상놈'으로 취급되었으니, 이들 피지배층 백성은 국가가 위기에 처할 때 애국심으로 나라를 지키려는 의지가 애초부터 없었다. 여기에 자기 살길만을 찾고자 도망가기에 바빴던 조선 지배층의 행태를 미루어 보면 국가의 위기를 극복할 능력이 조선에는 아예 없었다. 소설 『남한산성』에서는 이렇게 기록하고 있다. 청나라 장수 용골대는 인조와 대신들이 농성하고 있는 남한산성에 문서를 보냈다.

내가 군마를 이끌고 의주에 당도했을 때 너희 관아는 비어 있었고, 지방 수령이나 군장 중에 나와서 맞서는 자가 없었다. 안주, 평양, 개성을 지날 때도 그러하였다.[208]

그런데도 조정에는 사대사상을 배반하고 오랑캐와 화친했다는 이

---

208 김훈, 앞의 책 『남한산성』, p. 86.

유로 최명길을 반대하는 자들이 많았다. 인조 21년(1643) 마침내 최
명길이 명나라와 내통한 혐의로 척화파 대신들이 갇혀 있던 청나라
심양에 송환되었다. 그러자 인조는 대신들과 의논해 결국 그의 영의
정 직을 삭탈한다.

> 최명길은 범죄 사실이 매우 중대해 직책을 가질 수 없으나 봉성에서 처
> 결한 소식이 조석간에 들어올 것이기 때문에 기다리고 있었다. 그러나
> 몸이 심양으로 들어가 일이 그전과 다르니 우선 관작을 삭탈하라.[209]

조선 사대부 양반들은 오랑캐 청나라와 죽기를 각오하고 싸우자
고 주장하면서 한편으로 명나라와 내통한 것이 청나라에 들키자 이
로 인해 청나라의 보복이 뒤따를 것을 두려워해 이같이 인조에게
주청한 것이다.

최명길이 명나라와 몰래 접촉한 것은 당시 한족(漢族)의 정통 왕
조인 명나라가 그리 쉽게 멸망하지 않으리라고 판단해 예전 송나라
때와 마찬가지로 남쪽에 남송, 북경 지역 중심의 금과 같이 명나라
와 청나라가 중원을 양분하게 될 것으로 전망했기 때문이다. 이에
따라 고려가 금나라와 남송에 대한 등거리 외교로 왕조를 유지했듯
이 최명길도 조선이 명과 청의 중간에서 적절하게 처신하면서 국가
의 실리를 찾기를 원했다. 하지만 이런 기대와는 달리 명나라는 내
부의 분열과 농민 반란으로 스스로 무너져버렸고, 이 과정에서 청나

---

209 『인조실록』권43, 인조 20년(1642) 11월 17일 계미 1번째 기사.

라에 투항한 명나라 대신 홍승주(洪承疇)가 명과 조선의 비밀 교섭을 폭로한 것이다.

최명길은 이에 대한 책임을 지고 투옥되었다. 김상헌은 충절의 대명사가 되어 그의 가문은 교목세가(喬木世家)[210]라고 불렸으며, 후손들도 그 후광을 입었다. 손자 대에만 김수흥(金壽興), 김수항(金壽恒) 등 영의정 2명이 나왔고, 알다시피 그의 7대손 김조순은 안동김씨 세도정치의 문을 열었던 인물이다. 이와 달리 최명길의 손자 최석정(崔錫鼎)은 비록 영의정에 오르기는 했지만 "화의를 주장한 최명길의 손자로 수치를 잊고 나라를 욕되게 한 죄가 있다"라는 비난을 받았다.[211]

이처럼 병자호란은 조선 지배층 사대부 양반들의 속성을 아주 명확히 드러내주었다. 병자호란의 결과, 조선의 수많은 백성이 오랑캐의 노예로 끌려갔고, 그들이 휩쓸고 지나간 땅은 황폐화되었으며, 인조는 단군시대 이래 가장 치욕적인 굴욕을 겪어야 했다. 어른들이 끌려가서 조선 땅에는 고아들이 넘쳤다. 한성부에서는 "버려진 아이를 데려다 기르는 자는 자기의 아들과 똑같이 대해야 한다는 것이 법전에 기재되어 있는데, 더구나 이런 병란을 치른 뒤에는 더 말할 나위가 있겠습니까? 중앙과 지방에 게시해 본주(本主) 및 그 부모로 하여금 도로 찾아가지 못하게 하고 영을 어긴 자는 중하게 다스려

---

210 나라와 운명을 같이하는 집안.
211 김준태, 「실록으로 본 영화 '남한산성'의 김상헌·최명길」, 『중앙일보』 2017년 10월 21일 자.

용서하지 못하게 하소서"라고 임금에게 간청했다.[212] 한편 조정은 청에 잡혀간 조선인 속환을 위해 노력했으나 큰 성과는 없었다. 인조가 세 차례 근신(近臣)을 보내 강화도에서 사로잡힌 사람들을 쇄환해줄 것을 청하니, 청나라는 겨우 남녀 1천 6백여 명을 조선에 돌려보냈다.[213] 이후 다시 조정은 청에 끌려간 조선인을 송환하기 위해 다음과 같이 조치했다. 도승지 이경석(李景奭)이 아뢰었다.

> 사로잡힌 사람들이 가난해 돈을 바치고(贖) 돌아올 수 없는데, 일반 백성들은 귀족과 달리 그 값이 또한 많지 않습니다. 지금 만약 1백여 냥의 은을 내어 통관(通官)에게 나누어 줌으로써 속(贖)바치고 돌아오게 한다면, 소득은 많지 않다 하더라도 어찌 족히 백성을 감동시키지 않겠습니까?[214]

그러나 인조 정권에서 권력을 장악한 서인은 천리(天理)와 인륜(人倫) 도덕을 주장하며 오랑캐의 포로가 되어 청나라로 끌려간 피지배층 백성을 오랑캐의 노비 자식을 뜻하는 '호로자식(胡虜: 奴)'으로, 그리고 속환녀(贖還女)를 '화냥녀'로 부르며 사람 취급을 하지 않았다. 조선 지배층 사대부 양반들은 주자 성리학을 신봉하면서도 서로 편을 갈라 당파싸움하기를 좋아하고 정직을 미워하며 청절(淸節)을 천하게 여기면서 관작과 녹봉만을 중시해 어떻게 하면 내 집

---

212 『인조실록』 권34, 인조 15년(1637) 2월 12일 임오 3번째 기사.
213 『인조실록』 권34, 인조 15년(1637) 2월 7일 정축 1번째 기사.
214 『인조실록』 권34, 인조 15년(1637) 2월 13일 계미 4번째 기사.

과 내 몸이 이로울 것인가만을 생각했다. 그러므로 조정에 있는 자는 자신의 이익을 꾀하는 것에만 능숙하면서 나라를 이롭게 하는 방안을 내놓는 데는 어둡고, 남의 잘못을 들추어낼 때도 오직 소문으로만 듣고 비난했다. 그리고 그 재능의 높고 낮음을 살피지 않고, 단지 한결같이 자신이 좋아하거나 싫어하는 감정에만 따라 결정하며, 공론(公論)의 소재가 어디 있는지는 살피지도 않았다. 대간(臺諫)은 사사로운 감정에 매달려 공의가 있는 줄을 모르고, 장수가 된 자는 백성에 대한 형벌과 살해에는 용감하면서 적에 대해서는 분개할 줄도 모르며 겁부터 집어먹었다. 또 수령이 된 자는 오직 조정의 권력자에게 아부할 줄만 알면서 백성들을 돌보는 일은 무관심으로 일관하며 아예 도외시했다. 그러면서 이들은 관의 창고를 개인의 창고로 여겨 토전(土田)을 모으고 아무렇지도 않게 노비를 사들여 가축처럼 부려먹고 살았다. 백성의 굶주림은 보살피지도 않고 사사롭게 개인만 살찌우면서도 누가 감히 나를 어떻게 할 것인가 하며 먹고 마심이 날로 심해 음식을 낭비하고 절약할 줄 몰랐다. 변방의 장수는 매일 마시고 먹는 방탕함에 빠져 살며 날로 군졸을 괴롭히는 정도가 심해졌다.[215]

---

215 임진왜란을 겪고도 왕실과 훈구파, 그리고 척신과 보수 사림파는 나라를 구하려는 의병에 관심도 없었고, 관직을 가진 사대부 양반은 오히려 지방 벼슬을 자청해 백성을 착취해 자신의 탐욕을 채우는 데 급급했다. 또 이들은 인조반정을 주도해 정권을 잡고 임진왜란의 역사를 날조하기도 했다. 예컨대 인조 21년(1643) 이식(李植)은 『선조실록』을 자기 당파에 유리하게 수정, 삭제하고 왜곡과 날조를 해 역사를 자의적으로 바꾸는 등 잘못을 저질렀다. 특히 『선조실록』에서 조식과 정인홍 관련 기록은 더욱 심하게 왜곡했으며, 이렇게 기록되어 편찬된 것이 『선조수정실록』이다. 서인과 노론이 주도한 이런 역사 왜곡으로는 『현종개수실록(顯宗改修實錄)』과

이러한 사대부 양반들의 위선적인 모습이 병자호란 이후 국내 문제 수습 과정에서 적나라하게 드러났다. 예컨대 신풍부원군(新豊府院君) 장유(張維)는 예조에 단자(單子)를 올리기를, "외아들 장선징(張善澂)이 있는데 강도의 변에 그의 처가 잡혀갔다가 속환되어 와 지금은 친정 부모 집에 가 있다. 그대로 배필로 삼아 함께 선조의 제사를 받들 수 없으니, 이혼하고 새로 장가들도록 허락해 달라"라고 했다. 또 전 승지 한이겸(韓履謙)은 "딸이 사로잡혀 갔다가 속환되었는데 사위가 다시 장가를 들려고 한다는 이유로 그의 노복으로 하여금 격쟁(擊錚)[216]해 원통함을 호소하게 했다." 이에 형조에서 예관으로 하여금 처치하게 하기를 청했다. 한 신료는 며느리가 이른바 '환향녀(還鄕女)'이므로 아들과의 이혼을 허락해 달라고 왕에게 요청하고, 다른 신료는 사위가 환향녀가 된 자기 딸을 버리고 다른 여자와 재혼하겠다 해 원통하다고 호소한 것이다. 예조는 이에 선뜻 결론을 내리지 못하고 "잡혀 있다가 돌아온 사대부 양반들의 부녀자들이 한둘이 아니"라며 "조정의 의논을 거쳐야 피차 난처하지 않을 것"이라고 말한다. 그러자 대신들 사이에 공론이 시작되었다. 좌의정 최명길은 "이는 옳지 않다"라며 이런 이유로 이혼하거나 재혼하는 것에 극구 반대하고 나섰다.[217]

이런 논쟁은 임진왜란 때도 벌어진 적이 있었다. 그때 선조는 "이

『경종수정실록(景宗修正實錄)』 등이 있다.

216 원통한 일이 있는 사람이 임금이 거동할 때 징이나 꽹과리를 쳐서 임금에게 알리는 행위.

217 『인조실록』 권36, 인조 16년(1638) 3월 11일 갑술 2번째 기사.

혼이든 재혼이든 허락하지 않는다"라고 선을 그었다. 그러나 조선 여인들은 절개를 지켜야 한다며 몸이 오랑캐에게 짓밟히는 것을 용납할 수 없다며 스스로 죽음을 택했다. 이 또한 유교라는 사상이 강요한 생명 경시 풍조다. 유교는 사대부 양반들에게 실리적인 상황을 택하기보다 죽음이라는 명분을 택하게 했다. 사대부 양반 가문 여성은 유교에 따라 한 남편만 섬긴다는 절개를 지켜야 했다. 특히 한 임금만을 섬기고 하나의 대국만을 섬겨야 한다는 유교적 질서 사상을 신봉한 사대부 양반들은 오로지 대국 명나라 황제만이 자신의 임금이라 여기고 선조의 명령도 듣지 않았다. 너도나도 조강지처를 버리고 다른 여자와 재혼한 것이다. 이 당시 생겨난 '화냥녀'와 '호로자식'이라는 용어는 오늘날 상대방을 낮추고 비하하는 저속한 욕으로 사용되고 있다. 그래도 사대부 양반 가문의 체면보다 양심적이고 인간적인 감정을 선택해 많은 돈을 주고 처와 자식과 부모를 조선으로 데려온 자들이 있었지만, 이것마저 그리 쉬운 일이 아니었다. 비록 최명길의 주장대로 조정은 청나라에 끌려간 아녀자들이 다시 조선으로 돌아왔을 때 이혼을 허락하지 않았으나, 실질적으로 그런 사례는 많지 않았다.

청에 끌려간 가족을 조선으로 데려오기 위해 많은 사대부 양반들이 심양으로 갔다. 이들은 서로 만나자 마치 저승에 있는 사람을 만난 듯이 부둥켜안고 눈물을 흘리며 슬픈 마음을 감추지 못했다. 길을 가다 이를 보는 이 중 눈물을 흘리지 않는 사람이 없었으며, 돈이 부족해 가족을 조선으로 데려오지 못하는 사람들은 다시 돈을 마련해 데려오기도 했다. 그러나 만일 자기 아내가 청나라 사람에게 정절을 빼앗겼다면 이혼하려고 한 자들이 많았다. 이런 일로 수많은 부녀자들이 고국으로 돌아가지도 못한 채 영원히 이역의 귀신이 되고 말았다.

청나라에 끌려갔다가 다시 조선에 돌아온 여인들, 속환녀, 속칭 화냥녀에 대한 사대부 양반들의 멸시와 천대의 풍조를 비난했다는 이유로 최명길은 송나라 '진회의 죄인'에 빗댄 매국노라는 비판 외에 유교의 삼강오륜(三綱五倫)을 내팽개친 원흉이라는 혹독한 비난을 받았다.[218] 당시 사대부 양반들의 이런 태도는 광해군의 명과 청 사이 등거리 외교 정책에 이바지한 정인홍이 지적한 바대로 주자 성리학에 빠져 있던 사대부 양반들의 위선적인 태도가 얼마나 비인 간적이었는지를 보여준다.[219] 이것은 사대부 양반들이 전쟁의 책임을 회피하고 명분과 체면에만 사로잡혀 있었음을 보여주는 중요한 사례. 인조의 우유부단한 실책이 패전의 결정적인 원인이지만, 그런 인조에 동조하며 척화론과 재조지은만 내세우며 전쟁 수행과 전후 처리 과정에서 무능만 보여준 대다수 조선 사대부 양반들의 태도 역시 조선을 망하게 한 핵심이었다. 1637년 남한산성의 항복 이후, 오랑캐라고 멸시하던 청나라에 사대하게 된 조선 사대부 양반들

---

218 한명기, 앞의 책 『최명길 평전』, pp. 592~593.

219 인조 정권의 집권과 서인은 삼강오륜이라는 유교적 윤리관에 빠져 오랑캐의 포로로 잡혀간 조선 백성을 호로, 즉 오랑캐 노비, 그리고 환향녀로 만들었다. 서인은 맹목적인 사대주의를 신봉해 천리와 인륜을 짓밟았다. 권인호, 앞의 책 『조선 중기 사림파의 사회정치사상』, p. 218. 조선의 지배층 사대부 양반에 대해 남명학의 거두 정인홍은 주자 성리학은 반역사적이고 비인간적인 학문이라고 비판했다. 정인홍, 「사의장봉사(辭義將封事)」, 『내암집(來庵集)』 상권, 아세아문화사, 1983, pp. 70~71. 특히 그는 성리학적인 천리와 인성이 현실에 실현될 수 있도록 노력을 기울였다.

은 철석같이 믿고 있던 중화주의 세계관의 모순을 직시하게 되었다. 그러면서 조선의 지배층은 청에 대한 저항의식과 더불어 순응과 체념의 정서에 빠져들기 시작했다.

17세기 전반부터 조정의 보호를 받지 못하고 명나라와 청의 침략과 약탈에 시달리던 평안도 백성들은 물론 조선 전체 민심이 크게 흔들리고 있었다. 고국을 버리고 만주로 건너가 만주족의 일원으로 살아간 조선 백성들이 속출했으며, 정묘·병자호란 등 두 차례의 전쟁이 일어나자 그들은 청군의 길잡이가 되어 조선 침략의 선봉에 섰다. 그리고 인조와 공신들은 남한산성 입성 당일부터 자신들의 살길을 찾아 화친을 모색하면서 척화론자들에게 패전의 책임을 전가해 자신들의 무능함을 감추려 했다. 특히 병자호란을 거치면서 청의 세력을 등에 업고 개인의 영달을 도모하려는 친청파가 나타났다. 조선 관노 출신으로 청나라 고위직에 오른 정명수를 중심으로 결집한 역관, 잠상(潛商), 서리, 그리고 이계(李烓)의 고변(告變) 사건, 친청파 숙청을 명분으로 일어난 인조 말년의 심기원(沈器遠)의 역모 등을 보면 병자호란 직후 조선이 점차 청나라 편으로 변화했음을 알 수 있다.[220]

---

220 무엇보다 남한산성의 항복 이후 조선이 참여한 가도(椵島) 정벌과 정명군(征明軍) 파견은 그 배경이 무엇이었든 간에 조선 정부가 반명친청(反明親淸)의 노선을 선택했음을 보여주는 명확한 증거였다. 따라서 그간의 통설에서 주장하듯, 병자호란 패전 이후 조선의 정치, 사상계가 반청 이데올로기로 획일화되어 있었다고 말하기는 어려울 듯하다. 인조와 공신들은 국가를 통치할 도덕적 명분과 현실적 방향성을 상실했고, 그 결과 마음을 다한 친청사대는 아니라 변명할지라도 청나라의 지배를 용인하고 적응해가는 방향으로 국가를 이끌어갔다. 명청 교체라는 대세 속에서 조선의 조정과 백성들은 직면한 현실에 순종하며 청에 대한 사대를 체득해가고 있었

『인조실록』에 따르면, 삼전도 굴욕 후 창경궁으로 환궁하기 위해 한강 소파진에서 배를 타는데, 신하들이 먼저 타려고 서로 밀치면서 인조의 옷을 잡아당기며 배에 올랐다. 이때 청군에 잡혀가던 만여 명의 조선인 자녀들이 울부짖으며 임금에게 "우리를 버리고 어디로 가십니까"라며 구출해줄 것을 하소연했으나, 인조는 이를 외면하고 창경궁으로 돌아갔다.[221]

이렇게 사대부 양반들은 지배층으로서의 자질이 한심할 정도로 형편없이 낮았다. 병자호란 이후 지배층 사대부 양반들에게 성리학이 급격하게 교조화되었고, 수많은 여성이 열녀라는 이름 아래 목숨을 잃거나 평생 수절해야 했다. 인조가 이혼을 금지했으나 대부분의 사대부 양반들은 이를 지키지 않았다. 인조 본인부터가 불탄 한양과 굶주린 백성들을 보고 눈물을 흘릴지언정 문제를 인식하고 바꿀 생각은 하지 못했던 우유부단한 인물이었다. 이런 비정한 모습은 기득권층 대부분이 비슷했다. 사대부 양반들은 백성들을 불쌍하게 여기면서도 자신들의 기득권을 내어주기는 꺼렸다. 물론 인조는 백성의 부담을 덜어주기 위해 조세 개혁을 단행해 등급을 나누어 징수하던 기존의 전세(田稅)를 일괄적으로 고정해 걷도록 한 영정법(永定法)으로 개정하기도 했다. 하지만 대부분의 전답을 최하 등급인 하하전(下下田)으로 지정해 최저 세인 4말을 걷기로 한 이 법은 남의 밭을 가는 대다수 소작농에게는 전혀 도움이 되지 않았다. 반면 땅 주인

다. 우경섭, 「인조대 '친청파'의 존재에 대한 재검토」, 『조선시대사학보』 제81호, 조선시대사학회, 2017, pp. 109~136.

221 『인조실록』 권34, 인조 15년(1637) 1월 30일 경오 2번째 기사.

사대부 양반들은 영정법으로 부족해진 세수를 보충한다는 명분으로 온갖 세금과 수수료를 추가로 부가해 농민들에게 더 많은 곡식을 수탈해 갔다.

농민들의 원성이 높아갔으나 인조는 무능하고 부패한 공신들을 끝까지 감싸고돌았다. 이뿐 아니라 이들 공신은 병자호란의 책임을 국정을 맡았던 자신들이 아니라 백성들에게 돌리는 파렴치한 행태도 마다하지 않았다.[222]

더욱이 청과 화친을 주장해 전란을 모면하게 했던 최명길이 임진왜란 당시 선조의 조치를 거론하며 청나라에 끌려간 사대부 양반가문 부녀자들의 이혼을 금지하고 다시 가족의 품으로 돌아가게 하자고 말하자 실록을 기록한 사관은 비난의 평을 남겼다. "충신은 두 임금을 섬기지 않고 열녀는 두 남편을 섬기지 않으니, 이는 절의가 국가에 관계되고 우주의 동량(棟樑)이 되기 때문"이라고 강조하고 "사로잡혀 갔던 부녀들은, 비록 그녀들의 본심은 아니었다고 하더라도 변을 만나 죽지 않았으니 절의를 잃지 않았다고 할 수 있겠는가"라고 지적하며 "이미 절개를 잃었으면 남편의 집과는 의리가 끊어진 것이니, 억지로 다시 합하게 해서 사대부의 가풍을 더럽힐 수는 절대로 없는 것"이라며 최명길을 혹평했다. 이어서 사관은 "최명길은 비뚤어진 견해를 가지고 망령되게 선조(先朝) 때의 일을 인용해

---

222 예컨대 도체찰사 김류에 대해 나라가 망하고 난 뒤에 화친을 강하게 배척했던 그가 오히려 "백성들이 모두 화친을 배척한 사람들에게 허물을 돌린다"라고 말한 것은 무책임하다며 실록을 기록한 사관은 비난했다. 『인조실록』 권34, 인조 15년 (1637) 2월 9일 기묘 5번째 기사.

헌의(獻議)하는 말에 끊어버리기 어렵다는 의견을 갖추어 진달(陳達)했으니, 잘못됨이 심하다"라면서 "당시의 전교가 사책(史册)에 기록되어 있지 않아 이미 증거할 만한 것이 없고, 설령 이런 전교가 있었다고 하더라도 또한 본받을 만한 규례는 아니니, 선조 때 행한 것이라고 핑계해 오늘에 다시 행할 수 있겠는가"라고 철저한 유교적 교리에 근거해 최명길을 비판했다. 또 사관은 "선정(先正)이 말하기를 절의를 잃은 사람과 짝이 되면 이는 자신도 절의를 잃는 것이라고 했다"라며 "절의를 잃은 부인을 다시 취해 부모를 섬기고 종사(宗祀)를 받들며 자손을 낳고 가세(家世)를 잇는다면, 어찌 이런 이치가 있겠는가"라고 한탄한 후 "아, 백 년 동안 내려온 나라의 풍속을 무너뜨리고, 삼한(三韓)을 들어 오랑캐로 만든 자는 최명길"이라고 비난하고서 "통분함을 금할 수 있겠는가"라고 개탄했다.[223]

사관의 이러한 비판적인 평가는 당시 사대부 양반들의 사고가 얼마나 교리적인 유교 사상에 빠져 있었는지를 잘 보여주고 있다. 이런 점을 보면 청나라에 끌려갔던 '환향녀'에 대한 사대부 양반의 인식이 어떠했으며, 또 이들 아녀자가 고향에 돌아왔더라도 가족으로부터 내침을 당해 얼마나 불행하게 살아갔을지 충분히 알 수 있을 것이다.[224]

---

223 『인조실록』 권36, 인조 16년(1638) 3월 11일 갑술 2번째 기사.

224 표준국어대사전에서는 '화냥년'을 '화냥을 비속하게 이르는 말', '서방질을 하는 여자'로 풀이하고 있다. 그러나 이러한 당시 상황을 기록한 자가 없어 '환향녀'라는 명칭도 공식 기록에 남아 있지 않다. 다만 속칭 '화냥녀'이라는 용어는 바람기가 있거나 몸을 함부로 굴리는 여성을 비하하는 단어로 사용되고 있다. 실록에서는 '환향녀'라는 표현 대신에 '속환인'으로 무미건조하게 기록하고 있다. 속환인 가운데 부녀

조선 사회 지배층이 이렇게 유교 교리에 젖어 있었기 때문에 이들 여인들은 온갖 수치를 당하고 천신만고 끝에 살아서 고국에 돌아와도 따뜻한 환대가 아니라 정절을 지키지 못한 여자라는 모욕과 멸시, 천대만 받았다. 더러는 마을 입구 고목에 목을 매달아 죽기도 하고, 더러는 집에서 받아주지 않아 몸을 파는 기녀로 전락하기도 했다. 전란 중에 약자인 조선 여인들은 농민이나 천민 등 하층민들

자는 환향녀라고 불리며 멸시받았고, 남성 중심의 권위적인 조선 사회에서 설 자리를 잃었다. 이후 환향녀라는 말의 뜻은 정숙하지 못한 여인의 명칭으로 바뀌었고, 발음도 화냥년으로 변했다. 표준국어대사전에는 화냥년이 만주어 'hayang'으로부터 온 화랑(花娘)에서 유래한 것으로 되어 있으나, 화냥녀와 비슷한 발음인 중국의 화랑이라는 용어는 이미 당·송 대부터 기녀 또는 창기를 뜻했다. 당대 시인인 이하(李賀)가 지은 「신호자필율가(申胡子觱篥歌)」에는 "삭객은 크게 기뻐하며 잔을 들고 일어서고 화냥에게 막에서 나와 배회하며 배알하도록 명한다"라는 구절이 있다. 『이하시가집주(李賀詩歌集注)』, 상해고적출판사, 1978, p. 140. 또 송나라 때 매요신(梅堯臣)이 지은 「화랑가(花娘歌)」에는 "화냥은 12세에 가무를 할 수 있고 대단한 명성은 악부에 머무른다"라고 되어 있다. 『전송시(全宋詩)』 24, 「매요신」 14, 「화랑가」, p. 2832. 원말 명초에 쓰인 『남촌철경록(南村輟耕錄)』에도 창부를 화냥이라고 부른다는 구절이 나오는 것을 미루어 보면 당, 송 이후 명나라까지도 널리 쓰였음을 알 수 있다. 『남촌철경록』 권14 「부녀왈랑(婦女曰娘)」, p. 174. 이 말이 우리나라로 건너온 시기는 정확히 알 수 없으나, 병자호란 이전 조선 초기에 들어와 민간에서 널리 쓰인 것으로 보인다. 15세기 『조선왕조실록』에서도 그 흔적을 확인할 수 있다. "신 등이 음란한 풍속을 자세하게 살펴보건대 법으로 엄하게 다스릴 바입니다. 이제 유녀(遊女)라 칭하고 또는 화랑(花娘)이라 칭하며 음란한 짓을 제멋대로 하니, 이를 금제(禁制)하는 조목을 뒤에 자세히 기록합니다." 『성종실록』 권20, 성종 3년(1472) 7월 10일 을사 4번째 기사. 그리고 1527년에 역관 최세진(崔世珍)이 쓴 한자 학습서 『훈몽자회(訓蒙字會)』를 보면, 중세 국어에서는 랑(娘)을 원래 중국 발음에 가깝게 '냥'으로 읽었음을 알 수 있다. 따라서 쓸 때는 '화랑'으로 쓰고, 읽을 때는 '화냥'으로 읽었다. 현대 국어에서는 독음이 변해 랑(娘)을 '낭' 또는 '랑'으로 읽지만, '화냥년'이라는 욕에는 중세 국어의 발음이 그대로 남아 전해진 것이다. 다시 말해, 병자호란 한참 전부터 '화냥'이라는 말은 조선에서 널리 쓰였으나 '년'이라는 욕은 17세기 무렵부터 등장했으므로 '화냥년'이라는 형태로 굳어진 것은 병자호란 이후인 것으로 추정할 수 있다. 「화냥년」, '나무위키'.

은 말할 것도 없고 왕가와 사대부 양반 가문 출신일지라도 모두 죽음과 성폭행 등 치욕적인 불행을 겪어야 했다. 그런데도 사대부 양반 남성들은 여성들의 이런 불행보다 자신들의 안위와 기득권, 명분을 더 귀하게 여겼다.

강화도 수비를 맡은 김경징(金慶徵)은 강화도가 "쇠로 만든 성과 끓는 물을 채운 못으로 지어진 매우 견고한 성(金城湯池)"이라고 자신하고 적군이 쉽게 바다를 건너 쳐들어오지 못할 것이라 판단했다. 그는 경비를 엄중하게 하지 않고 매일 술만 퍼마시며 주사를 부렸다. 남한산성의 임금도 안중에 없었다. 피란을 온 봉림대군이 이런 그의 행동을 나무랐지만, 그는 좀체 듣지 않았다.

그러다 청나라가 명나라에서 빼앗은 함선을 타고 강화도를 공격하자 김경징은 제대로 방어할 틈도 없었다. 단번에 청나라 군사에게 무너지자 강화도는 아비규환의 수라장으로 변했다. 소현세자빈은 오랑캐에게 몸을 버릴까 두려워 자기 목을 찔러 자결하려 했으나, 내시들이 급히 만류해 간신히 목숨을 부지했다. 다른 사대부 양반 가문의 여인들도 이와 다르지 않았다.

윤선거의 아내는 스스로 목을 맸다. 이돈오(李惇五)의 아내 김씨는 시어머니와 동서 등과 서로 목을 찔렀고, 김씨가 즉사하고 시어머니와 동서가 피를 흘려 옷에 가득 흐르자 청나라군이 버리고 갔다. 홍명일(洪命一)의 아내 이씨와 시어머니를 비롯한 여성 세 명은 배를 타고 도망가다가 청나라 군사들이 쳐들어오자 서로 껴안고 물에 빠졌다. 한 사대부 양반 가문의 여인은 노비에게 "청나라군이 죽은 사람을 보면 옷을 모두 벗긴다니 내가 죽으면 서둘러 화장하라"

라고 당부한 뒤 목을 매 죽었다. 이호선(李好善)의 아내는 토굴 안에 숨어 있다가 적병이 불을 질러도 나오지 않고 그대로 타 죽고 말았다. 유인립(劉仁立)의 아내는 끌고 가려는 적병에 끝까지 맞서다 청군이 난사한 총에 몸의 살이 다 뜯겨나갔다. 이렇게 사대부 양반 여인네들만 수모를 당한 것이 아니었다. 피지배층 농민과 천민의 아내와 첩도 줄줄이 목숨을 끊었다. 이렇게 청나라 군사에게 사로잡혀 욕을 보지 않기 위해 자결하거나 물에 빠져 죽은 자의 수가 얼마나 되는지 알 수 없을 정도였다. 강화유수 장신(張紳)의 어머니도 죽었는데, 강을 건널 때 내관이 봉림대군에게 "장신의 어머니가 있는데 어찌하느냐"라고 묻자 봉림대군은 "아들이 어머니를 모시지 않았는데 낸들 어떻게 하냐"라고 외면했고, 장신의 어머니는 결국 추위와 굶주림에 지쳐 강변에서 죽고 말았다. 또 정선흥(鄭善興)의 아내는 청나라 군사가 접근하자 왕실 친척인 회은군(懷恩君) 이덕인(李德仁)에게 달려가 "영감(회은군)은 나의 부친과 절친하니 나를 살려주시오"라고 호소했으나, 회은군은 냉정하게 이를 외면했다. 그러자 정선흥이 자기 아내에게 "빨리 죽는 게 낫다"라고 꾸짖었고, 그의 아내는 칼을 들고 안으로 들어가 죽었다. 이렇게 자의든 타의든 죽음을 선택하거나 강요당한 여인들도 많았다.[225]

---

225 이긍익은 병자호란 때 강화가 함락되자 순절한 사람들을 기록한 『연려실기술』 권26, 「인조조 고사본말」의 '강도순절자(江都殉節者)'와 '순절한 부인들'편에 "바다에 빠져 죽은 여인들의 머릿수건이 마치 연못물에 떠 있는 낙엽이 바람을 따라 떠다니는 것 같았다"라고 묘사했다. 이 책은 객관적이고 중립적인 태도로 역사를 서술하고 있어 조선시대의 사서 중에서도 매우 뛰어난 것 중 하나로 인정받고 있다. 이에 대해서는 이존희, 「『연려실기술』의 분석적 고찰: 이긍익의 역사의식을 중심으로」, 『한국학

적병이 갑곶진(甲串津)을 건너자 김경징은 늙은 어미를 버리고 배를 타고 달아났다. 이러한 김경징에게 책임을 물어 사형에 처하라고 신하들이 요구했으나, 인조는 그가 공신 김류의 아들이라서 그런지 그를 감싸는 데 급급했다.[226] 김경징의 아들 김진표(金震標)는 제 할미와 어미를 협박해 스스로 죽게 했고, 부인 박씨, 며느리, 그리고 다른 일가의 여인들도 모두 자살했다. 김경징의 아들은 자기 혼자 살아남았다. 이 밖에도 엄청난 수의 여인들이 청나라에 잡혀갔는데, 소현세자 부부와 봉림대군 부부도 포함되었다.[227] 조선의 지배자가 명에서 청으로 바뀌자 조선의 대신들은 출세를 위해 청의 실력자에게 거액의 뇌물을 바쳤다. 영중추부사 이성구(李聖求)는 조선 관노 출신 청국 통역관인 정명수에게 온갖 모욕을 받아가면서까지 거액의 뇌물을 주며 "내 아들이 심양에 곧 갈 테니 잘 봐달라"라고 부탁했는데, 정명수가 그에게 "대감의 입에서 나온 말은 내 똥구멍에서 나온 소리보다 못합니다"라고 모욕을 주어도 이성구는 이를 부끄럽게 여기지 않았다.[228]

조선시대 재가녀자손금고법(再嫁女子孫禁錮法)에 의해서 수절하

보』 제7권 제3호, 일지사, 1981 참조.

226 대사헌 한여직(韓汝溭), 대사간 김수현(金壽賢), 집의 채유후(蔡裕後)가 인조에게 김경징을 처벌하라고 주청했으나, 인조는 "김경징이 거느린 군사는 매우 적었고, 장신은 조수(潮水)가 물러감으로 인해 배를 통제할 수 없었다고 한다. 율대로 처치하는 것은 혹 과할 듯싶다"라며 그를 옹호하고 나섰다. 『인조실록』 권34, 인조 15년 (1637) 2월 21일 신묘 1번째 기사.

227 다산 정약용은 『비어고(備禦考)』에서 청나라로 간 사람은 "60만 명이 넘는다"라며 "사대부의 아내나 첩, 처녀들은 차마 얼굴을 드러내지 못하고, 사람을 보면 더러 옷으로 머리를 덮었다"라고 기록했다.

228 나만갑, 『병자록』, 「잡기난후사(雜記亂後事)」의 기사.

지 않고 재혼해 낳은 자식은 과거에 응시할 수 없었다.[229] 사대부 양반 가문은 자손 대대로 벼슬을 이어가지 못하면 몰락할 수밖에 없다. 그러므로 사대부 양반 가문 출신이 과거시험을 볼 수 없다는 것은 그야말로 천민으로 전락하는 것과 같다. 청나라 오랑캐에게 끌려갔다가 다시 고향으로 돌아온 환향녀의 삶을 그린 유하령의 소설 『화냥년』[230]에서 주인공인 선이도 죽을 고비를 넘기며 고향으로 돌아왔지만, 아버지 조경호, 오라버니 조윤노에게 버림을 받는다. 고향에 돌아온 환향녀들은 소복을 입고 홍제천을 건너 몸과 마음을 깨끗이 해야 했다. 그러나 주인공 선이는 이러한 속죄 과정을 거부한다. 유교의 관습과 사대주의 명분 싸움에 대한 저항의 표현이었다. 청나라에서 도망 온 조선인을 잡아 다시 청나라로 돌려보냈던 관리와 선이의 부친 조경호는 압록강을 건너온 이들 피로인을 잡아서 사고파는 인간장사를 해 돈을 벌고 있었다. 이들은 청나라 사람보다 피로인을 더 혹독하고 악랄하게 다루었다. 선이의 부친은 돈을 대신

---

229 『경국대전』「이전(吏典)」 '경관직(京官職)'조. 경관직은 중앙에 자리 잡은 동반(東班)·서반(西班) 각 아문으로, 동반에는 종친부, 의정부, 의금부, 육조, 승정원, 사헌부, 사간원, 홍문관, 한성부 등으로부터 귀후서(歸厚署), 사학에 이르기까지 수십 아문의 관직이, 서반에는 중추부, 오위도총부, 오위에서 세자익위사에 이르기까지 여러 관아의 관직이 포함된다. 이 밖에 개성부와 각 능전(陵殿)의 관직도 경관직에 속한다. 조선 후기에는 개성부 이외에도 수원부, 광주부, 강화부를 사도(四都)라 해 경관직으로 임명했다. 『경국대전』에 의하면, 동반 경관직 741, 서반 경관직 3,324로 경관직 합계는 총 4,065이며, 총관직 수 5,605직과(職窠)의 약 73퍼센트를 차지했다. 경관직을 다시 분석해보면, 동반 경관직 741 중 녹관(祿官)이 646, 무록관(無祿官)이 95이며, 녹관 646 중 정직(正職)이 541, 동반 체아직(遞兒職)이 105이고, 서반 경관직 3,324 중 정직이 319, 서반 체아직이 3,005직과였다. 이재룡, 「경관직」, 『한국민족문화대백과사전』, 1995.

230 유하령, 『화냥년』, 푸른역사, 2013.

내주고 속환해 데리고 온 사람을 그 가족에게 더 많은 돈을 받고 돌려보냈다. 당시 조선에서 벌어진 일들이었다. 그런데도 한편으로 사대부 양반들은 청군에게 포로로 잡혀간 여인네들을 속환해 조선으로 다시 데려오려 한 조정의 조치에 적극적으로 반발하고 나섰다. 즉, 절개를 잃은 여자는 남편의 집안과는 의리가 이미 끊어진 것이므로 억지로 다시 합하게 해서 사대부 가풍을 욕되게 할 수는 없다는 것이었다.[231]

왕이 포로로 잡혀간 여자들은 어쩔 수 없었던 상황이었고 의지할데가 없을 뿐 아니라 죽을 수도 없는 형편이라며 환향녀에 대한 재론 불가를 밝혔으나 사대부 양반들은 이를 쉽게 수락하지 않았다. 맨 먼저 1638년에 환향녀와의 이혼을 주장한 장유가 1640년 사망하자 장유의 부인 김씨가 다시 상소를 올려 환향녀인 며느리가 타고난 성정이 못되어 시부모에게 순종하지 않고 있다며 이른바 칠거지악(七去之惡)의 조목을 들어 외아들인 장선징의 이혼을 허락해 달라고 요청했다. 인조는 "훈신의 외아들인 만큼 이번만 예외로 이혼을 허용하라"라는 명을 내린 뒤 "이를 관례로는 삼지 마라"라고 당부한다.

이처럼 사대부 양반들은 환향녀에 대한 반감이 아주 강했다. 이들은 집요하게 환향녀와의 이혼을 법적으로 인정해 달라고 왕에게 상소를 올렸다. 그 결과, 온갖 예외가 만들어졌는데, 효종 즉위년(1649)에도 이 문제가 다시 논란이 되었다. 사헌부가 아뢰기를, "정

---

231 『인조실록』 권36, 인조 16년(1638) 5월 21일 계미 1번째 기사.

자(程子)가 말하기를 '무릇 장가를 드는 것은 자기와 짝하는 것이니, 절개를 잃은 여자를 배필로 삼는 것도 이미 절개를 잃은 것'이라고 했으니, 이 법은 정자의 가르침과 크게 어긋나고 예의를 그르친 것이 심합니다. 우리나라가 비록 매우 문약(文弱)하나 예의와 명교(明教)가 찬연해 중국에 부끄럽지 않았으니 구구히 유지해온 것은 바로 이 때문인데, 이제 그걸 무너뜨리니 식자들이 매우 한심하게 여깁니다"라고 주장하며 "포로로 잡혀갔다가 돌아온 여인들을 다시 데리고 살라는 법을 시행하지 말아 달라"라고 간하니, 결국 임금이 이를 따랐다.[232] 이리하여 효종은 이 '환향녀와의 이혼 및 다른 여자와의 재혼'을 허가했다. 그런데도 환향녀 논란은 대를 이어가며 계속되었다.

숙종 3년(1677) 사헌부 최선(崔宣)이 징을 쳐서 그의 이복형 최관(崔寬)이 자신의 어머니를 사당에서 제사에 참석하지 못하도록 쫓아냈다며 억울함을 호소했다.[233] 최선의 어머니 권씨는 최계창(崔繼昌)의 후처로서 병자호란 때 강화도에서 청나라 군사에게 끌려갔다가 몸값을 주고 풀려났다. 그러나 최씨 집안은 이른바 '환향녀'라는 이유로 권씨를 전혀 홀대하지 않았다. 남편 최계창은 오히려 권씨를 가문의 종부(宗婦)로 제사를 받들게 하고, 이어서 전처의 아들인 최관에게 "네 어미로서 성심을 다해 섬겨라"라고 신신당부하기도 했다. 최관의 작은아버지도 20여 년간 권씨를 형수로 대했다. 권씨가

---

232 『효종실록』 권2, 효종 즉위년(1649) 11월 21일 병자 3번째 기사.
233 『연려실기술』과 『현종실록』 권14, 현종 8년(1667) 9월 20일 신유 1번째 기사에 실려 있다.

죽었을 때도 최관은 삼년상을 치렀으나 문제가 생겼다. 작은아버지가 권씨의 장례를 마치고 관을 묻는 날에 "환향녀인 권씨의 신주를 우리 집안의 사당(家廟)에 둘 수 없다"라고 결사반대한 것이다. 이러한 작은아버지의 말에 따라 최관은 신주 아래 왼쪽에 쓰는 제사 받드는 사람의 방제(傍題)에서 권씨의 이름을 삭제했다. 이 일은 권씨의 소생 최선에게 그야말로 날벼락 같은 일이었다. 20여 년간이나 종부로서 가문을 지켜온 어머니를 죽은 후에 와서야 '화냥년'이라는 굴레를 씌워 쫓아낸 작은아버지의 처사에 분노하며 그 억울함을 풀려 했을 것이다.[234]

마지막으로 작자 미상의 『강도몽유록(江都夢遊錄)』이라는 작품에서 묘사된 환향녀의 운명은 읽는 사람의 마음을 아프게 한다.[235] 병자호란을 배경으로 한 이 작품은 강화도에서 죽은 여인 15명의 혼령이 한곳에 모여 한 많은 사연을 토로하는 꿈 이야기로, 그 내용은 이렇다.

---

234 곽산군수 박유건(朴惟建)과 정주목사 김진(金搢)이 청나라 군사에 함락되어 가솔과 함께 포로로 잡혀 청나라 군사에게 정절을 빼앗긴 아내를 원망하고 비난했던 모습도 기록되어 있다. 『연려실기술』 권26, 「인조조 고사본말」 '정묘호란'편.

235 이 책의 작자는 척화와 유교 윤리를 내면화한 조선 여인의 정절을 높이 평가하고 인조반정을 주도한 공신 세력과 오랑캐와 화친을 주장한 주화론자들을 비판했다는 점에서 인조반정의 반대파 인물로 추정된다. 김정녀, 『조선 후기 몽유록의 구도와 전개』, 보고사, 2004, pp. 63~75. 『강도몽유록』은 국립중앙도서관에 1책짜리 유일본이 소장되어 있는데, 『피생명몽록(皮生冥夢錄)』과 함께 묶여 있다. 병자호란 당시 강화도가 청의 군병에 의해 함락됨으로써 죽게 된 많은 여인의 원령(怨靈)이 주인공의 꿈에 나타나 조정 대신과 강화 수비를 맡았던 관리들을 비난하는 것이 작품의 내용으로, 병자호란 이후 멀지 않은 시대의 작품으로 추정된다. 장효현, 「강도몽유록」, 『한국민족문화대백과사전』, 1995. 이 작품에 관한 연구는 조혜란, 「강도몽유록 연구」, 『고소설연구』 제11집, 한국고소설학회, 2001 참조.

적멸사(寂滅寺)의 청허선사(淸虛禪師)가 강화도에서 죽은 수많은 사람의 시신을 거두기 위해 연미정(燕尾亭) 기슭에 움막을 짓고 지낸다. 어느 날 꿈에서, 병자호란 당시 강화도에서 죽은 열다섯 여인의 혼령이 한곳에 모여 울분을 토하는 광경을 엿보게 된다. 첫 번째 여인은 당시 영의정을 지낸 김류의 부인으로, 남편이 능력 없는 아들 김경징에게 강화도 수비의 책임을 맡겼고, 아들은 술과 계집에 파묻혀 강화도가 쉽게 함락되게 했다며 남편과 아들을 함께 비난한다. 두 번째 여인은 김경징의 아내로, 자기 남편이 강화도가 함락되게 만든 책임으로 죽임을 당한 것은 마땅하나, 같은 죄를 지은 이민구(李敏求), 김자점, 심기원(沈器遠) 등은 전쟁 후 오히려 벼슬이 오른 것은 공평치 못한 일이라고 비난한다.

세 번째 여인은 왕후의 조카딸로, 남편은 전쟁 중에 눈이 멀고 그 부모도 돌아가셨다며 슬퍼한다. 네 번째 여인은 왕비의 언니로서 중신(重臣)의 아내였는데, 적군이 들어오기도 전에 어질지 못한 자기 아들이 먼저 칼을 내던졌고, 자신이 자결한 것도 아닌데 정렬(貞烈)로 표창케 한 사실을 어이없어한다. 다섯 번째 여인은 강화도가 함락된 데 자신의 남편에게 책임이 있다고 말하고, 여섯 번째 여인은 강도유수를 맡았던 시아버지의 책임을 지적하며, 일곱 번째 여인은 아들의 책임을 각각 말하며 개탄한다.

여덟 번째 여인은 남편이 오랑캐의 종이 되어 상투를 잘랐다며 비난한다. 아홉 번째 여인은 서울로부터 홀로 강화도에까지 피난을 왔다가 무참히 죽임을 당한 원통함을 토로한다. 열 번째 여인은 지휘관이었던 남편의 잘못과 이름 있는 관리의 아내이면서도 오랑캐에게 몸을 내준 동생의 실절(失節)을 비난한다. 열한 번째 여인은 전북 진안 마니산 바위굴에 숨었다가 오랑캐의 겁박을 피해 절벽에서 투신한 여인으로, 으깨진 비참한 몰골로 원한을 토로한다. 열두 번째 여인은 결혼한 지 두 달 만에 전쟁을 만나 물에 빠져 죽었으나, 남편은 그 사실을 모르고 아내가 오랑캐 땅에 들어갔는지, 길에서 죽은 것인지 의심하고 있다며 탄식한다.

열세 번째 여인은 시아버지가 강하게 척화를 주장해 대의를 드러냄으로써 자신이 그 공로로 하늘 궁전에서 선녀로 노닐게 되었다고 자랑한다. 열네 번째 여인은 할아버지의 고결한 지조의 공로로 천당에 올 수 있었다고 자랑한다. 열다섯 번째 여인은 기생으로, 뒤늦게 정절을 지키려 했으나 전쟁을 만나 목숨을 버렸다는 이야기를 하면서 전쟁 중에 절의 있는 충신은 하나도 없고, 추위로 살이 베이는 듯한 정절은 오직 여인들만이 보여주었다고 통탄한다. 그러자 그 자리의 여인들이 일제히 울음을 터뜨렸고, 처절하고 불쌍해 차마 들을 수가 없다며 청허선사는 꿈에서 깬다.

이처럼 병자호란을 겪으면서 불행한 운명에 처했던 여인들의 한 많은 이야기가 실려 있는 『강도몽유록』에 등장하는 이야기는 특히 남편과 자식, 시아버지 등 남성 가족들에 대한 원망과 비난에 집중되어 있다. 자신들은 정절을 지켰지만, 아내, 딸, 어머니 등 연약한 여자를 지키지 못하고 정절을 지키라며 칼로 자신을 찔러 죽이고 나서 이를 정렬(貞烈)로 포장해 가문의 체면을 세우기에 급급했던 조선의 사대부 양반 남성들을 통렬하게 비판한다. 이 밖에 이 여인들은 무능하고 무책임했던 김류, 그의 아들인 강화도 수비 책임자 김경징, 장신 등 당시 조정과 대신들의 행태를 비난하고 있다.

이런 이야기는 여인들의 순절과 강화도 함락 당시의 상황과 일치한다. 이들은 크게 세 부류로 나눌 수 있다. 첫째, 전쟁 중에 허무하게 죽어간 것을 한탄하는 여인들, 둘째, 전쟁에 임해 관료로서의 책무와 인간적인 본분을 다하지 못한 남편, 자식, 시아버지의 행위를 비난하는 여인들, 셋째, 시아버지와 할아버지가 척화를 주장한 공로로 자신들이 하늘 세계에서 선녀로 있게 된 것을 자랑스럽게 생각한 여인들이다. 당시 병자호란의 책임을 져야 했던 자들은 인조반정 세력이었다. 이들은 능력을 갖추지 못한 자들을 요직에 앉혀 놓았다. 그리고 군사를 사사로이 부리며 농민들을 가혹하게 수탈하고 오랑캐와 화친을 내세움으로써 임금이 무릎 꿇고 항서(降書)를 올리는 치욕을 겪게 했다. 『강도몽유록』은 인조반정을 주도한 공신들의 허물을 공신 세력의 부인 또는 며느리를 통해 비난하도록 하는 특이한 구성으로 이루어져 있다. 이 작품에는 척화의 대의와 여인의 정절을 높이 평가하는 관점이 강하게 드러나 있다.[236]

이 외에 병자호란을 겪은 조선 여인들의 한 많은 이야기로 『박씨전(朴氏傳)』이 있다.[237] 이 책은 박씨 부인을 주인공으로 해 그의 남편 이시백(李時白), 임경업, 김자점, 그리고 청나라 장수 용골대 등

---

236 김남윤, 「조선 여인이 겪은 혼란, 이역살이, 환향의 현실과 기억: 소현세자빈 강씨를 중심으로」, 『역사연구』 제17호, 역사학연구소, 2007, pp. 91~93.
237 이 이야기는 한문본이 없고 언문 필사본이 많아 주 독자가 사대부 여인들로 추정되고 있다. 장효현, 「박씨전의 제 특성과 형성 배경」, 『한국 고전소설사 연구』, 고려대학교 출판부, 2002, pp. 181~202.

병자호란 당시 실존 인물을 등장시켜 현실감을 보여주고 있다. 박씨는 시댁 식구들의 박해에도 불구하고 남편을 도와 과거 급제를 하게 한다. 박씨는 오랑캐의 침략을 예견하고 남편을 통해 이에 대비하도록 김자점에게 전하지만 무시된다. 박씨는 가족의 안전을 위해 피난처를 마련해 화를 면하지만, 오랑캐에게 잡혀가는 부인네들이 박씨를 보고 통곡하자 박씨는 돌아올 때가 있으니 그날까지 참고 견디라고 말해준다. 이처럼 병자호란을 거치면서 정절을 빼앗겼다는 이유로 천시받고 가족들로부터 버림을 받았던 조선 여인들의 억울함과 분노는 조선이 어떤 나라인지를 적나라하게 보여준다.[238]

이렇게 유교 윤리와 가부장적 질서 속에서 한이 서린 삶을 살아야 했던 조선 여인들은 이후 더욱 가혹한 통제를 받아야 했다. 이 두 소설은 바로 이러한 조선 사회를 통렬하게 비판하고, 체면과 겉치레에 사로잡혀 있던 조선 사대부 양반 남성들이 만들어낸 사회 질서가 여인들에게 얼마나 참혹했는지를 여실히 보여주고 있다.[239] 이후 조선 여성들은 가혹할 정도로 정절을 강요받으며 한이 많은 삶을 살았다. 「나비가 된 여인」이라는 옛이야기는 열녀가 될 것을 강요받은 조선 여인의 한 많은 삶을 전하고 있다.

---

238 이 점에 대해서는 조혜란, 「여성, 전쟁, 기억, 그리고 박씨전」, 『한국고전여성문학연구』 제9집, 한국고전여성문학회, 2004 참조.

239 김남윤, 앞의 글 「조선 여인이 겪은 혼란, 이역살이, 환향의 현실과 기억: 소현세자빈 강씨를 중심으로」, p. 94; 조혜란, 「원귀들의 통곡성: 강도몽유록」, 『여성이론』 제7집, 여성문화이론연구소, 2002, pp. 145~164.

옛날 어느 곳에 한 여인이 있었다. 그녀에게 결혼할 상대가 있었지만, 불행하게도 그 남자는 결혼 전에 죽었다. 이 소식을 듣고 그녀는 흰 가마를 타고 시집 될 집을 찾아가 머리를 풀고 울었다. 그로부터 그녀는 아침저녁으로 남자의 무덤을 찾아가서 울며 남자의 이름을 부르며 무덤을 돌았다. 사실 그녀는 남자의 이름을 알고 있을 뿐 얼굴 한번 본 일이 없었다. 그러나 지금에 와서 다시 시집을 갈 수 없었다. 더구나 양반집에서 이러한 규정을 무시하고 시집을 간다고 한다면 그 가족은 물론 모든 일족이 천대를 받게 마련이었다. 그래서 옛날엔 어느 가문에 젊은 과부가 생기면 음독시켜 죽이는 수도 있었다. "저승에서나마 부부가 되겠어요. 만일 그런 인연이라도 있다면 제발 이 무덤이 갈라져주십시오"라고 말하며 그녀는 매일 울부짖었다. 어느 날 여느 때와 같이 울고 있으니까 갑자기 무덤이 두 동강 나면서 갈라졌다. 그러자 그녀는 그 무덤으로 뛰어들었다. 이것을 보고 있던 몸종이 급히 그녀의 치맛자락을 잡아당기려고 했지만 이미 그녀의 몸은 무덤으로 들어가버리고 그저 찢어진 한 가닥의 치맛자락만 몸종의 손에 잡혀 있을 뿐이었다. 그러자 치맛자락은 푸시시 사라지더니 이내 아름다운 나비가 되어 훨훨 하늘로 날아가버렸다. 지금의 나비는 모두 이때 나비로부터 번식한 것이라고 한다.[240]

한국 전설은 임진왜란과 병자호란과 관련된 내용이 많다.[241] 사실

---

240 1923년 경남 동래 지방에서 채집한 이야기로서 孫晉泰, 『朝鮮の民譚』, 1930에 실려 있다. 최인학, 『한국설화론』, 형설출판사, 1982, p. 225에서 인용.

241 최인학, 위의 책 『한국설화론』, p. 67.

이 이야기는 조선 여성의 정절을 보여주고 있으나, 자신의 인생과 무관한 열녀로서의 삶을 강요당하며 매일 무덤을 돌면서 고통스럽게 살아야 했던 한 여인이 결국 죽음으로써 나비가 되어 불행한 삶으로부터 해방되고자 한 열망을 담고 있다. 아울러 이 민담은 당시의 유교적 관습에 한 여인이 죽음으로써 저항한 모습을 보여주고 있다. 이렇게 여인에게 가혹한 삶의 굴레를 씌운 조선 사대부 양반들의 정신세계는 견고한 주자 성리학에 사로잡혀 있었다. 이런 조선 지배층의 정신세계는 온갖 사회적 모순을 낳았고, 자신들도 위선의 굴레에서 벗어나지 못했다. 그 결과, 이후 조선은 이전보다 더욱 견고하게 유교에 갇힌 폐쇄적인 사회를 강화했고, 사대부 양반들은 붕당정치를 통해 정치적 갈등만 키웠다. 이것이 바로 세도정치 시대다.

인조 23년(1645) 청에서 풀려나 귀국한 김상헌은 1652년 작고할 때까지 정치 활동을 접고 고향 안동에 칩거했다. 아마도 그는 오랑캐에게 항복했다는 자괴감을 느꼈을 것이고, 무능하고 대의를 저버린 인조와 최명길 등 주화파와 함께 국정에 참여하고 싶지 않았을 것이다. 그가 심양에서 귀환하기 1년 전인 1644년 명나라가 멸망하고 오랑캐의 나라 청이 대륙을 통일했으니 그로서는 당연한 일일 것이다. 명나라가 망하자 그는 시를 써서 이런 심정을 드러냈다.

> 지난날, 사신으로 입조해 빈객이 되니 / 바다 같은 황제 은혜 신하에게 미치었네 / 하늘과 땅이 뒤엎어진 오늘을 만나니 / 아직 죽지 않아 부끄럽게 의를 저버린 사람이 되었구나.[242]

이 글에서도 알 수 있듯이 그는 조국과 백성에 책임지는 정치인이 아니라 사대의 대상인 중국 명나라의 충실한 신하였다.[243] 이러한 김상헌의 충실한 사대주의는 그의 제자 송시열을 비롯한 노론의 이념으로 계승된다. 조선이 망할 때까지 그의 이름은 숭명배청의 상징이 되었고, 인조 이후 왕들은 노론에 의해 때마다 김상헌을 기려야 했다.[244] 안동김씨 김상헌의 자손은 조선을 망조로 이끈 세도정치의 표본이 된다. 김상헌의 양자였던 김광찬(金光燦)은 세 아들, 김수증(金壽增), 김수흥(金壽興), 김수항(金壽恒)을 두었고, 3남 김수항은 여섯 아들을 두었는데, 그중 장남 김창집(金昌集)의 아들 김제겸(金濟

---

242 김하윤, 「청음(淸陰) 김상헌 한시에 나타난 지식인의 고뇌와 초탈에 대하여」, 『한민족어문학』 제78집, 한민족어문학회, 2017, pp. 213~239.

243 청을 황제국으로 인정하지 않고 반청의식을 강하게 주장했던 청음 김상헌은 그 대가로 압송되어 청의 감옥에 갇혀 살아야 했다. 이 경험을 그는 시집인 『설교집(雪窖集)』에 기록했다. 『설교집』은 『청음집』 권11~13에 해당된다. 각각 『설교집』, 『설교후집(雪窖後集)』, 『설교별집(雪窖別集)』 등의 제목이 있다. 김상헌은 조선과 전혀 다른 심양이라는 공간에서 자신의 모습을 재인식하는 시간을 갖게 되면서 조선인임을 더 뚜렷하게 자각했다. 특히 그는 청을 황제국으로 인정하기를 거부하고 '땅에 대고 절하지 않음'으로써 '조선인'으로서의 정체성을 드러내고자 했다. 즉 그의 '조선인'이라는 의식은 힘의 원리를 거부하고 의리를 지키며 오랑캐 문화에 동화되지 않고 중화 문명을 계승, 고수하고자 하는 의지를 담고 있다. 김기림, 「청음 김상헌의 시에 나타난 심양 체험과 그 인식: 『설교집』을 중심으로」, 『이화어문논집』 제37집, 이화어문학회, 2015, pp. 5~25.

244 김상헌은 정계에서 당파적으로는 서인에 속해 있으면서 인조반정 이후 공서파(功西派)에 대립해 청서파(淸西派)를 이끄는 영수(領袖)로 활동하며 정국을 이끌고, 학문적으로 기호학파의 성향을 띠고 성리학의 수장으로 당시 학계를 주도했던 인물이다. 그의 역사의식은 그가 남긴 문학 작품 가운데 시 작품에 특히 잘 나타나 있다. 그의 역사의식 전반에 흐르는 의식 체계는 그의 학문세계와 무관하지 않으며, 성리학적 실천 유학자로서 도학의 특징인 의리와 절개를 중시하며 당시 유풍(儒風)을 주도한 청음은 이런 성리학적 사고 체계를 기반으로 현실을 인식했다. 송희경, 「청음 김상헌의 역사의식: 시문학을 중심으로」, 『한문고전연구』 제29집, 한국한문고전학회, 2014, pp. 181~217.

謙)의 손자가 세도정치의 시조인 김조순이다. 김상헌의 자손들 모두가 노론의 핵심 세력이었고, 영의정을 비롯한 조정의 주요 관직을 독차지했다. 김상헌도 인조반정의 공신이었으며, 노론이 처음 시작할 때부터 끝날 때까지 중심을 차지한 집안이었다.[245] 노론의 마지막 영수가 이완용(李完用)이었으나 사실 노론 전체가 매국에 가담해 그 공로로 일제로부터 작위를 자랑스럽게 받았다. 1910년 조선총독부에서 발간한 「조선귀족열전(朝鮮貴族列傳)」에 따르면, 작위를 받은 조선인이 총 76명이었는데, 이 가운데 정확하게 소속이 확인된 64명 중 노론이 88퍼센트에 해당하는 56명이었다.[246]

---

245 영남의 노론은 크게 전통적인 노론 사족 가문과 노론을 표방하며 등장한 향층(鄕層), 두 가지 유형으로 구분할 수 있다. 전자는 영조 14년(1738) 정언 이수해(李壽海)가 안동 김상헌 서원 재건립을 요청한 상소에서 영남 내 대표적인 서인 명문가들을 언급한 내용을 통해 일단의 단서를 찾을 수 있다. 그는 영남 최고의 노론 명문인 덕수이문(德水李門), 즉 덕수이씨 가문의 일원으로 열거한 가문들과 긴밀한 혼반을 구축하고 있었다. 이 가문은 17세기에 기호 지역 서인 가문과 주로 혼인하면서도 영남 지역 사족 가문과도 혼인을 매개로 노론 확산에 큰 역할을 했다. 18세기에도 앞 시기와 유사한 흐름 속에서 상대적으로 통혼권이 더 확대되어 영남 지역 내 가문들과의 혼인 비중이 높아졌다. 이는 영남 내 동색(同色)이 증가했음을 의미한다. 물론 여기에는 18세기 영남 사회의 변화 속에 관권의 비호를 받은 신향 세력의 부상도 큰 몫을 차지했다. 조선 후기 영남 서인계 원사(院祠)는 노론계 60개소, 소론계 2개소, 노·소론계 공존 1개소로 총 63개소다. 이들 가운데 중간에 승원한 곳이 대다수였으며, 지역별로는 38개 군현에 분포했고, 좌도가 우도에 비교해 앞서 있었다. 건립 시기는 18세기의 비율이 가장 높았으며, 대구부·상주목·경주부·성주목 대읍에 그 숫자가 높게 나왔다. 문중 관련 인물을 제향한 노론계 서원은 14개 가문에서 16개소가 건립되었으며, 충절인을 제향한 원사는 5개소가 건립되었다. 채광수, 「조선 후기 영남 지역 노론계 가문의 분포와 서원 건립 추이」, 『한국서원학보』 제8집, 한국서원학회, 2019, pp. 91~127. 원사에 대해서는 이병훈, 「조선 후기 영남 지역 원사의 건립과 변화 검토」, 『한국서원학보』 제6호, 한국서원학회, 2018, pp. 83~128 참조.

246 이덕일, 『한국사 그들이 숨긴 진실』, 위즈덤하우스, 2009, p. 221. 「조선귀족열전」은 『조선귀족약력』(齊藤實文書, 1925)에 실려 있는 것으로 『친일반민족행위관계사료집

역사 서술은 망각해온 과거를 현재로 끌어와 다시 재현하고 이를 각자의 시각으로 재해석함으로써 그 역사적 사실에 가치를 부여한다. 김훈 소설『남한산성』은 병자호란의 시대적 상황을 남한에 있는 산성이라는 공간 안으로 끌고 들어와 현재의 관점에서 재해석하고 있다. 과거의 역사 서술이 그렇듯이『조선왕조실록』도 지배층의 시각으로 그 시대의 여러 모습을 기록하고 있다. 실록은 어디까지나 왕과 사대부 양반들을 중심으로 한 역사서다. 여기에서 피지배층인 농민과 천민들의 기록은 사대부 양반 지배층의 통치의 한 부분에 지나지 않는다. 그나마 소설『남한산성』에서는 서날쇠와 정명수라는 천민의 이야기가 다루어지고 있다. 임진왜란과 병자호란을 거치면서 실록과 그 밖에 사대부 양반들이 기록한 내용은 대부분 지배층이 겪은 고충과 그 당시 상황에 대한 자신들의 생각이다. 피지배층인 농민과 천민 등 백성들이 전란 중에 겪은 고충, 그리고 그 상황에 관한 그들의 생각에 대해서는 거의 기록이 없다. 문자를 알고 자신에 관한 이야기를 기록해 남길 수 있는 지배층 입장에서 본 피지배층이 처했던 당시 상황만이 전해지고 있을 뿐이다.

『남한산성』에 등장하는 서날쇠와 정명수는 둘 다 천민, 노비 신분이지만, 정명수는 실록에서든 다른 사대부 양반들의 기록에서든 악독한 인물로 묘사되어 있다. 반면 서날쇠는『남한산성』에서 천민일지라도 나라를 걱정하고 나라를 위해 헌신하는 인물로 묘사되어 있

IV: 조선 귀족과 중추원』, 친일반민족행위진상규명위원회, 2008, pp. 60~146에 수록되어 있다. 특히 조선 귀족에 대해서는 이주한,『노론 300년 권력의 비밀』, 위즈덤하우스, 2011 참조.

다. 전란을 불러일으킨 주역이 지배층이지만 정작 모든 고통을 받은 사람들은 피지배층 백성들이었다. 하지만 강화도에서 벌어진 참혹한 장면에 관한 역사 기록은 사대부 양반들의 내용이 대부분을 차지하고 있고, 피지배층 백성들은 아무런 치욕과 고난을 겪지 않은 것처럼 그들에 관한 기록은 보이지 않는다.[247] 조선의 역사 기록은 이렇듯 모두 지배층 사대부 양반들을 중심으로 그들의 관점과 시선만을 보여주고 있다. 서날쇠의 눈에 지배층 사대부 양반들은 초라한 패잔병에 불과했고, 목숨 부지에 연연한 비굴한 모습으로 비쳤다. 또 평안도 은산 관아의 세습 노비인 정명수의 시선은 조선의 천민들에게 조국이란 애초부터 없었다는 것을 보여주고 있다. 이것이 조선 피지배층 백성들의 생각이었다.

피지배층으로서 지배층 양반들에게 멸시와 천대, 착취를 당하며 살아야 했던 농민과 천민에게 나라는 단지 수탈과 천대의 공간에 불과할 뿐 자신의 정체성과는 관계없는 타자의 공간이었다. 나라를 지켜야 할 왕과 사대부 양반들은 도주하다가 길이 막히면 무릎을 꿇고 항복해 제 살길을 찾기에 급급했다. 반면에 천민 서날쇠는 종묘사직과는 아무런 관계가 없으나 조선의 백성으로서 나라를 구하는 일에 몸을 바친다. 이런 서날쇠에게 국가란 무엇이었을까? 이 작

---

247 『연려실기술』 권26 「인조조 고사본말」의 '강도순절자'편을 보면 희생자 모두 사대부 양반 출신들이었다. 이 가운데 '순절한 부인들' 편에서 스스로 자결한 사대부 양반(士族) 아내들의 명단이 대다수를 차지하고 사노 김희천(金希天)의 아내 대숙(大淑), 내비(內婢) 고온개(古溫介), 사비(私婢) 애환(愛還), 사노 검동(儉同)의 아내 분개(分介) 등 몇몇 천민의 이름이 나오는데, 이들은 주인을 따라 자결한 자들로 보인다.

품에서 그려진 남한산성 서문 밖 널무리마을의 사노 서날쇠의 모습은 병자호란의 특수성보다는 전쟁과 무관하게 살아가는 피지배층 백성들의 일상사의 보편성을 드러내주고 있다.[248] 반면 정명수는 승리자의 위치에서 한때 자신을 짐승보다 더 천하게 대했던 조선의 지배층 사대부 양반들에게 온갖 횡포를 부리며 군림한다. 정명수의 모습은 당시 조선의 피지배층이 지배층 사대부 양반들을 바라보는 시각이다. 남한산성 안에 있는 군신들은 백제 시조인 온조왕의 사당에서 제를 지낸다. 온조의 혼령을 통해 무너져가는 사직을 보존하고자 한 행위는 지배층의 의존성을 보여준다. 전쟁에 능동적으로 대처하지 못하고 과거로 퇴행한 무능한 권력 집단은 온조의 나라 백제에 기대고자 했으나, 집단기억의 형식일 뿐 군신을 하나의 민족의식으로 결집하지 못했다.

이런 조선의 역사 속에 사대부 양반 출신 여인들의 또 다른 기억이 있다. 사대부 양반 가문의 여인들은 물론 천시받는 계층이 아니지만, 혼란기 약자에 속한다. 그 역사적 기억과 상징이 바로 홍제천

---

248 서날쇠의 실제 모델은 서흔남(徐欣男)이다. 남한산성 안에서 양향사(糧餉使) 직책을 맡아 군량을 담당했던 나만갑이 기록한 『병자록』에 서흔남이라는 천민의 이야기가 나온다. 그는 1월 12일 김상헌의 부탁으로 인조의 유지를 가지고 여러 도로 나갔다가 1월 26일 돌아와서 수원, 청주, 이천, 여주 등지의 적군 동태와 지방군의 대응 태세를 보고했다. 서흔남은 남한산성으로 돌아오는 길에 청나라군이 주둔한 곳을 지나가다 청 태종을 만났다. 청 태종은 행색이 거지 같았던 서흔남을 보고 먹을 것을 주라고 명령한다. 조정은 이 천민에게 면천하고 종이품 가의대부(嘉義大夫)의 품계를 내렸다. 그의 공이 컸지만, 실록에 기록되지 않았다. 아마도 천민이라 사관이 실록에 기록하지 않은 것으로 보인다. 그는 1667년 남한산성 문밖 광주시 중부면 검복리 병풍산에 묻혔다. 김훈, 앞의 책 『남한산성』, pp. 421~422.

이다.[249] 이 기억과 상징은 심양으로 끌려갔던 수많은 여인에게 수치와 배신감을 안겨주었을 뿐만 아니라 지배층의 무능을 폭로하는 의미를 지니고 있다. 사대부 양반 지배층이 기억하고자 하는 장소는 임금을 중심에 두고 치욕스러운 삼배구고두가 행해진 삼전도겠지만, 여성과 피지배층이 잊지 못할 장소는 '화냥녀'를 씻긴 홍제천이다. 『남한산성』에서 심양에 끌려가는 여인들은 수레 위에서 깔깔거리며 길가에 엎드린 백성들을 향해 손을 흔들었다. 그리고 남한산성 쪽을 냉소적으로 바라보았다.[250] 이렇듯 병자호란은 피지배층 백성들에게 자신들의 전쟁이 아니라 타인들, 즉 지배층 사대부 양반들의 전쟁이 아니었을까?

---

249 피에르 노라의 '기억의 장소' 담론이 기억을 바탕으로 한 민족의 정체성을 탐구하는 것이라면, 파트리크 모디아노(Patrick Modiano)의 『어두운 상점들의 거리』는 기억을 바탕으로 한 개인의 정체성을 탐구하는 것이다. 김훈의 소설 『남한산성』은 국가와 민족의 정체성보다 김상헌과 최명길, 그리고 서날쇠와 정명수 등 지배층과 피지배층의 정체성을 추적하는 이야기로 꾸며져 있다. 이러한 역사와 문학의 기억에 대해서는 박용진, 「문학의 기억, 역사학의 기억: 파트리크 모디아노의 『어두운 상점들의 거리』와 역사적 기억」, 『서양사론』 제125호, 한국서양사학회, 2015, pp. 151~177을 보라. 피에르 노라는 '역사의 장소'가 곧 '기억의 장소'라고 말한다. Pierre Nora, "Entre mémoire et histoire", *Les lieux de mémoire*, vol. 1(Paris: Gallimard, 1997), p. 38. 이런 관점에서 남한산성은 곧 역사의 장소이며, 홍제천은 병자호란 당시 사대부 양반과 천민, 그리고 여성들의 '집단기억'의 장소이기도 하다.

250 『남한산성』은 병자호란 당시 46일 동안 남한산성에 갇힌 인물 군상을 중심으로 이야기가 전개된다. 병자호란은 피지배층인 서날쇠와 정명수를 중심으로 한 대항(對抗)기억과 지배층인 최명길과 김상헌이 역사에 남긴 공식(公式)기억을 보여준다. 그리고 이 소설은 역사에 기록되지 않은 하층민을 대항기억의 문화로 복원하고 있다. 김훈은 승자의 편인 정명수가 아닌 패자의 편인 서날쇠를 중심인물로 다루면서 역사에서 벗어난 하층민의 대항의식을 보여준 것이다. 음영철, 「김훈 역사소설에 나타난 기억의 양상(The Phases of Memories in Kim Hoon's Historical Novels)」, *Asia-pacific Journal of Multimedia Services Convergent with Art, Humanities, and Sociology*, vol 9, no. 10, October, 2019, pp. 311~320.

마지막으로 피지배층 백성들이 조선을 어떤 나라로 생각하고 있었는지 살펴보자. 1627년 정묘호란 당시 평안감사였던 윤훤(尹暄)은 평양성에 6천여 명의 병력을 확보하고 있었는데, 인근 수령들이 병력을 이끌고 평양으로 집결해 8천 명에 달했다. 그렇지만 이들은 정예병이 아니라 민가에서 강제로 징발된 농민, 노비, 천민 집단으로 구성된 오합지졸에 불과했다. 청나라 군사의 공격을 막기 위해 윤훤이 방어 계책을 내놓자 군사들이 호패를 풀어서 성 위에 쌓아두고는 "호패가 적의 침략을 막을 수 있는데 우리가 어찌 싸우겠느냐?"라며 싸울 의지를 보이지 않았다. 드디어 청나라 후금군이 평양성 밖으로 집결하면서 안주성이 무너졌다는 소식이 전해지자 성내의 군민들 가운데 도주자가 속출했고, 노약자 2천 명만이 남아 청나라의 공격에 대응했다.

청나라군이 평안도 안주까지 남하했을 때 윤훤은 안주성을 수호할 계책을 수립했다. 호패에 양반과 서얼, 상민, 노비를 구분해서 써놓았는데, 신분 차별로 사람대접을 받지 못했던 서얼, 상민, 노비들이 "우리는 나가서 싸우지 못하겠으니 양반 사대부인 너희가 나가서 싸워라"라며 항전을 포기하자 안주성은 순식간에 무너지고 말았다.[251] 조선의 백성들에게 나라는 존재하지 않았다. 임진왜란이 발발

---

251 이덕일, 『윤휴와 침묵의 제국』, 다산초당, 2011, p. 211. 이 내용은 숙종 4년(1678) 5월 11일 당시 호패법에 관해 임금에게 올린 대사헌 윤휴의 밀소(密疏)에 나온 것이다. 윤휴의 이 상소는 양반과 노비, 천민 등 신분을 표시한 호패를 누구나 목에 차고 다니게 해 한눈에 그 사람의 신분을 구분할 수 있게 한 법의 폐단을 지적하며 나무로 만든 호패가 아닌 종이로 만든 지패(紙牌)를 갖고 다니게 해 쉽게 사람의 신분을 구별하지 못하게 함으로써 인권을 보장하자는 것이었다. 『숙종실록』 권7, 숙

하자 왜군에 조선 피지배층 백성들이 대거 참여해 지배층 사대부 양반들에게 저항했고, 병자호란 때는 신분을 나타내는 호패를 던지며 사대부 양반에게 "너희가 싸워라"라고 외쳤다. 이런 상황은 사대부 양반이 주권자이지 피지배층 백성이 아니라는 조선의 본질적인 국가 성격을 보여주는 장면들이다.

종 4년(1678) 5월 11일 경술 1번째 기사.

제3장

사대 명분의 정치

1

신분과 특권을 지켜라

병자호란이 끝나고 중국의 지배자도 명나라에서 청나라로 바뀌었다. 그러나 외형이 바뀌었을 뿐 조선 사대부 양반들은 여전히 중화사상에서 벗어나지 못하고 있었다. 이후 조선이 일제의 식민지로 전락하기까지 임진왜란과 병자호란 같은 외침은 없었다. 아마도 인조이후 고종에 이르기까지의 이 시기가 사대부 양반들에게는 호시절이었을 것이다. 왜와 청의 두 번의 침략을 겪고도 지배층은 고질적인 당쟁만 일삼고 있었고, 지도 이념인 주자학은 돌이킬 수 없는 관념의 세계로 치닫고 있었다. 그런 가운데 인조반정을 통해 권력을 장악한 이이와 성혼 계통의 서인은 효종 대에 이르러 송시열이 등용되면서 정치적 기반이 더 굳건해지자 이황 계열의 남인에게 도전을 받게 되었다. 그 시발점은 인조의 뒤를 이어 즉위한 효종 시기자의대비(慈懿大妃)의 상복을 두고 서인과 남인 간에 벌어진 두 차례의 정치적 분쟁, 바로 예송논쟁이었다. 첫 번째 논쟁인 기해예송(己亥禮訟)은 1659년 효종이 사망한 후 자의대비가 계모로서 몇 년동안 상복을 입어야 하는가 하는 문제를 두고 벌어진 논쟁이다. 인조반정과 소현세자의 죽음까지 거슬러 올라가면 효종과 현종의 정통성의 문제에 걸리기 때문에 서로 목숨을 건 격렬한 투쟁이 이어졌다. 이 논쟁에서 서인이 이겼으나 현종 15년(1674) 자의대비가 시어머니로서 상복을 몇 년 입어야 하는지를 놓고 벌어진 두 번째 논쟁인 갑인예송(甲寅禮訟)에서는 남인이 이겨 정권이 서인에서 남인으로 바뀌었다.[1]

예송논쟁은 정치적·철학적·윤리적 상징성이 엄청났던 사건이었다. 표면적인 이유는 단순한 복식 정도였지만, 배경적으로는 서인과 남인(더 정확하게는 동인) 시절부터 있었던 이기일원론과 이기이원론의 문제, 더 나아가 조선 초기부터 존재했던 조선의 통치 체제 문제까지 걸려 있던 정치적인 격전이었다. 그리고 이런 문제가 효종의 정통성과 맞물려 예송논쟁을 통해 폭발한 것이다. 실제로 송시열이 체이부정(體而不正) 이야기를 꺼낸 순간 정태화(鄭太和)가 기겁하고 이를 막았던 것에서 알 수 있듯이 이미 예송은 시작부터 왕의 정통성 문제와 직접 연결된 문제였다. 다만 정통성 논쟁은 말을 꺼내는 순간 역모로 처벌될 수 있는 중대한 문제이기 때문에 대신 상복으로 논쟁이 벌어진 것이다. 그리고 논쟁 당사자들도 상복은 그저 꼼수라는 것을 시작부터 알고 있어서 정태화가 소현세자의 막내아들 이석견(李石堅)을, 그리고 윤선도(尹善道)가 상소에서 왕의 적통과 종통(宗統)을 이야기한 것이다.[2]

---

1   이덕일, 앞의 책 『조선 선비 당쟁사』, pp. 196~214.
2   조선시대에 왕위 계승에 관한 성문법 체계는 없으나, 종법을 제사 상속에 대입해보면 『경국대전』의 '예전' '봉사(奉祀)'조와 '입후(立後)'조에 그 순위가 규정되어 있다. 순위는 첫째 제향자의 장자 및 적장손, 둘째, 중자 및 적장손, 셋째, 적장자의 첩자

논쟁에서 진 후 권력 중심에서 밀려난 서인은 노론과 소론으로 갈라지고, 먼 훗날이긴 하지만 숙종과 경종, 영조 대에 여러 위기를 넘기면서 다시 정권을 잡는다. 이제 조선은 본격적인 붕당정치로 접어들기 시작했다. 인조의 장남 소현세자가 청에서 귀국한 후 얼마 지나지 않아 급사하면서 문제가 커졌다. 사대부 양반들에게는 인조 사후 왕이 되는 것이 당연한 사람으로 여겼던 소현세자가 갑자기 사망한 이유는 둘째치고, 이후 인조의 행태가 예송논쟁 이후 영조 초에 일어난 이인좌의 난까지 영향을 끼칠 만큼 큰 문제였다. 예학 (禮學)에서 장자가 죽으면 장손에게 먼저 종통이 이어진다고 했으나, 인조는 소현세자의 가계를 아예 지워버릴 심산이었는지 둘째인 봉림대군을 세자로 삼았다. 인조는 장자가 죽었는데 며칠 만에 탈상하고, 이후 소현세자의 아내이자 인조의 며느리인 민회빈 강씨를 억지에 가까운 주장을 내세워 주살한 데다 예법상 자신의 대통을 이어받는 게 마땅한 소현세자의 아들 세 명은 제주도로 유배를 보냈다. 인조 25년(1647) 5월 13일 제주도에 유배된 소현세자의 세 아들

및 첩장손이고, 이들이 모두 없으면 제향자의 아우에게로 승계되며, 양첩자가 천첩자보다 우선했다. 단, 적장자일지라도 불구, 불효, 불충 등 제사를 승계하지 못할 사유가 있으면 그 자격을 박탈했는데, 이를 '폐적(廢嫡)'이라고 한다. 폐적되면 장자는 중자의 지위로 떨어지고 차적(次嫡) 봉사를 하거나 입양을 했다. 이에 근거하면 제향자 인조의 적장자는 소현세자, 적장손은 경선군(慶善君), 경완군(慶完君), 경안군(慶安君)이고, 효종은 중자에 해당하며, 현종은 중자의 적장손에 해당한다. 그렇기에 효종이 세자에 책봉될 때 경선군이 살아 있었기에 효종의 세자 승계에 논쟁이 있었고, 현종이 즉위했을 때도 소현세자의 3남인 경안군이 살아 있었기에 종법에 근거하면 현종의 정통성에 문제가 되었던 것이다. 이는 후대에까지 영향을 주게 되어서 현종의 손자에 해당하는 영조 대에 이인좌의 난이 일어났을 때 이인좌가 영조의 정통성을 문제 삼으며 왕으로 추대한 인물이 소현세자의 증손인 밀풍군(密豊君)이었다.

이석철(李石鐵), 이석린(李石麟), 이석견은 각각 12세, 8세, 4세였다. 이에 대해 사관이 천륜을 저버렸다고 비난할 정도로 인조는 냉혹한 인물이었다. 이 어린아이들을 돌보지 않고 유배지에 그대로 내버려 두어 결국 이 중 두 아들이 그곳에서 요절하자 인조는 슬픈 마음을 표시했으나, 그의 비정함은 사관의 눈을 피하지 못했다.[3]

석철이 역강(逆姜)의 아들이기는 하지만 성상의 손자가 아니었단 말인가. 할아버지와 손자 사이의 지친(至親)으로서 아무것도 모르는 어린아이를 장독(瘴毒)이 있는 제주도로 귀양 보내 결국은 죽게 했으니, 그 유골을 아버지의 묘 곁에다 장사지낸들 또한 무슨 도움이 있겠는가? 슬플 뿐이다.[4]

인조는 이에 앞서 소현세자비 강씨 처리 문제에서도 마찬가지로 조금의 인정도 보이지 않았다. 강씨의 처리를 두고 사대부 양반들은 예학을 넘어 인륜적으로 잘못이라며 반대함으로써 인조와 마찰을 빚었다.[5] 그러자 헌납 심로(沈魯), 정언 강호(姜鎬), 김휘(金徽) 등이 "강빈이 비록 전하의 자식은 아니나 빈으로 있을 때는 소현의 배필

---

3   소현세자의 큰아들 이석철이 제주에서 죽자 인조는 "석철의 일에 대해서 내가 매우 놀랍고 슬프게 여기고 있다. 중관(中官)을 내려보내 그의 관구(棺柩)를 호송해 와서 그의 아비 묘 곁에다 장사지내게 하라"라고 명했다. 이에 앞서 용골대가 왔을 때 석철을 데려다가 기르겠다고 말했기 때문에 사람들은 모두 그가 반드시 보전될 수 없을 것이라고 여겼는데, 이때에 이르러 죽은 것이다. 『인조실록』 권49, 인조 26년(1648) 9월 18일 기묘 1번째 기사.

4   『인조실록』 권49, 인조 26년(1648) 9월 18일 기묘 1번째 기사.

5   『인조실록』 권47, 인조 24년(1646) 2월 6일 계미 6번째 기사.

이었으니 전하의 자식이 아닙니까? 만일 전하의 자식이 아니라면 신들이 어떻게 감히 전하를 위해 선처의 방도를 다투어 말씀드렸겠습니까? 여러 대신을 불러서 조용히 상의하시어 적절한 선처의 결과가 되도록 강구하소서"라고 강빈의 일을 대신들과 처리할 것을 청했으나, 인조는 이를 허락하지 않았다.[6] 그 후 인조가 정원에 하교하기를, "엄한 분부를 누차 내렸는데도 심로 등은 털끝 하나 까딱하지 않고 더욱 새로운 말을 만들어서 위를 모욕하는데, 이는 무슨 의도인가? 승지는 살펴서 아뢰어라"라고 하자 우승지 정치화(鄭致和)가 회계(回啓)[7]하기를, "신들이 삼가 어제 간원(諫院)에서 올린 계사를 보니, 그 말에 과연 타당하지 못한 곳이 있었습니다. 그러나 '위를 모욕했다'라는 하교에 이르러서는 실로 대간(臺諫)의 본마음이 아닌데 하교가 이처럼 엄하시니, 몹시 온당치 못하기에 감히 아룁니다"라고 하니, 인조가 답하기를 "개새끼 같은 것을 억지로 임금의 자식이라고 칭하니, 이것이 모욕이 아니고 무엇인가"라고 화를 냈다.[8] 소현세자비 강씨도 며느리이니 임금의 자식이어서 인조 지시대로 처형하는 것은 예법에 어긋난다는 신하들의 말에 인조는 이렇게 쌍욕을 하며 화를 낸 것이다. 이처럼 인조는 강씨를 며느리로 인정하지 않았을 만큼 그녀를 미워했다.

조선시대의 지배 이념인 주자의 성리학은 세계관을 모두 포섭하는 학문 체계다. 그래서 자신의 학문의 특성에 따라 각기 정치 성향

---

6   『인조실록』 권47, 인조 24년(1646) 2월 8일 을유 3번째 기사.
7   임금의 물음에 신하들이 심의해 대답하던 일.
8   『인조실록』 권47, 인조 24년(1646) 2월 9일 병술 1번째 기사.

도 다르고, 그 학문 성향의 계보로 갈라져 서로 다투는 일이 많았다. 대표적인 것이 성리학과 양명학이다. 조선의 사대부 양반들은 모두 성리학에 능통한 학자였으며, 논쟁의 쟁점도 성리학적 학문 체계에서 벗어나지 않았다. 말하자면 성리학은 정치뿐 아니라 형벌, 사회질서, 경제, 가족 관계, 상혼제도(喪婚制度) 등 일상의 삶 전체를 포괄했다. 그래서 조선시대에 정치와 성리학은 서로 뗄 수 없는 관계였다. 정치는 성리학의 이념에 따라 이루어졌다. 그러므로 상복을 입는 기간 자체가 그 사람의 성리학적 세계관을 보여줄 뿐 아니라, 특히 예송 문제는 효종 왕위의 정통성을 인정하느냐의 여부까지 겹쳐진 사건이다. 이 예송논쟁의 본질은 조선의 왕이 신하를 다스리는 절대군주인가, 아니면 왕도 신하와 마찬가지의 신분인가라는 데 있다. 왕의 지위가 사대부 양반들의 지위와 같다면 당연히 효종은 이씨 집안의 차남에 불과한 것이고, 왕이 사대부 양반들과 다른 지위를 가진 존재라면 효종의 정통성 문제는 제기될 필요가 없어진다. 조선이라는 나라가 '왕이 다스리고 신하는 보좌하는 나라'인가, 아니면 '왕과 신하가 같이 다스리는 나라인가'라는 문제는 이황의 이기이원론과 이이의 이기일원론을 학문적인 기반으로 하고 있었다. 이가 먼저고 기가 그 뒤에 오는 것이라면 신하는 왕의 지시에 따라야 한다. 이황의 학문을 이은 동인의 분파인 남인들은 이렇게 생각해 국왕과 신하의 예가 다르다고 보았으나, 이와 기를 동일시한 이기일원론의 이이를 계승한 서인들은 정반대였다. 그리고 이 논쟁에서 밀리면 붕당정치의 기반인 학맥의 존립이 위태롭게 되는 것이어서 서로 양보할 수 없는 일이었다. 인조반정을 주도한 서인이 남인 몇몇 인사를 영입해 권력을 장악하고 있었다. 광해군이 왕위에서 물러남으로써 북인은 완전히 몰락해 정통성이 약한 효종은 서인을 끌어안지 않으면 국정 운영이 불가능할 정도였다. 효종은 이러한 서인을 견제하기 위해 남인을 지원하면서 정치 세력의 균형을 잡으려고 애를 썼다.

그러나 이기일원론과 이기이원론은 어느 관점에서 보든 이와 기의 문제가 서로 상충하는 모순에 빠지게 된다. 육체(氣)와 영혼(理) 문제는 그리스 철학 세계에서부터 오늘날까지 해결될 수 없는 난제다. 육체와 영혼이 분리될 수 있는 각각의 실재인가, 아니면 분리될 수 없는 하나의 실재인가. 이황이나 이이, 두 학파 모두 이와 기를 따로 논할 수 있지만 그렇다고 아예 따로 존재할 수 있다고는 보지 않았다. 만약 완전히 하나가 독립적이라면 '이기일원론'이 아니라 '이일원론' 또는 '기일원론'이라 논해야 하겠지만 그러지 않았다. 누가 우위이고 누가 하위인가를 따지기 전에 정치는 왕과 신하가 서로 얼굴을 맞대고 의논해나가야 한다. 그러므로 이기일원론을 우위에 두게 되면, 기보다는 이의 입지가 매우 애매해져 왕과 신하의 구분이 어려워진다. 바로 이것이 사단칠정논쟁의 씨앗이 되었다. 이기일원론을 지지하는 노론이 실세이다 보니 이번에는 인물성동이론과 인물성구동론으로 서로 언쟁하는 호락논쟁으로 번졌다. 이는 주희의 이동기이설(理同氣異說)에 기반을 둔 이이의 이통기국설(理通氣局說)에서 이통(理通)을 강조할 것인가 기국(氣局)을 강조할 것인가 하는 문제를 두고 대립한 것이다.[9] 따라서 예송논쟁은 왕족도

---

9   '이통기국설'에 따르면, 이는 본래 선후가 없고 형태와 작용, 운동, 능력도 없지만 모

일반 사대부 양반들의 예와 같이 적용해야 한다는 보편성 논리를 따른 서인과 왕족은 때에 따라서는 특별한 예외를 적용해야 한다는 특수성 논리를 따른 남인과의 충돌이었다. 송시열 등 서인은 조선 왕실을 명나라 제후이며 사대부 양반과 마찬가지로 같은 명나라 황제 신하라고 생각하고 조선을 왕과 사대부 양반들이 함께 다스리는 나라로 여겼다. 이러한 서인들에게 윤선도는 다음과 같이 비판했다.

> 송시열의 논의에, 그가 가장 요점을 두고 단정한 말은 성인이 되어 죽으면 적통이 거기에 있어 차장자가 비록 동모제(同母弟)이고 이미 할아버지와 체(體)가 되었으며 왕위에 올라 종묘를 이어받았더라도 끝까지 적통이 될 수는 없다는 것이니, 그 말이 사리에 어긋나지 않습니까?[10]

이러한 내용으로 상소한 윤선도에게 파직하고 사형에 처하라는 신하들의 요구가 빗발치자 현종 1년(1660) 4월 24일 윤선도의 상소는 불태워지고 말았다. 윤선도가 사형에 처할 위기에 몰리자 권시

든 사물에 구비되어 있는 본연지묘(本然之妙)다. 이것을 이통이라 하며, 이 뜻은 보편자(普遍者)이다. 반면 기는 본래 선후(先後)와 본말(本末)이 있고 청탁(淸濁), 후박(厚薄), 조박(糟粕)이 있으며, 편정(偏正), 승강(升降), 비양(飛揚) 등과 같은 작용을 한다. 그러므로 만물이 모두 다르게 나타난다. 기는 이와 달리 모든 사물에 통할 수 없는 유한자(有限者)이며, 개체에만 국한되기 때문에 기국(氣局)이라는 것이다. 즉 그릇의 모양은 서로 달라도 그 안에 담긴 물은 같다는 의미다. 지교헌, 「이통기국설」, 『한국민족문화대백과사전』, 1995. 이이의 사상에 대해서는 류택형 편저, 『율곡사상논문집: 이통기국(理通氣局)』 제1호, 율곡문화원, 1973; 배종호, 『한국 유학의 철학적 전개』, 연세대학교 출판부, 1985 참조.

10 『현종실록』 권2, 현종 1년(1660) 4월 18일 임인 1번째 기사.

(權諰)가 옹호하고 나섰다. 이에 서인들이 일제히 그를 공격하자 그는 벼슬을 내놓고 낙향했다. 그러나 권시는 송시열과 사돈 관계를 맺고 있었는데, 당시 남인과 서인은 정적 관계지만 혼인과 학맥을 통해 서로 연결되어 있었다. 조선의 지배층이 권력투쟁을 벌인 것은 자신들의 권력과 이익을 위한 것이지 백성을 위한 것이 아니었다. 예송논쟁도 따지고 보면 사대부 양반들의 권력투쟁의 성격에서 크게 벗어나지 않았다.

이렇게 예송논쟁을 통해 정립된 이기일원론과 이기이원론은 서인과 남인의 정책 가운데 가장 중요한 근거가 되었으며, 이것이 실질적으로 현실 정치에 반영된다. 예컨대 현종부터 숙종에 이르기까지 대동법에 대한 논의, 노비제에 대한 논쟁, 호적의 재점검, 예학의 보급, 폐4군[11]의 재개발 논의 등이 가장 활발히 이루어진 점을 보면 예송논쟁을 통해 정립된 당론이 어떻게 현실 정치에 적용되는지를 알 수 있다.[12] 이들이 당면한 현실 개혁은 주로 토지제도와 사회 질서,

---

11 세종이 평안 북변에 설치했던 4군 중에 단종 3년(1455)에 여연, 무창, 우예 등 3군이 철폐되었고, 이어 세조 5년(1459)에 자성군마저 폐지되었다.

12 이러한 학파와 당색을 달리한 사상 이념의 분열은 이 시기 사회적 상황과 맞물려 있다. 즉 16세기 이후 확대된 사회 내부 문제와 모순, 그리고 임진왜란과 병자호란 등으로 인한 혼란을 수습해 조선 왕조의 본래 사회와 정치 질서를 정상화하는 것이 시급했는데, 이를 둘러싼 사대부 양반 지배층의 현실적인 이해관계와 정치권력의 다툼으로 정치적 사상의 분열이 발생한 것이다. 대개 이러한 대립과 갈등은 주자학의 해석에 따른 학문적 성향으로 표출되었다. 예컨대 서인과 남인의 정치적 대립의 갈등으로 첨예화된 예송과 노론과 소론의 분당 과정을 일으킨 회니시비, 그리고 노론과 송시열학파의 분열을 촉발한 호락논쟁은 각기 예제(禮制: 가례와 국례), 강상윤리(충과 효), 그리고 이기(理氣: 인성과 물성) 등 주자학의 학리학설(學理學說)에 직결되는 문제들이었다. 조선 왕조는 집권 체제인 사대부 양반과 유자층(儒者層)의 대립이 주자학의 교리적 이념을 중심으로 전개되었다. 김준석, 앞의 글 「한

즉 신분제 개혁에 중점을 두고 있는데, 여기에서 기존 제도의 부분 개혁을 주장한 현상유지파와 전면 개혁파가 서로 갈등을 빚은 것이다. 기존 체제를 고수하려는 학파는 당연히 정통 주자학파와 양명학을 이은 실학파다.[13]

성리학의 기본 정신은 효를 바탕으로 가정 질서를 확립하고 충을 통한 안정적인 국정을 확립하는 것이었다. 예학이 보급된 17세기 후반부터 18세기까지의 호적 기록에 개인 가구가 줄어들고 안정적으로 가정을 이룬 농가가 증가한 것을 보면 조선의 유교 정책이 성공적임을 확인할 수 있다.[14] 인조반정을 주도해 정권을 장악한 서인

원진의 주자학 인식과 호락논쟁」, p. 560.

13 맹자는 춘추전국시대의 정치 상황에서 춘추의리(春秋義理) 정신을 내세우며 의리를 도덕적 실천 덕목으로 인식했다. 이에 따라 주자 역시 춘추의리를 강조하며 정통성이 위의 조비가 아니라 촉의 유비에게 있다고 주장했다. 이러한 유학의 춘추의리 사상이 성리학의 성립과 더불어 조선 왕조 이념으로 수용됨으로써 사대부 양반이 지켜야 할 도리가 되었다. 이 사상이 김장생의 예학 사상에 그대로 계승된 것이다. 장세호, 「사계 김장생의 의리 정신」, 『한국사상과 문화』 제61권, 한국사상문화학회, 2012, pp. 23~48. 조선의 정통 주자학파는 송시열, 그의 수제자 권상하의 학풍을 이어받은 서인-노론-호락으로 이어지는 유자층이었다. 대표적인 인물이 남당 한원진으로 그는 회니시비에서 충역, 배사설을 면밀하게 전개해 소론의 정치적 명분에 타격을 주었다. 또 그는 인물성동이론을 내세워 낙하의 인물성구동론을 배격함으로써 송시열학파의 도통 세승의 명분을 공고히 했다. 이러한 그의 사상 이념 투쟁은 송시열이 표방한 강상설(綱常說)과 춘추의리를 내세우며 자신의 사회적·정치적 이념으로 삼아 송시열의 도통의식과 세도정치론이 18세기 후반부터 19세기 전반기까지 집권당 노론의 사회 및 정치적 이념으로 확고히 자리를 잡게 했다. 김준석, 앞의 글 「한원진의 주자학 인식과 호락논쟁」, p. 562. 지배층인 사대부 양반의 사회 및 정치 이념을 보수개량론은 지주의 사정을 대변하고 진보 개혁파는 소농층을 대변한 것으로 이해한 것은 주로 그들의 토지론과 농학 및 농정(農政) 이념에 근거한 것이다. 김용섭, 「주자의 토지론과 조선 후기 유자」, 『조선 후기 농업사 연구: 지주제와 소농경제의 문제』, 증보판 제2권, 지식산업사, 2007 참조.

14 1630년 25.6퍼센트에 달하던 1인 가족은 1807년 3.9퍼센트까지 줄어들었고, 부부 가족과 직계 가족의 합산 비율은 71.2퍼센트에서 89퍼센트로 증가했다. 성리학의

의 사상은 예송논쟁에서 주장했던 바대로 이기일원론에 따르면 사실상 왕이나 사대부 양반, 피지배층 백성들 모두 평등한 존재라는 것이다. 성리학에 따라 누구나 사대부 양반이며, 왕이든 노비든 근본적으로 다르지 않은 인간임을 주장한 이기일원론, 즉 평등 사상, 다시 말해 대동이었다. 그러나 이런 논리는 조선의 사대부 양반들에게 수용될 수 없었다. 애초에 조선이 유교를 국가 통치 이념으로 삼은 것은 왕의 절대권력을 방지해 통치자의 권력 남용을 막고 민본 정치를 실현하기 위한 것이다. 그러므로 왕과 신하는 서로 견제하는 관계 속에서 권력 경쟁을 벌여왔다. 말하자면 사대부 양반들은 권력의 주체인 만큼 피지배층 백성들과 평등한 존재가 아니라 왕과 평등한 관계였다.

조선의 권력 체제 기구는 육조직계제와 의정부서사제(議政府署事制) 등이다. 의정부서사제는 육조에서 정책 심의를 위해 의정부에 보고하면 의정부 소속 영의정, 우의정, 좌의정 등 세 정승이 의논해 합의된 결정 사항을 왕에게 건의하고 왕이 재가하면 의정부에서 이를 육조에 하달해 시행케 하는 것이다. 의정부서사제는 대신들이 현안을 미리 검토해 국왕에게 직접 보고할 것을 선별했기 때문에 국왕 개인에게 과도한 업무가 집중되지 않는 장점이 있었다. 반면에 재상의 권한이 강화되고 상대적으로 왕권을 제약할 수 있는 제도적

보급을 통해 안정적인 가족 구성이 확산했다는 것을 알 수 있다. 조선시대에 동성혼(同姓婚)이 금지되어 있었지만, 동성이본(同姓異本) 간의 혼인이 행해지고 있었고, 또 당시 직계 가족보다 부부 가족이 압도적으로 많았으나 신분에 따라 상당한 차이가 있었다. 최재석, 『한국 가족 제도사 연구』, 일지사, 1983, 제3장 참조.

약점도 있었다.[15] 조선은 본래 유교를 이상 정치의 이념으로 삼아서 왕과 신하인 사대부 양반들이 함께 통치하는 국가인 만큼 성리학의 이기일원론의 이론에 따른 왕과 신하는 동등한 통치자인 셈이다.[16]

이런 관점에서 보면 서인들이 주장한 대로 왕과 신하는 등등한 권력의 주체다. 이것이 곧 이기일원론의 핵심이며, 반대로 이기이원

---

15 조선 개국 초 의정부서사제를 채택했으나 육조직계제가 『경국대전』에 수록되면서 조선의 기본적인 행정 체계로 자리 잡게 되었다. 그러나 실제로는 국왕과 의정부, 육조의 상호 관계에 따라 의정부서사제와 육조직계제가 번갈아 사용되었다. 또 육조직계제 시행하에서도 의정부 대신들은 국정 현안의 검토에 상시 참여했다. 그러나 조선 후기에 이르러 비변사의 역할이 강화되었고, 국정 현안에 대한 검토도 비변사에서 이루어지게 되었다. 이에 따라 의정부가 수행하던 역할이 비변사로 이관되었고, 의정부서사제는 소멸되었다. 한편 육조직계제가 시행된다는 것은 그 자체만으로도 왕권이 강화되었다는 것을 의미한다. 육조직계제가 시행될 경우 왕은 신하의 권력을 효과적으로 견제할 수 있었다. 태종은 신하들의 정책 심의기관인 도평의사사를 의정부로 고쳐 그 권한을 축소하고 정치의 실무를 대폭 육조에 맡겨 육조직계제를 시행했다. 그는 이러한 입장에서 『경국대전』을 보완해 『원육전(元六典)』과 『속육전(續六典)』을 만들었다. 태종의 뒤를 이은 세종은 집현전(集賢殿)을 설치하고 여기에 우수한 학자들을 속하게 해 중국의 고전과 고제(古制)를 연구하게 했고, 이 연구를 토대로 국가 정치 체제를 정비하려고 했다. 『정전(正典)』 권6은 그 산물의 하나였다. 이 과정에서 집현전 학자들의 정치적 권한이 커지고 실권이 이들 관료에 의해 좌우되자 세조가 이에 반발해 다시 육조직계제로 환원한 것이다. 세종은 문하부 낭사를 사간원으로 독립, 왕의 직속기구로 해 본격적으로 사헌부와 사간원 등 대간(臺諫)들이 훈신들을 견제할 수 있게 했고, 세조 시기에는 노승지가 기존 삼정승의 위세를 견제해 정치 균형을 이루었다. 이러한 견제 장치는 육조직계제가 폐지된 이후에도 살아남아 국가 권력의 불균형을 막고 왕과 신하의 권력 균형을 유지하는 데 이바지했다. 조선 후기에 이르러 이러한 권력 견제 장치들이 차츰 무너지면서 국력이 약해진 것으로 분석된다.

16 조선 건국 초기 태조를 왕으로 추대한 개국 공신 사대부들이 도평의사사라는 회의 기구를 중심으로 정권을 쥐고 있었다. 태조는 다만 도평의사사의 결의를 재가해 이를 시행케 할 따름이었다. 정치 실권을 장악한 사대부들은 유교적인 이상 정치를 표방해 자신들의 권익을 도모하는 법전을 만들어 이를 정치의 기본으로 삼았다. 정도전이 편찬한 『조선경국대전』, 그리고 조준과 함께 조례를 수집한 『경제육전』이다. 이기백, 앞의 책 『한국사신론』, p. 195.

론은 예의 질서 관계에서 신하는 왕에게 충성해야 하는 존재로서 상호 구분된 관계다. 인조반정을 주도해 정권을 장악한 서인들은 성리학의 이론만을 중시한 학문적 태도와 예학에서 출발한 상하 계급 구분을 확고히 하여 불평등한 신분 사회 구조와 질서를 철저히 유지하려는 정치 이데올로기와 사회 기풍을 한층 더 군건히 했다.[17]

송대 이후로 발전한 성리학 이론이 원대를 지나 관학(官學)이 되면서 이기심성(理氣心性)의 유심론(唯心論)적 형이상학으로 발달하다 보니 상대적으로 현실 문제를 도외시했다. 그렇게 되자 유학이 그 본래 사상과 이념에서 벗어나 현실보다 관념에 치우치게 되었고, 이로써 조선에서 유교의 정치사상은 관료 체제를 실무적인 능력(氣)이라기보다 품성과 학식의 높고 낮음(理)으로 결정하게 했다. 사회 현실을 외면한 채 왕(君父)에게 충효를 강조하며 임금의 마음을 바로잡는 것(格君心)에 몰두했다.[18] 이런 평등 사상으로서 대동은 바로 공평하게 왕과 권력을 나누는 것이었다. 권력층인 서인들의 정치사상은 이런 성격을 띠고 있었으나, 정인홍 같은 진보 사림파는 구체적인 사회 현실에 대한 비판과 이상적인 평등 사회, 즉 대동사회 실현을 꿈꾸었다.[19] 이러한 진보 사상을 가진 사림파를 이황과 그 제

---

17 권인호, 앞의 책 『조선 중기 사림파의 사회정치사상』, p. 193.

18 대사헌 정인홍이 상소를 올려 선조에게 말했다. "내외의 신민들이 학수고대하며 일신(一新)하게 되는 정치를 보고자 기대하고 있는데 오늘에 이르도록 한결같이 서로 잘못된 길로만 들어서고 있으니, 신은 생각건대 전하가 과연 몸을 사랑하는 마음으로 나라를 사랑하고 몸을 배양하는 정성으로 한마음을 배양하지 못하는 것이 아닌가 염려됩니다." 『선조실록』, 권148, 선조 35년(1602) 3월 25일 정해 6번째 기사.

19 권인호, 앞의 책 『조선 중기 사림파의 사회정치사상』, p. 194.

자들의 당파인 남인은 이단으로 배척하며, 조식을 "노장사상을 숭배한다", "중용의 도리를 얻기 어렵다", "거만스러워 세상을 가볍게 본다"라며 심하게 비난했다.[20] 이황학파의 남인이 추구한 사회는 바로잡힌 위계질서를 통해 각각 신분에 맞는 역할을 하는 사회였다. 이에 따라 남인은 왕권을 확립할 것을 주장하고 노비제 등 기존 신분제를 유지하려 했으며, 이를 위해 내세운 것이 절대성인 이의 관념을 강화한 이기이원론이었다.[21]

주자 성리학자들은 『중용』에서 천도(天道)를 상하 계급 질서인 천리로 보편화해 양반과 천민의 신분제가 곧 하늘의 이치라고 강조한다. 이 이론은 양반과 천민의 신분을 고착화해 지배층을 향한 피지배층의 저항을 원천 봉쇄했다. 『중용』에서 "정치는 곧 포로(蒲盧)"라고 했는데, 이는 하늘(天)이 만물을 주관하는 존재이고 하늘에게서 위임을 받은 천자(天子), 즉 왕이 세상을 지배한다는 왕권의 절대성을 옹호하는 천치주의(天治主義) 이론이다. 이러한 사상을 철저한 주자 성리학 신봉자인 이황과 송시열이 그대로 물려받은 것이다.[22]

---

20 퇴계 이황의 주자학 관점에서 양명학을 배척한 『전습록변』이 대표적이다. 유교 정치사상은 노장과 불교적 요소가 포함된 이론 중심의 주자 성리학과 양명학적 실천 위주의 지행합일의 성격이 혼합되어 있다. 권인호, 앞의 책 『조선 중기 사림파의 사회정치사상』, p. 195.

21 이황이 올린 상소문은 구체적인 사회정치 현실의 개혁책은 없고 천리와 이기심성론을 주로 논했다. 대표적인 것이 선조 1년(1568)에 올린 상소문 「무진육조소(戊辰六條疏)」다.

22 권인호, 앞의 책 『조선 중기 사림파의 사회정치사상』, p. 226. 이러한 중용 사상을 옹호한 이언적은 현실을 개혁하려는 의미가 아니라 이기(理氣)의 유심적인 이념으로서 사실이 아닌 것을 사실인 것처럼 주장한 것이다. 김만규, 『조선조의 정치사상연구』, 인하대학교 출판부, 1982, pp. 50~56.

이황은 향약의 규정에 차별 윤리를 정당화한 주희의 정분론(定分論)적인 이기론을 그대로 수용했고, 자신과 다른 학풍에 대해서는 이단으로 몰아 비판하는 데 철저했다.[23] 이황은 사대부 양반들의 이익을 옹호한 인물이다. 이들 권력층이 대토지를 소유해 잘사는 반면 피지배층 백성들은 지방 관리들과 사대부 양반 지주들에게 착취당해 떠도는 신세로 전락하거나 도적이 되는데도 이황은 관청의 행정을 따지거나 구관을 전송하는 데 불참하는 피지배층 백성들을 중벌에 처할 것을 주장했다. 이처럼 인조반정으로 권력을 장악한 서인들 중심의 예송논쟁은 예법과 관련된 문제가 아니라 사대부 양반들의 권력이 왕을 능가한다는 점과 자신들의 특권을 정당화하기 위한 권력투쟁의 논쟁에 불과했다. 그러자 인조는 다음과 같이 비난한다.

내가 왕위에 오른 지 20여 년이 되었으나 일찍이 동인, 서인에 대해서는 입 밖에 내지 않았는데 오늘 갑자기 이 말을 하게 되었다. 옛말에 "권력이 신하에게로 돌아가니 쥐새끼가 호랑이로 변한다"라고 했으니, 어찌 거듭 두렵지 않겠는가.[24]

인조는 소현세자를 자신의 왕위 후계자가 아니라 정적으로 생각했다. 철저하게 주자학을 신봉한 서인들 역시 마찬가지였다. 소현세자는 청나라에 볼모로 잡혀 있을 때 청나라 황제를 따라 북경에 들

23　『율곡전서(栗谷全書)』 권10 「답성호원서(答成浩原書)」.

24　『인조실록』 권47, 인조 24년(1646) 3월 13일 경신 2번째 기사.

어가 약 70일 동안 머물렀다. 이때 소현세자는 예수회 선교사 아담 샬(Adam Schall)을 통해 서양의 과학 지식과 천주교를 접하게 되었다. 소현세자는 서양의 과학과 천주교의 가르침으로 중화사상과 성리학에 젖어 있던 조선 사대부 양반들의 세계관을 바꿀 수 있다고 생각했다.[25] 성리학은 이미 중국 명나라 때부터 양명학으로 바뀌어 있었다. 이런 중국의 흐름을 지켜본 소현세자는 성리학에 젖어 있던 조선을 서양 사상으로 새롭게 바꿔야겠다고 다짐했다.

이런 그를 인조와 서인 사대부 양반들이 달갑게 생각할 리가 없었다. 고국으로 돌아온 소현세자는 이런 분위기 속에서 귀국한 지 두 달 만에 병으로 죽고 말았다.[26] 이렇게 예송논쟁과 장희빈 소생 왕자의 세자 책봉 문제로 남인 세력이 잠시 권력을 잡았으나, 숙종 20년(1694)에 다시 집권한 서인이 이후 오랫동안 권력을 독점했다. 서인이 송시열 계통의 노론과 윤증을 중심으로 한 소론으로 갈린 뒤 노론 중심의 장기 집권 가문에 의해 운영되는 이른바 벌열정치

---

25 아담 샬과 소현세자가 주고받은 서신 내용에 잘 나타나 있다. 황비묵, 『정교봉포(正敎奉襃)』, 이덕일, 앞의 책 『조선 선비 낭쟁사』, pp. 123~124.

26 소현세자의 죽음에 대해서는 여러 의혹이 있으나 가장 신빙성이 있는 것은 인조 후궁 조소용(趙昭容) 관련설이다. 소현세자의 치료를 맡았던 의관 이형익(李馨益)은 원래 조소용의 사갓집을 출입하던 의원이었고, 조소용과 세자빈 강빈은 사이가 좋지 않았다. 이덕일, 앞의 책 『조선 선비 당쟁사』, p. 126. 소현세자가 독살되었다는 의혹은 다음의 기록에서 알 수 있다. "세자는 본국에 돌아온 지 얼마 안 되어 병을 얻었고, 병이 난 지 수일 만에 죽었는데, 온몸이 전부 검은빛이었고 이목구비의 일곱 구멍에서는 모두 선혈(鮮血)이 흘러나오므로, 검은 멱목(幎目)으로 그 얼굴 반쪽만 덮어 놓았으나, 곁에 있는 사람도 그 얼굴빛을 분변(分辨)할 수 없어서 마치 약물에 중독되어 죽은 사람과 같았다."『인조실록』 권46, 인조 23년(1645) 6월 27일 무인 1번째 기사.

가 생겨났다. 이들은 모든 실권을 독점하고 부정 수단으로 자제들을 관리로 등용해 자신들의 권력을 세습해나갔다.

이들 중심의 벌열 지배 체제가 확고하게 뿌리를 내릴 무렵 국가적으로 재정 문제가 심각하게 대두되었다. 임진왜란, 병자호란 등 두 전쟁을 거치면서 농토가 황폐해져 경작 면적이 줄어들었고, 토지대장(量案)이 소실되면서 기록되지 않은 땅(隱結)이 늘어났다. 그 결과, 170만 결[27]에 달하던 토지 면적이 임진왜란 이후 광해군 시대에는 3분의 1로 줄어든 54만 결에 불과했다. 이에 토지 개간을 장려하고 토지를 조사(量田)한 결과, 숙종 때는 토지 면적이 140만 결에 이르렀다. 그러나 면세 대상인 사대부 양반들의 토지 점유와 관청과 군영 소속 둔전 등 면세지가 늘어나면서 국가의 조세 수입은 증가하지 않았고, 또 방납(防納)으로 농민들이 고통을 받자 대동법이 논의되기에 이른 것이다.

대동법 시행 문제는 무려 100년 이상 이어진 논쟁거리였다.[28] 이법은 농지를 많이 소유하고 있던 사대부 양반에게 절대적으로 불리하고, 농토가 없거나 가난한 농민들에겐 큰 이익이 되었다. 대동법은 말 그대로 평등의 원칙에 의한 세금이었다. 재산과 농토를 많이

27　1결은 약 3천 평이다.

28　대동법은 공물을 1결당 12말(황해도는 15말)의 쌀로 대신 납부하게 한 조세제도다. 이를 대동미라 했으며, 부과 기준이 종전에는 호(戶)별이었으나 토지의 결 수로 바뀌었다. 대동미 수취는 봄과 가을에 각각 6말씩 내게 했다. 쌀로 낼 수 없는 지역은 무명이나 삼베 등으로 냈으며, 그 환산을 위한 작목(作木), 작포(作布), 작전(作錢)의 비율이 지역별로 규정되었다. 대동법은 광해군 즉위년(1608) 영의정 이원익의 건의로 경기도에서 시범으로 처음 시행한 후 효종 때 김육(金堉)의 주장으로 충청도와 전라도에서 실시되다가 숙종 34년(1708)에 전국으로 확대되었다.

소유한 사대부 양반들이 그만큼 세금을 많이 내고, 가난한 농민들은 훨씬 세금을 적게 내게 된다. 조선의 세금은 크게 토지세(田稅), 국가에 노동력을 제공하는 신역(身役), 그리고 각 지방의 특산물을 바치는 공납 등으로 시행되었다. 토지세는 말 그대로 토지 면적당 내는 세금이다. 그런데 세금은 토지 면적이 아니라 곡식 소출량을 기준으로 부과되었다. 토지세의 세율은 전체 수확량의 10퍼센트 정도였는데, 임진왜란과 병자호란을 거치면서 효종이 제정한 영정법에 따라 토지 1결당 4~6두(斗) 정도로 농민에게 큰 부담이 되지 않았으나 문제는 공납이었다.[29]

대동법은 바로 이 공납과 관련된 것이었다. 소작농들은 병작제(並作制)에 의해 수확량의 2분의 1을 토지 주인(田主)에게 바쳐야 했고, 여기에 사대부 양반들의 사치를 위한 지방 특산물과 수공업 제품의 공납으로 큰 고통을 받았다. 그 때문에 중간에서 대신 물품을 납입(納入)하고 농민에게 그 대가를 받아내는 방납제도가 생겼다.[30] 이로 인해 농민들의 부담은 더욱 가중되어 공납을 내지 못해 도망가는 일이 많아졌다. 세금을 내지 않고 도망가면 그 일가친척에게 대신

---

29 영조 22년(1746)에 간행된 『속대전(續大典)』에서는 1결당 4말로 규정했으며, 이는 대략 수확의 2~3퍼센트 수준이었다. 『속대전』 「호전(戶典)」 '세수(稅收)'. 공납제는 조선 왕조 국가 권력이 농민의 노동력에 직접적인 지배력을 관철하는 방안이었다. 이지원, 「16, 17세기 전반 공물 방납의 구조와 유통경제적 성격」, 앞의 책 『이재룡박사 환력기념 한국사학논총』, p. 474.

30 공납제는 16세기 이후 '방납의 시기'라고 불릴 정도로 방납에 의한 운영이 지배적이었다. 공물 방납은 민생에 해악을 끼쳤을 뿐 아니라 현물 재정 체제를 위협하는 폐해로 인식되었다. 고석규, 「16, 17세기 공납제 개혁의 방향」, 『한국사론』 제12집, 서울대학교 국사학과, 1985, pp. 173~230.

받아내거나(족징, 族徵) 이웃에 부과(인징, 隣徵)했는데, 이웃집이 도 망가면 그 세금을 자신이 부담해야 하므로 그 옆집도 도망을 가버 리곤 했다. 그러면 도망간 자들의 세금을 마을 전체에 부과했는데, 이것을 동징(洞徵)이라 한다. 이런 조세 횡포가 성행해 농민들에 대 한 착취는 더욱 심해졌다.[31] 이렇듯 공납은 부과 기준과 품목들이 현실과 맞지 않아 많은 문제를 일으켰다. 공납은 군현 단위, 마을 단 위로 부과되는데, 각 군현과 마을 농민들의 수와 토지 면적이 각기 다른데도 공납 부과 대장인 공안(貢案)에 적힌 액수가 차등 없이 일 정했으며, 농지 면적이 아니라 가호별로 부과해 인구가 적고 토지 면적이 작은 마을에는 큰 손해였다. 부과 세금이 형평에 맞지 않아 부자인 땅 주인 사대부 양반들이나 가난한 소작인 농부들이 내야 하는 공납의 액수가 같았다. 이 공납은 소작인과 농사를 지을 땅이 없는 가난한 농민들에게는 너무 가혹한 것이었다. 농민들이 부담해 야 할 세금은 한 집에 적게는 20두, 많게는 80두에 이르렀다.[32]

---

31 이기백, 앞의 책 『한국사신론』, pp. 225~226. 이원익이 아뢰기를, "전라도 수령들이 유민들 몫의 역(役)을 본 읍에 남아 있는 백성들에게 부과하는 까닭에 민원이 더욱 심했습니다." 『선조실록』 권81, 선조 29년(1596) 10월 5일 무진 1번째 기사.

32 유형원(柳馨遠), 『반계수록(磻溪隨錄)』, 이덕일, 앞의 책 『조선 선비 당쟁사』, p. 133 에서 인용. 『세종실록지리지(世宗實錄地理志)』에 나타난 공물의 내역은 농업 생산 물을 비롯해 가내 수공업 제품, 해산물, 과실류, 광산물, 조수류 등이 망라되어 있 다. 공물의 부과는 해당 지역의 결 수와 호구 수가 참작되었으나 그 기준은 분명하 지 않았고, 수취 과정도 지방관과 향리에 맡겨졌기 때문에 처음부터 문제의 소지를 안고 있었다. 한편 진상(進上)은 국왕과 궁중에서 필요로 하는 물품을 예헌(禮獻) 의 방식으로 상납하는 것으로서 공물과 마찬가지로 군현 단위로 배정되어 민호(民 戶)에 부과되었다. 공물과 진상은 '관에서 마련하는 것(官備)'과 '민호가 갖추어내 는 것(民備)'이 있었는데, 민호의 부담으로 돌아오기는 마찬가지였다. 공물, 진상은 그 자체의 부담뿐 아니라 운반, 수송에 소요되는 노동력도 요역의 형태로 제공해야

여기에 방납의 폐단이 더해 농민을 더욱 괴롭혔는데, 방납업자들이 관리들과 결탁해 농민들이 직접 공납을 바치는 것을 막고 자신들이 파는 공물을 사서 납부하게 해 중간에서 큰 이득을 취했다. 방납업자들이 이렇게 얻은 뇌물 성격의 비공식 수수료인 인정(人情)이 공물 자체보다 비쌌다. 농민들이 병자호란으로 나라가 망할 위기에 처했어도 청나라에 저항하지 않은 이유가 다 이 때문이었다. 이후 이런 문제가 개선되지 않아 인정에 드는 비용을 대느라 모든 재산을 잃고 떠돌며 사는 자들이 많았다.[33] 조선 각 지역에 텅 빈 마을이 속출했다.

또 군역이 요역화되어 국가가 백성의 노동력을 무상으로 징발할 수 있어서 농민들의 삶은 더욱 고달파졌다. 원래 장정(丁) 개인에게 부과되는 신역으로서 군역과 요역은 1호를 단위로 부과되었다. 그러나 성종 이후 토목 등 각종 공사에 군졸이 동원되었고, 모든 인정(人丁)이 군역에 충당되어 요역의 대상자는 노약자가 대부분이었다. 이 때문에 군역의 요역화가 촉진된 것이다. 원래 신역으로서의 군역과 호역(戶役)으로서의 요역은 각각 그 체계가 다른 성격이었으

했다. 지역의 산물을 배정하는 것이 원칙이었지만, 실제로는 그렇지 않은 경우가 많았다. 한번 공물로 정해져서 공안에 오르면 이를 바꾸기란 쉬운 일이 아니었고, 구하기 어려우면 상납 물품을 구입해 납부할 수밖에 없었다. 이러한 구조적 모순이 공물의 대리납부, 즉 방납을 가져왔다. 상인이나 하급 관리, 권세가 등은 방납 구조에 기생해 폭리를 취했고, 그 반대편에서는 소농민의 몰락이 이어졌다. 송양섭, 「공납」, 『한국민족문화대백과사전』, 2010.

33 영부사 정유성(鄭維城)이 아뢰기를, "공포(貢布)를 바칠 즈음이면 늘 장리(掌吏) 등이 무자비하게 침학(侵虐)하는 바람에 인정에 드는 비용이 원래의 공물 값보다 두 배나 되는 형편이라서 가산을 탕진하고 떠돌아다니게 된 자들이 매우 많습니다." 『현종실록』 권4, 현종 2년(1661) 4월 6일 을유 2번째 기사.

나, 보법(保法)의 성립으로 군사 숫자가 증가하자 요역을 담당할 인적 자원이 부족하게 되었다.[34]

이렇게 군사들이 군역과 요역이라는 이중의 부담을 지게 되면서 다른 사람을 고용해 자기 대신 군역을 부담하게 하는 대립(代立) 현상이 성행했다. 그리하여 장정이 대립 비용을 배속된 군 복무를 할 곳(役處)에 납부하면 담당 관리가 그 돈으로 노비나 떠돌이를 사서 돈을 낸 자 대신 복무하게 하는 수포대역(收布代役)제도가 생겨났다. 그러나 점차 대립 비용이 비싸 이를 감당하지 못한 장정들이 도망가는 일이 많아지면서 군대는 점점 허술해졌다.[35]

여기에 봄 춘궁기에 곡식을 빌려주고 가을 추수기에 거두어들이는 환곡제도가 일종의 고리대금으로 변해 농민들을 괴롭혔다. 농민들에게 빌려준 곡식을 거두어들일 때 보관과 운반 도중에 소모된 것을 보충한다는 명목으로 1할 정도 이자를 붙이는데, 이를 모곡(耗

---

34 봉족은 16세부터 60세까지의 남성, 즉 정정(正丁)을 돕는 제도다. 정정 1인에게 도와주는 사람(助丁)을 주어 그들에게 재력(財力)을 내게 해 정정이 병역이나 국가의 부역(立役)을 직접 담당하지 않는 나머지 남성(丁)을 봉족으로 삼아 입역을 위한 비용을 마련케 했다. 따라서 국역을 지는 정정은 봉족의 도움을 받아야만 부과된 역을 담당할 수 있었다. 15세기 후반 이후 보법의 시행에 따른 과도한 부담으로 군인의 역졸화(役卒化) 및 양반층의 피역 현상을 초래해 대역납포제(代役納布制)가 성행하면서 왕조 초기의 징병제가 점차 해체되었다. 이에 따라 정군과 보인의 구분도 희미해졌다. 특히 임진왜란 이후 각종 군영의 증설과 더불어 군보의 임의적 설치로 군역은 점차 군포 납부로 의무 수행을 대신하는 것이 일반화되고, 사대부 양반층이 각종 신분적 특권을 통해 군적에서 빠져나감으로써 군역은 사실상 피지배층 백성들의 물납세의 하나로 변질되었다. 차용걸, 「보포(保布)」, 『한국민족문화대백과사전』, 1995. 군호(軍戶)를 비롯한 법제적인 호는 정정과 봉족으로 구성되어 있었다. 이 점에 대해서는 이재룡, 『조선 초기 사회 구조 연구』, 일조각, 1984 참조.

35 한희숙, 「조선 초기 군역과 농민경영에 관한 연구」, 『국사관논총』 제61집, 국사편찬위원회, 1995, pp. 206~242.

穀)이라고 한다. 그러나 애초 규정된 이자가 다른 명목으로 점점 늘어나 농민들에게 무거운 부담이 되었다. 이렇게 사대부 양반 지주들과 국가로부터 많은 수탈을 당한 농민들이 이를 견디다 못해 도망을 가버리면서 유령마을이 많아졌다. 그러자 조정은 호구 파악, 유민 방지, 역(役)의 조달, 신분 질서의 확립, 향촌의 안정 유지 등을 통한 중앙집권 강화를 위해 호패법과 오가작통법을 강화해 도망간 농민들을 잡아냈고, 이에 많은 농민이 무리를 지어 무기를 들고 저항했다.[36]

이렇게 과다한 세금과 각종 부역, 그리고 이에 따른 가혹한 폐해로 농민들의 반감이 고조되고 도망자가 많아지자 그 대책으로 효종 즉위년에 대동법이 논의되었다. 우의정 김육이 전라와 충청 지역에 먼저 실시하자고 주장했는데, 이에 김집(金集)과 송시열, 송준길(宋浚吉) 등이 강력히 반대하고 나섰다. 이원익 등 남인은 당론으로 대동법 시행을 강력하게 주장했으나, 서인들은 이 법을 둘러싸고 둘로

---

[36] 오가작통법은 『경국대전』의 완성과 더불어 법제화되었는데, 다섯 집을 한 통으로 하고 통에는 통주(統主)를 두었다. 그리고 지방에는 5통마다 이정(里正)을, 면마다 권농관(勸農官)을 두고 서울에는 일방(一坊)마다 관령(管領)을 두었다. 오가작통법의 기능은 강도와 절도 방지, 풍속의 교화와 유민 방지, 호적 탈루자(脫漏者) 방지 등이었다. 오가작통법은 숙종 1년(1675) 윤휴의 건의에 따라 비변사에서 「오가작통사목(五家作統事目)」 21개 조를 제정하면서 전국적으로 시행되었다. 오가작통법 시행의 표면적인 이유는 농경을 서로 도우며 환란을 상호 구제하는 데 있었다. 그러나 실제로 이는 유민의 발생을 규제하고 각종 조세의 납부를 독려하는 것이었으며, 19세기에 이르러 천주교와 동학의 금압과 교도 색출을 위해 일부 집권층에 의해 강행되기도 했다. 한편 윤휴가 건의한 지패는 조선조 숙종 때 16세 이상의 남자가 휴대하던 신분증명서로서 잠시 시행하다가 다시 목각 호패로 바뀌었다. 『숙종실록』 권4, 숙종 1년(1675) 9월 26일 신해 4번째 기사.

나뉘었다. 대동법이 가난한 소작 농민들에게 유리하다는 걸 알았던 효종이 대동법 시행을 지시했으나 사대부 양반들의 반대로 효종 2년(1651)에 간신히 충청도에서 먼저 시행되었다. 대동법은 이후 지속적인 논란이 일어났다. 이때 서인 송시열을 비롯해 김집, 김상헌, 송준길, 김경여(金慶餘) 등이 대동법 시행을 주장한 김육을 집중적으로 공격했다. 서인은 대동법을 찬성한 소수의 한당(漢黨)과 반대한 다수의 산당(山黨)으로 갈라졌다. 대동법은 효종 재위기에는 반대파들에 의해 제대로 시행되지 못했고, 현종 1년(1660) 영의정 정태화의 건의로 그해 7월 호남에 대동법 시행을 결정했으나 9월에 흉년이라며 다시 반대파에 밀려 1년 연기되었다. 현종 2년(1661) 다시 반대론이 제기되어 또 연기되었다가 현종 4년(1663) 김육과 이시방(李時昉), 김좌명(金佐明) 등의 힘겨운 노력으로 토지 1결당 가을에 쌀 7말, 봄에 6말을 내는 것으로 호남 산군에 대동법이 시행되었다. 그러자 또 유생 배기(裵紀) 등이 상소를 올려 대동법을 적극 반대하고 나섰다.

국가가 대동법을 시행한 것은 백성들의 부역을 균등히 하고 국가 용도를 풍족하게 하기 위해서인데, 호남에는 그것을 시행할 수 없는 이유가 셋이 있고, 감당할 수 없는 이유가 다섯이 있습니다. (……) 선왕이 만든 제도는 백성들로 하여금 국가의 정당한 사항을 위해 조세를 바치게 했을 뿐이니 무슨 폐단이 있겠습니까? 다만 중간에 세상이 어지러워 그 제도들을 모두 무너뜨렸고 그리하여 일어나기 시작한 여러 가지 폐단들이 점점 더해 하늘을 뒤덮을 지경이 된 것입니다. 옛 법을 따르고 가혹한 정사를 제거하면 그뿐이지 새로운 법, 특이한 정사를 별도로 만들 것이 뭐 있겠습니까?[37]

이렇게 사대부 양반들의 반대가 커지자 현종은 1665년 12월 27일 호남 산군의 대동법을 시행하지 않기로 했다.[38] 그러다가 현종 7년(1666)에 전라도 어사 신명규(申命圭)가 각지를 돌아다니며 대동법에 관한 민심을 수습했더니 부자 사대부 양반들은 이를 폐지하기를, 가난한 소작농은 이를 실행하기를 원한다는 결과가 나왔고, 현종은 다시 대동법을 시행하도록 명했다.[39] 대동법이 시행되고 난 후 현종 11년(1670)과 12년(1671)에 대기근이 발생했다. 한해, 수해, 냉해, 풍해, 혹한, 충해, 사람과 가축의 전염병이 창궐해 수많은 사람이 굶거나 병으로 죽어나갔다. 굶주림에 지쳐 서로 모여 도적질을 하는데, 집에 양식이 많지 않으면 곧 겁탈하고, 몸에 베옷 한 벌이라도

---

37 『현종개수실록』 권9, 현종 4년(1663) 10월 8일 임인 4번째 기사.

38 호남에 대동미를 베풀어 행(設行)하고 나자 소민(小民)들은 모두 편하게 여겼으나 부가(富家), 대호(大戶)에서만 한번에 쌀을 내는 것이 곤란하다고 불편하게 여겼는데, 조정은 그 말을 믿고 모두 파기해야 한다고 의논했다. 그래서 임금이 본도의 감사 민유중(閔維重)에게 민정(民情)을 상세히 물어서 장문(狀聞)하도록 명했다. 그런데 유중이 백성들에게 두루 묻지 않고 호우(豪右)의 말만 믿고서 민정이 불편하게 여긴다고 자세히 사정을 진술해 알린 다음 산해(山海) 여러 고을의 대동미를 모두 파기할 것을 청했다. 『현종실록』 권11, 현종 6년(1665) 12월 27일 무인 3번째 기사.

39 전라도 암행어사 신명규가 서계(書啓)하기를, "호남의 대동법은 산읍(山邑)에 불편하다고 해 혁파했는데, 지금 염문하느라고 촌락에 드나들다가 비로소 물정을 알게 되었습니다. 큰 읍의 세력 있는 집안은 혁파한 것을 편리하게 여기고, 산골의 가난한 집은 모두 다시 시행하기를 원합니다. 묘당으로 하여금 충분히 검토해 처리하게 하소서." 『현종실록』 권12, 현종 7년(1666) 10월 22일 기사 2번째 기사.

걸쳤다면 강도짓을 하고, 심지어 무덤을 파내어 관을 쪼갠 다음 시신에 걸친 옷을 훔치기도 할 정도였다. 경상감사 민시중(閔蓍重)의 보고는 더욱 참혹하다.

> 선산부(善山府)의 한 여인은 그의 여남은 살 된 어린 아들이 이웃집에서 도둑질했다고 해 물에 빠뜨려 죽이고, 또 한 여인은 서너 살 된 아이를 안고 가다가 갑자기 버리고 돌아보지도 않은 채 갔으며, 금산군에서는 굶주린 백성 한 사람이 죽을 먹이는 곳(粥所)에서 갑자기 죽었는데, 그의 아내는 옆에 있다가 먹던 죽을 다 먹고 나서야 곡을 했습니다. 하늘에서 부여받은 인간의 윤리가 완전히 끊겼으니, 실로 작은 걱정이 아닙니다.[40]

사대부 양반들의 절대적인 반대에도 대동법은 국가 위기 극복뿐 아니라 조세와 전반적인 경제 및 신분제 변화에 큰 역할을 했다. 대동법이 시행되면서 공납제가 폐지되어 공납이 토지세와 같게 되자 농민들의 부담이 가벼워졌고, 공인(貢人)이라는 어용상인을 중심으로 상업자본이 발달했다. 또 공인으로부터 주문을 받아 생산하는 독립적인 수공업도 발전하게 되었다.[41]

---

40 『현종개수실록』 권24, 현종 12년(1671) 4월 5일 병술 4번째 기사.
41 이기백, 앞의 책 『한국사신론』, p. 246. 이지원은 공납제 운영에서 방납으로 야기된 폐단은 이에 대한 제도사적인 연구가 중심이 되어 향촌 사정, 부세 운영의 현실 등에 대한 동태적 파악이 결여된 결과였고, 공납제의 문제점을 개혁한 대동법을 강조하는 과정에서 상대적으로 공납제 시기의 방납에 대한 부정적인 평가가 강조되었다고 지적한다. 따라서 공물의 구매는 지방 유통망의 근간인 시장이나 경시(京市)를

조선 왕조는 개국 초기부터 중앙에 오위(五衛), 지방에 진관 체제(鎭管體制)를 두어 국토를 방위했다. 그리고 현역병(戶)과 현역병을 돕는 보(保)로 편제된 국민개병제(國民皆兵制)인 병농일치 군사 체제가 유지되었다. 군 복무는 16세부터 60세에 이르는 남정(男丁)으로 2년을 복무해야 했고, 해마다 포 2필씩 내어 현역병을 돕는 보(保)는 2명으로 편제되었다. 이것은 오로지 피지배층 양민만이 져야할 부담인 양역이 되었고, 사대부 양반들과 천민 및 노비들은 면제를 받았다. 이렇게 양민에게만 부담을 지우면서 각종 폐단이 반복되자 마침내 16세기 중반에 현역 복무 대신 포를 바치게 하는 방군수포제를 시행했으나, 이것도 큰 효과를 거두지 못했다. 그 후 다시 중앙에 훈련도감, 지방에 속오군이 설치되었는데, 훈련도감군을 교대하지 않고 장기간 병영에서 지내며 복무하는 급료병(給料兵)으로 편성함으로써 용병제의 원인이 되었다. 특히 중앙에는 오위 대신에 용병제와 징병제가 혼합된 형태인 오군영(五軍營) 체제가 유지되었다. 그러나 임진왜란과 병자호란을 거치면서 국가 재정이 어려움을 겪자 양민이 져야 할 각종 부담(良役)은 더욱 커졌다. 이를 바로잡기

통해 이루어졌는데, 그중에서도 경시는 유통망, 시장 조건에서 장시보다 유리한 입지적 조건을 갖춘 곳이라 많은 경우 공물의 구매 상납은 경시에서 이루어졌다. 경시를 중심으로 공물의 구매 상납이 지속되면서 공물의 구매 상납을 전업으로 담당한 새로운 상인층이 형성되었으며, 방납 사주인(防納 私主人)으로 불린 그들은 유통망과 접촉해 일정한 자본을 축적했고, 이들의 유통경제를 통한 상업 구조가 형성되었다. 이지원, 앞의 글 「16, 17세기 전반 공물 방납의 구조와 유통경제적 성격」, pp. 512~513. 일찍부터 적용이 되어 국가의 녹봉이나 관부(官府) 운영비, 각종 제사 비용, 외교 비용, 전쟁·군비 등에 필요한 비용을 충당하기 위해 각종 현물을 수취했다. 이에 대해서는 이재룡, 『조선 전기 경제 구조 연구』, 숭실대학교 출판부, 1999를 참조.

위해 제시된 정책이 바로 균역법(均役法)이다. 이 제도는 신분 차별 없이 사대부 양반들이나 피지배층 양민 모두에게 골고루 부담을 지게 하자는 혁신적인 제도였다.

특히 세금이나 군역 등에서 각종 부정이 횡행하자 피지배층 농민들은 이를 감당하지 못해 자기 몸을 팔아서(自賣) 사대부 양반가의 노비로 전락하거나 투탁을 통해 신역을 면하려고 했다. 이런 문제점을 해결하기 위해 양역변통(良役變通)에 대한 논의가 17세기 내내 진행되었다. 군포 징수는 사대부 양반 관리들의 부정 재원의 하나인 만큼 이것의 폐지는 어려웠다. 조선 병역제도의 가장 큰 폐단은 사대부 양반들에게 병역 면제의 혜택이 주어지고 가난한 농민들만이 이 의무를 졌다는 점이다. 특히 임진왜란과 병자호란 때 조정에서 군사비를 충당하기 위해 납속책(納粟策)과 공명첩(空名帖)을 남발해 병역 의무를 면제받은 사대부 양반의 숫자가 급격하게 증가한 것이 큰 부작용을 일으켰다. 납속책은 국가에 쌀이나 포를 헌납하면 그 액수에 상응하는 특혜를 주는 제도였다. 선조 26년(1593) 군사비 부족을 해소하기 위해 시행된 이 제도는 중인인 향리가 쌀 3석을 납속하면 3년간 군역을 면제해주었고, 쌀 30석을 납속하면 참하영직(參下影職), 80석을 납속하면 동반실직(東班實職)이라는 벼슬을 주었다. 이렇게 돈만 내면 양인, 천민 할 것 없이 누구나 양반 신분을 살 수 있게 된 것이다.

공명첩은 이름이 없는 관직 임명장이었다. 조정은 공명첩을 발행해 돈을 내는 자, 적의 목을 벤 자, 작은 공이 있는 자에게 빈칸에 이름을 써서 관직을 주거나, 천민 신분에서 벗어나게 하고, 병역을 면제해주기도 했다. 그러나 공명첩을 받은 자들 대부분이 불순한 자들이고 세운 공도 없어 이에 따른 비리가 많았다. 공명첩은 뇌물의 미끼가 되어 사리사욕을 채우는 부정행위가 많아지면서 국가 재정에 도움이 되지 않고 무식한 천한 자들이 벼슬 이름을 갖게 되는 등 많은 부작용을 낳았다.[42] 또 흉년이 들었을 때 기근을 구제하고자 공명첩이 발행되어 무려 2만 장에 달하기도 했다.[43] 이와 같은 방식으로 숙종 10년(1684) 대구 지역 전체 인구 가운데 사대부 양반이 9.2퍼센트였던 것이 숙종 16년(1690)에는 19.4퍼센트로 증가했다.[44] 군역 면제자인 양반 숫자가 늘어나자 결과적으로 군사 수가 줄어든 폐단이 발생했다. 그러자 사대부 양반들에게 군역 의무를 부과하지 말고 군사 수를 줄이자는 군제변통론(軍制變通論)과 사대부 양반들에게도 군역을 부과하자는 양역개혁론(良役改革論) 등 군역 폐단 개선책이 제시되었다. 그러나 사대부 양반들은 여전히 군역 면제의 특권을 유지하기 위해 군제 개혁을 극렬하게 반대하고 나섰다.

이런 가운데 숙종 때부터 군역에 대한 비리와 폐해를 막아보고자 여러 번 개혁론이 논의되었으나 여전히 결론이 나지 않았다.[45] 지배

---

42 『선조실록』 권32, 선조 25년(1592) 11월 2일 무오 2번째 기사.

43 『숙종실록』 권22, 숙종 16년(1690) 11월 10일 정유 2번째 기사. "흉년이 들었으므로 가선(嘉善), 통정(通政), 동지(同知), 첨지(僉知), 판관(判官), 별좌(別坐), 찰방(察訪), 주부(主簿), 첨사(僉使), 만호(萬戶), 호군(護軍), 사직(司直) 중 가선, 통정 등의 공명첩 2만 장을 만들어 팔도에 나누어 보내어 팔도록 했다."

44 납속책이나 공명첩으로 벼슬을 얻어도 본래 사대부 양반들은 이들을 양반으로 여기지 않아 사회적 대접은 예전 신분 그대로였으나 군역이 면제되기 때문에 양민이나 노비들은 양반이 되려고 애를 썼다. 이덕일, 앞의 책 『조선 선비 당쟁사』, pp. 153~154에서 인용.

45 『숙종실록』 권63, 숙종 45년(1719) 5월 11일 계미 3번째 기사는 다음과 같다. "세

층 사대부 양반들은 면제받고 가난한 농민들만 부담을 지다 보니 피지배층 백성들의 삶은 곤궁하기 이를 데 없었다. 그러다 급기야 영조 대에 이르러 병조판서 홍계희(洪啓禧)가 왕세자에게 균역(均役)에 관한 책자를 올려 다음과 같이 군역의 폐단을 알렸다.

근래에는 세도(世道)가 점점 변하고 법망(法網)이 점점 해이해져서 사대부의 자제들은 이미 다시는 그 이름을 제위(諸衛)에 예속시키지 않았고, 향품(鄕品)의 냉족(冷族)들 또한 양반이라고 일컬으면서 신역을 면하기를 도모하게 되었으므로 이에 군역이 모두 피폐하고 의지할 데 없는 가난한 백성들에게로 돌아가게 된 것입니다. 피폐하고 의지할 데 없는 가난한 백성들에게 날로 불어나고 달로 가중되는 군역을 충당시켰으니, 이 백성들이 어찌 날로 더욱 곤고해져 지탱할 수 없는 지경에 이르지 않을 수 있겠습니까? 이들은 세업(世業)도 없고 전토(田土)도 없어 모두 남의 전토를 경작하고 있기 때문에 1년에 수확하는 것이 대부분 10석을 넘지 못하는데, 그 가운데 반을 전토의 주인에게 주고 나면 남는 것이 얼마나 되겠습니까? 그것을 가지고 20여 냥의 돈을 판출할 수 있겠습니까? 비록 날마다 매질을 가하더라도 판출해 바칠 수 있는 계책이 없어 결국에는 죽지 않으면 도망가게 되는 것입니다.[46]

자가 말하기를, '양역의 폐단은 이를 말한 지 오래되었다. 이 폐단을 제거하지 않는다면 백성을 보존할 도리가 없으니, 먼저 급히 변통(變通)하지 않을 수 없다. 묘당(廟堂)으로 하여금 상확(商確)해 품처(稟處)하게 하겠다' 했다.

46 『영조실록』 권75, 영조 28년(1725) 1월 13일 을해 1번째 기사.

이런 문제를 해결하려면 사대부 양반들에게 군역을 부과하면 되지만, 이들 지배층은 자신들의 기득권과 특혜를 양보할 생각이 없어 대동법과 마찬가지로 조정에서 여러 대신이 균역법을 주장했으나 그 시행이 쉽지 않았다.[47] 오히려 사대부 양반 지배층은 유학 교육을 더 강화해 사대부 양반을 양성하자는 논리인 숭유양사론(崇儒養士論)을 펴며 자신들에게 군역을 부과하는 것에 적극적으로 반대하고 나섰다. 물론 왕은 자신보다 더 강한 권력과 세력을 형성한 사대부 양반들을 통제할 수가 없어 우유부단한 모습을 보였다. 왕이 이렇게 군역 문제가 심각함을 알고도 쉽게 이 문제 해결법을 결정하지 못한 이유는 사대부 양반들의 특권을 침해하면 이들의 공격을 받아 왕위 유지가 어려울 수 있기 때문이었다. 말하자면 사대부 양반들을 건드리면 역모가 일어나 왕의 목숨이 위태로워질 수 있다는

---

47 이 개혁안은 군역 기피자를 색출해 군역 의무를 부과하자는 것으로, 사대부 양반과 상민을 따지지 말고 각각 군역 대신 베 한 필씩 받자는 것이 유포론(游布論)이고, 양반과 상민을 따지지 말고 가호(家戶)에게 군포를 받자는 것이 호포론(戶布論)이며, 구전론(口錢論)은 베 대신 돈으로 내는 것(軍錢)이다. 그리고 결포론(結布論)은 군포를 사람이 아닌 토지 면적 단위로 부과하자는 안이었다. 이런 개혁안에 적극적으로 반대한 대표적인 인물이 서인의 대사헌 강백년(姜栢年)이었다. 그는 "조정에서 300년 동안 사대부를 후하게 대우해왔다"라고 강조하고 "그사이 더러 사대부 양반의 이름을 빙자해 역(役)을 면한 자가 있으나 구별하기가 어려워 모두 선비로 대우해주었다"라고 주장하며 "만일 양반과 양인 모두 싸잡아 군포를 징수하면 군역을 정한 것과 무엇이 다르냐"라고 항변했다. 『현종실록』 권22, 현종 15년(1674) 7월 13일 을해 4번째 기사. 또 숙종 대에도 이러한 양역의 불평등을 개혁하려 했으나, 우의정 조상우(趙相愚)가 "시세를 헤아리지 않고 갑자기 새 법을 만들어 전에 역(役)이 없던 사대부 양반에게서 포 또는 전(錢)을 섞어 거둔다면, 반드시 물고기가 놀라고 새가 흩어지며 솥의 물이 끓는 듯이 시끄러워질 뿐 아니라 사대부 양반들이 나라를 원망해 백성을 속이고 선동할 것"이라며 이를 적극 반대해 개혁이 시행되지 못했다. 『숙종실록』 권50, 숙종 37년(1711) 8월 17일 갑술 2번째 기사.

것이다. 예컨대 사대부 양반들에게 군역을 부과하면 이들에게 반란을 부추기는 것과 다름없다는 주장이나 나라에서 피지배층 백성들의 인심은 잃어도 사대부 양반들의 지지는 잃어서는 안 된다는 주장이 바로 그것이다. 그만큼 조선에서 사대부 양반 지배층은 왕에게 백성보다 더 중요한 절대적인 존재였다.

지돈녕(知敦寧)과 이종성(李宗城)은 병역 의무를 사대부 양반들에게 지우는 호전(戶錢)과 결포(結布)를 결사반대했는데, 그 이유가 백성들의 마음을 잃을지언정 사대부 양반들의 지지를 잃어서는 안 된다는 것이었다.[48] 우리나라는 신라와 고려 때부터 명분을 가장 중요시했으니, 사대부 양반들에게 피지배층 백성과 똑같이 병역 의무를 부과하는 개혁을 하루아침에 할 수는 없다는 것이었다. 우리나라 사대부 양반들은 옛날의 봉건 제후에 비유되기도 하지만, 민심을 유지해 변란이 생기지 못하게 하는 것에서는 전혀 도움이 되지 않는 계층이었다. 또 환자곡(還上穀)[49]의 회수에 '오래된 것을 걷고 최근 것은 남겨둔다(收舊遺新)'는 원칙이 적용되면서 백성들은 항상 국가에 채무를 진 빚쟁이로 살았다. 이는 국가가 백성을 법적으로는 물론이고 경제적으로도 통제했다는 것을 의미한다.[50]

이렇게 사대부 양반들이 결사적으로 특권을 포기하려 하지 않자 마침내 군사 수를 줄여서 양인들의 군역 부담을 줄여주자는 군제변

48　『영조실록』 권71, 영조 26년(1750) 6월 22일 계사 2번째 기사.

49　각 고을의 사창에서 백성에게 꾸어주고 가을에 이자를 붙여 거두어들이던 곡식.

50　강제훈, 「조선 초기 국고곡(國庫穀)의 환상(還上) 운용」, 『한국사학보』 제5권, 고려사학회, 1998, pp. 115~116.

통론으로 조정의 의견이 모아졌다. 조정은 숙종 2년(1702) 양역이정청(良役釐正廳)을 설치해 군사 수를 감축함으로써 군역의 폐단을 어느 정도 해소할 수 있었으나 근본적인 해결책이 되지는 못했다.[51] 그래서 군역에 대한 논의는 계속되었는데, 이 과정에서 사대부 양반들은 귀한 자와 천한 자 모두 똑같이 군포를 내게 하는 것은 신분 질서를 무너뜨리는 행위라며 강력히 반대하고 나섰다.

> 귀천을 논함이 없이 모두 호포를 내니, 조신(朝紳)은 국가의 위태로운 상황을 위해 비록 힘써 거리끼는 바가 없이 호포를 낸다 하더라도 만약 사자(士子)로 말한다면, 평생 고생하며 부지런히 독서만 하는 자가 한 글자도 읽지 않는 자와 같이 그 포를 내는 것은 또한 억울하지 않겠습니까?[52]

맹자의 말과 같이 대(사대부 양반)와 소(백성)는 절대 같을 수 없다는 유교 질서에 의해 지배층 사대부 양반들과 피지배층 백성을 엄격히 구별한 조선의 신분 질서는 견고했다. 이러한 풍조는 "사대부 양반과 피지배층 상민의 구별은 곧 국가의 법(士庶之別 國之章也)"이라는 조선 지배층의 특권 사상에서 기인한다.[53] 이런 정치 속에

---

51 이러한 군제변통론으로는 근본적으로 양역의 폐단을 해결할 수 없었다. 양반에게도 대동법처럼 병역 의무를 부과하는 안에 대해 남인은 찬성했으나, 서인은 개인에 따라 의견이 달랐다. 이덕일, 앞의 책 『조선 선비 당쟁사』, p. 158.

52 『숙종실록』 권11, 숙종 7년(1681) 4월 3일 병술 2번째 기사.

53 이는 송나라 왕구(王球)가 말한 것이다. 이덕일, 앞의 책 『조선 선비 당쟁사』, p. 160에서 인용.

가난한 백성들의 고통은 이루 말할 수 없었고, 나라 전체에 부패와 비리가 만연해 결국 영조 대에 이르러 양역 개혁이 다시 신중하게 논의되기 시작했다. 그 결과, 양역변통론으로 유포론, 호포론, 구전론, 결포론 가운데 사람이 아니라 토지 면적에 부과한 결포론이 채택되어 마침내 영조 26년(1750) 7월 종래 1정(丁)당 매년 2필이었던 것이 1필의 군포만을 내도록 개혁되었다. 균역법 시행 당시 군정(軍丁)이 50만 명 정도였는데, 이렇게 군포가 줄어들자 이를 보충하기 위해 사대부 양반 소유를 포함해 토지 1결당 2말의 결작미(結作米)를 부과했다. 그리고 사대부 양반도 양인도 아니라고 자칭하며 군포를 부담하지 않은 한유자(閑遊者)들에게는 선무군관(選武軍官)이라 해 포를 받았다. 이렇게 거둔 수입으로 양민들의 군포 부담을 덜어줌으로써 역(役)을 균등히 한다는 뜻에서 균역법이라고 한다.

하지만 군포를 내는 군인 수가 30만에서 50만으로 증가해 정부 수입은 늘어났으나 반대로 양인 농민의 부담은 더욱 커졌다. 도망가거나 죽은 자(流亡) 등의 사유로 군인 수가 줄어들면 군포를 내야 할 다른 장정들이 공동으로 부담하게 되어 인징, 족징, 황구첨정, 백골징포 등의 악습이 여전히 횡행해 실제로 내야 할 군포가 1필이 아니라 더 많았다. 균역법이 시행되었으나 가난한 농민들의 고통은 가시지 않았다. 이러한 균역법은 양인 농민에게 일정한 이익을 가져다준 것이라고 평가되고 있으나, 사실상 이는 사대부 양반에게 군역은 불가하다는 논리(兩班不役論)를 유지하기 위한 하나의 방편에 불과했다. 실제로 균역법이 시행된 이후에도 양역의 폐단은 없어지지 않았고, 오히려 이전보다 더 많은 폐단이 발생해 사회 경제 질서는 문란해지고 피지배층 백성들의 궁핍은 더욱 심해졌다. 마침내 이는 세도정치[54] 시대 삼정문란(三政紊亂)을 초래해 농민들의 저항의식을 불러일으킴으로써 민란 발생의 주요 요인이 되었다.[55] 이런 지배층의 사상은 나라가 오랑캐에게 침략당해 무수한 파괴와 양민 학살이 자행되어도 자기들이 알 바가 아니라는 것이다. 임진왜란과 병자호란을 겪을 때 조선의 지배층 사대부 양반들의 행태가 이런 사실을 적나라하게 보여주지 않았던가.

이렇듯 조선 지배층 사대부 양반들은 중화주의와 주자학의 사상과 이념을 근거로 자신들의 특권과 권력 유지를 위해 국가를 다스려왔다. 이들 지배층은 명청 교체기인 17세기 대외적인 위기 속에서도 예송논쟁, 그리고 신분 질서를 통해 자신들의 기득권을 조금도 양보하지 않으려 했고, 균역법 논쟁이 보여주듯 국가가 당면한 문제의 해결책을 논의하기보다 정치싸움에만 매달렸다.[56] 그러는 동안

---

54 균역법 및 군사제도 개혁 등은 오히려 민본정치에 역행하는 것이었다. 강만길, 앞의 책 『분단시대의 역사 인식』, p. 76. 균역법이 시행되었으나 농민들은 여전히 군포 납부로 고통을 겪었다. 이기백, 앞의 책 『한국사신론』, p. 247. 고종 8년(1871) 대원군이 호포법을 시행해 사대부 양반에게도 호포를 거두었지만, 이를 노비 이름으로 대신 내게 했다. 이덕일, 앞의 책 『조선 선비 당쟁사』, p. 164.

55 차문섭, 「균역법」, 한국사연구회 편, 『한국사 연구 입문』, pp. 342~348.

56 17세기 대내외적 위기, 체제 변동에 직면해 조선 사회, 특히 서인 세력들은 주자학의 절대화를 통해 위기를 타개하려 했다. 서인의 주자학 절대화 노력은 주자를 무오류의 성인으로 여기는 의식과 맞닿아 있었는데, 이를 통해 이들은 사대부의 공론에 기초한 정치를 실현하려고 했다. 이들의 정치적 노력은 농촌 경제의 정상화와 주자학 이념에 입각한 인륜 도덕의 재편, 강상 질서의 회복으로 이어졌다. 그것은 구체적으로는 주자의 정치 사회사상에 입각한 지주제 유지론, 부세제도 이정론(釐正論)으로 나타났다. 서인의 이러한 노력은 17세기 체제 위기를 극복하는 데 일정 정도 기여했다. 그러나 이들의 노력은 지주제 혁파와 공전제를 주장한 체제 개혁론에 비하면 체제 모순과 위기를 완전히 타개하기에는 역부족이었다. 도현철, 「17세기 주자

민심은 점점 흉흉해지면서 지배층과 나라를 향한 피지배층의 적개심이 점점 커지고 있었다. 이런 저항의 민심은 안동김씨 등을 중심으로 한 세도정치 시기에 타오르기 시작했다. 이들은 어떻게 지배층에게 저항했을까?

학 도통주의의 강화와 지주제 유지론」, 오영교 편, 『조선 후기 체제 변동과 속대전』, 혜안, 2005, pp. 103~132.

세도정치 시대: 타락과 부패의 시대

조선 지배층 사대부 양반들은 임진왜란과 병자호란을 겪고 난 후에도 피폐해진 국가를 재건하기보다 여전히 자신들의 권력과 기득권 투쟁에 몰두했다. 그 중심에는 주자학과 모화사상(慕華思想)이 있었다. 중국의 주인이 명에서 청으로 바뀐 후 조선은 다시 청을 섬기며 각 당파 중심의 세도정치 시대로 접어들었다. 그 시작은 남인과 서인의 피나는 권력투쟁이었다.

현종 15년(1674) 효종과 효종비 인선왕후에 대한 계모 자의대비의 복상 기간을 둘러싸고 벌어진 남인과 서인 사이의 제2차 예송논쟁에서 송시열의 예론(禮論)을 추종한 서인들이 패배하자 숙종 1년(1675) 정월 예를 그르친 죄로 송시열이 파직되어 유배되는 등 남인은 서인들을 중앙정권에서 몰아내고 권력을 장악했으나 숙종은 이들을 그다지 신임하지 않고 있었다.[57] 이런 상황에서 영의정 허적(許

---

57 남인들은 정권을 장악하고 복제(服制)에서 송시열의 오례(誤禮) 문제를 둘러싼 고묘(告廟: 나라나 왕실에 큰일이 있을 때 이를 종묘에 고하는 것) 논란을 이용해 송시열 등 서인들을 완전히 정권에서 몰아내려 했다. 이희환, 「경신환국과 김석주」, 『전북사학』 제10집, 전북사학회, 1986, p. 40.

積)이 조부 허잠(許潛)이 시호(諡號)를 받는 것을 기념해 잔치를 열면서 숙종의 허락도 없이 비가 새지 않도록 기름을 칠한 왕실 소유의 천막을 빌려 가 사용했다. 이에 분노한 숙종은 영의정 허적, 좌의정 민희(閔熙), 우의정 오시수(吳始壽), 이조판서 이원정(李元禎), 호조판서 목내선(睦來善), 예조판서 오정창(吳挺昌), 형조판서 김덕원(金德遠), 공조판서 유혁연(柳赫然) 등을 모두 파직했고, 아울러 군권을 남인에서 서인으로 대거 교체했다. 이를 '경신환국(庚申換局)'이라고 한다.[58] 숙종의 외삼촌 병조판서 김석주(金錫胄)는 경신환국을 기획한 서인이라 유임되었으며, 이로써 서인이 남인을 누르고 다시 정권을 장악하게 되었다. 숙종은 청나라가 '삼번의 난(三藩之亂)'을 평정하자 청의 질책이 두려워 북벌론을 주장했던 남인 정권을 대신해 북벌에 반대한 서인을 세력으로 끌어들인 것이다. 이 기회를 놓치지 않고 남인 세력을 완전하게 무력화하기 위해 숙종 6년(1680) 김석주 등은 허견(許堅)이 숙종에게 변고가 생기면 복선군을 왕으로 추대하려 했다는 내용의 고변(告變)을 올려 이른바 '허견의 옥사(獄事)'가 발생했다. 허적의 서자인 허견 등이 인평대군(麟坪大君)의 세 아들인 복창군(福昌君), 복선군(福善君), 복평군(福平君) 세 왕자와 역모를 꾸민다고 고발해 옥사가 일어난 것인데, 이를 '삼복의 변(三福之變)'이라고 한다.

그 결과, 종실인 복창군 3형제와 허견은 물론, 허적과 윤휴도 살

---

58 예송논쟁으로 남인과 손잡고 서인을 몰아낸 김석주는 이제 남인을 정권에서 몰아내기 위해 서인과 손을 잡고 경신환국을 일으킨 것이다. 이희환, 위의 글 「경신환국과 김석주」, pp. 31~61.

해되었고, 허목(許穆)은 파직되어 문외출송(門外黜送)되었으며, 나머지 사람들은 옥사하거나 사약을 마시고 죽거나 유배되었다. 이로써 남인은 큰 타격을 받고 실각했다. 이때 숙종이 허견의 아버지 허적을 연좌의 율(律)을 적용해 처형할 것인지 대신에게 묻자 서인의 의견이 둘로 나뉘었다. 남인 영수 허적은 관직을 삭탈당하고 서민으로 강등되는 것으로 일단락되었는데, 다른 한편의 서인들은 허적을 살려두어서는 안 된다는 주장을 굽히지 않았다. 그러자 의금부는 남구만(南九萬)이 허적의 아들 허견의 비행을 상소했을 때 허적이 각 계에 압력을 넣어 아들을 보호하고 임금을 속였다고 보고했고, 숙종은 이를 명분 삼아 그를 옥사에서 유탄을 맞고 죽게 했다. 또 서인은 예송논쟁에서 자신들을 꼼짝 못 하게 논박했던 남인 윤휴를 이런저런 이유로 사약을 먹고 죽게 했다. 이렇게 남인들이 숙청되자 숙종은 외삼촌 김석주에게 남인 제거에 공을 세운 자들을 공신에 책봉하라고 지시했다.[59]

그 후 숙종 8년(1682) 임술년에 남인들의 역모 두 건이 고발되었다. 서인 김환(金煥) 등이 남인 허새(許璽)와 허영(許瑛)이 역적을 모의해 숙종을 제거하고 북평군을 왕으로 세우려 했다고 주장한 것이다. 이틀 후에는 남인 민암(閔黯)이 역모를 꾀했다는 고발이 다시 들어왔다.[60] 그러나 이 사건을 주도한 김환이 김익훈(金益勳)과 김석주의 사주를 받았다는 의혹이 불거지자 김익훈이 공을 탐해 한 짓이

---

59 김만기(金萬基)와 김석주 등 두 외척은 일등공신, 이등공신은 이입신(李立身), 삼등공신은 정원로(鄭元老), 남두북(南斗北), 박빈(朴斌) 등이다.

60 이 고변들이 임술년에 이루어져서 '임술고변(壬戌告變)'이라고 알려져 있다.

니 처벌하자는 주장이 제기되었다. 그러다 김익훈의 공금 횡령과 비리가 드러나자 남인의 역모 고발 사건은 재수사에 들어가게 되었다. 결국 김환과 김익훈을 무고자로 처벌하자는 여론이 들끓어 주모자 김환은 유배되고 추종자 전익대(全翊戴)는 처형을 당했다. 배후에서 이들을 조종하고 임금에게 몰래 알린 김익훈은 아무런 처벌도 받지 않았다. 이 사건으로 서인은 김익훈과 김환을 옹호한 송시열과 그를 추종한 자들은 노론으로, 반대로 처벌하자는 자들은 소론으로 갈라지게 되었다.[61] 먼저 사헌부와 사간원 소장층 서인들이 이 사건에 대해 이의를 제기하면서 김익훈을 유배 보내라고 왕에게 요구했다. 그러자 숙종은 김익훈을 무고자로 처벌하라고 주장한 박태유(朴泰維)와 유득일(兪得一)을 지방 수령으로 좌천했는데, 조정의 여론이 극도로 나빠지자 숙종은 결국 이 둘의 인사 조처를 철회했다.

　남인을 모두 제거한 경신환국 이후 조선은 서인 중심의 붕당정치가 일당전제(一黨專制)로 바뀌게 되었다. 이 사건으로 도체찰사부(都體察使府)가 혁파됨에 따라 대흥산성의 재물은 김석주가 관리청을 따로 세워 관리사로서 관장했다. 김석주의 부친 김육과 송시열의 스승 김집은 각각 서인의 한당과 산당 대표여서 정권다툼으로 사이가 좋지 않았다. 그래서 김석주는 남인과 손잡고 송시열이 효종의 능에

61　노론의 중심인물은 송시열, 김석주, 민정중(閔鼎重), 김익훈, 이선(李選), 이수언(李秀彦), 이이명(李頤命), 이여(李畬) 등 훈신들과 김수항 등 서인의 중진들이었으며, 소론은 윤증, 박세채(朴世采), 조지겸(趙持謙), 오도일(吳道一), 한태동(韓泰東), 박태보(朴泰輔), 임영(林泳), 이상진(李尙眞), 남구만 등이다. 이덕일, 앞의 책 『조선 선비 당쟁사』, p. 260.

표석을 세우자고 한 사실과, 전 교관(教官) 민업(閔業)이 죽었을 때 그의 아들 민세익(閔世翼)이 정신병이 있다 해, 민세익의 아들, 즉 민업의 손자에게 그의 아버지 대신 상주 노릇을 하게 한 일로 탄핵을 받게 함으로써 마침내 그를 유배시키고 말았다.[62]

원래 서인인 김석주는 현종비 명성왕후(明聖王后)의 친정아버지 김우명(金佑明)의 조카이자 명성왕후의 사촌 오빠로서 남인과 친할수 없었고 복창군과 가까웠는데, 복창군의 외할아버지 오단(吳端)의 아들들이 복창군의 힘을 믿고 날뛴다며 이들을 없애려 했다. 그러다 현종이 급사하자 14세 어린 나이에 숙종이 즉위했는데, 이에 불안을 느낀 명성왕후 김씨가 현종의 사촌 동생인 복선군에게 왕위를 빼앗길 것을 염려해 친정아버지 김우명으로 하여금 복선군 형제인 복창군과 복평군이 궁녀와 간통했다고 고발하게 했다. 이것이 바로 '홍수의 변(紅袖之變)'이다.[63]

남인의 종말을 가져온 경신환국은 궁극적으로 권력 장악을 위한 김석주의 음모와 계략으로 만들어진 사건이었다. 그는 자신의 권력 장악을 위해 남인과 손잡고 서인을 몰아낸 다음, 왕을 이용해 경신환국을 일으켜 다시 남인을 제거하고 서인과 손을 잡는 등 수단과 방법을 가리지 않았다.[64] 외척인 김석주가 자신의 권력 야욕을 채우

---

62 『현종실록』 권21, 현종 14년(1673) 9월 9일 을해 3번째 기사.
63 이덕일·이준영 공역, 『당의통략(黨議通略)』, 자유문고, 2015, pp. 23~24. 이 사건은 김석주가 계획해 그의 숙부인 김우명(金佑明)과 사촌 누이인 명성왕후 김대비를 사주해 일으킨 것으로 추정한다. 이희환, 앞의 글 「경신환국과 김석주」, p. 54.
64 김석주의 사촌 누이이자 숙종의 어머니인 명성왕후가 이런 김석주를 훈계한 한글로 쓴 편지(諺書)는 김석주가 경신환국을 계획한 자임을 보여주고 있다. 황덕길 편,

기 위해 남인과 서인을 이용해 만들어낸 경신환국은 마침내 외척과 남인을 제거할 목적으로 이들과 야합했던 송시열 계파 노론 중심의 일당독재 체제로 나아간 세도정치를 열었다. 김석주 등 왕의 외척 세력이 하나둘 사망해 그 세력이 약해지자 송시열 세력이 조정의 권력을 장악한 것이다.

숙종이 재위 14년이던 1688년에 천민 궁녀 출신 장희빈을 통해 아들을 얻고 그다음 해 장씨 소생 아들을 맏아들(元子)로 삼으려 하자 송시열 세력들은 장희빈이 남인계 사람이라며 결사반대하고 나섰다. 그러나 숙종은 이와 관련된 자들을 삭탈 관직(削奪官職)하고 모조리 숙청했다.[65] 이 사건으로 송시열이 사약을 받고 죽자 10년 만에 남인이 다시 권력을 장악하게 되었다. 그러다가 숙종 20년(1694) 3월 23일 함이완(咸以完)이 서인들이 장희빈을 축출하고 폐출당한 명성황후를 복위하려고 역모를 꾸미고 있다고 고발하자, 이에 대응해 서인은 같은 해 3월 29일 김인(金寅) 등 3명에게 남인들이 무수리 출신으로 후에 영조가 된 연잉군(延礽君)을 낳은 숙원(淑媛) 최씨를 독살하려는 역모를 꾸미고 있다고 고발하게 했다. 최씨를 총애한 숙종은 즉각 남인들을 숙청하기 시작했다. 이 사건을 '갑술환국(甲戌換局)'이라고 한다.[66] 이로써 다시 서인이 권력을 장악하

「조야신필(朝野新筆)」, 『조선당쟁관계자료집』 제1권, 여강출판사, 1983, p. 499.

65 숙종과 남인 정권은 송시열을 비롯해 김수항, 홍치상(洪致祥) 등 18명이 목을 베는 참형(斬刑), 교수형, 사약, 곤장 등으로 죽었고, 유배를 간 자는 59명, 파직당한 자는 26명으로 모두 103명이 숙청되었다. 이덕일, 앞의 책 『조선 선비 당쟁사』, p. 272.

66 이 사건에 대해 인현왕후의 오빠인 민진원(閔鎭遠)이 궁중에서 일어난 주요 사건을 연대순으로 쓴 『단암만록(丹巖漫錄)』은 서인 측 김석주의 고변으로 남인들이

게 되었다.

이렇게 남인과 서인은 서로 권력다툼을 벌이면서 정권을 잡으면 상대방에게 가혹한 보복을 단행했다. 숙종이 죽고 남인들이 지지했던 장희빈의 소생 세자 균(昀)이 즉위했다. 그가 바로 경종이다. 그러나 최씨 소생 연잉군을 지지한 노론은 경종을 왕으로 인정하려 하지 않고 경종을 압박해 후계자를 자신들이 지지하는 연잉군으로 결정하게 했다. 이들 노론 대신들은 더 나아가 경종을 대신해 연잉군에게 대리청정하게 하라고 요구했다. 소론은 이 대리청정이 권력을 장악하려는 노론의 역모임을 알고 격렬하게 저항했고, 마침내 소론 급진파인 김일경(金一鏡) 등 7명은 연명 상소로 노론 김창집(金昌集), 이이명, 이건명(李健命), 조태채(趙泰采) 등 노론 4대신을 불충(不忠)으로 탄핵했다. 경종은 이를 즉시 수용하고 노론 권세가들을 숙청하는 데 성공해 마침내 정국을 장악하게 되었다. 이를 '신축환국(辛丑換局)'이라고 한다. 그러나 이 사건은 영조와 정조 대 탕평책의 기반을 마련해주기도 했다.[67] 그 후 경종이 죽자 독살당했다는

주살되고 실각했던 이른바 '삼복의 변' 등의 당쟁과 이로 인한 인현왕후의 복위, 장희빈 사건 등 많은 풍파의 내막을 노론의 입장에서 기록하고 있다. 이 책에 의하면, 갑술환국은 "김춘택(金春澤)이 임금의 유모(奉保夫人)를 통해 숙원 최씨와 계략을 세워 남인의 음모를 숙종에게 자세히 알려 일어난 것"이라고 밝히고 있다. 갑술환국 1년 사이에 남인은 사형 14명, 유배 67명, 삭탈관직 및 파직 54명 등 135명이 처벌받았다.

67 이희환, 「경종 대의 신축환국과 임인옥사」, 『전북사학』 제15집, 전북사학회, 1992, pp. 163~205. 이듬해 3월에는 목호룡(睦虎龍)이 노론 대신인 김창집의 손자 김성행(金省行), 이이명의 아들 이기지(李器之), 김춘택의 사촌 동생 김용택(金龍澤) 등 노론 명문가 자제들이 환관, 궁녀와 결탁해 왕을 시해하려 했다고 역모를 고발했다. 『경종실록』 권6, 경종 2년(1722) 3월 27일 임자 2번째 기사. 이 고발로 정법

소문이 나돌아 큰 파문을 일으켰다.[68]

경종 사후 즉위한 영조는 사대부 양반들이 남인과 서인, 노론과 소론으로 당파를 만들어 권력다툼을 벌이며 서로 죽이고 유배를 보내는 등 그 가족까지 무참하게 처형했던 참혹한 모습을 보고 탕평책을 써서 정국을 안정시키려 했다. 영조는 탕평책을 왕권 강화의 최선책으로 여기고 붕당정치를 개편하기 위해 온건한 인물을 등용해 붕당들의 대립을 완화하고 국왕 중심으로 정치를 펼쳐나가는 것을 최우선으로 삼았다. 먼저 붕당정치기에 사상적 지주 역할을 하면서 사림파가 정권을 장악하자 벼슬을 하지 않고 향리에 은거해 학문 연구와 후학 양성에 매진하던 사림파 선비들인 산림(山林)[69]이

(正法)으로 처리된 자가 노론 4대신을 비롯해 20여 명이고, 장형(杖形)으로 죽은 자가 30여 명이었으며, 그 밖에 그들의 가족으로 체포되어 교살된 자가 13명, 유배된 자가 114명, 스스로 목숨을 끊은 부녀자가 9명, 연좌된 자가 연인원 173명에 달했다. 이를 임인옥사(壬寅獄事) 또는 신임사화(辛壬士禍)라고 한다. 신축환국에 대해서는 이은순, 『조선 후기 당쟁사 연구』, 일조각, 1988 참조.

68 목호룡 고변 사건 수사 과정에서 독약으로 경종을 독살하려는 소급수가 실제로 시행되었다는 자백이 나와 조정이 발칵 뒤집혔다. 이덕일, 앞의 책 『조선 선비 당쟁사』, p. 325. 목호룡이 노론의 4대신 자제들이 왕을 시해하려 했다고 고발한 역모 사건인 임인옥사의 진행 과정을 기록한 「임술옥안(壬寅獄案)」에 연잉군이 연루되었다고 기록되어 있다. 그러나 이 옥안은 소각되어 그 내용을 알 수는 없고, 전해지는 기록에 따르면, 원경하(元景夏)가 말하기를, "신이 잠깐 문랑(問郞)으로 있을 때 처음으로 임인년의 옥안을 보았더니, 제목은 삼수역안(三手逆案)이라 쓰고 문안 가운데에는 맨 먼저 목호룡의 흉악한 글과 흉악한 공초(供招)를 썼는데, 혹 수십 자 또는 1백여 자를 삭제하고 주를 달기를, '말이 부도(不道)를 범했으므로 삭제했다' 했습니다. 부도한 말을 이미 삭제해 인심을 의혹시키고서 또 이렇게 주를 달았으니, 어찌 불측(不測)하지 않겠습니까? 그때 옥사(獄事)를 안치(按治)한 신하들이 목호룡을 엄히 다스리지 않고 곧바로 부도한 말을 써서 흉악한 글과 흉악한 공초를 금석(金石)에 새겨진 글처럼 여겼으니, 이 옥안은 한때라도 천지 사이에 둘 수 없습니다"라고 했다. 『영조실록』 권51, 영조 16년(1740) 6월 5일 갑술 2번째 기사.

69 대표적인 인물이 정인홍, 감장생, 김집, 송시열, 허목, 윤휴, 윤선도 등이다.

각 당의 공론을 주재하는 권한을 없애고 왕이 정치적 공론의 주재자임을 강조했다. 또 사림의 공론을 대변하는 이조의 낭관(이조전랑)과 한림의 권한과 기능을 제약했다. 이 직책은 후임자를 자체적으로 천거할 수 있는 권한을 갖고 있어 오히려 이것이 붕당의 대립을 조장하는 결과를 초래했다.

영조가 경종을 독살했다는 의혹이 퍼지자 영조 4년(1728) 3월 15일 밤 소론 강경파와 남인 일부, 그리고 김일경의 여당(餘黨)인 이인좌(李麟佐) 등이 서로 협력해 밀풍군(密豊君) 이탄(李坦)을 추대하고 병란(兵亂)을 일으켰다. 삼남 지방에서 활동하던 농민으로 구성된 도적떼도 가담할 정도로 이 난은 조선 붕당정치의 구조적 병폐를 표출한 사건이었다.[70] 이렇게 당쟁이 심해 무신들의 난까지 발생하고 노론이 이 사건으로 소론을 다시 공격하는 정쟁이 일어나자 영조는 탕평책을 추진하면서 노론과 소론 모두 정치에 참여하게 했다. 그러나 이 탕평책에서 노론과 소론은 각각 온건파만 등용했고, 남인들은 대부분 제외되었다. 그리고 영조는 이인좌의 봉기를 진압한 후 경상도 감영 소재지인 대구부의 남문 밖에 「영남반란평정비(平嶺南碑)」를 세워 영남을 반역향으로 규정했다. 그 결과, 영조의 탕평책은

---

70 붕당정치는 그동안 식민사관에 의해 부정적으로 해석, 평가되었으나, 17세기 후반 붕당정치의 쇠퇴는 근대적 정치 질서의 모색으로 해석되어야 하며, 이는 조선 사회의 주체적 발전을 의미한다. 또 사림 정치가 조선 후기의 전형적인 정치 형태였고 붕당정치는 여기에서 파생된 정치 방식이기 때문에 부정적인 해석은 옳지 못하며, 오히려 조선을 망하게 한 정치 형태가 바로 세도정치라는 지적이 제기되기도 한다. 신형식·이배용, 『한국사의 새로운 이해』, 이화여자대학교 출판부, 1997, pp. 111~113.

실제로 붕당을 없앨 수 없었고, 탕평당(蕩平黨), 즉 탕당(蕩黨)이라는 새로운 정치 세력을 키우는 결과를 초래했다.[71] 그러므로 우리가 알고 있던 바와 달리 영조의 탕평책은 일시적인 정국 안정에 도움을 주기는 했지만, 오히려 새로운 당파를 만들어 권력 경쟁을 더 심화했다. 이런 영조 탕평책의 부작용에 대해 대사헌 조관빈(趙觀彬)이 상소를 통해 다음과 같이 지적했다.

> 따로 양도 아니고 음도 아닌 물건이 있어 음양과 나열해 셋이 되어, 나아가서는 군자가 되지 못하고 물러가서는 차라리 소인도 되지 못하니, 이것이 근래에 탕평을 주장하는 탕당이라는 칭호가 하나의 새로운 사색당파의 파벌(色目)이 된 까닭입니다.[72]

그러나 영조는 "서로 모함하고 중상하며 권력투쟁을 일삼고 있는 당파 습성의 폐단이 어느 때인들 없겠는가?"라며 "파당의 역사를 살펴보면 우리나라는 그 폐단이 더 심해서 처음에는 군자라 하고 끝에 가서는 충이라 하며, 처음에는 소인이라 하고 끝에 가서는 역적이라 해서 서로 공격을 하면서, 그러고는 틈을 만들어 동종(同宗)이 도리어 원수가 되기도 해 귀양 보내 쫓아냈다가 살육(殺戮)당하

---

71 탕평당은 노론 영수인 홍봉한과 홍인한 형제 중심의 외척 세력을 말한다. 특히 영조의 탕평파에 대해서는 이근호, 「영조대 탕평파의 형성과 벌열화」, 『조선시대사학보』 제21호, 조선시대사학회, 2002, pp. 107~135; 이태진, 『조선시대 정치사의 재조명』, 범조사, 1985 참조.

72 『영조실록』 권30, 영조 7년(1731) 10월 26일 병진 3번째 기사.

기도 하며, 지위를 얻지 못했을 때는 어떻게 하면 그것을 얻을까 근심하고, 얻고 나서는 그것을 잃어버릴까 걱정하고 있다"라고 대신들을 강하게 책망했다. 그러고는 "종사(宗社)의 위태로움이 하나의 털 끝에 매인 것과 같았고 무신년에 이르러 더욱 극에 달했었는데, 그때 일을 생각하려 하니 참으로 모르는 체하고 싶다"라고 토로하며 각 당파의 권력투쟁이 자신에게 큰 두려움임을 표명했다.[73] 그리고 영조는 재위 16년인 1740년 1월 노론, 소론의 화합을 주장하면서 목호령의 역모 고발로 발생한 '임인옥사 사건' 때 사형당한 노론 4대신의 역모 혐의를 모두 벗겨주는 경신처분(庚申處分), 말하자면 대사면을 단행했다. 그리고 다음 해인 영조 17년(1741) 대소 신료들에게 당쟁에 관한 말을 꺼내는 사람은 사형에 처한다고 경고했다. 이러한 영조의 조치는 당파의 화합을 위한 것이라기보다 임인옥사의 주범을 자신으로 기록한 목호령의 역모 고발 사건의 수사 기록을 불태우고 종묘에 알리게 하기 위한 것이었다.[74]

이처럼 영조의 탕평책은 오히려 당파를 부추기는 결과를 초래했고, 이로써 또 다른 세력, 바로 탕당이 출현한 것이다. 영조의 뜻에 따라 집권 세력으로서 탕평을 주도했던 노론 출신의 홍치중(洪致中), 김재로(金在魯)와 소론 출신의 조문명(趙文命), 조현명(趙顯命), 송인명(宋寅明) 등 일부를 중심으로 탕평파가 모습을 갖추기 시작했다. 영조 5년(1729) 이후 탕평파의 정치적 입지가 강화되면서 영조

---

73 『영조실록』 권45, 영조 13년(1737) 8월 28일 갑신 1번째 기사.
74 이를 신유대훈(辛酉大訓)이라고 한다.

7년(1731)에 이르면 탕당이라 불릴 만큼 세력이 커졌다. 그러다가 영조 17년(1741) 영조가 신유대훈을 발표한 이후 그 세력은 확대되어 영조 집권 후반 외척인 조재호(趙載浩)와 홍봉한 등을 중심으로 한 새로운 세력들이 왕과 밀접한 관계를 맺고 왕실과 혼인 관계를 통해 훈척 세력을 형성했다. 이들이 바로 세도정치의 주역인 외척 세력들이다.[75]

이러한 영조의 탕평책은 정치에서 소외된 여러 신분 계층을 영입하지 못하고 사대부 양반의 권력에 기대어 왕권을 안정시키려는 것에 불과했다. 오히려 왕권은 사대부 양반의 정치놀음에 놓이게 되었으며, 다른 계층들의 정치 진로를 막아 노론만의 정치 무대를 초래했다.[76] 특히 정권에서 축출되어 유배를 당한 소론과 남인 계열 사람들이 너무 많았다. 탕평책이라기보다는 또 다른 붕당 경쟁 체제로 만든 것이다. 그 결과로 발생한 것이 영조 31년(1755) 조정에 간신이 득실거려 백성이 도탄에 빠졌다는 내용의 윤지(尹志)의 벽서와 관련해 일어난 역모 사건, 일명 '나주 벽서 사건'이고, 그다음이 사도세자의 죽음이었다.[77] 이 역모 사건에 소론이 연루됨으로써 노론

---

75 신형식·이배용, 앞의 책 『한국사의 새로운 이해』, p. 110.

76 탕평책은 지배층 사회에 만연한 당쟁을 종식하고자 한 정책으로서 피지배층 백성과 거리가 멀었고, 특히 법전 개편은 『경국대전』 이후 3세기 동안 이완된 지배 체제를 다시 강화하기 위한 것이었다. 강만길, 앞의 책 『분단시대의 역사 인식』, p. 76.

77 영조는 즉위 초부터 당쟁의 여러 폐단을 없애기 위해 탕평책을 실시했으나, 이인좌의 난 이후 정권은 노론계가 차지했다. 반면, 소론들은 거의 등용되지 않았으며, 그들의 원망이 누적되었다가 윤지의 난으로 폭발했다. 이는 영조의 탕평책이 실패한 것을 보여주는 사건이었다. 이성무, 『조선시대 당쟁사』 제1권, 동방미디어, 2000, 제9장 참조.

이 득세하게 되어 탕평이 무너지기 시작했다. 노론 세력이 정권을 장악하고 대리청정하던 사도세자에게 소론 잔당을 잡아들이라고 상소하자 사도세자는 소론 사람들을 보호하려는 영조의 뜻에 따라 이를 거부했다. 이 일련의 사건으로 노론의 일당독재 정치 시대가 열리게 되었다.

벽서를 붙인 윤지는 영조 즉위년 김일경 일파로 몰려 사형당한 소론 강경파 윤취상(尹就商)의 아들이었다. 윤지 부자와 그와 관련 있는 자들 모두 역모죄로 처형당했다. 그러자 영조는 이들 역적의 토벌을 축하하며 특별 과거시험을 시행했는데, 이 시험에서 경종 독살설과 영조의 탕평을 비판한 답안지가 발견되었다. 이른바 '토역경과(討逆慶科) 사건'으로 불리는 이 과거시험 답안지의 주인공이 바로 이인좌의 난 때 사형당한 심성연(沈成衍)의 동생 심정연(沈鼎衍)이었다. 심정연은 이 답안지 사건을 윤지의 숙부이자 윤취상의 아우인 윤혜(尹惠)와 모의했다고 자백했다. 윤혜는 선왕들의 이름을 메모해 두었다가 자식들의 이름을 지을 때 참고하려고 했다며 조선 왕조를 욕보였다. 그러자 영조는 분노를 참지 못하고 소론 강경파 인사 60여 명을 사형했다.[78]

나주 벽서 사건과 토역경과 사건으로 처형당한 소론 강경파는 500여 명에 달할 정도였고, 이후 영조는 형식적 탕평책마저 완전히 무너뜨렸다. 영조는 이종성, 박문수(朴文秀) 등 소수의 인물을 제외하고는 소론 온건파도 모두 조정에서 쫓아냈다. 한편 영조 31년

---

78 『영조실록』 권84, 영조 31년(1755) 5월 18일 신묘 1번째 기사.

(1755) 11월에 발간된 『천의소감(闡義昭鑑)』은 목호룡의 고변으로 사형당한 김용택, 노론 4대신 등도 모두 충신으로 기록했다. 다음 해인 재위 32년(1756)에는 노론에서 정신적 지주로 삼는 문정공(文正公) 송시열, 송준길을 문묘(文廟)에 종사(從祀)했다. 드디어 노론이 한 당파의 이념을 넘어 국가의 이념임을 선포한 셈이었다. 소론과 남인은 명맥만 겨우 유지하는 정도로 힘없는 당이 되고 말았다. 대리청정하던 사도세자가 이런 정국에 불만을 품자 소론 강경파에게 향했던 영조와 노론의 칼끝은 사도세자를 겨냥하게 되었다. 반대파를 모두 제거하고 탕평책을 붕괴시킨 노론 일당의 권력이 국왕의 후계자를 겨냥할 정도로 막강해진 것이다.

영조 38년(1762) 사도세자가 죽은 사건은 '임오화변(壬午禍變)'이라고 한다. 사도세자의 죽음에 관한 기록으로는 그의 아내 혜경궁 홍씨의 『한중록(閑中錄)』과 정조 즉위 직후 사도세자에 대한 모든 자료를 모아서 펴낸 『현륭원행장(顯陵園行狀)』이 있다. 혜경궁 홍씨는 노론의 영수가 된 풍산홍씨 홍봉한의 둘째 딸로 태어났다. 노론이라고 해서 사도세자의 죽음을 모두 반대하지는 않았으나, 그의 아들 정조의 즉위를 막지 않은 노론 시파와 달리 노론 벽파는 세자 아들까지 죽여야 한다고 주장했다. 모든 신하가 원했던 바와 같이 사도세자는 죽임을 당할 만한 죄를 지었는가? 그리고 아버지 영조는 왜 아들을 죽여야 했는가? 사도세자에 대한 모든 기록을 살펴봐도 그 확실한 이유를 찾기 어렵다. 그 이유는 사도세자의 죽음에 대한 기록들이 각기 다르기 때문이다.[79] 영조 46년(1770) 세자가 죽은 지 8년이 지난 후 청주 사람 한유(韓鍮)가 상소를 올려 간신 홍봉한의 목을 베라고 요구했다. 그가 사도세자를 죽게 한 원흉이라는 것이었다. 한유의 상소 내용은 이렇다.

> 홍봉한 부자와 그 형제들이 차례로 과시(科試)를 차지해 모두 요로(要路)를 점거했으며, 권력을 탐해 마음대로 휘두름으로써 나라를 그르친 죄를 극언(極言)하고, 그 아들 홍낙인(洪樂仁)은 교활하고 광패(狂悖)하며, 그 아우 홍인한은 전라도에서 탐학해 사람들이 그 고기를 먹으려 한다고 했다.[80]

그리고 한유의 상소문에 "홍봉한이 일물(一物)을 바쳤다(獻一物)"는 내용에서 '일물'은 목기(木器), 즉 사도세자가 갇혀 죽었다고 하는 목궤(木櫃)라고 한유가 말하자 영조는 "상소의 '일물' 두 글자는 나도 모르게 뱃속이 서늘해진다"라고 토로했다.[81] 영조는 한유가 상소한 후부터 번뇌에 쌓여 매번 조정에 탄식하기를, "우리 아이들은 어진데 신하가 잘못을 바로잡지 못해 이 지경에 이르게 되었다. 한유가 비록 홍봉한이 바친 물건이라고 말했으나 이미 바친 후에 이 물건을 쓴 사람은 어찌 내가 아니었던가? 천하 후세에서 장차 나를 어떻게 생각하겠는가?"라며 사도세자를 죽게 한 것을 두고 크게 후

---

79   이에 대해서는 이덕일, 앞의 책 『조선 선비 당쟁사』, pp. 352~373 참조. 이덕일은 혜경궁 홍씨의 기록 『한중록』이 노론의 영수이자 친정아버지인 홍봉한이 사도세자 죽음의 배후 인물로 의혹을 받는 것에 대한 해명이라고 지적한다.

80   『영조실록』 권114, 영조 46년(1770) 3월 22일 기해 1번째 기사.

81   『영조실록』 권117, 영조 47년(1771) 8월 2일 경오 1번째 기사.

회했다.[82] 이런 영조의 태도를 보면 사도세자의 죽음의 배후에도 혜경궁 홍씨의 친정아버지 홍봉한이 있었다는 것을 추측할 수 있다. 사도세자의 죽음에 대해 이런 사실을 알았기 때문에 정조는 왕으로 즉위하자마자 곧바로 외가인 풍산홍씨 가문을 멸문(滅門)시킨 것이 아닌가? 그렇다면 왜 홍봉한과 아우 홍인한 등 노론이 사도세자를 죽이려고 했는가? 사도세자는 영조 31년(1755) 나주 벽서 사건으로 노론이 영조와 공모해 경종을 독살했다는 사실을 알게 되었다. 사도세자는 그동안 여러 정치적인 사건으로 많은 사대부 양반들이 죽임을 당하는 것을 직접 보았다. 이런 가운데 노론의 정적 소론의 온건파 영수 이종성(李宗城)은 사도세자에게 말했다.

대조께서 일찍이 연중(筵中)에서 하교하시기를, "내가 아이 때에 작은 벌레 한 마리를 죽였더니 늙은 궁인이 보고 경계하기를, 비록 미물이라 하더라도 까닭 없이 죽여서는 안 된다고 했다. 내가 이에 감동해 항상 죽이기를 좋아하지 않는 마음을 먹었는데, 하늘이 돌보시어 이런 원량(元良)을 낳았다"라고 하시어 신은 실로 이 하교를 흠앙했습니다. (……) 방금 새로 큰 옥사를 겪어 뒷수습을 잘하기가 어려우니, 원하건대 저하께서는 대조의 살리기를 좋아하는 덕을 본받으시어 끝없는 아름다움을 도모하소서.[83]

---

82 『영조실록』, 권117, 영조 47년(1771) 8월 7일 을해 4번째 기사.
83 『영조실록』, 권84, 영조 31년(1755) 5월 1일 갑술 1번째 기사.

그의 말인즉, 이제 사람의 목숨을 죽이지 말고 덕을 베푸는 군주가 되라는 권면이었다. 사도세자는 나주 벽서 사건과 토역경과 사건과 관련해 유배 중인 윤광찬(尹光纘)과 전효종(全孝宗), 전효순(全孝順) 등과 명필가 원교(圓嶠) 이광사(李匡師)를 죽이자는 대간의 요청을 거절했다. 이제 사도세자는 노론뿐 아니라 영조와도 적대 관계로 변했다. 노론은 영조 32년(1756) 노론 4대신을 충신으로 정려(旌閭)[84]하자는 유생의 요청도 거절한 사도세자에게 적대하기 시작했다. 그 이후로 노론의 좌의정 김상로(金尙魯)와 우의정 신만(申晚)이 사도세자를 본격적으로 비난하기에 이르렀다.[85] 그리고 영조가 정순왕후와 재혼하자 혜경궁 홍씨 가문과 정순왕후의 부친 김한구(金漢耉)와 그의 아들 김귀주(金龜柱)가 서로 세력다툼을 벌이면서도 모두 사도세자를 제거하려고 했다.

이런 상황에서 영조 38년(1762) 5월 22일 대궐 하인인 나경언(羅景彦)이 세자의 역모를 고발하는 사건이 일어났다. 액정별감(掖庭別監) 나상언(羅尙彦)의 형인 그는 사람됨이 불량하고 남을 잘 꾀어내는 것으로 알려진 자로, 가산을 모두 탕진해 살아가기 힘들게 되자 사도세자를 제거할 목적으로 형조에 글을 올려 세자의 난행과 비행은 물론 장차 반역을 꾀하고 있다고 고발한 것이다.[86] 세자와 적대 관계가 된 김상로와 홍계희 두 사람은 장차 자신들에게 미치게 될 화를 두려워해 세자를 제거하기로 했는데, 여기에 영조의 후

---

84 동네에 정문을 세워 충신으로 기리는 것.
85 『영조실록』 권90, 영조 33년(1757) 11월 8일 병신 6번째 기사.
86 『영조실록』 권99, 영조 38년(1762) 5월 22일 을묘 2번째 기사.

궁 문소의(文昭儀)와 세자의 동복(同腹)인 화완옹주(和緩翁主)까지 가세해 세자를 비방했다. 그리고 영조의 계비 정순왕후가 입궁한 뒤, 그녀의 오라버니 김귀주는 김상로, 홍계희 등과 결탁해 세자와 영조를 이간시켜 결국 세자는 경운궁으로 옮겨 지내게 되었다. 영조 38년(1762) 5월 김한구, 김상로, 홍계희 등은 나경언을 사주해 "세자가 일찍이 궁녀를 살해하고, 여승을 궁중에 들여 문란한 행위를 했다", "장차 내시들과 모반을 꾀하고 있다"라고 형조에 고변하기에 이른다.

영조는 이 사건을 제대로 조사하지도 않고 장인 홍봉한의 보고에 따라 사도세자에게 자결을 명했으나, 세자궁 관원의 제지로 실패하고 결국 뒤주에 가둬 죽게 했다. 사도세자가 훙서(薨逝)[87]했다. 그러자 영조는 "이미 이 보고를 들은 후이니, 어찌 30년에 가까운 부자간의 은의(恩義)를 생각하지 않겠는가? 세손(世孫)의 마음을 생각하고 대신의 뜻을 헤아려 단지 그 호(號)를 회복하고, 겸해 시호를 사도세자라 한다. 복제(服制)의 개월 수가 비록 있으나 성복(成服)은 제하고 오모(烏帽), 참포(黲袍)로 하며 백관은 천담복(淺淡服)으로 한 달에 마치라. 세손은 비록 3년을 마쳐야 하나 진현(進見)할 때와 장례 후에는 담복(淡服)으로 하라"라고 명했다.[88]

이렇게 사도세자가 죽은 후 정권을 완전하게 장악한 노론은 죄인의 아들을 임금으로 삼을 수 없다는 이유로 사도세자의 아들 정조

---

87 귀인의 죽음을 높여 말하는 것.
88 『영조실록』 권99, 영조 38년(1762) 윤5월 21일 계미 2번째 기사.

를 제거하려 했다. 이 일로 노론은 세손(정조)을 제거하자는 벽파와 이에 반대하는 시파로 분열되었다. 이제 정조의 외척인 홍봉한의 홍씨 집안 중심의 파벌과 정순왕후의 김씨 집안 중심의 파벌이 서로 권력다툼을 벌이게 되었다.[89] 이렇듯 사도세자를 서로 협력해 제거한 후 다시 두 세력이 권력다툼을 벌이자 영조는 "몇십 년 동안 탕평하느라 고심했는데 하루아침에 깡그리 없어졌으니, 임금은 임금대로이고 신하는 신하대로라고 말할 수 있겠다"라고 탕평정치가 실패했다는 것을 인정하기에 이르렀다.[90] 이러한 권력다툼 속에서 즉위한 정조는 노론 세력과 맞서게 되고, 여기에 또 정조의 후궁 원빈(元嬪)의 오라버니 외척 홍국영이 등장하자 정조는 그를 정계에서 축출하고, 영조의 탕평책을 비판하며 영조 대에 세력을 키운 척신들을 제거했으며, 산림, 즉 남인을 대거 등용했다.[91]

그리하여 정조는 규장각과 장용영(壯勇營)을 설치해 왕권을 강화하려 했으나 기존 정치의 모순을 해결하지 못한 가운데 독살설 의

---

89 이 두 파는 모두 외척으로 홍봉한의 부홍파(扶洪波)와 김한구와 김귀주의 공홍파(攻洪派)다. 정순왕후의 오라버니 김귀주는 홍씨 가문을 숙청하기 위해 영조 48년(1772)에 홍봉한을 공격하는 나삼(羅杉)·송다(松茶) 사건을 일으켰다. 『영조실록』 권119, 영조 48년(1772) 7월 21일 갑인 2번째 기사.

90 『영조실록』 권119, 영조 48년(1772) 7월 4일 정유 1번째 기사.

91 18세기 후반 탕평정치와 19세기 전반 세도정치의 본질과 시대성을 이해하기 위해서는 그 시기의 정치사를 어떤 시각에서 접근할 것인가 하는 문제를 먼저 토론할 필요가 있다. 19세기 세도정치는 조선 후기 정치사가 전개된 끝에 귀결된 정치 형태이며, 정조의 정치 또한 그러한 계기성(繼起性)의 중요한 고리를 이루고 있다. 오랜 기간 지속해온 조선의 통치 체제는 수명을 다해 붕괴해가고 있었다. 오수창, 「오늘날의 역사학, 정조 연간 탕평정치 및 19세기 세도정치의 삼각 대화」, 『역사비평』 제116호, 역사비평사, 2016, pp. 204~234.

혹 속에 죽자 어린 순조가 즉위하면서 정치권력의 주도권이 척신과 외척에게 돌아가 세도정치가 본격화되었다.[92] 정조가 죽음으로써 어린 순조를 대신해 수렴청정하게 된 정순왕후, 그리고 순조의 왕비 순원왕후의 친정아버지 안동김씨 김조순 가문과 노론 벽파가 모든 권력을 장악하게 되었다.[93] 순원왕후의 아버지인 영안부원군(永安府院君) 김조순은 그때까지 정순왕후와 함께 권력을 쥐고 있던 김관주(金觀柱)를 비롯한 경주김씨의 벽파를 대규모로 숙청하고 김이익(金履翼)과 김이도(金履度) 등의 안동김씨 시파를 등용해 권력을 장악해 60년 동안 안동김씨 세도정치의 시대가 열렸다.

이후 순원왕후가 1809년에 맏아들인 효명세자를 낳자 순조는 안동김씨 세력을 견제하기 위해 풍양조씨인 조만영(趙萬永)의 딸을 효명세자의 세자빈으로 맞아들였다.[94] 이로써 권력은 안동김씨와 풍양조씨가 차지했고, 온갖 비리와 부패가 만연해 백성들은 도탄에 빠져 비참하게 살아가고 전국적으로 도적과 민란이 끊이지 않는 혼란의 시대가 도래했다.[95] 이 시대에는 왕가라 해도 안동김씨 세력에 눌려

---

92 이기백, 앞의 책 『한국사신론』, p. 269. 정조가 노론에게 독살당했다는 것에 대해서는 이덕일, 앞의 책 『조선 선비 당쟁사』, pp. 394~398 참조.

93 영안부원군 김조순과 청양부부인(靑陽府夫人) 심씨(沈氏) 사이에서 태어난 순원왕후는 순조 사후에는 손자 헌종의 수렴청정을 했다.

94 벽파 풍양조씨는 시파인 안동김씨의 세도를 빼앗으려고 1819년 천주교를 배척하기 위해 기해박해를 일으켰다. 안동김씨 세력은 풍양조씨의 등장으로 정권을 내놓아야 했다. 풍양조씨 조만영의 딸이 헌종의 어머니였기에 조만영의 동생 조인영(趙寅永)이 영의정을, 그 밖의 여러 조씨가 고위 관직을 차지했다. 그러나 철종이 즉위하며 왕비로 안동김씨 김문근(金汶根)이 책봉되자 다시 권력이 안동김씨에게로 돌아가 김흥근(金弘根), 김좌근(金左根) 등이 영의정이 되어 정치를 독점했다.

95 이것을 군도(群盜) 또는 민란(民亂)의 시대라고 말한다.

살아야 했으며, 김씨를 공격하면 유배를 당하거나 모반에 연좌되어 죽임을 당하는 일들이 많았다.[96] 이러니 다른 사대부 양반들은 김씨 세력에 감히 도전할 수 없었다. 이에 따른 사대부 양반 지배층의 비리와 부패가 만연하면서 피지배층 농민들은 참지 못하고 생존을 위해 본격적으로 저항의 몸부림을 보이기 시작했다.[97]

지금까지 살펴본 바와 같이 조선의 지배층은 국태민안(國泰民安), 즉 나라가 태평하고 국민이 평안하게 살 수 있도록 정책을 세우거나 법률을 제정하기 위해 심도 있게 밤을 새워가며 토론하지 않았다. 주자학에 관한 학문 논쟁, 그리고 피지배층 백성들에게 부과할 조세와 부역을 두고 자신들의 특권을 위해 서로 헐뜯고 비방하며 살육전을 펼치는 것 외에 달리 민본정치에 힘쓰지 않았다. 모든 조

---

96 19세기 세도정치는 18세기 탕평책의 성과에 편승하면서도 탕평책을 왜곡해 몇몇 세도 가문의 권력을 관철하려는 방향으로 전개되었다. 개혁 지향의 강력한 군주가 사라진 가운데 주자학 의리론은 강화되었으며, 그에 기초한 군주성학론(君主聖學論), 세도정치론, 도학적 경세론(道學的 經世論)이 세도정치의 주요 정치론으로 자리 잡았다. 이들 정치론은 17세기에 이미 형성되어 18세기 탕평론에 대항해온 정치론이었는데, 19세기에 부활해 세도정치를 뒷받침했다. 18세기를 지나면서 이 정치론들은 강화된 비변사 중심의 관료 체제에 편승해 강력한 국가 권력으로 표출되었다. 이로 인해 봉건제의 모순은 심화되었고, 결국 대대적인 민란으로 터져 나왔다. 1862년의 농민 항쟁은 주자학 의리론에 기초한 군주성학론, 세도정치론, 도학적 경세론이 역사 발전을 가로막는 반동적(反動的) 정치론임을 폭로한 일대 사건이었다. 이에 대한 정부의 대책으로서 마련된 삼정이정책(三政釐正策)은 균부균세론(均賦均稅論)의 방향을 취하고 있었는데, 이는 주자학 의리론에 기초한 도학적 경세론이 백성의 항쟁으로 극복되어 가는 과정을 보여주는 것이었다. 김용흠, 「19세기 전반 세도정치의 형성과 정치 운영」, 『한국사연구』 제132집, 한국사연구회, 2006, pp. 179~220.
97 19세기의 농민항쟁은 과다한 사대부 양반들의 착취에 반대해 일어난 것이다. 「1862 년 농민항쟁의 도결(都結) 혁파 요구에 관한 연구」, 앞의 책 『이재룡박사 환력기념 한국사학논총』, pp. 605~643.

선의 역사 기록들은 왕 중심으로 지배층의 권력과 기득권을 위한 정쟁을 일삼는 것 외에 국가적인 면모를 보여주는 데 미흡한 부분들이 많다. 조선은 모든 체제를 갖춘 국가지만, 그 나라 안에 살고 있던 모든 계층을 포괄한 공동체 성격의 국가와는 거리가 멀었다. 그 대신 조선 왕조는 사대부 양반 지배층으로 한정된 그들만을 위한 지배층 공동체에 불과했다. 그 결과, 조선은 통치 방식을 발전시켜가기보다 착취와 권력다툼의 방식 등이 더 발전한 양상을 보여주고 있다. 그 사례가 세도정치이고, 그 결과는 모든 피지배층 백성들의 큰 고통이었다.[98]

피지배층 가운데 양민은 자유로운 신분이었으나 각종 조세와 부역을 모두 떠안아야 했기 때문에 사대부 양반들과 관리들의 가장 중요한 착취 대상이었다. 그리고 노비와 천민들은 사람대접을 받지 못하고 지배층의 가축 노릇을 하며 살아야 했다. 이러한 사회 질서를 유지하기 위해 조선의 지배층은 주자 성리학을 바탕으로 자신들의 기득권 유지를 위한 온갖 통치 이론을 확립하는 데 주력했다. 지금까지 살펴본 조선이라는 나라와 사대부 양반들의 속성은 이러했다. 조선 지배층의 잘못된 통치에 대한 자성은 권력에서 완전히 숙청된 남인들의 실학으로부터 나오기 시작했다.

---

98 세도정치에 의한 권력의 집중은 정치의 문란을 초래했고, 그로 인해 농민들은 큰 피해를 입었다. 많은 뇌물을 바치고 관직을 얻은 관리들은 그 대가로 농민에게 염출을 했다. 그 결과, 국가의 재정기구는 마치 관리들의 개인 재산을 불리기 위한 협잡기관으로 변해 국가 재정 수입원인 전정(田政), 군정, 환곡 등 삼정은 극도로 문란에 빠졌다. 이기백, 앞의 책 『한국사신론』, pp. 270~271.

제4장

농민들은 말한다

1

그들의 저항의식이 담긴 이야기

농민들은 침묵을 지키지 않고 자신들의 이야기를 남긴다. 이들의 이야기는 민담이나 설화, 통속소설, 풍자, 탈춤, 판소리, 창 등 그들의 문화로 표현되고 전승되어 갔다. 이야기꾼(소설가)은 그(소설) 내용을 허구보다 기록된 실제에 기초해서 구성한다. 그럼으로써 역사적 사실과 역사적 허구 사이의 경계가 모호해지고 있다.[1] 기록을 남기지 못한 농민들은 문자 대신에 이야기를 후손들에게 남겨서 언젠가 자신들도 사람답게 살 수 있는 세상이 도래하길 열망했다. 그리고 자식에게 이러한 생각을 잊지 않도록 전해줌으로써 미래에 대한 희망을 저버리지 않았다. 그리고 이들 피지배층은 자신들만의 문화

---

1 에릭 홉스봄(Eric Hobsbawm), 강성호 옮김, 『역사론』, 민음사, 2002, p. 24. 이에 대한 이론과 연구에 대해서는 로버트 단턴, 앞의 책 『고양이 대학살: 프랑스 문화사 속의 다른 이야기들』, 특히 제1장 「농부들은 이야기한다: 마더구스 이야기의 의미」 참조. 설화는 일정한 구조를 가진 꾸며낸 이야기로 보통 입에서 입으로 전해오는 이야기다. 설화에는 민족의 전통과 사상 및 가치관, 정서, 문화가 담겨 있으며, 설화를 기반으로 끊임없이 새로운 문학이나 예술이 만들어진다. 문헌설화는 문자를 해득할 수 있는 일부 유식계급 사이에서만 행해졌던 반면, 구전설화는 문자의 사용이 시작된 뒤에도 오랫동안 문자와 관계가 없었던 대다수 하층민 사이에서 구전된 문학이다. 이에 대해서는 장덕순, 『한국 설화문학 연구』, 서울대학교 출판부, 1970; 장덕순, 『구비문학 개설』, 일조각, 1971 참조.

적 표현으로 지배층 사대부 양반에게 저항했다. 문학은 내용의 배경이 되는 그 지역에 토대를 두고 지역민들의 삶의 기반 속에서 그들의 이야기를 전해준다. 그러므로 문학지리학은 문학의 공간적 인식, 즉 지역성이며, 문화사는 문학의 시간적 인식이다.[2]

18세기에 이르면서 실학사상가들의 정치적 영향력이 커지고, 천주교 등 서구 사상을 조금씩 접한 피지배층 백성들도 점차 의식 수준이 높아졌다. 이에 사대부 양반들은 큰 위협을 느끼고 다시 기존 봉건적 지배체제를 강화해나갔는데, 그것이 바로 세도정치였다. 안동김씨 중심의 세도정치는 실학자들을 탄압하고 천주교인들을 대량 학살하면서 백성들에 대한 착취와 수탈을 계속했다. 특히 삼정문란으로 가혹한 세금 부담을 지게 된 백성들은 더는 참지 못하고 마침내 세도정치에 반발해 전국적으로 난을 일으켰다. 온갖 세금과 부역을 면제받고도 자신들의 기득권을 지키기 위해 시대의 변혁을 외면해온 세도정치 세력들은 이제 피지배층 백성들의 강렬한 저항을 받기 시작한 것이다.

흔히 역사 서술에서 기록이 없는 피지배층의 정신세계는 다시 복원할 수 없는 것처럼 보인다. 사실상 그들은 스스로 자신들에 대해서 기록한 것이 거의 없어 이를 추적한다는 것은 매우 어렵다. 그렇다고 이들의 마음속 생각을 되살릴 수 있는 방법이 전혀 없는 것은 아니다. 바로 그들이 남긴 이야기와 문화가 있다. 전설이나 옛날부

2　김태준, 『문학지리, 한국인의 심상 공간』, 논형, 2005, p. 21. 문학지리학에 대해서는 권순긍, 『한국 문학과 로컬리티』, 박이정, 2014 참조.

터 구전으로 내려온 이야기들, 아이들이 부모로부터 전해 들은 동화 등은 평생 우리 머릿속에 남아 있다. 그 내용은 교훈적인 것이 많고, 정서나 이상향 같은 상상의 세계를 동경하게 하는 것들이 많다. 1924년 조선총독부에서 발행한 『조선동화집(朝鮮童話集)』과 1926년에 발행된 심의린(沈宜麟)의 『조선동화대집(朝鮮童話大集)』 서문에서는 동화를 이렇게 평가한다.

> 우리가 평생에 뇌 속에 남아 있고 때때로 생각이 나는 것은 소년 시절에 들은 것으로, 재미가 있는 일이라든지 무서운 일이라든지 혹은 웃기는 일이라든지 화가 나는 일이라든지 슬픈 일, 하고 싶은 일 같은 것은 도무지 잊혀지지 않습니다.[3]

충북 제천 의림지에 전승되는 전설 중에 인색한 부자와 착한 며느리 이야기가 있다. 이 이야기는 인색한 부자에 대한 징벌을 다루고 있다. 인색한 부자는 자기 집에 찾아와 도움을 요청한 사람에게 거름과 모래를 주는 등 악행을 행하고 심지어 시주승에게 쌀을 퍼주었다고 며느리를 뒷광에 가둔다. 시아버지의 인색함과 억압을 견디다 못한 며느리는 간신히 시댁에서 탈출해 도망간다. 그러나 이

---

3 민담은 작자가 알려지지 않은 것들이 많고, 시간과 공간을 달리하면서 많은 화자에 의해 첨삭되어 민중들의 공동 작품이라 할 수 있다. 이러한 민담은 문자로 기록되지 않고 구전되어 그 생명력을 유지해왔는데, 민중의 희로애락과 갈망, 소원을 솔직하게 묘사한 하층민의 정신사(精神史)라 할 수 있다. 최인학, 『한국 설화론』, 형설출판사, 1982, pp. 117~118에서 인용.

며느리는 금기를 어기고 집에 있는 아들이 생각나서 뒤를 돌아보다 돌이 된다. 탈출을 도와준 대가로 도망가면서 절대 뒤를 돌아보지 말라는 신의 말을 어겼기 때문이다.[4]

이 이야기는 자식을 버리고 갈 수 없는 백성들의 한과 고달픈 삶을 외면할 수 없는 이들의 현실 생활을 보여주고 있다. 이 전설이 전해오는 제천 지역은 농토가 그리 많지 않아 농민들에게 세금을 많이 거둘 수 없을 만큼 외지고 척박한 곳이었다.[5] 이 이야기는 가난한 소작인을 착취하고 억압하는 지배층 사대부 양반들과 관리의 횡포에 시달리는 연약한 농민들을 쉽게 연상하게 한다. 사대부 양반들과 관리는 인색하고 마음도 나빠 가난한 백성들을 돕기보다는 오히려 이들을 각박하게 대하고, 심지어 뒷간에 가두어 괴롭히기도 한다. 이 이야기의 결말은 이렇다. 과다한 세금과 소작료로 궁핍하게 살 수밖에 없는 백성들은 그곳에서 도망쳐 고통스러운 현실에서 벗어날 수 있었지만, 자식의 장래를 생각해 현실에 안주하게 된다. 이것이 이 시대를 살아가고 있는 조선 피지배층 백성들의 현실적인 삶의 모습이었다. 이 전설은 마치 돌처럼 굳어버린 비참한 운명을 안고 살아가야 하는 백성들의 모습을 보여주고 있다.

또 이곳에 내려오는 「어씨 오장사 전설」의 내용은 이렇다. 옛날에

---

4 이 이야기는 충청북도, 『전설지(傳說誌)』, 1982, p. 8에 나온다. 의림지에 전해오는 구비전설과 같은 내용이 전국 360곳에 분포되어 있다. 최래옥, 『한국 구비전설의 연구』, 일조각, 1981, pp. 105~106.
5 『신증동국여지승람』 권2. 이 지역에 대해 "관청도 가난해 지나는 과객이 드물고 백성이 적었다"라고 기록하고 있다.

씩씩한 다섯 장사가 있었다. 그들이 바로 제천의 어씨 아들들이었다. 이들 형제는 의림지 위에 있는 대송정(大松亭)에서 활 연습을 하곤 했는데, 담배를 피우려 했으나 부싯돌이 없어 못 피우던 중 멀리 북쪽에서 연기가 나는 것을 보게 되었다. 막내가 헤엄쳐 가 그곳에서 심지에 불을 붙여 상투에 묶어 오던 중 갑자기 큰 뱀이 물속에서 솟구쳐 올라와 이 뱀과 혈투를 벌여 물리친다. 그동안 사나운 짐승을 만나 얼마나 많은 사람이 해를 입었는가. 이후 어부와 나무꾼이 은혜를 입었다며 기뻐한다.[6]

이 이야기도 많은 사람을 괴롭힌 사나운 짐승을 물리친 젊은 형제들의 이야기다. 줄거리가 단순하지만, 이 전설을 듣고 자란 아이들은 사람을 괴롭히는 이무기 같은 사나운 짐승 같은 존재를 땅 주인 사대부 양반들과 관리들로 여기지 않았을까? 이런 이야기를 부모나 가까운 이웃 어른들에게 듣고 자란 아이들은 자신들을 탄압하고 착취하며 괴롭히는 사대부 양반 지배층을 향한 적개심과 저항의식을 키워 편하게 살아갈 수 있는 세상을 만들겠다는 꿈을 키워갔을 것이다. 이 서사시는 싸워서 현실을 극복하고자 한 피지배층 백성들의 희망을 담고 있다. 또 다른 이야기를 살펴보자.

국가 세금이 정해진 양이 있어

감히 관장을 원망 못 하네.

---

6 의림지에 얽힌 「어씨 오장사 전설」에 대한 내용은 학고(鶴皐) 김이만(金履萬)이 쓴 서사 한시 「어장사참사가(魚壯士斬蛇歌)」로 전해오고 있다. 『학고선생문집(鶴皐先生文集)』 제3권 「시만고(詩晚稿)」편에 실려 있다.

쌀독은 벌써 비어 있고

사방 벽은 비질한 듯 깨끗하네.

이장은 문밖에서 독촉하고

관청에서는 곤장을 때리는구나.

그러니 세금도 내지 않고 도망가네.

너도나도 다투어 따라가네.

누군들 고향을 떠나고 싶지 않으랴마는

필경 구렁텅이에 처박히게 될지니

깊이 생각해봐도 뻔한 일이라

위험한 곳으로 쫓기는 사슴과 같고

그물 빠져 도망하는 물고기 모양이구나.

　이 시는 김이만이 쓴 「유민탄(流民歎)」이라는 시다.[7] 시 제목과 마
찬가지로 사대부 양반들과 관리의 횡포에 시달리다 결국 고향과 땅
을 버리고 여기저기 떠돌며 살아가야 하는 백성들의 한탄을 표현하
고 있다.

　사대부 양반들과 지방 관리들은 백성들에게 더 많이 수탈하기 위
해 농간을 부렸다. 세도정치 시기 피지배층 백성들을 가혹하고 비정
상적인 농간으로 수탈하는 수단이었던 삼정의 문란은 이러한 전형
적인 사례다. 가난한 소작농들에게 땅 주인 부자 사대부 양반들이나
지방 관리들은 세금만큼이나 증오의 대상이었다. 가난한 소작농들

7　　이 시는 『학고선생문집』 제2권 「시중고(詩中稿)」편에 수록되어 있다.

은 생계를 위해 땅 주인 사대부 양반 지주들에게 많은 빚을 져야 했고, 빚을 갚기 위해 많은 노역에 시달려야 했다. 증오와 분노, 또는 선망과 부러움과 같은 상충하는 감정들이 피지배층 사회에 만연해 있었다. 대부분의 농민에게 마을 생활은 생존 경쟁의 터전이었고, 생존이란 소작인과 노비, 천민으로 나누는 경계선 위에 놓여 있었다. 이처럼 조선의 피지배층 백성들은 비정하고 끝없는 노동의 세계, 야비하고 거칠며, 단명하고, 폭력적인 차별을 겪어야 했던 잔인한 세계에서 살았다. 이것이 바로 우리가 이들이 남긴 이야기를 읽어야 하는 이유다.[8]

또 다른 민담 「해와 달」 이야기는 어머니와 오누이 남매를 잡아먹으려 한 호랑이의 위협을 보여준다. 호랑이는 흉악한 악의 상징이고, 폭군과 같은 존재이며, 어머니와 오누이는 약자인 동시에 선의 상징이다. 호랑이가 어머니를 잡아먹고 어머니로 변해 아이들을 잡아먹으려 했으나, 아이들은 다행히 신의 도움으로 살아남는다. 하늘로 올라간 남매는 해와 달이 된다. 이 민담의 주제는 악과 선의 대결이며, 약자들이 지배자들의 폭력과 수탈을 일상적으로 겪고 살아가는 잔인한 악의 세상을 보여주고 있다. 이 이야기처럼 대체로 우

---

8 로버트 단턴, 앞의 책 『고양이 대학살: 프랑스 문화사 속의 다른 이야기들』, p. 50. 특히 브루노 베텔하임(Bruno Bettelheim)은 민담이 어린아이들의 내적 삶의 딜레마의 조건들을 알려주는 중요한 자료라고 주장한다. 민담에 대한 베텔하임의 프로이트 정신분석학적인 해석은 첫째, 어린아이들을 위해 의도된 것이며, 둘째, 이것은 언제나 해피엔딩이어야 하고, 셋째, 여기에는 시간의 차원이 없으며, 넷째, 어떤 사회에도 적용되어야 한다는 것이다. Bruno Bettelheim, *The Uses of Enchantment: The Meaning and Importance of Fairy Tales*(New York: Thames & Hudson, 1976).

리 민담에 등장하는 것은 가난한 현실, 그래서 힘이 없는 약한 존재가 대부분이다.[9] 이러한 민담에서의 상징은 대개 호랑이, 구렁이, 두꺼비, 쥐 등으로 표현된다.[10]

「해와 달」과 유사한 「호랑이와 세 아이」라는 민담의 내용은 이렇다. 옛날 어느 어머니가 산 고개 너머 부잣집에 방아 품을 팔러 갔다가 묵(떡)을 얻어 오는 길에 산모퉁이에서 호랑이를 만났다. 호랑이가 떡을 하나 주면 잡아먹지 않겠다고 하자 어머니는 떡 하나를 주었다. 그러자 호랑이는 또 나타나 떡을 요구했다. 이런 식으로 호랑이는 어머니가 얻어 온 떡을 다 빼앗아 먹은 후 이번엔 팔을, 그리고 다리를, 마지막으로 몸 전체를 다 먹고 나서 어머니 옷을 입고 그 어머니 집으로 갔다. 집에서는 세 아이가 굶주린 채 어머니를 기다리고 있었다. 호랑이가 집에 도착해 문을 열라고 말하자 어머니의

---

9 이러한 힘이 없는 약자가 처한 가난의 상징은 의욕의 결핍이며, 돈이나 재물은 단순히 물질적인 척도일 뿐 아니라 감정적인 가치의 척도이기도 하다. 우리나라 민담에서 자주 제시되는 가난의 조건은 이런 '리비도'의 결핍 상황을 나타낸다. 이부영, 앞의 책『한국 민담의 심층 분석: 분석 심리학적 접근』, pp. 38~41. 그러나 우리 민담에서 가난은 주로 의욕의 결핍이라기보다 당사자의 의지와 상관없이 외적인 조건에 의해서 강제적으로 주어진 상황이나. 예컨대 신분제도에 따른 가난과 차별 속에서 의욕의 결핍을 가질 수밖에 없는 농민들의 환경적인 요인이라고 할 수 있다. 이런 사례는 프랑스 민담 「빨간 모자 소녀」의 이야기와 유사성을 띠고 있다. 로버트 단턴, 앞의 책『고양이 대학살: 프랑스 문화사 속의 다른 이야기들』, pp. 22~29. 그러므로 우리 민담 「해와 달」을 역사학적으로 해석하면 호랑이는 지배층 사대부 양반, 어린 오누이는 피지배층 농민과 천민을 나타낸다. 그러므로 피지배층 백성들의 정신세계는 바로 악의 상징인 지배층 사대부 양반으로부터의 탈출이다.

10 상징은 의미를 잉태한다. Carl Gustav Jung, *Psychologische Typen: Definition*, Gesammelte Werke Bd. 6(Zürich: Rascher Verlag, 1960), pp. 515~523. 영문판은 C. G. Jung, *Psychological Types*, vol. 6(New Jersey: Princeton University Press, 1976).

목소리와 다르다고 생각한 세 아이는 손을 보여 달라고 말했다. 호랑이가 문틈으로 손을 내밀자 아이들은 그 손을 만지며 어머니 손이 거칠다고 말하고, 호랑이는 일을 많이 해 그렇다고 대답했다. 이 말에 아이들은 문을 열어주고 말았고, 떡을 데워 올 테니 조금 기다리라고 말한 호랑이는 젖먹이를 데리고 가 잡아먹었다. 이 모습을 문틈으로 본 두 아이는 놀라서 뒷문으로 도망가 뜰에 있는 나무 위로 올라갔다. 나무 위에 숨어 있는 두 아이를 본 호랑이가 그 나무 위로 올라가려다 두 번 세 번 실패한 끝에 도끼로 나무를 찍어 오르자 아이들은 두려움에 떨며 다급하게 하느님을 불렀다. 그러자 하늘에서 새 줄이 내려와 오누이는 그 줄을 잡고 하늘로 올라가 해와 달이 되었고, 호랑이는 썩은 줄을 타고 올라가다가 줄이 끊어져 땅에 떨어져 죽고 말았다.

이 이야기가 알려주고 있는 역사적 사실은 무엇일까? 첫째, 세 아이에게는 아버지가 없고 어머니만 있다. 말하자면 결손 가정인 셈인데, 양친 중 아버지나 어머니가 없는 경우가 많았다. 『콩쥐팥쥐』나 『심청전』, 『장화홍련전』 등에서는 어머니가 없다. 이런 결손 가정 중심으로 이야기가 전개되는 것은 이 시대에 궁핍한 생계로 인한 고생 때문에 아이들이 어린 나이에 양친 중 어느 한쪽이 일찍 사망하는 경우가 많다는 것을 보여준다. 쉽게 말하면 이런 이야기에서 우리는 가난한 피지배층의 평균 연령이 낮다는 점을 알 수 있다. 이러한 농촌의 생활은 거의 변하지 않았다. 과거 농촌 사회는 삶과 죽음과의 비정한 투쟁이었고, 아이가 태어나면 돌 지나기 전에 또는 100일을 지나기 전에 사망하는 경우가 잦았다. 여성도 아이를 낳다가 사망하는 일이 비일비재했다.[11] 이런 상황은 당시 농민들이 일상생활 속에서 공통으로 겪었던 경험들이었다. 이것이 곧 이런 이야기를 듣는 사람들에게 역사적인 의미를 부여해준다.

둘째, 어머니가 아이들에게 "무서운 호랑이나 늑대를 조심하라"라고 당부한다. 어머니는 아무것도 모르는 어린아이들에게 '악한 사람'을 알려주는 것이다. 이들 맹수가 상징하는 것은 가난한 농민들을 괴롭히고 수탈하는 사람일 것이다. 이야기에서 가난을 강조한 것은 소작농으로 끼니를 간신히 이어간 농민들의 처지를 보여주기 위해서다. 가난한 어머니가 아이들을 두고 품팔이를 갔다가 떡을 얻어서 가지고 돌아오는 길에 산 고개에서 호랑이를 만나 가진 모든 것뿐 아니라 목숨까지도 빼앗긴다. 이런 어머니의 죽음 과정은 탐관오리나 땅 주인 사대부 양반들이 가난한 농민들을 수탈하고 괴롭히는 행위를 상징한다. 호랑이는 지방 관리와 사대부 양반들을 상징하며, 이들은 무서운 권력을 이용해 피지배층 백성들이 가진 것을 하나하나씩 빼앗아간다. 그리고 가진 것을 다 주고 팔뚝마저 떼어 준 어머니의 행동은 호랑이 같은 권력 앞에서 무기력해진 농민들의 모습을

---

11 유럽의 경우 「신데렐라」, 「헨젤과 그레텔」 등의 이야기도 이러한 유형을 보여주고 있다. 이들 농민의 세계관은 정치적 사건처럼 정확성을 측정할 수는 없으나, 전적으로 허구가 아닌 사실성이 내포되어 있다. 이야기가 상상력에 의해 임의로 꾸며낸 것이라기보다 주어진 사회 질서 내에서 공통적인 경험을 근거로 표현한다. 로버트 단턴, 앞의 책 『고양이 대학살: 프랑스 문화사 속의 다른 이야기들』, p. 49. 이러한 프랑스 사례가 조선의 농촌 사회와 일치한다고는 볼 수 없으나, 조선과 프랑스는 공통적으로 신분 사회를 유지하고 있어서 소작농이나 농노의 신분인 농민들은 각기 양반 및 영주 지배층과 종속 관계에 있다는 것은 다를 바가 없었다.

보여주는 듯하다.[12] 지배층은 삼정 징세를 두고 농간을 부려 백성들을 수탈했고, 농민들의 가난은 더욱 극심해져 심지어 부자인 사대부 양반들에게 많은 빚을 져 노비가 되는 일도 많았다. 농민들에게 이러한 지배층은 증오의 대상이었고, 호랑이보다 더 무서운 존재들이었다.[13] 조선의 농촌 세계는 사대부 양반 지배층과 농민, 천민, 노비 등 피지배층의 이익이 항상 충돌했던 갈등의 사회였고, 그래서 농촌 마을은 결코 행복하고 조화로운 공동 사회가 아니었다. 대부분의 농민에게 마을 생활은 생존 경쟁이었으며, 그 생존은 가난하고 차별을 받는 피지배층 백성과 부유하고 존경을 받는 사대부 양반으로 나누는 신분 경계선 위에 놓여 있었다.

『콩쥐팥쥐』와 『장화홍련전』에서 계모는 중요한 인물이다. 사악한 계모는 자기가 낳은 살찌고 게으른 자식과 자기가 낳지 않은 연약하고 착한 자식을 차별한다. 여기에서 차별의 사회를 경험한 자들은 농민들과 노비를 포함한 모든 피지배층이다. 과거 농민 가정은 어릴 때부터 노동해야 생존할 수 있었다. 민담들은 어린아이에게 물을 길어 오게 하거나 나무를 주워 오게 하거나 가축을 돌보게 한다. 농촌에서 아동들의 노동 착취는 일상적인 것이었다. 이런 억압과 차별, 착취의 삶에서 해방되길 열망한 피지배층의 희망이 곧 해와 달로 상징되지 않았을까?

조선시대 농민들은 계모와 고아의 세계, 비정하고 끝없는 노동의

---

12 이부영, 앞의 책 『한국 민담의 심층 분석: 분석 심리학적 접근』, p. 131.
13 피지배층 백성들에게 호랑이로 상징되는 관리와 사대부 양반은 공포 그 자체였다.

생활, 거칠고 잔인한 감정의 세계에 살고 있었다. 이들이 왜 군도가 되고 분노에 차서 난을 일으켰는지 알아야 한다. 우리가 이들이 말하는 이야기를 읽어야 하는 이유가 바로 이것이다. 「쥐의 둔갑」설화와 「쥐」설화에는 쥐와 고양이, 그리고 며느리와 시아버지가 등장한다. 진짜 며느리가 굶주린 쥐를 동정해 쥐에게 밥찌꺼기를 준 결과, 똑같은 가짜 며느리가 나타나 진짜 며느리가 쫓겨났다가 대사님의 도움으로 가짜 며느리를 처치한다. 뒤의 설화에서는 쥐가 점점 욕심이 생겨 집안 어른이 되고 싶어 시아버지로 변신해 진짜 시아버지를 내쫓는다. 그러다 산에서 만난 여인이 고양이로 변해 가짜를 몰아낸다는 이야기인데, 조선의 여성이 유교의 가부장적인 시아버지의 권위에 의해 억압받는 이야기다. 전자의 경우, 가족이 며느리에게 사과하고, 후자는 못된 며느리라며 내쫓긴다.

이 쥐 설화는 유교적인 가부장적 구조 속에서 도덕과 윤리의식을 지키며 살아야 했던 조선 여성상을 보여준다. 또 가짜 시아버지는 며느리의 마음속에 움튼 지배욕, 권력욕의 화신이자 현실적인 지배층인 시아버지에 대한 숨은 증오감이라고 할 수 있다.[14] 약자인 며느리는 피지배층을 대신하고, 억압적이고 폭력적인 시아버지는 지배층을 나타낸다. 이 둘의 관계 사이에 바로 조선 사회의 이념인 유교적 질서가 있다.

---

[14] 며느리와 관련된 이 두 쥐 설화는 자기중심적인 생각이나 행동이 인습적인 가족 관계를 위태롭게 한다는 의미를 담고 있으며, 이런 점에서 유교적 가부장제와 신분 질서의 폐단을 고발하고 있다. 이부영, 앞의 책 『한국 민담의 심층 분석: 분석 심리학적 접근』, p. 72.

다음으로 「지네 장터」 설화는 『심청전』과 마찬가지로 인신공양(人身供養) 이야기다. 이 두 이야기 모두 딸이 장님 아버지를 모시고 산다. 어느 날 장터 마을에 큰 지네가 나타나 여러 사람이 잡아먹었다. 마을 사람들은 그 지네를 위한 당집을 짓고 해마다 처녀 한 명씩을 제물로 바치기로 한다. 효심이 강한 순이는 마을에서 지네에게 제물로 바칠 처녀를 돈을 주고 구한다는 이야기를 듣고 자신이 제물이 되어 그 돈으로 장님 아버지를 편하게 살게 하겠다고 결심한다. 그러던 어느 날, 순이는 수채에서 나온 두꺼비에게 밥찌꺼기를 주었는데, 그 두꺼비가 아침저녁으로 나타나 순이와 친하게 되었다. 순이는 마을 사람에게 받은 돈을 아버지에게 남기고 지네 제물로 바쳐졌다. 지네가 있는 당집으로 들어간 순이가 죽을 시간만 기다리고 있는데, 두꺼비가 나타나 지네와 치열하게 싸워 마침내 지네를 죽이고 순이를 구한다. 이 이야기는 『심청전』과 유사한 줄거리를 통해 효의 교훈을 가르쳐주는 것처럼 느껴진다. 인신공양은 고대로부터 종종 시행되어 오던 관습이다. 우리나라에서도 이런 사례가 설화와 민담에 많이 나온다.

이 지네 설화에서도 가난과 어머니를 일찍 여읜 가족이 이야기의 핵심이다. 이 시대 가난한 피지배층 백성들의 현실이 그대로 드러난다. 가난과 결손 가정은 이 시대에 보편적인 현상이었다. 심청이나 순이는 가난 때문에 자신을 희생할 수밖에 없는 상황을 어떻게 극복했을까? 여기에서 등장한 것이 바로 두꺼비와 용왕이다. 이 이야기는 절망과 죽음으로부터 자신과 세상을 구해줄 존재가 나타날 것이라는 희망을 잃지 말라고 모든 가난한 사람에게 주는 교훈이 아닐까? 「지네 장터」에서 순이는 두꺼비를 키운다. 그 두꺼비가 흉악한 지네를 물리치고 마을 사람과 순이를 구한다. 이제 평화가 온 것이다. 순이는 아버지를 편하게 할 돈도 얻었다. 쥐 설화도 마찬가지로 며느리가 쥐를 키워 악한 권력자 시아버지를 몰아내고 가정의 평화를 찾는다. 이런 설화는 피지배층 백성들에게 무의식적으로 잠재된 것으로, 이는 곧 평화로운 세상을 갈망했던 약자들의 꿈을 의미한다. 이런 점에서 두꺼비는 지배층의 가혹한 착취와 파괴적인 권력으로부터 자신들을 해방해주기 위해 나타날 미래의 지도자 모형이다.[15]

판소리 「춘향가」에서 이몽룡이 그런 사례다. 「춘향가」에서는 사대부 양반 가문 이몽룡과 천한 기생 딸 성춘향, 그리고 포악한 사또 변학도가 이야기의 중심을 차지한다. 숙종 시대를 배경으로 한 이 이야기에서 이몽룡은 당시 폭정에 시달리던 피지배층 농민들의 영웅상이었다. 변학도는 춘향이를 강제로 끌고 들어와 자기에게 수청을 들라고 한다. 이를 거절한 춘향이는 감옥에 갇히고 만다. 변학도의 온갖 회유와 겁박에도 굴하지 않은 춘향이는 곤장을 맞게 된다. 춘향이는 설움에 겨워 울면서 "사대부 사또님은 백성들을 살피지 않고 위력에만 힘을 쓰니 사십 팔방 남원 백성 원망함을 모르시오"라고 꾸짖는다. 그리고 옥에 갇혀 있으면서 다음과 같이 장탄가(長歎歌)를 부른다.

---

15 그러므로 두꺼비는 우연한 현상이 아니라 목적성을 지닌 사건으로 해석한다. 이부영, 앞의 책 『한국 민담의 심층 분석: 분석 심리학적 접근』, p. 107.

이내 죄가 무슨 죄냐? 나라의 곡식을 도적질해 먹은 것(國穀偸食)도 아니거든 엄한 형벌 무거운 곤장(嚴刑重杖) 무슨 일인고. 살인 죄인 아니거든 목에 씌운 칼(項鎖) 족쇄 웬일이며, 삼강오륜 어긴 죄인 아니거든 사지결박 웬일이며, 간통 죄인 아니거든 이 형벌이 웬일인고. 죄 없는 이내 몸 살아나서 세상 구경 다시 할까. 답답하고 원통하다. 날 살릴 이 어디 있을까? 서울 계신 우리 낭군 벼슬길로 내려와 이렇듯이 죽어갈 제, 내 목숨을 못 살리는가. 여름의 구름은 빼어난 봉우리에 가득하니 산이 높아 못 오던가.[16]

이렇게 춘향이는 사또의 폭정 속에 신음하는 자신을 빗대어 사대부 양반들에게 시달리는 농민들의 하소연을 대변하고 있다. 이 시대 조선 농민들의 삶의 모습이 이러했다. 춘향이 이야기는 소설뿐 아니라 판소리로 더 유명하다. 이 이야기가 농민들에게 널리 퍼진 것은 자신들의 처지가 춘향이와 같았고, 양반 사대부의 폭정에서 해방되어 새 세상을 만들어줄 백성들의 영웅, 이몽룡을 기다리는 소망도 같았기 때문이다. 말하자면 「춘향가」는 당시 모든 농민의 꿈과 소망을 이야기한 것이다. 여기에서 춘향은 당시 농민들의 상징이고, 이몽룡은 새 세상을 만들어줄 이상적인 인물의 상징이다. 암행어사 출두 전에 이몽룡은 백성들의 형편을 생각하고 다음과 같이 시를 짓는다.

---

16 「춘향가」에서 인용.

금동이의 아름다운 술은 일만 백성의 피요

옥소반의 아름다운 안주는 일만 백성의 기름이라

촛불 눈물 떨어질 때 백성 눈물 떨어지고

노랫소리 높은 곳에 원망 소리 높았더라.

그리고 암행어사 이몽룡은 춘향이를 구하고 변학도를 처벌한다. 이렇게 사대부 양반들을 혼내주는 호쾌함이 이들에게 시달리며 살아온 피지배층 모든 백성에게 희망을 준 것이다. 이 이야기는 당시 농민들의 마음속에 각인된 심성이 무엇인지 생생하게 보여준다.[17] 농민들에게 새 세상을 만들어줄 이러한 영웅은 흔히 홍길동같이 의적으로 나타난다. 예컨대 조수삼(趙秀三)의 「추재기이(秋齋紀異)」에 나오는 일지매(一枝梅)는 도적 중의 협객이다. 일지매는 숙종 때 실제 존재했던 의적으로서 탐관오리의 부정한 뇌물을 훔쳐 가난한 사람들에게 나누어 준다. 그가 도적질하고 떠날 때 매화 표시를 남긴 것은 자신의 도적질이 남에게 전가되지 않게 하려는 뜻이었다.[18] 또

---

17 로버트 단턴은 프랑스의 루소(Jean Jacques Rousseau), 니드로(Denis Diderot) 등 계몽사상가들의 저서가 독자에게 어떻게 각인되어 곳곳의 사람들의 삶에 영향을 미쳤는지에 대한 연구에서 작자와 독자에 의해 의사소통 양식이 변화됨으로써 하층민 수준에서도 나름대로 사상가 못지않게 지성적일 수 있다는 것을 밝혀내고 있다. 이에 대해서는 로버트 단턴, 주명철 옮김,『책과 혁명: 프랑스 혁명 이전의 금서 베스트셀러』, 길, 2003 참조. 원제는 Robert Darnton, *The Forbidden best-sellers of pre-revolutionary France*(New York: W. W. Norton & Company, 1995).

18 일지매가 실존 인물이라는 기록은 『승정원일기』 권498, 숙종 42년(1716) 9월 4일 경신 기사에 나온다. 이날 숙종비 인현왕후의 오라버니이며 형조판서인 민진후(閔鎭厚)가 대궐에 입시해 일지매를 풀어주는 문제를 논의한다. 또 일지매에 관한 글

일지매 같은 도적 아래적(我來賊)에 관한 이야기가 장한종(張漢宗)의 『어수신화(禦睡新話)』라는 책에 나온다.[19]

> 매화 한 가지 혈표(血標)를 찍어 놓고 부정 재물을 풀어 가난한 자를 돕노라. 때 못 만난 영웅은 예로부터 있었으니 오강(吳江) 옛적에 비단 돛이 떠오른다.

그도 재물을 훔치고 나서 일지매처럼 '아래(我來: '나 왔다 간다'라는 뜻)'라는 표시를 했다. 농민이 땅을 떠나 유랑민으로 전락해 무리를 이루면 군도가 된다. 이런 실례가 실록에 기록되어 있다.

> 조문벽(趙文璧)을 영춘역(迎春驛)에 유배했다. 조문벽이 앞서 숙천군수가 되었을 적에 서로(西路)의 극적(劇賊) 지용골(池龍骨)을 법으로 당연히 참(斬)했어야 하는데, 갑자기 도망해버렸으므로 조문벽이 죄수를 놓아주었다 해 옥에 갇혔다가 도배(徒配)되었다. 이때에 관동(關東), 관북(關北), 관서(關西), 해서(海西), 4도에 크게 기근이 들어 도적이 여러 곳에서 일어나 각기 단호(團號)를 만들어 노략질과 겁탈을 했는데, 서

은 조선 후기에 조수삼이 지은 문집 『추재집(秋齋集)』 권7 '기이'편에 칠언절구 한 시로 수록되어 있다. 조수삼은 어려서부터 보고 들은 거지, 기생, 노비, 상인, 도둑, 이야기꾼 등 주로 하층민들의 일화를 다루었다. 번역본으로 조수삼, 허경진 옮김, 『추재기이: 18세기 조선의 기인 열전』, 서해문집, 2008이 있다.

19 『어수신화』는 조선 후기 화가 장한종이 민간에 전하는 속설, 재담, 음담, 소화 등을 모아 한문으로 엮은 책이다. 1958년에 민속학자료간행회 편으로 출간된 유인본 『고금소총』에 실린 『어수신화』가 있고, 그 이전인 1947년에 열청재, 송신용 교열, 『어수록(禦睡錄): 조선고금소총』 제1권, 정음사, 1947이 발간되었다.

울에 있는 것은 후서강단(後西江團)이라 하고, 평양에 있는 것은 폐사군단(廢四郡團)이라 하고, 재인(才人)은 채단(彩團)이라 하고, 돌아다니며 빌어먹는 것은 유단(流團)이라고 했다. 그리고 기회를 틈타 도둑이 되어 부고(府庫)를 습격해 탈취하는데 장리(將吏)가 감히 체포할 수 없었으므로 조정에서 이를 근심해 영(令)을 내려 염탐하도록 했지만 끝내 체포하지 못했다.[20]

이러한 의적의 모범적인 인물이 임꺽정과 장길산 등이다. 이들 이후 조선에는 끊임없이 도적떼가 출몰해 사람들이 길을 오갈 때 무서울 정도였다. 이러한 도적질은 대개 사대부 양반들의 노비들이 저지른 것이라 범죄자는 잘 잡히지 않았다. 의적으로서 이름을 날린 실존 인물들이 있었지만, 이들은 알다시피 관군에게 잡혀 처형되거나 일망타진되어 그 존재가 오래가지 않은 경우가 많다. 그러나 이들에 관한 이야기는 끊이지 않고 농민들에게 전승되어 왔는데, 주로 한문의 시(詩)와 서(書)와 같은 고상한 지배층 사대부 양반 문화와 달리 피지배층이 읽을 수 있는 언문으로 된 글이나 판소리, 창, 탈춤

---

20 『영조실록』 권53, 영조 17년(1741) 4월 8일 임인 6번째 기사. 창가란 광대가 부르는 노래라는 뜻이다. 광대는 창우(倡優), 창부(倡夫) 또는 노릇바치라고 하는데, 이들은 판놀음에서 소리, 춤, 재담, 곡예 따위를 섞어 연출한 놀음판을 벌이기도 한다. 이들을 흔히 창우집단이라고 하며, 기능에 따라 광대, 재인(才人), 무동(舞童), 고인(鼓人) 등으로 부르기도 하고, 그 장기에 따라 소리광대, 줄광대, 어릿광대, 대광대, 탈광대로 나눈다. 이 가운데 소리광대가 가장 대우를 받았다. 솜씨가 뛰어난 소리광대를 명창(名唱)이라 하고, 이를 예우해 가객(歌客)이라 이른다. 이에 대해서는 이보형, 「창우집단의 광대소리 연구」, 한명희, 『한국전통음악논구』(민족문화연구총서 48), 고려대학교 민족문화연구원, 1990, pp. 83~111 참조.

등으로 표현되어 있다.

가난한 소작 농민들은 도토리, 소나무 껍질 등으로 연명했다. 조선 전체 인구의 반을 차지했던 노비는 부모 중 어느 한 쪽이 노비 출신이면 아이도 노비가 되었다. 그리고 노비 부모로부터 태어난 아이는 노비 주인의 소유였다.[21] 이렇게 비정한 사회에서 조선의 백성들은 많은 삶의 애환을 겪고 살아가며 비참한 현실에 절망할 수밖에 없지 않았을까? 그래서인지 조선 피지배층의 문화는 한 맺힌 내용이 많다. 그 대표적인 것이 판소리다. 천민 광대가 청중을 상대로 고소설(古小說) 내용을 창곡화(唱曲化)해 창으로 불렀는데, 창으로 연출된 판소리에는 사대부 양반들에 대한 풍자가 들어 있어 소리하는 광대나 듣는 피지배층 상민들로 하여금 사회 모순에 대한 울분을 토하게 했다. 대표적인 판소리는 「춘향가」, 「심청가」, 「흥보가」, 「토별가」, 「적벽가」, 「변강쇠가」, 「배비장 타령」 등이 있다. 대개 이들 작품은 영조 시대인 1754년경 또는 1810년 전후에 나온 것들이다. 「토별가」는 문무(文武)의 상쟁 속에 암매(暗昧)한 지도자를 풍자한 작품이고, 「배비장 타령」은 유교의 공허한 형식주의적인 관념에 대한 비평이다.[22]

판소리는 천민 집단의 사회의식을 반영하고 있는데, 주로 창을 부

---

21 하멜은 조선에 체류하는 동안 노비에 대해 보고 들은 것을 이같이 설명한다. 헨드릭 하멜, 앞의 책 『하멜 표류기』, p. 60.

22 판소리 「배비장전」은 18~19세기 관료 사회의 부패와 퇴폐성, 지배층의 위선을 비판하는 풍자 작품이다. 김영주, 「배비장전의 풍자 구조와 그 의미망」, 『판소리연구』 제25권, 판소리학회, 2008, pp. 89~109.

르는 자들이 광대인 천민이었다. 19세기 초 이전까지 창은 피지배층의 정서를 담고 있고 이를 표현함으로써 억눌린 감정을 표출할 수 있는 피지배층 문화였다. 창은 천민들의 세계관과 감성이 결합되어 독특한 평민 문화를 형성했다. 판소리에 담겨 있는 가치관은 대체로 지배층을 향한 조롱과 증오이며, 신분제 사회의 현실에 대해 냉소적이고 비판적인 내용이 대부분을 차지한다. 부산광역시 남구 수영동에 전승되고 있는 탈춤놀이 「수영야유(修營野遊)」의 한 대목을 살펴보자.

> 영노: 날물에 날 잡아먹고, 들물에 들 잡아먹고, 양반 아흔아홉 잡아먹고, 하나만 더 잡아먹으면 득천(得天)한다.
> 양반: 우리 고조할아버지는 영의정이요, 우리 증조할아버지는 이조판서를 지내고 나는 한림학사를 지냈으니 내야말로 참 양반이로다. 이놈! 영노야, 썩 물러가라!
> 영노: 옳거니, 그럼 양반을 잡아먹고 등천(登天)하겠다.

이 탈춤은 피지배층 상민들이 사대부 양반 지배층에 얼마나 깊은 적대감을 품고 있는지를 노골적으로 보여준다. 제1마당에서는 무식한 하인 말뚝이가 독설과 욕으로 사대부 양반들의 위선과 횡포를 폭로한 후 무능하고 허세를 부리는 사대부 양반을 조롱하면서 신분질서로 신음하는 하층민의 억눌린 감정을 절규한다. 제2마당에서는 하늘에서 내려왔다는 괴물인 영노가 양반을 잡아먹는다. 이것은 양반에게 핍박받아온 피지배층의 울분을 노골적으로 표현한 것이다.

제3마당에서는 일부다처제로 인한 가정불화를 주제로 가족의 비극과 갈등을 표현한다. 제4마당에서는 사자춤으로 사자와 호랑이가 서로 싸우다가 호랑이가 사자에게 잡아먹힌 장면을 연출한다. 이처럼 「수영야유」에서 마당마다 계속 사대부 양반을 괴롭히는 내용을 표현한 것은 이 지방의 피지배층이 지배층에 대해 큰 적개심을 품고 있었기 때문이다. 이 탈춤이 바로 피지배층의 저항의식을 보여주는 이들의 문화다. 탈춤을 통해 온 주민들이 사대부 양반 지배층에 대한 적개심을 공유하면서 이 감정을 다시 자식들에게 전승해 계급 갈등이 사라질 세상을 이루도록 하는 의식화 과정으로 해석할 수 있다.[23]

백성들이 볼 때 사대부 양반들은 가혹한 착취자에 불과했다. 「양반전」에서 강원도 정선의 어느 양반은 가난해 군에서 곡식을 꾸어주고 가을에 받는 환자(還子)를 먹고 지냈는데, 여러 해를 두고 쌓인 것이 천 석이나 되었다. 그러던 어느 날 관찰사가 이 고을에 와서 환자의 출납을 검열하다가 "어떤 놈의 양반이 군량을 이렇게 축냈단 말이냐!"라고 호통을 쳤다. 결국, 그 양반은 감옥에 갇히게 되었다. 그 마을에 사는 부자가 이 이야기를 듣고 이렇게 말한다.

양반은 비록 가난해도 언제나 존귀하고 영예롭기만 한데, 우리는 아무리 부자라고 해도 항상 비천하기만 하다. 그래서 늘 길 가는 데 말 한번

---

23 최한복 구술, 강권 정리, 「수영(水營) 야유극(野遊劇)」, 『국어국문학』 제27권, 국어국문학회, 1964, pp. 233~252. 이 극에 대한 해설은 강용권, 「수영야유 해설」, 『창작과 비평』 통권 제29호, 창비, 1973, pp. 193~215 참조.

타볼 수도 없고, 양반을 보면 쩔쩔매며 몸 둘 바를 몰라 기어들어가 뜰 아래서 절을 해야 하고 코를 땅에 끌며 무릎으로 기다시피 해야 하니, 우리는 줄창 이렇게 욕만 당하고 있지 않어?

이 부자 상민은 그 양반에게 쌀 천 석을 주고 양반 신분을 사기로 한다. 그러나 양반이 되면 지켜야 할 여러 규칙 조항(條項)을 알고는 "그만두시오, 맹랑하구려. 나더러 도적놈이 되란 말이오?" 하고는 죽을 때까지 다시는 양반이 되고자 하지 않았다. 학식과 벼슬의 품계를 위해 학문에만 전념하며 살아가면서 노동이나 생업에 종사하며 인간다운 삶을 경험하기보다 논쟁과 권력을 위한 정쟁에 매달리며 살아갔던 양반들의 탐욕스러운 행태는 농민들에게 증오의 대상이었다. 이런 양반을 사나운 짐승이 잡아먹기를 바라는 농민들의 심정은 곧 이들을 향한 적개심이 아니겠는가?

피지배층의 의식 성장과 함께 나타난 서사 구비문학인 판소리는 표면적으로 유식한 문자로 수식되어 있고, 내용적으로는 저속한 말로 표현된다. 사대부 양반들이 저속한 표현과 내용의 판소리를 즐겼던 이유는 도덕이나 교훈적인 것이 아니라 오히려 이런 교훈을 비판하기 때문이다. 내용의 주제는 판소리를 이해하는 사람이라면 누구나 알 수 있다. 「춘향가」에서 춘향은 천민 기생이지만 마치 기생이 아닌 여인으로 묘사되어 이야기의 중심에 서 있다. 이런 신분의 춘향이가 횡포를 부리는 사대부 양반과 싸워서 반드시 승리해야 신분적 제약을 극복하고 인간적인 해방을 이룰 수 있다는 것이 내용의 주제다. 이처럼 이야기의 주제는 갈등의 구조로 전개된다.

「수궁가」, 「적벽가」에서도 같은 주제가 나타나는데, 용왕이나 조조는 지배층의 횡포에 대한 상징적 존재로 나타난다. 이들의 핍박으로 고통을 받고 사는 피지배층의 억울한 처지를 고발하고, 이들 백성이 지배층의 억압으로부터 벗어나 살아갈 수 있는 길이 무엇인지를 보여준다. 용왕도 자기 술책에 넘어가고 조조도 자기 꾀에 빠져 전쟁에서 패하고 곤궁에 처하게 된다. 이들 지배층의 모습을 보고 피지배층도 이들과 싸워 이길 수 있다는 용기를 갖게 된다. 「가루지기타령」의 음란한 사설은 유랑민의 처지를 표현하면서 삶의 조건에 관한 일체의 관념을 거부한다. 말하자면 유교의 예는 지배층이 자신들의 존귀함을 나타내려고 한 겉치레에 불과한 것이다.[24]

탈춤은 하층민들의 의식 성장과 함께 구조나 주제 등이 발전해나갔다. 사대부 양반에 대한 풍자는 말뚝이로 전형화된 하층민의 저항 심성이 점점 커지고 있다는 것을 보여준다. 말하자면 이러한 풍자는 말뚝이와 사대부 양반 사이의 전형화된 갈등의 체계가 존재함을 보여준다.[25] 사대부 양반과 천민 말뚝이의 갈등은 신분적 구속과 이로

---

24 이처럼 양반의 관념적 인과론을 거부하고 민중의 경험적 갈등을 제시하며 기존 사회의 불평등과 허위를 비판한 조선 후기 하층민의 문학인 판소리에 대한 분석은 김흥규·조동일, 『판소리의 이해』, 창비, 1978, 제1부 참조. 한편 판소리의 주제 변이 과정을 하층민의 저항의식과 양반 지배층의 이념 갈등으로 파악한 것은 임진택, 「이야기와 판소리: 판소리에 대한 몇 가지 추론」, 『실천문학』 제2권, 실천문학사, 1981, pp. 329~365 참조.

25 말뚝이는 「봉산탈춤」, 「동래야유」, 「통영오광대」, 「양주별산대놀이」에 등장하는 배역으로, 그 명칭이 보여주듯 천한 이름을 가진 하인으로서 자기가 모시고 다니는 양반들을 풍자하는 역할을 한다. 조동일은 탈춤이 처음부터 민중적 성격을 지닌 것으로 민중 문화의 전반적인 발전 추세와 관련해 그 기원을 찾아야 한다는 입장을 보였다. 이에 대해서는 조동일, 『탈춤의 역사와 원리』, 홍성사, 1979 참조. 탈춤에 대

부터 해방되고자 한 요구 사이의 투쟁이다. 노동이 금기시된 사대부 양반들은 무기력하고 비활동적이며 수기치인에만 전념하다 보니 현실과 동떨어진 주관적인 사고에 빠져 있다. 그러나 하층민 말뚝이는 언제나 활동적이고 현실을 정확하게 인식해 바람직한 방향으로 개조할 능력을 지니고 있다. 가면극은 이러한 역동적인 피지배층의 열망을 가로막고 있는 사대부 양반의 봉건적 특권이 철폐되어야 한다는 것을 보여주고 있다. 말뚝이는 거침없이 사대부 양반들을 조롱하지만, 이들 지배층은 권위에 사로잡혀 세상을 바꿀 줄 모른다. 탈춤은 사대부 양반의 지배 체제를 무너뜨리고 피지배층의 해방을 부르짖고 있다. 그러나 신분적 특권을 내놓기 싫은 사대부 양반들은 낡은 사고의 허위에 집착하고, 탈춤은 이러한 지배층을 비난하며 피지배층의 저항의식을 보여주고 있다.[26]

판소리와 탈춤은 지배층에 억눌린 피지배층이 자기 해방을 이룩하려는 일종의 의식이다. 피지배층은 이렇게 자신들만의 문화를 통해 자기들의 정체성, 말하자면 계급의식을 형성하기 시작한 것이다. 그러나 문제는 이러한 하층계급 문화를 지배층인 사대부 양반들이 자신들의 놀이로 만들어 오히려 피지배층을 자신들의 지배 체제에 순응하도록 길들이고 이들의 정신세계를 조종하는 도구로 활용했다

해서는 박진태, 『한국 가면극 연구』, 새문사, 1985; 정상박, 「박진태 저, 한국 가면극 연구」, 『국어국문학』 제95권, 국어국문학회, 1986, pp. 468~471 참조.

26 서남동, 『민중신학의 탐구』, 한길사, 1983, pp. 71~72에서 인용. 이러한 하층민의 문화가 지닌 저항정신에 대해서는 조동일, 『한국 가면극의 미학』, 한국일보사, 1975 참조.

는 것이다. 사대부 양반들이 천민 소리꾼과 광대들을 향응과 잔치에 동원한 것이 그 예다.[27] 지배층은 피지배층이 그들의 정체성을 해체하도록 해 자신들의 지배를 강화하려고 한다. 그리고 피지배층의 영웅을 자신의 계급에 편입해 이들의 저항정신을 충신의 행위로 미화한다. 이렇게 지배층은 피지배층의 저항정신을 무력화한다. 그러나 피지배층은 강인한 생명력을 가지고 자신들의 문화 속에서 저항정신을 키우고 이어간다.[28]

피지배층의 문화로서 판소리는 이처럼 이들의 계급의식과 세계관을 담고 있는데, 이를 주제별로 보면 다음과 같다. 「춘향가」는 신분사회의 모순과 해방, 그리고 탐관오리의 응징을 이야기하고, 「심청

---

27 판소리가 궁중에까지 침투해 양반과 관료 사회에서 일상화되어 지배층 사대부 양반들이 청중으로 직극 참여히면서 판소리는 사설, 음악, 무대 표현 등에서 상당한 발전을 이루었다. 그럼으로써 판소리는 하층민 문화로서의 특성을 잃고 양반 문화가 개입되어 평민적 현실 인식이 결여되었다. 특히 판소리는 사회 문제를 고발하는 비판적 기능보다 양반 사회 질서의 세계관을 담기도 했다. 그 결과, 일곱 마당이 12마당 전승에서 탈락했고, 중인 출신 신재효(申在孝)는 양반들의 입맛에 맞게 판소리 사설의 정리와 개작을 하기도 했다. 1877~1880년 인근 고을 향리가 신재효에게 보낸 편지와 그의 재산 상황을 보면 그는 단순히 판소리를 애호해 후원한 것이 아니라 판소리 공연의 기획자이자 중개자로 활동했음을 알 수 있다. 신재효 사설의 이질적인 면은 당대에 대가를 지급하고 판소리를 감상하던 양반을 비롯한 다양한 청중들의 취향에서 비롯된 것이다. 신재효는 양반부터 군교 및 향리, 요호부민(饒戶富民)까지 여러 계층의 청중이 선호하는 작품을 중심으로 이들의 취향에 부합하는 사설을 만들고자 했는데, 그중 「춘향가」는 모든 계층에서 인기를 끌었기에 취향에 따라 판소리 광대의 「남창 춘향가」와 「동창 춘향가」로 나누어 개작했다. 신재효의 모든 개작 사설에서 두루 나타나는 성적인 묘사는 당대 판소리를 즐기던 남성 청중의 취향에 맞춘 것이다. 이지영, 「신재효 개작 사설의 이질성에 대한 재고」, 『판소리연구』 제43권, 판소리학회, 2017, pp. 111~138.

28 임진택은 판소리 주제 변이 과정을 밝히면서 변이 이유를 사회사적으로 분석해 민중의식과 지배 이념의 갈등으로 해석한다. 임진택, 앞의 글 「이야기와 판소리: 판소리에 대한 몇 가지 추론」, pp. 329~365.

가」는 암울한 현실과 새로운 세상의 도래를, 「흥부가」는 부의 불평등을 고발한다. 그리고 「토별가」는 지배층의 횡포와 착취에 대한 저항의식을, 「적벽가」는 지배층의 허구성 폭로와 염전 사상을, 「가루지기 타령」은 유랑민의 고난과 생활상을 이야기하고 있다. 피지배층은 자신들의 문화 속에 스며든 저항정신을 자손에게 전승하면서 자신들의 계급적 정체성을 확립해갔다. 그리고 이 정신은 무의식 안에서 끊임없이 끓어올라 자신들의 세상을 만들어줄 영웅의 출현을 꿈꾸었다. 그 대표적인 인물이 홍길동이다. 피지배층은 양반 사대부로부터 수탈과 핍박을 받고 신분 질서로 차별을 당하며 유교 이념에 의해 복종과 순종을 강요당했던 암울한 세상으로부터 해방을 갈구했다. 이들의 해방자로서 홍길동이 군도의 효시가 된 것이다.

> 우리가 이제는 백성의 재물은 추호도 건드리지 말고, 각 읍 수령과 방백(方伯)들이 백성에게서 착취한 재물을 빼앗아 혹 불쌍한 백성을 구제할 것이니, 이 무리의 이름을 활빈당이라 하였다.[29]

홍길동은 팔도를 누비며 나쁜 사람의 재물을 빼앗아 불쌍한 사람들에게 나누어 주고, 고을 수령의 뇌물을 탈취하고, 창고를 열어 곤궁한 백성을 도와주었다. 그리고 홍길동은 이렇게 말했다.

함경 감영에서 군기와 곡식을 잃고 우리 종적은 알지 못하므로 그 사이

---

29 허균, 『홍길동전』, 민음사, 2020, p. 45.

에 애매한 사람이 많이 다칠 것이다. 내 몸이 지은 죄를 애매한 백성에게 돌려보내면 사람은 비록 알지 못할지라도 천벌이 두렵지 아니하겠는가?[30]

그리고 홍길동은 즉시 감영 북문에 써 붙였다. 창고의 곡식과 군기를 훔친 이는 활빈당 장수 홍길동이라고. 이후 홍길동은 삼천 명의 도적 군사를 거느리고 제도라는 섬에 이르러 창고와 궁궐을 지어 안정을 꾀하고, 군사에게 농업에 힘쓰게 하고, 각국을 왕래하며 물건을 서로 교환하고, 무예를 숭상해 병법을 가르치니, 3년 안에 무기와 군량이 산처럼 쌓이고, 군사가 강해 대적할 상대가 없었다. 이 이야기는 홍길동이 이상 국가를 건국해 모두가 잘살게 하고 나라를 튼튼하게 했다는 것으로 끝난다. 홍길동은 사대부 양반 가문의 아버지와 노비 어머니 사이에서 태어났다. 그래서 홍길동도 종모법에 따라 어머니의 신분을 이어받아 노비였다. 아버지가 사대부 양반일지라도 어머니가 노비면 그 자식의 신분도 노비여서 아버지를 아버지라고 부르지 못한다. 부친은 홍길동을 귀하게 여겼으나, 홍길동은 근본이 천해 하인들에게서도 천대를 받고 자랐다.

조선 후기에 들어 세금과 병역 등 각종 부역을 부담한 양민 인구가 줄어들면서 경제적 이유로 양민과 천민의 결혼(良賤交婚)이 성행했다. 그래서 양민 출신 여성이 노비의 아내가 된 경우가 많았다. 현종 10년(1669)에 당시 서인 집권층은 양민 인구를 늘리기 위해 양민

---

30 허균, 위의 책 『홍길동전』, pp. 45~47.

어머니 출생 자녀에게 종모법을 적용해 양민 신분을 갖게 했다. 반면 반대파 남인은 노비와 주인 사이에 분쟁이 발생할 것을 우려해 이를 반대했다. 이후 서인과 남인 사이에 정권이 교체될 때마다 양인과 노비 사이에 태어난 자식을 양민 신분으로 했다가 노비 신분으로 했다가 하는 등 종량(從良)과 환천(還賤)이 반복되었다.[31] 조선시대 사대부 양반들은 재산을 늘리기 위해 토지와 노비를 많이 소유하도록 온갖 노력을 다했다. 그래서 여러 차례 노비 신분에 관한 법을 제정해 법제화했으며, 심지어 이 신분법에 따라 자식도 자기 노비로 삼아 부려먹고 살아간 조선 지배층 사대부 양반들은 비정한 인간이라고 볼 수밖에 없을 것이다.

노비에게는 원래 이름만 있을 뿐 성씨가 없었으며, 조선 후기 신분 해방 전까지 인구 절반은 성씨 없이 지냈다.[32] 노비들은 피지배층 상민과는 달리 남자는 머리를 깎고, 여자는 짧은 치마를 입었다. 숙종 때 실학자 유형원은 『반계수록』에서 "중국에 비록 노비가 있으나 모두 범죄자로 몰입(沒入)된 자이거나 스스로 몸을 팔아 남에

---

31 노비는 전쟁 포로, 채무(責務), 투탁, 매득(買得), 탈섬(奪占), 양민을 강압적으로 노비로 삼는 압량위천 등으로 발생했는데, 정복 전쟁이 사라진 후에는 노비를 늘리는 방법이 신분 세습밖에 없었다. 상전이 각기 다른 남성 노(奴)와 여성 비(婢)가 결혼하면 그 자식이 아버지 상전의 소유인지, 어머니 상전의 소유인지가 문제였다. 그래서 등장한 것이 1039년 고려 정종의 천자수모법(賤子隨母法)이다. 조선의 양반은 토지와 노비를 많이 소유하려고 했다. 노비 아버지와 양인 어머니에게서 낳은 자식은 현종 10년(1669)에는 종량, 숙종 5년(1679)에는 환천, 숙종 10년(1684)에는 종량, 숙종 15년(1689년)에는 환천 등으로 되풀이되다가 영조 7년(1731)에 종모법으로 확정되었다. 이성무, 「조선 초기 노비의 종모법과 종부법」, 『역사학보』 제115집, 역사학회, 1987, pp. 43~71.

32 이에 대해서는 이수건, 『한국의 성씨와 족보』, 서울대학교 출판부, 2011 참조.

게 고용된 자뿐이며, 그 가족 계보에 의해 대대로 노비로 삼는 법은 없었다. 죄도 없는 자를 노비로 삼는 법은 옛날에도 없었고, 죄를 지어 노비가 된 자라도 후대에까지 형벌을 주는 것은 부당하다"라고 지적하기도 했다.[33]

그러나 노비제를 비판한 유형원 본인은 오히려 천한 자가 귀한 자를 섬기는 주자학의 예의 질서는 불변의 이치이며 추세라고 적어 신분제도를 긍정하는 태도를 보였다. 유형원은 노비제도를 개혁해 종모법을 획일적으로 적용할 것을 제시했다. 자신들의 이익에 따라 종모법 또는 종부법을 바꿔가며 시행해 노비제도를 계속 유지하려던 당시 사대부 양반 사회의 태도와 노비 세습제도 자체를 비난했다. 노비는 당시 '말하는 가축'의 대우를 받으며 혹사를 당하고 살아야 했다. 그리하여 유형원은 세습제도에 얽매이지 않고 노동에 대해 정당한 보수를 받을 수 있는 노비제도를 주장한 것이다. 그러나 사실 신분에 예속되지 않고 노동의 대가를 받는 노비는 역사상 존재하지 않았다. 유형원이 제시한 이러한 개혁안은 종국적으로 노비제도를 폐지하자는 것이었다.[34]

---

33 『반계수록』 속편 권25·26에는 의례, 풍속 등에 관해 20여 항목이 설정되었는데, 이 편은 원래 '수록'이라는 명칭의 의미대로 단편적인 자기 의견들로 구성되었다. 속편 중 한 편인 '노예'조에서는 특히 공사노비의 대우를 근본적으로 개선하고 노비 세습의 악법을 점차 철폐하도록 해야 한다고 주장했다. 유형원은 「병제(兵制)」에서 중국 노비는 자기 대에서만 복역할 뿐이라고 말했다. 당나라의 법전 『당육전(唐六典)』 「상서형부(尙書刑部)」편에서는 관노비가 70세가 되면 양인으로 삼으라고 했다. 이는 노비의 세습을 불허했음을 뜻한다. 그에 비해 조선에서는 본인뿐 아니라 후손에게까지 대대로 신분적 굴레를 씌웠으니 조선의 노비제도는 매우 가혹했다고 볼 수 있다. 노비제도가 가혹하기는 조선 이전의 왕조들도 다를 바 없었다.

34 유형원, 북한사회과학원 고전연구소 옮김, 『반계수록 해제』, 1951.

1484년 조선의 전국 호구 수는 100만 호에 340만 명으로 집계되어 있어 성종 때의 공노비 35만여 구는 전인구의 10분의 1에 해당한다. 한명회(韓明澮)는 공노비 45만여 구 가운데 미추쇄자(未推刷者), 즉 도망간 노비가 10여만 구 있고, 공노비와 사노비 중 도망해 숨어 사는 자가 100만 구에 이르렀다고 했다. 그는 세조 13년(1467) 왕명에 의해 전국 공사노비의 수를 헤아린 적이 있는데, 그의 숫자는 신뢰도가 높다. 당시의 인구를 900만 정도로 보고, 공노비와 사노비의 도망률이 같다고 가정해 공사노비의 인구 비중을 계산하면 약 4할 정도다.[35]

　　1909년에 작성된 민적통계표(民籍統計表)에 의하면, 실제 양반의

35　『성종실록』 권170, 성종 15년(1848) 9월 18일 임인 1번째 기사. 15~17세기에 노비는 전인구의 3~4할을 차지했다. 이영훈, 「한국사에 있어서 노비제의 추이와 성격」, 역사학회, 『노비, 농노, 노예』, 일조각, 1998, pp. 305~306. 또 1528년 경상도 안동부 주촌의 이씨 양반가의 호적을 보면 노비는 총 51명, 그 가운데 3분의 1인 17명이 도망 중이었으며, 1606년 단성현에서 노비의 도망률은 무려 51퍼센트였다. 이영훈, 위의 글 「한국사에 있어서 노비제의 추이와 성격」, p. 376. 15~17세기에 노비노동은 사회 경제의 가장 중요한 토대였으며, 1609년의 울산부 호적에서 인구의 47퍼센트가 노비였다. 1606년의 산음현 호적에서는 41퍼센트, 1630년의 동 호적에서는 34.5퍼센트, 그리고 1606년의 단성현 호적에서는 무려 64.4퍼센트에 달했다. 1690년의 대구부 호적을 통해 확인한 노비의 비중은 44.3퍼센트였다. 그러나 호적의 인구조사가 불완전하며, 특히 양인 유동층(流動層)이 심하게 누락되었다. 이를 감안해 실제 인구를 호적상의 인구보다 1.4배 높게 잡고 노비 인구의 누락은 거의 없었다고 보고 1609년 울산 노비의 실제 비중을 추산하면 33.7퍼센트에 이른다. 따라서 15~17세기에 노비 인구는 3~4할대였다. 평안·함경도에는 고공(雇工)제가 발달했는데, 성종 17년(1486) 평안도 관찰사는 "본토(本土)의 군사는 노비가 없고 오로지 고공으로 노비를 삼는다"라고 했다. 고공은 13세 이상의 자가 굶어 죽게 되어 남의 구활을 받았을 경우 자기 당대에 한해 사환(使喚)당할 의무를 진 예속 신분을 말한다. 17세기 전반의 기록에 의하면 평안도에서 인구의 절반이 고공이었다. 이영훈, 위의 글 「한국사에 있어서 노비제의 추이와 성격」, pp. 364~366.

숫자는 제일 많은 서울에서도 2.1퍼센트에 지나지 않았으며, 조선 후기 신분제가 문란해지면서 상민과 노비들이 부역을 면제받기 위해 족보를 위조하는 일이 허다했다.[36] 고려 초기에는 가계를 기록한 족보가 없었기 때문에 자신의 조상을 얼마든지 바꾸고 명문 가문 족보에 자신의 가계(家系)를 붙여서 양반 출신으로 둔갑하는 것이 가능했다. 한 예로, 17세기 말 경상도에 살았던 노비의 후손들은 다수가 김해김씨로 편입하기도 했다.[37]

1894년 갑오개혁으로 신분제가 철폐되어 누구나 성을 가질 수 있게 되었으며, 이어서 1909년 일제는 새 민적법(民籍法)을 시행해 모두 법적으로 성(姓)과 본(本)을 갖게 되었다. 면사무소의 호적 담당 관리나 경찰이 성과 본관이 없는 천민들에게 임의로 성을 지어주기도 했지만, 대개 노비들은 자기 주인의 성을 따른 경우가 많았다. 그 결과, 자신의 신분을 숨기기 쉬운 인구가 많은 흔한 성씨로 편입되어, 김, 이, 박, 최 등 대대로 명문 가문의 특정 성씨에 인구가 치중되는 결과를 낳았다. 이처럼 신분과 계급제도가 철폐된 구한말을 거치면서 모든 조선 사람은 성과 본관을 갖게 되었고, 모두 사대부 양반 가문의 후손이 되었다.

그러나 이렇게 되기까지 조선 사회에서는 천한 신분이 다수를 차

---

36 이헌창, 「민적통계표의 검토」, 『고문서연구』 제9권, 한국고문서학회, 1996, pp. 483~514.

37 양반이 된 노비 후손의 2세기에 걸친 신분 세탁에 대해서는 권내현, 「양반을 향한 긴 여정: 조선 후기 어느 하천민 가계의 성장」, 『역사비평』 봄호, 역사비평사, 2012, pp. 269~298; 권내현, 『노비에서 양반으로, 그 머나먼 여정: 어느 노비 가계 2백 년의 기록』, 역사비평사, 2014 참조.

지하고 있었으며, 양민을 포함하면 지배층 사대부 양반을 제외한 대부분의 인구가 피지배층인 셈이었다. 이러한 신분 질서 사회에서 홍길동 이야기가 광범위하게 피지배층으로부터 호응을 받았고, 여러 군도가 홍길동의 후예로 자처하게 된 것이다. 의적으로서 홍길동과 활빈당은 이후 조선의 수많은 피지배층에게 구세주 같은 존재로서 존경을 받았다. 그렇다면 홍길동은 허균이 지어낸 가공의 인물일까? 실학 학풍을 이어받은 황윤석(黃胤錫)의 『해동이적보(海東異蹟補)』에도 허균이 홍길동과 관련된 글을 지었다고 언급되었는데, 이는 인조 때 택당(澤堂) 이식이 "『홍길동전』은 허균이 지었다"라고 한 진술을 뒷받침하고 있다.[38]

조선조 중엽 이전에 홍길동이라는 자가 있었다. 재주와 기상을 자부하고 스스로 호방했으나, 서자라서 나라의 법에 걸려 벼슬길에 현달할 수 없자 하루아침에 홀연히 도망가버렸다. 혹자는 "허균이 지은 이야기(傳)는 충분히 믿지 못하겠다"라고 하는데 어찌 믿을 수 있겠는가?[39]

---

38 『택당선생별집(澤堂先生別集)』 권15 「잡저(雜著)」 '산록(散錄)'.

39 황윤석, 『해동이적보』, 하권, 「해중서생(海中書生)」. 이 자료에 홍길동에 대한 언급이 있다는 사실은 김기동, 「홍길동은 실존 인물」, 『소설문학』, 1981에 의해 밝혀졌다. 김기동은 조선시대 문헌설화 20종을 집대성한 『한국문헌설화전집』 전 10권을 발간하는 과정에서 『계서야담(溪西野談)』, 『청구야담(靑丘野談)』, 『해동이적(海東異蹟)』 등의 야사에서 실존 인물 홍길동의 행적과 활동 내용을 찾아냈다. 원문과 해석은 홍만종·신해진·김석태 번역, 『증보 해동이적』, 경인문화사, 2011에서 확인할 수 있다. 특히 홍길동에 대해서는 『조선왕조실록』 가운데 『연산군일기』 권39, 연산 6년(1500) 10월 22일 계묘 2번째 기사에 "강도 홍길동을 잡았으니 나머지 무리도 소탕하게 하다", 『연산군일기』 권39, 연산 6년(1500) 10월 28일 기유 2번째 기사에 "홍길동을 도와준 엄귀손의 처벌을 의논하다", 『연산군일기』 권39, 연산 6년(1500)

황윤석의 이 언급은 택당 이식의 시대뿐만 아니라 18세기 지식인들 사이에서도 '허균이 『홍길동전』을 지었다'는 사실이 알려져 있었음을 확인시켜준다. 결국, 허균의 시대에 가까운 이들의 증언으로 볼 때, '허균이 『홍길동전』을 지었다'는 사실은 부정될 수 없다. 19세기에 들어서도 홍한주(洪翰周)가 그의 견문을 수필 형식으로 기록한 문집 『지수염필(智水拈筆)』에서 '허균이 『홍길동전』을 지었다'고 전하고 있다.[40] 『광해군일기』에 무륜당 서자 박치의(朴治毅)가 실제로 화적떼 두목이 되어 함경도, 평안도, 황해도 등 북삼도를 휘젓고 다녔다는 기록이 나오는 것을 보면,[41] 사대부 양반의 서자들이 신분제에 대한 불만을 품고 도적이 된 사례를 볼 때 홍길동도 실제로 존재한 인물로 추정된다. 따라서 『홍길동전』은 당시 소외된 자들의 눈에 비친 조선 사회에 대한 예리한 비판과 새로운 사회를 향한 갈망

11월 6일 병진 3번째 기사에 "홍길동을 도와준 엄귀손을 끝까지 국문하게 하다", 『연산군일기』 권39, 연산 6년(1500) 12월 29일 기유 1번째 기사에 "홍길동의 죄를 알고도 고발하지 않은 권농 이정들을 변방에 보내기로 하다"라고 기록되어 있다. 『중종실록』 권18, 중종 8년(1513) 8월 29일 갑자 1번째 기사에는 호조가 "충청도는 홍길동이 도둑질한 뒤로 유망(流亡)이 또한 회복되지 못해 양전을 오래도록 하지 않았으므로 세를 거두기가 실로 어려우니, 금년에 먼저 이 두 도의 전지(田地)를 측량하소서"라고 왕에게 아뢰었다고 기록되어 있다. 이처럼 주로 연산군 시기에 도적 홍길동에 관한 기사가 나온 것으로 미루어 볼 때 이 시기에 활동한 실존 인물로 볼 수 있다.

40 홍한주는 "세상에서 전해지는 『홍길동전』은 허균이 지은 것이다"라고 말했다. 홍한주, 『지수염필』 영인본, 아세아문화사, 1984, p. 388.

41 이에 대한 언급은 다음과 같다. 왕이 "박치의가 도망한 지 이미 다섯 달에 이르렀는데 아직 체포하지 못하고 있으니, 도대체 어디로 갔단 말인가"라고 하자 추국청(推鞠廳)이 "이 도적이 물에 빠져 죽고 목을 매어 죽었다 하더라도 단지 나라 안에 있을 것인데, 지금까지도 찾아내지 못하고 있는 것은 방백과 수령들이 진심 진력하지 않고 있다는 것을 알 수 있습니다"라고 아뢰었다. 『광해군일기』 중초본 권69, 광해 5년(1613) 8월 20일 을사 3번째 기사.

과 이상향의 모형을 보여주고 있다. 이리하여 홍길동은 고구려를 건국한 주몽이나 신라의 석탈해 등의 인물과 동일시되어 새로운 이상국가를 건국하는 시조로 평가받는다.[42] 특히 홍길동은 천민 출신이라는 점에서 피지배층 농민들과 천민들에게 더 큰 관심과 인기를 끌었을 것이다. 『성종실록』에 나온 '길동'이라는 이름은 천민의 신분을 가진 자를 지칭하는 명칭이다. '길동'이라는 이름과 함께 열거된 관노(官奴)들의 이름을 살펴보면, 대부분 의미를 지닌 한자 이름이 아니라 음차자(音借字)로 사용된 것임을 알 수 있다. 따라서 '길동(吉童 또는 吉同)'이라는 명칭은 막동(莫同), 귀동(貴同), 금음동(今音同) 등의 이름과 다르지 않고, 이런 점을 미루어 보면 홍길동은 천민 출신으로 추정된다.[43]

허균이 실존 인물과 실제의 행적을 바탕으로 지은 『홍길동전』은 조선의 피지배층에게 희망을 주었고, 한글본, 한문본, 필사본, 판각본에 이어 활자본에 이르기까지 다양한 형태로 출간되었다.[44] 『홍길

---

42 조동일, 「영웅의 일생과 홍길동전」, 김동욱 편, 『허균 연구』, 새문사, 1981, pp. 20~32.

43 『성종실록』 권6, 성종 1년(1470) 7월 22일 무술 1번째 기사; 『성종실록』 권73, 성종 7년(1476) 11월 24일 갑자 1번째 기사; 『성종실록』 권124, 성종 11년(1480) 12월 7일 임자 1번째 기사. 황윤석이 지은 『해동이적보』에서는 홍길동이 서얼 출신이라고 밝히고 있으나, 홍길동이라는 이름은 천민의 호명법이고, 천민과 서얼은 상당한 차이가 있는 계층인 만큼 이런 이름이 서얼에게도 쓰일 수 있었는지는 의문이다. 그러나 조선시대 서얼들의 천민식(非양반식, 非한자식) 이름을 살펴보면 홍길동이 서얼이라는 모티프는 원작에 존재했던 것으로 보인다. 박재민, 「허균 작 『홍길동전』의 복원에 대한 시론」, 『한민족어문학』 제65집, 한민족어문학회, 2013, pp. 286~289.

44 특히 『홍길동전』의 '경판24장본'은 판각본 가운데 가장 오래된 것이며, '완판36장본'은 홍길동에 대한 태몽이 화려하게 서술되고 진취적인 기상의 노래가 결말부에 삽입되어 있는 등 내용이 풍부하고 묘사가 다채롭다. 송성욱, 「『홍길동전』 이본 신고」,

동전』에서 독자를 가장 매료시킨 부분은 홍길동이 팔도를 누비며 의적 행위를 하는 장면일 것이다.

이후로 길동이 ᄌ호를 활빈당이라 ᄒ여 됴션 팔도로 단니며 각 읍 슈령이 불의로 ᄌ물이 잇스면 탈취ᄒ고, 혹 지빈무의ᄒᆞᆫ ᄌᆡ 잇스면 구제ᄒ며, 빅셩을 침범치 아니ᄒ고, 나라의 쇽헌 ᄌ물은 츄호도 범치 아니ᄒ니.[45]

특히 홍길동은 충청도 공주 무성산에 성을 쌓고 많은 무리를 거느리고 있을 정도로 큰 세력을 형성해 전국 단위로 활동했다.[46] 이 기록은 홍길동 사후 200년의 것인데, 비록 허물어진 성이긴 하지만 200년이 지나도록 사람들의 입에 오르내릴 정도의 흔적을 남겼다. 이는 홍길동이 도적 행위를 할 때 권농, 유향소의 품관 등이 묵인해주었음을 보여준다. 지역의 하급 관리들이 홍길동의 도적 행위를 묵인해주었다는 것은 홍길동의 지지 세력이 실제로 존재했다는 사실

『관악어문연구』 제13권, 서울대학교 국어국문학과, 1988, pp. 123~125.

45 박재민, 앞의 글 「허균 작 『홍길동전』의 복원에 대한 시론」, p. 294에서 인용. 그렇다면 원본 『홍길동전』에는 이러한 모티프가 존재했을까? 홍길동의 활동 범위가 일부 지역에 국한된 것이 아님은 『중종실록』 권70, 중종 25년(1530) 12월 갑신의 기록에서 알 수 있다.

46 송상기, 『옥오재집(玉吾齋集)』 권13 기(記) 「유마곡사기(遊麻谷寺記)」, "옛날부터 서도(西道)에는 큰 도둑이 많았다. 그중에 홍길동이란 자가 있었는데, 세대가 멀어서 어떻게 되었는지는 알 수 없으나 지금까지 시정(市井) 아이들이 맹세하는 말에까지 들어 있다." 이익, 『성호사설』 권14 「인사문」. 기사는 홍길동이 황해도와 평안도에도 출몰했으며, 시정의 아이들이 맹세하는 말에까지 들어가는 이름이 되어 있었음을 알린다. 이는 홍길동의 무리가 당시 상당한 세력으로 횡행했음을 방증해주는 것이라 하겠다. 박재민, 앞의 글 「허균 작 『홍길동전』의 복원에 대한 시론」, pp. 294~296.

을 방증하는 자료로서 가치가 있다. 이는 홍길동이 피지배층 백성들에게 외면받은 무도한 도적떼가 아니라는 점을 보여준다.[47] 이처럼 홍길동은 허균이 허구로 지어낸 소설이라기보다 오래전부터 실존 인물과 그의 행적이 전해온 실전(實傳)의 성격을 띠고 있다.[48] 『홍길동전』은 단순한 이야기가 아니라 역사적 사실성을 띠고 있는 만큼 독자들의 흥미 차원을 넘어선 피지배층 백성들의 현실적인 이야기였다. 이것이 조선 백성들의 기록인 '아래로부터의 역사'다. 후일 모든 군도가 홍길동의 후예라고 자처한 것도 단지 홍길동의 행적을 흉내 내려는 것이 아니었다. 『홍길동전』의 내용이 백성들 사이에 널리 퍼진 것은 곧 지배층을 향한 적개심과 저항정신을 나타낸다.

독서의 역사적 의미는 그 내용이 지닌 사상의 전파이며, 이를 공유해 형성된 어느 집단의 정신세계다. 이런 사례는 프랑스에서도 찾을 수 있다. 프랑스 대혁명은 구체제의 신분제와 봉건 왕조 국가 체제를 무너뜨리고 시민 민주 국가를 수립한 최초의 민중 혁명이었다. 이에 대해 기존의 사회 경제사적 연구에서는 주로 시장경제 발전으로 자본주의와 새로운 계층인 부르주아가 성장한 것이 혁명의 원인이라고 해석했다. 그러나 최근의 연구에서는 이와 달리 독서의 확산으로 계몽사상이 피지배층에게 널리 퍼졌고, 특히 정치성 포르노그래피(le pornographe politique)의 성격을 띤 팸플릿과 소설이 널리 민중들에게 읽힘으로써 봉건 체제의 모순에 관한 자각과 지배층에

---

47   『연산군일기』 권39, 연산 6년(1500) 12월 29일 기유 1번째 기사.
48   박재민, 앞의 글 「허균 작 『홍길동전』의 복원에 대한 시론」, pp. 303~304.

대한 부정적인 인식이 확산한 결과였다고 평가한다. 이러한 정치성을 띤 도서의 유행은 독서가 민중들의 정치적인 심성을 형성해준 가장 결정적인 요인으로 작용했던 사례를 보여주고 있다.[49] 이런 점에서 홍길동의 이야기가 많은 피지배층에게 폭발적인 인기를 얻고 그 독서 열풍이 이들 피지배층의 정신세계를 지배해 시대의 비판과 미래의 이상향을 갖게 한 것은 당시 이 이야기를 공유한 계층들의 역사적 심성으로 해석할 수 있다. 19세기에 발생한 여러 군도의 민란은 의적 홍길동의 사상과 활빈당이 결합한 것으로 본격적인 피지배층 저항의 시대를 열었다. 고려시대 노비 출신 만적의 난을 시작으로 삼별초의 난, 항몽전(抗蒙戰), 그리고 조선시대 임꺽정의 난, 임진왜란 때 전라도 의병, 숙종 때 미륵신앙, 홍경래의 난, 임술민란(壬戌民亂), 제주민란, 이필제의 난 등 전국 각지에서 끊임없이 민중들이 탐관오리와 사대부 양반들의 수탈과 탄압, 그리고 신분제의 폐단을 견디지 못하고 들고일어났다.

---

49 프랑스 대혁명기 왕과 지배층 그리고 피지배층에 대한 새로운 인식에 가장 큰 영향을 미친 원천은 소설이었다. 특히 18세기 프랑스 작가들은 소설 형태로 정치적 담론에서 으레 억압되기 마련이었던 사회적 실존의 면모를 탐색할 수 있었으며, 이 과정에서 사회적 유동성과 개인의 자아 변화에 관한 꿈, 지배층과 피지배층 사이의 치명적인 충돌 등은 소설의 필연적인 모티프였다. 이렇게 사회적·정치적 변화와 지배층과 피지배층 사이의 갈등과 충돌을 가정의 모델로 한 소설이 널리 민중들에게 읽힘으로써 혁명의 발발을 유도했다. 하층민 중심의 '아래로부터의 역사'를 구현하기 위해 프로이트의 정신분석학적 방법론을 적용해 가족을 모델로 한 프랑스 대혁명의 새로운 분석으로서 린 헌트, 조한욱 옮김, 『프랑스 혁명의 가족 로망스』, 새물결, 1999 참조. 원제는 Lynn Hunt, *The family Romance of the French Revolution*(Berkeley: University of California Press, 1992).

2

농민들의 분노: 양반들을 죽여라

임술민란이 일어났던 철종 13년(1862)을 배경으로 한 영화 「군도」를 살펴보자. 철종 13년 사대부 양반들과 탐관오리 등 지배층의 가혹한 착취가 극심해지자 힘없는 백성은 땅을 잃고 떠돌거나 노비가 되었으며, 더러는 산으로 들어가 도적이 되었다. 이들 피지배층 백성들을 위해 나선 자들이 바로 세상을 등진 홍길동의 후예라고 자처한 지리산 추설, 도적떼였다. '뭉치면 백성, 흩어지면 도적', 누가 백성이고 누가 도적일까? 다음은 영화에 나온 대사들이다.

"우리는 모두 이 땅의 하늘 아래 한 형제요, 한 자매이다. 그러나 세상은 어느덧 힘 있는 자가 약한 자를 핍박하고 가진 자가 갖지 못한 자를 착취하니 우리는 이러한 세상을 바로잡으려 한다."
"백성을 다스리는 자들은 오직 거두어들이는 데만 급급하고 백성을 부양할 바를 알지 못하니 슬프지 아니할까."
"윗전부터 아랫것들까지 도적질 안 한 놈이 없어라. 안 하는 놈이 병신이랑께."
"본디 있는 양반들이 더한 법이고, 나랏일 허는 놈들은 그것보다 더 징한 거 몰라?"

이런 생각을 가진 피지배층 백성들이 무리를 지어 도적이 되었으니, 그들이 뭉친 것은 단지 생존하기 위해서가 아니라 사대부 양반들에게 무력으로 저항하기 위해서였다. 군도는 임꺽정 무리로부터 시작해 장길산, 홍길동으로 이어진다. 그리고 홍길동의 활빈당은 지리산 추설이라는 이야기로 이어진다. 활빈당은 1900년 충청남도 일대에서 시작해 남한 각지에서 반봉건주의와 반제국주의의 기치를 들고 봉기했던 무장 피지배층 집단이다. 이들 무리는 충청북도에 이어 경기도, 강원도, 영호남 이역에까지 퍼져 1904년까지 치열한 투쟁을 전개했다. 활빈당은 빈부 격차 타파와 국가의 혁신을 외치며 이상적인 사회주의 사상을 실현하려 했다. 특히 이들은 가축을 죽여 사람 목숨을 구하는 것(活人)은 어진 일이며, 비록 남의 재물을 빼앗기는 해도 사람들의 가난을 구했으니(活貧) 의로운 일이라고 주장해 피지배층 백성들에게 큰 호응을 받았다. 이들은 적게는 수십 명에서 많게는 700~800명에 이르는 집단을 이루어 탐관오리나 사대부 양반들의 재물을 빼앗아 가난한 백성들에게 나누어 주는 등 전국 각지를 돌아다니며 의적 활동을 펼쳤다. 특히 활빈당에는 동학 혁명군과 화적 출신들이 많이 가담해 있었다. 이들은 주로 악질적인 관리가 있는 관아를 습격해 부패한 지방 수령을 처형하는 등 단순한 도적과 약탈 행위가 아닌 민란의 성격을 띠었다. 이런 식으로 이들 세력이 전국적으로 확산해나가자 조정은 큰 민란이 발생할 것을 우려해 각지의 지방군을 동원해 진압에 나섰다. 이후 이들 군도는 1904

년 한일의정서(韓日議定書)가 체결되자 의병에 흡수되어 반일 무장
투쟁을 벌였다.[50] 이처럼 활빈당 투쟁은 조선 말기부터 구한말까지
전국 각지에서 일어난 무장 농민의 집단적 저항운동이었다.

활빈당은 화적, 동비(東匪), 서학(西學), 영학(英學), 남학(南學) 등
을 총괄한 명칭이다. 이들은 단순한 비도(匪徒)나 도적이 아니라 신
분 질서 타파, 빈부 격차 해소, 사대부 양반 세도가 타파 등 사회적
이념을 내세운 백성들의 투쟁이었다. 활빈당은 조선 세종 시기에 시
작된 의적으로 점차 전국 각지에서 활동하기 시작했다. 이 활빈당의
두목은 맹감역(孟監役) 또는 마중군(馬中軍)이라고 했다. 이들은 부
자와 관아의 재물을 약탈해 가난한 백성들에게 나누어 주었다. 이러
한 활빈당은 허균의 소설에만 등장하는 것이 아니라 1900년대 초까

---

50 활빈당은 동학혁명의 사상을 그대로 이어받은 것이다. 이들의 선언서와 강령 '대한
사민논설(大韓士民論說)' 13조목은 다음과 같다. 요순 공맹의 효제안민(孝悌安
民)의 대법을 행할 것을 간언할 것(제1조), 어지럽지도 사치하지도 않은 선왕의 의
제(衣制)를 사용할 것(제2조), 개화법을 행할 때는 흥국안민의 법이라 양언하면서
도 이에 맞지 않는 뜻밖의 황후의 변을 보고, 후에는 충신이 죽고 의사(義士)가 죽
고 백성이 죽는 흉변이 계속 일어나니 정법(正法) 시행을 간언할 것(제3조), 백성이
바라는 문권(文卷)을 폐하게 받들어 올려 일국의 흥인(興仁)을 꾀할 것(제4조), 시
급히 방곡령을 실시하고 구민법을 채용할 깃(제5조), 시장에 외국 상인의 출입을 엄
금할 것(제6조), 행상인에게는 징세하는 폐단을 금할 것(제7조), 금광의 채굴을 금지
하고 인민의 방책을 꾀할 것(제8조), 사전을 혁파하고 균전으로 하는 구민법을 채택
할 것(제9조), 곡가의 앙등을 막기 위해 곡가를 저렴하게 안정시킬 법을 세울 것(제
10조), 만민의 바람을 받아들여 악형의 여러 법을 혁파할 것(제11조), 도우(屠牛)를
엄금해 농사를 못 짓게 하는 폐해를 제거할 것(제12조), 다른 나라에 철도 부설권
을 허용하지 말 것(제13조). 박찬승, 「활빈당의 활동과 그 성격」, 『한국학보』 제10권
제2호, 일지사, 1984, pp. 107~154; 강재언, 『한국 근대사 연구』, 한울, 1983의 제4
장 「동학의 사상적 성격」과 제5장 「활빈당 투쟁과 그 사상」 참조. 물론 홍길동의 후
예라고 자칭한 추설은 전해오는 이야기이며, 실제로 존재한 도적 무리인지는 잘 모
른다. 단지 김구 선생의 『백범일지』에 들은 이야기로 언급된 것이다.

지만 해도 실제 존재했던 의적으로, 심지어 동학군 중 일부가 이 의적에 참여하기도 했다. 이렇게 피지배층이 지배층에 저항한 근본 원인은 무엇일까?

지배층 사대부 양반들에 대한 피지배층의 적개심은 조선 초기부터 있었다. 세종 때 백성들의 도적 무리인 명화적(明火賊)의 강도와 살인 사건이 역대 왕 즉위기보다 가장 많이 발생한 것으로 나타나고 있다.[51] 지배층 사대부 양반들을 비난하거나 지배 체제를 공격하는 벽보가 등장해 사대부 양반들에게 공포심을 안겨주었는데, 이런 소극적인 피지배층의 저항은 종종 살인, 강도 등 폭력 행위로 표출되기도 했다. 숙종 37년(1711) 4월, 괴문서가 연은문에 나돌자 조정은 범인을 찾아내기 위해 온갖 노력을 다했으나 끝내 찾지 못했다.[52] 당시 실록을 기록한 사관은 이렇게 전하고 있다.

흉서(凶書)를 대내(大內)로 들여보내라는 명을 내렸는데, 이는 대중의 마음을 진정케 하여 안심시키는 도리를 자못 상실한 것이니 매우 근심해 개탄할 만한 일이다.[53]

---

51 명화적은 이미 세종 때부터 존재했다. 『세종실록』에는 명화적 사건이 34번이나 나온다. 『성종실록』에는 11번, 『중종실록』에는 6번, 『선조실록』에는 11번, 『광해군일기』에는 25번으로, 도적질과 살인 사건이 빈번하게 발생하고 있다. 『현종실록』에는 25번, 『숙종실록』에는 14번, 『영조실록』에는 14번, 『정조실록』에는 4번으로 줄었다가 『고종실록』에는 16번이 기록되어 있다. 조선의 성군이라 불리는 세종과 영조 대에 도적들이 활개를 친 것은 특이한 사항이다.

52 궐문에 괘서한 흉인(凶人)을 오래도록 잡지 못하자 임금은 두 포도대장을 파직하고, 종사관(從事官)을 잡아다 심문하도록 명했다. 『숙종실록』 권56, 숙종 41년(1715) 11월 11일 계묘 4번째 기사.

53 『숙종실록』 권56, 숙종 41년(1715) 11월 1일 계사 4번째 기사.

숙종 때 정체를 알 수 없는 무리가 남대문과 사간원과 사헌부의 집에 "우리가 모두 죽지 않는 한 끝내는 너희 배에 반드시 칼을 꽂으리라"라는 협박 벽보를 붙여 조정을 경악하게 했다. 숙종 시기 이러한 비밀 단체 무리가 사대부 양반들을 공격하는 강도와 살해 사건이 종종 발생했다.[54]

더욱이 이들은 검계(劍契)를 만들어 서로 진법을 연습하며 군사훈련을 해 주민들에게 두려움을 불러일으켰다. 그리하여 조정에서는 이들을 제때 관리하지 않으면 그 폐해가 외구(外寇)보다 심할 것이라는 위기감이 돌았고, 포청(捕廳)을 시켜 이들을 잡아서 멀리 유배 보내거나 목을 잘라 많은 사람이 볼 수 있도록 나무에 매달자는 의견이 제시되기도 했다.[55] 이들의 행동이 얼마나 잔혹했는지, 포청에 갇힌 검계 10여 인 가운데 가장 패악한 자는 칼로 살을 깎고 가슴을 베기까지 하는 흉악한 짓을 마다하지 않았다. 이에 따라 좌의정 민정중은 "이들을 느슨히 다스려서 그 무리가 번성하게 되면 크게 걱정이 될 것이니, 우두머리는 중법(重法)으로 처결하고, 그를 추종해 따라다니는 무리는 차등을 두어 다스려서 관련된 자가 옥에서 지체되는 일이 없게 하는 것이 좋겠다"라고 임금에게 세의하기도 했다.[56] 검계는 칼을 차고 다니는 무리로서 본래 장례 비용을 마련하기 위해 만든 향도계(香徒契)에서 시작되었다. 그리고 비슷한 시

54   고성훈, 「차별 없는 사회를 꿈꾸었던 비밀 결사: 검계와 살주계」, 앞의 책 『민란의 시대』, p. 81에서 인용.
55   『숙종실록』 권15, 숙종 10년(1684) 2월 12일 무신 1번째 기사.
56   『숙종실록』 권15, 숙종 10년(1684) 2월 18일 갑인 1번째 기사.

기에 노비가 주인을 죽이려고 맺은 조직인 살주계(殺主契)도 나타났다. 이들 단체는 반사회 활동을 펼쳤는데, 주로 피지배층 백성을 선동하고 지배층 사대부 양반들과 관리들을 대상으로 약탈과 방화, 살해를 일삼아 이들에게 공포심을 안겨주었다.

포도청의 조사 목록에는 검계가 주로 하는 일은 사대부 양반 살육, 부녀자 겁탈, 재물 약탈 등이라고 적혀 있었다. 사대부 양반 살육을 특기한 것을 보면 당시 최하층 신분이었던 노비들이 신분제에 불만을 품고 검계라는 비밀 조직을 만들어 주인 양반의 횡포에 저항하려 했던 것으로 보인다. 이들은 사대부 양반들을 대상으로 한 살인, 폭행, 겁탈, 약탈 등 행동 강령을 만들고 자기 몸에 칼자국을 새겨 자신들의 징표로 삼기도 했다. 사대부 양반들을 향한 적개심으로 살해와 폭행을 마다하지 않은 검계라는 단체는 곧 노비나 천민들의 반사회적·반체제적 성격을 띤 단체라는 점을 보여준다. 노비세가 성립된 이후 여러 방식으로 노비들과 천민들의 저항은 지속되었다. 주인에게 가장 소극적인 저항의 방식은 게으름을 피우는 것이었다.

덕노, 눌은비, 강비 등을 시켜 모를 옮겨 심은 논의 벼를 베어 펴서 말리도록 했는데, 끝내지 못했다. 눌은비가 게으름을 피우고 힘을 다하지 않았기 때문에 때려 경계하였다. (……) 요새 사내종들이 병을 핑계로 추수하는 일에 힘쓰지 않아서 수확을 할 때마다 사람을 사서 값을 주고 일을 맡기다 보니 위아래로 드는 비용이 더욱 많았다.[57]

57　오희문, 앞의 책 『쇄미록』, p. 221.

이처럼 조선시대 중기 이후에 발생하는 다양한 피지배층의 저항은 과감하고 지속적이었다. 특히 도망을 가거나 게으름을 피우는 데 그치지 않고 심지어 주인을 살해하기도 했던 노비들의 저항은 갈수록 거세지고 때때로 폭력이 수반되었다. 이들은 점차 계급의식에 눈을 떠가고 있었다. 조선은 농업을 중시해(農者天下之大本) 자급자족 농업경제에 머물다 보니 노비는 지주인 사대부 양반들의 생계에 꼭 필요한 노동력이었다. 자급자족 농업경제 기반에서 벗어나지 못한 조선에서 지주인 사대부 양반들은 노비제를 더욱 오래 유지하려 했다. 따라서 사대부 양반들은 자신의 경제적 이익이 맞물려 있는 농사를 위해 노비 해방은 물론이고 농민을 소작농 상태에서 풀어줄 이유가 없었다. 이런 이유로 실학자들조차 노비제 해체보다 개선 방향을 제시한 것이다.[58] 노비들은 개별적인 저항 방식으로 '도망'을

---

58 실학자들은 관직도 없는 사대부 양반층이 노비를 부려 놀고먹는 구조적 악습을 지적하고 노비법이야말로 인습 중의 인습이라고 비난했다. 실학자들은 노비의 세전법(世傳法)과 매매를 반대하는 등 노비에게 동정적인 태도를 보였다. 또 노비 소유의 상한을 정하고 종모법을 시행할 것을 강조했다. 하지만 유형원도 노비제도 자체의 폐지를 주장하는 데까지는 이르지 못했다. 김태영, 「조선 후기 실학에서의 현실과 이상」, 이기백, 『한국 사상사 방법론』, 소화, 1997, pp. 245~334. 유형원도 『반계수록』에서 노비제도 개혁 문제와 관련해 "노비에는 종모법을 획일적으로 적용하자"라는 지극히 평범한, 또 보기에 따라서는 극히 '인색'하다고도 할 수 있는 의견을 제시했을 뿐이다. 그러면 과연 유형원은 철저한 노비제도의 옹호자인가? 그렇지 않다. 유형원이 이상의 조목만을 내세운 것은 첫째로 자기들의 형편에 좋을 대로 어떤 때는 '종모(從母)'로 어떤 때는 '종부(從父)'로 함으로써 노비제도를 영원히 고착시키려는 악착스럽고도 가증스러운 당시 사대부 양반 사회의 노비법을 극도로 증오했기 때문이다. 유형원 자신이 상기 조목에 주를 달아서, 만일 종모법을 획일적으로 적용한다면 노비라는 지옥의 고통을 받는 사람들의 수는 그래도 좀 줄어들 것이요, 노비제도는 좀 더 완화될 것이라고 했다. 그는 다시 한 걸음 나아가 근본 문제는 종부, 종모에 있는 것이 아니라, 노비 세습제도 자체와 죄악에 있다고 단언했다. 그뿐만 아니라 유형원이 생각하는 노비는 당시 일반적으로 우마(牛馬)와 같은 대우를

가장 많이 택했으며, 이는 조선 후기 노비제 해체를 촉진하는 요인이 되었다.[59] 그러나 가장 적극적인 노비, 천민, 소작농들의 저항은 역시 폭력이었다.

명종 11년(1556) 4월 실록 기사에 따르면, 원주에 사는 충순위(忠順衛) 원영사(元永思)는 이전부터 여종 충개(蟲介)를 첩으로 삼아 여러 해 동안 동거해왔는데, 후처를 얻게 되자 충개가 사노 복수(福守)에게 개가했다. 원영사는 충개가 다른 남자의 처가 된 것을 질투해 신공을 과다하게 징수했다. 노비 복수는 이에 앙심을 품고 거짓으로 주인집에서 일하겠다고 청해 은밀히 살해할 계획을 세우고 그해 2월 초 복수가 충개로 하여금 품을 파는(雇役) 여인을 원영사의 집으로 들여보내게 했다. 이윽고 원영사가 술에 취한 틈을 타 복수는 무리를 이끌고 돌입했다. 이들 무리는 원영사와 그의 처자 등 5명을 잔혹하게 살해했는데, 심지어 사지를 자르기까지 했다. 원영사의 처는 임신한 상태에서 피살되어 그 아이가 밖으로 드러났다. 원주의 관리가 곧바로 흉당(凶黨)을 체포하지 못하자 이 소문은 곧 사람들에게 전파되었고, 관찰사가 이들을 체포한 뒤에야 옥에 가둘 수 있었다. 그러고서도 원주 관리는 이들을 심문하지 않고 보통의 옥사(獄事)로

받고 혹사당하던 노비가 아니라 그 비참한 신분이 세습제도에 얽매이지도 않으며 그의 노동에 대해 정당한 보수를 받을 수 있는 그러한 '노비'였던 것이다. 유형원, 앞의 책 『반계수록 해제』.

59 정석종, 『조선 후기 사회 변동 연구』, 일조각, 1983, pp. 185~194 참조. 같은 책 pp. 12~21에는 17~18세기 노비계층을 위시한 상공인 세력, 서류, 승려 세력 등이 상호 연계해 지배층에 조직적으로 저항하는 것에 대해 거시적인 관점의 견해를 제시한다.

취급했는가 하면, 이들 무리와 가깝게 지내는 자들을 옥중에 출입하게 했다.[60]

선조 5년(1572) 10월 12일, 강도를 불러다 주인을 죽인 이천에 사는 노비 학련(鶴連)과 어금(於今) 및 계집종 학비(鶴非) 등을 능지처참하고 공모를 한 수부(水夫) 중보적(重甫赤) 등은 즉시 목을 베었다. 또 선조 9년(1576) 4월 19일, 청주 죄수 노비 금손(今孫) 등이 상전 박형(朴亨)과 그의 아들 박사휴(朴士休), 사휴의 첩 유비(有非) 등 3인을 살해한 일이 발생했다. 선조 22년(1589) 12월 14일, 호남에서 하인이 상전을 살해해 그 정상이 이미 드러났는데도 감사(監司) 유영립(柳永立), 추관(推官) 김우굉(金宇宏) 등이 뇌물을 받고 석방해주었던 사건이 발생하기도 했고, 선조 34년(1601) 9월 30일, 경성 사람 이원구(李元龜)가 신공을 받으러 서산에 있는 종의 집에 갔는데, 그의 종 수이(水伊)와 아들 은희(銀希), 마을 사람 운학(雲鶴), 인회(仁會), 봉환(奉還), 김가영(金可永), 김인국(金仁國) 등이 공모해 원구와 그가 데리고 간 두 종을 살해했다. 수이, 운학, 인회, 봉환 등은 체포되고 은희, 김가영, 김인국 등은 도피했으나 의금부 도사를 보내 결국 모두 잡아 왔다.

또 선조 24년(1591) 4월 1일, 선조는 역적의 흉모를 듣고 따라 참여한 사노 석을시(石乙屎)를 처형하라고 의금부에 명을 내려보냈다. 선조 36년(1603) 6월 5일, 사노 석을시가 그의 상전 판서 윤자신(尹自新)을 죽이려 하자 위관 윤승훈(尹承勳)에게 명해 국문하도록 했

60　『명종실록』 권20, 명종 11년(1556) 4월 10일 무술 3번째 기사.

다. 인조 3년(1625) 7월 14일, 용천의 죄수 종 영립(永立) 등은 주인 홍안세(洪安世)가 신공을 받고 내려가자 그가 데리고 간 사람 6명까지 한방에 넣어두고 불을 질러 태워 죽였다. 홍안세의 아내 윤씨(尹氏)가 본부(本府)에 소장을 올리자 본부에서 급한 명령을 전하는 사람(懸鈴)을 보내 체포하게 했으나, 범죄를 주도한 자들은 다 도망했거나 외지에 나가서 돌아오지 않았다. 인조 26년(1648) 10월 19일, 영남 사람 이황(李潢)이 죄 때문에 전가(全家)가 의주로 옮겨졌는데, 부윤에게 말미를 얻어 영남에 가 부모를 뵈었다. 그런 다음 이어 전라도 나주로 갔는데, 그의 노비가 무리를 모아 사살한 후 칼로 난자하고 도망갔다.

이상과 같이 실록에 기록된 노비가 주인을 살해한 사건 43건이 거의 전국에 걸쳐 발생했다. 그러나 살해당한 상전의 신분이나 성명이 기록되지 않은 경우가 너무나 많다. 그 이유는 사대부 양반들의 체면 때문으로 보이며, 실제로 이보다 더 많은 사대부 양반들이 노비에 의해 살해당한 것으로 추정된다. 노비가 주인을 살해한 사유나 내용이 상세히 기록되지 않은 사건도 많은데, 비인간적인 학대나 처우, 가혹한 수탈 등이 가장 큰 갈등의 원인이었다. 노비가 주인을 살해한 것은 사실상 신분 체제에서 가장 극단적인 행위였다. 그만큼 노비들은 주인 사대부 양반들에게 극심한 증오심과 분개, 그리고 참을 수 없는 반항심을 가지고 있었을 것이다. 노비가 상전 사대부 양반들을 살해한 사유를 분석해보면 이들이 노비를 성적 노리개로 삼아 성폭행을 일삼은 경우가 많았다. 관비도 마찬가지여서 심지어 서리계층들도 관비를 성적 희생물로 삼았다.[61] 또한 노비가 주인에게 바치는 과다한 노역도 일반적으로 행해지고 있었다.

노비는 조선 중기 전체 인구의 40퍼센트 내외를 차지할 정도로 노동력 면에서 그 중요성은 새삼 강조할 필요가 없다.[62] 당시 사대부 양반들은 농사나 노동이 금지되어 있었기 때문에 노비의 노동력은 경제적인 면에서 이들 지배층에 절대적이었다. 그 때문에 사대부 양반계급이 과다한 노동력을 제공하는 신공을 노비에게 부담시키면서 노비의 불만은 날로 가중될 수밖에 없었다. 주인을 살해한 노비는 극형을 면치 못한다. 그런데도 사대부 양반을 살해했다는 것은 그만큼 노비들이 주인의 과다한 수탈과 비인간적인 처우에 시달렸다는 증거다. 이들은 신분제의 폐단과 사대부 양반들의 핍박으로 적개심과 증오심을 키워가고 있었다. 또 노비로 태어나면 자신뿐 아니라 대대손손 가축과 다를 바 없는 천한 신분으로 혹사당하며 살아가야 한다는 절망적인 운명을 바꿀 희망이 없다는 판단에 극단적인 선택을 하기도 했다. 노비 신세를 면하려면 아예 도망을 가서 떠돌이로 사는 것이 가장 쉬웠다.[63] 그렇지 않으면 분노를 참지 못해 급

---

61 사헌부는 "최경창(崔慶昌)은 식견이 있는 문관(文官)으로서 몸가짐을 삼가지 않아 북방의 관비(官婢)를 몹시 사랑한 나머지 불시에 데리고 와서 버젓이 데리고 사니 이는 너무도 기탄없는 것"이라며 그의 파직을 요청했다. 『선조실록』 권10, 선조 9년(1576) 5월 2일 갑오 2번째 기사.

62 이들 노비의 존재와 동향에 관한 깊은 연구는 그 시대를 이해하는 데 필수 불가결한 요소다. 김용만, 「조선 중기 사노비 연구」, 영남대 박사학위 논문, 1990, pp. 54~63. 노비 신공이 너무 과중해 이를 개선해야 한다는 지적은 『현종개수실록』 권4, 현종 1년(1660) 10월 17일 기해 4번째 기사에 실려 있다.

63 우상 홍중보(洪重普)가 아뢰기를, "서북(西北)의 내노비들이 모두 산골로 들어가 유민이 되어 스스로 한량(閑良)이라고 칭하는데, 사실은 공천(公賤)입니다"라고 했다. 『현종개수실록』 권22, 현종 11년(1670) 5월 13일 무진 3번째 기사.

기야 주인을 살해하는 일이 다반사였다. 주인을 죽인 노비의 처형 방식도 극형, 능지처참, 참부대시(斬不待時),[64] 신체 전체에 형벌을 가하는 전형, 교수형, 스스로 죽는 형(伏誅) 등 다양했다. 또한 당사자를 처벌하는 데 그치지 않고 사건이 발생한 지역의 수령을 파면하고 읍격(邑格)을 강등하기도 했다. 이러한 처벌 때문에 지방 수령은 노비가 사대부 양반을 상대로 저지른 사건을 의도적으로 축소하거나 은폐했으며, 뇌물을 받고 죄수를 석방하거나 보고를 하지 않는 경우도 많았다.

광해군 때 사노로서 궁내(宮內)에 몸을 맡기고 사는 자가 그 수를 헤아릴 수 없이 많았다. 그뿐 아니라 그 위세를 믿고 자기 주인을 모함해 해치기까지 하는 자가 비일비재했다. 시골 사람들은 꼼짝 못하고 탈취당하면서 오직 화를 면하는 것만을 다행으로 여겼다. 온 나라에 이들 노비와 천민들, 그리고 많은 소작농들의 분노가 쌓여간 지 이미 오래되었다. 특히 가난한 농민들이 자진해서 노비가 된 경우가 많았는데, 이를 두고 사대부 양반들은 이들을 사들여 목숨을 살려주었다며 이를 구활노비(口活奴婢)라고 했다. 먹고살기 힘든 양민 농민들은 부자 사대부 양반집 노비가 되면 먹고사는 것을 주인이 책임져주기 때문이다.[65] 조선 전기에는 압량위천이라 하여 이를 금지

했으나, 흉년이 심했던 조선 후기에는 자매 행위를 허용하기도 했다. 몸을 판 당사자 처지에서는 비록 사대부 양반의 노비가 되었으나 목숨을 이어갈 수 있었다. 그러므로 피지배층 노비나 양민은 신분이 아닌 현실적인 상황에서 보면 그다지 큰 차이가 없는 존재였다.

그러자 사대부 양반들은 주인을 배반한 종을 법으로 다스려 무너진 기강을 바로잡아야 한다고 목소리를 높였다. 이때 오군영 책임자 대장 이귀가 "내노비는 주인을 배반하고 투탁한 자들이라서 그 주인이 이들을 잡아 반드시 죽일 것"이라며 "이들 노비를 속오군으로 만들 것"을 주청하자 인조는 "주인을 배반한 종을 그 주인이 죽인들 무슨 상관이겠는가"라고 이귀를 나무랐다. 결국, 도망 나온 노비를 용서해 병졸로 만들자고 주장한 이귀는 "너무도 생각이 없는 짓"이라고 비난을 받았다.[66]

이처럼 조선시대 노비들의 문제는 단순히 인간적인 관점에서 벗어난 경제적 문제였으며, 신분제도와 맞물려 가장 해결하기 어려운 일이었다. 이와 반대로 주인이 노비를 살해한 사건은 어땠을까? 보통 주인이 노비를 자기 마음대로 죽이는(擅殺) 사례가 비일비재했다. 노비가 주인을 살해하는 것보다 주인이 노비를 처참하게 죽이는 일이 더 많았다. 영조 9년(1733) 영조와 승지 홍호인(洪好人)의 대화

수 없이 내가 낳은 10세의 첫째 딸 건리진과 7세의 둘째 딸 건리덕 두 식구의 몸을 동전 17냥의 값을 받고 용산서원에 영원토록 팔아버린다. 나중에라도 만일 이 일을 두고 딴소리를 하거든 이 문서를 가지고 관청에 가서 확인을 받을 일이다. 파는 사람은 아버지 선암외(先岩外), 증인은 서원의 창고 관리자 용봉, 문서를 쓴 사람은 서원의 실무자 김만구(金萬九)."

66 『인조실록』 권1, 인조 1년(1623) 3월 20일 경술 6번째 기사.

는 이러한 일들을 잘 보여준다.

> 임금이 "무릇 노비에게 죄가 있어 관(官)에 고하지 않고 구살(毆殺)하
> 면 저절로 그에 해당되는 형률이 있으나, 잘못된 습관이 고쳐지지 않고
> 있다"라고 하자 승지 홍호인이 말하기를, "세도(世道)가 허물어져 가끔
> 저주하고 흉물(凶物)을 묻는 변고가 있으므로, 혹 관에 고하지 않고 함
> 부로 죽이는 자가 있기도 합니다"라고 말했다.[67]

이 기록은 노비가 주인으로부터 구타당하거나 살해당하는 일이
많았음을 보여준다. 그러나 상전이 노비를 구타하는 것은 불법이 아
니어서 처벌의 대상이 아니었고, 그래서 사료에도 기록되지 않았다.
대개 주인이 노비를 살해한 사건은 사대부 양반들이 그 지역의 토
호이고 권력가이며 상당한 부를 축적해 지방 수령과 친밀한 관계를
맺고 있었기 때문에 은폐되기 마련이었다. 영조 대에 노비가 주인을
살해한 극단적인 갈등 상황의 원인은 사대부 양반들이 이른바 추노
(推奴)의 비리를 저지르는 일이 많았던 탓이었다. 추노를 금한 것은
재해를 받은 해에 백성들의 생업을 안정시키려는 뜻이었다. 그러나
이로 인해 노비에 관한 법이 점점 무너지면서 노비가 주인을 죽이
는 사건이 자주 발생했다.

예컨대 조가(朝哥)라는 자가 비변사에 고소하기를, "저희 집안 아
버지, 아들, 손자 3대가 일시에 노비에 속하는 도적들에게 살해되었

---

67 『영조실록』 권36, 영조 9년(1733) 12월 8일 을묘 1번째 기사.

는데, 바야흐로 적도들이 충주 진영에 잡혀서 거의 모두 자복했으나 아직 법으로 결정되지 않아 복수하지 못하고 있다"라며 "관찰사가 이 일을 조사했으나 한두 사람이 승복하지 않았다는 이유로 법으로 결정하지 못하고 있다"라고 하소연하기도 했다.[68] 이처럼 주인이 노비를 죽이는 행위와 노비가 주인을 살해하는 일이 빈번하게 발생하고 있었다. 이런 현상은 주인 사대부 양반들과 노비가 서로 천대하고 증오하는 갈등의 관계에서 살아갔다는 점을 보여준다. 그러나 이와 같은 인식은 국가와 사대부 양반 지배층의 관점에서 본 것이며, 근본적으로 이런 사건과 갈등은 노비제의 상하 귀천의 구조적 모순에서 비롯된 것이다.

다음으로 천민들이 사족, 즉 사대부 양반들을 구타한 사례를 살펴보자. 상전을 죽인 사건과 마찬가지로 강력한 노비들의 저항을 보여주는 내수사 노비의 상전 구타가 사료에 자주 나타나지만, 이에 대한 자세한 기록은 매우 드물다. 그 이유는 사가(私家)의 경우 자기 또는 타인의 노비에게 구타당하더라도 정식으로 관청에 고소하기 전에는 정사에 기록되지 않았을 것이며, 개인적으로 노비에게 구타당한 사실은 가문의 수치이므로 기록으로 남기지 않았기 때문이다.

명종 11년(1556) 충순위 안응두(安應斗)가 사헌부에 소장을 제출한 내용을 살펴보면, 그와 동생 응성(應星), 응규(應奎), 응삼(應參) 등 네 형제가 궁전 내수사 소속 노비 업동(業同)에게 구타당했는데, 형조에서는 즉시 판결해주지 않고 도리어 애매한 죄를 씌워 동생

---

68 『영조실록』 권47, 영조 14년(1738) 12월 25일 계묘 1번째 기사.

응성을 가두었다고 하소연하고 있다. 이에 사헌부가 그 내용을 조사해보니, 노비와 응성 등 4형제 모두에게 상처가 있었고, 노비 업동의 귀가 찢어졌다고는 하나 응삼과 응성에게 상처가 더 많았다. 그리고 양민이면서 천한 일에 종사하는 사간인(事干人)도 양반 3~4인이 피지배층 상민과 싸웠는데 이 상민들 10여 명이 상전 양반을 결박했다고 말했다는 것이다. 이를 보면 노비들이 자기들의 수가 많은 것을 믿고 지배층 양반을 능멸해 집단 구타한 것으로 보인다. 그런데도 형조 관리가 이를 제대로 살피지 않은 채 한 달이 넘도록 판결하지 않았다. 그러나 노비 업동의 어미가 꾸며대어 자기 아들이 구타당했다고 하소연하니 관청에서는 이를 사실로 받아들여 양반만을 추궁했고, 형조가 사건의 진상을 가려 판결하지 못하게 했다.[69] 사대부 양반들은 자기 여종들을 첩으로 삼을 수도 있었으나. 노비가 상전 사대부 양반 가문 여성이나 주인집 딸과 결혼하는 것은 삼강오륜을 어기는 것으로 여겨 극형에 처했다. 노비들은 종종 지배층 사대부 양반에 대한 저항의 방법으로 주인마님을 강간하거나 겁탈하기도 하는 등 다양한 방식으로 적개심을 표현했다.

이후 영조 시대에 이르러 노비에 대한 인식이 많이 바뀌어 노비도 억울한 일을 당하면 주인을 고발할 수 있었다. 노비도 사회경제적 변화에 따라 그만큼 의식이 향상되어 주인에게 무조건 복종하는 것이 아니라 자신의 불이익을 과감하게 고발했다. 또 노비들은 각종 반란이나 정변에도 적극적으로 가담해 시대의 변화를 시도하려고도

---

69   『명종실록』 권20, 명종 11년(1556) 4월 4일 임진 2번째 기사.

했다.[70] 공사노비들의 이와 같은 활동은 개별 노비의 상전 살해에 못지않은 강력한 저항으로, 피지배층 백성들이 역사를 주도해가는 또 다른 측면을 보여주고 있다. 즉 이들의 움직임이 정권의 향방을 좌우하는 일도 있었다.

조선의 노비는 게으른 사람의 대명사였다. 어리석고 미련한 자를 조롱할 때도 반드시 '종놈의 재간(奴才)'이라고 했고, 상전 사대부 양반들이 종들을 짓밟기를 마치 개와 돼지, 소와 말처럼 했다.[71]

인간과 가축 관계인 사대부 양반 지배층과 피지배층 백성 사이의

---

70 『추안급국안(推案及鞫案)』은 조선시대 중죄인에 대한 조사서와 판결서를 모은 책으로, 선조 34년(1601)~고종 42년(1905) 사이의 각종 사건과 관련해 하급 관아인 포도청을 거쳐 의금부로 넘어온 중죄인이 임시 임명된 위관(委官)의 추국(推鞫)과 왕의 재가를 거쳐 최후 판결을 받은 사실들을 일정한 형식으로 기록하고 있다. 이 기록에 나타난 공사노비의 가담 건에 대해서는 정석종, 앞의 책 『조선 후기 사회 변동 연구』, pp. 315~319 참조.

71 이와 반대로 주인에게 충성을 바친 노비들의 이야기도 전해오고 있다. 임매(任邁)가 편찬한 『잡기고담(雜記古談)』에 실려 있는 「기노(奇奴)」는 몰락의 위기에 처한 주인집을 구해낸 노비의 기이한 행적을 그린 작품이다. 같은 시기의 『학산한언(鶴山閑言)』에 실린 박언립의 이야기가 윤리적·사회적 규범을 벗어나지 않는 전형적인 충노(忠奴)의 형상을 보여주는 반면, 「기노」는 서사의 얼개는 유사하나 규범에 얽매이지 않고 지인지감(知人之鑑)을 지닌 새로운 인물상을 창출하고 있다. 이러한 인물상이 서사 속에 등장하게 된 배경과 의미를 보면 「기노」 외에도 『잡기고담』 전반에 인물의 기이한 행적에 대한 언급이 있는 것으로 보아, 이는 일차적으로는 임매의 개인적인 관심과 문식(文識)에 바탕을 두고 있음을 알 수 있다. 이때 '기이하다'라는 것은 선악의 이분법적 가치 체계 내로 포섭되지 않는 다양한 인물들에 대한 평가이자 명명법이다. 서사문학 전체에 걸쳐 18세기 무렵 등장하기 시작한 유협전, 점차 다양한 인물의 행위에 관심을 두게 된 인물 기사류에도 비슷한 종류의 인물형이 등장하는 것으로 미루어 「기노」 또한 이러한 흐름에 영향을 받았을 것으로 추정했다. 이렇듯 기이한 인물에 대한 기록은 이야기 속에 허구가 틈입될 가능성을 내포하고 있었던 것으로 보인다. 이승은, 「고전문학 한문학: 『잡기고담』 「기노」 연구: 인물 형상과 "기(奇)"의 의미」, 『우리어문연구』 제53권, 우리어문학회, 2015, pp. 235~263.

갈등에서 빚어진 저항은 점점 조직화되기 시작한다. 그 대표적인 것이 바로 장길산의 난이다. 숙종 10년(1684) 3년 동안의 가뭄으로 시작된 대기근이 전국을 덮치자 아사한 주검들이 길가에 가득 찼고, 역병까지 나돌자 백성들의 고통이 이루 말할 수 없을 정도로 참혹했다.[72]

이런 와중에 사대부 양반들의 권력다툼으로 피비린내 나는 싸움이 계속되자 마침내 부패한 관리와 무도한 양반을 몰아내고 백성들의 나라를 세우겠다는 움직임이 일어나기 시작했다. 바로 검계와 살주계라는 조직이다. 이들은 사대부 양반을 대상으로 약탈과 살육을 일삼으며 세상이 곧 끝날 것이라는 소문을 전국에 퍼뜨렸다. 그리고 숙종 13년(1687) 정묘년 4월, 백성의 나라를 세우려는 의지를 가진 자들이 구월산에 모였다. 이 결사 집단에 노비, 광대, 무속인, 활빈당, 미륵교도들이 속속 참여했다. 백성들 사이에 이씨 왕조가 망한다는 유언비어가 나돌고 미륵이 도래해 용화(龍華)세계가 세워질 것이라는 믿음이 번져나갔다.

황석영이 쓴 『장길산』은 이를 배경으로 한 소설이다. 이 소설에서 검계와 살주계는 하층민들의 무장 저항 세력으로 묘사되어 있다. 노비와 천민 등 당시 조선 사회에서 소외된 민중들이 스스로 칼을 들고 나섰다. 한양 혜화문 밖의 냇가 동쪽에 불상이 조각된 석벽이 있다. 거기에는 돌로 만든 처마가 덮여 있고, 돌로 만든 두 개의 기둥이 세워져 있다. 사람들은 이 석면에 조각된 부처를 '노비 부처'라고

---

72 『숙종실록』 권15, 숙종 10년(1684) 7월 18일 임오 5번째 기사.

부르고, 그 시내를 '불천(佛川)'이라 불렀다. 도성 동쪽에서 나무하는 노비들이 날마다 그 밑에 모여 올려다보며 "우리를 남의 종으로 만든 놈이 이 불상이다. 불상이 무슨 면목으로 우리를 쳐다본단 말인가"라며 낫으로 부처의 눈을 파내니 불상의 두 눈이 모두 움푹 파였다.[73] 노비로 태어난 자신들의 기구한 심정을 돌부처에게 화풀이하는 모습에서 노비들의 증오심이 그대로 전해지고 있다.[74]

노비, 백정 등 하층민으로 구성된 폭력 저항 단체인 검계는 원래 천민들이 장례식 비용을 마련하기 위해 조직한 향도계에서 출발했다. 향도는 본래 불교, 특히 변혁의 세계와 평등 세상을 의미한 미륵 사상과 깊은 관련을 맺고 있는 신앙 결사체다. 신라시대 화랑의 낭도를 용화향도(龍華香徒)라고 부른 것에서 알 수 있듯이 향도는 피지배층 민중들이 바라는 새로운 세상의 열망을 담고 있다. 그러므로 조선시대 향도 계원들을 중심으로 결성한 검계나 살주계는 단순한 폭력 집단이 아니었다.[75]

향도계는 몰락한 양반들과 여러 궁핍한 양민들도 많이 들었는데, 무리를 모을 때 그 사람이 착하고 악한 것을 묻지 않고 다 거두었

---

73 성대중(成大中), 『청성잡기(青城雜記)』, 누리미디어, 2018. 조선 후기 영·정조 시대에 활동한 청성(青城) 성대중이 쓴 잡기(雜記)로, 당대 풍속과 시대 풍경을 담고 있는 일화, 기층민의 삶을 문학으로 형상화한 한문 단편류, 학문 경향에 관한 날카로운 지적 등이 고스란히 담겨 있다. 내용 중 4편만이 『청성집(青城集)』에 수록되고 나머지는 세상에 알려지지 않은 내용이며, 역사적인 자료로서나 내용의 교육적인 면에서 그 가치가 매우 높은 것으로 평가된다.

74 좌우 포도청에서 살주계 7~8명을 체포해 그 계의 책자를 얻었는데, 그 약조(約條)에 "양반을 살육할 것, 부녀자를 겁탈할 것, 재물을 약탈할 것"이라고 적혀 있을 정도였다. 『국조보감(國朝寶鑑)』 '숙종'조.

75 고성훈, 앞의 글 「차별 없는 사회를 꿈꾸었던 비밀 결사: 검계와 살주계」, p. 84.

다. 이들은 형세에 의지해 폐단을 일으키고 상여를 멜 때 소란을 피우면서 다투고 때리는 등 못하는 짓이 없었다. 그러자 조정에서는 먼저 금령(禁令)을 세워 향도계를 모두 폐지하고, 그 도가를 헐어서 폐단의 근원을 끊고, 따로 향약의 법에 따라 도성(都城) 사람이 장례식을 할 때 그 동리에서 각각 스스로 서로 돕도록 했다.[76] 그러나 향약은 알다시피 사대부 양반들이 백성들을 지배하기 위한 기구 역할을 하거나 그들의 유교 이념적인 사회 질서를 유지하기 위해 유교적 윤리관을 피지배층에게 교육하는 것을 목적으로 하는 조직이기 때문에 피지배층 백성들의 활동은 지배층의 감시를 받아야 했다.[77] 백성들이 이에 대응해 만든 비밀 저항 단체가 바로 검계였다.

이렇게 피지배층 백성들의 저항이 더 조직적이고 다양하게 전개되었고,[78] 여기에 대동법 시행에 따른 광범위한 사회 변동, 즉 종모

---

76 『숙종실록』 권15, 숙종 10년(1684) 2월 25일 신유 2번째 기사.

77 조선시대 향촌 제 조직과 규약은 상호 간 약속으로 성립되었지만, 그것은 분명 신분제와 공동체적 관계를 기반으로 한 강제적 또는 신분제적 계약이었다. 따라서 그 권리와 의무 또한 유교적인 가치와 신분 질서의 확립을 전제로 하고 있었다. 조선시대 향촌의 여러 조직과 규약, 곧 '계약'은 전반적으로 신분을 기초로 성립되었다. 이 점에서 향촌 규약은 신분적 또는 강제적인 측면을 가지며, 또한 정치적 통제와 합치됨으로써 사회 조직을 규율하는 거대한 규모의 질서를 보완해주는 구실을 했다. 정진영, 「조선시대 향촌 제 조직과 규약의 '계약'적 성격」, 『고문서연구』 제42권, 한국고문서학회, 2013, pp. 59~81. 향약의 가입 자격이 일부 예외가 있기는 하지만 상층의 양반계층을 중심으로 제한되는 점은 봉건 사회의 벽으로 작용한다고 볼 수 있다. 이러한 한계에도 불구하고 향약 조항을 위반한 경우 위반자에게 일정한 제재를 가하도록 한 것은 향약이 단순한 민간 규약에 그치지 않고 실효적 자치 법규로서 기능했다는 점을 보여준다. 이춘구, 「자치 법규로서의 향약에 대한 법적 연구」, 『법학연구』 제47집, 전북대학교 법학연구소, 2016, pp. 1~35. 이 외에 향약에 대해서는 한상권, 「16, 17세기 향약의 기구와 성격」, 『진단학보』 제85호, 진단학회, 1984, pp. 17~68 참조.

78 하층민들의 여러 저항 형태에 대해서는 한상권, 「18세기 전반 명화적 활동과 정부

법 시행에 따른 노비의 격감, 균역법 시행으로 인한 양역의 감소, 그리고 도망 노비의 급증으로 사대부 양반들의 생계가 막연해졌다. 양민들은 그들대로 역(役)을 피해 갔을 뿐 아니라 사대부 양반에 대한 피지배층의 능멸 행위가 만연해졌다. 그리하여 사대부 양반 지배층은 체제를 유지하기 위해서라도 이러한 피지배층 백성의 저항을 방관할 수만은 없었다. 이에 따라 피지배층을 대상으로 한 교화와 분수를 지키며 살아가도록 가르치는 것이 시급한 과제로 떠올랐다. 이 문제를 단지 향청에만 맡길 수 없게 되자 수령이 직접 나서서 관권을 동원해 기층민의 촌계(村契)를 조직화함으로써 더욱 철저히 피지배 백성을 지배하게 되었다.[79] 이렇게 사대부 양반 지배층은 노비제의 모순을 인식하고 신분제 개선을 모색하기보다는 오히려 여러 방법을 동원해 이 제도를 더욱 강화하려고 했다.

보통 노비들이 조직적으로 사대부 양반들에게 공포심을 심어주는 방식은 협박의 글을 적은 괴문서를 벽에 붙이는 것이었다. 이러한 괘서는 서울뿐 아니라 전국적으로 자주 등장했다. 영조 4년(1728) 12월 전라도 전주에 괴문서가 나붙었고, 같은 달 14일 남원과 도성에도 괴문서가 나붙었다. 조정은 괴문서 사건의 범인을 여러 해 동안 잡으려 했으나 끝내 정범(正犯)을 찾아내지 못했다는 소식을 들

의 대응책」, 『한국문화』 제13집, 규장각한국학연구소, 1992, pp. 487~495 참조.

79 16~17세기 향약, 동계 등 각종 향촌 지배기구를 바탕으로 구축한 사족 지배 체제, 그리고 18~19세기 사회 변동과 지배 구조의 변동에 따른 사족 지배 체제의 해체라는 조선시대 향촌 사회 변동이 진행되었다. 심재우, 「조선시대 향촌 사회 조직 연구의 현황과 과제: 향약, 계에 관한 성과를 중심으로」, 『조선시대사학보』 제90호, 조선시대사학회, 2019, pp. 365~396.

고는 포청으로 하여금 상금을 걸어 잡도록 했다.[80] 이러한 괴문서들이 전국 도처에 나붙어 흉흉한 분위기가 조성되자 조정에서는 문무백관(文武百官)이 게으르고 법강(法綱)이 해이해 검계의 이름이 나오기에 이르러 풍속이 허물어지고 세도가 무너짐이 극도에 달한 것이라고 판단했다. 괴문서로 인해 두려움에 사로잡혀 있던 사대부 양반들의 동향에 대해 실록은 이렇게 기록하고 있다.

이때 도하(都下)에 근거 없는 풍문이 날로 흉흉해 사람들이 모두 짐을 꾸려 들고 서 있어 조석 사이도 보장할 수 없는 듯했고, 남산 아래 일대에는 가족을 이끌고 피해 도망하는 사부(士夫)들이 많아서 나루터에 길이 막혔으니, 인심이 놀라고 두려워함은 끝을 헤아릴 수가 없었다.[81]

한편 사간 이동식(李東埴)은 "일종의 무뢰한 무리들이 사람들을 불러 모아 당을 이루고, 소와 송아지를 팔아서 검을 차고 다니며 하늘을 두렵게 여기지 않고, 돈을 추렴해 개와 돼지를 잡지 않는 날이 없으며, 약탈하는 것을 집안의 수입으로 삼고, 능범(凌犯)하는 것을 장기(長技)로 삼고 있다"라고 우려를 나타냈다. 특히 이들 검계는 심지어 사대부 양반집에 횡행해 재상을 꾸짖어 욕보이고, 깊은 규방(閨房)에 돌입해 부녀자를 때리는 등 분수에 벗어난 행위가 극악하며, 주머니를 털고 상자를 열어 물건을 훔치는 것은 단지 자질구레

---

80 『영조실록』 권15, 영조 4년(1728) 1월 17일 무진 1번째 기사 및 2월 19일 경자 2번째 기사.

81 『영조실록』 권16, 영조 4년(1728) 3월 14일 갑자 2번째 기사.

한 일에 불과하다는 것이다.[82] 이처럼 노비와 천민계층이 사대부 양반을 타도하기 위해 조직한 무장 단체 검계와 살주계는 이들의 가장 적극적인 계급투쟁의 방식이었다.[83] 『장길산』에는 다음과 같이 묘사되고 있다.

포청은 죄 있는 자를 다스리는 곳이니 너희 부모들이야 무슨 상관이 있겠느냐. (……) 최형기의 말은 총각의 이지러지는 신념을 일시에 무너뜨리고 말았다. 그가 살주계에 가담하였던 것은 젊은 신명에 지나지 않았던 것이다. "저희 집은 연화방 호동에 있습니다. 아비가 내수사의 일을 하고 있는데, 옹기를 구워 살고 있지요." 총각의 말이 계속되는 중에 포교들이 잽싸게 사라졌다. 최형기는 꼼짝 않고 승창에 걸터앉아 있었다. "살주계 계원들이 애비가 내수사 관노라 해 친절히 대하고 살림도 도와주었습니다."[84]

장길산의 무리 가운데 살주계에는 주로 노비 출신들로 구성된 검계의 계원들이 합류하고 있다는 것을 알 수 있다. 조선 숙종 때 유명한 의적 부대였던 장길산 부대의 활약을 그린 이 소설은 노비, 광대, 농민, 창기, 광부 등 사회 하층민들을 작중 인물로 삼아 그들의

---

82 『순조실록』 권5, 순조 3년(1803) 8월 9일 신미 2번째 기사.

83 노비의 이러한 폭력 조직은 조선시대의 민중 저항운동 세력이라고 보기도 하지만 대개는 단순한 반(反)양반 세력으로 평가하기도 한다. 정석종, 앞의 책 『조선 후기 사회 변동 연구』, pp. 22~29.

84 황석영, 『장길산』 제6권, 창비, 2004, p. 47.

참담한 생활, 그리고 상공인 세력의 부상과 중인층의 성장, 기층민의 신분해방운동과 미륵신앙 등을 연계해 신분 체제가 문란해지고 봉건 체제가 해체기로 접어들 무렵의 피지배층 민중사를 복원해준다. 『장길산』은 백성들 사이에 은밀히 내려오던 미륵신앙을 바탕에 깔고 검계와 살주계 사건, 녹림당 이야기를 통해 미륵보살의 용화세계를 꿈꾸는 의적 집단의 이야기로, 홍명희의 『임꺽정』 이후 최고의 역사소설로 손꼽힌다.[85] 검계와 살주계의 활약은 단순히 이야기 수준에 머물지 않고, 실제 피지배층의 저항 단체로서 신분제 해체와 정여립이 꿈꾸어왔던 대동의 이상을 실현하려 했다.[86] 검계와 살주계는 사대부 양반에 대한 적개심을 드러내어 "내일은 지배층 사대부 양반이 지배하는 세상은 사라지고 피지배층 백성이 지배하는 세상이 올 것이다"라고 구호를 외치고 다녔듯이 신분 차별이 없는 평등한 세상을 바라는 피지배층 백성들의 저항 세력이었다.[87] 『장길

---

85 강영주, 「역사소설 『임꺽정』 『장길산』」, 『상명대학교 논문집』 제27권, 상명여자사범대학, 1991, p. 141.

86 장길산을 민중 세력이 주체가 된 혁명 서사로 규정하는 것은 기존 논의의 일반적인 시각이다. 이러한 시각은 신승희, 「장길산론」, 『새국어교육』 제70호, 한국국어교육학회, 2005. p. 8; 이재선, 『현대 한국소설사』, 민음사, 1991, p. 399 참조. 이와 달리 『장길산』의 하층계급 인물들 내에는 주동 인물군인 장길산 혈당으로 대표되는 개혁 세력 이외에 단순 생계형 도적들, 신분 상승형 비개혁 세력 등이 공존한다. 따라서 '하층계급=민중=개혁 세력'의 도식은 성립되지 않으며, 특히 이 작품이 사대부 양반들과 피지배층 백성, 관과 민을 선악의 이분법적 도식으로 형상화하고 있는 것이나, 『장길산』의 배경이 되는 시기의 신분 질서 와해란 신분의 매매를 통해 계급 이동이 가능한 상황을 의미하는 것이지, 그것의 타파와는 무관하다는 점을 들어 혁명 서사로서 한계를 지니고 있다고 지적한다. 김은경, 「황석영 『장길산』의 '혁명 서사'로서의 한계 고찰」, 『인문논총』 제61집, 서울대학교 인문학연구원, 2009, pp. 197~224.

87 이들 조직의 주축인 향도계의 본래 의미가 미륵불이 다스리는 세계, 만민이 평등하게 살아가는 세상을 의미한다. 고성훈, 앞의 글 「차별 없는 사회를 꿈꾸었던 비밀

산』에는 검계와 살주계의 이러한 활약상이 잘 드러나 있다.

장길산 무리 가운데 검계의 주요 구성원은 정원태, 모신, 산지니 등이다. 양주 아전의 자손인 정원태는 중인으로서 신분 상승의 한계를 인식하고 출가해 미륵신앙으로 검계를 이끄는 중심인물이 된다. 장물 와주로서 많은 재산을 모은 모신은 검계의 모사(謀士) 역할을 맡은 인물이다. 중인의 서자로 태어난 산지니는 늙은 시골 향반에 의해 강제로 보쌈을 당한 사촌누이의 원수를 갚기 위해 그 양반을 죽이고 피신하던 중 검계에 투신한다. 검계는 한양에 사는 사대부 양반들의 노비들이 맺은 당인 살주계와 함께 피지배층 개혁 세력의 핵심 조직이며, 여기에 사대부 양반 지배층에 원한을 가진 많은 천민이 가담했다.[88]

검계는 최형기에 의해 궤멸할 위기에 처하나, 운부스님과 승려 여환을 중심으로 결성된 미륵당은 장길산의 혈당과 합세해 역성혁명을 도모한다. 장길산은 기본적으로 양반 사대부 지배층을 타파 대상으로 삼고 있다. 장길산 혈당과 운부스님을 중심으로 한 불교계, 검계 및 살주계 등은 만민평등을 내세우는 미륵사상을 정신적 토대로 삼고 신분 질서를 타파해 평등한 사회 변혁을 도모한다.

미륵당은 반정, 즉 쿠데타가 아닌 나라를 다시 세우는 것을 통한 정치적 개혁을 역모의 목표로 삼는다. 만민이 평등한 도솔타천(兜率陀天)의 용화세계 건설을 위한 이 역모 계획은 미륵신앙의 실현을

결사: 검계와 살주계」, pp. 89~90.

88 황석영, 앞의 책『장길산』제10권, p. 143.

위한 개혁 이념이었다.[89] 미륵당의 무진입국설(戊辰立國說)은 '무진년에 양반은 상사람이 되고 천민은 양반이 된다'라는 믿음이다.[90] 이러한 맹신은 천변대우설(天變大雨說)과 관련이 있다. 여환은 초현실적인 종교적 믿음에 의존해 민심을 모으기 위해 미륵당의 역모와 천변이 일어나 폭우가 내린다는 천변대우설을 유포한다. 역모의 중심 역할을 하는 검계는 미륵신앙을 가진 승려 정원태를 지도자 격으로 해 조정을 뒤엎고, 도솔타천의 용화세계를 이루겠다는 정치적 변혁의 뜻을 품고 장길산 세력에 합류한다.[91] 미륵당과 검계는 모두 역모를 통해 미륵신앙의 이상세계를 현실화할 수 있다고 믿었다.

재산과 신분의 구별이 없는 대동 세상은 가장 천한 것에서 찾지 않으면 안 됩니다. 도대체 인이란 무엇입니까? 진인은 따로이 있는 게 아니라 역병에 쓰러져가는 팔도의 백성들이 다시 살아 환호하며 춤추는 세상에서 서로 정을 주고받으며 살아가는 모든 이가 진인이지요. 차라리 왕후장상의 씨를 새로이 만들 바에는 북관의 곳곳마다 널려 있는 무인지경으로 들어가 우리끼리 용화 세상을 이루어 살아가는 것이 낫겠지요.[92]

영조 3년(1727)에는 변산반도와 월출산을 근거로 해 떠돌며 살아

---

89   황석영, 앞의 책 『장길산』 제10권, pp. 141~142.

90   황석영, 앞의 책 『장길산』 제11권, p. 29.

91   황석영, 앞의 책 『장길산』 제10권, p. 142.

92   황석영, 앞의 책 『장길산』 제12권, pp. 282~283.

가는 유민들이 각각 도당을 이루어 난을 일으켰다. 이들은 체포할 수 없을 정도로 신출귀몰했다.[93] 이어서 6년 뒤에는 전라도 인근 해역의 섬들과 진도, 나주 일대에서 노비들이 들고일어났다. 인근 능주 땅에는 먼 옛날 후백제 시절부터 전해 내려오는 전설이 있었다. 바로 천불천탑을 세우면 피지배층 천민들이 주인이 되는 세상이 도래한다는 운주사의 전설이었다.[94]

미륵은 피지배층 백성들에게 구세주 같은 존재였다. 대동의 세상을 실현할 이상향을 꿈꾸며 조선의 피지배층 백성들은 500년간 참고 살아왔다. 그래서 조선 후반기, 탐관오리들이 백성들을 더 혹독하게 수탈할 때 미륵경(彌勒經)은 백성들에게 널리 퍼져갔다. 장길산이 미륵사상과 결부해 새로운 세상을 만들고자 한 것은 결코 우연이 아니라 이러한 열망이 백성들에게 널리 퍼져 있었기 때문이다. 조선시대 모든 민란에서는 반드시 미륵사상이 출현한다. 그 이유는

---

93 이광좌(李光佐)가 아뢰기를, "근일에 들건대, 호남의 유민들이 무리를 모아 도당을 이루어 하나는 변산에 있고 하나는 월출산에 있는데 관군이 체포할 수가 없어 그 기세가 크게 떨친다고 하니, 진실로 작은 걱정이 아닙니다"라고 했다. 『영조실록』 권 13, 영조 3년(1727) 10월 22일 갑진 2번째 기사.

94 황석영, 앞의 책 『장길산』 제12권 "운주미륵". 황석영은 조선 후기 민심을 지배했던 미륵하생신앙을 민중사적 염원이 담긴 변혁적 세계관으로 인식하고, 『장길산』을 통해 미륵신앙이 '장길산 시대'와 1970년대의 민중적 염원을 관통하는 '메시아적 힘' 으로 작용하고 있음을 보여준다. 운주사 천불천탑 전설은 작중 사건들의 의미를 미륵사상이라는 하나의 주제로 통합하는 기능을 한다. 또 민중 구원의 메시지로서 등장인물들의 행위와 운명을 심화하는 수단이 된다. 특히 그 중심에 있는 주인공은 미륵신앙의 혁명성, 자생성, 실천성을 상징적으로 보여주며, 결말에 이르러 미륵신앙의 사상적 전망을 밝히는 결정적 역할을 한다. 방재석·김설옥, 「황석영 『장길산』의 미륵신앙 수용 연구」, 『원불교 사상과 종교문화』 제74집, 원광대학교 원불교사상연구원, 2017, pp. 117~148.

미륵신앙이 백성들이 바라는 이상향을 제시해주기 때문이다. 미륵불은 미래불(未來佛)로서 석가모니 사후 56억 8천만 년이 지나면 도솔천에서 인간 세상으로 내려와 용화삼회(龍華三會)를 통해 중생을 구제하고 새로운 세계를 세운다고 한다. 이 새로운 세상은 모든 사람이 평등하고 온갖 고통으로부터 해방된 이상세계다.[95] 그래서 백성들은 이 미륵이 하루빨리 이 세상에 내려오길 염원하며 현실적인 고통의 삶을 위로받고자 했다. 서양의 기독교 또는 동양의 유교, 불교 등 종교와 정치의 관계에 대한 고전적인 이론들은 주로 종교가 현 체제의 정당화에 이바지해온 것에 초점을 두어왔다. 조선 후기의 종교 자료, 특히 민속종교를 기반으로 한 미륵신앙과 도참설(圖讖說)은 다양한 정치적 저항운동과 관련을 맺었다. 그러므로 미륵사상은 현실 세상을 전복하려는 혁명적인 사상을 담고 있으며, 이를 내세우며 난을 일으킨 사례가 빈번했다. 이러한 민간신앙을 이용해 민심을 현혹했던 대표적인 사건이 여환 모반 사건이다.

여환이라는 자는 본래 통천의 중으로서 스스로 말하기를, "일찍이 김화 천불산에서 칠성(七星)이 강림(降臨)해 3국(麴)을 주었는데, 국(麴)은 국(國)과 음(音)이 서로 같다"라고 하고, 수중노인(水中老人),

---

95 미륵사상은 아미타불의 정토사상과 함께 왕생사상을 대표하는 사상 중 하나다. 그런데 특이하게도 미륵사상에는 욕계천(欲界天)인 도솔천에의 왕생사상뿐만 아니라 미륵불의 중생 구제라는 하생사상도 들어 있어 불교 본연의 목적에서 정토사상에 비해 뒤떨어진다고 할 수 없다. 이러한 미륵사상은 미륵 6부경을 통해서 그 전모를 살펴볼 수 있지만, 그 사상은 이미 초기의 아함경전들에 단편적으로 또는 축약적으로 내포되어 있음을 알 수 있다. 박민현, 「미륵사상의 발생과 중심 사상」, 『정토학연구』 제24권, 한국정토학회, 2015, pp. 9~41.

미륵삼존(彌勒三尊)이라고 자처하며 3년 동안 공부를 하고 전국을 돌아다니며 자신이 숭불(崇佛)한다고 퍼뜨리고 다녔다. 그는 영평의 지사(地師) 황회와 상한(常漢) 정원태와 더불어 석가의 운수가 다하고 미륵이 세상을 주관한다고 주장했다. 또한 스스로 천불산 선인(仙人)이라 일컫고 일찍이 영(盈), 측(昃) 두 글자를 암석 위에 새기고 나서 "이 세상은 영원할 수 없으니, 지금부터 마땅히 이 세상의 통치를 계승할 자가 있어야 할 것인데, 용이 곧 아들을 낳아서 나라를 다스릴 것이다"라고 주장했다. 그리고 그는 은율(殷栗) 양가(良家)의 딸 원향에게 장가들었다. 그는 이상한 경험으로 얻은 힘을 통해 능히 구름을 일으키고 비를 오게 하는 변화불측(變化不測)함을 가지고 있다고 하면서, 양주 정성(鄭姓)인 여자 무당 계화 집에 와서 머물며 자신의 처를 용녀부인이라 하고, 계화는 정성인(鄭聖人)이라 불렀다.[96] 그리고 그는 곧 괴이한 문서를 만들어 "비록 성인이 있더라도 반드시 긴 칼과 관대(冠帶)가 있어야 하니, 제자가 되는 자는 마땅히 이런 물품을 준비해 서로 전파해 보여야 한다"라며 인심을 유혹하자 많은 사람이 그를 따랐다. 또 그가 작성한 "7월에 큰비가 퍼붓듯 내리면 산악이 무너지고 한양도 쇠하게 될 것이니, 8월이나 10월에 군사를 일으켜 도성으로 들어가면 대궐 가운데 앉을 수 있

---

96 여환의 원향과의 결혼은 민중에게 큰 영향력을 미치고 있던 무녀 집단과의 결합이며, 미륵불의 계시에 의하면 혼란한 세상에 용이 아들을 낳아 나라를 다스리는 때이며 그것은 용녀부인의 모습으로 나타난다는 것이다. 이에 여환은 무녀 원향을 아내로 삼고 그녀를 용녀부인으로 칭했다. 고성훈, 「조선 후기 변란의 전형: 미륵신앙과 정감록을 내세운 변란」, 앞의 책 『민란의 시대』, p. 93.

다"라는 괴서가 여기저기에 나돌았다.

그리고 7월 15일에 여환, 황회, 정원태 등과 여러 무리가 각기 군장(軍裝)과 장검 등을 준비하는 동안 원향은 남복(男服)으로 갈아입고 성안으로 몰래 들어가서 비가 오기를 기다렸다가 대궐을 침범하기로 약속했는데, 그날 끝내 비가 오지 않자 여환은 하늘을 보며 탄식하기를, "공부가 성취되지 않아 하늘이 아직 응해주지 않는다"라고 한탄했다. 그리고 그는 삼각산에 올라가 경문을 외며 하늘에 빌어 대사(大事)를 이루어주기를 기원했는데, 그의 흉모(凶謀)와 역절(逆節)의 소문이 퍼졌다.[97] 이렇게 떠돌이들은 거사 행세를 하고 다니며 사람들을 현혹했으며, 또 죄를 짓고 도망친 자들은 절로 들어가 숨어 살며 승려 모습을 하고 있어서 누군지 쉽게 알아볼 수 없었다. 그 수가 얼마나 많았던지 이긍익은 이들 무리의 수가 농부나 군졸보다 많았다고 말하기도 했다.[98]

이들이 영화 「군도」에서 '땡추'로 등장한다. 땡추는 하층민들의 저항운동에서 빠지지 않는 인물이다. 원래 땡추는 당취(黨聚)에서 나온 말로, 이들은 비밀 단체를 조직해 전국을 떠돌며 민심을 충동하는 유언비어를 퍼뜨리고 다니는가 하면, 때로는 반역 세력과 결탁해

---

97 『숙종실록』 권19, 숙종 14년(1688) 8월 1일 신축 1번째 기사. 사회적 위기 상황에서 공식 종교가 세계를 '갱신'하려고 시도한다면, 저항적인 민중 종교는 세계를 '혁신'하는 상징과 이데올로기를 생산한다. 특히 민속종교를 기반으로 한 미륵신앙과 도참설은 다양한 저항운동과 관련을 맺었다. 이러한 사례로서 여환의 미륵사상이 지닌 민중적인 혁명적 이념에 대해서는 한승훈, 「미륵, 용, 성인: 조선 후기 종교적 반란 사례 연구」, 『역사민속학』 제33호, 한국역사민속학회, 2010, pp. 235~297 참조.

98 이긍익, 『연려실기술』 「숙종조 고사본말」.

활약하기도 했다. 당취란 조선 중기 숭유억불 정책으로 일부 유생들이 승려를 잡아다가 노비로 삼거나 여승들을 습격해 겁탈하는 등 훼불 행위가 심각해지자 승려들 간에 자위 수단으로 결성한 비밀 결사를 말한다. 미륵신앙을 신봉하는 무리와 바로 이들 땡추들이 반사회 세력이었다.[99]

숭유억불 정책을 통해 유교를 숭상하고 불교를 억제했던 조선 사회에서 승려는 사대부 양반들에게 탄압을 받았다. 이때 당취라는 존재가 등장한다. 당취들은 불법(佛法)을 수호하기 위해 수행을 포기하고 사대부 양반들과 관리 등 지배층에 반기를 든다. 조선에서 유생 외에 유일한 지식층은 불교 승려들로서, 당취들은 하층민과 함께하며 토정 이지함(李之菡)이 생전에 남긴 비기(秘記)에 따라 휴정(休靜)과 유정(惟政)의 주도면밀한 지휘하에 환난에 빠진 조선과 중생을 구하기 위해 일어선다.

이재운의 『당취』라는 소설은 이러한 당취들의 울분과 활약을 중심으로 그리면서 왕조 창업의 이상을 잃어버린 채 당쟁과 향락으로 얼룩진 조선 중기 사회의 모순과 백성들의 고통을 치열하게 표현한 역사소설이다. 작가는 작품 전반을 통해 당취란 과연 어떤 존재들이었으며, 이 시대를 살아가는 우리 가운데 "당취는 하늘이라도 응징한다. 하물며 임금이라고 대수랴!"라고 외칠 수 있는 진정한 당취들이 있는지 묻고 있다. 이 작품에서 제기하는 또 하나의 의문은 바로 임진왜란과 정유재란 시기 눈부시게 펼쳐졌던 당취군(승병)들의 전

---

99   이이화, 『민란의 시대』, 한겨레출판, 2017, pp. 25~26.

과나 활동 내역이 이후 의도적으로 축소되거나 왜곡되었다는 사실이다. 지배층 사대부 양반들은 자신들이 그토록 멸시하고 탄압했던 '중놈'들의 활약이 환난 극복의 중심이었다는 사실을 선뜻 받아들이기 힘들었을 것이다. 하지만 이러한 사실은 역설적으로 예나 지금이나 권력이 가장 무서워하는 것은 바로 '결집된 백성의 힘'이라는 점을 웅변해주고 있다. 이 소설은 다음과 같이 이야기를 끌어간다.

당취를 이끌던 불두(佛頭)는 관의 추격이 심해지자 스승인 금강산 유점사의 사명당을 찾았다가 서산을 만나기 위해 묘향산 원적암으로 향한다. 원적암에는 서산과 토정의 제자들이 장차 다가올 대환란을 걱정하고 있었다. 이들은 고구려 이후 끊어진 봉선(封禪)을 치른다. 이 천제(天祭)를 지내던 동안 눈이 녹으면서 석벽에 글씨가 나타난다. 거기에는 소문으로만 들리던 천부경 81자가 새겨져 있었다. 임진년, 일본군이 파죽지세로 한양까지 점령한다. 불두와 사명당이 서산에게 참전하자고 하지만 서산은 움직이지 않는다. 그때 토정 이지함의 서자 산겸(山謙)이 찾아와 아버지의 유언을 전한다. 임진 대환란을 막는 비결이 천부경 81자에 숨어 있다는 것이었다. 그리고 나서야 서산은 당취에게 살생을 허락한다. 불두를 따르는 수많은 비밀 결사가 승군(僧軍)으로 임진왜란에 참전한다. 승군은 게릴라전과 심리전을 펴면서 보급선을 끊는 등 왜적을 곤경에 빠뜨리기도 했지만, 조헌 휘하의 의병들과 함께 700명이 전사한다. 임진왜란을 통해 일본은 조선의 문명을 얻은 한편, 조선은 평민의식을 일깨우고, 명나라는 한족의 무능을 드러내는 작용을 함으로써 매듭이 지어진다. 이때부터 사대주의에 빠져 있던 국기(國氣)가 조금씩 살아나기 시작해 마침내 '후천 대운'을 활짝 열어젖히는 계기가 된다. 임진왜란은 조선이 사대부 양반의 나라가 아니라 천손(天孫)들의 나라임을, 조선 백성 하나하나가 하늘에 속한 사람임을 자각하게 함으로써 이후 전개되는 역사에 중대한 영향을 미친다.

이재운은 소설 『당취』의 '작가의 말'에서 "민족의식을 두드려 깨우는 천대받는 자들의 외침을 담았다"라고 말한다.[100] 조선은 사대부 양반 지배층만 기득권을 누리며 노동도 하지 않고 오직 관리가 되기 위해 유교 경전 공부에만 전념하던 나라였다. 이들 지배층 외에 노비나 자유민 농민 등 전체 인구의 90퍼센트가 그저 먹고살기에 바빴다. 이 가운데 중은 백정보다 못했다. 중은 아무 때나 끌려가 길을 닦고, 성벽을 쌓고, 사대부 양반들의 허드렛일을 도와야 했다. 비구니들은 사대부 양반의 노리개가 되거나 첩으로 잡혀가기도 했다. 승려들이 비밀 결사로 당취를 조직한 것은 오로지 살기 위한 몸부림이었다. 땡추라고 버림받던 그 당취가 임진왜란 때 의병이 되어 싸운 것이다.

미륵사상과 더불어 피지배층 백성들에게 널리 퍼진 사상이 『정감록』사상이다. 그 내용은 이씨 조선이 망하고 정씨 나라가 일어난다는 것으로, 정 도령이 나타나 새로운 세상, 평등한 나라를 세운다는

---

100 개벽사상은 순환론 또는 원환론적 시간관념에 바탕을 두고 있으며, '근대'의 충격으로 손상된 민족적 정체성과 자존심을 회복하고자 하는 민족주의적 성향이 강하다는 점에서 기존의 천년왕국 신앙과는 다른 양상을 나타낸다. 이것은 개벽사상이 한국 근현대사의 주요 특징인 계급 모순과 민족 모순에 대한 고발인 동시에 민중 해방과 민족 해방의 염원이 응결되어 나타난 사상이라는 점을 보여주는 것이라 할 수 있다. 이재운, 『당취』(전 5권), 명상, 2000, '출판사 서평'.

내용이다. 난리가 나면 사대부 양반들은 모두 죽고 서자, 상민, 노비가 득세하며 여자들은 새 세상을 만난다. 그때 아들이 아버지를 죽이고, 동생이 형을 죽인다. 이 이야기는 마치 기독교 성경에 나오는 심판 내용과 비슷하다. 『정감록』 사상은 민심을 파고들었고, 변혁 세력은 이 사상을 이용했다. 18세기 이영창은 정씨 왕조설을 내세우며 운부스님과 장길산과 봉기를 도모했고, 19세기 이필제(李弼濟)는 정씨 성을 가진 사람을 유인해주는 모주(謀主)로 추대하고 변혁 음모를 꾸몄으며, 전봉준은 정씨 성을 가진 어린아이를 대열의 앞에 세우고 나아갔다.[101]

개벽사상은 기존 사회 질서의 종말과 민중 구원을 강조한다는 점에서 16세기 종교개혁 시기에 유럽에서 일어난, 농민혁명가 토마스 뮌처(Thomas Müntzer)가 주도한 농민 중심의 천년왕국운동과 성격을 같이한다. 토마스 뮌처는 현실의 불합리하고 정의롭지 못한 것들

---

[101] 이필제에 대해서 실록에는 이렇게 기록되어 있다. "본래 사납고 지독한 성미를 가진 자로서 평소 흉악한 반역 음모를 품고 호남과 영남 일대에 출몰하면서 패거리들을 불러 모았고, 참위설(讖緯說)을 빙자해 인심을 선동했다. 모의한 것은 요언(妖言)을 퍼뜨리고 헐뜯는 말을 꾸며내는 것이었고, 품고 있는 고약한 속마음은 군사를 일으키고 변란을 초래하는 것이었다. 변란을 꾸민 일은 한두 번이 아니었는데, 그 지역은 진천, 진주, 영해였다. 천만 가지로 변신술을 써가며 그 이름을 명숙(明叔), 성칠(成七), 제발(濟潑)이라고 바꾸었고, 그 수상한 행동은 이루 헤아릴 수 없었으며, 흉악한 행동은 날이 갈수록 더욱 심해졌다. 유생들의 모임이라 핑계 대고는 조령의 요해처에 도적들을 집결시키고 무기를 빼앗아내어 고을들에서 흉악한 짓을 했다." 『고종실록』 권8, 고종 8년(1871) 12월 23일 무인 1번째 기사. 이필제는 2년간 4회에 걸쳐 반정부 투쟁을 벌였다. 그래서 이필제는 '직업적 봉기꾼' 또는 '전문 반란 지도자'라고 불린다. 그가 4회에 걸쳐 일으킨 반란 가운데 유일하게 성공한 것이 1871년의 영해봉기, 즉 '이필제의 난'이다. 이영춘, 「19세기의 대표적 변란: 광양란과 이필제의 난」, 앞의 책 『민란의 시대』, p. 250.

과 낡은 것에 저항하는 것이 하나님에게 선택된 자의 새로운 실천이어야 한다고 성경을 해석했다. 신을 경외할 줄 모르는 왕국은 이 세상에서 제거되어야 한다고 보았기에 그는 모든 사람에게 이러한 구원의 과정에 동참할 것을 호소했다. 여기서 말하는 구원이란 개인의 주관적인 신앙 체험만이 아니라 하나님 자녀들의 자유에서 출발해 세상을 자유롭게 하는 것을 포함하는 것이다. 세상에 대한 신학적 책임에서 비롯한 이 같은 정치적 저항은 그의 사상과 행위의 바탕을 형성하고 있다.[102]

근대 초기 유럽의 농민 반란은 신분 차별에서 빚어진 것이지 정치적인 문제가 아니었다. 오히려 농민들의 정치적 성격 자체는 보수적이었다. 대립 과정에서 나타난 동맹 형태들이 주로 수직적 연대이기 때문에 농민 반란을 계급투쟁 개념으로는 정확하게 이해하기 어

---

102 이 점에서 뮌처의 신학은 루터의 질서와 복종의 신학과 근본적인 차이를 보이고 있다. 클라우스 에버트, 오희천 옮김, 『토마스 뮌처』, 한국신학연구소, 1994, pp. 16~17. 종교개혁사에서 가장 많은 주목을 받아온 사람은 마르틴 루터(Martin Luther)와 토마스 뮌처. 전자는 중세의 기독교 질서를 흔들어 놓은 개혁자였고, 후자는 중세의 봉건 질서를 무너뜨리고자 농민 봉기를 주도한 혁명가였다. 두 사람은 처음에는 뜻을 같이하는 동지였으나, 끝내는 도저히 화해할 수 없는 적대자가 되었다. 양자는 여러 면에서 대조적이다. 루터가 성서주의자라면 뮌처는 성령주의자다. 루터의 개혁은 종교적, 이론적이며 위로부터의 개혁을 목표로 했고, 뮌처의 개혁은 실천적, 행동적이며 아래로부터의 개혁을 목표로 했다. 정치적으로 루터가 이원론적인 두 왕국론을 주장했다면, 뮌처는 일원론적인 천년왕국론을 주장했다. 따라서 루터는 폭력에 의한 현실 개혁에 반대하고 현상 유지를 지지했고, 뮌처는 새로운 왕국을 세우기 위해서는 무력 혁명이 불가피하다고 생각했다. 요컨대 루터는 사회 개혁적 측면에서 보수적이었지만 종교적으로는 중세의 정신 질서를 무너뜨린 혁명이었고, 뮌처는 의식과 행동이 급진적이었으나 가시적인 역사적 변화를 초래하는 데는 실패했다. 김영한, 「루터와 뮌처」, 『서강인문논총』 제20집, 서강대학교 인문과학연구소, 2006, pp. 35~66.

렵다.[103] 따라서 농민전쟁은 계급투쟁의 성격을 띤 혁명적 과정으로 명확하게 설명되지 않으며, 태업이나 도시 이탈 등과 같이 농민들의 저항 형태의 하나로 보는 것이 옳을 것이다.[104] 천년왕국운동처럼 유럽에서 급진적인 개혁 사상은 교리를 사회와 접목하고 체계화 과정을 거쳐 새로운 미래상을 정립함으로써 이상세계의 실현을 위한 인간의 의지를 강조한다. 이러한 변화는 사회의 개혁과 진보를 위한 동력으로 작용했다.[105] 전통 사회의 정치 변동에 관한 역사는 주로 지배층 중심으로 해석한 것이다. 이러한 이유는 무엇보다 폭동과 반란을 일으킨 피지배층에게 기존의 사회 질서를 전복하고자 하는 용기와 신념이 부족했기 때문이다. 그래서 전통 사회에서 피지배층의 저항은 정치적 행동의 전 단계로 인식되어 왔다. 그렇다면 어떻게 피지배층은 지역 공동체를 넘어 자신들의 생각을 전국적으로 확대하고 정치화할 수 있었을까? 천년왕국 신앙은 피지배층에게 현실세계에서 실현하는 이상향을 강조했다. 그것은 기존 사회의 변혁과 새

---

103 Winfried Schulze, "Europäische und Deutsche Bauernrevolten der Frühen Neuzeit", in: ders.(Hg.), *Europäische Bauernrevolten der Frühen Neuzeit*(Frankfurt/Main, 1982), pp. 17~18.

104 이렇게 볼 때 농민의 난은 시대적·지역적으로 한정된 형태의 경제적·정치적 억압에 대한 저항의 표현이다. 이러한 농민들의 저항 형태들 가운데 '사회적 강도', 에릭 홉스봄의 주장에 따르면 '강도떼'의 목표는 아주 소박한 것이었다. 즉 이들의 목표는 인간이 정당하게 대우받는 전통적 세계를 유지하는 것이지 보다 완전한 새로운 세계를 추구하는 것이 아니었다. 클라우스 에버트, 앞의 책 『토마스 뮌처』, pp. 42~43. 이에 대해서는 Eric Hobsbawm, *The Age of Revolution: 1789~1848*(New York: Barnes & Noble Books, 1996)을 보라.

105 노길명, 「개벽사상의 전개와 성격」, 『한국학 연구』 제28집, 고려대학교 한국학연구소, 2008, pp. 181~204.

롭게 자신들이 지배하는 세상으로 바꾸려는 열망을 목표로 하므로 혁명성을 나타낸다.[106]

이런 역사적 의미에서 볼 때 조선시대 피지배층 백성들이 실현하고자 한 이상적인 세계는 무엇일까? 특히 18세기는 농업 생산력의 증대, 시장경제의 발달, 신분제의 동요 등 중세 사회가 해체되는 여러 모순이 드러나면서 근대 사회를 예비하는 새로운 사회 세력이 성장하는 시기였다. 사대부 양반들에게 집중되는 토지 소유, 수탈의 강화, 상공업 이익의 침탈 등으로 중세 사회의 모순은 강화되어 가고 있었으며, 화폐경제의 발달은 이러한 흐름을 가속화했다. 이러한 사회적·경제적인 모순을 배경으로 피지배층 백성들의 저항 역시 더 격렬하게 나타나기 시작했다. 미래에 대한 희망 없이 가난과 비인간적인 대우에 절망한 노비 등 천민들은 급기야 자살을 선택하기도 했다.[107]

---

106 천년왕국 신앙은 고통과 억압이 존재하는 곳이면 어디든지 나타날 수 있는 보편적인 종교운동이다. 중국, 베트남, 한국 등 동양의 전통 사회에서도 미륵하생 신앙에 기초한 대규모 민중 반란이 중요한 정치 변동의 국면에 등장하곤 했다. 그러나 미륵하생 신앙을 비롯해 불교에는 원래 선과 악의 결전이라는 아마겟돈의 개념이 존재하지 않는다. 불교에서 유일한 구세주 내방 신앙인 미륵하생 신앙이 어떻게 혁명적인 천년왕국 신앙으로 나타날 수 있었는지 6세기 초 중국에서의 대승의 난을 중심으로 살펴보면 알 수 있다. 대승의 난은 최초로 불교적 천년왕국 신앙에 기초해 일어난 체제 전복적 반란이었다. 한국의 전통 사회에서도 정치적 혼란기마다 미륵불의 도래를 염원하는 민중들의 종교가 무교와 습합(褶合)된 형태로 등장했다. 그러므로 한국 천년왕국 신앙의 토양이었던 미륵하생 신앙의 성격을 살펴보는 것도 중요하다. 차남희, 「천년왕국 신앙과 전통 사회의 정치 변동: 미륵하생 신앙을 중심으로」, 『동양정치사상사』 제3권 제2호, 한국동양정치사상사학회, 2004, pp. 193~215.

107 18세기 부역과 조세 독촉에 견디다 못해 자살한 사례는 다음과 같다. 경기도 고양군에 사는 장씨는 북한산성의 환곡을 받고 수령의 독촉을 이기지 못해 자살했고, 호좌(湖左)의 유통인(流通人)은 두 자녀를 데리고 가다가 자녀와 함께 부부가 목

조선 피지배층의 저항 감정은 주로 지배층의 비리와 학정을 비난한 내용을 적은 괘서 사건, 지배층의 멸망과 새로운 사회의 도래를 예언한 비기 또는 도참설의 유포, 수령을 축출하기 위한 전패작변(殿牌作變), 향교위패작변(鄕校位牌作變), 송전방화(松田放火), 그리고 왕릉을 도굴해 유품을 훔치는 왕릉투장(王陵偸葬) 사건과 방화 등으로 표출되었다. 조선에서는 매년 정조(正朝), 성절(聖節), 동지(冬至) 등 3절일마다 황제를 상징한 궐패(闕牌)를 대상으로 의례를 행하면서 중국 명나라와 군신 관계를 확인하곤 했다. 전패(殿牌)는 조선 국왕을 상징하는 위패로 향촌에서 국왕과 지방 수령을 상징하는 대표적인 의물(儀物)이었다. 조정은 군현 관아의 객사마다 전패를 봉안하고 주기적으로 의례를 행했는데, 이는 향촌의 일상이 되었다. 그래서 국왕을 상징한 전패를 파괴하는 행위는 곧 왕에게 저항하는 것으로 여겨 본인과 수령, 고을이 모두 처벌을 받았다. 그러므로 전패작변은 피지배층 농민 항쟁의 성격을 띤 것이었다. 또 향교는 공자, 맹자 등 유교 성현의 위패를 모신 곳으로, 향교위패작변은 바로 사족, 예컨대 지배층 사대부 양반을 향한 저항을 나타내며, 송전방화 역시 피지배층 백성들이 지방 수령을 쫓아내기 위해 소나무 숲에 불을 지른 행위를 말한다.[108] 사회 불안과 저항의 분위기 속에서

을 매달아 죽였으며, 낙안현의 한 남자는 군역 때문에 칼로 자해해 자살했다. 한양 김씨라는 부부는 유사(有司)가 봉채(捧債)하면서 매질을 하자 서로 연달아 자살했고, 뚝섬의 촌부는 징채(徵債)의 독촉에 시달리다가 스스로 죽었다. 이는 모두 고리대금과 관련된 사건이었다. 한상권, 앞의 글 「18세기 전반 명화적 활동과 정부의 대응책」, p. 487.

108 임진왜란과 병자호란 이후 향촌 통제를 강화하려는 국가적 의도와 맞물려 객사의

농민, 천민 등 피지배층은 집단으로 항의를 하거나 호소하는 합법적인 저항은 물론이고 무리를 지어 폭력적으로 항쟁하기도 했다.

18세기 전반에는 명화적이라 불리는 도적 집단의 활약이 빈번해졌다. 이들 도적 집단은 17세기 말부터 서서히 무장을 강화하기 시작해 18세기에 이르러서는 총포류를 소지하거나 칼을 차고 전국 곳곳에 나타나 사회 전반에 큰 파문을 일으켰다. 18세기 명화적의 주요 구성원은 농민, 천민과 도망해 온 노비들이었다. 이들은 조직력과 전투력, 무장력을 보유하고 있어 단순한 도적과는 달랐다.[109] 토지를 떠나 떠돌며 살아가는 유망민들과 도망한 노비들은 굶어 죽기도 했고, 서북 지방으로 흘러 들어가 이 지방을 근거지로 활동하는

례가 일상화된 가운데 전패에 위해를 가한 전패작변 사건이 효종 6년 이래로 총 78건 발생했다. 전패작변은 사족 등에 의해 수령의 징치(懲治)를 목적으로 발생했다는 평면적 이해와는 달리 주체, 원인, 목적 등에 따라 다양하게 전개되었다. 윤석호, 「조선 후기 전패작변 연구」, 『한국민족문화』 제58권, 부산대학교 한국민족문화연구소, 2016, pp. 265~297. 한성의 서부, 북부와 경기우도를 관할한 우포도청이 순조 7년(1807) 1월~고종 18년(1881) 11월의 소관 업무인 각종 사건에 대한 심문, 처리와 관련된 기록을 모은 『우포청등록(右捕廳謄錄)』의 주요 내용은 1807년 덕산의 전패작변 죄인 사건, 1853년 서울에 화적이 출몰한 사건, 1859년 명화적 사건, 1862년 충청도 명화적 사건, 1863년 처자(妻子) 타살 사건, 1864년 과천의 명화적 심명길(沈命吉) 사건, 1866년 대낮 강도 사건, 1869년 광양민란 사건, 1871년 조령 역모 사건, 1873년 포교의 군사 구타 사건, 1877년 사학죄인 사건, 1878년 도적 금지 지시, 1879년 신주(神主) 절도 사건, 1881년 김포의 옥수(獄囚) 자살 사건 등이다. 이러한 피지배층의 저항 방식에 대해서는 한상권, 앞의 글 「18세기 전반 명화적 활동과 정부의 대응책」, pp. 481~532 참조.

109 이러한 명화적의 활동은 이 시기 사회의 변화를 촉진했고, 18세기 전반 농민항쟁을 촉발케 하는 주요한 역할을 했으며, 많은 군사력을 동원해야 할 정도로 이들의 세력은 매우 컸다. 한상권, 앞의 글 「18세기 전반 명화적 활동과 정부의 대응책」, p. 531.

명화적에 합류하기도 했다.[110] 영조 17년(1741)에 관동, 관북, 관서, 해서의 4도에 기근이 들자 명화적은 유망민들과 합세해 난을 일으켰다.

　18세기 토지로부터 유리된 농민들은 도적의 무리에 합류해 사회 모순에 저항하는 세력으로 성장해나갔다. 명화적은 농민들이 관리와 사대부 양반 지주들을 공격했던 임술민란에서 중추적인 역할을 할 정도로 조직과 전투력을 갖추고 있었다.[111] 이들 단체는 포교나 영장(營將) 등 악형을 자행하는 포악한 관리, 그리고 사대부 양반들과 토호 등 악덕 지주를 응징했고, 지배층 가문을 약탈하기도 했다. 영조 32년(1756) 경기에서 수개월 동안 포교를 난자해 살해한 사건이 연달아 발생했으며, 명화적이 대낮에 도성에 나타나 포졸을 살해한 사건이 발생했는가 하면, 명화적이 관문에 난입해 토포아문의 영장을 살해하기도 했다.[112] 또 한양 서부 대현에 사는 양반 심씨의 신문(新門) 밖 양반집에 명화적이 몽둥이를 들고 침입해 협박하고 재물을 약탈해 갔으며, 수령을 역임했던 경기도 고양의 토호 이중식(李重植)은 명화적에 의해 살해당했다. 이들은 오합지졸이 아니라 잘 훈련된 군사와 다름없었다. 윤지원(尹志遠)은 이렇게 아뢰었다.

110　『영조실록』 권53, 영조 17년(1741) 1월 6일 임신 2번째 기사.

111　배항섭, 「임술민란 전후 명화적의 활동과 그 성격」, 『한국사연구』 제60집, 한국사연구회, 1988, pp. 173~205.

112　『비변사등록(備邊司謄錄)』 권130; 『영조실록』 권87, 영조 32년(1756) 4월 19일 병진 1번째 기사; 『영조실록』 권118, 영조 48년(1772) 4월 11일 병자 1번째 기사; 『영조실록』 권125, 영조 51년(1775) 9월 28일 계유 1번째 기사.

교하와 파주 사이에 화적이 횡행해 북을 치면 전진하고 징을 치면 퇴각하는 것이 마치 행군하듯이 하면서 인민을 타상(打傷)하고 마을을 불태웁니다. 그리고 또 호환(虎患)이 극성을 부려 사람과 가축을 물어 죽이고 있습니다. 마땅히 좌우 포청으로 하여금 도적을 각별히 염탐해 체포하게 하고, 훈련도감(訓鍊都監)의 포수(砲手)를 보내어 특별히 '호랑이'를 사냥해 잡도록 하소서.[113]

명화적은 전국 각 지방 관아에서 화약과 총포를 비롯해 각종 무기를 탈취해 총포와 창, 칼 등으로 중무장할 수 있었다.[114] 명화적의 활동은 도적질에서 농민 저항 형태로 점차 발전해나갔다.[115] 횃불을 들고 떼를 지어 다니며 도둑질을 일삼던 명화적, 수적(水賊), 산적 등은 19세기 후반 이후 유민화의 가속화로 확대된 화적 집단을 모아 전국적인 조직을 정비함으로써 1900년경에는 활빈당이라는 대규모 도적 집단으로 발전했다. 그만큼 사회 불안정으로 가난한 농민이나 천민들이 도적이 되어 약탈하는 범죄가 빈번하게 일어나 체제를 위협할 정도로 큰 세력으로 성장했다.

명화적의 활동은 갈수록 세력화해 특정 지역의 한정된 범위를 벗

---

113 『영조실록』 권39, 영조 10년(1734) 11월 13일 갑신 1번째 기사.

114 1754년 서산현의 관노가 화약 280근을 훔쳤고, 그 이듬해 공주에서는 화약 4천 근, 목천에서는 화약 200근, 선산에서는 탄환 6만 개, 1775년 거창군에서는 화약과 연환 상당한 분량이 탈취당했다. 그리하여 영조 30년(1754) 화약 분실에 대한 처벌 규정을 제정하기 시작했으며, 정조 9년(1785) 화약을 탈취하는 자는 엄벌에 처하도록 했다. 『대전회통(大典會通)』에 처벌 조항을 신설했다. 『대전회통』 권4 「병전(兵典)」 '군기(軍器)'.

115 한상권, 앞의 글 「18세기 전반 명화적 활동과 정부의 대응책」, pp. 529~532.

어나 전국적으로 활동하면서 조직도 더욱 체계를 갖추어갔다. 특히 몰락한 사대부 양반 출신 지식층이 두목이나 모사가 되어 무리를 이끌며 명령 계통을 수립했다. 또 이들 지도부는 집단들의 연계와 통합을 통해 조직이 고립되거나 여기저기 각 지역으로 분산되지 않도록 조직을 결속해나갔다. 명화적은 사대부 양반들의 수탈로 인해 어쩔 수 없이 내몰린 생계형 범죄 집단이라고 할 수 있다.[116]

이들 무리는 고종 22년(1885) 이후에 활빈당이라는 '의적'이 나타나는 중요한 배경이 되었다. 도적 무리는 대부분 행상, 승려, 걸인, 농민, 품팔이, 노비 등 가난한 하층민으로 구성되었고, 약탈 대상은 주로 양반 지주, 관료, 여각(旅閣), 객주(客主), 그리고 지방 관아에서 중앙으로 보내는 상납전(上納錢) 등이었으며, 나아가 관아를 직접 공격하기도 했다. 명화적들이 조직적이고 그 활동이 빈번한 것은 19세기 조선 사회의 구조적 모순에서 생겨난 산물임을 보여준다.[117] 즉 도적 무리의 증가와 이들에 의한 민란의 직접적인 원인은 세도 가문의 타락과 축재, 그리고 사대부 양반 지주 및 국가 권력의 수탈이었다. 따라서 일반 백성들을 수탈하는 기능을 맡은 주요 여각과 객주를 공격함으로써 사대부 양반 지배층에게 경제적 타격을 주는 동시에 저항의식을 보여주었다.[118] 이들 저항 세력은 비밀 단체를 만들어 곳곳에 봉기를 선동하는 글을 붙였고, 관아를 습격해 방화하

---

116 위와 같음.
117 한상권, 「조선 후기 세도 가문의 축재와 농민 항쟁」, 『한국사 시민강좌』 제22집, 일조각, 1998, pp. 83~107.
118 배항섭, 앞의 글 「임술민란 전후 명화적의 활동과 그 성격」, pp. 173~205.

거나 아전이나 사대부 양반, 관리들을 폭행, 살해하기도 했다.[119]

농민에 대한 권력형 수탈과 탐관오리들의 부정부패가 가장 극심했던 때가 순조가 즉위하면서 시작된 외척 안동김씨의 세도정치 시기다. 안동김씨는 당쟁을 이용해 권력을 독점해나갔으며, 여기에 몇몇 가문이 참여해 벌열정치를 형성했다. 흔히 19세기를 민란의 시대라고 부른다. 이 시기는 조선의 지배층 사대부 양반들이 가장 가혹하게 농민들을 수탈하고 괴롭혔던 시기였고, 이에 견디다 못한 농민들이 저항하기 시작했다. 순조 11년(1811) 홍경래의 난을 비롯해 철종 13년(1862)에 진주민란을 시작으로 익산, 개령, 함평, 삼남 등 전국 70여 지역에서 농민들의 반란이 일어났다. 농민들의 반란은 이윽고 전국으로 퍼져 제주도 어민들의 반란도 일어나기도 했다. 이러한 농민들의 저항은 부패한 탐관오리를 비롯해 사대부 양반 사회를 향한 항거로 진행되었다.[120]

이들 문벌 세력가들은 한양조씨, 풍양조씨, 반남박씨, 연안이씨, 동래정씨 등 이른바 노론 집단이었다. 이들이 권세를 이용해 자신들의 부만 축적하느라 국가 재정이 부족해지자 조정에서는 농민들에게 과다한 세금을 거두고, 관아에서 돈이나 곡식을 받고 형식적인 관직을 부여하기 위해 발급해주는 백지 임명장인 공명첩을 남발했다. 쉽게 말해 이들 권세가는 돈을 받고 매관매직(賣官賣職)을 일삼았던 것이다. 이로 인해 농민들의 불만은 더욱 커져 사대부 양반들

---

119 이러한 민란이 전국 각지에서 일어났는데, 이에 대해서는 이이화, 앞의 책 『민란의 시대』, pp. 59~174, 제2부 「성장하는 민중의식, 계속되는 민중 봉기」 참조.
120 이기백, 앞의 책 『한국사신론』, pp. 277~278.

에 대한 모욕과 구타 행위가 곳곳에서 발생했고, 관리와 아전에 대한 반항과 소작농들의 조세 저항이 빈번하게 발생했다.[121]

철종 13년(1862) 임술민란 또는 임술농민항쟁으로 알려진 농민 봉기가 조선 각지에서 동시다발적으로 일어났다. 당시 조선은 임진왜란과 병자호란 이후 더욱 심각해진 체제 모순으로 인해 세금제도의 문란과 지배층의 수탈 및 횡포가 갈수록 격심해지고 있었다. 마침내 철종 13년(1862) 3월 4일 작은 마을 단성에서 농민들이 양반 지주와 관리의 횡포를 참지 못하고 민란을 일으킨 것을 시작으로 3월 14일에는 진주민란으로 확대된 폭발한 농민들의 저항 물결은 3개월 동안 경상도, 전라도, 충청도와 광주, 함흥 등 중부와 북부 지역을 휩쓸었다.[122]

전라도 지역에서는 3월 27일 익산 지역을 시작으로 4월과 5월에 집중적으로 일어났다. 함평, 고산, 부안, 금구, 장흥, 순천, 강진 등 전라도 54개 군현 가운데 38곳에서 항쟁이 일어났다. 전라도는 삼남 가운데서도 가장 항쟁이 많이 일어난 지역으로, 이 지역에서 첨

---

121 이러한 조세 저항의 한 형태로 관문 앞에서 소란을 피우는 경우가 있는데, 이를 기뇨(起鬧)라고 한다. 전국 각지 크고 작은 민란에 대해서는 이이화, 앞의 책『민란의 시대』, 제2부「성장하는 민중의식, 계속되는 민중 봉기」를 볼 것.

122 1862년 2월 초 경상도 단성과 진주에서 시작해 그해 말까지 전국 각지에서 일어난 농민 항쟁은 조선 말의 가장 큰 반봉건 투쟁이었다. 특히 항쟁 주도 세력의 역량이 강화되어 보다 조직적인 항쟁을 할 수 있었으나 이들 항쟁 세력은 계급의식이 부족해 신분제를 극복하지 못하고 사회 전반적인 모순 시정만 요구했다. 그래서 공격이 끝나면 곧바로 해산했으며, 이 때문에 자신들의 요구를 확실하게 보장받지 못했다. 또 농민들은 조세 수취 체제의 개혁, 즉 지주제의 개혁을 요구했으나 반봉건 투쟁의 전반적인 수준에 비해 미약했다. 김용곤,「전국을 휩쓴 민란의 열풍: 임술민란」, 앞의 책『민란의 시대』, pp. 219~220.

예한 계급 대립과 국가 수탈이 더 격심하게 전개되었음을 보여준다. 공주와 그 관할에 속한 임천, 은진, 회덕, 진잠, 연산과 청주와 그 관할인 문의, 회인, 청안, 진천 등의 지역에서도 농민들의 항쟁이 발생했다. 읍의 규모로 볼 때 농민의 저항은 공주, 청주, 임천을 제외하고는 대부분 행정적으로 소읍인 현에서 일어났으나, 서쪽의 내포 지역에서는 한 곳도 일어나지 않았다. 아마도 4월에 신창, 온양 등지에서 명화적이 나타나 병영이나 진영에서 명화적 체포를 위해 군대가 동원되는 등 통제를 심하게 했던 것이 그 원인으로 보인다. 충청도 지역에서는 대부분 초군(樵軍)이라는 땔나무꾼, 일반 농민들이 중심이 되어 항쟁이 일어났다. 다른 지역은 공격 대상이 관아와 이서배(吏胥輩)에 집중된 데 비해 충청도는 주로 토호 양반들이 공격당했다는 점이 특징이다. 이런 현상은 이 지역 사대부 양반들과 초군, 농민들 간의 갈등이 그만큼 심했음을 말해준다.

폭도로 변한 농민들은 관아를 습격해 동헌을 파괴하고 수령을 욕보이는가 하면 세금을 두고 온갖 농간을 부려 횡령을 일삼은 아전과 토호들을 살해하고 나서 집까지 불태웠다. 농민들의 강력한 저항에 놀란 안동김씨 정권은 삼정이정청을 설치하고 삼정문란의 문제점을 점검하기 시작했다. 그리고 민란이 일어난 지역에 안핵사(按覈使)와 위무사(慰撫使)를 파견해 농민들의 분노를 다스리기 위해 그들의 요구 조건을 들어주면서 한편으로는 난의 주동자들을 처형했다. 1862년 말이 되자 전국 각지에서 일어난 농민 저항은 거의 진정 분위기에 접어들었고, 농민들도 자체적으로 해산했다. 임술민란은 피지배층 백성들의 저항운동이지만 봉기 규모가 작고 산발적이어서 독자적으로 국가 체제를 전복할 만큼 위력은 없었다. 그러나 이 민란은 피지배층 백성들의 계급의식 성장에 큰 영향을 끼쳐 이후 동학농민운동으로 이어졌다.

1862년 농민 항쟁에서 제기된 요구를 종합해보면 전결세에 대해서는 1결당 조세 부담을 고정할 것(정액금납화 요구), 군역세에 대해서는 인징, 족징, 신분 차별을 폐지할 것, 환곡제에 대해서는 이서배의 포흠을 농민에게 부담시키지 말 것과 원곡 분급을 정지하고 순수하게 조세화할 것 등이다. 농민들의 요구는 신분에 따른 조세 차별의 혁파, 규정에 없는 조세 증대 금지, 중간 수탈의 금지, 조세 부담 능력에 따른 조세 부과 등으로 요약된다. 농민들은 이처럼 직접 요구 조건을 만들어 제시했다.

19세기 전국에서 『정감록』 등 여러 비기 내용이 널리 유포됨으로써 이후 차별이 없는 평등한 세상이 도래한다는 '후천개벽(後天開闢) 사상'을 신봉하게 된 농민들은 크고 작은 민란을 연달아 일으켰다. "지금 국가에서 어약(御藥)을 과도하게 써서 갑자기 하늘이 무너지는 슬픔을 당하게 되었는데, 어린 세자가 사위(嗣位)하고 노론이 득세하게 되자 남인은 남김없이 쫓겨났으며 민생은 날로 고달프게 되었으니, 이렇게 국세가 외롭게 되었을 때를 당해 나와 너희가 어떻게 앉아서 보고만 있을 수 있겠는가? 지금 군사를 거느리고 서울로 올라가서 국가의 위급함을 구하려 한다"라며 장시경(張時景)이 주도한 인동작변(仁同作變),[123] 그리고 하동괘서(河東掛書), 장연작변

123　『순조실록』 권1, 순조 즉위년(1800) 9월 23일 임인 1번째 기사.

(長淵作變), 북청민란(北靑民亂), 단천작변(端川作變), 이어서 아전들을 폭행하고 부사 박종신(朴宗臣)을 멍석말이해 30리 바깥에 내동댕이쳤던 곡산민란(谷山民亂) 등이 연달아 발생했다. 홍경래의 난 이후 조선의 피지배층이 스스로 자신들의 정체성을 인식하고 계급의식을 성장시켜감으로써 전국적으로 괘서와 고변 사건이 이어졌다.[124] 이러한 크고 작은 민란들의 공통적인 특징은 주동자들이 제일 먼저 『정감록』사상, 도참설, 미륵사상, 천년왕국설 등을 널리 유포한다는 것이었다.[125]

조선 후기 피지배층 민중 사상의 주류는 『정감록』사상으로, 이씨(李氏)를 대신해 정씨(鄭氏)가 도읍을 세운다는 '이망정흥(李亡鄭興)'의 논리가 사상의 핵심이다. 이를 실현하는 방법으로 해도(海島)에서 정진인(鄭眞人)이 군사를 이끌고 나와 새 왕조를 세운다는 '해도기병설(海島起兵說)', 그리고 난리가 났을 때 안전하게 피할 수 있는 '산림(山林)'이나 '궁궁처(弓弓處)'와 같은 곳이 마련되어야 한다는 것이다.[126] 『정감록』의 '이망정흥'은 살아 있는 부처나 무속, 미륵신앙과 해도기병설과 결부될 때도 있다. 조선 후기에 도망 노비나 유민을 비롯한 하층민들은 살길을 찾아 섬으로 들어갔다. 해도기병설에 의하면 섬으로 들어간 사람은 해도군사(海島軍士), 그리고 이들

---

124 각종 모반 사건을 수사한 기록 『추안급국안』과 『포도청등록(捕盜廳謄錄)』에 기록된 민중 봉기는 진주고변, 제주고변, 청주괘서, 동래고변, 한성고변, 해서고변, 영양고변, 봉화흉서 등이다. 이이화, 앞의 책 『민란의 시대』, pp. 73~82 참조.
125 대표적인 사례가 여환과 장길산의 난이다.
126 고성훈, 「조선 후기 '해도기병설' 관련 변란의 추이와 성격」, 『조선시대사학보』 제3호, 조선시대사학회, 1997, pp. 129~162.

의 수장은 진인(眞人)으로 불렸다.[127]

『정감록』 관련 계급운동은 시기별로 각각 다른 특징을 보여주고 있는데, 숙종 때는 생불과 미륵신앙과 관련된 사건이 자주 발생했고, 영조 때는 괘서 사건으로 나타났다. 또 영조 시기 조정에서는 변란이 일어나면 여지없이 무신란을 일으킨 잔당의 소행으로 생각했다. 정조 시기에는 한글로 쓰인 『정감록』이 대중화되어 유언비어나 괘서와 함께 모든 변란의 구호가 되었다. 조정에서는 이러한 『정감록』을 불온한 사상으로 여기고 이를 차단하고 근절하고자 국왕의 교서 등을 통해 성리학의 지배 논리를 강화하면서 민심을 수습해갔다. 조정에서는 변란의 주역들을 '사란지심(思亂之心)', 즉 생각을 어지럽게 현혹하는 자로 인식하고 '위정척사'를 강조했다. 계급운동의 주역들은 주로 몰락한 사대부 양반들이 많았는데, 이들은 지식을 갖춘 자들로서 『정감록』 사상을 이해하고 이를 피지배층에게 퍼뜨려 민심을 선동하고 변란을 꾀했다. 그래서 이들은 '기인', '신통한 재주를 가진 미륵이 환생한 자', '도사' 같은 특별하게 귀한 인물로 불리기도 했다. 이들은 군사 양성과 군량미 저장을 위해 섬을 근거지로 삼아 스스로 의로운 병사로 자처하면서 신분제 철폐와 경제적 평등을 외치며 변란을 주도했다. 이렇게 조선 후기 『정감록』 사상은 민중들의 저항운동의 사상적 기반이 되었고, 사회 변동의 촉매제 기능을 함으로써 피지배층의 저항의식 성장에 큰 영향을 미쳤다.[128]

---

127 박상현, 「18세기 '해도진인설'의 변화 양상과 의미」, 『역사와 현실』 제96호, 한국역사연구회, 2015, pp. 219~253.

128 고성훈, 「조선 후기 민중사상과 정감록의 기능」, 『역사민속학』 제47호, 한국역사민속

또 홍길동의 율도국처럼 양제해(梁濟海) 사건에서는 제주도를 탈
취해 왕국을 세운다는 이상 국가설이 나돌았다. 이는 조선시대 민중
의 이상향의 하나인 사도국(肆島國) 이상이 제주도 이상으로 변형된
것으로, 섬은 유민들을 비롯해 도적이나 도망 노비들의 주요 집결지
였고, 역모와 관련된 자들의 유배지였다. 이런 이유로 섬 주민들은
소외되고, 그만큼 현실에 대해 불만과 증오심이 커졌다.[129] 심지어

학회, 2015, pp. 113~146. 조선 후기 유언비어는 일종의 '저항'을 표현하는 수단으
로서, 주로 와언(訛言), 요언이라는 형태로 표현되었다. 그리고 패서도 유언비어를
유포하는 도구로 이용되었다. 또 '거사 모의'를 추진하는 과정에서 유언비어는 대민
선동을 위한 강력한 수단이었다. 조선 후기에는 '전란'을 주제로 한 유언비어가 자
주 유포되었다. 이 과정에서 유언비어를 만들어내는 가장 대표적인 것이 『정감록』이
었다. 『정감록』은 진인(眞人)의 출현에 의한 왕조 교체를 담고 있고, 이상향에 대한
민중의 희망을 담고 있기도 하다. 또 여기에는 전란에 대응하는 방법도 제시되어
있다. 그래서 유언비어 유포의 주체는 『정감록』을 통해 민심을 얻고자 했다. 유언비
어는 기본적으로 부정적인 면을 강조하는 말이며, 실제로 사회 전반에 적지 않은
폐해를 남겼다. 그렇지만 조선 후기의 유언비어는 민중의 억눌린 감정을 해소해주
는 역할을 하기도 했다. 고성훈, 「조선 후기 유언비어 사건의 추이와 성격: 『정감록』
관련 사건을 중심으로」, 『한국학』 제35권 제4호, 한국학중앙연구원, 2012, pp.
55~85.

129 이이화, 『조선 후기의 정치사상과 사회 변동』, 한길사, 1994, p. 385; 고성훈, 앞의
글 「조선 후기 '해도기병설' 관련 변란의 추이와 성격」, pp. 132~133. 양제해의 아
들 양일회(梁日會)는 제주를 공격할 계획을 주선했다 해 사형을 당했다. 『순조실
록』 권17, 순조 14년(1814) 윤2월 14일 병자 1번째 기사. 양제해 모반 사건은 이후
고종 때 제주민란의 전초(前哨)로서 제주 왕국설과 상통되는 분위기를 지니고 있
었다. 박찬식, 「양제해 모변과 상찬계」, 『탐라문화』 제33집, 제주대학교 탐라문화연
구원, 2008, pp. 167~193. 양제해가 일으킨 이 모반은 사적 음모와 탐욕으로 온갖
부정부패를 일삼던 아전 집단과 탐학을 일삼던 상찬계의 횡포에 대한 제주 민중들
의 저항운동이었다. 이후 양제해 모변은 제주 민란시대를 열어 1862년 제주민란,
1890년 경인민란, 1896년 병신민란, 1898년 방성칠(房星七)의 난, 1901년 이재수
(李在守)의 난 등에 큰 영향을 끼쳤다. 김정기, 「양제해와 제주 백성의 '모변'(1813)
다시 보기」, 『탐라문화』 제34집, 제주대학교 탐라문화연구원, 2009, pp. 203~207.
섬의 이상향에 대한 연구는 주강현, 『유토피아의 탄생: 섬-이상향 / 이어도의 심성
사』, 돌베개, 2012 참조.

명화적 호응과 왜의 원병설이 등장하기도 했다. 대표적인 사례가 진주고변과 동래고변의 주모자들이 왜의 원병을 끌어들이려고 시도한 것이다.[130] 홍경래가 주도한 관서의 농민전쟁이나 장길산의 반란과 마찬가지로 반란 주도자들은 갑작스럽게 난을 일으키기도 했으나, 대체로 사전에 여러 인재를 끌어 모으는 등 철저하게 계획을 세워 추진했다. 그러나 이러한 민란에 대해 지배층 사대부 양반들은 난의 원인이나 그 목적을 사실대로 기록하지 않고 대부분 왜곡했다.[131] 민란이 발생하면 그 지역에 안핵사, 안찰사, 암행어사 등 관리를 보내 농민들의 요구 조건을 들어주고 난을 진압하지 못한 수령을 파직하는 등 임시방편으로 해결한 후 주모자들을 색출해 처형했다.

이런 임시방편 해결책과 강경책으로 민란은 갈수록 더 큰 규모로 확대되어 갔다. 조정은 서얼금고법과 노비제도 등을 폐지하려 했으나 별다른 실효를 보지 못했고, 오히려 사대부 양반들의 특혜만 늘

---

130 1836년 12월 오위장 천기영(千璣英)이 동래왜관의 담을 넘어 투서했는데, 그 내용은 "우리나라에서 군사를 일으키고자 하니 왜국에서도 원병을 보내 달라"는 것이었다. 동래고변의 주모자 남응중(南膺中)의 족당은 모두 좋은 문벌이었는데, 성품이 간교해 남의 재물을 편취하기 좋아하고 역모를 꾸며 경외(京外)에 출몰하면서 속임수만 써왔다. 일이 발각되자 면하지 못할 줄 알고 동래의 왜관으로 도망해 들어가서 극도로 흉악하고도 부도(不道)한 말을 지어내어 투서해 두 나라의 틈을 부추겼으나, 왜인들도 믿지 않고 그를 잡아서 우리나라에 넘겨주었다. 『헌종실록』 권3, 헌종 2년(1836) 12월 23일 임신 1번째 기사.

131 민란에 대해 기록한 『왕조실록』을 비롯해 『감영등록(監營謄錄)』, 『추안급국안』, 『포도청등록』 등에서 불괘지도(不軌之圖), 불측지화(不測之禍), 불원(不忍), 불도(不道) 등으로 표현하면서 죄인의 주장이나 고발의 내용을 거의 기록하지 않았다. 단지 지배층은 난을 일으킨 자들을 모두 죄인으로만 인식했을 뿐이다. 세도정치가 한창이던 헌종과 철종 시기에는 난의 발생과 경과를 자세히 다루지도 않았다. 이는 세도 가문들이 자신들에게 불리한 내용을 남기지 않으려는 것으로 풀이된다. 이이화, 앞의 책 『민란의 시대』, p. 86.

어나 지방 수령과 세도가들의 부정부패만 더욱 심해졌다. 명화적의 소굴인 구월산에서 관서농민전쟁과 유사한 대규모 민란이 사전에 발각되어 실패하는가 하면 한양과 경기 일대에서도 농민, 노비, 천민 등 하층민들의 크고 작은 민란이 연이어 발생했다. 쌀값 폭등이나 관리의 횡포에 맞서 백성들은 폭력으로 저항했다.[132] 이 민란들은 관리들의 포악성을 응징하려는 것이지만, 진짜 의도는 세도정치에 의해 병든 사대부 양반 지배 체제를 향한 저항이었다.[133] 지금까지 살펴본 임꺽정, 장길산, 홍길동, 명화적과 검계, 살수계, 그리고 수많은 민란 등 피지배층의 이야기는 "자신은 굶주리면서 질서와 법을 준수하기 위해 곡식이 가득 찬 부자의 곳간을 지켜줘야 하는가?"라는 질문을 던지게 한다.

---

132 이러한 하층민들의 폭력적인 저항은 대개 『포도청등록』에 자세히 기록되어 있다. 크고 작은 하층민들의 폭력 저항에 대해서는 이이화, 앞의 책 『민란의 시대』, pp. 87~140을 보라.

133 이기백, 앞의 책 『한국사신론』, p. 278.

3

농민전쟁: 좌절된 평등한 세상의 꿈

우덜 사는 세상이 그렇지 않소? 사람 위에 사람 있고, 사람 밑에 사람은
개, 돼지와 다름없었잖소. 그래서 우리가 싸웠잖애. 죽자고 싸워서 만들
었잖애. 양반도 접장, 백정도 접장, 나 같은 얼장 놈도 접장, 그 대궐의
잘나빠진 임금도 접장. 해산을 혀서 목숨은 부지헐지 몰러도 더 이상
접장은 아니겠재. 양반 있던 자리에 왜놈이 올라타 갔고 다시 (……) 다
시 개, 돼지로 살아야겠재. 그래서 난 싸울라고. 그래서 난 싸울라고. 겨
우 몇 달이었지만 (……) 사람을 동등허니 대접하는 세상 속에서 살다
본게, 아따, 기깔 나서 다른 세상에서 못 살겠더랑께. 그래서 난 싸운다
고. 찰나를 살아도 사람처럼 살다가 사람처럼 죽는다 이 말이여.

― SBS 드라마 「녹두꽃」 21회 백이강의 대사 중에서

동학농민전쟁을 다룬 SBS 드라마 「녹두꽃」에서 주인공 백이강은
전라도 고부 관아의 악명 높은 이방이자 만석꾼인 백가의 장남이다.
양반 백가네의 일원이 되기 위해서는 밥값을 해야 했고, 이를 위해
거죽밖에 남지 않은 백성들의 몸에 몽둥이질을 해야 했다. 남의 것
을 빼앗고 죄 없는 자들을 가두는 등 횡포를 일삼던 백이강이 세상

에 눈을 뜨고, 백성의 분노에 눈을 떴다. 그리고 천민이라 이름이 없어 '거시기'라 불린 백이강은 자신 안에 잠들어 있던 진짜 백이강을 발견했다. 그렇게 전봉준과 새로운 세상에 대해 꿈을 불태우기 시작했다. 지난날 가난한 농민과 천민을 괴롭혔던 과거의 죗값을 치르고 새 세상을 열기 위해 봉기한 동학 농민군 별동대장이 된 백이강. 얼자(孼子)[134]이자 천민 출신으로 못된 짓만 하면서 살아온 그는 새로운 세상을 꿈꾸며 신분 질서 세상의 경계조차 뛰어넘고자 했다.

이건 그냥 잊힌 누군가에 관한 이야기다. 그 뜨거웠던 갑오년 사람이 하늘이 되는 세상을 향해 달려갔던 위대한 백성들. 역사는 그들을 무명 전사라 부르지만 우리는 그들의 이름을 안다. 녹두꽃. 그들이 있어 우리가 있다.

- SBS 드라마 「녹두꽃」 마지막 회 송자인의 내레이션 중에서

동학농민전쟁은 조선에서 필연적인 결과였다. 세상은 변하고 있으나 사대부 양반들은 자신들의 세상을 양보할 생각이 없었다. 유교 사상으로 피지배층을 지배하기에는 이제 한계에 도달한 것이다. 서세동점의 시대에 조선의 지배층이 여전히 봉건적 사고에서 벗어나지 못하고 오로지 자기 세상을 보호하는 데 주력하는 동안 백성들은 새로운 세상을 바라보게 되었다.[135] 피지배층은 조선시대 내내

---

134 천인 출신 첩의 아들.
135 서세동점을 통해 조선인은 서구 문명의 이기에 대해 상당한 경이로움을 가진 한편, 이러한 당시 흐름이 쇄국과 개국에 양면적인 영향을 끼쳤다. 또 서구 문명의 경이로

수없는 민란을 통해 무력으로 지배층에 저항했으나 세상은 나아진 것이 없었다. 사대부 양반 지배층의 폭정은 더욱 심해졌고, 농민과 노비, 천민 등 백성들의 처지는 점점 더 힘들어졌다. 그동안 이웃 국가 일본 등 세계는 근대화와 시민국가를 향해 나아가고 있었으나 조선은 개국 이래 달라진 게 아무것도 없었다. 이런 현실 속에서 피지배층은 천년왕국 사상 또는 미륵사상에 희망을 걸고 살 수밖에 없었다. 실학자 등 조선의 지식인들은 일찍이 서구 근대 사상을 이해하고 전문 지식을 습득했으나 그것으로 조선을 변화시킬 만한 역량과 능력이 부족했다. 실학자들은 모순이 가득한 사회 체제를 개혁하고자 했지만, 이들 역시 끝내 왕도사상(王道思想)에서 벗어나지 못했다.[136] 그래도 조선의 피지배층은 지배층과의 오랜 투쟁을 통해

움은 부분적으로 중화중심주의로부터 벗어나는 계기가 되었으며, 이런 점에서 서세동점은 한국 민족운동사의 한 획을 이루고 있다. 신복룡, 「서세동점기의 서구인과 한국인의 상호 인식」, 『한국문학연구』 제27집, 동국대학교 한국문학연구소, 2004, pp. 62~93. 조선이 서세동점을 지켜보며 자생적인 근대화를 실현하려고 했다는 주장에 대해서는 원재연, 『서세동점과 조선 왕조의 대응』, 한들출판사, 2003 참조.

136 실학자들은 왕권을 사회의 중심축으로 삼아 개혁의 주도권을 왕실이나 중앙 정부에서 장악해야 한다고 주장하던 쪽이었다. 그들은 지방의 사족이나 벌열이 아니라 왕권에서 사회 개혁의 추진력을 구하고자 했다. 그러므로 실학 사상은 근본적으로 왕실중심론 내지 왕권강화론의 성격을 나타내고 있었다. 정약용의 초기 저작인 『탕론(蕩論)』과 『원목(原牧)』을 검토해보면 민(民)의 정치적 권력을 인정한 측면도 있었다. 특히 정약용에게서 나타난 민에 대한 인식은 그를 전후한 실학자들과 구별되는 면이 있다. 그러나 이러한 인식은 초기의 저작들에서 나타난 것이었고, 후기에 이르러 자신이 대표적 개혁서로 내세우는 일표이서(一表二書)의 단계에서는 보다 현실적인 개혁론을 제시하면서 왕권을 개혁의 주체로 삼고자 하는 노력을 집중적으로 전개했다. 조광, 「정약용의 민권의식 연구」, 『아세아연구』 제56권, 고려대학교 아세아문제연구원, 1976; 임형택, 「다산의 '민' 주체 정치사상의 이론적·현실적 근거」, 강만길·정창렬 외, 『다산의 정치경제 사상』, 창작과비평사, 1990. 또 홍대용 등 조선 후기의 실학자들이 비록 맹자 사상을 끌어와 경세 사상을 편다고 해서 반드시

저항의 역량을 배우고 체득했다. 피지배층은 사대부 양반 지배층에게 더 이상 기대할 수 없다고 판단하고 스스로가 자신의 세상을 열어갈 것을 다짐하게 되었다. 이제 그 계기가 오길 기다릴 뿐이었다. 동학농민운동의 기폭제가 된 것은 고부민란이었다.

> 관리들이 백성을 사사로이 부리고 재산을 빼앗는 것도 모자라 징세라는 미명하에 도마 위의 고깃덩이처럼 난도질하는 세상이잖소.
>
> - SBS 드라마 「녹두꽃」 10회 중에서

고부군수 조병갑(趙秉甲)의 만행과 수탈이 농민을 분노케 해 마침내 동학 농민들이 무장하고 일어났다. 동학교도는 창시자 최제우(崔濟愚)가 혹세무민(惑世誣民)의 죄명으로 처형당한 이후 교도의 단위 조직을 포(包), 접(接) 형태로 바꾸고 전국적인 조직망을 갖추어갔다. 이렇게 세력을 키워간 동학교도들은 교조 최제우의 죄를 벗기고 그의 원(願)을 풀어줌으로써 종교상의 자유를 얻기 위해 교조신원운동(教祖伸寃運動)을 전개하기에 이르렀다. 1871년 3월 10일(음력) 이필제는 제2대 교주 최시형(崔時亨)과 손을 잡고, 동학의 조직망을 통해 동학교도 2백여 명을 동원해 영해에서 야간 기습 작전을 펼쳐

맹자와 같은 왕도정치론을 주장한 것이라고 보기는 어렵다. 맹자는 제민지산(濟民之産)이 이루어져야 예의를 가르치는 것이 가능하고, 예의 교육을 통해 위아래 사람들 모두 도덕적이 되었을 때 비로소 왕도정치는 실현된다고 보았다. 홍원식, 「율곡학과 실학의 차별성에 관한 연구: 홍대용 등 북학과 실학을 중심으로」, 『한국학논집』 제43집, 계명대학교 한국학연구소, 2011, pp. 227~248.

부사를 죽이고 군기를 탈취했다. '이필제의 난'이라 불리는 이 제1차 교조신원운동을 시작으로 1892년 7월 최시형의 제자인 서병학(徐丙鶴), 서장옥(徐璋玉) 등은 그해 10월 교도들을 공주에 모이게 하고 충청감사 조병식(趙秉式)에게 억울하게 뒤집어쓴 죄를 씻어주고 폭력을 금지해줄 것을 요구한 신원금폭(伸寃禁暴)의 소장(訴狀)을 제출했다. 이어서 11월 1일 전라도 삼례역에서 수천 명의 교도가 참여한, 동학 창설 이래 최대 규모의 제2차 시위가 열렸다. 이어서 박광호(朴光浩)를 소수(疏首)로 하는 40여 명의 교도들은 1893년 2월 8일 상경해 11일 경복궁 광화문 앞에 도착해 사흘 밤낮을 엎드려 교조 신원을 호소하는 제3차 시위를 벌였다.

그러나 오히려 조정에서 상소를 올린 주모자를 체포할 것을 명하는 등 강경하게 대응하자 동학 지도층은 합법적인 방법으로 한 신원운동을 포기하고 말았다. 1893년 3월 10일 전국 각지에서 2만여 명의 교도가 모인 가운데 열린 보은 집회에서는 척왜양창의(斥倭洋倡義)의 정치적 기치를 내걸었다. 한편 전라도 금구에서는 전라도의 동학교도, 즉 남접(南接)의 서장옥, 손화중(孫華中), 전봉준 등의 주도로 집회를 열었다. 이들 동학교도는 집회와 시위로는 아무런 결과를 얻지 못할 것으로 판단하고, 1860년대부터 광범위하게 진행되어 온 민란의 경험에 비춰 볼 때 사태의 근본적 해결을 위해서는 전국적인 봉기를 통한 민씨 정권의 타도와 외세 축출이 필요하다고 생각했다.

그렇다면 동학이 이렇게 피지배층에게 큰 호응을 받고 세력을 키울 수 있었던 것은 무엇 때문일까? 바로 동학의 평등사상이다. 알

다시피 조선 사회의 가장 큰 모순은 바로 신분제다. 지배층과 피지배층으로 갈라놓은 조선 사회에서는 사대부 양반 지배층 외에 농민, 노비, 천민 등 피지배층은 인간으로서 권리와 대우를 받지 못했다. 온갖 세금과 부역을 짊어지면서 한 국가의 백성으로 인정받지 못한 피지배층에게 신분 차별이 없는 평등한 세상을 내세운 동학이 큰 환영을 받게 된 것이다. '동학'이란 교조 최제우가 서교(西敎)의 도래에 대항해 동쪽 나라인 우리나라의 도를 일으킨다는 뜻에서 붙인 이름이다. 사람 중심의 인본주의적 학문이 만들어졌으며, 이것이 서양 서학의 신본주의적 사상과 반대되는 학문이라 해서 동학이라 불렀다. 이런 이유로 동학은 서학을 배척했고, 천주교도 동학을 이교로 규정해 멀리했다. 동학교도들이 외운 주문 내용은 "지극한 기운(至氣)이 오늘에 이르러 크게 내려졌다. 한울님을 모시고 조화가 정해져 있음을 길이 잊지 아니하면 온갖 일을 알게 될 것이다"이다.

이 주문에서 '지극한 기운'은 서경덕이 주장한 기일원론으로서 주자학의 이기론을 인정하지 않고 우주의 만물은 기의 작용으로 생성하고 진보한다는 의미다. 본래 성리학에서는 현상세계를 구성하는 것이 곧 기이고, 이 기의 존재 방식을 규정해주는 것이 곧 이라는 이기이원론을 핵심 논리로 삼고 있다. 현상세계에서 보면 이와 기는 동시에 존재하는 관계에 있지만, 궁극적으로 보면 이는 기보다 앞서서 기의 존재 방식을 규정하는 원리이므로 이와 기는 서로 섞일 수 없는 이기일원론의 관계에 있다. 이런 이기이원론에 대해 기는 우주 만물의 근원으로서 이와 관계가 없으며, 독자적으로 존재해 우주의 모든 물질을 생성한다고 하는 것이 바로 기일원론이다. 따라서 서경덕의 기 중심 철학은 피지배층 백성들의 이익을 대변하고 있다.[137] 주기론의 핵심은 심성의 이보다 실체의 기를 더 중시해 성품을 닦는 것보다 현세의 삶을 더 강조하는 것이다. 기에 바탕을 둔 동학의 철학은 신이 아닌 인간을, 그리고 정신적인 존재보다 물질적이고 육체적인 존재를 더 중시한다. 이러한 사상이 현실 속에서 소외되고 억압받고 고통스럽게 살아가는 피지배층에게는 희망의 메시지로 보였을 것이다.

---

137 김영달, 「서경덕의 기일원론 사상 연구」, 『철학연구』 제10집, 대한철학회, 1970, pp. 53~93. 16세기 조선 철학사는 서경덕의 기일원론적 사상과 이황의 이일원론적 사상의 대립적 역사다. 특히 서경덕은 불가(佛家)의 영생불멸 사상과 노자의 허무 사상, 그리고 주자의 이기이원론 사상을 반대하며 자신의 기일원론적 사상을 발전시켰다. 그는 우주에 가득한 실체인 기는 원래 시작도 없고(無始), 끝도 없으며(無終) 생겨나지도 않은(無生) 존재로서 그 자체 안에 영원한 합법칙성(合法則性)을 지니고 부단히 운동하는 존재라고 규정했다. 따라서 서경덕은 이는 기에 앞서 존재하는 것이 아니며 또 기를 주관하는 것도 아니라고 주장했다. 인간을 포함한 우주 만물은 신의 계획에 의해서 창조된 것이 아니지만 그렇다 해도 기는 카오스 속에 있는 것이 아니라 코스모스로서 정연한 질서를 가지고 일정한 법칙에 의해 존재한다는 것이다. 그리고 그는 우리 의식으로부터 독립한 객관적 존재로서 기는 그 자체 내에 법칙성을 가지고 있을 뿐 아니라 그 자신의 본질적인 속성으로서 운동성을 지니고 있다고 보았다. 김영달, 「서경덕의 기일원론과 이황의 이일원론과의 비교 연구」, 『철학연구』 제15집, 대한철학회, 1972, pp. 131~163. 서경덕은 16세기의 진보적인 철학자로 20대에 벌써 독자적인 유물론적 자연관을 확립했으며, 그에 토대해 우리나라에서 처음으로 기일원론 철학을 체계화했다. 그의 기일원론 철학은 이 시기 관학의 지위를 차지하고 있던 주자 성리학적 관념론 철학과 뚜렷이 대조되어 일가를 이룸으로써 우리나라 중세 철학 사상 발전에 커다란 역할을 했다. 서경덕의 기일원론 철학에서 가장 빛나는 부분을 이루는 것은 기불멸설(氣不滅說)이다. 그에 의해 기불멸설이 제기됨으로써 물질 불멸 사상이 확증되었으며, 물질적 실체의 보편성과 세계의 물질적 통일성이 이론적으로 확고해졌다. 량만석, 「서경덕의 기일원론 철학 사상에 대하여」, 『퇴계학과 유교문화』 제35권 제2호, 경북대학교 퇴계연구소, 2004, pp. 55~65.

최제우 시기의 동학은 후천개벽에 의한 지상 천국의 건설을 목표로 포교 활동에 주력했다. 이 시기의 동학사상은 '하늘과 인간이 하나(天人如一)'라는 사상으로, 왕조 말기적 사회상을 부정하고 혁명사상을 유포했다. 따라서 후천개벽의 근거로서 무위이화(無爲而化: 힘들이지 않아도 저절로 변해 잘 이루어진다)를, 인간성 회복의 방법으로 수심정기(守心正氣: 한울님 마음을 항상 잃지 아니하며 사특한 기운을 버리고 도기를 길러 천인합일을 목적으로 하는 수련 방법)를 주장한 최제우의 사상은 다소 현실과는 거리가 있었지만, 최시형은 내 마음속에 한울님을 모셨다는 시천주(侍天主) 사상을 사실화하고 한울님을 공경하듯이 사람도 그와 같이 서로 인격을 존중해 '인간을 한울님처럼 섬겨라'라는 사인여천(事人如天) 사상을 정립함으로써 인간의 존엄성을 강조한 인내천(人乃天)을 합리화했다.

더 나아가 그는 '나라를 돕고 백성을 편안하게 하라'는 보국안민(輔國安民), '널리 창생을 구하라'는 광제창생(廣濟蒼生) 사상, 밥 한 그릇의 진리 등 현실 사례를 들어 인간 중심의 교리를 해설함으로써 현실 개혁을 주장했다. 그리하여 한울님과 마찬가지로 인간도 존귀하다는 인본주의 사상을 실천에 옮기게 되었고, 이러한 사상이 교조신원운동과 동학농민운동으로 표출된 것이다. 따라서 물질적인 현실 세계와 인간의 본성, 그리고 한울님의 뜻과 동일시한 동학의 인간중심 사상은 종교라기보다 사회사상에 더 가까웠다.[138]

---

138 동학이 근대 사회사상으로 체계화되고 일반 지식층 모두에게 참여를 개방해 동학운동을 민족독립운동으로 발전시킨 것은 손병희(孫秉熙)의 천도교 시기다. 이 무렵 천도교는 인내천을 중심 사상으로 정하고 생각과 몸을 온전하게 한다는 유신쌍

19세 중엽에 생겨난 동학의 사상과 종교적 교리는 평등사상으로 인해 조선의 신분제 중심의 기존 사회 질서와 충돌했다. 더욱이 19세기 말엽 조선 사회는 일본과 미국이 개항을 요구하며 점차 조선에 진출하는 등 대내외적으로 위기의식이 고조되던 시기였다. 이 시기에 세도가들의 권력다툼으로 정세가 불안한 가운데 의지할 곳이 없던 조선 피지배층 백성들은 종교에서 피난처를 찾고자 했다. 이때 동학과 천주교는 민족종교와 서구 외래종교라는 차이에도 불구하고 이들 피지배층에게 위안을 주었다. 그것은 이들의 평등사상과 새로운 세상을 염원하는 이상이 조선의 피지배층 백성들의 정서와 부합했기 때문이다. 그러나 동학은 반외세운동을 앞세워 서학인 천주교를 배척했으며, 천주교는 동학을 미신이나 이교로 규정해 적대시하며 동학 농민군을 폭도나 사람을 해치고 재물을 강탈하는 비도 무리로 여겼다. 그런데 동학은 서학인 천주교와 교리 면에서 공통점이 있었다. 또한 이 두 종교 각자 평등사상과 현실 비판, 그리고 새 세상의 도래에 대한 열망 등 기존의 체제를 부정하는 성격을 띠고 있

전론(惟身雙全論)을 근거로 인간의 본질을 규명하는 한편, 인내천 사상을 사회적으로 실천했다. 최시형의 인간존중 사상을 근대적 사회실천 사상으로 발전시킴으로써 천도교에서 거족적 민족운동을 주관하게 되었다. 갑진개혁운동이나 3·1독립운동 거사가 가능했던 것도 인내천의 사회 사상화 노력이 있었기 때문이다. 천도교가 통일성, 실천성, 세계성을 지닌 신종교로 부상한 것은 서구의 근대 사상인 진화론을 수용한 1920년대다. 당시 이돈화(李敦化)는 실재론(實在論)과 범신론으로 신의 존재를 확립하고 자아실현을 위한 이론으로 인간중심 사상을 제시함으로써 후천개벽의 현실적 구현을 실천하도록 정신적 근거를 제공했다. 동학은 이미 종교라기보다 사회사상으로서 위치를 굳혀가고 있었다. 동학운동은 모든 피지배층에게 확대되면서 민족독립운동을 선도하는 데 일익을 담당했다. 황선희, 「동학 연구의 현 단계와 전망」, 『한국사론』 제28집, 국사편찬위원회, 1998, pp. 385~419.

었기 때문에 수용 초기부터 조정과 지배층으로부터 핍박과 탄압을 받았다. 그런데도 이 두 종교는 각기 처음부터 대립적인 관계를 지녔다.[139]

신분제와 지주제는 중세 조선 사회를 지탱하는 양대 기둥이었다. 조선의 성리학은 사대부 양반 중심의 차별적 신분제를 옹호하면서 지주-소작제에 입각한 농업 사회의 봉건적 질서를 주도해가던 조선 사회의 중심 이념이었다. 서구 유럽은 19세기에 동아시아로 몰려와 동양보다 발달한 우수한 무기를 앞세워 중국과 일본을 비롯해 조선에 무력으로 문호 개방을 요구하며 천주교와 개신교를 전파하는 데 주력했다. 그러나 명말 청초부터 조선의 지배 세력은 성리학과 유교적 질서에 반대되는 각종 서양 서적과 여러 기물을 거부해왔다. 그리고 조정은 17세기 초반부터 18세기 후반까지 약 200년 동안 조선에 전파된 천주교에 대한 강력한 비판과 통제를 바탕으로 천주교 세력을 제거하려고 했다. 이는 1784년 조선 천주교회의 탄생과 함께 서학 배척운동이 전개되면서 본격적인 척사운동(斥邪運動)으로 발전했다.[140]

1732년 7월에 연행한 진하 겸 사은정사(進賀兼謝恩正使) 이의현(李宜顯)의 기록에 "서양 사람이 창건한 천주교라는 서양의 도는 하늘을 섬기는 것을 주장하여 비단 유도(儒道)와 등을 져서 다를 뿐만 아니라, 또한 선(仙), 불(佛) 두 가르침을 배척하고서 스스로 높은 체

---

139 박대길, 「동학농민혁명 이전 천주교와 동학의 상호 인식」, 『인문과학연구』 제19집, 강원대학교 인문과학연구소, 2008, pp. 57~87.
140 차기진, 『조선 후기 서학과 척사론 연구』, 한국교회사연구소, 2002, p. 231.

한다"라고 했다.[141] 이렇듯 정치, 사회 등 모든 분야에서 최고 가치로 여겨온 주자 성리학의 인간중심 사상과 반대되는 신본 사상을 핵심으로 한 천주교에 대해 조선 지배층은 당연히 부정적인 시각을 가질 수밖에 없었다. 더욱이 1791년 조상 숭배를 배척하는 천주교의 교리로 인해 발생한 호남 진산 사건은 유교를 숭상해온 조선 지배층에 충격을 주었다. 조상을 숭배하는 유교 사회에서 제사를 거부하는 것은 삼강오륜을 어기는 죽음보다 더한 범죄였다.[142] 이렇게 조선의 사대부 양반 지배층은 근대화라는 역사의 진보를 외면하고 세상의 흐름에 역행하고 있었다.

이에 따라 정부가 동학에 대해 강경책으로 선회하자 동학교도에 대한 지방관들의 탄압은 더욱 심해졌다. 심지어 19세기 조선 사회에서 위정자들은 동학을 서학과 마찬가지로 사악한 학문이라는 의미의 '사학(邪學)'으로 규정하기에 이르렀다.[143] 고종은 동학교도가

---

141 이의현, 『연행록전집』 권35 「임자연행잡지(壬子燕行雜識)」.

142 호남 진산 사건은 전라도 진산에 사는 윤지충(尹持忠), 권상연(權尙然) 두 선비가 부모의 제사를 거부하고 위패를 불태운 사건이다. 1791년 전라도 진산의 양반 교인이던 윤지충 집안에서 제사를 폐하고 신주(神主)를 불태워버린 이른바 '폐제분주(廢祭焚主)'의 문제가 일어났다. 윤지충은 조상에 대한 제사는 허례이며 진정으로 조상을 받드는 방법이 아님을 항변했으나, 결국 무부무군(無父無君)의 사교를 신봉하고 이를 유포해 강상을 그르치게 했다는 죄명으로 처형되었다. 이를 진산 사건 또는 신해박해(辛亥迫害)라 한다. 특히 남인에 대한 정치적 견제의 성격을 띠었던 진산 사건은 그 사건 자체가 충격이기도 했으나, 이후 조선에서 천주교를 아버지와 임금도 없고 패륜으로 강상을 어지럽힌 사학으로 인식하는 계기가 되었으며, 이에 따른 박해의 중요한 요인이 되었던 사건이다. 정조는 사건의 주도자였던 윤지충과 권상연에게는 엄한 형벌로서 처분했지만, 진산 사건 자체는 그 파장을 최소화해 천주교 문제에 온건적인 인식을 유지했다. 임혜련, 「정조의 천주교 인식 배경과 진산 사건의 정치적 함의」, 『사총』 제96권, 고려대학교 역사연구소, 2019, pp. 45~78.

143 조광, 「조선 후기 서학 사상의 사회적 기능」, 『조선 후기 천주교사 연구의 기초』, 경

"허황한 말을 만들어내어 어리석은 백성들을 현혹하고 부추기고 속여서 재물을 빼앗고 무리를 불러 모아 일당을 만들며 유생을 빙자해 속이고 선동하고 있다"며 동학 교리를 신봉하며 교화되기를 거부하는 자들을 강력히 처벌하고자 했다.[144]

또 조선 왕조의 지배층은 동학, 천주교 외에『정감록』, 비결, 미륵신앙 등도 백성을 현혹하는 사악한 학문으로 규정함으로써 백성이 이들 학문을 배우지 못하도록 엄격하게 단속했다. 이들 사상은 백성들에게 큰 호응을 받게 되자 성리학 이념에 의한 정치 체제와 사회 질서에 정면 도전함으로써 사회 변혁을 꾀했다.[145] 동학과 천주교는 백성들의 저항 결사체의 성격을 띠고 있었기 때문에 조정에서는 이 두 종교를 언제든지 중국의 황건적이나 백련교도, 그리고 태평천국 같은 반란을 일으킬 수 있는 불순세력 집단으로 보았다. 한편 태평천국사상은 중국 전통의 대동사상과 기독교의 평등사상이 결합한 공상적 사회주의 성격을 띠고 있었다. 특히 이 사상은 유교 신분제 질서를 반대하고 평등 사회 실현을 목표로 했으며, 경자유전(耕者有田)과 토지의 균등 분배를 주장했다. 이 사상은 중국 사회주의 사상의 기초가 되어 중국 근대 사회를 발전시키는 데 큰 영향을 끼쳤다.[146]

인문화사, 2010, p. 3.

144 『고종실록』 권30, 고종 30년(1893) 2월 15일 무진 1번째 기사.

145 조광, 『조선 후기 사상계의 전환기적 특징』, 경인문화사, 2010, pp. 3~4.

146 태평천국은 청나라 말기 홍수전이 기독교적인 이념의 신정(神政) 사상으로 세운 국가였다. 1847년 태평천국의 전신인 기독교 성향의 조직 배상제회(拜上帝會)가 광동성 계평 금전촌에서 창설되었다. 이 단체는 풍운산(馮雲山)이 포교 활동을 벌

홍수전(洪秀全)은 양발(梁發)의 『권세양언(勸世良言)』의 영향을 받았고, 미국 남침례교 출신의 선교사 이사카 로버츠(Issachar J. Roberts)에게서 19세기 중국 개신교의 기본 교리와 예배에 대해 많은 것을 배웠다. 홍수전은 유일신 야훼 하나님을 섬기며 예수 그리스도를 구세주로 믿고 성경을 통해 원죄론과 구원론, 종말론 등 기독교 사상을 익혔다. 영생을 소망하며 천국과 지옥의 존재를 믿었던 홍수전이 이러한 기독교 사상을 태평천국운동 과정에서 중국화되고 또 중국인들이 이해할 수 있는 문화와 세계관으로 재해석한 것이다.[147]

태평천국 사상은 기독교로부터 출발했지만, 동학은 서학을 반대하는 관점에서 시작된 사상이다. 그렇지만 태평천국과 동학은 정치적으로 반봉건·반외세 운동을 펼치며 농민, 노동자 등 피지배층 중심의 평등과 균등 분배를 시행하려 했다는 점에서는 유사하다.[148]

여 가난한 농민과 노동자 등 주로 하층민들을 중심으로 신도 수가 늘어나자 스스로 야훼 하나님의 둘째 아들이며 예수의 동생이라 칭하던 홍수전을 영입해 지도자로 삼았다. 이 단체가 점차 조직을 확대해나가자 공권력과 지역 지주들과 자주 마찰을 일으켜 풍운산을 비롯한 배상제회 회원들이 체포되었다. 그러자 홍수전은 기존의 종교 활동에서 벗어나 정치 활동으로 방향을 바꾸었다. 1850년 배상제회는 금전촌에 집결해 단영(團營)이라는 군사 조직을 결성하고, 1851년 1월 나라를 수립해 국호를 태평천국으로 하고 홍수전을 천왕(天王)이라고 칭했다. 태평천국은 재산 공유제를 채택해 토지를 농민들에게 고르게 분배하는 사회주의적 성격과 미국식 민주주의적 정체를 갖춘 기독교 이상 국가를 지향한 사회주의운동의 성격을 띠었다. 곽덕환, 「태평천국의 난에서 나타난 공상적 평등사상 연구」, 『동아인문학』 제35집, 동아인문학회, 2016, pp. 375~396.

147 김석주, 「19세기 중국 개신교가 홍수전과 태평천국운동에 끼친 영향」, 『피어선신학논단』 제2권 제2호, 평택대학교 피어선기념성경연구원, 2013, pp. 89~119.

148 동학농민전쟁과 태평천국 농민전쟁, 이 두 농민전쟁은 여러 면에서 공통점을 가지고 있었다. 양국의 왕조 말기에 일어난 농민전쟁이라는 점, 동학과 배상제교(拜上帝敎)라는 신종교를 바탕으로 발생했다는 점, 반봉건·반외세적인 성격을 가지고 있다는 점, 결국에는 본국 정부와 외국 연합군의 진압하에 실패로 끝났다는 점 등이다.

또한 중국에서 태평천국 농민전쟁이 표면적으로 기독교라는 종교적 색채를 띠었듯이 동학농민전쟁 역시 표면에 동학이라는 종교적 성격을 나타냈다. 최시형 등 동학교도의 조직인 북접(北接) 지도부와 관계없이 남접 지도자인 전봉준, 김개남(金開男), 손화중 등이 농민전쟁을 주도했으나, 이들은 동학의 주요 간부들이었고 동학 조직과 연결해 농민군의 조직 형태를 동학의 포 조직과 똑같이 했다는 점에서 동학은 농민전쟁의 종교적 외피였다.[149] 한편 최제우가 지은

동학농민전쟁은 관리들의 폭정과 탐관오리의 부정부패를 반대하면서 발발했지만, 그들은 조선 국왕과 봉건적 왕조를 타도의 대상으로 삼지 않았고 오히려 국왕을 성상(聖上)으로 표현하면서 지키고 보호해야 할 대상으로 여겼다. 태평천국 농민전쟁은 만주족 청나라를 몰아내고 새로운 한족 중심의 왕조를 건립하려고 했다. 하지만 그들이 세운 태평천국 정권은 청조와 다를 바 없는 봉건 왕조였고, 지도층의 권력 쟁탈과 분열로 쇠퇴하게 되었다. 동학농민전쟁은 충군애국(忠君愛國)의 유교적 사상 위에 그들의 봉기 목적을 표명하면서 농민전쟁을 진행했으며, 태평천국 농민전쟁은 유가 사상에 대해 강한 배척과 부정의 태도를 보였지만 후기로 가면서 오히려 유가 사상을 그들의 통치 이념으로 삼고자 했다. 노재식, 「동학농민전쟁과 태평천국 농민전쟁의 비교 연구: 두 농민전쟁의 목표와 유가 사상에 대한 태도를 중심으로」, 『인문과학연구』 제20집, 강원대학교 인문과학연구소, 2008, pp. 113~138.

149 동학농민전쟁 역시 독일농민전쟁과 중국 태평천국 농민전쟁 및 의화단운동처럼 외적으로 동학교라는 종교적 성격을 띠었다. 강재언, 「봉건 체제 해체기의 갑오농민전쟁」, 안병직·박성수 외, 『한국 근대 민족운동사』, 돌베개, 1980, p. 261. 해방 이후 '동학'의 주도성과 '종교적 외피론'에 대한 영향을 살펴보면 우선 동학 지도층의 사상과 조직의 성격이 동학농민전쟁에 대한 기본적인 구도가 된 것으로 보인다. 이후 연구에서도 동학과 농민전쟁의 결합성을 강조하고 1890년대 동학사상과 전국적인 조직화가 곧 농민 반란의 이념과 조직이 되었다는 점을 부각하고 있다. 반면 북한 학계에서는 초기에 농민들의 사회경제적 개혁 지향과 '동학'이라는 종교적 외피를 강조했으나 이후 양자의 관련성을 철저히 부정한 주장도 있다. 한국 학계에서도 농민전쟁의 주도층과 참여층에서 동학이 아닌 농민층에 주목했으며, 동학의 종교 이념과는 다른 '보국안민' 이념으로 해석하려는 농민전쟁 서술이 구체화되었다. 지금까지 1894년 농민전쟁에 관한 남북한 학계의 주도적인 연구 경향은 동학농민운동 지도자였던 오지영이 저술한 『동학사(東學史)』와 관련해 동학의 미신적인 종교의식 및 계급적 조직체의 타파라는 개혁 이념에 초점이 맞춰져 있다. 왕현종, 「해방 이후

동학 경전은 일방적으로 천주교를 경멸하고 배척한 것이 아니라 시운(時運)과 도(道)를 함께 공유했다. 즉 당시 조선에서 피지배층과 양반 서얼계급에 널리 전파된 동학은 천도(天道)를 아녀자들 사이에 널리 전파되어 가던 서학과 공유한다고 생각했다. 그러나 최제우는 같은 '천도'라고 하지만 그 교리 체계는 천주교와 동학이 달라 그 천도의 이(理)가 같지 않다고 했다.

신유년에 이르러 사방의 현사(賢士)들이 나에게 와 묻기를 "지금 천령(天靈)이 선생에게 강림하셨다는데 어찌해 그러합니까?" 대답하기를 "무왕불복(無往不復)의 이치를 받았다." 묻기를 "그런즉 어떤 도로 이름합니까?" 답하기를 "천도이다." 묻기를 "양도(洋道)와 더불어 다른 것이 없습니까?" 답하기를 "양학(洋學)은 이와 같으나 다름이 있으니, 비는 것과 같으나 실(實)이 없다. 그러나 운(運)인즉 하나요, 도(道)인즉

『동학사』의 비판적 수용과 농민전쟁 연구」, 『역사교육』 제133집, 역사교육연구회, 2015, pp. 157~191. 그리고 이에 대해서는 김양식, 「오지영 『동학사』의 집강소 오류와 기억의 진실」, 『한국사연구』 제170집, 한국사연구회, 2015, pp. 1~28 참조. 특히 오지영은 『동학사』 저술을 통해 동학농민전쟁의 혁명성을 강조하며 동학에 기반해 서양에 대응해야 한다는 동도주의를 지향했다. 김정인, 「천도교 계파의 동학사 인식: 오지영의 『동학사』와 이돈화의 『천도교 창건사』를 중심으로」, 『한국사상사학』 제56집, 한국사상사학회, 2017, pp. 175~208. 한편 독일농민전쟁에서 토마스 뮌처는 이러한 종교적 외피를 보여주고 있다. 그는 당시 지배하던 정치적 상황을 신학적으로 철저하게 비판하고 이를 행동으로 옮겼다. 그의 행동은 항상 이 세계와 생활 조건을 개선할 수 있다는 생각을 바탕으로 하고 있었다. 이에 따라 그는 신학을 광범위하게 정치적 변화를 수반하는 사회 개혁의 사상으로 받아들였다. 클라우스 에버트, 앞의 책 『토마스 뮌처』, p. 15. 동학농민전쟁과 독일농민전쟁의 종교적 외피론에 대한 비교 연구에 대해서는 남태욱, 「동학농민혁명과 독일농민전쟁의 비교적 고찰: F. 엥겔스의 외피론을 중심으로」, 『동학학보』 제19권, 동학학회, 2010, pp. 277~317 참조.

같으나 이(理)가 다르다."[150]

이 말은 곧 이 우주를 주관하는 한울님은 단 한 분인데 어떻게 천운, 천도가 서로 다를 수 있겠느냐고 반문하는 것이다. 최제우는 천운이나 천도는 동학이 창도(創道)되기 이전, 또 서학은 이 세상 그어떤 종교가 생겨나기 이전부터 존재하고 있었던 우주의 본원적인 것이고, 이를 수행하는 동학의 수행 방법이 서학이나 종래의 종교와전혀 다른 것이라고 강조한다. 즉, 동학의 도는 예나 지금이나 듣지도 못한 그 어느 종교와도 비교될 수도 없는 법[(금불문고불문(今不聞古不聞), 금불비고불비(今不比古不比))]이라는 것이다. 말하자면 동학은서학으로부터 전혀 영향을 받지 않고 독자적으로 창안된 사상으로,동학이 서학과 다른 점에 대해 최제우는 이렇게 설명한다.

우리의 도는 무위이화라, 그 마음을 지키고 기운을 바르게 하면 한울님성품을 거느리고 한울님의 가르침을 받게 되어 자연한 가운데서 되는것이요, 서양 사람은 말에 차례가 없고 글에 순서가 없으며 도무지 한울님을 위하는 단서가 없고 다만 제 몸만을 위해 빌기 때문에 몸에는기화(氣化)의 신(神)이 없고 학(學)에는 한울님의 가르침이 없으니, 형식은 있으나 자취가 없고 생각하는 것 같지만 주문(呪文)이 없는지라,

---

150 『동경대전(東經大全)』 「논학문(論學文)」, 윤석산, 『용담유사 연구』, 모시는사람들, 2006, pp. 136~137에서 인용. 이 기록이 동학이 서학의 영향으로 성립되었다는 주장의 증거가 되지는 않는다. 윤석산, 위의 책 『용담유사 연구』, p. 137.

도는 허무한데 가깝고 학은 한울님 위한 것이 아니니 어찌 다름이 없겠느냐.[151]

최제우는 유럽의 기독교인 서학에 대해 무조건 배척하기보다 이를 관심 있게 살펴본 것이다. 결과적으로 최제우는 세상을 올바르게 제도할 가르침이 아닐뿐더러 사회 전체를 위하는 마음보다 제 자신만을 위하는 서학의 폐단을 지적하며 무력으로 쳐들어오는 유럽의 서세동점을 경계하도록 했다. 이렇게 최제우는 서양 세력의 동양 침입이라는 민족적 위기를 의식하고, 이러한 대외적 위기를 극복하기 위해서 민족주의 학문인 동학을 창도하기에 이르렀다.

저 경신 4월에 이르러 천하가 혼란하고 민심이 효박해 어디로 가야 할지 알지 못할 즈음에, 또한 괴이한 말이 세간에 요란하게 퍼져 이르기를, "서양 사람들은 도를 이루고 덕을 세워 그 조화가 미치는 곳에 이루지 못할 일이 없고, 무기로 공격해 전투를 함에 그 앞에 맞설 사람이 없다"고 하였다. 중국이 멸망하면 (우리나라도) 어찌 입술이 없어지는 근심이 없겠는가? 이는 딴 연고가 아니라, 이 사람들(서양인들)은 도가 서도(西道)라고 칭하고, 학(學)은 천주(天主)라고 칭하며, 교(教)는 성교(聖教)라고 하니, 이것은 천시(天時)를 알고 천명(天命)을 받은 것이 아

---

151 『동경대전』「논학문」. 따라서 동학이 서학의 영향으로 성립되었다고 주장하는 것은 심각한 왜곡이라고 말한다. 윤석산, 위의 책 『용담유사 연구』, p. 138에서 인용. 최제우는 중국을 침범한 서양과 천주당을 세운 서학을 동일시했다. 윤석산, 위의 책 『용담유사 연구』, p. 139.

닐까 하는 말도 있었다.[152]

　이처럼 최제우가 서학을 배척한 근본 원인은 나라의 전통적인 풍속이나 사회 질서를 지켜주던 예의와 오륜을 저버리는 일이었기 때문이다.[153] 특히 최제우는 천주교가 지닌 모순과 폐단으로 사회적 혼란이 야기되고 있다고 보았다. 말하자면 최제우는 저 혼자 살겠다고 혼자만 천당에 가려고 예수를 믿는 기독교인들과 이를 전도하며 개인의 이기심을 조장하는 천주교를 올바른 종교로 여기지 않았다. 이런 점에서 동학은 17세기 이후 유학자들에게서 형성된 반천주교적인 척사론과 그 흐름이 같은 것으로 보였다.[154] 그러나 사대부 양반 지배층과 위정척사론자 등 유림으로부터 공격을 받은 것은 동학이 민중운동적 성격을 나타내기 때문이다. 그리하여 동학은 탄압을 받게 되었고, 곧바로 천주교와 다름없는 '사악한 가르침'으로 낙인

---

152 『동경대전』「논학문」, 원재연, 「서세동점과 동학의 창도」, 『1893년, 동학농민혁명 전야(前夜)를 밝히다』, 동학농민혁명 제119주년 기념 학술대회, 2013, p. 53에서 인용. 최제우는 서양 세력(西勢)의 힘을 서학과 서양 무력의 두 가지로 파악하면서도 서학이 무력보다 본질적인 것이라고 보았다. 신용하, 「동학의 창도와 동학사상」, 『한국사』 제37권, 국사편찬위원회, 2000, p. 125.

153 이런 문제는 유럽의 기독교 문화와 우리 전통문화의 충돌 속에서 발생한 것이다. 홍순영, 『한말의 민족사상』, 탐구당, 1982, p. 143. 그러나 최제우는 동학은 동양의 전통적인 가르침인 유교, 불교, 도교의 가르침 중에서 좋은 점은 모두 취해 유학의 삼강오륜과 5상(인의예지신)을 존중하며 수신제가의 방법으로 도를 닦아나가야 한다고 강조한다. 그러면서도 백성들을 억압하지 말고 자연스럽게 친화하는 '무위이화'의 도교적 가르침을 표방하며 "서학이 삼강오륜의 전통적 가치와 질서를 파괴한다는 점에서 마땅히 비난받아야 하며, 또한 서학이 충효의 도리를 저버리는 가르침이라는 점에서 배척해야 한다"라고 주장했다. 『용담유사(龍潭遺詞)』「권학가(勸學歌)」.

154 원재연, 위의 글 「서세동점과 동학의 창도」, p. 58.

찍히게 되었다. 그러나 동학의 지도자들은 외세의 침략에 저항하는 애국과 민족의식을 강조하며 1894년 농민전쟁을 통해 척양척왜(斥洋斥倭)의 깃발을 높이 내걸고 외세의 저지와 봉건적인 조선 왕조와 사회의 개혁을 외치며 봉기했다. 동학은 일본 제국주의뿐 아니라 청국의 내정 간섭과 서양 제국까지도 반대했다.[155]

미국과 프랑스의 자본주의 열강이 천주교를 앞세워 국내에 침입하기 위해 여러 차례 사건을 일으켰다. 더욱이 청나라에서의 태평천국 농민전쟁을 계기로 1857년 영국과 프랑스가 무력 개입을 해 광주를 점령하고 계속 북상해 천진조약을 강요했다. 이 비준서 교환에 실패하자 영국과 프랑스 연합군은 1860년 북경을 침입해 방화, 살인, 약탈하고 북경조약을 억지로 조인하게 했다. 제2차 아편전쟁으로 불린 이 사건은 조선에 서구 열강의 침입에 대한 경각심을 불러일으켰다. 결국 조선은 철저한 척사양이(斥邪洋夷) 정책을 추진해 천주교 탄압을 강화하기에 이르렀다. 동학농민전쟁에서 척왜양창의(斥倭洋倡義)를 구호로 내세운 것 역시 이러한 이유에서다.[156] 이러한 동아시아의 위기 상황 속에서도 고종과 유착한 민씨 일족 세도

---

155 그러나 동학농민전쟁은 일본의 막부 말기에 있었던 백성 소요와 같은 학정에 대한 농민의 반항이었으나 봉건제의 틀에서 벗어나지 못했다. 다만 동학의 슬로건 척왜양창의에서도 알 수 있듯이 배외주의적 요구는 확실했다. 이러한 면에서 동학농민전쟁은 민족주의적 성격을 띤 것이었다. 그러나 당시 조선을 침략한 것은 일본뿐 아니라 청도 있었다. 그런데 동학농민전쟁에는 반일은 있었으나 반청은 없었다. 여기에 동학란의 반침략적 전쟁으로서의 한계가 있다. 山邊健太郎, 「甲申事變と東學の亂」, 『世界の歷史』 11, 筑摩書房, 강재언, 앞의 글 「봉건 체제 해체기의 갑오농민전쟁」, p. 262에서 인용.
156 강재언, 앞의 글 「봉건 체제 해체기의 갑오농민전쟁」, p. 265.

정치가들은 지배층의 봉건적 특권을 유지하기 위해 대내적으로 봉건 체제를 고집하고 대외적으로 일본, 러시아, 미국 등 자본주의 열강과 굴욕 외교를 추진했다.

동학농민전쟁은 조병갑 등 탐관오리의 수탈로 인한 일시적인 분노와 적개심으로 폭발한 것이 아니었다. 앞서 설명한 바와 같이 동학농민전쟁이 일어나기 전 10년 동안 민란의 시대라고 할 만큼 무수한 농민의 난이 발생했다.[157] 조선시대 내내 발생한 민란과 저항을 통해 농민들은 실패를 거듭하면서 그 투쟁 방식을 배웠고, 또 피지배층에게 깊이 각인된 계급의식과 저항정신이 오랫동안 전승되어 오면서 그들이 이루고자 한 새로운 세상을 향한 열망이 커져 있었다. 그렇다면 동학농민전쟁의 핵심 주도자들은 누구일까? 그 주체는 동학교도만이 아니라 조선 전체의 농민, 노비, 천민 등 신분 체제로 인해 소외되고 억압받고 끝없이 수탈당하며 살아온 피지배층 백성들이었다. 동학농민전쟁과 관련된 전보, 문서, 상소문 등 각종 자료를 수록한 역사 기록물 『취어(聚語)』에서 선무사 어윤중(魚允中)은 다음과 같이 분석했다.

> 처음에는 부적이나 주문을 끼고 사람들을 현혹하거나 참위(讖緯: 미래의 길흉이나 예언)를 전해 세상을 속이려 하다가 끝내 지략과 포부와 재기를 안타깝게 펴지 못하는 자가 여기에 들어왔고, 탐관오리가 날뛰는

---

157 이 시기 10년간의 민란을 살펴보면 1885년 3회, 1888년 2회, 1889년 6회, 1891년 2회, 1892년 8회, 1893년 11회가 발생했다.

걸 분히 여겨 백성을 위해 그 목숨을 바치려는 자가 여기에 들어왔고, 외국 오랑캐가 우리 이권을 빼앗는 걸 통분히 여겨 망령되어 그들을 내쫓는다고 큰소리치는 자가 여기에 들어왔고, 탐욕스러운 장수나 부정한 관리의 학대를 받아도 호소할 곳이 없는 자가 여기에 들어왔고, 경향(京鄕)에서 무단(武斷)에게 위협을 받아 스스로 목숨을 보전할 수 없는 자가 여기에 들어왔다.[158]

이처럼 다양한 피지배층 사람들이 동학 집회에 참여했으며, 고부 봉기 당시 동학교도보다 사대부 양반 지배층에게 원한을 품고 있던 사람들이 더 많았다. 이런 점에서 보면 봉건 체제를 개혁하려는 세력이 동학교도가 되어 교단을 이용한 것으로 여겨진다.[159] 전봉준이 주도한 전라도 지역 동학교도의 남접 지도부는 보은 집회가 끝난 뒤 자신들이 주도했던 원평 집회를 해산하고 잠적해 1894년 농민전쟁을 준비했다. 같은 해 3월 남접은 전라도 고부군수 조병갑을 몰아내고 정식 선전포고를 했다. 4월 27일 전라 감영이 있는 전주를 점령한 동학 농민군은 중앙군 초토사 홍계훈(洪啓薰)과 협약을 맺고 휴전했다. 농민군은 일단 후퇴하고 나서 각지에 자치적인 농민 통치 기구인 집강소를 설치해 각종 폐정을 개혁해나갔다. 새로 부임한 전라감사 김학진(金鶴鎭)은 1894년 7월 회합을 하고 당면 문제를 논의했는데, 면과 리에 집강소를 두어 수령에 협조하기로 양자 간 합

---

158 『취어』, 이이화, 앞의 책 『민란의 시대』, pp. 192~193에서 인용.
159 이러한 개혁 세력의 대표적인 인물로 전봉준이 지목되고 있다. 이이화, 앞의 책 『민란의 시대』, p. 199.

의해 전봉준은 군현 단위로 농민 통치를 시작했다.[160] 이는 우리나라 최초의 피지배층 자치기구를 통한 민주적인 통치 행위였다. 집강소는 국가에 낼 토지세, 군포, 공물을 대신 받아 경비로 사용했고, 따로 거둔 군수전(軍需錢)을 2차 봉기 때 군수물자로 사용하는 등 농민 자치 조직이 아니라 통치 조직의 역할을 했다.[161] 이런 집강소의 기능과 역할은 최초의 민중 자치기구인 1871년 프랑스 파리 코뮌과 거의 유사했다.[162] 집강소의 행동대는 규율과 감독, 치안 업무

---

160 김학진은 조정에서 감사 임명장을 받을 때 편의종사(便宜從事)의 관례에 따라 임금에게 보고하지 않고 현지 사정을 파악해 일을 처리할 수 있는 권한을 부여받았다. 이에 따라 김학진은 전봉준에게 집강소 행정을 맡긴 것이다. 동학 농민군은 각 고을에 각자 집강소를 설치해 운영했고, 서기(書記), 성찰(省察), 집사(執事), 동몽(童蒙) 등의 직책을 두었다.

161 동학 농민군은 각 고을을 점령하고 집강소를 설치해 직접 행정을 담당한 군정(軍政)을 실시했다. 집강소는 처음에는 자치기구로서 합의되었으나, 정부의 허락하에 일부 지역에서는 관청을 대신한 지방 통치기구의 역할을 했다. 농민군의 지배력이 관철되는 상황에서 설치된 집강소의 기능과 역할은 비록 공식적인 기능이 치안 유지에 맞추어졌을지라도 실질적으로 그 역할이 여러 분야로 확대되었다. 김신재, 「집강소의 역할과 성격」, 『동학연구』제18집, 한국동학학회, 2005, pp. 51~73. 집강소에 대해서는 노용필, 『동학사와 집강소 연구』, 국학자료원, 2001 참조. 한편 집강소가 농민들의 자치기구라기보다 관의 협치기구라는 주장이 제기되고 있다. 예컨대 기존의 연구에서 주민 자치기구 또는 통치기구로 이해되거나, 정반대로 관변 보조기구로 이해되었다. 그러나 이것은 양자 모두 관민상화(官民相和)라는 당시의 핵심 원칙과 다소 어긋난 정의다. 지역마다 정도의 차이는 있지만, 본질에 있어서 그것은 개념적으로나 실질 기능적으로나 말 그대로 관과 민의 상호 협치(協治)였다. 이 시기 집강소는 첫째, 관과 민의 협치, 곧 오늘날의 열린 행정을 의미하는 거버넌스의 성격을 지녔고, 둘째로는 '근대화' 성격을 지녔다. 나아가 이것은 서학에 맞서 '자생적인 근대화'를 추구했던 동학 창도의 맥락을 계승하고 있다. 셋째로 집강소는 혁명의 결실로 탄생해 전쟁이라는 외적 변수가 등장함으로써 전국으로 확산되거나 제도화하지 못하고 해산될 수밖에 없는 구조였다. 안외순, 「동학농민혁명과 전쟁 사이, 집강소의 관민 협치」, 『동학학보』제51권, 동학학회, 2019, pp. 171~203.

162 한편 1870년 보불전쟁에서 프랑스가 독일에 패하자 무능한 제2제정은 몰락하고 부르주아 공화파가 집권했다. 1871년 3월 28일 노동자, 하층민 등 파리 민중들이 부

를 맡았으며, 부정한 관리를 징계하기도 했다. 또 농민군은 양민과 천민 등 신분의 귀천을 떠나 서로 접장이라 부르며 존중했다. 노비, 양민, 여자, 남자, 어른, 아이, 백정 등 신분과 나이를 불문하고 똑같이 접장이라는 동등한 호칭으로 부르고 대등하게 맞절을 하는 등 평등사상을 실천했다. 오늘날 공산주의 국가에서 계급을 두지 않고 누구나 평등한 시민으로서 동일한 호칭으로 '동무'라고 부르는 것과 같았다. '동무'라는 호칭이 계급이 없는 평등한 시민으로서의 의미를 담고 있었듯이 '접장'은 평등의 상징이었다.[163] 이처럼 평등세계를 실현한 동학농민전쟁에서 집강소를 통해 조선 역사 최초로 피지배층 백성들이 사대부 양반 지배층을 대신해 자체적으로 고을을 통치하고 치안을 맡았다는 것은 사실상 혁명의 성격을 나타낸다. 동학 농민군의 집강소 통치 기간에는 노비, 백정 등 조선 사회에서 사람 대접을 받지 못한 천민들의 활동이 두드러졌다. 고창의 동학 농민군은 재인 패를 중심으로 노비와 백정 등 천민들로만 구성되었고, 김

---

163 르주아를 배제하고 사회주의 자치 정부를 선언함으로써 최초의 노동자계급의 자치 정부 파리 코뮌이 출범했다. 이후 이 코뮌은 5월 28일까지 자치적으로 통치했다. "코뮌의 독립은 자유로이 토의된 조항이 계급 대립을 중지시키고 사회적 평등을 보장하는 계약의 담보물이다." 柴田三千, 편집부 옮김, 『파리 코뮌』, 지양사, 1983, p. 97. 집강소는 이처럼 동학 농민 통치기구였고, 그 활동은 반봉건운동으로서 최시형은 도인들에게 서로 동무라는 의미의 접장이라 부르도록 가르쳤다. 동학과 농민군은 러시아보다 20여 년 앞서 동무라는 호칭의 평등을 실행에 옮겼다. 황현, 『오하기문(梧下記聞)』. 최근 출간 도서로 황현, 김종익 옮김, 『오동나무 아래에서 역사를 기록하다: 황현이 본 동학농민전쟁』, 역사비평사, 2016이 있다. 이 책은 19세기 당쟁, 세도정치의 폐해, 동학농민전쟁, 일제 침략과 항일 의병 활동 등 한 시대를 묘사한 귀중한 사료로서 동학농민전쟁에 관한 기술 내용이 가장 풍부하고 충실해 사대부 양반의 관점에서 동학농민전쟁을 다룬 통사(通史)의 성격을 지니고 있다.

개남이 이끈 동몽군(童蒙軍) 역시 노비와 백정 등 천민으로 편성된 부대였다.

소위 부자, 빈자, 양반, 상놈, 상전, 종놈, 적자, 서자 따위 모든 차별적 명색은 그림자도 보지 못하게 되었으므로 세상 사람들은 동학군의 별명을 지어 부르기를 나라에 역적이요, 유도에 난적이요, 부자에 강도요, 양반에 원수라고 하는 것이며 심한즉, 양반의 뒤를 끊으려고 불알까지 까는 흉악한 놈들이란 말까지 떠돌았다.[164]

또 황현은 도적의 무리(賊黨)가 천한 노비여서 사대부 양반들과 문벌이 높은 집안(士族)을 가장 증오했다며 이렇게 기록하고 있다.

도적 무리(동학 농민군)는 대체로 천한 노비 출신이 많았다. 그래서 양반과 사대부를 가장 미워했다. 길에서 고급스러운 갓을 쓴 사람을 만나면 갑자기 욕설을 퍼부으면서 "너도 양반이냐?"라며 갓을 빼앗아 찢어버렸다. 어떤 놈들은 갓을 빼앗아 자기가 쓰고서 저잣거리를 쏘다니며 모욕을 주었다. 대체로 민가의 노비로 도적을 따라나선 자는 말할 것도 없고, 도적을 따라나서지 않은 자도 도적을 끌어대며 주인을 협박해 노비 문서를 태워버리게 함으로써 억지로 양반이 되었다. 간혹 주인을 묶고 주리를 틀거나 곤장을 때리는 경우도 있었다. 노비를 둔 자들은 지레 겁을 먹고 노비 문서를 태워 그 화를 풀려 했다. 순박한 노비들이 더

---

164 오지영, 『동학사』, 이이화, 앞의 책 『민란의 시대』, p. 203에서 인용.

러 태우지 말기를 원했지만, 기세가 원체 거세어 노비 상전들이 더욱 두려워했다. 이따금 사대부 주인과 그의 노비가 함께 도적을 추종한 경우, 서로 상대를 접장이라 부르면서 도적의 법도를 따랐다. 백정이나 광대 무리 또한 평민 사대부와 대등한 예를 취했으므로 사람들은 더욱 이를 갈았다.[165]

이처럼 지배층과 피지배층의 계급 갈등이 동학농민전쟁에서 뚜렷하게 나타났다. 이런 계급적 갈등이 동학농민전쟁으로 폭발하기까지 지 지배층 사대부 양반들과 소작농, 노비, 천민 등 피지배층 사이의 증오심이 오랜 세월 각각의 심성 속에 깊이 쌓여 자라고 있었다. 동학 농민군에 대한 사대부 양반 지배층의 관점을 가장 잘 보여준 대표적 인물이 황현이다. 그는 동학 농민군과 동학에 대해 매우 적대적인 시각을 보여주고 있는데, 그의 저서 『매천야록(梅泉野錄)』에서 전봉준을 "요사한 지식에 미혹되어 늘 울분에 차 있는" 인물로 묘사하고 있고, 김개남을 "성격이 포악하고 미친 듯한 행동과 잔인함이 여러 적 가운데 가장 심한 인물"로 표현하고 있다. 특히 그는 동학농민전쟁의 역사서라고 할 수 있는 『오하기문』에서도 동학교도들을 동비, 비도, 토비(土匪), 비적(匪類), 적(賊), 심지어 융(戎, 오랑캐)이라고 부르고, 동학 지도자를 동비적괴(東匪賊魁)라고 비하했다. 더 나아가 그는 동학교도 중 귀순하는 자를 제외하고는 무자비할 정도

---

165 황현, 앞의 책 『오동나무 아래에서 역사를 기록하다: 황현이 본 동학농민전쟁』, pp. 381~382.

의 엄단을 내릴 것을 주장했다. 그는 나아가 여섯째 조목에서 동학 농민운동에 가담한 자는 사족, 품관, 이서를 가릴 것 없이 그 죄의 경중을 막론하고 사형에 처해야 한다고 강조하기도 했다.

이처럼 황현이 동학농민운동을 부정적으로 인식한 것은 조선의 신분제도를 당연한 것으로 여겼고 동학을 포악한 정치에 시달리는 백성을 선동한 요술로 보았기 때문이다. 사대부 양반 지배층 생각에 동학은 '상스럽고 얄팍한 서학의 부스러기를 주워 모은 사교(邪敎)'에 불과했다. 마찬가지로 황현에게도 동학 농민군은 단지 '폭도'이고 '도적 무리'일 뿐이었다. 그들은 전통 질서를 파괴하는 반란군에 불과했기 때문이다. 그의 이러한 인식은 보편적으로 당시 유교적 질서 속에서 살았던 조선 지배층의 생각과 똑같았다.[166] 황현은 『오하기문』에서 이렇게 기술하고 있다.

관군이 도적을 추격하다가 고부 황토산에서 대패했다. 관군은 황토산 서쪽을 향해 향병(鄕兵)과 영병(營兵)이 한데 뒤섞여 전진했다. 영병은 이른바 훈련을 받은 정식 군대이나 실제로는 전투 경험이 없어 향병이나 다를 바 없었다. 교만하고 거칠기 짝이 없어 부리는 데 애를 먹은 것

---

166 위정척사 사상은 성리학을 바탕으로 그 밖의 모든 이질적인 사상을 배척한다. 사림 유학자들을 중심으로 일어난 위정척사 사상은 서양의 새로운 문물과 사상을 받아들이는 것에 비판적이었으며, 개화사상과도 반대 입장에 서 있었다. 척사론의 대표적인 인물은 이항로(李恒老)로서 서양인은 조선 사람들을 부모도 없고 왕도 몰라 보는 짐승의 길로 타락하게 할 것이라며 철저하게 서양을 배격하는 논리를 주장하기도 했다. 이후 의병은 이러한 그의 주장을 따른 것이다. 이기백, 앞의 책 『한국사신론』, pp. 195~296.

이 하루 이틀이 아니었다. 행군할 때에는 연도에서 노략질을 하는가 하면 점포를 부수고 상인들을 약탈했다. 또 떼를 지어 마을로 몰려가 닭이나 개조차 남겨 놓지 않았다. 반면 도적들은 가는 곳마다 관아의 건물을 부수고 문서와 장부를 불태워버리는가 하면 병장기를 탈취하고 관청의 재물을 약탈했다. 또 도적은 주변의 주민에게 폐를 끼치는 행위를 금지하는 명령을 내려 조금도 피해를 주지 않았다. 심지어 행군하다가 주변에 쓰러진 보리를 보면 일으켜 세워 놓고 갔다. 도적의 진영에는 음식 광주리가 끊이지 않았으나 관군은 굶주린 기색이 뚜렷했다.[167]

위와 같이 동학 농민군들은 당시 지배층에 폭도로 보였으나 이것은 역사적으로 어느 시대 어느 국가에서나 마찬가지였다. 지배층에 도전하거나 지배 체제를 뒤엎으려 하는 집단 행위는 난동이며 폭동으로 보였다. 조선 지배층도 이와 다르지 않았다. 그러나 이처럼 방화, 살해, 강도 등만 일삼고 질서를 파괴한다면 폭동일 것이다. 그러나 황현이 기술한 바와 같이 동학 농민군들은 지배층과 달리 피지배층 백성들에게 큰 호응을 받기도 했다. 그들은 집강소를 통해 빈민을 구제하는 일에 열성이었다. 그것도 강제로 부자들의 재산을 빼앗아 가난한 자들에게 나눠 준 게 아니라 시세보다 싼 값으로 곡식을 사서 그보다 더 싼 값으로 빈민들에게 팔았다. 이런 구제 활동은 전봉준이 관할하는 집강소에서 일어난 일이었다. 이와 달리 김개남

---

167 황현, 앞의 책 『오동나무 아래에서 역사를 기록하다: 황현이 본 동학농민전쟁』, pp. 138~139.

의 관할에서는 부호들의 재산을 강제로 빼앗은 것으로 보인다.[168]

사실상 동학농민전쟁에서 농민과 천민들이 사대부 양반집에 들어가 상전을 폭행하고 이런 인간들의 씨를 받아서는 안 된다며 고환을 제거하기도 하는 등 양반에게 치욕과 폭행을 가했다. 이런 사례는 농민과 천민들에게 오랫동안 쌓인 지배층을 향한 증오심과 적개심의 표현이었다. 계급투쟁은 이렇게 폭력으로 표출되기도 하므로 이런 갈등을 어느 관점에서 보느냐에 따라 판단이 달라진다. 그러나 폭력에 치우치지 않고 조직적이며 분명한 목표를 설정해 지배층과 투쟁한 동학농민전쟁은 단순한 폭동이 아니라 지배층과 피지배층 간 계급투쟁의 성격을 보여주고 있다. 황현은 동학 농민군을 도적 무리로 표현하면서도 이렇게 기록한다.

수령을 사로잡더라도 바로 죽이지 않고 항쇄족쇄(項鎖足鎖)를 씌운 다음 심한 치욕을 안겼다. 일반 백성에게는 먹을 것이나 짚신 같은 것을 달라고 했을 뿐 부녀자들을 겁탈하거나 재물을 약탈하는 짓은 하지 않았다. 그래서 이들을 추종하는 자들이 날로 늘어났고, 도적의 기세는 갈수록 거세졌다.[169]

동학 농민들이 계급의식에 대한 자각이 없었다면 이렇듯 피지배층에게 호의적인 모습을 보이지 않았을 것이다. 동학농민전쟁이 비

---

168 이이화, 앞의 책 『민란의 시대』, pp. 204~205.
169 황현, 앞의 책 『오동나무 아래에서 역사를 기록하다: 황현이 본 동학농민전쟁』, p. 129.

록 동학이라는 종교적 외형을 띠고 있으나 이러한 현상은 과거 독일의 농민전쟁과 마찬가지다. 종교는 항상 피지배층의 정치적·사회적 이데올로기 역할을 해왔다. 종교개혁을 계기로 촉발된 독일농민전쟁은 단지 종교적 변화만을 추구한 것이 아니라 근본적으로 정치적·사회적 혁신을 실행하려 했다. 토마스 뮌처는 기독교의 천년왕국설을 내세우며 평등과 자유가 보장되는 이상세계 수립을 목표로 지배층인 봉건 영주와 전쟁을 벌였다. 단지 개혁의 대상을 가톨릭교회에 국한한 루터의 개혁과 다른 방향으로 나아간 것이 바로 이 때문이다.

16세기 종교개혁 시대에 독일 농민을 수탈한 자는 로마 교황과 봉건 영주들이었다. 엄청난 토지세, 혹독한 처벌, 학대 등으로 농민들은 봉건 귀족을 향한 증오와 분노가 극에 달해 있었다. 마침내 1524년 어렸을 때 부친이 영주에게 참수당한 불행을 겪었던 토마스 뮌처의 주도로 일어난 독일 최초의 민중운동이 바로 독일농민전쟁이다. 이 농민전쟁에는 15만 명이 참여했고, '영구의회'를 수립해 뮌처를 의장으로 선출했다. 이들 농민군은 도시, 장원, 성, 수도원을 공격하고 귀족들의 재물과 토지를 빼앗아 가난한 자들에게 나눠 주었으며, 악독한 귀족 영주들을 처형했다. 그리고 이들은 정치 강령 12개 조항을 제정해 본격적인 혁명을 추진했다. 그러나 오합지졸이었던 농민군은 우월한 무기를 갖춘 잘 훈련된 봉건 영주들의 군사에 의해 1525년 프랑켄하우젠에서 5천 명의 희생자를 낳고 패배했다.[170]

이후 독일은 19세기에 들어 프로이센이 독일을 통일해 제국을 이루면서 유럽에서 최강국으로 부상했다. 프로이센의 원동력은 과감한 위로부터의 개혁이었다. 고급 관료와 지식인 등을 중심으로 사회 체제의 모순을 제거하고 국가 발전을 위한 여러 혁신적인 제도를 마련해 국력을 강화했다. 이러한 개혁은 국가제도가 그 대상이었으며, 그 이념은 근대 국가주의였다.[171] 그러므로 동학농민전쟁이 서학의 반대 개념으로 동학을 내세운 근본 이유는 민족주의 이념과 봉건 체제의 타파라는 이중의 개혁 이념과 일치하기 때문이었다. 마찬가지로 동학농민전쟁은 정치적으로는 민족주의를, 그리고 사회적으로는 신분제 철폐와 평등사상으로서 동학을 표방한 것이다.

궁극적으로 동학농민전쟁은 조선 초기부터 끊임없이 피지배층의

---

170 프리드리히 엥겔스(Friedrich Engels)는 독일농민전쟁을 계급투쟁으로, 마르크스주의 역사학자들은 사회주의 혁명으로 해석하고 있다. 독일농민전쟁에 대한 엥겔스의 해석은 그의 저서 Friedrich Engels, *Der deutsche Bauernkrieg* (München: Jazzybee Verlag, 2012)를 보라. 국내 번역서로는 프리드리히 엥겔스, 박홍진 옮김, 『엥겔스의 독일혁명사 연구: 독일농민전쟁, 독일, 혁명과 반혁명』, 아침, 1988이 있다. 뮌처는 농노 해방, 수도원 해체, 무주택자 무상 거주지 제공, 공동 소유 확대, 십일조 폐지, 무정부적인 천년왕국을 주장했다. "모든 것은 공공의 것이 되어야 하며, 필요에 따라 각자 분배를 받아야 한다"라는 그의 사상은 오늘날 공산주의 사상으로 평가되고 있다. Blickle, Peter, *The Revolution of 1525: The German Peasants' War from a New Perspective* (Baltimore, Maryland: Johns Hopkins University Press, 1981). p. 165. 독일농민전쟁은 천년왕국 신앙과 관련해 발생한 것이다. 김영한, 「독일농민전쟁과 천년왕국 신앙: 토마스 뮌쩌의 활동을 중심으로」, 『역사학보』 제153집, 역사학회, 1997, pp. 141~177.

171 독일의 민족주의는 19세기 초 나폴레옹의 침략과 저항 속에서 발생했다. 외세의 침략과 지배로부터 민족의식이 고취되었고, 이로써 마침내 독일의 근대 국민국가가 출현하기에 이르렀다. 독일에서 민족주의는 정치적 억압이나 수탈 등과는 관련이 없었다. 동학농민전쟁이 반외세와 지배층의 수탈과 결합된 것과는 다른 점이 있다. 오토 단(Otto Dann), 오인석 옮김, 『독일 국민과 민족주의 역사』, 한울, 1996, pp. 46~68. 원제는 Otto Dann, *Nation und Nationalismus in Deutschland 1770~1990* (München: Verlag C. H. Beck, 1993)이다.

정서 속에 내포되어 온 지배층을 향한 적대감과 저항의식의 결과다. 이러한 심성은 이들 피지배층의 오랜 투쟁과 적대감과 새로운 세상의 희망이 이야기로 전승되어 오면서 성장한 계급의식이다. 동학농민전쟁의 주체 세력은 대부분 몰락한 사대부 양반 출신들 또는 지배층으로부터 직접적인 수탈과 억압을 받아온 소작인, 노비, 백정, 광대 등 천민 집단들이었다. 비록 동학 농민들이 요구한 국가 체제가 유럽처럼 공화국이나 민주주의 정체가 아니라 여전히 왕도사상에서 벗어나지 못했을지라도 이는 새로운 국가 체제를 수립하려는 혁명의 전 단계일 뿐이며, 궁극적인 목표는 천년왕국설 같은 이상향의 국가였다. 말하자면 '인간을 한울님을 섬기듯 하라'는 동학의 인내천의 이념이 의미하는 것은 프랑스 대혁명의 인권선언과 다름없다.

계급투쟁이 지향하는 새로운 국가는 파리 코뮌과 마찬가지로 피지배층 민중들이 자치적으로 통치하는 정치 체제다.[172] 동학의 집강

---

[172] 파리 코뮌이 단순히 애국주의적인 운동인가 아니면 사회주의 혁명인가에 대한 논쟁이 계속되고 있다. 파리 코뮌을 20세기 혁명의 '새벽'으로 본 관점은 파리 코뮌 이후에 생겨난 여러 이념이 파리 코뮌에 투영한 역사의 변형에 불과하기 때문이었지만, 대혁명의 주체 세력인 노동자계급 상퀼로트(Sans-culotte)의 성격이 농후하기 때문에 19세기 혁명의 '황혼'으로 보아야 한다는 것이다. Jacques Rougerie et G. Haupt, "Bibliographie de la Commune de 1871", *Mouvement social*, no. 37, oct.-déc. 1961, pp. 3~29: Jacques Rougerie et G. Haupt, "Bibliographie de la Commune de 1871(Travaux parus de 1940 à 1961)"(Deuxième partie), *Mouvement social*, no. 38, janv.-fév. 1962, pp. 51~85. 특히 Jacques Rougerie, *Proces des Communards*(Paris: Collection Archives, 1964) 참조. 그리고 파리 코뮌의 계급투쟁으로서의 해석은 Karl Marx, Friedrich Engels, *The Civil War in France*(Connecticut: Martino Fine Books, 2014) 참조. 1871년 파리 노동자들이 노동자 민주제 파리 코뮌을 수립했을 때, 그들은 어떤 사상의 청

소가 바로 이러한 면을 나타낸다. 그러므로 동학농민전쟁은 우리나라 최초의 계급투쟁이며, 동시에 이 단계를 거쳐 최종적으로 대동의 세계인 피지배층 민중 정부를 수립하고자 한 프롤레타리아 혁명의 성격을 띠고 있다. 동학농민전쟁은 외형으로는 동학이라는 종교를 내세운 전쟁이지만, 그 내용으로 볼 때 계급의식과 투쟁 목표, 그리고 자신들이 지향하는 정치적 요구를 분명히 표명함으로써 오랜 세월 무의식 속에 자리 잡고 있던 미륵의 세계, 그리고 천년왕국의 세상을 실현하려 했다. 따라서 동학 농민군 위력의 원천은 피지배층 백성들의 절대적인 지지였다. 당시 일본의 『고쿠민신문(國民新聞)』 메이지(明治) 27년 6월 28일 자는 이렇게 보도하고 있다.

관군은 엄명을 내려 군량을 징발하려 해도 응하는 자 없으나 동학군이 가는 곳에는 징발하지 않아도 이를 얻거나, 구하지 않아도 군량이 충분

사진도 갖지 않았고, 심지어 왕 같은 통치 지도자도 통치 방식도 준비하지 않았다. 이들 파리 노동자들은 파리 사회주의자, 공산주의자, 무정부주의자, 급진 자코뱅파들의 혁명적인 열정으로 사회적·경제적 불평등을 뒤엎을 집단 정치권력 기구를 수립하고 새로운 세상을 세워보려 했다. 그러나 이전 통치자들은 코뮌파의 의도를 무력 등 모든 수단을 동원해 좌절시키려 했다. 노동자의 민주제 정권 수립의 관점에서의 파리 코뮌에 관한 논쟁에 대해서는 Donny Gluckstein, *The Paris commune: A Revolution in Democracy*(Chicago: Haymarket Books, 2011) 참조. 그렇다 해도 파리 코뮌은 이 두 가지 특징을 모두 지니고 있다. 왜냐하면 파리 코뮌은 전통적인 것과 창조적인 것 모두 포함하고 있기 때문이다. 柴田三千雄, 편집부 옮김, 앞의 책 『파리 코뮌』, pp. 161~163. 동학농민전쟁도 이와 마찬가지로 우리의 전통적인 민족정신, 가치, 관습, 정치 체제, 도덕, 윤리 등과 봉건 질서 타파, 신분제 철폐 등 창조적인 세계관을 지니고 있다. 파리 코뮌은 혁명이 아니라 권력의 공백이었으며, 궁극적으로 파리 코뮌파들은 그들의 오래된 요구, 즉 자치를 성취한 것이다. Jean-Marie Mayeur, *La vie politique sous la troisième République, 1870~1940*(Paris: Seuil, 1984), p. 28.

한 상태로 미루어, 아마 금후 형세 일변해 동학이 드디어 뜻을 결정헤 봉건 왕조에 항전하기에 이른다면 오늘날 원한을 품고 기다리고 있는 농민들은 필경 괭이를 들고 동학에 호응할지도 알 수 없다.[173]

그러나 동학농민전쟁은 실패했다. 그것도 조선 관군이 아니라 일본 제국의 군대에 의해 무참하게 살상을 당하고 무너져버렸다. 동학 농민들이 왕정을 폐지하기 위해 봉기한 것도 아니고, 그렇다고 왕을 제거하기 위해 서울로 쳐들어간 것도 아니었다. 동학농민전쟁의 목적은 먼저 경제적으로 농민의 고통을 제거하는 것이었다. 그리고 외국 상인의 침투에 따르는 폐해를 없도록 하고 정치적으로 대원군의 세도정치 척결과 척사양이 정책을 지지했다. 동학 농민군은 농민들에게 가장 현실적인 문제를 해결해줄 것을 조정에 요구했다. 동학 농민들은 국정 쇄신과 조세 부담 경감, 그리고 탐관오리 처벌을 가장 시급한 것으로 여겼으나 여기에 그치지 않고 보국안민의 기치를 내걸고 자주적인 국가를 지켜나가자고 외쳤다.[174] 이 점을 보면 동학농민전쟁은 민족주의 성격을 띠고 있다고 말할 수 있을 것이다. 동학 농민들의 이러한 외침에도 불구하고 이들을 도적 무리로 여기며 일본 군대를 불러들여 무참하게 진압한 조선 지배층의 태도는 반민족주의적이다. 동학 농민들은 "서울에 진격해 권귀(權貴), 즉 사

---

173 강재언, 앞의 글 「봉건 체제 해체기의 갑오농민전쟁」, p. 307에서 인용.
174 이러한 현실적인 주장 때문에 동학농민전쟁의 농민 봉기의 성격을 정확히 규정할 수 없으므로 동학란 또는 동학혁명으로 해석할 때 이 점에 유념해야 한다는 주장이 제기되기도 했다. 강재언, 앞의 글 「봉건 체제 해체기의 갑오농민전쟁」, p. 260.

대부 양반 특권층을 멸하자"라는 외침[175]이 보여준 바와 같이 계급 투쟁과 갈등의 성격을 분명하게 드러내고 있다. 또 동학농민전쟁이 일어나기 전인 1862년 익산민란의 주모자 임치수(林致洙)는 동료 6명과 함께 체포되어 참수당하는데, 그는 사형이 집행되는 순간 전라감사에게 이렇게 말한다.

> 이놈들 똑똑히 듣거라! 이제 우리를 죽이거든 우리들의 눈알을 모조리 뽑아다가 전주성 남문 위에 높다랗게 걸어놔 다우. 앞으로 몇 년 후가 될지 몇십 년 후가 될지 그건 모르겠다마는, 우리 농군들이 모두들 들구일어나서 너희 놈들을 모주리 때려잡으러 전주성 남문으로 몰려 들어가는 광경을 우리는 기어이 이 눈으로 보구야 말 테다![176]

이들에 대해 실록은 임치수, 이의식(李義植), 소성홍(蘇聖鴻), 이 세 사람은 난민들의 거괴(巨魁)이고, 천영기(千永基), 문희백(文希白), 장순복(張順福), 오덕순(吳德順), 이 네 사람은 난민의 동악(同惡)이라고 기록했다.[177] 결과적으로 동학농민전쟁은 계급투쟁에 머물렀고, 혁명의 단계까지 이르지 못한 한계를 지녔다. 동학농민전쟁은 오랫동안 고립적이고 지방 분산적이던 농민 봉기가 동학의 사상과

---

175 이 글은 조선 말기 문신 정교(鄭喬)가 편년체로 저술한 역사서인 『대한계년사(大韓季年史)』 권3, '고종 31년 갑오(甲午)'조에 수록되어 있다. 이 책의 번역본으로 변주승·이철성·김우철·이상식 공역, 『대한계년사』(총 10책), 소명, 2004가 있다.

176 박태원, 『갑오농민전쟁 1: 제1부 계명산천은 밝아오느냐』, 깊은샘, 1993, pp. 308~310.

177 『철종실록』 권14, 철종 13년(1862) 5월 5일 병술 4번째 기사.

교도들의 요구와 결합해 전국적으로 확대, 발전된 것으로 풀이된다.[178] 전봉준, 김개남 등 동학 지도부가 모두 처형되고 수많은 동학 농민군이 관군과 일본군에 의해 살해된 후 동학농민전쟁은 종식되었지만, 피지배층 백성들의 의식 속에 깊은 저항정신을 남겨 놓았다. "윗녘 새야, 아랫녘 새야, 전주 고부 녹두새야, 두루박 딱딱 우여어"[179]라고 끝맺은 이 가락이 암시하듯이 실패로 끝난 동학농민전쟁은 피지배층 백성들에게 처절한 기억을 남겼다.

조선의 지배층이 동학 농민에 대해 무기를 들고 살인을 하며 재물을 강탈하는 비도로 인식한 것은 첫째, 동학의 인내천 사상, 즉 평등사상이 성리학의 신분 질서를 부인하기 때문이며, 둘째, 자신들 사대부 양반들을 척결해야 할 대상으로 삼았기 때문이다. 당시 지배층은 동학 농민군을 비도라고 부르며 타도해야 할 난적(亂賊)이라 했으나, 이와 반대로 동학 농민군은 그 어떤 범행도 저지르지 않고 백성을 보호하는 12개 조 기율을 크게 쓴 깃발을 들고 전진했다.[180] 이 깃발 내용을 보고 조선에 체류한 외국인은 이렇게 기록하고 있다.

---

178 강재언, 앞의 글 「봉건 체제 해체기의 갑오농민전쟁」, pp. 294~296.

179 황현, 앞의 책 『오동나무 아래에서 역사를 기록하다: 황현이 본 동학농민전쟁』, p. 174에서 인용.

180 그 내용은 다음과 같다. 1 항복하는 자는 받아들일 것, 2 곤궁한 자는 구제할 것, 3 탐욕이 많고 포악한 자는 추방할 것, 4 농민군을 따르는 자는 존경해 복종할 것, 5 도망하는 자는 쫓지 말 것, 6 굶주린 자에게는 음식을 줄 것, 7 교활한 행위는 하지 말 것, 8 가난한 자에게 베풀 것, 9 불충한 자는 제거할 것, 10 거슬리는 자는 타이를 것, 11 병자에게는 약을 줄 것, 12 불효자는 죽일 것 등이다. 函南逸人(志良以染之助) 編, 『甲午朝鮮內亂始末』(東京: 駸々堂, 1894), p. 60. 이 자료는 국사편찬위원회의 『동학농민혁명사료총서』 24~25권에 실려 있다.

이 12개의 군기가 얼마나 지방민에게 희망을 주었는가. 그들의 방책 또한 교묘하다 할 만하다. 그리고 그들은 전력을 다해 상당한 준비를 한 것으로 보이고, 지방 토착민의 양곡을 빼앗는 짓은 감히 하지 않고 필수 식량은 이를 사들일 때 반드시 대금을 내고 조금도 토착민에 해를 가하는 법이 없었다. 종래의 우수한 폭거인 봉기들과는 전혀 그 예가 다르고 조정의 문란에 고통을 받는 지방민 반란군들이 때로는 오히려 환호로 이들 반란군을 맞이하는 것이 결코 그 이유가 없는 것이 아니다.[181]

동학 농민들이 봉기하자 조정에서 고종과 신하들이 논의한 대책 내용은 이렇다. 내무부(內務府)에서는 이렇게 아뢰었다.

연달아 들려오는 소식에 호남에서 비적들이 동에 번쩍 서에 번쩍 출몰하면서 다시 전주부 근처에 육박했다고 합니다. 경군(京軍)을 출동시킨 지 벌써 수십 일이 지났건만 즉시 소멸하지 못하고 도적에게 느긋하게 대처하고 있으니 참으로 해괴한 일입니다.[182]

자기 자식까지 노비로 삼아 부를 누리며 살았던 사대부 양반 조

---

181 대한제국기 관료이며 학자인 김윤식(金允植)이 유배 생활과 정계의 동향 등을 기록한 일기 『속음청사(續陰晴史)』상권. 이 일기는 1896년 2월 11일 상경해 외무대신으로 있을 때의 일을 기록한 것으로, 동학농민운동과 청일전쟁, 갑오경장, 을미사변, 아관파천 등 급변하는 국내외 정세에 관해 기록했다. 『양행도일기(陽行道日記)』'고종 31년 갑오 5월'조, 函南逸人(志良以染之助) 編, 『甲午朝鮮內亂始末』p. 60.
182 『고종실록』권31, 고종 31년(1894) 4월 27일 계유 5번째 기사.

선 지배층에게 국가의 개념은 서구 유럽과는 달랐다. 국가의 주권이라는 개념도 몰랐던 조선 지배층들은 오로지 소유의 개념으로만 국가와 백성을 생각했다. 동학 농민들의 요구는 그들에게 도저히 받아들일 수 없는 무리한 요구에 불과했기에 그들은 임시방편으로 안핵사와 선무사를 파견해 동학 농민들을 달래는 수법으로 모든 문제를 해결하려 했다. 그리고 일본과 청나라에 동학군을 진압할 군대 파병을 요청해 무참하게 자기 백성들을 짓밟았다. 오히려 관군이 동학 농민군보다 백성들을 대상으로 더 잔혹한 살상과 파괴를 일삼았다. 황현은 1894년 12월 8일 전라남도 광양 지역에서 벌어진 일을 이렇게 기록하고 있다.

하동 군대가 일본군을 인도하여 광양으로 들어와 백성들이 살고 있는 집 1,000채를 불태워버렸다. 도적(동학 농민군) 1,000명이 죽었으며 평민들도 많이 죽었다. 이때 하동 군대가 사람을 죽이고 재물을 약탈하는 참혹한 짓거리는 도적들의 그것보다 훨씬 심했다. 모두 영남우도 병사들이 저질렀다.[183]

그렇다면 근대화 물결과 동학농민전쟁을 지켜본 조선의 지식인들은 어떤 생각을 하고 있었을까? 조기 후기 개혁을 외쳤던 실학파들은 대개 경세치용(經世致用), 이용후생(利用厚生)을 내세우며 국가의

---

183 황현, 앞의 책 『오동나무 아래에서 역사를 기록하다: 황현이 본 동학농민전쟁』, p. 482.

부국강병 정책을 위한 개혁안을 제시했다.[184] 그러나 실학파들은 근본적으로 주권재민(主權在民) 사상, 즉 조선의 주권이 왕이 아니라 백성에게 있다는 공화정이나 민주주의 체제를 기반으로 한 근대 시민국가 체제에 대해서는 반대 입장을 고수했다. 그들 역시 성리학과 왕도사상에서 벗어나지 못한 것이다.[185] 동학 농민군은 지배층의 지

---

184 예컨대 농민에게 토지를 균등하게 분배해야 한다는 유형원의 균전론(均田論), 토지의 국가 소유 원칙으로 개인의 소유권을 인정하지 않고 토지의 처분과 관리권을 국가에 귀속해야 한다는 이익의 한전론(限田論), 그리고 공동 분배, 공동 생산, 공동 소유를 주장한 정약용의 여전론(閭田論) 등의 경세치용학파, 『우서(迂書)』라는 저서를 통해 상공업 발전과 기술의 혁신을 주장한 유수원의 상공업진흥론, 무위도식하는 양반을 비판하고 상공업을 발전시켜야 한다고 주장한 홍대용, 박지원, 박제가 등 이용후생학파, 민족의 전통과 당면 문제를 먼저 해결해야 한다는 이수광, 안정복, 한백겸 등 국학파 등이다. 이기백, 앞의 책 『한국사신론』, pp. 254~260; 유인희, 「한국 실학사상 연구」, 『철학연구』 제22집, 철학연구회, 1987, pp. 201~204.

185 왕도사상은 어진 덕을 근본으로 천하를 다스려야 한다는 유교 교리이자 정치사상이다. 실학에서 왕도정치론을 제기하게 된 것은 실학의 근거인 유학 사상이 그 본질상 국가 통치의 교학(敎學)이었고 일종의 정론(政論)이었기 때문이다. 따라서 본래의 유학 단계에서부터 국가 통치에 관한 이론이 모색되었고, 왕도 또는 왕정이라는 개념이 형성되었다. 조선 후기의 실학자들은 왕도정치론을 성리학자들과 공통적 명제로 삼았지만, 그 접근 방법상 차이가 있었다. 그들은 주자가 정리한 성리학의 이론이 아닌 맹자의 본래의 왕도정치론에 직접 근거하고자 했다. 그래서 실학자들은 당시까지 알려진 최고의 이상 사회였던 삼대의 왕도정치가 제시한 이념에 의해 조선 후기 사회의 모순을 근원적으로 지양하고자 했다. 실학은 현실의 국가 체제를 개혁해 궁극적으로 왕도정치를 실현한다는 이상을 추구했다. 김길락, 「맹자 왕도사상의 기본 이념」, 『철학연구』 제22집, 철학연구회, 1987, pp. 81~106. 다산은 효제자(孝弟慈)가 실현되는 인정(仁政)의 국가를 꿈꾸었다. 다산은 목민관이 인정을 구체적으로 행사할 수 있는 세부 실무 지침이자 실천 전략인 『목민심서(牧民心書)』를 기획한다. 다산은 『경국대전』 체제를 바꾸지 않는다. 다산은 도탄에 빠진 민생을 구하고 국가 비전을 달성하기 위해 실용적인 패도도 포섭해 목민의 왕패관(王霸觀), 즉 임금을 으뜸으로 보는 사상을 재구축한다. 목민관은 율기와 청렴으로 정덕(正德)을 닦으며 왕도와 패도는 분리되거나 충돌하지 않는다. 권행완, 『『목민심서』에 나타난 목민(牧民)의 왕패관」, 『다산과 현대』 제11호, 연세대학교 강진다산실학연구원, 2018, pp. 99~129. 한편 15~16세기 퇴계와 율곡을 비롯한 일군의 성리학자들은 수기(修己)의 심성론적 수양론에 치우쳐 『주례(周禮)』의 왕도론에는 크게

지를 받지 못하고 아무런 힘도 없는 백성들만이 새로운 세상을 만들어보자고 총칼을 들고 일어났으나 결과적으로 엄청나게 많은 사람이 목숨을 잃고, 아무런 소득도 얻지 못한 채 무너져버렸다. 그 후 조선은 여전히 성리학 이념의 체제 속에서 양반, 중인, 양인, 노비, 천민 등 신분제가 사회를 지배했다. 그리고 민씨와 대원군이 권력 쟁탈에 빠져 있는 동안 일본은 그 틈새를 이용해 조선으로 깊이 침투해 왔다.

조선 500년 동안 달라진 것은 무엇이었을까? 기독교라는 종교가 지배해왔던 중세 암흑기에서 벗어나 인본주의 사상으로 새롭게 세상을 보게 된 유럽의 지식인들은 비로소 모든 세계의 중심이 신과 교회가 아니라 인간임을 인식했다. 그리하여 만인이 평등하며 지배자는 단지 권력을 위임받은 자에 불과하다는 계몽사상이 발전하게 되었다. 이러한 새로운 사상으로 유럽에서는 과학이 발전하고 자연을 지배하게 됨으로써 산업혁명과 프랑스 대혁명이 일어나 평등한 민주주의 체제를 갖춘 근대 시민 국가로 새롭게 태어났다. 계속해 유럽은 우수한 과학 기술을 바탕으로 신무기를 만들고 대항해 시대

관심을 기울이지 않았고, 그 밖의 17~18세기 성리학자 계열의 노론이나 소론학파에서도 역시 『주례』에 대해 특별한 관심이나 연구가 진척되지 않았다. 『주례』 연구와 그것의 정치적 활용은 대체로 조선 건국기 정도전을 비롯한 17세기 남인계 개혁적 성향의 실학자들, 즉 이수광, 윤휴, 유형원을 이어 19세기 정약용에 이르면서 계승되고 있다. 특히 심대윤(沈大允)의 19세기 경제적 왕도론은 당시 낡은 봉건 구조의 정치 사회적 모순을 개선하고 개혁해 더 나은 조선 근대 유가의 왕도론을 구상하고 기획했다는 점에서 한국 유학의 근대 사상사에서 차지하는 의미가 크다고 할 수 있다. 장병한, 「심대윤의 『주례산정』과 왕도론에 관한 연구: 19세기 왕권·법의의 강화와 민리·국부의 제창을 중심으로」, 『양명학』 제42호, 한국양명학회, 2015, pp. 203~233.

를 개척해 자본주의 시대를 열었다. 이처럼 유럽이 우수한 과학 기술로 전 세계를 지배해나가고 있는 동안 조선은 여전히 농업경제 체제와 봉건제에서 벗어나지 못하고 인간의 노동력에 의존한 농업경제 상태에 머물러 있었다. 조선에서도 나름대로 자본주의 맹아론(萌芽論)을 주장하며 시장경제가 발전했다고 주장하고 있지만, 조선의 시장경제는 유럽처럼 전 세계가 아니라 한반도의 범위를 넘지 못했다.[186] 무역의 범위도 겨우 이웃 나라 청나라 아니면 일본에 불과할 정도로 사실상 자급자족 시장경제에 머물렀다.[187] 이처럼 자신들의 기득권만 지키느라 동학농민전쟁으로부터 아무런 교훈을 얻지 못한 조선 지배층은 사회, 정치, 경제 등 전반적인 국가 체제의 근대화를

---

186 자본주의 맹아론은 조선 등 동아시아는 자본주의 생산관계로 나아갈 수 있는 사회적 토대를 갖춘 사회라고 분석하는 이론이며, 대표적 역사가는 백남운(白南雲), 전석담(全錫淡) 등 사회경제사학자들이다. 1960년대에 본격화된 자본주의 맹아론은 일제 식민사관의 타율성과 정체성론을 비판하는 것에서 출발했다. 특히 내재적 발전론은 유럽처럼 농업경제인 봉건제도에서 시장경제라는 자본주의로 이행해나가는 보편적인 세계 역사 발전 단계를 조선에 일률적으로 적용하는 것을 비판하고 조선의 자본주의는 특수한 상황에서 독자적으로 발전해왔다는 논리다. 염정섭, 「조선 후기 사회 성격을 어떻게 이해할 것인가: 내재적 발전론과 소농사회론」, 『지역과 역사』 제38집, 부경역사연구소, 2016, pp. 49~103. 특히 김용섭은 조선의 타율성론과 정체성론을 극복하기 위해 농민층의 동태를 농민의 주체적 계기에서, 그리고 내적 발전 과정에서 파악하려 했다. 이에 관한 가장 기초적인 작업이 양안 연구다. 이러한 김용섭의 내재적 발전론과 양안 연구에 관한 비판적인 검토에 대해서는 염정섭, 「조선 후기 내적 발전 과정 연구와 중세 사회 해체론의 동거: 『조선 후기 농업사 연구[I]-농촌경제·사회변동』, 『조선 후기 농업사 연구[II]: 농업변동·농학사조』」, 『한국사연구』 제147집, 한국사연구회, 2009, pp. 307~333.
187 조선 후기 중국과 교역한 상인, 의주의 만상(灣商)은 중강후시(中江後市) 또는 책문후시(柵門後市)라고 하여 의주의 중강이나 봉황시의 책문에서 청과 개인적인 교류(私貿易)를 했고, 동래의 내상(萊商)은 일본과 무역을 했다. 이기백, 앞의 책 『한국사신론』, pp. 250~252.

외면하고 말았다. 이후 조선은 일본, 청나라, 러시아, 미국 등 열강들의 각축장이 되어버렸고, 마침내 국권을 상실해 망국의 길을 걷게 되었다.

1905년 11월 17일 대한제국과 일본의 을사늑약 체결을 결정한 자들은 고종과 이른바 '매국 5적'으로 알려진 총리대신 이완용, 군부대신 이근택(李根澤), 내부대신 이지용(李址鎔), 외부대신 박제순(朴齊純), 농공상부대신 권중현(權重顯) 등 국가 운영의 책임을 맡은 위정자들이다. 이들은 조선 백성에게 아무런 의견도 묻지 않고 자기들끼리 머리를 맞대어 이런 결정을 내렸다. 그리고 마침내 1910년 8월 22일 대한제국 황제의 전권 위임장을 받아 든 이완용은 통감 관저에서 조선 통치권을 일본에 양도한다는 내용의 조약문에 서명 날인했고, 순종은 다음과 같이 주권 포기를 선언한다.

> 한국 황제 폐하는 한국 전체에 관한 일체의 통치권을 완전히 또 영구히 일본국 황제 폐하에게 넘겨준다.(제1조) 일본국 황제 폐하는 전조(前條: 제1조)에 밝힌(揭) 양여를 수락하고, 또 완전히 한국을 일본 제국에 병합하는 것을 승낙한다.(제2조)

이로써 조선이라는 나라는 지구상에서 사라지게 된다. 이날 일본이 조선을 합병했다는 소식이 전해지자 일본 열도는 환호의 물결로 뜨겁게 달아올랐다. 섬나라가 이제 대륙으로 진출할 수 있게 되었다는 기쁨으로 집마다 일장기를 걸고 아침부터 거리로 쏟아져 나온 군중들의 만세 소리가 끊이지 않았다.[188] 이와 달리 대한제국 황제 순종은 다음과 같이 조칙을 내려 모든 관리와 백성들이 소란을 피우지 말고 일본에 복종하라고 말한다.

짐(朕)이 덕이 없는 탓(否德)으로 비할 데 없이 힘들고 어려운(艱大) 일을 이어받아 임금에 즉위(臨御)한 이후 오늘에 이르도록 법령(政令)을 새롭게 개혁(維新)하는 것에 관해 누차 도모하고 갖추어 시험해 힘씀이 이르지 않은 것이 아니로되, 원래 허약한 것이 쌓여서 고질이 되고 피폐가 극도에 이르러 시일 간에 만회할 시책을 행할 가망이 없으니 한밤중의 우려함에 뒤처리 방법(善後策)이 망연하다. 이를 맡아서 같은 상태가 너무 오래 계속되어 지겨움(支離)이 더욱 심해지면 끝내는 저절로 수습할 수 없는 데 이를 것이니 차라리 대임(大任)을 남에게 맡겨서 완전하게 할 방법과 혁신할 공을 들인 보람(功效)을 얻게 함만 못하다. 그러므로 짐이 이에 결연히 자신을 살펴서(內省) 확연히 스스로 결단을 내려 이에 한국의 통치권을 종전부터 친근하게 믿고 의지하던 이웃 나라 대일본 황제 폐하에게 넘겨주어 밖으로 동양의 평화를 공고히 하고 안으로 팔도(八域)의 민생을 보전하게 하니 그대들 모든 관리와 백성들은 나라의 형편(國勢)과 시기의 맞음(時宜)을 깊이 살펴서 빈거롭게 소란을 일으키지 말고 각각 그 직업에 안주해 일본 제국의 문명한 새 정치에 복종해 행복을 함께 받아라. 짐의 오늘의 이 조치는 그대들 민중을 잊음이 아니라 참으로 그대들 민중을 구원하려고 하는 지극한

---

188 미야지마 히로시 외, 최덕수 옮김, 『일본, 한국 병합을 말하다』, 열린책들, 2011, p. 479.

뜻에서 나온 것이니 그대들 관료들과 백성들은 짐의 이 뜻을 능히 헤아리라.[189]

이후 순종은 연금 150만 원을 받고 개인 자격으로 살아가게 되었다. 이렇게 순종이 일본에 통치권을 넘겨줌으로써 500여 년간 유지해온 조선 왕조는 사라지고 말았다. 세계 역사에서 이러한 방식으로 국가의 통치권을 다른 나라에 넘겨준 사례는 없었다. 이는 주권이 백성들의 것이 아니라 왕과 사대부 양반들의 것이었기 때문에 가능했다.[190]

매국 5적은 조약문 제5조에 "일본국 황제 폐하는 훈공이 있는 한인(韓人)으로서 특히 표창하는 것이 적당하다고 인정되는 자에 대해 영예 작위를 주고 또 은금(恩金)을 준다"라고 명시된 대로 총독부로부터 작위와 함께 엄청난 은전을 받았다. 그리고 황실령 14호로 공포된 「조선귀족령」에 따라 종2품 이상의 관직을 역임한 자들은 그에 상응한 대우를 받았다. 이때 황현은 "정2품으로 자품(資品)이 오른 자가 저자를 이루어 정2품 이상이 달았던 금관자(金貫子)가 거의 동이 날 지경이었다. 매국의 보상으로 은사금과 작위를 받으려고 안

---

189 『순종실록』 권4, 순종 3년(1910) 8월 29일 양력 2번째 기사.

190 조소앙은 독립운동을 전개하면서 독립한 후의 새로운 국가는 대한제국을 계승하되 신분제 통치가 아닌 민주주의 국가가 되어야 한다는 논리를 내세웠으며, 1919년 4월 대한민국 임시정부가 수립되자 최초의 헌법이라고 할 수 있는 「임시헌장」을 기초해 대한민국의 헌법적 토대를 확립했다. 이어 1941년 12월에는 삼균주의에 토대를 둔 「대한민국 건국강령」을 기초해 대한민국 건국의 구체적 계획을 수립했다. 김기승, 「조소앙과 대한민국 정부 수립」, 『동양정치사상사』 제8권 제1호, 한국·동양정치사상사학회, 2009, pp. 27~43.

달한 고관들이 무리를 이루었다"라고 비난했다.[191] 지방 향촌의 유지들인 양반 지주, 유생들은 친일 세력에 합류하거나 식민통치의 기회를 이용해 출세하기도 했다.[192] 그 외에 사대부 양반들 가운데 일부는 자결하기도 하고 해외로 망명하기도 했으며, 의병을 일으켜 일제에 항거하기도 했다. 그러나 이런 자는 극소수에 불과했다.

한일합방 이후 지배층 사대부 양반들은 한국(韓國)이라는 명칭을 사용했으나, 이는 근대 국가가 아닌 군주국 조선을 의미했다. 조선 통치가 일본 왕으로 교체되자 피지배층은 더욱 고립되었다. 사대부 양반 지배층은 국가라는 개념보다 조정, 종묘사직이라는 개념에 더 익숙했을 것이고, 피지배층 백성들도 이와 다를 바가 없었다.[193] 단지 왕과 사대부 양반들이 다스리던 통치 행위를 일본이 맡게 되었을 뿐이라는 것이 일반적인 생각이었다. 근대 국가라는 개념을 알

---

191 황현, 임형택 외 옮김, 『역주 매천야록』 하권, 문학과지성사, 2005, p. 660. 작위 대상자는 총 76명에 달했는데, 윤용구(尹用求), 홍순형(洪淳馨), 민영달(閔泳達), 조경호(趙慶鎬), 유길준(兪吉濬), 조정구(趙鼎九) 등은 작위 수여를 거부했다.

192 일제는 양반 유지들을 중심으로 관리되고 있던 지방 향촌을 행정상 일원화하고 일제에 협력한 양반들을 군수와 면장으로 임명해 친일 인사로 포섭했다. 1920년에 조사한 자료에 따르면, 면 협의회 회원 2만 382명 가운데 62퍼센트에 해당하는 1만 3,907명이 양반 지배층이었고 이들 내부분이 일제 통치에 협조한 친일 인사였다. 김익한, 「일제의 면 지배와 농촌 사회 구조의 변화」, 김동노 편, 『일제 식민지 시기의 통치 체제 형성』, 혜안, 2006, p. 87.

193 1834년 경상북도 예천에서 함양박씨 박한광(朴漢光)이 집필해 1950년까지 함양박씨 6대에 걸쳐 작성한 한문 일기 『저상일월(渚上日月)』은 당시 지방 향촌의 분위기를 상세하게 보여주고 있다. 일본인 관찰사의 권고로 일본을 사찰하고 온 지방 양반 유지들은 "동경이라는 곳에 가보니 별로 볼 것도 없고 다만 수목이 빽빽한 가운데 나라가 있을 뿐"이라 했는데, 그들은 여전히 나라가 곧 조정이라는 의식에 사로잡혀 있었다. 박성수 주해, 『저상일월』, 민속원, 2003, pp. 409~410. 이 일기에 관해서는 안병직·이영훈 편저, 『맛질의 농민들: 한국 근세 촌락생활사』, 일조각, 2001을 참조하라.

지 못했던 대부분의 지배층 사대부 양반들이나 농민, 노비 등 피지배층 백성들이 나라를 빼앗긴다는 의미를 알 리가 있었겠는가?

그렇게 통치자가 바뀐, 다시 말해 왕이 총독부로 교체된 상황 속에서 사대부 양반들은 지금까지 누려온 기득권을 어떻게 유지할 것인가에 더 관심을 쏟았다. 오히려 이들 사대부 양반 지배층은 일제 통치가 조선의 전통적인 유교 이념과 신분제의 사회 질서를 파괴하고 자신들의 지위와 기득권을 모두 빼앗지 않을까 걱정했다. 나라가 망한 것은 이들 지배층에 가장 큰 위기였다. 반면 피지배층 백성들은 왜가 다스리는 것이 사대부 양반이 다스리는 것보다는 낮지 않을까 하고 기대감을 보였다.[194] 당시 피지배층의 생각은 무엇이었을까? 총독부가 헌병 경찰에게 지시해 작성한 민심 동향 보고서인 『주막담총(酒幕談叢)』의 내용을 살펴보자.

옛날 양반들은 오늘의 양반이 아니다. 옛날 일을 생각하면 이가 갈린다. 우리는 오늘날 문명 된 세상을 맞이해 설날을 맞은 것 같다.(1912년 공주 헌병대)[195]

이처럼 피지배층은 자신들을 지배하고 다스려온 사대부 양반들이 몰락해가는 과정을 지켜보며 통쾌해했다. 그리고 자신들도 새로운 일제라는 지배 체제에서 일본어를 배우고 신식 학문을 공부하면 출

---

194 송호근, 『국민의 탄생: 식민지 공론장의 구조 변동』, 민음사, 2020, pp. 117, 122.
195 마쓰다 도시히코(松田利彦), 「주막담총을 통해 본 1910년대 조선의 사회 상황과 민중」, 김동노 편, 앞의 책 『일제 식민지 시기의 통치 체제 형성』, p. 368에서 인용.

세할 수 있을 것이라는 희망에 부풀어 있었다. 식민지 통치 초기 총독부는 국가를 조정으로 보는 개념에서 벗어나지 못한 사대부 양반 지배층이나 피지배층 모두에게 근대 국민국가의 개념을 이해시키는 것이 중요하다고 여겼다. 총독부 기관지 『매일신보(每日申報)』가 그 역할을 맡았다.[196] 근대 지식을 배운 계몽자들은 조선이 다시 주권을 되찾으려면 조선인이 국가 개념을 이해하고 민족의식을 깨우쳐야만 한다는 것을 알았다. 그래서 이들 지식인과 애국계몽운동가들은 본격적으로 조선인에게 민족과 국민국가 개념을 알리는 계몽 활동을 전개했다.[197] 이들은 이런 계몽 활동이 일제 식민통치에서 벗

---

196 통감부가 조선인 언론들을 탄압하자 식민지 공론장을 독점하게 된 『매일신보』는 조선인 모두를 일본 국가의 국민으로 결합시켰다. 송호근, 앞의 책 『국민의 탄생: 식민지 공론장의 구조 변동』, p. 126.

197 국가와 국민 개념이 지식인들의 관심사로 부상한 것은 만민공동회가 좌절된 후였다. 『독립신문』은 아직 국민 개념을 시기상조로 보고, 인민, 백성이라는 용어를 사용했으며, 『제국신문』과 『황성신문』은 「미국 백성의 권리론」을 게재해 인민의 권리가 국가의 기본임을 알렸고 『황성신문』은 「국민의 평등 권리」라는 논설을 통해 국민, 국가의 개념을 상세히 소개했다. 특히 한국어 텍스트에서 처음 '민족'이라는 표현이 등장한 것은 1898년의 일이지만, '국가', '국민' 등이 왕성하게 쓰이기 시작한 데 비해 1905년경까지 '민족'은 거의 쓰이지 않았다. 『독립신문』 발간 시기에는 '민족'의 용례가 단 한 차례도 목격되지 않을 정도다. 『황성신문』으로 대표되는 1900년대 초기에는 몇 차례 '민족'이라는 말이 보이지만 그 용법은 오늘날의 '민족'과 크게 다르다. '민족'이 오늘날의 의미에 접근한 것은 『대한매일신보』 발간 시기부터다. 이때도 '민족'에는 여러 의미가 혼재되어 있었다. 첫째, 민족은 단순히 인간 집단 일반을 가리키는 의미였으며, 둘째, 부족 같은 소규모 인종 집단을 지칭하는 의미였다. 이 둘은 1905~1910년을 지나며 점차 사라지기 시작했고, 이 시기에 가장 일반화되었던 '민족'의 의미는 '한국 민족'이나 '대한민족' 등의 용례가 보여주듯 당시의 국가 체제와 연관되어 있어 '국민'의 의미와 중첩된다. 이와 더불어 당시 널리 사용된 민족 개념은 정치적이라기보다 문화적인 의미였다. 근대 초기 '민족' 개념이 변화된 것은 일제강점기 이후부터다. '민족'이 국가라는 의지적 결합과 다른 자연적 결합임을 함축하고 있는 이 개념은 점차 국가에서 분리된 독자적 명칭이 되었으며, 식민지 시대와 이후 역사를 거치면서 '국가' 및 '국민'에 맞설 수 있는 저항적 의미가 되기도

어날 수 있는 유일한 방안이라고 생각했다.

조선이 망하면 가장 피해를 많이 받는 계층은 누구일까? 온갖 특혜와 권력을 독점해 대대손손 부귀영화를 누려온 사대부 양반 지배층이다. 이들은 권력을 이양받은 일본의 통치 체제 아래에서 기존의 특권과 권력을 더 이상 유지할 수 없게 된다. 더욱이 신분제 폐지로 노비의 노동력을 포기하고 스스로 노동을 해야 한다. 그리고 평등한 신분 체제 속에서 높은 사회적 지위를 유지할 수도 없다. 늘 피지배층이 우러러보았던 권위와 위엄도 기대하지 못한다. 이들 사대부 양반들이 가장 곤욕스럽게 여긴 것은 피지배층 백성들과 동등한 신분이 되었다는 것이다. 지배층들은 이런 일신상의 변화들을 몰락으로 인식했다. 반면 피지배층 백성들에게는 새로운 세상이 온 것이었다. 이제 신분상 온갖 굴욕을 받지 않아도 되었으며, 가축 취급에서 벗어나 인간으로 대우받으며 살 수 있을 것이었다. 이것이 피지배층 백성들이 꿈꾸어온 이상향이 아니었던가? 조선이 망하고 나서 신분의 굴레에서 벗어난 조선의 피지배층 백성들은 식민통치에 대해 어떻게 생각했을까?

피지배층 백성들은 사대부 양반 지배층이 결코 자신들을 보호하지 않으리라는 것을 역사적인 경험을 통해 잘 알고 있었다. 이들 피지배층에게는 나라가 망한다는 것이 자신들의 삶의 터전을 빼앗긴다는 의미가 아니었다. 그것은 단지 주인만 바뀌는 정권 교체에 불

했다. 권보드래, 「근대 초기 민족 개념의 변화: 1905~1910년 『대한매일신보』를 중심으로」, 『민족문학사연구』 제33호, 민족문학사학회·민족문학사연구소, 2007, pp. 188~217.

과했다. 자신들을 '말하는 가축'으로 취급했던 지배층 사대부 양반들을 위해 싸울 생각은 조금도 없었다. 조선의 피지배층 백성은 자신들의 의지와 상관없이 결정된 상황에서 어쩔 수 없이 새로운 통치자, 즉 일제에 순응하는 쪽을 선택할 수밖에 없었다. 이와 반대로, 나라가 망한 후 모든 기득권을 잃은 지배층 사대부 양반들은 분개하며 일제에 저항하기 시작했다. 의병 투쟁의 시대가 온 것이다. 그렇다면 의병은 누구를 그리고 무엇을 위해 항전한 것일까?

조선은 명목상 근대식 국가라는 것을 대외적으로 알리기 위해 1897년 10월 12일 국호를 대한제국으로 고쳤다. 그리고 임금의 명칭을 왕이 아닌 황제로 변경하며 500여 년 동안의 중국 제후국의 이미지를 벗고 자주독립국임을 선포했다. 하지만 대한제국은 이름뿐 국호에 걸맞은 체제를 갖추지 못하고 조선의 봉건 체제를 그대로 유지하고 있었다. 대한제국이 겨우 13년 만인 1910년 8월 29일 일제 식민지로 전락한 원인을 두고 많은 사람들이 일본을 비롯해 서구 제국주의 열강들의 침략으로 근대화를 이루지 못한 것으로 설명하지만, 이것은 지배층의 변명에 지나지 않는다. 엄밀하게 말해 조선의 식민화는 외세 침략의 결과라기보다 자주적으로 근대화를 하지 못한 것이 그 근본 원인이다.[198] 국가의 멸망을 지배층의 무능과 탐욕으로 인한 것으로 설명하기엔 너무 부끄러운 일이었던가? 오늘날까지도 우리 역사는 여전히 조선의 멸망 원인을 일본 제국주의 침탈로 설명하고 있다. 이는 지배층의 책임과 무능을 은폐하는

---

198 강만길, 앞의 책 『분단시대의 역사 인식』, p. 131.

데 가장 쉬운 방법이기 때문이다.

1896년 7월 2일 서구 열강과 일제의 국권 침탈과 지배층의 민권 유린 상황 속에서 자주 국권, 자유 민권, 자강 개혁 사상에 근거해 민족주의와 민주주의를 실현하고자 근대화 운동을 전개하기 위해 개혁가 서재필(徐載弼)을 중심으로 독립협회가 창립되었다. 독립협회는 국민이 나라의 주인이고 관리는 국민의 종이라는 국민주권론을 강조했으나, 겉으로만 이렇게 표현했을 뿐 그 내면으로는 국민의 주권이 아니라 오히려 군주의 절대적인 소유를 주장하고 있었다.[199] 『독립신문』 논설을 보자.

> ……님 군(君)에게 충신이 되려면 그 임군을 사랑해야 하는데 임군 사랑하는 법이 임군께서 들으시기 조흔 말만 아뢰는 것이 사랑하는 근본이 아니라 임군이 정해 놓으신 법률대로만 일을 하거드면 그 사람이 충신이요 조금치라도 임군이 정해 놓으신 법률 외에 일을 하든지 금칙 밖의 일을 행하는 것은 그 임군께 역적이요 전국 인민의 원수라 군주국에서는 군권이 있어야 하는 고로 조선도 대군주 폐하께서 권세를 모두 잡으셔야 나라가 잘 되어 갈 터이니…….[200]

이 논설을 보면 독립협회의 개혁 지식인들이 국민주권과 민주주의를 위한 계몽운동을 펼친 것이 아니라 여전히 전근대적인 신분

---

199 곽금선, 「1898년 독립협회의 정치 기획과 '충군애국'」, 『역사와 현실』 제107호, 한국역사연구회, 2018, pp. 375~408.
200 『독립신문』 1896년 9월 8일 자.

질서와 유교 이념을 신봉하는 봉건 전제국가를 확립하고자 하는 것으로 보인다. 특히 독립협회는 조선이 국민주권의 근대 시민국가를 수립하지 못한 것은 "국민이 사사로운 일에만 열중하고 애국심이 없기 때문"이라고 지적한다.[201] 더 나아가 독립협회는 군대를 양성할 것을 강조했는데, 이는 외세를 막기 위해서가 아니라 국내 동학 농민군의 잔여 세력을 소탕하고 의병을 진압하기 위해서였다. 독립협회는 다음과 같이 주장한다.

> 우리도 대한에 외국 군사가 하나라도 있는 것을 좋아 아니하나 지금 대한 인민의 학문 없는 것을 생각할진대 외국 군사가 있는 것이 도리어 다행한지라. 만일 외국 군사가 없었다면 동학과 의병이 그동안 벌써 경성에 범하였을 터이요 경성 안에서 무슨 요란한 일이 있었을는지 모르러라.[202]

이처럼 개혁 사상을 가진 독립협회 지식층조차 민족자결권과 평등사상, 민권보다 군주권을 더 중시한 전근대적인 정치사상에 젖어 있었다. 이들은 근대 지식인이라 보기 어려울 정도로 여전히 조선시대 사대부 양반 지배층들의 사고에서 조금도 벗어나지 못했다. 대한제국 개혁 정책으로 단행한 광무개혁(光武改革)은 군주권을 강화하는 등 오히려 반역사적 방향으로 나아갔다.[203] 강만길 교수는 독립

201　「민권이 무엇인지」, 『독립신문』 1898년 7월 9일 자.

202　『독립신문』 1898년 4월 14일 자.

203　고종은 즉위 이후 본격적으로 실시된 제왕교육을 통해 군주란 어떤 존재이며 어떤

협회에 대해 이렇게 평가한다.

독립협회는 민중을 무시하고 잔약(孱弱)하고 비애국적이라고 보았다. 「민권이 무엇인지」라는 논설에서 "인민이 다만 자유가 무엇인지 알지도 못할 뿐 아니라 자유권을 맡기더라도 쓸 줄을 몰라 어린아이에게 칼을 준 것과 같을 것이다"라고 하였고, 따라서 국민혁명은 가당치 않은 것으로 보았다. 국민이 미개해 주권을 가질 만한 조건이 성숙하지 못하였다고 강조하지만, 사실은 국민혁명이 일어나서 진정한 국민주권 국가가 되는 것을, 그리하여 황제권이 무너지는 것을 두려워하였는지도 모른다. 그들의 정치적 이해관계가 진정한 국민주권보다 오히려 황제주권에 더 가까웠지 않았는가 하는 시각에서 독립협회 연구도 반드시 필요한 것이 아닌가 한다.[204]

임무를 수행해야 하는가에 대한 가르침을 받으며 군주관을 형성해나갔다. 당시에는 급변하는 국제 정세 속에서 전통적인 중화세계의 균열이 초래되고 있었으나, 고종은 여전히 유교 전통적인 교육을 바탕으로 군주의 지위와 책임, 의무 등이 포함된 군주관을 키워갔다. 고종 군주관의 핵심인 군부론과 군사론은 군주가 곧 백성의 어버이이자 스승이라는 군사부일체를 완성하는 논리 체계였다. 군부론에서 군주는 만백성의 어버이로서 백성을 친자식처럼 돌봐야 하는 존재였고, 이에 대한 대가로 백성들로부터 부모를 향한 절대적인 효가 전환된 형태인 충을 요구하며 군주권의 정통성 확보와 안정적 수행을 보장받으려 했다. 여기에 만백성을 바르게 교화하고 인도해야 할 스승과 같은 존재인 군주는 능동적이고 주체적인 존재로 자리 잡고 있었다. 이러한 고종의 군주관은 그가 1890년대 이후 동학농민운동과 갑오개혁으로 자신의 지위가 위태롭다고 판단하면서 더욱 강력히 표출되기 시작했다. 이처럼 1890년대 군주권이 직접적인 위협과 제한을 받는 상황 속에서 군주의 통치권 회복 명분으로 고종은 결국 대한제국 선포에 이어 대한 군국제로 군주의 전제권력을 성문화했다. 김성혜, 「1890년대 고종의 통치권력 강화 논리에 대한 일고찰: 군부론과 군사론을 중심으로」, 『역사와 경계』 제78집, 부산경남사학회, 2011, pp. 287~321.
204 강만길, 앞의 책 『분단시대의 역사 인식』, p. 139. 이러한 관점에서 본 독립협회의

개혁 사상을 가진 독립협회 지식층의 생각이 이럴진대 하물며 다른 사대부 양반 지배층들과 지식층들은 어땠겠는가?[205] 이런 지배층의 사고는 의병운동에서도 나타났다. 지배층의 이러한 봉건 체제 사고가 깨지게 된 것은 조선 왕조가 멸망하고 이후 식민통치 시기 독립운동과 항일투쟁을 거치면서 사회주의 사상을 접하고 난 후 국민주권 근대 국가 수립에 눈을 뜨게 되면서부터다.[206] 대한제국 시기는 주권을 황제의 것으로 둔 채 약간의 근대적 시설을 갖춘 것으로

문제점에 대해서는 주진오, 「사회사상사적 독립협회 연구의 확립과 문제점: 신용하, 『독립협회 연구』를 중심으로」, 『한국사연구』 제149집, 한국사연구회, 2010, pp. 321~352.

205 왕현종, 「대한제국기 고종의 황제권 강화와 개혁 논리」, 『역사학보』 제208집, 역사학회, 2010, pp. 1~34.

206 외세에 의해 단절된 왕정 체제를 복구하려는 노력은 1920년대 말까지 계속되었다. 3·1운동을 전후해 나타난 복벽주의는 단순히 옛 왕조를 회복하자는 것이라기보다 독립을 회복하고 정치를 안정시키는 효과적인 체제의 하나로서 왕정 체제를 채택했으며, 의친왕 상해 망명으로 그 목표를 달성하려 했다. 하지만 이씨 왕조를 재건하기 위해 황제를 추대하려는 복벽주의운동은 인민을 나라의 주인으로 보고 민주공화정을 수립하려던 공화주의자들과 충돌했다. 일제 시대 왕정 체제론은 우리 역사에서 면면히 이어져 내려온 통치 형태론으로서 이른바 단극적(單極的) 정치운영론의 다른 표현이라 할 수 있다. 즉 왕정 체제론은 신하를 중심으로 국가가 운영되어야 한다는 의정부서사제나 군신공치론 등의 다극적(多極的) 정치운영론과 대조를 이룬다. 육조직계제와 황극정치론 등으로 표출된 단극적 정치운영론은 일원화된 보고 체계와 국왕의 높은 재량권, 그리고 민심의 안정과 통합을 특징으로 한다. 왕정복고운동은 대동단이 주도한 일련의 사건들, 즉 의친왕 망명 실패와 만세 시위운동 계획(제2독립선언)의 좌절 등으로 그 기세가 꺾였다. 특히 고종과 순종 등 실존했던 국왕들의 실망스러운 모습도 사람들에게 복벽주의 대신에 공화주의를 지지하게 했다. 이런 민심의 변화는 해외에서도 나타났는데, 만주 지역의 동포들이 복벽주의를 주장하는 단체에는 군자금을 제공하지 않는 분위기가 조성된 것이 그 예다. 요컨대 대한민국 임시정부에서 현재까지 계속되어 온 민주공화국이라는 정치체제론은 이런 논쟁과 대립의 과정을 거쳐 발전되어 온 것이다. 박현모, 「일제시대 공화주의와 복벽주의의 대립: 3·1운동 전후의 왕정복고운동을 중심으로」, 『한국학』 제30권 제1호, 한국학중앙연구원, 2007, pp. 57~76.

근대화를 추진하고자 했던 시대이며, 독립협회처럼 당시 개혁파 지식인들도 황제주권을 부인하지 않으면서 국민이 개화되지 못한 것만 탓하며 『독립신문』을 통한 계몽운동이 근대화로 나아가는 것이라고 착각하고 있었다. 결국, 한반도가 일제의 식민지가 된 궁극적인 원인은 국민주권이 달성되어야 할 시기를 놓쳤기 때문이다.[207]

---

207 강만길, 앞의 책 『분단시대의 역사 인식』, pp. 140~141. 이러한 결론을 내린 연구에 대해서는 호머 헐버트, 신복룡 역주, 『대한제국멸망사』(개정판), 집문당, 2019 참조.

4

양반과 천민: 뜻이 다른 투쟁의 길, 의병

저물어가는 조선에 그들이 있었다. 그들은 그저 아무개다. 그 아무개들 모두의 이름이 의병이다. 원컨대 조선이 훗날까지 살아남아 유구히 흐른다면 역사에 그 이름 한 줄이면 된다.[208]

tvN에서 방영된 드라마 「미스터 션샤인」의 주인공인 노비 출신 소년의 이야기는 이렇게 시작한다.

대궐 같은 기와집의 주인은 김 판서였다. 널따란 마당에 수십의 가노 (家奴)들이 죄인마냥 두려움에 떨며 서 있었다. (⋯⋯) 도망치려다 잡힌 노비의 결말은 비극뿐이었다. 유진의 아비는 장정들에게 뭇매를 맞아 허름한 옷이 죄 뜯겨나가 있었다. 피범벅이 된 얼굴이 엉망이었다. (⋯⋯) 김 판서가 눈 하나 깜박하지 않고 말했다. "죽여라. 재산이 축나는 건 아까우나 종놈들에게 좋은 본을 보이니 손해는 아닐 것이다." 어린 유진의 가슴속에 분노가 솟구쳐 올랐다. (⋯⋯) 필사적으로 도망치

---

208 tvN 드라마 「미스터 션샤인」의 포스터 글.

며 산 중턱에 오르던 유진은 고개를 돌렸다. (······) 유진의 아비도, 어미도 더는 이 세상에 없었다.[209]

이 극의 기획 의도는 이렇다. '뜨겁고 의로운 이름, 의병', 역사는 기록하지 않았으나 우리는 기억해야 할 무명의 의병들, 노비로 백정으로 아녀자로 유생으로 천민으로 살아가던 그들이 원한 단 하나는 돈도 이름도 명예도 아닌, 제 나라 조선의 '주권'이었다. 1871년 신미양요(辛未洋擾) 때 군함에 승선해 미국에 떨어진 한 소년이 미국 군인 신분으로 자신을 버린 조국인 조선으로 돌아와 주둔하며 벌어지는 일을 그린 드라마다.

노비 출신 유진은 그렇게 조국으로부터 버림을 받고 미국인이 되어 다시 이 땅을 밟는다. 그의 눈에 비친 조선은 조국이 아니라 망해야 할 적국 같은 나라였다. 유진은 자신을 인정해준 미국만을 진짜 조국으로 생각했다. 「미스터 션샤인」의 주제는 신분 차별이 심했던 봉건적 조선이라는 나라를 과연 일제 식민 지배로부터 구할 가치가 있느냐에 초점을 두고 있다.

고종 8년(1871) 미국 상선 제너럴셔먼호가 평양에서 소각되자 이 사건을 계기로 북경에 주재하는 미국 공사 프레드릭 로(Fredrick Low)와 미국 아시아 함대 사령관 존 로저스(John Rodgers)는 군함 다섯

209　드라마 원작 소설, 김은숙 극본, 『미스터 션샤인』 제1권, 알에이치코리아, 2018, pp. 16~24. 「미스터 션샤인」은 tvN에서 2018년 7월 7일부터 2018년 9월 30일까지 방영된 주말 드라마로, 1900년부터 1907년까지 대한제국 시대 의병의 이야기를 다루고 있다. 이 글의 인용문은 책으로 출간된 것이다.

척으로 강화도를 침략했다. 대원군은 병인양요 이래 성곽을 보수, 수리하고 대포를 설치하는 등 국방의 경계를 철저히 했다. 수비병은 강화해협을 통과해 침입해 오던 미국 군함을 향해 공격을 개시했으나, 미군은 우세한 무기를 앞세워 초지진과 광성진 등을 점령했다. 이런 과정에서 어재연(魚在淵)이 거느린 수비병의 완강한 저항을 받자 갑곶에 상륙한 미국 군대는 곧 철수했다. 이를 신미양요라고 한다.

조선의 역사에서 늘 반복된 일이 바로 외적의 침략을 당할 때 지배층은 제 살길을 찾아 도주하기 바빴으나 피지배층 농민과 천민들은 자신들의 삶의 터를 지키기 위해 기꺼이 무기를 들었다는 것이다. 이런 현상은 조선이 일제 식민지로 전락했을 때도 마찬가지였다. 나라와 백성을 지켜야 할 지배층 위정자들은 자신의 안위와 부귀영화를 위해 기꺼이 나라를 일본에 넘겼으나, 피지배층은 총칼을 들고 항전했다. 신미양요 사건은 이러한 조선의 참담한 지배층의 모습을 다시 한번 보여준다.

미군은 승전 기념으로 탈취한 어재연 장수기 앞에서 기념사진을 찍는다. 그리고 포로로 잡힌 조선 병졸들의 사진도 찍는다. 조선 병졸 포로들은 그런 미군들의 행동을 못마땅한 표정으로 바라본다. 조선 역관이 그들 조선 병졸 포로들 앞에 다가선다. 그러자 한 조선 병졸이 역관에게 묻는다. "여보시오, 우리는 어찌 되는 거요? 조선 조정에서는 아직 기별이 없소?" 그러자 역관은 이렇게 대답한다. "기별이 어찌 안 왔겠니. 죽이든, 살리든, 양이(洋夷)들 속대로 하라는 기별이네. 조선은 너희 것들을 버렸다." 이 말이 믿기지 않는다는 듯 한 포로 병졸이 울부짖는 소리로 외친다. "그럴 리 없소, 헛말 마시오. 세상천지에 어느 나라가 제 백성을 버린단 말이오." 그러자 역관은 "그리하니 상것들이 무식하게 그리 죽기 살기로 싸운단 말이니, 조선이 느 간나 새끼들한테 뭘 그리 해주었다고, 아니 그러니? 개 간나 새끼!"라고 말한다. 역관은 소리치며 항의하는 병졸을 한심스럽다는 듯 뚫어지게 바라보며 또 이렇게 말한다. "니 숨은 내가 직접 끊을 것이니 기다리라." 그러자 곧장 한 병졸이 화난 목소리로 외친다. "이 흉한 인사를 봤나, 당신도 조선인 아니오?" 역관은 그 병졸을 바라보며 말한다. "그렇게 좋거들랑 니 놈들이나 실컷하라, 조선인!" 그때 미군 장교가 역관에게 다가온다. "미스터리, 통역하시오, 포로를 전원 석방한다고." 그 말을 들은 역관은 못 믿겠다는 듯이 미군 장교에게 다시 묻는다. "뭐라구요? 석방이라구요? 이것들을 안 죽인다 말이요?" 그 말을 옆에서 듣던 다른 미군 장교가 말한다. "미합중국은 정의로운 나라요. 저들은 제 나라를 위해 장렬히 싸웠소. 미합중국은 경의를 표하며 석방하오." 역관은 그 장교를 비웃듯이 바라보며 "정의? 지랄 통수 부리지 말라. 정의로와서 3백을 넘게 죽였구나, 야!" 그러면서 "이렇게 되면 역시 일본인가?"라고 스스로 묻는다.[210]

- tvN 드라마 「미스터 션샤인」 중에서

---

210 미군 측이 포로로 잡힌 자들을 데려가라고 조정에 통보했을 때, 당시 부평부사 이기조(李基祚)는 포로를 살리거나 죽이는 것은 미군의 권한이라고 말하면서 인수를 거절했다. 『고종실록』 권8, 고종 8년(1871) 5월 17일 병오 4번째 기사. 드라마는 증언과 기록이라는 객관적 사료를 바탕으로 신미양요를 묘사했다. 김원모, 『근대 한미관계사』, 철학과현실사, 1992, pp. 522~523.

이 장면은 중인계급인 통역관에게 국가의식이 전혀 없음을, 미국이든 일본이든 어느 나라든 간에 자신에게 유리한 조건을 제공하는 쪽이 곧 자기 나라요 조국이라는 것을 보여준다. 그리고 조선이라는 나라가 자신들의 조국이라는 투철한 국가관을 가진 자들이 사대부 양반 지배층이 아니라 오히려 이들에게 학대와 멸시, 그리고 끊임없는 수탈만 당해온 피지배층 백성들이었다는 점을 알려준다. 역관은 이런 병졸들의 모습을 보며 어리석음을 비웃는다. 미군은 변변치 않은 무기로 목숨을 아끼지 않고 나라를 지키기 위해 죽기 살기로 싸우다 포로로 잡힌 이들 병졸의 애국심과 용기에 경의를 표한다. 그러나 조정은 이들 포로를 소모품이라고 여기고 아예 구할 생각이 없었다. 조선의 피지배층 백성은 지배층에게 그럴 가치가 없었던 존재였다.

이 장면의 역관처럼 어느 정도 지식을 갖추고 깨어 있는 자들은 일찍이 조선이라는 나라가 이런 것임을 알았다. 그래서 조선의 주인이 누구든 간에 피지배층에게는 아무런 의미가 없었다. 더욱이 500년 동안 자신들의 주인이었던 사대부 양반들의 행태는 증오의 대상일 뿐이었다. 조선이 미국의 속국이 되든 일본의 식민지가 되든, 이들 피지배층에게는 이전 주인보다 못하지 않을 것이라는 희망이 있었다. 조선이 망한다 해도 내 조국이 아니라 사대부 양반들의 조국인 것이다. 신미양요 당시 조선 군사들은 미군 함대의 가공할 위력을 지닌 대포의 포격 속에서도 목숨을 걸고 용감하게 싸웠다.[211] 당

---

211 이 전투는 미국과 조선이 처음이자 마지막으로 벌인 전쟁으로, 포와 총 대 칼과 창

시 참전한 미군 해병대 장교 윈필드 스콧 슐레이(Winfield Scott Schley) 대령은 이렇게 회고한다.

> 적군은 참패의 와중에도 물러서지 않고 결사 항전 중이다. 패배가 뻔히 보이는 상황에서 단 한 명의 탈영병도 없다. 아군이 압도적인 전력으로 몰아붙임에도 불구하고 적군은 장군의 깃발 수자기(帥字旗) 아래, 일어서고 또 일어선다. 창과 칼이 부러진 자는 돌을 던지거나 흙을 뿌려 저항한다. 이토록 처참하고 무섭도록 구슬픈 전투는 처음이다.[212]

슐레이 대령은 "민족과 국가를 위해 이보다 더 장렬하게 싸운 국민을 다시 찾아볼 수 없을 것"이라며 "조선군의 노래는 서방의 어느 나라에서도 그렇게 슬픈 곡조로 된 것은 없으며, 미군들은 그 노랫소리를 듣고 소름이 오싹했고, 사기도 저하되었다. 그 무시무시한 곡조는 인간적인 노래의 가락이 아니라, 몸서리쳐지는 노래였다"라고 회고했다. 「미스터 션샤인」은 조선이 망하고 이후 의병 활동에 이르기까지의 이야기를 다루면서 조선 500년의 결과를 재해석하고 있다.[213]

의 대결이었다. 강준만, 「포와 총' '칼과 창'의 대결」, 『미국사 산책 3: 남북전쟁과 제국의 탄생』, 인물과사상사, 2010.

212 슐레이 대령은 『기함 생활 45년』이라는 자서전을 남겨 신미양요의 경험을 기록했다. Winfield Scott Schley, *Forty-five Years Under the Flag*(Seattle: Palala Press, 2016). 이 내레이션은 전투에 참여했던 슐레이 대령으로 보이며, 자서전의 기록을 토대로 구성되었다. 주창윤, 「〈미스터 션샤인〉, 역사의 소환과 재현 방식」, 『한국언론학보』 제63권 제1호, 한국언론학회, 2019, p. 233, 각주 5.

213 2000년대 이후 역사드라마에 나타난 변화는 역사학 분야에서의 미시사나 포스트

드라마 「미스터 션샤인」은 파노라마(全景化)를 바탕으로 인물의
행동과 생활환경을 함께 보여줄 수 있는 '역사의 중경화(中景化)' 전
략을 만들어냈다. 이것은 역사 기표들 가운데 선택 가능한 것을 선
별해 드라마의 외적 개연성을 높이기 위해서 활용하는 것이다. 고종
의 비자금 예치증서, 밀지(密旨), 1902년 6월 고종이 황제 직속으로

모던 역사학의 등장과 맞물려 있다. 역사드라마는 정사 기록에서 벗어나 역사적 인
물과 사건을 다루지만, 개연성과 허구성의 외연을 확장해왔다. 윤석진은 2000년대
역사드라마의 특징으로 '가능성으로서의 역사'와 '상상으로서의 이야기'가 주류를
형성하고 있다고 지적한다. 이에 대해서는 윤석진, 「2000년대 텔레비전 역사드라마
의 지형도」, 텔레비전 드라마연구회 편, 『텔레비전 드라마, 역사를 전유하다』, 소명출
판, 2014 참조. 가능성으로서의 역사는 과거 사건을 다루지만 새로운 해석으로서
의 역사를 의미한다. 예를 들어, 「뿌리 깊은 나무」는 훈민정음 반포 전 7일간 경복
궁에서 발생한 연쇄살인 사건을 중심 이야기로 다루면서 세종의 인간적 고뇌를 새
롭게 해석하고 있다. '상상으로서의 이야기'는 「허준」과 「대장금」 등으로부터 2000
년대 역사드라마의 주류를 형성하고 있다. 역사드라마에서 흥미로운 영역 중 하나
는 작가가 역사적 상상력을 활용하는 방식으로 어떻게 역사적 사실로부터 특정 사
건들을 선택하고 재배열하며 개연적이거나 허구적인 사건들을 만들어내는가에 있
다. 이것은 역사드라마의 역사 소환과 재현 방식에 관한 것이다. 「미스터 션샤인」은
세 가지 방식으로 역사를 소환해서 재현했다. 역사의 파노라마 전략은 증거로서 역
사를 재현하고 특정 장소를 의미화하는 것이다. 드라마 「미스터 션샤인」은 신미양
요나 정미년 남대문 전투 등을 당시의 증언, 사진, 역사 기록을 바탕으로 사실적으
로 묘사해 역사성을 높이면서 시청자들을 실제 역사 속으로 몰입시킨다. 역사의 중
경화 전략은 역사 기표들에서 선택 가능한 것을 선별해서 드라마의 외적 개연성과
내적 개연성(허구적 상상력)을 높이는 것이다. 고종의 예치증서, 밀지, 제국익문사
(帝國益聞社) 등의 역사 기표들은 허구적 인물, 실존 인물, 개연적 인물들과 결합
해 서사의 중심을 이끌어간다. 역사의 배경화(背景化) 전략은 역사 시간과 공간을
압축하면서 재배열하는 것이다. 「미스터 션샤인」은 1900~1907년을 다루고 있지만,
1870년대부터 1930년대에 나타나는 풍물, 유행, 문화 등을 압축해서 보여준다. 이
것은 서사에 직접 개입하기보다는 서사 뒤에서 이야기를 보완해주는 기능을 수행
한다. 「미스터 션샤인」은 세 가지 전략을 바탕으로 낭만적 사랑의 좌절을 세 가지
층위(동지적 사랑, 절대적 사랑, 배려적 사랑)에서 그려냈다. 이것들이 시청자를 역
사 안으로 끌어들이는 역사 효과를 만들어냈다고 평가할 수 있다. 주창윤, 앞의 글
「『미스터 션샤인』, 역사의 소환과 재현 방식」, pp. 228~252.

설립한 비밀 정보기관 제국익문사 등이 여기에 해당한다. 드라마의 주제를 구성한 국가와 계급에 의해 버려진 무명의 존재, 피지배층 하층민들이 민족의식을 갖고 의병으로 활동하는 과정을 기표를 바탕으로 허구적 사건들을 다양하게 배열해 허구, 실존, 개연적 인물들을 유기적으로 연결함으로써 드라마의 내적 개연성을 높이고 있다.[214] 프랑스 군대로부터 강화도를 침략당한 병인양요에 이어 서양의 침략이 계속되면서 조선은 이를 더욱 경계했고, 이러한 경계심은 위정척사운동으로 이어졌다.[215]

구한말 의병은 1894년 일본의 경복궁 점령으로부터 시작해서 1895년 명성황후 시해 사건인 을미사변으로 본격화되었다. 활빈당은 1886년경 전라도와 충청도에서 의적으로 활동하다가 1900년대에 들어서며 의병으로 활동하기 시작했다.[216] 비록 대규모의 조직적인 의병은 1890년대 이후 등장했지만, 작가는 조선이 누란의 위기에 빠져 있던 1870년대에도 작은 조직으로서 의병 활동이 있었으리라 상상한다. 이들은 드라마 「미스터 션샤인」에 이렇게 묘사된다.

---

214 역사 기표 활용은 이야기의 중심을 이끌어가면서 드라마의 상상력이 발휘되는 영역이다. 주창윤, 앞의 글 「『미스터 션샤인』, 역사의 소환과 재현 방식」, pp. 236~237. 내적 개연성은 상상력을 발휘해서 서사를 일관성 있게 구성하는 것이다. Harry. E. Shaw, *The Forms of Historical Fiction: Sir Walter Scott and his Successors*(Ithaca and London: Cornell University Press, 1983), pp. 20~21.

215 광성보 전투 후 대원군은 서울 종로와 전국 각지에 척화비를 세우고 척양(斥洋)의 항전을 다졌다. 척화비의 내용은 "양이(洋夷)가 침범함에 싸우지 않으면 곧 화의(和義)인데, 화의를 주장함은 매국이다"이다. 이런 쇄국 정책에 의한 위정척사운동은 이후 의병운동으로 이어졌다. 이기백, 앞의 책 『한국사신론』, p. 296.

216 배항섭, 「활빈당: 의적에서 의병으로」, 『역사비평』 여름호, 역사비평사, 1992, pp. 343~347.

애신은 자세를 바로 하고 한쪽 눈을 감았다. 저 멀리 적을 대신할 이가 빠진 사발들이 주르륵 줄에 매달려 있었다. "표적은 하나, 저격수가 둘이었습니다. 저를 믿지 못해 다른 쪽에서도 움직이는 듯싶습니다." 탕, 총소리와 함께 애신이 쏜 총알이 정확히 사발에 가 박혔다. 산산조각이난 사발 조각들이 바닥을 뒹굴었다. 뒤쪽에 앉아 있던 승구가 그 조각들을 보았다. "다른 쪽?" "활빈당? 혹시 스승님의 의병 중에 누군가? 그도 아니면 강원도 목단설이나 지리산 추설 쪽이 아닐는지요. 뭐 대책없는 자이긴 하나 동지가 있는 걸 확인했으니 전 괜찮습니다" 말하며애신은 다시금 방아쇠를 당겼다.[217]

초기 의병장은 문반 출신의 사대부 양반들이 무인보다 압도적으로 많았다. 이들 의병을 일으킨 자들은 각 지방 토호이거나 영향력을 가진 토호 출신인 사림, 즉 사대부 양반계층 유생들로서 대개 관직에 나가지 않는 지식인들이었다. 이들은 일반적으로 자기가 자란고장이나, 지방관으로 있을 당시 선정을 베풀어 그곳 피지배층들로부터 큰 호응을 얻었던 마을을 근거지로 해 주변 지역까지 확대해의병을 모집했다. 이로써 의병 활동 범위가 넓어지게 되었는데, 제1차 의병전쟁은 단발령이 선포되어 강제로 상투를 잘리는 1895년 11월 이후에 일어났다. 1896년 1월 하순 유생 이소응(李昭應)이 춘천에서 봉기해 관찰사 조인승(曺寅承)을 처단하자 이에 호응해 전국각지에서 일어났다. 1907년 이후 유생 의병장으로서 가장 이름난

---

217 김은숙, 앞의 책 『미스터 션샤인』 제1권, pp. 32~33.

사람은 홍주의 민종식(閔宗植), 영천의 정환직(鄭煥直), 태인의 최익현(崔益鉉) 등이다.

18세기의 실학자나 19세기의 위정척사론자 모두 지방 사림 출신 유생들이었다. 피지배층 농민들이 의병에 참여한 것은 자발적이라기보다 토지 주인과 소작인이라는 이해관계가 있었기 때문이다. 이 유생들은 의병전쟁을 주도하면서 일제 침략을 규탄하고 일제와 야합한 개화 관료를 비판하며 조정의 잘못된 포악한 정치(悖政)를 폐지해 유교의 민본정치를 구현할 것을 촉구했다. 이러한 구호는 농민의 지지를 받았으며, 이 때문에 농민의 의병 참여가 갈수록 늘어갔다.

그러나 1896년 2월 아관파천(俄館播遷)에 따라 친일 정권이 무너지고 단발령이 철폐되자 유생 중심의 의병 활동이 주춤해졌다. 이들의 항전의 근본 이유가 나라를 되찾기 위한 항일투쟁이라기보다 자신들의 신념인 성리학의 강상론, 말하자면 사람이 지켜야 할 유교적 도리에 어긋나는 단발령을 시행했기 때문이었다. 이러한 유생의 의병 활동은 그 자체로 모순을 지니고 있었다. 대개 피지배층 출신 의병은 동학 농민군이 주류를 이루었다. 황현의 『매천야록』에는 "동비의 남은 무리가 얼굴을 바꾸고 그림자처럼 따른 자들이 그 반을 차지했다"라며 의병의 거의 절반을 동학 농민군 출신들이 차지하고 있다고 밝히고 있다.[218]

---

218 이이화, 앞의 책 『민란의 시대』, pp. 254~256에서 인용. 유생 의병장과 평민 의병장의 비율을 가장 정확하게 보여주는 자료로는 『폭도편책(暴徒編册)』의 비도상황월표(匪徒狀況月表)를 들 수 있다. 여기에 나오는 투항 귀순 의병에 대한 조사를 보면, 모두 29명에 이르는 의병장과 부장 가운데 8명(28퍼센트)이 양반이고 21명(72

그러나 일반적으로 의병의 지도자들은 사대부 양반 출신이 대부분을 차지했고, 자기 주인을 따른 소작인 농민과 상민, 노비들이 주요 의병 구성원이었다. 유생 신분의 의병들은 여전히 유교 체제를 고수하려 한 반근대주의자들이었다.[219] 이들이 의병을 일으킨 목적은 조선이 개화하려다 망한 것이라고 여기고 기존 체제를 다시 회복하기 위해서였다.[220] 대표적인 양반 유생 출신 의병장 유인석(柳麟

퍼센트)이 농민이었다. 일반 의병의 경우는 양반이 불과 2.7퍼센트에 지나지 않았다. 김주용, 「홍범도의 항일무장투쟁과 역사적 의의」, 『한국학연구』 제32집, 인하대학교 한국학연구소, 2014, pp. 467~490.

219 의병 부대 지휘부는 재야 양반 유생들이 대부분을 차지하고 있으며, 그 밖에 소수의 전현직 유생이나 향리계층도 찾아볼 수 있다. 향리계층의 경우에는 일부 지역을 제외하고는 대부분 양반 유생층의 종속적인 지위하에 협조자로서 참여했을 뿐이었다. 양반 유생은 조선조 말기의 향촌 사회를 지배할 수 있는 사회적 기반 위에서 향교와 서원을 장악해 일향의 향론을 주도하는 지방 사족이었다. 을미의병은 이러한 지방 유생들이 보수적인 유림 사회의 학문적·지연적·혈연적 사회적 기반 위에서 창의한 것이다. 물론 가난한 선비들도 다소 있었으나, 학문적으로나 사회경제적으로 기반이 공고한 사족 가문 출신의 유생들이 지휘부를 장악했다. 이러한 유생들은 조선 후기 각 지방에서 독자적으로 성장하는 다양한 학풍을 가진 학파의 중심인물이기도 했다. 권대웅, 「을미의병기 의병 부대 내부의 갈등 요인」, 『국사관논총』 제90집, 국사편찬위원회, 2000, pp. 112~113.

220 유인석은 「우주문답(宇宙問答)」에서 "비록 구법(舊法)이 나라를 망쳤다고 주장하지만, 망국은 개화가 행해진 뒤의 일이었다. 구법을 행해 망국했다고 가정하더라도 어찌 개화해 망국한 것만큼 심했겠는가. 만일 나라 안의 상하대소인(上下大小人)이 모두 수구인(守舊人)의 마음과 같이했더라면 나라는 혹시 망하지 않았을지 모르고, 또 망했더라도 그렇게 빨리 망하지는 않았을 것이다"라고 주장했다. 유인석, 「저서(著書)-「우주문답」」, 『나라사랑』 제106집, 외솔회, 2003, pp. 222~232. 유인석의 「우주문답」은 1917년에 간행된 『의암집(毅庵集)』 제51권에 모두 40조목으로 나뉘어 서술되어 있다. 「우주문답」은 조선에서 전근대와 근대가 교차하는 1913년에 저술되었으나 유교적 상고주의가 짙게 배어 있다. 이는 유인석이 견지한 기본적인 역사 인식과 미래에 관한 전망의 결과다. 「우주문답」의 한 축을 이루고 있는 가상의 질문들은 구체적 현실 인식을 반영하고 있다. 그에 반해 그 답변은 보편적인 이상세계를 지향하고 있다. 「우주문답」의 문명의식은 당대 현실에 대한 냉철한 분석을 바탕으로 변화를 주도하는 미래지향적인 것이 되지 못하고 유교 경전의 이상

錫)의 사상적 기반이 조선중화주의였다. 그는 자신의 유교적 신념에 따라 중화인 조선을 침범하는 서양과 일본을 오랑캐 도적으로 규정하고 춘추대의에 따라 타도의 대상으로 삼았다. 근본적으로 유인석은 당시 상황을 중화와 이적(夷賊)의 대립으로 인식한 것이다.[221] 이처럼 의병대장 유인석은 중화주의적 위정척사론에 근거해 춘추대의와 존왕양이(尊王攘夷) 사상을 부르짖으며 의병운동을 추진해나갔다. 특히 그는 의병에서 철저한 신분 질서를 준수했는데, 포수 출신 하층민 김백선(金伯先)이 일본군 진지를 공격하던 중 중군장 안승우(安承禹)가 원군을 보내지 않아 패배했다며 거세게 항의하자 유인석은 충주성 전투에서 큰 공을 세운 상놈 의병장 김백선이 신분 질서

으로 회귀한 것이다. 이것은 유인석이 시대의 변화에 유연하게 대응해 현실적인 국면에서 그 대응책을 마련하기보다는 자신이 최상의 가치라고 믿는 이념과 질서에 대한 온전한 구축과 실천을 더욱 가치 있는 유교를 신봉하는 유학자의 삶이라고 믿었기 때문이다. 그는 중화를 중심으로 문명을 재구축하고 유교적 이상인 '도'를 실천하려 했다. 문명에 대한 주체의식과 평화적인 방법에 따른 세계 문명의 건설, 제국주의가 전파한 자본주의의 폐해에 대한 날카로운 비판의식, 동서양 문명의 조화로운 추구 등은 「우주문답」의 문명의식 가운데 주목할 만한 것이다. 분명 유인석은 이전의 화서학파의 인물들과 비교하면 적극적으로 서양의 발전된 문명을 배우려고 했다. 그러나 결론적으로 본말론적 문명관을 벗어나지 못했다. 화이관(華夷觀)과 신분관, 남녀 차별의식은 그 가운데서도 특히 강조되었다. 유인석의 문명의식은 과연 시의(時宜)를 냉정하고 현실적으로 꿰뚫어 본 것인가? 아쉽게도 유인석의 뇌리 속에는 철저한 유교적 상고주의, 봉건적인 질서의식과 화이관적 세계 인식이 여전히 부정할 수 없는 진리로 굳건히 자리 잡고 있었다. 함영대, 「우주문답과 유인석의 문명의식」, 『태동고전연구』 제27집, 한림대학교 태동고전연구소, 2011, pp. 1~27.

221 유인석이 끊임없이 항일 의병 투쟁에 나선 이유는 단순히 정의감에 의한 관념적 차원이 아니라 위기 극복을 위한 현실적·정치적 차원이었다. 방용식, 「유인석의 문명 인식과 위기대응론 고찰: 「우주문답」을 중심으로」, 『한국학』 제39권 제2집, 한국학중앙연구원, 2016, pp. 179~206.

를 어기고 군기를 문란케 했다는 이유를 들어 김백선과 그의 아들까지 처형했다.[222] 이렇게 철저하게 성리학을 신봉한 유인석은 "천지에는 높고 낮음이 있고, 만물에는 크고 작음이 있다. 인간에게도 임금과 신하, 아비와 자식, 남편과 아내, 어른과 젊은이, 윗사람과 아랫사람, 귀한 사람과 천한 사람의 구분이 있으며, 성인과 보통 사람, 지혜로운 자와 어리석은 자 같은 차이가 있는데, 어찌 서로 평등하겠는가?"라며 모든 인간이 평등할 수 없다고 역설했다.[223]

이렇다 보니 성리학과 중화사상에 젖은 유생 양반 출신 의병과 피지배층 출신 의병 사이에 갈등이 생겨나기 시작했다.[224] 의병 투쟁에서 발생한 내부의 갈등 요인은 다음과 같다. 첫째, 주자학이라는 학문적 이념과 의병 부대의 투쟁 목적이 달라 야기된 내부적인 갈등이 의병의 주도권 경쟁으로 이어져 분열을 초래했다. 1895년 단발령이 내릴 무렵 제천 지역에서 젊은 선비들이 이필희(李弼熙)를 대장으로 삼아 결성한 제천의진(堤川義陣)에서의 '심설논쟁(心說論

---

222 김태웅·김대호 공저, 『한국 근대사를 꿰뚫는 질문 29: 고종 즉위부터 임시정부 수립까지』, 아르테, 2019, pp. 379~380.

223 유인석은 '평등'을 곧 '무질서'로, '자유'는 곧 '싸움'으로 규정하고, "지금 세상이 혼란하고 싸움이 잦은 이유는 다름이 아니라 평등과 자유라는 사상 때문"이라며 "어떤 사람이 평등과 자유를 주장하면 어지러운 다툼의 마음이 일어나 행동으로 어지러운 다툼을 일으키게 된다"라고 주장했다. 그는 "평등과 자유가 실현되면 다툼이 일어나 인류는 장차 쇠잔해 사라질 것이고, 천지는 반드시 붕괴할 것"이라고 역설했다. 또 유교 사상에 따라 남녀평등도 인정하지 않았다. 정재식, 『의식과 역사: 한국의 문화 전통과 사회 변동』, 일조각, 1991, pp. 267~268.

224 이 두 신분 사이의 갈등은 '계급 갈등' 또는 '계층 갈등'으로 그 시각이 다소 다르나 의미상으로 큰 차이가 없다. 의병 활동에서 이 신분 사이의 갈등에 대해서는 권대웅, 앞의 글 「을미의병기 의병 부대 내부의 갈등 요인」, p. 112 참조.

爭)'과 안동 유생들이 권세연(權世淵)을 대장으로 삼아 결성한 안동 의진에서의 '병호시비(屛虎是非)'가 대표적이다.[225] 둘째, 지연과 학맥 등이 의병 내부의 갈등 요인으로 작용했다.[226] 셋째, 의병 진영 사이에 작전 문제를 두고 서로 의견 대립을 보이면서 소모전으로

---

225 조선 성리학사를 보면 수백 년 동안 굵직한 주제의 논쟁이 이어졌다. 16세기 중반에 시작된 사단칠정논쟁은 '정(情, 감정)'에 초점이 맞추어졌고, 18세기 초에 등장했던 호락논쟁은 사람과 사물의 '성(性, 본성)'이 같은가 다른가에 주안점이 있었다. 이 두 논쟁은 이후 조선 말기까지 계속 이어졌다. 그 과정에서 쟁점이 확실하게 부각되면서 조선 성리학의 특징적 부면이 아울러 잘 드러났다. 18세기 중엽 이래로 서양 세력이 밀려오면서 조선 성리학은 서양 세력에 맞설 논리를 개발해야 했다. 성리학에서의 주리론이 그 대응 논리의 하나로 제기되었다. 특히 '심(心)'에 대한 각종 논의가 폭넓게 다루어졌다. 심이 성과 정을 통섭한다는 의미의 심통성정(心統性情)의 개념으로부터, 심을 '이'로 보아야 한다는 주장, 심은 기본적으로 '기'라는 주장이 나와 대립했다. 또 심과 명덕(明德)은 같은 개념인가 다른 개념인가의 문제, 명덕은 '이'로 보아야 하는가, '기'로 보아야 하는가의 문제 등이 제기되어 학계를 뜨겁게 달구었다. 심설논쟁은 단순히 이론 논쟁에서 그치지 않았다. '시사성(時事性)'의 측면에서 중요한 의의를 지니며, 서양과 일본 세력을 배척하는 운동, 의병운동과 독립운동 등에도 직간접으로 영향을 끼쳤다. 심설논쟁은 사단칠정논쟁이나 호락논쟁에 비해 논쟁의 성격이 복잡하고 범위가 넓다. 게다가 자료의 체계적인 정리가 필요하다. 3대 논쟁에 대한 상호 비교 문제는 조선 성리학의 특성을 밝히는 데 중요한 주제의 하나다. 최영성, 「사상사의 맥락에서 본 19세기 심설논쟁: 사칠논쟁에서 심설논쟁까지」, 『한국철학논집』 제59집, 한국철학사연구회, 2018, pp. 9~38. 한편 병호시비의 논쟁 원인에 대해서는 설석규, 「퇴계학파의 분화(分化)와 병호시비(2): 려강(호계)서원 치폐(置廢) 전말(顚末)」, 『퇴계학과 유교문화』 제45권, 경북대학교 퇴계연구소, 2009, pp. 311~371 참조.

226 김도현(金道鉉)의 경우, 지연적 기반이 없는 의병진을 가질 수밖에 없어 투쟁의 한계에 부딪혔고, 관동 창의군의 경우, 제천의진과 항상 반목·대립하는 양상이 나타났다. 또 항전의 거점으로 삼았던 강릉에서도 토착 세력과 상호 첨예하게 대립과 갈등을 빚었다. 지연적 특성에 따른 의병진의 내부적 대립과 갈등은 그 투쟁 자체를 무산시키거나 대규모의 연합의진 결성을 무산시키기도 했다. 투쟁 자체를 무산시킨 경우는 진주의진과 홍주의진, 그리고 이천의진에서 찾아볼 수 있고, 대규모의 연합의진 결성을 무산시킨 경우는 제천의진을 비롯해 관동의진, 안동의진과의 관계 속에서 찾아볼 수 있다. 권대웅, 앞의 글 「을미의병기 의병 부대 내부의 갈등 요인」, p. 138.

전력이 약화되기도 했다. 이로써 의병 진영들의 연합과 협조 체제가 무너지기도 했다. 넷째, 의병 부대의 지휘권을 두고 지도부가 대립하기도 했다. 의병 지도부 양반 유생들의 신분의식은 여러 신분 출신의 의병들을 결집하는 데 취약성을 드러냈다.[227] 다섯째, 예천의진과 나주의진의 경우, 의병 부대 지휘부인 향리 계층과 양반 유생의 대립, 갈등이 향권(鄕權)과 지휘권 다툼으로 나타났다. 사실상 피지배층 하층민 출신 의병들은 지도부 사대부 양반과 종속적인 관계에서 참여한 것이지 자발적이 아니었다. 지배층 양반 유생들은 피지배층 하층민들로 구성된 의병 부대의 기강이 바로 서지 못해 노략질을 자행하는 일도 여러 차례 발생하고 있다고 의심하며 이들 피지배층 하층민 의병의 활동을 부정적으로 생각했다. 이 때문에 사대부 양반 유생들과 하층민 출신 의병들 사이의 관계가 좋을 리 없었고, 이런 두 계층 간 상호 부정적인 관계가 의병 내부의 갈등으로 작용했다.

여섯째, 동학 농민군 출신들이 조정의 강력한 진압과 탄압으로부터 자신의 안위를 도모하기 위해 투쟁의 대상이었던 사대부 양반

---

227 을미의병에서 의병 부대 병사부인 포군과 농민, 보부상, 동학 농민군 등 하층민 출신 의병과 지도부 양반 유생 사이의 내부적 갈등 요인은 다음과 같다. 첫째, 포군은 종속적인 관계임에도 불구하고 급료의 지급이 충분치 않으면 의병진의 대오를 제대로 통제할 수 없었다. 또 포군 지휘부와 양반 유생의 이해관계에 의해 의병진 내에서 대립과 갈등이 끊임없이 발생했다. 특히 양반 출신 의병장 유인석이 천민 출신 김백선을 양반에게 불경죄를 저질렀다는 죄목으로 처형한 것에서 볼 수 있듯이 양반 출신 의병은 여전히 봉건적인 신분의식에 사로잡혀 있었다. 김백선의 처형이 의병 투쟁에 얼마나 큰 손실이었는지에 대해 송상도(宋相燾)는 『기려수필(騎驢隨筆)』에서 "이로부터 물정이 참담하고 군용이 다시 떨치지 않아, 뒤에 안승우는 제천읍 전투에서 패해 죽고 의군은 드디어 기세가 꺾이고 말았다"라고 기술했다. 송상도, 『기려수필』 '김백선'조, 『한국사 사료총서』 제2집, 국사편찬위원회, 1971 참조.

유생들이 이끄는 의병에 합류함으로써 발생한 갈등이다. 사대부 양반 출신들은 의병 조직을 강화하기 위해서 동학 농민군이 필요했으나 서로 지향하는 바가 달랐기 때문에 대립과 갈등이 필연적으로 발생할 수밖에 없었다. 특히 왕은 백성을 갓난아기(赤子)로 여기고 부모로서 이들 백성을 보살펴서 교화해야 하는 의무를 갖고 있다고 한 유교적 왕정 관념이 지배층에 각인되어 있었다. 이는 왕의 권위와 존엄성, 곧 권력의 정당성을 합리화하는 기본적인 논리였으며, 이런 인식은 19세기에도 이전 시기와 다를 바 없었다. 당시 사회 신분 문제에 대한 정부의 대책은 유교적 전통 관념을 지켜나가되 필요에 따라 임시방편으로 편법을 동원하는 것이었다. 조선은 원칙적으로 적자론(赤子論)에 따라 신분상 피지배층을 상민으로, 이들을 돌봐주는 지배층을 사대부 양반으로 구분했다.[228] 그리하여 19세기 전반기 사대부 양반들은 전통적인 적자론과 어리석은 백성들에게 눈에 보이는 은덕을 베풀어야 통치가 된다는 우민론(愚民論)을 결합해 소수 벌열 가문에 의한 특권적 권력을 정당화했다.[229]

그러므로 의병 투쟁의 목적은 일제의 식민지가 된 조선을 다시 자주적인 독립 국가로 회복시키기 위한 것이었으나, 여기에 참여한 의병 구성원들의 생각은 각기 달랐다. 지배층은 여전히 성리학의 이념으로 무장한 채 그동안 유교 체제에서 누려왔던 사회적·정치적 특권과 권력을 다시 회복하려 했을 뿐, 조선을 근대 시민국가로 전

---

228 박광용, 「19세기 전반의 정치사상」, 『국사관논총』 제40집, 국사편찬위원회, 1992, p. 18, 각주 61에서 인용.

229 박광용, 위의 글 「19세기 전반의 정치사상」, pp. 23~25.

환해 평등과 자유를 실현하려는 것이 아니었다.[230] 의병을 일으킨 사대부 양반 출신 유생들은 일제가 침략의 방편으로 삼았던 조선의 근대화 개혁을 불신했을 뿐 아니라 과학 기술에 대해서도 비판적이

---

[230] 사대부 양반 지배층에게 개화는 곧 일본화이자 소중화가 소일본으로 떨어지는 것이라 인식되었다. 지배층에게 개화는 민족의 수치(開化之恥)요, 개화당의 주장은 "개 같은 놈들의 이리 같은 마음(開黨之狼心)"에 지나지 않는다고 인식되었다. 그리하여 의병의 반개화 사상은 항일전쟁이 진행되는 과정에서 더욱 강화되어 갔다. 일제가 개화를 앞세워 경제 수탈을 자행하자 의병들은 갱도광복(更道匡復)만이 도탄에 빠진 농민경제를 재건하고 국권을 회복할 수 있는 유일한 길이라 확신했다. 일제와 개화 관료들은 부국강병의 핑계로 빈국약병(貧國弱兵)의 결과를 초래했으므로 진정한 부국강병책은 신제 개혁이 아니라 구제 복고라 믿었다. 유인석은 이항로의 문하에서 존화양이론의 기본 틀을 형성하고, 을미의병에서부터 생을 마감할 때까지 위정척사론의 정립과 실천적 의병운동에 헌신했다. 「우주문답」은 그의 만년에, 그리고 러시아에서 중국으로 망명하는 과정에서 저술되었다. 신해혁명이 발발하자 중국인들, 특히 원세개(袁世凱)에게 보여주려는 의도를 담고 있었다. 이 책은 중국과 외국을 중심 국가와 주변 국가로 구분하는 화이론에 입각해, 일차적으로는 동양 삼국을 기반으로 하는 중국 중심의 전통적 대일통에서 시작해, 궁극적으로 서양을 포함하는 세계 대일통 수립을 기본 논리 구조로 하고 있다. 유인석은 중국이 소이를 얻어 천지 가운데 대일통을 확립하고, 모든 나라의 윤리, 도덕, 예악, 법도, 그리고 본성, 천리가 같아져서 세계가 평화와 안정을 유지하는 것을 희망했다고 강조했다. 조현걸, 「의암 유인석의 대일통사상: 「우주문답」을 중심으로」, 『대한정치학회보』 제25권 제1호, 대한정치학회, 2017, pp. 161~183. 이는 위정척사 지식인들이 서양과 일본을 '중화문명론'에 근거해 배척한 데서 잘 나타난다. 중화문명론은 조선 지식인들이 일반적으로 받아들인 전통적 관념 체계였고, 17세기 중반 이후 조선중화주의로 수용되었다. 유인석은 조선중화주의에 입각해 중화인 조선을 침범하는 서양과 일본은 이적으로서 춘추대의에 따라 격멸해야 할 대상이라고 생각했다. 이는 유인석이 항일의병운동에 나서게 된 사상적 기반이 되었다. 그리하여 위정척사운동은 서양과의 정치적 충돌의 성격을 띠고 있다. 흔히 문명의 충돌은 정치적 충돌로 연결된다. 이런 까닭에 문명의 충돌은 민족국가 간의 경쟁으로 나타난다. 또 문명 충돌은 특정 국가의 지배적인 담론을 창출하는 정치사상의 대립으로 표출된다. 예컨대 의병 지도자 유인석은 이를 '중화 대 이적, 금수'의 대립으로 상징화했다. 그렇지만 이적이나 금수라는 규정은 외부의 침략으로부터 자신을 지켜내기 위한 대응 기제였고, 그만큼 현실적인 문제였다. 이상과 같은 의병의 반근대주의 사상은 유인석의 「우주문답」에 잘 요약되어 있다. 방용식, 앞의 글 「유인석의 문명 인식과 위기대응론 고찰: 「우주문답」을 중심으로」, pp. 179~206.

었다. 이들 지배층은 기계를 순박한 풍속을 깨뜨리는 음란하고 교활한 물건(淫狡之物)이라고 생각했기 때문이다. 농업을 최고 가치로 여겨왔던 사대부 양반들에게 산업과 자본주의라는 근대국가의 개혁은 민생을 도탄에 빠뜨리고 국가를 망치는 것이며, 바로 이러한 근대 산물인 기계는 침략의 첨병으로 보였다. 위정척사론자인 사대부 양반들은 세계를 크게 중국과 외국으로 분리해 중국을 정신문명(上達)의 나라로, 유럽을 물질문명(下達)의 나라로 규정했다. 또 이들은 중국에서는 윤리와 도덕이 발달했으나 유럽에서는 과학과 기술이 발달했고, 서양에서 발달한 민주제도는 동양의 실정에 맞지 않기 때문에 군왕제도를 그대로 유지하는 것이 중요하다고 역설했다. 이처럼 의병전쟁은 성리학과 중화주의를 신봉하는 사대부 양반과 유생들에 의해 주도되었고, 전투 구호가 반근대적이고 봉건주의적이었다.

다시 말해, 사대부 양반 출신 지배층과 새로운 평등 세상을 염원했던 피지배층은 의병 투쟁에서 각기 지향하는 목적이 달랐다. 사대부 양반 지배층은 자신들의 기득권을 되찾기 위해 자발적으로 의병에 참여했으나 피지배층은 지배층과의 종속 관계 때문에 의병에 참여한 것이다. 다른 한편으로 피지배층은 오로지 나라를 구하겠다는 애국심이라기보다 생계를 지키기 위해 의병에 가담했다. 의병 항전은 이렇게 신분별로 지향하는 바가 달랐다. 더욱이 의병 지도부는 성리학적인 사고와 중화주의적 가치관에 강하게 사로잡혀 있어 의병 투쟁조차 조선인 전체가 아니라 지배층의 전유물로 축소되어 갔다.[231]

이러한 특징은 이후 독립항쟁에서도 계승되었다. 대표적인 의병장이자 독립운동가인 최익현은 자신이 사대부 양반 출신으로서 누려왔던 기득권을 지켜나가기 위해 민생 정책과 근대화 정책에 적극적으로 반대하고 나섰다. 최익현이 신분제를 폐지하는 동학농민전쟁과 갑오개혁을 결사적으로 반대했던 것은 그가 지배층으로서 신분제의 모든 특혜를 누리고 있었기 때문이었다.[232] 지방 양반 출신 유생들은 유교와 중화사상, 그리고 신분 질서에 의한 봉건 왕조 조선을 다시 복원하기 위해 의병을 모집해 항일투쟁을 벌였던 것이다. 이들은 소작인과 소유 노비들, 그리고 조정의 토벌로 흩어진 동학농민군, 사대부 양반과 지방 관리들의 수탈과 폭정으로 살 터전을 잃고 여기저기 떠돌며 살아온 여러 계층의 하층민들을 포섭해 의병을 조직했다.[233] 그러나 이 의병 투쟁에서 지도부인 사대부 양반 출

---

231 개화를 반대하며 위정척사를 부르짖고 창의호국(倡義護國) 운동의 주동적 역할을 한 유생 의병들은 이항로계가 대부분이었다. 이는 대외적으로 서양과 일본을 반대하는 운동이었으며, 대내적으로 허물어져 가는 조선 봉건 사회를 재정비하고 강화하는 복고운동이었다. 김의환, 「의병운동」, 앞의 책 『한국 근대 민족운동사』, p. 341.

232 최익현은 상소를 통해 위기 극복 방안을 계속 제시했고, 위기가 극에 달했을 때는 최종적인 수단으로 의병을 일으켰다. 최익현의 이러한 행동은 조선을 조선답게 하는 가치로서의 조선중화주의를 지키려는 데 목적이 있었다. 그 방법은 다름 아닌 위정척사였다. 그러나 최익현이 개항을 반대한 것은 제국주의화한 일본과 수교했을 때 빚어질 침략을 예견했던 것이며, 그 침략을 반대한 것이었다. 그러므로 최익현이 개항을 반대한 이유가 단순히 화이관 또는 조선중화주의에서 비롯하지 않았다는 주장이 제기되기도 했다. 이에 대해서는 방용식, 「면암 최익현의 국제 관계 인식 연구: 지부복궐척화의소 등 상소를 중심으로」, 『한국동양정치사상연구』 제15권 제1호, 한국동양정치사상사학회, 2016, pp. 179~225.

233 의병장 계열은 이항로-최익현-김평묵-유중교-유인석 등으로 이어진 것처럼 문인 계열의 유생들이 압도적으로 많다. 이러한 양반 출신 의병장의 계보는 송상도의 『기려수필』 참조.

신들은 그 항전의 목적이 분명했지만, 단지 주인이나 지도자를 따라 의병에 합류한 하층민 출신 병졸들은 항쟁의 목표가 없었다. 의병 조직에서조차 여전히 신분 질서가 엄격하게 유지되어 지배층으로 구성된 지도부와 하층민으로 구성된 병졸들 사이의 결집력이 현저히 떨어졌다. 온갖 조세와 군역 등 모든 의무 부담을 면제받는 등 각종 신분상의 특권과 권력, 부를 누리며 평생 노동하지 않고 살아온 사대부 양반계급은 그런 특권을 부여해준 조선이 조국이었을 것이고, 그래서 애국심에 불탔을 것이다. 그러므로 의병의 애국심과 조국이라는 개념을 일반화해 모든 신분을 무시하고 조선인에게 일률적으로 적용할 수는 없다. 지배층 사대부 양반 외의 피지배층은 아직 이러한 개념을 알지도 못했다. 특히 지배층 사대부 양반들이 상민이나 노비, 천민 등 피지배층이 자신들과 같은 조상으로부터 피를 나눈 혈육의 관계라는 동포나 민족의 개념을 배척한 사실을 미루어 볼 때, 의병이나 항일투쟁의 동기를 혈통의 동질성을 바탕으로 한 조국애나 애국심으로 설명하는 것은 무리가 따른다. 의병 투쟁에서조차 이들 사대부 양반 출신 의병장들은 철저하게 신분제에 따라 피지배층 의병들을 멸시하고 천대했다. 조선은 자신들의 조국이지 피지배층인 천민들의 나라가 아니었기 때문이다. 그리하여 1907년 이인영(李麟榮), 허위(許蔿) 등이 1만 명으로 전국적인 의병연합 13도 창의군(倡義軍)을 결성하고 통감부 철폐 계획에 따라 선발대가 동대문까지 진출했을 때 의병장 신돌석(申乭石)과 홍범도, 김수민(金秀敏)은 천민 출신이라는 이유로 작전에서 제외되기도 했다.

민중적 영웅으로서 탁월한 능력을 지녔으나 왜적을 물리치지 못하고 비참하게 죽은 신돌석에 관한 설화는 그의 출생지인 경상북도 영덕군 축산면을 위시한 여러 지역에 전해오고 있다. 역적이 되어 집안을 망친다고 생각한 부모에게 태어나자마자 살해당한 「아기장수 이야기」 또는 산에 불을 질러서 장수가 태어나지 못하게 되었다는 이야기와 결합해 비극적인 그의 이야기가 전해오고 있다. 구비전승이 신돌석과 같은 항일투쟁의 전설적 영웅과 결부된 좋은 사례다. 신돌석이 하층민 출신으로서 항일투쟁에 많은 공헌을 할 수 있었던 것은 그가 이끄는 의병들이 과거 화적이라 불린 하층민들의 무리를 규합해 과감한 투쟁을 벌였기 때문이다.[234] 사대부 양반 출신 의병들이 벌인 항일투쟁과 신돌석을 중심으로 한 하층민으로 구성된 의병들의 항일투쟁은 각각 그 지향하는 목표가 달랐다.[235]

일제가 조선 군대를 해산하자 의병의 토벌에 동원되었던 조선군 병사들은 항일독립투쟁의 진영으로 옮겨 가게 되었다. 군인 출신 의병장 87명을 계급별로 나누어보면 하사관 이하 계급이 74.7퍼센트를 차지했고, 장교는 22명으로 대부분 하급 장교 출신이었다.[236] 특히 군대 해산 이후 산포수(山砲手)들이 의병에 참여한 경우가 많아

---

234 김의환, 앞의 글 「의병운동」, pp. 357~358. 신돌석 설화에 대해서는 김승찬 외, 『한국 구비문학론』, 새문사, 2003; 오세길, 「신돌석 설화 연구」, 『대학원 논문집』 제22집, 동아대학교, 1997, pp. 13~29 참조.

235 양반 출신 유생 의병장들은 여전히 신분제의 특권의식에 따라 농민을 마음 내키는 대로 함부로 대해 의병들의 투쟁의식을 약화했고, 의관을 단정하는 등 체면과 겉치장을 중시하며 삼강오륜을 도덕의 근본으로 삼고 충효를 최고의 행동 목표로 삼아 철저한 항쟁보다 왕명을 더 소중히 여겼다. 반일이라는 목적은 양반이나 하층민의 의병들이나 같았으나 투쟁의 성격은 각기 달랐다. 김의환, 앞의 글 「의병운동」, pp. 341~342.

236 군인 출신 의병장에 대해서는 김의환, 앞의 글 「의병운동」, pp. 380~381 참조.

점차 의병 투쟁의 주도권이 사대부 양반 출신에서 피지배층 출신으로 넘어간 경우가 발생하기도 했다. 그러나 이들 피지배층 출신이 주도한 의병은 항일투쟁만이 아니라 납세 거부, 부호 재산 약취, 빈민구휼의 노력과 요구, 악질 사대부 양반의 응징 등 계급투쟁의 성격을 보였다.[237] 피지배층 출신 의병들의 이러한 활동으로 사대부 양반 출신 의병들과 적지 않은 갈등과 마찰이 빚어졌다.

의병의 성격이 초창기와 다르게 변하게 된 것은 빼앗긴 나라를 구하려는 애국심이라기보다 조선이 망한 후 현실적으로 부딪힌 이해득실의 문제에서 비롯된 것이다. 예컨대 군대 해산은 피지배층 출신 병사들에게는 생계 박탈이며, 소지한 총기류의 압류는 산포수들에게는 생계 수단을 앗아가는 것이었다. 경기도 마전군 강동면 고왕산리 마을에 들어간 의병에게 이 마을 사대부 양반들이 이렇게 소리쳤다.

"여기는 양반이 거주하는 마을인데 의병과 무슨 관계가 있느냐?"라고 호통을 치자, 의병들은 "양반은 이때를 당해 나랏일도 모르느냐?"라고 외쳤다.[238]

---

237 홍천군에서는 관에 소속된 노비(官奴) 800명이 의병을 일으켜 양반 가옥을 불태워 한 군이 모조리 타버렸고, 홍천과 여주 지역에서는 의병 부대가 소작인들로 하여금 땅 주인에게 소작료를 내지 못하게 했다. 진위대 상병 출신 한봉수(韓鳳洙) 의병장은 부호 재산가와 관공서의 금품을 거두어 빈민에게 나누어 주었고, 해산 군인 상등병 김형식은 금광 노동자 50여 명으로 의병을 구성해 관아를 습격해 군수를 처형했다. 김의환, 앞의 글 「의병운동」, pp. 385~386.

238 김의환, 앞의 글 「의병운동」, p. 286에서 인용.

그리고 이 피지배층 의병들은 이 마을 사대부 양반들을 잡아 무수하게 태형을 가했다. 이런 신분 차별로 인한 폭력과 투쟁이 일제 치하에서 범죄 행위로 간주되자 피지배층 출신 의병 투쟁의 대상이 사대부 양반 지배층에서 일제로 옮겨 가게 되었다. 유명한 독립투사 홍범도의 사례를 살펴보자.

홍범도는 1868년 평양에서 머슴의 아들, 그러니까 노비의 자식으로 태어난 인물이다. 그는 어릴 때부터 머슴살이를 하면서 주인집 식구를 비롯해 이웃들의 학대와 천시를 겪으며 조숙한 소년으로 자랐다. 자라나면서 그는 지주와 소작농의 관계, 사대부 양반과 상놈의 차이에 눈뜨게 되고, 같은 연배의 상놈들과 어울려 지냈다. 그의 유년 시절에 대해서 이렇게 기록되어 있다.

성장하던 시기에 당시 봉건 사회 평양 성내에서 그가 천대와 괄시를 받을 때마다 자기와 같이 가난하고 천대받는 집 아이들과 함께 작당해 양반집 아이들과 편싸움을 하던 그의 회상담은 어려서부터 계급적으로 당하는 압제에 반항하면서 자신을 단련시키고, 한 토막의 계급투쟁을 하며 성장한 당시 가난하고 천한 자(貧賤者)의 후손들의 정치 투쟁이었다.[239]

그런 그가 어떻게 항일독립투쟁에 투신했을까? 홍범도는 만 15세가 되던 1883년 생계를 해결하려고 평양 감영의 병정 모집에 지원

---

239 김삼웅, 앞의 책 『홍범도 평전』, p. 25에서 인용.

해 군인이 되었다. 이것이 그가 의병, 독립군, 빨치산 대장이 된 계기였다.[240] 1896년 1월 조정은 노비세습제를 폐지하고 매매를 금지했지만, 여전히 지역적으로 노비가 존재하고 새로운 형태의 머슴제가 강화되었다.[241]

갑오개혁으로 신분제도가 사라지고 노비가 풀려났어도, 단발령이 내려와 머리카락을 짧게 자르게 되었어도, 조선이 조선인의 것이 아니라 다른 이의 것이 되어간다 하더라도, 모든 것이 단번에 지워지지는 않았다. 반상(班常)의 구별은 사라졌으나, 사홍은 여전히 지체 높고 존경받는 어르신이었다.[242]

500여 년 동안 내려온 반상 체제가 그리 쉽게 무너지겠는가? 어떤 형태로든 신분제는 오랫동안 유지되어 갔다. 홍범도 역시 노비의 다른 형태인 머슴으로 살면서 자유민으로서 떳떳하게 살고 싶어 군인이 되었다. 그러나 그가 하는 일은 가난한 농민들에게 세금을 징수하는 것이었다. 백성의 생명과 재산을 지켜주는 것이 군인의 의무임에도 불구하고 오히려 수탈의 도구로 이용되는 것이 그에게 큰 상처가 되었다. 마침내 그는 부패한 장교를 폭행하고 군에서 도망을

---

240 김삼웅, 앞의 책『홍범도 평전』, p. 27.
241 조선의 머슴에 관한 통계가 1933년에 발표되었다. 1933년 9만 4천 호이던 머슴의 수는 3년 후인 1936년에는 11만 7천 호로 급증했다. 김병태, 「머슴에 관한 연구(1)」, 『경제학연구』 제4권, 한국경제학회, 1956, pp. 35~88; 김병태, 「머슴에 관한 연구(2)」, 『경제학연구』 제5권, 한국경제학회, 1957, pp. 117~153.
242 김은숙, 앞의 책『미스터 션샤인』 제1권, p. 35.

갔다.[243] 이렇게 천민 출신으로서 생계만을 위해 살았던 홍범도는 이리저리 떠돌다가 22세 때인 1890년 금강산 신계사에서 비승비속(非僧非俗) 생활을 하게 되었다. 거기서 젊은 비구니를 만나 절을 떠난 홍범도는 산포수가 되어 생활했다. 그러나 1908년 일제가 총포기화류 단속법을 공포하고 조선인이 소지한 모든 총포류를 압수하려 하자 생계의 위협을 받게 된 그는 관북 지역의 산포수들과 함께 일제에 강력히 저항하기 시작했다.

> 산포수 의병의 연원지인 북청군 관내의 안평과 안산에 거주하던 산포수 주민들에게 사냥총은 곧 생계 수단이었다. 그러므로 총포 화약류 단속법이 발포된 직후 북청 주재 일제 군경이 이 지역 산포수들의 총기를 압류하려 하자 산포수들은 이 조치에 강력히 반발하고 그대로 의병으로 전신하게 되었다.[244]

말하자면 홍범도는 일제의 생계 수단 박탈에 저항하다 항일투쟁의 길로 접어들게 된 것이다. 이처럼 하층민들은 사대부 양반 출신 의병장처럼 나라를 구하고자 항일투쟁에 투신한 것이 아니었다.

홍범도, 김백선 등은 조선에서 천한 포수 출신들이었다. 이들이 지배층도 아니면서 항일투쟁을 벌인 것은 일제로부터 생계 수단이 박탈당했기 때문이었다. 의병들은 애국이나 위민(爲民)의식보다 일

---

243   김삼웅, 앞의 책 『홍범도 평전』, pp. 31~32.

244   박민영, 『대한제국기 의병연구』, 한울, 1998, p. 159에서 인용.

본의 이권 침탈과 쌀 유출 같은 생존권 위협에 더 민감했다.[245] 지배층인 사대부 양반계급은 각기 다르게 새로운 통치 체제에 대응했다. 일제에 적극 협조해 그동안 누려온 특권을 계속 유지하려는 사람이 있는가 하면, 항일투쟁에 나서는 사람도 있었고, 그 체제에 순응하며 살아가는 쪽을 택하는 경우도 있었다. 이러한 지배층 사대부 양반들과 달리 피지배층 백성들이 어떤 선택을 하든 그 결정의 원인은 첫째가 생계 문제였다.

이런 사례를 몇 가지로 나눠보면, 첫째, 생계 수단을 일제 식민 정부로부터 박탈당하거나 동학농민전쟁에 참여했다가 진압된 이후 오갈 데 없던 동학군의 경우다. 이들은 반일정신에 의해 의병에 참여했고, 이것이 곧 독립운동으로 이어졌다. 봉건제의 신분 질서 속에서 사대부 양반들에게 수탈당하고 억압받으며 살아오다 이에 대응해 지배층에게 저항운동을 벌여온 활빈당과 같은 군도들도 마찬가지로 의병에 투신했다. 둘째로 주인과 소작인 또는 노비 등 주종 관계에서 주인을 따라 의병과 독립운동에 참여한 경우를 꼽을 수 있다.

다음으로 항일투쟁이 지배층 중심에서 피지배층 중심으로 확대된 근본 원인은 일제가 의병을 소탕하는 과정에서 학살과 방화 등 많은 만행을 저질렀기 때문이다. 일제는 의병 소탕 작전을 위해 다음과 같은 6개 사항을 정해 시행했다.[246] 첫째, 경비 전화를 증설해 통

---

245 이이화, 앞의 책 『민란의 시대』, p. 278.
246 한국 내부 경무국 편, 「한국경찰 一斑」, 경성, 1910, p. 157; 김의환, 앞의 글 「의병운동」, p. 393에서 인용.

보 연락을 기민히 할 것, 둘째, 밀고자의 장려 및 폭도 토벌 정찰에 공로가 있는 자에게 상을 후하게 줄 것, 셋째, 매년 1~2회 각 기관의 연합 수색, 토벌을 대대적으로 실시할 것, 넷째, 우두머리(首領株) 체포에 후한 상(重賞)을 걸고 각 향리에 광고할 것, 다섯째, 폭도에 협조한 촌락에 고통을 느낄 만큼 공동 책임을 지울 것, 여섯째, 우두머리를 설복해 사면을 조건으로 자수시켜 부하와 같이 철도공사에 전력을 다하게 할 것이 그것이다.

이에 따라 일제는 의병을 도와주거나 동정하면 마을 전체에 공동 책임을 물어 가혹한 처벌과 응징을 했다. 이 과정에서 무고한 피지배층 농민들까지도 일본군에게 무차별 학살당했다. 결과적으로 의병과 관계없는 사람들에게까지 자행한 이러한 일제 만행이 많은 피지배층 사람들을 항일투쟁에 투신하게 했다.[247]

앞서 살펴본 바와 같이 신미양요 당시 243명의 조선인이 미군 군함에 대항하다 목숨을 잃었다. 끝까지 싸우다 살아남은 스물 남짓의 조선인은 포로가 되었다. 미국은 화친을 원했으나 조선의 조정은 이를 침략으로 이해했다. 왕과 조정 대신들은 "포로로 잡힌 자들이 임무를 다하지 못하고 살아남아 그리되었으니 비겁한 자들"이라며 "조정은 그들을 환영하지 않으니 돌아오지 마라"라고 사실상 죽음

---

247 1907년에서 1908년 말까지 일제의 만행으로 마을 전체가 불타거나 파괴된 호수가 6,681호에 달했다. 또 일본군은 한 마을을 지나갈 때 주민들이 달아난다고 해 아이들을 사살하고 소를 몰고 귀가하는 노인까지 살해했을 뿐 아니라 황해도 평산군에서는 겨울에 남녀 수백 명을 잡아 옷을 벗겨 얼어 죽게 했다. 김의환, 앞의 글 「의병운동」, pp. 392~396.

을 강요했다.

조선인은 조선을 지키려 하였으나, 조선은 조선인을 지켜주지 못하였
다. 참혹했다. 산 중턱의 언덕은 무덤이 되어 있었다. 무덤에 묻힌 이들
의 죽음은 모두 의로운 죽음이었다. 그럼에도 나라에 버림을 받은 죽음
이었다.[248]

이런 상황 속에서 이제 항일투쟁은 사대부 양반들의 전유물이 아
니었다. 조선인 모두 신분을 가리지 않고 일제에 저항의식을 키워가
고 있었다. 이처럼 피지배층 백성들이 항일전쟁에 대거 참여하게 되
면서 의병 투쟁이 독립군 전투로 전환되어 갔다.

조선이 망한 후 항일투쟁 지도자들은 조선 왕조 복고라는 이전의
투쟁 목표에서 벗어나 새로운 근대 시민국가 건설을 지향하게 되었
다.[249] 그러나 이런 항일투쟁 목표의 전환 과정에서 독립투사들은
자유주의, 사회주의, 공산주의, 민족주의, 신민주주의, 인민민주주의,
사회민주주의 등 19세기 이후 유럽을 풍미했던 여러 정치사상을 각
자 달리 수용함으로써 서로 분열과 갈등을 빚게 되었다.[250] 일제 식

---

248 김은숙, 앞의 책 『미스터 션샤인』 제1권, p. 29.

249 임종권, 「일제강점기 민족운동과 새로운 국가 건설론: 김승학의 「배달족이상국건설
방략(倍達族理想國建設方略)」을 중심으로」, 『숭실사학』 제42집, 숭실사학회,
2019, pp. 187~214.

250 식민지 시기 민족해방운동 과정에서 등장한 각 운동 세력들 사이의 이념 대립이
8·15해방 전후 정치 세력들의 주의, 주장, 정견의 차이를 낳았고, 이로 인해 새로운
국가 건설 운동의 목표와 방법론을 둘러싸고 많은 갈등이 야기되었다. 김인식, 『광
복 전후 국가건설론』, 독립기념관 한국독립운동연구소, 2008, p. 11.

민통치 시기 항일투쟁에서 가장 핵심적인 사상이 위정척사나 왕도 사상이 아니라 민족주의 사상이었다. 이미 신분제가 철폐된 상황에서 조선인의 구심점은 민족주의밖에 없었기 때문이다. 지배층과 봉건 체제가 와해된 후 외세를 배격하는 사상만이 유일하게 항일투쟁의 구심점이 된 것이다. 신채호나 박은식 또는 여러 항일투쟁 지도자들은 조선인이 모두 한 핏줄인 동포이자 민족이라고 강조하며 조선 독립을 위해 헌신할 것을 촉구했다. 항일투쟁의 목표는 민족주의 사상을 바탕으로 외세를 배격해 조선의 자주독립을 이루는 것이었다. 이들은 서로 이념적으로 갈등을 빚기도 하면서 서로 연합전선을 형성해 독립투쟁을 전개했다. 그렇지만 각기 다른 독립운동가들의 이념으로 인한 갈등과 대립은 해방 후 남북 분단국가를 초래하게 한 근본 원인으로 작용하게 된다.

제5장

조선인의 세 갈래의 선택

1

친일과 순종, 그리고 항일

중일전쟁(1937)에 이어 발발한 태평양전쟁(1941)을 전후해 전시 체제에 돌입한 일제는 이를 구실로 식민통치를 철저하게 강화해나 갔다. 그 구체적인 방법으로 1937년 일어 사용의 의무화와 1938년 각급 학교에서의 조선어 과목 폐지 조치가 취해졌으며, 지식인에 대한 사상 통제 등 민족 말살 정책을 추진했다. 이러한 시대 상황과 관련해 1930년대 후반에는 자신의 내면을 성찰하고자 하는 시(詩)가 많이 나타났는데, 그 대표적인 예로 서정주 시인의 「자화상」을 들 수 있다. 이 시의 내용으로 보아 서정주는 노비 집안 출신인 것으로 보인다. 그런 그가 유명한 시인으로 활동할 수 있었던 것은 교육 덕분이었다. 조선 신분제 체제에서 엄두도 내지 못했던 교육을 천민들도 받을 수 있는 삶의 전환이 일제 식민 체제에서 이루어진 것이다. 조선 사회에서는 아무리 재능이 뛰어나도 천민은 글과 학문을 배울 수 없었다. 학문과 글은 지배층 사대부 양반의 전유물이었기 때문이다. 조선에서 양반을 제외한 모든 피지배층은 글을 배워서도 안 되고 학문을 공부해서도 안 되었다.

양반들은 관료가 되면 토지와 녹봉(祿俸) 등을 국가에서 받게 되므로 지주계급(地主階級)을 형성하기도 했다. 조선 건국 이래 여러 왕권 교체에 공을 세운 공신들과 사대부 양반들은 자신들에게 여러 가지 명목으로 지급된 광대한 토지를 세습, 사유함으로써 대지주가 되었다. 반면, 피지배층 백성들 가운데 노비와 천민들은 아예 법으로 벼슬길에 나갈 수 없도록 규정했고, 할 수 있는 일이라고는 농공상 등에 지나지 않았다. 따라서 노비 등 천민들은 말할 것도 없고 심지어 사대부 양반 출신이 아닌 양민들도 벼슬길에 나가는 것이 아예 불가능에 가까웠다. 양민계층이 자신들에게 부과된 의무를 도외시한 채 학문 활동만 하는 것은 쉬운 일이 아니었다. 다시 말해, 벼슬은 사대부 양반 출신이 아니면 그 어떤 신분도 허용되지 못했다.

조선이 망한 후에도 신분 출신에 따라 부의 대물림은 그대로였다. 사대부 양반 가문들은 대지주로서 여전히 부를 누리고 살았던 반면, 소작인 농민이나 노비 등 피지배층은 각기 자신의 생존 방식을 그대로 유지하며 살았다. 신분제 철폐로 노비, 백정 등 천민계층이 사라졌지만, 이것은 표면적인 현상일 뿐이었다. 그렇다 해도 신분제 철폐로 인해 이제 노비 출신들도 사람대접을 받으며 공부할 수 있어서 자신의 노력에 따라 출세할 기회를 얻게 되었다. 그러나 조선 500여 년 동안 뿌리 깊게 자리해온 신분의식 탓에 신분에 대한 편견이 사람들의 머릿속에서 쉽사리 사라지지 않았다. 노비의 다른 형태는 곧 머슴이었다. 갑오개혁으로 신분제가 폐지되면서 노비들이 해방되자 사대부 양반가나 시골의 대지주들은 농사일을 시키기 위해 머슴을 고용했는데, 이때 많은 노비가 머슴으로 전환되었다. 일제강점기에도 조선은 농업경제에 의존하고 있었기 때문에 많은 노동력이 필요했다. 노비제가 폐지되었어도 노비는 여전히 존재했기 때문에 독립협회와 만민공동회의 가장 주요한 토론 주제의 하나가 노비의 실질적 해방이었다. 노비 해방의 목표는 경제적으로 구속하는 등 온갖 편법을 동원해 사실상 노비처럼 부리는 행위를 중단시키는 것이었다.

1900년을 전후로 독립운동가 김좌진(金佐鎭), 여운형, 이회영(李會榮) 등 지식인들은 솔선수범해 노비 문서를 불태우며 가정 내의 노비들을 해방했다. 또 1928년 계명구락부에서 노비 해방에 관한 논의가 있던 것을 보면 일제강점기 내내 노비계급이 존재하고 있었다는 것을 알 수 있다.[1] 이런 점을 미루어 보면 일제강점기에도 조선시대 여러 신분의 위계에 따른 삶의 모습이 그대로 이어져 온 것으로 보인다. 조선시대에 신분이 높고 부유한 자들, 그리고 신분이 낮고 가난한 자들은 각기 자신의 처지를 그대로 이어갔다.

이들 각각의 신분 출신들은 조선이 망한 후 어떤 선택을 했을까?

---

1 1894년 갑오경장에 의한 노비제의 혁파는 법제상의 조치였을 뿐, 일제 강점 초기까지도 노비는 잔존하고 있었다. 오랜 세월 동안 존재하던 노비가 법제상의 변화로 급격히 사라지기는 어려웠다. 임학성, 「조선시대 노비제의 추이와 노비의 존재 양태: 동아시아의 노비사 비교를 위한 모색」, 『역사민속학』 제41호, 한국역사민속학회, 2013, pp. 73~99. 이처럼 노비제가 사라졌으나 노비는 농촌에 남아 농촌 노동력의 근간이 되어 과거의 주인과 경제적 예속 관계를 유지하고 있었으나, 1940년대에 이르면서 과거 노비 출신이 외지로 나가게 되고 이에 외지인들이 유입되어 노비의 노동력을 대신했다. 전남 구례의 양반 가문 류씨는 노비 중심으로 구성되어 있던 노동력 수급 체계가 해체되자 외지인을 받아들였고, 외지인들은 생계를 유지하기 위해 최소한도의 농지, 즉 소작을 요구했다. 이들 외지인은 그 출신 신분이 불분명하나 역시 노비나 소작인, 머슴이 되어 살길을 찾아 구례로 유입된 것으로 보인다. 이두순·박석두, 『한말-일제하 양반 소지주가의 농업경영 연구: 구례류씨가의 사례를 중심으로』, 한국농촌경제연구원, 1993, pp. 131~132.

그 첫째가 일제 식민통치에 적극적으로 협조한 친일 그룹, 둘째는 항일투쟁에 뛰어든 독립운동가 그룹, 셋째는 일제 식민통치에 적응하며 살아간 순응주의 그룹이다.

TV 드라마 「미스터 션샤인」에는 두 명의 하층민이 등장한다. 한 명은 백정 자식으로 어린 나이에 일본으로 도망쳐 무신회 낭인이 되어 조선으로 돌아와 의병이나 일본에 저항한 조선인들을 인정사정없이 무자비하게 칼로 죽이는 구동매, 또 한 명은 노비 출신으로 역시 어린 나이에 미국으로 도망가 미군 해병대 장교로 조선에 파견된 미국 대사관 무관 유진 초이다. 이 두 인물은 모두 조국 조선에서 천대와 버림을 받고 살았던 공통의 경험을 가진 인물들이다. 동매는 돈을 벌고자 무슨 일이든 했고, 그런 동매를 필요로 하는 이들은 대체로 악인이며 매국노 친일파들이었다. 동매는 이 조선을 지키고자 하는 이들과 반대편에 서서 사람을 패고 베었다. 「미스터 션샤인」에서는 그런 그에 대해 이렇게 묘사하고 있다.

소년(동매)은 백정이었다. 짐승보다 못한 것이 짐승을 도축하는 백정의 삶이었다. 평민에게조차 말을 걸려면 바닥에 꿇어 엎드려야 하고 말을 걸기 전까지 입을 뗄 수도 없었다. 백정인 사내들은 칼을 들었으나 누구도 벨 수 없으니 날마다 치욕이었다. 백정인 어미는 늘 무릎을 꿇고 빌었다. 그러나 돌아오는 건 늘 욕설과 모진 매질이었다. 그러다 어미는 겁간을 당하였고, 겁간한 자를 향해서야 드디어 칼을 휘둘렀다. 그 죄로 지금 길거리에서 돌팔매질을 당하며 죽어가고 있었다. 벌레에게도 그리 잔인하지는 않을 것이었다. 사람 목숨이 귀하다 했다면, 어미

와 아비는 그리고 자신도 사람이 아니었다.[2]

부모의 억울한 죽음을 목격하고 목숨을 지키기 위해 일본으로 도
망가 낭인이 된 동매. 그에게 조선인들은 모두 죽이고 싶은 원수였
다. 그래서 동매가 일본도를 쥐고 일본에서 조선으로 돌아와 처음
한 일이 자신이 도망친 백정의 자식임을 알리는 것이었다. 그는 자
신의 어미에게 돌을 던졌던 여인들을 찾아가 가차 없이 목숨을 끊
거나 평생 고통 속에 살라며 다리를 베기도 했다. 백정의 신분 때문
에 양반이 아무리 학대해도 반항조차 못했던 어미와 달리, 자신은
누구든 벨 수 있었으니까. 매국노 이완익은 중인 출신이라 사대부
양반들에게 손가락질받던 자였다. 거기에 제 이익을 위해서라면 나
라도 백성도 모두 팔아넘기는 천하의 악인. 그런 자에게도 동매는
천한 백정 놈이었다. 두 번째 노비 출신 미국 해병대 장교인 유진
초이는 사대부 양반 가문 출신이며 의병으로 활동하는 애신에게 이
렇게 고백한다.

조선에서 나는 노비였소. 조선은 내 부모를 죽인 나라였고, 내가 도망
쳐 나온 나라였소. 그래서 모질게 조선을 밟고, 조선을 건너, 내 조국 미
국으로 다시 돌아갈 생각이었소. 귀하가 구하려는 조선엔 누가 사는 거
요. 백정은 살 수 있소? 노비는 살 수 있소?[3]

---

2   김은숙, 앞의 책 『미스터 션샤인』 제1권, pp. 61~62.
3   김은숙, 앞의 책 『미스터 션샤인』 제1권, pp. 312~313.

동매와 유진, 두 사람은 바로 '조선이란 나라는 어떤 나라인가', '그 조선을 지키고 일제 식민지로부터 구하려고 싸우는 자들에게 조선은 어떤 의미가 있는 나라인가'를 서로 묻고 있다. 그리고 이들은 자신들의 삶에 대해 사대부 양반 지배층 출신들, 그리고 그 시대를 살아온 모든 조선 사람들이 그 무엇도 물을 수 없다는 것을 알려주고 있다.

식민통치 시기에 각자 선택한 삶의 길은 이렇다. 먼저 앞서 설명한 첫 번째 그룹은 일반적으로 지방 향촌의 주민들을 통제하고 유교적인 풍습을 가르치며 지키게 했던 향반(鄕班)들이다. 이들 계층은 전통적으로 오랜 세월 영향력을 행사하며 실질적인 지방 유지로 군림해온 대지주이면서 사대부 양반 신분이다. 이들 지주는 자연스럽게 일제 통치에 협조하며 그 부와 사회적 지위를 그대로 누리고 살았다. 그리고 이들의 자녀들은 집안의 풍족한 경제력을 바탕으로 일본의 고등교육기관에서 교육을 받고 주요 요직에 진출하게 된다. 두 번째 그룹은 조선 왕조를 다시 복고하고자 의병을 일으켜 항일 투쟁을 벌였거나 중국과 만주, 연해주 지역으로 건너가 독립운동을 벌인 기존 사대부 양반 출신 인사들과 유교 지식인들이다.

세 번째 그룹은 대개 가난한 농부, 소작농, 노동자, 날품팔이 머슴, 장사치 등 하층민에 속한 피지배층 백성들이다. 이들은 일제 식민통치에 순응하며 스스로 사회적 신분을 높이기 위해 부단히 노력하며 살아간 사람들이다. 이들은 대개 국가나 민족이라는 개념조차 몰랐고, 누가 국가를 통치하든 정치에 관심을 두지 않은 채 일제 식민 시민의 역할에 충실했다. 특히 이들은 여전히 조선 왕조 때부터 대대로 이어온 신분의식에서 벗어나지 못했으며, 자신들의 생계가 사대부 양반 지주와 밀접한 관련을 맺고 있었다. 조선 피지배층 백성 대다수가 이에 속한다. 한편 하층민 출신 가운데 일부는 일제의 앞잡이가 되어 지배층 사대부 양반에 대한 적개심과 복수심으로 또는 출세를 위해 일본인보다 더 잔혹하게 조선인들을 탄압하기도 했고, 일부는 항일투쟁에 투신하기도 했다. 이처럼 신분에 따라 각각 선택한 삶의 모델이 바로 「미스터 션샤인」의 주인공들인 동매, 유진, 그리고 애신이다.

일제의 식민통치가 시작되면서 지배층이든 피지배층이든 한편으로는 친일로 다른 한편으로는 항일로 나아갔는데, 먼저 근대 교육을 받을 기회를 얻은 자들은 사회적 지위를 얻어 평범하게 살아가기도 하고, 애국계몽을 통해 민족의식과 국가의식을 깨친 후 독립투쟁에 참여하기도 했다. 이 가운데 일본에서 유학한 일부 지식인들은 공산주의나 사회주의, 아나키즘 등 여러 사상가로서 활동하며 독립투쟁에 투신하기도 했다. 조선 왕조 복고사상에 사로잡혀 있던 사대부 양반 출신 지식인들과 달리 이들 급진적인 지식인들은 "세계 프롤레타리아 국가 건설을 위해서 자본주의 일본 제국주의를 타파하고 식민지 조선의 독립을 도모해야 한다. 그리고 조선 민족은 프롤레타리아의 일부가 되어야 한다. 조선에서의 혁명적 의의는 이처럼 이해되어야 할 것"이라고 주장하며 독립정신과 민족의식을 널리 확산시켰다.[4] 일제 체제에 순응한 피지배층 출신 사람들이 근대적인 국가

---

4 조선의 공산주의운동은 1919년 일본과 중국에서 유학하는 동안 중국 5·4운동의

관이나 국민과 민족의 개념을 알게 된 것은 이들 지식인의 애국계몽운동의 결과였다.

조선에서 피지배층 백성들은 통치와 교화의 대상이었다. 그런 백성들이 통치의 동반자로서 인식된 것은 1905년 이후부터다. 1894년 신분제 폐지로 자발적인 결사체가 결성되기 시작했고, 1898년 10월 29일 독립협회 주관으로 관민공동회가 열린 자리에서 백정 출신 박성춘(朴晟春)은 다음과 같이 연설한다.

> 나는 대한의 가장 천한 사람이고 무지몰각합니다. 그러나 충군애국의 뜻은 대강 알고 있습니다. 이에 나라에 이롭고 백성을 편하게 하는 일인즉, 관과 민이 합심한 연후에 가능하다고 생각합니다. 저 차일에 비유하건대 한 개의 장대로 받친즉, 역부족이나 많은 장대를 합한즉, 그 힘이 공고합니다. 원컨대 관민 합심해 우리 대황제의 성덕에 보답하고 국조로 하여금 만만세를 누리게 합시다.[5]

이 모임에는 독립협회 계열 단체와 관변단체들, 그리고 서민 지식

영향을 받은 조선 유학생과 이후 러시아 10월 혁명을 목도(目睹)한 인사들에 의해 시작되었다가 1925년 4월 17일 서울 아서원에서 박헌영(朴憲永), 김단야(金丹冶), 조봉암(曺奉岩) 등에 의해 조선공산당이 정식 창립되었다. 초대 책임비서로 김재봉(金在鳳)이 선출되었으며, 4월 18일 고려공산청년회가 결성되어 상해 고려공산청년회 책임비서였던 박헌영이 고려공산청년회 책임비서로 선임되었다. 아나키즘 단체로는 정화암(鄭華岩), 이회영, 이을규(李乙奎), 이정규(李正奎), 백정기(白貞基), 유자명(柳子明) 등이 주축이 되어 중국 북경에서의 조선 독립운동을 체계화할 목적으로 조선무정부주의자연맹이 설립되었다.

5   송호근, 『인민의 탄생: 공론장의 구조 변동』, 민음사, 2011, p. 94에서 인용.

인을 포함해 상인, 노동자, 승려, 노숙자 등 1만 명이 모였다. 최하층 민 백정 출신이 대중 앞에서 연설할 수 있었던 것은 신분제가 폐지되어 완전히 자유로운 사람이 되었기 때문이다. 신분제 철폐는 이전의 피지배층 백성의 의미가 달라졌다는 점을 보여준다. 「미스터 션샤인」에서 지배층에 대한 적개심에 불타던 천민 출신 두 사람은 결국 조선의 독립투쟁을 위해 목숨을 바치게 된다.

「미스터 션샤인」에서 매국노 이완익이 일본인 타카시에게 이렇게 말한다.

> 조선은 왜란, 호란을 겪으면서도 여태껏 살아남았어요. 그 이유가 뭔지 알아요? 그때마다 나라를 구하겠다고 목숨을 내놓죠. 누가? 민초들이. 그들은 자신을 스스로 의병이라고 부르죠. 임진년에 의병이었던 자의 자식들은 을미년에 의병이 되죠. 을미년에 의병이었던 자의 자식들은 지금 뭘 하고 있을까?[6]

가장 먼저 피지배층을 통치의 동반자로 여긴 것은 유길준 등 실학자와 갑오개혁의 위정자들이었다.[7] 신분제 철폐와 사회 체제의 근대화로 피지배층 백성들도 통치에 참여할 수 있는 권리를 부여받음으로써 양반과 백성의 관계가 지배와 피지배라는 종속 관계에서 평등의 개념으로 전환되었다. 이것은 개화파 지식인들이 애국계몽운

---

6   김은숙, 앞의 책 『미스터 션샤인』 제2권, p. 173.
7   유길준은 『서유견문』 4편 「국민의 권리」편에서 자유와 세상에 널리 통하는 정의, 즉 통의(通義)를 천부적 권리라고 주장했다.

동을 벌인 결과였다. 1905~1910년 지배층 출신 계몽 지식인들이 만든 결사체들은 피지배층과 협력 관계로 나아가게 된다. 이들 애국 계몽 지식인이 주도한 결사체에 지방의 사대부 양반 집안 출신들도 참여해 피지배층 서민들을 대상으로 계몽 활동을 펼쳤다. 이들 지식 인은 이런 방식으로 기존 피지배층 백성들에게 새로운 근대 국가의 국민 개념이나 민족 개념을 설파함으로써 백성, 신민이라는 기존의 개념이 국민 또는 민족으로 대치되었다.[8] 1900년대 후반 애국계몽 운동가들은 국민주권 국가를 수립해야만 외세를 저지할 수 있다고 여겼다. 이들은 1906년에 왕이 국가를 소유한 것이 아니라고 주장 했고,[9] 1907년에는 민권이 왕권보다 우위에 있다고 강조하기도 했 다.[10] 특히 1908년 미국에서 설립된 애국단체 공립협회(共立協會)는 의병의 투쟁 목표를 왕과 민족을 구분해 존왕양이에서 벗어나 민족 운동으로 전환할 것을 촉구하기도 했다.[11] 다음의 글은 국가와 통치 자인 왕의 역할을 보다 명확하게 구분 짓고 인민이 주권자임을 강 조하고 있다.

우리 인민의 분간치 못하는 바는 임금과 나라이라. 무릇 임금은 나를

---

8 애국계몽운동은 민족의 실력을 길러야 독립할 수 있다는 주장이다. 이른바 '민족 실력 양성론'으로 규정된 이 애국계몽운동은 실력 없이 벌인 의병운동은 오히려 나라를 망치는 것이라고 주장했다. 지식인들이 주도한 이 운동은 결국 식민통치기 민족 실력 양성론을 주장한 친일 세력으로 이어진다. 박찬승, 「우리 역사 바로 알자-'애국계몽운동' 잘못 알고 있다」, 『역사비평』 봄호, 역사비평사, 1990, pp. 282~298.
9 『대한자강회월보(大韓自强會月報)』 제3호, 광무 10년 9월 25일 자, p. 55.
10 『서북학회월보(西北學會月報)』 제12호, 융희 원년 11월 1일 자, 논설 「자치론」.
11 『공립신보(共立新報)』 제84호, 1908년 5월 27일 자, 논설.

위해 둔 것이요, 나라는 임금을 위해 세운 것이 아니니 이러하므로 임금이라는 것은 인민이 자기의 사무를 위탁한 공평된 종뿐이요, 인민이라는 것은 임금으로 하여금 저의 식업을 진력케 하는 최초의 상전이라. 종 된 임금이 사무와 지력을 다하지 못할지면 상전 된 인민의 책망을 피하기 어려우니……[12]

미국 민주주의 체제의 영향을 받은 이 애국계몽 단체는 왕을 국민의 종으로, 국민을 왕의 상전으로 설명하고, 모든 국가의 업무를 국민이 왕에게 일임한 것이므로 이 책임을 다하지 못하면 국민의 엄중한 책임 추궁을 받을 것이라고 선언하고 있다. 임금은 국민에게 국가 통치권을 일임받은 종에 불과하다는 것으로, 당시 이런 선언은 혁명에 가까웠다. 애국계몽 지식인들은 근대화 시대를 맞이해 주권 재민의 민주주의 개념을 조선인에게 일깨워줌으로써 이들 백성이 국민으로서 의무를 할 수 있게 해야 외세를 막아낼 수 있다고 생각했다.

이러한 애국계몽운동이 활기를 띠기 시작한 것은 조선이 망하고 일제 식민통치가 시작되면서부터다. 당시 지식인들과 애국계몽운동가들이 피지배층에게 이러한 계몽사상을 주입하고 확산하려 했던 근본적인 이유는 항일투쟁을 위한 지지 기반을 확대하기 위해서였다. 애초 민족과 국가, 그리고 근대 체제에 대한 개념에 무지했던 조선 피지배층이 일제 식민통치에 저항하지 않고 순순히 순응한 것은

---

12   『신한민보』 제126호, 1909년 3월 3일 자, 논설.

민족의식과 국가의식이 없었기 때문이다. 그래서 애국계몽운동가들은 이들 피지배층의 지지 없이 지배층의 힘만으로 다시 조선의 국권을 회복할 수 없다는 점을 깨닫고 적극적으로 근대 사상을 유포하고 나선 것이다. 그리고 다른 이유는 이미 조선 왕조가 무너져 국권이 회복된다 해도 새로운 근대 정치 체제가 필연적인 대세였기 때문이었다.

조선이 일제 식민지가 된 가장 결정적인 요인은 국민국가로 성숙하지 못한 것이었다. 그 첫 번째 원인은 고종을 비롯한 사대부 양반 계급 위정자들이 근대화를 이루기보다는 현 체제를 그대로 유지하기 위해 국난이 닥칠 때마다 청나라, 일본, 러시아 등 외세에 의존했던 것이며, 두 번째 원인은 조선 지배층 역시 기득권과 유교 체제를 고수한 채 피지배층 백성들의 지지조차 받지 못한 상태에서 오로지 존왕양이라는 명분을 내세우며 의병을 일으켰다는 것이다. 의병운동이 큰 실효를 거두지 못하자 이들 지배층과 지식인들은 그제야 피지배층 백성들의 지지가 중요하다는 것을 깨닫고 그나마 애국계몽운동을 펼치게 된 것이다.『신한민보』1909년 8월 4일 자 논설은 애국계몽운동이 영웅주의에서 벗어나 국민의 권리 회복에 주목하는 것이 더 중요하다고 강조하고 다음과 같이 국민혁명을 촉구했다.

영웅 열사의 의인 군자가 다 군민이 아닌 것은 아니로되, 몇 시대에 한 번 만나기 어려운 인물이요, 동서고금에 드물게(稀罕) 혈출하는 용종이라 하리니, 사람마다 그와 같이 되기는 어렵고 시대마다 그와 같은 인물이 있기는 믿을 수 없거니와 보통으로 국민이 있다 하노니 국민의 의무를 각근히 지키고 국민의 권리를 확실히 세우는 것이 곧 국민이며 국민의 사업이니라. 저 영국이 국왕을 시살(弑殺)한 것은 무도 불법한 사적을 후세에 유전코자 함이 아니라 국민의 권리를 세우고자 하여 부득불 행한 일이요, (……) 우리 한인이 저만큼 지옥을 벗어나서 남과 같이 한번 살아보고자 하는 관념이 있거든 국민을 연구해 권리와 의무를 실행할지로다. 국민의 권리를 실행할 때 영국 국민의 부월(斧鉞)을 모방함도 가하고 미국 국민의 공화 정부를 모방함도 가하고 일본 국민의 막부 전복을 모방함도 가할 것이라.[13]

이 신문의 논설은 왕을 처형한 영국의 사례, 미국 독립전쟁, 일본의 막부 전복 등을 사례로 들며 조선도 체제를 전복할 국민혁명을 시급히 단행할 것을 촉구한 것이다.

유길준이 프랑스 대혁명을 폭력이라고 표현했듯이 그동안 조선 지배층과 지식인들은 여전히 유교 이념과 체제에서 벗어나지 못하고 주권재민이나 공화정이라는 근대 체제를 거부해왔다.[14] 당시 조

---

13 강만길, 앞의 책 『분단시대의 역사 인식』, pp. 149~150에서 인용.
14 대한제국기 혁명 개념은 서로 다른 역사 해석과 정치적 전망의 교차점이자 전선으로 작용했다. 혁명이라는 어휘의 채택 여부와 혁명 서사의 논조는 이 시기 체제 개혁의 정도와 방법에 대한 저자의 지향과 밀접하게 맞물린다. 1895년에 발행된 유길준의 『서유견문』에는 '혁명'이라는 단어가 한 번도 사용되지 않는다. 1896년의 『만국약사(萬國略史)』에서는 '프랑스 혁명'이라는 말이 최초로 도입되었다. 갑오 내각이 붕괴된 뒤 1898년에 발행된 『아국약사(俄國略史)』에서는 '혁명'이라는 말이 삭제되고 '민란'으로 대치되었다. 갑오개혁이라는 특수한 상황에서 일본인 고문관이 쓴 『만국약사』를 통해 '프랑스 혁명'이라는 말이 들어왔지만, 『만국약사』에서도 프랑스 혁명의 폭력적 과정과 합중정치가 부정적으로 서술되고, 강력한 황제 중심의 입헌정체가 혁명의 최종적 형태로서 옹호되었다. 『만국약사』 이후 외국사 단행본에서

선의 상황은 풍전등화에 놓여 있었던 터라 기존 왕조 체제를 중심으로 한 근대 국가로의 체제 전환은 기대할 수가 없었다.[15] 지배층과 지식인들은 피지배층의 지지 확보와 독립운동의 기초 작업으로서 민주국가, 즉 국민국가 건설 운동이라는 애국계몽운동이 절실하다는 것을 인식하게 되었다.[16] 더 나아가 독립협회와 만민공동회 단체들은 삼권분립과 의회 설립 등 민권에 기초한 근대 민주주의 국민국가를 수립하기 위해서는 애국계몽운동이 우선적으로 전개되어야 한다고 생각했다.[17]

애국계몽기 혁명의 담론은 인민의 일반의지와 천부적 자연권에

'혁명'이라는 단어가 다시 등장한 것은 1899년 6월 황성신문사에서 번역, 간행된 『미국 독립사(美國獨立史)』에서다. 그러나 왕실과 권문 세도로 이루어진 기득권 보수 세력은 개량의 수준을 넘어서는 제도 차원의 개혁을 스스로 수행할 수 없었다. 오히려 개혁 세력의 대중운동과 민권 신장에 위협을 느끼고 군사력을 동원해 개혁의 요구를 억압했다. 이헌미, 「반역의 정치학: 대한제국기 혁명 개념 연구」, 서울대학교 박사학위 논문, 2012, pp. 73~99.

15 1899년을 기점으로 대한제국의 서양사 단행본과 『황성신문』 지면에서는 '혁명'이라는 단어가 눈에 띄게 늘어나면서 세계 곳곳에서 혁명이 임박했거나 혁명이 일어났다는 기사들이 대거 출현했다. 이것은 1898년 말 독립협회 해체를 계기로 개혁 세력이 왕조 정부를 통한 위로부터의 체제 전환의 희망을 버리게 되었음을 시사한다. 이헌미, 위의 글 「반역의 정치학: 대한제국기 혁명 개념 연구」, pp. 100~168.

16 강만길, 앞의 책 『분단시대의 역사 인식』, p. 152.

17 신용하, 『독립협회 연구』, 일조각, 1976, p. 241. 독립협회의 활동에 대해서는 여러 연구자에 의해 시기 구분이 시도된 바 있다. 그중 신용하의 연구에 의하면 다음과 같이 4기로 구분된다. 1 고급관료 주도기(1896. 7. 2.~1897. 8. 28.), 2 민중 진출기(1897. 8. 29.~1898. 2. 26.), 3 민중 주도기(1898. 2. 27.~1898. 8. 27.), 4 민중 투쟁기(1898. 8. 28.~1898. 12월 말) 등이 그것이다. 대체로 이것은 피지배층의 역할 변화에 초점을 두어 분류한 것이다. 신용하, 위의 책 『독립협회 연구』, pp. 89~106. 유영렬은 그 연장선상에서 독립협회의 성격을 '근대 민중운동', '민족주의운동', '민주주의운동'이라는 세 범주에서 논하고 있다. 유영렬, 「독립협회의 성격」, 『한국사연구』 제73권, 경인문화사, 1991, pp. 49~79.

기반을 둔 혁명의 선제 조건으로 민중들의 지식 수준을 높이고 실력을 양성하자는 것이었다. 그러나 '혁명유신(革命維新)'이라는 일본식 어휘가 출현하면서 급진적인 혁명론이 퇴색되었고, 이에 따라 당시 상황에서 조선의 혁명은 불가능할 뿐 아니라 의병이 성공할 가망성에 대해서도 회의적인 분위기가 우세하게 되었다. 특히 통감부의 언론 검열로 혁명을 찬성하거나 선동하는 글을 신문 지면에서 찾아보기 어려웠다.

1895년 이래 대한제국의 혁명 개념은 입헌군주정을 지향하는 것이었다. 가장 급진적 개혁 세력이었던 박영효(朴泳孝)의 혁명 구상도 젊은 의친왕을 옹립하는 것이었지, 왕정 자체의 폐지가 아니었다. 독립운동이 실패한 후 1900년대 후반 애국계몽운동기 정치사상은 대체로 입헌군주제와 국민 통치론이 우세했다. 그러나 을사늑약이 체결되고 통감부가 설치됨으로써 대한제국 정부가 사실상 유명무실해지자 외세에 굴복한 왕권을 더는 신뢰할 수 없다는 분위기가 팽배해졌다. 이런 가운데 왕권에 대한 반발이 일어나 왕권과 국권을 구분해 완전한 국민주권 국가를 수립해야 한다는 여론이 높아져갔다.

1907년 고종의 강제 양위 후 민주 공화주의가 본격적으로 논의되기 시작한다. 이때 발행된 필리핀 전쟁사인 『필리핀전사』에는 혁명이라는 단어가 여러 차례 언급되면서 필리핀 제1공화국 헌법의 전문이 게재되기도 했다. 식민지 상황에 있던 대한제국 말기에는 누구도 '민주 공화'를 천명하는 '헌법'을 쉽게 거론할 수 없었다. 정치적 자유와 독립을 위해서 폭력 투쟁은 불가피한 것임을 보여준 러시아와 중국의 혁명에 관한 기사가 연일 보도되기도 했다. 이어서 1909년 안중근의 이토 히로부미 암살 사건, 그리고 '한국혁명군'과 '조선 혁명당'이라는 명칭이 나타나게 되었다. 이런 변화는 프랑스 혁명과 미국 혁명의 이념이 러시아, 중국, 필리핀의 혁명과 결합한 조선식(한국적) 혁명 전략이 생겨난 것임을 보여준다.

이에 따라 1910년대에 발표된 독립선언서 모두 민주 공화정을 거론하고 있으며, 1920년대 한성, 상해, 러시아령의 임시정부 헌법도 '대한민국은 민주 공화국'이라고 명시하게 된다.[18] 조선이 봉건 체제를 개혁하지 못해 결국 식민지로 전락했음을 자각한 지배층과 지식층들은 국민국가 수립만이 독립을 쟁취하는 방법이라고 판단하기에 이르렀다. 이렇게 이들이 애국계몽운동을 펼친 결과가 바로 민족주의 시위로 규정된 3·1운동이었다. 3·1운동을 주도한 손병희와 최린(崔麟), 최남선(崔南善), 이승훈(李昇薰), 권동진(權東鎭), 오세창(吳世昌) 등 민족주의자들이 조선의 패망과 고종의 죽음을 두고 한결같이 "아무런 감상이 없었다"라고 말한 것처럼 당시 지배층과 지식인들은 고종의 죽음과 망국에 대해 냉담한 태도를 보였다. 손병희는 재판 과정에서 한일합방을 묻는 판사에게 이렇게 말한다.

우리는 청일전쟁 당시 정부를 전복하지 않고는 인민의 행복을 얻을 수 없다는 생각에서 선언을 뜻한 바 있지만 성취하지 못했다. 한번은 정부

---

18   이것은 1948년 제헌헌법으로까지 이어졌다. 이헌미, 위의 글 「반역의 정치학: 대한 제국기 혁명 개념 연구」, pp. 178~217.

가 전복될 시기가 올 것이라 생각하고 있었기 때문에 별로 감상이 없었고, 그래서 나는 중립을 지키고 있었던 것이다.[19]

최린 역시 "한일합방이 될 때 조선 민족이 다 가만히 있는 것은 망국의 원인을 일본에만 돌려보내지 아니하고 스스로 망한 것인 줄 알고 대세를 어찌하지 못해 그대로 있었으나 합방 후 10년 동안 여지없이 학대를 받았는데 지금은 세계 대세에 순응코자 함이다"라고 말했다.[20] 3·1운동 직후 조선총독부가 지방 관서를 통해 실시한 고종의 죽음에 관한 민정 조사에 따르면, 당시 조선 피지배층은 망국의 책임을 고종에게 묻는 분위기였다. 예컨대 신교육을 받은 청년들은 전쟁에서 패해 나라를 넘겨주는 것은 어쩔 수 없는 일이나 전쟁한번 해보지 않고 타국에 병합한 것은 우리의 군주가 아니라며 상복을 입을 필요가 없다고 비난했다.[21] 심지어 많은 사람이 "고종은 나라를 일본에 팔아넘긴 매국노"라며 "이런 자는 하루라도 빨리 죽는 것이 옳다"라고 분노를 표명하기도 했다.[22] 피지배층 백성들은 "이 태왕 전하(고종)는 양반 유생 가운데 문무관을 임용해 상민은

19　다이쇼(大正) 8년(1919) 4월 10일 손병희 경성지방법원 예심 조서, 강만길, 앞의 책 『분단시대의 역사 인식』, p. 154에서 인용.

20　최린 공소공판기, 이병도 편저, 『삼일운동 비사』, 시사시보사출판국, 1959, p. 785에서 인용.

21　다이쇼 8년(1919) 3월 10일, 高第6334호, 이태왕(李太王) 훙거(薨去)에 관한 전도민정일반(全道民情一般), 강원도, 김정명 편, 『조선독립운동』 제1권, 원서방, 1967, p. 345에서 인용.

22　다이쇼 8년(1919) 3월 10일, 高第6334호, 이태왕 훙거에 관한 전도민정일반, 강원도, 위의 책 『조선독립운동』 제1권, p. 345에서 인용.

하등 은전을 입지 못했으므로 우리 상민 된 자들은 하등의 애도의 뜻을 표할 필요가 없다"라고 냉소적으로 말했다.[23] 이 밖에 고종을 '악정(惡政)', '백성의 재물을 강제로 빼앗은 자(誅求)'라고 말한 자가 있는가 하면,[24] 양반 유생들조차 고종을 '만고불역(萬古不易)의 원수(仇敵)'라고 표현하기도 했다.[25] 이처럼 당시 조선의 봉건 체제와 왕을 비롯한 지배층 위정자들에 대한 피지배층 백성들의 생각은 아주 비판적이었다.

이것은 조선이라는 국가는 곧 왕과 사대부 양반들의 소유이며 피지배층 백성들과는 아무런 관련도 없다는 점을 드러낸 것이다. 지배층들에게는 조선의 식민화가 뼈아픈 사건일지 몰라도 피지배층 백성들에겐 그저 '잘 망했다'였다. 그렇더라도 지배층 출신 지식인들이 이러한 사실을 인지하고 끊임없는 애국계몽운동을 펼쳐 피지배층에게 민족의식을 심어줌으로써 마침내 독립운동에 전 조선인의 참여를 높일 수 있었다.

일제강점기에 애국계몽운동은 주로 민족주의자와 사회주의자를 중심으로 전개되었다. 민족주의 세력은 조선 자치제와 자본가 중심의 사회 체제 수립을 주장하면서 일제에 타협한 민족주의 우파와, 서민층 중심의 자본주의를 주장하면서 일제에 비타협적인 민족주의

---

23 다이쇼 8년(1919) 3월 17일, 高第7098호, 이태왕 훙거에 관한 전도민정일반, 황해도, 위의 책 『조선독립운동』 제1권, p. 385에서 인용.

24 다이쇼 8년(1919) 3월 17일, 高第7098호, 이태왕 훙거에 관한 전도민정일반, 황해도, 위의 책 『조선독립운동』 제1권, p. 386에서 인용.

25 다이쇼 8년(1919) 3월 10일, 高第6334호, 이태왕 훙거에 관한 전도민정일반, 강원도, 위의 책 『조선독립운동』 제1권, p. 345에서 인용.

좌파 세력으로 각각 분열되었다. 또 사회주의는 화요회, 북풍회, 서울청년회 등 다양한 분파가 존재했으며,[26] 민족주의 좌파와의 연대 필요성을 인정하면서도 계급주의적인 체제를 비판했다. 흔히 민족주의 우파는 '타협적 민족주의' 또는 '민족개량주의'라고 불렸고, 민족주의 좌파는 '비타협적 민족주의'라고 일컬어졌다.[27] 1920년대 전반기 민족운동 세력이 분열된 상황에서 민족협동전선론이 제기되었는데, 이는 좌파 민족주의자들과 사회주의자들이 서로 다른 민족적·계급적 관점을 유보하고 민족 해방을 위해 협동해야 한다는 것이었다. 이 주장은 1925년에 접어들며 공개적으로 표명되었고,[28] 그 후

---

26 '민족주의 우파', '민족주의 좌파'라는 용어는 흔히 '부르주아 민족주의 우파', '부르주아 민족주의 좌파'를 나타낸다. 박찬승, 「부르주아 민족주의, 우파 민족주의, 문화민족주의」, 『역사비평』 제75호, 역사비평사, 2006, pp. 286~290. 그리고 사회주의 분파에 대해서는 전명혁, 『1920년대 한국 사회주의운동 연구』, 선인, 2006, pp. 182~183을 보라. 박찬승은 부르주아 민족운동을 좌파와 우파로 분립적인 시각으로 보고 있는 반면, 임경석은 비판적인 입장을 보이고 있다. 임경석, 「식민지 시대 한국의 민족주의와 민족운동」, 『인문과학』 제30집, 성균관대학교 인문과학연구소, 2000, pp. 283~284. 그러나 비타협론은 독자적인 운동이며, 부르주아 우파와 사회주의와의 합작도 가능했다.

27 김명구, 「1920년대 부르주아 민족운동 좌파 계열의 민족운동론: 안재홍을 중심으로」, 『한국사학보』 제12호, 고려사학회, 2002, pp. 171~201; 이지원, 「일제하 안재홍의 현실 인식과 민족해방운동론」, 『역사와 현실』 제6호, 한국역사연구회, 1991, pp. 23~64.

28 1922년 12월 조선청년연합회(朝鮮靑年聯合會)가 중심이 되어 일으킨 물산장려운동은 최초로 민족주의자와 사회주의자 사이에 논쟁을 일으켰다. 이 논쟁에서 이 운동을 비난하는 측이나 지지하는 측 모두 마르크스주의 이론에 기초하고 있었다. 따라서 마르크스주의는 당시 민족주의자와 사회주의자를 나누는 기준이 아니었다. 일제 통치하에서 국내 민족주의 세력의 물질적 기반은 압도적으로 토지 자본이었으며, 그 토지 자본은 일제의 토지 조사 사업에 의해 제도적으로 확립된 기생 지주(寄生地主), 즉 소작료를 받는 지주에게 집중되어 있었기 때문에 고율 소작료가 민족 실력 양성의 구체적 형태인 민족기업 설립이나 근대적 교육기관 설립의 가장 중요한 재원이 되었다. 이런 구조는 당연히 국내 민족주의 전개 이면에서 민족 내

부터 신간회(新幹會)가 창립되는 1927년 2월까지 여러 집단 사이에서 조직적 결집이 이루어졌다.

한국에서 1920년대 이전의 민족주의는 지배층 사대부 양반 출신 지식인들이 조선 왕조를 비판한 상소문의 성격을 띠었다. 이 시기에 거론된 민족의 개념은 단지 애국심을 불러일으킨 내용으로, 민족주의와 그 의미가 달랐다. 1920년대 이후부터 이들 지식인은 민족자결론과 민족해방론, 민족 문제와 계급 문제 등을 주장하기 시작했다. 특히 민족 문제는 레닌과 스탈린의 민족계급론 등 주로 마르크스주의의 영향을 받았으며, 이러한 이유로 좌우의 이념 대결과 분열이 초래되었다. 우파는 민족주의를 중시해 그 근본을 역사적인 전통에서 찾으려 했고, 좌파는 민족주의보다 계급투쟁론과 민족 문제의 결합을 더 중시했다.[29] 일제강점기 조선 지배층 출신 지식인들은 일본화된 민족 관념과 민족주의를 수용했기 때문에 민족을 동포라는 의미로 이해했다. 특히 민족을 혈연적인 역사 공동체로 여기고 민족의 독립을 최상의 목표로 삼아 민족주의의 중요한 가치를 일제에 맞서기 위한 애국계몽운동으로만 인식했다.[30] 다시 말하면, 초기의

부의 지주, 소작 관계의 강화라는 모순을 초래하고 있었다. 그러므로 이때의 민족운동이 물산장려운동을 중심으로 하는 민족 진영의 운동 노선에서 노동운동이나 농민운동 등을 통한 반제·반봉건 운동으로 전환되었던 것은 민족해방운동의 필연적인 역사 발전이었다고 할 수 있다. 그리고 초기 사회주의운동은 그러한 노동운동, 농민운동, 청년운동, 여성운동 등의 중심에 있었다. 조기준, 「민족해방운동의 발전」, 앞의 책『한국사 연구 입문』, pp. 504~505 참조.

29 이 중에는 백성에게 애국심을 불러일으키려는 격문의 성격도 들어 있었다. 진덕규, 「한국 민족주의 인식의 논리적 전개에 관한 연구」, 『학술원논문집』(인문·사회과학편) 제58집 제1호, 대한민국학술원, 2019, pp. 411~468.

30 조선에서 민족주의는 수용 초기부터 '충군 애국 사상' 또는 '외세 배격의 이념'으로

민족주의는 조선 왕조를 위한 왕도사상이나 부국강병론과 별 차이가 없었다. 그 때문에 민족 개념이나 민족주의 사상은 당시 피지배층 출신 하층민에게 쉽게 받아들여지지 못했다.

심지어 일부 조선 지식인들은 민족주의를 조선 왕조 개혁의 이념이나 조선 왕조를 부활하려는 이른바 복벽운동(復辟運動)으로 생각했다. 원래 민족주의는 민족을 구성하는 핵심 주체가 지배층이 아니라 피지배층이며, 이들이 주도하는 정치사회를 수립하고자 한 이념이다. 그러나 이 시기의 민족과 민족주의운동은 농민, 노동자, 천민 등 피지배층 백성들과 전혀 관계가 없었다. 그러므로 이때의 민족주의운동은 왕조 체제를 전복하자는 혁명적인 투쟁을 의미하지 않았다. 그렇다면 일제강점기 조선의 민족주의운동은 누구를 위한 이념이었을까? 그것은 어떤 결과를 가져다주었는가?

1900년대 초 조선에서 처음 나타난 민족이라는 말은 같은 혈통의 사람들을 의미했다. 이런 뜻으로 정의한 중국 양계초(梁啓超)의 민족이라는 용어를 조선 지식인들이 수용함으로써 이 말이 조선에 처음 나타나기 시작했다.[31] 양계초는 청나라 말기의 계몽론적 개혁

___

만 인식되었다. 진덕규, 위의 글 「한국 민족주의 인식의 논리적 전개에 관한 연구」, p. 415.

31 이런 성격은 『대한매일신보』 1908년 7월 30일 자 기사에 "민족이란 것은 동일한 혈통을 가지며 동일한 토지에 거주하며 동일한 역사를 가지며 동일한 종교를 섬기며 동일한 언어를 사용하면 이것을 동일한 민족이라 칭하는 바이어니와⋯⋯"라고 설명되었다. 당시 민족은 특정한 혈연적 종족 집단만을 의미했을 뿐이다. 박찬승, 앞의 책 『민족·민족주의』, p. 66. 이 시기 조선 지식인들은 민족을 '역사에서 이루어진 혈연 집단'으로 여기게 했던 두 외국인 사상가의 영향을 받았는데, 그중 중국의 양계초가 쓴 『음빙실문집(飮氷室文集)』은 그 시대 조선 지식인의 필독서였다. 그는 「신민론(新民論)」에서 "민족이 우매하고 나약한 나라는 올바로 설 수 없다. 나라가

론자로서, 『조선망국사략(朝鮮亡國史略)』을 저술해 "조선인이 세계에서 개인주의 성향이 가장 강한 민족이며, 국가의 안녕보다 일족(一族)의 영화만을 추구하는 관리들의 안이한 자세가 조선이 망국의 길을 걷게 된 주요 원인"이라고 분석하고 다음과 같이 서술했다.

이번 합방조약 발표를 둘러싸고 주변국 사람들은 그들을 위해 눈물을 참지 못했다. 그러나 정작 당사자인 조선인들은 흥겨워하고 있고, 고관들 역시 기뻐하며 날마다 새로운 시대에 영광스러운 지위를 얻기 위해 분주하게 지내고 있다.[32]

또 조선 개화파의 김옥균(金玉均), 박영효, 유길준, 서재필 등을 지원한 일본인 학자 후쿠자와 유키치(福澤諭吉)는 "인민의 생명도, 재산도 지켜주지 못하고, 독립 국가의 자존심도 지켜주지 않는 그런 나라는 차라리 망해버리는 것이 인민을 구제하는 길"이라면서 "어떤 나라가 조선을 점령하든 조선 왕국의 멸망은 조선 백성을 속박

───────

부강하고 영화롭기를 바란다면 신민의 길로 나아가야 한다"라고 주장했고, 조선 지식인들은 바로 이 신민의 개념을 받아들였다. 이는 '민족을 새롭게 한다'라는 의미로 '새로운 민족으로 변해야 한다'라는 뜻을 담고 있었다. 그는 민족의 자각과 실천을 통해서 신민의 길로 나아가는 것이야말로 국가 발전의 방도라고 여겼다. 민족주의로서의 민족이 아니라 민족을 다듬어서 또 다른 민족적인 성격, 즉 신민으로 발전해야 한다고 주장했는데, 이는 결과적으로 민족에서 민족주의로의 발전이 아닌 또 다른 민족으로의 변화를 의미했다. 그런데도 당시 조선 지식인들은 그의 이 논지를 조선 사회의 미래를 위한 지침으로 여겨 적극적으로 수용했다. 진덕규, 앞의 글 「한국 민족주의 인식의 논리적 전개에 관한 연구」, p. 417.
32 진덕규, 앞의 글 「한국 민족주의 인식의 논리적 전개에 관한 연구」, p. 418, 각주 30에서 인용.

에서 풀어줄 수 있는 지름길"이라고 조선 지배층을 비난하기도 했다.[33] 메이지 초기 일본 지식인들은 일본이 세계사의 보편적인 질서

---

33 후쿠자와 유키치, 「조선 인민을 위해서 기국의 멸망을 축하한다(朝鮮人民のために其国の滅亡を賀す)」, 『시사신문(時事新聞)』 1885년 8월 13일 자 사설. 이 논설 때문에 이 신문은 발행 정지 처분을 받고 원고를 게재하지 못했다. 芝原拓自·猪飼隆明·池田正博(校注), 『対外観』(日本近代思想大系一二)(東京: 岩波書店, 1988), p. 399. 조선 개화사상의 외래적 영향을 중시한 학자들은 1880년대에 개화사상에 획기적인 질적 비약이 있었음에 주목하고, 그러한 변화를 초래한 요인의 하나로서 메이지 일본의 계몽사상가 후쿠자와 유키치의 영향을 지적한다. 후쿠자와가 조선의 개화운동에 끼친 영향은 그 자신이 재야인사였던 까닭에 정치 면에서보다는 교육과 사상 면에서 더욱 많았다. 후쿠자와는 개화파와의 접촉 이후 조선 문제에 많은 관심을 가지고 개화파와 의견을 교환했다. 그는 개화운동을 추진하기 위해 그에게 조언을 구하는 개화파 인사들에게 자신의 20여 년간에 걸친 경험에 비추어 국민 교육을 통한 인지 개발이 중요하다고 역설했다. 후쿠자와는 인지 개발을 위한 유학생 파견을 적극적으로 원조했고, 대중 계몽을 위한 문화 사업에도 조력했다. 후쿠자와는 일본이 서양화 또는 근대화를 모색하던 막부정치가 끝난 메이지유신 시기에 가장 영향력이 컸던 계몽사상가였다. 재야인사였던 그의 계몽 활동은 인지 개발과 문명 전파에 초점을 둔 그의 문명론에 근거해 행해진 것이었다. 19세기 후반기 '서세동점'이라는 세계사의 조류 속에서 일본을 위시한 동양이 위기를 극복하는 유일한 방도는 근대 문명을 하루속히 흡수하는 것이라고 후쿠자와는 판단했다. 그러나 그는 서구 근대 문명을 역사상 현재까지 인류가 발전시킨 문명의 최고 단계지만 미래의 더욱 발전된 단계로 나아가는 한 과정으로 간주함으로써 서구 문명을 상대화했다. 한편 그는 문명의 진보를 끊임없이 수행하기 위해서는 국가의 독립 보존이 전제되어야 한다고 생각했다. 후쿠자와의 사상 속에서 일본의 독립과 문명은 기능적으로 서로 관계하면서 각각 목적이 되기도 하고 수단이 되기도 하는 것이었다. 이러한 후쿠자와의 계몽사상가로서의 입지는 조선의 근대화를 모색하고 있던 개화파 인사들에게 주목되었고, 이에 따라 후쿠자와와 조선 개화파 인사의 접촉이 이루어지게 되었다. 구선희, 「후쿠자와 유키치의 대조선 문화정략」, 『국사관논총』 제8집, 국사편찬위원회, 1989, pp. 215~240. 그러나 후쿠자와 유키치는 한국의 민족운동에 (1) 아시아에서 벗어나 서유럽으로 진입한다는 탈아입구론(脫亞入歐論)과 같은 문명 개화론으로 외세 추종의 입지를 제공했고, (2) 국민 개념으로서 민족 개념과 혼돈을 빚게 했으며, (3) 한국의 지식 청년들에게 시급하고도 당면한 과제에서 벗어나게 했고, (4) 민족 주체로서의 농민 등의 존재를 경시했으며, (5) 심지어 외세에의 종속과 지배를 문명사의 전개 과정으로 호도하기도 했다. 진덕규, 앞의 글 「한국 민족주의 인식의 논리적 전개에 관한 연구」, p. 419.

에 포함될 수 있는 역사를 개발하기 위해 유럽의 세계사를 수용했다. 이 가운데 후쿠자와 유키치는 일본을 역사적으로 새롭게 이해하려면 역사의 과학적 방법론이 필요하며, 모든 사회를 지배하는 보편적인 법칙이 존재한다고 믿었다.[34] 역사의 보편적인 법칙이란 강자가 약자를, 그리고 우수한 민족이 열등한 민족을 지배한다는 제국주의 및 식민주의 이론이다. 후쿠자와 유키치는 「탈아론」을 저술해 일제가 유럽과 대등한 열강이 되려면 열등한 아시아로부터 탈피해야 한다고 주장했던 대표적인 식민주의 역사학자다.[35]

조선의 개화파 지식인은 바로 이러한 일제 식민사학자의 가르침을 받은 자들이었다. 따라서 이들에 의해 전개된 개화운동과 애국계몽운동은 조선 왕조를 위해 충성을 다해야 한다는 근왕주의(勤王主義)와 상호 밀접한 틀 속에서 전개되었다.[36] 예컨대 후쿠자와는 1880년 조선 개화파와 교류하면서 조선 독립에 많은 관심을 두고, 일본이 무력행사를 통해서라도 조선을 개혁해 독립을 완수하게 해야 한다고 주장했다. 이러한 그의 「조선 개조론」이라는 글은 김옥균 등 급진개화파의 사상 형성에 큰 영향을 끼쳤다.[37]

---

34 桑原武夫 編, 『日本の名著』(東京: 中公新書, 1962), pp. 12~13.

35 이에 대해서는 임종권, 『한국 실증주의 사학과 식민사관』, 한가람역사문화연구소, 2020, 제4장 참조. 후쿠자와 유키치의 탈아론에 대해서는 福澤諭吉, 「脫亞論」, 『福澤諭吉全集』 第10卷(東京: 岩波書店, 1960), pp. 230~240 참조.

36 후쿠자와 유키치의 『문명론지개략(文明論之槪略)』은 한국의 개화파 지식인에게 필독서였다. 조선 개화파 및 애국계몽운동 지식인들과 근왕주의, 그리고 후쿠자와 유키치와의 관계와 그의 식민주의 역사관에 대해서는 진덕규, 앞의 글 「한국 민족주의 인식의 논리적 전개에 관한 연구」, pp. 416~421 참조.

37 후쿠자와 유키치가 조선 개화에 미친 영향은 김옥균이 일본으로 망명한 이후 저술한 『갑신일록(甲申日錄)』의 사료적 가치와도 관련이 있다. 또 후쿠자와의 「탈아론」

후쿠자와 유키치가 조선의 개화운동에 미친 영향은 정치보다 교육과 사상에서 더 많았으며, 개화파와의 접촉 이후 조선 문제에 관해 의견을 더 많이 나누었다. 후쿠자와 유키치는 조선 개화를 위해서는 인재 양성이 가장 시급하다고 보고 일본에 유학생을 파견하는 것을 적극적으로 지원했다. 특히 그의 문명론은 게이오 대학 유학생이었던 유길준의 개화사상과 접목되어 대중계몽서 『서유견문(西遊見聞)』이 출간되었다. 이것은 조선의 개화사상이 후쿠자와 유키치의 사상과 밀접하게 연결되어 있었음을 보여준다.[38]

1910년 한일합방 시기 전후에 전개되었던 애국계몽운동으로 인해 점차 민족의식을 자각하게 된 피지배층 출신 민중들이 봉기해 조선 왕조와 부패 척신 및 고위 관직자를 모두 제거하고 새로운 국민국가를 수립하는 것은 민족주의운동의 방향일 수도 있었다. 그러나 대다수 지식인은 피지배층 출신 민중들을 계몽하는 데 중점을 두고 조선의 사정을 세계에 알리는 일에만 힘을 쏟고 있었다. 그러

이 갑신정변 이후 조선을 둘러싼 정세 변화와 밀접하게 결부된 담론이었으며 조선 개화파의 사상이 갑신정변 후에 체계화를 이루는 것도 후쿠자와의 저작물로부터 적지 않은 영향이 있었다고 지적되었다. 쓰키아시 다쓰히코, 「조선 개화파와 후쿠자와 유키치(朝鮮開化派と福沢諭吉)」, 『한국학연구』 제26집, 인하대학교 한국학연구소, 2012, pp. 307~335.

38 유길준이 『서유견문』을 저술할 때 가장 많이 이용한 책은 후쿠자와 유키치의 『서양사정(西洋事情)』(1866)이었다. 개화파 인사들은 후쿠자와에게 조선의 개혁 문제에 대해 많은 조언을 구했다. 그는 이들에게 자신의 20여 년간의 계몽 활동 경험을 토대로 조선의 개화운동에 필요한 추진 방법 등을 직간접으로 가르쳤다. 후쿠자와는 조선의 개화운동에 중요한 영향력을 행사하면서 정치, 경제, 문화 등 여러 분야에 자신의 조선정략을 전개했다. 구선희, 앞의 글 「후쿠자와 유키치의 대조선 문화정략」, pp. 215~240.

므로 피지배층 민중을 계몽해 애국심을 갖게 하고, 그 애국심을 바탕으로 근대 민주국가의 신민을 이룩하려는 애국계몽운동은 민족주의 사상이 추구하는 것과 거리가 있었다.[39]

애국계몽운동을 통해 민족주의 사상을 전파한 인사들은 대부분 사대부 양반 지배층 출신들로 모두 조선 왕조에서 관직을 지냈다. 예컨대 이상재(李商在)는 의정부 참찬(參贊)을 지냈고, 김옥균은 외아문(外衙門) 협판(協辦), 유길준은 내무 협판, 박은식은 능참봉, 박영효는 판의금부사(判義禁府事), 서재필은 중추원 고문, 남궁억(南宮檍)은 토목국장, 장지연(張志淵)은 내부 주사, 이승만(李承晩)은 중추원 의관, 주시경(周時經)은 국문연구소 위원, 신규식은 육군 참위를 지냈다.[40] 그러므로 구한말과 한일합방 초기의 애국계몽운동은 조선 왕조를 복고하자는 위정척사론의 복벽론(復辟論)과 왕에게 충성을 다하는 근왕주의 성격을 띠었다.[41] 그 예로 양반 유생 중심의 비밀 결사체 대한독립의군부(大韓獨立義軍府)가 조직되었는데, 이 비밀 단체는 고종의 밀명으로 의병장이었던 임병찬(林炳瓚)이 유림과 관리들을 모아 1913년 호남 지역에서 시작해 1914년 전국적인 조직망을 갖추었다. 이 결사체의 궁극적인 목적은 신분제 등 성리학적 질서의 회복을 통해 완전한 조선의 독립을 성취하는 것이었다. 당시

---

39 애국계몽운동에 대한 광의적인 설명으로는 다음 책을 참고할 수 있다. 박찬승,『한국 근대 정치사상사 연구: 민족주의 우파의 실력 양성 운동론』, 역사비평사, 1992, p. 17.
40 진덕규, 앞의 글「한국 민족주의 인식의 논리적 전개에 관한 연구」, p. 420, 〈표 1〉 한말 애국계몽기에 활동했던 주요 지식인의 성격 분석.
41 그러나 박은식의 애국계몽운동은 이들 복벽주의자들과는 달리 반일투쟁론에 더 큰 비중을 두었다.

애국계몽운동가들에 의해 국민국가의 민권사상(民權思想)이 거론되고 민주 사회의 흐름이 확산하고 있었으나 임병찬은 이를 인정하지 않았다. 그는 설사 민주 사회라고 할지라도 사대부 양반 지배층이 중심이 되어야 한다고 주장하며 조선 피지배층에 대해서는 향약에 의한 교화의 대상이라는 생각이 강했다. 이러한 인식은 사대부 양반 지배층 출신 의병이나 독립운동가들에게 공통적이었다.[42]

1910~1919년 총독부의 무단통치로 항일투쟁이 격렬하게 전개되기 시작했는데, 그 시발점이 바로 3·1운동이었다. 이때부터 애국계몽운동과 무장투쟁에서 민족이라는 단어는 일상적인 용어로 자리를 잡게 되었다. 항일투쟁가와 민족주의 운동가들을 보면 대부분 일본에 유학했던 지배층 출신 지식인들이었다. 만주에 무관학교를 설립하고 서북학회와 신민회를 이끌었던 이갑(李甲)은 일본 육사 출신이며, 3·1운동 33인 중 한 명인 최린은 메이지 대학을 나왔고, 조선국권회복단 고문 안확(安廓)은 니혼 대학, 임시정부 외무부장 조소앙은 메이지 대학, 발달학원(博達學院)의 청년 교육가 문일평(文一平)은 메이지 학원, 신간회 부회장이며 소설 『임꺽정』의 작가인 홍명희(洪命熹)는 다이세이 중학, 독립선언서를 기초한 최남선은 와세다 대학, 신간회 총무이자 『조선일보』 사장인 안재홍(安在鴻)은 와세다 대학, 소설가 이광수(李光洙)는 메이지 가쿠인 고등학교 및 와세다 대학, 한글학회 이사장 최현배(崔鉉培)는 교토제국대학 출신이다. 이

---

42   이상찬, 「대한독립의군부에 대하여」, 앞의 책 『이재룡박사 환력기념 한국사학논총』, pp. 804~825.

것은 일본에 유학해 신학문을 배운 사대부 양반 지배층 출신 지식인들이 독립운동과 항일투쟁을 주도했다는 것을 보여준다. 또 일제 식민통치 후반기 백관수(白寬洙, 메이지 대학), 김약수(金若水, 니혼 대학), 백남운(白南雲, 도쿄상대), 전영택(田榮澤, 아오야마 학원), 배성룡(裵成龍, 니혼 대학), 최익한(崔益翰, 와세다 대학), 이순택(李順沢, 교토제국대학), 이상백(李相佰, 와세다 대학) 등 민족주의 운동가들 역시 일본 유학파들이 많았다. 이처럼 조선의 민족운동과 독립투쟁의 지도자들은 일본에서 공부한 지배층 출신 엘리트였다.

여기에서 우리가 알 수 있는 것은 이들이 일본에서 배운 근대 사상과 지식이 조선의 애국계몽운동 및 독립운동과 밀접한 관계를 맺고 있었다는 것이다. 이는 이 지배층 출신 지식인들 상당수가 왜 항일투쟁과 독립운동에서 친일로 돌아섰는지 그 근본 원인을 보여준다. 이와 달리 배울 길이 없이 먹고살기에 전전긍긍했던 피지배층 출신 조선인들은 일제 식민통치의 현실에 머물지 않고 지배층 출신 엘리트들의 항일투쟁과 독립운동에 적극적으로 가담해 많은 공헌을 했다. 그러나 역사는 이들의 이름을 기억하지 않고 망각의 존재로 만들어버렸으니, 그 이유가 바로 조선의 고질적인 신분 문제였다.[43]

---

43 이러한 사례는 다음과 같다. 여성 독립운동가 현계옥(玄桂玉) 선생은 천민 출신 기생으로 최초의 여성 의열단으로 활동했다. 2016년 개봉한 영화 「밀정」의 의혈단 여성 단원 연계순이 현계옥을 모델로 한 것이다. 백정 출신 박성춘은 무어 선교사가 지도하는 곤당골 교회에 출석했는데, 그곳 양반 교인들이 "백정과 함께 예배를 드릴 수 없다"라며 박성춘을 다른 곳으로 보낼 것을 요구했다. 하지만 무어 선교사는 만민평등을 내세우며 그들의 요구를 받아들이지 않았고, 이에 양반 교인들이 홍문서골(홍문동)로 교회를 분립해 나갔다. 기독교를 통해 만민평등의 정신을 알게 된 박성춘은 백정 해방운동을 전개했다. 1894년 가을 김홍집(金弘集) 내각의 갑오개

3·1운동이 민족주의 또는 지배층 출신 엘리트 지식인들이 펼친 애국계몽과 독립운동의 결과라고 하나, 망국에 대한 일반적인 인식은 계층에 따라 달랐다. 먼저 피지배층 조선인에게 정치와 권력, 국가관은 별 의미가 없었다. 그보다 이들은 일제 식민통치가 자신들에게 이전 조선 왕조 체제보다 더 유리할 것인지에 민감한 반응을 보였다. 지배층 출신 엘리트들은 조선의 독립을 달성하려면 근대화와 국민국가 수립이 우선되어야 한다고 생각했지만, 이와 달리 피지배층 출신 조선인들은 독립과 국가 체제보다 당장 생계 문제 해결이 더 절실했다. 사실 이들 피지배층 출신 조선인들이 지배층 출신 지

혁으로 명목상으로는 조선 사회의 신분제도가 철폐되었으나, 백정에 대한 사회적 편견과 차별(예를 들어, 백정은 호적이 없었고 도포를 입거나 상투를 틀지도 못했으며 갓이나 망건도 쓸 수 없었다)은 그대로 유지되었다. 김정미, 「19세기 말에서 20세기 초기에 있어서의 백정」, 『한국 근대 사회와 사상』, 중원문화사, 1984, pp. 195~201. 백정들이 정부 칙령만 믿고 도포를 입고 밖에 나갔다가 구타를 당하는 일이 빈번했다. 이에 박성춘은 1895년 4월 곤당골 예수교 학당의 무어 선교사와 한국인 교사의 도움을 받아 백정 차별제도 철폐를 다시 확인해 달라는 탄원서를 내각에 제출했다. 임순만, 「기독교 전파가 백정 공동체에 미친 영향」, 『형평운동의 재인식』, 솔, 1993, pp. 80~97. 당시 내부대신 유길준은 이런 백정들의 탄원을 받아들여 그해 5월 13일 백정들을 차별하지 말라는 내용의 칙령을 다시 반포하고 그 내용을 방으로 써 붙였다. 그날 500년 만에 도포를 입고 갓을 쓰고 감격한 백정들이 종로 거리에서 시위했다. 개혁 조치는 백정에 대한 제도적 차별을 완전히 해소한 것은 아니었다. 조성윤, 「갑오개혁기 개화파 정권의 신분제 폐지 정책」, 『한국 근현대의 민족 문제와 신국가 건설』, 지식산업사, 1997, p. 128. 박성춘은 계속해서 그해 11월, 이듬해 3월에 서울뿐 아니라 지방에서도 같은 조처를 내려 달라는 탄원서를 냈다. 이러한 과정을 거쳐 민중계층의 지도자로 부각된 박성춘은 일반 시민사회운동에도 활발하게 참여했다. 또 1908년에 독립운동 조직인 동의회를 조직해 의병 부대인 대한의군에 무기와 숙식을 제공했던 독립운동가 최재형(崔在亨)도 기생 어머니를 둔 노비 출신이다. 그는 공산주의 러시아에서 활동했다는 이유로 독립운동사에서 관심을 끌지 못했다. 일본군에 체포된 최재형은 엄주필(嚴柱弼) 등 3명과 함께 재판 없이 총살되었다. 문영숙, 『잊혀진 독립운동의 대부 최재형』, 우리나비, 2020 참조.

식인들의 애국계몽운동에 귀를 기울이고 이에 동조한 것은 식민통치로 인해 겪은 불이익에 대한 분노가 컸기 때문이다.[44] 말하자면 이들은 애국계몽운동가들이 제시한 독립 국가의 시민으로서의 권리가 생계에 더 유리할 것으로 판단한 것이다. 전국적인 3·1운동은 이렇게 신분별 이해관계가 서로 맞아떨어짐으로써 가능했다.

식민통치가 시작되자 토지 소유 관계가 변화하면서 농민들은 토지 소유주와 고리대금업자에게 채무 노예적 관계가 되거나 임금노동으로 살아가는 처지가 되어 빈곤이 악순환되었다. 그 이유는 사대부 양반 지주층이 일제의 토지 조사 사업으로 농민들의 토지권, 관습상의 경작권, 즉 소작권이 배제된 토지 소유권을 획득했기 때문이었다. 이로써 지주는 소작 조건을 마음대로 정할 수 있게 되었고, 이렇게 유리한 조건을 이용해 지주들은 토지를 더 많이 소유할 수 있었다. 여기에다가 이주 일본인, 동양척식주식회사, 총독부 등 소수 대지주가 대규모 토지를 경영하게 되자 상대적으로 소작인들의 경쟁이 과열되어 소작료는 급등하고 소작 조건도 더 불리해졌다.[45] 조

---

44 신분제가 철폐된 이후 각 계층에 대해 지배층 출신, 피지배층 출신으로 표기한다.
45 1910년부터 1926년까지 17회에 걸쳐 거의 1만 호의 일본인 농민들을 조선에 유치한 동양척식주식회사의 일본 농민 유치 정책과 총독부의 토지 조사 사업으로 조선인 농민들은 생활 기반인 농토를 빼앗겨 만주 이주를 감행한 숫자가 급증했다. 특히 동양척식주식회사의 소작료율은 70퍼센트를 넘어설 정도로 고율이었고, 징수 방법도 회사 측의 일방적 판단으로 결정된 집조(執租)의 방법을 적용했다. 이렇게 소작료를 거두어들이기 위해 동양척식주식회사 사원들은 영농 현장에서 일본식 종자 보급 및 강제, 심경(深耕) 장려, 정조식 식부법(正條植 植付法), 즉 줄모 심기의 강요, 시비(施肥) 강제와 비료대금의 전가, 각종 품평회를 통한 생산력 경쟁 등 농사 개량 지도에 투입되었다. 하지연, 「『나의 동척 회고록』에 나타난 동양척식주식회사의 농장 운영 실태」, 『한국민족운동사연구』 제90집, 한국민족운동사학회, 2017, pp

선 후기 도지권(賭地權) 설정지의 소작료가 3할 안팎이고 보통 5할을 넘지 않았던 것이 식민통치 시기에는 보통 5할 5푼에서 6할에 이르고, 심한 경우 9할에 달하기도 했다.[46] 자작농들도 지세, 수리조합비 등 막대한 비용 부담으로 자작을 포기하고 소작농으로 전락하는 경우가 속출했다. 이로 인해 소작인은 증가하고, 생활도 더 궁핍해졌다. 1914년과 3·1운동 직전인 1918년의 농민 구성비를 비교해보면, 전체 농가 호수 가운데 지주층이 1.8퍼센트였던 것이 3.1퍼센트로 증가했고, 자작농이 22퍼센트에서 19.7퍼센트로, 자작 겸 소작농이 41.1퍼센트에서 39.4퍼센트로 하락했으며, 소작농은 35.1퍼센트에서 37퍼센트로 늘어났다. 이는 식민통치로 인해 지주층을 제외하고 전체 농민들의 삶이 더 악화했다는 것을 나타낸다.[47] 대개 농민들이 정치적인 기존 질서를 부정한 집단운동에 참여한 것은 전통적인 농민 공동체의 성격이 유지된 지역이었다. 이곳은 농업의 상업화나 농민층의 분화가 거의 진행되지 않아 대부분의 농민이 소규모의 토지를 소유하고 있었다. 이러한 상황에서 급격히 몰락한 농민들은 급진적 사상에 쉽게 동조하게 되었다. 바로 이런 점들이 3·1운동에 농민들이 대거 참여하게 된 주된 원인이었다.[48]

특히 1918년까지 조선에 유입된 일본 자본이 약탈적인 상업 고리

337~374.

46 류청하, 「3·1운동의 역사적 성격」, 앞의 책 『한국 근대 민족운동사』, p. 447.

47 류청하, 위의 글 「3·1운동의 역사적 성격」, p. 447.

48 차남희, 「경제적 농민과 정치적 농민: 일제시대 농민운동의 성격에 대한 연구」, 『한국 정치학회보』 제26집 제1호, 한국정치학회, 1992, pp. 85~111.

자본에 집중됨으로써 조선인 상인 자본은 겨우 소매업으로 유지되어 갔다. 조선총독부의 통계에 따르면, 5인 이상 공장 노동자가 1910년 8천여 명에서 1919년 4만 9천여 명으로 급증했는데, 다른 노동시장을 고려하면 노동자는 대략 15~20만 명으로 추산된다. 당시 노동자의 고용 조건이 상상하기 어려울 정도로 열악해 3·1운동 전후 노동쟁의가 크게 늘어났다. 이처럼 일제는 조선의 사대부 양반 지주들을 식민지의 대지주로 전환하고 이를 강화해가면서 이해를 같이하는 예속 자본가들과 결탁해 조선 토착 자본가를 억제해나갔다. 동시에 피지배층 출신 농민들은 가혹하게 수탈했다. 이렇듯 3·1운동 이전 식민통치가 구축한 사회경제 구조는 이전 조선 왕조 때와 크게 다를 바가 없었다. 그러다 1919년 3~4월에 걸쳐 전국적으로 '내란'이 일어났다고 할 정도로 거센 만세 시위가 전통적인 민란의 방식을 취하면서 농민들의 주도로 전개되었다. 초기부터 무력 충돌, 습격, 발포 등 폭력적 양상이 나타나 갈수록 폭력 시위가 확산했다.[49] 이런 점을 보면 3·1운동은 이를 주도한 애국계몽운동가들과 달리 민족정신이 아직 성숙하지 않았던 농민층이 생계의 어려움을 겪음으로써 식민통치기관과 사대부 양반 지배층 출신 대지주에 항거한 저항이 아닐까?

　3·1운동을 주도한 인물들은 대개 근대 지식을 갖춘 지배층 출신 엘리트, 중인 출신으로 상공업에 종사한 자들이었다. 대부분의 사대

49　배성준, 「3·1운동의 농민 봉기적 양상」, 박헌호·류준필, 『1919년 3월 1일에 묻다』, 성균관대학교 출판부, 2009, p. 291.

부 양반 지주들은 식민지 과정에서 일제에 의해 봉건적 기득권을 그대로 인정받아 식민지 수탈 기구에 편입됨으로써 친일 세력을 형성하고 있었다. 그러므로 3·1운동 때 농민들이 만세 시위를 민란처럼 폭력적으로 주도해나간 것은 바로 친일 세력화된 기존 사대부 양반 지배층 출신 지주들의 수탈 때문이었다. 3·1운동을 주도한 지배층 출신 지식층은 식민지 상황에서 자신들이 처한 사회적·경제적 위치에 따라 각기 취하는 의식과 사상, 그리고 운동 대상의 설정과 운동 방법도 달랐다. 이들은 3·1운동을 주도했으나 전체 질서를 전면적으로 부정하지 못한 이중성을 보였다. 결국 이들은 계층적 한계와 그에 따른 의식·행동상의 제약으로 인해 운동이 피지배층 출신 조선인들의 대규모 참여와 폭력 양상으로 변하자 이를 지도할 능력을 상실하고 말았다. 이로써 3·1운동은 피지배층 출신 조선인들에게 그 주도권이 넘어가게 된다.[50] 따라서 3·1운동이 급속히 전국으로 퍼져간 것은 피지배층 출신 조선인들이 생계 문제에 부딪혀 민족 모순을 인식한 것에 기인한 것이다. 폭력 시위에서 농민들이 주로 관공서를 습격한 것은 항일투쟁의 성격이라기보다 토지 조사 사업, 불합리한 농촌 행정, 세금에 대한 불만 등 자신의 생활상의 문제에 의한 저항의 성격이 강했다.[51] 이러한 농민과 하층민의 폭력 시

---

50 여기에서 최하층민 민중은 식민통치 시기 80퍼센트를 차지한 농민층, 그리고 아직 수적으로 많지 않은 노동자를 지칭한다. 류청하, 앞의 글 「3·1운동의 역사적 성격」, p. 464.

51 이러한 해석에 대해서는 馬淵貞利(마부치 사다토시), 「제1차 대전기 한국 농업의 특질과 3·1운동」, 淺田喬二(아사다 쿄지) 외, 『항일농민운동 연구』, 동녘, 1984 참조.

위는 전국적이라는 점에서 식민통치에 커다란 위협을 안겨주었다.[52]

그러자 일제는 애국계몽운동을 탄압하기 위해 언론, 집회, 결사를 철저하게 금지하는 등 강경한 조처를 단행했다. 한일합방 이후 그동안 피지배층 출신 조선인들이 침묵을 지켜온 것을 복종으로 오인한 일제 통치자들은 이 충격으로 식민통치 방식을 바꿀 수밖에 없었다.[53] 그리하여 새 총독 사이토 마코토(齋藤實)는 문화정치를 선포했다. 이 정책은 일제가 식민지 조선을 지속적으로 유지해줄 수 있는 통치 전략의 전환을 의미했다. 이로써 일제 통치자들은 3·1운동으로 인한 식민통치 정국의 불안을 안정시키기 위해 내선융화(內鮮融和)를 목표로 한 동화 정책을 추진하기 시작했다. 이에 따라 총독부는 조선인에게 조선 민족의 정체성을 부정하도록 강요하지 않고 교육과 사업, 정치, 그리고 모든 공공생활 영역에서 더 많은 기회를 부여하도록 했다.[54]

---

52 1919년 식민지 조선의 행정구역은 13도 220군 2,509면이었다. 3·1운동은 전국 220개 군 중 212개 군(96.4퍼센트), 2,509개 면 중 1,019개 면(40.6퍼센트)에서 일어났다. 1914년 행정구역 개편 이전 조선의 행정구역은 13도 317군('옛군')이었다. '옛군' 단위로도 289개 군(91.2퍼센트)에서 3·1운동이 발생했다. 통폐합 이후 220개 군의 새로운 중심지가 된 군청 소재지 면의 3·1운동 발생 비율도 86.8퍼센트였다. 한반도 거주 주민들의 80퍼센트 이상이 3·1운동의 발발과 그 내용 및 의의, 경찰·헌병의 탄압 양상을 공유했다고 할 수 있다. 이송순, 「농촌 지역 3·1운동 확산과 공간적·형태별 특성」, 『민족문화연구』 제84호, 고려대학교 민족문화연구원, 2019, pp. 131~177.

53 우치다 준, 한승동 옮김, 『제국의 브로커들: 일제강점기의 일본 정착민 식민주의 1876~1945』, 도서출판 길, 2011, pp. 208~209.

54 이것을 '식민지 공민권'이라고 한다. 말하자면 식민지 국민이라는 일본 국적의 공동체 일원이라는 의미이며, 그 공동체 안에서 국민(citizen), 신민(subjects)으로서의 기본적인 권리와 의무가 천황, 일제 정부, 총독에서 발령한 법에 따라 규정되었다. 총독은 독자적으로 법령을 발포했으며, 본국 법령을 식민지에 어느 정도까지 적용

3·1운동을 통해 조선 민족주의자들이 전 세계 여론의 지지를 얻는 데 실패하자 새로 총리로 임명된 하라 다카시(原敬)는 조선 민족의 동화 정책을 더욱 강화했다. 영국 식민지 자치제도를 참고하기보다 프랑스 식민지인 알제리나 독일 통치 아래의 알자스로렌을 본보기로 삼아 조선을 본국 통치 체제에 통합해 조선의 식민화를 영구불변하게 고착화하는 것이었다. 이것이 바로 1890년대에 대만에서 성공했던 동화 정책이었다. 그에게 동화란 식민지 조선인을 완전무결한 일본의 국민으로 만드는 것이었으며, 일본 문화를 조선에 이식하는 것이 아니라 식민지의 정치, 법률, 경제, 교육을 본국과 통합하는 것이었다.[55]

이러한 내선융화 정책에 의해 조선 총독 사이토 마코토는 조선 기업인의 발전을 가로막는 회사령을 폐지하고 식민지 관료 체계의 말단과 중간층에 조선인을 고용했다. 이와 더불어 그는 조선인의 신문 발간과 집회 및 결사의 자유에 관한 규제를 완화했다. 이런 조치로 인해 오히려 조선 민족주의 활동은 더욱 활성화되었다.[56] 그러자 조선총독부는 급진적인 민족주의를 탄압하면서 온건한 민족주의를

할 것인지도 결정했다. 우치다 준, 위의 책『제국의 브로커들: 일제강점기의 일본 정착민 식민주의 1876~1945』, p. 209, 각주 5.

55 하라 다카시 총리는 이런 동화 정책으로 오키나와와 마찬가지로 조선인도 자연스럽게 일본에 동화할 것으로 기대했다. 일제는 단계적인 정치적 권리 확장을 포함해 본국 법률과 제도들을 가능한 어디에든 적용함으로써 조선과 일본을 행정적으로 통합하는 작업을 진행했다. 우치다 준, 위의 책『제국의 브로커들: 일제강점기의 일본 정착민 식민주의 1876~1945』, pp. 211~212.

56 그러나 사이토 마코토 총독은 이와 동시에 조선 반도에 군대와 경찰력을 증강하고 검열 통제를 강화하는 등 이전의 강압 구조를 그대로 유지해나갔다. 우치다 준, 위의 책『제국의 브로커들: 일제강점기의 일본 정착민 식민주의 1876~1945』, p. 213.

장려해 일본에 유학한 조선인 학생들과 중국과 미국 등에 망명한 정치인들이 조선에 돌아오도록 유인책을 썼다. 이는 내부 분열을 조장함으로써 불만 지도층을 식민 체제에 협력하도록 끌어들이려는 술책으로, 조선 민족주의운동을 약화하려는 것이 그 목적이었다.[57] 1919년 이전 일제는 조선 민족주의자들의 연합을 무력화하기 위해 여러 조선 엘리트들과 양반 지주, 전직 사대부 출신들 중심으로 긴밀한 관계를 맺고 있었다. 이들은 친일 인사로서 교육을 받아 식민 통치에 적극적으로 협조한 자들이다. 사이토 마코토는 이러한 문화 정책을 추진하기 위해 조선 지도자들을 초청해 이를 지지해 달라고 요청하고 이들 중심으로 총독 자문기관 중추원을 구성했다.[58] 이처럼 총독부와 조선에 거주한 일본인들 및 조선인 지도층은 상호 의존 관계를 맺고 조선 민족주의 운동가들과 대립했다.

한편, 각계각층 조선인들의 동향을 모은 공식 조사는 일본 거류민

---

[57] 조선 민족주의운동의 분열은 Michael E. Robinson, "Ideological Schism in the Korea Nationalist Movement, 1920~1930", *Journal of Korean Studies* 4(1982~1983), pp. 241~268 참조.

[58] 조선총독부, 『朝鮮에 在한 新施政』 1921년 4월호, pp. 40~41. 이에 앞서 신임 조선 총독 사이토는 1919년 9월 3일 시정 방침에 대한 훈시에서 "내선인(內鮮人)으로 하여금 항상 동포애로 상접(相接)하며 공동 협력할 것이며, 특히 조선인들은 심신을 연마하고 문화와 민력(民力)을 향상하기를 바란다"라고 말했다. 조선총독부, 『조선에 在한 新施政』 1921년 9월호. pp. 54~56. 조선총독부가 중추원을 중심으로 이들 조선인 지방 지도층을 하나로 규합해 직접 이들을 통제하겠다는 의도였다. 조선총독부 편, 이충호·홍금자 옮김, 『조선 통치 비화』, 형설출판사, 1993, pp. 154~166. 총독부는 전례를 깨고 민관 합동의 위원회와 심의회를 설치해 민간인들을 비공식 고문으로 위촉했다. 정착민 거두인 도미타 기사쿠(富田儀作), 아루가 미츠토요(有賀光豊), 그리고 조선인 사업가 한상룡(韓相龍), 조진태(趙鎭泰) 등 유명 인사들이 관리와 함께 위원회 위원으로 임명되어 교육과 재정, 산업 등 핵심 분야의 정책을 심의했다. 『조선총독부시정연보』, 1921, pp. 14, 149~155.

들, 고리대금업자, 동양척식주식회사의 후원을 받은 농민들, 하급 관리, 경찰관 등이 조선인들을 오마에[おまえ(お前), 너]', '오이(おい, 야)', '고라(こら, 이 자식)', '요보(ヨボ, 여보)' 따위의 막말로 부르며 상습적으로 인격 모독을 한 것이 3·1운동의 진짜 원인이라고 분석하고 있다.[59] 말하자면 일본인들의 신체적 학대와 언어폭력으로 쌓인 반일감정이 3·1운동을 폭발시켰다는 것이다.[60] 조선 피지배층 출신 조선인들은 조상 대대로 사대부 양반 지배층들로부터 폭력과 수탈 및 차별을 받고 살아온 터라 이러한 일본인들의 태도가 조선인의 적개심을 유발했을 가능성이 짙다. 그래서 조선의 일본인 거주민들은 내선융화의 중요성을 인식하고 그동안 누려온 특권과 이익 추구의 전략을 바꾸어 사이토 총독의 문화 정책에 협조하기 시작했다. 총독부는 이 정책을 추진하면서 김성수(金性洙)와 이광수 등 민족주의 지도자들을 정기적으로 만나 의견을 나누기도 했다. 총독부는 조선 민족주의자들을 일제 식민통치에 협조하도록 포섭하기 위해 유

---

59 우치다 준, 앞의 책 『제국의 브로커들: 일제강점기의 일본 정착민 식민주의 1876~1945』, p. 217에서 인용.

60 『조선총독부 관보』, 서무부 조사과, 1925, pp. 43~44. 『조선총독부 관보』는 1910년 8월 29일부터 1945년 8월 30일까지 만 35년 동안 발행되었다. 『조선총독부 관보』 또한 여느 관보와 마찬가지로 정확히 결정된 사항을 공고하는 역할을 했기 때문에 법적으로나 행정적으로 기준이 되는 정보가 담겨 있는 자료다. 이 자료에 대해서는 류준범·유상희·정미성, 「조선총독부 관보의 구성과 정보에 대한 분석」, 국사편찬위원회, 2007을 보라. 이 점에 대해서 윤치호는 일기에 이렇게 적고 있다. "일본인 이주민들은 그저 조선에 들어와서 가난한 조선인을 모든 생활의 터전에서 내쫓기만 하면 된다. 만약 일본인 이주민들의 숫자가 몇몇 일본인이 기대하고 있는 만큼 증가하지 않는다고 해도, 그것은 명백히 총독부나 조선인 잘못이 아니다. 양 민족 간의 우호적인 관계를 증진하는 데 가장 큰 걸림돌은 조선에 거주하고 있는 일본인의 거만과 탐욕이다." 『윤치호 일기』 1920년 10월 1일, 국역 제7집, 국사편찬위원회, 2015.

학생에게 장학금을 주는 등 많은 힘을 기울였다.[61] 조선 현지 영문판 『서울 프레스(Seoul Press)』를 발행한 언론인 야마가타 이소오(山縣五十雄)와 기독교 교육자 니와 세이지로(丹羽淸次郎) 등은 조선 기독교 지도자들과 자주 교류했는데, 특히 윤치호(尹致昊)와 가장 가깝게 친분을 나누었다.[62]

이러한 총독부의 정책에 협조하기 위해 조선 거주 일본인들도 사대부 양반 출신 지도층, 지방 세력가, 유학자, 사업가, 교육가, 종교 지도자 등 조선 사회 각계각층 인사들을 친일파로 포섭하는 데 앞장섰다. 이는 총독부가 조선 민족주의자들이 피지배층 출신 조선인들에게 민족의식을 확산시킨다면 그것이 곧 독립운동으로 번질 것이라고 우려했음을 보여준다. 다시 말해, 일제는 3·1운동에서 표출된 피지배층 출신 조선인들의 반일감정이 곧 무력 항일투쟁으로 번질 수 있다는 가능성을 보았던 것이다.[63] 3·1운동 이후 식민통치를

---

61 이런 역할을 담당한 인물이 아베 미쓰이에(阿部充家)였다. 사이토 총독에게 보낸 그의 편지, 1922년 5월 29일, 6월 23일, 7월 16일, 1923년 4월 23일, 5월 2일. 우치다 준, 앞의 책 『제국의 브로커들: 일제강점기의 일본 정착민 식민주의 1876~1945』, p. 221, 각주 28에서 인용.

62 『윤치호 일기』 1921년 4월 6일.

63 3·1운동 이후 민족의식 성장이 농민들의 소작쟁의와 도시 노동자들의 노동쟁의가 급속하게 증가한 원인이다. 1920년부터 1939년까지 소작쟁의 건수는 14만 969회다. 이것은 농촌에서 늘 소작쟁의가 벌어졌다는 것을 의미한다. 조선총독부 농림국, 『조선소작연보』 제1집, 1940, pp. 8~9. 특히 도시에서 노동쟁의는 민족 사회주의자들로부터 의식화되어 일어났다. 김광운은 도정 노동자들이 일제 자본의 억압과 착취에 반대해 벌인 투쟁 과정은 일반 대중의 반일감정을 제고했고, 마르크스-레닌주의 보급에도 유리한 조건을 마련했다고 밝혔다. 김광운, 「일제하 조선 도정 노동자의 계급 형성 과정」, 『민족사의 전개와 그 문화』 하권, 창비, 1990; 김광운, 「1930년 전후 조선의 자본, 임노동 관계와 일제의 노동 통제 정책」, 『국사관논총』 제38권, 국사편찬위원회, 1992 참조.

타파하기 위해서는 폭력 저항이 유일한 수단이라는 인식이 확산하면서 항일무장투쟁이 활발하게 전개되었다. 그 결과, 민족 독립운동의 주도권이 민족주의자로부터 점차 피지배층 출신 조선인에게로 넘어가 이들이 끊임없는 항일투쟁의 주류를 형성하게 되었다.[64] 3·1운동을 통해 이룬 민족적·계급적 각성을 바탕으로 과거 조선의 피지배층 출신 농민들은 스스로 주체가 되어 소작조합, 농민조합 등을 조직하고, 이를 중심으로 소작쟁의, 수리조합 반대운동 등 농민운동을 전개했다. 이는 민족 구성원의 대부분을 차지하고 있던 농민 대중이 민족해방운동에 적극적으로 나서게 된 것을 의미하며, 그것은 바로 일제 식민통치의 파탄을 예고하는 것이었다.[65]

그동안 역사학에서는 그 시대 사람들의 감정과 정서는 보이지 않은 유령으로 취급해왔다. 역사학은 과거 사건에 관한 과학적인 실증(實證), 그리고 보편성에 편향되어 왔다. 역사의 확실성은 오로지 실재한 사건으로만 입증된다. 그러다 보니 문헌과 유물에 치우친 연구가 대부분이다. 그러나 인간사(人間事)는 물리적으로 작동하는 것이 아니라 그 시대에 살았던 사람들의 감정과 정서로 생겨나는 법이다. 이것이 인간의 역사다. 3·1운동의 역사적 가치는 우리 현대사에서 가장 큰 줄기를 이루고 있다. 그러나 오늘날 우리 역사학이 그 주요 역할을 지배층의 것으로 규정하고 실질적인 피지배층의 참여를 촉발한 원인을 밝히지 않은 것은 역사학을 장악한 지배층이 역사를

---

64 류청하, 앞의 글 「3·1운동의 역사적 성격」, p. 481.
65 김용달, 「농민운동」, 『한국사』 제49권, 국사편찬위원회, 2001, p. 213.

왜곡해 기득권을 획득하려 했기 때문이다.

3·1운동을 통해 조선 독립운동의 전개 방식을 파악한 총독부는 조선의 모든 분야에 침투해 친일파를 확대하는 데 주력했다. 총독부는 송병준(宋秉畯) 같은 조선인 지도층과 협력해 여러 친일 단체를 만들어냈다.[66] 이들 친일 단체의 책임자는 대부분 총독부의 명령을 따르는 조선 지배층 출신들이었다. 한편, 총독부가 포섭한 친일파 유교 지식인들은 근검절약과 미신 추방 등을 위해 향교 또는 각 지역 마을에서 강연하며 유교적 관습을 부활하려고 했다. 이들 가운데 주요 인사들이 중추원 의원으로 임명되기도 했다. 이러한 총독부의 의도는 조선 사대부 양반 지배층 출신 지도자들을 문명개화의 도구 또는 유교 윤리의 전파자로 내세움으로써 일제가 조선을 근대화하는 동시에 전통을 지켜준다는 이미지를 부각하려는 것이었다. 그러나 친일파의 활동은 오히려 반일감정을 더 부추겼다.[67] 일제는 이렇게 여러 방법을 동원해 조선 민족주의운동을 막고 내선일체의 정책을 실현하려 했으나 그다지 성과를 거두지 못했다. 심지어 총독부는 조선 민족주의자들이 내분으로 분열되어 있을 때도 내선융화 정책에 대한 조선인의 반감을 잠재우지 못했다. 왜냐하면 내선융화 정책의 궁극적인 목표가 조선인들을 모두 일본인으로 만드는 것이었기 때문이다. 말하자면 조선 땅에 조선인이 없게 만드는 일이었다.[68]

---

66 1920년대 문화정책의 하나로 만들어진 이들 친일단체는 朝鮮總督府 警務局 編, 『朝鮮の治安狀況』(昭和2年版, 1927)에서 그 목록을 볼 수 있다.

67 『윤치호 일기』 1924년 5월 3일.

68 우치다 준, 앞의 책 『제국의 브로커들: 일제강점기의 일본 정착민 식민주의 1876~1945』,

이 일환으로 일제는 조선 연구에 본격적으로 착수해 마침내 조선학을 만들어냈다.[69] 그 결과물이 이른바 식민주의 사학이다. 일제는 조선연구회를 발족해 방대한 사료와 자료, 각종 유물을 총망라해 조선의 역사와 문화를 연구했다. 이 연구회는 희귀 문헌에 접근할 수 있는 특권을 바탕으로 고문서, 소설, 삼국시대 이후 발행된 모든 문헌을 수집해 이를 편집·출판했다.[70] 이 연구회는 당파주의가 조선의 지배적인 중심 사상이며 이 점이 조선의 병폐로 작용해 마침

---

p. 259.

69 대표적인 인물이 호소이 하지메다. 그는 3·1운동이 총독정치의 결함과 일본의 조선에 대한 무이해, 무관심, 무준비에서 비롯되었고, 여기에 일본인의 국민성 결함이 더해진 것으로 파악했다. 그는 그 대책으로 조선인의 심성 연구가 시급하며, 조선인도 총독정치에 대한 무력 저항이 불가능한 일임을 깨달아야 한다고 보았다. 그런데도 그는 일본 관민이 조선 민족의 미신성, 사대성, 당파성, 격정성을 이해하지 못하고 입만 열면 동화를 말하고 있다고 비판했다. 그러나 그가 말한 민족성 연구는 조선인을 어떻게 다루어야 할지 파악하는 것이었으며, 조선인이나 조선 문화를 열등하게 보았다. 최혜주, 「일제강점기 호소이 하지메의 조선 인식과 대일본주의론」, 『숭실사학』 제45집, 숭실사학회, 2020, pp. 221~242. 호소이는 일제강점기에 활동한 재한 일본인으로 언론인이자 출판운동가, 조선 연구가 등으로 알려진 인물이다. 그는 1919년 조선에서 대대적인 3·1 독립 만세운동이 일어나자 내선융합을 위한 본격적인 실천운동의 하나로 자유토구사(自由討究社)라는 출판사를 설립해 『통속조선문고(通俗朝鮮文庫)』 총 12집의 기획출판물을 간행했다. 그중 제10집으로는 다산 정약용이 저술한 『아언각비(雅言覺非)』를 『장화홍련전』과 합본해 일본어 번역판을 발행했다. 호소이는 민간인으로서 대일본 제국의 식민지 만들기 대동아공영권 전략에 충실한 일꾼이었다. 김경선, 「일제강점기 호소이 하지메의 『아언각비』 일역(日譯) 배경과 그 의미」, 『국제어문』 제70권, 국제어문학회, 2016, pp. 53~80.

70 1911년부터 1918년까지 조선연구회는 회원들의 개인적 작업까지 포함해 40개가 넘는 분야의 총 6만 5천 개에 이르는 문건들을 출판했다. 이 사업은 1909년 조선연구회에 의해 조직된 조선고서간행회가 맡아 시작되었으며, 1909년부터 1916년까지 한문으로 쓰인 고문서들을 일본어로 번역하고 주석을 단 80권짜리 『조선군서대계(朝鮮群書大系)』를 간행했다. 이는 최대 조선사 자료집으로, 이 방대한 사업은 김윤식, 유길준 등의 재정 지원을 받았다. 우치다 준, 앞의 책 『제국의 브로커들: 일제강점기의 일본 정착민 식민주의 1876~1945』, p. 271에서 인용.

내 조선을 망하게 한 것이라고 결론지었다. 특히 호소이 하지메(細井肇)는 사대부 양반들이 권력투쟁으로 국력을 소모해 나라를 쇠약하게 만든 장본인들이라고 지적하고 이 가운데 가장 비난을 받아야 할 인물이 바로 고종이라고 비판했다.[71] 그는 조선의 망국에 대해 다음과 같이 분석한다.

조선 삼천 년 동안의 역사가 무기력과 무절조, 무정견한 국민에 의해 엮인 나라의 수치(國辱)의 기록이라고 단정하고 있는데, 그 원인에 대해서는 특히 양반이라고 칭하는, 놀고먹으며 나태하고 잠만 자는 계급은 문벌에 기대어 권위를 농단하고 폭렴 주구를 꺼리지 않아서 민력(民力)이 갈수록 피폐해지고 국운이 점점 쇠퇴하게 되었다.[72]

이처럼 호소이 하지메는 조선 국운이 쇠퇴한 책임이 조선의 지배층에 있다고 보았고, 이들을 세균에 비유하면서 지배층 출신 친일파 인사에 대해 이렇게 비판했다.

박제순과 이완용은 조선인 중 가장 거대한 인물로 평해지지만, 전자는 완고한 학자로서 만년(萬年) 변통(變通) 자재(自在)한 책사로 변모했고, 후자는 정권에 굶주려 모든 심혈을 쏟아 어제의 주장인 러시아당을 버

---

71 細井肇, 『現代漢城の風雲と名士』(京城: 日韓書房, 1910), pp. 8~9. 이러한 호소이의 조선 역사관은 윤소영, 「호소이 하지메의 조선 인식과 '제국의 꿈'」, 『한국근현대사연구』 제45권, 한국근현대사학회, 2008, pp. 7~46 참조.
72 細井肇, 『現代漢城の風雲と名士』, p. 2.

리고 오늘은 친일당이 되었다. 조선인에게 절조가 있는가? 주장이 있는가? 국가적 신념이 있는가? 이 두 사람은 유감없이 대표적 답변을 할 수 있는 경력을 가진 자라고 할 것이다.[73]

호소이에 따르면, 한일합방 당시 이완용 총리대신은 병합의 조건을 기대 이상으로 우대해주었다며 크게 반겼고, 어전회의에서 다른 대신들도 시국의 상황을 거론하며 한일합방은 불가피한 것이라고 주장하자 고종이 어쩔 수 없이 이를 수락했다는 것이다. 그러나 지배층 양반 유생들은 이러한 국가 운명에 대한 책임을 고종에게 떠넘기고 수수방관하고 있었다. 당시 일본인 지식인들은 다음과 같이 사대부 양반 조선 지배층을 비난했다.

> 양반은 귀족이 아닌가? 유생은 식자가 아닌가? 귀족과 식자가 저런 모양이니 악정(惡政)의 결과에 대해 진실로 놀라지 않을 수 없다.[74]

일본인의 눈에는 나라가 망하는 순간에도 조선의 지배층은 무능하고 책임감이 없었으며 자신들의 사리사욕을 챙기는 데 열을 올렸던 부패한 존재로 보였다. 이와 반대로 피지배층은 한일합방을 오히려 반겼다. 당시 일본인이 발행했던 『경성신보(京城新報)』는 "하층민은 앞으로 선량하고 진보한 정치하에서 생활하게 되기 때문에 병합

---

73   細井肇, 『現代漢城の風雲と名士』, p. 9.
74   細井吼崖, 「発表前後の京城政界の裏面」, 『太陽』第16巻 第13號, 1910년 10월 1일.

을 반가워하고 있다"라고 보도했다.[75] 물론 이러한 일본인의 시각은 한일합방을 정당화하기 위한 주장으로 보이지만, 일본인의 눈에 비친 조선 지배층의 무능력한 모습과 이들로부터 수탈과 학대를 받고 살아온 피지배층의 반응은 사실로 여겼을 것이다. 한편 기쿠치 겐조(菊池謙讓)는 대원군이 사대주의에서 탈피해 조선의 자주권을 회복하려 했으나 대원군과 권력다툼을 벌이던 명성황후의 세력들로 인해 좌절되었다고 주장했다.[76]

이렇듯 일본인 학자들은 조선 지배층 사대부 양반들을 어리석고 탐욕스러우며 무능하고 나라와 백성을 돌보기보다 권력을 쟁취하기 위해 당파싸움에만 몰두하다가 결국 나라를 망하게 한 매국노로 보았다. 이런 관점에서 일제의 조선 역사를 연구한 식민사학자들의 목적은 "조선인들에게 부끄럽고 추한 조국의 이미지를 심어줌으로써 조선 독립에 대한 의지를 포기하게 만드는 것"이었다.[77] 다시 말해, 일제는 조선 피지배층에게 조선이 왜 망했는지를 알게 해줌으로써 일제의 식민통치를 저항 없이 받아들이도록 하려는 것이었다.[78] 실제로 이 방법은 적중했다. 한일합방 이후 사대부 양반 지배층이 다시 유교 체제의 봉건 국가 조선을 되찾으려고 의병을 일으켰지만, 내부의 신분 갈등이 야기되어 점차 무력해졌고, 여기에 고종이 의병

---

75 『경성신보』 1910년 9월 1일 자, 「併合と下層朝鮮人」.

76 이에 대한 저서는 菊池謙讓, 『大院君傳: 朝鮮最近世外交史』(京城: 日韓書房, 1910)이다.

77 青柳綱太郎, 『産業之朝鮮』(京城: 朝鮮産業調査會, 1926), pp. 146~147.

78 青柳綱太郎, 『産業之朝鮮』, p. 240. 최혜주, 「아오야기(青柳綱太郎)의 내한 활동과 식민통치론」, 『국사관논총』 제94집, 국사편찬위원회, 2000, p. 200.

활동을 중단하도록 명령을 내림으로써 막을 내렸다. 피지배층 출신 조선인들은 일제에 의해서 이런 역사적 현실을 알고 난 다음 거의 다 일제 식민통치에 순응하고 말았다.

일제가 이러한 역사의식을 피지배층 출신 조선인들에게 심어준 것은 조선 민족주의자들이 펼친 애국계몽운동이 사실상 지배층의 논리에 불과하다고 강조함으로써 피지배층이 민족의식을 갖지 않게 하려는 것이었다. 이렇게 함으로써 일제는 조선 민족주의 지도자의 애국계몽운동을 좌절시키려 했다.[79]

특히 조선연구회의 아오야기 쓰나타로(靑柳綱太郞)는 "조선인에게는 조선혼(朝鮮魂)이 없으며, 이러한 민족성을 가질 수밖에 없었던 원인은 조선 5백 년간 당쟁을 일삼은 지배층 사대부 양반들과 탐관오리의 가렴주구에 시달렸기 때문"이라며 "이조를 멸망시킨 것

---

79 조선은 사대사상과 유교주의의 폐해에 젖은 나라이므로 민족성을 개조해야 한다고 주장하며, 이런 시각으로 서술되어 조선연구회에서 간행된 아오야기 쓰나타로의 개인 저술은 『李朝五百年史』(1915), 『朝鮮四千年史』(1917), 『朝鮮宗教史』(1911), 『鮮人이 記錄한 豊太閤征韓戰記』(1912), 『新撰京城案內』(1913), 『最近京城案內記』(1915), 『總督政治』(1918), 『朝鮮獨立騷擾史論』(1921), 『李朝史大全』(1922), 『朝鮮統治論』(1923), 『朝鮮文化史』(1924), 『朝鮮史話와 史蹟』(1926) 등이 있다. 이에 맞서 조선인에게 역사를 통해 민족의식을 고취하려는 목적으로 펴낸 역사서는 신채호의 『조선상고사』와 박은식의 『한국통사(韓國痛史)』가 있다. 이 역사 서술은 지난 역사로부터 배워야 할 교훈 외에 민족의 뿌리를 찾는 데 큰 노력을 쏟으며 국가와 민족의 정체성을 입증하고자 했다. 이난수, 「조선의 정신, 그 정체성에 대한 근대적 탐색: 신채호의 '아'와 박은식의 '국혼' 그리고 정인보의 '얼'을 중심으로」, 『양명학』 제54권, 한국양명학회, 2019, pp. 31~74. 또 1910년대 이후 한국인의 동아시아 인식은 기본적으로 민족 주체화라는 태도에 의해 규정되었다. 한기형, 「근대 초기 한국인의 동아시아 인식: 『청춘』과 『개벽』의 자료를 중심으로」, 『대동문화연구』 제50권, 성균관대학교 대동문화연구원, 2005, pp. 167~198을 보라. 아오야기는 데라우치 총독과 중추원 서기관장인 고쿠분 쇼타로(國分象太郞)에게 식민교육에 역사를 활용할 것을 조언했다.

이 붕당이다. 붕당의 역사는 이조의 나쁜 역사이고, 암살, 독살, 유배, 간통, 모반 등의 혼탁함은 이루 말할 수 없다"라고 주장했다.[80] 그는 "당쟁으로 점철된 조선의 5백 년은 망할 수밖에 없으며, 특히 3·1운동을 기획한 것이 일본으로부터 독립하기 위해서가 아니"라며 "독립 소요의 주도자들이 소론 인사가 많은 이유도 병합 당시부터 이완용을 위시한 노론이 우대받은 것에서 갖게 된 원한 때문"이라고 보았다.[81]

이러한 그의 조선 인식은 전형적인 식민사관의 관점을 보여주고 있다. 아오야기가 강조한 "식민지 교육을 통해 조선인에게 올바른 역사를 가르치는 것이 더 낫다"라는 논리는 조선이 독립할 능력이 없다는 것을 입증하기 위한 것이다. 다시 말해, 그는 조선인에게 부끄러운 역사를 알게 함으로써 기억해야 할 나라가 없다는 생각을 갖게 하려는, 즉 나라에 대한 집단기억을 잊게 하려는 것이었다. 이에 대해 신채호, 정인보, 박은식 등 조선 지식인들은 민족주의 역사를 재조명하기 시작하면서 일제 식민주의 역사에 맞섰다. 『동아일보』 사장 송진우(宋鎭禹)는 1925년 8월 28일 자 「세계의 대세와 조

---

80 아오야기는 "500년 중 붕당의 알력, 사당(私黨)의 암투가 끊임없이 일어나 문신(文臣)의 변(變), 무오사화, 갑자사화, 을유사화, 을미사화, 동서분당(東西分黨), 남북대립, 노소론(老少論) 등의 분열과 갈등은 조선을 갈라지게 했으며, 이조를 탁류 가운데 말려들게 하고, 문화가 망해 국명(國命)이 단절하기에 이르러 당쟁의 혈전이 계속되었다"라고 조선의 역사를 분석했다. 青柳綱太郎, 『朝鮮文化史大全』(京城: 朝鮮研究會, 1924) 第19篇, 「李朝黨爭史論」, 第1章 「朋黨史の冒頭た論ずる」, p. 901.

81 青柳綱太郎, 『朝鮮統治論』(京城: 朝鮮研究會, 1923), 第9篇, 「騷擾と革命心の由來」, p. 174. 특히 이 점에 대해서는 최혜주, 앞의 글 「아오야기의 내한 활동과 식민통치론」, pp. 195~221 참조.

선의 장래」라는 논설을 통해 "우리는 조선 없이는 일어설 수도, 살아갈 수도 없는 조선 사람들이다"라고 강조하며 "조선인은 언제나 외국의 침략에 저항해왔다"라는 역사적 사실을 주지시켰다. 이와 같은 조선인 지도자들의 저항을 저지하기 위해 일제는 조선어 사용 금지와 더불어 일본어 사용, 일본식 교육을 강압적으로 실시해 동화정책을 과감하게 추진하려 했다. 그러나 그럴수록 조선 민족주의 정신은 조선인들에게 더욱 확산했고, 총독부는 강압적인 방식으로 급진 세력을 단속해나갔다.

일제가 이렇게 강압적인 정책을 사용한 것은 조선 민족주의자들의 활동을 금지하고 조선인을 문화정치로 식민통치에 순화하려고 했으나 별다른 효과를 거두지 못했기 때문이다.[82] 그동안 조선의 역사를 폄훼하면서까지 조선인을 일본에 융화하려 했던 아오야기는 『경성신문』 1928년 6월 3일 자에서 "조선은 2,000년의 역사, 2천만 명이나 되는 큰 민족, 유전적으로 한 민족이라는 생각과 오랜 관습, 그리고 당당한 민족 언어를 지니고 있다"라며 "새로운 교육이 그들의 민족 사상을 확장함에 따라 조선의 혼이 야마토의 혼에 맞서게 될 것"이라고 주장했다. 그는 역사의 힘이 조선인을 변화시킬 수 있다고 생각해왔지만 이제 조선인이 역사를 바꾸고 있다는 사실을 알게 된 것이다. 민족주의 정신으로 자각한 피지배층 출신 조선인들은

---

82 아오야기는 "일본에 대한 조선 민중의 저항정신은 엄청난 힘, 즉 최근의 독립운동보다 10배, 100배 더 강한 힘으로 틀림없이 폭발할 것"이라고 경고했다. 우치다 준, 앞의 책 『제국의 브로커들: 일제강점기의 일본 정착민 식민주의 1876~1945』, p. 305에서 인용.

과거처럼 신분 체제의 역사에 지배받지 않고 평등과 자유의 역사를 새롭게 만들어가야만 인간다운 삶을 누릴 수 있다는 사실을 깨닫게 되었다. 아마도 3·1운동의 역사적 가치는 바로 이 점에 있지 않을까? 그래야 조국이 식민통치로부터 독립해야 할 당위성을 확보할 수 있었다. 그렇지 않으면 피지배층 출신 조선인들은 누구를 위해, 그리고 무엇을 위해 독립할 것인가에 대한 의문에 직면하게 되기 때문이다. 아오야기는 이렇게 선언한다.

> 오늘날 우리는 모든 조선 민중이 자신들의 모국을 되찾기를 간절히 바라고 있는 현실을 보고 있다. 아마도 나는 10년이나 15년 안에 성과 없는 동화 정책들을 지지하는 대신에 분명히 조선 자치 주장을 지지하게 될 것이다.[83]

이제 일제는 조선 피지배층이 자발적으로 식민통치에 순응할 수 있도록 여러 방식을 모색하기 시작했다. 먼저 실력을 키워 자치권을 획득한 다음 독립하자는 민족주의 우파의 실력양성론이 대두되었다. 1925년 11월 총독부 기관지 『경성일보』 사장 소에지마 미치마사(副島道正)가 「총독정치의 근본의(根本依)」라는 글을 통해 자치론을 제창하고 나섰다. 『경성일보』는 사설을 통해 "조선 자치론은 조선을 영원히 통치하기 위해 가장 타당한 통치 방식"이라고 주장했다.[84]

---

83 『경성신문』 1928년 6월 3일 자.
84 이는 조선 민족주의 우파들이 주장해온 '자치제'에 대한 일제의 생각이다. 민족주의 우파(타협적 민족주의자)의 정치사상과 운동론이 민족 실력양성 운동론이었다. 이

이시모리 히사야(石森久彌)는 "조선에서 경제적 압박 때문에 사상 악화가 일어날 만한 상태가 될 것"이라고 우려하며 "경제적 부담이 늘어날수록 민족투쟁이라는 사상적 배경도 작용해 무서운 소용돌이를 일으킬 것"이라고 경고했다. 그는 "이를 막기 위해서는 조선 청년들에게 문학교육보다 쌀을 많이 생산하는 법, 감자를 재배하는 법을 가르치고, 농촌교육과 실업교육의 보급이 가장 시급한 문제임을 각성시키는 교육 방침으로 바꿔야 한다"라고 강조했다.[85] 다시 말해,

---

것은 1905~1910년경에는 애국계몽운동(자강운동론)으로, 1910년대에는 실력양성론과 낡은 사상과 관습 개혁론으로 나타났고, 1920년대 초반 문화운동론으로 발전했다가 1920년대 중반 이후 1930년대 초반에는 자치운동론으로 변질된다. 애국계몽운동, 문화운동, 자치운동의 기본 논리는 모두 '민족 실력양성 운동론'이었으며, 이는 민족의 실력을 키운 후 독립해야 한다는 것이었다. 이는 민원식(閔元植), 유만겸(兪萬兼), 이광수로 대표되는 '동화주의적 실력양성론'과는 구별되는 것이었다. '동화'에는 민족적 주체가 존재하지 않았다. 다만 그것은 "일본 천황의 지배하에서 일본인과 동등한 의무와 권리를 갖기 위해 일본인과 같은 수준으로 실력을 양성하자"라는 내용이었다. 이에 대해서는 박찬승, 앞의 책 『한국 근대 정치사상사 연구: 민족주의 우파의 실력 양성 운동론』을 참조. 이에 대해 이시모리 히사야는 "조선은 4천 년 역사와 2천만 민중을 갖는다. 세계 각국에 이와 같은 특수한 사정에 놓인 식민지는 없다. 우리는 한갓 발작적·위학적(僞學的)·현학적 서생론(書生論)에는 찬성할 수 없다"라며 "조선 통치는 내선일체, 내지연장, 내선인 혼일 융합주의로 나아가야 한다"라고 주장했다. 石森久彌, 「昭和維新と朝鮮統治-山梨總督の淸鑒に供す」, 『朝鮮公論』第16卷 第1號, 1928年 第1月, pp. 5~6.

85　石森久彌, 「朝鮮産業と教育との均齊」, 『朝鮮公論』第14卷 第6號, 1926年 6月, pp. 2~5. 1910년대의 『조선공론』은 사설에서는 무단통치를 비판하고 무관 총독 폐지 문제를 거론했다. 조선 통치를 위해서는 조선인 동화가 중요하며, 일본인 이주와 조선인 사상 연구, 내선인 결혼, 조선인 개명, 일본어 보급 등을 통한 정신적 동화가 필요하다는 것이었다. 이는 곧 동화 정책을 유지하면서도 이를 점진적으로 실행하고 차별 대우를 완화하려는 것이었다. 1920년대에 들어서는 '동화'라는 말 대신에 '융화'라는 말이 채용되었다. 1920년대 『조선공론』의 사설에서는 '내선융화' 문제가 본격적으로 거론되기 시작해 김심석(金心石), 이노우에 가쿠고로(井上角五郎) 등은 참정권을 부여해야 한다고 말했지만(井上角五郎, 「朝鮮住民と參政の權利」, 『朝鮮公論1』第15卷 第4號, 1927, p. 4), 미야자키 요시오(宮崎義南)는 그것은 이상론

그의 주장은 조선 민족이 영원히 살 수 있으려면 농촌경제의 향상과 생산 증가의 목적을 달성해 경제 본위, 산업 본위와 함께 교육의 대방침을 수립하는 것이 중요하다는 것이다. 이런 주장에 따라 일제는 교육을 통해 조선인의 의식을 민족에서 공영으로 전환하게 함으로써 내선일체 또는 내선융화 정책을 추진해나갔다.

그러나 경제적인 면에서 일제의 자본이 조선의 시장을 잠식해가자 조선 지배층은 경제적 불공정성에 대한 불안이 점점 커지기 시작했다. 한상룡은 "일본인과 조선인의 합작 투자회사 이익이 평등하게 분배되지 않기 때문에 조선인들은 그것을 촉진하려는 일본인들의 노력을 환영하지 않는다"라고 지적하고 "공존공영(共存共榮)을 외면한 일제를 비난하며 이익의 분배와 지위를 똑같이 하라"라고 요구했다.[86] 사대부 양반 출신 지식인들은 대개 과거 왕조 시대에서

에 불과하며 중추원 개선을 통해 조선인에게 참정권을 부여하는 것이 중요하다고 주장했다(宮崎義南, 「中樞院改善論」, 『朝鮮公論』 第15卷 第12號, 1927, pp. 28~30). 이시모리 히사야는 일본의 연장으로서 조선을 발판으로 만주에 진출해 만주와 조선을 하나로 묶는 대륙 정책을 추진할 필요성을 제기한 것이다. 특히 그는 '내선융화'를 내걸고 조선인을 회유하기 위해서는 우선 조선 청년을 사상적으로 선도하고 조선인의 민족성을 연구하는 데 중점을 두어야 한다고 밝혔다. '내선융화'의 방법으로 일본인 이주를 장려해 경제 동화를 달성하고 통치 기반을 조성해 조선인 우량인물의 양성과 초등교육의 보급을 통해 '내선융화'의 실적을 올리자는 것이었다. 최혜주, 「1920년대의 『조선공론』 사설에 나타난 조선 통치론과 내선융화론」, 『한국민족운동사연구』 제92집, 한국민족운동사학회, 2017, pp. 51~88.

86 조선총독부 편, 『산업조사위원회 의사속기록』, 1922, pp. 160, 245. 이러한 친일 자본가들의 발언은 소수의 친일 자본가의 이익보다 조선인 다수의 이익이 우선임을 내세워 식민통치에 일조한 친일 앞잡이라는 비난을 피하고 조선에서 자신들이 벌인 친일 행위의 정당성과 영향력을 확보하기 위한 것으로 풀이된다. 우치다 준, 앞의 책 『제국의 브로커들: 일제강점기의 일본 정착민 식민주의 1876~1945』, p. 327, 각주 42에서 인용.

와 마찬가지로 "피지배층 조선인이 가난하고 지식 수준이 낮다"라고 여기고 있어서 식민통치를 받아들여야 한다고 주장했다.[87] 지배층 출신 지도자들은 이런 식으로 일제 식민통치에 협조하면서 많은 경제적 이익을 얻고 있는 반면에 피지배층 출신 조선인들은 더욱 생활고에 시달렸다. 조선의 근대화라는 목적으로 추진된 일제 자본과 산업시설의 확충이 역설적으로 피지배층 출신 조선인들에게 더 고통을 안겨주었던 것이다.[88] 이에 따라 조만식(曹晩植), 이광수, 김성수 등의 민족주의자들은 물산장려운동을 전개해 조선 경제의 자급자족과 토착 부르주아지 육성을 장려하려 했다. 그러나 사회주의 계열의 운동가들과 일부 피지배층 출신 조선인들은 물산장려운동이 '자본가 계급을 위한 것'이라고 맹렬히 비난했다.[89]

87　조선총독부 편, 『산업조사위원회 의사속기록』, 1922, p. 159. 총독부는 1922년 산업조사위원회를 구성하고 새로운 산업 정책을 입안할 때 조선 지도층의 지원을 요청했다. 위원장은 일본인 시바타 젠사브로(柴田善三郞)이며, 위원은 28명으로 그중 조선인은 이완용, 송병준, 조진태, 한상룡, 현기봉(玄基奉), 조병렬(曹秉烈), 이기승(李基升) 등 10명이다. 조선인 전체 명단은 조선총독부 편, 『산업조사위원회 회의록』, 1921, pp. 17~20 참조.

88　『조선일보』 1924년 5월 23일 자.

89　평양에서 시작된 물산장려운동이 전국적 운동으로 확산한 것은 청년회연합회가 물산장려운동에 적극적으로 참여하면서부터였다. 그리고 그 배후에는 국내 상해파 주류 세력들이 있었다. 초기 물산장려운동에 대해서는 무엇보다 1920년대 전반 조선 사회주의운동과 민족주의운동의 접점을 인정하고, 사회주의운동 특정 분파의 운동 논리의 측면에서 초기 물산장려운동론을 재검토하는 것이 필요하다. 물산장려운동에 적극적으로 참여한 국내 상해파 계열 인물들은 근대 자유주의적 사회론과 국가론의 비판 속에서 현대 자본주의제도의 개편과 국가의 적극적 역할을 전망했다. 그리고 이를 위해 단기적으로는 생산력 증대를 위한 기술 습득, 생산과 소비를 위한 소비조합과 생산조합의 확대, 조선인 물품 애용 등을 제안했다. 그들은 계급투쟁을 앞세우는 여타 사회주의 정파를 비판하면서, 마르크스주의에 근거하면서도 전형적인 생산력 중심적, 단계론적 혁명론 인식을 보였다. 제국주의 시대에 식민지 민족운

이에 대해 『동아일보』에 게재된 글을 보자.

물산장려운동의 사상적 도화수가 된 것이 누구인가? 저들의 사회적 지
위로 보나 계급적 의식으로 보나 중산계급임을 벗어나지 못하였으며,
적어도 중산계급의 이익에 충실한 대변인인 지식계급이다. (……) 실상
을 말하면 노동자에게는 이제 새삼스럽게 물산장려를 말할 필요가 없
는 것이다. 그네는 벌써 오랜 옛날부터 훌륭한 물산장려 계급이다. 그
네는 자본가, 중산계급이 양복이나 비단옷을 입고 있는 반면에 무명과
베옷을 입었고, 또 저들 자본가가 위스키나 브랜디나 정종을 마시는 반
면 소주나 막걸리를 먹지 않았는가? 그러므로 저들은 민족적, 애국적

동과 사상은 세계성과 동시성을 갖고 있었다. 대개 일본 유학의 경험을 가진 조선
의 민족 엘리트들은 일본 본국과 거의 차이 없이 서구 사상을 수용했고, 서구와 일
본의 정치 변동에 민감했다. 영국식 사회주의인 페이비언협회(Fabian Society)와
영국노동당, 그리고 독일의 베른슈타인(Eduard Bernstein)과 카우츠키(Karl
Johann Kautsky) 등은 사회 이행에 있어 국가의 역할을 정도의 차이는 있지만 모
두 주요하게 보았다. 사회주의로의 이행은 많은 시간과 점진적인 과정을 필수적으로
거치는 것을 인식해, 점진적 개혁을 통한 사회 변화, 보통선거제 도입과 선거권의 확
대, 의회 권한 확대 등을 주장했다. 물산장려운동 논쟁의 한 축을 담당하던 나경석
(羅景錫)은 생산력이 충분히 발달하지 못한 사회에서는 정치혁명은 일어날 수 있
어도 사회혁명은 출현하지 못한다고 보았고, 러시아 혁명에 대해 유보적 인식을 하
고 있었다. 또 사회 이행에서 생산력 문제의 중요성을 강조하고, 무산계급의 섣부른
혁명 주장을 경계했다. 당시 물산장려운동 논쟁에 대한 『동아일보』의 사설은 국내
상해파의 생각을 반영해 나경석의 주장과 거의 비슷한 논조를 보였다. 윤덕영,
「1920년대 전반 조선 물산장려운동 주도 세력의 사회운동론과 서구 사회주의 사상
과의 비교: '국내 상해파'와 조선청년회연합회를 중심으로」, 『동방학지』 제187집, 연
세대학교 국학연구원, 2019, pp. 1~41. 물산장려운동은 민족주의 계열과 사회주의
계열 인사가 상조 협조하던 1923~1924년, 민족주의 계열이 중심이 되고 상공업자
의 참여가 시작된 1925~1929년, 상공업자의 지원이 많았던 1929~1932년, 상공업
자의 지원이 중단되어 쇠퇴하던 1933~1937년 등 네 시기로 구분된다. 방기중, 『근
대 한국의 민족주의 경제 사상』, 연세대학교 출판부, 2010, pp. 77~84.

이라 하는 감상적 미사로서 눈물을 흘리며 저들과 이해가 전연 상반된 노동계급의 후원을 갈구하는 것이다.[90]

이 운동은 민족주의 계열이 주도하고 있으나 참여 인사들 가운데 김성수, 박영효 등 다수가 타협적 민족주의자이며 친일파였고, 결국 1920년대 후반에는 민중의 외면을 받으면서 쇠퇴했다. 조선 지배층 출신 자본가들은 자신들이 조선 민족을 대표한다고 주장했지만, 일본인 자본가와 경쟁할 땐 민중의 편을 들고 자신들의 이익 추구 차원에서는 침묵하는 등 이중적인 태도를 보였다. 이런 식민지 시대 조선 지도층의 모습은 겉으로는 민본정치를 외치며 자신의 특권만 챙겼던 조선시대 사대부 양반 지배층의 위선적 태도와 다를 바가 없었다. 이들 조선 지배층은 식민통치 시대에 일본인 자본가와 함께 권력과 부를 공유한 협력 체계를 강화해나갔다.[91] 조선 지배층들은

---

90 이성태, 「중산계급의 이기적 운동: 사회주의자가 본 물산장려운동」, 『동아일보』 1923년 3월 20일 자.

91 여기서 협력 관계는 외국 세력을 위해 일하는 반역 행위, 즉 친일을 의미한다. 역사학에서 협력 또는 부역의 사례는 제2차 세계대전 당시 프랑스 비시 정권의 나치 독일에 대한 협력이 대표적이다. 일본이 1937년 8월 상해를 공격해 양자강 일대를 점령하자 일제의 폭력적인 행위에도 불구하고 이 지역 전체 중국 지도층들은 일본 점령자들에게 협력하는 방향으로 나아갔다. 티머시 브룩(Timothy Brook)은 갈등을 빚은 양측의 사료를 이용해 이 지역의 일제와 중국 지도층들의 협력 관계를 밝히고 있는데, 그에 따르면 중국 지도층의 협력은 정복 국가인 일제의 권위를 약화하는 긴장감을 유발하는 동시에 일제가 중국을 오랜 기간 점령할 것이라는 기대를 하지 못하도록 해 일제와 중국 지도층은 정치적으로 불안정하고 도덕적으로 거북한 관계를 유지하고 있었다. 그러나 이와 다른 형태의 조선 지배층들의 일제 협력은 반역 행위에 해당한다. 이에 대해서는 Timothy Brook, *Collaboration: Japanese Agents and Local Elites in Wartime China*(MA: Harvard University Press, 2007) 참조.

일제와 식민 체제의 협약을 통해 일제가 추진할 조선의 자본주의 근대화로부터 자신들에게 이에 상응한 이익이 돌아올 것이라고 믿었다. 대신 이들은 일제 식민통치에 전혀 관여하지 않겠다는 동의를 한 것이다. 마찬가지로 조선 사회에서 소외당한 지식층들도 자신들의 이해관계를 위해 식민통치에 협력했다. 조선 지배층과 지식층 등은 이런 식으로 일제에 협력하면서 경제력을 키웠으며, 일제는 조선 민족주의자들의 활동을 저지해갈 수 있었다. 이렇게 일제 총독부의 식민통치는 조선 지도층들의 상호 이해관계 속에서 추진되어 갔다.

이러한 일제 식민 체제에서 자본주의적 지배권을 확보하기 위해 조선 지배층 출신 지식인들은 자치제를 주장하기 시작했다. 그러나 이들과 협력 관계를 맺고 있던 조선 거주 일본인들은 일본과 조선의 완전통합을 원했다. 조선 자치제를 지지한 단체는 동화 정책에 앞장섰던 동민회 조선인 지도자들이었다. 박영철(朴榮喆) 등 13명의 조선인 인사들은 "다나카 기이치(田中義一) 총리가 조선을 식민지로 만들려고 추진한 척식성(拓殖省) 설립 계획은 천황의 칙어를 어기고 동민회가 지지해온 같은 혈족(同民) 정신을 훼손하는 것"이라며 비난했다.[92] 마찬가지로 친일 조선인과 밀접한 협력 관계를 맺고 있던 조선 내 일본인들도 이는 "내지연장 정책에 어긋난다"라고 항의하기도 했다.[93] 이 자치권은 조선인이 스스로 통치한다는 자치가 아니라 조선총독부의 자치를 말한다. 척식성이 설치되면 본국으로부

---

92 『조선공론』 1929년 6월호, p. 8.
93 『경성일보』 1929년 4월 21일 자.

터 자치권을 누린 총독이 권한을 빼앗기고 지위도 크게 하락한다. 그동안 총독은 내각의 총리실을 통해 천황에게 보고하고 재가를 받게 되어 있었다. 이 과정을 척식성이 맡게 되면 상대적으로 조선인 친일 세력과 조선 내 일본인들이 큰 피해를 볼 수 있었다. 이 두 부류는 이렇게 서로 밀접한 관계를 맺고 있어서 내지연장 또는 완전 통합만이 이들에게 가장 큰 이익이었다.

한편 일제의 이러한 기만 정책이 추진되고 있는 가운데 상해 임시정부가 수립되고 항일무장투쟁이 중국과 만주, 연해주 등 해외에서 광범위하게 전개되자 민족운동이 크게 고조되기 시작했다. 이에 따라 국내에서는 민족의 역량을 키워야 자주독립을 쟁취할 수 있다고 판단한 민족주의 운동가들의 활동이 각 방면에서 활발하게 전개되었다. 이 무렵 국내외에서 사회주의운동이 일어나 여러 사회주의 단체가 수립되었다. 러시아 혁명에 성공한 레닌이 세계 적화의 한 수단으로 약소민족의 독립운동을 지원하겠다고 하자 일부 민족지도자들도 사회주의와 연결해 독립운동을 추진하려는 움직임을 보였다. 사회주의운동은 그 노선에 따라 서로 이해관계가 달라 각 계열 사이에 마찰과 갈등이 첨예하게 벌어졌다. 더욱이 민족주의운동과 사상적인 이념은 물론 노선의 차이로 인해 상호대립이 격화되어 민족운동 전개는 큰 장애에 직면했다. 그래서 이와 같은 상황을 해결할 방안이 모색되었는데, 그것이 바로 민족유일당운동이었다. 민족유일당운동은 1920년대 후반 국내외 독립운동의 모든 세력을 규합해 통일된 정당을 조직하자는 운동이었다.[94]

한편 1921년 국내에서 최초로 서울청년회가 결성된 노동 단체들과 농민 단체들의 세력 확장에 힘입어 1925년 비밀리에 조선공산당을 비롯해 전국 각지에서 사회주의 단체들이 조직되었다. 이들은 농민운동과 노동운동 외에 청년운동, 여성운동 등 각종 민중운동 단체에 관여했다. 마침내 일제가 사회주의의 확산을 저지할 목적으로 1925년 치안유지법을 시행하자 조선공산당도 세 차례나 해체, 재건을 반복하다가 1928년 사실상 해체되고 말았다.

그러자 민족주의 계열에서는 일제와 타협하려는 움직임이 생겼다. 물산장려운동과 민립대학 설립운동이 좌절되자 일부 민족주의자들이 일제와 타협해 자치권과 참정권을 획득하자는 운동을 전개한 것이다.[95] 특히 이광수는 「민족개조론」과 「민족적 경륜」 등의 글

---

94 민족유일당운동은 넓은 의미로는 중국 관내에서 추진된 민족유일당운동과 만주의 3부 통합 운동, 그리고 국내의 신간회 결성 같은 민족협동전선운동을 아우르는 용어로 사용된다. 유일당운동에 대해서는 다음을 참조하라. 한시준, 「민족유일당운동과 홍진(洪震)」, 『한국독립운동사연구』 제20집, 독립기념관 한국독립운동사연구소, 2003, pp. 271~293.

95 이 당시 사회주의 세력의 활동이 두드러지고 문화운동이 한계에 부딪히며 임시정부를 변혁하기 위한 국민대표회의가 큰 성과를 거두지 못하자 민족주의 세력은 민족운동의 새로운 돌파구로서 일본 정부로부터 행정 자치권을 얻기 위한 자치운동을 추진했다. 민족주의 세력은 1923년 9월 자치운동의 추진체로서 연정회 조직에 착수했는데, 처음 이에 참여한 세력은 『동아일보』와 『조선일보』의 언론계, 천도교계·감리교계(이승만 세력)·장로교계(안창호 세력)의 종교계였다. 기독교와 천도교, 일본 유학생, 교육기관의 운영자와 교사, 『동아일보』와 『조선일보』 관계자, 자본가 계급이 다수인 연정회 참여자들은 대체로 자유주의 사상과 문화주의적 사회 변혁관을 가졌다. 이런 점에서 연정회의 구성원들이 조선의 자치를 주장하거나 일본이 제시한 자치를 받아들였던 것은 '일본에 대한 타협 여부'가 고려의 주된 요소가 아니라 그들이 지향하는 사회 체제를 구현할 수 있는가 아닌가 하는 점이 중요한 판단의 준거였다. 예컨대 그들이 지향하는 자유주의 체제가 구현될 수만 있다면 그들은 굳이 투쟁과 혁명으로 큰 희생을 치르지 않는 길, 이른바 자치운동을 택하고자 했다. 그런데 자치파들이 일본의 자치권 제의를 받아들인 것은, 거시적으로 보면, 식민지 조선이 영국, 미국, 일본 등으로 구성된 자유주의 체제에 편입되고, 러시아와 중국과

을 발표해 자치운동론을 주장했다.[96] 그는 「민족개조론」에서 조선 민족이 쇠퇴한 원인이 도덕적 타락에 있다고 보고, 조선 민족을 구제하기 위해서는 민족을 개조해야 하며, 세계 각국의 여러 문화운동의 방법들을 수용해 우리 사정에 부합하는 독특하고 근본적이며 조직적인 문화운동 방법을 마련해야 한다고 역설했다. 이광수는 이것

같은 대륙 세력이 아니라 해양 세력의 편에 서는 것을 의미하는 것이었다. 그러나 이러한 민족주의 세력의 연정회 조직에 대해 사회주의 세력은 체제가 아니라 민족이라는 틀에서 공격했다. 이러한 상황에서 1924년 연정회의 조직은 제대로 이루어지지 못했다. 1925년 일본에서 보통선거법이 통과된 직후 일본에서 조선에 자치권을 부여한다는 소문이 돌자 민족주의자들은 자치가 주어지고 보통선거로 자치정부가 만들어질 것이라 예상했다. 그래서 자치운동에 참여한 각 그룹의 민족주의자들은 민족주의 세력들을 연합해 하나의 자치운동 단체를 조직하려고 하면서 뒤에서는 각기 자치에 대비한 또 다른 정치 조직을 정비하거나 강화했다. 또 이들은 보통선거가 시행된다면 인구의 80퍼센트 이상인 농민을 장악해야 한다고 판단해, 조선농민사, 농촌부, 협동조합운동사와 같은 농민 기관과 농민 부서를 조직했다. 이 과정에서 계열 내에서의 경쟁과 분화가 발생했다. 언론계에서는 『조선일보』계 인사들이 이탈했고, 천도교에서는 구파가 이탈해 신·구파의 분화가 발생했다. 또 동화형 자치운동 세력인 유민회의 인사들이 참여하기도 했다. 이 가운데 사회주의자들과 천도교 교인 및 『조선일보』 기자들은 민족운동의 주도권을 장악하기 위해 6·10만세운동을 전개했다. 그리고 이들은 타협성 또는 비민족성을 문제 삼아 자치운동 세력을 공격함으로써 민족주의계 자치운동 세력의 분열과 약화를 유도했다. 안창호 세력은 이광수를 중심으로 제한적으로 자치운동을 추진하도록 하고 중국에서 대독립당 조직 북경촉성회를 조직해 민족유일당운동을 전개했다. 그리고 감리교의 이승만 세력도 제한적으로 참여했다. "자치가 실현되더라도 친미 세력인 자신들에게 권력이 돌아오지 않을 것"이라는 판단이 이들의 결정에 영향을 미쳤을 것이다. 일본에서 유학해 일본인과의 정치적 인맥이 두터웠던 『동아일보』의 김성수와 송진우, 천도교의 최린은 미련을 버리지 못하고 조선총독부 및 일본 정계의 인사들과 접촉해 일본이 조선에 자치를 주도록 요청했다. 그러나 일본은 끝내 조선에 대한 자치권을 부여하지 않았다. 사회주의 세력들이 민족주의계의 자치운동 세력(분리형 자치운동 세력)을 강하게 비판하면서 공격하고, 민족주의 좌파와 연계해 신간회를 결성했던 것은 바로 이러한 배경 때문이었다. 조규태, 「1920년대 민족주의 세력의 자치운동의 전개 양상」, 『한국민족운동사연구』 제92집, 한국민족운동사학회, 2017, pp. 89~130.

96 춘원(春園) 이광수는 1922년 5월 『개벽(開闢)』지에 「민족개조론」을 발표했고, 이어 1924년 1월 『동아일보』에 「민족적 경륜」을 게재했다.

이 바로 조직적·영구적·포괄적인 문화운동이라며, 특히 이러한 개조
운동을 지(知), 덕(德), 체(體), 세 가지 덕목을 길러줄 교육 사업의 범
위에 한정하고 결코 정치적 색채가 있어서는 안 된다고 강조했다.
그는 이를 기르는 구체적인 방법으로 '무실(懋實)하자', '역행(力行)
하자', '신의(信義) 있자', '봉공심(奉公心)을 가지자', '한 가지 학술이
나 기예를 배우자', '직업을 가지자', '학교를 세우자' 등과 같이 내적
수양과 관련된 것을 제시했다. 이러한 이광수의 「민족개조론」은 기
존의 민족운동을 비판하고 민족이 쇠퇴한 원인을 민족 내부의 책임
으로 돌려 그 해결책을 민족성 개조에서 찾았다. 또 그는 「민족적 경
륜」에서 정치적 결사, 산업적 결사, 교육적 결사를 주장했는데, 이는
당시 민족주의 계열이 벌인 활동과 같은 것이었다. 그리고 산업적
결사, 교육적 결사는 곧 물산장려운동과 민립대학 설립운동이었다.

이광수는 여기서 더 나아가 일제가 허용하는 범위 내에서 합법적
정치 활동을 하자는 의미로 정치적 결사를 조직하고, 이것이 전 조
선 민족의 중심 세력이 되어야 한다고 주장했다. 이러한 그의 주장
은 일제의 식민통치를 용인하는 것으로, 이에 대해 사회주의자들로
부터 비난을 받았다. 그의 주장은 일제가 문화통치를 통해 친일 세
력을 육성하고 민족운동을 분열시켜 민족주의운동을 약화하려는 정
책과 맞물려 있었다.[97]

---

97 1920년대 후반에 발표된 이광수의 두 편의 역사소설 『마의태자』와 『단종애사』는 조
    선 식민화의 비극적 상황을 재현한 것들이다. 이 중 『단종애사』는 '실국충의(失國忠
    義)'의 플롯을 보여주고 있다. 이는 신문의 독자들에게까지 공론 참여의 기회를 제
    공했으며, 이후 식민지 조선에서 반복 확장되는 플롯의 하나가 되었다는 데서 식민

이광수는 1919년 동경에서 2·8 독립선언서 작성 이후 상해로 망명해 임시정부에서 활동했지만, 1921년 3월 돌연 조선으로 귀국하고도 식민 정부로부터 어떠한 처벌도 받지 않았다. 여기에 귀국 후 발표한 논설「민족개조론」과「민족적 경륜」이 조선 민족의 비난과 매도를 받았음에도 이광수는 주장의 일관성을 유지해갔다. 이 시기에 창작된 소설은 이전 시기와 같을 수 없었으며, 1920년대 내내 꾸준히 이어간 신문 연재 장편소설에서의 다양한 내용과 장르와 형식의 시도는 장편소설 양식 자체에 대한 고민을 보여준다.[98] 소설『선도자(先導者)』에서 이광수는 이렇게 말한다.

"나는 재미있는 소설을 짓노라고 이 글을 쓰는 것이 아니요, 상항(桑港)에서 불행히, 진실로 불행히 돌아가신 우리 민족의 선도자 이항목 선생을 조상하는 뜻으로 그의 갸륵한 인격의 한끝만이라도 사랑하는 동포에게 전할 양으로, 오직 내 정성껏 이 글을 쓰는 것이다. 그러므로 독자 여러분도 그러한 생각으로 이 맛없는 글을 보아주셔야 할 것이다."
"나는 어찌하면 이 선인의 귀한 노력과 민족적 운동의 성공과 실패의 여러 가지 아프고 눈물 나고 장하고 애타고 존귀한 매력을 사랑하는 아우와 누이들에게 들려줄까? 청컨대 내 이야기를 들으라!"[99]

지 조선의 망탈리테의 한 단면을 보여준다. 이선경, 「1920년대 이광수의 신문 연재 장편소설 연구」, 『현대소설연구』 제69호, 한국현대소설학회, 2018, pp. 71~112.
98 이선경, 위의 글 「1920년대 이광수의 신문 연재 장편소설 연구」, p. 74.
99 이광수, 『선도자』, 『이광수전집』 제3권, 우신사, 1979, pp. 557, 569.

『선도자』는 1920년대 들어 이광수가 최초로 시도한 신문 연재 장편소설이다. 소설의 주인공인 이항목은 도산 안창호(安昌鎬) 선생을 모델로 한 것이다. 이광수는 도산 안창호를 평생 존경했으며, 그 사상을 실천하려 했다. 그래서 이 소설에는 독립협회 운동, 신민회 조직, 안중근의 이토 히로부미 암살 사건 등이 사실대로 서술되고 있으며, 이로 인해 총독부로부터 연재 중지 명령을 받는다.[100] 『선도자』에서 이광수는 조선을 새롭게 이끌어갈 지도 세력의 부재와 민족주의운동의 방향을 비판한다. 그래서 그는 새로운 단체인 백령회 조직을 등장시킨다. 이 단체의 강령과 규칙은 「민족개조론」의 후반부 개조의 내용과 일치한다.[101]

　통일신라 말기 후백제, 신라, 태봉과 왕건 등 비극적인 대립 구조를 보여준 이광수의 『마의태자(麻衣太子)』는 독자들에게 망국의 상황을 다시 생각하게 해주었다. 여기에서 궁예의 스승 백의 국선의 "백성의 마음은 의리가 있는 사람에게로 돌아가고 백성의 마음을 얻는 사람은 곧 천하를 얻는 사람"이라는 가르침이 강조된다. 왕건은 궁예가 볼 때 배반과 불의의 상징이며, 마의태자를 비롯한 신라가 볼 때 불충과 권모술수의 상징이다. 그러나 왕건에게는 위엄이

100　『선도자』가 집필된 1923년은 바로 전 해에 발표된 「민족개조론」의 여파가 여전히 남아 있던 때로, 이광수는 후에 이 당시를 가장 비난을 많이 받았던 시기로 회고한다. 이광수, 『이광수전집』 제10권, p. 541.

101　"민족적 운동의 성공과 실패"를 전달하기 위해 소설을 창작한다고 말하는 이광수에게는 신진 개혁 세력 역시 비판의 대상이 되는데, 그것은 "몇 개 안 되는 선도자 자기네도 분명히 민족을 끌고 나갈 방향을 모르는 자"들이었다. 이광수, 앞의 책 『선도자』, p. 558.

있다. 왕의 위엄의 당당함은 신라 왕에게는 비길 수가 없다. 이는 새 국가의 체계에도 적용된다. 이처럼 궁예와 마의태자로 상징된 비극적 국체의 대조는 힘의 논리를 보여준다.[102]

1920년대 중반에 이르러 이광수와 최린 등 타협적 민족주의자들은 일제의 식민 지배를 인정하면서 본격적인 자치운동에 나섰다. 이들에 대해 이상재와 안재홍 등 비타협적인 민족주의자들은 기회주의자라고 비난했다.[103] 결국 타협적 민족주의의 대두로 민족주의 진영은 분열되고 말았다. 자치운동의 움직임은 1930년대 초까지 이어졌으며, 조선총독부는 이를 은밀하게 부추겨 민족운동 진영을 분열시키고자 했다. 민족유일당운동은 민족주의와 사회주의 이념을 초

---

102 예컨대 궁예는 "의리가 있는 원수는 내가 의리를 지키는 동안 내 의리를 알아"줄 것이라는 집착에 가까운 모습을 보여준다. 이선경, 앞의 글 「1920년대 이광수의 신문 연재 장편소설 연구」, p. 93, 각주 51~53에서 인용. 또 『단종애사』가 조선 민족의 감정을 자극해줘서 감명을 받았다는 내용의 독후감이 신문에 실리기도 했다. 이선경, 앞의 글 「1920년대 이광수의 신문 연재 장편소설 연구」, p. 102.

103 안재홍은 반일반제운동과 식민지 해방, 새로운 국가 건설을 시대적 과제로 인식했다. 이를 위해 안재홍은 좌우를 넘어선 초계급적인 민족운동의 목표를 실현하기 위한 주도 세력을 조직화해 여기에 자신의 정치적 목표를 두었다. 그는 식민지 시기를 거쳐 8·15해방 이후까지 민족 내부에 계급이 존재함을 인정했으나, 민족 문제를 계급투쟁의 방식이 아니라 합법, 평화의 방식으로 해결하려 했다. 1920년대 말경 신간회운동기에 들어서 그는 민족주의 개념을 '비타협적', '좌익' 등으로 정립하면서 이를 민족운동과 협동전선운동의 주체, 중심 세력으로 설정했다. 해방 공간에서 안재홍은 건준(建準)과 좌우합작운동에 참여하면서 반일반제의 신민족주의적 중도정치 노선을 바탕으로 자주적 통일 국가를 건설하기 위한 노력을 지속했다. 좌우 계급갈등을 넘어서 신민족주의적 통일 노선을 견지한 안재홍의 중도정치는 극좌 공산주의 세력으로부터는 기회주의자로, 극우 민족주의 세력으로부터는 좌경정치 운동가로 비판을 받았다. 주인석, 「제5장 민세(民世) 안재홍의 정치 노선: 비타협적 민족운동과 신민족주의를 중심으로」, 『민족사상』 제9권 제3호, 한국민족사상학회, 2015, pp. 147~188.

월해 단일화된 민족운동을 추진하려는 것이었다. 1927년 결성된 신간회는 이상재 등 지식인 30여 명이 참여해 발족했고, 전국 각지에 지회가 설립됨으로써 전국적인 규모로 발전했다. 이어서 일본에까지 그 조직이 확대되었고, 만주에도 지회가 설립되었다.[104] 한편 여성 노동자의 권익 옹호와 생활 개선을 행동 강령으로 삼고 김활란(金活蘭) 등을 중심으로 한 여성계의 민족 유일당으로서 근우회도 신간회와 함께 출범했다. 그러나 이 두 단체는 일제의 탄압과 내부의 이념 대립, 그리고 코민테른의 지시를 받은 사회주의 계열의 책동으로 1930년대 초에 해체되고 말았다.

이처럼 3·1운동 이후 서구와 일본 등을 통해 자본주의, 사회주의, 아나키즘(무정부주의) 등 다양한 사상과 이념들이 수용되면서 민족운동 내에서도 사상 경향과 운동 노선이 다양해졌다. 사회주의 사상은 러시아 혁명이 일어난 직후 연해주 지역과 일본 등에서 독립운동을 모색하던 교포와 유학생들에 의해 받아들여져 이들을 통해 국내의 청년들과 지식인 사이에 빠르게 확산했다. 이에 따라 민족주의 운동가들은 '어떤 이념과 세계관에 의해 민족운동을 전개할 것인가', '독

---

104 신간회는 한국 민족의 정치적 의식이 발전함에 따라 민족적 중심 세력의 단결을 요망하는 국민적 기대를 바탕으로 성립되었다. 1927년 1월 신간회 강령이 발표되고, 같은 해 2월 창립총회가 개최되었다. 이는 '민족 유일당 민족협동전선'이라는 표어 아래 민족주의와 사회주의 양 계통의 제휴로 이루어졌다. 주로 일제에 비타협적이었던 부르주아 민족주의 좌파와 중도 좌파의 연합이었다고 할 수 있다. 신간회는 합법적인 결사와 비타협적 항쟁을 목표로 한 일제강점하 유일의 범국민적 성격을 띤 독립운동 단체였다. 신간회의 정강 정책은 첫째, 조선 민족의 정치적·경제적 해방의 실현, 둘째, 전 민족의 현실적 공동 이익을 위한 투쟁, 셋째, 모든 기회주의의 부인 등이었다. 1930년에 이르러 전국에 140여 개의 지회와 3만 9천여 명의 회원이 확보되었다. 신간회에 대해서는 이균영, 『신간회 연구』, 역사비평사, 1993 참조.

립 후에 어떠한 정치 체제를 수립할 것인가'라는 문제를 두고 많은 논의와 의견을 나누었다. 이 과정에서 민족주의 운동은 부르주아 민족주의, 사회주의, 무정부주의 등으로 분화되었다.

이처럼 1920년대에는 일제의 식민 지배라는 상황 속에서도 다양한 사상, 정치, 경제 운동이 전개되었다. 부르주아 민족주의 운동은 부르주아적 세계관을 이루기 위해 민족운동을 전개하고, 독립 이후에는 자본주의 체제의 근대 국가를 수립하고자 했다. 이 과정에서 국내 부르주아 민족운동은 항일운동의 구체적 방법과 근대화의 주체 및 노선을 어떻게 설정할 것인가를 둘러싸고 좌파와 우파로 분열되었다. 이로써 우리 민족의 독립운동은 민족주의 계열과 사회주의 계열로 나뉘어 전개되었다. 이들은 사상적인 이념과 노선의 차이로 서로 대립하면서 갈등을 겪었다. 이 민족주의운동의 사상적 갈등과 분열은 현대사의 남북 분단이라는 비극을 잉태하고 말았다.[105]

---

105 한국 민족주의운동은 3·1운동 이후 민주 공화주의에 토대한 임시정부를 결성함으로써 민주적 민족주의로의 사상적 진전을 이룩했으나 사회주의의 유입과 함께 바로 좌우익으로 분열된다. 그리고 1920년대 중반 이후부터 1940년대 후반까지 민족운동의 우선 과제는 좌우익의 분열을 수습해 통일된 투쟁 전선과 자주독립 역량을 형성하는 일로 집약된다. 이 과제에 부응해 전개된 것이 바로 1920년대 중반 이래 유일당운동과 민족협동전선운동 또는 좌우합작운동으로 전개된 일련의 합작통일운동이었다. 그러나 이 합작통일운동은 실패로 돌아갔고, 분단과 전쟁이라는 한국 현대사의 아픈 비극으로 이어졌다. 합작통일운동은 통일을 위한 지도 이론을 모색하는 과정에서 사회주의와 자유주의라는 근대 세계의 양대 이데올로기와 씨름해야 했으며, 좌우 사상의 장단점을 종합하고 동시에 민족의 현실과 전통에 부합한 이론을 정립하고자 했다. 그 과정에서 삼균주의, 신민족주의, 조선적 민족주의, 신형 민주주의, 삼본주의, 대동주의 등 많은 이상적인 국가와 정치에 대한 독창적 이론과 명제들이 제시되었다. 정연훈, 「근대 한국 민족주의의 정치사상(2): 1920~1940년대 합작통일운동의 정치사상」, 『동양정치사상사』 제6권 제2호, 한국동양정치사상사학회, 2007, pp 171~197.

3·1운동 이후 일제 문화통치의 목표는 민족분열 정책이었다. 3·1운동에 커다란 충격을 받은 일제는 원활한 식민통치를 위해 우리 민족을 분열시켜야 할 필요성을 강하게 느꼈다. 일제에 의한 친일파 양성 전략은 이러한 민족분열 정책의 일환이었다. 이를 위해 조선총독부는 사회주의 노선과 소작 농민 및 노동자에 대한 탄압을 강화하는 한편, 지주와 자산가 계급을 보호해 그들을 개량주의자나 친일파로 만들면서 민족해방운동의 전선(戰線)을 분열시키고 약화해갔다. 일제는 이들 친일파를 이용해 친일 여론의 조성, 친일 단체의 조직, 독립운동가의 적발과 정보 수집, 독립운동에 대한 파괴 공작, 대외선전, 독립운동가의 포섭과 변절 설득 등 다양한 활동을 펼쳤다. 조선총독부는 민족분열 정책을 더욱 효과적으로 추진하기 위해 민족자본가 세력을 물산장려운동, 문화운동, 자치운동 등 개량주의운동에 참여하도록 장려했다. 총독부는 이를 보다 효과적으로 추진하기 위해 지방행정의 자문기관을 두어 조선인에게도 참정권 부여를 홍보하며 그것을 통해 친일파의 폭을 넓혀갔다. 궁극적으로 이러한 일제의 목적은 완전독립 노선을 고집하는 민족해방운동 전선을 혼선에 빠뜨리는 것이었다.

일제의 이 전략은 큰 성과를 거두었다. 일제의 이 같은 기만적인 문화통치 아래에서 일부 우파 민족주의자들은 적극적인 독립운동 노선에서 한 걸음 물러서서 일제와 타협하거나 친일 노선을 선택하게 되었다. 이들 우파 민족주의자들은 일제의 문화통치와 문화운동과 마찬가지로 민족의 역량과 실력자를 양성해 자치적인 조선을 건설하는 방향으로 나아갔다.[106]

지식인들이 주도한 결사체의 애국계몽운동 활동과 교육으로 조선인들은 신분 개념에서 민족의식으로 점차 전환해갔다. 그러나 여전히 이러한 근대 개념은 조선 대부분의 사람에게 일제 식민통치로부터 독립의 확신을 주지 못했다. 윤치호, 최남선, 이광수 등 많은 지

---

106 1920년대 전반 민족운동의 지형과 양상을 어떻게 인식하고 바라볼 것인가 하는 문제는 그것이 이후 민족운동의 양상을 일정하게 규정하고 있다는 점에서 중요한 것이라 할 수 있다. 이와 관련해 기존의 연구에서는 대체로 민족주의 세력을 부르주아 민족주의 좌파와 우파로 나누고, 우파는 문화운동과 같은 실력양성론에 기반해 일제에 타협적 자치운동을 추진하는 세력으로, 좌파는 자치론에 대항해 비타협적 정치투쟁을 강조하는 세력으로 규정했다. 이러한 부르주아 민족주의 좌우파의 분열이 자치론과 자치운동이 대두되면서 본격화되었지만 1920년대 초반부터 이미 구체화되고 있었다는 것이다. 이러한 연구는 다음과 같다. 김명구, 「1920년대 부르주아 민족운동 좌파 계열의 민족운동론: 안재홍을 중심으로」, 『한국사학보』 제12호, 고려사학회, 2002, pp. 174~181; 박찬승, 『민족주의의 시대: 일제하의 한국 민족주의』, 경인문화사, 2007, pp. 149~150; 김동명, 『지배와 저항 그리고 협력: 식민지 조선에서의 일본 제국주의와 조선인의 정치운동』, 경인문화사, 2006, pp. 196~218; 박찬승, 앞의 책 『한국 근대 정치사상 연구』, pp. 330~335; 김경택, 「1910·1920년대 동아일보 주도층의 정치경제사상 연구」, 연세대학교 박사학위 논문, 1988, pp. 186~193; 김인식, 「이승복과 신간회 강령의 이념·노선」, 『한국민족운동사연구』 제62집, 한국민족운동사학회, 2010, pp. 179~220; 강정민, 「자치론과 식민지 자유주의」, 『한국철학논집』 제16권, 한국철학사연구회, 2005, pp. 9~39; 김정인, 「1920년대 전반기 민족 담론의 전개와 좌우 투쟁」, 『역사와 현실』 제39호, 한국역사연구회, 2001, pp. 343~368; 김명구, 「1920년대 국내 부르주아 민족운동 우파 계열의 민족운동론: 동아일보 주도층을 중심으로」, 『한국근현대사연구』 제20권, 한국근현대사학회, 2002, pp. 163~196; 이나미, 「일제 시기 조선 자치운동의 논리」, 『민족문화연구』 제16호, 고려대학교 민족문화연구원, 2005, pp. 419~457; 김인식, 「신간회의 창립과 민족 단일당의 이론」, 『백산학보』 제78호, 백산학회, 2007, pp. 223~252; 강동진, 『일제의 한국 침략 정책사』, 한길사, 1980; 박종린, 「'김윤식 사회장' 찬반 논의와 사회주의 세력의 재편」, 『역사와 현실』 제38호, 한국역사연구회, 2000, pp. 254~273; 임경석, 「운양 김윤식의 죽음을 대하는 두 개의 시각」, 『역사와 현실』 제57호, 한국역사연구회, 2005, pp. 81~109; 김현주, 「김윤식 사회장 사건의 정치 문화적 의미: '사회'와 '여론'을 둘러싼 수사적 투쟁을 중심으로」, 『동방학지』 제132집, 연세대학교 국학연구원, 2005, pp. 257~284; 박종린, 「일제하 사회주의 사상의 수용에 관한 연구」, 연세대학교 박사학위 논문, 2007.

식인은 조선이 쉽게 독립할 것이라는 가능성을 믿지 않았다.[107] 초기에 윤치호는 독립협회에서 활동하고, 최남선은 독립선언문을 작성하는 등 각자 조선의 독립을 위해 헌신적인 활동을 한 지식인이었다. 그러나 이들은 조선의 근대화를 위한 한 방편으로 일제의 힘을 이용하려 하면서 어쩔 수 없는 친일로 굳어져 갔다.[108] 또 이광수에게 일본은 해방(문명)이면서 동시에 억압(지배)이었다. 일본에 유학했던 이광수는 일본의 문명을 근거로 해 조선의 개조를 시도한다. 이광수에게 일본은 문명으로서 본받아야 할 대상이었다. 그에게 일본은 근대 자체였으며, 그런 점에서 일본에 대한 어긋난 상을 그린 셈이지만, 그것은 조선의 근대화를 위한 전략이기도 했다. 조선 지

---

[107] 윤치호는 일제 말기에 이르면 친일파의 삶을 살았다. 그는 당시 국제 정황하에서 조선의 독립은 불가능하다고 판단했고, 불가항력에 저항하는 대신 어느 정도의 협조를 제공하면서 일본 제국의 이기를 이용하고자 했다. 윤치호는 태평양전쟁 후기에 이르러 일본의 패망이 예견되었을 때에는 이미 오도 가도 못 하는 협력자가 되어 있었다. 박지향, 「꽃과 칼을 동시에 사랑하는 민족: 윤치호가 본 일본」, 『일본비평』 제3호, 서울대학교 일본연구소, 2010, p. 76. 윤치호는 1883년 1월 1일부터 일기를 쓰기 시작해 1943년 말까지 계속했다. 그는 처음에는 한글과 한문으로 쓰다가 1889년 12월 이후 영어로 쓰기 시작해 마지막까지 그 습관을 버리지 않았는데, 이는 아마도 타인의 접근을 막으려는 의도로 추측된다. 윤치호의 영문 일기는 총 10권으로 국사편찬위원회가 1973~1989년에 출간했고, 이후 2014~2016년까지 국역판 총 10권을 펴냈다. 윤치호의 생애에 대해서는 김을한, 『윤치호전』, 을유문화사, 1978; 유영렬, 『개화기의 윤치호 연구』, 한길사, 1985; 김상태 편역, 『윤치호 일기: 한 지식인의 내면세계를 통해 본 식민지시기』, 역사비평사, 2002 참조.

[108] 윤치호의 계획은 조선을 '일본의 스코틀랜드'로 만드는 것이었다. 스코틀랜드가 영국의 국가 체제에 동화되어 서로에게 좋은 결과를 낳았듯이 조선도 일본 제국의 국가 체제에 동화되는 것이 가능하다고 생각했다. 그러나 그것이 일본과 조선 모두의 이익을 위한 것이어야 하고 조선이 '일본의 아일랜드'가 아니라 '일본의 스코틀랜드'가 되어야 한다는 것이었다. 『윤치호 일기』 1940년 5월 25일, 국역 제10집, 국사편찬위원회, 2016.

식인들의 이러한 인식으로 인해 마침내 조선이 추구해야 할 근대화 모델이 유럽 문명에서 일본 문명으로 바뀌었다.

그러나 이광수는 근대적 문명에 억압과 지배가 내재되어 있다는 것을 인지하지 못하고 억압을 특수한 것, 즉 예외적인 것으로 파악했다. 1938년을 기점으로 이러한 억압으로서의 식민 지배는 이광수에게 민족적 차별로 인식되었고, 그것을 넘어서기 위해 또다시 조선이 본받아야 할 모델로서 일제에 의존했다.[109] 개혁적인 근대 사상을 배운 지식인들은 조선이 자력으로 근대화를 이룰 수 있는 시기를 이미 놓쳤다고 보았다. 고종과 이완용 등 위정자들은 국권을 일본에 넘겨준 이상, 식민통치라는 현실적인 상황 속에서 조선의 미래를 계획해야 했다. 그것이 한편으로 독립운동이며, 자치권을 획득하는 것이었다. 조선 지식인들과 지배층 출신 인사들은 항일투쟁과 친일이라는 선택의 갈림길에서 고민했을 것이다. 그러나 소수만이 항일투쟁의 길을 선택했고 대다수는 친일 또는 순응을 선택함으로써 과거 조선시대와 마찬가지로 지배층 대지주로서 부를 누리며 살았다.

1910년 10월 7일 일제는 왕족과 한일합방에 공로가 있는 자, 그리고 대한제국 고위 관리에게 귀족 작위를 수여했다. 이때 작위를 받

---

109 한국 소설에는 일본인이 등장하지 않는다. 한국 소설에 일본과 일본인이 있다면 그것은 과도하게 추상화되고 정형화된 존재일 뿐이다. 민족이 상상의 공동체라면 소설은 공동체의 상상이기 때문이다. 그러나 타자의 배제를 통해서만 민족적 공동체가 상상되는 것은 아니다. 일본은 정형화(고정)됨으로써만 우리를 비춰줄 수 있는 거울이기도 했다. 이러한 근대 이후의 일본상은 이광수라는 문제의 인물을 통해 잘 드러난다. 이광수에게 일본은 해방(문명)이면서 동시에 억압(지배)이었다. 윤대석, 「일본이라는 거울: 이광수가 본 일본·일본인」, 『일본비평』 제3호, 서울대학교 일본연구소, 2010, pp. 78~97.

은 자는 76명으로, 후작이 6명, 백작이 3명, 자작이 22명, 남작이 45명이었다. 철종의 사위 박영효가 후작 작위를 받았으며, 이완용이 백작 작위와 함께 15만 원의 은사공채(恩賜公債)를 받고, 3·1운동 진압 공로로 후작으로 승격되었다. 일제는 이들 조선 사대부 양반 지배층 인사들을 피지배층 출신 조선인들이 식민통치에 순응하도록 하는 데 적극적으로 활용했다. 이들은 또 내선일치와 황국 식민화를 위한 다양한 활동을 일제로부터 요구받았는데, 그 가운데 하나가 한일합방이 조선을 일본과 같이 근대화하는 것이라고 홍보하는 것이었다.

한편, 이들 친일 인사는 1911년에 조선귀족회를 결성해 일제의 식민 정책에 적극적인 지원 활동을 펼쳤다. 이런 활동의 정점에는 이완용과 박영효가 있었다. 이들은 국가 주권보다 실리를 중시한 현실적인 실리주의자들이었다.[110] 조선은 왕과 사대부 양반들이 공동 통치자이며 주권자였다. 그들에게 통치자는 중국의 황제였으나, 그 황제가 1911년 신해혁명(辛亥革命)으로 사라진 이상 자신들에게 새로운 통치자인 일본 제국의 천황으로 바꿔 탈 수밖에 없었다.

한편, 독립운동은 항일투쟁과 민족운동을 병행해 활발하게 전개되었다. 민족운동과 항일투쟁과 독립운동의 결합은 여러 의미를 갖는다. 첫째, 1925년을 기준으로 3·1운동은 군주주권을 부인하고 국민주권 국가를 수립하기 위한 민족운동의 한 방편이었다. 둘째는 민

---

110 이완용은 현실주의자로서 실용주의를 표방하며 친일을 선택한 전형이었다. 그는 주권이 없더라도 황실과 조선인이 편안하게 살 수 있다면 그것이 더 나은 선택이라고 생각했다. 그는 명분과 대의, 정의보다 실리를 추구했다. 김윤희, 『이완용 평전』, 한겨레출판, 2011, p. 259.

족통일 운동이다. 그 대표적인 것이 상해 임시정부였으나, 1925년 이후 국민대표회의의 실패와 조선공산당 설립으로 사상 대립이 본격화함으로써 독립운동 단체로 전락하게 되었다.[111] 3·1운동 이후 민족주의운동의 큰 흐름은 통일된 임시정부 수립에 집중되었다. 임시정부 수립은 조선 왕조를 복구하려는 것이 아니라 민주공화국 수립이 목표였다. 상해 임시정부 외에 서울에 한성 임시정부, 그리고 연해주 노령 블라디보스토크에 대한국민의회가 수립되었다. 하지만 임시정부가 자체 내부의 분열과 일제의 탄압, 그리고 세계사적 흐름에 부응하지 못하면서 독립운동 및 민족국가 수립 운동은 다른 양상으로 변해갔다.[112] 1921년 4월 임시정부 발족 이후 2년 만에 북경에서 전체 무장 항일 단체 대표가 모여 군사통일주비회(軍事統一籌備會)를 개최하고 상해 임시정부 불신임안을 결의한 데 이어 1923년 3월 상해에서 국민대표회의는 임시정부 해체와 새로운 통일 정부 수립을 가결했다. 이처럼 혼란과 분열 속에서 위기를 겪으면서 해외 독립운동의 중심 역할을 제대로 하지 못하고 있었다. 이렇게 여러 독립 단체로부터 상해 임시정부에 대한 불신이 터져 나온 이유는 첫째, 항일무장투쟁보다 외교 정책에 치중했고, 둘째, 상해 임시정부의 공화주의 노선을 두고 내부의 조선 왕조 복구파와 사회주의파 사이에 압력과 갈등이 빚어졌기 때문이다. 독립운동가들은 이러한 임시정부의 분열과 갈등에 대해 "악착같은 지방열(地方熱), 사

---

111 강만길, 앞의 책 『분단시대의 역사 인식』, p. 143.
112 강만길, 앞의 책 『분단시대의 역사 인식』, p. 164.

상 대립과 편견"이라고 비판했다.[113]

이처럼 독립운동가들이 유교 정치 철학에 기반을 둔 존왕주의(尊
王主義)에서 벗어나지 못하고 있었으며, 결국 이런 점이 임시정부의
분열과 갈등을 초래한 것이었다. 여기에다가 공화주의, 민족주의, 사
회주의 등 서로 이질적인 사상이 혼합되어 투쟁 목표의 모순만 거듭
양산되었다. 또 임시정부 조직 자체가 직위에 따른 명령 계통이 제
대로 확립되지 않고 서로 독자적인 관계로 일을 추진하다 보니 효율
보다 다툼이 잦았다. 독립투쟁은 하나로 통합되지 못하고 추상적인
이념과 목표 아래 추진되고 있었다. 독립운동가들은 근대 시민국가
사상보다 유교 사상에 더 정통한 사대부 양반 출신 지식인들이 많다
보니 이런 혼란이 발생한 것이다. 만주에서 독립투사들의 무장항쟁
이 활발하게 전개되고 있었으나 상해 임시정부는 이를 통치하지 못
하고 있었다. 오히려 임시정부는 외교와 독립준비론에 빠져 무장항
쟁의 열망을 억제하는 격고문(檄告文)을 발표했다.

> 우리의 운동 개시 이래 벌써 1개년이 지났지만, 최후 수단인 전쟁의 일
> 성을 발할 수 없는데 이르렀음은 본직 등이 극히 두려울 바이다. 그러
> 나 전쟁이라는 것은 원만한 준비가 된 후에 착수하지 않을 수 없다. 근
> 일 소식을 접하건대 많고 적음에도 불구하고 참된 정성만이라도 표시
> 하고자 해 해빙 전에 출정하려 한다는데 그 성의를 대단히 환영하나 그

---

113   조선총독부 경무국, 『소화 12년 제73회 제국의회 설명자료』, 「재외민족운동가 상
      황」, 한국사연구회 편, 『일제하 사회운동사자료총서』 제2권, 고려서림, 1992.

계획은 완전하다고 할 수 없다. 일반 동포는 장차의 사업을 살펴서 지금이라도 완전하면 임시정부로부터 동원의 명령을 내릴 것이니 지금부터 완전무결한 계획을 시행해 우리의 목적을 달성해야 할 것이다.[114]

이처럼 상해 임시정부는 무력투쟁보다 외교에 집중해 국제연맹으로부터 조선의 독립을 보장받으려고 했다. 그러나 임시정부가 수립된 이후 해방이 될 때까지 25년간 중국의 국민당 정부를 제외하고 어느 나라의 공식 승인도 받지 못했다. 상해 임시정부의 독립운동 노선 참여를 거부하고 노령 블라디보스토크에서 무장투쟁을 벌인 문창범(文昌範)은 무력항쟁 없이 외교에 의한 독립은 불가능하다는 것을 이미 알고 있었다.[115] 1925년 이후 상해 임시정부가 제대로 성과를 거두지 못하자 각 독립운동 단체들은 새로운 항일투쟁 방향을 모색하게 되었고, 마침내 1926년 모든 독립운동 단체를 하나로 연합해 항일투쟁을 전개하기 위한 한국독립유일당이 북경에서 결성되기에 이르렀다. 그리고 국내에서도 민족유일당운동은 신간회운동으로 나타났다. 신간회의 목적은 조선의 자치운동을 반대하고 민족 유일당을 형성해 독립운동의 새로운 활로를 찾자는 것이었다.

국내외 좌익과 우익 세력들이 이에 참여했으나, 이 운동의 불안정

---

114 「대한민국임시정부각료격고문(大韓民國臨時政府閣僚檄告文)」, 강만길, 앞의 책 『분단시대의 역사 인식』, p. 169에서 재인용.

115 그는 "평화회의에서 서구 열강이 조선 독립을 일본에 강요해도 일본이 이를 거부할 경우 군대를 동원해 조선 독립전쟁을 벌이겠는가?"라며 상해 임시정부의 외교 전략을 비판했다. 강만길, 앞의 책 『분단시대의 역사 인식』, p. 171에서 인용.

이 도사리고 있었다. 좌익 세력이 신간회에 적극적으로 참여한 것은 상해 임시정부의 독립운동 지도력 상실로 민족유일당운동이 고조되어 있었기 때문이었다. 1927년 좌익 세력은 「조선 전 민족 단일 혁명 정당 조직선언서」를 발표해 실력 양성이나 테러, 사회주의 혁명 등은 모두 쓸모없다고 비판하고, 오로지 이해가 같은 각 계급이 민족의 이름으로 단결해 무장투쟁으로 일제를 타도하는 방법밖에 없다고 주장했다.[116] 그러나 1930년대 민족유일당운동이 신간회 해체와 더불어 쇠퇴하자 좌익 세력은 독자적인 독립운동으로 전환하게 되었고, 조선의 공산주의운동은 중국공산당 산하로 흡수되고 말았다.[117]

이렇게 민족유일당운동이 실패함으로써 독립운동은 큰 타격을 받게 되었다. 이로 인해 국내의 독립운동도 쇠퇴해 독립운동 전선과의 연결도 점점 멀어져갔다. 상해 임시정부가 수립되기 전까지 독립운동은 군주주권 체제 종식과 국민주권 국가 수립을 목표로 전개되었다. 조선이 식민화된 것은 개화파들이 조선 왕조를 타도해 국민국가 건설을 위한 혁명적 운동을 전개하지 못한 탓이다. 그런데도 조선의 지배층 출신 지식인들은 한일합방이 될 때까지 꾸준히 왕도사상에 집착했다. 민족유일당운동이 실패한 후 1935년 통일 민족국가를 수립하자는 운동이 일어나 좌익과 우익이 연합하게 되자 비로소 민족연합전선이 형성되었다. 그러나 통합된 독립운동이 펼쳐지기도 전

---

116   김영범, 『한국 근대 민족운동과 의열단』, 창작과비평사, 1997, p. 219.
117   김영범, 위의 책 『한국 근대 민족운동과 의열단』, pp. 244~260.

에 해방이 되고 말았다.

이렇게 독립투쟁 노선이 민족에서 사상과 이념으로 바뀐 것은 무슨 이유 때문일까? 레닌 등 공산주의자들은 볼셰비키 혁명으로 러시아를 공산주의 국가로 만들었다. 유럽에서 가장 산업화가 늦고 여전히 봉건 체제와 농업경제가 유지되고 있던 러시아에서 아직 프롤레타리아 계급이 성숙하지 못한 상황에서 공산주의 혁명이 성공한 것은 획기적인 사건이었다. 조선은 러시아에서 혁명이 일어날 때와 비슷한 체제를 유지하고 있었다. 하지만 조선은 개화파가 활동했으나 그 세력이 약하고 또 유교 사상을 신봉한 지식인들이 많아 갑신정변처럼 삼일천하로 끝나고 말았다. 개화파가 근대 국가 수립을 위한 혁명 단계로 발전하지 못한 탓에 조선은 일제의 식민지가 되고 말았다.

구한말부터 일제 식민통치 초기에 많은 조선 지배층 자녀들은 일본 유학을 통해 공산주의와 사회주의를 배워 이른바 사회주의 좌파 지식인으로 활동했다. 한학자였던 최익한은 1925년 와세다 대학에 유학해 사회주의자 지식인 오야마 이쿠오(大山郁夫) 교수와 사회주의운동을 이끌며 일본 공산당 재건의 이론적 지도자인 후쿠모토 가즈오(福本和夫) 교수 등으로부터 사회주의 사상을 배웠다. 그리고 일월회, 재일본 조선노동총동맹, 재동경 조선청년동맹, 신흥과학연구회 등 여러 단체에 참가해 활발하게 좌익 활동을 했다. 국내 조선공산당이 결성되고 3차 조선공산당에 일월회 출신 안광천(安光泉)이 책임비서가 되자 일본 유학생 출신들이 국내에 적극적으로 참여했다. 민족주의운동에서 사회주의운동으로 넘어가는 과정이었던 1920년

대에 최익한도 국내와 일본을 오가며 활발하게 좌익 활동을 했다.[118]

이와 달리 천민 출신인 홍범도처럼 배운 게 없는 무식자이지만 만주 지역에서 항일투쟁을 하면서 자연스럽게 공산주의 사상을 접하고 공산주의자가 된 경우도 있다. 상해 임시정부 요인들은 지배층 사대부 양반 출신들이 많아 대개 자본주의 사상을 신봉했다. 공산주의 독립운동가들이 활동한 만주 지역은 주로 살길을 찾아 고향을 떠나온 피지배층 출신 이주민들이 거주하고 있었다. 이들 조선 이주민들은 자연스럽게 공산주의 사상을 받아들였을 것이다. 독립운동가들의 출신과 사상을 살펴보면 지배층 양반 출신 독립운동가와 피지배층 출신 가난한 소작농과 천민 출신 항일투쟁가들로 나뉜다. 앞서 살펴본 바와 같이 구한말 초기 의병은 주로 지배층 사대부 양반들이 일으켰으나, 일제강점기 독립운동가는 대부분 피지배층 출신이었다. 이회영 일가와 이상룡(李相龍) 일가처럼 독립운동에 헌신한

---

118 이 시기 좌우 연합운동 단체로서 신간회가 결성되는 과정에서도 최익한은 사상단체 해체론을 내세워 큰 역할을 했다. 1927년 2월 신간회가 결성되고 이후 동경지부도 세워지자 최익한은 본부와 지부에서 각각 간사를 맡았다. 신간회에 대해 비판적인 전진회를 견제하기 위해 1927년 5월 조선 사회단체 중앙협의회 창립총회가 열리자 그는 상설론을 비판하는 논객으로서 큰 역할을 했으며, 제3차 조선공산당, 김준연(金俊淵), 김세연(金世淵)의 책임비서 시절 조선과 일본을 오가며 활발하게 활동했다. 1927년 11월 그는 코민테른 인물을 만나 자금을 받고 밀담을 나누기도 했는데, 이는 최익한의 비중을 말해준다. 1928년 2월 조선공산당에 대한 대대적인 검거가 이루어지면서 당시 당 대회를 위해 국내에 들어와 있던 최익한도 검거되었다. 이 같은 활동을 한 인물이지만 출옥한 뒤 생활을 위해 국학 활동에만 전념했기에 사회주의운동에서는 공백기를 가졌다. 이 때문에 해방 초 최익한은 다시 활동을 재개했으나 큰 역할을 하지 못한 가운데 월북했다. 송찬섭, 「일제강점기 최익한(1897~?)의 사회주의 사상의 수용과 활동」, 『역사학연구』 제81호, 호남사학회, 2016, pp. 153~190.

지배층도 많았으나, 이는 그들이 조선 시대 내내 대대손손 사대부 양반 출신으로서 부귀영화를 누려온 것에 비추어 보면 당연한 의무다. 근대 국민국가를 수립하기 위한 개혁을 뒤로한 채 신분 체제를 통해 기득권을 유지하려다 식민화로 전락한 것에 대한 책임감 때문에라도 가진 것 모두 독립운동에 환원해야 옳은 일이다. 반면, 이들 지배층으로부터 온갖 수탈과 핍박을 받아온 피지배층 출신들이 독립운동에 참여한 것이야말로 진정한 애국이 아닌가?

조선시대 내내 사대부 양반 지배층과 피지배층 천민으로 갈라져 살아온 두 계층은 생활문화와 의식, 사고방식, 관습 등이 서로 달랐다. 그러므로 신분 체제 붕괴 후 새로운 독립국가 수립을 위한 독립운동 과정에서 서로 다른 태도를 보이며 분열과 갈등이 나타난 것은 필연적인 결과다. 두 계층 출신 독립운동가들의 상대방에 대한 평가는 비난과 평가 절하뿐이다. 청산리 대첩의 주역인 김좌진, 이범석(李範奭)과 홍범도의 경우를 살펴보자.[119]

---

[119] 상해 임시정부 군무부가 발표한 북로군정서의 「대한 군정서 보고」에 근거한 청산리 대첩의 구체적인 전과는 다음과 같다. 적 사상자, 연대장 1명, 대대장 2명, 기타 장교 이하 1,254명, 부상자 장교 이하 200명, 아군 피해는 사망 1명, 상이 5명, 포로 2명, 기타 무기 전리품 등. 『독립신문』 제95호, 1921년 2월 25일 자. 청산리 대첩을 평가하면 첫째, 청산리 대첩은 약 2,800명의 적은 병력으로 약 10배에 달하는 일본군의 대포위 초토 작전을 분쇄한 대승리였다는 점이다. 이런 점에서 독립전쟁사에 길이 남을 대첩이라는 데 중요한 군사사적(軍事史的) 의의가 있다. 둘째, 청산리 전역의 승리는 간도를 비롯한 남북 만주와 시베리아 연해주 일대에서 국외 독립운동 기지를 설치하고 독립군 양성을 추진해온 '독립전쟁론'의 중요한 소산이라 할 수 있다. 셋째, 청산리 대첩과 같은 대일 무장 독립전쟁의 승리가 있었기 때문에 독립군과 광복군에서 현재의 국군으로 맥을 이어올 수 있었다. 조필군, 「청산리 전역의 군사사학적 재조명」, 『한국독립운동사연구』 제38집, 독립기념관 한국독립운동사연구소, 2011, pp. 241~291.

먼저 김좌진은 안동김씨 김상용(金尙容)의 후손으로, 충남 홍성 지역의 2천 석의 재산을 가진 명문 지배층 사대부 양반 지주 집안에서 출생해 유학의 성리학 교육을 받고 자랐다. 1905년 대한제국 육군무관학교에 입학했고, 같은 해 자기 집의 노비(家奴)를 해방하고 전답을 무상 분배한 뒤 1907년 가산을 정리해 민족적 자립을 위한 교육 사업과 항일무장투쟁을 펼쳤다. 그는 1928년 한국유일독립당을 조직해 1929년 한족총연합회 주석이 되었다. 이 과정에서 민족주의 계열과 공산주의 계열 독립운동가 사이에 갈등이 격화되어 1930년 1월 24일 고려공산청년회 회원 박상실(朴尙實)에게 피살되었다.[120]

---

[120] 김좌진의 항일운동은 크게 세 시기로 나누어 설명할 수 있다. 첫 번째, 국내에서의 애국계몽운동 시기다. 김좌진은 향리에 호명학교를 세워 민족의식 고취에 앞장섰으며, 기호흥학회, 대한협회 등에도 가입해 계몽운동을 통한 국권의 회복에 심혈을 기울였다. 두 번째는 1910년대 국내에서의 독립운동 시기로, 이 시기의 활동으로는 독립운동기지 설치를 위한 군자금 모금 활동과 대한광복회에서의 활동 등을 들 수 있다. 세 번째는 만주로 망명해 무장투쟁을 적극적으로 전개했던 시기로, 길림군정사, 북로군정서, 대한독립군단, 신민부, 한족총연합회 등에서의 활동이 여기에 포함된다. 즉 김좌진의 항일운동은 국내에서의 애국계몽운동, 군자금 모금 활동, 그리고 국외에서의 무장 활동 등으로 요약될 수 있다. 김좌진의 사상 역시 세 번의 변화가 있었던 것 같다. 구한말과 1910년대 전반기까지는 전통적인 유학의 바탕 위에 근대적인 사상이 가미되었던 것으로 보인다. 그리고 1910년대 후반부터 1920년대 후반까지는 대종교의 민족주의 사상을 갖고 있었다. 그는 계급보다는 민족을 강조했고, 단군을 정점으로 배달민족을 강조했다. 아울러 근대적인 공화주의 사상 역시 갖고 있었다. 북로군정서, 신민부에서의 활동은 이러한 사상을 배경으로 이루어진 것이었다. 1920년대 후반 그는 무정부주의 사상에 심취해 있었던 것 같다. 그는 공산주의에 효과적으로 대응하고 재만 한인의 적극적인 지지하에 독립운동을 전개하기 위해서는 자유연합에 기초한 생각을 가져야 한다고 인식했다. 그러므로 그는 재만 조선무정부주의자연맹과 연합해 한족총연합회를 결성했다. 이것이 화근이 되어 김좌진은 조선공산당 만주총국의 이복림(李福林)에게 암살당하게 된다. 박영석, 「백야 김좌진 장군 연구」, 『국사관논총』 제51집, 국사편찬위원회, 1994, pp. 182~211.

이범석은 조선 왕족 광평대군의 후손으로, 풍족한 가정환경과 개화 성향 분위기 속에서 자랐다. 증조부 이목연(李穆淵)은 형조판서와 전라도 관찰사를 지냈고, 종조부 이인명(李寅命)은 예조판서와 의금부 판사를 역임했다. 또한 할아버지 이인천(李寅天)은 부사용과 학관을 지냈고, 아버지 이문하(李文夏)는 구한말의 관료로 농상공부 참의와 궁내부 참사관을 역임했다. 개화사상에 감화된 아버지 이문하는 집안의 노비들을 모두 해방했으나, 스무 살 남짓한 노비 정태규(丁太圭)는 오갈 데가 없었는지 이범석의 집을 떠나지 않고 거주하고 있었다. 그러자 아버지 이문하는 정태규를 오씨 성을 쓰는 대한제국 육군 참령의 대대에 병사로 넣어주었다. 정태규는 이후 박승환(朴昇煥) 대대의 전투병으로 근무하며 군복 차림으로 종종 이범석의 집을 방문하곤 했다. 1907년 자신을 친동생처럼 보살피던 정태규가 정미 7조약이 강요한 군대 해산에 저항하다 참살되는 것을 보고 이범석은 항일을 결심, 16세이던 1915년 경성고보 시절 중국으로 망명해 독립운동에 투신했다.

이와 달리 홍범도는 백정, 무당, 광대, 악공, 양수척, 재인 등과 더불어 7천(賤) 계급에 속한 천민 출신이었다. 그는 평양 외성 서문 안에 있는 양반집에서 머슴살이하던 아버지와 천민이라 성도 이름도 알려지지 않은 어머니에게서 태어나 불우한 어린 시절을 보냈다. 일찍 부모를 잃은 어린 홍범도는 자신의 뿌리조차 모른 채 다른 양반집에 머슴으로 보내진다. 양반집 아이들로부터 천민이라고 온갖 학대와 멸시를 받고 자란 홍범도는 1883년 머슴살이를 청산하고 평양감영의 나팔수로 입대했다. 그러나 얼마 못 가 그는 여러모로 열악

했던 군대의 차별적인 대우를 견디다 못해 그만두게 되었다.[121] 당
시 그는 일기에 이렇게 적고 있다.

> 4년 동안 평양 진위대의 나팔수로 있으면서 장교 놈들에게 잔인무도한
> 학대를 당할 때마다 군대 안에서도 돈 없고 권리 없는 하등병은 군인
> 생활이 아니라 지옥 생활이라는 것을 절실히 깨달았다.[122]

이후 홍범도는 금강산에 있는 신계사라는 절에 들어가 불제자가
되어 글을 깨우치고 이순신 장군도 이때 처음 알게 되었다. 그 후
비구니를 만나 결혼한 그는 1895년 을미의병이 일어날 때까지 10
년 동안 강원도 북부 산악 지대에서 평범한 사냥꾼으로 생활했다.
총을 잘 쏘기로 유명해서 일대 포수들에게 지지를 얻고 '포계(砲契)'
라는 포수 권익 단체를 만들어 대장이 된다. 을미의병 발생 직후 일
제의 총포기화류 단속법으로 생계의 위협을 받자 포수로 조합원 생
계를 책임지던 그는 어쩔 수 없이 강원도 회양에서 김수협(金壽莢)
과 함께 조선 독립운동이 아닌 생계형 의병을 일으켰다. 홍범도는
산포수들을 중심으로 한 의병대를 이끌고 주로 함경도와 강원도 북
부를 무대로 하는 유격전을 벌여 많은 공을 세웠다. 1910년 한일합
방이 되면서 의병 항쟁 여건이 악화되자 국내 무장 독립투쟁 단체
들과 마찬가지로 홍범도 역시 1911년 연해주로 망명해 블라디보스

121　홍범도의 출생과 성장에 대해서는 김삼웅, 앞의 책 『홍범도 평전』, pp. 19~36 참조.
122　이인섭, 『홍범도 일기』, 고려신문사, 2004, p. 7.

토크를 거점으로 활동하던 독립운동 단체와 연계해 일본군과 유격전을 벌였다. 바로 이 시기 홍범도는 공산주의 독립운동 단체와 인연을 맺게 되었다.

그 후 1917년 10월 혁명이 일어나자 이를 저지하기 위해 국제 간섭군이 러시아에 진주하게 되어 시베리아 내전이 발발했다. 이때 연해주에 진주하게 된 일본군은 이 기회를 이용해 홍범도를 포함한 연해주 소재 조선 무장 독립운동 단체를 소탕하려 했다. 이에 대응해 조선 무장 독립운동 단체도 적극적인 무장투쟁을 벌이면서 동시에 적위군과 손을 잡게 되었다. 바로 이것이 홍범도와 공산당의 첫 만남이었다. 이후 함경북도로 진출해 1919년 10월 혜산진 일대에서의 유격전 성과로 지명도를 높인 홍범도는 1920년 봉오동 일대에서 무장 독립운동 단체들이 연합해 결성한 대한북로군독부 예하 북로제1군 사령부장(부사령관)으로 선출되었다. 국내에서는 홍범도가 공산주의 소련군과 손을 잡았었다는 이유로 1980년대 후반까지도 그의 항일투쟁 이야기가 거의 나오지 않거나 간단하게 언급만 되었다. 홍범도의 말년도 독립운동을 하다 아무도 모르게 쓸쓸히 사망한 것으로 알려져 있을 뿐이다.

청산리 대첩은 한일합방 이후 독립군이 거둔 가장 빛나는 항전이었다. 이 전투에 참여한 독립군에는 신흥무관학교 등 군관학교 출신도 많았지만, 대다수는 이름도 모르는 무명의 젊은이들이었다.[123] 이는 독립군 병졸들이 대부분 조선의 피지배층 출신 민중들임을 나타

---

123 이인섭, 위의 책 『홍범도 일기』, pp. 159~160.

낸다. 그러므로 이들의 희생을 고려하지 않고 청산리 대첩에서 누가 더 큰 공을 세웠는지에 대해 논하는 것은 참으로 부끄러운 일이다. "장수의 공에는 무수한 병사들의 희생이 있다"라는 말이 무색하게 우리는 피지배층 민중 출신 무명 독립군 용사들의 희생과 그들의 이름을 기억하지 않고 오직 청산리 대첩을 승리로 이끈 장수만 찬양하고 있다.[124] 홍범도에 관한 이범석의 평가는 이렇다.

> 홍범도 씨는 갑산 금광에서 일어난 구한말 의병으로 성명도 못 쓰는 무식인이었으나, 애국심이 강하고 호용한 분으로서 일제의 순사 파출소와 수비대를 가끔 습격해 유격전의 전공을 많이 세운 분이다. 국민회의에서 그분을 총사령관으로 응대했었다. 불행하게도 국민회의 젊은 간부 중에는 못된 무리가 많아 행패가 잦아서 가장 큰 대중의 기반을 가졌던 단체이면서도 아깝게 민심을 크게 잃었다. 나중에 북간도에 제일 먼저 조직된 공산당 단체인 적기단의 대부분은 자리를 옮긴 국민회의 간부들이다.[125]

독립운동에서 출신 신분이나 배우고 못 배운 것이 문제가 될 수

---

124 청산리 대첩 전과에 관해서는 기록에 따라 큰 차이가 있다. 러시아 측 자료에는 김좌진과 홍범도를 대장으로 한 두 빨치산 연대가 10월 21일부터 23일까지 전투를 벌였는데, 첫날 전투에서 일본군 220명이 전사했고, 홍범도의 제1 빨치산 연대는 630명의 일본군을 사살한 것으로 기록되어 있다. 또 10월 29일에는 안무 중대가 함북 무산 시가지를 점령했다는 기록도 있으며, 독립군 피해는 350명 정도의 전사 또는 부상자가 있었던 것으로 추정된다. 이 가운데 홍범도 부대의 피해는 100명에서 150명으로 추정된다. 장세윤, 『홍범도의 생애와 독립전쟁』, 독립기념관, 1997, p. 194.

125 이범석, 『우등불』, 삼육출판사, 1986, p. 90.

없다. 가장 중요한 독립운동의 덕목은 민족자주와 조국애다. 서로 지위의 높고 낮음을 따지기보다 평등한 동료애로 뭉쳐야 할 것이다. 그러나 현실은 그렇지 않았다. 양반과 천민, 지식인과 무식자로 나뉘어 서로 질시하고 차별하며 경계했다. 다음의 글을 보자.

> 홍범도는 정(丁)자도 모른다. 자기 성명을 쓸 수 없는 사람이라 아직까지 부하에게 연설 같은 것을 한 일이 없다.[126]

홍범도는 나라 독립을 위한 일이라면 다른 사람에게 몸을 굽히는 것도 꺼리지 않았다. 홍범도는 봉오동 전투를 앞두고 국민회의 군사 조직이 최진동(崔振東) 부대와 연합할 때 그의 아래 지위에 들어갔다. 그는 또 청산리 전투 이후에 봉밀산에서 전체 독립군이 통합할 때도 서열상 아래 자리에 앉는 것을 사양하지 않았다.[127] 홍범도는 1917년 10월 혁명이 발발해 황제 가족이 모두 처형되고 레닌의 공산주의 정권이 수립된 11월 초 러시아령 추풍 다아재골로 근거지를 옮겼다. 1920년 7월 모스크바에서 열린 제2차 코민테른 대회에서 레닌은 피압박 약소민족의 해방 투쟁을 지원하겠다고 약속했다. 홍범도는 이 소식을 듣고 항일투쟁을 위해 간도보다 러시아 지역으로 근거지를 옮기는 것이 더 적합하다고 판단했다. 그러나 러시아 혁명기 극동 지역은 소비에트 정권 지지파인 적위파와 이를 반대하는

---

126 김삼웅, 앞의 책 『홍범도 평전』, p. 109에서 인용.
127 송우혜, 「청산리 전투와 홍범도 장군」, 『신동아』 1984년 9월호, p. 464.

백위파가 서로 격돌해 내전 상태에 빠져 있었다. 여기에 일본군이 공산주의 확산을 막기 위해 군대를 파견하자 독립투사들은 더욱 어려운 처지에 놓이게 되었다.

그러자 극동 지역의 독립투사들은 처음에는 중립을 지키다가 1918년 6월 26일 하바롭스크에서 이동휘(李東輝)에 의해 최초의 한인사회당을 조직하고 소비에트 공산주의 정부로부터 지원을 받기 위해 적위군에 가담하기에 이르렀다.[128] 따라서 독립투사들이 좌익 정당을 창당하고 공산주의 사상을 받아들인 것은 순전히 독립투쟁의 수단에 불과했다. 그러나 모스크바의 지원금은 독립운동가들에

128　김준엽·김창순,『한국 공산주의 운동사』제1권, 청계연구소, 1986, p. 163. 여운형도 역시 "강령이나 규약 등도 없이 다만 한인공산당을 조직해 국제 공산당으로부터 승인을 얻어 독립운동의 지원을 받자는 것이었다"라고 말했다. 김삼웅, 앞의 책『홍범도 평전』, p. 113. 한인사회당 결성은 한국 근대사에서 최초 볼셰비키 유형의 사회주의 정당, 즉 마르크스 레닌주의 정당의 출현을 의미한다. 한인사회당은 러시아 내 한국인 이주민으로 항일무장 부대를 양성하는 것을 목적으로 삼았다. 무장 부대 편성 사업은 한국인 사관학교를 설립하는 것으로 시작, 극동 소비에트 당국 지원으로 하바롭스크에 설립되었다. 여기에 홍범도 독립군도 합류하게 했다. 이렇게 1918년 6월 말 100명으로 편성된 제1 한인 적위병이 탄생했다. 이곳에 사회주의 단체가 설립되고 사회주의운동이 활성화될 수 있었던 것은 한국인 이민 사회가 형성되어 1919년에 약 20만에 달했기 때문이다. 그리고 1922년 러시아령 동아시아 지역의 한국인 주민 수는 25만 명으로, 이 중 5만 명이 러시아 국적을 갖고 있었다. 소비에트 정부는 일제와 대립 관계에 있었기 때문에 이곳에서 비교적 자유롭게 항일투쟁을 벌일 수 있었다. 이에 앞서 1918년 공산주의 확산을 저지하기 위해 미국, 캐나다, 프랑스 및 일본군이 블라디보스토크에 군대를 파병해 백위군과 함께 적위군을 공격하자 한인사회당도 이에 호응한 바가 있었다. 그러나 백위군이 하바롭스크를 점령해 김알렉산드리아 여사가 사로잡혀 처형당하자 한인사회당의 정치와 군사 활동은 모두 실패로 돌아갔다. 이동휘 등 한인사회당 간부들은 모두 상해 임시 정부에 참여했고, 이동휘는 국무총리를, 김립(金立)은 국무원 비서장을 역임했다. 임경석,『초기 사회주의운동』, 독립기념관 한국독립운동사연구소, 2009, pp. 18~34.

게 분열을 초래했다. 모스크바의 항일투쟁 지원 자금의 성격과 관리권을 두고 각 정치 세력의 생각이 달라 서로 대립과 갈등을 빚었는데, 자금 전결권을 가진 한인사회당, 이들을 제외한 잔류파 한국공산당, 대한민국 임시정부 민족주의자들은 이 자금을 둘러싸고 불신과 적개심을 유발해 각기 갈라서고 말았다.[129] 사대부 양반 지배층 출신 지식인들이 일본에 유학 중 사회주의 지식인의 가르침과 교류를 통해 사회주의 사상을 수용한 것과 달리, 만주와 연해주 등지에서 항일무장투쟁을 하던 독립군들이 이를 받아들인 것은 당시의 현실적인 상황에 의한 것이었다. 그래서 조선에 사회주의 사상이 수용된 경로는 '동(東)으로부터 수입된 것과 북(北)으로부터 수입된 것'이 있다는 글이『개벽』지에 실리기도 했다.[130] 만주와 연해주에 이주한 피지배층 소작농이나 천민 출신 조선인들은 대개 사대부 양반들의 수탈을 견디다 못해 이주한 자들이다. 이들이 독립투사들에게 물질적인 지원뿐 아니라 근거지를 제공했고, 또 독립투사의 병력을 충당해주는 인적 자원 역할을 했다. 원래 사회주의 사상을 수용한 자들은 일본이나 중국에 유학한 지식인들이 대부분이었다.[131]

---

129 그러나 모스크바의 지원금은 독립운동가들에게 분열의 원인으로 작용했다. 모스크바의 항일투쟁 지원 자금의 성격과 관리권을 두고 각 정치 세력의 생각이 달라 서로 대립과 갈등을 빚었다. 자금 전결권을 가진 한인사회당, 이들을 제외한 잔류파 한국공산당, 대한민국 임시정부 민족주의자들은 이 자금을 둘러싸고 불신과 적개심을 유발해 결국 서로 분열되었다. 임경석, 위의 책『초기 사회주의운동』, pp. 79~83.

130 『개벽』제43호, 1924년 1월, 「계해와 갑자」, 논설, p. 3. 동쪽이란 재일본 조선인 유학생들을 말하며, 북쪽이란 연해주, 북간도 조선인 이주민과 망명자들을 가리킨다. 임경석, 위의 책『초기 사회주의운동』, pp. 10~17.

131 초기 사회주의자들을 살펴보면 일본 유학생이 67퍼센트, 중국 유학생이 10퍼센트,

그러다 시간이 흐르면서 공산주의 국가 소련과 접했던 피지배층 출신들 가운데 사회주의 사상을 수용한 자들도 많아졌다. 그래서 조선의 초기 사회주의자들과 독립운동가들은 사상이나 항일투쟁 노선에 대한 생각이 달라 분열 현상이 심했으며, 여기에 각기 출신 신분에 따른 편견이 더해졌다.[132] 또 독립운동가들 사이에는 편견과 적대감도 적지 않았다. 북한에서 발행된 조선공산당 서적은 일제 시기 사회주의운동을 '소부르주아 지식층들의 종파 투쟁'으로 규정하고 있다.[133] 이런 편견은 홍범도에 대한 이범석의 평가에서 살펴볼 수 있다.

국내에서 근대 교육을 받은 자가 24퍼센트를 차지한다. 이 가운데 50퍼센트 이상이 만주와 중국 등에 망명한 경력을 갖고 있다. 임경석, 위의 책 『초기 사회주의운동』, p. 49.

132 초기 조선 사회주의 단체들은 3·1운동 이후 상해파, 이르쿠츠크파, 중립당, 서울파, 화요파, 북풍파 등 정치 단체로 성장해 공산당 운동을 이끌었다. 이들은 파벌주의, '감투를 둘러싼 추악한 권력투쟁'에 몰두한 '파쟁 미치광이'로 비난을 받았으며, 사회주의 사상을 잘 알지도 못하면서 소련으로부터 정치자금과 원조를 받기 위해 임시방편으로 사회주의에 가담한 자들이 많았다. 이들은 사회주의 사상에 대한 이해가 없었을 뿐 아니라 지식도 제대로 갖추지 못해 자국 혁명에 관한 확고한 이론이나 정책을 갖지 못한 채 소련 공산당과 코민테른의 지시에 따르는 등 휘둘림을 당했다. 김준엽·김창순, 앞의 책 『한국 공산주의 운동사』 제1권, pp. 157~158, 421. 그러나 임경석은 이러한 조선 사회주의 단체를 부정적으로 본 시각은 일제로부터 나왔다고 주장한다. 즉 초기 한국인 사회주의자들을 '파쟁 미치광이'라고 최초로 불렀던 자들이 일제 식민시기 고등 경찰이었다는 것이다. 이들의 사명은 조선의 식민통치를 공고히 하고 유지하는 데 있었기 때문에 제국의 안녕과 질서를 위협하는 자들을 부도덕한 존재로 만드는 것이 고등 경찰 관리들의 임무였고, 이런 부정적인 이미지는 해방 이후에도 재생산되었다는 것이다. 임경석은 냉전 체제에 사회주의 위협으로부터 자유세계를 지키고자 한 경찰 역할을 자임하던 미국의 국가 이익을 위해 미국과 남한의 정치학자들이 이러한 역할을 맡았다고 주장한다. 임경석, 앞의 책 『초기 사회주의운동』, pp. 4~6.

133 조선로동당중앙위원회 당력사연구소, 『조선로동당략사』, 돌베개, 1989, pp. 36~39.

청산리 전투 전날 각 독립군 부대들이 연합 작전을 펴려고 작전회의를 열어 각기 작전 지역을 나눠 맡았는데, 홍범도 부대 등은 막강한 일본군 위세에 전의를 상실해서 밤사이 말없이 사라져버렸다. 그렇게 이탈해 도망가다가 일본군 포위망에 걸려 아무 저항도 못 한 채 떼죽음을 당하고 집단으로 무기를 빼앗겼다. 일본군이 노획했다는 사진 속의 무기들은 북로군정서가 아니라 홍범도 부대가 빼앗긴 것이다.[134]

신분제가 완전히 해결되지 않은 상태에서 조선이 식민화됨에 따라 독립운동에서 이러한 분열 갈등이 그대로 재현되었다. 이처럼 한반도 분단은 한일합방 이후 독립운동 초기부터 이미 시작된 것이다. 많은 조선의 지배층 출신과 지식인들이 독립운동과 항일투쟁에 투신했다. 이들뿐 아니라 생계 문제가 동기가 되었든 사대부 양반 출신 독립운동가 주인을 따라 참여했든 간에 천민이나 소작농 등 피지배층 출신들이 항일무장투쟁에 참여한 경우도 무수히 많았을 것이다. 봉오동 전투, 청산리 전투 등 일본군과 싸워 전과를 올린 그 싸움터의 주인공은 바로 이름도 남기지 않은 피지배층 출신 독립투사들이었다. 그러나 역사는 지도자만 기록했을 뿐, 이들을 잊고 있

---

134 이범석, 앞의 책 『우등불』, p. 12. 이범석이 홍범도를 이렇게 비판한 것은 우선 자신이 속한 군대의 김좌진을 돋보이게 함으로써 자신의 전공을 빛내려는 의도와, 해방 후 이승만 정부의 초대 국무총리와 국방장관 등을 역임했고 6·25전쟁으로 인한 반공정신, 특히 러시아 공민권을 취득하고 소련 공산당에 입당하는 등 홍범도의 좌익 행동에 대한 반감이 작용한 것으로 추측되고 있다. 김삼웅, 앞의 책 『홍범도 평전』, p. 174. 한국독립운동사 편찬위원회가 펴낸 1965년 초판에 이어 1983년의 개정판 『한국독립운동사』 「청산리 대첩」편에도 아예 홍범도의 이름이 나오지 않는다.

다. 독립운동 지도자들은 해방 이후 모두 독립유공자로서 그 후손들도 국가의 보은을 받고 있지만, 이들 이름 없는 민중 투사들은 단지 기념탑으로 기억되고 있을 뿐이다. 이러한 사실은 청산리 대첩의 주인공에 대한 기록에서도 볼 수 있다.

> 청산리 전투의 주요 인물은 총사령관 김좌진, 참모장 나중소(羅仲昭) 이범석, 한건원(韓建源), 김훈(金勳), 이민화(李敏華), 강화린(姜華麟), 최인걸(崔麟杰) 등이었다.[135]

청산리 대첩의 진짜 주인공 홍범도의 이름이 빠져 있다. 아마도 그가 소련 공산주의와 손을 잡았고 또 천민 출신이기 때문에 한국 정부의 반공 정책으로 인해 독립투쟁 역사에 기록되지 않았던 것으로 보인다. 독립투쟁의 모든 공은 조선 지배층 출신 지식인 지도자들의 몫이었다. 독립운동 기록에서 홍범도 같은 거물급도 이렇게 소홀할진대 하물며 피지배층 출신이 대부분을 차지한 하급 군졸들의 이름들이 기록되었겠는가?[136] 『조선통치사료(朝鮮統治史料)』의 훈춘

---

135 김승학·김국보, 『한국독립사』 1983년 개정 재판, p. 443. 그러나 장세윤은 청산리 대첩의 주인공은 홍범도라고 주장한다. 장세윤, 앞의 책 『홍범도의 생애와 독립전쟁』, pp. 194~195.

136 청산리 전투를 위해 화룡현 일대에 집결한 연합 부대의 총병력은 홍범도 부대 300여 명, 안무 부대 200여 명, 한민회, 의민단 등의 350여 명 등 총 850여 명이었다. 이범석의 자서전 『우둥불』에 기록된 독립군 인물은 김좌진, 이청천, 지용호(池龍浩), 이민화, 한근원, 김훈, 이교성, 나중소, 최인걸(중대장), 강화린, 이운강, 김홍렬, 김상하, 이장규(정찰장교), 강위, 한동지 등이며, 지휘자급 외에 병졸들의 명단은 자세히 알려지지 않고 있다. 청산리 대첩에 참여한 인물 분석은 주로 김좌진, 홍범도, 서일 등에 치중되었으며, 이범석의 경우는 당시의 활동보다 해방 직후의 활동에 중

사건 및 간도 출병 관계 왕복 전문(電文)을 근거로 하여 작성된 일본 육군 보병 제74연대에게 학살당한 한인 독립군 명단을 보면 독립군의 지휘자급은 사대부 양반 지배층 출신이 차지하고 있으나 사병들은 모두 피지배층 농민들이었다.[137] 지식을 갖춘 자가 지도자급이 될 수밖에 없는 상황일지라도 항일투쟁에서 피지배층 출신 하급자들의 공헌이 무시되었다는 것은 여전히 신분의 특권의식이 작용했다는 점을 보여준다.

지금까지 살펴본 바와 같이 일제강점기 독립투쟁에서조차 500년 동안 조선 사회에 뿌리 깊게 박혀온 사대부 양반과 상민, 천민이라는 신분제의 고정관념이 남아 차별과 편견이 존재하고 있었다. 이런 신분제 차별에서 빚어진 갈등은 조선 왕조가 사라진 이후 독립운동가들이 구상한 근대 국민국가 건설을 둘러싸고 사회주의와 민족 자본주의라는 사상 투쟁과 정치적 분열로 표출되었다.

더군다나 독립군들도 각기 분열과 갈등에 휩싸여 하나로 통합되

점을 둔 연구들이 많다. 김주용, 「청산리 전투에 참여한 독립군의 구성」, 한국민족운동사학회 주최 청산리 전투 100주년 학술회의 자료집 『청산리 독립전쟁의 역사적 재조명』, 2020, pp. 8~9. 청산리 전투에 참여해 독립유공자로 포상된 사람은 국가보훈처의 공훈전자사료관 검색에 따르면, 87명에 불과하다. 청산리 전투의 주역으로 자주 언급되는 인물은 김좌진, 홍범도, 이범석, 서일, 이우석 등 10여 명에 지나지 않는다. 따라서 지금까지 잘 알려지지 않은 피지배층 출신 하급자 인물들에 관한 연구 저서와 논문 저작뿐 아니라 신문 기고와 유튜브 제작, 강연과 답사 인솔, 다큐멘터리와 방송 출연, 그리고 항일투쟁 과정에서 숨진 전사자들을 위한 기원회 등 적극적인 활동을 통해 밝혀내야 한다. 이것이 청산리 전투와 그 참여자를 기억하고 계승하는 실천적 방법이다. 조규태, 「청산리 전투의 기억과 계승」, 위의 책 『청산리 독립전쟁의 역사적 재조명』, pp. 141~165.

137 김주용, 앞의 글 「청산리 전투에 참여한 독립군의 구성」, pp. 28~29.

지 못해 전투력 분산으로 큰 실효를 거두기가 어려웠다. 결국, 상해 임시정부는 독자적인 광복군을 조직하게 되었는데, 그 과정에서 중국 측과의 잘못된 합의로 안타깝게 광복군의 존재가 무용지물이 되고 말아 오랫동안 전개해온 피나는 항일투쟁이 아무런 성과를 얻지 못한 것이다.

임시정부는 미국으로부터의 군사 원조가 좌절되자 중국 정부에 기댈 수밖에 없었다. 그리하여 1941년 11월 19일 임시정부는 중국 측과 합의한 「한국광복군 행동준승 9개 항(韓國光復軍行動準繩九個項)」에 의해 중국으로부터 정식으로 군사 원조를 받을 수 있게 되었다. 그러나 이 합의문의 내용에 따르면 '한국광복군은 중국군 참모총장의 명령과 지휘를 받아야 하며(제1항) 임시정부는 단지 명의상으로만 광복군의 통수권을 갖는다(제2항)'고 되어 있다. 광복군을 창설한 지 1년 2개월여 만인 1941년 11월 중국 측의 일방적인 통보로 광복군은 중국군사위원회에 예속당하게 되었다. 이로써 광복군은 임시정부의 군대가 아닌 중국군이 되어버린 셈이다. 특히 제8항은 광복군이 압록강을 넘어 한반도로 진격해 들어갈 때 별도의 협정이 맺어질 때까지 계속 중국군의 명령을 받아 행동해야 한다고 되어 있었다.[138] 중국 측은 예속과 더불어 광복군의 창설을 인준하

---

[138] 「한국광복군 행동준승 9개 항」 전체 내용은 「임시의정원 38회 의사록」, 정무보고 별지 1호 참조. 광복군 요직은 중국군 장교가 거의 다 차지하고 있었다. 1945년 4월에 작성된 군무부 공작보고서 「광복군 현세(光復軍現勢)」에 따르면, 총사령부에 소속된 장교 56명 중 중국인 장교가 43명이었고, 한국인 장교는 13명에 불과했다. 또 각 지대 장교도 마찬가지로 제1지대 21명 중 11명, 제2지대 28명 중 11명이 중국인이었으며, 최고 통수권자는 임시정부 주석이 아니라 중국군 참모총장이었다.

고 재정적인 지원을 하게 되어 있었으나 이러한 조치들이 곧바로 실행되지 않은 채 시일만 끌자 임시의정원을 중심으로 9개 준승을 취소하자는 목소리가 높아지기 시작했다.

마침내 임시정부는 이에 대한 부당함을 인식하고 이 9개 항을 취소할 것을 결의한 다음 다시 중국 측과 협상했다. 1944년 7월 10일 하응흠(何應欽)이 장개석(蔣介石)에게 협상 내용을 보고하면서 "한국광복군은 명의상 임시정부에 예속하는 것이 마땅하며 행동준승 9조는 우리 쪽에서 자동으로 개정 또는 취소해도 중국 항전의 안전에는 무해(無害)하다"라며 9개 준승의 취소를 건의했다.[139] 마침내 1944년 8월 28일 중국군사위원회는 오철성(吳鐵城)에게 "광복군은 임시정부에 예속되는 것이 합당하며 행동준승은 취소한다"라는 공문을 보내 9개 준승의 취소를 통보했고, 장개석은 1944년 9월 8일자로 오철성에게 광복군을 임시정부에 귀속시키라는 지시를 내렸다.[140] 광복군의 통수권은 환수했지만, 임시정부의 시급한 과제는 광복군에 대한 중국의 원조였다. 이를 위해 새로운 군사협정 체결을 또다시 요구해야 했다. 1944년 10월 7일 김구는 오철성에게 광복군에 대한 요구 사항을 제시하면서 새로운 군사협정안으로 「한국광복군 환문 초안(韓國光復軍換文草案)」을 보냈다. 이 환문 초안의 핵심은 광복군이 중국 영토 안에 있을 때 중국 대일 작전에 참여하고 중국 총사령관의 지휘를 받는 것을 조건으로 광복군에 대한 원조를

박성수, 「광복군과 임시정부」, 앞의 책 『한국 근대 민족운동사』, p. 640.

139 「한중군사협정 초안의 심의경과 보고서」.

140 「광복군 9개 행동준승 폐지에 관한 건」.

계속해 달라는 것이었다. 그리고 원조 형태는 차관으로 해 달라고 요구했다. 중국 측은 1945년 5월 1일부터 시행된다는 전제하에 4월 4일 군사협정의 체결을 임시정부에 통보했다. 이 내용은 1945년 4월 20일 자로 김구가 오철성에게 보낸 「광복군에 관한 군사협정 내용과 그 실시에 관한 함(函)」에 들어 있다. 이 새로운 군사협정안의 정식 명칭은 「원조 한국광복군 판법(援助韓國光復軍辦法)」이었다. 이 협정이 체결되면서 마침내 상해 임시정부가 광복군의 통수권을 행사하게 되었고, 중국의 광복군에 대한 원조는 차관 형식으로 이루어졌다.[141] 그러나 이 협정은 해방 4개월 전에 체결됨으로써 아무런 성과를 거두지 못했다. 당시 중국 내 3대 항일무장투쟁 세력은 광복군, 조선혁명군, 조선 인민혁명군으로, 각기 독자적으로 활동하고 있었다. 광복군은 중국 내 이들 조선인 항일 투쟁 부대를 하나로 통합하지 못한 채 임시정부에게 군자금 지원만 계속 요청했을 뿐 제대로 된 군사 작전을 펼치지 못했다.

이러한 임시정부의 고질적인 갈등과 분열의 원인은 언제, 어디에서 시작되었을까? 먼저 내분에 휩싸인 주요 요인은 항일투쟁에서의 외교 노선과 무장투쟁 노선의 대립, 그리고 사회주의, 공산주의, 자본주의, 왕정 복고주의 등 각 투쟁 노선과 이념 등이다. 더 심각한 문제는 임시정부의 외세 의존성이었다. 김구는 지나치게 중국 장개석 정권에 의존했고, 이승만 등 다른 지도부는 미국에 의존했다. 이승만과 정한경(鄭翰景)은 1919년 2월 25일 파리 강화회의에 참석한

---

141   박성수, 앞의 글 「광복군과 임시정부」, pp. 640~643.

미국 윌슨 대통령에게 청원서를 보내 독립 이후 조선을 위임통치해 달라고 요청했다.

> 자유를 사랑하는 1천 5백만 한국인의 이름으로 우리는 당신에게 동봉한 청원서를 평화회의에 제출할 것과 그 회의에 참석한 연합국들이 한국을 현재의 일본 지배로부터 자유롭게 해주고 장래 한국의 완전독립을 보장하면서 국제연맹의 위임통치하에 두어줄 그러한 조치를 하도록 평화회의 석상에서 우리의 자유에 대해 청원을 내놓아줄 것을 간절히 청원합니다. 이것들이 달성되면 한반도는 모든 국가에 이득이 될 중립무역 지역으로 전환될 것입니다. 그것은 또한 어떤 단일 세력에 의한 세력 확장을 방지하고 동양에서의 평화 유지에 도움이 될 동아시아 지역 내의 완충국을 창출하는 것이 됩니다.[142]

---

142 대한민국 임시정부 초기에 벌어진 위임통치 청원 논쟁은 독립 노선의 차이에 따른 사상 투쟁과 적대적 경쟁 세력을 제거하기 위한 패권다툼의 이중적 성격을 지니고 있다. 한마디로 그 논쟁은 반임정·반이승만 운동의 목적으로 추진된 것이었다. 한국 독립운동가들은 위임통치 청원서에 담긴 외교독립론을 한국의 신국가 건설 전략에 채용하려는 미래지향적인 자세를 갖지는 못했다. 위임통치 청원 논쟁은 이승만 세력과 박용만(朴容萬) 세력의 세력 경쟁에서 비롯된 것이다. 위임통치 청원을 가장 강력하게 비판한 것은 박용만 세력이다. 양측의 대립은 1910년대 중반 하와이에서의 독립운동 과정에서 뚜렷이 갈라진 노선 차이에 기인한다. 외교독립론과 실력양성론을 추구한 이승만과 독립전쟁론을 주창한 박용만은 하와이에서 양립하기 어려운 사이였다. 이들의 사상 투쟁과 세력 경쟁은 위임통치 청원을 둘러싸고 중국에서 다시 격렬하게 전개되었다. 국제연맹의 위임통치제도와 국제연합의 신탁통치제도는 모두 전후 피식민지 처리 방안으로 고안된 장치다. 한국은 해방 후 미군정 지배를 3년간 받은 후에 유엔 감시하의 총선거를 통해 남한만의 자주적 민주국가를 수립했다. 오영섭,「대한민국 임시정부 초기 위임통치 청원 논쟁」,『한국독립운동사연구』제41집, 독립기념관 한국독립운동사연구소, 2012, pp. 81~156.

이 소식을 들은 신채호와 박은식, 김창숙(金昌淑) 등 독립운동가들은 임시정부에 대해 크게 실망했고, 신채호는 임시의정원 회의에서 "이승만은 이완용보다 더 큰 역적이다. 이완용은 있는 나라를 팔아먹었지만, 이승만은 아직 나라를 찾기도 전에 팔아먹은 놈이다"라고 비난했다.[143] 이 청원이 훗날 우리 독립운동계를 분열시킨 요인이 되었다. 이처럼 임시정부를 비롯해 사회주의 계열 등 독립운동가들은 자주적이라기보다 여전히 사대주의에서 벗어나지 못하고 있었다. 결과적으로 36년간의 임시정부의 외교 정책은 물론 항일무장투쟁 역시 물거품이 된 채 한반도는 해방을 맞이하게 되었다.

한편 을사오적과 다시 국정의 책임을 맡고 있던 위정자들은 말할 나위도 없고 3·1운동을 주도했던 최남선, 이광수, 손병희, 최린 등 조선의 지배층 출신 지식인들도 일제의 친일파 양성 정책에 호응해 적극적인 내선일치와 동화 정책에 협력했다. 김성수는 조선시대 성리학의 대가인 하서(河西) 김인후(金麟厚)의 13대손이며 군수를 역임한 낙재(樂齋) 김요협(金堯莢)의 둘째 아들 김경중(金暻中)과 장흥 고씨의 넷째 아들로 태어나 아들이 없었던 백부 김기중(金祺中)의 양자가 되었다. 김성수는 일본에 유학해 제국주의 논리에 빠져 있던 와세다 대학의 초대 총장 오쿠마 시게노부(大隈重信)를 모델로 삼아 교육 사업에 매진하면서 경성방직,『동아일보』, 보성전문학교를 창립해 식민지 지도층으로서 부와 권력을 얻었다. 지배층 출신인 그의 재산은 소작농에 대한 수탈과 일제에 대한 협력으로 축적

---

143 이덕일, 앞의 책『칼날 위의 역사』, p. 107에서 인용.

된 것이었다.

1930년대에 『동아일보』와 『조선일보』는 전시 체제하 조선총독부의 동화 정책이 진행되던 상황에서 민족문화의 보존과 발전을 위해 노력했다. 그러나 두 신문은 일제의 동화 정책과 전시 체제의 영향을 받을 수밖에 없었다. 1936년 미나미 총독이 부임해 내선일치 정책을 강화하자 이들 신문의 조선 문화에 관한 기사 내용이 변했다. 조선의 역사적인 인물과 유적 보전을 강조하는 글이 점차 사라지고, 대신 좋은 경치와 국토 보전에 관한 글이 많이 게재되었다. 또 1937년 이후에는 민족주의와 민족정신을 고취하는 사설보다 국민주의와 국민정신에 관한 글이 많이 실렸다. 두 신문의 이런 변화는 조선문화운동론이라는 사상적 기반에 따른 것이었다. 이는 조선 민족의 실력을 양성하자는 것이었지만, 오히려 일제의 동화 정책을 더 효율성있게 해주었다. 그러나 신문화건설론은 조선에 근대 문화를 이식하려는 일제 식민 정책과 같아서 굳이 총독부가 이를 억제할 필요가없었다. 1930년대 말과 1940년대 초 민족문화발전론과 신문화건설론을 강조한 두 신문사에서 일제 식민통치에 협력하는 친일 인사들이 나온 것은 바로 이러한 이유 때문이었다.[144] 김성수가 본격적으로 친일 행위를 한 시점은 1935년 소도회(昭道會) 이사로 참여했을 무렵부터다. 이때부터 김성수는 일제의 침략적 황민화 정책과 긴밀히 협조하며 친일의 길로 가게 되었다.[145]

---

144 조규태, 「1930년대 한글 신문의 조선문화운동론」, 『한국민족운동사연구』 제61집, 한국민족운동사학회, 2009, pp. 215~256.

145 신운용, 「김성수의 친일의식 형성과 전개」, 『선도문화』 제13집, 국제뇌교육종합대학

한편 일제강점기 전남 담양의 국(鞠)씨는 향리의 기반을 가진 대
표적인 지역 유지(有志)였다. 14세기부터 담양에서 대대로 살아온
토착 세력의 가문인 국씨는 관권과 결합해 재산을 크게 불린 지주
였다. 특히 그는 관직과 공직에도 진출해 자신의 가문과 비슷한 기
반을 가진 지주층들과 교류망을 구축하며 세력을 강화해나갔다. 국
씨는 1930년대 교육기관 설립과 사회운동에서도 활동해 지역에서
정치적·경제적·사회적 지위를 확보하고 있었다. 국씨 가문의 행적
은 일제강점기 지배층의 친일 과정을 보여주는 사례다.[146]

이광수의 친일 행위는 조선 지식인들이 어떻게 친일로 돌아섰는
지를 보여준다. 그의 친일은 개인적인 이익을 위한 것일 뿐 아니라
일제의 식민통치 행위에 참여하기 위한 것이었다. 1937년 7월 중일
전쟁이 발발하기 전까지 조선인은 지방 의회를 제외하고 식민지의
중앙 및 일본 제국의 정치에는 참여할 수 없었다. 이광수는 참정권
획득을 위해 조선인들에게 일제 군인으로 참전할 것을 독려했고, 일
제 측에게 참정권을 병역 의무와 교환할 것을 요구했다. 그는 특히
신(新)일본 민족을 '사랑'이라는 도덕 감정에 기초한 감상적인 공동
체로 인식하고, 조선인에게도 일제의 공동체 구성원으로서 일본인
과 마찬가지로 참정권이 부여되어야 한다고 주장했다. 하지만 일제
는 조선인에게 참정권을 주는 데 찬성하지 않았고, 결과적으로 이광
수의 친일 협력은 일본 제국을 위해 조선 청년들을 사지로 몰아넣

원 국학연구원, 2012, pp. 481~514.

146 권경안, 「일제강점기 담양 지역 국씨의 유지 활동」, 『지방사와 지방문화』 제10권 제1
호, 역사문화학회, 2007, pp. 289~332.

은 죽음의 정치에 협력한 결과를 초래했다. 이러한 사례는 근본적으로 식민지인은 제국의 시민이 될 수 없는 체제라는 것을 보여준 것이다.[147] 일본식으로 개명한 춘원의 이름이 가야마 미쓰로(香山光郎)다. 그는 이에 대해 향산은 자신이 평북 출신이라 묘향산에서 따온 것이라 주장했으나, 사실은 이와 달랐다. 그는 스스로 이 일본식 이름에 대해 이렇게 설명한다.

> 지금으로부터 2600년 전 진무 천황께옵서 임금에 즉위를 하신 곳이 가시하라(橿原)인데, 이곳에 있는 산이 가구야마(香久山)입니다. 뜻 깊은 이 산 이름을 씨로 삼아 '향산'이라고 한 것인데, 그 밑에다 '광수'의 '광' 자를 붙이고 '수'자는 '랑'으로 고치어 '향산광랑'이라고 한 것입니다.[148]

---

147 배개화, 「참정권 획득과 감성 정치: 일제 말 이광수의 친일 협력의 목적과 방법」, 『한국현대문학연구』 제50집, 한국현대문학회, 2016, pp. 239~324. 이광수의 사유 체계는 식민지 현실의 구체적인 상황 바깥에서부터 작동한다. 이에 따라 그가 미리 설정해 놓은 세계상에 따라 '지금-여기'의 현실은 언제나 무언가가 미달하고 교정되어야만 하는 수준으로 자리할 수밖에 없다. 이광수가 스스로 민족의 선각자이자 지도자로 나설 수 있었던 근거는 바로 그 격차에서 마련되었다. 이는 식민지 시대 지식인들에게서 두루 나타나는 요소일 수 있으나, 이광수의 경우 바람직한 사례가 상황에 따라 수시로 변한다는 점에서 문제를 안고 있다. 1922년 '정치 영역과 절연한 민족 단위의 사회운동가', 1923년 '인류 구제를 모색하는 진리의 파지자', 1924년 '정치적 결사를 강조하는 민족 자치주의자'로 숨 가쁘게 변모하는 과정은 이를 증명한다. 1930년대에 이르러 이광수는 세 가지 측면에서 자신의 생각을 가다듬어야 할 상황에 직면했다. 첫째, 이제는 자치론을 바탕으로 하는 태도는 설 자리를 잃게 되었다. 둘째, 세계사의 격변에 따라 모범적인 근대의 상을 설정하고 추종하는 방식은 설득력을 잃게 되었다. 셋째, 아들의 죽음을 이해하게 해줄 논리가 요구되었다. 이를 동시에 충족시키는 이념 체계가 바로 식민통치 체계였다. 이광수는 '통치 체계'의 자리에 일제의 천황을 배치함으로써 나름의 친일 논리를 확보할 수 있었다. 홍기돈, 「이광수의 친일 이념 다시 읽기: 욕망의 구조와 허위의식을 중심으로」, 『인간연구』 제22호, 가톨릭대학교 인간학연구소, 2011, pp. 59~81.

이처럼 이광수는 일제의 강요나 협박이 아니라 자발적으로 천황의 신민이 되어 그 감격을 표현한 것이다. 그는 자신의 창씨의 동기에 대해 "내가 향산이라는 씨(氏)를 창설하고 광랑이라는 일본식 이름으로 바꾼 동기는 황송한 말씀이나 천황 어명과 독법을 같이하는 성과 이름(氏名)을 가지자는 것"이라고 밝히고 "나는 깊이깊이 내 자손과 조선 민족의 장래를 고려한 끝에 당연히 이렇게 해야 한다는 굳은 신념에 도달한 까닭"이라며 "나는 천황의 신민이다. 내 자손도 천황의 신민으로 살 것이다. 이광수라는 성명으로도 천황의 신민이 못 될 것이 아니다. 그러나 향산광랑이 좀 더 천황의 신민답다고 나는 믿기 때문"이라고 강조했다.[149] 그리고 이광수는 철저하게 조선인이라는 것을 잊고, 피와 살과 뼈까지 일본인이 될 것을 다짐하기도 했다.[150] 잡지 『신시대(新時代)』에 1941년 1월부터 3월까지 연재한 『그들의 사랑』은 한 조선 청년이 어떻게 친일파로 변모해가는가를 굴욕적으로 보여준다.[151]

일제가 조선인을 대상으로 시행한 지원병제도는 1942년 태평양전쟁이 한창 치열해지고 있을 때 징병제로 전환된다. 전쟁이 장기화하자 일제는 부족한 병력을 채우기 위해 조선인이 황국신민이 되어

---

148 이광수, 「지도적 제씨(弟氏)의 선씨 고심담」, 『매일신보』 1940년 1월 5일 자.

149 이광수, 「창씨와 나」, 『매일신보』 1940년 2월 20일 자.

150 이광수, 「심적 신체제와 조선 문화의 진로」, 『매일신보』 1940년 9월 4~12일 자.

151 『그들의 사랑』과 『봄의 노래』는 황민이 되기를 바라는 친일이라는 선명한 주제의식을 보여주고 있다. 권동우, 「식민지 조선의 '이중언어' 현실과 이광수의 글쓰기: 『그들의 사랑』과 『봄의 노래』를 중심으로」, 『어문학』 제108집, 한국어문학회, 2010, pp. 269~301.

일본인과 동등한 지위를 부여받을 기회라고 선전했다. 조선 지식인들은 태평양전쟁에 조선인들이 얼마나 적극적으로 협조하고 참여하느냐에 따라 조선 민족의 지위가 결정될 것이라고 여겼다. 중일전쟁 이후 친일파가 된 조선 지식인들은 이것이 바로 내선일체와 황민화의 지름길이라고 강조하며 징병제야말로 곧 의무이며 특권이라고 주장했다.[152] 『신시대』에 1941년 9월부터 1942년 6월까지 연재된 『봄의 노래』는 주인공 요시오를 중심으로 한 남녀의 애정 문제와 그의 징병 문제를 다루고 있다. '나라에 바치는 몸'이라는 소제목에서는 징병제를 찬양하고 황국식민이 되길 바라는 내용을 강조하는데, 일본 제국의 충실한 신민이 되어 총력전에 참여하는 것이 총후봉공(銃後奉功)이며 이것이 곧 내선일체라는 것이다.[153]

또 친일과 일제 식민통치에 협력한 계층으로 사대부 양반 출신 관료 집단을 꼽을 수 있다. 대개 이들은 피지배층에게 수탈을 일삼던 자들로서 식민통치기에도 이런 임무를 수행했으며, 식민통치기

---

152 김재용, 『협력과 저항』, 소명, 2004, p. 118.

153 권동우, 앞의 글 「식민지 조선의 '이중언어' 현실과 이광수의 글쓰기: 『그들의 사랑』과 『봄의 노래』를 중심으로」, p. 273. 이광수에게 소설 창작이란 자신이 이상적인 것으로 받아들인 내선일체의 이데올로기를 지지해줄 실천적 기획의 일부였던 셈이다. 그러나 이광수가 보여준 대일 협력의 내적 논리를 밝힌다는 기획 아래 이광수의 대일 협력 문학을 그의 실제 행위와 나아가 이광수 그 자신과 섣불리 동일시하는 것은 창작 주체와 텍스트 사이의 의도하지 않은 어긋남, 벌어져 있는 간극의 의미를 말소시키는 결과를 낳는다. 이광수의 대일 협력 소설은 그의 협력 논리를 아무런 흠집 없이 담아낸 무결한 이데올로기적 세계가 아니며, 오히려 이광수가 체현한 일본 제국주의의 식민지 지배 담론의 맹점을 드러내 보여주고 있다. 임보람, 「이광수의 일제 말기 소설 연구: 대일 협력 논리의 균열 양상과 그 의미를 중심으로」, 한양대학교 석사학위 논문, 2014, pp. 79~81.

대민 업무를 맡아 더 높은 자리로 오르기 위해 일제에 충성했다. 총
독부의 조선인 관료 임용 방식을 보면, 1910년대 조선인 최고의 관
직이라고 할 수 있는 도지사나 도참여관의 경우, 주로 대한제국 왕
의 명령인 조서를 작성하는 직책인 칙임관(勅任官)이나 갑오개혁 이
후 대신이 왕에게 상주해 임명된 주임관(奏任官) 출신, 또는 정변 관
련자로 일본에 망명한 자, 그리고 일본에 유학했던 무관 출신자들이
유임되었다. 군수나 판검사의 경우도 병합 당시 대한제국 군수나 판
검사가 대부분 유임되었다. 그러다 점점 식민통치 체제가 갖추어지
자 대한제국의 주임관급 관료 중 대다수가 관직에서 물러나게 되었
다. 1920년대에는 조선인 관리의 충원 유형이 이전과 달라졌는데,
도지사나 도참여관은 한일합방 당시 군수로서 일정 기간 근무하다
가 일제에 대한 충성과 업무 능력을 인정받아 승진한 자들이 대부
분이었다. 판검사도 재판소 서기를 거쳐 법관으로 등용되기 시작했
다. 1930년대에는 전직 구한말 관료 출신보다 총독부에 의해 직접
등용되었던 자들 가운데서 군수로 승진한 자들이 주류를 이루었고,
경시나 판검사도 총독부 설립 이후 주로 임용되었다. 1930년대 들
어서면서 고등고시 출신 고등관이 등장했으나, 여전히 조선인이 승
진할 수 있었던 최고직인 도지사나 도참여관은 대한제국 사대부 양
반 관료 출신들이 차지하고 있었다.[154]

---

154 1909년 당시 대한제국 관료 가운데 67.6퍼센트가 일제강점기 식민지 통치 관료로
    충원되었다. 이들 식민 관료들은 일제의 식민 정책에서 대민(對民) 집행관의 기능과
    일본의 식민통치에 정당성을 부여해주는 기능, 그리고 조선인에 대한 회유 기능을
    수행했다. 해방 후에도 관료 세력의 상당수가 온존케 되어 오히려 전통적인 지배층

일제강점기 조선인들은 새로운 식민통치에 의한 새로운 법을 따라야 했다. 과거 조선 또는 구한말 시기의 유교적인 법이 아닌 근대 국민국가 형식을 띤 식민지 법은 조선인에게 어떻게 인식되었을까? 김동인(金東仁) 소설의 주요 모티프 중 하나는 법과 재판의 문제였다. 식민지 법이 이전 신분 체제에서의 유교적 관습법에 익숙했던 조선인에게 단순히 악법으로 여겨졌는지, 아니면 법치의 확립으로 여겨졌는지에 대한 판단은 그리 쉽지 않다. 그러나 적어도 비합리적인 신분 체제가 아닌 합리적인 법에 따른 체제라는 점에서 피지배층에게는 이로울 수 있었다. 신분 체제에서 법 집행은 신분에 따라 평등하지 않았지만, 식민지 법은 이러한 차별이 없는 평등한 법 적용이 원칙이었다.

이처럼 식민지 통치는 근대적 법의 본질을 담고 있었으며, 김동인은 여러 소설을 통해 이에 대한 명석한 해석을 보여주고 있다. 그의 소설 「태형」에서는 3·1운동 과정에서 나타난 잔혹한 학살을 통해 법에서 배제된 자들의 죽음을 보여주며, 동시에 감옥에서 어떻게 인간을 관리하는지를 이야기한다. 이 소설은 출판법 위반 혐의로 구치소에 갇혔던 자신의 체험을 바탕으로 쓴 것으로, 비좁은 감방 안에서 벌어진 여러 이야기를 담고 있다. 같이 갇힌 죄수 가운데 한 노인이 태형 90대 형을 받게 된다. 이 정도 형이면 죽을 수도 있다는 생각에 노인은 이에 불복하고 항소한다. 그러나 비좁은 감옥에서 불

의 기득권이 강화되는 방향으로 나아가게 되었다. 박은경, 「일제시대 조선총독부 조선인 관료에 관한 연구: 충원 양식을 중심으로」, 『한국정치학회보』 제28집 제3호, 한국정치학회, 1995, pp. 133~163.

편을 겪고 있던 수감자들은 한 사람이라도 빨리 나가 조금이라도 편하길 바라는 마음으로 모두 노인의 항소를 비난한다. 마침내 노인은 그 비난에 못 이겨 항소를 포기하고 태형을 받는다. 그 비명을 들으며 조금 편안함을 느끼고 있던 감옥 수감자들의 모습을 지켜보는 주인공은 괴로워한다. 이 소설 속 감옥이라는 공간은 식민지 조선을 의미한다. 태형을 받는 노인은 피지배층이며, 좁은 감옥 안에서 조금이라도 편하게 지내려고 노인에게 항소(항일투쟁)를 포기하게 하고 그 고통의 신음을 들으면서도 편안함을 느끼는 다른 수감자들은 사대부 양반 지배층을 나타낸다. 이처럼 식민지 조선에서 지배층 사대부 양반들은 피지배층 민중들을 희생양 삼아 그 신음을 들으며 살아갔다.

식민지 법은 전근대적 형벌인 태형을 유지하면서도 동시에 공소와 항소라는 근대적 제도를 시행함으로써 여전히 법의 모순을 드러내고 있다. 이런 소설의 구도는 식민지에 이전 조선 신분제의 구체제와 새로운 일제 식민 체제가 아직 공존하고 있다는 현실을 보여준다.[155] 이 소설은 식민지 조선에서 지배층이 어떻게 친일로 변하는지, 그리고 피지배층은 다시 지배층을 위해 자신들의 권리를 포기

---

155 법의 본질이 법률이 아니라 재판을 통한 판결로 드러난다고 한다면, 재판은 정의를 구현하지 못하고 진실에서 멀어져 있으며 인간의 삶을 법에 구속하는 역할을 한다. 나아가 기존에 유미주의라고 평가되던 김동인의 작품들이 재판 모티프와 밀접하게 연관되어 있다는 점도 관심을 끌고 있다. 김동인의 유미주의는 법에 대해 사유하며, 근대적·식민지적 법에 대해 비판하고 분노하는 그 지점에서 출발하고 있다. 이지훈, 「김동인 소설에 나타난 식민지 법의 의미 연구」, 『한국현대문학연구』 제42집, 한국현대문학회, 2014, pp. 353~382.

하고 어떻게 반복해 고통을 받고 살아가는지 그 과정을 상징적으로 보여주고 있다.

식민지 시대에 조선과 일본의 지식인들 가운데 일부는 동양의 연대, 말하자면 대동아공영을 실현하기 위해 선린과 우의를 강조하고 이 인적 네트워크를 확대해 이를 실천하려고 노력했다. 더욱이 일제 식민통치 이후 조선의 아시아주의자들은 일제 식민지 이데올로기를 내면화하는 양상을 보여주었다. 개항 이후 이들은 아시아주의 이념과 대동아공영이라는 일본 제국주의 정책과 이념에 호응해 이를 동양의 문명개화와 서양의 식민통치 지배에 대항하는 구실로 삼았다. 이들은 일제 중심으로 동양을 결집함으로써 서양 세력에 공동 대응 전선을 형성한다는 아시아 운명 공동체 의식에 사로잡혀 있었다.[156] 이런 논리에 의해 이들 지배층 지식인들은 일제에 협력해야만 서세동점의 유럽 식민주의 정책을 저지할 수 있다고 믿었다. 이완용은 3·1운동이 일어나자 이를 진정시키기 위해 『매일신문』에 글을 실어 "한일합방이 동양의 국제 정세 속에서 조선 민족이 살 수 있는 유일한 길"이라며 "독립을 주장하는 자들은 오히려 조선 민족을 멸망시키고 동양의 평화를 파괴하는 적"이라고 비난했다.[157] 이 명분으로

---

156 아시아 연대론은 초기에는 아시아의 통상(通商)에 관한 것이었으나, 점차 동양이라는 유교문명권으로 변했다. 그러다가 조선이 일제의 식민지가 되자 조선의 아시아주의자들은 '동종동문(同種同文)의 아시아'를 위해 하나가 되어야 한다고 주장하는 등 아시아 연대론은 식민지 동화 정책의 수식어가 되어버렸고, 조선과 일본의 관계도 '형제국'에서 '부모와 자녀 관계(父子國)'로 점차 종속성이 심화되어 갔다. 박영미, 「전통 지식인의 친일 담론과 그 형성 과정」, 『민족문화』 제40집, 한국고전번역원, 2012, pp. 75~111.

157 『매일신보』 1919년 5월 29일 자.

조선의 위정자들을 비롯해 사대부 양반 지배층은 한일합방을 나라
와 백성을 위해 취해진 최후의 수단으로 여겼다. 이들은 이런 구실
을 내세우며 식민통치에 협조하는 한편, 일제의 내선일체 정책에 적
극적으로 동조하며 일제에 대한 피지배층의 순종과 복종을 독려한
것이다.[158] 조선을 지키기 위해 서구의 세력을 저지할 능력도 없었
고 그렇다고 자신들의 기득권을 모두 박탈하는 근대화를 추진할 수
도 없었던 이들 조선 지배층에게 가장 유리한 선택은 바로 자신들
의 기득권과 재산을 보호해주는 조건으로 일제에 통치권을 넘겨주
는 것이었다. 그리고 그에 따른 모든 희생과 피해는 고스란히 피지

---

[158] 동화형 협력운동은 일제 지배의 정당성을 적극적으로 인정하고 조선 민족만의 독
립 국가 건설을 완전히 포기한 것이었다. 이들 친일과 위정자들은 동화형 협력운동
을 통해 한일 양 민족의 동화 내지는 융화가 가능하다고 인식하고, 일본 본국 주민
과 동등한 대우를 받기 위해 적극적으로 동화를 촉진할 것을 주장했다. 동화형 협
력운동은 일본 제국 국민으로서 정당한 권리를 향유하자는 것이며, 일제 지배 권력
과의 협력적인 관계를 강화해 동화주의 지배 체제에 입각한 참정권을 획득하자는
논리를 폈다. 김동명, 「일본 제국주의에 대한 저항과 협력의 경계와 논리: 1920년대
조선인의 정치운동을 중심으로」, 『한국정치외교사논총』 제31권 제1호, 한국정치외
교사학회, 2009, pp. 37~75. 대표적인 친일의 독려는 근대성의 상징인 문학을 통해
이루어졌다. 친일문학론은 크게 세 단계로 나누어 전개된다. 첫째, 서구 중심의 근
대성에 대한 비판과 동양에의 관심, 둘째, 동양의 중심으로서의 일본의 제시, 셋째,
조선 민족의 일본 국민으로의 발전적 해소가 그것이다. 이 중 두 번째 단계와 세
번째 단계의 논의는 반역사적인 동시에 반민족적이므로 친일문학이라 칭할 수 있
다. 그리고 1930년대 후반기에 친일문학이 집중적으로 나타난 것은 우연이 아니다.
1930년대 후반기는 동양이라는 세계관과 국민이라는 개념이 전 세계적인 주요 테
마로 등장한 시기다. 그런데 한국문학은 이 주제를 통해 식민지적 현실을 발견하는
대신 오히려 조선은 일본 국민으로서 새로이 탄생해야 한다는 조선 민족 발전적 해
소론으로 치닫는다. 그러므로 친일문학은 우연의 산물이 아니라 필연의 과정이다.
류보선, 「친일문학의 역사철학적 맥락」, 『한국근대문학연구』 제4권 제1호, 한국근대
문학회, 2003, pp. 8~40.

배층에게 떠넘겼다.[159]

일제의 식민 정책은 조선에 자본주의적 수탈에 적합한 식민지 근대 질서를 구축하는 것이었다. 앞서 설명한 국씨 가문처럼 각 지방 지배층 사대부 양반 출신 유지들은 자신의 재산을 지키기 위해 일제의 이러한 정책에 협조했고, 이로써 피지배층들의 가난은 더욱 심화했다. 여기에 더해 일제의 수탈경제를 위한 식민정치는 조선시대부터 이어온 전통적인 마을의 유교적 공동체 정신을 서서히 무너뜨렸다.[160] 이 현상은 신분적 적대감에서 가진 자와 갖지 못한 자들의 갈등으로, 그리고 자본주의와 사회주의로 대립되는 이념의 갈등으로 전환된다. 브루스 커밍스도 이렇게 설명한다.

한국은 수백 년 동안 유지된 사회 구조를 지녔다. 500년간 지속한 조선 왕조에서 대다수 한국인은 농민이었고, 그들 대부분은 세계적으로 매

---

159 박희도(朴熙道)는 기독교 청년 민족대표로서 희망을 품고 3·1운동에 적극적으로 참여했다가 다음과 같이 서서히 변절의 길로 들어선다. 첫째, 박희도는 기독교인으로서 조선의 독립을 하나님의 뜻이라 믿고, 비폭력적이며 평화적인 독립운동에 적극적으로 참여한다. 둘째, 그는 계몽주의 지도자로서 3·1운동 후 일제의 탄압과 수감 생활을 경험한 후 적극적 투쟁보다는 교육과 계몽주의 노선으로 전환한다. 셋째, 1934년부터 재수감으로 인해 충격을 받은 그는 정체성의 혼란과 트라우마를 겪으면서 현실적 기회주의자로 변절하기 시작한다. 그리고 마침내 그는 모든 희망을 잃고 점진적 친일로, 소극적 동조에서 적극적 지지로 변절의 길을 걷게 된다. 이처럼 박희도는 의미 있는 일의 실천을 포기하고, 자신의 연약함과 일제의 회유와 압박으로 동기와 열정이 식으면서 침체에 빠져들어 결국 윤리적 타락과 적극적 친일로 나아간다. 홍인종, 「3·1운동과 심리 변화: 시험(test), 시련(trial)과 외상(Trauma): 민족대표 박희도 변절의 심리적 전개 과정을 중심으로」, 『선교와 신학』 제49집, 장로회신학대학교 세계선교연구원, 2019, pp. 467~498.

160 이윤갑, 「일제의 식민지 지배와 마을문화의 해체」, 『한국학논집』 제32집, 계명대학교 한국학연구원, 2005, pp. 235~274.

우 완강한 양반의 소유지를 경작한 소작농이었다. 많은 이들이 노비였는데, 세대를 거쳐 신분이 세습되었다. 이 기본적인 조건, 즉 특혜를 받은 지주계급과 하층 농민 대중, 그리고 양자 사이의 관계가 변하지 않은 것은 20세기 식민주의 시대까지 지속했다. 일본이 1910년 조선을 지배하기 시작한 이후에 조선의 현지 지주 세력을 통해 움직이는 것이 유용함을 깨달았다. 그래서 국가의 분단과 동란, 전쟁의 위기 속에서 한국인들도 이렇게 오래된 불평등을 바꾸려 했다. 그러나 양반이라는 이 지배층이 오로지 착취를 통해서만 여러 위기를 연이어 극복하고 오랫동안 존속해온 것은 아니다. 양반은 학자이자 관료이며 지식층인 사대부와 관리를 키워냈고, 훌륭한 치국책과 화려한 예술 작품을 생산했으며, 청년을 교육했다. 비교적 개방적이었던 1920년대 양반가의 많은 젊은이가 상업, 공업, 출판, 학문, 영화, 문학, 도시의 소비 부문에 진출했다. 새롭게 싹트던 이 엘리트층은 순조롭게 조선의 독립을 이끌 수 있었을 것이다. 그러나 이들 조선의 엘리트들은 변절해 친일 부역자가 되었다.[161]

이처럼 조선이 일제 식민지로 전락하자 조선의 사대부 양반 지배층 출신들은 대부분 자신의 재산과 지위를 그대로 유지해나가기 위해 친일을 선택했다. 이 가운데 일부 지배층 출신들은 미래 민족주의적 자본주의 근대 국민국가 수립을 목표로, 다른 한편은 사회주의

---

[161] 브루스 커밍스, 앞의 책 『브루스 커밍스의 한국전쟁: 전쟁의 기억과 분단의 미래』, pp. 32~33.

사상을 수용해 민족주의적 사회주의 국가 건설을 목표로 각각 외교 정책과 무장투쟁 방식을 선택해 때로는 서로 연합을, 때로는 갈등과 분열을 거듭하며 독립운동의 길로 나아갔다.[162] 그리고 피지배층 가운데 일부는 생계를 위해 만주와 연해주로 이주해 살면서 항일투쟁 독립운동가를 지원하다가 이에 참여했다. 반면 그 외 모든 평범한 피지배층 출신 조선인들은 자신들의 의지와 관계없이 식민 지배 체제로 내몰렸다. 지금까지 살펴본 바와 같이 조선의 지배층은 친일 아니면 항일을 선택했지만, 그 목적은 기득권 유지 또는 재획득이었다. 그렇지만 피지배층들은 생존을 위한 체제 순응 외에 무엇을 선택할 수 있었을까?

---

162 지배층 출신들은 1930년대 이후 민족 생존을 위한 정치사상을 두고 민족개조론과 민족문화건설론을 각각 주장했다. 그러나 이들의 정치적 선택은 결국 민족의 점진적인 소멸과 고사를 방치한 무책임한 선택이었다. 다음으로 독립운동을 선택한 지배층 그룹은 민족문화건설론을 주장하며 명시적으로 반제국주의 항일독립정신을 강력하게 고취하면서 항일투쟁을 벌인 신채호, 박은식, 안재홍 등과 같은 민족 좌파들이다. 안재홍은 "자치운동은 출발에서부터 그릇된 관제적 타협운동"이라고 규정하고, "일제의 동화 정책으로 초래된 민족 정체성의 위기는 그야말로 한민족을 역사적 난국에 처하게 했기 때문에 한민족은 당장 정치적·사회적 투쟁이 불가능하다면 '문화에로의 정력 집중'을 통해 민족 정체성을 유지, 강화하는 정치적 노력이 절실하게 요청된다"라고 역설했다. 정윤재, 「일제강점기 민족 생존의 정치사상: 민족개조론과 민족문화건설론」, 『동양정치사상사』 제4권 제1호, 한국동양정치사상사학회, 2005, pp. 35~45.

2

평범한 사람들의 두 이야기

　1930년대 만주에서 세 남자가 보물지도 쟁탈전을 벌인다. 이상한
놈 윤태구와 좋은 놈 박태구가 서로 보물지도를 놓고 대화를 한다.

> "난 고향으로 돌아가서 땅을 살 거야. 거기다 집을 짓고, 소도 키우고,
> 말도 키우고, 양도 키울 거야."
> "그게 끝이야?"
> "개도 키우고 닭도 키울 거야."
> "그러니까 땅 사서 가축 키운다는 게 끝이냐고?"
> "더 이상은 생각 안 해봤는데……."
> "빼앗긴 나라 땅은 뭘 하려고 사냐?"
> "뭐, 우리 같은 놈들 양반들 밑에서 사나, 일본 놈들 밑에서 사나 달라
> 질 게 뭐 있어?"
>
> 　　　　　　　　　　　　　　　　　 - 영화「좋은 놈, 나쁜 놈, 이상한 놈」 중에서

　일제 식민통치기에도 과거의 신분에 따른 조선인의 삶은 생각보
다 크게 달라지지 않았다. 일제강점기 조선인의 인생 여정은 조선시

대처럼 굳어진 유교 체제에 얽매이지는 않았지만, 갑작스럽게 붕괴한 신분 사회 질서는 많은 조선인에게 다양한 인생 이야기를 만들어냈다. 이 시기 우리 역사 기술은 미시사 관점에서 보면 독립과 친일, 그리고 민중들의 고난으로 함축된 정치적 이념에 집중되어 있고, 각자 주어진 개인의 삶에 대한 실질적인 해석이 미흡하다. 그러므로 역사가가 과거에 일어난 사건을 분석하고 이를 해석해 역사적 가치를 부여할 때 이는 역사로서 의미를 지니게 된다.[163] 역사적 사건은 분석의 대상이 아니라 예술 작품과 마찬가지로 해석의 대상이기 때문이다. 대부분의 역사적 사건들은 자연법칙에 의해 일어난 것이 아니라 인간의 행위에 의한 것인 만큼 해석을 해야 이해될 수 있다. 무엇보다 그 시대를 지배한 힘은 인간의 생각이다. 이런 생각을 찾아낼 수 있는 자료로서 가장 유용한 것은 문학, 즉 시와 소설일 것이다. 특히 소설이라는 장르는 시대정신에 묶여 있는 예술이다.[164]

역사가는 소설이나 시를 해석할 때 그것들이 쓰인 시대의 사회에 관한 구체적인 역사 지식을 상세히 알아야 한다. 근대 소설은 당시의 사회 현실을 바탕으로 쓰인 것이기 때문에 생각, 풍습, 유행 등 그 시대상을 그대로 보여준다. 그러므로 그 시대의 문학은 작가가 이야기하고자 한 그 시대 역사를 묘사하고 있으며, 역사가는 이를

---

163 영국 역사가 카는 랑케식 객관성과 과학성을 중시한 실증주의 사학과 콜링우드식의 주관주의 역사관을 모두 비판하며, 역사의 해석을 강조한다. 이에 대해서는 Edward Hallett Carr, *What is History*(Cambridge: Cambridge University Press, 1961) 참조.

164 최정운, 『한국인의 발견: 한국 현대사를 움직인 힘의 정체를 찾아서』, 미지북스, 2016, p. 35.

재구성해 설명해야 한다. 소설가들이 소설을 쓰는 근본적인 이유는 자신들이 살았던 세상과 사회를 알리기 위해서다. 그러므로 소설을 해석할 때는 작가가 하고 싶은 이야기가 무엇인가를 찾아내는 것이 필수적이다. 피지배층은 자신들에 관한 기록을 거의 남겨 놓지 않았으나, 다행스럽게도 그 시대의 세상과 사회를 그대로 설명해 놓은 소설가들의 문학 작품이 있어 이들 피지배층의 이야기를 찾아볼 수 있다. 소설은 그 내용 구성이 허구라 할지라도 자신이 보고 듣고 경험한 세상에 바탕을 두고 있으며, 허구는 주인공의 이야기에 국한된 것이고 그 허구의 배경으로 묘사된 세상은 사실이기 때문이다.[165]

---

165 예컨대 채만식(蔡萬植)의 『치숙』의 '존재 X'는 무성영화의 변사와 같이 보이지 않는 선을 깨는 공간좌표(허구세계와 현실세계의 경계)에 놓여 있다. 이것은 일관된 '믿을 수 없는 화자(unreliable narrator)의 말하기'이자 '말하기 내의 말하기(telling in telling)' 기법이다. 채만식은 보이지 않는 선을 깬 다음 아이러니(irony) 기법을 구사해 독자에게 현실을 비판적으로 인식하도록 유도한다. 이처럼 소설 텍스트에서 보이지 않는 선은 작가가 다양한 서사 기법을 구사할 수 있도록 하는 서사 장치이고 독자가 작품에 몰입하거나 깨어 있게 만드는 미학적 이율배반(antimony)이다. 김승한, 「소설 텍스트의 현실과 허구를 나누는 선」, 『현대문학이론연구』 제70권, 현대문학이론학회, 2017, pp. 31~55. 한편 소설 장르의 허구성은 사실이 아닌 것을 사실처럼 꾸미는 것을 의미한다. 만일 소설을 사실적인 이야기로 받아들일 수 없다면 소설의 허구성을 새롭게 자리매김할 방법을 고안해야 한다. 그러므로 허구성의 의미는 텍스트 내적 조건에서 드러나게 하는 방법이 중요하다. 소설의 현실 인식은 직선적인 시간의식으로 제시되는데, 이는 소설의 내용을 구성하는 데 설정된 시간을 통해 본질을 회복하려는 의도와 맞물린다. 소설이 추구하는 본질에 대한 의지를 본질은 찾을 수 없다는 현실 인식과 관련지어보면 본질에 대한 의지란 현실 속에서는 존재하지 않는 것을 소설을 통해 만들어내야 한다는 의지로 전환된다. 따라서 소설의 허구성이란 삶의 의미가 존재하지 않는다는 현실 인식에도 불구하고 소설의 형식적 변형을 통해서 의미를 찾고자 하는 모험의 과정을 통해 드러난다. 소설에서 계열체적인 관계, 묘사적 표현, 종결의 지연 등의 방식은 순차적이고 인과적인 시간 질서를 변형시켜 현실에서는 찾아볼 수 없는 새로운 의미를 만들어내는 형식적 변형의 사례에 해당한다. 그러므로 소설의 허구성은 스토리의 사실성의 효과를 내는 것이 아니라 삶의 의미를 만드는 방식이 되어야 한다.

식민통치에 협조한 대가로 자신들이 누려온 기득권과 재산권을 보장받았던 지배층은 자본주의 시장에서 기업가로 변신해 자본을 독점함으로써 시장을 장악했다. 이에 농민이나 하층민 등 피지배층들은 다시 임금노동자가 되어 이들 지배층 출신 자본가에게 자본주의적 노비로 종속되었다. 피지배층 민중들은 조선시대에 공을 세워 면천이 되듯 일제 식민통치기에도 군인이나 경찰이 되거나 일제에 협력함으로써 신분 상승을 도모했다.[166] 이들에게는 조선의 신분 체

김혜영, 「소설 장르의 허구성 연구」, 『현대소설연구』 제21호, 한국현대소설학회, 2004, pp. 47~65.

166 일본 육사에 들어갈 수 있는 조선인은 조선 왕족 출신이거나 친일파들뿐이었다. 조선총독부는 강제 병합 이후 치안을 유지한다는 평계로 경찰 조직 대신에 헌병을 조선 전역에 배치했는데, 이때 헌병보조원으로 일부의 조선인을 뽑았다. 대부분의 제국주의 국가가 그랬듯이 식민지의 사람들은 아주 하급직만 할 수 있었다. 그러나 당시로선 조선인이 할 수 있던 몇 안 되는 공직이었기에 상당한 엘리트층이었다. 3·1운동 이후 조선총독부는 헌병을 일제 경찰로 대신하고 조선인들을 많이 채용했다. 일본군 헌병대에서 군속 신분으로 일하던 헌병보조원도 군인으로 보기도 하는데, 이들은 일등병과 이등병 사이의 대우를 받았다. 1910년 당시 헌병은 2,019명이었으며, 이 중 조선인 헌병보조원은 1,012명이었다. 헌병을 합친 전체 경찰은 7,712명이며, 이 중 조선인은 4,440명이었다. 1919년에는 헌병 대신 조선총독부 경찰이 업무를 맡았다. 헌병보조원들은 일본 제국 경찰의 순사가 되었다. 조선인 피지배층 출신으로 유일하게 일본군 장군(중장)까지 오른 인물로 중일전쟁 시기 중국 팔로군과 조선의용군의 교전(태항산 전투) 당시 일본군을 지휘했으며, 태평양전쟁 시기에는 필리핀 전선에서 연합군 포로 수용소장을 지냈고, 종전 후 필리핀에서 전범으로 처형당한 천민 출신 홍사익(洪思翊)이 있다. 학교에 진학하지 않은 일반 청년에 대해서는 일본어 교육과 '황민의식'의 주입은 물론 기초적인 군사훈련을 시행하기 위해 사회교육 차원에서 청년훈련소를 비롯해 조선 청년 특별 연성소, 장정 훈련소 등 다양한 형태의 기구를 설치, 운용했다. 또 일제는 1938년 육군 특별 지원병제도의 시행과 함께 '조선총독부 육군병 지원자 훈련소'를 설치, 운영하는 한편, 1943년에는 해군 특별 지원병제도의 시행에 따라 '조선총독부 해군병 지원자 훈련소'를, 그리고 1944년 징병제가 시행됨에 따라 기존의 '조선총독부 육군병 지원자 훈련소'를 폐지하고 징병 대상자들을 대상으로 '조선총독부 군무 예비훈련소'를 설치했다. 이상과 같은 일제의 조선인에 대한 군사훈련은 전쟁의

제에서 몸에 밴 순응 외에 자신들의 삶을 선택할 그 어떤 방법도 없었다. 신분제가 철폐된 새로운 평등 사회에서 유일하게 주어진 기회는 자력으로 출세할 수 있다는 것이었다. 사대부 양반 지배층으로부터 인간 대접도 받지 못하고 수탈과 억압 속에서 대대손손 살아온 피지배층 출신 민중들에게 잘살 수 있고 높은 자리에도 오를 수 있다는 신분 상승의 기회를 위한 전제조건이 바로 식민 체제에 순응하는 것이었다. 왜냐하면 이들 민중은 이전 시대로부터 물려받은 것이라곤 가난과 순종밖에 없었기 때문이다. 우리가 잘 알고 있는 서정주의 시 「자화상」은 이렇다.

애비는 종이었다. 밤이 깊어도 오지 않았다.
파뿌리같이 늙은 할머니와 대추꽃이 한 주 서 있을 뿐이었다.

장기화와 전장의 확대에 따라 조선인을 군인으로 동원했을 때 일본 군대에 적응할 수 있도록 하기 위한 것이었다. 당시 각각의 군사훈련 내용을 살펴보면, 우선 1942년 이후 육군 현역 장교가 배속된 학교에서는 중학교의 경우 5년간 총 430시간의 교련과 23일간의 야외 연습을 시행했다. 실업학교, 사범학교, 양성소, 대학 예과전문학교, 전문학교, 대학 등 상급 학교에서도 교련 시간이 각기 책정되었다. 또 보통학교 졸업 후 상급 학교에 진학하지 않은 청년들에 대한 사회교육과 관련해 청년훈련소 본과의 경우 4년간 총 350시간의 교련교육을 시행했고, 조선 청년 특별연성소의 경우 1년간 총 200시간의 교련 및 근로 작업을 시행했다. 특히 조선 청년 특별연성소의 경우, 이곳에서의 연성 과정을 통해 군인이나 노무자로 동원했다. 표영수, 「일제강점기 조선인 군사훈련 현황」, 『숭실사학』 제30집, 숭실사학회, 2013, pp. 215~252. 1931년 9월 만주사변 당시 조선인 순사, 순사보, 광동군 헌병보조원 등은 일본 군경의 밀정, 통역, 길잡이, 토벌대 등에 참여해 조선인 항일투쟁 독립군을 체포하거나 직접 살해했다. 조선 내 경찰과 달리 이 지역 조선인 경찰들은 직접 무장대를 조직해 항일 세력과 전투를 벌이거나 조선인 민간인을 학살하기도 했다. 친일반민족행위진상규명위원회, 『친일반민족행위관계사료집 Ⅶ: 일제의 해외 조선인 통제와 친일 협력(1904~1937)』, 선인, 2008, p. 17.

어매는 달을 두고 풋살구가 꼭 하나만 먹고 싶다 하였으나……

흙으로 바람벽 한 호롱불 밑에

손톱이 까만 에미의 아들

갑오년이라든가 바다에 나가서는 돌아오지 않는다 하는

외할아버지의 숱 많은 머리털과

그 커다란 눈이 나는 닮았다 한다.

스물세 해 동안 나를 키운 건 팔할이 바람이다.

세상은 가도 가도 부끄럽기만 하드라.

어떤 이는 내 눈에서 죄인을 읽고 가고

어떤 이는 내 입에서 천치를 읽고 가나

나는 아무것도 뉘우치진 않을란다.

찬란히 틔워 오는 어느 아침에도

이마 위에 얹힌 시의 이슬에는

몇 방울의 피가 언제나 섞여 있어

볕이거나 그늘이거나 혓바닥 늘어뜨린

병든 수캐마냥 헐떡거리며 나는 왔다.

시 구절 표현처럼 "병든 수캐마냥 헐떡거리며" 비참하게 살아온 시인 서정주는 아버지의 신분이 미천한 노비라고 고백하고 있다. 일제강점기, 아마도 조선의 민중들은 이렇게 살았을 것이다. 실제로 서정주의 아버지는 마름으로 알려져 있으며, 동학농민전쟁에 참여한 외할아버지의 모습을 자신이 닮았다 하면서 자신도 그러한 식민 시대에서 저항정신을 물려받았다고 간접적으로 표현하고 있다. 시의 내용이 암울하나 시의 어조가 단정적이어서 이를 이겨내려는 모습을 보이고 있다.[167] 조선시대의 노비 문서에서 수개(壽介)라는 노비 이름이 많은데, 이는 말 그대로 수캐라는 뜻이다. 서정주는 자신을 그 수캐에 비유한 것이다.

이처럼 서정주의 「자화상」은 지금까지 "애비는 종이었다"라는 고백을 통해 식민통치 시대에 살아야 했던 개인의 삶의 이야기이면서 동시에 그 현실에서 고통받던 조선인 피지배층의 고뇌로 해석되었다. 노비의 자식이라는 운명적 제약으로 인해 그의 삶은 주체적이거나 자립적이지 못하다. 그런데도 "스물세 해 동안 나를 키운 건 팔할이 바람이다"라는 구절은 아마도 그 자신이 일제의 신민인 동시에 조선인으로서 살아가면서 겪어야 했던 민족 정체성에 대한 갈등과 고뇌, 그리고 '끊임없는 방황의 삶'을 표현하고 있다. 그가 「자화상」이라는 시에서 자신의 신분을 드러낸 것은 이런 운명적인 갈등을 스스로 직시하며 위로하려는 방식일 것이다.[168] 서정주의 개인적

---

167 개별 시인의 「자화상」은 그 시인과 불가분의 관계에 있기에 독자가 아무리 그 시인의 이름을 지으려 해도 지을 수 없다. 그것은 개별 시인의 자의식이 그 작품 속에 담겨 있고, 이때의 작자와 시적 화자는 절대로 무관하지 않기 때문이다. 김권동, 「1930년대 후반 「자화상」의 문학적 특성에 대한 연구: 노천명, 서정주, 윤동주를 중심으로」, 『한민족어문학』 제52집, 한민족어문학회, 2008, p. 337. 이 작품은 1939년 10월 『시건설』 제7호에 발표되었으며, 1941년에 출간된 그의 시집 『화사집』에 실려 있다.
168 고은은 서정주는 자아를 찾으려는 의식보다 자기합리화 방식이 강했던 시인이라고 비판한다. 고은, 「미당 담론: 「자화상」과 함께」, 『창작과 비평』 제112호, 창작과비평사, 2001, p. 293.

인 내면을 표현한 「자화상」은 서정주 개인의 행로가 한국 현대사의 굴곡과 부침 속에서 체제에 안주하거나 순응적인 태도를 보인 것과도 관련되어 있는 것으로 해석할 수 있다.[169]

노비 해방은 지배층 사대부 양반들에게는 재산 손실이지만, 피지배층에게는 천한 신분에서 벗어나 자유로운 새로운 세상이었다. 선택이 아닌 강제로 주어진 신민통치에의 순응은 모든 피지배층 조선인에게 운명과 같은 것이었다. 신분제 철폐로 가축 이름으로 불리던 조선의 천민들은 성과 이름을 가질 수 있었고, 이것만으로도 자신들이 사람대접을 받게 되었다고 생각했다. 이중환(李重煥)의 『택리지(擇里志)』를 보면, 오로지 지배층인 사대부 양반들만이 성씨를 가졌으며, 조선 초기만 해도 전 인구의 90퍼센트가 성씨가 없었다.[170] 물론 양민들도 성씨를 가질 수 있었으나(몰락한 양반이나 성씨는 있지만 족보가 없는 양민 등) 그리 많지 않았고, 노비나 천민계층은 아예 성씨를 가질 수 없었다. 사대부 양반들은 천민계층이 같은 조상으로부터 피를 나눈 후손이라는 것을 수치로 여겼고, 이치에 닿지 않는 일이라고 생각했다.

그렇다면 1894년 갑오개혁으로 신분제가 철폐된 후 이들 천민계층은 갑자기 없었던 성씨를 어떻게 만들었을까? 피지배층 노비나 천민계층은 대개 주인의 성과 본을 따랐다. 신분제 철폐 이후 행해진 성씨 부여는 신분 질서를 없애겠다는 의도와 달리 애초부터 인

---

169 김권동, 앞의 글 「1930년대 후반 「자화상」의 문학적 특성에 대한 연구: 노천명, 서정주, 윤동주를 중심으로」, p. 349.

170 이중환, 『택리지』 「총론」편.

구가 많았던 김씨, 이씨, 박씨 등 권문세가 가문을 더 거대한 씨족으로 만드는 결과를 낳았다.[171] 또한 이는 피지배층 천민들에게 지배층 사대부 양반들과 동등한 신분의식을 갖게 했다. 특히 성과 본의 일반화는 조선시대 신분 질서로 인한 차별과 수직적인 관계를 무너뜨리고 같은 동포로서 동질감을 느끼게 했다. 독립운동가들은 이러한 조선인의 동질감을 자극해 피지배층 출신 민중들에게 민족의식을 주입했다. 그러나 일제 식민통치 기간에 태어나 일본식 교육을 받고 성장한 피지배층 출신 조선인들은 민족 감정보다 현실적인 면에서 가난에서 벗어나 출세하고자 하는 욕구를 억제할 수 없었다. 말하자면 이들에게는 조국과 민족이라는 개념보다 생계가 더 중요했다. 과거의 피지배층은 지배층 양반 지주로부터 일방적인 학대와 수탈을 당했지만, 일제 식민통치 아래에서는 그 양상이 달라졌다. 1920년대와 1930년대 초반 농민과 천민 출신 노동자들의 생활상은 그 이전에는 없었던 변화의 특징을 보여주고 있다. 예컨대 일제 식민통치 시기에 피지배층 출신 농민들은 자신들의 의지와 관계없이 강제로 이식된 식민 체제에 저항하기보다 주로 지세나 임금 문제로 지주인 사대부 양반들과 기업주, 관료들에게 자주 강하게 대항하기

---

171 한국에서 가장 많은 김씨, 이씨, 박씨 등 3대 성씨는 친족 관계가 아니라 피지배층이 지배층의 성씨를 멋대로 사용한 것으로 추정되고 있다. 해방 이후 한국에서 최근까지 시행되어 왔던 호적제도는 조선총독부가 1922년 공포한 조선호적령에 기초하고 있다. 조선호적령은 1909년의 민적법과 민적법집행심득(民籍法執行心得)을 제도적으로 보완한 것으로, 일본식 호적제도를 그대로 수용한 것이다. 이 호적제도의 개편은 민적법으로 조선인을 체계적으로 관리할 수 없어 조선인을 일상적으로 감시하고 통제하기 위한 방편이었다. 이승일, 「조선호적령 제정에 관한 연구」, 『법사학연구』 제32호, 한국법사학회, 2005, pp. 38~39.

시작했다. 말하자면 피지배층의 저항이 계급투쟁의 성격으로 전환되어 간 것이다.

총독부의 토지 조사 사업이 그 시작이었고, 이어서 지세제도의 변화가 과거의 전통적인 농민 공동체를 와해시켰다. 특히 총액제의 공동 납부 제도에서 개인세 제도로 변화한 것은 지배층 출신 지주와 기업주, 그리고 피지배층 출신 농민과 노동자들 사이의 공동체 관계를 크게 무너뜨렸다. 식민지 시기의 개인세 제도하에서 농촌 공동체는 구성원들 사이의 경제적 이익이 충돌하면서 내부적으로 분할되었고, 농촌 공동체와 국가의 관계는 새로운 차원으로 바뀌게 되었다. 농민들은 날로 확대되는 지주의 착취와 시장경제의 무자비한 작동에 맞서 스스로 결속해 계급의 이익에 근거한 생존 전략을 세움으로써 지주와 대립했다. 농민들은 식민통치에 맞선 민족적 저항에 동참하기보다 먼저 생존을 위한 계급투쟁을 벌여야만 했다. 이들에게는 민족의식의 자각보다 자신들의 이익을 대변하는 일이 더욱 시급했다. 이는 식민지 시기 조선에 근대적 제도들이 도입되면서 피지배층 출신 조선인들이 감내해야 했던 대가였다.[172]

식민통치의 농업 정책은 지주들에게 유리했을 뿐 농민들에게는 더욱 궁핍한 생활을 초래했다. 농민들 대다수가 소작인으로 살았으며, 수확의 70~80퍼센트를 소작료로 빼앗겨 생계를 유지하는 것이 죽기보다 더 힘든 삶을 살았다.[173] 식민지 시기 피지배층 출신 조선

---

172 김동노, 「일제시대 식민지 근대화와 농민운동의 전환」, 『한국사회학』 제41집 제1호, 한국사회학회, 2007, pp. 194~220.

173 예컨대 소작지 비율은 1919년 50.2퍼센트에서 1939년에는 58퍼센트로 증가했고,

인들은 노비와 천민이라는 신분의 굴레에서 벗어났으나, 사실상 오
갈 데가 없었다. 갑오경장으로 노비들이 해방되었어도 대부분은 자
신들의 주인집에서 머슴이라는 다른 이름으로 살아갔다. 조선은 19
세기에 들어서 본격적으로 노비를 해방했는데, 먼저 공노비부터 적
용되었고 사노비는 갑오경장까지 유지되었다.[174] 노비 출신들은 마
침내 자신의 삶을 스스로 선택할 자유를 얻었으나, 정작 그 후 살아

소작농의 비율은 1919년 37.6퍼센트에서 1929년에는 45.6퍼센트, 1939년에 이르면
52.4퍼센트로 급증한다. 또 소작 기간의 불안정으로 농민들의 생활은 더욱 불안정
해졌다. 토지 조사 사업으로 관습상 경작권을 상실한 농민들은 1년마다 계약을 갱
신해야 했으며, 소작료는 평균 40~50퍼센트를 내야 했고 여기에 지세와 종자비, 비
료대, 수리조합비 외에 부역도 부담해야 했다. 이를 다 합치면 소작료는 70~80퍼센
트에 달했다. 차남희, 『저항과 순응의 역사 정치학: 미군정의 농업 정책과 농민』, 이
화여자대학교 출판부, 1997, p. 31

174 노비는 17세기에 전체 인구의 약 3~4할에 달했을 것으로 추정되고 있는데, 조선
최초의 노비 해방은 정순왕후가 정조 사후 어린 순조를 대신해 수렴청정하면서 궁
궐에 속한 노비인 내노비 총 3만 6,974명과 관청에 속한 시노비(寺奴婢) 2만 9,093
명 등 총 6만 6천여 명의 공노비를 혁파하라는 명을 내린 것이었다. 임진왜란 때 지
배층과 사대부 양반들의 무능함을 지켜본 평민과 노비들은 신분 체제에 대해 부정
적으로 생각하게 되었다. 더욱이 임진왜란으로 부족해진 국가 재정을 채우기 위해
납속책을 계속 시행해 신분제 동요가 가속화했다. 이후에는 이러한 상황이 더욱 심
각해졌다. 양민과 천민 간의 신분상 차이가 사실상 의미가 없어지고 두 신분 간의
혼인이 많아지면서 국가에서는 무엇보다도 재정 확보를 위한 양민 확보가 절실해졌
다. 당시 노비들은 주로 도망을 통해 노비 신분에서 벗어났다. 국가에서도 군역 대
상자와 부족한 재정을 확충하기 위해 노비를 단계적으로 해방하는 것이 유리하다
고 생각하고 있었다. 이러한 상황에서 영조 7년(1731) 어머니가 비(婢)인 경우에만
자식을 노비로 삼고, 그렇지 않은 경우에는 양민이 되게 하는 노비종모법이 시행되
었다. 이로 인해 양민이 된 노비 수가 적지 않았다. 그 후 1801년 정순왕후는 "왕자
(王者)가 백성에게 임하여 귀천이 없고 내외(內外)가 없이 고루 균등하게 적자(赤
子)로 여겨야 하는데, '노(奴)'라고 하고 '비(婢)'라고 하여 구분하는 것이 어찌 똑같
이 사랑하는 동포로 여기는 뜻이겠는가?"라고 지적하고 "승정원으로 하여금 노비안
(奴婢案)을 거두어 돈화문 밖에서 불태우게 하라"라고 명했다. 『순조실록』 권2, 순
조 1년(1801) 1월 28일 을사 세 번째 기사.

갈 생계 대책이 전혀 마련되지 못했다. 그래서 마땅한 생계 수단을 마련하지 못한 이들은 노비 생활에서 벗어나려고 하지 않았다.[175] 특히 본격적인 공장제 산업화와 도시화가 이루어지기 전이라 공장 노동자의 취업문이 좁아 도시에서 일자리를 구하기도 매우 어려웠다.[176] 농업을 가장 중시하며 다른 직업을 천시했던 조선 사회가 하루아침에 모두 바뀔 수는 없었다.

식민지 시기 농업 노동자와 도시 비숙련 노동자들은 통합된 노동 시장을 구성하고 있었다. 토지나 자본이 크게 변화가 없는 반면, 개항 이후 일제 식민통치로 근대 보건제도와 의료시설이 도입되면서 조선시대보다 사망률이 떨어져 인구가 급격하게 증가했다. 산업화

---

175 조선시대 노비는 군역과 부역, 조세 등이 사대부 양반과 마찬가지로 면제되었기 때문에 모든 의무 부담을 떠안은 양민보다 더 나은 생활을 할 수 있어서 양민보다 노비가 되고자 한 이들이 많았다. 대표적인 사례로 전남 나주의 양민 다물사리라는 여인이 자신이 성균관 소속 관노비라고 주장하는 소송을 벌인 일을 들 수 있다. 원고인 양반 이지도(李止道)는 "자기 집 노비와 결혼한 양민"이라고 주장했다. 이에 대해 나주목사 김성일은 다물사리가 양민이라고 판결 내렸다. 이 소송은 노비 생활이 양민보다 더 편하다는 것을 보여준 사례다. 임상혁, 『나는 노비로소이다: 소송으로 보는 조선의 법과 사회』, 역사비평사, 2020, pp. 175~183.

176 1910년대 조선의 산업 구조는 농림수산업 비중이 전체 산업 가운데 68퍼센트를 차지했으나, 1930년대 공업화가 진척된 후 40퍼센트로 하락했다. 직공 5인 이상 사업체 수는 1910년 151개에서 1928년 5,342개로, 1940년에는 7,142개로 증가했다. 이 중 조선인 소유는 1910년대 25.8퍼센트에서 1940년대에는 60.2퍼센트로 늘어났다. 공장 노동자 수는 1만 5천여 명에서 1940년대에 이르면 약 30만 명으로 증가했다. 이 숫자는 전체 취업자의 3.3퍼센트에 불과했으며, 이마저 직공 5인 미만 가내공업 비중이 매우 높아 1920년대에는 절반이 넘었지만, 공업화가 크게 진전된 1930년대 말에는 20퍼센트 정도를 유지했다. 이 수치를 보더라도 식민통치 시기 조선의 산업은 매우 열악했고 여전히 농업경제에서 벗어나지 못하고 있음을 알 수 있다. 김낙년, 「식민지 시기의 공업화 재론」, 앞의 책 『해방 전후사의 재인식』 제1권, pp. 188~197.

와 경제 발전도 없는 상태에서 노동자 수가 계속 늘어가다 보니 노동시장에서 일자리 경쟁이 더욱 치열해졌다. 이런 상황에서 중농 이상 지주나 자영업자의 소득은 증가했으나 피지배층 출신 조선인들의 소득은 늘지 않아 계층 간의 소득 차이가 크게 벌어졌다.[177] 피지배층 출신 농민들은 과거 조선시대와 마찬가지로 지배층 사대부 양반들의 토지를 소작하거나 농사 노동자로 근근이 살아갔다.

더욱이 신분 해방은 아무런 준비가 없었던 노비들에게 더 가혹한 삶의 고난을 안겨주었다. 조선시대의 양민은 신분적으로 자유로웠지만 국가에 대한 납세 의무를 지고 있었고 동시에 상위 신분인 사대부 양반들의 자의적·불법적 착취에 노출되어 있었던 반면, 노비들은 신분적으로 구속되어 살았어도 자신의 소유주에 대해서만 경제적 의무를 졌다.[178] 세금과 온갖 군역 등을 담당한 양민의 숫자가 줄어들면 세수가 감소하기 때문에 왕의 입장에서 볼 때 양민들이 노비가 되면 국가에 내야 할 세금을 사대부 양반들에게 바치는 꼴이

---

177 주익종, 「식민지 시기의 생활수준」, 앞의 책 『해방 전후사의 재인식』 제1권, pp. 107~144.

178 그래서 농민들, 특히 소작인들은 자유로운 양민으로 사는 것이 노비로 사는 것보다 경제적으로 낫다고 여기고 양민 신분을 버리고 노비 신분을 선택하는 경우가 많았다. 가령 16세기에는 양민들이 군역이나 기타 잡역으로부터 해방되기 위해서 자신을 사대부 양반 가문에 의탁하는 경향이 나타났고, 그 결과 노비 인구가 증가했다. 또 생활수준이 하락하는 가운데 양민들은 18세기 말부터는 자신과 가족을 노비로 파는 경우가 빈번해졌다. 반대로 노비로서의 생활이 양민 생활보다 불리하다고 여겨지면 도망쳐 다른 지방에서 자유인으로서 사는 예도 있었다. 임진왜란과 병자호란을 치르기 위해 국가가 속오군, 납속면천 등의 정책을 통해 노비가 양민이 되는 길을 열어주자 많은 노비가 왕권의 예속을 선택했다. 이우연·차명수, 「조선 후기 노비 가격의 구조와 수준, 1678~1889」, 『경제학연구』 제58집 제4호, 한국경제학회, 2010, pp. 101~102.

었다. 이것은 곧 지배층 사대부 양반의 세력을 더 키워주는 것이어서 왕은 피지배층 양민들이 스스로 노비가 되는 것을 막아야 했다. 노비 수가 증가하면 사대부 양반들의 재산이 늘어나 이들 세력이 더 커지는 것이고, 반대로 노비 수가 적으면 양민의 수가 늘어나 국가의 재정이 증가해 왕권이 강해진다. 그래서 왕권이 강할 때는 노비 수가 줄어들고, 반대로 왕권이 약하고 사대부 양반의 세력이 더 커지면 노비 수는 급격하게 증가했다.[179]

---

179 이우연·차명수, 위의 글 「조선 후기 노비 가격의 구조와 수준, 1678~1889」, pp. 103~106. 조선 초기에 노비제도가 재정비되는 과정에서 사대부 양반 세력이 커다란 영향력을 미쳤음을 말해주는 결정적인 증거는 1468년에 제정된 『경국대전』이다. 『경국대전』은 몇 가지 예외를 두면서도 기본적으로 일천즉천의 원칙을 천명함으로써 부모 중 한 사람이라도 노비면 자식도 노비가 되도록 규정했다. 일천즉천의 원칙 아래에서 노비 수가 증가하고 그에 따라 징세 대상자가 감소했는데, 이는 국왕으로서는 이롭지가 않았다. 그러나 일천즉천은 노비 소유자 사대부 양반들에게는 유리했다. 그 이유는 노비 번식을 통해 재산을 증식하기가 쉬워지기 때문이었다. 노비 수 증가로 재정이 악화하자 16세기 말 이이는 신분 상속 원칙을 어머니가 노비인 경우에만 노비 신분을 이어받는 것, 즉 종모법으로 개정할 필요가 있다고 주장했다. 그러나 노비 신분 세습 원칙 변경에 대한 본격적 논의가 시작되기 전에 임진왜란과 병자호란이 터졌고, 조선 정부는 병력과 전쟁 비용을 확보하기 위해 납속책을 실시하고 노비도 군인으로 입역할 수 있는 속오군을 창설해 전쟁에서 공을 세운 노비를 해방해주기 시작했다. 17세기의 노비 수 추이를 알려주는 자료는 없지만, 임진왜란과 병자호란 때 실시된 이 같은 정책으로 노비 수가 많이 감소했을 가능성이 크다. 그뿐 아니라 전쟁으로 인한 인구 감소로 노동력이 토지와 비교하면 희소한 생산요소가 되었다. 이 같은 상황 변화는 토지 및 노비 소유 지배층의 입지를 약화하고 왕권을 크게 강화했을 것으로 짐작된다. 강력한 권력을 행사했던 왕들로 알려진 영조와 정조는 종모법 이외에도 노비 살해를 처벌하고 노비의 신공을 줄이거나 폐지하는 등 노비 소유자들에게 불리한 여러 정책을 시행했다. 정석종, 앞의 책 『조선 후기 사회 변동 연구』, pp. 109~118. 아울러 영조와 정조는 노비 비총제(比摠制)를 시행, 추쇄 금지를 통해 공노비제도가 붕괴해가는 것을 방관하거나 조장했다. 영·정조 대에 실시된 이 같은 반노비제도 정책은 18세기 노비 인구 감소를 가져온 중요한 원인이었던 것으로 보인다. 무엇보다 추쇄 제한 조치는 노비들이 도망을 통해 노비 신분에서 벗어나는 것을 도와주었으며, 종모법은 노비 신분의 남자가 양민

이렇게 인간 노동력에 의존한 농업 자립경제 구조를 지닌 조선에서 노비는 곧 경제적 가치를 좌우하는 존재였다. 이러한 존재가 스스로 자립할 수 있는 여건이 전혀 마련되지 않은 상태에서 이들을 자연 상태로 풀어놓으면 생계가 막막한 상황에 부딪힐 수밖에 없었다. 신분제에서 가장 비천했던 자들이 이제는 가장 빈곤한 노동자계층으로 전락한 것이다. 그렇다면 이들이 자유의 몸으로 해방된 이후 어떠했는지 짐작이 될 것이다. 조선시대에 노비나 소작농으로 빈곤하게 살았던 이들 하층민은 다시 일제 식민지 시기의 최하층민 노동자계층으로 바뀌었다. 식민지 시절 가난으로 비참하게 살아야 했던 피지배층 출신 하층민들의 삶은 1920년대 비슷한 시기에 발표된 김동인의 「감자」, 전영택의 「화수분」, 현진건(玄鎭健)의 「운수 좋은 날」에서 살펴볼 수 있다. 이들 작품은 일제의 농민 수탈 정책으로 불어닥친 궁핍한 현실을 보여주고 있는데, 이야기의 결말이 대개 죽음으로 끝나는 현상은 당시의 시대상을 보여주고 있다. 식민지에서 하층민의 고단한 삶은 가난이라는 현실적인 삶의 성찰로 드러난다.[180]

신분의 여자와 결혼함으로써 자식들을 노비 신분으로부터 해방할 수 있는 길을 열었다. 19세기 들어 안동김씨, 풍양조씨, 여흥민씨 같은 유력한 사대부 양반 가문들이 허수아비 같은 왕의 배후에서 국가를 실질적으로 지배하는 세도정치의 시대가 시작되었다. 권력이 왕권으로부터 양반 귀족으로 이동하면서 반노비제도 정책은 중단되었는데, 그 결과 전체 인구에서 노비 인구가 차지하는 비중이 감소하는 추세가 적어도 중단되었거나 아니면 증가 추세로의 반전이 일어난 것으로 보인다. 대구부에서 노비 인구가 전체에서 차지하는 비중이 1789년 16퍼센트로 감소한 이후 1858년에는 다시 31퍼센트로 증가했음이 이를 말해준다. 왕권이 상대적으로 강했던 18세기와는 대조적으로 왕권이 약화됐던 19세기 전반에는 노비 인구가 증가했을 가능성이 더 커진다고 할 수 있다. 전형택, 앞의 책 『조선 후기 노비 신분 연구』, 1989, pp. 121~125.

김동인의 「감자」는 가난으로 인한 한 여인의 타락과 비극적 종말을 그린 자연주의 소설로, 한 여성의 운명이 환경에 따라 어떻게 변하는지 보여준다. 가난한 하층민에게 현실은 추악한 것이고, 이로 인해 인간의 존엄성은 상실되어 간다. 주인공 복녀는 가난하지만 정직한 농가에서 곱게 자란 처녀였다. 복녀는 15살에 자기보다 20살이 많은 동네 홀아비에게 80원에 팔려 시집을 가게 되는데, 그의 서방은 무척 게을러 살림을 돌보지 않았다. 이 부부는 남의 땅을 빌려 소작했으나, 이것도 제대로 관리하지 못해 칠성문 밖 빈민촌으로 와서 살게 된다. 이곳 주민들은 구걸, 도적질, 매음으로 살아가는 최하층민 집단이었다. 간통, 살인, 폭행 등이 일상인 이곳에서 살게 된 복녀는 한창 송충이가 들끓기 시작한 때라 빈민촌의 여인들처럼 하루 32전을 받기로 하고 송충이 잡는 인부로 일했다. 그러던 어느 날 복녀는 몇몇 여인네들이 일도 하지 않고 감독과 희희낙락하며 시간을 보내며 품삯을 더 많이 받는 것을 알게 되었고, 자신도 그들을 따라 감독에게 몸을 허락하고 놀면서 품삯을 많이 받게 되었다. 그 일이 있고 난 뒤 복녀의 도덕관과 인생관은 바뀌기 시작했다.

그렇게 1년이 지나고, 여느 여인네들처럼 중국인 소유 밭의 감자며 배추를 도둑질하러 밤에 바구니를 가지고 나갔던 복녀는 감자를 한 바구니 가지고 돌아가던 중 밭주인인 왕서방에게 발각되어 마지

---

180 이들 하층민들이 놓인 사회적·환경적 조건은 곧 이 시대의 분위기를 나타낸다. 류지용, 「1920년대 소설에 나타난 가난과 죽음의 문제: 「감자」, 「화수분」, 「운수 좋은 날」을 중심으로」, 『한국학연구』 제16집, 고려대학교 한국학연구소, 2002, pp. 167~192.

못해 왕서방에게 돈을 받고 정부 노릇을 하게 된다. 복녀의 남편은 아내 덕분에 먹고살게 되자 오히려 복녀를 돕는다. 그는 왕서방이 집으로 복녀를 찾아오면 슬그머니 자리를 비켜준다. 겨울이 가고 봄이 오자 왕서방은 돈 백 원을 주고 처녀를 사 와 아내로 삼는데, 질투심이 일어난 복녀는 결혼식 날 새벽 두 시쯤 왕서방의 집으로 들어가 신부를 두고 자기와 살자고 억지를 부린다. 이를 거부한 왕서방에게 복녀는 낫을 휘두르고, 한참을 실랑이하던 복녀는 왕서방이 휘두른 낫에 맞아 목에 피를 쏟으며 그 자리에 쓰러진다. 사흘이 지나 복녀의 시체는 왕서방의 집에서 남편의 집으로 옮겨진다. 복녀의 남편, 왕서방, 한방 의사가 둘러앉은 자리에서 서로 돈이 오가고, 복녀는 뇌일혈로 죽었다는 의사의 진단과 함께 공동묘지로 실려 간다.

비참한 복녀의 삶은 가난이 얼마나 인간을 타락하게 하고, 또 그 결과가 얼마나 비참한 것인가를 보여준다. 복녀에게는 먹고살기 위해서는 어쩔 수 없는 일이었다. 작가는 복녀의 이야기를 통해 식민지 시기 조선 하층민의 비참한 현실을 그대로 보여주고 있다. 이야기의 비극적 최후에 이르는 과정에서 나타나는 복녀의 정체성 혼돈과 성적 타락, 가족적 연대감의 해체는 근대로의 이행과 사회적 격변이라는 침범, 그리고 침범에 대한 방어인 분열이 초래한 현상이었다. 제국주의가 몰고 온 타락한 자본주의 가치를 돈과 자본의 논리에 종속하게 한 야만적 침범이었으며, 이 야만적 침범에 적응하기 위한 심리적 방어가 억압과 분열이었다.[181]

---

181 불안을 몰고 오는 시대의 사회적 변화와 인간관계의 왜곡, 그로 인한 자아의 방어,

이처럼 「감자」는 주인공 복녀의 삶을 통해 모순에 찬 사회 속에서 자기를 상실해가는 조선 하층민들의 모습을 보여주고 있다. 결국, 「감자」의 주인공 부부의 타락 과정을 통해 최악의 식민지 사회를 드러낸다.[182] 이 소설에서 복녀는 조선의 피지배층이고, 그녀의 남편은 무능한 조선 지배층이다. 그리고 지주 왕서방은 바로 일제로 상징화되었다. 이는 곧 식민통치기에 무능한 남편(지배층)이 약한 아내 복녀(피지배층)를 팔아서 살아가는 현실의 비극을 재현한 것이다. 소설 「감자」는 조선시대 피지배층을 수탈하며 살아간 지배층의 행태가 일제 식민통치에서도 반복되고 있음을 보여준 것이다.

다음으로 전영택의 「화수분」은 일인칭 '나'가 해설가가 되어 문간방에 세 들어 사는 가난한 농부 부부의 삶을 관찰한 이야기를 담고 있다.[183] 여기에서 '나'는 가난하지만 성실한 아범과 가족의 비참한 삶을 냉정하고 객관적으로 묘사하고 있다. 가난한 부부의 사랑과 빈곤에 절망한 비극적 죽음을 통해 궁핍한 식민지 현실을 보여준다. 아범은 지게로 벌이하면서 생계를 이어간다. 그러나 벌이가 많지 않아 굶기를 밥 먹듯이 하면서 추운 겨울을 보낸다. 그러던 어느 날

존재의 연속성을 무너뜨린 침범과 분열, 그리고 자아의 약점이 복녀의 심리적 특징으로 규정된다. 신정인, 「침범과 분열의 파국: 김동인 「감자」의 대상관계론적 해석」, 『한국 사상과 문화』 제60호, 한국사상문화학회, 2011, pp. 111~132.

182 역사적·사회적 관념에서 보면 이 작품이 사회악을 고발하고 있다. 조결·원영혁, 「도덕적 타락과 자의식 성장의 이중적 서사: 「감자」에 나타난 복녀의 재조명」, 『동아문화』 제52집, 서울대학교 동아문화연구소, 2014, p. 54; 이주형, 「'소낙비'와 '감자'의 거리」, 국어국문학회 편, 『현대 소설 연구』, 정음사, 1982, p. 111; 윤홍노, 『한국 근대 소설 연구』, 일조각, 1980, p. 293.

183 화수분은 재물이 자꾸 생겨 이를 소비해도 줄어들지 않는다는 뜻이다.

'나'는 아범 부부가 통곡하는 소리를 듣게 되고, 다음 날 '나'는 그 아범의 이름이 화수분이라는 것을 알게 된다. 화수분이라는 이름의 아범 부부가 큰딸을 제대로 양육할 수 없어 남의 집에 양녀로 보내고 난 후 서러워 울었다는 것이다. 그러다 형 거부가 다쳤다는 소식에 형을 돕기 위해 고향으로 간 화수분. 그 후 남편으로부터 소식이 없자 아내 어멈과 작은아이가 화수분을 찾아 나서고, 고향으로 찾아온다는 아내의 편지를 받고 길을 나선 화수분은 나무 아래 웅크리고 떨고 있는 아내와 아이를 발견한다. 결국 부부는 아이를 감싸안은 채 시신으로 발견되고, 그곳을 지나던 나무장수는 그 옆에서 아무것도 모른 채 놀고 있는 어린아이만 소에 태워 가버린다.

여기에서 작가가 말하고자 한 것은 가난으로 절망에 빠진 농민들의 비극이다. 주인공 '나'는 가난한 조선 사회에 희망을 주지도 못하는 무력한 지식인이다. 당시 양반 사회가 무너지고 자본주의에 적응하지 못한 식민지 시대 조선 지식인들은 이와 같았을 것이다. 이 이야기에서 부모는 일제의 식민지가 되어 죽은 조선일 테고, 나무장수는 일제이며, 어린아이는 조선 백성들을 상징할 것이다.[184]

---

184 1920년대는 식민지 조선을 관류하던 각종 담론의 전환이 이루어진 시기였다. 제1차 세계대전 이후 조선의 지식인들은 사회진화론을 제국주의 침략을 정당화하는 기제로 인식하고, 이를 극복하기 위해 개조론과 사회주의를 적극적으로 수용했다. 이들 담론은 계급으로 기존의 민족주의적 호명 기제를 대체하고 민중의 평등, 자유, 계급에 대한 문제를 전면화했다. 1920년대 담론의 전환이란 개조론과 사회주의의 관점에서 민중을 조명하고 민중이 처한 현실적인 문제를 해결하기 위한 담론의 출현을 일컫는다. 이러한 전환은 조선이 직면한 특수한 상황 때문만이 아니라 전 지구적 근대화와 자본주의화를 극복하려고 하는 세계사적 동시성으로 요청된 것이다. 이러한 담론 전환은 문학 장르에서도 활발히 이루어졌다. 1920년대 초 문학은 지식인의 내면과 관념 위주로 점철된 동인지 문학을 지양하고 민중의 현실 생활을

1910년대만 해도 가난과 무능력은 서로 다른 차원이었다. 그러나 1920년대부터 소설에서 등장한 무능력자는 점차 가난한 자와 일치한다. 신분이나 지식을 갖춘 것과 상관없이 경제력이 없는 자들은 모두 무능력자였다. 이는 조선시대의 봉건적인 자급자족 농업경제에서 식민지 시대 자본주의 시장경제로 이행해가는 조선 사회의 변화 과정을 의미한다. 이렇게 바뀐 새로운 시대에서 조선 피지배층 출신 민중들은 모두 무능력자이므로 일제의 보호를 받아야 하는 존재로 전락한 것이다.[185] 조선 피지배층 민중들은 자신들을 돌봐주는 일제 식민통치에 순종할 수밖에 없는 현실에 놓였다. 말하자면 받아들여야 하는 숙명 같은 현실이라는 것, 그것은 곧 사대부 양반에서 일제에게 통치권이 양도된 것을 의미한다. 그 통치권이 일제에게 승계된 이후 일반적으로 1920년대의 소설은 개인의 분노와 욕망, 나아가 가난이라는 사회적 현실로 인한 파국이 주된 내용을 이루고 있다. 이 연장선에서 전영택의 「독약을 마시는 여인」과 「흰 닭」 등의 작품은 기존의 1920년대 소설에 나타난 죽음과는 다른 특징을 담고 있다. 이들 작품에서는 각각 딸의 죽음과 흰 닭의 죽음을 운명으로 받아들임으로써 식민 체제의 현실에 순응하는 모습을 보여준

형상화하는 데 주력하기 시작했다. 이러한 결과에 따라 탄생한 것이 신경향파 문학이었다. 이러한 문단 정책의 변화에서 민중은 계급의식이 빈약한 존재이자 지식인의 지도, 교육이 필요한 존재로 규정된다. 이형진, 「1920년대 신경향파 문학과 아나키즘 사상 간의 상관성에 관한 논고」, 『석당논총』 제73집, 동아대학교 석당학술원, 2019, pp. 175~218.

185 오연희, 「한국 근대 소설에서 무능력자의 형상화 양상과 그 의미: 1910년대와 1920년대 대표 소설의 비교를 중심으로」, 『비평문학』 제52호, 한국비평문학회, 2014, pp. 255~278.

다. 전영택은 작중 인물의 죽음을 종교적이고 운명론적으로 인식해 조선인이 식민통치에 순응하며 살아갈 수밖에 없는 운명을 보여주고 있다.[186]

식민지 시대에 많은 근대화된 조선 지식인들이 배출된 것은 구한말 이후 급속하게 늘어난 근대식 학교가 설립된 결과다. 먼저 1895년 고종은 교육입국(敎育立國)을 내세우며 근대식 학교 설립을 장려했다. 그러나 관립학교는 관료로 진출하고자 하는 사대부 양반 자제들이 주로 입학해 지배층의 교육에 그쳤기 때문에 국가의 근대화 인재 양성의 목적을 달성하지 못했다. 국가 대신 민족주의 사상에 눈을 뜬 민간에 의해 많은 사립학교가 설립되면서 조선 백성들의 교육열을 고취했다. 그 결과, 1910년 일본 식민지로 전락할 때까지 전국에 3천여 곳에 달하는 사립학교가 세워졌다. 사립학교를 설립한 것은 지배층이 아니라 피지배층 출신이었고, 학생 역시 피지배층 서민 출신들이었다. 지배층은 근대 지식이 자신들의 기득권을 박탈하는 학문이라서 그리 달갑게 여기지 않았다.[187] 이제 신분제 조선시대와 달리 피지배층 출신에게도 신식 교육의 기회가 주어져 자신의 노력에 따라 신분 상승을 도모할 수 있었다. 경제적 여유가 없는 피지배층 출신 자녀들에게 무료교육의 기회를 준 곳은 대개 종교계가 설립한 학교였다. 그러나 이런 행운은 소수에 불과했으며, 거의 모두가 가난한 날품팔이나 소작 등으로 생계를 이어갔다.

---

186 이내관, 「전영택 초기 소설의 '죽음' 의미와 작가 정신」, 『어문연구』 제79권, 어문연구학회, 2014, pp. 335~355.
187 이기백, 앞의 책 『한국사신론』, pp. 352~355.

조선인 학교 취학률은 1926년부터 1932년까지 정체되는 시기가 있었으나 대체로 계속 상승했다. 1910년대 식민지 초기 단계에서는 취학률이 올라갔지만 그 폭이 작았는데, 이는 일본인이 주도하고 일본어로 수업이 진행되는 교육기관에 대한 저항과 반발이 컸기 때문이었다. 수업료와 교재를 무료로 했는데도 학생들이 좀처럼 모여들지 않았다.[188] 그러다가 1920년부터 1925년까지 취학률이 급속하게 올라가 2퍼센트였던 보통학교 취학률은 1930년대에 40퍼센트에 이르렀고, 1930년대 말부터 중등학교 진학자도 늘어나 1940년대 초에 이르면 1920년대 말보다 무려 세 배 가깝게 증가했다. 이러한 취학률 증가의 주요 요인은 3·1운동 이후 증가한 높은 교육열이었다.[189] '아는 것이 힘'이라는 풍조가 널리 퍼졌고, 사회적 신분 상승을 기대한 하층민들의 욕구가 높았던 탓이다. 일제 총독부가 교육의 목적을 동화 정책에 두고 조선인에게 교육을 통해 일본어를 습득하도록 장려한 것도 취학률 증가에 큰 역할을 했다.[190]

1930년대 중일전쟁 이후 일제가 본격적으로 아시아로 제국주의적 세력을 확대해가면서 많은 물적·인적 자원이 더욱 필요해졌다.

---

188 古川宣子, 「日帝時代 普通學校體制의 形成」, 서울대학교 대학원 교육학 박사학위 논문, 1996, pp. 56~59.

189 주익종, 앞의 글 「1930년대 중엽 이후 조선인 중등학교의 확충」, p. 102; 한우희, 「일제 식민통치하 조선인의 교육열에 관한 연구: 1920년대 공립보통학교를 중심으로」, 『교육사학연구』 제2·3집, 교육사학회, 1990, p. 122.

190 1938년 2월에는 육군 특별 지원병령이 공포되었고, 같은 해 3월에는 조선교육령이 개정되어 이른바 황민화 정책이 시작되었다. 이를 계기로 보통학교의 취학률은 폭발적으로 상승해 1937~1943년 사이에는 연평균 3.8퍼센트 증가했다. 야마다 간토(山田寬人), 「식민지 조선에서의 근대화와 일본어 교육」, 『제2기 한일 역사 공동연구보고서』 제4권, 한일역사공동연구위원회, 2010, p. 259.

조선은 일제 제국주의 정책에 필요한 이런 것들을 충원해주는 곳, 바로 식민지였다. 일제가 이러한 자원들을 보충하기 위해 조선과 일본의 조상을 하나의 조상으로 여기며 추진한 내선일체 정책은 많은 조선인에게, 특히 과거 천민 출신들에게 신분 상승의 기회를 제공했다. 경작할 토지가 없는 농촌 노동자와 일제에 의해 토지를 잃은 소작농들은 새로운 삶을 개척하기 위해 만주와 연해주로 이주했고, 그렇지 않은 자들은 국내에서 이전보다 더 많이 주어진 출세의 기회를 잡으려고 도시로 몰려들었다. 농토에만 매달리며 살았던 조선에서 식민지 시기에 도시화가 시작된 것이다. 그러기 위해서는 도시에 일자리가 많아야 했다.

당시 도시 공장 노동자들의 상황을 살펴보면 급속한 도시화로 공장 노동자들이 증가한 것을 알 수 있다. 1933년 조선에서 산업계에서 일하는 노동자 수는 21만여 명에 달했고, 태평양전쟁이 한창이던 1943년에는 약 40만 명의 조선인이 공장 노동자였다. 전쟁의 공업화는 조선인들을 논에서 벗어나 도시와 공장으로 향하게 했다.[191] 1930년대 이전에는 조선의 공업화는 거의 진전되지 못하고 노동시

---

191 安秉直, 「日本窒素における朝鮮人勞働者階級の成長に關する硏究」, 고려서림 편집부, 『조선사연구회 논문집』 제25집, 고려서림, 1988, pp. 160~163. 1930년대 이전 조선의 공업화는 아직 이루어지지 않았다. 총독부가 1943년 도쿄에서 열린 제85회 제국회의에서 보고한 조선의 여러 산업 분야의 노동자 수는 175만여 명으로, 이 가운데 조선인 노동자가 90퍼센트를 차지했다. 그리고 1930년대 흥남 지역 공장 노동자가 대략 3천 명 정도였으나, 1944년 5만 5천여 명으로 증가했고, 이 중 개별 기업에 따라 63퍼센트에서 88퍼센트까지가 조선인이었다. 이러한 조선 노동자의 수치는 전체 조선의 노동 인구에 비교해 매우 적은 편이어서 공업화라고 규정하기엔 무리가 있다. 카터 J. 에커트(Carter J. Eckert), 「식민지 말기 조선의 총력전, 공업화, 사회 변화」, 앞의 책 『해방 전후사의 재인식』, pp. 601~638.

장은 주로 사대부 양반 지주층을 중심으로 한 농업 생산에 의존하고 있었다. 일제는 식민지 조선을 자국에 값싼 식량을 제공하는 공급처이자 일본산 공산품의 소비지로 여기고 정미소 설치에 치중하면서 공업시설을 확충하는 것을 소홀히 했다. 그러다가 1937년 중일전쟁을 계기로 1938년 9월 총독부는 조선을 일제의 전진 병참기지로 설정해 조선의 산업 구조를 전시를 위한 군수공업지대로 바꾸어 놓았다.[192] 1920년대 어촌마을에 불과했던 흥남이 1940년대에는 18만 인구의 전기 화학공업 도시로 성장했다.[193]

그러나 이렇게 공장 노동자들이 증가했지만 이들은 대개 열악한 노동 조건에서 일본인의 절반 정도의 임금을 받았다.[194] 또 1931년부터 1942년 사이 조선인 출신 고위직 관료가 꾸준히 늘어나 전체의 18~25퍼센트, 하위직은 30~36퍼센트를 차지함으로써 총독부 산하 조선인 전체 관리 수가 1만 6천 명에 달했다. 기업의 노동자 외의 관리자급은 일본인과의 경쟁으로 인해 조선인이 많이 진출하

---

192 조선의 공장 수는 1936년에서 1943년 사이 6천여 개에서 1만 5천여 개로 급속하게 증가했다. 1943년 『조선산업연보』에 따르면, 원산에 설립된 조선 석유회사가 일본 석유산업과 경쟁할 만큼 성장했다. 『朝鮮産業年報』(京城: 東洋經濟新報社, 1943), p. 114.

193 흥남에 일본인이 설립한 조선질소는 28개 자회사를 거느리게 되었고, 함북의 청진항과 주변 지역, 그리고 진남포 주변과 평양 외항 등이 공업도시로 크게 성장했다. 남한 지역에는 경기도와 경성, 인천 지역에 주로 공업화가 이루어져 1939년에 섬유공업의 32퍼센트, 기계기구공업의 50퍼센트를 포함해 조선 공업 생산 총액의 30퍼센트를 차지했다. 카터 J. 에커트, 앞의 글 「식민지 말기 조선의 총력전, 공업화, 사회변화」, p. 617.

194 1929년 일본인 공장 노동자 임금이 2원 32전이었던 데 반해 조선인은 1원에 지나지 않았다. 여공은 일본인이 1원 1전이었으나 조선인은 59전에 불과했다. 이기백, 앞의 책 『한국사신론』, p. 379.

지 못했다 해도 꾸준히 증가했다.[195] 물론 조선인 관료와 화이트칼라의 비율이 현저하게 증가한 것이 1930년대부터 1940년대까지 10여 년 동안이라는 점을 참작하면 조선인들의 출세가 그렇게 많이 늘어난 것은 아니었다. 오히려 조선인들이 중국이나 만주에 진출해 농업 분야뿐 아니라 관료직이나 교사, 기술자, 의사 등 전문직에 종사하는 수가 급격하게 증가했다. 특히 중국 상해에 진출한 조선인들은 이러한 현상이 더 뚜렷했다.[196]

이처럼 조선인들, 특히 하층민들에게는 식민지 통치 동안 자신의 노력에 따라 좋은 직장을 얻고 관료로서는 출세할 기회가 많이 주어졌다. 그러나 대부분의 농민이나 하층민들은 당장 생계를 유지하기 위해 소작이나 육체노동에 종사하며 빈곤하게 살아야 했다. 1931년의 통계자료에 따르면, 일자리를 얻지 못한 실업자의 수는 전체 조사 인원의 15퍼센트에 달했다. 결국, 출세는 여전히 사대부 양반 출신 지주들의 자제가 차지했다. 그렇다 해도 피지배층 출신에게는 신분제 봉건 사회 조선시대보다 평등한 식민통치 시대가 더 나았을 것이다.

한편 당시 기독교계 선교사들은 평양에 숭실대학, 서울에 연세대

---

195 안병직은 이러한 이유에 대해 조선인과 일본인의 기술적 차이에서 비롯된 것이라고 분석한다. 안병직, 앞의 글 「日本窒素における朝鮮人勞働者階級の成長に關する研究」, pp. 163~164.

196 1944년 2천여 명의 조선인 이름이 등재된 상해 인명록에 따르면, 대부분이 중소기업주, 직공장, 기술자, 학생, 교수, 의사, 은행 직원, 연구원, 신문기자 등 화이트칼라 직종에 종사하고 있었다. 白川秀男, 『在支半島人名錄』第4卷, 上海, 百川洋行印刷所, 1944, pp. 1~97.

학, 이화여대 등의 대학교와 전국 각지에 기독교 학교를 설립해 의
사, 법률가, 기술자 등 사회에 영향력을 가진 기독교계 인재를 양성
했다.[197] 이러한 변화로 많은 피지배층 출신 하층민들에게 교육을
받아 사회로 진출할 기회가 주어졌으나, 그렇다고 해도 저임금으로
살아야 했다. 이들은 가난한 형편 때문에 어린아이들도 노동시장에
뛰어들어야 했다. 그렇지만 때론 운 좋게 교육을 받을 기회를 잡은
사람도 있게 마련이다. 독립의 가능성이 갈수록 희박해지면서 유학
은 점차 개인의 출세를 위한 방편이 되었다. 식민지 초기에는 적지
않은 유학생이 민족해방운동에 투신했지만, 1930년대 이후 일본 유
학생을 중심으로 조선 독립보다 출세를 지향하는 성향이 더 뚜렷해
졌다. 1920년대 이후 식민지 교육에 어느 정도 익숙해진 세대에 의
해서 유학을 입신출세의 수단으로 여기는 풍토가 만연한 것이다.[198]

---

197 이런 목적으로 종교계가 설립한 사립학교에 대해서는 송호근, 앞의 책 『국민의 탄
생: 식민지 공론장의 구조 변동』, pp. 201~256 참조.

198 일본 제국대학 조선인 유학생들은 졸업 후 대부분 식민통치기관의 관료로 진출했
으며, 제국대학 유학은 식민지 특권층으로 편입될 수 있는 입신출세의 경로였다. 이
에 관한 연구는 정종현·水野直樹, 「일본 제국대학의 조선 유학생 연구(1): 교토제
국대학 조선 유학생의 현황, 사회경제적 출신 배경, 졸업 후 경력을 중심으로」, 『대
동문화연구』 제80집, 성균관대학교 대동문화연구원, 2012, pp. 445~529. 일본 문
부성이 치안유지법 위반으로 검거한 조선인 사상범의 수를 보면, 1941년 전체 조선
인 피검자 65명 중 조선인 유학생 피검자는 62명으로 95.3퍼센트를 차지한다. 그러
나 그 실상을 들여다보면 당시 조선인 유학생은 2만 6천 272명으로, 여기서 조선
인 유학생 피검자가 차지하는 비중은 겨우 0.2퍼센트에 불과했다. 유학생 전체로
봤을 때는 이미 운동성을 상실하고 있었음을 알 수 있다. 이는 조선 독립의 전망을
상실한 상황에서 유학을 입신출세의 수단으로만 여겼던 당시 사회적 풍조를 보여
준다. 이준식, 「동아시아 근대 유학 경험과 학문 연구」, '광복 70주년에 동아시아의
근대 유학을 다시 생각한다' 주제 강연, 연세대학교 역사문화학과 BK21+ 근대한국
학 전문가 양성과정 국제학술회의, 2015.

리영희(李泳禧)는 일제 시민통치 시기에 보통학교를 다닌 기억을 이렇게 회고한다.

국민학교(보통학교) 4학년의 일본어만 사용하는 수업에 대부분의 조선인 어린이들이 크게 부자유를 느낀 것 같지는 않다. 5학년부터는 수업뿐 아니라 음악회, 운동회, 실습 등은 물론, 학예회의 연극도 일본어로 하는 데 어려움이 없을 만큼, 일제 말기에 이르면 조선 국내는 어린이들까지도 일본화해 있었다. 그 당시 초등학교 고학년의 일본어의 글과 말 실력은 아마 지금의 대학 영문학과 고학년에서의 영어 실력만 했을 것 같다. 식민지 교육이란 참으로 무섭다.[199]

그러나 일제 식민통치 시대에 교육을 받고 출세한 하층민 출신은 소수에 불과했다. 개항 이후 사대부 양반 지주층은 식민통치 협력의 대가로 총독부의 보호 아래 자본을 축적해갔다. 일제의 '조선 토지 조사 사업' 이후에도 조선 후기 사회나 식민지 사회의 농업 생산 관계에는 변화가 없었다. 오히려 소작농들은 오랫동안 경작해온 토지를 빼앗김으로써 이전보다 더 빈곤 상태에 빠지게 되었다. 지주는 1916년 전 농가의 2.5퍼센트에서 1930년 3.6퍼센트로, 소작농은 36.8퍼센트에서 46.5퍼센트로 각각 급격하게 증가했다. 지주에게 소작료로 생산량의 절반을 바치다 보니 생계가 어려워 화전민이 되거나 만주로 이주한 농민은 1936년에 무려 89만 명으로 추산되고 있

199　리영희, 『역정: 나의 청년 시대』, 한길사, 2006, p. 33.

다. 그리고 일자리를 찾아 일본으로 이주한 조선인은 1941년 147만 명에 달했다. 이들은 만주와 일본에서 농민과 막노동자로 일하며 비참하게 살았다.[200]

앞에서 살펴본 지배층 지주들의 사례처럼 조선총독부의 중앙집권적 지배 체제는 식민통치 이전 조선 사회의 지배 구조를 그대로 유지해주었다.[201] 사대부 양반 지배층이 아닌 피지배층 농민이나 천민들은 식민통치 시기에도 가난과 빈곤, 사회적 차별에 시달렸다. 이들은 떠돌이처럼 암울한 미래를 향해 나아갈 수밖에 없는 고달픈 하루살이들이었다. 이효석의 대표작 「메밀꽃 필 무렵」은 떠돌이 장돌뱅이의 애환을 통해 하층민들의 한 단면을 그려내고 있다. 달밤의 메밀꽃밭을 배경으로 설정한 시적인 묘사가 서정적 분위기를 자아냄으로써 이 시대 분위기를 사실적으로 보여준다. 소설에 나타난 메밀꽃은 삶의 상징이며, 당나귀는 허 생원의 분신이다. 특히 달빛의 희미하고 차가움은 어두운 암울함에 놓인 식민지 조선의 모습이다. 그리고 물레방앗간의 끊임없는 회전의 반복은 이들 하층민의 고달프고 애환이 서린 한 많은 삶의 순환이다. 동이가 자기를 낳은 아버

---

200 화전민은 1927년 69만 7,088명에서 1936년 152만 368명으로 폭발적으로 증가했다. 이기백, 앞의 책 『한국사신론』, p. 378.

201 최장집, 『한국 민주주의의 조건과 전망』, 나남, 1996, p. 48. 그레고리 헨더슨(Gregory Henderson)은 한국 사회의 고도의 동질화와 중앙집중화 현상으로 인해 사회의 모든 분야와 개체들은 각기 자기 중심의 상태에서 오직 권력의 중심에 가담하기 위해 매진하는 강력한 소용돌이 형태를 띠게 된다고 설명한다. 그는 이런 환경 속에서 한국 사회와 정치는 당파성, 개인 중심, 기회주의를 보인다고 주장하면서, 이러한 소용돌이 유형은 구한말에서 일제 식민지 시기를 거쳐 광복 후의 독재, 민주주의, 군사통치, 공산주의에서도 그대로 확인되고 있다고 말한다. 그레고리 헨더슨, 박행웅·이종삼 옮김. 『소용돌이의 한국 정치』, 한울아카데미, 2013 참조.

지를 찾는 것은 그나마 미래의 희망이었다. 이처럼 이효석의 초기 문학은 식민지 조선의 비참함과 비루함을 그렸다. 이 슬픈 식민지 조선 하층민들은 먼 북쪽 땅 간도와 연해주로 망명해 새로운 인간적인 사회의 환희와 감격, 행복의 마르크시즘이 실현된 유토피아를 재현하고자 했다.[202]

만주 열풍으로 그곳에 이주한 조선 농부들의 삶을 그린 이태준 작 「농군」은 만주 봉천행 열차의 어수선한 삼등 객실의 묘사로부터 시작한다. 윤창권 일가가 만주라는 신세계에 도착하기까지 하루 밤낮에 걸쳐 열차 안에서 보낸 이야기에 이어 마침내 정착한 장자워프에서 일어난 사건을 묘사한다. 조선인들이 30호 정도 모여 사는 장자워프 마을에서 창권이네가 황무지를 개간하고 30리 떨어진 이

---

[202] 1931년 만주사변 이후 만주는 "마르지 않는 보물단지", "개발을 기다리는 광활한 처녀지", "샘솟는 자원의 땅"으로 묘사되었고, 온갖 종류의 매체를 통해 만주의 유토피아적인 내용이 소개되었다. 조선에서도 만주 열풍이 불어 이태준의 『이민부락견문기』와 「농군」이 이런 분위기 속에서 쓰였다. 김철, 「몰락하는 신생: 만주의 꿈과 〈농군〉의 오독」, 앞의 책 『해방 전후사의 재인식』, pp. 508~522. 식민통치 시기 인구 증가율은 급속히 올라갔으나 이를 수용할 노동시장은 아직 발전하지 못해 대부분 농업 분야에 머물렀다. 많은 노동 인구가 주로 농업 노동에 종사했기 때문에 비숙련자가 대다수였고, 노동 생산성도 낮아 임금도 형편없었다. 이로 인해 1920년대에서 1930년대에 이들은 일본과 만주로 대거 이주했다. 주의종, 앞의 글 「1930년대 중엽 이후 조선인 중등학교의 확충」, p. 127. 이 시기에 식민지 지식 청년에게 마르크스 사상은 독립운동의 수단이 될 뿐만 아니라 제국과 식민지를 해체하는 탈식민주의적 관점에서 수용되었다. 1931년부터 1934년까지 발표된 이효석 소설은 이 시기가 '삐라를 뿌리는 시대', '파업의 시대', '붉은 혁명의 시대'일 뿐만 아니라 '황금광 시대', '연애 시대', '붉은 사랑의 시대'임을 밝히고 있다. 유사 단어의 나열, 대조적인 공간 감각, 의식의 흐름, 색채 미학과 같은 실험적인 기법을 빌리는 낭만적·심리적 사실주의 기법과 불온하고 감시당하는 식민 사회의 어두운 주제의식이 이효석 문학의 특징이다. 이미림, 「1930년대 전반기 이효석 소설의 마르크시즘 차용 양상」, 『한민족어문학』 제87집, 한민족어문학회, 2020, pp. 245~274.

통하(伊通河)라는 강에서 물길을 끌어와 벼농사를 지으려고 마을 사람들과 함께 힘을 다해 물길을 판다. 그러나 밭농사만 하고 사는 중국 토착민들의 저지로 이들과 마찰을 빚다가 경찰까지 동원되어 양측 간 무력 충돌이 발생한다. 밭농사는 물이 차면 작물이 모두 죽기 때문에 중국인들에게는 벼농사를 짓기 위해 자기 밭으로 물길을 낸다는 것은 용납할 수 없는 일이었다. 농민 대표 황채심이 중국 경찰에게 폭행을 당하고 끌려간 날 밤에 마을 사람들은 마침내 물길을 열게 된다. 물이 시원스럽게 흐르는 것을 보며 기뻐하던 창권은 중국 경찰이 쏜 총에 맞아 다쳤지만 아랑곳하지 않고 흐르는 물길을 바라보는데, 그때 한 노인의 시신이 떠내려온다. 창권은 물길로 뛰어 들어가 노인의 시신을 안고 언덕 위로 달려간다.

이태준은 식민지 시대의 다른 어떤 작가보다도 기행문 장르에 대한 열정을 가지고 있었다. 이태준은 문학적 고비, 정치적 과도기 때마다 만주, 소련, 중국 등을 여행해 「만주기행」, 「소련기행」, 「혁명절의 모스크바」, 「위대한 새 중국」 등의 기행문들을 남겼는데, 이는 많은 논란을 불러일으켰다. 「농군」은 그가 만주 여행에서 동포들의 투쟁을 보고 "마음 깊은 곳으로부터의 공감과 연민"을 느껴 쓰게 된 작품이었다.[203] 그러나 그에 대한 평가는 친일과 저항의 이미지가

---

203 해방 전의 이태준의 여러 기행문은 주체와 대상 사이의 불화를 보여준다. 그러다가 「만주기행」에서 만주 지역의 동포에 대한 연민과 이해를 통해 당시 현실에 대한 관심을 보여준다. 아울러 이태준은 해방 직전 목포 조선소를 방문해 당시 신체제의 논리에 동화되는 모습을 보여주는데, 이러한 태도는 해방 이후 전개된 이태준의 기행문들과 인식론적 상관관계를 지니고 있다고 할 수 있다. 해방 후 이태준은 「소련기행」, 「혁명절의 모스크바」, 「위대한 새 중국」 등의 기행문들을 2~3년 간격을 두고

공존한다.[204] 조선 농민들에게 만주는 조국과 마찬가지로 순탄한 세계가 아니었다. 토착민과 비적떼, 그리고 일본군의 감시를 받으며 살았고, 때로는 항일투쟁 독립군을 지원했다는 이유로 일본군으로부터 무자비하게 학살을 당하곤 했다. 만주에서 조선 농민들은 이처럼 이중고 삼중고를 겪으면서 초원을 농토로 개간하며 생존해나갔다. 일본인들에게는 유토피아의 세계일지 모르나 조선인에게는 생존 투쟁의 장소였다.

마찬가지로 최서해(崔曙海)의 「탈출기」는 가난에 시달리다 고국을 탈출해 간도로 살길을 찾아 나선 가난한 빈농이 차디찬 현실에 좌절하고 마는 수난을 묘사하고 있다. 가난에 찌든 젊은 나는 빈궁한 현실과 허위에 찬 사회를 참지 못해 집을 탈출하기로 하고 아내와 어머니와 함께 간도로 이주한다. 그곳에서 부지런히 농사를 지어 가족을 배부르게 먹이겠다는 꿈에 부풀어 있던 나는 무지한 농민들에

간행한다. 이러한 그의 기행문들의 정서는 타자(대상)에 대한 감탄과 긍정이다. 이러한 과정은 주체가 대상에 완벽하게 동화되는 현상에 불과하다. 권성우, 「이태준 기행문 연구」, 『상허학보』 제14권, 상허학회, 2005, pp. 187~222.

204 1938년 4월에 이태준은 조선문인보국회 일원으로 만주에 다녀온 체험을 「만주기행」에 기록한 이후 일제의 요구에 점차 협력하는 행보를 보여주었다. 그는 1939년 10월 총독부가 계획한 조선문인협회 발기간담회에 참석했고, 1940년에 「지원병 훈련소의 일일」을 발표했으며, 1941년을 전후해 황군 위문 작가단, 조선문인협회에서 활동했다. 같은 해에 제2회 조선예술상을 받았으며, 이무영(李無影)과 함께 「대동아 전기」를 번역하고 조선문인보국회의 시국강연회에 불려 다녔다. 1943년 4월에는 조선문인보국회의 일원으로 총력연맹의 지시를 받아 목포 조선철공회사를 시찰하고 「목포 조선 현지 기행」을 썼으며, 이를 토대로 1944년 9월 국민총력조선연맹의 기관지에 일본어 소설 「제1호 선박의 삽화」를 발표했다. 이정은, 「이태준 후기 단편소설의 변모 양상 연구: 「만주기행」 전후 작품을 중심으로」, 『한민족어문학』 제63집, 한민족어문학회, 2013, p. 278.

게 글과 지식을 가르쳐 이상촌을 건설하겠다는 야무진 꿈도 갖고 있었다. 그러나 막상 간도에 와보니 농사를 지을 만한 빈 땅도 없었고, 중국인 지주의 땅을 일구며 소작이라도 해서 먹고살려 했으나 그동안 진 빚조차 갚기 어려웠다. 나는 굶어 죽지 않으려고 떠돌이 날품팔이를 하며 생계를 이어갔으나, 굶기는 반복되었다.

만주는 당시 일본인 모두에게 새로운 식민지 유토피아를 꿈꾸었던 상상의 세계였다. 사람들은 농본주의적 파라다이스로 알려진 만주에서 새로운 세상을 만들고 싶어 했다. 만주는 이 시대 인종은 물론 모든 이념, 종교, 계층의 집결지로서 거대한 실험장 같은 곳이었다.[205] 중국인, 일본인, 조선인, 심지어 러시아인, 만주족, 공산주의자,

---

[205] 만주국은 국민이 없는 국가로 불린다. 임성모, 「만주국협화회의 총력전 체제 구상 연구: '국민운동' 노선의 모색과 그 성격」, 연세대학교 박사학위 논문, 1998, p. 196. 1930년대 만주 유토피아니즘 담론의 자장 안에 놓여 있었던 식민지 조선의 전향한 사회주의자들에게 만주는 자본주의적 근대를 넘어서는 비전을 실현할 수 있는 공간이었고, 동양이라는 대주체, 다민족 복합 국가의 국민을 상상할 수 있는 공간이었다. 이기영(李箕永)의 『대지의 아들』은 오족협화(五族協和)의 이상을 조선인의 장자의식과 직분의 윤리에 기반을 둔 협동주의에 의해 서사화함으로써 그러한 확장된 국가의 국민으로서 주체가 정립되는 과정을 그리고 있다. 조선인의 장자의식은 경작 방식의 차이를 인종적 우월성으로 치환함으로써 만주인을 인종적으로 타자화하는 동시에 가족 메타포에 의해 종족 간의 재통합을 꾀하기 위해 오족협화를 구현하고자 한다. 또 조선인을 동아 대륙을 개발하는 만주국 국민의 한 분자로서의 개척 농민이라는 직능적 단위로 규정한 협동주의적 국가주의에 따라 만주국 내 복합적인 계급적·민족적 갈등은 은폐된다. 한설야(韓雪野)는 대륙에서 일본과 중국 제휴론과 만주국의 농민자치론을 서사화함으로써 신동아 질서와 민족 협동의 이상 사이에서 새로운 사상적 활로를 찾고자 했다. 그러나 인종적 타자로서의 조선인의 존재는 일본인 주인공들에 의해 창출되는 명랑한 신생의 분위기와 충돌하면서 그들이 표방하는 협동주의 이데올로기에 균열을 내고 있다. 만주 대륙은 동아 신질서 구상을 통해 새로운 주체의 가능성을 모색하고자 했던 조선인의 욕망과 좌절을 반영한다. 김성경, 「인종적 타자의식의 그늘: 친일문학론과 국가주의」, 『민족문학사연구』 제24호, 민족문학사연구소, 2004, pp. 126~158.

제국주의자, 민족주의자, 왕도주의자, 항일투쟁 독립운동가, 자본가, 농민, 기독교와 불교, 가톨릭 등 서로 이질적인 요소들이 뒤엉키고 뒤섞여서 갈등과 혼란을 겪었다.[206]

그러나 이렇게 살길을 찾아 유토피아의 꿈을 안고 만주로 건너간 조선인들은 또 다른 고통을 받았다. 먼저 식민지 조선인은 국적이 일본이어서 중일전쟁 이후 반일감정을 가진 중국인으로부터 일제의 앞잡이라는 오명 속에 핍박을 받았다. 그리고 조선인들은 비적들의 표적이 되기도 했으며, 일본군으로부터 비적과 내통하거나 조선 독립군을 돕는 것이 아니냐는 의심을 받았다.[207]

여기에 일제가 만주를 침략하자 조선 이주 농민들은 더욱 어려움을 겪어야 했다. 중국 관리는 조선 농민에게 거주 방해, 퇴거 강요, 부당 과세, 논밭 강제 몰수, 불법 투옥, 살해 등 많은 박해를 가했다. 만주에 거주한 조선인들은 일제로부터 '제국 신민'으로서 보호를 받기도 하고 '조센징(朝鮮人)'이라 불리며 토지를 강제로 몰수당하기

---

206 이태준의 「이민부락 견문기」와 「농군」이 이러한 분위기 속에서 쓰였다. 1938년 4월 13일 자『조선일보』에 등장한 복지만리(福地萬里)라는 표현을 보면 광활한 풍요의 땅 만주의 이미지가 조선 대중들에게 확산하고 있었음을 알 수 있다. 이 지면에 바로 이태준의 「이민부락 견문기」가 실렸다. 김철, 앞의 글 「몰락하는 신생: 만주의 꿈과 〈농군〉의 오독」, pp. 510~514.

207 이타야 에이세(板谷英生),『滿洲農村記(朝鮮篇)』(東京: 大同印書館, 1943), p. 91. 특히 일제의 만주 침략이 본격화되면서 만주에서 조선인 농민이 일제 앞잡이라는 의혹은 더욱 심해졌다. 그 결과, 1932년 2월 중국 국민당은 조선인의 만주 및 몽골로의 이주를 금지하기 위해 조선인을 몰아내자는 선인구축령(鮮人驅逐令)을 발표했다. 依田憙家,「滿洲における朝鮮人移民」, 滿洲移民史硏究會 編,『日本帝國主義下の滿洲移民』(東京: 竜溪書舍, 1976), pp. 497~499; 山室信一,『キメラ―滿洲國の肖像』(東京: 中公新書, 1993), p. 38. 김철, 앞의 글 「몰락하는 신생: 만주의 꿈과 〈농군〉의 오독」, pp. 518~519에서 인용.

도 하는 등 항상 불안한 상태에서 살아갔다. 이러한 상황에서 만주 지역 조선인들은 "일본인에게 굽신거리는 비굴한 사람으로, 중국인에게 일본인처럼 행동하는 교활한 노예"로 인식되었다.[208]

식민지 시기 만주는 조선인의 삶의 터전이었지만, 조선인은 종족적 정체성에서는 조선인에 속했고, 거주지는 중국, 국적은 중국 또는 일본을 선택해야 하는 삼중의 정체성 혼란 속에 놓여 있었다.[209] 더욱이 중일전쟁은 조선 지식인들이 현실을 인식하는 데 전면적인 변화를 일으킨 충격적인 사건이었다. 이 사건이 조선 지식인들에게는 일제 식민통치가 고착되어 가고 일본 제국주의가 세계를 지배하는 상황으로 보였던 것이다. 따라서 조선 지식층은 이러한 세계사적 흐름과 일제 식민 지배에서 벗어나면 존립 자체가 불가능하다는 위기의식에 사로잡히게 되었다. 이렇게 조선인들은 일제에 대항하기엔 너무 힘이 없고 그렇다고 독자적으로 살아갈 수 있는 조국 독립의 희망은 요원한 상태에서 점점 더 절망에 빠져들어 갔다.

이렇다 보니 1930년대 중후반에 활동한 조선 지식인들은 일제에 저항하면서도 한편으로 협력하게 된 경우가 많았다. 대다수 사대부

---

208 윤휘탁, 「'만주국' 농촌의 사회상: '복합민족구성체'의 시각에서 본 식민지 농촌의 단상」, 『한국민족운동사연구』 제27집, 한국민족운동사학회, 2001, pp. 233~234. 특히 중국 관리들에 의해서 1928년 조선인 학교 중 폐쇄된 곳이 123교, 퇴거를 강요받은 곳이 400여 교에 달했다. 김철, 앞의 글 「몰락하는 신생: 만주의 꿈과 〈농군〉의 오독」, p. 517에서 인용.

209 이러한 만주 지역의 이주 조선인들과 당시의 상황을 그린 문학을 현재 대한민국이라는 국가와 민족의 관점에서 한국인이라는 정체성과 똑같은 주체로 인식하는 것은 잘못이다. 정종현, 「근대 문학에 나타난 '만주' 표상: '만주국' 건국 이후의 소설을 중심으로」, 『한국문학연구』 제28집, 동국대학교 한국문학연구소, 2005, pp. 246~254.

양반 지배층 출신 지식인들과 지주들은 말할 것도 없고 농민, 노동자 등 피지배층 출신 민중들, 그리고 학자나 작가, 시인, 화가, 음악가 등 실력 있는 예술가들 역시 친일 또는 저항, 어느 한쪽으로만 규정할 수 없는 이중적 행보를 보여주었다. 모든 조선인은 이러한 절망적인 현실을 인식하고 더 이상 일제 식민 체제의 통제에서 벗어날 수 없다고 생각하기에 이르렀다.

이런 풍조가 팽배한 시기에 일제가 시행한 내선일체 정책, 동화 정책으로 조선 민족의 정체성 위협이 더욱 강화되자 조선인들은 분명한 선택에 직면했다.[210] 많은 조선의 지식인들은 한편으로 일제에 협조하면서 한편으로는 저항심을 숨겨야 하는 이중의 노력을 해야 했다.[211] 그러므로 일제 식민통치 시기의 역사적 인물과 모든 지적

---

210 이 시기 행동적 실천은 이태준이 선택한 새로운 방식이다. 송인화, 『이태준 문학의 근대성』, 국학자료원, 2003, p. 153.

211 이러한 모습이 이태준에게도 보인다. 이태준의 중편소설 『법은 그렇지만』과 장편소설 『청춘무성』을 중심으로 법적 토대에 기초한 공공성에 대한 인물들의 행위와 인식에 정치적인 의미가 내포되어 있다. 특히 이태준은 법적 차원의 정의가 식민지 조선에도 실현되길 바라며 법으로 대표되는 식민지 제도로부터 배제된 조선인의 삶을 조명하고, 이들의 권리를 공공 영역으로 끌어올리는 문제를 서사적으로 구현하고자 했다. 식민지 법정을 배경으로 펼쳐지는 서사는 이와 같은 작가의 문제의식을 잘 보여준다. 이와 같이 배제된 조선인들은 식민지 사회 제도에서 소외된 공적 가치를 실현하고자 한 주체였다. 이 공적 가치는 각 조선인 개인의 사적인 삶을 끌어안고 우애라는 정신적 가치를 공유하면서 형성된다. 국가로부터 보장받지 못하는 개인의 자유와 사회적 정의를 실현하고자 하는 이와 같은 새로운 조선인 집합체는 일제 식민통치의 공공성에 대해 문제를 제기하며, 새로운 방향에서 추구해야 할 공적 가치를 표명한다. 이와 같은 의미는 일제 말기 식민권력이 팽배해짐에 따라 국가와 구분된 독자적인 사회 영역을 구성하기 어려워지는 시점에서 더욱 첨예하게 드러난다. 이태준은 국가법이 가하는 억압이 강력해지는 상황 속에서 그 법의 '바깥'을 향하는 대안적 공공성을 제시했다. 이행미, 「이태준 소설에 나타난 식민지 법제도와 공공성: 『법은 그렇지만』과 『청춘무성』을 중심으로」, 『현대소설연구』 제79호,

산물들에 대해서는 당시의 시대적 상황에 근거한 새로운 해석이 필요하다.[212] 김교신(金敎臣)이 "지극히 높은 사상, 즉 신의 경륜에 관한 사상만은 가난하고 약하고 멸시당하고 유린당하여 타고난 교만의 뿌리가 뽑힌 자에게만 특별히 계시되는 듯하다"라고 말한 바와 같이[213] 이것은 곧 식민지라는 수난으로서의 민족사의 인식과 이 수난을 거친 후 돌아올 민족 해방이라는 논리로서의 '수난과 극복'으로 이어지는 역사의식이다. 그 대표적인 것으로 함석헌(咸錫憲)이나 김교신 등에 의한 조선의 무교회주의 운동은 민족주의 사상을 민족해방운동의 논리로 전환시킬 수 있었다.[214] 그렇지만 일제 식민통치가 길어질수록 조선 지식인과 민중들은 자기 방식대로 점점 더 식

한국현대소설학회, 2020, pp. 435~469.

212 예컨대 공임순, 「거울에 비친 조선, 조선적인 것: 황진이라는 키워드」, 『문학과 경계』 여름호, 2003, pp. 263~282; 정종현, 「민족 현실의 알리바이를 통한 입신출세담의 서사적 정당화: 이태준, 『사상의 월야』의 성장 체험이 지니는 의미에 대하여」, 『한국문학연구』 제23집, 동국대학교 한국문학연구소, 2000, pp. 263~274; 김철, 「몰락하는 신생: 만주의 꿈과 〈농군〉의 오독」, 『상허학보』 제9집, 상허학회, 2002, pp. 123~159; 김양선, 「옥시덴탈리즘의 심상 지리와 여성(성)의 발명: 1930년대 후반 소설을 중심으로」, 『민족문학사연구』 제23호, 민족문학사연구소, 2003, pp. 91~114 등의 연구는 이태준 문학의 특성을 당대 시대적 맥락 속에서 고찰한 사례가 될 것이다.

213 김교신, 「조선지리소고」, 노평구 엮음, 『김교신전집』 제1권, 부키, 2001, p. 64.

214 조선의 성서조선 그룹의 논리가 곧 민족사의 '수난과 극복의 플롯'으로 이어지며, 이들의 영향을 받은 이태준의 1930년대 장편소설이 곧 이와 같은 플롯을 보이는 것은 당연한 일이다. 따라서 기존의 여러 연구자가 지적해온 이태준 장편소설의 통속적 플롯은 이러한 무교회주의와의 연관성에서 다시 적극적으로 해석될 필요가 있을 것이다. 그러므로 식민지 조선의 현실적인 상황 속에서 이태준 문학은 이상촌으로 상징되는 유토피아를 향한 여정의 기록이다. 장성규, 「이태준 문학에 나타난 이상적 공동체주의: 오스키 사카에, 우치무라 간조와 성서조선 그룹, 헨리 데이빗 소로우의 영향을 중심으로」, 『한국문화』 제38집, 서울대학교 규장각한국학연구원, 2006, pp. 137~167.

민 체제에 적응해갔다.

최서해의 「탈출기」가 가난과 부조리한 현실에 대한 저항과 반항 의식을 묘사하고 있다면, 채만식의 「레디메이드 인생」은 당시 식민지 하층민의 빈곤한 삶과 지식층의 인물 설정을 통해 식민지 사회의 구조적 병폐와 지식인계층을 비판하고 풍자한 내용을 담고 있다. 작자는 이 작품에서 지식인의 역사적 배경과 현실적인 위치를 묘사하는 한편, 일제의 교육으로 새로 배출된 근대 지식인을 제대로 대우해주지 못한 식민지 사회를 향한 분노를 보여주고 있다. 주인공 P가 대학을 나와도 빈곤에 시달리며 살아야 하는 현실에 절망해 자기 아들을 학교에 보내지 않고 인쇄소 수습공으로 취직시키는 것도 식민지 사회의 현실에 대한 작가의 생각을 반영한 것이다. 레디메이드 인생이란 영어로 'ready made life', 즉 '기성품 인생'이라는 뜻으로, 식민지 시대의 가난한 지식인과 궁핍한 조선인 전체의 삶의 모습을 의미한다. 식민지 시대 조선의 지식인들은 사대부 양반 지배층 출신이든 피지배층 하층민 출신이든 모두가 일제 식민화의 교육방침에 의해 주입식 교육을 받은 자들이다. 이런 식으로 일제가 배출한 조선 지식인들은 조선인들을 식민 체제에 순응하게 하고 동화시키는 활동에 동원되었다. 자의든 타의든 식민통치 체제에서 민족의 정체성을 상실한 조선 지식인들은 현실을 받아들이고 결국 친일의 도구 역할을 하게 되었다.[215]

---

215 채만식은 1930년대 초반에 동반자 작가로 분류되고 있었을 뿐만 아니라 스스로도 공산주의 작가를 자처했다. 그러나 KAPF 해체기를 맞이해 그는 태도의 변화를 보이는데, 그것은 2년이라는 문학적 공백기, 풍자적 어조의 전면화라는 형태로 나타

채만식은 현실을 관찰하는 사실주의 작가로서 이념보다 식민지 조선의 현실을 중시했다. 그런 그가 친일을 선택한 것은 이광수나 최남선 등 당대 최고 작가들처럼 친일의 현실성에 순응한 탓이다. 채만식은 사회주의의 현실적 실현 가능성에 대해서 회의를 느끼고 있었고, 대동아공영을 부정할 수 없는 현실로 받아들였다. 무엇보다 작가로서 채만식은 개인적인 것이 아니라 역사적인 것에 문학의 본질이 있다고 믿었던 작가였다.[216] 채만식은 일제강점기 조선의 지식인으로서 현실 체험을 바탕으로 암울한 시대적 고뇌를 다양한 방법으로 드러내고자 끊임없이 고민했다.

이처럼 소설은 시대적 상황과 그 시대를 보낸 사람들의 내면을 보여준다. 작가는 인물을 통해 그 시대의 상황을 표현하고, 그 상황이 사람들에게 어떻게 스며들어 서로 엉키고 부딪히며 살아가는지

난다. 이 소설이 파악한 세계는 부르주아가 지배하는 세계이며, 자본의 논리에 의해서만 작동하는 세계다. 그러나 부르주아는 자본의 위력을 은폐하면서 지식의 중요성을 과시적으로 강조하는 은폐 노출 전략을 구사한다. 「레디메이드 인생」에서 발견되는 자기 풍자와 외부세계 풍자는 지식인의 비주체성, 의존성, 그리고 외부세계의 속악성을 풍자의 대상으로 삼고 있다. 그러나 이 냉철한 자세 뒤에는 은밀한 욕망이 숨어 있다. 자기 풍자를 통해 지식인의 숙명은 '부유하는 지식인'으로 고정되며 지식인의 부르주아 지향성은 확고부동한 진실로 인정받는다. 외부세계에 대한 풍자 또한 지식인으로서의 죄의식과 부르주아 세계에 대한 적응 욕망을 은폐하는 동시에 지식인으로서의 비판 정신을 보여주고 있다. 이 소설은 등장인물이 부르주아 전략의 구조를 모방하고 학습한 후 그와 같은 구조의 전략을 실천하는 것으로 마무리된다. 자기 풍자와 외부세계 풍자라는 과시적 표현은 현실적 생존을 위해 부르주아를 지향하는 작가 채만식의 개인적 욕망을 은폐하고 있다. 조명기, 「지식인의 위상과 현실 대응 전략: 채만식의 〈레디메이드 인생〉을 중심으로」, 『현대소설연구』 제19호, 한국현대소설학회, 2003, pp. 205~223.

216 이도연, 「채만식 문학 연구의 반성: 친일 문제와 관련하여」, 『순천향인문과학논총』 제28권, 순천향대학교 인문학연구소, 2011, pp. 75~112.

를 이야기한다. 그 시대가 만들어준 사회 구조에 맞서거나 순응하며 자신의 운명을 엮어간 이야기는 그 시대의 역사이자 거울이다. 우리가 일제 식민통치 시대의 소설을 읽는 이유는 이 시대에 살았던 사람들의 모습과 생각, 그리고 이들과 얽혀 있던 사회적 구조를 이해하기 위해서다.[217]

1920년대 민족 항일 시대상을 집약적으로 조명하고 일제의 식민지 수탈 정책을 날카롭게 비판한 현진건의 단편소설 「고향」은 일제에 의해 소작 농토를 빼앗기고 고향을 등진 농민들의 비참한 생활을 보여주고 있다. 현진건은 '그'라는 인물을 통해 농촌의 황폐화된 모습과 수탈당하는 농민의 생활상을 고발하고 있다. 그리고 '그'의 옛 연인을 통해서는 식민지 여성의 수난상을 보여주면서 일제의 식민 정책에 강한 저항 의식을 드러내고 있다. '나'는 서울(경성)행 기차에서 기이한 얼굴의 '그'와 자리를 이웃해서 앉게 된다. 이 좌석에는 각기 국적이 다른 사람들이 앉아 있다. '엄지와 검지로 짧게 끊은 꼿꼿한 윗수염을 비비면서' 마지못해 고개를 까딱거리는 일본인과 '기름진 얼굴에 수수께끼 같은 웃음을 띤' 중국인 사이에 조선인 '그'와 '나'가 합석하고 있다. 즉, 세 나라 사람이 모이게 된 것이다.

---

217 이러한 근대 소설의 문을 연 것은 이광수의 소설 『무정(無情)』이다. 이 소설은 신소설과 구분해주는 시대적 획을 그었다. 이 소설의 제목 무정이 의미하는 것은 사랑의 참뜻을 찾아가는 괴로운 여정이자 근대적 인간으로 태어나는 것이다. 사랑에 대한 본질적인 정서와 냉철한 관찰을 통해 진정한 유정(有情)으로 나아갈 수 있다. 조선인들은 삶을 팔자타령이나 운명으로 돌렸다. 이러한 사고는 중국 사상에서 나온 것이었다. 그러므로 이광수의 소설 『무정』은 조선인이 벗어나지 못한 팔자타령과 운명론에서 탈피해 인생을 근대적으로 바꾸자는 개조론이다. 송호근, 앞의 책 『국민의 탄생: 식민지 공론장의 구조 변동』, pp. 176~179.

'그'라는 사나이에 대해 '나'는 처음에 남다른 흥미를 느끼고 바라보다가 이내 싫증을 느껴 애써 그를 외면하려 했지만, 그의 딱한 신세타령을 듣게 되자 차차 연민의 정을 느낀다. 마침내 술까지 함께 마시게 되고, '나'는 '그'의 얼굴에서 '조선의 얼굴'을 발견한다. '그'는 정처 없이 유랑하는 실향민이었으며, '나'는 '그'의 유랑 동기와 내력을 듣는다. 조선인은 이렇게 가장 비참한 현실에 갇혀 있었다.

대구 근교의 평화로운 농촌의 농민이었던 '그'는 동양척식주식회사에 의해 농토를 빼앗기고 떠돌이가 되어 간도로 떠났으나, 거기서 부모는 굶어 죽고, 규슈 탄광과 오사카 철공장을 전전한다. 돈은 풍족했지만, 타락한 생활을 계속하던 '그'는 고국산천이 그리워 고향을 둘러보고자 고향으로 돌아왔다. 그러나 그의 고향은 9년 동안 너무나 변해 집도 없고, 사람도 없고, 개 한 마리 얼씬하지 않으며, 빈터만 남은 폐허가 되어 있었다. 돌아오는 길에 읍내에서 '그'는 아비에 의해서 이십 원에 유곽에 팔려갔다가 질병과 부채만 안고 돌아온 옛 연인과 해후했다. '그'는 괴로운 심정으로 일자리를 찾아 지금 경성으로 올라가는 중이다. 그는 취흥에 겨워 어릴 때 멋모르고 부르던 아픔의 노래를 읊조린다.

'나'는 '그'의 한탄을 듣고 조선의 현실을 다시 인식하게 된다. 토지를 잃고 여기저기 떠돌며 살아야 하는 조선 하층민들의 애환은 오늘날 산업화와 도시화로 고향을 떠나 도시에서 힘겨운 노동으로 생계를 이어가는 도시 빈민층을 보여주는 듯하다. 일제 식민통치 시대와 오늘 우리 시대의 상황은 다르지만, 하층민들의 삶의 모습은 크게 다르지 않았다. 조선시대의 신분이 일제 식민 시대에서는 돈으로 바뀐 것뿐이다. 물론 혼란은 누군가에게는 기회가 되고 누군가에게는 절망이 되겠지만, 신분이 자본으로 이동한 것 때문에 천민이나 소작농 등 피지배층 출신 하층민에게는 기회보다 절망이 더 컸을 것이다.

이런 상황을 채만식의 소설 『탁류』가 사실적으로 보여주고 있다. 채만식의 『탁류』는 식민지 시기 순정적인 여인 '초봉'의 인생 몰락을 이야기하면서 맑고 깨끗하던 물도 일제에 의해 생겨난 항구도시 군산에 이르면 깨어진 꿈이고 무엇이고 할 것 없이 휩쓸려 탁류로 변한다는 것을 보여준다. 일제 식민 시기의 조선 사회는 이렇게 모든 것이 혼탁해지고 있었다. 채만식은 어떤 근대 작가보다 인간의 사회적 삶 속에서 자본주의적 물질관을 중요하게 생각한 작가였다.[218] 돈과 관계된 그의 관심은 개인의 영역에 머물지 않고 사회로 확대된다.

채만식의 『금의 정열』에서 보여준 1920년대부터 1930년대 식민지 조선 사회를 휩쓸었던 투기 열풍은 자본주의를 학습하고 자본주의 사회를 배우는 과정이었다. 금광으로 상징되는 투기 열풍은 식민지 조선 사회의 모순과 병폐, 그리고 그 속에서 환멸과 상실을 경험한 사람들을 강하게 유혹한 일종의 '블랙홀'의 역할을 했다.[219] 특히

---

218 그에게 삶과 자본주의적 물질과의 연관은 거의 최종, 최고의 심급(審級) 차원에 해당한다. 물질이 반드시 돈으로 수렴되는 것은 아니지만, 채만식의 소설은 자본과 화폐를 구체적으로 일상생활과 관련짓고 있다. 한수영, 「하바꾼에서 황금광까지: 채만식의 소설에 나타난 식민 사회의 투기 열풍」, 앞의 책 『해방 전후사의 재인식』, p. 65. 이에 대해서는 한수영, 『친일문학의 재인식: 1937~1945년간의 한국 소설과 식민주의』, 소명출판, 2005 참조.

그는 1920년대 중반부터 1930년대 후반까지 근대화로 발달한 도시에서 탁류처럼 흘러가고 있던 조선인들의 생활 모습을 사실적으로 보여준다. 그에게 조선의 도시는 흐리고 더러운 장소였다.[220]

채만식은 당시 지배층의 언술에 반기를 들고 '거꾸로 쓰기'를 한 작가이며, 판소리, 설화체, 탈춤 등 서민 문화를 수용해 소설을 썼다.[221] 그는 식민지 자본주의 체제의 모순을 날카롭게 비판하며 1938년과 1939년에 현실에 적응하지 못하는 주인공들을 소설에 등장시킨다. 변한 현실에 적응하지 못한 조선인들의 방황 속에서 세상은 모두 더럽고 혼탁하기만 했다. 이들의 선택은 오로지 식민 체제의 자본주의에 순응하는 것뿐이었다.[222]

---

219 한수영, 위의 글 「하바꾼에서 황금광까지: 채만식의 소설에 나타난 식민 사회의 투기 열풍」, p. 106.

220 김용희, 「채만식 소설에 나타난 도시성」, 『한신인문학연구』 제1집, 한신대학교 출판부, 2000, pp. 243~307.

221 송현호, 「채만식의 지식인 소설 연구」, 『현대소설연구』 제1호, 한국현대소설학회, 1994, pp. 232~253.

222 기존의 친일문학은 한 작가가 남긴 다양한 글들을 무시하고 단순히 일본의 정책에 동조하는 작품이나 글만을 대상으로 연구되었다. 그러나 친일 작가라 명명되는 작가들이라 해도 모두 일본의 방침에 부합하는 글만 남기지는 않았을 것이며, 일본에 저항했다고 평가받는 작가들 역시 모두 일본에 반(反)하는 글만 남겼다고는 할 수 없을 것이다. 이제 친일 문제는 친일 경향이 두드러지는 한두 편의 글이 아닌 일제 말기에 쓰인 여러 글을 자세히 살펴보면서 한 작가에게 나타나는 체제 순응과 저항 사이의 진폭을 규명해 친일 문학가들이 범한 잘못을 보다 냉정하게 평가해야 한다. 그 출발점이 바로 채만식이다. 장편과 단편을 넘나들면서 식민지 자본주의 체제의 모순을 날카롭게 비판했던 채만식은 1940년 일본에 저항했던 중국 국민당의 핵심 인물이 일본에 적극적으로 협조하며 신남경 정부를 수립하자 친일로 돌아선다. 1938년과 1939년에 현실에 적응하지 못하는 주인공들이 등장하는 단편소설들을 쓴 채만식은 이후 친일 성향이 분명하게 드러나는 작품인 중편 『냉동어』를 발표한다. 그리고 1944년 일본이 바라는 '군국의 어머니'상을 제시하는 『여인전기』를 창작하기에 이른다. 그런데 채만식의 대표적인 친일 작품으로 알려진 위의 두 작품이

박영준(朴榮濬)의 「모범 경작생」은 이러한 시대 상황을 잘 보여준 작품이다. 1930년대 초반 세계 대공황의 여파로 조선 농민들 역시 궁핍과 불안의 상태를 맞이하게 된다. 일제는 만주를 새로운 상품시장으로 편입해 경제 불황을 타개하고자 했으나, 식민지 농촌의 경우 여전히 쌀값 폭락의 충격에서 벗어나지 못하고 있었다. 그래서 조선총독부에서는 전국적인 규모로 농촌진흥운동을 시행했다. 그러자 이에 맞서 민족운동 세력들도 동아일보사를 중심으로 펼쳐진 브나로드 운동이나 조선공산당 재건운동과 결부된 적색농민조합운동을 전개했다. 이 시기 박영준이 발표한 「모범 경작생」과 『일년』 등의 작품들은 모두 당대 지식인들의 이념적 계몽을 거치지 않고 농민들이 스스로 자신들의 계급 정체성을 자각하고 투쟁하는 과정으로 이루어져 있다. 그러나 박영준은 강서 적색농민운동에 연루되어 옥고를 치른 후 만주로 이주해 일제에 적극적으로 협력하게 된다.[223]

일제 식민통치 시기 소설들은 유난히 하층민들의 고달프고 가난하며 자포자기 식의 절망적인 삶의 모습을 생생하게 보여주고 있다.

발표된 시기는 각각 1940년과 1944년이다. 이 두 시기에는 상당한 시차가 존재한다. 만약 채만식의 친일이 처음부터 자발적인 선택에서 행해진 것이라면, 마땅히 1940년 이후에 발표된 산문과 소설에 일관된 내용이 등장해야 하지만, 채만식은 친일 성향으로 보이는 산문만 발표했을 뿐, 적극적인 친일 작품을 창작하지는 않았다. 또 1941년부터 1943년 사이에 발표한 소설과 산문은 그 수도 적을 뿐만 아니라 소설과 산문으로 장르를 나눌 수 없을 정도로 비슷한 이야기가 반복되고 있다. 김지영, 「저항에서 협력으로 가는 여정, 그 사이의 균열: 1940년대 초기 채만식의 '글쓰기'를 중심으로」, 『한국현대문학연구』 제26집, 한국현대문학회, 2008, pp. 391~418.
[223] 김종욱, 「강서 적색농민운동과 박영준: 『일년』을 중심으로」, 『구보학보』 제22호, 구보학회, 2019, pp. 369~391.

갑자기 맞닥뜨린 새로운 근대적인 사회에 적응하지 못하고 가치관의 혼란이 컸던 하층민들은 갈팡질팡 어디로 갈지 몰랐고, 조선의 봉건적 잔재도 여전했다. 특히 식민통치 시대에 태어난 세대들은 조국과 국민, 민족의 정체성에 대한 혼란을 겪을 수밖에 없었다. 이들은 '진정한 조국은 무엇인가?', '민족 공동체로서 국가와 국민의 개념은 무엇인가?'를 전혀 이해하지 못했다. 이들의 삶은 혼란과 불안 속에서 긴 어둠의 터널을 지나고 있었다.

이상(李箱)의 「날개」는 자기 아내를 팔아서 살아가는 무능력하고 나약한 조선인의 모습을 상징적으로 보여준다. 식민통치에 순응하며 희망 없이 살아가야 했던 조선인의 암울함이 이 소설에서 묘사되고 있다.[224] 그런데 나라가 백성을 팔아먹은 것인가, 아니면 무능력한 지배층 때문에 나라가 일제에 팔린 것인가? 이 소설은 이렇게 시작한다. "박제가 되어버린 천재를 아시오? 나는 유쾌하오. 이럴 땐 연애까지 유쾌하오." 이 암울함과 절망의 이야기는 "나는 걷던 걸음을 멈추고 그리고 일어나 한번 이렇게 외쳐보고 싶었다. 날개야 다시 돋아라. 날자. 날자. 한 번만 더 날자꾸나. 한 번만 더 날아보자꾸나"라고 끝맺는다. 박제된 천재는 곧 조선이다. 아내를 팔아 살아

---

[224] 지금까지 이상의 작품에 관해서는 수많은 평자의 논의가 있었으며, 그러한 논의는 오늘날까지 끊이지 않고 계속되고 있다. 그동안의 문학사적 평가 및 연구사도 대단한 분량과 다양성을 보여주고 있는데, 이를 개괄적으로 요약해보면, 이상은 독특한 개성을 가진 문학인이었다. 그는 현대 시와 현대 소설의 세계와 영역을 확충한 의미 있는 문학사 업적을 남겼고, 그러한 사실이 문예 사조의 측면에서는 한국 모더니즘 문학의 심화를 가져왔다. 그리고 그는 시적 리듬이나 소설적 기법에서도 파괴적인 변형을 통해 새로운 지평을 일구었다. 김종회, 「이상의 「날개」와 연구의 방향성」, 『비평문학』 제64호, 한국비평문학회, 2017, pp. 53~73.

가는 무기력한 '나'는 조선의 지배층이며, 무능력하고 무책임한 남편을 위해 자신을 희생해 생계를 꾸려가는 아내는 곧 조선의 백성이다. 그래서 다시 한번 날고 싶은 욕망, 그 욕망은 해방이다. 일제 식민 체제에서 살아가야 했던 조선인들의 자화상은 한 작가의 시선과 의식을 통해 이렇게 투영되었다.

이런 가운데 일제는 시민과 국민 또는 신민의 구분이 애매한 구호를 외치며 내선일체 정책을 더욱 강력하게 추진해나갔다. 그 과정은 조선인들의 제국군 자원입대, 본국 수준의 학교 교육을 받을 기회, 그리고 창씨개명 등 식민지 법 개정으로 나아가면서 징병제로 정점에 이르렀다. 이 징병제로 인해 조선인은 식민지 신민에서 미국과 같이 다민족 국가의 소수민족과 같은 지위로 바뀌었다.[225] 이런 조치들은 조선인을 전쟁에 동원하기 위해 취해진 것으로, 일제 국민 자격이 조선인 지배층에서 하층민까지 확대된 것이다. 이것은 일제 국민으로 권리와 평등권이 없었던 조선인들에게 동화 열망을 불러일으켰다. 일제 국민 자격을 위한 조선인 지원병제도가 시행되자 초기 지원자 대다수가 소작농이었다.[226] 이들이 지원한 이유는 천황에 대한 충성심보다 사회적 지위 상승, 취업, 명성과 명예를 위한 동기

---

225 Fujitani Takashi, "Right to Kill, Right to Make Live: Koreans as Japanese and Japanese as Americans during WWⅡ", *Representation* 99(Summer, 2007), pp. 13~39. 우치다 준, 앞의 책 『제국의 브로커들: 일제강점기의 일본 정착민 식민주의 1876~1945』, p. 508에서 인용.
226 宮田節子, 『朝鮮民衆と'皇民化'の政策』(東京: 未來社, 1985), pp. 67~68. 이런 현상에 대해 조선군 언론 담당 책임자 가쓰오 노부히코(藤尾信彦)는 몹시 실망스러워했다. 우치다 준, 앞의 책 『제국의 브로커들: 일제강점기의 일본 정착민 식민주의 1876~1945』, p. 509.

때문이었다.[227] 그리고 1940년 8월 시한까지 창씨개명한 조선인 가정이 80퍼센트에 이르렀다.[228]

조선어 사용 금지령에 이어 창씨개명령이 내렸다. 5학년 때다. 동네 어른들은 저녁마다 모이면 수군거렸다. 걱정스러운 아버지와 본고향 초산(楚山) 집안 어른들과의 사이에 서신 왕래가 빈번해지더니 어느 날 갑자기 나는 리영희가 아니라 평강호강(平江豪康)이 되었다. "히라에 히데야스!"라고 부르면 "하이" 하는 날이 시작된 것이다.[229]

---

227 최유리, 『일제 말기 식민지 지배 정책 연구』, 국학자료원, 1997, pp. 190~192.

228 창씨개명은 황국신민화 정책의 일환으로 시행된 것으로, 조선인의 생각과 마음을 일본인과 똑같이 만들어 조선 민족성을 말살하기 위한 것이었다. 일제는 이를 통해 조선 민중들의 민족의식을 완전히 없애고 일본 민족의 일원이라는 인식을 갖도록 했다. 그래서 그 실시 날짜도 일본 민족의 '2600년 기원절'인 2월 11일로 잡았다. 제도 시행 초기에 이에 호응하는 조선인은 많지 않았다. 겉으로는 강제성을 부정하면서도 속으로는 억지로라도 시키고 싶었던 조선총독부의 의지에 따라 일제는 실적을 높이기 위해 온갖 방법을 다 동원했다. 도별 실적을 공표해 도별 경쟁을 유도했고, 신고가 마감된 이후에는 실적 비율을 높이기 위해 호적 총수 대신 '실재 호적 수'라는 개념을 도입해 모집단의 비중을 낮추면서 통계 수치를 아전인수식으로 이용했다. 이 제도가 시행되는 과정에 친일 조선인이 협력한 사례는 크게 네 가지 방식이 있었다. 첫째는 사법법규조사위원회 위원으로 활동하며 창씨제 실시를 위한 법안 마련에 참여한 이승우 등의 경우다. 둘째는 솔선해 창씨개명을 한 행위로, 종래의 성 및 본관과 무관한 씨를 창설하고 일본식으로 개명해 신고를 마친 경우다. 셋째는 창씨를 독려한 행위로, 관리로서 솔선해 창씨개명을 하고 이를 독려한 조선총독부 고등관들의 사례, 글과 강연을 통해 권유 선전한 이광수 등의 사례 등이 이에 속한다. 넷째는 창씨제 실시에 대한 감사 표시 행위인데, 감사문 발송 결의 주도, 국방헌금 기부, 기념탑 제작 전달 등이다. 이들의 협력 행위와는 달리 문중의 정체성을 유지하기 위한 고육지책으로 창씨를 결정하고, 문중 회의의 결정에 따라 창씨 신고를 하기도 했다. 최재성, 「'창씨개명'과 친일 조선인의 협력」, 『한국독립운동사연구』 제37집, 독립기념관 한국독립운동사연구소, 2010, pp. 342~392.

229 리영희, 앞의 책 『역정: 나의 청년 시대』, p. 36.

이렇게 일본식으로 이름을 바꾼 조선인이 많은 것은 일제의 강요도 있었지만 일제로부터 더 나은 대우를 받고 많은 사회적 혜택을 받고 싶어서였다.[230] 1910년 한일합방으로 조선은 일제의 일개 지방으로 편입되었다. 이로써 조선인은 일본 호적법이 아닌 별도의 지역적(地域籍) 또는 민족적(民族籍)이 부여된 조선인으로 규정되었다. 그러나 조선인은 일제의 신민이 되었지만 정식으로 일본 국민이 될 수는 없었으며, 참정권과 병역 의무를 지지 않는 2등 국민으로 취급되었다.[231]

반면 사대부 양반 지배층은 창씨개명을 절대 반대하고 나섰는데, 그 이유는 자신들의 전통 있는 가문 혈통과, 결혼과 혈연관계에 토대를 둔 조선의 유교적인 가부장제도를 무너뜨리고 이로 인해 천민 가문으로 전락할 것을 우려했기 때문이다.[232] 창씨개명을 환영한 사

---

230 『경성일보』 1940년 7월 17일 자. 경성제국대학 교수들은 조선인 내방객들에게 적절한 일본식 이름을 택하도록 도와주는 상담소까지 개설했으며, 부업으로 성명철학도 해주었다. 『녹기』 1940년 4월호, pp. 44, 62. 『녹기』는 1936년 1월 창간해 1944년 2월까지 총 96호를 발행한 일본어 월간 잡지다. 1944년 3월 『흥아문화(興亞文化)』로 개제, 같은 해 12월까지 간행했다. 경성제국대학의 츠다 사카에(津田榮)가 창립한 사회 교화 단체 '녹기연맹'의 기관지다. 이 단체는 세 가지 강령을 내걸었는데, 이를 '황국신민화'와 '내선일체'를 위한 조선인의 덕목으로 적극적으로 활용했다. 국립중앙도서관, 『한국 근대문학 해제집 Ⅲ: 문학잡지(1927~1943)』, 국립중앙도서관 근대문학정보센터, 2017, pp. 96~98.
231 1910년 한일합방 이후 일본인 여성이 조선인 남성과 결혼할 경우 입적이 금지되었다. 일본 호적법이 조선에 적용되지 않았고, 또 민적법은 조선인에게만 적용되었기 때문이다. 조선총독부와 일제 정부는 일본인과 조선인의 전적(轉籍), 즉 호적을 일본인 호적으로 옮기는 것을 엄격히 금지함으로써 민족에 기초한 법적 구분을 고수했다. 이승일, 「조선호적령 제정에 관한 연구」, 『법사학연구』 제32호, 한국법사학회, 2005, pp. 37~68.
232 『경성일보』 1939년 11월 9일 자, 1940년 7월 18일 자.

람들은 신분제에서 많은 제약을 받았던 노비, 백정, 광대 등 천민 집단, 그리고 첩이나 서자 등 소외 계층들이었다. 특히 천민들은 자신이 노비 출신임을 나타내는 돌이(乭伊), 성녀(姓女) 같은 이름을 바꿀 기회였다.[233]

일제가 태평양전쟁에 필요한 물적·인적 자원을 보충하고 내선일체를 통해 조선 민족을 일본에 완전히 통합할 목적으로 징병제와 창씨개명을 시행했지만, 참정권, 교육, 여행, 호적 등 차별 철폐에 따른 조선인의 요구는 일본인에게 큰 우려를 낳았다.[234] 조선인이 이러한 일제의 정책을 그대로 따른다고 해서 이를 조선 민족의 포기 또는 친일로 해석할 수 있는 것은 아니다. 이 점은 조선에 거주한 일본인이 쓴 메모 속에 김(Kim)으로만 표시된 어느 조선인 교사에 의해 확인되고 있다. 그는 전쟁 중에 개인적으로 일본인 동료들에게 조선인은 실제로 세 가지 유형이 있다고 말했다. 첫 번째가 완전히 친일파인 조선인으로, 고위 관리들, 지방 정부의 공직자들, 상층 샐러리맨들, 부유층이 이에 속한다. 두 번째 유형은 완전히 반일인 조선인으로, 망명하거나 독립투쟁을 위해 지하에 잠적한 사람들이다. 그리고 마지막으로 일제의 통치를 불가피한 것으로 받아들이거나 자기 보호를 위해 자신의 의지를 거스르고 일제에 순응한 사람들이

---

233 이대화, 「'창씨개명' 정책과 조선인의 대응」, 『숭실사학』 제26집, 숭실사학회, 2011, pp. 213~214.
234 이런 일본인의 우려는 조선인과 일본인이 동등한 국민으로서 자격을 받게 되면 특히 조선에 거주한 일본인에게 큰 위협이 된다는 것이었다. 우치다 준, 앞의 책 『제국의 브로커들: 일제강점기의 일본 정착민 식민주의 1876~1945』, p. 520.

다. 이 마지막 유형의 사람들은 다수가 무지한 대중을 포함해 하급
및 중급 관리, 봉급생활자들이며, 이들은 모두 거짓으로 표면상 친
일파 행세를 한 사람들이었다.[235]

어찌 되었든 3·1운동을 기억하는 일본인들은 조선인들이 본국 사
람들을 능가할 정도로 열성적으로 일본 군대에 입대하고 경쟁적으
로 헌금을 보내는 장면을 직접 보게 될 것이라고는 상상하지 못했
다.[236] 그렇다 해도 조선인은 일본인이 될 수 없었다. 전라남도 해남
에서 교사로 재직했던 이와사키 기이치(岩崎喜一)는 자신의 회고록
에서 "일제 식민통치 체제에서도 조선인들은 여전히 민족의 정체성
을 잃지 않고 있었다. 전쟁 말기 학생들에게 '황국신민서사(皇國臣民
誓詞)'의 암송 능력은 황민화의 지표였다.[237] 일본어도 모르는 조선
인 학생도 완전하게 외우고 있었다. 이와사키는 "일본이 항복한 뒤
에 조선 아이들에게 서사를 암송시키자 이들 학생이 황국(皇國)과
군국(君國) 대신 한국(韓國)이라고 했다는 이야기를 듣고 무척 놀랐

---

235 岩崎喜一, 『おんどる(溫埃)夜話』(東京: 京文社, 1966), p. 179.

236 일제의 전시 동원 정책은 조선 사람들이 내선일체의 의미를 충분히 이해하게 하기
보다 단순히 가담하게 만드는 것이 우선이었다. 다시 말해, 동원 그 자체가 이념이
되었다. 우치다 준, 앞의 책 『제국의 브로커들: 일제강점기의 일본 정착민 식민주의
1876~1945』, p. 526.

237 황국신민서사는 황국신민화 정책으로 일본 제국이 1937년에 만들어 조선인들에게
외우게 한 맹세다. 학교를 비롯해 관공서, 은행, 공장, 상점 등 모든 직장의 조회, 기
타 회합 등에서 제창되었다. 아동용은 '1 우리는 대일본 제국의 신민입니다', '2 우
리는 마음을 합해 천황 폐하에게 충의를 다하겠습니다', '3 우리는 인고단련(忍苦鍛
鍊)해 훌륭하고 강한 국민이 되겠습니다'라는 내용으로 되어 있고, 성인용은 '1 우
리는 황국신민이다. 충성으로써 군국에 보답하련다', '2 우리 황국신민은 신애협력
(信愛協力)해 단결을 굳게 하련다', '3 우리 황국신민은 인고단련해 힘을 길러 황도
(皇道)를 선양하련다'라는 내용으로 되어 있다.

다"라고 회고했다. 이와사키는 조선인들이 지역 신사를 참배할 때 속으로 일제의 패배를 빌 것이라는 사실을 뒤늦게 알았다는 것이다. 말하자면 조선인들은 '위장된 친일파', '체념한 친일파', '총구 앞의 친일파'라는 사실을 대부분의 일본인은 알지 못했으며, 조선인의 순종이 총력전 체제 아래에서 강요당한 허구라는 사실도 몰랐다.[238] 그러나 조선인들은 내선일체 정책으로 점점 일본인이 되어갔다. 리영희는 이렇게 회상한다.

"갓데 구루조또 이사마시꾸……(필승을 다짐하고 용약 출정한……)"의 군가가 끝나면 "덴니 가와리떼 후기워 우쯔……(하늘을 대신하여 불의를 친다……)"를 불렀다. 면내를 누빈 승전 축하 초롱불 행렬은 다시 교정에 돌아와 정렬한 다음 "덴노오헤이까 반자이(천황 폐하 만세)"를 삼창하고 해산했다.

졸업이 가까워온 12월 초(1941년)의 어느 날(8일) 아침, 면 주재소의 사이렌이 요란하게 울리더니 온 마을 주민이 학교 교정에 모여들었다. 늙은이 어린이 할 것 없이 걸을 수 있는 인간은 모두 불려 나왔다. 예삿일이 아닌 것이 분명했다. (……) 일본인 교사의 찢어지는 듯한 구령이 울

---

238 岩崎喜一, 『おんどる(溫堗)夜話』, pp. 212, 226~227. 식민지 지배가 진행되면서 상층 계급에 속한 저명인사가 뚜렷한 목적의식을 가지고 친일 행위를 한 데 더해 무명씨들이 그것을 능가하는 기세로 구조화된 친일 행위를 실천했다. 따라서 친일의 형태는 전자의 뚜렷한 목적의식을 가진 이데올로기적인 친일파와 후자의 근대적 고급 기술관료로서 참여한 친일 협력자로 구분되어야 한다. 시일이 지나면서 후자의 비중이 점점 높아졌다. 나미키 마사히토(並木眞人), 「식민지 시기 조선인의 정치 참여: 해방 후사와 관련해서」, 앞의 책 『해방 전후사의 재인식』, p. 677.

렸다. "규우죠오 요오하잇! 사이께이레잇(宮城遙拜! 崔敬禮)." 일본 천황이 산다는 동쪽을 향해서 조선인 면민(面民) 일동은 90도로 허리를 굽히는 최경례를 했다. 이것은 학교에서는 매일 아침의 행사다.[239]

조선시대에 노비였다가 신분제 철폐 이후 머슴이 된 하층민의 이야기를 들어보자.

1920년대 초반 머슴 문학빈은 한마디 말도 남기지 않고 천석꾼 최봉학의 집으로부터 사라져버렸다. 그러나 그가 어디로 가서 무엇이 되었는지는 곧 밝혀졌다. 어느 해의 겨울밤, 외할아버지(최봉학)의 집 높은 담을 뛰어넘고 들이닥친 세 사람의 무장 패가 갑부 최봉학 영감을 총개머리판으로 흔들어 깨웠다. 소스라치게 놀라 와들와들 떨고만 있는 최봉학 노인의 베갯머리에 서 있는 사나이는 몇 해 전 집을 나간 문학빈이었다. 그는 지난날 주인에게 설득하듯 사과하듯 낮은 목소리로 말했다. 놀라게 해드려서 미안하우다. 문학빈이외다. 나는 3·1운동을 겪으면서 보았수다. 조선의 독립은 맨주먹으로는 이룰 수 없다는 것을 깨닫고 만주로 건너가 독립군에 가담했수다.[240]

머슴 문학빈은 갑자기 나타나 지주 최봉학에게 독립군 군자금을 뜯어 갔다. 이렇게 세 번씩이나 군자금을 뜯어 가자 드디어 최봉학

---

239 리영희, 앞의 책 『역정: 나의 청년 시대』, p. 47.
240 리영희, 앞의 책 『역정: 나의 청년 시대』, p. 64.

은 저항했다. "나라의 독립이고 뭐고 어떻게 번 돈인데 세 번씩이나 내줄 수 있느냐"고 대들었다. 결국 문학빈은 총으로 벽동군 제일의 부자 최봉학을 죽이고 말았다.[241] 이 머슴 문학빈의 사례는 피지배층 출신 하층민으로서 항일투쟁에 뛰어들었어도 신분에 대한 적개심까지 버린 것은 아니라는 점을 보여준다. 그런 이들이 독립투쟁에 목숨을 바친 것은 어떤 이유에서일까?

조선이 망한 것은 전적으로 사대부 양반 지배층의 무능과, 기득권을 유지하기 위해 유교의 봉건적 사상에서 벗어나지 못했기 때문이다. 일제 식민 체제는 누구에게는 고통이었고, 또 누구에게는 기회의 시기였다. 지배층 가운데 더러는 독립운동과 항일투쟁에 뛰어들었으나, 대개는 지주의 자본력을 바탕으로 일본 제국대학에 유학한 엘리트로서 일제에 협조하거나 일제의 신민이 되어 친일의 길로 나아갔다.[242]

피지배층 출신 민중들은 사대부 양반의 속박에서 벗어나 독립적인 삶을 얻었지만, 경제적으로 조선시대와 다름없이 소작인으로 살면서 여전히 지배층 출신 지주의 예속에서 벗어나지 못했다. 또 조선시대와 달리 출신 신분을 따지지 않고 누구에게나 교육과 출세의

---

241 이 사건은 당시 조선 신문에 크게 보도되었고, 일본인과 일본 앞잡이들이 비적이라고 불렀던 문학빈이 들어간 조직은 통의부(統義府) 군무위원장 오동진(吳東振) 장군의 휘하임이 밝혀졌다. 리영희, 앞의 책 『역정: 나의 청년 시대』, p. 66.

242 식민지 엘리트 유학은 곧 일본인화 과정이었다. 이들 일본 제국대학 유학생들의 친일과 해방 이후 현재까지 이어지는 부와 신분의 세습에 대해서는 정종현, 『제국대학의 조센징: 대한민국 엘리트의 기원, 그들은 돌아와서 무엇을 하였나?』, 휴머니스트, 2019 참조.

기회가 주어졌으나 경제적 기반이 없었던 이들 계층은 고등교육을 받고 사회적 신분 상승을 도모하기가 극히 어려웠다. 말하자면 이들에게 식민 체제는 과거 조선의 신분 체제와 크게 다르지 않았다. 일제 식민통치는 자신들의 의지와 상관없이 주어진 것인 만큼 그저 순응할 수밖에 없었고, 가난과 미천한 신분에서 탈출하려면 철저하게 일제 신민이 되는 것 외에 달리 선택할 길이 없었다.[243]

이들은 봉건제 조선에서 소작농이 아니면 노비, 천민이었듯, 이제 식민지 조선에서 프롤레타리아 계급으로 살았다. 비록 하층민이라 할지라도 많은 이들이 독립운동과 항일투쟁의 최전선에서 싸웠으나, 천한 신분이라는 이유로 그저 이름 없이 사라져갔다. 더욱이 일제의 징용이나 징병으로 강제로 끌려가 해방될 때까지 모진 고난을 겪어야 하는 등 조선의 식민화로 인한 모든 고통과 피해는 고스란히 이들 계층이 떠안아야 했다.

이런 가운데 상해 임시정부를 중심으로 한 보수적 독립운동가와 만주와 연해주를 근거로 한 사회주의 항일투쟁가들은 상호 협력하는 듯하다가 나중에는 분열과 갈등만 키워갔다. 각 진영이 구상한 조선의 새로운 세상은 달랐다. 상해 임시정부 독립운동가들은 조선의 지배층 입장에서 보수적인 자본주의 체제를 선택했고, 사회주의 또는 공산주의 계열 항일투쟁가는 조선의 피지배층이 오랜 세월 염원해왔던 평등한 이상세계로서 공산주의 체제를 선택했다. 이렇게

243　카터 J. 에커트, 앞의 글 「식민지 말기 조선의 총력전, 공업화, 사회 변화」, pp. 638~654.

각기 다른 이념과 체제를 선택한 것은 아마도 사대부 양반 지배층과 피지배층의 신분의식에서 비롯된 필연적인 결과가 아니었을까? 이 신분적 갈등과 대립이 일제강점기에 휴화산처럼 잠재되어 있다가 해방과 더불어 다시 터져 나오기 시작했다. 그것이 바로 남북 분단과 6·25전쟁이다.

제6장

해방정국의 사회

1

독립의 그늘

이 강토는 태극기의 물결이었다. 온 산하는 감격의 눈물바다였다. 집집
마다 골목마다 행길마다 남녀노소 가릴 것 없이 덩실덩실 춤추며 뒹굴
었다.[1]

　조선의 해방은 아무도 몰랐다. 온 조선인이 환희에 찬 해방을 맞
이했으나 한편으로는 모두가 막연한 공포감과 무기력에 빠져 있었
다. 그리고 잡다한 여러 소문이 나돌았다. 그 소문이 더 공포감을 조
성했다. 조선의 해방은 누군가에게는 공포였고, 누군가에게는 희망
이었으며, 그리고 누군가에게는 막연한 두려움이 앞섰을 것이다. 조
선이 망할 때처럼 해방된 세상은 누구에 의해 어떤 방식으로 결정
될 것인지 아무도 몰랐고, 오로지 그 두려움은 조선의 피지배층 출
신 민중들의 몫이었다.

　민중들의 두려움은 과거의 조선으로 회귀하는 것이 아닐까 하는
염려였다. 새로 시작될 조선은 어떤 나라가 될까? 계층마다 그 생각

1　김병걸, 『실패한 인생 실패한 문학: 김병걸 자서전』, 창작과비평사, 1994, p. 97.

이 달랐다. 사대부 양반 지배층 출신 지식인들이나 사회 지도층들은 항일투쟁을 했든 순응하며 살았든지 간에 자기 세상이 온 듯 환호했을 것이고, 반면 천민 출신 민중들은 혹시 노비 신분으로 되돌아가지는 않을까 하는 두려움에 휩싸였을 것이다. 그 어둠 속에서 그래도 조선 민중들은 민본 중심의 새로운 조선이 세워질 것이라는 희망을 품기도 했다. 그러나 이러한 희망에 앞서 북에는 소련군이, 남에는 미군이 무장하고 일본을 대신해 조선을 점령했다. 이것이 조선을 남북으로 갈라놓게 될 징후라는 것을 그때는 아무도 몰랐다. 조선에 대한 미국의 시각은 그렇게 긍정적이지 않았다. 구한말부터 해방될 때까지 조선에서 살았던 호머 헐버트 박사(Homer B. Hulbert)는 이렇게 회고하고 있다.

조선인은 타락되고 경멸을 받을 민족이며 훌륭한 일을 할 수 있는 능력이 없을 뿐만 아니라 지식 수준이 낮아서 독립 국가로 존속하는 것보다 일본의 통치를 받는 편이 좋다는 것을 미국인들은 여러 번 들었다.[2]

이 말처럼 잘못된 편견을 가진 서방 세계가 해방 이후 조선의 운명을 결정하고 말았다. 그 결과, 김일성과 이승만 등 각자 해방 조선을 통치하고자 한 여러 정치 세력들이 소련과 미국을 등에 업고 남한과 북한을 점령하고 있었다. 이제 조선 사람들은 자주독립이냐 아니면 신탁통치라는 이름으로 외국의 통치를 받아야 하느냐 하는

---

2   호머 헐버트, 앞의 책 『대한제국 멸망사』, p. 10.

갈림길에 서게 되었다. 그리고 다시 조선은 공산주의와 자본주의라는 이념의 선택을 놓고 또 다른 분열과 갈등을 겪어야 할 운명에 처했다.

이것이 해방의 현실이었다. 그래서 해방을 맞은 조선에는 불투명한 추측만 있을 뿐, 어떤 조선이 수립될 것이며, 또 그 조선에 어떤 국민이 살 것인지, 국가와 국민에 대한 새로운 미래상이 제시되지 않았다.[3] 이런 가운데 소련이 점령한 북한은 미군이 통치한 남한보다 먼저 신인간(新人間)이라는 새로운 조선인의 모습을 제시했고, 이것은 오랫동안 북한 정부의 과업이 되었다. 신인간 상은 새로운 이념으로 새 시대를 창조하려는 열망에 가득 찬 유용한 인간과 과거 낡은 이념에 사로잡혀 현실에 안주하려고 애를 쓰는 무용한 인간으로 구분 지었다. 낡은 시대를 무너뜨리고 새 시대를 건설하는 것이 프롤레타리아의 목적이므로 유용한 인간과 쓸모없는 무용한 인간은 극단적으로 대립적 관계를 갖게 되었다.[4] 이로써 북한은 낡고 구태의 사고에 젖은 인간을 새로운 인간으로 개조하는 데 중점을 두었다. 이렇게 갑작스럽게 닥친 해방으로 모든 조선인은 기쁨보

---

3   그러나 미국은 영국으로부터 독립한 후 유럽 국가들과 확연히 다른 민주주의 국가를 만들었고, 이에 따라 미국 건국의 아버지 벤저민 프랭클린(Benjamin Franklin)은 '완벽한 인간'이라는 새로운 미국인의 모습을 제시했다. 이 새로운 미국인 상은 유럽인과 비교할 수 없이 우월한 것이었다. 최정운, 앞의 책 『한국인의 발견: 한국 현대사를 움직인 힘의 정체를 찾아서』, pp. 46~47.

4   혁명을 주제로 삼은 이 인간론은 식민지 시대 프롤레타리아 문학을 거쳐 북한 문학의 전제가 되었다. 북한 문학에서 긍정적인 인물은 다가올 미래를 선취한 신인간이어야 했고, 긍정적 단초를 가진 인물이 신인간으로 성장하는 과정을 그리는 일이 북한 문학의 중요한 의무였다. 신형기, 「신인간: 해방 직후 북한 문학이 그려낸 동원의 형상」, 앞의 책 『해방 전후사의 재인식』, pp. 699~700.

다 당황과 혼란을 겪으면서 현실로 다가온 새로운 세상을 향한 두려움을 느낄 수밖에 없었다. 윤세중(尹世重)은 해방 그날을 이렇게 묘사한다.

외치는 순간 그의 얼굴은 괴롬과 울음의 상징이었다. 무서운 괴로움에서, 무서운 슬픔에서 탈출을, 해방을 부르짖는 비상한 외침이었다. 그는 확실히 해방의 기쁨을 믿지 않은 것 같았다.[5]

그 두려움의 정체는 무엇일까? 일제 식민통치보다 더 나은 세상은 틀림없지만, 그 뒤에 숨겨진 소름 끼치는 동족상잔의 공포, 그리고 이에 앞서 당장 광풍이 불어올 친일파들의 청산 문제로 터져 나올 복수심이 아닐까?

왜놈의 앞잡이로 개 노릇 하며 징용으로 보국대로 몰아 쫓든 놈. 제 아무리 애국자라 떠들어대도 생각하면 이 갈린다. 속힐 줄 아니. 왜놈 세상 좋아라 꺼떡거리며 우리들의 피땀을 빨아 먹든 놈. 새 조선을 세우는 데 덤비는 꼴이 기가 차서 못 보겠다. 정말 우습네. 너이들이 암만 발악을 쳐도 미친개처럼 날뛰어도 넘어갈 쭐 아느냐 이기고 말 껄 우리들은 우리들의 갈길이 있다.[6]

― 남대우, 「왜놈 앞잡이」 전문

---

5   윤세중, 「십오일 후」, 『예술운동』 창간호, 1945년 12월, pp. 84~85.
6   한정오, 「광복기 경남·부산 지역의 아동문학 연구: 남대우··이원수·김원룡의 동시집을 중심으로」, 『한국문학논총』 제40집, 한국문학회, 2005, pp. 337~338에서 재인용.

이 글처럼 남대우는 광복의 기쁨은 물론 친일 잔재 청산을 바탕으로 한 새 나라 세우기의 기본 생각을 보여주고 있다.[7] 해방 이후 어떤 사람들은 살아남으려고 변신하거나 과거를 숨기기 위해 부단히 음모를 꾸미고 있었지만, 한편에서는 채만식처럼 과거 친일의 죄의식에 대한 참회의 시기를 보내기도 했다. 친일 문인으로 활동했던 채만식은 작고할 때까지 이 죄의식에서 벗어나지 못했다. 그로 인해 해방 이후 그의 문학은 현실 비판과 풍자 정신에서 멀어져갔다. 대신 그의 문학에서는 자기 풍자가 두드러졌으나, 결코 허무주의로만 흐르지는 않았다. 그는 해방기 소설에서 부정적 인물들을 통해 해방 전후 여전한 세계의 질서를 비판하며 절망했다. 역사소설들을 통해서 그는 외세에 의존하는 역사가 반복된다면 미군정하에서의 한국의 운명도 위태로울 것이라고 경고했다. 역사의 반복을 경계하고 과거와 단절될 필요성을 강조하면서 마침내 채만식은 친일의 죄로부터 결별한다. 기성세대와는 다른 길을 가기로 선언한 그는 새로운 소년이라는 인물들을 통해 해방에서 새로운 세상의 가능성을 예견하기도 했다. 친일의 죄의식으로부터 시작한 채만식의 해방기 문학은 우리 세계에 여전한 식민성과 비주체성을 보여주며, 나아가 우리 민족이 반복되는 역사의 질곡으로부터 탈출할 길을 모색하고자 했

---

7   남대우는 경남 하동문화협회에서 일하다 국군의 여순 반란 사건 진압 관정에서 처형당한 것으로 알려졌다. 남대우에 대한 연구는 김수복, 「남대우론: 곤궁한 삶의 인식과 새 시대의 감격」, 이재철 편, 『한국현대아동문학 작가작품론』, 집문당, 1997, pp. 83~97 참조.

다.[8] 이처럼 식민통치 시기에 태어나 일제식 교육을 받고 직업을 가졌던 사람들은 가치관 변화로 인해 친일이라는 혹독한 죄의식을 감내해야 했다.

해방 이후 조선에 대한 그의 예견은 조선 역사상 가장 참혹한 비극이었을 것이다. 갑작스러운 해방은 조선 사회를 더욱 혼미하게 만들었다. 해방의 기쁨도 잠시, 며칠이 지나자 약탈과 파괴가 잇달았다. 눈에 보이는 것들을 모두 부수고, 특히 일제 관리들이 물러난 공공건물의 재물들을 약탈하는 일들이 빈번하게 일어났다. 일본인 거주지는 말할 것도 없이 약탈의 대상이 되었다. 공권력이 사라졌으니 서울의 거리는 그야말로 무법천지가 되어버린 것이다.[9] 이런 혼란은 일제 패망으로 사회 기강이 해이해졌기 때문이 아니라 해방에 의한 자유와 방종이 뒤섞인 결과였다. 도적질해도 잡아갈 경찰이 없고, 약탈을 목격해도 이를 신고할 곳이 없었다. 이러한 해방 공간의 상황은 다음과 같이 묘사되었다.

세태는 날로 혼란해지고, 사람과 사람의 관계는 악마적인 상태가 되어갔다. 각종 권력의 중심부와 주변에 기생하는 자들은 일본인이 남기고 간 나라의 부를 서로 찢어 나누어 먹고 있었고, 헐벗고 굶주린 조무래기들은 서로 속이고 뺏는 것으로 그날그날의 생존을 이어갔다. 날로 증

---

8 박수빈, 「해방기 채만식 문학의 자기 풍자와 시대 감각 연구」, 『현대소설연구』 제75호 한국현대소설학회, 2019, pp. 157~189.

9 해방 직후 강도나 절도, 살인 등의 죄목으로 수감된 죄수의 수는 해방 직전과 비교해 두 배가량 늘었다. 『동아일보』 1946년 2월 7일 자.

가하는 이북으로부터의 월남민들이 모두 좁은 남대문 시장을 끼고 그 같은 결사적인 약육강식의 생존 경쟁을 벌이고 있었으니 가장 교활하고 가장 파렴치한 자만이 정글의 법칙대로 적자생존의 명예를 누릴 수 있었다.[10]

해방 혼란기에 친일 인사들의 행각은 파렴치했다. 이들은 모두 서울을 도피처로 삼아 몰려들었다. 이들은 남한에 자신들을 보호해줄 미군이 있다는 것을 알았다. 이런 혼란의 상황을 최정운은 "홉스적 자연 상태(Hobbesian state of nature)가 일제 식민통치기를 가로질러 돌아온 것 같았다"라고 말한다.[11] 해방의 날이 오자 지도층은 마치 조선시대 사색당파의 권력투쟁처럼 기다렸다는 듯이 저마다 무리를 짓고 수많은 정당을 만들기 시작해 정치적 혼란이 심했다.[12]

이런 정치 분열증은 자연 상태에 놓인 해방 공간에서 각기 자신들을 보호하기 위해 나타난 현상이었다. 하지만 그 본질은 권력과 기득권 쟁취만을 일삼던 조선 지배층의 권력투쟁이 다시 살아난 것이라고 할 수 있다. 본질적인 면에서 보면 해방 후 거의 모든 지도층은 과거 사대부 양반 신분이었다가 식민통치기에 친일로 재산을

---

10   리영희, 앞의 책 『역정: 나의 청년 시대』, pp. 122~123.

11   최정운, 앞의 책 『한국인의 발견: 한국 현대사를 움직인 힘의 정체를 찾아서』, p. 52. 즉 홉스는 자연 상태에서 인간은 '만인의 만인에 대한 투쟁(Bellum omnium contra omnes)'만이 존재할 뿐이라고 말한다.

12   이러한 현상에 대해 미군정이 한국인들의 정치 지향적 성향을 지적한 것에서 알 수 있다. 강준만, 『한국 현대사 산책, 1940년대 편: 8·15해방에서 6·25 전야까지』 제1권, 인물과사상사, 2004, pp. 94~95.

축적한 자본가, 그리고 모든 것을 바쳐 독립운동을 한 민족지도자로 변신한 자들이었다.

먼저 연합군이 즉시 진주하고 임시정부가 귀국해 정권을 담당할 것을 대비한 송진우 계열과 연합군이 진주할 때까지 민족대표 기관을 설치해야 한다고 주장한 여운형 계열이 서로 갈라져 각기 다른 행보를 보였다. 송진우는 조선의 노론계 학맥을 이은 성리학자이며 의병장 기삼연(奇參衍)으로부터 춘추대의와 위정척사론, 대의명분론에 입각한 성리학을 배운 전형적인 조선의 사대부 양반 지배층 출신이었다. 그는 김성수, 이광수 등과 함께 조선 자치론을 주장했고, 공산주의자들로부터 보수적 민족주의자, 대자본가로 비난을 받기도 했다. 소론계 사대부 양반 집안 출신인 여운형은 천민들에게 많은 동정심을 가진 기독교인으로서 진보적 개혁사상가였다. 그는 1908년 부친 삼년상을 마치자 집안의 모든 노비를 풀어준 후 독립운동에 투신했고, 해방이 되자 민족주의자와 공산주의자들의 연합으로 건국준비위원회를 설립했다. 그러나 곧 민족주의자들이 이 단체에서 이탈해 임시정부를 지지하며 국민대회준비회를 결성하자 공산주의자들은 인민공화국이라는 정권 조직을 설립해 임시정부와 대립 관계를 형성했다. 이렇게 민족주의자와 공산주의자들이 서로 대립하는 중에 미국과 소련이 한반도에 진입한 것이다. 소련은 민정부(民政府)를, 미국은 군정청(軍政廳)을 설치해 각각 북한과 남한의 치안과 행정 등 실질적인 통치 행위를 단행했다.[13] 이는 한국은 스스

---

13 미군정은 최고사령관 맥아더의 포고문 제1·2호와 그 후 일련의 군정 법령을 통해

로 군사적인 활동으로 해방을 쟁취한 것이 아니므로 해방자의 결정에 맡겨야 한다는 의미였다.[14] 이후 한국 정치 체제는 전적으로 미국에 의해서 결정되었다. 결과적으로 한국은 자주권을 획득하지 못하고 점령군 미군의 식민국으로 전락한 것이나 마찬가지였다. 이는 미군정이 임시정부나 그 어떤 정치 세력도 인정하지 않은 것에서 드러나고 있다.

그리고 북한에서는 소련의 지원을 받은 김일성이 북조선임시인민위원회를 조직해 공산주의 정치 체제를 다져가기 시작했다. 미군정은 좌익 세력이 결성한 인민공화국 정권 조직과 임시정부 등을 주권 행사 기관으로 인정하지 않았다. 한편 남한에서 미군정이 정치적 자유를 허용하자 송진우 등 친일파와 지주들의 한국민주당, 안재홍 등 민족주의자의 국민당, 여운형 등 좌익 계열의 조선인민당, 박헌영 등 공산주의자의 조선공산당 등 50여 개의 정당이 난립했다. 먼저 조선인민당은 통일전선에 의한 인민정권 수립과 한국 내 일본인과 친일파 재산의 국유화, 토지 분배 등을 선포하고 통일 독립 국가 수립을 위해 좌우 합작을 시도했다. 그러나 냉전 체제의 심화로 인한 좌우 극한 대립으로 정치 세력화에 실패하고 말았다. 박헌영 중

"주한 미군 사령부는 '1 통치권의 담당자로서 남한 내의 유일한 정부다', '2 미 본국 정부의 한 대리자로서 군사 점령자의 권한을 행사한다', '3 남한의 사실상 정부로서 자치정부의 일반 기능을 담당한다', '4 귀속 재산의 소유자로서, 관리자로서, 장차 한국 정부의 피신탁자로서 활동한다'" 등의 내용을 반포했다. Ernst Fraenkel, *Structure of United States of Army Military Government*(22, May, 1984), pp. 9~10.

14 신복룡, 『한국분단사 연구』, 한울아카데미, 2001, p. 147.

심의 조선공산당은 프롤레타리아 중심으로 부르주아 계층을 배척했으나, 임시정부의 참여가 거부되어 정치 세력을 확대하지 못했다. 이승만 중심의 한민당은 송진우 계열과 지주층과 일제 관료 출신의 친일파 등을 포섭했으나, 이들 자체가 청산 대상이었던 만큼 대중의 지지를 받지 못했다.

다음으로 김구 중심의 상해 임시정부 세력은 여러 정파로부터 제휴를 요청받았으나, 조선공산당이 임시정부 법통을 부인하자 이에 참여를 거부했고, 한민당과는 친일파 처리 문제를 두고 서로 대립 관계에 있었기 때문에 결국 정치 세력 형성에 실패했다. 임시정부는 김구와 미군정 책임자 하지 중장과 회담을 한 후 미군정을 권력의 실세로 인정해 군정의 자문기구 역할을 했다. 임시정부 세력은 자주 독립을 추구했지만 민족통일 전선을 형성하지 못하고 미군정 정부 수립에 참여하지 않았다. 해방은 되었으나, 미군정은 한반도에 반공의 보루를 구축하는 것 외에는 관심이 없었으며, 이를 위해 남한 정치 세력의 갈등 형성에 깊이 개입했다.[15] 미군정은 자국에 이익이 될 정치 세력으로서 친일 청산에 소극적인 이승만과 결탁한 한민당을 선택했다. 해방 공간에서 각 정치 세력은 자기 세력의 정치 노선만 고집하면서 통일 의지를 보여주지 못했다. 이들은 각자 정권을 잡기 위한 분열과 대립을 이어감으로써 엉뚱하게도 미군정과 친일 세력의 결탁을 초래하고 말았다.[16]

---

15 안진, 『미군정기 억압기구 연구』, 새길, 1996, p. 61.
16 이헌환, 「미군정기 식민잔재 청산 법제 연구」, 『법사학연구』 제30호, 한국법사학회, 2004, p. 54.

결과적으로 미군정은 일제 식민통치를 대신했고, 식민통치기구를 그대로 유지해 친일 관료 집단을 대거 영입했다. 그리고 미군정은 법령조차 식민통치 법령을 그대로 시행함으로써 일제강점기와 다를 바 없었다.[17] 이런 식으로 해방정국이 끝나고 보니 한국은 남북으로 갈라진 두 개의 국가로 독립해 일본 제국이 아니라 미국, 소련, 중국 등 주변 강대국들의 주도권 쟁탈전의 대상이 되어버렸다. 이것이 곧 해방정국의 한반도가 직면한 현실이었다.[18] 한국은 왜 분단을 피할 수 없었으며, 그 원인은 어디에서 시작되었을까? 바로 조선시대 사대부 양반 지배층과 피지배층을 가르는 신분 질서를 그 근본 원인으로 볼 수 있다. 지배층은 권력과 기득권을 두고 서로 당파를 지어 목숨 걸고 다투며 나라와 국가보다 자신들의 이익을 더 중시했다. 그리고 국가와 백성이라는 개념이 지배자와 피지배자의 관념에서 인식되었고, 이로 인해 착취하는 자와 착취당하는 자 사이에 끊임없

---

17 미군정은 행정기구와 경찰 조직, 국방 경비대 사법 체제를 개편했으나, 식민통치기구를 중앙집권화로 강화했고 관료도 친일 식민 관료들과 한민당계 극우 세력으로 충원해 미군정의 정책을 수행하게 했다. 태평양 미 육군사령부 포고문 제1호 제2조. 또 미군정은 일제가 식민통치 시기에 제정한 형사법을 그대로 유지했다. 미군정기 법령에 대해서는 김영수, 『한국 헌법사』, 학문사, 2000, pp. 380~395 참조.

18 미국과 함께 현실적으로 한국 문제 처리의 관건을 쥐고 있는 국가는 소련이었다. 미국은 한반도에 대한 소련의 이해를 '중요한' 수준을 넘어 '절대적(vital)'인 것으로 평가했다. 소련은 일본과의 중립조약으로 종전 직전까지 대일본전에 참여하지 않았기 때문에 미국이 한국 문제를 논의하는 당사자는 아니었다. 그런데 소련의 대일본전 참전 직후 예상외로 일찍 종전을 맞게 됨에 따라 얄타에서 루스벨트와 스탈린 간의 구두양해가 한국 문제에 대해 연합국들이 합의한 가장 최근의 행동 지침서로 등장하며 소련은 한국 문제의 당사자로 한반도에 진주하게 되었다. 구대열, 「해방정국 열강들의 한반도 정책」, 『현대사광장』 제4호, 대한민국역사박물관, 2014, pp. 16~17.

는 갈등과 적대 관계가 유지되었다.

조선이 망한 후 독립운동 과정에서도 사회주의와 민족주의적 자본주의 등 이념으로 분열되었다. 이 이념의 진영에는 각각 사대부 양반 출신 지배층과 농민과 천민 등 피지배층이 자리하고 있었으며, 결국 조선시대 신분이 이념의 옷으로 갈아입은 셈이었다. 이 이념에 의한 분열과 갈등 현상이 해방정국에 그대로 이식되어 북에는 인민 중심의 공산주의, 남에는 지주, 친일 자본가, 친일 지식인, 관료 출신 중심의 자유민주주의 정권이 들어서게 되었다. 남북 분열의 근본은 이렇게 역사가 깊다. 해방정국에서 6·25전쟁에 이르기까지 한반도에서 벌어진 사건들이 바로 이러한 우리 역사의 실질적인 근본 원인을 가장 뚜렷하게 보여주고 있다.

이제 조선은 자의 반 타의 반에 의해서 우리끼리 진흙탕 역사의 길로 갈 것이다. 먼저 해방된 조선의 국가 체제를 결정한 것은 우리 독립투사와 상해 임시정부가 아니었다. 광복 조국의 국가상을 구상했던 독립투사들의 열망은 점령군에게 여지없이 무시되었다. 강대국 미국과 소련은 조선 민족에게 민주주의라는 것이 무엇인지 실질적이고 구체적으로 규정해주었다. 이제 조선은 이들 나라가 정해준 민주주의를 받아들일 수밖에 없었다. 북한에서는 소련군 사령부 아래 임시인민위원회가 결성되어 빠르게 토지개혁을 시행하면서 공산주의적 민주주의 체제를 구축해 북한 민중들이 소망해온 이상적인 국가, 즉 사회주의 체제의 새로운 국가 건설의 희망을 심어주었다.[19]

---

19 1946년 3월 5일 토지개혁의 법령이 발표된 후 조선공산당 이름으로 출간된 선전

토지개혁으로 사회주의가 진정한 민주주의를 실현할 수 있는 체제라는 조선공산당의 선전이 북한 인민들에게 깊이 각인되었다. 토지개혁을 비롯한 민주개혁은 반제 반봉건 민주주의 혁명의 목적으로 설명되었고, 이후 인민민주주의 체제가 시행되었다.[20] 북한에서 시행된 토지개혁과 여러 분야에서의 민주개혁으로 인해 계급 착취도 차별도 없는 신세계를 건설할 사회주의는 북한의 미래가 되었다. 소련이 바로 북한 인민이 추구할 사회주의의 본보기였다. 1946년 여름 대규모의 각계 대표자들로 구성된 방문단이 사회주의 신세계를 직접 보기 위해 소련으로 견학을 갔다. 이 방문단으로 참여한 이태

책자는 "오늘날 조선의 민주 건설은 프랑스 7월 혁명이 영도하는 것이 아니라 러시아 10월 혁명의 영향"이라고 선언했다. 조선공산당 선전부, 『민주주의와 조선 건설』, 조선정판사, 1946, p. 2. 조선공산당 중앙위원회 선전부에서 작성해 1946년 3월 10일에 출간된 이 책자는 '제1장 세계적 발전 사상의 조선', '제2장 조선 민주주의 발달', '제3장 민주주의 조선의 건설', '결론'으로 구성되어 있다. 제1장에서는 해방 이후 조선의 진로를 당대 세계적 변동의 흐름 속에서 파악하면서 조선은 세계 민주주의 두 진영(소련, 영·미)의 동맹자로서 내부적으로 노동자, 농민, 지식인층, 소자본가, 자유 자본가 등의 계급 연맹에 기초해 반봉건, 반제국주의의 임무를 충실히 수행해야 한다고 주장하고 있다. 제2장에서는 조선에서의 민주주의 발전 과정을 다루고 있으며, 러시아 혁명과 3·1운동 이전의 민주주의운동에서는 무산계급이 독립적 정치 진영을 형성하지 못하고 있었다는 점을 지적하고, 진정한 민주주의의 정치적 이념과 실제적 운동이 전개된 것은 그 이후의 일이며 그 이전에 존재했던 민주주의 운동은 자본계급의 계급독재를 의미하는 구형 민주주의라고 규정하고 있다. 또 일제 식민지하 조선의 자본계급은 그 취약성과 반봉건성으로 인해 반봉건적·반제국주의적 부르주아민주주의혁명을 철저하게 전개하지 못했고, 3·1운동 이후 성장한 노농(勞農)운동과 민주주의적 투쟁 동맹을 맺지 못함으로써 '반동적 진영', '민족개량주의적 진영', '민족혁명 진영'으로 분열되었다고 비판하고 있다. 제3장에서는 정치적으로 장차 계급 연합에 의한 인민 정권이 수립되어야 한다며, 구체적으로 민주중앙집권제에 의한 인민대표대회가 최고 권력기관이 되어야 함을 주장하고 있다.

20 인민 민주주의가 공식적으로 사용된 것은 1948년부터다. 양호민, 「자본주의로부터 사회주의에로의 과도기론」, 『북한 사회의 재인식』 제1권, 한울, 1987, p. 107.

준은 소련에 방문해 새 시대, 새 세상의 감격을 맛보았다며 이렇게
적고 있다.

스홈에서 본 아이스크림 파는 처녀들, 스딸린그라드 꼴호즈에서 만난
당원과 농촌 청년들, 대신급이나 말단 하관이나 관료 분위기라고는 조
금도 보이지 않은 평민적 태도들, 모두 다 요순(堯舜) 때 사람들인 것이
다. 저렇게 솔직하고 남을 신뢰 잘하는 사람들을 만일 생존 경쟁이 악랄
한 자본주의 사회에 갖다 놓는다면 어떻게 살아 나갈까 싶다. 쏘베트는
인류가 다시 자본의 노예로부터 풀려 나와 노예근성을 뽑아버리고 절대
평등에 의한 진정한 평화향, 계급 없는 전체적 사회 성원으로서 새 타잎
인간의 창조인 것이다. 영원히 축복받을 인류의 재탄생인 것이다.[21]

　북한에서 토지개혁과 일련의 민주개혁으로 새 세상이 점차 그 모
습을 갖춰가면서 과거에 머슴이나 소작인이었던 자들이 인민의 대
표로 존경과 부러움을 받는 공산당 당원이 되거나 농민동맹의 위원
장이 되었다. 소작인들은 자신들에게 토지를 나눠 준 김일성을 인민
들에게 베푸는 자로서 열렬히 환영했다.[22] 인민들에게 이렇게 사회
주의는 희망과 꿈의 세계를 건설하는 신체제였던 반면, 토지개혁으
로 모든 재산을 빼앗기고 인민의 적이 되어버린 지주들에게 해방이

21　이태준, 『소련기행』, 백양당, 1947, pp. 268~269.
22　김일성은 "가슴의 피가 용솟음치는 이름"이 되었다. 박웅걸, 「압록강」, 『문학예술』 제
　　2호, 문화전선사, 1948년 7월, p. 125. 박웅걸은 만주에서 출생해 해방 후 북한에
　　서 활동하던 소설가다.

란 공포를 넘어 죽음의 시대가 되었다. 지주는 청산해야 할 인민의 적이었고, 새 세상을 건설하는 데 장애물이었다. 이들에게 인민은 곧 공포 자체였으며, 또 그들에게 타도되어야 할 낡은 인간상이었다. 이제 사회주의라는 새 체제에 방해가 되는 것들은 모두 적이었다.

조선공산당은 새 시대의 주인공인 인민들에게 자본주의와 지주를 원수로 삼아 증오를 부추겼다. 아울러 조선공산당은 삼팔선 이남은 자본주의 미국이 점령하고 있는 식민지이자 매판자본 세력이 지배하는 지옥이라는 선입견을 인민들에게 심어주었다. 그래서 새로운 인민의 세상을 건설한 북한 주민들은 지옥 같은 남한의 해방이라는 의무감을 느끼게 되었다.[23] 원수를 향한 분노와 증오심은 타협의 여지가 없는 정당한 행위였으며, 반동 세력을 고발하고 복수에 찬 단죄를 감행했다. 이로써 북한 인민들은 사대부 양반이 아니라 진정한 피지배층 출신 민중이 지배하는 새로운 시대가 도래했다고 믿게 되었다.

이러한 새로운 세상에 대해 증오와 복수심을 품고 탄생한 집단이 극우 세력 서북청년단이었다. 서북청년단은 공산주의 사회개혁으로 토지와 재산을 강제로 빼앗긴 것도 모자라 반동분자로 배척을 받았던 지주계층 청년들이 월남해 1946년 11월 30일에 발족한 단체다. 이 단체 청년들은 좌익 인사들을 학살하는 데 앞장섰던 극우 반공주의자로서 악명을 떨쳤다.[24] 이렇게 북한에 프롤레타리아 공산주의

---

23 신형기, 앞의 글 「신인간: 해방 직후 북한 문학이 그려낸 동원의 형상」, pp. 733~735.
24 서북청년단은 이승만이 1948년 12월 19일 지청천(池靑天)을 시켜 조직한 대한청년당으로 통합되었으며, 남은 일부는 1949년 10월 18일에 단체 등록이 취소되어

체제가 수립되자 조선시대부터 죽 이어온 피지배층 출신 소작인들은 그동안 쌓인 지배층 지주들의 멸시와 차별에 대한 원한을 갚을 기회를 얻게 되었다.

> 천 경위 놈은 누구보담도 먼저 맞아 죽을 놈이다. 그는 갑자기 초조하였다. 기왕 때려죽이는 판이면 저의 손으로 죽여야 할 것이며 적어도 저이놈의 목숨에 한한 이상 누구에게도 맥기지 않을 것을 주장할 권리가 있다고까지 생각하였다. 그는 아랫입술을 깊이 물고 팔을 한 번 걷었다. 인제는 마음대로 해도 좋은 시기가 왔다. 그는 감히 천가의 대갈통을 갈겨서 한 번에 넘어트릴 순간을 그려보았다. 그것은 몸서리칠 만큼 시원한 한 찰나이었다.[25]

이렇게 세상이 뒤바뀌자 이제 새 시대의 주인이 된 자와 옛 주인 자리를 빼앗긴 자 사이의 원한이 점점 커지기 시작했다.

한편 남한에서는 미국식 자본주의적 민주주의 체제를 구축해나갔다. 일제가 조선의 경제와 사회를 자본주의에 종속적으로 재편하면서 친일 사대부 양반 지배층 출신 지주들은 해방 후 위기에 처하게

소멸했다. 서북청년단 사무실은 한민당 본부가 있는 동아일보 사옥에 있었다고 전해지며, 이승만, 김구, 한민당 등에게서 자금을 지원받았다. 서북청년단원 가운데 일부는 국군과 경찰의 창설에 참여했고, 일부는 1948년 4·3사건 진압과 학살에 가담했다. 김평선, 「서북청년단의 폭력 동기 분석: 제주 4·3사건을 중심으로」, 『4·3과 역사』 제10호, 제주4·3연구소, 2010, pp. 259~326.

25 이갑기, 「요원(燎原)」, 『문학예술』 제2권 제9호, 문화전선사, 1949년 9월, p. 186. 이 소설은 남조선 인민의 혁명 투쟁을 다룬 것이다. 이갑기는 일제강점기 카프 출신의 문학평론가로서 월북 작가다.

되었다. 그러자 이들은 살아남기 위해 남한을 친미적 자본주의 국가로 편제시킬 미군정의 정책에 힘입어 보수 우파 정당과 사회단체를 육성하게 되었다. 그리하여 전통적인 명문 사대부 양반 가문 지주들은 보수 우파 정치 활동에 주도적으로 참여해 정치적 입지를 다져 갔다.[26] 미군정 포고문 제3조는 '점령군에 대한 반항 행위 또는 질서를 교란하는 행위를 하는 자는 엄벌에 처한다', 제5조는 '군정 기간 영어를 공용어로 사용한다'라고 규정하고 있다. 1945년 9월 9일 수립된 미군정은 한반도를 점령지로 인식하고 군인에 의한 직접통치를 시행했다. 그리고 미군정은 우파를 지원하는 한편 좌파를 탄압하는 등 일제 식민지 지배 체제를 그대로 연장해 관료를 친일·친미 인사들로 충원해나갔다. 이에 따라 일제 식민통치 시대 경찰이 새로 신설된 경찰의 85퍼센트를 차지하게 되었다. 일제강점기에 독립운동가들을 탄압했던 이들 경찰관의 행위는 은폐되었고, 반공이라는 이름으로 이들의 처벌이 제대로 이루어지지 못했다.[27] 이런 미군정

---

26 이런 사례는 최원규, 「해방 후 농촌 사회의 정치적 변동과 지주제: 광주·해남 지역을 중심으로」, 앞의 책 『이재룡박사 환력기념 한국사학논총』, pp. 854~921 참조.

27 미군정 경찰들은 정치 불안을 일으킨 좌익 세력을 제거하는 것을 주된 임무로 삼아 자신들의 지위를 유지하고자 했다. 강혜경, 「한국 경찰의 형성과 성격(1945~1953년)」, 숙명여자대학교 박사학위 논문, 2002, p. 14. 미군정 경찰은 최대의 물리적 강제력을 갖는 억압기구였으며, 조직 면에서 중앙집권화 정도가 강해 조직의 과정이 하향적이었다. 군정 경찰은 해방 후 각 지역에서 조직된 자치적 치안 조직을 흡수하는 방식으로 형성된 것이 아니라 오히려 그것을 파괴하고 위로부터 하향적으로 조직되었다. 특히 군정 경찰은 전투경찰로서의 군사적 특성을 보였고, 이것이 정치화의 주된 원인이었다. 마지막으로 군정 경찰기구 대행자들의 내적 응집성과 동질성이 강해 단순한 기술관료 집단이 아니라 친일 경력이라는 배경과 의식을 가진 집단으로 파벌이 많아 조선경비대와 매우 대조적이었다. 안진, 「미군정기 국가기구의 형성과 성격」, 백기완 외, 앞의 책 『해방 전후사의 인식』 제3권, pp. 205~206.

의 친미적 정책과 친일 지주들의 보수 우파 정치 세력화는 해방정국에서 좌파와 소작인 등 민중들과의 첨예한 갈등과 대립 관계를 더욱 악화했다.

이어서 1948년 일본군 출신 장교들을 핵심으로 국군이 창설되었다. 이렇게 남한을 점령한 미국은 소련 공산주의 세력의 확장을 저지하기 위한 반공 정책을 펼치면서 조선인들의 의사와 무관하게 자신들의 체제를 구축해나갔다.

미소 양국은 '점령군'이건 '해방군'이건 그 용어와 관계없이 한국에 대한 통치를 승전국의 '정당한 권리'로 생각했다. 소련은 항일투쟁을 벌인 동지로서 북한을 '해방'해 사회주의 국가의 탄생을 지원했다. 미국은 지금까지 알려진 바와 달리 종전 이전에 한국에 대해 전혀 무지했던 것이 아니라 충분한 정보와 연구보고서를 지니고 있었지만 유럽적 군사 전통에 따라 '군정'이라는 점령·통치 방식을 택했다.[28] 1945년 10월 5일 미군정은 일본인 행정 고문에 대한 의존을 줄이기 위해 한국인 11명을 군정장관으로 임명했고, 12월에는 미국인과 한국인 양국장제(兩局長制)를 실시하는 등 기구 체계를 구축해나갔다. 이어서 1946년 가을부터 한국인 관리들이 각 부서 행정 책임을 맡자 미군은 자문역으로 한 걸음 뒤로 물러났다. 다음 해인 1947년 2월에 안재홍이 민정장관으로 취임했으며, 5월 17일에는 군정청이 남조선 과도 정부로 개칭됨으로써 군정의 한국화 정책

---

[28] 유럽적 군사 전통이라는 이데올로기로 무장된 소련의 적군과 중공의 해방군과는 달리 정치적 목적을 갖지 않는 집단으로서 점령지의 행정을 일시적으로 관리하는 방식이었다. 구대열, 앞의 글 「해방정국 열강들의 한반도 정책」, p. 22.

이 마무리되었다.[29]

　미군이 남한에 진주할 때 공산주의자 박헌영을 중심으로 좌파 정치 세력인 조선인민공화국이 정국의 주도권을 잡고 있었다. 미군은 이러한 상황을 '화약통'으로 표현했으며, 일제에 협력했던 보수주의 친일파 세력이 존재한다는 사실을 주지한 미군정은 우파를 지원해 좌파를 억제하는 정책을 펴나갔다.[30] 이에 따라 미군정은 우파 지원 정책으로 자본가와 지주를 대변한 한민당 인사를 군정에 대거 영입해 경무국장에 조병옥(趙炳玉), 학무국장에 유억겸(兪億兼), 농상국장에 이훈구(李勳求) 등을 임명했다. 특히 장덕수(張德秀)는 거의 매일 주한미군사령관 하지 중장과 정세에 관해 의견을 나누기도 했다. 기본적으로 미군정이 취한 정책은 모든 정치 세력을 공평하게 대우하는 것이었다.

　그러나 미군정은 박헌영 중심의 조선인민공화국을 승인하지 않았으며, 임시정부는 부인하지 않고 단지 불승인 태도를 보이면서 좌익 세력을 견제하기 위해 우익 세력을 지원했다.[31] 말하자면 미군정은

---

29 이 과도 정부는 미군의 통제에서 벗어난 자주적인 통치기구가 아니었다. 더욱이 정부에는 일본인이 배제되었으나 친일파는 유임이 되었다. 이정식, 「냉전의 전개 과정과 한반도 분단의 고착화: 스탈린의 한반도 정책, 1945」, 앞의 책 『해방 전후사의 재인식』 제2권, pp. 79~80.

30 이정식, 위의 글 「냉전의 전개 과정과 한반도 분단의 고착화: 스탈린의 한반도 정책, 1945」, p. 82. 이에 대해서는 미 국무성 비밀 외교문서, 김국태, 『해방 3년과 미국』 제1권, 돌베개, 1984, pp. 55~56 참조.

31 미국은 우익 세력의 중심인물인 이승만을 비행기까지 내주면서 귀국하게 했고, 김구 등 임시정부 요인들은 개인 자격으로 귀국하게 했다. 그러나 미군정은 이승만과 김구가 국내 정치적 기반이 약하다는 사실을 파악하고 정치적으로 이용을 고심하기도 했다. 이정식, 앞의 글 「냉전의 전개 과정과 한반도 분단의 고착화: 스탈린의

친미 정권을 남한에 세우려는 정책을 추진하고 있었던 것이다. 임시 정부 지도부의 두 축인 김구와 이승만은 서로 국내 정치 세력을 통합하지 못하자 한민당 세력과 손을 잡으면서 한편으로 여운형과 김규식의 좌우 합작 국가 건설 운동을 지원하기도 했다. 그러다가 1947년 이승만과 한민당 세력이 손잡고 단독 정부 수립을 추진하자 미군정은 이를 적극적으로 지원해 1948년 8월 15일 대한민국 정부를 출범시켰다. 미군정이 남한에서 다양한 좌파와 우파 정치 세력을 통합해 한국인이 자발적으로 정부를 수립하는 데 실패함으로써 결과적으로 남북 분단이 고착되어 동족상잔의 불씨를 남겨놓고 말았다.

중국이 공산화되자 미국은 한국을 공산주의 세력을 효과적으로 저지할 자유주의의 전진 보루로 판단했다. 공산주의 세력의 확산을 저지하는 데 모든 역량을 집중한 미국의 정책은 남북 분단뿐 아니라 한반도 내에서 엄청난 비극을 초래했다. 원래 신탁통치는 냉전을 염두에 두고 구상된 제도가 아니었으나 분단의 개연성을 내포하고 있었다. 당시 미국 등 4대 연합국은 한반도의 지정학적 가치와 강대국들의 세력 균형 유지 등 복합적인 요소들을 고려해 서방 국가들의 전통적인 식민지 통치 전통을 따라 한국인은 '독립 능력'이 없다고 판단하고 신탁통치를 결정한 것이다. 삼팔선 경계는 동아시아에서 미국의 지정학적인 전략에 따른 미국의 정책 방향을 반영하는 것이며, 당시 한국 문제에 대처한 미국의 능력은 소련과 비교해볼

한반도 정책, 1945」, pp. 86~87.

때 많은 한계를 보여주었다.[32] 해방정국은 이러한 정치적 무질서 속에서 일본을 비롯해 만주와 중국에서 귀국한 자들, 그리고 북한에서 월남한 자들이 몰려들어 경제적 혼란이 더욱 가중되었다.

식민지 초기 조선의 민족주의는 민권보다 국권을 더 중시했으며, 이 경향은 이후에도 계속 유지되었다. 1920년대 초 사회주의의 확산으로 조선 민족주의는 좌파와 우파로 분열되었다. 우파는 민족개조론, 물산장려운동, 자치운동을 주도해나가면서 사회주의자와 대립 관계를 갖게 되어 반공주의로 나아갔다. 그러다가 1920년대 후반 사회주의자와의 연합을 둘러싸고 우파는 다시 부르주아 우파와 부르주아 좌파로 분열되었다. 부르주아 우파는 1930년대 조선 민족주의의 주도권을 잡았으나 1930년대 후반 조선 민족주의를 포기하고 일제의 내선일체 정책에 합류했다.

해방 직후 이승만 세력을 포함한 우파는 신탁통치를 둘러싼 갈등을 계기로 좌파를 탄압하면서 한국 민족주의와 반공주의를 결합했다. 이어서 이들 우파 세력은 남북 분단 정부의 수립을 주도해 여러 정치 세력의 도전에 직면하자 이를 빌미로 대한민국에 최고의 가치를 부여하는 국가주의를 동원했다. 당시 그들이 내세운 일민주의는 반공주의와 국가주의를 결합한 민족주의 담론이었다. 결국, 식민지 시기와 독립 국가 형성 초기 한국 민족주의는 국권 상실, 사회주의

---

32   이런 관점에서 전후 미국의 한반도 분할 점령 정책은 일반적으로 알려진 바와 같이 즉흥적으로 결정된 것이 아니라 전쟁이 한창 진행 중이던 시기에서부터 한반도 점령에 이르기까지 상당할 정도로 일관성을 유지한 것이었다고 평가할 수 있다. 구대열, 앞의 글 「해방정국 열강들의 한반도 정책」, p. 18.

와의 투쟁, 그리고 남북 각각의 정부 수립 과정에서 반공 국가주의라는 성격을 갖게 되었다.[33] 1948년 제헌 국회의원 선거 때 제정된 친일 반민족 행위자의 선거권 및 피선거권 박탈 규정에서 기술자, 교육자 등 전문 직업군의 대일 협력이 면죄되었던 것은 근대 국가 건설에 이들 인적 자원을 활용하기 위해서였다.[34] 이들은 해방 이전에 식민통치에 참여함으로써 민족 독립의 반대편에 섰지만, 해방 후 남북 간에 이념으로 분단이 고착되어 감에 따라 식민 체제 협력을 반공으로 포장해 정당화했다.

이런 해방정국은 겉으로는 해방이지만 내용은 그 반대였다. 고양이를 피하려다 호랑이를 만난 격이 되어버린 것이다. 특히 이 시기는 제2차 세계대전이 종식되고 미소 간의 냉전 체제가 형성되던 때였다. 두 진영 간의 대립 속에서 남북의 공통적인 개혁 가운데 가장 대표적인 것이 토지개혁이었다. 무엇보다 한국은 농업이 차지하는

---

33 전재호, 「한국 민족주의의 반공 국가주의적 성격에 관한 연구: 식민지 시기 '부르주아 우파'와 국가 형성 초기 '이승만 세력'을 중심으로」, 『지역과 세계』 제35집 제2호, 전북대학교 사회과학연구소, 2011, pp. 117~144.

34 1948년 5월 10일에 행해진 제헌 국회의원 선거 때 적용된 친일 반민족 행위자의 선거권, 피선거권 박탈에 관한 규정은 다음과 같다. 제2조 좌(左)의 ①에 해당하는 자는 선거권이 없음. ①~③(생략). ④ 일본 정부로부터 작(爵)을 받은 자. ⑤ 일본 제국의회의 의원이 되었던 자. 제3조 좌(左)의 ①에 해당하는 자는 피선거권이 없음. ① 본 법 제2조에 의해 선거권이 없는 자(이하 생략). ②(생략). ③ 일제시대 판임관 이상의 경찰관 및 헌병, 헌병보 또는 고등 경찰의 직에 있었던 자와 밀정 행위를 한 자. ④ 일제시대 중추원의 부의장, 고문 또는 참의가 되었던 자. ⑤ 일제시대 부 또는 도(道)의 자문 또는 결의기관의 의원이 되었던 자. ⑥ 일제강점기의 고등관으로 3등급 이상의 지위에 있던 자 또는 훈(勳) 7등 이상을 받은 자. 단 기술관급 교육자는 제외함. 중앙선거관리위원회, 『선거법령 연혁집』, 중앙선거관리위원회, 1971, p. 359.

비중이 다른 산업보다 가장 컸다. 그러므로 토지개혁이 앞으로 전개될 사회개혁의 방향은 물론 국가 체제의 성격을 규정짓는 가장 중요한 과제였다.

남한보다 먼저 시행된 북한의 공산주의적 토지개혁과 달리 남한의 농지개혁에는 자본주의적인 자유민주주의의 이념적·정치적 성향이 반영되었다. 보수적인 지주 정당인 한민당은 1945년 8월 해방 이후 토지제도의 합리적 재편성 등의 주장만 내세울 뿐 분명한 토지개혁 입장을 세우지 못했다. 이후 한민당을 주도하고 있던 송진우는 1945년 말 토지국유화를 주장하는 등 파격적인 토지 정책을 주장했으나, 1946년 들어서면서 미군정이 주도한 자유주의적 개혁 정책과 맞물려 사유재산제에 입각한 유상 몰수, 유상 분배 정책으로 변했다. 이후 1950년 농지개혁이 시행될 때까지 한민당은 변하지 않고 이러한 정책을 고수했다. 미군정은 광범위한 지지 기반을 구축하기 위해 좌우 합작으로 사유재산제를 바탕으로 한 적산토지 매각을 추진해 자유농민을 창출하려는 것이었다. 이렇게 한민당 등 우익 진영은 냉전 체제 속에서 미국이 주도한 자유민주주의 체제를 실현하게 되었다.[35]

---

[35] 황병주, 「해방 공간 한민당의 '냉전 자유주의'와 사유 재산 담론: 토지개혁 구상을 중심으로」, 『동북아역사논총』 제59호, 동북아역사재단, 2018, pp. 64~105. 식민지 경제 구조의 해체라는 경제적 초기 조건은 해방 조선에 독립 국가로서의 경제 체제를 형성해야 할 과제를 던져주었다. 한편 미·소 군대의 한반도 분할 점령과 군정이라는 정치적 초기 조건은 보완적 남북 경제를 단절시키고 이를 더욱 화석화했을 뿐만 아니라, 남북 지역에 대립적인 경제 체제 수립을 지향하면서 각각이 독자적인 이행 정책을 시행하도록 하는 기반이 되었다. 해방 직후 남조선에서 실시된 미군정 정책은 군사적 차원에서 잠정적으로 취해진 점령지 정책으로서의 성격을 가지고 있

남북한은 이렇게 각자의 길을 선택해 서로 적대시한 체제를 구축해나갔다. 독립운동 과정에서의 좌우 분열 현상이 해방 공간에서도 그대로 재현된 것이다. 식민 잔재 청산과 독립 국가 건설의 과제는 이러한 분열의 틀 속에서 전개되었다. 1920년의 민족유일당운동과 1930년대의 정당 통일운동, 그리고 1940년대의 민족 통일운동 등 임시정부 27년간 내내 좌우익 대결이 지속되었다. 이는 항일운동과 신국가 건설에 관한 노선과 방법의 차이가 근본 원인이었고, 곧 자본주의와 공산주의 사상의 대립이었다. 북한과 남한이 통일 민족국가가 아닌 독자적인 국민국가 건설의 길로 각자 방식대로 접어들면

─────────

있다. 따라서 자본주의 시장경제 체제를 조속히 확립하는 것으로 일찌감치 방향을 잡았던 미군정의 경제 체제 이행 정책은 이러한 군사적·정치적·잠정적 성격에 따라 일관성을 지니지 못하고 동요될 수밖에 없었다. 미군정의 정책 동요와 해방 직후 혼란한 경제 상황 속에서 이루어진 1948년 정부와 경제 체제의 수립을 계기로 경제 정책의 주체는 미군정청으로부터 대한민국 정부로 이전되어, 미군정의 단기적·잠정적 정책에서 탈피함으로써 독립적이고 자주적인 국민경제의 형성과 발전을 위한 정책을 추진해갈 수 있게 되었다. 미군정과 달리 소련군은 겉으로는 직접적인 군정 형태를 취하지 않으면서 북조선에 친소 정권을 수립하고 북조선 지역을 소비에트화해 자국의 위성국가로 만들기 위해 체계적으로 사회주의적 점령 정책을 펴나갔다. 북조선은 소련의 정치적 지도와 남조선보다는 상대적으로 덜 혼란스러웠던 경제 상황에서 토지개혁과 중요 산업 국유화 등 급속한 소유제도 개혁을 추진했으며, 1947년과 1948년에는 단기적 경제계획을 입안, 시행하기도 했다. 또 북조선은 1948년 8월 남조선에서 먼저 정부가 출범하자 자신들도 서둘러 같은 해 9월 8일 헌법을 선포하고 9월 9일에 조선민주주의인민공화국 정부를 수립하는 기민한 행보를 보였다. 결국, 한반도 분할 점령 이후 1948년까지 남북한은 모두 정부 수립과 함께 자신들의 경제 체제를 합법화하는 과정을 밟았지만, 남한이 미군정의 정책 동요와 경제적 혼란 속에 자본주의 시장경제 체제를 선택한 불안정한 수립 과정을 거친 반면, 북한은 소련의 체계적 점령 정책 아래에서 소유제 개혁을 추진하고 경제계획을 실험하는 안정적 양상을 보였다. 북한의 이러한 개혁 정책의 성과와 경제계획 경험은 이후 북한이 생산수단 사회화의 완수와 사회주의 공업화 경제계획을 강력하게 추진할 수 있게 한 기반이 되었다. 정웅, 「해방 후 남북한 경제 체제의 수립 과정에 관한 연구」, 『통일전략』 제9권 제1호, 한국통일전략학회, 2009, pp. 203~254.

서 북한에서는 민족주의적 공산주의 정체가, 남한에서는 보수주의적 민족주의 정체가 형성되어 갔다. 그리고 이 체제 안에서 가치와 삶의 방식이 결정되었으며, 그것을 주도해나가는 주체 세력이 다시 형성되기에 이르렀다.[36] 물론 남북한의 단독 정부 수립과 분단 상황에 직면한 정치 세력들은 민족 내부의 힘과 자주적인 방식, 그리고 협상에 의한 평화적 방식으로 통일 정부 수립을 추진하려고 했다. 민족주의 독립운동 세력의 김구 등은 통일 민족국가 건설을 제일의 과제로 삼고 공산 독재나 독점자본주의를 모두 거부하는 중도적 입장에서 남북협상을 시도했다. 이 협상은 국제적인 냉전 질서에 저항한 평화적 방식을 취했으나 결과적으로 이해관계가 얽힌 강대국과 좌우 정치 세력들에게 이용만 당하고 말았다.[37]

이처럼 한국인은 해방이 되자 여러 유형의 새로운 인간형들을 만나야 했고, 이어서 지금까지 겪어보지 못한 많은 변화를 요구받았다. 이것 자체가 해방정국이 한국인에게 가져다준 공포와 두려움이었다. 그러나 이러한 외적인 공포보다 한국인에게 더 큰 두려움을 안겨준 것은 바로 내적 분열과 대립으로 점철된 갈등의 구조였다.

---

36 한국전쟁 이후 이승만·박정희 정권을 거치면서 자본주의적 발전의 계기를 통해 보수 집단이 형성되기 시작했다. 한국 보수주의는 민족주의를 근간으로 하지만, 동시에 민족주의의 특수성, 반공주의와 발전주의, 이 두 가지 축을 통해 한국의 보수 세력이 형성되고, 이러한 보수 세력 및 그들의 보수주의에 따라 자유주의 세력들을 포섭해내면서 확장되어 갔다. 홍태영, 「남한에서 국민국가 형성과 보수 세력 및 보수주의의 구성: 보수 혁명으로서 민족주의」, 『한국정치학회보』 제54집 제1호, 한국정치학회, 2020, pp. 111~135.

37 안철현, 「통합 정부 수립운동으로서의 1940년대 말 남북협상 평가」, 『사회과학연구』 제31집 제4호, 경성대학교 사회과학연구소, 2015, pp. 451~474.

이 갈등과 대립은 조선시대에 커지다가 일제강점기에 잠시 잠복기를 거쳐 해방정국에서 홍수처럼 터져 나왔다. 이 갈등은 조선 피지배층 출신 민중들이 갈망해온 이상세계를 한꺼번에 무너뜨린 좌절과 절망, 그리고 영원한 공포로 굳어버렸다. 이처럼 해방정국의 갈등과 공포는 외국인이라는 타자 사이에 생겨난 것이 아니라 우리 민족 사이에서 생겨나 점점 커졌다. 이 짧은 시기에 한반도에서 적은 외세와 외국인이 아니라 다른 이념과 한국인으로 바뀌어버린 것이다.

2

갈등과 공포의 공간

> 신변을 우려한 김구는 조소앙에게 "나는 조국을 위해 왜놈들에게 맞
> 아 죽을 일은 했어도 내 동포가 나를 죽일 일은 하지 않았소"라고 말
> 했다.[38]

  현준혁(玄俊爀), 송진우, 여운형, 장덕수, 김구 등 5명의 대표적인
독립운동 지도자들은 일제에 의해서가 아니라 해방된 조국에서, 그
것도 동포에게 암살당했다. 1947년 7월 19일 오후 서울 종로 혜화
동 로터리, 여운형과 고경흠(高景欽), 경호원 박성복(朴性復)이 탄 자
동차를 트럭 한 대가 가로막았고, 암살범은 여운형을 향해 권총 두
발을 쏘았다. 일제강점기 민족해방운동에 투신해 자주적 국가 수립
운동을 주도해오며 조선인에게 큰 존경을 받았던 여운형은 해방된
조국에서 목숨을 잃고 말았다. 1947년 8월 3일 오전 8시, 광화문 근
로인민당사 앞 광장에서 해방 후 최초 인민장으로 그의 장례식이
거행되었다. 상가는 철시했고, 거리는 수만 군중의 애도의 물결로

38　박도, 『백범 김구: 암살자와 추적자』, 눈빛, 2013, p. 16.

가득했다. 하지, 브라운, 랭던 등 미군정의 핵심 인사들과 미소 공동 위원회 소련 대표인 스티코프의 조사가 이어졌다. 여운형의 죽음은 해방의 기쁨이 분단의 비극으로 바뀌는 교차점이기도 했다.

해방 후 삼팔선 이북에서 발생한 첫 정치 암살의 희생자인 현준혁은 평안남도 지역의 대표적인 공산주의자다. 그는 1906년 평안남도 개천군의 빈농 가정에서 출생해 경성제국대학 법문학부 철학과를 졸업한 수재였다. 그는 대구사범학교에서 교사 생활을 하다가 1932년 4월 학생들과 함께 항일 동맹휴교를 주도해 대구지방법원에서 징역 2년, 집행유예 5년을 받았다. 또 1934년 9월 부산에서 조선공산당 재건운동에 참여하다가 체포되어 1936년 2월 경성지방법원에서 징역 3년 6월을 받고 서대문형무소에서 복역했다. 해방 후에는 조선공산당 평안남도 지구위원회 책임비서를 지냈으며, 조만식의 건국준비위원회와 공산주의자들 간의 연합 전선 성격으로 설립된 평안남도 인민정치위원회 부위원장을 맡기도 했다. 현준혁은 공산당이 독점하는 프롤레타리아 혁명보다는 민족 문제의 해결을 더 중시해 민족주의자들과의 연합 전선을 주장한 것으로 알려졌다.

1945년 9월 어느 날, 조만식 선생과 함께 트럭을 타고 가던 현준혁은 적위대복을 입은 한 청년에 의해 암살당했다. 그를 저격한 측이 어느 쪽인가를 놓고 좌익과 우익 모두 서로를 의심했으나 진상은 밝혀지지 않았다. 그러나 최근에 그가 김일성과의 암투 때문이 아니라 우익 테러로 사망했다는 사실이 당시 소련군 보고서에서 드러났다. 1996년 국내 언론의 보도에 따르면, 그의 정확한 사망 시기도 1945년 9월 3일로 밝혀졌다. 또 당시 북한에 주둔했던 소련 극동군의 정치국이 1945년 9월 13일 자로 작성한 보고서[39]에는 "조선 공산당 중앙위원인 현준혁이 9월 3일 민족주의자들에게 암살"당했다며, 그가 암살당한 이유는 "소련군의 지역 보안대 해산에 협력하고 민족주의자들로부터 미움을 사고 있었기 때문"이라고 기록되어 있다. 현준혁은 해방 당시 이북의 공산당 재건을 위해 서울의 장안파 공산당[당수 이영(李英)]이 평양에 파견했던 거물급 공산주의자로서 조만식 등 민족 진영의 지도자와도 친분이 두터웠다.[40] 암살범들은 곧바로 피신해 체포되지 않았다. 현준혁 암살 사건은 그 후 삼팔선 이남에서 주요 정치인들에게 닥칠 연속적인 비극을 알리는 첫 신호탄이자 친일파들이 정국을 장악하게 된 반공주의 시대의 서막이었다.[41]

해방정국 삼팔선 이남의 첫 번째 암살 희생자는 우파 정치지도자 송진우였다. 그는 1921년 김성수의 뒤를 이어 『동아일보』 3대 사장에 취임했으며, 1940년 강제 폐간될 때까지 사장, 고문, 주필 등을 역임하며 『동아일보』에 몸을 담고 있었다. 그러다가 1945년 해방 이후 김성수, 김병로(金炳魯), 원세훈(元世勳), 장덕수, 서상일(徐相日) 등과 함께 9월 16일 한민당 결성을 주도해 당수 격인 수석총무에 추대되었다. 12월 1일 『동아일보』가 복간되자 제8대 사장에 취임한 그는 12월 28일 신탁통치 문제로 아놀드(Archibold V. Arnold) 미군 정장관과 회담을 통해 반탁 시위의 정당성을 강조하고 나서 29일

---

39 러시아 국방부 문서보관소 32문서군, 문서함 11306, 문서철 692.
40 『국민일보』 1996년 6월 15일 자.
41 박태균·정창현, 『암살: 왜곡된 현대사의 서막』, 역사인, 2016, p. 51.

밤에는 경교장에서 임시정부 요인들과 회담했다. 이 자리에서 미군 정청과는 충돌을 피하고 국민운동으로 반탁을 관철해야 한다는 신중론을 피력했다. 그리고 다음 날인 30일 그는 한현우(韓賢宇) 등 6명의 습격을 받고 자택에서 사망했다. 한현우는 송진우를 암살한 이유에 대해 다음과 같이 항변했다. "송진우가 '근대 국가와 민주정치를 가져보지 못한 우리 민족이 선진국의 지도를 받아야 하고, 신탁통치도 선진국의 지도를 받는 훈정(訓政)의 의미에서 받아들여야 한다'고 주장했기 때문에 살해할 결심을 하게 되었다. 민족 분열을 획책하는 지도자는 힘으로 숙청하는 것이 애국애족이며 승리라는 생각으로 암살에 착수했다." 한현우는 송진우가 미국의 후원을 지지한 것이 자신의 저격 동기였으며, 배후는 없었고, 김구와 이승만이 자신들의 의거를 칭찬해주었다고 주장했다.[42]

1920년 『동아일보』가 창간되자 초대 주필과 부사장을 역임한 장덕수는 1923년부터 미국 유학 기간 중 이승만 지원 활동을 벌이다가 1936년 귀국해 이듬해 김성수의 도움으로 보성전문학교의 강사를 거쳐 교수를 역임했다. 이후 일제가 사상 전향 공작을 위해 조직한 친일 단체인 시국대응전선사상보국연맹, 대화숙(大和塾), 조선임

---

42 강준만, 앞의 책 『한국 현대사 산책, 1940년대 편: 8·15해방에서 6·25 전야까지』 제1권, pp. 152~153; 김학준, 『고하 송진우 평전: 민족 민주주의 언론인, 정치가의 생애』, 동아일보사, 1990, p. 357. 한편 브루스 커밍스는 암살 당시 자료를 들어 한현우의 배후를 김구라고 지목했다. 브루스 커밍스, 김자동 옮김, 『한국전쟁의 기원』, 일월서각, 1986, p. 287. 원제는 Bruce Cumings, *The Origins of the Korean War*, Vol. I: *Liberation and the Emergence of Separate Regimes, 1945~1947*, Vol. II: *The Roaring of the Cataract, 1947~1950*(Princeton : Princeton University Press, 1990).

전보국단, 국민의용대 조선총사령부 등에서 친일에 앞장선 철저한 친일파였다. 해방이되자 그는 송진우, 김성수 등과 함께 한민당 창당을 주도했다. 그리고 미군정과 긴밀한 관계를 맺고 우파 정당과 주요 정치 단체에서 활동하다가 1947년 12월 2일 자신의 집에서 현직 경찰과 학생에게 암살당했다. 당시 유엔이 남한 단독선거를 위해 파견을 결정한 유엔 임시위원단의 방한을 준비하는 중요한 시기를 앞두고 있었다. 이승만과 한민당은 이러한 미국의 대안을 환영했으며, 그 중심에 장덕수가 있었다.

그런 가운데 1949년 6월 26일 김구가 분단된 조국에서 동족의 흉탄으로 파란만장한 생애를 마쳤다. 김구는 1948년 2월 10일 「3천만 동포에게 읍고(泣告)함」이라는 성명을 발표해 삼팔선을 무너뜨리고 자주독립의 통일 정부를 세우자고 호소했다. 그리고 그는 남북분단 상태에서 남한의 단독 정부 수립보다 통일이 더 중요하다며 5·10선거를 반대하고 나섰다. 그해 4월 19일 남북협상차 평양을 방문한 김구와 김규식은 남북협상 4자회담에 참석했으나 통일 정부 수립에 실패하자 그해 5월 5일 서울로 돌아왔다. 그 후 김구는 남북한의 단독 정부가 각각 세워진 뒤에도 통일운동을 전개하던 중 1949년 6월 26일 서울 서대문구에 있던 자택 경교장에서 육군 소위 안두희(安斗熙)에게 암살당했다.

이들 5명의 암살 배후에는 극우 단체 백의사(白衣社)와 양호단, 친일 경찰, 미군정, 미군방첩대(CIC) 등이 있었다고 전해지고 있으나, 그 윗선이 어디까지인지는 정확히 규명할 수 없다. 해방정국의 혼란한 정치 상황에서 벌어진 사건이고, 당시의 수사와 재판에서도 그 배후가 밝혀지지 않았다.

특히 1949년 6월에는 이른바 '6월 공세'라 불린 사건들, 예컨대 '6·6 반민특위 습격 테러', '국회 프락치 사건', '6·26 김구 암살' 등이 연달아 발생했다. 이 사건들은 이후 가속화된 국가보안법 체제의 형성과 깊은 연관이 있다. 김구는 친일 청산의 본부 반민특위가 습격당해 와해된 뒤 암살당했다. 이 정치적 혼돈의 수혜자는 바로 이승만이었다. 이승만은 대한민국의 정체를 반공 체제로 변환해 남북 분단을 고착시켜갔다. 이들 민족 독립운동가들이 일제에 의해서가 아니라 조국 동포에게 죽임을 당한 것은 오늘 우리로서는 이해할 수 없는 일이지만, 이 사건들의 해석을 통해 우리는 오늘 한민족이 당면한 한국 현대사의 본질을 알 수 있을 것이다. 그렇다면 이렇게 정치지도자들을 암살한 백의사는 어떤 단체인가?

1942년 8월 중국에서 국민당 장개석 휘하의 반공 비밀 단체인 남의사(藍衣社)를 본떠 염응택(廉應澤)의 지휘 아래 극우파 결사 조직 백의사가 처음 조직되었다. 설립 목적은 요인 암살 및 반공 테러였다. 염응택은 가명 염동진(廉東振)으로 더 잘 알려져 있는데, 원래 중국에서 활동하던 독립운동가이자 중화민국 정보기관 남의사 공작원 출신으로 초대 총사령을 지낸 인물이었다. 백의사의 간부는 총사령 염동진, 부사령 박경구(함남 출신, 국민방위군 부사령관), 고문 유진산, 백창섭, 조직국장 안병석(노총 조직부장), 정보국장 김명욱, 집행국장 한승규(일명 한철민), 비서실장 백관옥(평양 출신), 훈련국장 선우봉, 총무국장 정병모 등이었다. 중국에서 이 단체를 실질적으로 지휘한 계통은 김구-신익희-염동진-박경구-단원들로 이어진 상해 임시정부의 지휘를 받아 활동한 예하 조직이었다.[43] 이 단체는 해방되자 거의 활동하지 않다가 1945년 현준혁의 암살 사건 이후 다시 염동진에 의해 월남한 청년들을 중심으로 서울시 종로구 낙원동에서 재조직되었다.

최근 국사편찬위원회가 발굴한 조지 E. 실리(George E. Cilley) 소령의 보고서에 따르면, 김구 암살범 안두희가 CIC 요원이자 백의사 단원이었다는 사실이 밝혀졌다. 이 단체가 해방정국에서 벌어진 정치 요인 암살 사건들의 배후라는 것이다. 백의사 단원으로 주요 암살 사건 현장에 있었던 이성열, 최의호, 조재국 등은 국내 언론과의 인터뷰를 통해 현준혁 암살과 김일성 암살 미수 사건 등에 관해 생생하게 증언했다.[44] 실리 보고서에 따르면, 염동진의 백의사 조직은 군, 경찰, 정당, 사회단체와 청년 단체, 심지어 공무원 등에까지 광범위하게 뻗어 있었다. 백의사 조직이 그처럼 각계각층에 침투할 수 있었던 것은 염동진이 이범석, 신익희, 이청천 등과 친분을 쌓았기 때문이었다. 특히 대한민국 임시정부 내무부장 출신으로 대한민국 임시정부 중앙정치공작대를 이끌었던 신익희와 친분이 두터웠는데, 조직 운영 면에서 백의사는 곧 대한민국 임시정부 중앙정치공작대 역할을 했다.[45]

이 문서는 '김구 암살 관련 배경 정보(KimKoo: Background Information

---

43 도진순, 『한국 민족주의와 남북 관계: 이승만·김구 시대의 정치사』, 서울대학교 출판부, 1997, pp. 76~80.
44 「이제는 말할 수 있다: 비밀 결사 백의사」, imbc, 2002년 1월 20일.
45 『월간조선』 2001년 10월호.

Concerning Assassination)'라는 제목으로 미국 뉴욕주 제1군사령부 정보참모부 운영과장 조지 E. 실리 소령이 1949년 6월 29일 작성해 7월 1일 육군부 정보국에 보고한 것이다. 3급 비밀로 분류되어 있던 이 문서의 핵심은 다음 세 가지다. 첫째, 안두희는 CIC의 정보원(informer) 및 요원(agent)으로 활동했다. 둘째, 안두희는 우익 테러 조직인 백의사의 자살특공대원이었다. 셋째, 김구와 백의사 사령 염동진이 군부 내 반이승만파와 손잡고 군사 쿠데타를 일으키려 한 혐의가 있다. 이 보고서의 주요 내용은 다음과 같다.

염동진은 중국공산당에 붙잡혔던 것이 아니라 일본 관동군 헌병대에 체포되었고, 이후 밀정 노릇까지 한 인물이었다. 그가 실리에게 김구와 중국공산당을 들먹인 이유는 자신의 밀정 경력을 숨기는 동시에 김구가 공산당과 관계가 있는 인물일 뿐만 아니라 밀고자라고 음해하기 위한 속셈 때문이었다. 염동진은 해방 후 자신이 친일 밀정이었다는 점을 전혀 드러내지도 반성하지도 않았다. 대신 그는 반공을 면죄부로 삼아 독립운동에 종사했던 정치인들을 무참히 암살했다. 민족주의자들과 교분이 두텁고 유연하다는 평판을 얻었던 공산주의자 현준혁(조선공산당 평남지구 책임자)이 첫 번째 대상이 되어 평양 시내 한복판에서 암살(1945. 9. 3.)되었다. 나아가 지금까지 현준혁 암살의 배후로 김일성과 장시우(張時雨)가 지목됨으로써 이들은 이중의 효과를 거둘 수 있었다. 여운형을 암살(1947. 7. 19.)한 권총은 염동진의 손에서 나왔고, 장덕수를 살해(1947. 11.)한 범인들 역시 백의사 단원이었다는 실리의 보고서는 충격적이기까지 하다. 그리고 마지막으로 그는 백범의 암살(1949. 6.

26.)에도 개입한 의혹을 받고 있다. 염동진과 함께 시선을 끈 조직은 백의사였다. 실리가 묘사한 백의사는 이러했다. "이 지하조직은 반공이 목적이지만 본질적으로 파시스트적인 것이었다. 그의 추종자들의 대다수는 김구 씨의 추종자이기도 했다. 이 지하조직은 남북, 만주 전역과 중국 전역에 뻗어 있다. 이 지하조직의 기본 목적은 모든 '공산주의자들'과 '반정부' 정치인들을 암살하는 것이다. 조직 대다수가 청년들로 구성되어 있는데, 이들은 좌우익 양측의 수많은 청년 조직의 구성원들이기도 하다." 백의사는 한국 현대사의 그림자 조직이다. 해방 직후 수많은 반공 암살, 테러를 했지만, 그 실상에 대해 거의 알려진 바가 없기 때문이다. 그리고 실리 보고서에 따르면 조직(백의사) 내부에는 혁명단이라고 불리는 '특공대(Special Attack Corps)'가 존재한다. 특공대는 모두 5개 소조로 구성되어 있고, 각 소조는 4명으로 구성되어 있다. 각 소조의 구성원들은 민주 한국과 한국 민족주의의 갱생을 방해하는 자를 암살하라고 명령이 떨어지면 애국자로 죽겠다는 피의 맹세를 한 사람들이다. 안두희는 청년으로 이 비밀 조직의 구성원이자 이 혁명단 제1소조의 구성원이다. 나는 안두희가 정보원일 때부터 알았으며, 후에 그는 한국 주재 CIC의 요원이 되었다. 그 역시 염동진이 명령을 내리면 암살을 거행하겠다는 피의 맹세를 했다. 확인하거나 부인하는 그 어떤 보고서도 작성되지 않았지만, 2명의 저명한 한국 정치인 장덕수와 여운형의 암살범들도 이 비밀 조직의 구성원으로 알려져 있다.[46]

---

46 미 육군 문서 「김구 암살 관련 배경 정보」 발굴자 독점 기고문, 정병준, 「안두희는 미군방첩대 요원이자 백의사 자살특공대원」, 『민족 21』 제7호, 2001년 10월, pp. 92~99.

이 보고서의 내용이 사실이라면 많은 좌우파 독립투사들의 암살은 곧 우리 내부의 권력투쟁에 의한 것이다. 일제 헌병이나 경찰이 아닌 독립투쟁의 동지들이 권력을 잡기 위해 서로 총을 겨눈 셈이다. 원래 상해 임시정부는 초반부터 독립운동 노선과 방법론, 그리고 1921년부터 임시정부의 존폐를 두고 임시정부 고수파, 창조파, 개조파 사이에 갈등을 겪고 있었다. 임시정부 해체론을 주장했던 창조파 박용만의 암살은 당시 독립운동계의 극심한 분열을 보여주는 단적인 사례다.[47] 이러한 독립운동가들의 갈등과 분열 모습이 해방 정국의 남북에서 그대로 재현된 것이다. 이처럼 항일투쟁 과정에서, 그리고 해방 이후 남북 분단의 상황에 이르기까지 이들 독립운동 지도자들은 대체 누구를 그리고 무엇을 위해서 서로 권력투쟁을 벌였는지 그 이유를 실리 보고서가 자세히 설명하고 있다. 해방 후 김

---

47 박용만은 1923년 중국 상해에서 개최된 국민대표회의에서 임시정부 불신임운동에 앞장섰다. 그러나 국민대표회의는 임시정부 내무부장 김구의 내무부 포고령 제5호에 의해 강제 해산되고, 임시정부 해체론자들은 상해에서 축출된다. 이때 박용만은 상해를 떠나 배편으로 다시 하와이로 돌아온 후 독립 무장투쟁을 위한 독립운동 기지 마련을 목표로 자기 재산을 털어 다시 중국으로 건너가 북경 시내 외곽에 대본농간공사를 설립했다. 대본농간공사의 설립 목적은 중국에서 미개간지를 구입, 개간해 독립운동 근거지를 마련하고 독립군 양성 자금을 마련하는 데 있었다. 1927년 10월 16일, 두 남자가 박용만의 집을 찾아와 조선 혁명 사업에 쓰겠다며 1,000달러를 요구했다. 박용만이 이를 거절하자 두 사람 가운데 한 명이 총을 들어 박용만을 사살했다. 이 두 암살범 중 한 사람인 이해명(李海鳴)은 수사관에게 자신의 진짜 이름은 박인식이라고 밝혔는데, 김원봉이 이끄는 의열단 단원으로서 그의 상관은 공산주의자 김시현(金始顯)이었다. 임시정부의 반대파로서 정적이 많았던 박용만은 사후에 임시정부 측과 공산주의 세력으로부터 일제히 공격을 당해 그의 죽음이 정당화되었다. 이후 그는 한동안 잊혔다가 1960년대 초부터 행적 발굴 등의 사업이 추진되었다. 서대숙, 「박용만과 그의 혁명 과제」, 『한국민족학연구』 제4호, 단국대학교 한국민족학연구소, 1999, pp. 13~29.

구는 통일 정부 수립을 위해 1948년 남북연석회의에 참석하기 전까지 염동진, 백의사와 한때 반공·반북 노선에 함께 활동한 것으로 보인다. 그러나 국공내전에서 중공군의 승리가 명확해지고 한반도에서 민족 문제가 큰 관심사로 떠오르자 김구는 반공과 반북에서 통일과 독립의 길로 전환했다. 따라서 1948년 김구가 남북연석회의에 참석해 북측과의 대화에 나서면서 염동진과 등을 지게 되었고, 이것이 김구의 암살로 이어진 것이다. 이 시기에 김구를 비롯한 이청천, 이범석 등 중국 국민당 지역에서 활동했던 우익 민족주의자들은 만주의 군사계획이라 하여 북한을 무력 공격하고 이어서 중국 장개석 군대와 동맹을 맺어 한국과 중국의 공산주의 세력을 소탕해야 한다고 주장했다. 이러한 구상은 종국적으로 동북아에서 공산주의 세력을 격멸한다는 것으로, 남북과 만주가 포함된 이 계획의 목적은 한국, 중국, 미국 등을 중심으로 동아시아 삼각 반공 군사동맹 체제를 수립하는 것이었다.[48] 이런 노선에 의한 여러 우익 테러가 해방정국

---

[48] 이 시기 남한의 민족주의 계열 정치가들은 점차 현실화되던 한반도의 분단에 대해 서로 다른 방식으로 접근했다. 이승만은 20세기 후반에 현실화될 냉전 체제를 한반도 주민들이 거부하기는 불가능하다는 현실적인 관점에서 남한 단독정부 수립을 추진했으나, 이와 달리 김구는 만주계획을 포기하고 민족주의적 차원에서 북한의 공산주의 세력과 협상해 분단 상태를 해소하고자 했다. 정병준은 김구가 반공주의적 입장에서 북한을 적대시하다가 1948년 시점에 분단을 막고자 민족 협력 노선으로 전환한 것이 일부 추종 세력에게 충격을 주어 결국 우파 암살 단체인 백의사에 소속된 안두희의 김구 암살로 이어진 것으로 보인다고 분석한다. 김구의 만주계획 구상은 국제적이며 복합적인 측면을 갖고 있었다. 남한 내에서는 이청천, 이범석 등 광복군 지휘관들과 전성호(全盛鎬), 오광선(吳光鮮) 등 구 조선혁명군 출신들이 김석원(金錫源) 등 일본군 장교 출신들과 함께 반소 및 반공을 연계로 한 건군 계획을 추진하며, 북한에 대해서는 정치와 군사적 약화를 노리는 거점 확보 및 타격 정책을 구사하고, 만주에서는 미국의 후원으로 한인 부대를 창설하며, 중국 국민당군

에서 발생했는데, 이는 바로 악질 친일파, 극우 파시즘 세력, 단정 세력의 합작품이었다.[49]

조선이 망하고 일제 식민통치가 시작되면서 조선의 독립운동 노선은 여러 방향으로 추진되었다. 왕조 국가를 재건하려는 복벽주의

과 연대해 국공내전에서 중공군과 만주 한인 공산주의자들을 격퇴한다는 계획이었다. 이 계획은 한국과 중국, 미국, 나아가 일본까지 포함하는 동아시아 삼각 반공 군사동맹 체제의 수립을 의도한 것이었다. 이 구상의 종국적 목표는 동북아에서 공산주의 세력을 격멸하는 것이었다. 김구의 만주계획은 해방 직후 갑자기 등장한 것이 아니라 광복군이 창설된 이후 만주에서의 군대 육성 및 국내 진공이라는 군사 계획의 연장선상에 놓여 있었다. 또 이 계획은 단순한 계획과 구상에 그친 것이 아니었다. 1947년 4월 27일 심양에서 조직된 장연지구 민주자위군은 바로 이 한인 반공 부대가 구체화한 것이었다. 김구는 이 부대의 창설과 운영에 깊은 관심을 보이며 여러 차례 연락원을 파견했다. 이 부대의 임무는 동북 한국 교민의 생명과 재산 보호, 이들에 대한 선무 활동, 조선의용군 포로의 수용 및 교도(矯導), 유사시 남한 국방 경비대와 제휴해 협공 작전으로 이북 공산군을 섬멸하고 통일 정부 수립에 이바지한다 등이었다. 5개 대대 9백여 명으로 구성된 이 부대에는 신의주 반공 사건 관련자, 동북에서 모집된 인사 등이 참여했으며, 주요 군 간부는 광복군과 조선혁명군 출신들이 많았다. 국공내전 시기 만주 문제를 중심으로 한 한국과 중국의 반공 군사 동맹 구상과 국제연대 모색 등의 본질은 반소·반공·반북 노선이었다. 한편 염동진은 1947년 8월 웨더마이어 장군에게 만주와 북한 공산군과 싸울 목적으로 백의군이라는 연대급의 특수부대를 조직할 것을 제안했다. 염동진은 이미 1946년 10월 27일 17명으로 구성된 북풍결사단(北風決死團)을 만주의 안동에 파견했다고 주장했다. 또 그는 중공군 휘하인 길동군구(吉東軍區)에 33명의 첩자를 침투시켰다며 그 명단을 공개하기도 했다. 종국적으로 염동진은 중국 국민당과 연대해 전투와 정탐 활동 및 특수 임무를 수행하는 백의사령부를 조직하기 위해 미군에 16억 원의 지원을 요청했다. 염동진의 1947년 8월의 계획서는 매우 구체적이며, 놀랄 만큼 김구의 만주계획과 유사했다. 정병준, 「백범 김구 암살 배경과 백의사」, 『한국사 연구』 제128집, 한국사연구회, 2005, pp. 257~296.

49 여운형 암살과 관련해 마지막으로 등장하는 중요 테러 단체는 바로 백의사다. 백의사의 사령(社令)인 염동진은 백의사 고문이었던 김영철의 소개로 신동운, 김흥성 등을 소개받았다. 염동진은 그들에게 여운형이 민족 분열을 조장하는 야심가라고 주장했을 뿐만 아니라 여운형 살해에 직접 사용된 미제 45구경 권총을 건네주기까지 했다. 그리고 여운형 암살 직후 친일 경찰 노덕술(盧德述)과 타협해서 사건을 축소, 무마하는 데 일조했다. 정병준, 『몽양 여운형 평전』, 한울, 1995, p. 484.

(復辟主義) 운동으로부터 사회주의, 민족주의, 자유민주주의 등 각자 사상과 이념으로 인해 독립운동의 노선은 항상 갈등과 분열을 거듭했다. 이들 각 단체는 독립을 위해 하나로 결집하지 못한 채 해방을 맞이했다. 모든 재산을 다 털어 전 가족과 함께 만주에서 독립운동을 펼친 이회영조차 만주에 다시 조선 왕조를 수립하기 위해 1918년 고종을 망명시키고자 국내에 잠입한 바 있다. 이 계획에 의해 고종의 다섯째 아들 의친왕 이강은 1919년에 만주로 넘어갔다가 체포되기도 했다. 이회영은 스스로가 복벽주의자인 보황파(保皇派)라고 언급할 만큼 고종 황제를 존경했고, 고종 중심으로 독립운동을 하기 위해 상해 임시정부에 참여하지 않았다.[50] 이처럼 독립투사들은 일

---

50 이회영이 평생 보황파로 살았다는 증언을 한 사람은 그의 아내 이은숙이다. 이은숙, 『가슴에 품은 뜻 하늘에 사무쳐』, 인물연구소, 1981, pp. 76~77. 보황파로 자처했던 이회영은 북경에 정착한 이후 상해 임시정부에 불만을 가진 세력의 인사들과 함께 거주했는데, 이들은 기호와 영남 출신들이 많았다. 그는 재중국조선무정부주의자연맹을 제외하고 다른 단체에 관여하지 않았다. 그가 보황파라는 소문은 결코 헛된 것이 아니었다. 최기형, 「이회영의 북경 생활: 1919~1925」, 『동양학』 제54집, 단국대학교 동양학연구원, 2013, pp. 131~150. 이회영은 조선 선조 때 영의정을 지낸 오성 이항복의 10대손으로 당색은 소론 명문 가문이었다. 이회영은 만주로 망명하기 전까지 남아 있던 식솔과 노비를 해방했으나, 수행을 자청한 일꾼을 포함해 40명 정도가 그들 일가족을 따라 만주로 망명했다. 3·1운동 이전 해인 1918년 1월 미대통령 우드로 윌슨(Woodrow Wilson)의 민족자결주의의 영향을 받아 국내외에서 독립 기운이 활발해지자 그는 오세창, 한용운(韓龍雲), 이상재 등과 만나 밀의한 뒤 고종의 망명을 계획, 시종원 시종(侍從) 이교영(李喬永)을 통해 고종에게 승낙을 얻었다. 그 뒤 김가진(金嘉鎭) 등과도 비밀리에 연락해 고종의 중국 망명을 도모했으나 1919년 1월 고종의 갑작스러운 사망으로 고종 망명 계획은 실패했다. 이후 북경에서 아나키즘 사상을 수용한 뒤 의열단과 다물단을 지도하고 재중국조선무정부주의자연맹과 동방무정부주의자연맹, 남화한인청년연맹 등을 조직·지도하며 직접행동에 입각한 항일투쟁을 전개했다. 이러한 그의 독립운동의 여정에 대해서는 김명섭, 「우당 이회영의 아나키즘 인식과 항일 독립운동」, 『한국동양정치사상사연구』 제7권 제1호, 한국동양정치사상사학회, 2008, pp. 119~137 참조.

제 식민통치로부터 독립하는 것을 항일투쟁의 목적으로 삼았으나, 각기 추구하는 투쟁의 목표는 달랐다. 해방정국에서는 이러한 갈등과 혼란이 동시에 터져 나와 항일투사끼리 적대하고 서로 죽이는 암살이 반복되었다. 독립투사들이 일제에 의해 암살당한 것이 아니라 해방된 조국 땅에서 항일투쟁 동지에게 죽임을 당한 것은 무엇을 의미하는가?

이런 독립운동가들의 모습을 보면 이들이 무엇을 위해 나라를 다시 구하려 했는지 생각하게 된다. 조선인 모두가 차별 없이 주인이 되는 나라를 세우려 하는 것인가, 아니면 다시 사대부 양반들의 시대처럼 자신들이 주인이 되어 지배하는 신분 국가 조선으로 돌아가려 하는 것인가? 독립운동 지도자들은 대개가 조선의 명문 사대부 양반 가문 출신이었다. 이런 지배층 출신들의 속성이 해방정국에서 그대로 드러난 것이다. 해방된 조국은 이들에게 권력투쟁의 공간이었겠지만, 피지배층 민중들에게는 모두가 평등하고 잘사는 새로운 세상이 되길 꿈꾸었던 희망의 공간이었다.

독립운동가에서 정치가의 길로 나선 또 다른 비운의 인물이 김원봉(金元鳳)이다. 의혈단으로 활동하며 1945년 12월 1일 대한민국 임시정부 군무부장 자격으로 귀국한 김원봉은 "우리 군대는 농민, 즉 인민의 군대다. 농민의 이익을 위해 싸우고 또 보호하겠다. 장차 조직될 국군은 대다수 피지배층의 안전을 지켜줄 것이며, 민중이 중심이 되고 주체가 되어야 한다"라고 강조하며 정치가로 변신했다. 그는 독립운동을 할 때부터 협동전선운동의 연장선상에서 좌우 합작에 대한 의지가 강해 주요 정치 세력들과 연대하기 위해 적극적으로 노력했다. 그러다가 비상정치회의와 독립촉성중앙협의회가 통합함으로써 임시정부 법통론이 꺾이게 되자 그는 성주식(成周寔), 김성숙(金星淑) 등과 함께 임시정부를 탈퇴했다. 그의 귀착지는 좌파 계열 연합 단체인 민주주의민족전선, 즉 민전이라는 좌익 통일전선이었으며, 국가 건설의 주도권 장악을 목표로 한 정치적 경쟁을 선택하고 말았다. 민전 의장으로서 김원봉의 활동은 민전의 주도권을 쥐고 있던 공산주의자들의 주장에 부응하는 결과로 나타났지만, 그는 조선민족혁명당(인민공화당)을 발판으로 독자적인 정치 행보를 했다. 하지만 1946년 9월 총파업과 10월 항쟁 이래 미군정의 압박이 강화되면서 그의 운신의 폭도 좁아졌다. 아군과 적군의 구분이 명확했던 해방정국에서 좌익 세력의 결집체인 민전 의장직을 수행했던 김원봉은 한때 미군정 관리로 근무하기도 했으며, 비공산주의 계열의 좌익 지도자라는 평가를 받았다.

한편 임시정부를 구성하는 김구의 한국독립당은 이승만의 한민당 등과 비상국민회의 결성에 참여하고, 여기에서 임시정부 국무위원회를 계승하는 최고 정무회의가 구성되었으나, 이는 미군정의 자문 기구에 불과한 대한국민대표민주의원으로 변질되었다. 3·1운동 이후 독자적인 정부로서 유지해왔던 전통을 임시정부 스스로 폐기한 셈이었다. 이에 분노한 김원봉을 비롯한 민혁당계는 한독당 사람들과 서로 고함과 욕설을 주고받으며 찻잔을 집어 던지는 등 난장판이 되어버린 국무위원회 석상을 마지막으로 임시정부와 결별했다. 이후 김원봉은 본격적으로 좌익 진영에 가담해 정치 활동을 계속해 나갔다.[51]

이러한 상황에서 남한의 단독선거 가능성이 커지자 김원봉은 평양을 새로운 정치적 활동 무대로 선택했다. 1947년 가을 한국 문제가 유엔으로 이관되면서 그가 설 땅이 점점 더 없어지자 마침내 그는 1948년 4월 남북연석회의 참가 명목으로 북행길에 올랐다.[52] 이렇게 여러 정파가 난립해 저마다 경쟁적으로 정권다툼에 열중하면서 정작 국민의 미래를 걱정하는 정치가는 드물었다. 당시의 정치적 상황에 관한 이야기는 이렇다.

정당은 누구든지 나타나란 바람에 하룻밤 사이에 오륙십의 정당이 꾸미어졌고 이승만 박사가 민족의 미칠 듯한 환호 속에 나타나 무엇보다 조선 민족이기만 하면 우선 한테 뭉치고보자는 주장 속에 틈이 있음을 엿본 민족 반역자들과 모리배들이 다시 활동을 일으키어 뭉치는 것은 박사의 진의와는 반대 효과로 일제강점기 비행기 회사 사장이 새로 된 것이라는 국립 항공회사에도 부사장으로 나타나는 것 같은 일례로, 민

---

51 민전 의장으로서 김원봉은 1946년 좌우 합작운동과 10월 인민항쟁의 수습에 노력했고, 남로당이 불법화된 이후 1947년 통일된 임시정부 수립을 위해 미소 공동위원회를 지지하는 투쟁의 유일한 합법 주체로서 민전을 이끌어나가는 등 격동의 해방 정국을 대표하는 정치가였다. 그러나 임시정부의 마지막 국무회의 이후 민족통일전선을 염원하던 김원봉의 정치적 구상은 점차 요원한 것이 되어버렸다. 김원봉은 1947년 8월 이후 월북해 1948년 9월 9일 수립된 북한의 인민공화국에서 국가검열상, 노동상 등으로 재직하면서 한국전쟁 기간에 이른바 '모시기 작전'으로 납북된 구(舊)임시정부 요인들을 1956년 재북평화통일촉진협의회로 조직해 통일전선운동에 동원하는 데 일익을 담당했다. 정희찬 서평, 「민족통일전선의 대의를 추구한 좌익 민족주의자: 약산(若山) 김원봉(金元鳳, 1898~1958?)」, 사회진보연대 기관지 『사회운동』 제100호 제5·6집, 도서출판 사회운동, 2011, pp. 215~227.

52 한상도, 「해방정국기 김원봉의 정치 활동: 독립운동가에서 정치가의 길로」, 『한국독립운동사연구』 제64집, 한국독립운동사연구, 2018, pp. 121~164.

심은 집중이 아니라 이산이요, 신념이라기보다 회의(懷疑)의 편이 되고 말았다. 민중은 애초부터 자기 자신들의 모든 권익을 내어던지면서까지 사모하고 환상하던 임시정부라 이제야 비록 자격은 개인으로 들어왔더라도 그 후의 기대와 신망은 그리로 쏠릴 길밖에 없었다. 그러나 개인이나 단체나 습관이란 이처럼 숙명적인 것일까? 해외에서 다년간 민중을 가져보지 못한 임시정부는 해 내에 들어와서도 화신 앞 같은 데서 석유 상자를 놓고 올라서 민중과 얘기할 필요는 조금도 느끼지 않고 있었다. 인공(人共)과 대립이 예각화(銳角化)되고, 삼팔선은 날로 허리를 졸라만 가고 느는 건 강도요, 올라가는 건 물가요, 민족의 장기간 흥분하였던 신경은 쇠약할 대로 쇠약해져만 가는 차에 신탁통치 문제가 터진 것이다.[53]

민심이 뭉치기보다 서로 흩어진 사회, 친일파와 모리배들이 날뛰는 모습들, 그리고 정치인들은 권력다툼에 빠져 민중의 고달픈 처지에는 관심도 없었다. 게다가 대립과 남북 분단이 고착되고 있는 가운데 치솟는 물가로 생계의 어려움을 겪어야 했던 민중들의 신경은 더욱 쇠약해가는 상황이었다. 이처럼 혼란이 지속된 분위기에서 좌파는 미군 못지않게 냉전을 고조시키고 있었다. 해방되었지만 조선인들은 자유를 느끼는 것이 아니라 오히려 서로 눈치를 보며 일제시기보다 더 무서운 시기가 올 것 같은 공포감에 휩싸여 있었다. 특히 정치 문제에 대해서는 누구나 입조심하며 말을 하려 하지 않았

---

53 이태준, 『해방 전후: 한 작가의 수기』, 하서, 2000, pp. 209~210.

다. 많은 사람이 해방은 우리 힘으로 이룬 것이 아니라 조선의 미래에 대해 말할 자격이 없다고 생각했다. 조선이 일제에 통치권을 넘겨줄 때 지배층 사대부 양반 위정자들이 국민의 생각은 전혀 고려하지 않았던 것처럼 조선의 미래는 미국과 소련 등 강대국의 결정에 정해졌다. 여기에 다시 독립운동 지도자들이 각자 자기 이익에 따라 참여할 것이기에 민중들은 건국 문제에 대해 잘못 말하면 큰 재앙이 따를 것이라고 여겼다. 사람들이 모두 두려워하는 것은 바로 주변 이웃이었다. 서로를 믿을 수가 없어, 자기 말이 무슨 재난을 가져올지 몰라 모두 두려워했다. 이제 일제강점기보다 더 고통스럽다는 불만이 터져 나오기 시작했다.[54] 이태준의 『해방 전후: 한 작가의 수기』에서 구한말의 산증인 김직원 영감과 현은 이렇게 논쟁한다.

현이 되도록 흥분을 피하며, 우리 민족의 해방은 우리 힘으로가 아니라 국제 사정의 영향으로 되는 것이니까 조선 독립은 국제성의 지배에서 벗어날 수 없는 것, 급히 이름만 좋은 독립을 주어놓고 소련은 소련대로 미국은 미국대로 중국은 중국대로 정치, 경제 모두가 미약한 조선에 지하 외교를 시작하는 날은, 아마 이조 말의 아관파천 식의 골육상쟁과 (……) 현은 재주껏 역설해보았으나 김직원은 조금도 현의 말을 이해하려 하지 않고 다만 같은 조선 사람인데 대한을 비판하는 것만 탐탁지 않았고, 그것은 반드시 공산주의의 농간이라 자기 식의 해석을 고집할

---

54 강준만, 앞의 책, 『한국 현대사 산책, 1940년대 편: 8·15해방에서 6·25 전야까지』 제1권, pp. 170~180.

뿐이었다.[55]

이처럼 서로 적대하는 분위기로 인해 계층들 사이의 갈등과 대결 구도가 점점 고조되고 있었다. 물론 민중들은 해방이 되었다고 해도 자신들의 처지는 일제강점기와 별로 달라지지 않으리라고 생각했다. 이들은 오로지 나라가 다시 신분 체제의 봉건 국가 조선으로 되돌아가는 것이 가장 두려웠다.[56] 채만식의 1946년 소설 『논 이야기』를 보자.

한 생원은 해방이 되자 다른 사람들과 달리 그렇게 기뻐하지 않았다. 독립이 되었다고 해도 자기처럼 가난한 소작농의 삶은 전과 달라지지 않을 것이라고 생각했기 때문이다. 나라를 되찾는 것이 만약 젊은 시절에 겪은 구한말로 되돌아가는 것이라면 정말 생각만 해도 끔찍한 일이었다. 아버지가 어렵게 논을 샀으나 동학당으로 누명을 받고 관청에 끌려가서 매 맞은 것도 모자라 원님에게 논까지 빼앗겼다. 한일합방 이후에 한 생원은 나머지 땅을 일본인 길전(吉田)에게 팔고 말았다. 그리고 그는 일본인이 쫓겨나면 그 땅을 다시 차지할 것이라고 말하고 다녔다. 한 생원에게 나라는 전혀 의미가 없는 존재였다. 그가 겪어본 구한말 때의 나라와 일제 식민통치는 어느 것이 더 나을 게 없이 똑같았다. 나라는 백성을 억압하고 폭력을 가하고 세금을 뜯어 가는 존재일 뿐, 자기 같은 백성에게 전혀

55　이태준, 앞의 책 『해방 전후: 한 작가의 수기』, pp. 217~218.
56　이런 모습은 채만식의 소설 『논 이야기』에서 찾아볼 수 있다. 채만식, 『논 이야기』, 『채만식 전집』 제8권, 창작과비평사, 1989,

도움이 되지 않았다. 한 생원은 그저 일본인이 쫓겨 가면 그에게 판 땅은 본래 자기 것이므로 도로 찾을 수 있다고 생각했다. 그러나 해방이 된 후 다른 사람이 먼저 그 땅을 돈을 주고 샀다는 소리를 들은 한 생원은 관청에 가서 따졌다. 그랬더니 관리는 "우리 조선 나라가 법을 그렇게 냈다"라고 답변했다. 한 생원은 분노하며 이렇게 말한다.

> 일 없네. 난 오늘버틈 도루 나라 없는 백성일세. 제길 삼십육 년두 나라 없이 살아왔을려드냐. 아니, 글쎄, 나라가 있으면 백성한테 무얼 좀 고마운 노릇을 해주어야, 백성두 나라를 믿구, 나라에다 마음을 붙이구 살지. 독립이 됐다면서 고작 그래, 백성이 차지할 땅 뺏어서 팔아먹는 게 나라 명색야?[57]

해방정국의 공간에서 민중 대부분이 조선과 구한말의 가렴주구 또는 탐관오리의 횡포를 거쳐 일제강점기를 겪었던 탓에 국가나 정부, 관리라면 몸서리쳤다. 민중들에게는 국가 공권력이 자신들의 처지를 도와주는 것이 아니라 자신들을 수탈하거나 탄압하는 도구라는 인식이 가슴 깊게 새겨져 있었다. 민중에게는 이처럼 국가라는 것에 대해 부정적인 이미지로 가득했다. 또 민중들은 정치 체제나 국가 이념에 관해 알려고 하지도 않았고 알지도 못했다. 해방 직후 미군정이 실시한 여론 조사에서 자본주의를 선호하는 사람은 13퍼

57　채만식, 위의 책 『논 이야기』, pp. 324~325.

센트, 사회주의를 선호하는 사람은 70퍼센트, 공산주의를 선호하는 사람은 10퍼센트였다. 그리고 정부 형태에 대해서는 소련식 공산주의 체제를 선호하는 사람이 11퍼센트, 미국식 자유민주주의 체제를 선호하는 사람이 37퍼센트, 이 두 정치 체제의 혼합을 선택한 사람이 34퍼센트, 그 어느 쪽도 아닌 사람이 18퍼센트였다.[58] 대체로 민중들이 사회주의와 공산주의를 선호한 이유는 이 체제가 무엇보다 차별 없는 평등한 세상을 만드는 데 가장 이상적인 것이라고 생각했기 때문이다.

점령 직후 미군정은 남한이 처한 여러 정치, 경제, 사회 문제에 대응해야 했다. 외국과의 교역 단절로 경제 문제가 발생했고, 봉건적인 지주와 소작제가 여전히 유지되고 있었다. 남한 주민들은 강한 독립 의지를 보이며 토지개혁 등 전반적인 여러 개혁 조치가 이루어지기를 바랐다. 미군정은 이런 남한 사회 문제를 해결하는 동시에 한반도에 대한 미국의 이해관계를 관철하는 임무를 수행해야 했다.

58　어떤 인물이 민족지도자가 되어야 하느냐는 질문에서 사람들은 이승만을 가장 많이 꼽았다. 그러나 이 여론 조사는 신빙성이 별로 없으며, 한국인들이 정확하게 구별할 수 없는 문제를 놓고 이렇게 선택하도록 한 것은 오히려 여론이라는 이름으로 국민의 의사를 오도하는 데 이바지했을 가능성이 크다. 해방 이후 한국인들은 한반도를 점령한 미국과 소련에 저항할 엄두를 내지 못하고 있었고, 앞으로 어떤 국가를 만들 것인가에 대해서도 뚜렷한 생각을 하지 못했다. 최정운, 앞의 책 『한국인의 발견: 한국 현대사를 움직인 힘의 정체를 찾아서』, pp. 62~63. 당시 조선 사람들은 사회주의와 공산주의를 구별할 능력도 없었고, 자본주의가 대체 무엇인지도 몰랐다. 해방 직후부터 정부가 수립될 때까지 3년간의 미군정 시기에 한국 사회 구조가 재편되고 새로운 국가 권력이 형성됨으로써 국가와 시민사회의 관계가 구조화되었다. 이혜숙, 『미군정기 지배 구조와 한국 사회: 해방 이후 국가-시민사회 관계의 역사적 구조화』, 선인, 2008, p. 20.

이에 따라 미군정은 남한의 정계 개편뿐 아니라 여러 차례 과도 정부 구상을 추진해 장차 미국 이해에 부응할 핵심 세력을 육성하고자 했다. 미군정의 과도 정부 구상은 선거를 매개로 하고 있었기 때문에 남한 주민들의 지지를 확보하는 것이 중요했다. 미군정의 여론 조사 활동은 두 문제에 대한 해결책을 모색하기 위한 것이었다. 미군정은 여론 조사를 통해 어떤 사회적 문제들이 점령의 안정성을 해칠 것인지 점검하는 한편, 미군정의 정치 구상에 대한 한국인들의 지지 여부를 주기적으로 확인하고자 했다. 따라서 미군정이 시행한 여론 조사는 당시의 사회 동향과 정치 동향을 담고 있었다.[59]

이 여론 조사에 따르면, 첫째, 식량 위기와 그에 따른 불만이 도시

---

[59] 미군정의 여론 조사 활동은 공보기구 산하의 하부 부서에 의해 시행되었다. 여론처에서 여론국으로 명칭이 바뀐 여론 조사 기구는 여론수집 여행과 가두조사의 두 가지 방식으로 여론 조사를 시행했다. 여론수집 여행은 본격적인 여론 조사가 시행되기 전 소수의 미군 장교들이 지역 주민들과 인터뷰를 하는 방식이었고, 초창기 예비조사의 성격이었다. 단, 여론수집 여행에서 다룬 주제들은 가두조사에도 이어졌다. 이후 전국적으로 도시에 여론조사원이 고용되면서 가두조사 방식의 여론 조사가 본격적으로 시행되기 시작했다. 이때부터는 질문지와 응답지를 준비해 거리의 행인들을 대상으로 여론 조사를 시행했다. 양적으로 더 많은 대상을 상대로 여론 조사를 하는 것이 가능해졌고, 같은 주제를 반복 시행해 통계치가 변하는 것을 추적할 수 있게 되었다. 그러나 가두조사라는 방식은 한계가 있었다. 여론 조사 시행 지역 주민을 대표할 만한 표본을 추출해 의견을 물을 수 없었다. 따라서 특정 계층이나 성향의 의견이 과대 대표될 가능성이 있었다. 또 미군정은 시행 주기가 서로 다른 정기 여론 조사와 비정기 여론 조사를 시행했다. 정기 여론 조사는 특정 설문을 주기적으로 시행해 여론의 추이 변화를 확인하기 위한 것이었다. 민생 상황, 미군정 및 군정 정책에 대한 만족도, 경제 체제 선호도가 주된 주제였다. 비정기 여론 조사의 경우 한국 사회를 이해하기 위해 시행한 배경조사와 중요한 정치적 사안과 관련해 실시한 현안조사의 두 가지가 있었다. 현안조사의 경우, 미군정의 정치 구상에 대한 질문들이 포함되었다. 송재경, 「미군정 여론 조사로 본 한국의 정치·사회 동향(1945~1947)」, 서울대학교 대학원 석사학위 논문, 2014, pp. 4~15.

지역에 확산되고 있는 것으로 나타났다. 식량 위기와 그에 따른 쌀 가격의 폭등은 '미군정에 대한 만족도'에 악영향을 미쳤다. 이것이 남한 주민들이 미군정의 행정력에 불신을 갖게 되는 원인으로 작용 했다.[60] 둘째, 남한 주민들은 국가 주도의 경제 통제와 토지개혁, 노동 조건 개선, 그리고 주요 산업 또는 모든 산업의 국유화를 지지한 것으로 나타났다. 특히 남한 주민들은 귀속 농지와 대지주 농지에 대한 토지개혁을 지지했는데, 이는 미군정이 아니라 앞으로 수립될 한국 정부가 시행해야 할 것으로 보았다. 남한 주민들은 노조의 정치 활동에 반감을 보이며 노동 조건의 개선에 대해서는 북한의 노동법의 수준을 요구했다.

이 미군정의 여론 조사는 1946년 정치 동향의 흐름을 보여주고 있는데, 이에 따르면 남한 주민들은 미군정이 미소 공동위원회의 결정에 따라 남한의 정국을 해결하는 것보다 과도 정부 수립의 추진에 더 큰 관심을 보였다. 서울 지역에 한정된 반응이기는 하지만, 전반적인 여론의 흐름은 미군정이 원하는 방향이었다. 남한 주민들은 1946년 3월 시행된 여론 조사에서 미군정의 민주의원 구상을 반대

---

60 미군정이 쌀의 수급을 시장 기능에 맡기자마자 풍년에도 불구하고 서울과 도시에서 쌀 구경하기가 어려워졌다. 다른 생필품 가격이 폭등하는 상황에서 농민들이 쌀을 낮은 가격에 팔 리가 만무했다. 상인들은 사재기를 하면 큰돈을 벌 수 있어서 쌀을 많이 보유한 지주도 쌀을 내놓지 않았다. 이렇게 남한 사회는 투기와 사재기, 밀매, 과소비, 인플레이션, 기아로 난장판이었다. 미군정은 식량 문제를 해결하기 위한 미곡 수집에 전력을 다해 행정 관료와 경찰을 동원한 강제력으로 마침내 추곡 수집이 83.5퍼센트를 달성했으나, 오히려 농민들의 큰 반감을 일으켜 경북 지역에서 시작된 농민 봉기는 전국으로 퍼졌다. 이때 농민들의 분노 대상은 지주가 아니라 경찰과 관리들이었다. 전상인, 「해방 공간의 사회사」, 앞의 책 『해방 전후사의 재인식』 제2권, pp. 158~164.

했고, 오히려 미소 양군 철수를 지지했다. 그러나 제1차 미소 공동 위원회 결렬 이후 미군 공동위원회 입법의원에는 찬성하는 방향으로 여론의 흐름이 변했으며, 미소 공동위원회 결렬에 대해서도 소련 측의 책임이라는 경향이 강했다. 서울 지역 주민들은 입법의원 구성을 찬성했지만, 미군정이 직접 입법의원을 구성하는 방식에 대해서는 지지하지 않았다. 남한 주민들은 성별이나 재산에 따른 제한이 없는 보통선거권을 희망했으나, 미군정은 우익의 승리를 위해 선거권을 제한하고 경찰과 관리의 선거 개입을 묵인했다. 이 때문에 서울 지역의 주민들은 선거를 무효화하고 재선거를 시행할 것을 강력히 요구하고 나섰다. 그러나 미국은 남한에 어떤 정치 체제의 국가를 수립할 것인지 준비도 없었다. 미군정 때 취해진 정책은 그저 별 생각 없이 결정된 것들이 많았다.

북한은 이와 달랐다. 1945년 9월 16일 김일성이 북한에 들어온 후 스탈린이 북한에 자국의 이해에 적합한 독자 정부를 수립하라는 지령을 내렸다. 이에 따라 소련 군정은 친소 공산주의 국가를 세우기 위한 계획을 세워 이를 빈틈없이 추진해나갔다. 북한에서는 토지개혁과 더불어 이른바 신인간을 내세워 이상 국가의 청사진을 마련했다. 이러한 계획에 의해 1946년 토지개혁을 단행해 그해 7월에 공산국가 체제를 완결 지었다.[61]

---

[61] 1946년 신년사에서 김일성이 지주 소유 토지의 농민 분배를 발표했고, 소련 정부의 조정 과정을 거쳐 1946년 3월 초에 일제 및 일본인 토지, 친일자의 토지, 5정보 이상 소유한 지주의 토지, 전부 소작 주는 자의 토지, 계속 소작 주는 자의 토지, 5정보 이상 소유한 성당, 사찰 등 종교 단체의 소유지에 대한 몰수 조치가 시작되었다.

이와 달리 미군정은 행정과 치안 등 각종 통치 체제에 필요한 인적 자원을 확보하는 데 주력했다. 이러한 정책에 따라 일제 식민통치기의 경찰이나 군인, 관리 출신들이 대거 국가 공무원으로 충원됨으로써 남한의 체제가 다시 일제강점기로 회귀하는 결과를 낳았다.[62] 미군정은 남한 사회에 미국식 자본주의 체제와 민주주의제도를 이식하기 위해 경제 정책을 포함한 많은 영역에서 급진적인 변화를 일으켰다. 미군정기에 도입된 정치 행정제도, 자본주의 경제

지주의 토지 몰수가 전체 몰수 토지의 85.9퍼센트를 차지했고, 농가 1호당 평균 1.63정보를 소유하게 되었다. 그리고 토지개혁 이후 농업의 사유화 비율은 1949년에 96퍼센트로 나타났고, 전후 1953년에는 68퍼센트를 보였다. 통일부, 『북한 개요』, 2000, p. 256. 해방 이후 북한에서 단행된 '민주개혁' 조치는 지주와 친일 세력을 약화하고 소작농이 자영농으로 전환되는 사회계층의 1차 변환을 가져왔다. 이러한 사회계층의 재구성은 한국전쟁이라는 역사적 충격을 통해 2차 변환을 겪게 되었다. 한국전쟁은 피점령의 경험을 통해 구성원을 적(敵)과 아(我)로 구분하는 결과를 가져왔다. 결국, 한국전쟁 이후 북한의 계층 구조는 기존의 계급 중심에서 전쟁 당시 구성원의 행태를 중심으로 재구성되었다. 한국전쟁의 결과로 재편된 사회 계층 구조는 휴전의 성립과 함께 전시 체제의 성격이 지속함에 따라 북한 사회를 규정하는 주요한 특징으로 정착되었다. 정일영, 「한국전쟁 전후 북한 사회계층의 변화 연구(1945~1961)」, 『한국정치학회보』 제49집 제2호, 한국정치학회, 2015, pp. 63~82. 1945년부터 1950년대 말까지 북한 정부 수립과 전쟁, 사회주의 개조 과정에 대해서는 김성보, 『북한의 역사 1: 건국과 인민민주주의의 경험(1945~1960)』, 역사문제연구소, 2011 참조.

62 1945년 종전과 함께 한반도에 진주한 미국은 조선총독부의 행정 조직을 그대로 승계해 미군정을 수립했다. 그 후 미군정은 총 102건의 행정 조직 개편을 단행했으나, 지속해서 중앙집권화를 추진했다. 또 미군정은 군사기구보다 경찰기구를 강화했는데, 이는 수직적 계층 구조를 지닌 군사 조직, 보수 지향적 이데올로기, 국제적 정책 아이디어의 확산, 총독부 시절의 관료 임용 기준과 똑같은 인력 충원제도, 총독부 법령들의 온존 등의 제도적 요인과 제도적 기반과 환경적 친화성의 결여라는 요인에 의한 것이다. 결국, 미군정은 일제 총독부 이래의 제도적 기반과 맥락이라는 제약에 부딪혀 기존의 중앙집권화된 통제 체제의 유지라는 보수적 초기 정향을 확대 및 강화하게 되었다. 김종성, 「미군정 행정 조직의 경로 의존성」, 『한국 사회와 행정연구』 제11권 제1호, 서울행정학회, 2000, pp. 277~291.

체제, 민주주의적 제도 등은 오늘날의 한국 사회 및 행정 전반을 규정하는 기초가 되었으며, 한국 현대사의 특징을 확고하게 확립했다. 특히 미군정은 국가기구 및 억압기구의 확대와 중앙집권화의 강화, 그리고 국가 개입 및 통제 문화의 내재화 등으로 한국 관료의 태도에 잘못된 영향을 미쳤다. 또 미군정은 친일 세력과 관료들이 한국 사회의 지도층으로 자리 잡게 한 토대를 제공함으로써 남한에서 사회적 갈등의 구조를 고착화하고 말았다. 미군정기는 좌익과 우익의 내전기였다. 그러나 미군정은 냉전 체제에 돌입하자 중립적인 태도를 바꾸어 반공 정책으로 선회함으로써 초기에 우세했던 좌익 세력을 무력화하기 시작했다. 여기에 북한에서 내려온 반공 세력들이 좌익에 대한 증오심과 복수심, 그리고 미군정과 우익 정치 세력의 지원을 등에 업고 무자비한 폭력을 행사하며 좌익 세력을 공격하기 시작했다.[63] 이북 출신들의 최초 월남 동기는 해방 초부터 진행된 자발적 친일 숙청 때문이었다. 친일 인사들이 연이어 처형되자 두려움을 느낀 일본군 출신, 만주군 출신, 그리고 친일 경찰 등의 친일파 인사들이 대거 남한으로 내려왔다.[64] 또 친일파는 선거권이 박탈된

---

63 박명림, 『한국전쟁의 발발과 기원 2: 기원과 원인』, 나남, 1996, pp. 200~201.

64 1945년 9월 강원도 고성에서 민족 반역자 11명이 사형 선고를 받았고, 양양에서는 민족 반역자 3명이 인민재판에 넘겨져 3~5년 형의 교화형이 내려졌다. 이런 가운데 손을 끊어 혈서를 쓰고 일본 군대에 지원해 대위까지 지내다 월남한 박모씨는 서북청년단원으로 활동했다. 만주에 있던 친일파 군인들은 원용덕(元容德)과 정일권(丁一權)이 중심이 되어 동북 대한민국 보안사를 설립했으나 평양에서 거취를 논의한 후 월남했다. 나병덕은 만주국 재무부 세관리, 감찰위원회 조사관, 평안남도 평원군에서 평안 피복 공업조합 회계 주임으로 생활하다가 해방 후 월남해 경무부 수사국 특수부 과장, 미군 CIC의 사건 수사 업무를 맡았다. 이강수, 「해방 직후 남북한의 친일파 숙청 논의 연구」, 『역사학연구』 제20집, 호남사학회, 2003, p. 33; 김

것과 달리, 과거 정치적으로 소외되었던 노동자, 농민, 여성들은 정치 참여 기회를 얻게 되었다. 이로써 조선공산당이 이들 계층을 지지 세력으로 하여 정치적 우위를 차지하자 조선민주당 계열의 인사들이 월남하게 되었다.[65] 이들은 남한에서 극우 반공주의 단체를 만들어 좌익 세력에게 폭력을 가하며 탄압에 앞장섰고, 이들의 폭력성은 순수한 이념의 반대라기보다 기득권을 빼앗긴 증오와 복수심이라는 감정에서 비롯된 것이었다.

한편 개인 자격으로 귀국한 상해 임시정부 세력은 좌파 세력과 비교해 조직과 대중적 지지 기반에서 열세에 놓여 있었다. 그 후 1946년 과도입법의원 선거의 시행이 확실시되자 상해 임시정부의 김구 세력은 보통 및 비밀선거를 하게 되면 좌익들이 승리할 것으로 판단하고 조선공산당 등의 좌파 세력을 자신들의 정치적 입지에 대한 위협 세력으로 인식했다.[66] 특히 친미 정부를 수립하고자 한 미군정은 인공 및 인민위원회를 소련의 영향 아래에 있는 반미적인

귀옥, 『월남민의 생활 경험과 정체성』, 서울대학교 출판부, 1999, p. 51; 강정구, 「해방 후 월남인의 월남 동기와 계급성에 관한 연구」, 한국사회학회 편, 『한국전쟁과 한국 사회 변동』, 풀빛, 1992, p. 281.

65 민주주의 민족통일전선 선거에서 각 정당의 구성을 보면, 북조선공산당이 1,102명, 조선민주당이 351명, 청우당이 253명이었으며, 절반 이상인 1,753명이 무소속이었다. Charles K. Armstrong, *The North Korean Revolution, 1945~1950*(Ithaca: Cornell University Press, 2004), p. 114.

66 러시아연방 국방성 중앙문서보관소 소련 군정 문서, 「남조선 정세 보고서 1946~1947」, 러시아연방 국방성 중앙문서보관소 문서군 172, 목록 614632, 문서철 34. 이승만은 귀국 초기 공산주의에 호감을 표시했으나 태도가 바뀌어 11월 7일에는 인공의 주석 취임을 거절하며 11월 21일에는 공산 정부의 수립을 경고하고 나섰다. 『매일신보』 1945년 10월 26일 자.

공산주의 단체로 판단했다. 그래서 제1차 미소 공동위원회 결렬 이후 미군정은 점차 좌파 세력을 정치적으로 차별하고 배제했으며, 우익 세력은 정치적으로 지원했다. 이렇게 우익 정치 세력 및 미군정과 밀접한 정치적 관계를 맺은 서북청년단은 특별한 제재를 받지 않고 좌파 세력에 테러를 가했다.

이렇게 해방정국은 통일 한국이 아니라 분열과 갈등으로 갈라진 두 개의 한국을 만들어가는 과정이었다. 조선시대에 사색당파로 갈라져서 서로 권력다툼을 벌이던 지배층들의 속성이 이념의 이름으로 민족지도자 얼굴을 하고 해방정국에 유령처럼 나타나더니 급기야 온 나라를 휘젓고 갈등을 부추기며 남한 주민들을 혼란과 공포에 빠뜨렸다. 독립운동가들은 자신들의 투쟁과 희생이 아닌 외세의 힘으로 맞이한 해방된 조국을 자신들의 것으로 만들기 위해 '서로 죽이기 게임'에 몰두하기 시작한 것이다.

해방 이후 해외로 나갔던 많은 조선인이 고국으로 돌아오면서 귀환민과 월남민이 넘쳐나고 있었다. 1945년 9월 12일부터 1947년 말까지 88만 명 이상의 일본인이 본국으로 떠났고, 1946년부터 1949년까지 조선인의 귀국은 약 100만에서 140만에 이르렀다.[67] 이 거대한 인구의 대이동, 더구나 전쟁으로 빚어진 이 이동이 과연 희망찬 여정이었을까? 그리고 고국으로 향하던 이들 귀환민에게 조국은 어떻게 대했을까? 귀환의 실상은 가혹했다. 만주나 일본으로부

---

67 이동원·조성남, 『미군정기의 사회 이동: 배경, 특성, 그리고 그 영향』, 이화여자대학교 출판부, 1997, p. 55.

터 돌아오는 이른바 귀환 동포의 여로를 그린 수많은 이야기는 그들 앞에 닥친 냉혹한 해방의 현실을 그려내고 있다. 해방은 조선이 식민통치에서 벗어난 것을 말하는 동시에 한반도, 대만, 만주, 그리고 동남아시아와 태평양의 광대한 지역을 지배했던 일본 제국의 해체를 의미한다. 그러나 이러한 해방은 각 개인이 처한 상황에 따라 그 의미가 달랐다. 어떤 사람들에게는 새로운 세상이었으나, 어떤 사람들은 불행한 현실과 마주해야 했다. 해방은 단지 육체의 귀환만이 아니라 정신까지의 귀환을 요구하는 것이었다. 말하자면 해방은 새로운 국가와 새로운 국민을 요구한 것이었다. 새로운 국민은 우선 새롭게 그어진 영토 안으로 들어와야 했고, 이에 걸맞은 새로운 정신을 갖추어야 했다.[68]

이런 점을 엄흥섭(嚴興燮)의 단편 「귀환일기」만큼 극명하게 보여 주는 작품도 드물다. 일본에 끌려와 탄약을 만드는 공장에서 일하다 술집 작부로 전락한 '순이'와 '영희'는 해방을 맞아 귀국길에 오른다. 그녀들은 역시 귀국길에 오른 50여 명의 조선인과 함께 나흘 밤낮을 걸어 시모노세키에 이른다. 추위와 배고픔과 육체적 고통으로 점철된 귀환길이지만 조선인 귀환자들 사이에는 상호 부조와 희생의 정신이 흘러넘친다. 순이는 '애비 모를 자식을 밴 자기의 몸이

---

68 그러나 이 과정은 결코 평화롭거나 순탄하지 않았고, 새로운 국민으로서의 재탄생 역시 단순하지 않았다. 당대의 소설들은 이 순탄치 않은 이동과 재탄생의 과정을 다양한 각도에서 그려내고 있다. 허준(許俊)의 중편소설 『잔등(殘燈)』은 만주로부터 서울로 귀환하는 주인공의 여정을 그린 소설이다. 김철, 「벌거벗겨 놓고 보니 매갈 데가 어디입니까?: 허준의 『잔등』에 대하여」, 『새국어생활』 제17권 제2호, 국립국어원, 2007, pp. 153~163.

값없이 천하다는 것'에 심한 부끄러움을 느끼지만, 동시에 이렇게 자신을 위로한다.

> 비록 몸은 천한 구렁 속에 처박히었을망정 원수 일본인에게는 절대로 몸을 허하지 않았다. 그렇다면 배 속에 든 어린아이는 역시 조선의 아들이 아닌가! 독립되려는 조선에 만일 더러운 원수의 씨를 받어 가지고 도라간다면 이 얼마나 큰 죄인일가! 그러나 결코 그런 붓그러운 죄는 짓지 안었다. 다만 애비를 알 수 없는 어린애를 배엇다는 사실만은 시집 안 간 처녀로서 커다란 치명상이요 불명예이나 그러나 조선 사람의 씨를 바든 것만은 떳떳이 자랑할 만한 사실이 아닐가.[69]

엄흥섭의 「귀환일기」는 강력한 민족적 주체로의 갱생과 과거 청산을 기본적인 주제로 삼고 있다. 그리고 이 청산의 주제는 '원수들'에 대한 가차 없는 증오와 복수심을 내재하고 있다. 다시 말해, 일본이나 만주로부터의 귀환이 '과거의 때'를 씻어버리고 새사람으로 거듭나는 민족적 통과 제의가 필요로 하는 것이었다. 동시에 그것은 과거의 지배자였던 일본과 일본인에 대한 철저한 응징과 복수를 동반하는 것이었다. 허준의 『잔등』에서 주인공이 보여주고 있듯이 귀환자들에겐 조국에서 어디에도 발붙일 데가 없었다.[70] 이들의 현실

---

69 이것이 바로 해방기 귀환의 핵심적인 메시지였다. 김철, 위의 글, 「벌거벗겨 놓고 보니 매 갈 데가 어디입니까?: 허준의 『잔등』에 대하여」, pp. 158~159에서 인용.

70 해방기의 수많은 소설과 귀환 서사들이 보여주듯 만주에서, 일본에서, 남양에서 귀환하는 모든 이들을 사로잡은 것은 철저한 청산과 쇄신에의 욕망이었다. 의심과 머

을 바탕으로 한 소설들은 당대 상황을 효과적으로 재현하고 비판하는 수단으로 집을 모티프로 삼아 현실을 비판한다.[71] 김동인의 「망국인기(亡國人記)」, 엄흥섭의 「집 없는 사람들」, 김동리(金東里)의 「혈거부족」은 해방기 주택 중심으로 이야기를 진행하면서 당시의 현실 인식을 효과적으로 그려내고 있다.

해방정국은 권력 부재의 공간으로 조선인에게 미래의 열망만이 강조되는 시대였다. 그러나 현실은 이와 달리 일제를 대신해 미군의 점령 권력이 그 공간을 차지했고, 이들은 이후 국가 건설 과정에 결

뭇거림은 용납되지 않았고 새로운 배제와 포섭의 경계는 거침이 없었다. 가해자를 복수와 응징의 정서로서가 아니라 지극한 용서와 연민의 시선으로 바라보는 성숙한 주체의식은 생겨나지 않았다. 허준의 『잔등』이 오늘 새삼스레 읽히는 까닭이 거기에 있다. 김철, 위의 글, 「벌거벗겨 놓고 보니 매 갈 데가 어디입니까?: 허준의 『잔등』에 대하여」, pp. 160, 162~163. 이 작품에서 작가는 주인공이 만주 장춘에서 출발해 회령, 청진을 거쳐 경성으로 향하는 여로를 그리고 있다. 작가가 만주국 신경에서 활동하다 귀국했기에 자전적인 내용이라 해도 무방하다. 이 작품에는 주인공이 만주국에서 일본의 패망으로 인해 탈출하는 과정이 먼저 그려진다. 그리고 이 탈출과 귀향은 전쟁 난민의 그것이었기에, 해방된 조선에 기꺼이 귀환하는 망명객의 희망찬 귀향과는 정서나 주인공의 주체성 면에서 큰 차이가 있음을 여실히 보여주고 있다. 작가는 전재민으로서의 주인공이 어떻게 귀향이라는 제의를 통해 조선인으로 변화해가는가를 그 내면 묘사를 통해 상세히 그려내고 있다. 굴곡진 삶을 사는 만주국 농민인 매부, 청진 근처 농촌에서 도주하는 일본인을 잡아내는 '소년', 그리고 패전해 피난 중인 일본인을 돕기 위해 국밥집을 하는 '노파'를 내세워, 민족의 도덕을 넘어서 보편적 대의와 국제 연대를 때 이르게 주장하고 있다. 서경석, 「이념 선택과 궁핍한 주체로의 길: 허준의 『잔등』론」, 『동아시아문화연구』 제77집, 한양대학교 동아시아문화연구소, 2019, pp. 135~153.

71 특히 해방 이후 엄흥섭의 소설은 대부분 민족 해방과 일제 잔재 청산, 자주적 민족 국가 건설을 형상화한 단편들이다. 「귀환일기」, 「쫓겨온 사나이」, 「발전」 등이 여기에 해당한다. 해방기 엄흥섭의 단편소설은 주로 해방의 기쁨과 전 민족적 과제인 독립 국가 건설을 귀국 동포들의 생활과 친일 잔재 청산을 통해서 보여준다. 이승윤, 「엄흥섭 소설의 변모 양상과 해방기 귀환 서사 연구: 「귀환일기」와 「발전」을 중심으로」, 『현대문학의 연구』 제68호, 한국문학연구학회, 2019, pp. 171~195.

정적인 역할을 하게 된다. 새롭게 구축되는 집의 표상은 이러한 권력 관계에 대한 조선인의 민감한 인식을 보여주고 있다. 이 이야기에서 집은 민족국가와 연결되어 사유 재산이 아니라 국가의 보호를 받는 국민의 권리를 의미한다. 억압을 피해 외국에서 망명 생활이나 독립투쟁을 하다가, 또는 생계를 위해서나 강제로 징용으로 끌려가 일본에서 살다가 다시 고국으로 돌아온 동포들이 줄줄이 이어졌다.[72] 이들 귀환민은 집을 구하는 과정에서 새로 수립될 국가로부터 자신들도 국민의 일원으로 인정받기를 기대하고 있다. 방을 나누어

---

[72] 1945년 일제가 패망할 당시 해외 한인의 수는 7백만 명에 달했다. 그중 4백만 명이 1930년대 말부터 일제의 침략전쟁에 강제 동원된 사람들이었다. 이들은 일본을 비롯해 중국, 만주, 시베리아, 동남아시아, 미주 등 일본의 침략 전선에서 군인, 군속, 종군위안부, 징용 등으로 끌려갔으며, 이는 당시 한국 인구의 20퍼센트에 가까운 규모였다. 그러나 제국주의 침략전쟁의 희생물이었던 이들의 귀환은 순탄치 않았다. 인도주의의 원칙에 의해 마땅히 이들을 조국으로 귀환해야 했음에도, 해당국의 정치적 상황에 따라 시련을 겪어야 했다. 소련에서는 한인의 귀환이 원천 봉쇄되었고, 중국에서는 많은 한인이 재산을 몰수당하고 강제 송환되었다. 또 귀환 한인의 수가 가장 많았던 일본의 경우, 한반도를 점령한 미군정과 일본 정부 등 해당국의 무책임한 처리 방식에 의해 귀환 과정에서 많은 희생을 치러야 했다. 귀환 도중 4천여 명이 일본 군함에서 폭사한 '우키시마마루(浮島丸) 사건'이 그 대표적 사례다. 해방 이후 일본에서 140만여 명, 만주에서 80여만 명, 중국에서 7만여 명, 하와이, 대만, 오키나와, 남태평양 군도 등에서 10만여 명이 귀환했다. 특히 재일 한인들은 해방된 조국으로의 귀환을 서둘러 그 수가 일본 정부나 연합국 최고사령부의 통계에 잡히지 않은 수까지 합한다면 150~160만 명에 이른다고 알려져 있다. 전쟁 종결 이전 220만 명 이상이었던 재일 한인이 귀환 작업이 완전히 끝난 1950년 이후 60만 명 정도 남게 되었다. 김인덕, 「해방 후 조련과 재일 조선인의 귀환 정책」, 『한국독립운동사연구』 제20집, 독립기념관 한국독립운동사연구소, 2003, pp. 2~54; 채영국, 「해방 후 재일 한인의 지위와 귀환」, 『한국근현대사연구』 제25권, 한국근현대사학회, 2003, pp. 83~103. 이 밖에 장석흥, 「해방 직후 상해 지역의 한인 사회와 귀환」, 『한국근현대사연구』 제28권, 한국근현대사학회, 2004, pp. 254~282; 정혜경, 「일제 말기 조선인 군 노무자의 실태 및 귀환」, 『한국독립운동사연구』 제2권, 한국독립운동사연구소, 2003, pp. 3~92 참조.

쓰는 민족의 모습은 외국에서 살다가 돌아온 자들이나 이곳에서 줄곧 살아온 자들이나 모두 조국의 땅에서 같이 사이좋게 살아가고자 한 열망을 보여주고 있다. 이들이 바라는 새로운 세상은 서로 이념으로 싸우고 죽이는 갈등의 공간이 아니라 함께 더불어 살아갈 조국의 공간이었다. 이러한 기대감이 곧 방을 나누어 쓰는 모습으로 그려진다. 적산가옥(敵産家屋)[73]은 해방정국에서 앞으로 수립될 국가에 대한 상상력을 강화해주는 소재다. 일본인이 남긴 적산가옥은 미군정과 기존 유산계층에 의해서 주인공들에게 배분되지 못한다. 집을 구하려고 온갖 애를 다 썼던 주인공들은 집의 배분 문제를 통해 비로소 해방 현실의 권력 관계를 파악하게 된다.

이들은 해방이 되었으나 독립하지 못했다고 생각했다. 미군정에 의한 주택 배분은 자본가계층을 중심으로 한 국가임을 의미했던 것이다. 하지만 소설의 주인공들이 집을 통해 꿈꾸었던 독립된 국가는 삼팔선으로 갈라진 국가가 아니라 통일된 민족국가다. 이들은 집의 배분에서 소외된 이유가 독립되지 못한 국가이기 때문이라고 생각한다. 따라서 이들은 미래의 국가가 미국과 소련에 의해 해방되고 분단된 국가가 아니라 남북이 결합한, 독립된 권리를 지닌 국가가 되어야 한다고 주장한다. 이렇게 해방정국에서 집은 국가의 보호를 받고자 한 주인공들의 상상력에서 국가와 민족을 대신하는 공간이었다.[74]

---

73 적산가옥은 일본인이 철수하면서 정부에 귀속된 일본인 소유의 주택이다. 적산은 적의 재산이라는 의미이며 가옥은 일본인 주택을 말한다.

74 이민영, 「해방기 소설에 나타난 '국가-집' 표상 연구: 김동리, 김동인, 엄흥섭의 소설을 중심으로」, 『현대소설연구』 제49호, 한국현대소설학회, 2012, pp. 239~263.

해방정국에서 미군정이 추진한 이러한 부유한 유산층과 친일파 중심의 새로운 국가 건설 정책은 마침내 남한에 시장경제 체제를 구축해 자유민주주의 정체를 확립함으로써 오늘에 이르게 했다.[75] 한편 소련 군정의 통제가 미치지 못한 평안남도는 기독교와 자본가들이 지지한 조선민주당 조만식의 영향력이 강한 지역이었다. 소련 점령에 따라 전통적인 이들 계층의 정치적 지위가 흔들리기 시작했다. 1948년 12월 모스크바 3상회의의 결정이 알려지면서 소련 군정과 조선민주당이 충돌함에 따라 미군정과 마찬가지로 소련 군정도 모스크바 결정에 대한 반대 시위를 억제하기 시작했다. 이러한 상황 전개로 인해 조선민주당 계열 인사들이 월남하게 되었다.[76]

---

[75] 김정해, 「미군정기의 행정과 정책 변화의 특성」, 『행정논총』 제46권 제3호, 서울대학교 한국행정연구소, 2008, pp. 145~172. 이러한 미군정기의 정책은 곧 남한에서의 반공주의와 더불어 친미와 반미라는 이념의 갈등을 초래했다. 조미수호통상조약으로부터 시작된 한미 관계의 비대칭성은 일본의 식민지화와 미군정기를 거치며 형성된 분단 체제와 맞물려 지배와 저항의 이분법에 기초한 이념적 균열 구조에 영향을 미쳤다. 일제하 지배와 피지배의 이분법적 이념 균열은 민족운동의 이념적 분화와 연결되어 접합되었다. 이것은 미군정기를 거치며 분단 체제의 '반공=반소', 그리고 '보수=우익=친일', '민족주의=(친)정부', '진보=좌익=반일=반정부'라는 왜곡된 이념의 균열 구조를 초래했다. 한국의 반미는 식민지 시기의 경험과 냉전 구조를 바탕으로 미국과의 특수한 관계를 체제 유지의 토대로 삼았던 권위주의 정권이 반공을 조장함으로써 친미의 적대 개념으로 사용한 것이다. 전상숙, 「친미와 반미의 이념 갈등: '반미'를 통해 본 이념 갈등의 역사적 기원과 구조」, 『동양정치사상사』 제10권 제1호, 한국동양정치사상사학회, 2011, pp. 147~171.

[76] 선우기성·김판석, 『청년운동의 어제와 내일』, 횃불사, 1969, p. 8. 일부 반탁 세력은 삼팔선 부근 이북 산악 지역을 거점으로 조선공산당과 소련 군정에 대한 조직적 무장투쟁을 전개했다. 김태양(金太陽) 등이 송화삼일동지회를 결성했고, 황탁(黃濯)과 최석주(崔錫周)는 1946년 5월 폭동을 모의했으며, 이후 많은 무장 조직의 활동은 서북청년단과 관련되었다. 김평선, 앞의 글 「서북청년단의 폭력 동기 분석: 제주 4·3사건을 중심으로」, p. 267.

남과 북은 모두 철저한 계층 구분이 이루어졌는데, 북한에서 지주와 자본가, 친일파가 소외되거나 숙청된 반면, 남한에서 이들은 미군정에 의해 지배 세력으로 발전했다. 해방 이후 북한에서는 식민지 시기 교육에서 소외된 노동자와 빈농들이 교육적 혜택을 받게 되면서 점차 사회적·경제적 지위가 향상되기 시작했다. 1946년 9월 평남 지역 중등 이상 입학생의 사회 성분을 보면, 노동자와 농민이 각각 18.5퍼센트와 60.7퍼센트를 차지했다.[77] 이들의 교육적 수혜 증가는 소련 당국의 간부 양성 필요성 때문에 추진되었는데, 이들이 이북 지역에서 정치, 경제, 치안 영역에서 주요 역할을 담당하기 시작했다. 이런 상황에서 일제강점기에 지식인 계층이었던 의사, 교사, 서기, 관리 등이 1947년경부터 자발적으로 월남하기 시작했다.[78]

러일전쟁 이후 전통적으로 소련은 한반도가 일본의 통제하에 놓이는 것을 두려워해 친일 청산 등의 반일본 정책을 추진했고, 특히 모스크바 회의에 앞서 한반도의 통일 방법에 대한 구상을 마련했다. 이에 따라 소련 군정은 인민위원회를 기초로 행정을 조직, 운영하면서 친일파가 정부 수립에 참여하지 못하도록 이들의 선거권을 박탈하기에 이르렀다. 이처럼 북한에서 공산주의 체제에 불만과 증오심을 품은 지주나 부유층, 그리고 친일파 인사들의 젊은 자녀들이 대거 군에 입대하거나 경찰로 들어갔고, 한편으로 우익단체를 조직해 남한에서 좌익을 척결하는 데 앞장섰다. 이들 반공주의자의

---

77 김광운, 『북한 정치사 연구 1』, 선인, 2003, p. 322.
78 조선은행, 『조선경제연보』, 1948, pp. 1~9.

증오심으로 촉발된 '서로 죽이기 게임'의 시대가 본격적으로 시작된 것이다.[79]

해방정국의 한반도는 일제강점기에 항일독립투쟁을 벌였던 두 그룹, 즉 사대부 양반 지배층 출신으로 구성된 상해 임시정부 중심의 자유민주주의 우익 세력과 농민, 천민 등 피지배층 출신으로 구성된 만주와 연해주 일대의 항일 파르티잔 중심의 공산주의 좌익 세력 간의 치열한 권력다툼이 전개되던 공간이었다. 마침내 북한에서는 피지배층을 기반으로 공산주의 체제가, 남한에서는 지배층과 친일파들의 지지를 바탕으로 자유민주주의 체제가 탄생했다. 이 두 체제는 서로 적대적인 관계 속에서 각자 정부를 수립하려 했기 때문에 애초부터 통합이 될 수 없었다. 그러므로 남과 북은 서로 무력과 폭력으로 통일 문제를 해결할 수밖에 없는 구조적인 조건들, 예컨대 조선시대부터 뿌리 깊게 내려온 지배층과 피지배층 사이의 정서, 감정, 원한, 증오심, 그리고 식민지 시기 가난한 노동자와 농민, 부유한 친일파 지식인들로 갈라진 두 계층의 갈등 등이 해소되지 못한 사회적 구조에서 각자 독립적인 채로 나아가야 했다.[80]

---

79 찰스 암스트롱, 김연철·이정우 옮김, 『북조선 탄생』, 서해문집, 2006, pp. 94~95.

80 이러한 두 개의 한국은 이미 1930년대에 나타나기 시작했다. 만주에서는 격렬한 항일투쟁이 벌어졌고, 일제 경성의 화신백화점과 극장, 각처에 널려 있는 술집과 찻집 등에서는 도시의 중간 계층인 부르주아가 탄생하고 있었다. 1930년대 이런 두 개의 조선의 모습을 그린 강경애의 『인간 문제』는 30년 동안 금서로 묶여 있었다. 이 소설에서 강경애는 생계를 위해 도시로 와서 고달픈 노동자로 살아간 농민들의 삶을 묘사하며 이에 반해 지식인들이 친일파로 변해가는 모습을 비판하고 있다. 강경애의 전기 문학은 '인간 문제' 해결의 주체와 대안을 찾는 과정이라 볼 수 있다. 강경애는 '인간 문제' 해결의 주체를 처음에는 지식인에서 찾았으나, 곧 지식인에 대해 부정적인 견해를 취하면서 각성한 농민에 주목하게 된다. 그리고 만주에서는 각성

독립운동의 목표는 일제 식민통치로부터의 해방이었으나, 해방 이후 어떤 국가를 수립하느냐에 대해서는 이렇게 각자의 이해관계로 의견이 갈렸다. 이렇게 해방정국에서 공산주의와 자본주의 이념은 각자의 이해관계에 따라 결정되었고, 이에 따라 남북한 주민 모두가 서로 적이 되어가고 있었다. 일제강점기에 한민족이 꿈꾸었던 자주적이고 평등한 민주주의 체제의 이상 국가 실현은 해방이 되자 처참한 비극으로 다가왔다.

한 농민의 항일무장투쟁을, 조선 국내에서는 각성한 농민으로 구성된 도시 노동자들의 조직적 투쟁을 대안으로 제기한다. 최학송, 「『인간 문제』와 인천」, 『한국학연구』 제19집, 인하대학교 한국학연구소, 2008, pp. 7~23. 『인간 문제』는 사랑 대신 동지애와 분노를 사회주의에 적합한 감정으로 표상한다. 동지애와 분노에서는 공통으로 사회주의적 앎에 의해 함양된다는 '사회적 구성'의 차원이 부각된다. 동지애는 사회주의의 정치적 이상을 공유함으로써, 분노는 개인의 분노를 전체 공동체의 분노로 확장함으로써 유효한 사회주의적 감정이 된다. 결론적으로 둘 중 『인간 문제』가 더 중시하는 감정 자원은 분노다. 이경림, 「사랑의 사회주의적 등정의 불가능성: 강경애의 『인간 문제』론」, 『한국현대문학연구』 제55집, 한국현대문학회, 2018, pp. 69~107. 특히 강경애는 지식인에 대한 회의적인 시각을 드러낸다. 정원채, 「강경애의 소설에 나타난 지식인에 대한 인식」, 『현대소설연구』 제42호, 한국현대소설학회, 2009, pp. 437~471.

3

조국에서의 '서로 죽이기 게임'

운동장에는 수를 헤아릴 수 없이 많은 시체가 즐비해 있었고 반란군과 진압군 쌍방의 희생자들은 대부분 젊은 민간인들이었다. 여학교 교복을 입은 어린 학생들도 많았는데 소매가 밀려 올라간 여학생의 팔뚝에 시계를 찼던 자리라고 생각되는 새하얀 자국이 뚜렷했지만, 시계는 없었다. 운동장 울타리를 둘러싸고 많은 사람이 먼발치에서 통곡하고 있었다. 나는 동료 학생들을 재촉해서 그 자리를 빨리 떠나버렸다. 멸치를 뿌려 놓은 것처럼 운동장을 덮고 있는 구부러지고 찢어진 시체들을 목격한 후회와 공포감 때문이기도 했지만, 울타리 밖에서 울부짖고 있는 남녀노소의 시선이 두려워서였다.[81]

"만약 학살 집행자들이 모두 미친 사람들이었다고 입증할 수만 있다면 차라리 한결 안심되지 않겠습니까?"[82]라는 라울 힐베르크

---

81   리영희, 앞의 책 『역정: 나의 청년 시대』, pp. 147~148.

82   Raul Hilberg, "Significant of the Holocaust", *The Holocaust: the Ideology, Bureaucracy and Genocide*, The San José Papers. Ed. by Henry Friedlander, Sybil Milton, 2nd printing(Millwood, New York: Kraus International, 1982),

(Raul Hilberg)의 말처럼 해방 이후 한반도에서 벌어진 '서로 죽이기 게임'에서 앞장서거나 이를 부추겼거나 학살에 직접 가담한 자들, 그리고 이를 방관하거나 묵인했던 모든 사람이 이념이나 증오심, 복수심에 미쳐 있었다면 말 그대로 그 시대에 살았던 사람들의 마음이 편했을지도 모른다.

여순 사건은 제주 4·3사건으로부터 시작해 경찰과 좌익이 우익을 학살한 일련의 '서로 죽이기 게임' 사건이다. 먼저 1947년 3월 1일부터 1954년 9월 21일까지 제주도에서 발생한 소요 사태 진압 과정에서 경찰과 군인, 우익 단체가 무고한 주민들을 빨갱이로 몰아 무자비하게 학살하는 만행이 벌어졌다.[83] 해방이 되자 일본 등 외지에 나가 있던 6만여 명의 제주 주민들이 일시에 귀환하게 되었다. 그러나 이들은 마땅한 일자리를 구하지 못해 생계의 어려움을 겪고 있었고, 콜레라 전염병이 발생해 많은 사람이 죽어 나갔다. 여기에 흉년과 식량 정책의 실패로 사회 분위기가 불안에 싸여 있었다. 게다가 일제에 부역한 경찰들이 미군정에서 다시 치안을 책임지는 군정 경찰로 변신했고, 군정 관리들은 사리사욕만 챙기는 부정행위를 일삼아 많은 사회 문제가 발생하고 있었다.[84]

---

pp. 101~102.

83 2003년 10월 15일 정부의 공식 문건으로 채택된 『제주4·3사건 진상조사보고서』는 제주 4·3을 "1947년 3월 1일 경찰의 발포 사건을 기점으로 1954년 9월 21일 한라산 금족 지역이 전면 개방될 때까지 제주도에서 발생한 무장대와 토벌대 간의 무력 충돌과 토벌대의 진압 과정에서 수많은 주민이 희생당한 사건"으로 정의하고 있다.

84 제주도 인구는 해방 전해인 1944년 21만 9천여 명에서 1946년 27만 6천여 명으로 2년 새 5만 6천 명 이상 늘어났다. 인구의 급증은 전국적인 대흉년과 맞물려 사

북한에서 남한으로 내려온 서북청년단 등 많은 반공주의 월남민 대다수가 경기도와 서울에 거주했다. 미군정은 이들 월남민의 일부를 각 도에 할당했으며, 1947년 초 제주도에 들어간 이들은 상업 활동을 하거나 면사무소, 학교 등 공공기관에서 근무했다.[85] 이들 월남민으로 구성된 서북청년단은 조선민주당, 상해 임시정부, 항일 경력, 부일협력자, 일본군 지원병 출신 등 다양한 배경을 지닌 자들이었다.[86] 이런 상황에서 1947년 이른바 3·1절 발포 사건이 발생해 4·3사건의 막을 올리게 된다. 리영희는 당시 상황을 이렇게 회고하고 있다.

회경제적으로 제주 사회를 압박하는 요인이 되었다. 1946년 제주도의 보리 수확량은 해방 이전인 1943년과 1944년에 비해 각각 41퍼센트, 31퍼센트에 그쳤다. 제조업체의 가동 중단과 높은 실업률, 쌀 정책의 실패 등으로 제주 경제는 빈사 상태에 빠졌다. 게다가 기근이 심했던 1946년 여름 제주도를 휩쓴 콜레라는 2개월여 동안 최소 369명의 사망자를 냈다. 하호준, 「미국, 제주 4·3의 또 다른 가해자」, 『한겨레 21』, 2018년 3월 21일.

85 김평선, 앞의 글 「서북청년단의 폭력 동기 분석: 제주 4·3사건을 중심으로」, p. 273.
86 예를 들면 서북청년단이 대동청년단 통합 문제로 갈등을 빚자 대동청년단에 합류했던 선우기성(鮮于基聖)은 식민지 시기 정주에서 만세운동으로 일제 경찰에 체포되었다가 만주로 망명했다. 해방 후 그는 정주 청년운동을 조직해 반탁운동을 하다 체포령을 피해 월남했다. 문봉제(文鳳濟)는 조선민주당 군당 서기장을 지냈다. 박문(朴文)은 임시정부 동경 대표 조사부장과 정치공작대 중앙본부 정보책임을 맡는 등 임시정부에서 두루 활동했다. 서북청년단 경기도 위원장을 지낸 김득하(金得夏)는 평안남도 진남포 출신으로 일제강점기 평양부청, 만주 수력전기회사 건설국 등에서 다년간 근무했다. 양호단의 이연길(李淵吉)은 1938년 당시 함경남도 운남 심상소학교 훈도직을 지냈다. 서북청년단 선전외교부장을 지낸 김연근(金連根)은 일제 치하에서 치안법 위반으로 일본 스가모 형무소에 구금된 경력이 있다. 이남원(李南垣)도 식민지 시기에 부역 문제로 서울과 목포 형무소 형무관으로 일하며 빨갱이 수사를 한 자다. 그는 동지 12명과 월남한 이후 서북청년단으로 활동했다. 김귀옥, 앞의 책 『월남민의 생활 경험과 정체성』, p. 51.

나라의 꼴이 날로 혼탁해지고, 민생은 도탄에 빠지고 집권 세력의 부패와 타락이 극에 달하고 있었다. 신생 독립 국가의 모든 분야의 권력은 과거의 친일파, 민족반역자, 구 지주계층의 수중에 장악되고 있었다.[87]

한편 제주도는 일본과 지리적으로 가깝고, 일제강점기에 일본에서 고등교육을 받고 온 엘리트들이 많이 살았던 곳이다. 제주도는 1948년 정부 수립을 위한 남한 단독선거가 치러지자 이 선거가 남북 분단을 고착화하는 것이라고 여기고 선거를 거부했던 유일한 지역이었다. 미군정은 이 선거의 거부가 공산주의자들의 선동이라고 믿었다.[88] 해방정국 초기 인민위원회 등을 앞세운 제주도 좌파 세력은 치안 및 자치 교육 활동 등 비교적 온건한 활동을 통해 주민들 사이에 뿌리를 내릴 수 있었다. 건국준비위원회가 좌파 세력 박헌영의 주도로 조선인민공화국으로 개편되자 건국준비위원회의 전국 지

---

87 리영희, 앞의 책 『역정: 나의 청년 시대』, p. 149.

88 남로당을 조직하기 위해 본토에서 보낸 훈련받은 선동가와 조직가는 6명에 불과했으나, 곧바로 500~700명의 동조자가 합류했다. 제주도민 6만에서 7만 명이 남로당에 가입한 것으로 추산된다. 그들 대부분은 무지하고 못 배운 농민과 어민들로, 전쟁과 전후 생활고에 시달리고 있었기 때문에 경제 상황을 해결해주겠다는 남로당의 제안에 쉽게 가입했다. 부패와 방종, 주민들의 열악한 경제 상황, 남한 임시정부의 정부 설립 활동에 대한 정보 부족, 경비대와 경찰 간의 충돌, 경찰의 폭력성 등이 모두가 제주도민들이 공산주의 선동가들에게 쉽게 넘어가도록 만드는 원인이었다. 5월 10일 총선거를 방해하려는 공산주의자들의 목적은 부분적으로 성공을 거두었다. 자유롭지 못한 분위기에서 선거는 부분적으로만 진행되었는데, 세 곳의 선거구 가운데 두 곳에서 절반도 안 되는 투표율만이 전달되었다. 결국 그 두 곳의 투표 결과는 받아들여지지 않고 무효가 되었다. G-2 주간 정보 요약 제140호, 1948년 5월 14~21일, p. 6; 1948년 5월 10일 남한 지역 선거 실행에 대한 「군정장관의 보고서」, p. 43A(hereinafter referred to as M G Rept), 『한국사 데이터베이스』에서 인용.

방 조직이 전환된 인민위원회를 중심으로 제주도민 스스로에 의한 자율적인 공동체 질서를 구축해 놓고 있었다. 인민위원회 중심의 좌파 세력은 미군정과 대토지 지주들, 그리고 자본가를 지지 기반으로 둔 한민당, 임시정부 등 주요 정치 세력들에게 견제를 받게 되었다.

미군이 한반도에 진주하기 직전에 한민당 세력은 박헌영의 조선인민공화국에 적대적인 태도로 돌변했다.[89] 그러자 미군정은 한민당을 지지하며 손을 잡고 남한의 좌파 세력이 확장되는 것을 저지하기 위한 반공 정책을 펼치기 시작했다. 이런 정치적 상황에서 1947년 6명의 제주 양민 희생자가 발생한 3월 1일 시위와 이어 발생한 총파업 등 일련의 심각한 사태가 경찰의 행동에 대한 주민들의 증오심과 공산주의자들의 선동으로 일어난 것으로 여긴 미군정은 제주도가 사상적으로 불순한 섬이라는 편견을 갖고 강경하게 대응해 나갔다.

제주도에 우뚝 솟아 있는 한라산에서 1948년 10월과 1949년 사이에 일어난 연속적인 학살로 3만여 명이 살해당했던 것으로 추정되며, 이는 한반도가 경험한 최악의 참극 중 하나다. 아직도 대부분의 한국 사

---

89 한민당 지지자이자 하지의 통역관인 이묘묵(李卯默)은 9월 10일 미군 장교들과의 회식 자리에서 인공을 친일적이며 공산주의적인 민중의 배반자라고 비난했다. 『주한미군사(HUSAFIK)』, 제1권 제1장, pp. 4~7, 제1권 제4장, pp. 17~18. 『주한미군사(HUSAFIK)』는 1945년부터 1948년까지 3년간 남한을 통치했던 미군정의 정보참모부 군사실(軍史室, G-2)에서 편찬한 것으로 총 3부로 되어 있으며, 1979년 돌베개출판사에서 4권으로 영인되었다. 번역본으로 국사편찬위원회 편, 『주한미군사 1』, 국사편찬위원회, 2014가 있다.

람들, 특히 한반도의 최남단에 있는 제주도에서 살아본 적이 없는 사람들은 그 학살 사건에 대해서 전혀 모르거나 거의 모른다. 제주도의 학살은 한국의 남쪽 정부가 한국전쟁 직전에 공산주의자라고 의심되는 자들을 뿌리 뽑기 위해 진행시킨 특별히 잔혹한 노력 가운데 일부분이었다. 제주도에서 일어난 사건의 이야기는 지나친 이데올로기의 열정이라는 너무나 친숙한 냉전 논리에 불과하다. (……) 본토 출신 관리에 의한 지배에 대한 적개심이 깊게 자리 잡은 제주도에서는 두 개 선거구에서 선거가 보이콧되었고, 이곳은 남한에서 선거를 치르지 못한 유일한 지역이었다. 남한에 있던 미군 사령관들은 분개했으며, 일련의 사건이 발생한 뒤에 미군정에 참여한 남한의 지도자들은 공산주의자들의 선동에 휘말린 제주도를 청소하는 작전을 벌여야 한다고 주장했다.[90]

대량학살은 대개 국가의 정책에 의한 것으로, 나치의 유대인 집단학살이나 베트남전 당시 미군에 의해 자행된 무자비한 '미라이 학살(My Lai Massacre)'을 예로 들 수 있다.[91] 제주도의 양민 학살은 이

---

90   Howard W. French, "South Koreans Seek Truth About 48 Massacre", *The New York Times*, 2001년 10월 24일 자.

91   나치가 동유럽에서 벌였던 파멸 전쟁과 유대인 말살 전쟁에서 시작해 태평양에서 일어난 무자비한 전쟁과 베트남 전쟁에 이르기까지 통상적인 전쟁 중에서 군인들이 비무장 민간인과 무력한 포로들을 고문하고 학살한 사례는 헤아릴 수 없이 많다. Christopher Browning, *Ordinary Men: Reserve Police Battalion 101 and the Final Solution in Poland*, p. 160. 1968년 3월 16일 남베트남 미라이에서 발생한 미군의 대량학살에서 347명에서 504명으로 추정되는 희생자 모두 비무장 민간인이었으며, 상당수가 부녀자들이었다. 이 중 임산부가 17명, 어린이가 173명, 5개월 미만의 유아가 56명이었으며, 몇몇 희생자는 성폭력이나 고문을 당하기도 했고, 시체 중 일부는 절단된 채 발견되었다. 이 사건에는 미군 26명이 가담했으나 입대한

두 가지가 합쳐진 학살 유형에 속한다. 먼저 좌파 공산주의자에 대한 원한과 증오심으로 북한에서 월남한 자들에 의해 조직된 극우 우익 단체 서북청년단의 무자비한 좌파와 제주 양민 학살은 미군정이 동원한 공권력의 성격을 띠었다. 즉 이 단체는 좌파 세력의 확산을 저지하기 위한 반공 정책에 따라서 미군정이 동원한 경찰과 군인의 국가 공권력에 가세한 것이다.[92] 이 단체는 해방정국의 정치적 격변 과정에서 일제강점기에 누려온 정치적·경제적·사회적 지위와 기득권을 앗아가는 세력을 좌파로 규정하고, 이에 대한 반발로서 극단적인 폭력을 휘두르며 공포 분위기를 조성했다. 이렇게 처참한 '서로 죽이기 게임'의 비극은 새로운 나라를 건설하는 과정에서 지배층으로부터 분출해 전개되어 갔다. 일제 지원병 출신의 서북청년단 소속 청년 박씨의 만행은 이렇다.

박○○은 손을 끊어 혈서를 쓰고 일본 군대에 지원해 대위까지 했다. 해방 후 김일성 정권이 들어서자 동네 사람들은 그를 반역자라고 해서 붙잡아 반성할 때까지 때렸다. 그 후 그는 이남으로 도망해 서청으로 맹활

지 4개월 2주밖에 되지 않은 윌리엄 켈리 소위만 유죄 판결을 받았다. 미라이 학살 사건 당시 가까스로 목숨을 건진 팜 타잉 꽁 씨가 2014년 기억을 더듬어 학살 참상을 담은 『장밋빛 마을의 기억』이라는 책을 출간했다.

92 임대식은 제주 4·3사건을 좌우 민족주의 세력의 충돌로 설명한다. 임대식, 「제주 4·3항쟁과 우익 청년단」, 역사문제연구소 외 편, 『제주 4·3 연구』, 역사비평사, 1999, pp. 205~237. 또 우익 민족주의 세력인 서북청년단은 무장봉기를 진압하는 데 동원되는 준군사 조직 또는 민병대 성격을 띠고 있다. 기본적으로 서북청년단의 폭력 요인은 공산주의 이데올로기에 대한 반발에 있다. 김평선, 앞의 글 「서북청년단의 폭력 동기 분석: 제주 4·3사건을 중심으로」, p. 261.

약했다. 전쟁 때 국방군이 들어오자 반공청년회를 이끌고 빨갱이를 색출한다고 해 예전에 자신을 괴롭혔던 7명을 찾아내 보복 총살을 했다.[93]

서북청년단 가운데 고등교육을 받은 자들은 육사 5기와 7기로 군에 충원되거나 경찰로 충원되었다. 그렇지 못한 단원들은 남선파견대와 서북특별대로 활동하거나 일반 군인으로 충원되었을 것으로 추정된다. 서북청년단 지도부들은 대개 중상류층, 지주계층 출신들로서, 서북청년단 진용동지회 회장은 제주 4·3 토벌대 제2연대장이었고, 일본군 출신이었던 함병선(咸炳善)의 삼촌과 친분이 있었다.[94] 이러한 인맥을 이용해 서북청년단은 미군정을 비롯해 미군정 한국인 관료, 『조선일보』 사장, 『대동신문』 사장 등 언론계, 이승만과 김구 등 임시정부와 조선민주당, 한민당 등 정치 세력, 그리고 일제강점기 경찰 출신, 친일 부역 기업인들에게서 재정적 지원을 받았다.[95] 따라서 서북청년단의 폭력 행위는 미군정의 조병옥과 장택상 등의 비호로 묵인되었다. 또 이들 좌파를 대상으로 한 테러가 성공했을 경우, 장택상(張澤相)은 이들에게 연회를 베풀어주기도 했다. 이들의 폭력이 문제가 되면서 미군정 하지 중장이 단체의 해산을 명령하자

---

93   김귀옥, 앞의 책 『월남민의 생활 경험과 정체성』, p. 51에서 인용.

94   김평선, 앞의 글 「서북청년단의 폭력 동기 분석: 제주 4·3사건을 중심으로」, p. 276. 대개 변절한 항일투사들은 내선일체를 주장한 친일과 단체 또는 반공 단체 회원과 지도자가 되었다. 브루스 커밍스, 앞의 책 『브루스 커밍스의 한국전쟁: 전쟁의 기억과 분단의 미래』, p. 89.

95   서북청년단에 재정을 지원한 정치인과 기업인에 대해서는 이경남, 『분단시대의 청년운동』 상권, 삼성문화개발, 1989, pp. 36, 76~77 참조.

조병옥이 오히려 서북청년단을 감싸고돌았다.[96]

남한에서 좌파 정치 세력이 확산해가던 해방정국에서 점진적인 미군 철수로 경찰력의 한계에 부딪친 미군정은 좌파 세력을 저지하기 위해 서북청년단 등 우익 청년 단체들의 물리력이 필요하게 되었다. 이에 따라 서북청년단은 대구 10·1 사건 진압에 이어 1947년 3월 제주도의 평화적 시위 이후 제주도 인민위원회 세력 탄압을 위해 파견되어 좌파를 비롯해 민간인에 대한 무차별적인 폭력을 행사했다.[97] 특히 서북청년단은 활동 자금을 모으는 과정에서 강압적이었고, "제주도는 한국의 작은 모스크바"라고 주장하며 무릉리에서 주민들을 구타하고 총살까지 서슴지 않았다. 서북청년단과 경찰의 고문, 구타, 살해 등 무자비한 폭력 남용은 제주도민이 무장봉기를 일으키게 한 원인이 되었다. 이들은 경찰보다 더 강력하게 경찰력을 행사했으며, 그들의 잔인한 행태는 주민들의 큰 분노를 일으켰다. 1948년 신문 보도 내용은 다음과 같다.

> 한국 서북부 출신의 청년들로 구성된 청년 단체가 섬으로 들어온 이래로 주민들과 이들 사이의 감정이 점차 격해졌다. 3만 명이 넘는 사람이 총칼 아래에 아랑곳하지 않고 행동에 나선 것을 어떻게 이해해야 하는가.[98]

---

96 조병옥, 『나의 회고록』, 해동, 1986, pp. 155~156.
97 서북청년단의 폭력 행위는 미군정의 허용하에 이루어졌다. James I. Matray, "Bunce and Jacobs: US. Occupation Advisors in Korea, 1946~1947." Bonnie C. Oh, *Korea Under the American Military Government, 1945~1948*(New York: Praeger Publishers, 2002), p. 66.
98 *Seoul Times*, 1950년 6월 15일, 18일 자, 브루스 커밍스, 앞의 책 『브루스 커밍스

무장봉기가 발발하자 조병옥은 문봉제 위원장에게 서북청년단 500명 파견을 요청해 이 가운데 200여 명이 제주서, 서귀포서, 그리고 각 지역 파출소로 파견되었으며, 경감 8명, 경위 4명, 경사 36명, 그리고 기타 순경으로 충원되었다.[99] 이에 따라 서북청년단과 경찰의 긴밀한 협력 관계가 형성되어 이들의 폭력은 쉽게 통제되지 못했다. 서북청년단의 진압 작전 동원에도 불구하고 무장봉기는 쉽사리 누그러들지 않았다. 이런 와중에 제주에서 좌파 무장봉기를 진압하기 위해 출동 명령을 받은 국방경비대 제14연대 김지회(金智會) 소위 등의 주동으로 10월 19일 여수에서 군 반란이 발생했다. 그러자 이승만은 국가보안법 제정을 천명하며 방송을 통해 공산주의는 "인류로 볼 수도 없고 동족이라고 부를 수도 없는 것"이라며 반공 정책을 강조했다.[100]

여순 사건은 제14연대 군인 봉기에서 시작되었지만, 여수와 순천을 비롯한 전남 동부 지역 좌익 세력과 결합해 내전으로 확대되었다. 여순 지역을 중심으로 한 반란 지역은 새로운 세상과 해방을 꿈꾸는 좌파 공화국의 근거지가 되었고, 가난한 민중들의 흥분과 열정이 모든 것을 지배했다. 여순 사건에서 많은 지주 등 우익 인사들은 악질 반동으로 규정되어 참혹하고 잔인하게 처형되었다. 해방 후 좌우 대립과 투쟁, 정부의 억압과 탄압 속에서 형성된 적대와 학살은

의 한국전쟁: 전쟁의 기억과 분단의 미래』, p. 184에서 인용.
99 북한연구소, 『북한』, 1989년 4월호, p. 127; 건국청년운동협의회, 『대한민국 건국청
    년운동사』, 정문사, 1989, pp. 1233~1236.
100 『민국일보』 1948년 12월 21일 자.

여순 사건 과정에서 친일과 빨갱이라는 이름 아래 서로의 극단적인 증오심을 폭발시켰다.

　해방정국에서 왜 이들 민중은 좌파의 지배에 열광했는가? 영화 「태백산맥」은 서로의 계급적인 적대 관계를 보여준다. 벌교 남로당 벌교군당 위원장 염상진의 동생이며 이 지역 청년단 감찰부장인 동생 염상구가 "그 개자식이 경찰이었으면 나는 빨갱이였소"라고 적개심을 드러낸다. 친형제 사이임에도 불구하고 서로 이념에 사로잡혀 증오하고 있다. 벌교라는 작은 지역의 주민들 사이에 좌와 우로 나뉘어 서로 밀고하고 학살하는 등 잔혹한 행위가 난무한다. 좌익이 지배하면 우익 가족을 인민재판을 통해 학살하고, 국군과 경찰의 토벌대가 들어오면 이웃이 손가락으로 지목한 가족들을 집단 총살하는 등 증오심과 복수심으로 뒤엉켜 한 마을이 좌우 두 개로 나누어진다. 여순 반란군이 점령했던 벌교에서 남로당 군당 위원장 염상진은 토지개혁을 시행하고 그곳을 해방구로 선포한다. 단 나흘 동안 좌파가 점령했던 그곳에 여순 반란군을 진압한 토벌대가 진입하자 남로당 염상구는 동료들과 함께 지리산으로 들어가고 그 아내가 토벌대에 끌려온다. 토벌대 대장이 "염상진하고 내통하고 있느냐"라고 다그치며 "빨갱이를 감싸고도는 게 바로 빨갱이!"라고 소리친다. 그리고 그는 다시 "남편이 빨갱이 짓 못 하게 말렸어야지 자식 굶겨가면서 뭐 하겠다는 거야!"라고 언성을 높인다. 그러자 염상진의 아내는 "자식이 굶으니까 빨갱이 짓 하지!"라고 항변한다.

　벌교 지역에서 지주와 소작인은 서로 우파와 좌파라는 이념의 이름으로 원수가 되어 있었다. 이는 조선시대 지배층 사대부 양반들과 피지배층 소작농의 적대 관계가 해방 후 이념으로 표출된 것이다. 우파 청년단 감찰부장은 좌익에게 가족이 희생당한 청년들을 모아 멸공단을 조직해 입산자 가족을 찾아다니며 노인, 아이, 부녀자 가리지 않고 폭행과 살인을 일삼는다. 그리고 다시 6·25전쟁으로 염상진 좌익 세력이 벌교를 장악한다. 경찰이 철수하면서 좌익 전향자들을 모두 학살하자 이에 대한 보복으로 다시 이 지역에 살육전이 벌어진다. 조정래의 소설 『태백산맥』은 이념의 갈등과 남북 분단을 다룬 한국 현대사의 대서사다.[101] 여순 사건에서 정부군과 치열한

---

101 『태백산맥』은 한국 근현대사의 쟁점이라 할 수 있는 분단과 한국전쟁을 다룬 작품이다. 또한 『태백산맥』은 이 땅의 분단과 전쟁 문제를 다루기 위해 수백 명이 넘는 다양한 인물을 창조한 작품이기도 하다. 이렇게 창작된 인물들은 각각 다양한 역사적 환경을 보여주는 주체라 할 수 있다. 따라서 『태백산맥』은 다양한 인물들의 삶을 통해 다양한 역사적 장면을 보여주는 과정을 통해 역사적 객관성을 얻고자 한 작품이라 할 수 있을 것이다. 여순 사건을 둘러싼 다양한 시각과 계급의 문제 및 이데올로기 요소들은 당대 역사 변화라는 큰 틀에서 중요한 의미를 보여준다. 『태백산맥』은 여순 사건과 함께 시작하지만, 여순 사건이 어떻게 발생했으며 어떠한 경로를 거쳐 소멸에 이르는가에 대해 직접 묘사하지는 않는다. 이러한 부분에 대해서는 인물들이 다급하게 후퇴하는 장면, 회상하는 장면 등을 통해 드러낸다. 『태백산맥』이 이렇게 여순 사건을 직접 다루지 않은 것은 작품이 여순 사건 자체가 아니라 여순 사건의 의미를 중요하게 보고 있기 때문이다. 왜냐하면 여순 사건은 좌익 계열 활동가를 통해 나타나듯이 우발적 사건, 전투 방법에서 변화의 계기가 된 사건이기 때문이다. 이 두 요소는 폭력의 양적 확대와 한국전쟁에 이르는 도화선을 제공한다. 그러므로 『태백산맥』은 여순 사건의 주변을 다루면서 계급이나 이데올로기 문제가 인간 생활의 구조 및 인식과 관련해 역사적으로 어떤 변화를 일으키는지 보여준다. 『태백산맥』에는 지주와 소작인 간의 갈등이 묘사된다. 이 갈등의 도중에 일부 소작인이 산으로 올라가 빨치산이 되었다. 『태백산맥』은 빨치산이 어떠한 경로를 통해 형성된 집단인가 하는 문제를 부분적으로나마 밝히고, 이를 통해 반공 이데올로기의 허구성을 비판한다. 특히 『태백산맥』은 지주와 소작인이라는 계급 간의 갈등뿐 아니라, 마름, 군인, 경찰, 청년단의 존재로 인해 발생하는 계급 간 갈등을 다양하게 다루는데, 이데올로기 갈등이 그 주체가 된다. 생존에 위협을 받는 인간의 일상은 사회에 대한 불만을 느끼는 요소가 된다. 또 이렇게 쌓인 불만은 사회에 저항하는 극단적 모습으로 표출되기도 한다. 따라서 이 소설에서 등장인물들의

전투를 벌인 반란군과 좌익 세력은 지리산 지역을 거점으로 한 게릴라전에 돌입했다. 정부는 이들을 소탕하기 위해 계엄령을 선포하고 초토화 작전을 펼쳤다. 군경은 지리산 인근의 많은 무고한 마을 주민들을 무참하게 학살하거나 마을을 불태우는 등 온갖 만행을 저질렀다. 또 좌익 게릴라와 마을 주민을 분리해야 함에도 군사적 효율성만을 고려해 구분 없이 무차별 사살하는 등 게릴라와 민간인 모두 작전 목표로 삼아 민간인 희생 전략을 시행했다.[102]

따라서 좌익 게릴라보다 민간인의 희생이 더 많았던 좌익 게릴라 토벌 작전은 우발적이라기보다 해방정국에서 좌파와 민중, 항일투사, 그리고 우파와 친일파, 지주계급이라는 이분법 이념에 사로잡혀 집행자들이 스스로 주체적 생각을 하지 못한 일상화된 악행의 결과라고 할 수 있을 것이다. 한나 아렌트가 정의한 '악의 평범성'이라는 개념은 흉악한 악행이 고의적이거나 고안된 것, 즉 악행의 목적을

궁핍한 일상의 모습들이 묘사되고 있는 것은 과거 생활상은 물론 당시 민가의 극단적 빈곤을 통해 왜 사회 변혁운동이 전라도 지역에서 많이 발생한 것인가를 나타내기 위한 것이다. 열심히 일해도 굶어야 하고, 급격한 사회 변화의 과정에서 가족을 잃거나 상처를 입은 사람들은 '한'이라는 감정을 품게 된다. '한'은 다양한 경로를 통해 형성되는 것이지만, 특히 하층민과 관련이 깊은 감정이라 할 수 있다. 가지지 못한 데에 더해 빼앗겨야 하는 일이 구조적으로 반복되면서 발생하는 감정이 '한'이기 때문이다. 이 소설은 민중들의 감정인 '한'을 다루는 과정을 통해 당시 민중들의 '한'이 왜 발생했는지에 대한 문제 제기와 이를 어떻게 슬기롭게 풀어나가야 할 것인지에 대한 답을 제시하고 있다. 특히 이 소설은 거창 양민 학살 현장에서 목숨을 잃은 사람들의 마지막 모습을 조명해낸다. 또 이 소설은 '공비' 누명을 쓰고 죽어간 무고한 양민들의 존재를 밝혀내 사건의 본질을 알리고자 한 작가의 의도를 보여주고 있다. 권은미, 「조정래의 『태백산맥』 연구」, 울산대학교 박사학위 논문, 2014.

102 김무용, 「여순 사건 진압을 위한 대항 게릴라 작전과 민간인 희생화 전략」, 『역사연구』 제31호, 역사학연구소, 2016, pp. 245~302.

미리 알고 있거나 계획된 것이 아니라는 것이다.[103] 악행을 저지른 자들은 사악한 심성을 가진 자라기보다 그저 평범하고 정상적인 사람들이었다. 이들이 자신들이 생명과 재산을 지켜줘야 할 대상인 마을 주민들을 모두 빨갱이 범주에 넣은 것은 좌익 게릴라를 소탕하기 위한 작전이었다. 해방정국에서 '서로 죽이기 게임'이 생각 없이 우발적으로 발생한 것이 아니라 집행자들이 상대를 향한 증오와 복수심에 의해 계획한 악행에서 발생한 것이라면 참으로 끔찍한 살육전이 아닌가? 영화 「태백산맥」에서 토벌대장이 "빨갱이를 감싸고도는 게 빨갱이"라고 규정하고 있듯이 한반도에서 '서로 죽이기 게임'은 이렇듯 원한에 사무친 복수심의 성격을 지니고 있다. 좌파나 우파 어느 한쪽을 선택해야 하는 해방정국에서 한민족의 감정은 이렇게 친구 아니면 원수로 나누어졌다. 양쪽 모두 공산주의 사상이 무엇인지, 자본주의 사상이 무엇인지 아는 자들은 권력과 특권을 획득한 소수의 국가 운영자들에 불과했다.

실제로 1990년 이전 남한의 지도층 가운데 90퍼센트 이상이 친일 협력자나 그 가문과 연고가 있는 자들이었다.[104] 그러다 보니 해방이 되자 남한에서는 조선이 일제 식민지가 될 때와 똑같은 상황이 전개되었다. 지배층 위정자들은 어떤 체제의 국가를 수립할 것인지 전체 국민에게 묻지도 않고 자기들에게 권력과 특권을 가져다줄

---

103   정화열, 「악의 평범성과 타자 중심적 윤리」, 한나 아렌트, 김선욱 옮김, 『예루살렘의
         아이히만: 악의 평범성에 대한 보고서』, 한길사, 2020, pp. 35~36.

104   브루스 커밍스, 앞의 책 『브루스 커밍스의 한국전쟁: 전쟁의 기억과 분단의 미래』, p.
         91.

체제를 일방적으로 국민에게 선택하도록 한 것이다. 이것이 남북이 분단되어 각자 다른 체제의 국가가 수립된 이유였다. 남과 북에서 '서로 죽이기 게임'이라는 악행이 이들 지배층의 계획에 의해 일상화된 것이다.

영화 「태백산맥」에서 빨갱이를 잡아들이는 우파 청년단 감찰부장 염상구는 아버지의 노골적인 편애 때문에 형을 미워하다 극우 성향의 건달패가 된, 공산주의가 뭔지 모르는 단순 무식한 인물이다. 그가 극우파가 된 것은 우파 이념을 잘 알아서도 아니고 이에 대한 교육을 받아서도 아니다. 단지 좌파 형 염상진에 대한 시기심과 부모님의 편애에 대한 불만에서 스스로 형과 다른 노선을 택한 것이다. 이렇듯 해방정국에서 이념은 절실한 사상이나 신념이 아니었다. 그것은 단지 지배층의 것일 뿐 민중들은 먹고사는 현실의 문제만이 관심사였다.

미군정기에 제주도에서 발생한 이 사건은 한국 현대사에서 한국전쟁 다음으로 인명 피해가 많은 비극적인 사건이었다. 7년 7개월 동안 민간인 도민 5~6명에 1명꼴인 2만 5천에서 3만 명에 이르는 엄청난 숫자가 살해당했고, 400개 마을 가운데 170개만 남을 정도로 많은 재산상의 피해를 냈다.[105] 진압 작전에서 전사한 군인은

---

105 미국의 공식 자료는 1949년 1만 5천 명에서 2만 명가량의 도민이 사망한 것으로 전하지만, 한국 공식 자료의 사망자 수는 2만 7,719명이다. 북한은 진압 과정에서 3만 명이 학살되었다고 주장하고 있다. 그리고 3만 9,285채의 가옥이 파괴되었으며, 400개 마을 가운데 170개만 남았다. 전체적으로 보면 도민 5~6명에 1명꼴로 사망했으며, 전체 마을 절반 이상이 파괴되었다. 브루스 커밍스, 앞의 책 『브루스 커밍스의 한국전쟁: 전쟁의 기억과 분단의 미래』, pp. 191~192.

180명 내외였고, 경찰 전사자는 140명 정도다. 각각 인명 피해의 차이만 보아도 무고하게 희생된 사람들이 많았다는 것을 알 수 있다. 500여 명의 무장대가 봉기한 투쟁이 이렇게 엄청난 희생자를 낳고 한반도의 최남단에 있는 이 조그마한 섬에 그토록 잔혹한 대량학살이 자행된 그 책임은 우리 모두 져야 할 문제다. 일반 민중이 아무런 생각 없이 집행자의 명령에 따라 행동하고 사고한 것, 이것이 일상화된 '악의 평범성'의 속성이고, 여기에 민중들이 휩쓸린 것이다.

앞서 헐버트가 지적한 바와 같이 능동적이라기보다 시키는 대로 생각하고 행동하는 수동적인 한국인의 기질은 조선시대 사대부 양반들이 피지배층을 무지한 존재로 천시하며 주체적인 인간으로 대우하기보다 일방적인 명령으로 다스린 까닭에 만들어진 것이다. 이런 지배 문화는 일제강점기에도 조선인을 강제로 일본화하려는 일제 식민 정책에 의해 지속되었다. 해방 당시 무질서와 상호 불신 속에서 지도층은 민중을 불신하고 자기 이익만을 챙기려 했고, 미군정은 남의 나라의 골치 아픈 문제를 피하려 했다. 결국, 건국 과정에서 '대한민국은 우리 민족의 나라다', '우리 민족이 만든 나라다', 다시 말해 '대한민국은 지배층이 아니라 민중이 세운 나라이고 민중이 나라의 주인'이라는 증거를 찾기 어렵게 되고 말았다.[106] 주체적으로 국가를 수립하지 못한 남한 사회에서 한반도의 반과 국민의 반을

---

106 대한민국 수립은 주인공 없는 드라마로서 조연들만 왔다 갔다 했고, 미군정은 단지 손님에 불과했다. 이렇게 대한민국은 냉전과 취약성이 결합한 취약국가로 출범해 항상 언제 망할지 모른다는 위기의식에 사로잡혀 있었다. 최정운, 앞의 책 『한국인의 발견: 한국 현대사를 움직인 힘의 정체를 찾아서』, pp. 75~76.

국가의 적으로 간주하게 되었으며, 이러한 국가의 취약성에 의한 위기의식이 일상화됨으로써 관리들과 지도층들은 문제가 발생할 때마다 폭력과 과격한 행위를 서슴지 않았다. 이것이 바로 6·25전쟁이 끝날 때까지 계속된 폭력과 양민 학살이었다. 해방 후 미군정은 남한에 새로운 질서를 세운다는 정책 아래 좌익 세력을 탄압함으로써 국가의 모든 권력을 과거 친일파를 비롯해 민족반역자와 지주계층이 장악하게 했다.[107]

> 민족반역자들을 처벌하기 위해서 해방된 민족의 이름으로 2월 초에 발족한 반민특위는 친일파들이 거세되면 공산주의 세력과 대항할 수 없다는 구실로 이승만 정권의 경찰에 의해 무력으로 강제 해산된 상태였다. 군과 경찰 등 국가의 권력 장치들은 과거의 친일파들이 장악하고 있었다. 이승만을 우두머리로 하는 이 친일파 집단은 48년의 단독 정부 수립 이후 그들의 포악성을 더욱 노골화해 사회를 폭력의 공포 속에 몰아넣고 있었다. 이들의 폭력은 나라의 꼴에 불만을 품는 학생들의 테러가 두려워서 전전긍긍하는 상태였다.[108]

이처럼 일제강점기 친일파들과 지주들은 해방이 되자 남한 정부를 수립해 다시 권력과 기득권을 장악하고 왕국이 아니라 민주주의 공화국으로 나라를 포장해 그들의 세상을 만든 것이나 다름없었다.

---

107   브루스 커밍스 지음, 앞의 책 『한국전쟁의 기원』, pp. 208~236.
108   리영희, 앞의 책 『역정: 나의 청년 시대』, pp. 149~150.

조선시대에도 마찬가지였지만 우리나라에서 민족이라는 개념은 일제강점기 독립운동과 항일투쟁을 위해 계몽사상가들이 만들어내 퍼뜨린 것이지, 이 땅에 민족주의가 실현된 적은 없었다. 당연히 해방이 되자 민족은 사라지고, 그 자리는 공산주의와 자유민주주의라는 이데올로기로 채워졌다. 해방정국과 남북이 각자 국가를 수립하기까지 국가의 정체성은 이념으로 결정되어 민족이라는 개념은 사라져버렸다. 반공주의자 안두희에게 암살된 민족주의자 김구의 장례식에서 불린 추도가는 "이 겨레 나아갈 길이 어지럽고 아득해도 임이 계시옴에 든든한 양 믿었더니 두 조각 갈라진 땅 그대로 버리고서 천고의 한을 품고 어디로 가십니까. 어디로 가십니까"라고 원통해했다.[109]

이제 한국인도 대한민국이 민족주의 국가라고 생각하지 않는다. 오히려 민족주의 사상은 국수주의를 초래해 민주주의를 망치게 될 것이라고 여겨지게 되었다. 또 대한민국은 민족주의 사상을 강조하며 대중을 동원한 적도 없었고, 오히려 배척했다.[110] 그리고 국민의 국가관은 지배자와 피지배자, '가진 자'와 '갖지 못한 자', 그리고 공

---

109 리영희, 앞의 책 『역정: 나의 청년 시대』, pp. 151~152에서 인용.

110 임지현은 "민족주의는 더 이상 체제를 옹호하는 이데올로기가 아니라 건설을 기약하는 반역의 이데올로기로 재창조되어야 한다"라고 문제를 제기한다. 이에 대해서는 임지현, 『민족주의는 반역이다』, 소나무, 1999; 임지현, 「다시, 민족주의는 반역이다」, 『창작과 비평』 가을호, 창비, 2002, pp. 183~201 참조. 단독 정부 수립을 위한 5·10선거를 거부했던 민족주의자들은 이러한 현실을 수용하고 5·10선거에 대부분 참여했다. 김일영, 『건국과 부국: 이승만·박정희 시대의 재조명』, 기파랑, 2010, p. 127. 이러한 현상은 대한민국이 민족과 대중을 두려워했고 민족적 주체성이 부족한 채로 이웃 나라의 도움을 받아 나라를 만들었다는 역사에 있다고 진단한다. 최정운, 앞의 책 『한국인의 발견: 한국 현대사를 움직인 힘의 정체를 찾아서』, p. 77.

산주의와 자유민주주의로 굳어져 대립적 관계를 계속 양산하고 있다. 이것은 궁극적으로 국가와 국민을 하나로 통합해줄 민족이라는 개념이 정립되지 않았다는 증거다.[111] 조선은 사대부 양반들의 나라이고 대한민국은 이들이 '가진 자'들로 변신해 지배한 나라이기 때문이다. 해방은 되었으나 민족이 존재하지 않고 서로 기득권을 차지하려는 사대부 양반 지배층 출신 지도층들이 피지배층 출신 민중들을 서로 자기편으로 끌어들여 두 진영으로 갈라서서 혈전을 벌인 탓에 '서로 죽이기 게임'의 학살이 자행된 것이다.

전쟁에서 승리자가 가해자일 경우 학살의 모든 기억이 조직적으로 은폐된다. 기억은 조작되고 학살의 역사는 반대로 승리의 신화로 변한다. 설사 학살이 드러나더라도 그것은 개인의 잘못으로 돌려진다. 제주 4·3사건을 비롯해 남한에서 자행된 모든 학살 사건들도 예외는 아니었다. 진상규명 작업은 군사정권에 의해 오랫동안 억압당했으며, 관련자들은 옥고를 치르거나 입을 다물었고, 관련 기록들은 폐기되었으며, 공식 석상에서 학살 진상규명을 언급하는 것이 금기시되었다.[112] 그리고 이후 오랫동안 우리 교과서는 모든 학살 사건

---

111 대한민국은 냉전적 사고가 강하게 작동해 민족적 주체성을 제대로 갖추지 못했다. 최정운, 앞의 책 『한국인의 발견: 한국 현대사를 움직인 힘의 정체를 찾아서』, p. 79.

112 소설가 이청준(李淸俊)은 『신화를 삼킨 섬』에서 제주 4·3사건을 다시 불러와 21세기적 비전으로 새롭게 바라본다. 제주 4·3사건은 재일동포 2세 고종민의 진실 탐색담을 통해 진술된다. 경계인적 자질을 갖춘 고종민은 4·3의 기록에 대해 끊임없이 의심의 시선을 견지해 공적 기억에서 진실 찾기는 불가능하다는 사실을 목도한다. 여기에서 역사적 기억을 새로 구성해보려는 작가의식을 엿볼 수 있다. 공적 기억에 대한 불신은 외지인 정요선, 제주 토박이 추만우 등을 통해 다층적 시점으로 배분되는 서사 방식으로 나타난다. 한편 한라산 유골에 대한 청죽회와 한얼회의 대립 구도는 폭력 사태로 치닫게 되고, 4·3 합동 추모제는 국가 계엄령 선포,

을 북한으로부터 사주를 받은 공산주의자들의 폭동으로 설명하고 있다.[113] 한반도에서 민간인 학살의 역사는 북한의 극악무도한 자들이 저지른 것으로 알고 있으나, 이와 달리 최악의 범죄자는 민주주의 체제였던 남한이었다.[114]

토벌대는 사건 초기부터 좌익 탄압의 연장선상에서 사상을 기준으로 적의 범위를 창조해나갔다. 그러다 좌파의 반발로 이승만 정권의 정통성이 위기에 봉착하자 우파 세력은 제주도민 전부를 적의 범위로 규정했다. 이 확대 과정에서 조선시대부터 일제강점기까지 오랫동안 길들여진 경찰이나 군대, 관리들의 최고 권력자의 명령에 대한 절대적인 복종 심리와 비인간화 현상이 나타났다. 또 반역의 담론과 보복 문화는 적의 범위가 확대되는 과정을 정당화하면서 집

즉 5·18 광주로 연결된다. 이를 통해 작가는 정염에 휩싸여 거대해진 국가 권력이 집단학살을 불러오는 메커니즘이 반복됨을 밝혀내며, 반(反)기억 또한 공적 기억의 또 다른 모습일 수 있음을 경고함으로써 4·3에 대한 기존의 이분법적 시각은 지양되어야 함을 알린다. 그리고 과거 무장대와 토벌대의 양쪽 진술 중 무엇이 진실인가가 아니라 진실을 기록할 수 있는가의 문제에 주목함으로써 역사 기록의 대안으로 서사적 기억을 제안한다. 역사적 상흔은 소설에서 여러 시점을 통해 배분되며, 신화를 통해 반복되는 '분유(分有)'의 기법을 통해 새롭게 기록된다. 아픈 과거의 사건을 분유를 통해 그 소재를 기억하게 하고, 새로운 이해와 해석을 통해 상처를 치유해나간다. 이처럼 『신화를 삼킨 섬』은 집단학살을 단순히 기록하는 게 아니라 그 발생 원리를 구성해나가는 서사이며, 공적 기록의 허위성과 반기억의 정치성에 주목해 역사가 아닌 서사적 기억 방식을 제안하고 있다. 연남경, 「집단학살의 기억과 서사적 대응」, 『현대소설연구』 제46호, 한국현대소설학회, 2011, pp. 281~307.

113 맥스 헤이스팅스는 북한의 공산주의 잔학 행위 때문에 UN이 한국에 오늘날까지 지속해온 도덕적 정통성을 부여했다고 말한다. Max Hastings, *The Korean War*(London: Michael Joseph, 1987), p. 105.

114 이러한 고발은 *Life, The Saturday Evening Post, Collier's* 등 당대 언론에 크게 보도되었으나 맥아더 장군의 검열로 보도 금지되고 50년간 묻혀 있었다. 브루스 커밍스, 앞의 책 『브루스 커밍스의 한국전쟁: 전쟁의 기억과 분단의 미래』, p. 22.

단학살 등 폭력의 상승 작용을 불러일으켰다. 주민들의 반발이 적은 데다 보복심으로 비인간성이 고조됨에 따라 사회 분위기는 무고한 가족과 마을 주민이 무참하게 학살당하는 방향으로 나아갔다.[115]

동포를 대상으로 한 이러한 방식의 '서로 죽이기 게임'은 6·25 과정에서 극에 달했는데, 이 게임의 징조는 첫째, 1947년에서 1949년 사이의 제주 4·3사건, 여순 사건 등 일련의 반소요 작전, 그리고 이승만 정권 수립 시기에 발생한 수천 명 시민의 학살이었다. 이 시기에 당국이 발표한 어떤 근거도 없는 불법적이고 헌법을 위배한 계엄령과 즉결 약식처형이 곳곳에서 발생했다. 이로 인한 민중들의 폭동을 진압할 경찰대가 계속해서 창설되었다. 둘째로는 1949년부터 1955년까지 6년 동안 극우파로 구성된 경찰과 군대가 지리산 지역에서 펼친 불법적인 전투 행위 및 토벌 작전에 의한 빨치산과 이에 합류한 주민들의 대규모 학살이다. 셋째로는 이렇게 일상화된 내전과 예외 상황으로 발생한 6·25전쟁 초기 조직적인 보도연맹의 집단학살을 들 수 있다. 마지막으로는 1950년 말 정부에 의해 정치적으로 동원된 준군사 조직 청년 단체인 서북청년단에 의해 행해진 집단학살을 들 수 있다.[116]

---

115 이 과정에서 제주가 섬이라는 것과 제주만의 고유한 공동체적 구조가 폭력의 가속화에 영향을 미쳤다. 그러므로 좌우파 두 가해자 집단의 전략 방향은 서로 유사했지만 구체적인 실행 과정이 달랐던 것이 제주 4·3이라는 대량학살의 특징이다. 권귀숙, 「대량학살의 사회심리: 제주 4·3사건의 학살 과정」, 『한국사회학』 제36집 제5호, 한국사회학회, 2002, pp. 171~200.

116 김학재, 「한국전쟁 전후 민간인 학살과 20세기의 내전」, 『아세아연구』 제53권 제4호, 고려대학교 아세아문제연구원, 2010, pp. 82~118.

이승만 정권이 수립된 시기에 정치적 폭력은 주로 좌파에 집중되었다. 한국 정부와 우파는 긴급 사태를 선포하고 좌파 소탕 계획에 착수했다. 이러한 집단동원 체제와 함께 정부는 마치 책임제처럼 상호 감시와 고발로 토벌 작전을 전개해나갔다. 이 긴급 사태의 본질은 좌파의 완전한 토벌이었다. 우파의 한국 정부는 상호 경쟁이 아니라 정치적인 폭력을 통해서 좌파의 정치적 생존을 파괴하려는 것이었다.

그러나 과다한 폭력을 불러온 좌파 소탕은 빨갱이라는 내부의 적을 만드는 결과를 낳았다. 더 나아가 이런 폭력은 복수의 문화를 형성하게 했으며, 국민 사이에 증오로 이 문제를 해결하려는 경향이 팽배해졌다. 한국 정부는 빨갱이라는 공공의 적을 만듦으로써 사회적 질서와 권력을 유지하려고 했다. 따라서 좌파에 대한 정치적 폭력은 곧 이승만 우파 정부의 수립 과정이었다. 우파 정부 수립에 비추어 보면 보도연맹은 남한의 좌파를 양성하는 일종의 전략적인 용병이었다. 물론 좌파 소탕 전략은 반란의 요소를 제거해 우파 권력을 강화하는 것이 목적이었다. 일반적으로 좌파에 의한 혼란의 두려움은 좌파 소탕의 광기와 연결되었다. 이 과정을 거쳐서 한국 정치 문화의 다양성이 붕괴했고, 마침내 동족상잔이 발생하게 되었다. 심지어 좌파에 대한 한국 정부의 정책은 통제와 순응과 분열, 일종의 정치적 살해를 추구해갔다. 이 정책은 비인간화 또는 악마화의 이미지와 담론을 만들어냈다. 이러한 증오와 복수심의 문화는 6·25전쟁 이후에 폭력을 매개로 한 탄압정치라는 정치적 살해를 현실화했다.[117] 해방 후 좌우 대립과 투쟁, 정부의 억압과 탄압 속에서 형성된 적대와 증오는 여순 사건이라는 내전 과정에서 계급에 대한 극단적인 분노로 폭발했다.[118] 6·25전쟁 시기에 민간인 집단학살은 발발 초기에 집중적으로 이루어졌다. 민간인은 전선의 이동에 따라 군경, 미군, 적대 세력에 의해 이중삼중으로 자행된 희생의 악순환을 겪어야 했다. 그리고 민간인 학살은 오랫동안 금기의 대상이 되어 기억 속에 갇혀 있었다. 수십 년간 이어져온 반공 이데올로기로 인해 희생된 피해자들은 오히려 사회적 약자로 전락해 경제적·사회적 어려움 속에서 살아야 했다. 이는 심각한 사회 갈등과 국론 분열로 이어졌고, 근본적으로는 민주주의 발전을 저해하는 걸림돌이 되었다.[119]

---

117 김무용, 「정부 수립 전후 시기 국민 형성의 동종화와 정치학살의 담론 발전」, 『아세아연구』 제53권 제4호, 고려대학교 아세아문제연구원, 2010, pp. 41~81.

118 군경의 여순 사건 진압 작전은 초기 군인 봉기가 내전으로 확대되는 중요한 계기가 되었다. 여순 사건에서 정부군과 치열한 전투를 치른 반란군과 좌익 세력은 산악 지역을 거점으로 한 게릴라 운동으로 방향을 전환했다. 여순 봉기 세력이 지리산을 중심으로 게릴라 정치를 지속하자 정부는 이들을 상대로 새로운 작전 개념과 전술을 채택했다. 이들 작전과 전술의 주요한 내용은 계엄령, 초토화 정책과 방화, 부락민들의 분산과 집단부락 건설, 비민분리 정책 등이었다. 일반적으로 대항 게릴라 작전에서 계엄령은 군이 사태를 장악하고 주민을 통제하는 수단으로 활용되었다. 여순 사건에서 계엄령은 국가가 위기 상황에서 발동하는 최고 비상조치라는 일반적 의미를 떠나 군사 작전의 효율성과 편의성을 극대화하는 기능을 하고 있다. 여순 사건 진압 과정에서 발생한 민간인 대량학살은 넓은 의미에서 방화나 소각, 무차별 사살 등을 포함한 초토화 정책의 결과였다. 국군이 지리산을 중심으로 게릴라를 토벌하는 작전에서 방화나 소각은 주요한 전술이었다. 부락 소개(疏開), 즉 부락민 분산은 대항 게릴라 작전에서 전통적으로 활용되는 전술로서, 게릴라와 민간인을 공간적·사회적으로 분리하는 이른바 비민분리 정책의 중심이었다. 일반적으로 대항 게릴라 작전에서 전투원과 비전투원의 구별, 이른바 비민분리 정책은 가장 핵심적인 정책이었다. 군경은 게릴라와 민간인 모두를 작전 목표로서 사살의 대상으로 삼는 민간인 희생화 전략을 채택했고, 이는 민간인 대량학살이 발생하는 배경이 되었다. 김무용, 앞의 글 「여순 사건 진압을 위한 대항 게릴라 작전과 민간인 희생화 전략」, pp. 245~302.

119 엄찬호, 「한국전쟁 전후 민간인 학살에 대한 분노와 치유」, 『인문과학연구』 제36집,

6·25전쟁 시기 이승만 정부는 극히 권위주의적이었다. 그리고 한국 군대와 경찰은 일제강점기의 경찰과 군대의 폭력성과 강압적인 성향을 그대로 간직하고 있었다. 일제의 유산인 국가보안법, 계엄령, 예비검속제도 등의 법과 제도는 전쟁 상황을 핑계로 존속했다. 좌파 통제를 목적으로 한 이 법들은 많은 인권침해의 원인이 되었다. 전쟁이 일어나자 정치적 반대 세력 탄압에 적용한 (구)형법, 국방경비법, 국가보안법과 '비상사태하의 범죄 처벌에 관한 특별조치령' 등은 처벌 내용이 너무 가혹해 사실상 학살과 재판의 구분이 애매한 경우가 많았다. 전쟁이 발발하자 이승만 정부는 어떤 반정부 행동도 하지 않고 있었던 보도연맹원들이 조선 인민군이 점령한 지역에서 협조할 것을 의심해 공식적으로 확인된 4,934명과 10만 명에서 최대 20만 명으로 추산되는 이들을 집단살해했다.[120] 이러한 악행이 일제에 의해서가 아니라 해방되자마자 우리 국민 스스로 수립한 국

강원대학교 인문과학연구소, 2013, pp. 585~607.

120 정부 수립 직후 발생한 여순 사건을 계기로 한국 정부는 남한 내부에 존재하는 좌익 세력을 대대적으로 색출하고자 했다. 국민보도연맹원 등을 소집, 연행, 학살한 기관은 경찰(정보수사과, 사찰계)과 육군본부 정보국으로 밝혀졌으며, 그 외에도 일부 지역에서 검찰과 헌병, 공군정보처, 해군정보참모실, 우익 청년 단체 등 국가기관이 관여했음을 확인했다. 과거사 관련 업무지원단 사건별 조사보고서, 「보도연맹 사건」, 2009. '공산주의자 없는 나라'가 한국의 핵심 기조가 되었다. 정부는 좌익 관련자들을 반국가 세력으로 규정하고 국가보안법을 제정해 그들을 통제·처벌했다. 이러한 배경에서 창설된 것이 국민보도연맹이었다. 정부는 국민보도연맹을 통해 좌익 관련자를 적극적으로 전향시킬 것을 모색하는 한편, 전향자를 관리·통제하고자 했다. 국민보도연맹은 '전향자를 계몽, 지도해 한국 국민으로' 만들고 '멸사봉공(滅私奉公)'의 길을 열어줄 '포섭기관'이었다. 『르몽드 디플로마티크』 2020년 11월 17일 자. 6·25전쟁 중에 국군과 헌병, 반공 단체 등이 자행한 국민보도연맹원 학살 사건에는 미군도 개입했다.

가에 의해 자행되었다는 점을 미루어 보면 해방은 우리 민족에게 공포의 시작이었던 셈이다.

> 무차별적 학살을 명령하고 실행할 수 있었던 것, 그리고 그 모든 폭력을 '빨갱이' 진압이라며 합리화한 배경을 '타자화'로 설명하는 시각이 있다. 절대 타자화이다. 이승만 정권에서 타자는 '빨갱이'였다. 공산주의자는 '비국민'이자 절멸되어야 할 존재였다. '반공 국가' 대한민국의 정체성은 타자를 폭력적으로 배제하면서 유지될 수 있었다. 타자화로 설명하든 권력투쟁으로 설명하든, 혹은 내전 광기(6·25전쟁) 그 무엇으로 설명하든, 이 사건은 국가에 의한 국민 학살이란 야만적 범죄이고 전쟁 범죄이다. '반공 국가' 대한민국의 정체성은 대한민국의 헌법적 정체성이 아닌 이승만과 친일 군·경의 정체성이었고, 남한의 공권력이 미국의 지원을 받은 극우 친일 세력에 장악되면서 공권력은 국가와 국민을 위한 복무를 포기하고 자신들의 생존에 골몰하며 이러한 천인공노할 범죄를 저지르게 된다. (……) '국민보도연맹 사건'은 대한민국에 강제된 배타적 타자화와 극우 친일 세력이 장악한 공권력의 생존 광기가 낳은 참극이다. (……) 학살이 끝난 후 남은 것은 '대한민국을 위협할 공산주의자'의 시체가 아닌, 발목이 빠질 정도로 흥건한 대한민국 국민의 피뿐이었다. 대한민국은 그 피를 마시며 성장하기 시작했다.[121]

---

121 노수빈·안치용, 「국가가 국민을 학살하다」, 『르몽드 디플로마티크』 2020년 11월 17일 자.

여기에서 그치지 않고 수복 과정에서의 북한군의 부역자 처벌, 미군 폭격으로 입은 피해, 지리산 인근 토벌 과정에서의 주민 학살이 자행되었다. 한편 삼팔선 이북은 물론 아군 지역인 이남의 민간인 거주지에 대한 미군의 무차별적인 폭격은 아마 한국전쟁 기간 가장 많은 인명 피해를 낳았을 것이다. 전쟁 시기 주민 학살에 이어 반공 포로들에 대한 잔혹한 가혹 행위가 이어졌다. 총력전, 전면전, 내전 상황에서 모든 주민은 적과 아군이라는 이분법의 틀 속에서 생존의 위험을 겪어야 했다. 누가 적이고 누가 아군인지 모를 정도의 불신 사회는 극도의 증오심과 갈등을 부추겨 국민 통합보다는 갈등을 심화했다. 이러한 증오 광기 속에 공권력의 마구잡이 빨갱이 소탕 정책, 즉 반공 정책은 주민의 생명과 재산을 마구 파괴해도 항상 정당화되었다. 한국군의 작전을 실질적으로 지휘한 미군은 한국 정부나 한국군이 저지른 학살 등 인권침해를 막기 위한 형식적인 노력을 기울인 적도 있으나, 전쟁 승리의 목표와 반공주의의 이념 때문에 현장에서 그러한 방침은 거의 지켜지지 않았다.[122]

지금까지 살펴본 바와 같이 서로 적대와 증오와 복수심에 사로잡

---

122 사실 미군의 공중폭격으로 발생한 피해는 '부수적 피해'라기보다 그 자체가 심각한 전쟁 범죄일 수 있다. 전쟁은 인권, 생명권의 원칙과 양립할 수 없다. 그래서 북한의 6·25 침략은 이미 심각한 인명 살상의 시작이었다. 그러나 모든 전쟁이 민간인 학살 등 심각한 인권침해를 가져오는 것은 아니다. 이승만 정부의 책임도 무겁다. 전쟁 수행 주체인 국가의 법과 제도, 정치의 군대와 경찰의 민주 인권에 대한 감수성 정도에 따라 인권침해는 축소 방지될 수 있다. 이 점에서 일제강점기 직후 발생한 한국전쟁은 대량의 인권침해를 발생시킬 거의 모든 조건을 갖추고 있었다. 김동춘, 「한국전쟁 시기의 인권침해: 한국 정부, 군과 경찰의 인권침해를 중심으로」, 『사회와 역사』 제124권, 한국사회사학회, 2019, pp. 129~161.

혀 있던 해방정국에서 '서로 죽이기 게임'은 일상화되었다. 어떻게 제주 4·3사건이 벌어지는 동안 국가의 공권력으로 당시 인구의 10퍼센트인 3만여 명에 달하는 민간인을 학살할 수 있었을까? 이 질문은 한나 아렌트의 '악의 평범성'에서 시작한다. 유대인 학살자 아이히만은 정상적이고 긍정적인 인간이었다. 그는 광적인 반유대주의 세뇌 교육을 받은 적도 없고, 유대인에 대한 광적인 증오심을 갖지도 않았다. 아이히만에게도 양심이 있었으나, 무엇에 양심의 가책을 느끼느냐가 다른 사람과 달랐다. 양심은 옳다고 여겼던 것과 반대로 행동했을 때 스스로 느끼는 수치심이나 죄의식의 감정이다. 그러나 아이히만은 어떤 행동이 옳은 것인가를 스스로 생각할 줄 몰랐다. 그는 그냥 시키는 대로 행동하는, 자발적인 사고가 결여된 사람이었다. 그의 옳고 그름에 대한 주체적인 판단은 보편적인 원칙에 따른 것이라고 하지만, 그는 모두 다 똑같이 행동하는 것을 보편적인 원칙으로 생각했다. 아이히만은 칸트의『순수이성 비판』을 읽었다고 한다. 그가 생각한 이성은 개인의 주관적 가치관에 기초한 것이라기보다 보편적 가치관에 따르는 것이었다. 사람들은 이성적인 판단을 하고자 할 때 모든 사람이 공통으로 행동하고 사고하는 보편적인 가치관을 따르게 된다. 아이히만 역시 나치즘 체제에서 독일 사회의 일반적인 반유대주의 사상을 그대로 따랐고, 그러한 보편적인 가치관을 무의식적으로 수용해 그에 따라 행동했다. 그는 그것이 바로 칸트가 말한 선의 법칙이며 이성이라고 믿었다. 이런 현상은 현재 우리 사회에서도 일반적이다. 모든 사람이 법과 규칙을 어기면 그것이 옳지 않고 비이성적인 행위라는 것을 알면서도 그것을 따르게 된다. 이런 경우 스스로 양심의 가책을 느끼지 않는다. 모든 사람이 똑같이 행동하고 사고하는 것이 곧 보편적인 선이라고 믿기 때문이다. 해방 이후 남한 국민 모두가 우익 정치가에 의해서 '빨갱이'는 악마의 사상이라고 규정된 보편적인 가치관에 세뇌되어 있었다. 따라서 적어도 '빨갱이'에 대한 배척이나 증오심은 남한 국민 스스로의 이성에 의한 판단이 아니라 일반적인 반공주의 흐름에 따라 생겨난 것이다. 마치 독일 나치즘의 유대인 학살과 마찬가지로 남한 사회에서 4·3사건이나 여순 사건, 그리고 6·25전쟁과 그 이후 반공주의 체제에서 우리는 아무런 양심의 가책을 받지 않고 '서로 죽이기 게임'에 빠져들었다.

이러한 상황에서 평범한 사람들은 자신의 주체적인 생각이나 가치관에 따라 선과 악을 규정하기가 어렵다. 결국 평범한 사람들은 자신의 생존을 위해 다수의 비이성적인 악의 행위에 참여할 수밖에 없게 된다. 독일 나치즘 체제에서 최고위층이나 중간 명령 전달자가 아니라 마지막 단계인 현장에서 직접 유대인 학살을 수행했던 학살 집행자들은 나치즘의 교육을 받아 세뇌된 사람도 아니고, 반유대주의 신념을 가진 자들도 아니었다. 또 특별하게 선발된 자들이 아니라 그저 학교 교사, 빵집 주인, 회사원 등 평범한 시민 출신이었다.[123] 이들이 전쟁으로 징집되어 군인으로서 명령을 받고 어쩔 수 없이 학살 행위에 가담했다. 이들은 처음엔 양심의 가책으로 심적

---

123 이러한 사례는 크리스토퍼 R. 브라우닝, 이진모 옮김, 『아주 평범한 사람들』, 책과함께, 2010, p. 7, '한국어판 서문'을 참조하라.

고통을 겪었으나 점차 이러한 학살 행위에 익숙해지면서 아무런 정신적 고통을 느끼지 않았다. 해방 이후 격변기에 우리 민족도 좌파와 우파라는 이념의 갈등 속에서 이러한 비이성적인 '악의 평범성'을 보인 것은 아닐까?

> 오늘날에도 여전히 반복되고 있는 집단학살들은 홀로코스트와 같은 최악의 집단학살이 더 이상 없을 것이라는 결론이 잘못된 것임을 잘 폭로해주고 있지 않는가? 집단학살은 과거의 사건이 아니라 오늘날 우리의 근대적 삶 속에 숨어 있는 잠재적인 위험이다.[124]

4·3사건에 가담한 경찰과 군인, 그리고 우익 청년 단체들은 오직 빨갱이라는 적개심에 사로잡혀 마구 살상해도 괜찮다고 생각했다. 이들 우익 청년들은 '빨갱이는 적'이라는 선동에 세뇌되어 모두가 살해를 자행하는 분위기에 휩쓸려 있다 보니 생각 없이 그것이 옳은 행동이라 여긴 것이다. 전쟁에서는 자신의 의지나 양심과 상관없이 적군은 무조건 죽여야 하는 대상이라는 일반적인 관념에 의해 무수한 살상과 파괴 행위가 정당화된다. 아이히만에게 옳은 것은 히틀러의 명령이었고, 그것을 어기면 비양심적인 것이었다. 지도자의 명령이 악이라 할지라도 그것을 준수하는 것이 옳다고 생각한 사람들은 아이히만과 같이 주체적인 생각을 할 줄 모르는 기계적인 인

---

124   지그문트 바우만·임지현 대담, 「악의 평범성'에서 '악의 합리성'으로: 홀로코스트의 신성화를 경계하며」, 『당대비평』 제21호, 생각의나무, 2003, pp. 12~32. 크리스토퍼 R. 브라우닝, 앞의 책 『아주 평범한 사람들』, p. 351, '옮긴이의 말'에서 인용.

간이다. 만행은 이렇게 인간의 이성이 제대로 작동되지 않을 때 이루어진다. 해방정국에서 빨갱이라는 언어 규칙성, 말하자면 끊임없이 반복되어 사용된 이 말 속에 담긴 의미는 증오와 복수심이었다. 정치인이 대중을 선동할 때 사용하는 이러한 언어 규칙성은 인간의 생각을 마비시킨다. 그리고 아이히만처럼 스스로 생각하는 법을 잊어버린 사람은 쉽게 악마가 될 수 있다. 이것이 바로 한나 아렌트가 말한 '악의 평범성'이다.

현실에서는 살인이나 폭행, 강도, 사기 등을 비롯해 악이라고 규정할 수 있는 모든 폭력적인 행위들이 발생한다. 독일의 제3제국을 실현하려 했던 히틀러 정권이 감행한 유대인 말살은 성격상 정권 차원의 '집합적' 범죄이므로 그 집단 전체에게 책임을 묻는 게 맞는다는 논리는 책임 전가와 비(非)처벌을 용인하는 편리한 구실로 작용할 뿐이다. 죄와 무죄는 오직 개인들에게 적용되었을 때 실효성을 가지며, 죄에 대한 처벌이나 면죄 역시 개인들에게 적용되었을 때만 사법적·실효적 의미가 생성되기 때문이다. 아우슈비츠 집단수용소에는 캠프 이송, 수감자 선별 작업, 인체실험, 가스실 안배 등의 현장 행정 업무에 대한 엄격한 관리 규정이 존재했다. 그런데도 모든 것이 그때그때 담당자의 기분에 따라 달리 적용되었다. 그들은 단순히 나치 정권의 유대인 대량학살 범죄에 복무한 자들이 아니라 그 범죄 시스템에 기생해 은밀히 개인적 즐거움과 이득을 챙긴 자들이었다. 그래서 아렌트는 그들의 죄과가 개인적인 솔선과 자발성에서 비롯되었다고 지적한다.[125]

아렌트는 예루살렘에서 전범 아이히만의 재판 과정을 지켜보며

악에 대해 고찰한 결과, 그에게서 극악무도한 악마적인 심성을 찾아볼 수 없었고, 또 어리석음으로 그런 악행을 저질렀다고 보기는 어려웠다고 판단해, 아이히만이 그 시대의 엄청난 범죄자들 가운데 한 사람이 되게 한 것은 순전한 무사유(생각이 없는 사고)였다는 결론을 내렸다. 이렇게 해서 한나 아렌트의 '악의 평범성' 개념이 탄생했다. 유대인을 포함한 소수민족을 강제 이주시키고 대량학살한 배경에 나치즘이 있었다면, 오늘날 우리에게 인간성을 포기하도록 만드는 배경으로는 기술의 진보와 관료주의를 꼽을 수 있을 것이다. 아이히만이 관료로서 명령에 따르지 않았다면 양심의 가책을 받았을 것이라고 항변했듯이, 그는 자동화된 관료제 속 톱니바퀴와 같은 평범한

125 이에 해당하지 않는 예외 사례는 다음과 같다. "프란츠 루카스는 그러한 속성을 전혀 보이지 않았는데, 그는 그 엄혹한 아우슈비츠 시절 수용소 내 포로들을 위해서 몰래 약을 빼돌리거나 자신 몫의 배급품을 그들에게 나눠 준 구세주 같은 인물이었던 것으로 판명되었다. 그는 놀랍게도 재판 과정 내내 자신의 과거 선행에 관해 증언하는 증인도 알아보지 못했고, 그런 사실 자체를 아예 기억하지 못하는 듯이 보였다. 당시 아우슈비츠에서 내과 의사로 복무했던 그는 그렇게 '의식적으로' 부인함으로써 자신이 나치 정권에 부역한 사실에 대한 책임을 스스로 지고자 했다. 프란츠 루카스의 사례는 제3제국의 군인으로서 단지 상부의 명령에 따랐을 뿐이라는 구차한 변명으로 일관했던 아돌프 아이히만의 사례와 완전한 대조를 이루었다. 애초에 아렌트에게 '악의 평범성'이라는 개념은 거창한 이론이나 강령이 아니었다. 그것은 사유하지 않은 개인(직업상 유대인 수송 책임을 맡은 게슈타포 관리로서든, 아니면 피고석에 앉아 있는 죄수로서든 자신이 현재 무엇을 하고 있는지에 대해 결코 생각해본 적이 없는 사람)이 저지른 악의 사실적 본질을 의미했기 때문이다. 그러나 예루살렘 재판 과정에서 얻은 아렌트의 영감은 2년 뒤 프랑크푸르트 재판 과정을 통해 이론적 통찰을 더하게 된다. 그 재판 과정에서 유일하게 품위를 지킨 프란츠 루카스는 같은 삶의 조건에서 아이히만이나 다른 나치 부역자들이 했던 것과 전혀 다른 선택이 가능함을 몸소 증명함으로써 아렌트의 악의 평범성 개념에 대한 반(反)사실적 예제를 제공했다. 또 어떤 집합적 죄에 연루된 개인의 죄가 결국 그 자신의 선택과 책임의 문제로 환원되는 것도 함께 적시했다." 서유경, 「악의 평범성? 아이히만 vs 루카스」, 『대학지성』 2020년 1월 26일 자.

관료였다. 아이히만은 사유할 능력, 말하자면 도덕적인 행위를 수행할 능력이 없어서 자신의 복종과 칸트의 의무 또는 이성적인 판단을 통한 책무를 구별하지 못한 것이다.[126] 우리 사회에서는 언제나 아이히만처럼 행동할 가능성이 존재한다.[127] 말하자면 말과 사고가 허용되지 않은 '악의 평범성' 개념은 행위자가 생각 없이 한 행동의 결과에 대한 책임을 물을 수 있게 해준다.[128] 한국인은 중화사상의 노예가 되어 자주성과 독자성을 잃고 "시키면 시키는 대로 가르치

---

[126] 정화열, 앞의 글 「악의 평범성과 타자 중심적 윤리」, p. 40. 그러나 데이비드 세자라니(David Cesarani)는 집단학살과 수송 기구를 맡았던 아이히만은 유대인 대량학살의 중심에 있었으며 2백만 명의 유대인들을 죽음의 아우슈비츠와 다른 캠프로 수송하는 책임을 맡았으나, 그가 어떻게 계획적인 유대인 대량학살의 관리자가 되었는지 그 과정을 살펴본 결과, 초기에는 집단학살에 물들지 않았다고 주장한다. 아이히만은 평범한 아이였으며, 사회적·직업적으로 성공한 젊은 청년이었다. 그가 친위대에 가담한 것은 그가 주위 환경에 적응하지 못했기 때문이 아니라 다른 독일인과 오스트리아의 중간 계층처럼 제3제국에서 사회의 유동성의 위대한 힘을 발견했기 때문이다. 따라서 세자라니는 아이히만의 악함이 아렌트의 설명처럼 악의 평범성이 아니라 관료의 열성적인 출세 제일주의에서 비롯된 것이라고 주장한다. 또 세자라니는 아이히만이 처음 집단 총살의 충격을 삭이며 자신의 인간성을 극복하고 도덕적인 붕괴에서 회복하고자 했다는 점을 지적하면서 아이히만의 권력에 대한 습관적인 야심과 이로 인해 점진적으로 형성된 집단적인 잔학 행위의 불감증을 강조한다. 아이히만이 승진하기 위해 끊임없이 순응했던 나치의 관료 구조에 관한 그의 다원적인 설명은 감탄할 만하다고 평가를 받고 있다. David Cesarani, *Becoming Eichmann: Rethinking the Life, Crimes, and Trial of a 'Desk Murderer'*(*Eichmann: His Life and Crime*) (Boston: Da Capo Press, 2006) 참조.

[127] 이러한 측면에서 볼 때 미하엘 하네케(Michael Haneke)의 「하얀 리본」은 많은 의미를 담고 있는 작품이다. 이 작품은 2010년에 개봉되었지만 여러 각도에서 다양한 해석이 가능하므로 지속으로 연구, 발표되고 있다. 박은숙, 「영화 「하얀 리본」에 나타난 악의 평범성 고찰: 한나 아렌트의 악의 이론을 중심으로」, 『독어교육』 제74집, 한국독어독문학교육학회, 2019, pp. 249~277.

[128] 김선욱, 「근본악과 평범한 악 개념: 악 개념의 정치 철학적 지평」, 『사회와 철학』 제13집, 사회와철학연구회, 2007, pp. 31~50.

면 가르친 대로 행동한다"라고 한 호머 헐버트의 지적은 해방 후 '서로 죽이기 게임'에서 드러난 우리 민족의 '악의 평범성'을 적절하게 설명해준 것이다.[129] 투키디데스의 동족상잔에 관한 글을 보자.

> 전쟁은 난폭하게 우리에게 교훈을 가르쳐준다. 도시에서 잇달아 내란이 발생했다. 만용은 충성심으로 여겨졌고 신중함은 비겁한 자의 변명에 불과했다. 절제심은 남자답지 못하다는 의미가 되었고 문제를 포괄적으로 이해하는 것은 무슨 일이든 이를 수행할 능력이 부족하다는 뜻이 되었다. 충동적인 열정은 남성스러움의 징표였으며 등 뒤에서 은밀하게 적에게 음모를 꾸미는 것은 정당시되었다. 과격파는 언제나 신뢰를 받았고, 이들을 반박하는 자들은 의심을 받았다.[130]

브루스 커밍스는 이 내용이 한국 6·25전쟁에 딱 들어맞는다고 말한다.[131] 미군 병사들은 북한군 포로들의 즉결처형을 거의 일상적으로 목격했고, 때론 한국 경찰에 포로를 넘겨주어 총살하게 하거나 직접 사살했다. 잭 라이트(Jack Wright)라는 미군 병사는 노인, 임산부, 어린아이 등 100여 명의 민간인이 자신이 묻힐 무덤을 파고 있는 것을 목격하고 이를 중지할 것을 요구했다. 그는 한국 경찰이 이를 거부하자 기관총을 겨누며 다른 병사들과 함께 이들 민간인을

---

129 호머 헐버트, 앞의 책 『대한제국멸망사』, p. 38.

130 Thucydides, *History of the Peloponnesian War*, trans., Rex Warner(New York, Penguin Books, 1954), p. 520.

131 브루스 커밍스, 앞의 책 『브루스 커밍스의 한국전쟁: 전쟁의 기억과 분단의 미래』, p. 110.

구출해 안전하게 호위했다고 회고하며, 이러한 민간인 집단학살을 자주 목격했다고 말했다.[132] 나치 독일에서 반유대주의자들이 그랬듯이 반공주의자들은 공산주의를 빨갱이라는 이름으로 악마화해 이를 하나의 보편적인 이념으로 재생산해나간다. "단 한 명의 유대인(빨갱이)이 존재하지 않는다 해도 유대주의(반공주의)는 유대인(빨갱이)을 창조해내거나 만들어낼 것"이라는 사르트르의 통찰력은 해방 이후 6·25전쟁을 거쳐 1960년대부터 시작한 군사독재 시기에 딱 들어맞는다.[133] 이 말에 따르면, 빨갱이는 빨갱이로 존재할 수밖에 없다. 반공주의가 지배한 남한에서 빨갱이는 탈출구가 없는 셈이다.

어떠한 방식이든 한반도가 일제강점으로부터 해방되면서 모든 민중이 꿈꾸어온 이상세계를 만들어갈 수 있었던 기회가 우리에게 주어졌다. 그러나 민중이 꿈꾸어온 이상 국가가 수립도 되기 전에 갑자기 공포와 학살이라는 전염병이 나타나 전국을 죽음으로 휩쓸었다. 이 불행한 악행은 어디에서 비롯되었는가? 우리 역사는 민족 사이의 지배와 피지배의 연속이었다. 동포애나 애국심이 형성될 틈도 없이 사대주의와 복종의 사회 구조를 이어왔다. 그 원인은 이런 구조 속에서 오래 존속해온 열등감이 통제를 받지 않는 세상이 오자 갈등과 증오로 표출된 것과 관계가 있을 것이다. 세계적으로 유례를

---

132 Donald Knox, *The Korean War: Pusan to Chosin: An Oral Hidtory*(New York: Harcourt brace Jovanovich, 1985), pp. 117~118, 157, 288, 295, 369; 브루스 커밍스, 앞의 책 『브루스 커밍스의 한국전쟁: 전쟁의 기억과 분단의 미래』, p. 135에서 인용.

133 Jean Paul Sartre, *Anti-Semite and Jew*, trans., George J. Becker(New York: Schocken Books, 1965), p. 13.

찾기 어려운 극도의 잔인성이 난무하는 악조건에서도 오래 버티는 좌파의 저항은 이 땅의 오래된 불행에서 비롯된 것으로 파악된다. 한국 농민 대다수가 소작인이고 지주는 생산물의 30퍼센트를 가져갔지만(조선시대에는 50퍼센트였다), 세금과 여러 경작 비용을 제외하면 수확량의 최대 70퍼센트에 달하기도 했다. 남한의 좌파 반란의 주된 원인은 오래된 토지 관계의 불평등으로 인한 만성적인 빈곤이었다.[134] 대개 좌파 게릴라들은 토착민 출신이었고, 북한으로부터 지령을 받지 않은 자생적 저항 단체였다. 이들이 총을 들게 된 것은 해방이 가져다줄 새로운 세상에 대한 희망이 사라지고 다시 소작농으로서 극심한 빈곤을 겪으며 살아야 한다는 절망감과 분노 때문이었다.[135] 한반도에서 자행된 무자비한 집단학살은 지배층 사대부 양반 가문의 '가진 자'와 피지배층의 '갖지 못한 자' 사이의 계급전쟁의 성격을 띠었다. 이 전쟁은 해방 이후 한반도에 백두대간보다 더 깊은 상처의 골을 남겼다. 가해자들은 이 학살을 망각하려 하고 피해자들은 이를 잊지 않고 기억하려 하는, 각기 다른 두 개의 역사가 존재하고 있다. 브루스 커밍스는 이렇게 말한다.

한국에는 마을 전체가 전부 같은 날에 제사를 지내는 곳이 있다. 바로

---

134 미국 『뉴욕 타임스』 기자 월터 설리번(Water Sullivan)은 열 곳의 농가를 탐방해 인터뷰한 결과를 놓고 이렇게 판단했다. *New York Times*, 1950년 3월 6일, 15일 자, 브루스 커밍스, 앞의 책 『브루스 커밍스의 한국전쟁: 전쟁의 기억과 분단의 미래』, pp. 200~201에서 인용.

135 Bruce Cumings, *The Origins of the Korean War Ⅱ: The Roaring of the Cataract, 1947~1950*(New Jersey: Princeton University Press, 1990), p. 400.

그날 학살이 일어났거나 마을이 전멸했기 때문이다. 바로 이 점에서 양분된 이데올로기는 인간의 진실 앞에 무너진다.[136]

이 망자들의 혼불은 지금도 우리 하늘을 떠돌며 한 맺힌 절규를 쏟아내고 있다. 지리산과 가까운 남원은 공산주의자 빨치산의 근거지로서 많은 좌익 사람들이 군경에게 학살당한 고장이다. 이 지역 주민들은 학살이 자행된 날이 돌아오면 공동 제사를 지낸다. 일제강점기부터 해방과 6·25전쟁, 4·19혁명 등 우리 근현대사를 다룬 대하 역사소설 최명희의 『혼불』은 학살당한 자들의 떠도는 영혼을 다룬다. 이 소설은 전북 남원시 사매면 매안마을의 유서 깊은 양반가의 종부 3대와 천민촌 거멍굴 사람들의 이야기를 통해 근대사의 격랑 속에서 전통적 삶의 방식을 지키려는 양반 사회와, 평민과 천민의 고난과 애환을 절절하게 보여준다. 소설 『혼불』은 지금까지의 강자 편에서 본 역사 기술이 아니라 약자의 편에서 바라본 작가의 '역사 다르게 보기'의 대표적인 작품이다.[137] 수많은 빨치산의 혼불이

136　브루스 커밍스, 앞의 책 『브루스 커밍스의 한국전쟁: 전쟁의 기억과 분단의 미래』, p. 275.
137　가스통 바슐라르(Gaston Bachelard)가 융의 원형 개념을 바탕으로 물질적 상상력을 연구할 때 사용한 『혼불』의 원형 이미지는 불, 물, 공기, 대지라는 네 가지 기본 유형으로 나누어진다. 이 과정에서 각 원소의 속성으로 수렴된 원형 이미지가 전통 사회를 장악하고 있던 기존 질서가 무너지고 무질서한 상태로 진입하게 된다. 여기서 질서란 작품의 시대적 배경과 함께 조직된 사회적 질서뿐만 아니라 원형적 자연 질서의 이미지도 포함하고 있다. 그러나 이 무질서한 상태에서 기존 세력과 새로운 세력의 대립이 종결되지 않은 상태에서 작품이 끝난다. 이것은 이 작품의 서사가 단순히 몰락으로 종결되는 것이 아니라 외부의 침략과 내부의 저항으로 인한 총체적 혼돈 상태에 처한 과도기 사회의 모습을 보여주었다는 의미다. 이러한 혼돈의 진행 양상이 원형 이미지를 통해서 나타난다. 『혼불』에 나타난 불의 이미지

떠도는 지리산은 김지하의 시 「지리산」에서 이렇게 그려진다.

눈 쌓인 산을 보면 / 피가 끓는다 / 푸른 저 대숲을 보면 / 노여움이 불붙는다. / 저 대 밑에 / 저 산 밑에 / 지금도 흐를 붉은 피 / 지금도 저 벌판 / 저 산맥 굽이굽이 / 가득히 흘러 / 울부짖는 것이여 / 깃발이여 / 타는 눈동자 떠나던 흰옷들의 그 눈부심 / 한 자루의 녹슨 낫과 울며 껴안던 그 오랜 가난과 / 돌아오마던 덧없는 약속 남기고 / 가버린 것들이여 / 지금도 내 가슴에 울부짖는 것들이여 / 얼어붙은 겨울 밑 / 시냇물 흐름처럼 갔고 / 시냇물 흐름처럼 지금도 살아 돌아와 / 이렇게 나를 못살게 두드리는 소리여 / 옛 노래여 / 눈 쌓인 산을 보면 피가 끓는다 / 푸른 저 대숲을 보면 노여움이 불붙는다 / 아아 지금도 살아서 내 가슴에 굽이친다 / 지리산이여 / 지리산이여.

<hr/>

가 상승의 이미지에서 하강의 이미지로 변모한다. 불의 상승 이미지는 생(生)과 사(死)를 뛰어넘어 생명을 창조하는 초월자, 인간이면서도 신에 가까운 영웅적 존재의 이미지와 닿아 있다. 『혼불』의 서사가 진행될수록 마을은 어둠의 이미지를 갖게 된다. 이와 같은 절망과 혼돈의 이미지는 기존의 질서가 와해되어 가는 모습을 드러내고 있다. 고운이, 「최명희의 '혼불' 연구」, 이화여자대학교 석사학위 논문, 2004. 『혼불』 속에서 매안마을을 가장 위쪽에 두고 그 밑으로 고리배미와 거멍굴이 자리하고 있는 것은 당시의 반상제도를 상징적으로 보여주며, 앞으로 전개될 양반과 천민계급의 갈등을 예고한다. 고리배미의 천민들은 매안의 양반들과도 충돌을 일으키지 않고 순종적인 조선시대 천민들의 한 전형을 보여주며 삶의 변화를 모색하지 않는 정지된 공간적 의미를 지니게 된다. 그러나 천민 마을 거멍굴 사람들은 자식에게 한스러운 업을 대물림하지 않기 위해 투쟁을 도모하는데, 이러한 행위는 삶을 변화시키기 위한 계급의식으로 볼 수 있다. 이 가운데 춘복이의 '양반 피 섞기'의 성공은 신분 사회의 붕괴를 예감케 해준다. 이러한 의미에서 천민촌 거멍굴은 절망을 딛고 일어서려는 희망의 공간이라 할 수 있다. 강지애, 「최명희 『혼불』의 공간구조 연구」, 전주대학교 교육대학원 석사학위 논문, 2010.

4

원한과 복수의 시대

　가해자들은 자신들의 잘못을 감추기 위해 역사를 왜곡하거나 아예 기록하지 않음으로써 모든 사람이 잊게 하려고 한다. 그러나 피해자들은 가슴에 담아 기억한다. 역사는 그래서 망각과 기억으로 점철되어 있다. 조선시대 지배층들은 지식을 독점해 자신들의 수탈 행위와 신분제에 의한 차별 통치를 합리화한 역사를 기록해왔다. 그리고 지배층은 자신들의 기득권을 지키기 위해 피지배층을 항상 사회의 질서를 위협하는 위험한 계급으로 규정한다. 피지배층 백성들은 지식의 획득권마저 박탈당해 자신들의 역사를 오로지 기억 속에 담아왔다.

　오늘날에도 조선시대 지배층 출신 지도자들은 나라를 식민지로 전락하게 한 잘못을 회피하려고 그 책임을 매국노라 불리는 몇몇 위정자들에게 돌리고 있다. 정작 나라의 운명을 책임져야 했던 지배층 사대부 양반들 대다수는 친일로 기득권과 부를 누리며 살아오다가 해방이 되자 독립투사로 변신하거나 근대화의 주역으로 자처했다. 그러나 지배층이 남겨준 것 하나 없이 신분제 철폐라는 이름으로 길거리로 내몰렸던 피지배층 백성들은 빈민층으로 전락해 온갖 학대와 멸시를 당하며 살아왔다. 이들 민중은 해방이 되면 모두가 잘사는 이상 국가가 수립될 줄 알았지만, 현실은 그렇지 않았다. 이들 민중이 꿈꿔온 대동의 나라, 즉 홍길동이나 『정감록』의 개벽사상과 미륵신앙이 실현된 평등한 세상은 지배층으로부터 빨갱이 사상이라는 악마의 이미지를 뒤집어쓰고 무참하게 짓밟혔다. 이 사상을 지닌 자들은 잔인하게 학살당하거나 사회에서 도태되었다.

해방 이후 왜 동족끼리 '서로 죽이기 게임'이 시작되었을까? 이 비극은 과거의 지배층과 오늘의 지도층에게 잊고 싶은 망각의 역사일 것이다. 해방은 되었지만 일제 식민통치 시기부터 이어온 사대부 양반 지배층 지주들의 기득권은 그대로 유지되었고, 그들은 중앙권력으로 진출하기 시작했다. 그리고 일제 부역자들을 경찰과 관리로 대거 등용한 미군정은 농민들에게 가혹한 폭력과 수탈 행위를 일삼았다. 이런 경향은 곧 조선시대로 후퇴하는 것으로, 마치 과거 신분제가 다시 회복된 것 같은 분위기였다.[138] 이때 경찰의 사명은 다른 민주국가들에서처럼 평화를 수호하고, 소극적으로 치안을 유지하며, 생명과 재산을 보호하는 데 있는 것이 아니었다. 한국 경찰은 철저하게 일본화되었으며, 미군정뿐 아니라 우파 정권에 의해 반공과 폭정의 도구로서 능률적으로 이용되었다. 특히 해방기 친일

---

138 이 문제에 대해 커밍스는 "마치 유럽의 절대주의 시대와 같았다"라고 말한다. 결국 1946년 가을에 농민 봉기가 전국을 휩쓸었다. 이는 남한 사회가 해방 후에도 조선시대와 별 차이가 없었다는 점을 보여주고 있다. 브루스 커밍스, 앞의 책 『한국전쟁의 기원』, p. 208. 지주와 소작 관계와 농민들의 봉기에 대해서는 같은 책 제2장과 제10장 참조.

파와 대중적 기반이 없는 우파들에게 이러한 경찰이 가장 요긴한 자원이었다.[139]

해방을 맞아 한반도 전체에 기쁨과 환희가 넘치는 동안 한편에서 유령처럼 다가온 공포와 두려움은 다름 아닌 동족 학살과 전쟁, 그리고 분단의 고착이었다. 해방은 새로운 나라의 수립이라는 희망이 아니라 그 이전보다 더 혹독한 시련과 언제 전쟁이 발발할지 모른다는 공포감을 구축해 놓았다. 애국자가 민족반역자가 되고, 국가와 민족보다 자기 이익만을 추구한 자들이 권력과 지도층으로 뒤바뀐 사회, 이렇게 뒤틀린 세상이 해방과 더불어 시작된 것이다. 권력은 항상 위기 속에서 견고하게 강화된다. 그러기 위해서 권력자는 지속해서 위기를 조장한다. 일제강점기 독립운동과 항일투쟁 과정, 더 거슬러 올라가면 조선시대 내내 권력과 기득권 획득을 위한 다툼으로 분열과 갈등이 몸에 밴 사대부 양반 지배층 출신 민족지도자들은 끝내 삼팔선을 그어놓고 통일이라는 이름 아래 서로 적으로 규정했다. 그리고 이들 민족지도자는 끊임없이 긴장과 위기감을 조장하며 자신들의 권력과 기득권을 유지하고자 했다. 이 위기감 속에서 오랜 세월 피지배층 출신 모든 민중이 소망해왔던 이상 국가 수립은 역사의 기억 속에 갇히고 말았다. 그리고 마침내 이 조장된 긴장은 6·25전쟁을 불러일으켰다. 이 추악한 전쟁 중에 한 동네에서 조상 대대로 살아온 주민들끼리 우익과 좌익으로, 가진 자와 갖지 못한 자로 나뉘어 서로 죽고 죽이는 상황이 전개되었다.[140]

139　브루스 커밍스, 앞의 책 『한국전쟁의 기원』, p. 216.

전쟁 기간에 각 농촌마을에서 빚어진 좌우 충돌의 사례를 통해 살펴본 갈등의 배경은 첫째, 마을 내부의 서로 다른 신분, 또는 양반과 상민이라는 계급이었다. 조선시대의 신분제는 19세기 말에 제도적으로는 폐지되었지만, 사람들의 의식 속에는 여전히 남아 있었다. 그리하여 신분제 철폐 이후 양반과 천민의 다른 형태인 지주와 소작인, 머슴 사이의 신분의식이 서로 폭력을 가하게 한 주요 요인이 되었다. 지배층 지주들은 토지를 매개로 경제적 이해관계가 밀접했던 피지배층 소작인들에 의해 보호를 받기도 했지만, 인민군과 지방 좌익들은 피지배층 소작인들과 머슴들에게 계급의식을 불어넣고, 지배층 지주에 대항해 싸우도록 부추겼다. 둘째, 친족과 마을 간의 갈등이었다. 동족 마을의 친족 계파 사이에 빚어진 갈등이 폭발한 경우도 있었고, 신분, 계급, 성씨 등이 다른 마을 사이의 오랜 세월에 걸친 증오심이 폭력으로 표출된 경우도 있었다. 하지만 친족 간의 갈등은 그리 심한 것은 아니었다. 오히려 친족들끼리는 서로 보호하려는 분위기가 있었다. 이와 달리 서로 경쟁 관계에 있던 친족이나 서로 다른 성씨들 사이에 쌓인 원한이 전쟁기에 폭발해 서로

---

140 독일의 클라우제비츠(Carl von Clausewitz)에 따르면, 6·25전쟁은 "그렇게 싸우면 안 되는 완전히 정신이 나간 미친 전쟁"이었다. 프로이센 군인 출신 클라우제비츠는 1792년에서 1815년 사이 유럽을 휩쓴 프랑스 군대의 엄청난 파괴력을 처음 목격했다. 철학적이고 실질적인 전쟁의 본질을 정의한 『전쟁에 관해』라는 저서는 공격적인 전투와 방어력을 비교 평가해 지휘관의 자질을 검토하며 전쟁과 정치의 관계를 살피고 있다. 그는 프레데릭 대왕과 나폴레옹 보나파르트의 군사 행동으로부터 끌어낸 생생한 사례로 자신의 주장을 논증한다. Carl von Clausewitz, *On War*, trans., Michael Eliot Howard, Peter Paret(New Jersey, Princeton University Press, 1989) 참조.

보복에 나서게 되었다. 한편 한국전쟁기에 마을에서 자행된 학살과 폭력 등에는 마을의 지식층, 지주와 같은 지도자들의 영향력도 중요하게 작용했다. 여기에 남북한의 국가 권력이 깊숙하게 개입해 갈등을 부추겨 서로 폭력을 행사하도록 했다. 남북의 국가 권력은 아직 자기 기반이 취약한 상황이었기 때문에 사람들에게 좌, 우 중 어느 한쪽을 분명하게 선택하라고 강요함으로써 지지층의 기반을 강화했다.[141] 이렇게 잔인한 학살과 폭력으로 점철된 한국전쟁은 좌익에 대한 남한 사회의 인식에 큰 변화를 가져왔다. 이로 인해 확대된 남한의 반공주의는 견고하게 국가 정체성으로 강화되었고, 반면 북한의 공산주의는 반미, 반자본주의를 강화함으로써 남북한은 더욱 대립적 관계로 치달았다. 그리고 남북 국가 지도층은 이런 적대 행위를 이념으로 포장해 각자 벌인 학살 행위를 정당화했는데, 남한 정부는 모든 민중 학살 행위의 책임을 북한의 전쟁 도발과 더불어 좌익에 의한 것으로 돌림으로써 자신들의 잘못을 은폐하는 동시에 반공주의 사상을 더욱 강화했고, 북한 정부는 남한의 친일·친미 정권과 미국에 무자비한 인민 살상과 파괴의 책임을 전가함으로써 공산체제를 더욱 굳혀갔다. 수전 손택(Susan Sontag)은 『타인의 고통 (Regarding the pain of others)』에서 이렇게 말한다.

자기편이 저지른 잔혹한 행위를 사진에 담아 증거로 제시할 경우 사람

---

141 박찬승, 「한국전쟁과 마을」, 『지방사와 지방문화』 제12권 제1호, 역사문화학회, 2009, pp. 411~455.

들은 흔히 그 사진들이 조작됐다거나 그처럼 잔혹한 행위가 일어난 적이 없다고, 그 주검들은 저쪽 편이 도심지에 있는 시체 공시소에서 트럭으로 실어 나른 뒤 거리에 놓아둔 주검이라고 응수한다. 그래, 그런 일이 일어났다. 그런데 그런 일들을 저지른 것은 저쪽 편이다. 저쪽 편이 우리에게 저지른 일이다.[142]

한반도에서 벌어진 '서로 죽이기 게임'의 책임은 이렇게 이념이라는 사상의 정당성 속에 숨고 말았다. 그렇지만 당시 학살은 좌우 누구에 의해 자행된 것인지 불분명한 경우가 많으며, 이념이 학살의 가장 중요한 이유도 아니었다. 사실 어떤 이념이든 그 자체는 학살을 정당화하지는 않는다. 한국전쟁 시기 대체로 미군이나 국군의 작전에 의한 무차별적인 학살이 많았던 반면, 좌익에 의한 학살은 주로 증오심과 복수심에 의한 처형의 형식을 띤 것이 많았다.[143] 최근 '아래로부터의 한국전쟁 연구'를 표방한 연구 성과가 등장하고 있는데, 이런 연구들은 민중이 한국전쟁을 통해 무엇을 얻었으며 무엇을 경험했는지, 그리고 그 경험은 그들을 어떻게 변화시켰으며 오늘날 어떻게 기억되고 있는지 등을 주제로 삼고 있다. 이러한 사례 연구에 의하면, 6·25전쟁 중에 마을 주민 사이의 갈등으로 빚어진 학살

---

142 수전 손택, 이재원 옮김, 『타인의 고통』, 이후, 2011, p. 28.
143 좌익을 대상으로 한 작전상 학살의 경우 일제식 군국주의에 물들어 있던 일부 경찰과 군대 간부의 만행인 경우가 많았고, 보복으로서의 학살은 대체로 사회주의가 무엇인지 모르고 당 지도부가 시키는 대로 행해지거나 원한 관계에 있는 사람에 의한 것이었다. 이나미, 「한국전쟁 시기 좌익에 의한 대량학살 연구」, 『21세기정치학회보』 제22집 제1호, 21세기정치학회, 2012, pp. 185~205.

은 궁극적으로 이념을 표방한 내적 원한과 증오심의 결과였다.[144] 이런 시각에서 최근 연구는 지역 내 신분 간, 문중 간, 마을 간 갈등의 양상이나 국가 폭력에 의한 민간인 학살 문제, 마을 공동체와 신분제의 해체 및 이농 문제 등에 대한 주제들을 제시하고 있다. 이에 따른 동족 사이의 학살 사례는 다음과 같다.[145]

충남 금산군 부리면은 28개 마을 대부분이 동족 마을이다. 그 가운데 가장 많은 성씨는 해평길씨와 남원양씨다. 길씨가 많이 사는 곳은 불이리와 현내리, 예미리, 양곡리 등이고, 양씨가 많이 사는 곳은 평촌리, 양곡리다. 양곡리에는 길씨와 양씨가 섞여 살고 있다. 길씨는 조선시대 학자 길재(吉再)의 후손들로서, 오랜 세월 동안 부리면에서 명문 양반 가문으로 꼽혀왔다. 양씨는 양응해(梁應海)의 후손들로, 길씨에 버금가는 양반 가문이었다. 1931년부터 1960년까지 면장을 지낸 8명 가운데 길씨가 5명, 양씨가 2명이었다. 1930년대에 10년 동안 면장을 지낸 길상목의 아들 길경섭과 길귀섭 형제, 그리고 같은 집안 길재철 등은 1920년대 후반 이후 사회주의운동에 관련되어 옥고를 치렀다. 그리고 이들은 해방 직후 여운형의 건국준비위원회와 인민위원회에서 주도적인 역할을 했다. 반면 양씨 가문

---

144 그러므로 이러한 연구는 '아래로부터의 역사'를 표방한다. 대표적인 연구는 표인주 외,『전쟁과 사람들: 아래로부터의 한국전쟁 연구』, 한울, 2010; 박찬승「종족마을 간의 신분 갈등과 한국전쟁: 부여군 두 마을의 사례」,『사회와 역사』제69집, 한국사회사학회, 2006, pp. 5~40 등이다.

145 다음의 사례는 박찬승,「한국전쟁기 동족마을 주민들의 좌우 분화: 금산군 부리면의 사례」,『지방사와 지방문화』제11권 제1호, 역사문화학회, 2008, pp. 225~257에서 인용한 것이다.

에서는 일제강점기에 사회주의운동과 관련된 인물은 없었다. 해방 이후 양씨 집안의 양병규와 양은규는 우익 단체인 부리면의 대한청년단, 국민회 조직에서 단장과 위원장을 각각 맡았다. 길씨 집안의 주요 인물은 좌익으로, 양씨 집안의 주요 인물은 우익으로 각각 적대 노선을 선택한 것이다. 하지만 길씨 집안사람들 모두 좌익은 아니었고, 우익 또는 경찰이 된 사람도 있었다. 길씨 집안에서는 주로 길상목의 영향을 받은 이들이 좌익이 되었으며, 그와 거리를 두었던 이들은 우익이 되었다. 이는 한국전쟁기에 좌우익의 대립으로 이어졌다. 길상목과 길경섭 부자는 전주에서 상당히 중요한 좌익 직책을 맡고 있었던 것으로 보인다. 일제강점기 길상목이 면장을 지낼 때 그의 밑에서 면서기를 하던 길씨들은 부리면에서 중요한 직책을 맡았다. 우익 단체에서 활동한 양은규는 좌익에 의해 체포되어 전주까지 끌려갔으나 다행히 살아 돌아왔다. 그리고 인민군 점령기 동안 이 두 집안의 지역에서 학살은 일어나지 않았다. 그것은 길씨와 양씨가 사돈 관계 등으로 복잡하게 얽혀 있었기 때문으로 보인다. 그런데 이른바 11·2사건은 이러한 상황을 완전히 바꿔놓았다. 이 사건이 발발하기 하루 전인 11월 1일 부리면의 우익 단체들은 면민대회를 열어 면민의 단합을 과시했다. 이 소식은 불과 4킬로미터 정도밖에 떨어져 있지 않았던 빨치산들에게 그대로 전달되었고, 다음 날 새벽 빨치산들이 습격해 78명이 목숨을 잃었다. 면민대회를 주도했던 양씨와 그의 가족들, 그리고 우익의 길씨도 큰 피해를 보았다. 같은 지역에서 서로 친인척으로 혈연관계를 맺은 가문이지만 각자 다른 이념을 선택한 결과 비극적인 학살이 발생한 것이다.

이 연구는 지배층 양반들이 모여 사는 양반촌에서 일어난 학살의 사례다. 좌우익이 뒤섞인 이 양반마을에서 6·25전쟁 중에 주로 좌익에 의해 우익 사람들이 학살당했다. 한편 부여군의 또 다른 지역의 사례를 보면, 피지배층 상민들이 사는 상민촌 좌익마을과 지배층 양반들이 사는 양반촌 우익마을이 오랫동안 신분 갈등을 빚어왔다. 6·25전쟁 기간에 이 두 마을은 많은 희생자를 낳았다. 이 두 마을의 사례는 신분에 의한 학살로 볼 수 있다. 피지배층 상민촌 좌익마을 사람들은 지배층 풍양조씨의 양반촌 우익마을 사람들에게 항상 억눌려 살아왔다. 이 두 마을은 모두 종족마을로서 해방 이후 한국전쟁기에 상민촌은 좌익, 양반촌은 우익을 선택했다. 이 두 마을은 바로 이웃한 곳으로 오랜 세월 동안 신분제에 의한 갈등을 빚어오다가 결국 이 갈등 관계가 한국전쟁에서 폭발해 많은 희생자가 발생한 것이다.[146] '이천의 모스크바'로 불렸던 한 마을에서는 6·25전쟁기 전체 인구 600명 가운데 167명이 희생당했다. 이러한 희생의 배경에는 현풍곽씨 중파의 사회적·경제적 우위, 민족운동 참여자와 식민 지배 참여자 사이의 갈등, 그리고 해방 직후 좌익 참여자와 우익 참여자의 갈등이 내재되어 있었다.[147]

---

146 두 마을의 사례 연구는 한국사에서 신분이 차지하는 의미는 무엇이고 그러한 신분의식이 전쟁과 이념과 어떻게 결부되었는가를 보여주고 있다. 박찬승, 앞의 글 「종족마을 간의 신분 갈등과 한국전쟁: 부여군 두 마을의 사례」, p. 6. 대표적인 연구는 박찬승, 「한국전쟁과 진도 동족 마을 세등리의 비극」, 『역사와 현실』 제38호, 한국역사연구회, 2000, pp. 274~308 참조.

147 이용기, 「마을에서의 한국전쟁 경험과 그 기억: 경기도의 한 '모스크바' 마을 사례를 중심으로」, 『역사문제연구』 제6권, 역사문제연구소, 2001, pp. 11~55.

함평의 종족마을의 경우, 전쟁 기간에 소작인과 지주, 또는 좌익과 우익의 갈등보다는 같은 친족이라는 일가주의(一家主義)가 더 강력히 작용하기도 했다. 금강 주변에 있는 피지배층 상민촌은 주민의 90퍼센트가 진주강씨 사람들로, 종족마을의 성격이 강한 곳이다.[148] 이 상민촌 뒤에는 지배층 양반촌 풍양조씨 마을이 있고, 서북쪽에는 진주강씨와 남평문씨가 함께 사는 또 다른 상민촌이 있다. 상민촌에 처음 들어온 강치손(姜致蓀)은 본래 새우젓 장사치였다.[149] 이 마을 강씨 대부분이 소작농이었으며, 김종호라는 지주가 1948년 농지개혁 이전에 미리 소작농에게 헐값으로 매각하고 이 지역을 떠나버려

---

148 부여군에서 양반 성씨는 일반적으로 풍양조(趙)씨, 창녕성(成)씨, 문화류(柳)씨, 여산송(宋)씨, 금녕김(金)씨, 그리고 능성구(具)씨를 꼽는다. 박찬승, 앞의 글 「종족마을 간의 신분 갈등과 한국전쟁: 부여군 두 마을의 사례」, p. 7.

149 상민촌 진주강씨는 족보상 양반 출신으로 되어 있으나 상민들이 양반 족보를 구입해 여기에 자신의 가문을 등재한 경우가 많아 족보로 가문의 내력과 신분을 명확하게 알 수는 없다. 임진왜란 이후 경제력을 갖춘 농상공인과 천민들은 양반으로의 신분 상승을 꾀했다. 다산 정약용은 신분세탁을 빗대어 조선 후기 신분제의 붕괴에 대해 "상민들이 군역을 면하려는 방법의 하나로 아버지와 할아버지를 다른 사람으로 바꾸어버리거나 족보를 위조한다"라고 밝혔다. 울산의 경우, 영조 5년(1729) 계층 구조가 양반 26퍼센트, 상민(백성) 60퍼센트, 노비 14퍼센트였다. 그런데 양반층은 꾸준히 증가해 150여 년이 지난 고종 4년(1867)에는 양반 64.5퍼센트, 상민 34퍼센트, 노비 0.5퍼센트로 바뀌어 양반만 있는 세상이 되었다. 조선의 신분제도도 왜란과 호란, 두 전쟁을 겪으며 흔들리기 시작했다. 김수봉이라는 노비 출신 평민과 그 자손들의 호적대장을 분석해 신분 상승을 꿈꾸는 당대 하층민의 삶을 그린 연구 저서로 권내현, 『노비에서 양반으로, 그 머나먼 여정』, 역사비평사, 2014 참조. 1938년 대구부 호적을 검토한 결과에 따르면, 노비 인구가 전체에서 차지하는 비중은 1690년 43퍼센트에서 1789년 16퍼센트로 감소했다. 그리고 울산의 호적을 분석한 결과에 따르면, 솔거노비 인구는 1729년 555명에서 1765년 285명으로 감소했다. 이우연·차명수, 「조선 후기 노비 가격의 구조와 수준, 1678~1889」, 『경제학연구』 제58집 제4호, 한국경제학회, 2010, p. 105. 조선 사회의 신분제 변화에 대해서는 정석종, 앞의 책 『조선 후기 사회 변동 연구』 참조.

사실상 이 지역에서는 농지개혁이 이루어지지 않은 셈이 되었다. 이 피지배층 상민촌 사람들은 사대부 양반마을 풍양조씨에게 항상 천대받고 살아왔다.[150] 이러한 신분 갈등 속에서 각기 좌익과 우익의 이념을 선택한 두 마을 주민들 사이의 원한과 복수심이 학살로 표출된 것이다. 이렇게 갈등과 적대의 원인이었던 두 마을의 신분 차별이 점진적으로 극복된 것은 20세기 전반기 보통교육의 확대로 평등 개념 인식이 늘어나고 농지개혁으로 경제적인 균형을 이룬 이유도 있지만, 무엇보다 6·25전쟁 기간의 두 마을의 갈등과 학살 경험의 교훈 때문이었다.

전쟁의 속성으로서 '증오'와 '적개심'이라는 감정은 폭력의 수단과 결합해 적에게 자신들의 '정치적 목적'을 받아들이도록 강요한다. 일반적으로 한국전쟁은 이성적인 면보다는 이런 감성에 기댄 폭력 양상이 더 컸다는 것을 보여주고 있다.[151] 국가에 의해 자행된 조직적 학살은 지역 단위에서 예부터 내려온 신분, 계급, 친족, 마을 간의 갈등을 폭발시키는 도화선이 되었고, 학살의 상승 작용을 유발했다. 반공이라는 이념을 통해 위로부터 시작된 폭력은 지역, 마을 단위로 내려가면서 다양한 갈등 구조와 결합했고, 반공은 기존 갈등의 폭력적 해결을 정당화해 최종적으로 봉합할 외피가 되었다. 이러한 학살의 경험은 계급, 체제, 이념을 넘어 마을 주민 내부에까지 불

---

150 박찬승, 앞의 글 「종족마을 간의 신분 갈등과 한국전쟁: 부여군 두 마을의 사례」, p. 9.
151 엄현섭, 「한국전쟁과 강원 인문공동체의 재인식: 전상국의 『동행』을 중심으로」, 제3회 강원학대회, 2020, pp. 250~251.

신, 갈등, 증오의 골을 깊게 새겨 놓았다.[152] 한국전쟁기 마을에서 벌어진 갈등 구조는 과거의 양반과 상민 사이 신분 갈등, 지주와 소작인(또는 머슴) 간 계급 갈등, 친족 내부의 갈등, 마을 간의 갈등, 기독교와 사회주의자 간의 종교 또는 이념 갈등 등이 복잡하게 얽혀 있다. 그러나 한국전쟁기 민간 차원의 학살과 폭력의 가장 근본적인 원인은 조선시대부터 이어져 내려온 뿌리 깊은 신분제도다. 이 본질적인 갈등이 해소되지 못한 채 해방된 것이다. 왜 동족끼리 '서로 죽이기 게임'에 몰두했는가? 이 비극은 과거의 지배층과 오늘의 지도층에게 잊고 싶은 망각의 역사일 것이다. 일제 식민통치는 오랫동안 갈등 관계였던 사대부 양반 지배층과 피지배층 백성 사이에서 완충 역할을 해왔다. 그러다가 해방이 되자 이 경계가 무너지면서 억눌린 상호 원한 감정이 이념의 이름으로 표면에 떠오른 것이다. 말하자면 남북 분단과 6·25전쟁은 지배층과 피지배층 사이의 묵은

---

152 엄현섭, 위의 글 「한국전쟁과 강원 인문공동체의 재인식: 전상국의 『동행』을 중심으로」, p. 251. 이에 관한 연구는 강정구, 「한국전쟁 양민 학살의 양태 분석」, 한국사회학회 편, 『한국사회학회 사회학대회 논문집』, 2000, pp. 200~209; 서중석, 『조봉암과 1950년대』 하권, 역사비평사, 1999 등이 있다. 국가 이전의 전통적 가족, 공동체, 그리고 식민지 지배 체제의 연장으로서 민족과 반민족의 문제로부터 시작해 가족과 지역사회 관계가 어떻게 갈등과 증오로 구조화되는가 하는 문제를 중심으로 한국전쟁을 재조명하면서 이런 감정들이 전쟁을 경험한 사람들의 기억과 생활 세계 속에서, 그리고 지역사회 속에서 어떻게 반복, 재생산되고 있는가에 대한 역사적 경험을 분석한 연구에 대해서는 박정석, 「전쟁과 '빨갱이'에 대한 집합기억」, 앞의 책 『전쟁과 사람들: 아래로부터의 한국전쟁 연구』 참조. 정근식, 「지역 정체성, 신분 투쟁 그리고 전쟁 기억」, 『지방사와 지방문화』 제7권 제1호, 역사문화학회, 2004, pp. 341~397; 윤충로, 「20세기 한국의 전쟁 경험과 폭력: 일제강점기 식민주의 전쟁에서 베트남 전쟁까지」, 정근식·이병천 엮음, 『식민지 유산, 국가 형성, 한국 민주주의』 제1권, 책세상, 2012를, 마을의 갈등 구조에 대해서는 박찬승, 『마을로 간 한국전쟁』, 돌베개, 2010을 참조하라.

원한과 증오심, 그리고 독립운동과 항일투쟁 과정에서 첨예하게 분열과 갈등을 빚어왔던 민족지도자들의 권력 경쟁에 의한 '서로 죽이기 게임'이었다.[153] 이렇게 발발한 6·25전쟁은 한국인을 악귀로 만들고 본능적인 사악함을 부추겼으며, 인륜과 양심은 도외시되었다.

조선시대 지배층에 의한 피지배층의 참상과 현실의 부조리는 6·25전쟁에서 반복되었다. 지배층과 피지배층의 계급투쟁인 동학농민전쟁에서 조정은 일본군을 불러와 동학 농민을 진압했고, 이후 발발한 청일전쟁 때는 조선군의 한편은 청군에, 다른 한편은 일본군에 가담해 서로 동족상잔을 벌였다. 그 후 6·25전쟁이 터지자 남한의 지도층은 미군과 유엔군을 불러와 공산당 정권의 반란 세력을 진압했다. 여기에 남한 국군은 유엔 편에, 북한군은 중공군 편에 서서 서로 총칼을 겨누었다. 이렇게 볼 때 6·25전쟁은 지배층의 수탈과 압제에 견디다 못한 농민들이 봉기했으나 실패했던 제2의 동학농민전쟁이 아닐까? 동학 농민군이 지배층으로부터 비적으로 취급되어 무자비하게 진압되고 학살당했던 것처럼 6·25전쟁에서 다시 각기 정치지도자들의 방식에 따라 빨갱이와 친일파의 이분법적인 정치적 구호 아래 무산계급과 유산계급 간 학살이 재현된 것이다. 폭력을

---

153 브루스 커밍스, 앞의 책 『브루스 커밍스의 한국전쟁: 전쟁의 기억과 분단의 미래』, p. 10. 특히 한국전쟁은 남과 북, 있는 자와 없는 자, 양반과 상민 등 모든 계층 모든 종류의 사람들을 종횡으로 뒤섞거나 교류시켰다. 그들의 혼재와 뒤섞임은 전쟁으로 파생된 도시의 폐허 위에 새로운 평등한 사회의 시작을 가능하게 했다. 인습과 전통에 갇힌 고집스러운 인간 집단에도 발전적 해체라는 의미로 똑같은 해체와 재편의 효력이 발생한다. 삶의 뿌리까지 철저하게 파괴당한 집단은 각 계층 간의 장애물이 제거되어 비로소 모든 계층이 같은 출발선상에 평등하게 서게 되는 것이다. 엄현섭, 앞의 글 「한국전쟁과 강원 인문공동체의 재인식: 전상국의 『동행』을 중심으로」, p. 252.

행사하는 자들은 폭력을 정당한 것으로 생각하기 때문에 전쟁이 파멸을 가져온다는 주장에 수긍하지 않는다. 오히려 이들은 당면한 상황에서는 폭력 외에 다른 방법이 없다며, 폭력이 폭력을 당한 자들을 순교자나 영웅으로 만들어줄 수 있는 유일한 수단이라고 말한다. 기억이라는 것은 그 기억을 가진 개인이 죽으면 함께 죽는다. 집단 기억은 스스로 상기(想起)하는 것이 아니라 약속으로 정해진 것이다.[154] 리영희는 동족상잔을 이렇게 기억한다.

> 부끄러운 고백이지만…… 얼마나 많은 피가 지리산 계곡을 흘러내렸으며, 얼마나 많은 가슴이 지리산 주위 800리에서 찢기고 원혼이 울부짖고 있는지를 잘 몰랐다. 서로 미워하고, 원망하고, 쏘고, 찌르고, 공격하고, 보복하며, 피로 피를 씻고, 혈육끼리 원수가 되고, 그 속에서 누구는 이름나고, 훈장을 타고, 오곡이 익어야 할 논밭에 잡초가 무성하고, 집이 잿더미 되고, 마을이 벌판이 되고, 밤과 낮의 주인이 바뀌고, 국군과 인민군, 경찰과 게릴라, 빨치산, 우익과 좌익 그 어느 쪽도 보호자가 아니면서 언제나 그들의 윽박지름 속에서 살아야 하는, 지리산 주변 지역의 가진 것이라고는 땅 파먹는 재주밖에 아무것도 없는 선량한, 선량하기 때문에 가난하고 천대받아온 농민들의 아픔을 나는 몰랐다.[155]

거창 민간인 719명 학살의 주범들은 군법회의에 넘겨져 투옥되었

154 수전 손택, 앞의 책 『타인의 고통』, p. 131.
155 리영희, 앞의 책 『역정: 나의 청년 시대』, pp. 197~198.

으나 1년도 지나지 않아 모두 석방되고 군사정권이 들어서자 모두 고위직에 발탁되어 영달을 누렸다.[156] 이 처참하고 비극적인 동족상 잔을 누가, 왜, 무엇을 위해 일으켰는가? 이 질문에 대답하자면, 아마도 이 비극적인 사건은 복수심에 사로잡힌 자들이 이 묵은 감정을 풀기 위해 각자 희생양을 찾아 벌인 게임이 아닐까? 반공, 반일은 독창적인 이데올로기가 아니라 한국인들이 전쟁을 통해 쌓아 놓은 원한과 증오의 표현일 뿐이다.[157] 이 전쟁은 비상식이 상식을 무가치하게 만들었고, 신념과 양심을 가진 자들은 배신자로 낙인이 찍혔으며, 비굴하고 위선적인 자들은 순교자로 추앙되었다. 6·25전쟁을 다룬 김은국(金恩國)의 소설 『순교자』는 이러한 엇갈리고 모순이 난무한 시대에서 드러난 인간상을 그리고 있다. 1950년 6월 인민군 비밀경찰은 평양 시내의 교회 목사 14명을 체포한다. 이 가운데 처형당한 12명은 순교자로 추앙을 받게 되고, 여기서 살아남은 두 명은 배교자로 낙인이 찍힌다. 국군이 평양에 입성하자 육군 정보처 소속 장 대령은 이 대위에게 왜 단 두 명만 살아남았는지 진상을 조사하도록 명령한다. 대학 강사로 있다가 장교로 입대한 이 대위는 끈질기게 이 사건을 조사하지만, 두 명 중 28세인 젊은 목사는 미쳐 버렸고, 48세인 신 목사는 이 사건에서 왜 자신들만 살아남았는지 굳게 입을 다물고 말하지 않았다. 그러던 중 포로로 잡힌 인민군 소좌가 이 대위에게 사건의 진상을 말해준다. 처형당한 12명의 목사

---

156 전제 피살자 719명 가운데 3세 이하 젖먹이가 100명, 4~10세 어린아이가 191명, 11~14세가 68명, 14세 이하가 359명에 이르고, 나머지는 14세 이상이다.

157 최정운, 앞의 책 『한국인의 발견: 한국 현대사를 움직인 힘의 정체를 찾아서』, p. 95.

는 죽음 앞에 서자 인민군에게 매달리며 목숨만 살려달라고 애원하면서 신앙을 저버리는 것도 모자라 온갖 비굴한 행동을 다 했던 반면, 살아남은 두 명의 목사는 전혀 동요 없이 목숨을 구걸하지도 않았고, 신앙을 지키기 위해 죽음을 기꺼이 받아들이는 모습을 보였다는 것이다.[158] 결국 인민군은 이 두 목사가 끝까지 신앙을 지키려 한 것에 감동해 살려주었다고 사건의 진상을 밝혔다. 이 이야기를 들은 이 대위는 충격을 받았으나, 장 대령은 냉정하게 "아무 죄가 없는 목사까지 무참히 학살한 빨갱이들의 극악무도함을 알려야 한다"라며 "희생자 가운데 단 한 사람도 배교자가 없어야 한다"라고 강조한다. 그것이 바로 "우리의 목적"이라는 것이다. 그 뒤 열린 추모 집회에서 신 목사는 "나는 죄인이었소. 나는 허약한 자였소. 악의 세력에 굴복했소. 나는 절망의 꺼져가는 숨소리로 마비되었소"라고 고백하며 신도들에게 용서를 빌었다. 그리고 자신이 목숨을 구걸하려고 신앙을 버린 배교자라고 비판하며 "처형당한 12명의 목사는 굳건한 믿음을 가진 참 신앙인이며 순교자"라고 그곳에 참석한 교인들에게 선언한다. 그러나 목사 학살을 이용해 공산당의 만행을 선전하려는 장 대령과 이 사건의 진실을 파헤치려는 이 대위 사이에 마찰이 발생한다. 끝까지 진실을 밝히려는 이 대위에게 장 대령은 이렇게 말한다.

"이 비린내 나는 전쟁에서 자네의 그 양심이 그토록 확실하단 말인가?

---

158 김은국, 『순교자』, 문학동네, 2019, pp. 140~141.

자네도 이 전쟁의 땀을 핥았고 그 양심의 피를 빨았어. 안 그래? 안 그랬냐 말야!" "물론입니다. 저도 많이 죽였어요. 충분히, 어쩌면 충분 이상으로 많이 죽였습니다." "그렇다면 뭘 믿고 그렇게 혼자 잘난 척인가? 자네도 죽였고 나도 죽였어! 우린 살인자야! 그걸 잊지 말라고! 우린 목구멍에 차고 넘치도록 잔혹한 짓들을 많이 했어! 나도 죄를 지었고 이 대위, 자네도 역시 죄를 지었어!"[159]

이 대위는 '진실은 진실이기 때문에 밝혀져야 한다'는 입장이고 장 대령은 '진실은 덮어두어도 진실'이라고 생각한다. 어쩌면 이 소설 내용처럼 진실이 뒤바뀐 시대가 바로 지금의 현실이 아닐까? 친일파가 애국자가 되고 애국자는 빨갱이로 내몰려 죽임을 당한 뒤틀린 일들이 얼마나 많은지 정확하게 알려지지 않고 있다. 만일 독립운동가들과 항일투쟁가들이 자신의 이익을 애국심으로 포장해 일본과 싸우고 자유민주주의 국가를 세웠더라면, 또 6·25전쟁이 프롤레타리아 해방을 위한 것이 아니라 이들 계급을 자신들의 권력의 도구로 이용한 것이라면, 지금의 역사는 꾸며진 거짓의 픽션에 불과하다. 역사 기록은 종종 지배층의 의도에 의해 진실이 거짓이 되고 거짓이 진실로 바뀐다. 해방정국 이후 역사적 사실이라는 이름으로 수많은 거짓이 진실로 포장되었다.[160]

---

159 김은국, 위의 책 『순교자』, p. 175.
160 최근 이러한 인식 아래 독립운동가와 항일투쟁가들의 숨겨진 사실을 파헤친 저서로 진명행, 『조선 레지스탕스의 두 얼굴: 민족주의가 감춘 우리 영웅들의 화려한 흑역사』, 양문, 2021이 있다.

이러한 비극의 역사는 황순원(黃順元)의 소설 『카인의 후예』에서
도 묘사된다. 해방 직후인 1946년을 시대적 배경으로 펼쳐진 이 소
설은 평안도 지방 대지주의 아들이자 지식인 박훈의 이야기다. 그는
공산 체제 속에서 토지개혁을 둘러싸고 주변에서의 감시와 점점 조
여오는 올가미에 두려움을 느낀다. 그의 집안 토지를 관리해온 노비
출신 마름인 도섭 영감은 토지개혁을 앞두고 서서히 변해가고 있었
다. 마침내 도섭 영감은 노동당원에게 잘 보이기 위해 낫을 든 농민
들의 모임에 앞장을 서서 잔인한 수법으로 박훈을 직접 협박하기
시작한다. 이 때문에 박훈은 사촌 형제와 지인들과 함께 월남하기로
한다. 고향을 떠나기 전에 도섭 영감을 죽이기로 작정한 박훈은 그
를 뒷산으로 데리고 가서 칼로 죽이려고 하다가 몸싸움을 벌이게
되고, 그 과정에서 도섭 영감의 아들 삼득이가 아버지의 손에서 낫
을 빼앗아 멀리 던져버리자 두 사람의 몸싸움은 멈추고 말았다. 도
섭 영감은 박훈 집안과 한집에서 한 식구처럼 같이 살아온 가족과
다름없는 사이다. 그러나 박훈은 가족 같은 도섭 영감을 죽이려고
했다. 성서에 나오는 카인과 바벨처럼 형이 혈육 동생을 죽이고도
야훼 하나님에게 떳떳하게 자신의 무고함을 변명한 모습이 바로 이
시대 우리 민족의 모습이었다.[161] 이 소설에 의하면 지주, 마름, 소작

---

161 『카인의 후예』는 해방 이후 계급의 사회적 의식이 가장 높은 수준에서 발현된 소설
이다. 이 소설에는 두 개의 대립되는 인물과 세계상이 나타난다. 평면적 인물과 입
체적 인물, 자연의 공간과 역사의 공간이 그것이다. 이 두 대립과 갈등을 빚은 인물
과 세계는 가치론적인 성격을 띠고 있다. 평면적 인물과 자연의 공간은 긍정적 성격
을 지니고 있으나, 입체적 인물과 역사의 공간은 부정적 성격을 지니고 있다. 이런
인물과 성격에 대한 묘사는 상당히 이데올로기적이다. 이 묘사의 기반을 이루는 이

인의 사회적 위계가 이념에 의해 무너지는 상황이 해방정국의 불가피한 결과겠지만, 이는 인간성의 근본 문제와도 직결되어 있다. 주인공 박훈이 월남을 결심하기까지 겪는 일련의 사건들은 곧 원한과 증오심이 어떻게 발생했고 어떤 방식으로 표출되었는가를 보여준다. 여기에서 인간성과 반공주의는 서로 대립 관계를 형성해 죄의식조차 정당성으로 포장된다.[162]

이범선(李範宣)의 「오발탄」은 전쟁 이후 고향을 떠난 월남 피난민이 겪은 가난과 고통, 비정한 삶의 모습을 통해 민족성을 상실한 우리 사회의 모순을 보여주고 있다. 오발탄이 상징하는 현실의 모순성은 겉으로 포장된 인간애와 민족애가 현실 속에서는 참혹함과 냉정함으로 변해 있음을 보여준다. 동족상잔의 전쟁을 치렀던 조국은 민족 공동체라기보다 서로 감시하고 경계해야 할 적자생존의 사회가 되고 말았다.[163] 전후 갈등과 혼란의 시대에 윤리 부재는 가족 공동

데올로기의 내용은 봉건적 성격임이 드러난다. 북한의 토지개혁은 지주계급의 몰락을 선언하는 역사적 사건이었다. 따라서 새롭게 등장하는 세계를 그리고 있는 이 소설은 몰락하는 계급의 역사적 원한과 증오로 채워지고 있다. 박은태, 「황순원의 『카인의 후예』의 연구」, 『현대문학의 연구』 제30호, 한국문학연구학회, 2006, pp. 307~338.

162 '큰 눈'의 오작녀는 그러한 사회의 폭력과 광기, 타락을 모조리 지켜보는 존재다. 이 공동체에서 박훈이 감내하고 있는 일체의 부도덕하고 부조리한 상황, 즉 박해의 모든 순간을 증언하는 눈이 바로 오작녀의 눈이기 때문이다. 요컨대, 박훈에게 그녀는 모든 박해의 증언자이자 자신의 도덕적 정결성을 입증해줄 유일한 생존자다. 바로 그 눈을 매개로 박훈은 자신의 기독교적 주체성을 재정립할 수 있게 된다. 이철호, 「반공 서사와 기독교적 주체성: 황순원의 『카인의 후예』(1954)의 경우」, 『상허학보』 제58권, 상허학회, 2020, pp. 447~474.

163 소설 「오발탄」은 전쟁 이후 월남한 사람들의 비참한 시대상과 더불어 인간에 대한 사회의 학대와 배신이 얼마나 잔혹한지를 드러내고자 했으며, 소설 「화교영기(花橋榮記)」는 국공내전으로 인해 대만으로 이주할 수밖에 없었던 사람들의 비참한 삶

체 파탄으로 이어지며, 이러한 위기 상황에서 철호는 빈곤을 해결할 수 없는 무능한 장남 가장이라는 자의식에 시달린다. 갈 데가 없어 사무실에 앉아 있던 그가 손을 씻다가 대야 밑바닥에서 본 한 원시인 사나이의 환영은 그 자신의 모습이었다. 그는 식구들을 먹여 살리기 위해 온종일 숲속을 맨발로 헤매고 다닌다. 이미 붕괴한 가부장제를 극복할 수도 없고, 그런 가운데 기득권을 누리는 권위적인 아버지 대신 너무 많은 짐을 져야 할 장남 가장의 지쳐 있는 모습, 가족의 비극과 패배의식으로 엉킨 시대상의 이야기다. 가족은 곧 국가이고, 장남은 국가를 지켜가야 할 우리 국민이며, 권위적인 아버지는 국가 지도자로 상징된다. 「오발탄」은 이렇게 앞뒤가 바뀐 모순 덩어리의 국가와 사회를 고발한다. 이런 국가에서 한국인은 과연 어떻게 살아가야 할까?

손창섭(孫昌涉)의 「비 오는 날」에서 전쟁 이후 복수전이 끝난 시점에서 살아가던 당시 사람들의 모습은 그야말로 눈물 같은 빗물에 젖어 있는 귀신같은 몰골이다. 이들이 사는 국가는 말 그대로 도깨비 집이다. 원구는 비 오는 날이면 친구 동욱이 남매가 생각난다. 그들은 비에 젖어 있는 인생들이었다. 긴 장마철, 원구는 동욱의 집을

<hr>

과 고향에 대한 향수를 그려내고자 했다. 이범선과 백선용(白先勇)은 자신의 경험을 바탕으로 전쟁으로 피난을 가야 했던 당대 실향민의 비참한 사회상을 그리고, 소설 속 등장인물들 각각의 인생 스토리를 담아내어 전쟁의 잔악무도함과 분단의 아픔을 드러내는 한편, 소설을 통해 전쟁의 폐해를 조명하고 전쟁을 일으킨 인간의 행위에 성찰을 유도했으며, 다시는 이러한 비극이 일어나지 않기를 고대했다. 굴항(Qu Hang), 「「오발탄」과 「화교영기」에 나타난 이주 담론 연구」, 『춘원연구학보』 제16호, 춘원연구학회, 2019, pp. 419~442.

찾아간다.

> 비는 여전히 줄기차게 내리고 있었다. 우산을 받기는 했으나 비가 후려치고 흙탕물이 튀고 해서 정강이 밑으로는 말이 아니었다. 동욱이가 들어 사는 집은 인가에서 뚝 떨어져 외따로이 서 있었다. 폐가와 같은 집 앞에 우두커니 우산을 받고 선 채, 원구는 한동안 움직이지 않았다. 금시 대가리에 뿔이 돋은 도깨비들이 방망이를 들고 쏟아져 나올 것만 같았다. 이런 집에 동욱이와 동옥이가 살고 있다.[164]

진흙탕 길을 걸어서 도깨비 같은 집을 찾아간 원구가 만난 원귀 모습을 한 동옥이, 그리고 제정신이라고 믿기 어려운 동욱의 행색은 인간 세상에서 벗어난 원시인 세계의 야만인이고 유령이었다. 1950년대 손창섭의 소설 속 인물들은 죽어가는 사람이거나 죽음 외에 달리 갈 곳이 없는 사람, 그리고 죽음으로 끌려가는 사람들이다. 이 죽음을 피할 수 있는 사람들은 거의 없다. 한국인들이 살아야 하는 국가는 이렇게 죽음이 가득 찬 곳이었다. 살아 있는 사람들은 좀비이거나 곧 죽을 것을 알고 있는 사람들뿐이었다. 전쟁이 끝난 1950년대 대표적인 소설에 나타난 한국인의 모습은 죽음이며, 그 죽음이라는 사건은 아무도 목격하지 못한 순간에 일어난 것이었다. 그러나 죽음으로 기꺼이 가려는 사람은 없다. 모두 죽지 않으려고 애써 저항하지만 결국 비명도 못 지르고 언제 죽었는지도 모른 채 시체로

---

164 손창섭, 「비 오는 날」, 『손창섭 단편 전집』 제1권, 가람기획, 2005, pp. 77~78.

발견된다.[165] 6·25전쟁에서 살아남은 자들의 모습은 손창섭의 소설 「잉여인간」의 채익준과 천봉우 같은 인물이 보여주고 있다. 이 두 사람은 정치가와 지도자뿐 아니라 모두 다 썩어버린 한국 사회에 극도로 분노해 절망과 좌절로 죽어가는 존재에 불과했다.[166]

일제강점기부터 해방정국을 거쳐 6·25전쟁에 이르기까지 할아버지, 아버지, 손자에 걸친 가족사를 그린 선우휘(鮮于煇)의 「불꽃」은 그 시대적 상황 속에서 체념과 순응주의를 비판한다. 주인공 고현의 아버지는 기독교 신자로서 3·1운동 때 일본 경찰의 총에 맞고 뒷산

---

165 이러한 죽음의 공간을 보여주고 있는 작품이 김동리의 「밀다원 시대」다. 밀다원이라는 다방은 전쟁 통에 살기 위해 땅끝까지 밀려온 사람들, 특히 서울을 중심으로 모이던 문화인들에게 즐겁고 편안한 아지트였다. 그러나 작가는 벽화처럼 앉아 있던 시인 박운삼을 통해서 밀다원 다방에 찾아온 사람들에게 죽음이 가까이 왔음을 보여준다. 최정운, 앞의 책 『한국인의 발견: 한국 현대사를 움직인 힘의 정체를 찾아서』, pp. 119~122.

166 '잉여'는 단순히 경제적 차원에서 자본 투자로부터 획득한 이윤의 의미가 아닌 사회적 차원에서의 '쓸모없음', '무가치'의 의미를 지닌다. 지그문트 바우만(Zygmunt Bauman)은 '잉여 인간'을 전통적 의미에서의 실업자나 노동예비군과는 전혀 다른 범주로 설정하면서 '인간쓰레기'라고 명명하는데, 이들은 근대 사회의 설계와 질서 구축 과정에서 "현대화가 낳은 불가피한 산물이며, 현대에 불가피하게 수반"된 부작용이다. 지그문트 바우만, 정일준 옮김, 『쓰레기가 되는 삶들』, 새물결, 2008, pp. 21~22. 「저어(齟齬)」, 「고독한 영웅」, 「잉여 인간」과 같은 1950년대 중후반 단편소설에 나타나는 허례허식에 대한 집착이나 금력, 권력으로 모든 합법적 절차를 무시해버릴 수 있는 사회의 부패상에 대한 통렬한 비판 역시 니체식의 '강자'상과 겹쳐진다. 이들 소설의 인물들은 외부에서 작용하는 저항에 부딪힐수록 자신의 내적 힘을 키워나가며 주권적 개인으로서의 힘을 보여준다. 그리고 이처럼 무모할 정도로 우직하게 자신의 신념을 따르다가 갈등을 크게 키워나가는 '고집 센' 인물들 또는 '양심적인' 인물들은 이 행위를 통해 그들을 둘러싼 환경의 모순과 부조리, 즉 1950년대 사회의 타락과 부패의 심각성을 더욱 두드러지게 보여준다. 이처럼 손창섭은 개인과 사회 사이의 대항과 절망에 놓인 인간성을 문제의식으로 삼아 1950년대 전후 사회의 생리를 파헤치고 있다. 서은혜, 「손창섭 소설과 니체적 사유의 관련성」, 『현대소설연구』 제74호, 한국현대소설학회, 2019, pp. 275~318.

동굴에 피신했다가 죽은 민족주의자였다. 현의 할아버지 고 노인은 조상 일만 돌보며 안일하게 살아가면서 손자 현을 지극히 돌본다. 현은 일본에서 유학 생활을 할 때 제국주의자 다까다 교수에게 불만을 품고 귀국했다가 학병으로 끌려가 파병된 중국에서 탈영해 고향으로 돌아온다. 그 과정에서 만주에 진주한 소련군의 만행도 경험하며 인간에게 내재한 잔악성에 큰 충격을 받는다. 이후 해방된 고향으로 돌아온 그는 여학교 교사로 근무하면서 좌익과 우익의 사상적 갈등과 혼란을 경험하고 여순 반란 사건도 듣게 된다. 6·25가 터지자 월북했던 고향 친구 연호는 공산주의자가 되어 고향에 돌아온다. 현은 연호로부터 혁명의 일원이 될 것을 요청받지만, 오히려 현은 그런 연호를 동정하며 혁명에 대해 회의적 태도를 보인다. 이에 연호는 분노하며 인민재판을 열고 현의 동료 여교사 조 선생의 부친을 처형한다. 이에 분노한 현은 보안서원의 총을 빼앗아 아버지가 죽은 동굴로 피신한다. 연호는 현의 할아버지를 인질로 삼아 현에게 투항을 종용한다. 현이 이를 거절하자 연호는 현의 할아버지를 사살하고, 그 순간 현과 연호는 서로 총을 쏜다. 연호는 쓰러지고 현도 어깨에 총을 맞고 죽어간다. 이렇게 '서로 죽이기 게임'은 비극이지만, 절망과 좌절, 그리고 서로 원수가 되어버린 이 땅에서 살다가 맞이한 죽음은 "통절히 느껴지는 해방감"이었다. 그래서 현은 끝없이 푸른 하늘로 트이는 마음의 상쾌함을 느낀다.

윤흥길(尹興吉)의 『장마』는 6·25전쟁으로 빚어진 두 가족의 갈등과 비극을 그린 소설이다. 국군으로 전사한 아들을 둔 외할머니와 빨치산 아들을 가진 친할머니가 한집에서 살며 서로 적의 관계가 되어버린 아들을 두고 극단적인 대립을 보여준다. 결국, 빨치산 아들도 국군 토벌로 사망하자 죽은 아들이 구렁이로 환생해 집으로 돌아온 것으로 믿고, 이로써 이생에서 이념의 갈등을 극복한 두 할머니는 화해하게 된다. 그리고 길고 지루했던 장맛비가 그친다. 전쟁의 폭력성과 그 전쟁의 폭력성에 죽거나 불구가 되거나 정신을 놓친 사람들의 상처투성이 영혼을 껴안고 위무하는 연민의 노래다. 이렇게 6·25전쟁은 이웃, 친척, 친구, 심지어 가족 구성원 사이를 적으로 갈라놓고 참혹한 살인 축제를 벌이게 했다.[167]

　서로 적으로 삼을 만큼 이데올로기적 대치로 반목하는 상황에서 이를 극복하는 방법은 타자에 대한 진정한 이해뿐이다. 상대방에 대한 내 생각과 감정을 모두 버리고 민족애 또는 가족애로 상대를 받아줄 때 폭력을 해결할 수 있다.[168] 그러나 이런 적대적인 감정을 이해와 민족애로 치유하기에는 우리 내면에 쌓인 원한 관계는 너무 오래되었고 깊었다. 이 때문에 해방정국과 6·25전쟁에서 벌어진 동포 간의 '서로 죽이기 게임'은 단지 이념 갈등으로 설명할 수 없다. 한마디로 이 전쟁은 '원수를 찾아 복수하는 것'이었다. 일제강점기

167　윤흥길의 소설 『장마』는 이데올로기라는 허위의식에 매달려 상처받은 자가 상처가 없는 것처럼 가면을 쓰고 있는 타자를 끌어안기란 얼마나 어려운 일인가를 설득하고 있다. 그리고 이 소설은 자연과 비자연, 좌익과 우익, 부성과 모성, 친할머니와 외할머니의 대립을 내세워 인간을 구속하는 이데올로기의 극복이 도덕적·윤리적 가치로서 무거운 과제임을 확인시켜 주고 있다. 이는 당대 사회 문제뿐만 아니라 한국 사회에 뿌리 박혀 있는 문제이자 인간이 짊어지고 가야 할 숙명임을 보여주고 있다. 김동현, 「윤흥길의 『장마』에 나타난 이데올로기의 해체 방식」, 『우리문학연구』 제25집, 우리문학회, 2008, pp. 199~222.

168　최창근, 「절대적 환대의 가능성에 대하여: 윤흥길의 단편소설을 중심으로」, 『감성연구』 제14권, 전남대학교 호남학연구원, 2017, pp. 43~71.

에는 사대부 양반과 상놈의 구별은 있었으나 공산주의나 자본주의 또는 좌익과 우익이라는 이념은 일부 지식인 외에 민중에게 널리 알려진 사상이 아니었다. 빨갱이와 친일파라는 편 가르기 구조를 나타낸 이념의 용어는 해방정국에서 독립운동에 헌신해온 민족지도자들이 각기 다른 이념의 국가 건설을 놓고 벌인 권력투쟁과 동서냉전 체제에서 미군정의 반공 정책이 만들어낸 것이다. 그러므로 해방 이후 살육전으로 폭발된 한국인의 갈등과 적대는 이념이 아니라 신분 차별에서 생겨난 원한의 감정에서 비롯된 것으로 이해해야 한다. 이러한 사실은 경기도 광주시와 용인시 마을들의 연구를 통해서 살펴볼 수 있다.[169]

먼저 양반과 상민이 모여 사는 마을은 여수리와 하원대리, 능원리이며, 상민이 많은 마을은 도촌리와 창평마을, 그리고 양반마을은 거곡마을이다. 여수리에는 92가구가 살고 있고, 이 가운데 양반 출신이 42가구, 상민 출신이 48가구, 천민 출신이 1가구, 신분 불명 1가구가 살고 있다. 일제강점기 면장을 지낸 이모씨는 양반 출신으로, 그 위세로 촌락을 통솔해나갔다. 그러나 해방 이후 민주주의 사회의 이념들이 침투해오자 양반의 위력은 예전처럼 발휘되지 못했다. 특히 해방 후 토지개혁으로 양반과 경제적으로 대등해진 상민들은 양반의 위세에 반기를 들었다. 상민 출신의 반발로 여수리 양반 출신들은 자기들끼리 친목회를 조직해 애경사를 처리해나갔다. 이

---

169 이 조사 내용은 이만갑, 「1950년대 한국 농촌의 사회 구조」, 앞의 책 『해방 전후사의 재인식』 제2권, pp. 400~411에서 인용한 것이다.

들 친목회는 양반 출신 사이의 일종의 혼상갑계(婚喪甲契), 즉 혼인과 장례, 상부상조를 위한 것이었다.

또 하원대리 마을에는 광주이씨와 밀양박씨 두 가문 출신이 산다. 광주이씨는 양반 출신으로 21가구이며 주로 안골, 양지마을에 살고 있고, 밀양박씨는 상민 출신으로 17가구이며 뒷마을에 산다. 이들은 신분상 상대방을 차별하거나 멸시하는 의식이 매우 강했고, 그래서 양반 출신 이씨 젊은이가 상민 출신 박씨에게 말을 함부로 하거나 모욕을 줘도 이에 반박하지도 못했다. 이와 달리 도촌리의 경우는 그 반대였다. 도촌리는 두 집만이 양반 출신이고, 나머지는 모두 상민 출신이다. 이 마을 사람들은 농지개혁 이전에 소작농이 대부분으로 양반 출신이 없고 신분이 서로 같다 보니 사회 구조는 수평적이며, 서로 융합과 협동이 잘 이루어지고 있다. 또 창평마을에는 양반 출신이 거의 없고, 농지개혁 이전에 대개 소작농이었다. 마을 사람들은 모두 평등한 관계에서 살고 있으며, 촌락 대표도 능력으로 선출한다. 한편 거곡마을에는 26가구 중 한 가구를 제외하고 모두 양반 출신이 살고 있다. 이 마을은 김씨, 손씨, 양씨 등 세 성 간에 통혼으로 인척 관계를 맺고 있어서 이렇다 할 갈등이 없다. 이 마을은 순전한 양반촌이기 때문에 신분상 대립이 없고 유교 가치관이 강하다. 능원리에는 모두 57가구가 살고 있는데, 주 세력은 고려 말 충신 정몽주의 후손인 양반 출신 영일정씨다. 그리고 다른 성씨 양반 출신이 7가구이며, 나머지 21가구는 상민 출신이다. 이 마을에 정몽주 묘와 충렬서원이 있어서 조선시대 영일정씨 세도는 아주 강했으며, 일제강점기에도 이들 가문의 위세는 이 지방을 지배했다. 경제적으로도 지주나 자작농이 많아 여유가 있었다. 그래서 능원리 양반 출신들은 신분적으로 위세를 부리는 성향이 유달리 강해 조선시대부터 일제강점기에 이르기까지 상민과 이런저런 문제로 감정 대립이 많았다. 해방 후 이들 양반 출신 마을에 변화가 일어났다. 일제 강점기에 교육을 받은 이들 정씨 가문 출신 젊은이 가운데 좌익 사상에 물들어 남로당에 가입한 자가 17명 정도에 이르렀다. 이들은 해방이 되자 신분 차별을 타파하자며 탕평운동을 전개하고 상민들을 불러서 회의까지 열기도 했다. 이런 사례는 매우 드문 경우지만, 좌익 사상의 핵심이 평등이라는 점을 미루어 보면 이런 신분의식의 변화가 정상적이다. 그러나 거의 모든 지역에서 이념보다 감정이 우세했다.

지금 살펴본 바와 같이 상민 또는 양반 출신 마을은 협동과 융화가 잘되고 마을 주민 사이에 갈등이나 대립이 발생하지 않았지만, 양반과 상민이 함께 거주한 마을은 마찰과 적대적인 감정이 강하게 존재하고 있었다. 해방 이후 6·25전쟁이 발발했을 때도 오늘날 우리가 상상하기 어려운 신분의식이 강하게 유지되고 있었다. 양반과 상민의 신분은 학력이나 경제력 면에서뿐만 아니라 생활 공간인 마을에서도 서로 구별되었다. 이 두 신분 출신은 서로 감정적으로 예민하게 적대하고 대립했으며, 양반 출신은 상민 출신을 멸시하고 상민 출신은 양반 출신에게 반항했다. 이들 마을의 협동과 통합은 신분으로 결정되었으며, 양반과 상민 출신이 함께 거주한 마을에서는 길가에 버려진 쓰레기조차 치우지 않을 정도로 편견과 갈등이 심했다. 이러한 신분의식은 20세기 전반에 이르기까지 그 영향력이 줄어들지 않았다.[170] 일제 식민통치기에는 치안의 유지로 이런 갈등의 마찰이 일어나지 않았으나, 해방 후 신분상 평등한 관계가 되자 쌓인 적대 감정이 폭발하게 된 것이다.

현재 4개 씨족, 600여 가구가 사는 유서 깊은 전남 영암군 군서면 구림마을 주민들이 6·25전쟁 중에 서로 해묵은 감정을 못 이기고 갈퀴와 괭이로 서로 죽이는 일이 벌어졌다. 좌익 주민은 경찰과 우익분자를 살해했고, 인민군이 물러나자 경찰은 인민군 부역자 90여 명을 학살했다. 또 얼마 후 인근 계곡에서 국군이 주민 13명을 처형했다. 이후 최근까지 이들은 거의 모든 가족이 서로 원한과 복수심으로 얽혀 말도 섞지 않고 지냈다. 그러다 2006년경에 이들은 가해자를 밝히지 않고 사망자 명부를 기록하고 합동 추모제를 지냈다. 이제 서로 원한도 복수심도 모두 잊자며 마을 주민 모두 화해를 했다고 한다.[171]

19세기 말 개신교가 들어오면서 신식 학교가 세워지고 선교사들의 전도 과정을 통해 평등의식이 널리 전파되기도 했다. 그러나 일제강점기에도 여전히 이러한 신분의식이 없어지지 않고 각자의 마음속에 남아 있었다. 그러다가 6·25전쟁 과정에서 지배층은 모든

---

170 이러한 신분상 대립 감정은 양반과 상민 출신 농촌마을 주민들이 자주 행정기관을 출입하는 것에서 잘 나타난다. 면사무소와 파출소 등에 자주 출입하는 주민은 대개 교육을 많이 받고 경제적 여유를 가진 자들이 많다. 민원의 내용은 정부나 관리에 대한 비난과 불평이다. 주민들 다수가 우익 정당인 자유당과 극우 단체 국민회를 비롯한 수리조합 등 경제 단체에 속했다. 이런 가운데 전통 사회에서 물려받은 양반과 상민의 신분 차별은 1950년대를 잠재적인 적대 상태로 몰아넣었다. 이만갑, 앞의 글 「1950년대 한국 농촌의 사회 구조」, pp. 427~428.

171 브루스 커밍스, 앞의 책 『한국전쟁의 기원』, pp. 317~318.

재산을 잃고, 여기에 공산주의자들에 의해 거의 다 살해당하기까지 했다. 그 결과 모든 사람이 가난한 민중으로 전락함으로써 사회적 평등이 실현되었다. 이로써 혈연과 지연이 견고했던 한국이라는 나라는 근대화의 전 단계인 주인이 없는 시대를 맞이하게 된 것이다.

그러나 '서로 죽이기 게임'의 절정인 6·25전쟁은 남북 모두에게 망각할 수 없는 깊은 원한과 증오를 낳았다. 또 이 추악한 살인 게임은 우리에게 민족의 정체성을 앗아갔을 뿐 아니라 자본주의와 사회주의라는 가면을 쓰고 서로 편 가르기를 부추겼다. 여기에 미국과 중국 등 강대국에 기대어 주체의식마저 갖지 못했다.[172] 특히 서로 철천지원수가 되어버린 상황에서 거제도 포로수용소에서 벌어진 '서로 죽이기 게임'처럼 상대를 죽이지 않으면 내가 죽는다는 민족 멸종론이 절대적인 지배 이념이 되어버렸다.[173] 이런 위기의식 때문

---

172 이러한 종속은 미국이 냉전 체제 경쟁에서 자국 체제의 우월성을 드러내고 승리를 확고히 해 세계적인 헤게모니를 구축하기 위한 수단으로서 전쟁 이후 남한의 근대화와 맞물려 심어준 자본주의 생활 방식과 안보의식이다. 1950년대 현대적인 인식과 삶을 규정하는 주된 요인은 냉전 대립과 상존하는 전쟁의 위험에서 경제적 빈곤으로 대치되었고, 현대성과 일상성의 재구성도 이에 부합하도록 맞춰졌다. 전후 자본주의를 토대로 한 반공사상과 미국식으로 생활의 변화를 이루자고 주장한 지식인이 대한민국의 정체성을 새롭게 재구성하는 과정에서 분단 체제가 만든 대립적 현실을 올바르게 바라보지 않고 망각의 수면 아래로 가라앉게 했다. 허은, 「'전후(1954~1965)' 한국 사회의 현대성 인식과 생활 양식의 재구성」, 『한국사학보』 제 54호, 고려사학회, 2014, pp. 319, 321.

173 서로 멸종시키기 위한 살인의 공간으로 꼽히는 거제도 포로수용소는 인민군 15만, 중공군 포로 2만, 여자 포로와 의용군 3천 명 등 최대 17만 3천 명을 수용했다. 이 안에서 반공포로와 공산포로로 나누어 서로 야만적인 학살 사태가 벌어졌다. 자유의사 포로 송환 철회 등의 요구로 폭동이 일어나자 미군 발포로 70명이 사망하고 140명이 부상당했으며, 미군과 반공포로들이 서로 부딪혀 포로 50명이 살해당한 데 이어 공산포로에 의해 반공포로 105명이 살해당했다. 6·25전쟁의 휴전협상을 가장 오래도록 지연시켰던 것은 포로 문제였으며, 이념적 대립 요소가 내포되

에 동서냉전 체제가 종식되고 사회주의 종주국 중국과 러시아가 자본주의 체제로 전환했음에도 한반도에는 아직도 북에는 공산주의 체제가 유지되고 있고 남에는 미국 군대가 주둔하고 있다. 반공과 반일은 원한과 증오의 이데올로기이며, 반제국주의와 반미 역시 같

어 매우 복잡한 양상을 나타냈다. 그러므로 6·25전쟁과 관련된 남북의 이념적·사상적 대립과 관련된 많은 연구와 저서들이 있지만, 포로를 대상으로 한 실증적인 연구는 거의 없다. 미국 국무부의 6·25전쟁납북인사가족협의회의 거제도 포로수용소 명단(가족회DB, 1만 4,937명)과 국방부 군사편찬연구소에 보관된 거제도 포로수용소 명단의 일부 자료(군사편찬DB, 4만 7,984명)를 토대로 거제도 포로수용소를 분석해보면 가족회DB와 군사편찬DB 모두 포로들의 나이가 16살에서 35살에 집중되어 있다. 포로 가운데 남한 출신은 3,523명(39.5퍼센트)이고, 북한 출신은 5,433명(60.6퍼센트)이며, 이 가운데 황해도 출신이 3,262명(21.8퍼센트)으로 가장 많았다. 그리고 일본인 포로도 1명 있었던 것으로 나타났다. 또한 포로들의 연락자로 '남편'이라고 응답한 여자 포로도 9명이 포함되어 있었다. 포로들의 행선지 선택 결정은 북송(44.8퍼센트), 석방(26.7퍼센트), 탈출(19.9퍼센트), 중립국 이송(6.6퍼센트), 사망(2.0퍼센트)으로 나타났다. 김명호, 「거제도 포로수용소의 포로에 대한 실증적 분석」, 『통일연구』 제18권 제2호, 연세대학교 통일연구원, 2014, pp. 5~36. 거제도는 포로수용소에서 생활했던 전쟁포로뿐 아니라 이곳에서 뿌리를 내리고 살았던 거주민, 그리고 흥남 철수를 계기로 밀려 내려온 피란민들의 일상이 이루어졌던 장소였다. 따라서 거제도에 산재해 있는 거제 포로수용소와 관련된 유무형의 잔재들은 전쟁포로를 알 수 있는 흔적이자 거주민 및 피란민의 물리적 세계와도 연결되는 기억의 보고다. 이에 관한 역사적 기억에 대해서는 변화영, 「거제도'의 전쟁포로에 대한 기억과 흔적: 손영목의 『거제도』를 중심으로」, 『한국문학논총』 제77집, 한국문학회, 2017, pp. 337~362 참조. 1950년대에 발표된 포로수용소를 배경으로 한 소설들은 일반적으로 공산포로들이 반공포로를 상대로 일으킨 대량학살의 잔인성을 고발하는 데 초점이 맞추어져 있다. 곽학송(郭鶴松)의 「녹염(綠焰)」(1955), 장용학(張龍鶴)의 「요한시집」(1955), 오상원(吳尙源)의 「죽음에의 훈련」(1955), 이호철(李浩哲)의 「나상(裸像)」(1956) 등은 반공포로의 잔혹성과 학살의 과정을 서술하고 있다. 유학영, 『1950년대 한국전쟁 전후 소설 연구』, 북폴리오, 2004, pp. 50~51. 한편 황해도 출신으로 전쟁이 발발하자 북한군 보충병으로 징집되었다가 유엔군의 포로가 되어 부산, 거제, 광주 등의 포로수용소에서 3년간 수용소 생활을 한 작가 강용준(姜龍俊)이 거제 포로수용소를 배경으로 쓴 작품 「철조망」(1960)을 분석한 연구는 서은주, 「한국전쟁의 기억과 글쓰기: 거제도 포로수용소 체험을 중심으로」, 『작문연구』 제12집, 한국작문학회, 2011, pp. 43~75 참조.

은 대립적인 이데올로기다. 아직 한반도에는 전쟁이 끝나지 않았다. 어느 한쪽이 멸종해야 내가 살기 때문이다.

거제도 포로수용소에서의 생활을 바탕으로 한 손영목(孫永穆)의 소설 『거제도』에서 평남 성촌의 지주 집안 출신의 윤석규는 토지개혁에 대항하다 아버지가 총살당하고 어머니마저 울화병으로 죽자 반공적인 우익 성향으로 변한 인물로, 우익 성향의 포로들이 수용된 제73수용소에 재배치되었다. 휴전이 현실화된 상황에서 열렬한 반공주의자가 된 윤석규는 더 많은 송환 거부자를 확보하기 위해 동료를 구타하고 죽이며 잔악한 인간으로 변화하고 있었다. 이 소설은 주인공 윤석규의 기억을 통해 포로들을 구타하고 학살한 친공, 즉 공산포로의 잔혹성과 마찬가지로 반공포로들도 공산포로의 심문 과정에서 폭행과 학살을 자행한 사실을 보여주고 있다. 이산과 학살의 주체이자 희생양이 된 윤석규의 흔적을 담은 『거제도』는 반공포로를 인간적으로 미화하거나 공산포로를 잔혹한 살인마로 부각했던 공적 기억들에 균열을 내는 대항적 기억이라고 할 수 있다.[174] 역사

---

174 이 소설은 반공포로에 대한 '망각한 기억'을 윤석규라는 인물을 통해 회상함으로써 공산포로에 대한 '만들어진 기억'을 다시 복원하고 있다. 변화영, 앞의 글 「'거제도'의 전쟁포로에 대한 기억과 흔적: 손영목의 『거제도』를 중심으로」, pp. 355~357. 거제도 포로수용소는 이념을 달리한 포로들 간의 생존 현장이었고, 남북한 당국의 정치적 정당성 강화를 위한 표본지였으며, 냉전 시대에 미소 양국으로 대립한 이념 갈등의 축소판이었다. 그동안 한국 전쟁문학이 외면해온 포로수용소 소설을 대상으로 기억사회학의 방법론을 활용해 한국전쟁을 재현해낸 연구는 차민기, 「포로수용소 소설에 나타나는 '포로 체험'의 기억 양상」, 『현대문학이론연구』 제49집, 현대문학이론학회, 2012, pp. 155~183 참조. 이러한 기억을 뒷받침해주는 연구를 보면 수용소 운영이 포로들의 자치로 이루어져 단위 수용소를 장악하기 위한 친공포로와 반공포로의 주도권 다툼이 이루어졌고, 이 과정에서 포로들은 친공과 반공으로

에서는 어느 사건이 자신에게 불리하면 기억에서 지워버린다. 이렇게 망각과 기억은 서로 대치점에 있지만 역사에서는 끊임없이 현재와 상호 작용을 하듯 역사에서 기억과 망각은 서로 교차하면서 반복하는 것이 아닐까?

갈리게 되었다. 1951년 7월의 정전회담 개시는 포로수용소를 이념 갈등의 장으로 만들었다. 수용소를 장악하기 위한 공산포로와 반공포로의 주도권 다툼은 유혈 사태로 번졌는데, 9·17폭동은 그중 하나였다. 구술에 의해 이 사건을 분석한 결과, 제85수용소에서 발생한 9·17폭동은 천도교 포로의 반공 활동으로 인한 공산포로 학살 사건이었다. 그리고 천도교 포로들은 이를 기점으로 반공의 길에 앞장서게 되었다. 이는 반공포로의 발생이 이승만 정권의 자유주의적 우월성과 미군의 인도주의적 정책으로 이루어졌다고 보는 지금까지의 시각과는 다르다. 천도교 포로들의 반공 활동은 전쟁 이전에 이미 북한에서 벌어진 사회주의 체제에 의한 천도교 세력에 대한 배제에 기인했다. 북한 사회주의 정권 수립의 한 축을 담당했던 북한 천도교 세력이 사회주의 정권 확립 과정에서 배제되고 주도적 인물들이 사회주의 정권에 의해 제거되자 이에 대한 반발이 수용소에서의 반공 활동으로 구체화되었다. 성강현, 「거제도 포로수용소의 9·17폭동 연구」, 『한국민족운동사연구』 제86집, 한국민족운동사학회, 2016, pp. 201~240.

5

결론: 적으로 살기 – 망각과 기억

6·25전쟁을 거치면서 전통적인 가족 관계와 사회 질서에 큰 변화가 일어났다. 농지개혁으로 지주계급이 사라지고 신분 차별도 없어졌다. 휴전 이후에는 출생률이 크게 상승해, 1955년부터 1960년까지 이른바 '베이비붐' 현상이 나타났다. 그러나 6·25전쟁은 남북 민간인과 군인, 그리고 이 전쟁에 참여한 유엔군과 중국군 등 총 635만 267명의 사상자를 내는 등 큰 대가를 치러야 했다.[175] 이 엄청난 살상전이 끝나고 남한과 북한은 파괴된 국토 복구 작업에 모든 국력을 쏟아부었다. 그러나 이 전쟁으로 사람이 죽고 집만 부서진 것이 아니라 정신까지 파괴되었다. 그것은 곧 동포라는 관계까지 끊어지게 해 남한과 북한은 서로 적으로 살아야 했다. 전쟁을 통해 형성된 적대감으로 남북한 사이에 흑백 논리에 의한 이데올로기적 대립이 강화되었으며, 한민족의 운명 공동체 의식도 파괴되어 민족으로

---

[175] 6·25전쟁은 1816년부터 1965년 사이에 발생한 전 세계 50개의 전쟁 중 전쟁 규모, 격렬도, 범위 등에서 제1·2차 세계대전 다음으로 3위에 해당할 만큼 치열한 전쟁이었다. J. David Singer and Melvin Small, *The Wages of War: 1816~1965*(New York: John Wiley & Sons, 1972), pp. 131~134.

서 동질성조차 상실되었다.[176] 잔혹한 동족상잔을 벌인 한국 사회는 두 차례 세계대전을 벌인 유럽 사회만큼이나 정신적·문화적 붕괴에 직면해 현실과 미래에 대한 비관적인 생각에 젖을 수밖에 없었다. 이러한 전쟁과 분단, 그리고 이념의 대립으로 받은 정신적 충격과 붕괴를 한 지식인은 다음과 같이 서술하고 있다.

> 피눈물 나는 6·25동란, 그 동족상잔이 보여준 냉혹함, 그리고 민족 개념의 붕괴. 일제하의 숭고한 이념으로 최고의 정신적 가치로 받들어왔던 만큼, 그리고 해방의 감격이 컸던 만큼, 이 민족이라는 정신적 가치의 급격한 전락은 그만큼 더 가혹하고 깊은 충격을 주지 않을 수 없었다. 우리는 극한 상황 속에서 목숨을 이어온 것이다. 우리는 무엇으로 이를 극복하고 무엇을 바라보고 앞날을 맞이할 것인가.[177]

이전에 결코 경험하지 못한 자본주의와 민주주의라는 정체에서 남한 국민은 오로지 생계만을 위해 살아야 했다. 북한은 공산주의 체제에서 모든 사회제도와 삶의 방식을 다 허물고 새로운 국가 체제를 건설하는 방향으로 나아가 조선노동당 조직의 정비와 대중성 강화, 정권기관의 통제력 강화, 주민 통제 체제의 강화, 계급적 기반의 일원성 강화 등을 통해 전후 프롤레타리아 독재 체제 수립을 완

---

176 전후 남북한 관계는 항상 불신과 대립의 틀 속에서 벗어나지 못했다. 이영호, 『한국인의 가치관』, 일지사, 1975, pp. 88~92.

177 김봉구, 「니힐리즘과 행동」, 김형석 편, 『희망을 넘어서』, 경지사, 1961, p. 122.

성하게 되었다.[178] 남한은 여전히 일제 식민통치 방식을 그대로 유지해오면서 국민의 삶의 방식도 크게 변화시키지 못했다. 단지 통치 체제가 자주적일 뿐, 실질적인 정치권력은 친일 부역자들이 차지했다. 전쟁으로 인해 공산주의 세력에 대한 적대감이 형성됨으로써 우익 정치 세력이 정치적으로 우위에 서게 되자 반공주의 이념이 더욱 공고해졌다. 특히 북한에서 월남한 다수의 우익 반공 세력들이 남한의 집권층에 충원되자 우익 세력은 더욱 힘을 얻게 되었다. 반면 남한 좌파 세력은 정부의 '부역 행위자 특별처리법'에 의해 대대적인 좌익 인물의 색출 및 검거 작업이 진행되면서 결국 와해되고 말았다. 이와 더불어 진보·중도 세력도 대표적 인사들이 납북되거나 사망하고, 반공주의로 남북의 대립 상황이 유지되면서 모두 정치 세력에서 밀려나게 되었다.[179] 남한에서는 노동 인구의 급증으로 농촌에서 도시로의 인구 대이동이 발생해 인구의 도시 집중이 초래되어 사회적 유동성이 증가했다. 서민들은 이 시대 참으로 빈곤하게 살았다. 이범선의 소설 「오발탄」은 가난한 도시 서민들의 삶의 모습을

---

178 전쟁 기간 북한 지역으로부터 많은 보수·우익 인사들이 대거 남하함으로써 북한에는 공산 통치에 유리한 정치 사회적 기반이 조성되고 나아가 사회 경제적 동질성이 강화되었다. 이로 인해 전후 북한의 계급투쟁에서 프롤레타리아 계급의 손쉬운 승리가 보장되었다. 백종천·윤정원, 「6·25전쟁에 대한 연구: 결과와 영향을 중심으로」, 『국사관논총』 제28집, 국사편찬위원회, 1991, p. 148.

179 전후 정치에서 안보 우선의 정치 논리는 주로 정치 사회적 혼란에 대한 부정적인 태도를 형성시키고 현상 유지적이며 안정 지향적인 정치 질서를 지향하도록 영향을 미쳐왔다. 또 안보를 증진하기 위해 반공법, 국가보안법 등과 같은 법적·제도적 장치가 마련되기에 이른다. 이러한 가운데 6·25전쟁은 한국의 자유민주주의가 반공 지향적이며 안보 지향적인 특성을 갖도록 하는 계기가 되었다. 백종천·윤정원, 위의 글 「6·25전쟁에 대한 연구: 결과와 영향을 중심으로」, pp. 149~150.

생생하게 보여준다.

좌절의 세월을 보내던 서민 송철호는 모든 지적인 의식 구조와 판단력이 무너져버렸다. 가난한 소시민은 합리적으로 사고할 여지가 없었다. 분노는 한계에 이르렀고, 이를 해소할 길이 없었다. 한국인은 위험한 인간, 나아가 인간 폭탄이 되었다.[180] 자본주의, 그것도 유럽식이 아닌 미국의 냉혹한 자본주의가 우리 사회에 깊이 침투해 왔다. 유엔군의 참전과 미국의 경제 원조는 남한의 전통적인 생활 양식과 사회, 문화에 미국식이 스며들게 하여 도시에 거주하는 한국인의 일상생활 속에 미국의 소비문화와 대중문화가 널리 퍼졌다.[181] 그 이전부터 부유하게 살아온 계층에게 소비문화는 더없이 좋은 것이겠지만, 도시든 농촌이든 서민들의 현실은 가난과 정신적인 혼란과 누구도 믿을 수 없는 불신 사회의 냉혹하고 가혹한 환경이었다. 이제 과거의 신분 대신 '가진 자'와 '갖지 못한 자' 두 계층으로 나누어진 사회가 되었다.

김정한(金廷漢)의 「모래톱 이야기」는 소외 계층인 하층민의 삶에 대한 처절한 투쟁과 암담한 현실을 사실적으로 묘사하고 있다. 한국전쟁으로 전사한 아버지, 가진 자의 앞잡이인 깡패를 물속에 던지고

---

180 최정운, 앞의 책 『한국인의 발견: 한국 현대사를 움직인 힘의 정체를 찾아서』, p. 204.

181 1950~1960년대 미소의 냉전 체제가 고조되었을 때 미국은 미국식 생활 양식을 통해 자국이 만들어가는 현대성의 우월함을 전 세계에 보여주고자 했다. 미국은 미국 중산층 가정의 생활 양식을 물질적·정신적 측면에서 미국식 체제의 우월함을 보여주는 대표적인 사례로 제시했다. 전후 한국 사회에서 전개된 사상과 생활 양식의 변화는 미국의 냉전 기획으로부터 큰 영향을 받아 전개되었다. 허은, 앞의 글 「전후(1954~1965)' 한국 사회의 현대성 인식과 생활 양식의 재구성」, pp. 287~326.

잡혀간 할아버지를 둔 건우라는 소년의 이야기다. 아직도 짐승보다 인간이 더 무섭다는 것을 모르는 그는 자신의 땅을 부당하게 빼앗고 섬(조마이섬)을 송두리째 집어삼키려는 유력자(有力者)에게 저항하는 한 농민(갈밭새 영감)의 처절한 투쟁을 통해 비참한 농촌 현실을 고발한다. 아버지는 없고, 어머니 33세 농업, 할아버지 62세 어업, 삼촌 32세 선원, 재산 정도 하(下)에 속한 건우의 빈곤한 가정환경이 늘 담임선생님의 마음에 걸렸다. 세상은 변했다지만 여전히 사람 사는 환경은 그대로였다. 부자와 권력을 가진 자들은 예전과 마찬가지로 가난한 자들을 수탈했다. 사대부 양반이라는 신분이 아니라 자본주의의 돈이 지배하는 세상이 되었다. 노비는 없어졌지만, 돈이 노비를 만들어냈다. 작가는 전쟁 이후 냉혹한 사회로 변해버린 남한의 자본주의 현실을 고발하고 있다.[182]

조세희(趙世熙)의 『난장이가 쏘아올린 작은 공』은 도시 빈민의 궁핍한 생활과 자본주의의 모순과 구조 속에서 노동자의 현실적 패배를 보여주고 있다. 난쟁이로 대변되는 가난한 소외 계층과 공장 노동자의 삶의 모습, 그리고 1970년대의 노동 환경을 고발한다. 영희

---

[182] 김정한의 소설은 카프 문학의 전통을 계승하는 동시에 1970년대 민족문학론을 뒷받침했다는 평가를 받고 있다. 반골 기질의 작가적 체험이 녹아 있는 굴곡 많은 현대사와 그 치부를 직시하고 고발했다는 점, 하층민의 삶에 천착해 강인한 의지의 인물형을 창조했다는 점, 뛰어난 언어 감각을 통해 구체적 실감을 획득했다는 점 등은 김정한 문학의 특징으로 손꼽힌다. 특히 「모래톱 이야기」 이후의 활발한 창작 활동은 1960년대 참여문학론을 뒷받침하면서 1970년대 창비 계열이 주도한 민족 문학론, 농민문학론, 민중문학론, 제3세계 문학론에 창작적 지평과 디딤돌을 제공했다는 점에서 문단의 큰 주목을 받았다. 최미진, 「김정한 소설의 연구 현황과 과제」, 『한국문학논총』 제54집, 한국문학회, 2010, pp. 243~272.

의 절규는 이제 난쟁이로 남지 않겠다는 강한 의지를 보여준다. 자본주의 사회의 비정한 현실을 적나라하게 묘사한 이 소설에는 다시 노예처럼 살아가야 하는 서민들의 절규가 담겨 있다. 세상은 바뀌었지만 현실은 아직도 약자의 편이 아니라 강자의 세상임을 보여준다. 이 소설은 부유한 자들이 사는 곳을 천국으로, 가난한 자들이 사는 곳을 지옥으로 묘사한다. 가난한 자들은 사는 게 힘들어 매일 천국 같은 세상을 꿈꾼다. 그러나 이들은 이 지옥 같은 생존의 전쟁에서 항상 패배한다.

1970년대 도시 재개발로 밀려난 서민 가정의 고통을 그려낸 이 작품은 각각 하류층(영수와 그의 가족), 중류층(신애 가족), 자본가(윤호)의 시점에서 이야기를 풀어간다. 맏아들 영수는 노동자들의 불합리한 현실을 깨닫고 노동운동에 나서지만, 현실의 벽에 부딪히자 좌절한다. 결국 사장을 살해하고 마는데, 죽이고 보니 외모가 비슷한 사장의 동생이었다. 그 외에 중류층 대학생 두 명이 사회운동을 하다가 변절하는 이야기, 중류층인 신애가 하류층인 영수 아버지에게 동질감을 느끼는 이야기, 형제간의 경쟁에서 밀린 재벌 2세의 이야기 등이 각 단편을 통해 그려지면서 다양한 사회계층의 삶을 그린다. 조세희는 '가진 자'와 '갖지 못한 자'가 공간의 안과 밖처럼 분리되어 각자 소통 없이 살아가지만, 현실적으로 보면 이 두 계층은 돈에 속박되어 살아가기 때문에 사실상 구분이 없다는 점을 보여주고 있다.[183] 자본주의 사회의 모순과 '돈의 신분'이 지배하고 있는 오늘

---

[183] 진정한 화해를 위한 방법으로 조세희가 제시한 것이 바로 '사랑'이다. 조세희 소설

우리 시대상은 이전과 크게 다른 것같이 보이지만 현실은 그렇지 않았다. 이 모든 모순의 중심에는 자본, 즉 돈이 있었다. 1789년 프랑스 대혁명 정부가 가장 먼저 단행한 개혁이 바로 봉건제 폐지였다. 즉 귀족과 농노의 신분제를 철폐하고 귀족들의 재산을 몰수해 농민들에게 분배하는 등 사회적·경제적 평등을 실현했다. 그 이념적 토대가 바로 '인권선언'이었다. 그러나 북한에서는 사적 소유권을 폐지하고 국유화해 재산상 평등을 이루었지만, 남한에서는 오히려 자본주의 체제로 인해 소유의 불균형을 초래함으로써 실질적인 평등 사회를 구축하는 데 실패했다. 더 최악의 상황은 재산의 불균형과 반공사상의 결합이 만들어낸 새로운 신분제의 잔상이었다. 우리 내면에는 빨갱이의 증오심만 남아 있었다. 이 감정이 자본과 결합해 인간성을 어떻게 파괴하고 비참한 삶으로 전락하게 했는지 황석영(黃晳暎)의 『한씨 연대기』를 살펴보자.

해방 직전부터 1970년대 초반까지를 다룬 이 소설은 평양 김일성

의 특징 중 하나인 이원론은 소외의식에 기반을 두는 2차원적인 세계다. 이 세계는 의식과 사물, 세계와 인간, 안과 겉, 현실과 이상, 가진 자와 갖지 못한 자, 정상인과 비정상인이 존재하는 현실의 모습을 극단적으로 제시하려는 방법이다. 이러한 이원론적 대립은 더 심오한 방향으로 진전되지 못하고, 근로자의 체험이 모자랐다거나 노동자의 생생한 육성이 안 들린다든가, 과도한 추상화로 인해 작위적인 구성으로 문학적 감상주의를 낳을 수 있다는 비판을 받기도 했다. 그렇지만 작가가 3차원의 현실세계에서 의도적으로 2차원적인 대립 구도를 통해 난쟁이, 꼽추, 앉은뱅이 등 사회경제적인 여건에서 가지지 못한 자들이 현실의 희망을 빼앗기고 단조롭고 평면적인 소외된 삶 속에서 존재할 수밖에 없는 처지를 극명하게 보여주고 있다는 점에서 높이 평가를 받는다. 작가는 부조리한 현실을 '뫼비우스의 띠'로 보았고, 이를 입체화시킨 '클라인 씨의 병'을 제시했다. 배경렬, 「조세희의 『난장이가 쏘아올린 작은 공』에 나타난 소외 양상 고찰」, 『인문연구』 제67호, 영남대학교 인문과학연구소, 2013, pp. 85~120.

대학 의학부 산부인과 교수인 한영덕의 이야기다. 그는 전쟁 중 당 고위 간부 가족보다 생명이 위급한 일반 환자를 치료했다는 죄목으로 투옥되고, 이후 인민군의 평양 철수 때 총살을 당하려던 순간 기적적으로 살아나 단신 월남한다. 1951년 아들을 찾기 위해 포로수용소 부근에서 배회하다가 적성용의자로 몰려 수사를 받기도 한다. 그는 월남한 여동생 한영숙의 집에 기거하며 무면허 의사 박가와 동업으로 낙태 수술을 하며 생계를 이어간다. 그러던 중 동업자 박가의 투서로 간첩 혐의로 체포되어 심한 고문을 받는다. 그는 정전협정이 체결되고 간첩 혐의는 벗었으나 의료법 위반으로 옥고를 치르고, 출옥 후 가출해 세상을 등지고 살다가 어느 지방 소도시에서 장의사를 하던 중 죽는다. 한영덕은 타락한 현실과 타협하지 않고 스스로 그 세계를 거부하면서 진정한 가치를 향한 내적 열망 사이의 갈등과 고뇌 속에서 비참하게 희생된 인물이다. 분단과 갈등의 시대를 살아가야 했던 양심적인 지식인은 이렇게 이념의 갈등으로 모든 삶이 파괴되어 갔다.[184]

강력한 군사독재 통치 이데올로기를 확산하기 위해 모든 수단이 동원되었던 1970년대에 한국전쟁 소재는 정치적 상황에 관한 담론을 한층 활성화했다. 한국전쟁을 소재로 한 소설이나 연극, 각종 예술 작품들은 역사적 사건에 대한 기억이 전쟁의 종결과 함께 정지되어 고착되는 것이 아님을 보여준다. 주체들의 다양한 기억들 가

---

[184] 김승종, 「황석영 초기 소설에 나타난 '문제적 개인'」, 『국어문학』 제49집, 국어문학회, 2010, pp. 89~110.

운데 어떤 기억은 용인되고 다른 기억은 가공되고 변형되면서, 때로는 공식 기억에 편입되기도 하고 잊히거나 사라지고 있었다. 한국전쟁이라는 방대한 소재는 이산가족, 분단 극복 등의 다양한 기억으로 재생산되었다.[185] 남한은 어떤 나라였는가? 가난한 자가 살 수 있는 국가인가? 배우지 못한 자들도 살 수 있는 나라인가? 조선의 민중들이 그토록 희망했던 이상 국가인가? 아니면 또 다른 권력자들을 위한 나라인가?

이문열(李文烈)의 『우리들의 일그러진 영웅』은 기회주의적이고 권력자에게 복종하며 살아야 하는 또 다른 신분 사회가 시작되었다는 것을 보여주고 있다. 이 작품은 독재 권력의 실상을 생활 영역으로 확대해 한국적 정치 현실과 권력 중심의 사회를 초등학교 교실이라는 공간으로 옮겨놓고 있다. 이야기는 서울에서 시골 학교로 전학온 한병태를 복합적 성격의 인물로 등장시켜 독재자 엄석대의 일그러진 생애가 아닌 엄석대에 대한 화자의 해석에 초점을 맞춰 전개된다. 아이들의 이기적 속성을 교묘히 이용해 부정한 독재로 군림하는 반장 엄석대는 마치 조지 오웰의 소설 『1984』에 나오는 전체주의적 권력기관인 '빅 브라더'처럼 급우들을 억압하고 통제하는 독재자다. 첫날 병태는 반에 질서가 있으며 자신이 그 질서에 적응

---

185 이 시기에 서사극은 지배 담론에 대한 극작가들의 비판적 시선을 담아내기에 가장 편리한 방법적 차용이었다. 역사극은 과거에 대한 공통된 기억을 재구성함으로써 지금의 공통 감각을 만들어내고, 역사적 향수를 기초로 한 사회의식의 국가적 작동을 가능케 해준다. 김승옥, 「전쟁 기억과 재현: 대한민국연극제 한국전쟁 소재 극을 중심으로」, 『드라마연구』 제34호, 한국드라마학회, 2011, pp. 90~124.

할 수 없다는 것을 알았다. 그런 질서에서 불합리한 폭력에 의한 불의가 존재한다는 것을 발견한 것이다. 다른 아이들의 이유도 없는 절대적인 복종을 보고 병태는 엄석대와 싸워야 한다고 생각했지만 그럴 힘이 없어 마침내 그와 싸울 생각을 버리고 엄석대 왕국이 오래가길 바라게 되었다. 그러던 중 새로 온 담임선생님이 반의 잘못된 환경을 알고 엄석대의 잘못을 바로잡아가자 아이들은 그동안의 엄석대의 횡포를 폭로하기 시작했다. 엄석대의 시대는 그렇게 끝이 났다.

한국인은 이제 독재 권력의 속성을 알게 되었다. 엄석대는 권위를 앞세워 공포심을 조성함으로써 권력을 휘둘렀고, 폭력은 다른 아이들에게 행사하도록 했다. 학교 당국이 반장 편을 들고 있어서 한병태는 살아남기 위해 권력의 위협과 회유에 굴복하고 독재자와 타협하게 된다. 더욱이 새 담임선생님은 교실의 부정부패를 없애가면서 반장의 권력을 이용해 새로운 독재자로 등장한다. 이렇게 우리 사회는 다시 권력 지향적인 사회로 되돌아갔다. 자본주의의 권력은 폭력성을 감추고 풍요로움을 제공함으로써 피지배자의 복종을 끌어낸다. 권력의 속성은 권위에서 생겨난다. 지배자들은 피지배자들이 지배자의 권위에 도전하지 못하도록 공포와 두려움을 조성한다. 미셸 푸코가 지적하듯이 감시와 처벌을 통해 권력을 형성하고, 그 권력 안에는 그 지배 질서에 맞춰 스스로 통제하는 자아와 이 자아에 의해 감시당하고 지배받는 자아가 공존하게 된다.[186] 이것이 우리가

---

186 권력자의 감시와 지배에 관한 연구는 미셸 푸코, 오생근 옮김, 『감시와 처벌: 감옥의

맞이한 새 나라였다.

마지막으로 최인훈(崔仁勳)의 『광장』은 해방정국에서 6·25전쟁이 끝난 시기까지 일어난 다른 전쟁 이야기다. 주인공인 철학도 이명준은 남한 사회를 밀실이라고 생각한다. 어느 날 아버지가 일급 빨갱이라는 이유로 경찰서를 드나들게 되면서 그는 밀실을 피부로 느낀

탄생』, 나남, 2016을 들 수 있다. 조지 오웰의 소설 『1984』에서 독재자 '빅 브라더' 는 오늘날 곳곳에서 우리를 감시하는 국가 독점 대중매체의 표상이다. 오웰은 인류의 삶에 포진한 전체주의의 위협을 직시함으로써 전체주의란 인간이 존재하는 곳이라면 어디든 잠재해 있다는 사실을 밝혀내고 있다. 빅 브라더는 현 체제의 흠결은 말소하고, 무결점 체제임을 피지배계층에게 주입하는 한편, 정당성 유지를 위해 만든 규율로 당원들을 철저하게 감시한다. 죄인을 처벌하는 것보다 감시하는 것이 권력의 경제학 측면에서 더 효과적이고 수익성이 높다는 푸코의 견해는 외부 당원을 끊임없이 감시하고 교화하려는 오브라이언의 행동을 떠올리게 한다. 하지만 당의 권력은 소유물이 아니라 무수한 조직의 관계망 속에서 행사될 뿐이다. 빅 브라더는 텔레스크린을 통해 그 이미지가 드러날 뿐 실체는 어디에서도 찾을 수 없는 권력 관계를 나타낸다. 그러므로 이들에게 당의 권력은 억압적이 아니다. 그들은 그저 톱니바퀴처럼 당의 강령에 따라 권력 생산의 부속품이 된다. 여기에서는 푸코의 '감시와 처벌 대상으로서의 신체', '순종과 규율의 판옵티콘', '경찰-감옥-범죄의 메커니즘'의 세 유형으로 나누어진다. 여기에서 판옵티콘의 실체는 권력 관계다. 권력의 목적은 권력 그 자체이며, 권력의 대상은 인간이다. 우리는 이미 타자성의 멍에를 지고 있다. 송한샘, 「조지 오웰의 『1984』에 드러난 감시와 처벌 메커니즘 연구」, 『국제한인문학연구』 제22호, 국제한인문학회, 2018, pp. 5~39. 한편 이청준의 「잔인한 도시」에는 '전짓불'과 '새 장수'로 알레고리화되어 있는 두 개의 권력 양상이 중첩적으로 형상화되어 있다. '전짓불'은 사회의 관계망 속에 은밀하게 스며들어 작동하는 푸코의 미시권력으로 볼 수 있고, '새 장수'는 우리가 통상적으로 지배-복종 관계로 이해하고 있는 전통적 의미의 권력으로 볼 수 있다. 미시권력인 '전짓불'은 물리적인 강제와 위협을 가하지 않고도 대상을 감금하며, 빛 속에 놓인 대상은 보이지 않는 감시의 시선 속에서 불안과 두려움을 느낀다. '새 장수'는 대상에게 물리적인 강제와 위협을 가하는 가시적인 권력으로 새의 속 날개깃을 자르는 데서 그 위선적이고 폭력적인 실체를 드러낸다. 이렇듯 비가시적인 미시권력과 가시적인 거시권력은 각기 다른 양상을 보이며 작동하나, 이는 한 사회 속에서 상충하는 게 아니라 상호 보완 관계에 있다고 할 수 있다. 박수영, 「이청준 소설 「잔인한 도시」에 나타난 권력의 이중성: 미셸 푸코의 권력 이론을 중심으로」, 『한국현대문학연구』 제43집, 한국현대문학회, 2014, pp. 439~462.

다. 이후 윤애와의 교제에서 공허함을 느낀 그는 월북을 결심한다. 하지만 북한에도 그가 찾던 진정한 광장은 없었다. 오직 퇴색한 구호와 기계적인 관료제도만 있을 뿐이다. 왜곡된 '잿빛 광장'인 북한은 혈연이나 남녀 간 애정 등 모든 개인적 요소들을 적대시하고 집단의 이념만을 중시하는 체제였다. 사회주의 사회에 절망한 명준은 자기가 기댈 마지막 지점으로 발레리나인 은혜를 사랑하나 그녀는 그를 떠나 모스크바로 가고, 6·25전쟁이 발발하자 인민군 장교로 참전하게 된 그는 낙동강 전선에서 간호병으로 온 그녀와 재회한다. 그러나 이마저도 은혜가 죽음으로써 무위로 돌아간다. 국군의 전쟁포로가 된 그가 남한도 북한도 아닌 중립국을 택한 것은 그가 원하던 광장을 찾지 못했기 때문이다. 전쟁 중에 이명준은 서울에서 옛 친구 태식과 마주 앉아 있다. 태식은 인민군 장교 명준에게 간첩 혐의로 심문을 받는다. 명준은 태식에게 남한에서도 북한에서도 아무것도 믿지 못했다고 솔직하게 고백한다.

이처럼 모든 것이 파괴된 남과 북에서 그가 살고 싶은 공간은 없었다. 모든 사람이 악마가 되어 '서로 죽이기 게임'에 열중하고 있다. 광장은 이들 악마가 사는 장소였다. 이명준은 "광장이 죽은 곳, 이게 남한이 아닙니까?"라고 말한다. 남한의 광장을 가득 메우고 있는 것은 인간이 아니라 더러운 오물뿐이었다. 그가 최종적으로 택한 광장은 중립국이었다. 아무도 아는 사람이 없는 땅, 종일 돌아다녀도 어깨 한 번 치는 사람이 없는 거리, 자기가 어떤 사람이었는지 모를뿐더러 알려고 하는 사람도 없는 곳을 그는 찾아가고자 했다. 이명준의 비극적인 종말은 자신의 속임수에 대한 양심의 보복이었다. 소설 『광장』이 보여주는 것은 이 시대 운명을 좇는 젊은이의 좌절과 더불어 이명준의 운명에 개입한 분단이라는 현실과 그의 내면에 가득 찬 절망감이었다. 그의 죽음을 통해 분단이 우리에게 어떤 의미인지 느끼게 해주고 있다.[187] 이 소설은 이렇게 시작한다.

바다는, 크레파스보다 진한, 푸르고 육중한 비늘을 무겁게 뒤채면서 숨을 쉰다.

중립국으로 가는 배 위에서 그는 두 마리 갈매기에서 은혜와 그녀가 품은 채 죽은 그의 딸을 보았다. 푸르고 넓은 바다에서 자신이 원하던 광장의 모습을 발견한 그는 바다로 몸을 던진다. 이 비극은 이 나라가 누가 살 수 있는 광장인가를 묻는다.[188] 최인훈의 『광장』

---

187 최정운, 앞의 책 『한국인의 발견: 한국 현대사를 움직인 힘의 정체를 찾아서』, pp. 250~251.

188 『광장』에서 남한의 권력에 의한 법적 주체로서의 지위 상실은 국가주의적 법 제도에 대한 회의와 모순을 인식하는 계기가 되고, 북에서의 자기 처벌의 유사법적 장치인 자아비판은 죄가 없이 처벌되는 헤게모니 폭력의 대리자로 인식된다. 이에 남과 북의 냉전 이데올로기 안에서 정의라는 이름으로 집행되는 법의 불완전성은 중립국 선택의 이유가 된다. 이명준의 미송환 포로 신분은 전후 국제법에 따라 규정된 국적이 불확정적인 '예외 상태'로 제시된다. 중립국은 냉전 체제의 국가 이데올로기를 해소하려는 방법으로 선택됨으로써 탈국가적인 자기 인식의 계기가 되지만, 법적 주체로서의 시민적 삶이 가능하지 않음을 예견함으로써 죽음으로 귀결된다. 소설에서 중립국 선택은 냉전과 반공의 역사적 현실에 대한 비판인 동시에 제2공화국에 대한 알레고리로 작동된다. 『광장』은 법적 주체로서의 시민적 정체성의 구축이 냉전과 반공 체제라는 전후 현실에서는 가능할 수 없고, 시민은 한 개인의 문제가 아닌 공동체의 각성과 자발적 지성의 활동에 따라 성취될 수 있음을 보여준다. 또 소설은 이명준을 통해 민주주의 체제의 정당성과 시민의 법적 지위가 정치적 이데올로기에 의해 거세되는 상황과 중립국으로 송환될 수밖에 없었던 포로로 전락해 죽음을 선택해야 함으로써 근대 국가 체제에 대한 회의를 보여준다. 『광장』

은 6·25전쟁 전후 한반도에 살았던 이명준이라는 인물을 통해 자유주의 유토피아도 사회주의 유토피아도 우리가 꿈꾸는 이상 사회가 아니라는 것을 보여주며, 남쪽과 북쪽 그 어느 곳에도 우리를 보호해주고 누구나 숨을 쉬고 살 수 있는 나라가 세워지지 않았다는 것을 알려준다.[189] 6·25전쟁에 대한 한국인의 기억은 다음과 같다.

남북 간의 전쟁은 한편으로는 초강대국들을 위시해 전 세계 무기와 전사들을 한반도로 끌어모아 한바탕 전투와 폭력의 향연을 벌인 것이었고, 다른 한편으로는 한반도에 사는 모든 주민, 특히 농민들을 계급투쟁의 전사로 만들어 모든 벌판과 골짜기와 마을에서 싸우게 하였다. 한국전쟁은 여러 차원에 걸쳐서 입체적으로 벌어진, 여러 모습을 한 거대

은 개인의 권리와 자유가 보장되는 정치적 제도, 법적 장치가 근대 시민의 존립 조건이라는 것을 보여준다는 점에서 4·19와 연계된다. 냉전 이데올로기에 종속된 법 제도의 무위성과 이러한 법으로부터 탈주하고자 했던 한 인간의 서사가 『광장』인 것이고, 이에 소설은 민권에 대한 인식의 확장과 법의 윤리성, 법적 정의의 쟁취 당위성을 강조하고 있다. 홍순애, 「최인훈 『광장』의 법의식과 시민적 윤리」, 『현대소설연구』 제67호, 한국현대소설학회, 2017, pp. 489~523.

189 남한의 이데올로기는 주체가 자신의 밀실 가꾸기에 여념이 없게 만들고, 북한의 이데올로기는 존재하지 않는 혁명을 꿈꾸게 만든다. 이는 그 어떤 이데올로기건 간에 상관없이 주체에게 작동시킨 환상의 기만적 모습이며, 그 속에 가려진 주체는 상징체계에 동일화되면서도 그에 포섭되지 않는 잉여의 지점으로 미끄러짐을 깨닫는다. 이로써 이명준은 상징체계에서 벗어나기 위해 '몸의 길'을 취한다. 이 '몸의 길'은 이성이 아닌 감성으로 얻을 수 있고, 현실의 계기적 시간에서 벗어날 수 있는 시공간을 의미한다. 이명준은 은혜와의 사랑을 마지막 보루로 선택하지만, 이 또한 완성되지 않는다. 타자와의 관계 속에서도 여전히 균열이 발생하기 때문이다. 포로로 잡힌 이명준은 제3국행을 선택하고 뱃길에 오르지만, 그 선택은 이데올로기 내에서 강요된 것일 뿐, 이명준 스스로 택한 것일 리 없다. 그리하여 이명준이 선택한 것이 바로 '죽음'이다. 이 죽음은 이명준이 진정한 주체로 태어나는 근거 지음의 죽음이다. 이수경, 「최인훈의 『광장』 연구」, 한양대학교 석사학위 논문, 2007.

한 살육의 카니발이었다. 한국인들에게 한국전쟁은 첨단무기들의 폭격과 충돌, 군인들의 전투와 그에 따른 민간인의 피해뿐 아니라 마을 사람들 간의 인민재판, 잔악한 린치, 학살 등 여러 층위에서 온갖 종류의 악몽을 심어놓았다.[190]

그야말로 저주받은 전쟁이었다. 동족 학살 행위, 그것도 오랜 세월 함께 살아온 삶의 공간에서 벌어진 이 게임의 가장 큰 책임은 누구에게 있을까? 역사를 창조하고 발전시켜 가는 주체는 항상 지배층이었고, 피지배층은 그저 수혜자일 뿐이었다. 그렇기 때문에 역사의 주체인 지배층은 기득권을 유지하기 위한 투쟁을 벌이며, 그 갈등 구조에 피지배층을 끌어들여서 이념으로 상대방을 향한 증오심을 부추긴 다음 자기들을 대신해 상대방과 싸우게 만든다.[191]

한국사 서술은 지배층 사대부 양반이 우리 민족의 찬란한 문화를 꽃피우게 하고 오랜 역사를 이어온 것으로 설명하면서 이들 지배층의 허구적인 국가관을 민본정치로 변환시키고 있다. 그 대표적인 사례가 유교 사상과 세종대왕의 한글 창제다. 역사 서술에서 유교에 바탕을 둔 세종의 민본정치 철학은 한글로 집약된다. 그러나 세종이 한글을 창제한 주인공이라는 점이 중요한 것이 아니라 그 목적이

---

190 최정운, 앞의 책 『한국인의 발견: 한국 현대사를 움직인 힘의 정체를 찾아서』, p. 89
에서 인용.
191 이승만 대통령과 자유당이 집착했던 반공, 반일은 독창적인 이데올로기가 아니라
한국인들이 전쟁을 통해 쌓은 각별한 원한과 증오의 표현이었을 뿐이라고 해석되고
있다. 최정운, 앞의 책 『한국인의 발견: 한국 현대사를 움직인 힘의 정체를 찾아서』,
p. 95.

더 역사적인 가치를 지닌다.[192] 이와 달리 북한에서는 한글을 지배층의 민본정치에서 나온 결과물이 아니라 지식을 독점한 지배층에 맞선 민중들의 노력에서 얻어진 성과로 해석한다. 훈민정음은 인민들이 오래전부터 사용하던 신지문자를 기초로 성삼문(成三問)을 중심으로 한 집현전 학자들이 모여서 사람의 입과 혀의 모양을 연구해 만들었다는 것이다. 한글 창제의 중심에는 성삼문이 있었고, 성삼문이 훈민정음의 원리를 만들고 글자를 세련되게 가다듬는 과정에서 결정적으로 이바지한 것은 피지배층 인민들이었다.[193] 남한에서 창작된 이정명의 『뿌리 깊은 나무』, 한소진의 『정의공주』와 북한에서 창작된 박춘명의 『훈민정음』을 비교해보면 한글 창제의 이유가 철저하게 민족주의적인 관점에서 서사화되고 있으며, 이를 통해 볼 때 남북한 소설 모두 민족주의 담론과 깊이 연루되어 있음을 알 수 있다.[194] 이처럼 지배층 관점에서의 역사 서술은 항상 피지배층을 문화 창조의 주체가 아니라 수혜자로 묘사한다. 유교는 지배층의

---

192 한글은 사대부 양반에게 환영받지 못했는데, 이들 지배층은 한문을 사용함으로써 지식을 독점해 자신들의 권력을 유지하려 했기 때문이다. 세종은 피지배층 백성에게 한글을 통해 지식을 보급해 도덕적으로 교화시켜서 양반 지배층 체제에 잘 순응할 수 있도록 하고자 했다. 이기백, 앞의 책 『한국사신론』, p. 216.

193 북한 작가 박춘명은 소설 『훈민정음』 후기에서 "이 작품에서 나는 세상에 높이 자랑할 수 있는 우수한 우리나라의 문자가 슬기로운 인민 대중의 재능과 창조적 노력으로 15세기에 완성되었다는 것을 형상하려고 했다"라며 훈민정음이 인민의 오랜 지혜와 창작으로 만들어졌다는 것을 교육하기 위해 창작했다는 것을 강조했다. 전영선, 「북한 문학에 나타난 역사 인식」, 『현대사 광장』 제6호, 대한민국역사박물관, 2016, p. 38.

194 이경재, 「한글 창제를 다룬 남북한 역사소설 비교」, 『어문론집』 제67집, 중앙어문학회, 2016, pp. 229~256.

통치 철학이지 피지배층을 이롭게 해주는 사상이 아니다. 유교의 근본은 예(禮)와 충(忠)이며, 이는 복종과 순종의 원리다. 조선시대 피지배층 백성들은 유교라는 지배층의 통치 원리에 따라 살아야 했다. 이것이 곧 반상의 신분제다. 이 사회 질서에 의해서 조선 왕조가 5백여 년을 지탱해올 수 있었다. 그래서 조선시대 사대부 양반 지배층은 상민과 천민 등 피지배층을 도덕적이지 못하고 윤리의식도 결여된 미개한 존재로, 항상 계몽의 대상으로 인식해 자신들의 우월성을 지켜갔다. 자기를 수양한 후에 남을 교화해야 한다는 수기치인을 실천했는가를 따진다면 유학을 숭상한 조선의 지배층은 실패한 계층이다. 사대부 양반은 모든 노동력을 천민과 상민에게 전담시키고 자신들은 학문과 관리 등용, 지식 독점과 권력에 전념했을 뿐이다. 여기에서 피지배층에 대한 수탈과 가혹한 인권침해가 발생해 계층 간 증오와 복수심이 심화했다.

국가를 왕과 사대부 양반의 소유로 생각한 조선 지배층의 시각에서 볼 때 나라의 통치권을 빼앗기는 것은 곧 자신들의 기득권이 침탈당하는 것이다. 그리고 이들은 항상 역사 실패의 책임에서 회피하려 한다. 그리고 조선이 식민지로 전락한 원인을 일제의 침략과 외세의 탓으로 돌린다. 이런 역사 인식은 책임을 회피하기 위한 지배층의 변명이다. 의병 활동과 독립운동은 이러한 지배층의 역사 인식을 보여준다. 이들 지배층은 나라를 강제로 빼앗겼으므로 다시 투쟁해 되찾아야 한다고 선포한다. 이것이 바로 의병과 항일투쟁, 그리고 독립운동이다. 그러나 피지배층의 입장은 지배층과 전혀 다르다. 피지배층은 조선을 자신들의 나라가 아니라 사대부 양반들의 나라로 생각했고, 그래서 자신들의 의지와 상관없이 사대부 양반 대신 일제 식민통치를 받는 것에 대해 아무런 이의를 제기하지 않았다. 한일합방이 발표되었을 때 경성 시가지는 평온했다. 모든 사람이 아무런 일이 없었던 것처럼 일상적인 생활을 영위했다.[195]

종래의 사대부 양반에서 일제로 지배권이 바뀐 상황은 조선 피지배층 민중들의 관점에서 볼 때 희망의 새 시대를 기대할 기회였다. 이 기대는 어긋나지 않았다. 조선 왕조가 멸망하고 봉건적인 신분제가 철폐됨으로써 신분 질서 사회가 종식되었다. 일제 식민통치 과정을 거치며 조선의 피지배층이 원하든 원하지 않았든, 그것이 사회주의든 자본주의든 상관없이 민주주의 정체가 도래한 것이다. 해방은 지배층의 관점에서는 국가의 통치권을 되찾는 것이겠지만, 피지배층의 관점에서는 '국가의 주인이 누구인가'라는 주권 문제를 의미했다. 1945년부터 6·25전쟁이 종식될 때까지 두 계층의 정치적 주도권을 차지하기 위한 정치 활동이 전국을 휩쓸었다. 빨갱이와 친일파 청산, 농지개혁, 신탁통치 등의 현안을 두고 사회적 혼란과 갈등이 일상이 되었다.[196] 엄밀하게 말하자면 해방 이후 '서로 죽이기 게임'은 냉전 체제라는 외부의 힘으로 선택의 여지 없이 주어진 것이 아니다. 해방 후 새로 건설된 남북한에서 원래 조선의 주인이었던 사

195　윤소영, 앞의 글 「호소이 하지메의 조선 인식과 '제국의 꿈'」, pp. 7~45. 이에 대해서는 특히 강준만, 『한국 근대사 산책 5: 교육구국론에서 경술국치까지』, 인물과사상사, 2007 참조.

196　특히 신탁통치를 두고 서울 시내에서 산발적인 정치적 소요가 발생했고, 반탁 삐라와 포스터가 대문, 담장 등을 뒤덮었으며, 모든 상가도 동맹휴업에 들어가는 등 어수선한 분위기가 계속되었다. 『동아일보』 1945년 12월 30일 자.

대부 양반계층에게 과거의 권리가 인정되지 않았고, 피지배층이 이 새로운 국가에 대한 권리를 부여받게 되었다. 문제는 이 권리가 이들 계층이 자력으로 획득한 것이 아니라 외세에 의한 것이라는 점이다. 새로 수립될 국가는 어느 계층에게 유리한 체제일 것이냐가 관건이었다. 자본주의의 자유민주주의는 기존 지배층 출신에게 유리한 체제이고, 사회주의 또는 공산주의는 피지배층 출신에게 유리한 체제다. 여기에 독립운동가, 항일투쟁가들과 친일파 등 기존 지배층 출신들 사이의 치열한 권력투쟁으로 암투와 암살이 이어졌다. 마땅한 지도력을 갖추지 못한 피지배층 출신들은 이 권력다툼에 휘말렸다. 1946년부터 모든 사회 갈등과 운동은 점차 조직화되고 참여정치는 동원정치로 변해버렸다. 좌익과 우익의 여러 정파와 정치성 단체들이 우후죽순으로 생겨났다. 좌익은 신탁통치를 찬성하고 친일 청산과 토지개혁에 적극적이었으나, 우익은 신탁통치를 반대하고 친일 청산에도 소극적 태도를 보이며 토지개혁을 달갑게 여기지 않았다. 이 이념의 계층적 성격은 각기 피지배층 출신과 지배층 출신으로 나누어진다. 좌우 대립은 격화되어 해방 후 처음으로 맞이한 삼일절 행사도 좌익은 남산에서 우익은 보신각에서 각자 따로 열었다.

이제 본격적으로 국가 체제를 놓고 각 계층들은 신분 대신 자본과 이념의 옷을 입고 대립 양상으로 치닫고 있었다. 특히 각 진영을 이끌어간 지도자들은 지지층을 확보하기 위해 민족과 국가 개념을 확립하고 이를 민중에게 주입하는 데 온 힘을 쏟았다. 그런데도 여전히 국가와 국민이라는 개념이 명확하게 정립되지 않은 해방공간에서 과거 신분 체제부터 쌓인 감정을 통제하는 장치가 느슨해지다 보니 계층 사이의 모든 증오심과 복수심이 화산처럼 폭발하기 시작했다. 지도자들은 서로 국가 주도권을 잡기 위해 각기 미국과 소련 등 외세에 기대어 통일 조국 건설보다 자신들의 정치적 입지가 유리한 방향으로 나아갔다.

남북 분단은 동서냉전 체제의 결과라기보다 지도층의 자의적인 선택이었다. 남과 북은 각기 다른 국가와 국민 개념을 확립해 각자 길을 선택하게 되었다. 남한은 친일파와 한민당과 지주의 국가였고, 북한은 항일독립운동 세력과 농민의 국가였다. 이것은 혁명적 내전으로 한국전쟁을 보는 커밍스의 중심 테제이기도 하다. 이 차이가 한국전쟁의 한 기원이고, 그것의 시민전쟁, 계급투쟁의 성격을 함축한다. 이 두 국가의 수립에서 피지배층은 전적으로 배제되었다. 이제 피지배층에게는 투쟁 외에 선택할 그 어떤 수단도 없었다. 미군정의 정책이 반공과 반소로 나아가자 좌익은 이에 반발해 전국 각지에서 크고 작은 소요를 일으켰다. 그러다 1946년 9월 24일 조선노동조합전국평의회 소속 노동자들이 일으킨 총파업 과정 중 10월 1일 대구에서 경찰의 과잉진압으로 유혈사태가 발생했다. 그해 가을 남한 전역에서 발발한 농민 봉기는 이념이라기보다 좌익을 탄압하면서 과거 지배층 출신의 '가진 자의 나라'를 세우려는 미군정의 의도에 반발한 것이었다. 남한은 전후 세계 질서의 장기 구조적 추세 및 해방 직후 이승만과 5·10 총선거, 그리고 자본 축적과 경제력의 집중 정도 등을 살펴보면 주도권 지배 체제 구축이 상대적으로 취약한 상태에 머물고 있었다. 그러므로 미군정기 농민 봉기와 노동자 총파업은 과거 조선시대 사대부 양반 출신 계층 중심의 자본주의 우익 체제 구축에 대한 저항의 표현이었다.[197] 해방정국에서 벌어진 갈등의 핵심은 기득권 투쟁과 면죄부 투쟁이었다. 이념은 그 과정에서 도입된 장식물에 불과했다.[198] 한쪽에서는 한과 분노, 다른 한쪽에서는 개인의 욕망과 야욕이 주도권 쟁탈전으로 표출되었다. 다른 나라에서는 과거 역사를 망각할 만큼 역사의 단절이 될 정도로 긴 세월의 식민통치를 겪었으나 우리에게 일제 식민통치 36년은 과거 조선시대의 기억이 생생하게 살아 있을 정도로 짧았다. 그렇다보니 지배층 사대부 양반과 피지배층 상민과 천민의 차별에서 생겨난 감정이 해방과 더불어 다시 살아난 것이다. 새로운 국가 건설은 어느 신분 출신 계층이 주도권을 쟁취하느냐에 따라 결정되는 만큼 서로 양보할 수 없는 전쟁이었다. 따라서 5백여 년 동안 쌓인 신분질서의 감정이 폭발한 상태가 바로 해방정국이었다. 결국, 이승만 자유민주주의 정권은 조선시대 유교의 강상 이념을 반공 이념으로 탈바꿈해 자본가 지배층의 국가로 만들었다. 조정래의 소설 『태백산맥』의 한 부분을 보자.

"애국자 아닌 놈은 하나또 웁데." "농민 안 위하는 눔은 워디 있고?"
"다 좆이나 뿔 씨벌 눔덜이여. 전분에 입 달린 새끼덜이 다 머시라고 떠

---

197 전상인, 『고개 숙인 수정주의: 한국 현대사의 역사사회학』, 전통과 현대, 2001, pp. 53~54. 특히 이에 대해서는 브루스 커밍스, 앞의 책 『한국전쟁의 기원』 제10장 참조.
198 강준만, 「머리말: 한(恨)과 욕망의 폭발」, 앞의 책 『한국 현대사 산책, 1940년대 편: 8·15해방에서 6·25 전야까지』.

벌렸어. 토지는 싹 다 농민헌테 준다, 농민언 나라의 쥔이다, 허고 떠든 눔덜이 그 눔덜이여. 근디 농지개혁은 워치케 했냐 그것이여, 개잡녀러 새끼덜." "긍께 말이여, 그럼시로 또 농민얼 위허겄다는디, 순 도적눔덜 이제 머시여." "그눔덜이 지닌 돈이 다 머시여. 불쌍헌 우리 피뽈고 등 까죽 벡겨서 모은 것이다 그것이여. 후보자 중에 당당허니 돈 번 눔이 있으믄 대부아. 싹 다 지주 아니면 지주네 새끼덜이 아니냔 말여."[199]

해방 이후 지도층 계급은 모두가 자신이 진짜 애국자라고 자처하면서 저마다 자기 이익에게 맞는 민족 개념을 만들어내기에 여념이 없었다. 사대부 양반 지배층은 조선이 망하고 일제 식민통치가 시작되자 그때까지 존재하지도 않았던 민족이라는 생소한 용어를 앞세워 항일투쟁을 벌이며 피지배층들과 한 핏줄임을 주장했다. 그들은 해방정국에서 다시 이 용어를 들먹이며 마치 자신이 애국자이고 국민을 사랑하는 애민가(愛民家)인 것처럼 행동했다. 이들은 조선시대 신분제에서 지배층이 피지배층을 가혹하게 수탈하면서 가축처럼 부리면서 풍요롭게 살아온 것에 대해 사과도 하지 않았다. 오히려 이들은 동포 또는 민족이라는 이름으로 그 추한 기억의 역사를 망각 속에 묻어버리려고 했다.

1890년대 후반, 독립협회 운동 이후 자주 사용된 동포라는 의미는 확대되어 단순히 국왕의 은혜를 입는 백성들이 아니라 역사의 주체로 서서히 인식되기 시작했다. 특히 동포라는 용어는 평등이 강

---

199 조정래, 『태백산맥』 제6권, 해냄, 1995, pp. 234~235.

조되었다. 그런 가운데 1906년 이후 국내에서 민족이라는 말이 등장하기 시작해 대한민족, 조선족 등의 호칭이 만들어졌다. 하지만 당시 국내에서 민족보다 더 많이 쓰인 용어는 국민이었다. 그것은 한국인이 신국민(新國民)이 되어야 한다는 절박함이 있었기 때문이었다. 그러나 1907년 고종 양위 이후 대한제국은 유명무실해졌고 신국민 또한 기대하기 어려워지자 국권 회복과 신국가 건설의 주체로 새로 떠오른 개념이 민족이었다. 국가가 없는 상황에서도 민족은 살아남을 수 있고, 국권 회복 운동의 주체가 될 수 있다는 생각에서였다. 이렇게 형성된 민족 개념은 그 내부에 평등주의적 요소를 갖고 있었기 때문에 계몽운동을 통해 피지배층에게 널리 수용되기에 이르렀다. 이 민족 개념은 근대 국민국가 건설의 주체로 설정되어 오늘날 민족이라는 의미를 지니게 되었다. 식민지 시기 내내 민족주의자들은 민족을 독립운동의 주체, 신국가 건설의 주체로 설정해 강조해온 것이다.[200] 6·25전쟁 중에도 좌익은 친일파, 민족반역자, 이

---

200 중국에서는 이미 『상서』 시대에 '족류'라는 말로써 종족을 구분하고 있었다. 그리고 이는 한국에도 영향을 미쳐 『조선왕조실록』을 보면 '족류'라는 용어가 자주 등장한다. 조선에서 '족류'는 '아족'을 여진족이나 왜족과 구별할 때 쓰는 말이었다. 그런가 하면 『조선왕조실록』에는 '동포'라는 용어도 자주 등장했다. '동포'는 본래 같은 형제자매를 가리키는 용어였지만, 점차 그 의미가 확대되었다. 특히 장재(張載)의 『서명(西銘)』에 나오는 '백성은 나의 동포(民吾同胞)'라는 말처럼 국왕은 백성들을 애휼의 대상으로 지칭할 때 '동포'라는 용어를 자주 사용했다. 그리고 국왕들은 더 나아가 사대부 양반 등 지배층에 호포제 실시를 요구할 때, '모든 백성은 나의 동포'라는 말을 자주 끄집어냈다. 본래 '민족'이란 상고시대 이래 중국에서는 '민의 무리' 정도의 의미를 지녔다. 이를 서양의 'nation'이라는 의미로 사용하기 시작한 것은 일본이었다. 일본에서는 1870년대 초에 이미 'nation'을 '민족'이라는 단어로 번역했다. 중국에서도 이를 따라서 양계초가 1903년경에 쓴 글에서 민족과 국민을 구별해 각각 개념 정의를 했다. 도일 유학생들은 일본에서의 용례를 따라 '민족'이

승만 도당을 타도하고 전멸시키면 동일민족성과 민족일체성을 회복할 수 있다고 주장했다. 우익 역시 공산주의자들만 사라지면 동일민족성과 민족일체성이 회복되고 민족의 평화와 행복이 보장될 것이라고 강조했다. 그러나 좌우익 지도자들은 자신들이 내세운 민족과 각기 다른 이념을 결합해 서로 적대시했다. 이러한 적대적인 신념이 '서로 죽이기 게임'을 양심의 가책 없이 자행하게 한 이유일 것이다.

고 박종철 고문치사 사건을 다룬 영화「1987」에서 박처원 대공 수사처장은 지주인 가족이 인민군에게 모두 죽고 월남한 철저한 반공주의자다. 이 영화에서 박 처장은 왜 자기가 반공주의자가 되고 빨갱이를 증오하게 되었는지 자기 가족사진을 보이며 이렇게 고백한다.

> 어머이 옆에 선 아새끼 뵈디? 요거이 이름이 동이야. 보릿고개 때 다 죽어가는 거 우리 어머이가 거둬줬지. 야래 이 골돌리는 거 신묘해서 말이야, 아버지가 식구 삼고 장가도 보내줬어. 내래 동이를 형님으로 모셨드랬지. 기캤는데 말이야. 김일성이가 리북으로 들어오니끼니 야래 이 인민민주주의 하갔다고 완장차고 설쳐대드만, 이 아 새끼가 우리 집에 인민부대 끌고 와서리 뭐랬는지 알간? "인민의 적, 악질 지주, 반동분자를 지옥으로 보내자." 동이가 총알도 아깝다며 우리 아버지 가슴에 말이야 죽창을 찔러댔어. 내래 대청마루 밑에 숨어서리 다 봤디. 이보라우, 내래 고때라도 기나갔으면 우리 어머이 살렸갔네? 누이 목숨을

라는 단어를 사용하기 시작했지만, 1910년 이전에 그리 자주 사용한 것은 아니었다. 박찬승,「한국에서의 '민족' 개념의 형성」,『개념과 소통』 제1호, 한림대학교 한림과학원, 2008, pp. 79~120.

살렸을꺼야, 나 대신에 죽었으끼니. 너래 지옥이 뭔지 알간? 내 식구들
이 죽어나가는 판에 손가락 하나 까딱 못 하는 거 소래기 한번 못 지르
는 거, 고거이 바로 지옥이야.

 － 영화「1987」중에서

해방정국 이후 한반도에서 벌어진 양민 학살을 집행한 자들은 아
주 평범한 사람들이었다. 나와 형제 같은 이웃, 한 가족과 다름없는
이웃들이 '서로 죽이기 게임'의 주역들이었다. 이런 학살의 동기는
절대로 사라지지 않았다. 누구나 그 상황에 부닥치면 학살자가 될
수 있다. 크리스토퍼 브라우닝은 유대인 학살 집행자들이 고도로 나
치즘 교육을 받은 자들이 아니라 아주 평범한 사람들이라고 밝히고
있다. 그는 여러 실험을 통해 어떻게 평범한 사람이 학살을 집행할
수 있는지를 밝혀내고 있는데, 프랑스 역사가 마르크 블로크가 레지
스탕스 활동을 하다가 나치에게 체포되어 처형되기 직전 "우리의
연구를 이끄는 목표는 결국 한 단어, 이해다"라고 한 바와 같이 브
라우닝 역시 이 관점에서 평범한 사람들의 학살 행위를 다루었다.[201]
유대인 집단학살을 수행한 경찰대원들은 전투나 유혈 충돌을 경험
한 적이 거의 없는 평범한 사람들이었다. 마찬가지로 해방정국과
6·25전쟁에서 같은 민족을 학살하는 데 참여한 자들 역시 일본군
출신이나 항일투쟁을 벌인 독립투사들을 제외하고는 전투 경험이

201　Christopher R. Browning, *Ordinary Men: Reserve Police Battalion 101 and the Final Solution in Poland*, preface, p. xx.

없는 평범한 이웃들이 대부분일 것이다. 그렇다고 이 학살자들이 공산주의 또는 자본주의 이념으로 훈련을 받은 자들도 아니었다. 그렇다면 유대인 학살의 원인을 심리학적으로 해석한 존 슈타이너(John Steiner)가 연구한 수면자(sleeper)라는 개념처럼, 학살은 평상시에 잠재된 상태에 머물러 있다가 특정 조건 아래에서 작동하는 기질 속에 내재된 폭력적 성향에서 비롯된 것이 아닐까? 그의 수면자 이론은 다음과 같이 설명한다.

제1차 세계대전 이후 독일은 혼돈 상황에 빠져 있었다. 이 상황 속에서 폭력의 하부 문화였던 나치즘에 평균 이상으로 매료되었다. 그들은 자신들의 폭력적 잠재성을 충분히 분출하도록 부추기고 뒷받침한 친위대에 이끌렸다. 그런데 그들은 제2차 세계대전 후 안정을 되찾은 체제 아래에서 법을 충실히 준수하는 지극히 정상적인 시민이 되었다. 따라서 슈타이너는 친위대식 폭력 행위를 촉발했던 직접적인 결정인자는 수면자를 일깨워준 상황이었다고 결론짓는다.[202]

슈타이너에 따르면, 수면자 현상은 매우 일반적인 특징이며, 대부분의 사람은 특정한 상황에 부닥치면 누구나 극한적 폭력을 행사하고 인명을 살상할 수 있는 능력을 잠재적으로 보유하고 있다는 것이다.[203] 악은 평범한 생각으로부터 자라나고, 평범한 사람들에 의해

---

202 Christopher R. Browning, *Ordinary Men: Reserve Police Battalion 101 and the Final Solution in Poland*, pp. 166~167에서 인용.

203 어빈 스타우브(Ervin Staub)는 인간 누구에게나 공통으로 존재하는 정상적이고

행해진다. 이것이 일반적 현상이지 예외가 아니라는 것이다.[204] 이와 달리 지그문트 바우만은 "잔혹성은 개인적이고 성격적인 것이 아니라 훨씬 더 근본적인 뿌리를 볼 때 사회적"이라고 주장한다. 대부분의 인간은 사회가 그들에게 제공하는 역할로 "미끄러져 들어간다"라는 것이 그의 해석이다. 그래서 잔혹성을 만드는 것은 성격 결함의 심리적 특성이 아니라 환경적 요소가 더 절대적이라고 주장한다.[205] 이를 뒷받침해준 실험이 필립 짐바르도(Philip Zimbardo)가 미국 스탠퍼드 감옥에서 수행했던 실험이다. 그는 이 실험에서 도덕적이고 자율성이 강한 자를 제외하고 평범한 보통 사람들을 무작위로 교도관과 죄수 두 집단으로 나눈 다음, 인위적으로 꾸며진 감옥에 들어가게 했다. 그 결과, 불과 6일 만에 잔혹하고 비열한 인간성 파괴 현상이 빈번하게 발생했다. 이 실험은 교도관 역할을 한 평범한 사람들이 얼마나 쉽게 가혹 행위로 이끌려 가는지 보여주고 있

인간적인 동기가 존재하며, 동시에 생각과 감정 속에는 어떤 근본적이고 불가피한 경향들이 잠재해 있고, 바로 이것들이 집단학살하게 하는 일차적 원천이라고 말한다. 특히 그는 이 연구에서 집단학살을 경험한 유대인들의 정신 사례를 제시하며 집단학살의 여러 인과 관계에 대한 심리학적인 해석을 통해 집단학살이 왜 발생하는가를 설명하고 있다. Ervin Staub, *The Roots of Evil: The Origins of Genocide and Other Group Violence*, Revised ed. edition(Cambridge, Cambridge University Press, 1992), pp. 18, 128~141.

204 베트남 전쟁에서 부대가 헬리콥터를 타고 민간인들 위를 날아가고 있을 때 한 미군 병사가 그들을 사살하라는 명령을 받았으나 이를 따르지 않았다. 담당 장교가 군법 재판에 넘기겠다고 하자 그는 그다음 비행에서 민간인에게 사격했다. 이후 그는 민간인을 향한 사격을 마치 훈련처럼 느끼게 되었다는 것이다. Christopher R. Browning, *Ordinary Men: Reserve Police Battalion 101 and the Final Solution in Poland*, p. 167에서 인용.

205 Christopher R. Browning, *Ordinary Men: Reserve Police Battalion 101 and the Final Solution in Poland*, p. 167.

다.[206] 이들 교도관 중에서 규정을 어기고 잔인한 모습을 드러내고 이런 잔혹성을 즐긴 자들은 33퍼센트 정도이며, 50퍼센트 정도의 다른 교도관은 거칠지만 공평하게 행동했고, 전체의 20퍼센트에 못 미치는 단 두 명만이 죄수에게 호의를 베풀었다. 이 실험을 보면 타고난 심리적 기질에 의해 집단학살이라는 잔혹 행위가 자행된다는 사실을 알 수 있을 것이다.[207] 이 연구에 의하면, 우리의 '서로 죽이기 게임'의 상황 역시 오랫동안의 신분 차별로 생겨난 악감정이 내면에 잠재해 있다가 해방과 6·25전쟁의 상황이 이 감정을 폭발시킨 것이라는 심리적 요인과, 각 개인의 내적 악한 기질을 드러나게 한 사회적 상황이 주어진 결과라고 해석할 수 있을 것이다.[208] 그 예로 한국전쟁이 벌어진 1950년 10월 황해도 신천군에서 3만 5천여 명의 민간인이 집단학살된 이른바 '신천군 사건'을 들 수 있다. 북한에서는 미군이 자행한 학살이라며 이렇게 주장한다.

"미국 침략군은 민족반역자들인 '치안대', '멸공단'과 공모해 대중적 학살을 조직하였다. 황해도 한 도에서만 무려 12만 명의 인민이 무참히 학살되었다."

---

206 Craig Haney, Curtis Banks and Philip Zimbardom, "Interpersonal Dynamics in a Simulated Prison", *International Journal of Criminology and Penology* 1(1983), pp. 166~168.

207 Christopher R. Browning, *Ordinary Men: Reserve Police Battalion 101 and the Final Solution in Poland*, p. 168.

208 Christopher R. Browning, *Ordinary Men: Reserve Police Battalion 101 and the Final Solution in Poland*, pp. 176~177, 188~189.

"신천에서만 해도 1950년 10월 18일에 900명, 19일에 320명, 20일에 520명을 집단적으로 학살하였다. (……) 전체 주민의 4분의 1에 해당하는 3만 5,383명을 살육하였다."[209]

이와 달리 남한에서는 국군과 유엔군의 북진에 쫓겨 패퇴하던 인민군이 신천군에 남아 있던 지주, 자본가, 기독교인 등 우파 성향의 민간인들을 대량학살한 것이라며, 우파 민간인들이 인민군에 대항해 봉기를 일으킨 것이라고 주장한다.[210] 피카소가 1951년에 그린 「한국에서의 학살」이라는 그림은 한국전쟁 당시 신천군에서 벌어진 학살을 모티프로 삼은 것이다. 형제간에 얽힌 아픈 과거를 소재로 한국전쟁과 남북 현대사로 이어져온 민족의 한과 상처를 묘사한 황석영의 소설 『손님』은 이 사건이 기독교 우파와 좌파 사이의 사상 대립과 갈등으로 발생한 것으로 해석했다. 기독교와 공산당의 갈등이 양민 학살로 이어진 '서로 죽이기 게임'에 빠져든 상황을 소설 『손님』은 이렇게 묘사하고 있다.[211]

---

209 장종엽, 『조국 해방전쟁의 승리를 위한 조선 인민의 투쟁』, 조선로동당출판사, 1957, pp. 54~55.

210 이러한 남북한의 역사 인식에 대해서는 정일영, 「남북 간 역사 인식의 간극과 해소 방안: 한국전쟁에 관한 역사 서술을 중심으로」, 『통일정책연구』 제24권 제2호, 통일연구원, 2015, pp. 89~115 참조.

211 한국전쟁 중에 일어난 신천 학살 사건의 진상을 '지노귀굿'이라는 전통 양식에 담는 과정에서 작가는 기존의 반공주의와 민족주의, 오리엔탈리즘의 한계를 극복하려는 '포스트' 담론을 강조한다. 손님/주인, 기독교/마르크스주의, 남/북, 전통/근대, 동양/서양, 과거/현재, 현실/꿈, 실재/헛것 등의 이분법적이고 환원론적인 이항 대립성을 극복해보려고 시도하고 있다. 김미현, 「황석영 소설의 '한국' 번역과 혼종성: 『손님』을 중심으로」, 『비평문학』 제43호, 한국비평문학회, 2012, pp. 41~70.

차디찬 안개가 거뭇한 산기슭에서부터 천천히 미끄러져 내려와 앙상한 나뭇가지를 휘감고 땅바닥에 엉기며 머물러 있었다. 나는 군복을 뜯어서 만든 배낭을 짊어지고 그의 뒤를 따랐다. 운 좋게 트럭을 탄 선발대는 이미 초저녁에 떠났고 뒤처진 사람들은 바닷가로 가서 배를 얻어 타야 한다고 그랬다. 그이는 군복에 방한모를 쓰고 등에는 나처럼 배낭을 짊어지고 있었다. 상호 씨는 짤막한 카빈총을 거꾸로 메고 아직도 청년당 완장이 달린 야전 점퍼를 입은 차림이었다. 나는 쌀을 두 말이나 퍼담아 짊어지고 있어서 그를 바짝 따라붙기가 힘에 부쳤다. 그이는 한참을 가다가는 돌아서서 어허! 하고 짜증내는 소리로 나를 재촉했다. 우리 동네가 보였다. 상호 씨가 총을 어깨에서 풀어내려 앞에다 겨누고 천천히 걸어 들어갔다. 이번에는 내가 앞장을 섰다. 우리 집까지 가는 지름길은 내가 더 잘 알았으니까. 돌담을 돌아 싸리문을 열고 들어서는데 무엇인가 발에 걸렸다. 나는 숨이 턱 막혀서 발을 더 이상 내딛지 못하고 와들와들 떨며 서 있었고 그가 문 앞에 넘어져 있는 어머니를 흔들어보았다. 어둠 속에서도 어머니의 하얀 저고리가 선명했다. 그는 아무렇지도 않게 마루와 방 두 칸짜리의 우리 집 곳곳을 손전등으로 비추었다. 나도 방 안을 들여다보았다. 동생들은 안방에 나란히 누운 채로 죽었다. 비린내가 가득했다. 그가 얼른 손전등을 껐다. 형상들이 어둠 속에 묻혀버린다. (……) 옷을 대충 벗고 시트 안으로 들어가 잠에 빠지려는데 자신의 목구멍 속에서 뭔가 치받치면서 목덜미를 지나 머리통 속에서 요한의 나직한 목소리가 들려왔다. 너 알고 있디, 알문서두 가만히 있었잖니. 내가 무얼 안다고 그래요. 우리가 그 사십오 일 동안에 저지른 일들을 말이디. 내가 본 것만 알아요. 너 명선이한테 다녀왔디?

그 집 식구들 몽땅 내가 해치웠다. 왜? 무엇 땜에 그런 몹쓸 짓을 저질렀어요? 그냥…… 나중에 다 알게 될 거다. 상호 형은 형님의 오랜 동무 아니었어요? 기랬디, 그 새긴 나보다도 더 많이 해치워서. 둘은 같은 편이잖아요. 야야, 그 얘긴 관두라. 우린 아무 편도 아니야.[212]

신천 학살 사건은 남북한 국가 권력이 직간접적으로 개입한 사건이다. 그러나 황석영은 『손님』에서 이 사건을 기독교 집단이 독특한 종교 문화적인 정체성을 만들고 학살에 참여하는 과정으로 묘사하고 있다. 북한은 이 사건을 미군이 자행한 집단학살로 보고 있다. 그렇지만 요섭은 경험을 통해 당시의 참극을 목격하고 살아난 사람들의 하소연이 기획된 것임을 알고 있었다. 우선, 소설에서는 개화기부터 전쟁 이전까지 기독교 집단이 자신들의 독특한 종교 문화적인 정체성을 형성해 집단의 내부와 외부를 가르고, 좌우 이데올로기를 수용하는 양상을 잘 드러냈다. 찬샘골의 기독교 집단은 해방기까지 오랫동안 자신들만의 특유한 기독교의 문화적인 정체성을 지니고 있었다. 류삼성은 자신의 집안을 하나님에게서 택함을 받은 백성들이라고 하면서 전통을 상징하는 성줏단지를 부숴버리거나, 남의 집에서 일을 거들며 살아가는 드난살이 순남을 차별했다. 이러한 기독교 집단은 해방정국에서 좌우 이데올로기 대립을 신앙적인 믿음으로 인식해 좌익 집단과 극심한 갈등 관계를 만들었다. 예컨대 자신들은 십자군으로 여기고, 공산당은 사탄의 세력으로 규정했다. 그리

---

212 황석영, 『손님』, 창비, 2001, pp. 48~51.

고 이 작품에서는 이러한 전쟁 이전의 갈등이 전쟁 중의 학살로 나타남을 극명하게 보여준다. 전쟁 중에 찬샘골에서 벌어진 마을 주민 사이의 '서로 죽이기 게임'은 이렇게 오랫동안 쌓인 종교 문화적인 갈등이 이념의 옷을 입고 폭발한 결과였다.[213] 소설 『손님』에서 주인공 요섭은 황해도 지노귀굿을 통해 시대의 갈등 속에서 희생된 영혼들을 달랜다. 이 소설에 등장한 인물들은 서로 죽임을 당한 자들의 혼령이었다. 주인공 요섭은 상처투성이 기억 속에서 불러낸 수많은 귀신의 이야기를 통해 '서로 죽이기 게임'의 광기와 살인의 불행한 과거를 이야기하고 있다. 구천에 떠돌고 있는 이들 혼령 문제를 풀기 위해 요섭은 손님 자격으로 고향을 찾는다. 그리고 이데올로기의 폭력성을 굿으로 해결해 가해자와 피해자의 화해를 시도한다.[214] 학살을 전쟁 중 이념의 갈등으로 해석하는 것은 충분한 설명이 되지 않는다. 그 당시 이념은 지식층과 지도자들만의 전유물이었기 때문이다. 결국, 오래 쌓인 묵은 감정이 그 학살의 원흉이었다. 일제강점기 36년은 가축 취급을 받았던 조선시대의 신분제의 삶을 잊기에

---

213 찬샘골이라는 마을 안의 전쟁은 "우리 싸움언 피와 살에 대한 것이 아니요, 정사와 권세와 이 어둠의 세상 주관자덜과 사탄이라넌 악령에 대한 싸움"이자 "이거이 다 우리 하나님이 내리넌 천벌이다"라는 요한의 말처럼, 기독교 집단 스스로가 전쟁의 동기가 무엇인지 정확하게 알고 있었다. 이처럼 신천 학살 사건은 우익 대 좌익이라는 이데올로기로는 설명할 수 없는 종교 문화적인 측면이 사건의 주동자들 사이에서 상당히 뿌리 깊게 작용하고 있던 것이다. 소설 『손님』은 한 인간이 전쟁에 참여하는 미시사적인 논리를 잘 보여주고 있다. 강정구·김종회, 「종교문화적인 갈등으로 바라본 신천 학살 사건: 황석영의 장편소설 『손님』론」, 『외국문학연구』 제42호, 한국외국어대학교 외국문학연구소, 2011, pp. 9~32.
214 김개영, 「황석영의 『손님』에 나타난 절대적 환대 윤리로서의 샤머니즘」, 『이화어문논집』 제52집, 이화어문학회, 2020, pp. 77~100.

는 너무 짧았다.

이제 남과 북이 각기 자기들만의 세상으로 가고 있는 오늘날, 우리는 지난 과거 역사에서 무엇을 배워야 할 것인가를 생각해야 한다. 자기 이익을 위해 피지배층을 수탈해온 지배층은 그 부끄러운 역사를 망각하기 위해 역사 서술에서 지배층을 미화하는 데 심혈을 기울인다. '위로부터의 역사'가 바로 그것이다. 이들에게 과거는 망각의 역사이며, 역사의 주체를 지배층으로 이해하려고 한다. 반면, '아래로부터의 역사'는 역사의 주체를 피지배층으로 인식해 과거 조상들의 삶을 잊지 않고 기억의 역사로 삼는다. 망각의 역사는 잊힌 과거이기 때문에 우리는 여기에서 아무것도 배울 것이 없다. 그러나 기억의 역사는 우리에게 많은 교훈을 준다. 오늘날 한국인은 모두 사대부 양반 가문의 성씨와 이름을 갖고 있다. 그래서 한국인은 피지배층의 역사를 잊고 오직 지배층의 역사만 기억한다. 이렇게 지식을 독점해온 지배층은 역사에서 자신들의 부끄러운 과거를 지우거나 왜곡해 이런 잘못들을 모든 사람이 망각하게 함으로써 다시 떳떳하게 기득권층으로 탄탄히 자리를 잡고 있다.

많은 항일투사들 가운데 스스로 평범한 소시민이 되어 살아간 애국자들이 존재한 반면, 자신의 항일 공적을 앞세워 개인의 영달을 누린 자들도 있다. 후자가 과거 사대부 양반 지배층의 기득권을 다시 물려받아 오늘의 지도층으로 살아갈 수 있었던 것은 국가와 민족을 위해 아무런 대가 없이, 이름조차 남기지 않고 희생했던 민중들의 덕택이다. 망각의 역사 속에는 반드시 기억의 역사가 있다. 역사는 망각에서 기억을 찾아내는 일이다. 그러나 역사가가 이러한 임무를 잊고 왜곡되고 조작된 역사를 서술한다면 거짓이 지배하는 사회가 초래되기 마련이다. 따라서 '서로 죽이기 게임'의 망각 안에 숨겨진 기억을 되살리지 않으면 학살은 과거의 사건이 아니라 오늘날 우리의 근대적 삶 속에 숨어 있는 잠재적 위험이 될 것이다.[215]

조선이 망해 일제 식민지로 전락한 이유에 대해 우리 역사는 일제의 침략과 군국주의 야욕의 탓으로 변명한다. 이는 자신들의 책임을 면하려는 지배층의 술책이다. 조선의 멸망은 위정자들의 무능과 사리사욕을 챙기려는 매국 행위에서 비롯된 결과다. 더 근본적인 원인은 사대부 양반 지배층이 자신들의 기득권을 유지하기 위해 근대화를 거부하고 신분제의 봉건 체제를 지키려 한 데 있었다. 해방 이후에도 이러한 조선 왕조 지배층들의 독단적인 결정이 재현되었다. 당시 남북한 지도층 인사들은 남북 분단과 국가 체제의 결정권을 국민에게 주지 않고 자신들의 권력과 특권에 유리한 쪽으로 결정해 버렸다. 해방 이후 남북한 지도층 인사들은 남북 분단과 6·25전쟁 등 모든 한반도의 정세를 미소 냉전 체제의 결과 또는 북한의 무력에 의한 적화통일로 변명하며 자신들의 책임을 회피한다. 남북한 지도층 인사들 가운데 한반도의 비극이 자신의 책임이라고 고백한 사람은 단 한 명도 없었다.

해방 후 1945년 12월 28일 모스크바 3상회의에서 발표된 내용은 '한국을 독립시키기 위해 임시적인 한국 민주주의 정부를 수립

---

215 지그문트 바우만, 임지현 대담, 앞의 글 「'악의 평범성'에서 '악의 합리성'으로: 홀로코스트의 신성화를 경계하며」, pp. 12~32.

하고, 남북을 각각 점령한 미소 양군의 공동위원회가 임시정부 구성을 지원하며, 미소 공동위원회가 임시정부와 협의해 미국, 소련, 영국, 중국 4개국에 의한 최고 5년의 신탁통치 협정을 체결한다'는 것이었다. 그러나 국민의 투표로 수립될 국가 체제가 공산주의가 압도적이라고 판단한 우파는 이를 결사반대하고 나섰다. 해방정국에서 이승만에 맞선 김구, 김규식, 김원봉, 여운형 등은 동지 관계로 보였지만, 이들 중 누가 먼저 정국 주도권을 잡아 권력을 쟁취하느냐를 두고 경쟁을 벌였다. 신탁통치가 발표되자 한국인들은 길고 길었던 일제 식민 지배가 이제 끝났는데 다시 미국, 소련 등 4개국의 지배를 받아야 한다는 사실을 받아들일 수 없었다. 당시 임시정부 주석 자격이 아닌 개인 자격으로 귀국해 정치적 위상이 위축되어 있었던 김구는 반탁운동을 조직했고, 여운형도 여기에 동참하고자 했다. 그러나 김구와 임시정부는 이미 주도권을 쥔 상황에서 굳이 좌파와 함께하는 것이 득이 되지 않는다고 판단하고 이 제안을 거부했다. 동참 제안이 거부되자 좌파 진영은 매우 급한 상황에서 살아남고자 독자 노선을 선택하기로 하고 반탁에서 찬탁으로 돌아서게 되었다.[216] 이로 인해 김구와 여운형은 찬탁과 반탁 노선에서

---

216 여운형의 인공 측은 민족 통일의 저해 요인이 인공과 임시정부의 병립에 있다고 보고 양자의 동시 해체를 전제로 하여 양측의 대표들로 통일위원회를 구성할 것을 제의했으나 김구로부터 거부당했다. 좌익 진영의 신탁통치 수용 전략은 애국심을 앞세운 우익 진영의 반탁이 여론의 호응을 받음으로써 실패했다. 이는 결국 좌익이 쇠퇴하게 한 결과를 낳았다. 심지연, 「반탁에서 찬탁으로: 남한 좌익 진영의 탁치관 변화에 관한 연구」, 『한국정치학회보』 제22집 제2호, 한국정치학회, 1988, pp. 225~242 참조.

서로 대결하게 되었고, 결과는 김구의 승리로 끝났다.

국가와 국민의 미래를 생각해 자신들이 희생하려는 의지보다 권력 장악을 목표로 삼고 정치적 전략을 선택한 항일투쟁 지도자들은 더 나아가 남북 통합보다 분단을 선택했다. 이는 궁극적으로 신분의 갈등을 빚어온 남북한 국민 사이에 한풀이식 동족상잔의 장을 제공한 결과를 낳았다. 특히 이들의 좌우 대결은 민족 통합의 역량에 장애가 되었을 뿐 아니라 친일파들이 반탁운동에 가담해 애국자로 둔갑하는 기회를 제공해주었다. 친일 세력은 반공주의와 국가주의를 내세우며 주도 세력으로 부상하게 되었다. 반공주의는 해방 후 친일 반공주의에서 친미 반공주의로 변형되고, 이데올로기 면에서 민족주의와 결합해 국가주의로 나아갔다. 친일 세력은 파시즘의 세계관을 내면화해 국가 권력을 장악하고 고문의 상습화와 은폐 조작, 민간인 학살 등 폭력성을 보이기 시작했다. 이어서 국가보안법과 폭력적 국가 장치 등 제도를 강화했다. 결국, 남북 분단이 남한에서 친일 세력의 권력을 보다 공고하게 만들어줌으로써 반공주의적 국가 체제가 국민 모두 강제적으로 충성하고 신봉해야 할 국가 원리가 되어버렸다.[217] 북한에서도 마찬가지로 공산주의 체제가 곧 북한의 국가 원리로 채택되었다. 이렇게 한반도에 적대적인 두 체제의 국가가 세워진 것이다. 남북한 민중들은 국가 체제 선택에서 소외되었다. 북한은 남한이 친일파들이 미국과 손잡고 친미 정권을 세운 만큼

217　친일의 내적 논리가 분단 체제 속에서 유지되고 강화될 수 있었다는 점에서 친일 청산은 분단을 극복하는 과정과 분리될 수 없다. 이병수, 「친일 미청산의 역사와 친일 내적 논리」, 『통일인문학』 제76집, 건국대학교 인문학연구원, 2018, pp. 5~31.

정통성이 없다고 주장하고, 남한은 북한이 공산주의 소련의 위성국인 만큼 국가 정통성이 없다고 비난했다. 친일 청산 문제가 75년이 지난 지금까지도 남한 사회를 유령처럼 휘젓고 다니며 끊임없이 갈등을 일으킨 이유가 바로 국가 정통성 문제 때문이다. 남한은 친일파가 세운 국가라는 이미지에서 벗어나야 정통성을 확보할 수 있기에 친일 문제 논란이 반복되고 있고, 북한은 소련의 위성국이 아니고 독립 국가라는 이미지를 보여줘야 하기에 항일무장투쟁과 민족이라는 용어를 유난히 강조한다.

분단 이래로 대한민국 국민은 정체성 문제에서 조선민주주의인민공화국을 의식하며 살아왔다. 그 이유는 대한민국이 완전한 통일 국가를 이루지 못해 국가가 정체성 형성과 관련해 국민에게 보편적이며 완성된 교육을 정립할 수 없었기 때문이다. 조선민주주의인민공화국은 국가 정체성을 형성하는 초기에 남한보다 더 유리한 위치에 있었다. 이후 남북한은 절대적인 독재 정권의 독단적 이데올로기의 점철로 인해 국가 정체성 확립의 기회를 상실했다. 남한은 북한보다 정통성의 기초를 세우기 어려운 상황에 있었지만, 대한민국 정부나 국민을 만들어가는 과정에서 점차 국가 정통성을 확보하며 사회 민주화와 경제 발전을 지속적으로 이루어나갈 수 있었다.[218] 역사 서

---

218 이러한 의미에서 남북한 정통성 논쟁은 그 의미가 퇴색되고 있으며, 형성된 대한민국의 국가 정체성을 어떻게 강화해 안정적이며 완성도가 높고 보편적이며 개방적인 지향성을 향해 작동하는가가 매우 중요하다. 그러한 의미에서 국가 정체성에 대한 영속성, 단일성, 보편성, 공유성에 입각한 인식에서 벗어나 변화 속의 영속성과 다양성 속의 단일성, 그리고 보편성 속의 특수성 및 공유성에서 복합성을 확립해야 한다. 박찬석, 「남북한 정통성 논쟁과 국가 정체성 교육」, 『도덕윤리과 교육』 제33

술과 해석이 순수하게 객관적일 수는 없으나 최대한 객관성에 다가가려는 노력은 필요하다. 최근에 대한민국 역사 해석에 대한 상반된 견해가 충돌하고 있는데, 양쪽 모두 주관적이고 이념적인 문제에 얽매여 있다.[219]

한국인은 모두 자신의 집안이 조선의 명문 가문 출신이라는 것을 자랑스럽게 생각하며 높은 벼슬을 지낸 사대부 양반 가문 출신이라는 것이 자신의 신분의 높낮이를 나타낸다는 인식 속에 빠져 있다. 이런 자부심은 오늘날과 같은 평등 사회에서 별 가치가 없다. 그보다 오늘날 우리는 과거 역사에서 선조들이 어떻게 살아왔는가를 아는 것이 중요하다.

조선이 망하자 사대부 양반 출신이든 농민, 천민, 노비 출신이든 독립운동과 항일투쟁에 투신한 자들도 있으나 대개 일제의 식민통

호, 한국도덕윤리과교육학회, 2011, pp. 71~96.

219 이 점에 대해 해방과 건국, 전쟁에 관련된 몇몇 쟁점들을 '객관적'으로 보기를 시도한 연구 내용을 요약하면 다음과 같다. 1) 해방이 분단으로 이어진 것은 민족의 실력이 부족한 상태에서 미소 양 강대국이 분할 점령했기 때문인데, 이에 대한 책임은 첫째 미국이, 둘째 소련이, 셋째로 민족 내부의 분열이 져야 한다. 2) 대한민국이 민족 정통성을 주장하기에는 국제연합의 승인만으로는 부족하다. 민족 독립운동 세력이 경시된 점에서 큰 문제가 있다. 하지만 북한과의 체제 경쟁에서 승리했으므로 미래의 역사 기술에서는 정통성 경쟁에서 북한보다 유리할 것이다. 3) 해방 직후 민족주의자들이 신탁통치안을 거부하지 않았더라면 분단과 전쟁이라는 최악의 상황을 면할 수 있었을지도 모른다. 4) 6·25전쟁의 책임은 첫째 김일성에게 있지만, 분단의 원초적 상황을 제기한 미국이나 무력 경쟁을 일삼은 남한 정부에게도 없지는 않다. 5) 미국이 참전하지 않았더라면 금방 적화통일되었을 것이다. 그랬더라면 주민들이 지금의 남한보다는 못 살겠지만 지금의 북한보다는 잘살고 있을 것이며, 무엇보다 수백만 명이 목숨을 잃지는 않았을 것이다. 김영명, 「"객관적"인 역사와 대한민국: 해방, 분단, 전쟁에 관한 몇 가지 쟁점」, 『글로벌정치연구』 제1권 제1호, 한국외국어대학교 글로벌정치연구소, 2008, pp. 1~29.

치에 협조하거나 순응하며 살았다. 조선시대 사대부 양반들은 조선이 망할 때까지 줄곧 유교 성리학이라는 이념으로 편을 갈라 피비린내 나는 권력투쟁을 벌여왔다. 그리고 해방 후 이들은 다시 과거 조선시대 강상윤리 대신 반공주의와 친일파 또는 반동분자라는 새로운 이념의 이름으로 동족 간에 서로 원수가 되어 살육전을 벌이도록 부추기며 편 가르기를 고착시켰고, 아울러 이념이라는 신사대주의에 빠져 한반도를 강대국에 종속시킴으로써 민족의 자주성을 상실하고 말았다.

오늘날 한반도에는 천민들은 모두 사라지고 다시 새로운 계급, 즉 현대판 양반 공화국이 수립되었다. 자본주의 사회에서는 자본이 곧 신분을 대신한다. 자본가는 양반 신분이며, 가난한 자들은 이들에게 종속된 신분이다. 자본으로 변신한 신분 체제의 폐해를 우리 국민은 어느새 망각하고 있다. 거대 독점 자본가들이 과거 사대부 양반들처럼 우리 사회를 지배하고 있다. 이들 새로운 지배층 자본가들은 권력, 언론과 결탁해 자신들의 국가 정체성을 만들어가고 있을 뿐 아니라 자신들의 과거의 치부를 감추기 위해 '망각의 역사'를 확립해나간다. 그래서 오늘날 우리 국민은 과거 사대부 양반 지배층이 그러했듯이 조선이 망한 것이 곧 내 나라가 몰락한 것이고, 일제 식민 통치는 곧 내 조국을 빼앗긴 것으로 생각한다. 조선의 망국과 식민 통치, 그리고 남북 분단의 책임이 피지배층으로 살아온 국민의 것이 되고 말았다.

조선시대 사대부 양반의 후손들은 다시 권력과 부를 독점해 사회의 지도층으로 복귀했다. 이들은 통합된 민주주의 국가 수립의 대가로 피지배층 후손에게 양반의 신분을 부여하고 자신들의 가문에 모두 편입시켜 같은 조상의 혈통을 이어받은 민족과 조국의 개념을 만들어냈다. 잘못된 역사를 만든 지배층은 항상 어느 시대가 오든지 망각에 머물려고 한다. 이러한 망각의 역사에 매몰되면 역사에서 배울 교훈이 하나도 없게 된다. '서로 죽이기 게임'은 종식된 것이 아니다. 아직도 남북 국민 모두 여전히 상대에 대한 원한과 복수심을 기억하고 있다. 남한에서는 여전히 반공주의 이념이 지배하고 있고, 북한에서도 친미와 친일 세력에 대한 증오심이 살아 있다. 남북이 서로 군사력 경쟁을 벌이며 서로를 주적으로 삼아 대립하고 있는 것도 이러한 감정에서 기인한다. 그리고 각기 지도층은 국가 정통성을 주장하며 상호 증오의 감정을 이용해 권력과 기득권을 유지해나가고 있다. 남북한 국민은 기억과 망각이 혼재되어 온 역사에서 옳고 그름의 가치관을 판단할 능력조차 상실한 채 남북 통일의 방법을 찾지 못하고 살아간다.

6·25전쟁은 민족애와 조국애, 그리고 과거의 역사와 전통까지 모두 파괴했다. 그 기억의 폐허 속에서 남북한은 각기 다른 역사의 길을 선택했다. 북한은 북한식 민족주의적 사회주의 체제의 길로, 남한은 미국식 자본주의 체제의 길로 나아가면서 서로 이질적인 국가로 굳어져 가고 있다. 남북한 국민은 민족애와 조국애보다 적의 개념으로 서로를 이해하려 한다. 우리 민족은 일제강점기보다 과거의 아픈 기억을 품고 남북 분단 상황에서 살아온 날이 더 길다. 오늘 우리가 기억해야 할 역사는 국민 대다수가 소수 지배층으로부터 가혹한 수탈을 당하며 살아온 뼈아픈 이야기다. 그러므로 과거의 비극

적인 역사에 대한 반성은 우리 모두에게 요구해야 한다. 기억은 바로 역사의 지식이다. 우리는 기억이 대체 어디에서 와서 다시 어디로 사라지는가를 항상 생각해야 한다. 기억은 지난 세월의 행복과 불행을 모두 담고 있으며, 우리의 삶의 역사가 어떻게 나아가야 할지를 알려주는 이정표 역할을 한다. 그러나 우리가 경험한 것들을 기억하지 않으면 다른 기억이 그것을 지워버린다. 그럴 경우, 우리는 어디에서 왔는지를 잊게 되고, 미래의 길을 선택하고자 할 때 길을 잃은 자처럼 혼란을 겪게 된다. 기억은 긴 세월을 따라 층층을 이룬 지층과 같다. 이것은 미래의 역사를 위한 창의성을 보관한 저장고 역할을 한다. 기억의 반대편에 있는 것이 망각이다. 망각은 인간의 생각을 어두운 곳에 가둬둔다. 그리고 망각은 우리에게 다시 과거의 잘못을 되풀이하도록 부추기며 스스로 몰락하도록 이끌어간다. 이렇게 망각의 역사는 절망으로 가득 차 있다. 기억은 의지의 행위이며, 항상 우리에게 역사적 책임을 묻는다. 그러나 망각은 반대로 우리가 져야 할 책임의식을 떠올리지 않도록 억압하거나 지워버린다. 과거 역사를 불행하게 한 자들은 망각하려 하고, 그 불행을 처절하게 겪은 자들은 기억하려 한다. 브루스 커밍스는 기억과 망각에 대해 이렇게 설명한다.

한국전쟁은 현대의 다른 어떤 전쟁보다 더 기억의 찌꺼기의 지연된 기억으로 둘러싸여 있다. 남한 사람들은 끔찍한 손실, 비극, 고통, 운명, 보이지 않는 고생의 옹이를, 다시 말해 기를 꺾고 내향적이게 만드는 내적 부정인 한(恨)을 경험한다. 북한 사람들은 모든 가족에게서 평균적으로 최소한 친족 한 명을 앗아간 재난을 기억한다. 그러나 여기에 온 정신을 집중해 과거를 기억하고 이를 마음속 깊이 새긴 기억의 당파가 있다.[220]

지금까지 조선시대부터 현대에 이르기까지 우리 역사를 살펴보았다. '아래로부터의 역사' 쓰기를 시도하면서 지배층 관점에서 벗어나 피지배층의 시각으로 그 시대 역사를 살폈다. 역사 기록은 대부분 지식을 독점한 지배층의 전유물이었다. 그러므로 그 시대의 기록은 모두 지배층이 보고 느낀 것을 그들의 생각과 판단으로 서술한 것들이다. 조선시대 역사서로 가장 대표적인 것은 『조선왕조실록』이다. 이 외에 많은 지배층 지식인들이 쓴 서책들이 즐비하다. 그러나 이 다양하고 많은 기록들이 당대의 상황을 객관적이고 사실적으로 설명한 것일까에 대해서는 회의적이다. 실록은 지배자들의 통치술을 낱낱이 기록한 사료로서 가치를 인정받고 있지만, 사실은 왜곡의 극치를 보여준 기록이다. 당시의 모든 사건을 통치자 왕과 지배층의 시각으로 해석한 기록은 그들만의 역사서이지 피지배층의 역사서가 아니다. 실록뿐 아니라 그 밖의 사대부 양반들의 개인적인 기록도 마찬가지다. 지배층의 기록은 한결같이 피지배층의 항쟁을 비적떼, 도적떼로 보는 시각에서 벗어나지 않는다. 심지어 백성을 사랑하고 아끼며 개혁을 주창했던 실학자들 역시 피지배층을 바라보는 시선은 이와 크게 다를 바가 없다. 임꺽정, 장길산, 홍길동 등 조선시대

---

220   브루스 커밍스, 앞의 책 『한국전쟁의 기원』, p. 105.

대표적인 의적들에 대한 지배층의 관점은 언제나 신분제 강상의 질서를 거스른 범죄자에 불과했다. 피지배층의 저항은 어느 시대나 막론하고 타도해야 할 범죄 행위였다.

지배층은 자신들의 기득권과 권위에 도전하는 것을 방지하기 위해 통치술의 개발에 골몰했을 뿐 피지배층을 위한 선정(善政)에는 관심이 없었다. 선정은 지배층을 위한 것이지 피지배층을 위한 정치가 아니다. 신분 질서 사회에서 가장 많은 특권을 누리며 살던 지배층이 피지배층에게 온정을 베풀 수는 없다. 이런 온정은 곧 체제를 뒤엎는 것이며, 국가의 전복(顚覆)을 의미하기 때문이다. 그러므로 '아래로부터의 역사'는 이들 지배층의 관점으로 서술한 기록을 다시 피지배층의 시선으로 재해석해야 한다. 이런 과정을 거쳐서 필자는 조선과 일제강점기를 거쳐 해방정국, 그리고 6·25전쟁과 남북 분단에 이르기까지 우리의 역사를 재해석해보았다. 성군과 충신은 지배층 그 자신들만의 관계이지 결코 피지배층과의 관계가 아니다. 그러므로 우리는 지배층의 기록을 보며 전체의 역사로 생각하거나 그 기록을 절대적으로 신뢰해서는 안 된다. 피지배층의 역사는 기록 대신 그들의 삶 속에 녹아 있다.

드라마 「미스터 션샤인」에 이런 대화가 나온다. 먼저 유진 초이가 애신에게 "왜 나를 동지라고 생각하느냐"라고 묻는다. 그러자 애신은 이렇게 말한다. "미국인과 낭인 넷이 죽었고 귀하도 나도 진범을 알고 있소. 그럼에도 귀하는 나를 잡아넣지 않았지. 혹시 동지 말고 다른 연유가 있소?" 그러자 유진 초이는 "그자를 왜 쏘려고 했소?"라고 다시 묻는다. 애신이 유진 초이를 향해 "그자를 왜 쏘았소?"라고 되묻자 유진 초이는 "미국의 품위를 떨어뜨렸소"라고 대답한다. 그러자 애신은 "조선의 품위도 떨어뜨렸소. 미개한 조선을 일본이 개화시키니 좋은 거 아니냐며 일본의 간섭을 개화로 포장하는 데 일조했소"라고 말한다. 이에 유진 초이는 "애초에 조선이 떨어질 품위가 있었던가"라고 묻는다. 그렇다. 조선은 애초에 국가로서 품격을 갖추지 못한 왕조였다. 그러니 이러한 국가의 지배층 사대부 양반들이 기록한 역사를 어떻게 정직하고 사실적인 기록이라고 믿을 수 있겠는가? 지배층의 기득권 대물림은 오늘날까지 계속 이어져왔다고 해도 과언이 아닐 것이다.

해방 후 한반도에서 벌어진 '서로 죽이기 게임'은 어느 순간 갑작스레 발생한 것이 아니다. 이 동족상잔의 비극은 조선시대의 신분 갈등과 적대감이 일제강점기에 독립운동과 항일투쟁 과정에서부터 서서히 표면으로 드러나기 시작해 해방 후 이념의 이름으로 폭발한 것이다. 조선의 일제 식민지화가 사대부 양반 지배층이 안간힘을 쓰면서 봉건적 신분제의 기득권을 유지하려 한 데서 비롯되었듯이, 남북 분단 역시 이들 신분 출신의 민족지도자들이 권력을 차지하기 위해 서로 양보할 수 없는 이념 대결을 벌인 정치 구도에서 발생한 것이다. 그리고 조선시대의 지배층 출신 자본가나 지주들은 보수적 자본주의를, 피지배층 출신 민중들은 사회주의나 공산주의를 선택해 각자 유리한 정치 체제를 수립하려고 치열하게 다퉜다. 그러므로 이 두 진영 사이 충돌의 본질은 이념을 앞세운 신분제에서 생겨난 계급 간 적대감과 증오심이다. '서로 죽이기 게임'은 민중들에게는 한이 맺힌 원한이고, 지배층 출신 지도자들에게는 자신들의 기득권을 빼앗긴 것에 대한 분노다. 결국, '친일파'와 '빨갱이'는 사대부 양반과 천민 상놈을 대신한 다른 명칭일 뿐이다. 잘못을 저지른 자들은 그 역사를 망각하려 하고, 피해를 입은 자들은 그 역사를 기억하려 한다. 그래서 오늘날 우리 역사는 진실이 없는 '변명의 역사'에 불과하다. 왜 '아래로부터의 역사인가'라는 물음에 우리 조상들이 먼 옛날부터 꿈꾸어왔던 '지배하는 자'와 '지배를 받는 자'가 없는 평등한 이상세계를 구현하기 위한 교훈을 얻으려 한다는 것으로 답하려 한다.

참고문헌

사료

『감영등록(監營謄錄)』, 『강도몽유록(江都夢遊錄)』, 『경국대전(經國大典)』, 『고려사(高麗史)』, 『고려사절요(高麗史節要)』, 『국조보감(國朝寶鑑)』, 『난중잡록(亂中雜錄)』, 『남명집(南冥集)』, 『남촌철경록(南村輟耕錄)』, 『당의통략(黨議通略)』, 『대전회통(大典會通)』, 『대학문(大學問)』, 『동경대전(東經大全)』, 『동몽선습(童蒙先習)』, 『동사강목(東史綱目)』, 「매요신(梅堯臣)」, 『반계수록(磻溪隨錄)』, 『부녀왈낭(婦女曰娘)』, 『부북일기(赴北日記)』, 『비변사등록(備邊司謄錄)』, 『비어고(備禦考)』, 『서유견문(西遊見聞)』, 『성호사설(星湖僿說)』, 『세종실록지리지(志世宗實錄地理志)』, 『속대전(續大典)』, 『속음청사(續陰晴史)』, 『송자대전(松子大全)』, 『승정원일기(承政院日記)』, 『신증동국여지승람(新增東國輿地勝覽)』, 『양행도일기(陽行道日記)』, 『어수신화(禦睡新話)』, 『연려실기술(燃藜室記述)』, 『연행록전집(燕行錄全集)』, 『오하기문(梧下紀聞)』, 『옥오재집(玉吳齋集)』, 『용담유사(龍潭遺詞)』, 『우포청등록(右捕廳謄錄)』, 『원목(原牧)』, 『율곡선생전서(栗谷先生全書)』, 『이수신편(理藪新編)』, 『이재유고(頤齋遺稿)』, 「임자연행잡식(壬子燕行雜識)」, 『자지록(恣知錄)』, 『잡기고담(雜記古談)』, 『저상일월(渚上日月)』, 『전송시(全宋詩)』, 『전습록(傳習錄)』, 『정교봉포(正敎奉褒)』, 『제왕운기(帝王韻紀)』, 『조선왕조실록(朝鮮王朝實錄)』, 『주자대전(朱子大全)』, 『주자만년정록(朱子萬年正錄)』, 『주자언론동이고(朱子言論同異攷)』, 『청음집(淸陰集)』, 『추안급국안(推案及鞫案)』, 『취어(娶語)』, 『탕론(蕩論)』, 『택리지(擇里志)』, 『폭도편책(暴徒編冊)』, 『피생명몽록(皮生冥夢錄)』, 『학고선생문집(鶴皐先生文集)』, 『학봉속집(鶴峯續輯)』, 『해동역사(海東歷史)』, 『해동이적(海東異蹟)』, 「현종대왕행장(顯宗大王行狀)」, 『홍재전서(弘齋全書)』, 「화랑가(花娘歌)」

단행본

국내

E. H. 카, 황문수 옮김, 『역사란 무엇인가』, 범우사, 1981.

강동진, 『일제의 한국 침략 정책사』, 한길사, 1980.

강만길, 『분단시대의 역사인식』, 창비, 1979.

강재언, 『한국 근대사 연구』, 한울, 1983.

강준만, 『미국사 산책 3: 남북전쟁과 제국의 탄생』, 인물과사상사, 2010.

_____, 『한국 현대사 산책, 1940년대 편: 8·15해방에서 6·25 전야까지』, 인물과사상사, 2004.

고성훈 외, 『민란의 시대』, 가람기획, 2000.

권오영, 『조선 성리학의 의미와 양상』, 일지사, 2011.

_____, 『조선 성리학의 형성과 심화』, 문헌, 2018.

권인호, 『조선 중기 사림파의 사회정치사상』, 한길사, 1995.

김광운, 『북한 정치사 연구 I』, 선인, 2003.

김교빈, 『이언적: 한국 성리학을 뿌리내린 철학자』, 성균관대학교 출판부, 2010.

김기동, 『이조시대 소설론』, 정연사, 1959.

김동명, 『지배와 저항 그리고 협력: 식민지 조선에서의 일본 제국주의와 조선인의 정치운동』, 경인문화사, 2006.

김삼웅, 『홍범도 평전』, 레드우드, 2019.

김상태 편역, 『윤치호 일기: 한 지식인의 내면세계를 통해 본 식민지 시기』, 역사비평사, 2002.

김승찬 외, 『한국 구비문학론』, 새문사, 2003.

김은숙, 『미스터 션샤인』, 알에이치코리아, 2018.

김인식, 『광복 전후 국가건설론』, 독립기념관 한국독립운동연구소, 2008.

김일영, 『건국과 부국: 이승만·박정희 시대의 재조명』, 기파랑, 2010.

김재용, 『협력과 저항』, 소명, 2004.

김준엽·김창순, 『한국 공산주의 운동사』, 고려대 아세아문제연구소, 2010.

_____, 『한국 공산주의 운동사』, 청계연구소, 1986.

김지평, 『한국 가요 정신사』, 아름출판사, 2000.

도진순, 『한국 민족주의와 남북 관계: 이승만·김구 시대의 정치사』, 서울대학교 출판부, 1997.

로버트 단턴, 조한욱 옮김, 『고양이 대학살: 프랑스 문화사 속의 다른 이야기들』, 문학과지성사, 1996.

로버트 스칼라피노·이정식, 한홍구 옮김, 『한국 공산주의 운동사』, 돌베개, 2015.

리영희, 『역정: 나의 청년 시대』, 한길사, 2006.

림건상, 『조선의 부곡제에 관한 연구』, 과학원출판사, 1963.

마르크 블로크, 정남기 옮김, 『역사를 위한 변명: 역사가의 사명』, 한길사, 1979.

박명림, 『한국전쟁의 발발과 기원 2: 기원과 원인』, 나남, 1996.

박민영, 『대한제국기 의병 연구』, 한울, 1998.

박지향 외, 『해방 전후사의 재인식』, 책세상, 2006.

박찬승, 『마을로 간 한국전쟁』, 돌베개, 2010.

_____, 『민족·민족주의』, 소화, 2010.

_____, 『민족주의의 시대: 일제하의 한국 민족주의』, 경인문화사, 2007.

_____, 『한국 근대 정치사상사 연구: 민족주의 우파의 실력 양성 운동론』, 역사비평사, 1992.

박태균·정창현, 『암살: 왜곡된 현대사의 서막』, 역사인, 2016.

박태원, 『갑오농민전쟁 1: 제1부 계명산천은 밝아오느냐』, 깊은샘, 1993.

배동수, 『정여립 연구: 그의 생애와 사상, 정치사적 의미』, 책과 공간, 2000.

백기완 외, 『해방 전후사의 인식』, 한길사, 1979.

브루스 커밍스, 김자동 옮김, 『한국전쟁의 기원』, 일월서각, 1986.

송호근, 『국민의 탄생: 식민지 공론장의 구조 변동』, 민음사, 2020.

_____, 『인민의 탄생: 공론장의 구조 변동』, 민음사, 2011.

신복룡, 『한국 분단사 연구』, 한울아카데미, 2001.

신정일, 『조선을 뒤흔든 최대 역모 사건』, 다산초당, 2007.

안병직·이영훈 편저, 『맛질의 농민들: 한국 근세 촌락생활사』, 일조각, 2001.

오영교 편, 『조선 건국과 경국대전 체제의 형성』, 혜안, 2004.

오희문, 전주대 한국고전학연구소 옮김, 신병주 해설, 『쇄미록』, 사회평론아카데미, 2020.

우치다 준, 한승동 옮김, 『제국의 브로커들: 일제강점기의 일본 정착민 식민주의 1876~1945』, 도서출판 길, 2011.

유병용, 『한국 근대사와 민족주의』, 집문당, 1977.

유성룡, 오세진·신재훈·박희정 역해, 『징비록』, 홍익출판사, 2015.

유승원, 『조선 초기 신분제 연구』, 을유문화사, 1987.

윤석찬, 『용담유사 연구』, 모시는사람들, 2006.

이균영, 『신간회 연구』, 역사비평사, 1993.

이기백, 『한국사신론』, 일조각, 2005.

이덕일, 『윤휴와 침묵의 제국』, 다산초당, 2011.

_____, 『조선 선비 당쟁사』, 인문서원, 2018.

_____, 『칼날 위의 역사』, 인문서원, 2016.

_____, 『한국사 그들이 숨긴 진실』, 위즈덤하우스, 2009.

이동원·조성남, 『미군정기의 사회 이동: 배경, 특성, 그리고 그 영향』, 이화여자대학교 출판부, 1997.

이두순·박석두, 『한말-일제하 양반 소지주가의 농업경영 연구: 구례류씨가의 사례를 중심으로』, 한국농촌경제연구원, 1993.

이성무, 『조선 초기 양반 연구』, 일조각, 1981.

_____, 『조선시대 당쟁사』 제1권, 동방미디어, 2000.

이수건, 『영남 사림파의 형성』, 영남대학교 출판부, 1980.

이영훈 외, 『반일종족주의』, 미래사, 2019.

이용우, 『미완의 프랑스 과거사』, 푸른역사, 2015.

이윤석, 『홍길동전 연구』, 계명대학교 출판부, 1997.

이은순, 『조선 후기 당쟁사 연구』, 일조각, 1988.

이이화, 『민란의 시대』, 한겨레출판, 2017.

_____, 『조선 후기의 정치사상과 사회 변동』, 한길사, 1994.

이인섭, 『홍범도 일기』, 고려신문사, 2004.

이재룡, 『조선 전기 경제 구조 연구』, 숭실대학교 출판부, 1999.

_____, 『조선 초기 사회 구조 연구』, 일조각, 1984.

이재운, 『당취』, 명상, 2000.

이정신, 『고려 무신정권기 농민·천민항쟁 연구』, 고려대학교 민족문화연구원, 1991.

이주한, 『노론 300년 권력의 비밀』, 위즈덤하우스, 2011.

이태준, 『해방 전후: 한 작가의 수기』, 하서, 2000.

이태진, 『조선 유교 사회사론』, 지식산업사, 1990.

_____, 『조선시대 정치사의 재조명』, 범조사, 1985.

_____, 『한국 사회사 연구』, 지식산업사, 1989.

이혜숙, 『미군정기 지배 구조와 한국 사회: 해방 이후 국가-시민사회 관계의 역사적 구조화』, 선인, 2008.

임경석, 『초기 사회주의운동』, 독립기념관 한국독립운동사연구소, 2009.

임상혁, 『나는 노비로소이다: 소송으로 보는 조선의 법과 사회』, 역사비평사. 2020.

임지현, 『민족주의는 반역이다』, 소나무, 1999.

장세윤, 『홍범도의 생애와 독립전쟁』, 독립기념관, 1997.

전명혁, 『1920년대 한국 사회주의운동 연구』, 선인, 2006.

전형택, 『조선 후기 노비 신분 연구』, 일조각, 1989.

정병준, 『몽양 여운형 평전』, 한울, 1995.

정석종, 『조선 후기 사회 변동 연구』, 일조각, 1983.

조병옥, 『나의 회고록』, 해동, 1986.

조수삼, 허경진 옮김, 『추재기이: 18세기 조선의 기인 열전』, 서해문집, 2008.

조정래, 『태백산맥』, 해냄, 1995.

차기진, 『조선 후기 서학과 척사론 연구』, 한국교회사연구소, 2002.

차남희, 『저항과 순응의 역사 정치학: 미군정의 농업 정책과 농민』, 이화여자대학교 출판부, 1997.

차장섭, 『조선 후기 벌열 연구』, 일조각, 1997.

최유리, 『일제 말기 식민지 지배 정책 연구』, 국학자료원, 1997.

최장집, 『한국 민주주의의 조건과 전망』, 나남, 1996.

최정운, 『한국인의 발견: 한국 현대사를 움직인 힘의 정체를 찾아서』, 미지북스, 2016.

크리스토퍼 R. 브라우닝, 이진모 옮김, 『아주 평범한 사람들』, 책과함께, 2010.

클리포드 기어츠, 문옥표 옮김, 『문화의 해석』, 까치, 1999.

평목실, 『조선 후기 노비제 연구』, 지식산업사, 1982.

표인주 외, 『전쟁과 사람들: 아래로부터의 한국전쟁 연구』, 한울, 2010.

한명기, 『병자호란』, 푸른역사, 2018.

_____, 『최명길 평전』, 보리출판사, 2019.

한수영, 『친일문학의 재인식: 1937~1945년간의 한국 소설과 식민주의』, 소명출판, 2005.

한영우, 『정도전 사상의 연구』, 서울대학교 출판부, 1983.

한홍구, 『대한민국사』, 한겨레출판사, 2003.

허경진, 『허균 평전』, 돌베개, 2002.

헨드릭 하멜, 류동익 옮김, 『하멜 표류기』, 더스토리, 2020.

홍순영, 『한말의 민족사상』, 탐구당, 1982.

홍승기, 『고려 귀족 사회와 노비』, 일조각, 1990.

황석영, 『장길산』, 창비, 2004.

황선희, 『한국 근대사상과 민족운동』, 혜안, 1996.

황현, 김종익 옮김, 『오동나무 아래에서 역사를 기록하다: 황현이 본 동학농민전쟁』, 역사비평
　　사, 2016.

황현, 임형택 외 옮김, 『역주 매천야록』, 문학과지성사, 2005.

국외

Acton, John Dalberg, *Lectures on Modern History*, Kindle Edition(Amazon Digital

Services LLC, 2018).

Arendt, Hannah, *Eichmann in Jerusalem: A report on the Banality of Evil*(New York: Penguin, 2006).

Bloch, Marc, *Apologie pour l'histoire: ou métier d'historien*(Paris: Dunod, 2020).

_____, *La société féodale*(Paris: Albin Michel, 1968).

Cumings, Bruce, The Korean War: A History(New York: Modern Library, 2011).

_____, *The Origins of the Korean War*, Vol. I: *Liberation and the Emergence of Separate Regimes, 1945~1947*, Vol. II: *The Roaring of the Cataract, 1947~1950*(Princeton : Princeton University Press, 1990).

Dann, Otto, *Nation und Nationalismus in Deutschland 1770~1990*(München: Verlag C. H. Beck, 1993).

Darnton, Robert, *The Great Cat Massacre: And Other Episodes in French Cultural History*(New York: Basic Books, 2009).

Davis, Natalie Zemon, The *Return of Martin Guerre*(Massachusetts: Harvard University Press, 1983).

Engels, Friedrich, *Der deutsche Bauernkrieg*(München: Jazzybee Verlag, 2012).

Geertz, Clifford, *The Interpretation of Cultures*(New York: Basic books, 1973).

Ginzburg, Carlo, *The Cheese and the Worms: The Cosmos of a Sixteenth-Century Miller*(Baltimore: Johns Hopkins University Press, 2013).

Goubert, Pierre, *Beauvais et le Beauvaisis de 1600 à 1730: Contribution à l'histoire sociale de la France du XXIIe siècle*(Paris: EHSS, 1995).

Hastings, Max, *The Korean War*(London: Michael Joseph, 1987).

Hobsbawm, Eric, *The Age of Revolution: 1789~1848*(New York: Barnes & Noble Books, 1996).

Iggers, Georg G., *Historiography in the Twentieth Century: Scientific Objectivity to the Postmodern Challenge*(Middletown: Wesleyan University Press, 2005).

Jung, Carl Gustav, *Psychologische Typen: Definition*, Gesammelte Werke Bd. 6(Zürich: Rascher Verlag, 1960).

LaCapra, Dominick, S. L. Kaplan eds. *Modern European Intellectual History*(Ithaca: Cornell University Press, 1982).

Nora, Pierre, *Les lieux de mémoire*(Paris: Gallimard, 1997).

Ranke, Leopold, von, *Geschichte der Germanischen Völker, Fürsten und Völker-Die*

Geschichte der romanischen und germanischen Völker von 1494~1514, ed., Willy
    Andreas(Berlin: Vollmer, 1996).

Re Roy Ladurie, Emmanuel, *Montaillou, village occitan de 1294 à 1324*(Paris: Gallimard,
    2016).

Rogers, Howard J., ed., *Congress of the Arts and Science: Universal Exposition, St. Louis,*
    1904(Boston: Cornell University Library, 2009).

Schley, Winfield Scott, *Forty-five Years under the Flag*(Seattle: Palala Press, 2016).

Thompson, *E. P. The Making of the English Working Class*(New York: Vintage Book,
    1966).

Thucydides, *History of the Peloponnesian War*, trans., Rex Warner(New York, Penguin
    Books, 1954).

White, Hayden, *Metahistory: The Historical Imagination in Nineteenth-Century*
    Europe(Baltimore: The Johns Hopkins University Press, 1979).

White, Hayden, *Tropics of Discourse: Essays in Cultural Criticism*(Baltimore: The
    Johns Hopkins University Press, 1986).

Wolf, Erik, *Europe and the People Without History*(New Jersey: University of
    California Press, Ewing, 1982).

內藤雋輔, 『文祿慶長における被擄人の究』(東京大出版會, 1976).

李賀, 『李賀詩歌集注』(上海: 上海古籍出版社, 1978).

福澤諭吉, 『福澤諭吉全集』(東京: 岩波書店, 1960).

桑原武夫 編, 『日本の名著』(東京: 中公新書, 1962).

岩崎喜一, 『おんどる(溫突)夜話』(東京: 京文社, 1966).

芝原拓自・猪飼陸明・池田正博(校注), 『対外観』(日本近代思想大系一二)(東京: 岩波書店, 1988).

논문

국내

강영주, 「역사소설 『임꺽정』 『장길산』」, 『상명대학교 논문집』 제2권, 상명여자사범대학, 1991.

강재언, 「봉건 체제 해체기의 갑오농민전쟁」, 안병직・박성수 외 『한국 근대 민족운동사』, 돌베
    개, 1980.

강정구, 「한국전쟁 양민 학살의 양태 분석」, 한국사회학회 편, 『한국사회학회 사회학대회 논문집』, 2000.

_____, 「해방 후 월남인의 월남 동기와 계급성에 관한 연구」, 한국사회학회 편, 『한국전쟁과 한국 사회 변동』, 풀빛, 1992.

고석규, 「16, 17세기 공납제 개혁의 방향」, 『한국사론』 제12집, 서울대학교 국사학과, 1985.

고성훈, 「조선 후기 민중사상과 정감록의 기능」, 『역사민속학』 제47호, 한국역사민속학회, 2015.

_____, 「조선 후기 변란의 전형: 미륵신앙과 정감록을 내세운 변란」, 고성훈 외, 『민란의 시대』, 가람기획, 2000.

_____, 「차별 없는 사회를 꿈꾸었던 비밀 결사: 검계와 살주계」, 고성훈 외 『민란의 시대』, 가람기획, 2000.

구대열, 「해방정국 열강들의 한반도 정책」, 『현대사광장』 제4호, 대한민국역사박물관, 2014.

구선희, 「후쿠자와 유키치의 대조선 문화정략」, 『국사관논총』 제8집, 국사편찬위원회, 1989.

권귀숙, 「대량학살의 사회심리: 제주 4·3사건의 학살 과정」, 『한국사회학』 제36집 제5호, 한국사회학회, 2002.

권내현, 「양반을 향한 긴 여정: 조선 후기 어느 하천민 가계의 성장」, 『역사비평』 봄호, 역사비평사, 2012.

권보드래, 「근대 초기 민족 개념의 변화: 1905~1910년 『대한매일신보』를 중심으로」, 『민족문학사연구』 제33호, 민족문학사학회·민족문학사연구소, 2007.

김개영, 「황석영의 『손님』에 나타난 절대적 환대 윤리로서의 샤머니즘」, 『이화어문논집』 제52집, 이화어문학회, 2020.

김광운, 「일제하 조선 도정 노동자의 계급 형성 과정」 『민족사의 전개와 그 문화』 하권, 창비, 1990.

김기승, 「조소앙과 대한민국 정부 수립」, 『동양정치사상사』 제8권 제1호, 한국·동양정치사상사학회, 2009.

김남윤, 「조선 여인이 겪은 호란, 이역살이, 환향의 현실과 기억: 소현세자빈 강씨를 중심으로」, 『역사연구』 제17호, 역사학연구소, 2007.

김당택, 「고려 무신정권 초기 민란의 성격」, 『국사관론』 제20집, 국사편찬위원회, 1990.

김동노, 「일제시대 식민지 근대화와 농민운동의 전환」, 『한국사회학』 제41집 제1호, 한국사회학회, 2007.

김동인, 「조선 전기 사노비의 예속 형태」, 『이재룡박사 환력기념 한국사학논총』, 한울, 1990.

김동춘, 「한국전쟁 시기의 인권침해: 한국 정부, 군과 경찰의 인권침해를 중심으로」, 『사회와 역사』, 제124권, 한국사회사학회, 2019.

김명호, 「거제도 포로수용소의 포로에 대한 실증적 분석」, 『통일연구』 제18권 제2호, 연세대학교 통일연구원, 2014.

김무용, 「여순 사건 진압을 위한 대항 게릴라 작전과 민간인 희생화 전략」, 『역사연구』 제31호, 역사학연구소, 2016.

김문자, 「임진 · 정유재란기의 조선 피로인 문제」, 『중앙사론』 제19권, 중앙대학교 중앙사학연구소, 2004.

김석형, 「노비론」, 『조선 봉건시대 농민의 계급 구성』, 과학원출판사, 1957.

김선경, 「1862년 농민항쟁의 도결 혁파 요구에 관한 연구」, 『이재룡박사 환력기념 한국사학논총』, 한울, 1990.

김선욱, 「근본악과 평범한 악 개념: 악 개념의 정치 철학적 지평」, 『사회와 철학』 제13집, 사회와철학연구회, 2007.

김성경, 「인종적 타자의식의 그늘: 친일문학론과 국가주의」, 『민족문학사연구』 제24권, 민족문학사연구소, 2004.

김영한, 「독일농민전쟁과 천년왕국 신앙: 토마스 뮌쩌의 활동을 중심으로」, 『역사학보』 제153집, 역사학회, 1997.

김용곤, 「전국을 휩쓴 민란의 열풍: 임술민란」, 고성훈 외, 『민란의 시대』, 가람기획, 2000.

김용덕, 「부곡의 규모 및 부곡인의 신분에 대하여」, 『역사학보』 제89집, 역사학회, 1981.

김용흠, 「19세기 전반기 세도정치의 형성과 정치 운영」, 『한국사연구』 제132권, 한국사연구회, 2006.

김원모, 「근대 한미 관계사」, 철학과현실사, 1992.

김응종, 「피에르 노라의 기억의 장소에 나타난 기억의 개념」, 『프랑스사 연구』 제24호, 한국프랑스사학회, 2011.

김인덕, 「해방 후 조련과 재일 조선인의 귀환 정책」, 『한국독립운동사연구』 제20집, 독립기념관 한국독립운동사연구소, 2003.

김인식, 「신간회의 창립과 민족 단일당의 이론」, 『백산학보』 제78권, 백산학회, 2007.

김정인, 「1920년대 전반기 민족 담론의 전개와 좌우 투쟁」, 『역사와 현실』 제39권, 한국역사연구회, 2001.

_____, 「천도교 계파의 동학사 인식: 오지영의 『동학사』와 이돈화의 『천도교 창건사』를 중심으로」, 『한국사상사학』 제56권, 한국사상사학회, 2017.

김종욱, 「강서 적색농민운동과 박영준: 『일년』을 중심으로」, 『구보학보』 제22호, 구보학회, 2019.

김주용, 「청산리 전투에 참여한 독립군의 구성」, 한국민족운동사학회 주최 청산리 전투 100주년 학술회의 자료집『청산리 독립전쟁의 역사적 재조명』, 2020.

_____, 「홍범도의 항일무장투쟁과 역사적 의의」,『한국학연구』제32집, 인하대학교 한국학연구소, 2014.

김준석, 「한원진의 주자학 인식과 호락논쟁」,『이재룡박사 환력기념 한국사학논총』, 한울, 1990.

김철, 「몰락하는 신생: 만주의 꿈과 〈농군〉의 오독」, 박지향 외,『해방 전후사의 재인식』, 책세상, 2006.

김태영, 「조선 후기 실학에서의 현실과 이상」, 이기백,『한국 사상사 방법론』, 소화, 1997.

김평선, 「서북청년단의 폭력 동기 분석: 제주 4 · 3사건을 중심으로」,『4 · 3과 역사』제10호, 제주4 · 3연구소, 2010.

김학재, 「한국전쟁 전후 민간인 학살과 20세기의 내전」,『아세아연구』제53집 제4호, 고려대학교 아세아문제연구원, 2010.

남태욱, 「동학농민혁명과 독일농민전쟁의 비교적 고찰: F. 엥겔스의 외피론을 중심으로」,『동학학보』제19권, 동학학회, 2010.

류보선, 「친일문학의 역사철학적 맥락」,『한국근대문학연구』제4권 제1호, 한국근대문학회, 2003.

류청하, 「3 · 1운동의 역사적 성격」, 안병직 · 박성수 외,『한국 근대 민족운동사』, 돌베개, 1980.

민덕기, 「임진왜란에 납치된 조선인의 귀환과 잔류로의 길」,『한일관계사연구』제20집, 한일관계사학회, 2004.

박광용, 「19세기 전반의 정치사상」,『국사관논총』제40집, 국사편찬위원회, 1992.

박대길, 「동학농민혁명 이전 천주교와 동학의 상호 인식」,『인문과학연구』제19집, 강원대학교 인문과학연구소, 2008.

박성수, 「광복군과 임시정부」, 안병직 · 박성수 외,『한국 근대 민족운동사』, 돌베개, 1980.

박영미, 「전통 지식인의 친일 담론과 그 형성 과정」,『민족문화』제40집, 한국고전번역원, 2012.

박종기, 「12, 13세기 농민항쟁의 원인에 대한 고찰」,『동방학지』제69호, 연세대학교 국학연구원, 1990.

박종린, 「일제하 사회주의 사상의 수용에 관한 연구」, 연세대학교 박사학위 논문, 2007.

박찬승, 「부르주아 민족주의, 우파 민족주의, 문화 민족주의」,『역사비평』제75호, 역사비평사, 2006.

_____, 「한국에서의 '민족' 개념의 형성」,『개념과 소통』제1호, 한림대학교 한림과학원, 2008.

_____, 「한국전쟁과 마을」,『지방사와 지방문화』제12권 제1호, 역사문화학회, 2009.

박찬식, 「양제해 모변과 상찬계」, 『탐라문화』 제33집, 제주대학교 탐라문화연구원, 2008.

박창희, 「농민, 천민의 난」, 한국사연구회 편, 『한국사 연구 입문』, 지식산업사, 1981.

방재석·김설옥, 「황석영 『장길산』의 미륵신앙 수용 연구」, 『원불교 사상과 종교문화』 제74집, 원광대학교 원불교사상연구원, 2017.

배성준, 「3·1운동의 농민 봉기적 양상」, 박헌호·류준필, 『1919년 3월 1일에 묻다』, 성균관대학교 출판부, 2009.

배항섭, 「임술민란 전후 명화적의 활동과 그 성격」, 『한국사연구』 제60호, 한국사연구회, 1988.

_____, 「활빈당: 의적에서 의병으로」, 『역사비평』 여름호, 역사비평사, 1992.

변태섭, 「농민·천민의 난」, 『한국사』 제7권, 국사편찬위원회, 1973.

_____, 「만적란 발생의 사회적 소지」, 『사학연구』 제4호, 한국사학회, 1959.

서유경, 「악의 평범성? 아이히만 vs 루카스」, 『대학지성』 2020년 1월 26일 자.

송재경, 「미군정 여론 조사로 본 한국의 정치·사회 동향(1945~1947)」, 서울대학교 대학원 석사학위 논문, 2014.

신복룡, 「서세동점기의 서구인과 한국인의 상호 인식」, 『한국문학연구』 제27집, 동국대학교 한국문학연구소, 2004.

신용하, 「동학의 창도와 동학사상」, 『한국사』 제37권, 국사편찬위원회, 2000.

심지연, 「반탁에서 찬탁으로: 남한 좌익 진영의 탁치관 변화에 관한 연구」, 『한국정치학회보』 제22집 제2호, 한국정치학회, 1988.

안외순, 「동학농민혁명과 전쟁 사이, 집강소의 관민 협치」, 『동학학보』 제51권, 동학학회, 2019.

양호민, 「자본주의로부터 사회주의에로의 과도기론」, 『북한 사회의 재인식』 제1권, 한울, 1987.

엄찬호, 「한국전쟁 전후 민간인 학살에 대한 분노와 치유」, 『인문과학연구』 제36집, 강원대학교 인문과학연구소, 2013.

연남경, 「집단학살의 기억과 서사적 대응」, 『현대소설연구』 제46호, 한국현대소설학회, 2011.

오수창, 「오늘날의 역사학, 정조 연간 탕평정치 및 19세기 세도정치의 삼각 대화」, 『역사비평』 제116호, 역사비평사, 2016

원재연, 「서세동점과 동학의 창도」, 『1893년, 동학농민혁명 전야(前夜)를 밝히다』, 동학농민혁명 제119주년 기념 학술대회, 2013.

유인희, 「한국 실학사상 연구」, 『철학연구』 제22집, 철학연구회, 1987.

유준기, 「일제하 한국 민족운동에 있어서 민족주의의 유형」, 한국민족운동사연구회 편, 『한국 민족운동의 역사와 미래』, 광복 제54주년 기념 학술회의, 1999.

윤덕영, 「1920년대 전반 조선 물산장려운동 주도 세력의 사회운동론과 서구 사회주의 사상과

의 비교: '국내 상해파'와 조선청년회연합회를 중심으로」, 『동방학지』 제187호, 연세대학교 국학연구원, 2019.

윤소영, 「호소이 하지메의 조선 인식과 '제국의 꿈'」, 『한국근현대사연구』 제45권, 한국근현대 사학회, 2008.

이강수, 「해방 직후 남북한의 친일파 숙청 논의 연구」, 『역사학연구』 제20집, 호남사학회, 2003.

이경식, 「농업의 발달과 지주제 변동」, 한국사연구회 편, 『한국사 연구 입문』, 지식산업사, 1981.

이나미, 「한국전쟁 시기 좌익에 의한 대량학살 연구」, 『21세기정치학회보』 제22집 제1호, 21세 기정치학회, 2012.

이병수, 「친일 미청산의 역사와 친일의 내적 논리」, 『통일인문학』 제76집, 건국대학교 인문학 연구원, 2018.

이상익, 「퇴계 성리학의 보편성과 특수성」, 『퇴계학보』 제144권, 퇴계학연구원, 2018.

이상찬, 「1896년 의병운동 통설에 대한 비판적 검토」, 『역사비평』 제45호, 역사비평사. 1998.

이성무, 「조선 초기 노비의 종모법과 종부법」, 『역사학보』 제115집, 역사학회, 1987.

이승일, 「조선호적령 제정에 관한 연구」, 『법사학연구』 제32호, 한국법사학회, 2005.

이영춘, 「19세기의 대표적 변란: 광양란과 이필제의 난」, 고성훈 외, 『민란의 시대』, 가람기획, 2000.

이영훈, 「한국사에 있어서 노비제의 추이와 성격」, 역사학회, 『노비, 농노, 노예』, 일조각, 1998.

이용우, 「프랑스의 대독 협력자 숙청에 대한 여론과 기억, 1944~2004」, 『서양사론』 제92호, 한국서양사학회, 2007.

이우연·차명수, 「조선 후기 노비 가격의 구조와 수준, 1678~1889」, 『경제학연구』 제58집 제4 호, 한국경제학회, 2010.

이윤갑, 「일제의 식민지 지배와 마을문화의 해체」, 『한국학논집』 제32집, 계명대학교 한국학연 구원, 2005.

이재룡, 「과전법 체제」, 한국사연구회 편, 『한국사 연구 입문』, 지식산업사, 1981.

_____, 「조선 전기 노비의 연구」, 『숭실대 논문집』 제3권, 1971.

이준식, 「국내 사회주의운동에 대한 역사적 평가: 초기 사회주의운동을 중심으로」, 한국민족운 동사연구회 편, 『한국민족운동의 역사와 미래』, 광복 제54주년 기념 학술회의, 1999.

이지원, 「16, 17세기 전반 공물 방납의 구조와 유통경제적 성격」, 『이재룡박사 환력기념 한국 사학논총』, 한울, 1990.

이태진, 「집권 관료 체제와 양반」, 한국사연구회 편, 『한국사 연구 입문』, 지식산업사, 1981.

이헌미, 「반역의 정치학: 대한제국기 혁명 개념 연구」, 서울대학교 박사학위 논문, 2012.

이현환, 「미군정기 식민 잔재 청산 법제 연구」, 『법사학연구』 제30호, 한국법사학회, 2004.

임경석, 「식민지 시대 한국의 민족주의와 민족운동」, 『인문과학』 제30집, 성균관대학교 인문과
학연구소, 2000.

임대식, 「제주 4·3항쟁과 우익 청년단」, 역사문제연구소 외 편, 『제주 4·3 연구』, 역사비평사,
1999.

임혜련, 「정조의 천주교 인식 배경과 진산 사건의 정치적 함의」, 『사총』 제96권, 고려대학교 역
사연구소, 2019.

장영준, 「고려 무인 집권기 하층민의 동향」, 단국대학교 석사학위 논문, 1977.

장청욱, 「17~18세기 노비 면천에 대하여」, 『력사과학』 제1호, 과학백과사전출판사, 1987.

전상숙, 「친미와 반미의 이념 갈등: '반미'를 통해 본 이념 갈등의 역사적 기원과 구조」, 『동양
정치사상사』 제10권 제1호, 한국동양정치사상사학회, 2011.

전상인, 「해방 공간의 사회사」, 박지향 외, 『해방 전후사의 재인식』 제2권, 책세상, 2006.

정병준, 「백범 김구 암살 배경과 백의사」, 『한국사연구』 제128호, 한국사연구회, 2005.

정성식, 「17세기 초 김상헌과 최명길의 양면적 역사 인식」, 『동양고전연구』 제45호, 동양고전
학회, 2011.

정용, 「해방 후 남북한 경제 체제의 수립 과정에 관한 연구」, 『통일전략』 제9권 제1호, 한국통
일전략학회, 2009.

정윤재, 「일제강점기 민족 생존의 정치사상: 민족개조론과 민족문화건설론」, 『동양정치사상사』
제4권 제1호, 한국동양정치사상사학회, 2005.

정일영, 「남북 간 역사 인식의 간극과 해소 방안: 한국전쟁에 관한 역사 서술을 중심으로」,
『통일정책연구』 제24권 제2호, 통일연구원, 2015.

정재현, 「조선 초기의 노비 면천」, 『경북사학』 제5집, 경북사학회, 1982.

정진영, 「조선 시대 향촌 제 조직과 규약의 '계약'적 성격」, 『고문서연구』 제42권, 한국고문서
학회, 2013.

정화열, 「악의 평범성과 타자 중심적 윤리」, 한나 아렌트, 김선욱 옮김, 『예루살렘의 아이히만:
악의 평범성에 대한 보고서』, 한길사, 2020.

조광, 『조선 후기 사상계의 전환기적 특징』, 경인문화사, 2010.

___, 「조선 후기 서학 사상의 사회적 기능」, 『조선 후기 천주교사 연구의 기초』, 경인문화사, 2010.

조규태, 「청산리 전투의 기억과 계승」, 한국민족운동사학회 주최 청산리 전투 100주년 학술회
의 자료집, 『청산리 독립전쟁의 역사적 재조명』, 2020.

조기준, 「민족해방운동의 발전」, 한국사연구회 편, 『한국사 연구 입문』, 지식산업사, 1981.

주창윤, 「『미스터 션샤인』, 역사의 소환과 재현 방식」, 『한국언론학보』 제63권 제1호, 한국언론 학회, 2019.

지그문트 바우만·임지현 대담, 「'악의 평범성'에서 '악의 합리성'으로: 홀로코스트의 신성화를 경계하며」, 『당대비평』 제21호, 생각의나무, 2003.

차남희, 「천년왕국 신앙과 전통 사회의 정치 변동: 미륵하생 신앙을 중심으로」, 『동양정치사상 사』 제3권 제2호, 한국동양정치사상사학회, 2004.

차장섭, 「조선 후기 벌열과 당쟁」, 『조선사연구』 제5집, 조선사연구회, 1996.

_____, 「조선 후기 벌열의 개념과 범주」, 『조선사연구』 제4집, 조선사연구회, 1995.

채영국, 「해방 후 재일 한인의 지위와 귀환」, 『한국근현대사연구』 제25권, 한국근현대사학회, 2003.

최봉준, 「14~15세기 성리학의 수용과 조선적 문명 교화론의 탄생」, 『역사비평』 제124호, 역사 문제연구소, 2018.

최재성, 「'창씨개명'과 친일 조선인의 협력」, 『한국독립운동사연구』 제37집, 독립기념관 한국독 립운동사연구소, 2010.

최혜주, 「일제강점기 호소이 하지메의 조선 인식과 대일본주의론」, 『숭실사학』 제45집, 숭실사 학회, 2020.

한상권, 「16, 17세기 향약의 기구와 성격」, 『진단학보』 제85호, 진단학회, 1984.

_____, 「18세기 전반 명화적 활동과 정부의 대응책」, 『한국문화』 제13집, 규장각한국학연구 소, 1992.

_____, 「조선 후기 세도 가문의 축재와 농민 항쟁」, 『한국사 시민강좌』 제22집, 일조각, 1998.

한희숙, 「조선 초기 군역과 농민경영에 관한 연구」, 『국사관논총』 제61집, 국사편찬위원회, 1995.

홍승기, 「고려 무인정권 시대의 노비 반란」, 『전해종박사 화갑기념 사학논총』, 일조각, 1979.

황선희, 「한국 민족주의운동에 대한 역사적 평가: 국내 민족운동을 중심으로」, 한국민족운동사 연구회 편, 『한국 민족운동의 역사와 미래』, 광복 제54주년 기념 학술회의, 1999.

국외

Aron, Raymond, "Les désillusions de la liberté", *Les temps modernes*, n°1(Octobre 1945).

Barnes, Jonathan, "Life and Work" *in The Cambridge Companion to Aristotle*(Cambridge: *Cambridge University Press, 1995)*.

Borscheid, P., "Plädoyer für eine Grschichte des Alltäglichen" in idem et H. J.

Teuteberg eds., *Ehe, Liebe, Tod: Zum Wandel der Familie, der Geschlechts-und Generationsbeziehungen in der Neuzeit*(Münster: F. Coppenrath, 1983).

Broszat, Martin, "Referat" in Kolloquien des Instituts für Zeitgeschichte ed., *Alltagsgeschichte der NS-Zeit. Neue Perspektive oder Trivialisierung?*(München, R. Oldenbourg, 1984).

Duby, G., "Histoire des mentalité" in Charles Samaran dir., *L'Histoire et ses méthodes*(Paris: Gallimard, 1961).

_____, Histoire social et histoire de mentalité" entretien avec *A. Casanova, Nouvelle Critique* 34(1970).

Finlay, R., "The Refashioning of Martin Guerre", *AHR Forum: The Return of Martin Guerre, American Historical Review*(1988).

Hilberg, Raul, "Significant of the Holocaust", *The Holocaust: the Ideology, Bereaucracy and Genocide*, The San José Papers. Ed. by Henry Friedlander, Sybil Milton, 2nd printing(Millwood, New York: Kraus International, 1982).

Nora, Pierre, "Entre mémoire et histoire", *Les lieux de mémoire*, vol. 1(Paris: Gallimard, 1997).

Rougerie, Jacques et G. Haupt, "Bibliographie de la Commune de 1871", *Mouvement social*, no. 37(oct.-déc. 1961).

Schulze, Winfried, "Europäische und Deutsche Bauernrevolten der Frühen Neuzeit", in: ders.(Hg.), *Europäische Bauernrevolten der Frühen Neuzeit*(Frankfurt/Main, 1982).

安秉直,「日本窒素における朝鮮人勞働者階級の成長に關する硏究」,『朝鮮史硏究會論文集』第25 輯, 1988.

依田憙家,「滿洲における朝鮮人移民」, 滿洲移民史硏究會 編,『日本帝國主義下の滿洲移民』(東京: 竜溪書舍, 1976).

찾아보기

역사의 변명

망각과 기억 : 아래로부터의 역사

초판 1쇄 펴낸 날 2022. 5. 23.

지은이	임종권
발행인	양진호
책임편집	김진희
디자인	김민정
발행처	도서출판 인문서원

등 록	2013년 5월 21일(제2014-000039호)
주 소	(07207) 서울시 영등포구 양평로21가길 19, 우림라이온스밸리 B동 512호
전 화	(02) 338-5951~2
팩 스	(02) 338-5953
이메일	inmunbook@hanmail.net

ISBN	979-11-86542-66-8 (93910)

이 책은 재단법인 마음동행의 지원으로 제작되었습니다.

값은 뒤표지에 있습니다.
잘못 만들어진 책은 구입하신 서점에서 바꾸어 드립니다.